Über die Herausgeber

Harald Kerber, Prof. Dr. phil., geb. 1932 in Duisburg. PH-Studium in Braunschweig; Studium der Politologie und Zweitstudium der Soziologie einschließlich neuerer Geschichte und Philosophie in Berlin; 1963 Diplom in Politologie; 1968 Promotion über Max Adler; 1969 wissenschaftlicher Angestellter am Seminar für Politikwissenschaft der Universität Göttingen; 1970 Assistent am Psychologischen Institut der Freien Universität Berlin; 1971 bis 1974 Akademischer Rat am Seminar für Politikwissenschaft der Universität Göttingen; seit 1974 Hochschullehrer für erkenntnistheoretische und methodologische Grundlagen der Psychologie am Fachbereich Sozialwissenschaften der Universität Osnabrück.

Veröffentlichungen: Transzendentalismus und kritische Gesellschaftstheorie. Zur Kritik der erkenntnistheoretischen Begründung der Marx'schen Theorie durch Max Adler (Diss.). Osnabrück 1981; Handbuch Soziologie. Zur Theorie und Praxis sozialer Beziehungen. Reinbek bei Hamburg 1984 (hg. zus. mit A. Schmieder). – Buch-, Jahrbuch-, Handbuch- und Zeitschriftenartikel.

Arnold Schmieder, Priv.-Doz., Dr. phil., geb. 1947 in Wuppertal-Beyenburg. Studium der Publizistik, Kunstgeschichte, Germanistik, Psychologie und Soziologie in Münster; 1971 Magister Artium, Dozent in der Erwachsenenbildung; 1976 Promotion über Industrielle Produktion und Bewußtsein; 1990 Habilitation für Soziologie und Privatdozent am Fachbereich Sozialwissenschaften der Universität Osnabrück; dort Akademischer Rat für Soziologie und Sozialpsychologie.

Veröffentlichungen: Bewußtsein im Widerspruch. Theorieversuche über den Zusammenhang von industrieller Arbeit und Bewußtsein. München 1980; Technologie, Arbeitsorganisation und gesellschaftliches Bewußtsein. Beiträge zu einer Theorie der Arbeit. Osnabrück 1982 (zus. mit M. Gikas, M. Hartmann, G. Széll); Handbuch Soziologie. Zur Theorie und Praxis sozialer Beziehungen. Reinbek bei Hamburg 1984 (hg. zus. mit H. Kerber); Suchtalltag. Normalisierter Drogenmißbrauch. Münster 1988. – Zahlreiche Beiträge zu sozialwissenschaftlichen Fragen in Zeitschriften, Sammelwerken und Handbüchern.

Harald Kerber
Arnold Schmieder
(Hg.)

SOZIOLOGIE

Arbeitsfelder,
Theorien,
Ausbildung.
Ein Grundkurs

rowohlts enzyklopädie

rowohlts enzyklopädie

Herausgegeben von Burghard König

Originalausgabe
Veröffentlicht im Rowohlt Taschenbuch Verlag GmbH,
Reinbek bei Hamburg, Mai 1991
Copyright © 1991 by Rowohlt Taschenbuch Verlag GmbH,
Reinbek bei Hamburg
Umschlaggestaltung Jens Kreitmeyer
Satz Times und Futura (Linotronic 500)
Gesamtherstellung Clausen & Bosse, Leck
Printed in Germany
3480-ISBN 3 499 55445 3

Inhalt

Vorwort der Herausgeber

Dieser ‹Grundkurs Soziologie› soll ein Lehrbuch mit dem Anspruch sein, soziologisches Wissen im Überblick und in seinen Kerngehalten zu vermitteln sowie eine kritisch orientierte Soziologie auszuweisen, die im Zusammenhang mit einer Analyse der ökonomischen Strukturen Aufklärung über die Struktur vor allem bürgerlicher Gesellschaften und ihrer Entwicklungsdynamik leistet. Dabei ist eine kritische Auseinandersetzung mit soziologischen Forschungen und Theorieentwürfen – ihren Aporien, Widersprüchen und verkürzenden Perspektiven – unverzichtbar.

Mit der Herausgabe sind wir in zwei ‹Krisen› geraten. Zum einen wirkten sich die Entwicklungen in den (ehemaligen) Ländern des realen Sozialismus in der Weise aus, daß einige Beiträge zu überarbeiten und zu aktualisieren waren. Mit ihr aber schien und scheint ein kritischer Bezug von Soziologie auf Gesellschaft obsolet zu werden, weil zum einen gegenüber den in soziologische Kritik zu nehmenden bürgerlich-kapitalistischen Gesellschaften keine faßbare Alternative besteht (die nach Maßgabe kritischer Analyse auch nie bestanden hat), zum anderen mit dieser Krise auch die Geltung des Potentials der kritischen Analyse der Anatomie der bürgerlichen Gesellschaft bezweifelt wurde und wird. Wir halten die Identifizierung von kritischer Gesellschaftsanalyse und sich unter anderem auf Marx berufenden politischen Ideologien für verfehlt.

Zum zweiten wechselten Autoren das theoretische ‹Lager› – eine inhaltliche Differenz, die nach Maßgabe der soziologischen Orientierung der Herausgeber nicht zu überbrücken war. Das heißt nicht, daß dieser Grundkurs und die Herangehensweise der Autoren an die behandelten Themen einheitlich im Sinne einer durchgehaltenen theoretischen Orientierung ist – was gerade für die Soziologie wohl auch kaum möglich wäre; doch sind alle Beiträge von einer kritischen Grundintention gekennzeichnet.

Insofern führt dieser Grundkurs im kritischen Umgang mit der Soziologie in diese Wissenschaft ein, und zwar mit einem Selbstverständnis, das sich immer interdisziplinärer Bezüge zu versichern sucht. Mit diesem problemorientierten Vorgehen soll – und damit werden wir uns im Hinblick auf die Fragestellungen und behandelten Themen der Kritik aussetzen – eine Lücke zwischen fundamentalen soziologischen Einführungen und der von vielen Voraussetzungen ausgehenden Fachliteratur zu spezielleren Problemen wie theoretischen Ansätzen geschlossen werden.

Mit der Konzeption sowie mit strukturellen und inhaltlichen Vorgaben wollten wir unsere Vorstellung davon, was Soziologie ist beziehungsweise sein soll und worin ihre Forschungsaufgaben bestehen, verwirklichen. Mit Eingang der Beiträge zeigte sich zwar weniger im Hinblick auf die Konzeption, dafür aber hinsichtlich unserer strukturellen und inhaltlichen Vorgaben selbst nach zum Teil ausführlichen Auseinandersetzungen mit den Verfassern und nach mehrmaligen Überarbeitungen, daß wir die von uns angestrebte Homogenität nicht erreichen konnten. Dies zeigt sich gerade in den jeweils aspektivischen Annäherungen an sogenannte soziologische Klassiker und bedeutende soziologische Theorien. Wir halten dies nicht für eine Schwäche des vorliegenden Grundkurses; ist doch damit das jeweilige Verständnis des behandelten Gegenstandes sowie das jeweilige Verständnis von wissenschaftlicher Arbeit wie der Wissenschaft Soziologie dokumentiert, insofern auch ein Stück fruchtbarer, weil Standpunkte gegeneinander konturierender Auseinandersetzung, was für die Zukunft einer kritisch orientierten Soziologie und die Art und Weise, wie sie sich ihr zukünftig stellende Fragen lösen wird, wesentlich ist und nicht unterschlagen werden sollte.

Neben einem Namen- und Sachregister und einer Übersicht über die Verfasser finden sich im Anhang die wichtigen Nachschlagewerke, Bibliographien sowie deutschsprachige Zeitschriften zur Soziologie, die die Leserin und der Leser zum weiteren Studium nutzen mag. Das Namenregister soll Einblick in zusammenhängende Argumentationsfiguren wichtiger Denker der Soziologie und solcher für die Soziologie ermöglichen.

Abschließend möchten wir uns bei der Verfasserin und allen Verfassern, die an diesem Grundkurs mitgewirkt haben, bedanken und um Nachsicht für unsere Auseinandersetzungen mit den Beiträgen bitten. Die Kritik unseres Lektors, Herr Dr. Burghard König, war hilfreich. Susanne Albrecht unterstützte uns bei der nicht immer leichten Arbeit an den Manuskripten und der Bibliographie.

Osnabrück und Wehrendorf,
im Sommer 1990   *Harald Kerber / Arnold Schmieder*

1. Forschungsbereiche und Sozialstrukturanalysen

In den Kapiteln 1.1 bis 1.5 wird die Thematik von Individuum und Gesellschaft sowie das Problem des Alltagslebens und des Alltagshandelns diskutiert. Mit zentralen Gegenstandsbereichen wie der Jugend- und Altersforschung, der Migrations-, Kriminalitäts- und der Stadtsoziologie wird in wichtige Forschungsbereiche eingeführt, um den Praxisbezug von Soziologie darzustellen. Unter Rekurs auf die soziale Evolution wird eine vergleichende Analyse von Gesellschaftssystemen vorgenommen.

Nichtkapitalistische Gesellschaften werden dargestellt, um die Diskussion gesellschaftlicher Alternativen gegenüber der kapitastischen Modernisierung zu eröffnen.

Der Beitrag «Gesellschaftsstrukturen» ist theoretisch und historisch orientiert. In ihm sind historische Erörterungen über die Entwicklung der bürgerlichen Gesellschaft mit Gesellschaftsstrukturanalysen verbunden, z. B. unter Rückgriff auf die Hegelsche Theorie, die Marxsche Gesellschaftstheorie, die Systemtheorie Parsons', die Theorie sozialer Systeme bei Luhmann und die Theorie kommunikativen Handelns bei Habermas. Die Erörterung ist auch insofern historisch gerichtet, als eine bestimmte Sequenz der theoretischen Entwicklung, beginnend mit der des Thomas Hobbes, im Verhältnis zur sozialhistorischen Entwicklung der bürgerlichen Gesellschaft aufgezeigt wird. Wichtig ist in diesem Zusammenhang die Erörterung des Themas der sozialen Ungleichheit, das auch Strukturanalysen der bürgerlich verfaßten Gesellschaft und hier vor allem die des wirtschaftlichen und politischen Systems notwendig macht.

H. K. / A. S.

Arnold Schmieder

1.1 Individuum und gesellschaftliches Leben

Bereits gegen Ende des 17. Jahrhunderts bemerkte John Locke mit Blick auf die sich formierende bürgerliche Gesellschaft: «Wir sind alle eine Art Chamäleon und nehmen die Farbe der Dinge an, die in unserer Nähe sind» (Locke 1693, hier 1970, 67: nach einer Ausgabe von 1714). Auch war bald schon erkannt, daß jene vorgebliche ‹Natur des Menschen› nicht aus «unserer von Zeit und Umständen geformten Natur» (Frölich 1792, hier 1960, 88) erschlossen werden darf und weitestgehend modifikationsfähig ist. Insofern war die Formung und Ausstattung des Individuums als gesellschaftlich verklammert zu denken, das Individuum als historisches und kulturspezifisches und durch soziale Erfahrung veränderbares: «Der Mensch ist Nichts außer der Gesellschaft. Den völlig Einzelnen kennen wir gar nicht» (Herbart 1824/25, hier 1968, 3). Marx schließlich formulierte in seiner bekannten 6. These über Feuerbach: «Aber das menschliche Wesen ist kein dem einzelnen Individuum innewohnendes Abstraktum. In seiner Wirklichkeit ist es das ensemble der gesellschaftlichen Verhältnisse» (Marx 1845, hier 1969, 6).

Was sich als Problem ankündigte und im weiteren Formierungs- und Konsolidierungsprozeß der bürgerlichen Gesellschaft auftat, war nicht nur die gesellschaftliche Formung subjektiver Strukturen, sondern auch das spezifische Auseinanderfallen von Individuum und Gesellschaft, das als Thema zwar die Geschichte der Philosophie durchzieht, sich für die Neuzeit aber als sich verschärfende Problematik um die gesellschaftlich vermittelte Widersprüchlichkeit von Verhaltensanforderungen und um die Problematik individueller Identitätsbildung wie -sicherung konturiert.

Der Philosoph und Soziologe Simmel hat diesen «Widerstreit» als «das grundlegende Motiv aller Prozesse» bezeichnet, «die zwischen einem sozialen Ganzen – politischer, religiöser, familiärer, wirtschaftlicher, geselliger und sonstiger Art – und seinen Individuen spielen. Das Individuum begehrt, ein geschlossenes Ganzes zu sein, eine Gestaltung mit eigenem Zentrum, von dem aus alle Elemente seines Seins und Tuns einen einheitlichen, aufeinander bezüglichen Sinn erhalten. Soll dagegen das überindividuelle Ganze in sich abgerundet sein, soll es mit selbstgenügsamer Bedeutsamkeit eine eigene objektive Idee verwirklichen –, so kann es jene Abrundung seiner Glieder nicht zulassen» (Simmel [2]1907, hier 1989, 690). Simmel sprach im Hinblick auf diesen «Widerstreit» von «einem ewigen Kampfe» zwischen der «Totalität des Ganzen» und der «Totalität des Individuums» (ebd.); damit naturalisierte er die Problematik des Auseinanderfallens von Individuum und Gesellschaft. Erst die Analyse ihres Begründungszusammenhangs erweist ihre historisch-spezifische Form und kann Auskunft darüber geben, ob und vor allem wo dieses Auseinanderfallen wirklich zwingend ist.

Zur Frage steht, worin das Individuum «ensemble der gesellschaftlichen Verhältnisse» ist und wodurch gleichzeitig das spezifische Auseinanderfallen von Individuum und Gesellschaft vermittelt ist, worin sich für die Individuen diese Zusammenhänge in ihrem Alltagsleben konkretisieren.

1.1.1 Kernstrukturelle Bestimmungen gesellschaftlichen Lebens

Kernstrukturell bestimmte Lebensbedingungen sind in der historischen Form der Produktion und Reproduktion des materiellen Lebens begründet: «Die Produktionsweise des materiellen Lebens bedingt den sozialen, politischen und geistigen Lebensprozeß überhaupt. Es ist nicht das Bewußtsein der Menschen, das ihr Sein, sondern umgekehrt ihr gesellschaftliches Sein, das ihr Bewußtsein bestimmt» (Marx 1859, hier 1974, 9). Das bedeutet nicht nur, daß eine gesellschaftliche Produktionsweise objektive Sinnstrukturen konstituiert, die in ihrem Realisierungsprozeß im Handeln und Verhalten in subjektive Strukturen übersetzt werden, sondern zur Seite der Individuen vor allem auch, daß sie vorgefundene Lebensbedingungen durch subjektive Bearbeitung begriffs- und handlungsfähig, zu subjektiver Wirklichkeit zu machen haben. Den objektiven Sinnstrukturen sind die Individuen jedoch nicht ausgeliefert, sondern erhalten durch sie selbst *«Handlungsalternativen»*, eine *«‹doppelte Möglichkeit›* (…) zum Handeln *unter* gesamtgesellschaftlichen Bedingungen und zum Handeln in *Erweiterung* der in den Bedingungen liegenden Verfügungsmöglichkeiten» (Holzkamp 1983, 236 u. 368).

Die Veränderung objektiver Sinnstrukturen und die subjektive Bedeutsamkeit zeigte Simmel ([2]1907, hier 1989, 634) am Beispiel der Arbeitsteilung auf, die die «Kundenproduktion» zerstöre und damit «die subjektive Färbung des Produkts auch nach der Seite des Konsumenten hin» verschwinden lasse, schon weil der Abnehmer sich mit einem Produzenten, nicht jedoch mit vielen Teilarbeitern in Verbindung setzen könne. Für Simmel lag damit auf der Hand, «wie sehr der Gesamtcharakter des Verkehrs damit objektiviert ist, wie die Subjektivität sich brechen, in kühle Reserviertheit und anonyme Objektivität übergehen muß, wenn zwischen den Produzenten und den, der sein Produkt aufnimmt, sich so und so viele Zwischeninstanzen schieben, die den einen ganz aus dem Blickkreis des anderen rücken». Diese «neue Fremdheit» (ebd., 664) meint nicht nur Distanz und Anonymität, sondern bedeutet erweiterte «individuelle Freiheit»: «Von je mehr sachlichen Bedingungen vermöge der komplizierteren Technik das Tun und Sein der Menschen abhängig wird, von desto mehr Personen muß es notwendig abhängig werden» (ebd., 392). Gegenüber dem Angehörigen «irgendeiner alten oder primitiven Wirtschaft» (ebd., 395) ist der «geldwirtschaftliche Mensch» der bürgerlichen Gesellschaft von unvergleichlich mehr Menschen abhängig und dadurch frei: «Aber von dem einzelnen, bestimmten derselben ist er unvergleichlich unabhängiger und wechselt leicht und beliebig oft mit ihm» (ebd., 396). Abgesehen davon, daß diese «neue Fremdheit» und «individuelle Freiheit» bei Marx unter dem Begriff der Entfremdung behandelt war, scheint hier in Simmels Argumentationsfigur die «‹doppelte Möglichkeit›» (Holzkamp), die Ambivalenz in den subjektwirksamen Formbestimmtheiten sozialen Handelns durch.

Formbestimmtheiten sozialen Handelns sind aus ökonomischen Kategorien bzw. ‹Zwängen› zu entwickeln, worin die Kernstruktur individueller Verhaltensanforderungen, Bewußtseinsformen und Denkfiguren abgesteckt ist. Nicht also in dem Sinne, daß gesellschaftliches Sein und Formen der Individualität schon in ökonomischen Kategorien «‹enthalten›» wären, sondern eher *fixiert* sind (Kosik 1973, 194), ist unter dem Gesichtspunkt der sozialisierenden Wirkung der kapitalistischen Ökonomie die Vermittlung von Individuum und Gesellschaft kategorial zu entfalten.

Innerhalb der Sphäre der Produktion kann aus den Bestimmungen: der Arbeitskraft als Ware, des Produktionsprozesses als unmittelbarer Einheit von Arbeits- und Verwertungsprozeß, der formellen und informellen Kooperation jene Kernstruktur der widersprüchlichen und sich in die Subjektivität der Individuen vermittelnden Verhaltenszumutungen entwickelt werden. Käufer und Verkäufer einer jeden Ware, mithin auch der Ware Arbeitskraft, sind durch ihren freien Willen bestimmt. Sich als Warenbesitzer aufeinander beziehend, sind sie gleich und verfügen über ihr jeweiliges Eigentum, wobei ihnen ein gemeinschaftliches Interesse nicht Motiv ist, sondern lediglich «hinter dem Rücken der in sich reflektierten Einzelinteressen» (Marx 1974a, 912) existiert: «Denn jedem von beiden ist es nur um sich zu tun. Die einzige Macht, die sie zusammen und in ein Verhältnis bringt, ist die ihres Eigennutzes, ihres Sondervorteils, ihrer Privatinteressen» (Marx 1971, 190). Konkurrenzorientierung kennzeichnet infolge des aufgenötigten je individuellen Interesses hinsichtlich des Preises der Ware Arbeitskraft nicht nur die Beziehung zwischen Käufer und Verkäufer dieser Ware, sondern – vermittelt über die unterschiedliche Höhe dieses Preises (den Lohn) – auch die Beziehung der Anbieter untereinander. Die mit der Logik der Produktionsweise hier in der Sphäre der Produktion aufgeherrschte individuelle Interessenorientierung als objektive Verhaltensanforderung zielt notwendig auf die Verbesserung ihrer Durchsetzungsbedingungen. Dies ist nur durch eine kollektive Orientierung möglich, die im solidarischen Muster das Gemeinschaftliche der Einzelinteressen erkennt.

Arbeit in ihrer konkret nützlichen Form ist zunächst nur notwendige Voraussetzung für die Produktion von Wert und Mehrwert, da der Arbeitsprozeß, die stoffliche Seite des Produktionsprozesses, innerhalb kapitalistischer Warenproduktion immer nur Mittel zum Zweck der Kapitalverwertung ist. So steht der Arbeitsprozeß als notwendige Voraussetzung unter dem Diktat des Verwertungsprozesses. Diese Dominanz des Prinzips der Verwertung wird durch die Anforderungen an die konkret nützliche Arbeit begrenzt; sind wegen des Prinzips der Verwertung Eingriffe in den Arbeitsprozeß vonnöten, so findet das Kapital in seinen eigenen stofflichen Formen die Schranken, die es letztlich nur durch ständige technische Neuerungen überwinden kann. In allen Maßnahmen ist aber den spezifischen Anforderungen der konkret nützlichen Arbeit Rechnung zu tragen, was der Mystifikation, die Arbeit sei gegenüber dem Kapital zweitrangig, entgegenwirken und damit dem arbeitenden Menschen Einsicht in seine Rolle als eigentlicher Schöpfer der geschaffenen Werte (Produkte) vermitteln kann. Gleichzeitig bedeutet das Diktat der Verwertung zur Seite der Individuen, daß sie, zunächst nur an möglichst hohem Einkommen interessiert und somit instrumentell orientiert, gleichgültig

gegenüber der konkreten Arbeit sind; diese instrumentelle Gleich-
gültigkeit muß aber wegen der Anforderungen aus dem konkreten
Arbeitsprozeß bis zu einem gewissen Grad in ein Interesse an der
Tätigkeit zurückgenommen werden (bei Fließbandarbeitern kaum,
bei qualifizierteren Tätigkeiten in zunehmenderem Maße), um die
Arbeit überhaupt verrichten zu können (vgl. Hack et al. 1972, 22 ff).
Zunächst ist jedoch die objektive Notwendigkeit einer gleichgültigen
Haltung und instrumentellen Orientierung gegenüber der Arbeit gegeben, «Ansprüche und Bedürfnisse nach affektiver Befriedigung
und Identifikation im Arbeitsprozeß» müssen tendenziell zurückgedrängt werden, «um eine psychische Struktur herauszubilden, die
den Verzicht auf affektive Befriedigung und Identifikation mit der
Arbeit ermöglicht». Darin ist aber zugleich das Risiko begründet,
weil «hierdurch die notwendige Fähigkeit zum Engagement, Einsatz
oder Aufmerksamkeit für die Arbeit selbst» gefährdet wird, was
auch die «‹Fähigkeit› zur ‹psychischen Regeneration› und Kompensation außerhalb des Arbeitsbereichs» mindert (Kaplonek & Schroeter 1979, 287 f).

In der formellen Organisation der Arbeit ist die Form der Kooperation immer schon vorgegeben und fremdbestimmt und hat gleichzeitig eine beaufsichtigende Funktion; aufgrund der doppelten
Struktur des Produktionsprozesses kann die formelle Kooperation
im Hinblick auf die effektivere Gestaltung des Arbeitsprozesses zum
Hemmnis werden, was zur Bildung informeller Kooperation führen
kann. In dieser selbständig entwickelten und gestalteten informellen
Kooperation werden die widersprüchlichen Anforderungen aus Ar-
beits- und Verwertungsprozeß initiativ ausbalanciert, wird die in der
formellen Kooperation beinhaltete Beaufsichtigung unterlaufen,
werden insgesamt die durch die formelle Kooperation gesetzten
Grenzen überschritten, um den Arbeitsprozeß aufrechtzuerhalten.
Darin werden Vereinzelung und gegenseitige Konkurrenz zumindest
partiell aufgehoben, und der gesellschaftliche Charakter der Arbeit
wird erfahrbar, wenn auch hier vorerst nur in der sozialen Unmittelbarkeit der informell Kooperierenden (vgl. insg. Schmieder 1980,
9 ff; entsprechend zur Ausbildung von Individualitätsformen in der
bürgerlichen Gesellschaft: Jaeger & Staeuble 1978, 27 ff).

Diese aus dem Bedingungszusammenhang der Produktionssphäre
kategorial zu entfaltende kernstrukturelle Widersprüchlichkeit verweist auf eine reale «unablässige Ambivalenz» (Lefèbvre) auch in den
weiteren Sphären gesellschaftlichen Lebens. Was hier (exemplarisch)

aus den Bedingungen der Produktionsweise den Individuen als widersprüchliches oder ambivalentes Handeln und Verhalten, Denken und schließlich Empfinden angesonnen ist: Konkurrenzorientierung und kollektive Orientierung; instrumentelle Gleichgültigkeit und Interesse an der Tätigkeit, verbunden mit dem Selbstbewußtsein und Stolz des Produzenten; Vereinzelung und sinnliche Erfahrung der Gesellschaftlichkeit (der Arbeit), findet sich als kategoriale und immer wirklichkeitsgebundene Widerspruchs- oder Ambivalenzdimension ebenso in den Sphären der Zirkulation und der Konsumtion bzw. Reproduktion.

In der Zirkulationssphäre werden die Interaktionen der Individuen durch den Doppelcharakter der Ware beeinflußt; über die Produkte als Waren mit Tauschwert und Gebrauchswert (vgl. Marx 1971, 49 ff) vermittelt sich – als Folge des Tauschwertaspekts – ein «possessive(r) Individualismus» und eine «tiefe zwischenmenschliche Gleichgültigkeit» (Ottomeyer 1980, 179) in das Verhalten der Interaktionspartner: Jedes Individuum «bedient sich des andren wechselseitig als seines Mittels», und diese zwar notwendige Wechselseitigkeit ist «jedem der beiden Subjekte des Austausches gleichgültig»; ein Interesse daran besteht nur, «soweit sie sein Interesse als das des andren ausschließend, ohne Beziehung darauf, befriedigt» (Marx 1974a, 155). Für diesen Zweck aber (den Zweck der Tauschwertrealisation) ist zwischenmenschliche Sensibilität im Sinne einer Fähigkeit abverlangt, sich in andere hineinversetzen zu können, die (Gebrauchswert-) Interessen des anderen zu erkunden und entsprechend das eigene Verhalten auszurichten. Ein Verkaufsgespräch als «dialogische Austragung des warenimmanenten Widerspruchs von Tausch- und Gebrauchswert» macht dies deutlich: «Insofern also auch der auf dem Gebrauchswertstandpunkt stehende Käufer den Tauschwertstandpunkt des anderen kennt und unterstellt, darüber hinaus die Vernutzung der Ware als Gebrauchswert ja erst *nach* ihrer Realisierung als Tauschwert, eben nach Abschluß des Verkaufs, erfolgen kann, ist der Käufer seinerseits genötigt, den Gebrauchswertempfehlungen des Verkäufers geradezu programmatisch skeptisch und mißtrauisch gegenüberzutreten. Daraus ergibt sich eine eigentümlich widersprüchliche und scheinhafte Gesprächsstruktur, bei der jeder, weil er vom Standpunkt des anderen weiß, seinen eigenen Standpunkt scheinbar verleugnet und aufgibt: der Verkäufer, ausschließlich am Tauschwert der Ware orientiert, muß dem Käufer gerade ihren Gebrauchswert schmackhaft machen, der seinerseits, obwohl zentral am Gebrauchs-

wert interessiert, dessen Bedeutung herunterspielen wird, sei es aus
Skepsis gegenüber den Gebrauchswertversprechungen des Verkäufers, sei es mit dem Ziel, den verlangten Preis der Ware möglicherweise noch reduzieren zu können» (Paris 1976, 24f). Dies ist eine
idealtypische, wenngleich nicht hintergehbare Rekonstruktion von
Verhaltensdispositionen, die in der Alltagswirklichkeit etwa dadurch
kompliziert wird, daß der Verkäufer nicht selbst Besitzer der Ware ist,
er als Ladenbesitzer gleichzeitig Nachbar ist (usw. – was in enger werdenden Beziehungen um so filigraner wird). Damit ist aber die Roh-
konstruktion des Sich-aufeinander-Beziehens in zwischenmenschlichen Interaktionen beschrieben, jene «egoistisch-instrumentelle
Gleichgültigkeit» einerseits und für ihren Zweck abgenötigte Empa-
thie, liebenswürdige Einfühlsamkeit andererseits, woraus «ein tiefes
Mißtrauen jedes warentauschenden Individuums gegenüber der Rollenhaftigkeit des Anderen» resultiert, «gegenüber den Identitätszu-
schreibungen, die vom anderen auf es selbst gerichtet sind, und damit
gegenüber dem eigenen Selbst, das ja zu seiner Bildung und Erhaltung u. a. einer verläßlichen Rückspiegelung und Bestätigung durch
andere bedarf» (Ottomeyer 1980, 179).

Die Kompensation des psychosozialen Aufwandes aus jenen, den
ökonomischen Kategorien bzw. ‹Zwängen› folgenden Widerspruchs-
oder Ambivalenzdimensionen ist in die Konsumtions- bzw. Reproduktionssphäre verwiesen, in den Bereich der Freizeit, des Privaten,
Intimen. Wenn die Individuen hier auf die Suche nach einem authentischen Selbst gehen, stehen sie zunächst vor dem Problem, daß hier
ihre Interaktionen und Tätigkeiten von der (aufgenötigten Han-
delns-, Denk- und Empfindens-)Logik der gesellschaftlichen Produktionsweise abgeschnitten und insofern ihre zwischenmenschlichen
Beziehungen ‹leer› sind (vgl. ebd., 182); oder aber vergleichbar im
Sinne eines Wiederholungszwangs werden die eigentlich zur Kompensation anstehenden, durch die Ökonomie bewirkten Erfahrungen
in diese Sphäre übertragen. Immer aber ist die Konsumtions- bzw.
Reproduktionssphäre der Bereich der physischen wie psychischen
Reproduktion und Reparation der individuellen Arbeitskraft. Die
damit zugewiesene Kompensationsfunktion setzt die Individuen vor
die Aufgabe, in ‹wirklich› menschliche, vertrauensvolle und harmonische Beziehungen jene Erfahrungen der «zwischenmenschlichen Instrumentalisierung, der Selbstinstrumentalisierung, des oberfläch-
lich-betrügerischen Rollenspiels, des Mißtrauens und der sozialen
Isolation» (ebd.) *nicht* durchschlagen zu lassen – um das soziale und

psychische Risiko des Mißlingens. Vor allem durch die Verhaltenszumutungen aus der Produktions- und Zirkulationssphäre sollen die gehäuft in westlich-kapitalistischen Gesellschaften vorkommenden psychoseartigen Identitätszusammenbrüche begünstigt werden (vgl. Wulff 1972); sie sollen Ursache eines diffusen gesellschaftlichen Leidens sein, das sich in einer Zunahme psychischer Erkrankungen wie Verschiebung und Ausweitung klinischer Krankheitsbilder niederschlägt (vgl. Schülein 1978, 428); schließlich soll die Konsumtionsbzw. Reproduktionssphäre als Bereich kompensatorischer Sozialkontakte notwendig Konfliktverleugnungen erforderlich machen, die in ihrer Zuspitzung in «Pseudogegenseitigkeit» intensives und unterdrücktes Mißtrauen hervorrufen und eskalierend schließlich «in einer zwischenmenschlichen Explosion enden (Trunkenheitsaggressivität, Scheidung etc.)» oder aber den psychotischen Identitätsverlust eines Familienmitgliedes zur Folge haben kann (Ottomeyer 1980, 182).

Daß aus den kernstrukturell widersprüchlichen oder ambivalenten Voraussetzungen gesellschaftlichen Lebens solche Beschädigungen an den Individuen erwachsen, verbleibt als (allerdings wahrscheinliche) Vermutung. Zum einen muß weiter thematisch werden, in welcher Form und mit welchen Inhalten sich die in der Widerspruchs- oder Ambivalenzstruktur, was insbesondere für die Bedingungen der Produktionssphäre gilt, gestiftete emanzipative Dimension auf Handeln und Verhalten, Denken und Empfinden der Individuen auswirkt (vgl. dazu u. a. Sève 1973; Rexilius 1977). Auch ist unstrittig, was an dem o. g. Verkaufsgespräch beispielhaft zu verdeutlichen ist, daß das Handeln gleichsam ein doppeltes ist, die Individuen bewußt handeln und doch mehr und vor allem anderes tun, als sie mit Bewußtsein vollziehen, was der «Selbstzerrissenheit der weltlichen Grundlage» folgt und «zur Selbstzerrissenheit der Individuen» in Form schizoider individueller Strukturen werden kann (Deutschmann 1974, 26f). Doch geschieht dies nicht im unvermittelten Reflex auf den kernstrukturell vorgegebenen Bedingungsrahmen für die Herausbildung individueller Strukturen; dieser ist nur die Folie der Vermittlungsebene einer biographischen und alltäglichen Normalität, auf der sich die zur inneren Repräsentation zu bringenden Momente der gesamten Lebenswirklichkeit besondern.

1.1.2 Gesellschaftliche Freisetzungs- und Individualisierungsprozesse

Mit dem Übergang von der feudalen zur bürgerlichen Gesellschaft wurden gewaltige Bevölkerungswanderungen in Gang gesetzt, regionale Bindungen und traditionelle Lebenszusammenhänge aufgelöst. Diesem Freisetzungsprozeß war und ist eine gesellschaftliche Differenzierung über arbeitsteilige Strukturen eingelagert, was den Prozeß der Individualisierung oder Vereinzelung begründet; dieser soll sich in der «fortgeschrittenen Moderne» nicht nur verschärfen, sondern über den Mechanismus der Konkurrenz die Krisenhaftigkeit von Identitätsbildungsprozessen verantworten: Individualisierung vollzieht sich «unter den Rahmenbedingungen eines Vergesellschaftungsprozesses, der individuelle Verselbständigungen gerade in zunehmendem Maße unmöglich macht: Der einzelne wird zwar aus traditionalen Bindungen und Versorgungsbezügen herausgelöst, tauscht dafür aber die Zwänge des Arbeitsmarktes und der Konsumexistenz und der in ihnen enthaltenen Standardisierungen und Kontrollen ein. An die Stelle *traditionaler* Bindungen und Sozialformen (soziale Klasse, Kleinfamilie) treten *sekundäre* Instanzen und Institutionen, die den Lebenslauf des einzelnen prägen und ihn gegenläufig zu der individuellen Verfügung, die sich als Bewußtseinsform durchsetzt, zum Spielball von Moden, Verhältnissen, Konjunkturen und Märkten machen» (Beck 1986, 211). Die Konkurrenz, in die der Arbeitsmarkt die Menschen zueinander setzt, befördert die Vereinzelung der Menschen gegeneinander, insoweit sie auf Austauschbarkeit beruht und den Zwang freisetzt, «diese Austauschbarkeit durch Betonung und Inszenierung der Besonderheit, Einmaligkeit und Individualität der eigenen Leistung und Person zu unterlaufen und zu minimieren» (Beck 1983, 46).

Nicht nur diese Anforderungen der Selbstpräsentation, die zudem noch je situativ gebunden ist und entsprechend situationsadäquates Rollenverhalten abverlangt, wirft den vereinzelten einzelnen auf sich selbst zurück; sozialstaatliche Programme sozialisieren – indem sie Risiken individualisiert behandeln und absichern – die Individuen zudem auf die Einstellung und Sichtweise, sich selbst alle Probleme und Defizite als persönliche zuzurechnen, was gegen die Einsicht in strukturell-gesellschaftliche Verursachung blockiert. Das neuere «Phänomen der psychologisierenden Selbstthematisierung der Subjekte» (Keupp et al. 1989, 187) ist zunächst der Versuch, «Erlebniskatastrophen» (Mitscherlich) aus der psychosozialen Lebensorganisation und der «Austrocknung der emotionalen Dimension des Lebens» (Dreitzel 1981, 179) abzufedern, flankiert aber diese Blockierung und ist in einer vorherrschenden (kommerziellen) psychologischen und therapeutischen Orientierung vermittelt, in und zu gesellschaftlichen Verhältnissen zu befreien (vgl. Nogala 1987, 54) – nach dem Leitgedanken: «Die Gesellschaft ist krank, weil du krank bist, also mußt du dich selbst verändern» (Michel 1985, 119).

Die über Generationen vernetzten Beziehungen und subkulturellen Milieus in den Quartieren, wie sie in vormaligen gewachsenen Wohnvierteln noch möglich waren, weichen in neuen großstädtischen Wohngebieten einer sich ausbreitenden Anonymisierung. Auch die «Vielfalt von Lebensformen» und die «Pluralisierung von Familienformen» (Beck 1985, 93) lösen tradierte Sozialformen weiter in Richtung einer sich verallgemeinernden Individualisierung auf (vgl. auch Keupp et al. 1989, 154 ff). Dieser Aspekt firmiert auch unter dem Begriff der ‹Privatisierung›. Infolge sozialstruktureller Veränderungen (u. a. durch die Bildungsexpansion in den 60er und 70er Jahren, Expansion des Sozialstaates, Strukturwandel der Arbeitswelt im Rahmen technologischer Innovationen und Umstrukturierungen, in den 80er Jahren Entkoppelung von Bildungs- und Berufsstatus, mögliche Entwertung von Berufskompetenz) wird die durch ähnliche «Status-Konfigurationen» gegebene strukturelle Gemeinsamkeit zwischen Individuen verringert, wodurch umgekehrt die Wahrscheinlichkeit von sozialen Beziehungen zwischen Individuen mit unterschiedlichen «Status-Konfigurationen» steigt. Dieser geringere Grad an sozialer Dichte und der höhere an sozialer Diversifizierung ermöglicht es den Individuen, «die Partikularität gruppenspezifischer Werte und Normen zu erkennen und dementsprechend zu relativieren», wodurch «Werte und Normen ihre soziokulturelle Selbstverständlichkeit (verlieren). Individuen machen nämlich die Erfahrung des Grundsatzes, ‹daß es auch anders sein könnte›.» Wenn Wahl und Wechsel von sozialen Kontakt- und Beziehungsnetzen individuell verfügbarer geworden sind, dann kann die zugrunde liegende abnehmende Bindungskraft traditionsbestimmter Milieus auch «höhere Isolierung und Vereinzelung von Individuen» zur Folge haben, «mithin die Erschwernis oder Unfähigkeit, Gemeinschaftsbezüge herzustellen» (Buchmann 1989, 631 ff).

Simmel ([2]1907, hier 1989, 664f) führte dies (und zwar in der eingangs beschriebenen Ambivalenz seiner Argumentationsfigur) auf die Geldwirtschaft zurück, unter der «die Zahl der auf Geld gestellten

Verhältnisse» stetig zunimmt, wodurch «eine innere Schranke zwischen den Menschen» entsteht, «die aber allein die moderne Lebensform möglich macht.» Gerade in bezug auf die Familie wird jene «Lockerung des Familienzusammenhanges» als Resultat aus «der wirtschaftlichen Sonder-Interessiertheit der einzelnen Mitglieder» angenommen. Hier wie generell legt die «Distanzierung durch den Geldverkehr (...) eine Barriere zwischen die Personen, indem immer nur der Eine von zwei Kontrahenten das bekommt, was er *eigentlich* will, was seine spezifischen Empfindungen auslöst, während der andere, der zunächst nur Geld bekommen hat, eben jenes erst bei einem Dritten suchen muß. Daß jeder von beiden mit einer ganz anderen *Art* von Interesse an die Transaktion herangeht, fügt dem Antagonismus, den schon die Entgegengesetztheit der Interessen von vornherein bewirkt, eine neue Fremdheit hinzu.»

Individualisierung, die Simmelsche «neue Fremdheit», unterliegt aber nach aktueller Diagnose auch der Prägung durch Institutionen; d. h. Entscheidungen, die durch das Bildungssystem, durch den Arbeitsmarkt (u. v. a. m.) getroffen werden, fixieren eine durchschnittliche Normalbiographie und geben ihr ihre (auch rechtliche) Gestalt. Eine institutionell vorgegebene Normalbiographie, wie sie etwa am Normal-Arbeitsverhältnis und an der Normal-Familie orientiert ist, steht zu einer Wirklichkeit verbreiteter Arbeitslosigkeit, zu einem statistisch beachtlichen Ehescheidungsgeschehen und außerfamilialen Lebensformen im Widerspruch. Somit entstehen durch «institutionelle und lebensgeschichtliche Vorgaben (...) gleichsam Bausätze biographischer Kombinationsmöglichkeiten. Im Übergang von der ‹Normal- zur Wahlbiographie› (Ley) bildet sich der konfliktvolle und historisch uneingeübte Typus der ‹Bastelbiographie› (Gross) heraus» (Beck 1986, 217).

Die gesellschaftlichen Freisetzungsprozesse verlangen den Individuen «eine veränderte innere Ausstattung» ab, «um durch eine sich partikularisierende Welt und die ständig geforderten situativen Umstellungen ohne Zerfall der Person durchzukommen. Stabile Handlungsorientierungen, Koordinaten, die für ein Leben lang sichere Bezugspunkte liefern könnten, erscheinen kaum mehr gegeben oder möglich» (Keupp et al., 1989, 159 f). Allerdings soll den schichtenübergreifenden Individualisierungsprozessen, die in den gesellschaftlichen Freisetzungsprozessen begründet sind, eine emanzipatorische Perspektive innewohnen: «Der sich vergrößernde Handlungsspielraum ermöglicht neue soziale Beziehungen, die nicht durch starre

Rollenmuster vorgegeben sind. Sie können und müssen ausgehandelt werden» (ebd., 161).

Was ausgehend von den kernstrukturellen Bedingungen gesellschaftlichen Lebens als analytisch aus den ökonomischen Kategorien bzw. ‹Zwängen› zu entwickelnde Widerspruchs- oder Ambivalenzdimension zu diskutieren war, ist mit diesem soziologischen Erklärungsansatz in den Topoi einer möglichen individuell sozialkreativen Neugestaltung des Alltagslebens wie vornehmlich aber einer zunehmenden «Krisenhaftigkeit von Identitätsbildungsprozessen sowie zunehmende(n) Vereinzelung und Isolation» (ebd.) gefaßt. Überwiegend wird bis hierher eine Depravation von Subjektivität diagnostiziert. Das emanzipatorische Potential, «in Gang befindliche gesellschaftliche Erprobungs- und Lernprozesse (Entwicklung neuer Lebensformen im Zuge von Individualisierungsprozessen, professionsinterne Pluralisierungen und Kritik)», wird aus einer sich verändernden Politik erwartet, die den «paradoxen Weg der Selbstentmachtung» zu gehen hat (Beck 1986, 374). Was bei Simmel als «kühle Reserviertheit», «anonyme Objektivität», «neue Fremdheit» und andererseits als «individuelle Freiheit» diskutiert war, wiederholt sich hier in der kulturkritischen Klage über die Folgen der Freisetzungsprozesse für die Individuen, die sich aber – so Politik es richtet – zum Guten wenden können. Diese tradierte soziologische Argumentationsfigur ist insoweit affirmativ, als sie ihren Begriff subjektiver Kompetenz als systeminduzierte Nutzungsmöglichkeit definiert und somit in der Weise systemimmanent verbleibt, als sie in Ermangelung einer kategorialen Entfaltung der gesellschaftlichen Formbestimmtheit von sozialem Handeln und Verhalten den objektiven Konstitutionszusammenhang subjektiver Strukturen *nicht* als Begründungszusammenhang auch potentiell nonkonformer, aus der Widerspruchs- oder Ambivalenzdimension gespeister Identität ausweisen kann – dann als Initiationsmoment der Aufhebung der eigenen Voraussetzungen. Allerdings sind aus der je individuell zur inneren Repräsentation zu bringenden gesellschaftlichen Lebenswirklichkeit, in der die Biographien der Individuen fragmentiert sind und ihr alltägliches Leben segmentiert ist, psychosoziale Belastungen weiter zu konkretisieren – dann aber gleichsam als Paraphrase zur Totalisierung des Verdinglichungszusammenhangs, der Verselbständigung der gesellschaftlichen Verhältnisse gegenüber den Individuen, worin «das gesellschaftliche Verhältnis der Menschen selbst (...) für sie die phantasmagorische Form eines Verhältnisses von Dingen annimmt» (Marx 1971, 86).

1.1.3 Fragmentierte Biographie und segmentiertes Alltagsleben

Mit der Umwälzung von der feudal-agrarischen zur bürgerlich-kapitalistischen Produktionsweise änderte sich auch der Zeitbegriff; die überkommenen Vorstellungen einer zyklischen Zeit wichen einem Konzept linearen Zeitflusses. Zeit wurde zur Zeitbeherrschung, was der zu entwickelnden Fähigkeit entsprach, Zukunft vorauszudenken, berechenbar zu machen und entsprechend zu handeln. Von konkret ausgefüllter wurde Zeit zur abstrakten Verrechnungseinheit für menschliches Handeln (vgl. Huck 1980, 14). «Diese den wirklichen Lebenszusammenhang zerreißende, zerstückelnde Zeit wird als ‹Leben›, als zweite Natur empfunden», der Lebensprozeß erscheint als bloße «Aufeinanderfolge verwertbarer Zeitstücke» (Negt & Kluge 1972, 45). Biographien erhalten daraus ihre Struktur; allerdings unterscheiden sich die objektiven Bedingungen der verschiedenen Lebensphasen so stark, «daß sie auch durch Aneignung sich nicht bruchlos aneinanderfügen lassen. Biographien sind also gekennzeichnet durch Realitätsdestruktion und Realitätsneuaufbau oder durch starke Verdrängungen jeweils vorhergehender Lebensphasen» (Dröge- & Krämer-Badoni 1987, 78). Die Schülerin, die als Abiturientin noch die Tugenden der deutschen Aufklärung: Freiheit, Gleichheit, Brüder-/Schwesterlichkeit schätzt und vielleicht in ihren persönlichen Beziehungen zu verwirklichen versucht, wird als spätere Managerin in einem Großkonzern mit einer ganz anderen Wirklichkeit konfrontiert. Das bedeutet dann weiter, daß zwischen den Realitätsdestruktionen und dem Neuaufbau von Realität Erfahrungen aus vorausgegangenen Phasen vorübergehend oder dauerhaft entwertet werden, die jedoch als Erinnerungsreste im Sinne einer Wiederkehr des Verdrängten erhalten bleiben und in die Umdeutung von Realität einschießen können. Die «Nicht-Identität, das beziehungslose Nacheinander oder oft sogar konträre Gegeneinander» der «zeitlichen Verlaufsbruchstücke» bedeutet in einer fragmentierten Biographie einen auf Dauer gestellten Prozeß der Erfahrungsentwertung, bedeutet Realitätsdestruktion und -neuaufbau, was als umkonturierte äußere Realität von den Individuen dann erneut zur innerpsychischen Repräsentanz zu bringen ist: «Abbau und Aufbau von entkoppelten und entzeitlichten Lebenserfahrungen sind komplexe Subjektleistungen, die sich historisch beobachtbar zunehmend in funktionalen, auf die Erhaltung individueller Identität gerichteten Problemlösungen erschöpfen und überschüssige, sozialkreative oder wie immer wirksame

Subjektivität abschöpfen. Sie gelingt keineswegs immer, so daß die Beschädigungen des Subjekts (eventuell) kompensatorische Scheinlösungen nahelegen» (ebd., 144).

Zunehmende geographische und soziale Mobilitätsprozesse sind exemplarisch für die Fragmentierung von Biographien und die Folgen an den Individuen. Berufs-, Arbeitsplatz- und Ortswechsel stellen im Arbeitsleben vor ständig neue situative Anforderungen aus neuen sozialen Kontexten (vgl. Beck 1983, 46), wodurch ein einmal erworbenes Erfahrungswissen an Orientierungsfunktion verliert. Margaret Mead (1971) hat im Hinblick auf die Entwertung von Erfahrungswissen den Begriff der «präfigurativen Gesellschaft» geprägt, was meint, daß ältere Menschen von ihrer Zeit überholt werden und in die neue Zeit gleichsam einwandern müssen, in der die Jüngeren schon als ‹Eingeborene› leben, von denen die Älteren lernen müssen, um sich in der neuen Zeit orientieren zu können.

Der in der Arbeitsbiographie vermittelten situativen Brüchigkeit steht entsprechend ein alltäglich segmentierter Lebenszusammenhang gegenüber, der – was «aus dem täglichen Kreislauf der Menschen als abstrakte Zirkulation der Ware Arbeitskraft folgt» (Dröge & Krämer-Badoni 1987, 142) – in gleichzeitige und weitgehend zusammenhanglose Lebenssphären zerfällt. Die jeweilige situativ-soziale Ausstattung der verschiedenen Sphären verlangt die subjektive Fähigkeit eines mehr oder minder hochgradig oszillierenden Rollenverhaltens ab, worin die gesellschaftlichen Widersprüche, Ambivalenzen und Konflikte an den Individuen zum Ausdruck kommen: «Ein ‹Schüler› ist gleichzeitig ein braver Empfänger, der sich autoritär übermitteltes Wissen einverleibt, und ein kühner Beauftragter seiner unwissenden Eltern, der die höhere Welt der Gebildeten zu erobern hat; eine Gattin ist nun eine hochverehrte Mutter und Garantin der Reproduktion und eine Frau, die ihre sexuellen Ansprüche gegenüber denen ihres Gatten, dem sie dienen muß, nicht anmelden darf.» Hier wird deutlich, daß «die Widersprüche und Konflikte, die unsere Kultur kennzeichnen, das Subjekt selbst verändert haben», «der Widerspruch in der Gesellschaft (...) zum Widerspruch im Subjekt geworden» ist (Parin 1983, 120).

Die Kernstruktur des widersprüchlichen Rollenverhaltens ist in der historischen Trennung von Arbeit und sog. Freizeit (was die physische wie psychische Reproduktion der Ware Arbeitskraft meint) gegeben, die sich beide in weitere Funktionsbereiche auffächern. Diese Funktionsbereiche sind mit jeweiligen Verhaltensregeln und Handlungsanforderungen ausgestattet, über die sich den Individuen Erfahrungen vermitteln, die jedoch in einem anderen Bereich mit eben anderen Regeln und Anforderungen (ggf.) keine Gültigkeit mehr haben. (Lebens-)Erfahrung auf der Ebene eines fragmentierten alltäglichen Lebenszusammenhangs ist demnach ein komplexes Bündel aus unterschiedlichen bis widersprüchlichen Bruchstücken; ihre Gültigkeit ist jeweils zeitlich und situativ nur begrenzt – ein «‹Leben von Situation zu Situation›, das durch die objektiv begründete Partialisierung sozialer Lebensbereiche (Arbeit, Freizeit) ebenso fundiert ist wie z. B. durch die verschiedenen Formen horizontaler und vertikaler Mobilität» (Hack 1977, 88).

In ihren widersprüchliches Verhalten abverlangenden Handlungsfeldern und in ihren dortigen Interaktionen sind die Individuen «Charaktermasken» (Marx), weil in jeder Sphäre «die Formbestimmtheit, Determination des wechselseitigen Verhaltens der Individuen durch den ‹stummen Zwang der ökonomischen Verhältnisse› ihren eigenen Charakter» hat. Nicht schlicht unterschiedliches Verhalten, das es etwa in einer Jäger- und Sammlergesellschaft auch gibt, sondern «schwerwiegende Widersprüche nicht nur *innerhalb* jeder Sphäre (...), sondern auch *zwischen* den einzelnen Sphären der Ökonomie und des Alltagslebens» sinnen den Individuen eine «‹gegliederte Charaktermaske›» an, das subjektive Pendant eines segmentierten Alltagslebens, wobei die Widersprüche «tendenziell eine *Überlastung der individuellen Identität* in ihrer zentralen Funktion der Synthetisierung und ‹selbstbewußten› Vereinheitlichung der eigenen unterschiedlichen und widersprüchlichen Handlungssequenzen oder auch Rollen» bewirkt (Ottomeyer 1980, 166).

Die «subjektive Strukturierungsfähigkeit» in einer fragmentierten Lebenswirklichkeit scheint darum eine hochgradig psychosozial belastende Anforderung zu sein, weil nur durch situativ-sensibles «verstehendes Interpretieren» und durch gleichsam «hypothetische Auslegungen» angemessenes Handeln und Verhalten aktualisiert werden kann (Hack 1977, 105). Dabei ist die für ein «zugleich situationsangepaßtes und hochflexibles Verhaltensrepertoire (...) vorausgesetzte, geschichtlich zunehmende soziale Sensibilität (...) freilich kein Zeichen wachsender Autonomie, sondern als Reaktionsform auf die sozialen Umweltansprüche eher ein Zeichen subjektiver Entmachtung» (Dröge & Krämer-Badoni 1987, 145). Was in der sozialwissenschaftlichen Literatur als Apathie oder Passivität, privatistischer Rückzug bis Isolation, als Abweichung oder nur Borderline-Symptome mit

Merkmalen wie Einsamkeit, Leere, innerer Zerrissenheit abgehandelt wird, scheint der psychosoziale Preis ständig oszillierender Verhaltenszumutungen und -anforderungen zu sein. Als Reaktionsmodi und Form der Bearbeitung gesellschaftlicher Normalität signalisieren sie die Unfähigkeit, widersprüchliche soziale Erfahrungen individuell zu einem stabilen Identitätsmuster zu synthetisieren.

Das flexible bis widersprüchliche Handeln und Verhalten im biographischen Prozeß wie alltäglich in unterschiedlichen sozialen Kontexten, in «multiplen Realitäten» (Schütz), ist für die Individuen zur riskanten Normalitätsbedingung geworden. In der Psychopathologie wird der Begriff der ‹multiplen Persönlichkeit› (als Kennzeichnung einer Persönlichkeitsstörung) verwendet, was die konfliktvolle Präsenz unterschiedlicher und sich ausschließender Persönlichkeiten in einem Individuum meint; sozialepidemiologisch ist immer häufiger von ‹multiplen Identitäten› die Rede – und angesichts der alltäglichen subjektwirksamen Diskontinuitäten wird gemutmaßt, daß offensichtlich kein wesentlicher Unterschied zwischen der psychopathischen ‹multiplen Persönlichkeit› und jenen, den Normalitätsbedingungen angemessenen ‹multiplen Identitäten› besteht (vgl. Keupp 1988, 137). Für das Leben in ‹multiplen Realitäten› wird ein Bedeutungswandel in Form einer Zugewinnperspektive ausgemacht, die sich als «Identitätsakkumulationshypothese» (Thoits) aus der Erforschung des Zusammenhangs von ‹multiplen Identitäten› und psychischer Gesundheit ergibt. Demnach aktiviert die Vielzahl der Rollenengagements die Ressourcen einer Person, erhöht die positiven Entschädigungen sowie existentielle Sicherheit. Gerade für berufstätige, doppelbelastete Frauen wird ein geringeres Störungsrisiko gegenüber nicht-berufstätigen verheirateten Frauen festgestellt, weil sie gerade aus den erhöhten Rollenanforderungen Energie, Ressourcen und Ich-Stärke beziehen (vgl. ebd., 137f).

Mit dieser (gegen die Entmachtungsthese emanzipatorischen) Zugewinnperspektive kontrastieren andere sozialepidemiologische Befunde. Demnach weisen gerade bei Frauen insbesondere depressive Störungen eine weit höhere Rate als bei Männern auf; variiert die Schwere psychischer Störungen umgekehrt mit dem sozioökonomischen Status – je niedriger der Status, desto höher die Wahrscheinlichkeit, sich schwere psychische Probleme einzuhandeln; steigt mit dem Grad der Urbanisierung die Rate der psychischen Störungen; folgt ökonomischen Krisen (und signifikant den Arbeitslosigkeitsraten) eine Erhöhung der Störungsarten (vgl. ebd., 86). Mit diesen wohl gesichertesten Ergebnissen über den Zusammenhang sozioökonomischer Lebensbedingungen und psychischer Probleme sind allenfalls Wahrscheinlichkeitsaussagen zu machen, ist wie auch nach der «Identitätsakkumulationshypothese» jedoch nicht die Frage zu beantworten, warum ein konkretes Individuum unter gegebenen gesellschaftlichen Normalitätsbedingungen eine Störung entwickelt oder nicht oder sich gar einen Zugewinn verschafft. Gerade die Zugewinnperspektive wird nach sozialwissenschaftlicher Einschätzung durch gegebene «Bedingungen gesellschaftlicher Marginalisierung und wachsender persönlicher Demoralisierung» konterkariert, die «zu keinen hoffnungsvollen und produktiven Identitätsentwürfen» führen werden: «Wohl eher zu einer Fixierung an Normalitätsmodelle, die ‹veralten› mögen, zu deren Realisierung jedoch immer wieder so viel persönliche Energien investiert wurden und werden» (ebd., 148). Die Vermutung aber, daß zwischen einer ‹psychopathischen›, ‹gestörten› und ‹normalen› Persönlichkeit mit jener ‹multiplen Identität› kein wesentlicher Unterschied bestünde, läßt im Erkennen psychischer «Störungen als Bewegungsform des Subjekts im gesellschaftlichen Alltag» (Gleiss 1979, 241 ff) die Frage an Relevanz verlieren, warum denn ein konkretes Individuum eine Störung entwickelt und ein anderes nicht. Dann nämlich sind Störungen nichts weiter als eine Form, «sich als Persönlichkeit und Subjekt zum gesellschaftlichen Lebensprozeß in Beziehung zu setzen», entstehen sie, «*weil* sie für die Orientierung des Subjekts im gesellschaftlichen Alltag notwendig werden» (ebd., 263 f). Sie gehen auf «Orientierungskrisen» zurück, die erst dann ‹symptomatisch› gelöst werden, wenn Handlungen oder Gewohnheiten für den Zweck herausgebildet werden, die eigene Person vor problematischen Erfahrungen zu schützen oder sich subjektivnotwendige Erfahrungen immer weiter zu verschaffen – zu beiden Seiten Verhaltensweisen also, die «objektiv die Wirkung haben, die Erfahrungsmöglichkeiten der Person zu beschneiden» (ebd., 269). Wie schon in der soziologischen Diskussion um gesellschaftliche Freisetzungs- und Individualisierungsprozesse wie auch mit (u. a.) der «Identitätsakkumulationshypothese», nach der aus biographisch fragmentierten und alltäglich segmentierten Lebenszusammenhängen ein subjektwirksamer Zugewinn zu erwachsen scheint, wird hier eine «Höherentwicklung» als Möglichkeit ausgemacht; die aber erfolgt nur dann, «wenn das Subjekt in der Lage ist, die neuen Erfahrungen zuzulassen, sich darüber adäquater einschätzen zu lernen und auf dieser Grundlage auch die eigene Entwicklung adäquater in die

Hand nehmen zu können» (ebd., 270). Hier aber ist nicht nur das über psychosoziale Kreativität seiner Stör-Anpassung vorauseilende Individuum zu denken. Die in der kernstrukturellen Formbestimmtheit sozialen Handelns, die in den objektiven Sinnstrukturen fixierte Widerspruchs- oder Ambivalenzdimension ist demgegenüber als Vermittlungszusammenhang einer potentiell nonkonformen Identität zu diskutieren, als Identitätswiderstand und damit perspektivisch-dynamische Kategorie, kernstrukturell immer schon vermittelte Keimform nur noch schwerlich oder nicht mehr integrierbarer Orientierungen.

1.1.4 Gesellschaftliche Normalität und individuelle Abweichung

Unter den kernstrukturell immer schon vorausgesetzten Widerspruchs- und Ambivalenzdimensionen hat sich individuelles Leben aber zunächst einzurichten: im Widerspruch zwischen Gleichgültigkeit und Identifikation, der Verausgabung von Arbeitskraft und deren Erhalt, einer notwendig erscheinenden Unterordnung und (auch funktionaler) Selbständigkeit, mehrseitiger und gleichzeitiger Konkurrenz und Kooperation, Anpassung an aktuelle Situationen und der Notwendigkeit langfristiger Planung, Wahrung und Wahrnehmung eigener Interessen und aktuell opportuner Anpassung an fremde (vgl. Kaplonek & Schroeter 1979, 285 ff).

Instrumentalisierung und Selbstinstrumentalisierung, liebenswürdige Einfühlsamkeit und tiefes Mißtrauen, in den Freisetzungs- und Individualisierungsprozessen ermöglichte Chancen zu sozialkreativer Neugestaltung oder daraus wie in fragmentierten und segmentierten Lebenszusammenhängen vermittelte Krisenhaftigkeit von Identitätsbildungsprozessen: Dies sind psychosoziale Regularien aus einer gesellschaftlichen Normalität, in der – so die Kritische Theorie – menschliche Potentialität zwar unterdrückt, dadurch aber nicht ihrer Wirksamkeit beraubt ist. In der «Dialektik der Aufklärung» (1947, 257) thematisieren Horkheimer und Adorno implizit diese Widerspruchs- oder Ambivalenzdimensionen, wenn auch unter dem vorherrschenden Blickwinkel, daß der zivilisatorische Fortschritt seinen Preis in der verhärteten Subjektivität der Individuen habe: «Die radikal-individuellen, unaufgelösten Züge an einem Menschen sind stets beides in eins, das vom je herrschenden System nicht ganz Erfaßte, glücklich Überlebende und die Male der Verstümmelung, welche das System seinen Angehörigen antut. In ihnen wiederholen sich über-

treibend Grundbestimmungen des Systems.» «Nur gegen die verhärtete Gesellschaft, nicht absolut, repräsentiert das verhärtete Individuum das bessere.»

Auch in der Figurationssoziologie von Norbert Elias wird gesellschaftliche Normalität an den Individuen als immer auch Provokation
zur Abweichung von dieser Normalität analysiert. Elias verknüpft
lange sozialhistorische und sozialstrukturelle Prozesse mit sich verändernden Persönlichkeitsstrukturen, wobei der Zivilisationsprozeß hin
zu gegenwärtiger Normalität vor allem darin bestehen soll, daß äußere Kontrollen zunehmend von den Individuen verinnerlicht werden. Infolge der Differenzierung des gesellschaftlichen Lebens im
Übergang zur bürgerlichen Epoche wird «die Regelung des gesamten
Trieb- und Affektlebens durch eine beständige Selbstkontrolle immer
allseitiger, gleichmäßiger und stabiler» (Elias 1976, 313), werden
«Überlegungen, Berechnungen auf längere Sicht, Selbstbeherrschung, genaueste Regelung der eigenen Affekte, Kenntnis der Menschen und des gesamten Terrains (...) zu unerläßlichen Voraussetzungen jedes sozialen Erfolgs»; «Distanzierung und Näherung im
Verhalten zu jedem anderen müssen genau dosiert werden; jeder
Gruß, jedes Gespräch hat eine Bedeutung über das unmittelbar Ge-
sagte oder Getane hinaus» (ebd., 370). Sozialhistorisch und in bezug
auf die psychosoziale Ausstattung der Individuen ist hier der Prozeß
der Herausbildung des Widersprüchlichen oder Ambivalenten im
Handeln, Verhalten, Denken und Empfinden rekonstruiert, zumal
jene wesentliche Dimension des Widerspruchs zwischen «egoistisch-
instrumenteller Gleichgültigkeit» auf der einen und jener «liebens-
würdig-einfühlsamen, (...) sich selbst repräsentierenden Oberflä-
cheninteraktion» auf der anderen Seite (Ottomeyer 1980, 179; s. o.),
wie sie vermittels kernstruktureller Bestimmungen gesellschaftlichen
Lebens als Desiderate an die Individuen ergehen. Für Elias birgt der
«Selbstzwang» des – bürgerlich zivilisierten – Menschen, «dessen er
sich nicht erwehren kann, selbst wenn er es in seinem Bewußtsein
will», das Moment seiner Durchbrechung; denn die Belastung aus
Verhaltens- und Affektkontrolle in den Interaktionen ist so groß,
«daß sich in dem Einzelnen neben der bewußten Selbstkontrolle zugleich eine automatisch und blind arbeitende Selbstkontrollapparatur
verfestigt, die durch einen Zaun von schweren Ängsten Verstöße gegen das gesellschaftsübliche Verhalten zu verhindern sucht, die aber,
gerade weil sie gewohnheitsmäßig und blind funktioniert, auf Umwe-
gen oft genug solche Verstöße gegen die gesellschaftliche Realität

herbeiführt» (Elias 1976, 317). «Triebzweige», so sie nicht «gewissermaßen anästhesiert» werden und «für ein ganzes Leben taub und unausssprechbar bleiben», können in der «Modellierung» des kleinen «Menschenwesens» zum «‹zivilisierten‹ Wesen (…) so umgebogen werden, daß ihre Energien nur noch auf Seitenwegen, in Zwangshandlungen und anderen Störungserscheinungen einen unerwünschten Ausweg finden können», wie auch «eine dauernde, scheinbar unbegründete, innere Unruhe anzeigen» mag, «wie viele Triebenergien auf diese Weise in eine Gestalt gebannt sind, die keine wirkliche Befriedigung zuläßt» (ebd., 332).

Was als gesellschaftliche Normalität, was ebenso als individuelle Abweichung gilt und faktisch ist, gewinnt hier auch nach figurationssoziologischer Analyse seine Realität (ohne daß sie aus einem kategorial zu entfaltenden Begriff von Gesellschaft gewonnen wäre) – historisch-epochal wie aktuell – aus dem gesellschaftlichen Lebenszusammenhang. Die in den Freisetzungs- und Individualisierungsprozessen sowie durch die bestimmte Form der Lebensgeschichte und alltäglich abverlangte wie aufzubringende Strukturierungsfähigkeit und soziale Sensibilität scheint (noch und vornehmlich) zur Seite subjektiver Entmachtung auszuschlagen, und zwar auf der Bandbreite von schweren Störungen (kriminell-asoziales Handeln, Wahnsinn, Sucht etc.) bis zu den vielfältigen Borderline-Symptomen, wo sich die Individuen aus psychoanalytischer Sicht gewissermaßen auf der Grenze zwischen einer psychotischen oder neurotischen Erkrankung befinden, ohne selbst eine Psychose oder Neurose auszubilden. Wenn Freud (1924, hier 1975, 336) «die Inkonsequenzen, Verschrobenheiten und Narrheiten der Menschen», die (ggf. zur Ausbildung eines neurotischen oder psychotischen Krankheitsbildes führenden) Konflikte des Ich auch aus den zugrunde liegenden «ökonomischen Verhältnissen» erklärt wissen will und die Frage stellt, «unter welchen Umständen und durch welche Mittel es dem Ich gelingt, aus solchen gewiß immer vorhandenen Konflikten ohne Erkrankung zu entkommen», dann sieht er das Ich in der anpassungsstrategischen Nötigung, sich selbst zu deformieren, «sich Einbußen an seiner Einheitlichkeit gefallen» zu lassen, daß das Ich sich «eventuell sogar (…) zerklüftet oder zerteilt»: das innere Pendant äußerlich über den historischen Prozeß je individualgeschichtlich fragmentierter wie segmentierter Lebenswirklichkeit.

Damit (und ‹um ohne Erkrankung zu entkommen›) sind die Individuen gehalten, und zwar um ihr Handeln und Verhalten in Aus-

drucksformen erscheinen zu lassen, die den gesellschaftlichen Toleranzspielraum nicht überstrapazieren, eine psychosoziale Kompetenz
zu entwickeln, deren wesentliche Facetten «kritisch-reflexive Kompetenz» (Geißler) und «Unmittelbarkeitsüberschreitung» (Holzkamp)
sind; gemeint ist die Fähigkeit, psychosoziale Widersprüche zu identifizieren, ihre Ursachen zu analysieren und die Möglichkeit der Veränderung zu überprüfen. Weiter ist «Identitätsbalance» (Krappmann)
aufzubringen, nicht nur um diese Widersprüche eben balanceökonomisch beständig neu auszutarieren und zu synthetisieren, sondern um
sie nötigenfalls stehenzulassen. Vermittels . schließlich reflexiver
«Rollendistanz» (Goffman) kann und muß das Individuum sich ohne
Selbstaufgabe von den Anforderungen unterschiedlichster Individualitätsformen distanzieren (vgl. insg. Zygowski 1989, 184ff).

Ausgestattet mit solcher Kompetenz sollen die Individuen psychosoziale Widersprüche und Ambivalenzen also verarbeiten, wobei
vorab die Annahme besteht, daß je «nach psychischer Konstellation
(...) Ambivalenz in Kompromißbildungen harmonisiert werden
(kann), sie (...) aber auch das Bewußtsein für antagonistische Verhältnisse schärfen (kann); sie kann resignativ, aggressiv oder auf positive Veränderung drängend verarbeitet werden» (Becker-Schmidt
& Knapp 1985, 147). Insoweit schließt Ambivalenz sowohl Konflikt-
wie Kompromißbereitschaft in sich ein – ein Zusammenhang, wie er
als Vereinzelung, Isolation, Apathie und krisenhafte Identitätsentwicklung oder in emanzipativ-sozialkreativer Dimension schon durch
die kernstrukturellen Bestimmungen gesellschaftlichen Lebens vermittelt ist.

Schon nach älterer Analyse Riesmans (1956, 43ff) verkörpert der
Bürger historisch als erster den Typus des «innen-geleiteten» Menschen, der lebensgeschichtlich schon frühzeitig einen «seelischen
Kreiselkompaß» (ebd., 59) in sich aufnimmt, um die an den einzelnen
gerichteten Rollenanforderungen in sich zu vereinen und um sich in
divergierenden sozialen Bezügen – identitätssichernd – als Einheit
zu erfahren. Die Reibungsverluste durch den enormen Drall, den dieser «seelische Kreiselkompaß» unter den Bedingungen der Individualisierungsprozesse und in einer fragmentierten wie segmentierten Lebenszusammenhanglosigkeit bekommen kann, mögen individuell
durch eine Realitätsabwehr über «*Verminderung* des Realitätsbezuges» (Holzkamp-Osterkamp 1976, 328) aufgefangen werden, womit
dann die Dynamik der Widersprüche und Ambivalenzen in ggf. prekären Verarbeitungsformen oder Symptombildungen ausgehebelt

bzw. zum Stillstand gebracht wird. Allerdings sind jene im Formie-rungsprozeß der bürgerlichen Gesellschaft sozialhistorisch induzier-ten «Verstöße gegen die gesellschaftliche Realität» (Elias) eines «Ich», das sich «zerklüftet oder zerteilt» (Freud), die Erfahrungs-möglichkeit für die Normalität individuell abweichender, nonkonfor-mer Identität eines dann anderen Sozialcharakters – gleichsam ein Ausbruch aus dem «Gehäuse der Hörigkeit» (Weber), der Formie-rungsprozeß nonkonformer Identität. Wenn gesellschaftliche Ent-wicklung auch im Zusammenhang von Individuum und gesellschaft-lichem Leben begriffen und als «Erosionskrise» (Negt) diagnostiziert wird, dann wird vermittels dieser Krise «erfahrbar, wie sich mit der Veränderung gesellschaftlicher Strukturen auch die normativen Re-gulative und ihnen zuordnenbare passende ‹Sozialcharaktere› verän-dern», was sich u. a. darin ausdrückt, daß «die Prägekraft der klassi-schen ideologischen Grundströmungen der bürgerlichen Kultur, die sich in Stichworten wie Leistungswille, individuelles Durchsetzungs-vermögen, Elitebewußtsein, Familie, Opfer oder Moral ausdrücken, (...) nicht mehr problemlos eine individuelle Verinnerlichungsbereit-schaft (findet)» (Keupp 1986, 428). Hier wird auch nicht nur der Rol-lenbegriff, der als Kategorie Denkform und darin zugleich Sozialform ist, infolge der Krise durch soziokulturelle und psychosoziale Verän-derungsprozesse obsolet; durch ihre Erosion werden es die sozialen Rollen selbst, wie sich an selbst den langlebigsten (den Geschlechts-und Familienrollen) zeigt. Sozialwissenschaftlich wird reklamiert, diese Erosion nicht nur als «Verfallsgeschichte» (Keupp) im Sinne einer Totalisierung des Verdinglichungszusammenhangs zu interpre-tieren, die keinen Raum mehr ließe, in dem «eine nicht gesellschaftlich präparierte, irgend unabhängige Subjektivität sich verstecken könnte» und so das Subjekt zum «subjektlosen Subjekt» (Adorno 1970, 20 u. 35) verhärte. Postmodern wird literarisch «jedem der un-zähligen verzweifelten Identitätssucher» gar empfohlen, seine Suche als «abgesunkene Glaubensfrage» zu behandeln und aufzugeben (Strauß 1981, 177). Vielmehr führe der «tiefgreifende gesellschaftliche Transformationsprozeß» zu einer gesellschaftlichen Desintegration und Destabilisierung von Rollenzuweisungen wie Verhaltenszumu-tungen, was die «Spielräume für Individualität, für Traditionsbrüche» erweitere, «die neue Lebensperspektiven eröffnen können». Aller-dings wird auch der mögliche psychosoziale Preis gesehen: «Das stän-dige Aushandelnmüssen ist anstrengend, ist ein kaum zu befriedender Krisenherd, jedenfalls solange keine neuen kollektiven Sinnhorizonte entstanden sind. Seine Bewältigung erfordert bei den Subjekten psychosoziale Ressourcen, die längst nicht immer vorhanden sind. Es ist die Situation riskanter Chancen» (Keupp 1988, 67f).

Hier aber ist für eine kritisch orientierte und erklärende Soziologie die Diskussion neu zu eröffnen: Unbeschadet der Feststellung, daß gleichsam parallel zu dem sich totalisierenden Verdinglichungszusammenhang die verzweifelte und vielleicht fruchtbare Identitätsarbeit oder Verkarstung und Entmachtung der Subjekte den Entwicklungsstand psychosozialer Destruktivkräfte und deren Dynamik signalisiert, bleibt zu untersuchen, ob denn diese Gesellschaft sich tatsächlich qualitativ in einer solchen tiefgreifenden Krise befindet, ob das ‹Projekt der Moderne› überhaupt zu Ende zu bringen ist, insoweit ihm die Momente seiner Transzendierung immer schon immanent sind.

Literatur

Adorno, Th. W.: Aufsätze zur Gesellschaftstheorie und Methodologie. Frankfurt/M. 1970.

Beck, U.: Jenseits von Klasse und Stand? Soziale Ungleichheiten, gesellschaftliche Individualisierungsprozesse und die Entstehung neuer sozialer Formationen und Identitäten. In: R. Kreckel (Hg.): Soziale Ungleichheit. Göttingen 1983.

–: Von der Vergänglichkeit der Industriegesellschaft. In: Th. Schmid (Hg.): Das pfeifende Schwein. Berlin 1985.

–: Risikogesellschaft. Auf dem Weg in eine andere Moderne. Frankfurt/M. 1986.

Becker-Schmidt, R. & G.-A. Knapp: Arbeiterkinder gestern – Arbeiterkinder heute. Bonn 1985.

Buchmann, M.: Subkulturen und gesellschaftliche Individualisierungsprozesse. In: Kultur und Gesellschaft. Verhandlungen des 24. Deutschen Soziologentags, des 11. Österreichischen Soziologentages und des 8. Kongresses der Schweizerischen Gesellschaft für Soziologie in Zürich 1988. Frankfurt/M., New York 1989.

Deutschmann, M.: Qualifikation und Arbeit. Berlin 1974.

Dreitzel, H.-P.: Körperkontrolle und Affektverdrängung. Integrative Therapie, 7, 1981.

Dröge, F. & Th. Krämer-Badoni: Die Kneipe. Zur Soziologie einer Kulturform. Frankfurt/M. 1987.

Elias, N.: Über den Prozeß der Zivilisation. Bd. 2. Frankfurt/M. 1976.

Freud, S.: Neurose und Psychose (1924). In: Ders.: Psychologie des Unbewußten. Studienausgabe Bd. III. Frankfurt/M. 1975.

Frölich, C. W.: Über den Menschen und seine Verhältnisse (1792). Berlin (DDR) 1960.

Gleiss, J.: Psychische Störungen als Bewegungsform des Subjekts im gesellschaftlichen Alltag – ein handlungstheoretischer Entwurf. In: H. Keupp (Hg.): Normalität und Abweichung. München 1979.

Hack, L., W. Krause, U. Schmidt & W. Wachutka: Klassenlage und Interessenorientierung. Zeitschrift für Soziologie, 1, 1972.

Hack, L.: Subjektivität im Alltagsleben. Frankfurt/M., New York 1977.

Herbart, J. F.: Psychologie als Wissenschaft, neu gegründet auf Erfahrung, Metaphysik und Mathematik. Teil II (1824/25). Amsterdam 1968.

Holzkamp, K.: Grundlegung der Psychologie. Frankfurt/M., New York 1983.

Holzkamp-Osterkamp, U.: Grundlagen der psychologischen Motivationsforschung 2. Frankfurt/M. 1976.

Horkheimer, M. & Th. W. Adorno: Dialektik der Aufklärung. Amsterdam 1947.

Huck, G.: Freizeit als Forschungsproblem. In: Ders. (Hg.): Sozialgeschichte der Freizeit. Wuppertal 1980.

Jaeger, S. & I. Staeuble: Die gesellschaftliche Genese der Psychologie. Frankfurt/M., New York 1978.

Kaplonek, W. & R. Schroeter: Psychische Probleme als Probleme der Lebensbewältigung. In: H. Keupp (Hg.): Normalität und Abweichung. München 1979.

Keupp, H., F. Straus & W. Gmür: Verwissenschaftlichung und Professionalisierung. In: U. Beck & W. Bonß (Hg.): Weder Sozialtechnologie noch Aufklärung? Frankfurt/M. 1989.

Keupp, H.: Normalität und Abweichung. In: G. Rexilius & S. Grubitsch (Hg.): Psychologie. Theorien – Methoden – Arbeitsfelder. Ein Grundkurs. Reinbek bei Hamburg 1986.

–: Riskante Chancen. Heidelberg 1988.

Kosik, K.: Dialektik des Konkreten. Frankfurt/M. 1973.

Locke, J.: Gedanken über Erziehung (1693). Stuttgart 1970.

Marx, K.: Thesen über Feuerbach (1845). MEW Bd. 3. Berlin (DDR) 1969.

–: Das Kapital. Erster Band. MEW 23. Berlin (DDR) 1971.

–: Zur Kritik der Politischen Ökonomie (1859). MEW Bd. 13. Berlin (DDR) 1974.

–: Grundrisse der Kritik der politischen Ökonomie. Berlin (DDR) 1974a.

Mead, M.: Der Konflikt der Generationen. Olten 1971.

Michel, K. M.: Im Bauch des Wals. Abgesang auf die gesunde Persönlichkeit. Kursbuch, 82, 1985.

Negt, O. & A. Kluge: Öffentlichkeit und Erfahrung. Frankfurt/M. 1972.

Nogala, D.: Humanistische Psychologie (HUPS) als Anleitung zur Identitätsarbeit – Zerstörung politischen Denkens durch das therapeutische Paradigma. Psychologie & Gesellschaftskritik, 1, 1987.

Ottomeyer, K.: Gesellschaftstheorien in der Sozialisationsforschung. In: K. Hurrelmann & D. Ulich (Hg.): Handbuch der Sozialisationsforschung. Weinheim, Basel 1980.

Parin, P.: Der Widerspruch im Subjekt. Ethnopsychoanalytische Studien. Frankfurt/M. 1983.

Paris, R.: Schwierigkeiten einer marxistischen Interaktionstheorie. In: H.-G. Backhaus et al. (Hg.): Gesellschaft. Beiträge zur Marxschen Theorie. Frankfurt/M. 1976.

Rexilius, G.: Grundzüge einer kritischen Psychologie. Gießen 1977.

Riesman, D.: Die einsame Masse. Darmstadt, Berlin-Frohnau, Neuwied 1956.

Schmieder, A.: Bewußtsein im Widerspruch. München 1980.

Schülein, J. A.: Psychoanalyse und Psychoboom. Bemerkungen zum sozialen Sinnkontext therapeutischer Modelle. Psyche, 5/6, 1978.

Sève, L.: Marxismus und Theorie der Persönlichkeit. Frankfurt/M. 1973.

Simmel, G.: Philosophie des Geldes ([2]1907). Frankfurt/M. 1989.

Strauß, B.: Paare, Passanten. München, Wien 1981.

Wulff, E.: Grundlagen der transkulturellen Psychiatrie. In: Ders.: Psychiatrie und Klassengesellschaft. Frankfurt/M. 1972.

Zygowski, H.: Grundlagen psychosozialer Beratung. Opladen 1989.

Albert Scherr

1.2 Gesellschaftlicher Prozeß und Bereiche des Alltagslebens

Der Zusammenhang gesellschaftlicher Strukturen und Prozesse mit den historisch veränderlichen und sozial ungleichen Formen des Alltagslebens bildet den Gegenstand differenter Strömungen soziologischen Denkens, die hinsichtlich ihrer Bestimmungen des Terminus Alltagsleben wie auch ihrer theoriespezifischen Betrachtungsweisen des Alltagslebens uneinheitlich sind (vgl. Hammerich & Klein 1978; Dewe & Ferchhoff 1984). Diese Uneindeutigkeit des Terminus Alltagsleben ist nicht zufällig: Seine ‹alltagssprachliche› Verwendung verweist darauf, daß gesellschaftlich verselbständigte und fachwissenschaftlich differenzierte Bereiche – wie Arbeit, Familie, Wohnen, Ernährung, Medien usw. – als tagtäglich wiederkehrende Momente des individuellen Lebensprozesses erfahren, bewältigt, organisiert und erlitten werden.

An diese alltagssprachliche Bedeutung anschließend hat A. Heller (1978, 24) eine erste systematische Bestimmung des Terminus Alltagsleben formuliert: «Das Alltagsleben ist die Gesamtheit der Tätigkeiten der einzelnen Menschen zu ihrer Reproduktion, welche jeweils die Möglichkeit für die gesellschaftliche Reproduktion schaffen.» Diese Bestimmung läßt deutlich werden, daß die strukturelle Abhängigkeit der individuellen Lebensprozesse von den gesellschaftlichen Lebensbedingungen keine Determination der alltäglichen Lebensformen impliziert. Die mikrosozialen Prozesse des Alltagshandelns sind strukturell bedingte, aber zugleich relativ eigenständige Formen des handlungspraktischen Umgangs mit gesellschaftlichen Handlungszwängen und Handlungsmöglichkeiten. Alltagsleben konstituiert sich im Schnittpunkt von gesellschaftlich-allgemeinen Strukturen und Prozessen einerseits, subkulturellen und individuell-biographischen Besonderungen andererseits.

Grundlegend für eine Soziologie des Alltagslebens ist deshalb die Kritik an Wirklichkeitskonstruktionen, die gesellschaftliche Strukturen und Entwicklungen ausschließlich in den makrosozialen Dimensionen von Ökonomie, Politik und institutionalisierter Kultur thematisieren und die ‹objektivistisch› davon abstrahieren, daß gesellschaftliche Strukturen sich immer nur durch das individuelle Handeln hindurch reproduzieren können.

Diese Kritik objektivistischer soziologischer Theorien wurde in den phänomenologischen Strömungen einer Soziologie des Alltags zunächst als methodologische Kritik begründet. Soziologie des Alltags steht damit in Zusammenhang mit Ansätzen zur Begründung einer «interpretativen Soziologie» (Giddens 1984).

In der zeitgenössischen kritisch-materialistischen Gesellschaftstheorie sind Konzepte der interpretativen Soziologie aufgegriffen und verarbeitet worden (vgl. Lefèbvre 1972; Hack 1977). Durch ökonomische und politische Prozesse bedingte Veränderungen des Alltagslebens, die Tendenzen zu seiner Unterwerfung unter ökonomische Zwänge und bürokratische Organisationsprinzipien sowie die sich gegen diese Tendenzen erhebenden Widerstände, bilden dort den Gegenstand der Analyse und Kritik.

Eine Sonderstellung im Kontext soziologischer Analysen des Alltagslebens nimmt die von N. Elias entfaltete Figurationssoziologie ein. Sie analysiert langfristige Veränderungstendenzen alltäglicher Handlungspraxen als Elemente eines übergreifenden Prozesses der Selbst- und Fremddisziplinierung auf dem Hintergrund der Herausbildung zentralstaatlicher Herrschaftsorganisation und komplexer werdender Sozialzusammenhänge im «Prozeß der Zivilisation» (Elias 1969). Die zunehmende Komplexität des gesellschaftlichen Lebenszusammenhangs erzwingt demnach eine stärkere Regulierung und Disziplinierung der individuellen Lebensäußerungen, die zunächst durch herrschaftliche Fremddisziplinierung hergestellt wird. Im historischen Prozeß vollzieht sich eine Verinnerlichung dieser herrschaftlichen Kontrollen zu stabilen und umfassenden Mustern der Selbstkontrolle. Mit seiner Untersuchung sozialen Wandels entwickelt Elias eine Betrachtungsweise, die sich sowohl von der marxistischen Theorietradition deutlich unterscheidet, welche in historischer Perspektive primär ökonomische Bedingungen des Alltagslebens untersucht, als auch von Thematisierungen des Alltags in der Tradition der Ethnomethodologie und des symbolischen Interaktionismus, welche die historischen Veränderungen alltäglicher Interaktionsformen weitgehend ausblenden.

1.2.1 Alltagsleben und kapitalistische Ökonomie

In sozialgeschichtlichen Untersuchungen werden Veränderungen vielfältiger Aspekte des Alltagslebens im Detail beschrieben. Der gesellschaftliche Zusammenhang dieser Veränderungen ist auf dem Weg der bloßen sozialgeschichtlichen Beschreibung jedoch nicht zu erschließen. Hierzu sind theoretisch-systematische Analysen erforderlich, die den Bezug von Veränderungen des Alltagslebens zu gesellschaftlichen Strukturen und Prozessen darzustellen vermögen.

Für die kritisch-Materialistische Theorietradition kann diesbezüglich als paradigmatischer Ausgangspunkt der Analyse gelten, daß die Formen des Alltagslebens strukturellen Begrenzungen und Zwängen ökonomischer und rechtlich-normativer Art unterliegen, die den gesellschaftlich-objektiven Formrahmen bilden, innerhalb dessen sich Alltagsleben entfaltet. Die Marxsche Kritik der politischen Ökonomie analysiert die ökonomischen Dimensionen dieses strukturellen Formrahmens als Reproduktionsprozeß des Kapitals, dessen «Kernstruktur» (Ritsert 1973, 45) das antagonistische Verhältnis von Lohnarbeit und Kapital bildet. Die an die klassenspezifische Stellung im gesellschaftlichen Reproduktionsprozeß gebundenen differenten Lebensbedingungen bilden demnach die ökonomische Grundlage klassen- und schichtenspezifischer Formen des Alltagslebens, so daß in der Konsequenz der Marxschen Theorie sozialhistorische Ausprägungen des Alltagslebens in ihrem jeweiligen «Verweisungszusammenhang» (ebd., 48) zur Kernstruktur des kapitalistischen Reproduktionsprozesses zu untersuchen sind. Dieser Verweisungszusammenhang stellt sich zunächst durch die Notwendigkeit zur Veräußerung des je eigenen Arbeitsvermögens als «Ware Arbeitskraft» (Marx) auf der Seite der Lohnabhängigen, als kapitalverwertende Subjektivität des Unternehmers oder Managers andererseits her. Er konkretisiert sich zweitens in den arbeitsteilig-differentiellen Formen der Berufe, die die Veräußerung des Arbeitsvermögens im Produktionsprozeß annimmt. Drittens ist das Alltagsleben durch den Prozeß der Warenzirkulation, d. h. den Kauf von Waren, die in kapitalistischen Produktionsprozessen hergestellt wurden, an den Prozeß der Kapitalreproduktion angebunden. Diese Dimensionen der Anbindung des Alltagslebens an den Prozeß der Kapitalreproduktion implizieren spezifische Verhaltenszumutungen, die wechselseitig nicht kohärent sind. Die Widersprüchlichkeit zwischen den Verhaltenszumutungen in den verschiedenen

Bereichen des Alltagslebens äußert sich biographisch im Sinne fragmentierter lebensgeschichtlicher Stufen, wie auch je aktuell im Sinne segmentierter Lebensbereiche, die den intersubjektiven Prozessen der Identitätskonstitution vorausgesetzt sind (vgl. Daniel 1981).

Gleichwohl sind die konkreten Formen des Alltagslebens durch diese strukturierenden Verknüpfungen mit dem Reproduktionsprozeß des Kapitals nicht vollständig determiniert. Sie stellen lediglich objektive Strukturbedingungen des Alltagshandelns dar, eine systematische Schnittstelle von gesellschaftlich-allgemeinen Strukturen und individueller Lebenspraxis. In die alltäglichen Formen des lebenspraktischen Umgangs mit diesen Bedingungen gehen soziokulturelle Traditionen und individuell-biographische Besonderungen ein, deren Eigenständigkeit gegenüber gesellschaftlichen Strukturen theoretisch nicht zu vernachlässigen ist. Versuche einer eindeutigen Zuordnung von Formen des Alltagslebens zur Stellung im gesellschaftlichen Produktionsprozeß sind zudem deshalb unterkomplex, weil die Dreiseitigkeit des Zusammenhangs von gesellschaftlicher und individueller Reproduktion klassenspezifisch-allgemeine Formen der Lohnabhängigkeit, berufsspezifische Formen und klassenübergreifende Formen des Konsums als Momente des Alltagslebens enthält. Die Aneignung dieser «gesellschaftlichen Formen von Subjektivität» (Vogel 1983, 71) durch die Individuen ist strukturell nicht determiniert, sondern als aktive Auseinandersetzung mit gesellschaftlichen Lebensbedingungen zu begreifen.

Die relative Autonomie des Alltagslebens ist zudem darin begründet, daß die kapitalistische Ökonomie die Verfügbarkeit durchschnittlich qualifizierter und arbeitswilliger Arbeitskräfte historisch und systematisch voraussetzen muß. Der Kapitalismus kann demnach als ökonomische Struktur die das alltägliche Handeln orientierenden Normen, Moralen und Wissensbestände nicht erzeugen; er ist entweder auf die offen gewaltförmige Durchsetzung kapitalistischer Verhaltenszumutungen oder vorgängige kulturelle Prozesse der Erzeugung der Bereitschaft und Fähigkeit zur Lohnarbeit verwiesen.

Kapitalistische Gesellschaften zeichnen sich gegenüber historisch vorgängigen Gesellschaftsformationen u. a. dadurch aus, daß die Reproduktion der Struktur kapitalistischer Gesellschaften nicht als statische beschrieben werden kann, sondern durch die Dynamik fortschreitend erweiterter Kapitalreproduktion bestimmt ist. Die Marxsche Analyse zeigt auf, daß kapitalistische Ökonomien darauf angewiesen sind, die gesellschaftlichen und technischen Strukturen umzuwälzen, in denen sie sich reproduzieren. Von dieser Veränderungsdynamik sind auch die Formen des Alltagslebens aufgrund ihrer strukturellen Abhängigkeit vom kapitalistischen Reproduktionsprozeß betroffen. Kapitalakkumulation heißt somit immer auch und notwendig fortwährende Umstrukturierung der gesellschaftlichen Lebensbedingungen, die die Formen des Alltagslebens unter Veränderungsdruck stellt. Gegenüber Interpretationen dieses Zusammenhangs, die diesen Veränderungsdruck mechanistisch als unmittelbare Unterwerfung des Alltagslebens unter die kapitalistische Ökonomie darstellen, hat die soziologische Analyse deutlich gemacht, daß die alltäglichen Prozesse der kommunikativen Verständigung, der Sozialisation und der sozialen Integration nicht vollständig in den Strukturen kapitalistischer Produktion und Reproduktion organisiert werden können. Sie unterliegen als «symbolische Strukturen der Lebenswelt» (Habermas 1981, II, 209) eigenständigen Gesetzen ihrer Erhaltung und Veränderung. Gegenstand soziologischer Untersuchungen des Alltagslebens sind somit die historisch-konkreten Formen alltäglichen Handelns, die aus dem Aufeinandertreffen von ökonomischen und politischen Prozessen einerseits und den symbolischen Strukturen der Lebenswelt andererseits hervorgehen.

Wie in verschiedenen Analysen der Entwicklung des Kapitalismus aufgezeigt wurde, steht die historische Etablierung der kapitalistischen Ökonomie zur dominanten gesellschaftlichen Struktur in Zusammenhang mit den Prozessen der Entfaltung der industriellen Produktion, der «okzidentalen Rationalisierung» (Weber 1972), der Selbst- und Fremddisziplinierung, der «Industrialisierung von Raum und Zeit» (Schivelbusch 1977) und der bürgerlich-demokratischen Restrukturierung der politischen Öffentlichkeit. Das Zusammenwirken dieser Prozesse im Kontext der kapitalistischen Industrialisierung führt zu einer umfassenden Umwälzung aller Aspekte des Alltagslebens, die schon bei Betrachtung elementarer sozialhistorischer Daten augenfällig wird. Die «Great Transformation» (Polanyi 1978) der kapitalistischen Industrialisierung wälzt jedoch nicht nur die objektiven Lebensbedingungen um. Sie provoziert eine ebenso tiefgreifende Veränderung der alltagskulturellen Moralen, Normen und Gewohnheiten. Die traditionellen alltagskulturellen Orientierungen der «moral economy» (Thompson 1980) erwiesen sich in mehrerer Hinsicht als inadäquat für die Verhältnisse des entstehenden Kapitalismus: Industrielle Lohnarbeit erfordert die kontinuierliche, regelmäßige, durch Geldanreize steuerbare Verausgabung des Arbeitsvermögens.

Die an zyklischen Rhythmen von Perioden intensiver Arbeit und Phasen des Müßigganges orientierte agrarische Produktionsweise und die ihr entsprechenden zyklischen Zeitstrukturen sowie eine an der Bedürfnisbefriedigung orientierte Verausgabung der Arbeitskräfte sind für den entstehenden Kapitalismus dysfunktional. Die Unterschichten der feudalabsolutistischen Gesellschaft, die durch ökonomische Gewalt aus ihren traditionellen Lebensbedingungen ‹freigesetzt› worden sind – Lenhardt & Offe (1977, 104) bezeichnen dies als «passive Proletarisierung» –, wurden, um ihre Funktionalisierung als industrielle Lohnarbeiter zu ermöglichen, einem Disziplinierungsprozeß («aktive Proletarisierung»; ebd.) unterworfen.

Die herrschaftliche Fremddisziplinierung der feudalabsolutistischen Unterschichten war ein Prozeß, der soziale Konflikte hervorbrachte. Gegen die Tendenzen einer kapitalistischen Umgestaltung des Alltagslebens entwickelten sich vielfältige Formen des Protestes. Die sozialhistorische Revolutions- und Aufstandsforschung hat die Verlaufsformen dieser Auseinandersetzung zwischen traditioneller alltagskultureller Normativität und der Logik kapitalistischer Marktökonomie beschrieben. Die Versuche zur Durchsetzung einer der kapitalistischen Ökonomie adäquaten Formierung der alltagskulturellen Orientierungen vollzogen sich im Zusammenwirken staatlich und privat organisierter Erziehung und Kontrolle einerseits und der strukturellen Gewalt der kapitalistischen Produktionsweise, die andererseits tendenziell «alle anderen Formen der Arbeitsorganisation und mit ihnen alle Alternativen für die Arbeitsbevölkerung erobert und zerstört» (Braverman 1977, 118). Der Prozeß der Anpassung der Lohnabhängigen an die für kapitalistische Gesellschaften typischen Formen der Disziplin ist jedoch nicht nur ein sozialhistorisch bedeutsames Phänomen: Bereiche und Formen des Alltagslebens in etablierten kapitalistischen Gesellschaften sind dauerhaft auf das Problem der Disziplinierung zur Lohnarbeit, der «Fabrikation des zuverlässigen Menschen» (Steinert & Treiber 1980) und der darauf bezogenen Formen der Verweigerung und des Widerstands, verwiesen.

Die Dynamik der historischen Relationierungen von kapitalistischer Ökonomie und Alltagsleben umfaßt ebenso die Konsumsphäre. Die Durchsetzung des Kapitalismus geht mit einem fortschreitenden Bedeutungsverlust subsistenzwirtschaftlicher Formen einher, die Aneignung der Lebensmittel als Ware wird zum dominanten Prinzip. Die Dynamik des individuellen Konsums erfährt mit der Ablösung der frühkapitalistischen Herabzwingung der Lohnabhängigen auf das Niveau bloßer Subsistenz durch die in der neueren Diskussion als «Fordismus» (vgl. Hirsch & Roth 1986) bezeichneten Phase kapitalistischer Entwicklung einen qualitativen Bruch: Das Alltagsleben wird über die Tendenz zur Ausweitung der in die individuelle Konsumtion eingehenden Warenfülle und Warenmasse einem veränderten Bedingungszusammenhang unterworfen. Die Formen und Bereiche des Alltagslebens werden in die Dynamik erweiterter Warenzirkulation einbezogen, was eine Ausweitung des individuellen Konsumniveaus ermöglicht, zugleich jedoch als massenkulturell vermittelte Vergesellschaftung des Alltagslebens sich durchsetzt. Aglietta (1976) unterscheidet deshalb in der Entwicklung des Kapitalismus eine Phase extensiver Akkumulation, in der die Formen des Alltagslebens außerhalb der Arbeit noch nicht systematischer Gegenstand der Verwertungsstrategien der Einzelkapitale sind, von einer Phase intensiver Akkumulation, die durch eine systematische Verkettung des Alltagslebens mit der Dynamik der Warenzirkulation gekennzeichnet ist.

1.2.2 Alltagsleben und politisches System

Die Funktionalisierung des Alltagslebens für den Prozeß kapitalistischer Akkumulation im Sinne «aktiver Proletarisierung» (Lenhardt & Offe 1977, 104) ist Gegenstand staatlicher Sozialpolitik in ihrer Funktion als «bewußte gesellschaftliche Veranstaltung zur individuellen und kollektiven Reproduktion der Ware Arbeitskraft» (Mückenberger 1976, 345). Sozialpolitik reagiert als relativ autonome staatliche Instanz zur Regulation der gesamtgesellschaftlichen Reproduktion auf die durch soziale Bewegungen politisch artikulierten Interessen und objektive Strukturprobleme kapitalistischer Akkumulation mit historisch veränderlichen Strategien.

Die funktionalen Notwendigkeiten sozialstaatlicher Regulierungen von Bereichen des Alltagslebens und die Logik der zentralen sozialpolitischen Strategien lassen sich in Anschluß an die grundlegenden Arbeiten von Lenhardt & Offe (1977) sowie Rödel & Guldimann (1978) wie folgt darstellen:

1. Die dauerhafte Gewährleistung kapitalistischer Akkumulation ist auf Grenzsetzungen der Vernutzung des Arbeitsvermögens verwiesen, die eine individuell-dauerhafte Arbeitstätigkeit wie auch das Heranwachsen nachfolgender Generationen durch die Sicherung elementarer Reproduktionsvoraussetzungen ermöglichen. Die Regle-

mentierungen der Interessen der Einzelkapitale – Begrenzung des
Arbeitstags, das Verbot der Kinderarbeit, Gesundheitsfürsorge u. a.
– sind somit «Konstitutionsfunktionen staatlicher Sozialpolitik» (Rödel & Guldimann 1978) für die gesamtgesellschaftliche Verfügbarkeit
von Arbeitsvermögen.

2. Die Verfügbarkeit industrieller Lohnarbeiter setzt eine Organisation des Alltagslebens voraus, die auch zur Verausgabung des Arbeitsvermögens im Sinne basaler motivationaler und psychischer
Qualifikationen befähigt, d. h. eine Organisation von Familienleben
und Bildungswesen, die diese qualifikatorischen Voraussetzungen
der Lohnarbeit gewährleistet. Diesbezüglich greifen staatliche Regulationen als «kompensatorische» (ebd.) der Familien-, Erziehungs-
und Bildungspolitik in differenten Formen in die Organisation des
Alltagslebens ein.

3. Die Bereitschaft, die eigene Subsistenz mittels Lohnarbeit zu sichern, kann nicht allein durch die Zerstörung traditionaler Formen
der Subsistenzsicherung gewährleistet werden. Prinzipiell möglich
und historisch wie gegenwärtig relevant sind Formen der Subsistenzsicherung, die außerhalb der Lohnarbeitsform lokalisiert sind – individualisierte Strategien wie Raub, Betteln, Auswanderung einerseits
und kollektive alternative Lebens- und Wirtschaftsformen andererseits. Die repressive Regulierung dieser Formen der Subsistenzsicherung ist konstitutiv für die «Kontrollfunktion» (ebd.) staatlicher Ar-
men- und Sozialpolitik.

4. Regulierung des Arbeitskräftepotentials erfolgt schließlich im
Sinne der Pufferfunktion von Sozialpolitik durch die Funktionsveränderung des Bildungswesens und durch die neuerliche Einrichtung
eines sekundären staatlichen Arbeitsmarktes (vgl. Bonß & Heinze
1984).

Bezugspunkt der neueren sozialwissenschaftlichen Diskussion ist
die behauptete Tendenz einer zunehmenden Verrechtlichung und Bürokratisierung des Alltagslebens: «Das Übergreifen von Formen der
ökonomischen und der administrativen Rationalität auf Lebensbereiche, die dem Eigensinn moralisch- und ästhetisch-praktischer Rationalität gehorchen, führt zu einer Art Kolonialisierung der Lebenswelt» (Habermas 1979, 28). Die Funktionsveränderung des Sozialstaates im fordistischen Stadium des Kapitalismus wird dabei auf
dysfunktionale Nebenwirkungen der «Durchkapitalisierung und
Durchstaatlichung» (Hirsch 1980, 55) des Alltagslebens zurückgeführt, die krisenhafte Entwicklungen wie die Erosion der Familie als

zentrale bürgerlich-kapitalistische Sozialisationsagentur und die Erosion traditionaler Normativitäten hervorbringen. Die als Reaktion auf den Funktionsverlust alltagskultureller Regulationen durchgeführten staatlichen Regulationen führen ihrerseits zu den Folgeproblemen der Legitimationskrise (vgl. Habermas 1973) und der Finanzkrise (vgl. O'Connor 1974) des Staates.

Die Erweiterung und technische Perfektionierung staatlicher Überwachung und Kontrolle des Alltagslebens im Sinne einer präventiven Politik der inneren Sicherheit – Hirsch (1980) spricht diesbezüglich vom «Sicherheitsstaat» – stellt eine weitere wesentliche Veränderungstendenz des Verhältnisses von Alltagsleben und politischem System dar.

1.2.3 Bereiche des Alltagslebens: Arbeit und Wohnen

Die skizzierten historisch-systematischen Aspekte des Zusammenhangs von kapitalistischer Reproduktion und Alltagsleben bleiben gegenüber der Fülle und Vielfältigkeit der historisch-konkreten Ausprägungen seiner Bereiche notwendig abstrakt. Sie bilden einen theoretischen Verweisungszusammenhang, der im folgenden exemplarisch am Beispiel der Bereiche Arbeitsleben und Wohnen konkretisiert wird.

Mit der Entstehung industriekapitalistischer Gesellschaften wird die aus allen anderen Formen der Lebenstätigkeit ausdifferenzierte, arbeitsteilig gegliederte und betriebsförmig-hierarchisch organisierte Lohnarbeit zum Massenphänomen: Sind 1882 noch 35,3 Prozent aller Erwerbstätigen Selbständige oder mithelfende Familienangehörige, so verringert sich dieser Anteil bis 1983 auf 12,8 Prozent (nach: Bolte & Hradil 1984, 101).

Industriesoziologische Untersuchungen haben die Ausprägungen der konkreten Arbeitstätigkeiten in den Dimensionen a) gesellschaftliche und betriebliche Arbeitsteilung, b) Arbeitszerlegung vs. «job enrichment», c) Kontrolle vs. Autonomie, d) Hierarchie vs. Kooperation, e) Arbeitsintensität und f) Qualifikationsniveau untersucht.

Qualitative Strukturveränderungen der industriellen Lohnarbeit lassen sich für die krisenbedingten Transformationsphasen des Kapitalismus nachweisen: Historisch wird in der Herausbildungsphase des industriellen Kapitalismus die Arbeit zunächst nur «formell» (Marx) unter das Kapital subsumiert, d. h. unter Beibehaltung der techni-

schen Arbeitsmittel in den Verwertungsprozeß des Kapitals und betriebliche Hierarchien eingegliedert.

Die erste Phase der kapitalistischen Verwandlung der handwerk-
lichen in manufakturelle und industrielle Arbeitsprozesse ist durch
das sog. Babbage-Prinzip charakterisiert, die ökonomisch rationale
Zerlegung des Arbeitsprozesses in einfachere Teilarbeiten. Dieser ersten Phase kapitalistischer Veränderung der Arbeitsprozesse entspricht historisch die Dominanz der «absoluten Mehrwertproduktion» (Marx 1968, 192 ff), d. h. die Aneignung von Mehrarbeit durch
die Ausdehnung der Arbeitszeit über das zur Reproduktion der Arbeitskraft notwendige Maß hinaus. Strukturbedingte Tendenzen –
von Marx im Theorem des tendenziellen Falls der Profitrate analysiert – zur Entfaltung der «relativen Mehrwertproduktion» (ebd.,
331 ff), also der Maximierung des Mehrproduktes durch Intensivierung und Rationalisierung der Arbeit, kumulieren in dem nach F. W.
Taylor benannten Prozeß der ‹Taylorisierung› der Industriearbeit.

Die Prozesse der Taylorisierung der Industriearbeit stießen auf erheblichen offenen und verdeckten Widerstand der Arbeiter gegen die
Entqualifizierung und den Kontrollverlust über den Arbeitsprozeß.
Weiterentwicklungen der wissenschaftlichen Betriebsführung, die
nach der Weltwirtschaftskrise wirksam werden wie die von F. Mayo
inspirierte Human-Relations-Soziologie, setzen deshalb nicht mehr
nur an der technischen Struktur der Arbeit an, sondern versuchen, die
Subjektivität der Arbeitenden, insbesondere ihre Arbeitsmotivation,
systematisch in die betrieblichen Optimierungsstrategien einzubeziehen.

Wesentliche Tendenz fortgeschrittener kapitalistischer Umgestal-
tung der Arbeitsprozesse ist die gegenwärtig durch den Einsatz von
Mikrocomputern verstärkte «Mechanisierung» geistiger Arbeit und
Teilautomatisierung der Produktion (vgl. z. B. Brandt et al. 1978).

Der Verallgemeinerung der Lohnarbeit entspricht historisch zunächst ein Bildungsprozeß kollektiv geteilter alltagskultureller Identitäten, für den die Abhängigkeit der Selbst- und Fremddefinitionen von
der Stellung im gesellschaftlichen Produktionsprozeß evident ist. Eine
klassische Darstellung dieser arbeitszentrierten kollektiven Identitäten liegt in M. Webers Studie (1972) zum protestantischen Asketismus
vor. Berufsförmige Arbeit ist nach dieser kulturellen Definition von
Normalidentität nicht mehr nur Mittel zur Existenzsicherung, sondern
sinnhafte Orientierung der gesamten Lebenspraxis. Diese bei Weber
an spezifische Trägerschichten gebundene und religiös verankerte Kul-

turwertidee wird im Zuge kapitalistischer Entwicklung säkularisiert und tendenziell zum hegemonialen kulturellen Muster verallgemeinert. Gleichwohl kann nicht von einer durchgängigen Homogenität der subjektiven Bedeutungen und Bewertungen der Arbeit in der bürgerlichen Gesellschaft ausgegangen werden: Die Möglichkeit zur Identitätsbildung durch Arbeit ist abhängig von den Möglichkeiten zur Identifikation mit der je konkreten Arbeitstätigkeit.

Obwohl für die Zeit vor 1945 nur wenige empirisch gehaltvolle Untersuchungen über die subjektive Bedeutung der Arbeit vorliegen, kann begründet angenommen werden, daß eine geradlinige Durchsetzung der alltagskulturellen Formen des protestantischen Arbeitsethos auf der Seite der Lohnabhängigen u. a. bei industriellen Facharbeitern und Handwerkern erfolgte, während bei geringer qualifiziert Tätigen das Modell des «gebrochenen Instrumentalismus» (Kudera et al. 1979, 118) vorherrschend war und ist: Gebrochener Instrumentalismus verweist auf das Bedürfnis zur Identifikation mit der je eigenen Arbeitstätigkeit, das aber durch restringierte Arbeitsbedingungen vielfältig blockiert wird, ohne deshalb aufgelöst zu werden.

Der durch strukturelle Massenarbeitslosigkeit, Tendenzen der Arbeitszeitverkürzung und die Abnahme der Erwerbsquote ermöglichte Trend zur Verringerung des auf Berufsarbeit verwendeten Zeitbudgets wird als krisenhafte Infragestellung der Verfaßtheit bürgerlich-kapitalistischer Gesellschaften als «Arbeitsgesellschaft» (vgl. Matthes 1983) und der darin gebundenen kulturellen Definition der Normalidentität diskutiert. Hierbei geht einerseits die von Goldthorpe et al. (1969) formulierte Behauptung einer instrumentellen Arbeitshaltung bei Industriearbeitern im wohlfahrtsstaatlichen Kapitalismus ein, die in der neueren Diskussion durch einige Untersuchungen der sog. Wertwandelforschung aktualisiert wird, die die These eines rapiden Rückgangs der subjektiven Bedeutung von Berufsarbeit aufgrund von Ergebnissen der Einstellungsforschung behaupten; andererseits liegt ihr die These der Herausbildung postindustrieller Gesellschaften zugrunde. Die sozialwissenschaftliche Diskussion (vgl. Klages 1984) hat gegenüber diesem öffentlich breit rezipierten Konzept deutlich werden lassen, daß die zu konstatierenden Veränderungen eher als Entstehung einer die Zentralität der Arbeit ergänzenden, aber nicht aufhebenden, sekundären Zentralität der Freizeit und des Konsums für die Verortung der subjektiven Identität zu interpretieren sind denn als Erosion der subjektiven Relevanz der Arbeit. Insofern markieren zugespitzte Thesen wie die, daß es «nicht ersichtlich (ist), daß es heute soziologisch von vornherein sinnvoller sei, die Frage nach dem Gesellschaftsbild des Arbeiters (...) zu stellen als die nach dem Gesellschaftsbild des Mineralölverbrauchers oder Mehrwertsteuerzahlers» (Offe 1984, 22), eine Tendenz, ohne daß gegenwärtig hinreichend präzise Aussagen darüber vorliegen, in welchem Umfang sich diese bei differenten Klassenfraktionen und Schichten realiter durchgesetzt hat.

Empirisch ausgewiesen sind Tendenzen der «Auflösung des proletarischen Milieus» (Mooser 1984), d. h. der Erosion traditioneller klassen- und arbeitergruppenspezifischer Alltagskulturen, die die alltägliche Lebensorganisation und Selbstdeutungen in eindeutiger Relation zur objektiven sozialen Lage organisieren: Die Auflösung der traditionellen Arbeiter- und Arbeiterbewegungskulturen kann allerdings nicht umstandslos, wie das von Beck (1986) formulierte Individualisierungskonzept annimmt, als gänzliche Erosion klassenspezifischer Ausprägungen von Alltagskulturen interpretiert werden. Das Forschungsproblem, ob und wie klassenspezifische alltagskulturelle Symbolsysteme, die den traditionellen Formen der Arbeitergruppen- und Arbeiterbewegungskultur nicht unmittelbar entsprechen, herausgebildet werden, ist gegenwärtig zwar formuliert; es liegen jedoch keine theoretischen Konzepte und empirischen Untersuchungen vor, die eine abschließende Einordnung der beobachteten Tendenzen zulassen.

In der Entwicklung der sozial und historisch ungleichen Bedingungen und Formen des Wohnens wird der komplexe Bedingungszusammenhang von Ökonomie, Politik und Alltagsleben erneut deutlich: Wohnformen sind in evidenter Weise von den ökonomischen Entwicklungen, dem allgemeinen Lebensstandard und der differentiellen Partizipation der Klassen und Schichten daran sowie staatlicher Bau- und Sozialpolitik abhängig. Wohnformen befördern oder behindern die Bildung von Formen der Öffentlichkeit und Privatheit, sie beeinflussen die Chancen der Individuierung und Solidarisierung. In der Organisation der Wohnformen kommen zugleich alltagskulturelle Orientierungen sozialer Gruppen zum Ausdruck. Wohnbedingungen und -formen sind somit nicht zufällig Gegenstand herrschaftlicher Strategien der Kontrolle und sozialer Konflikte.

Die kapitalistische Industrialisierung bewirkt einen grundlegenden gesellschaftlichen Umbruch der vordem vorherrschenden Wohnformen. Typische Klassenerfahrung des entstehenden Industrieproletariats ist das Wohnen in einem halboffenen Familienverband – die

Wohnung wird durch ‹Schlafgänger› und Untermieter mitfinanziert – unter restriktiven räumlichen Bedingungen, insbesondere in den Mietskasernen der Großstädte. Die Enge der Wohnbedingungen läßt im Wortsinn wenig Raum für Prozesse der Individuierung und Individualisierung, sie verhindert Nutzungsformen, die über Hauswirtschaft und Schlafen hinausgehen. Insofern erzwingt und befördert sie öffentliche Formen der Freizeitverbringung, ist konstitutiv für die Entstehung von Orten proletarischer Öffentlichkeit. Die Entstehung von sozial relativ homogenen Arbeiterwohngebieten begünstigt ihrerseits Kommunikations- und Solidarisierungsprozesse unter den Arbeitern in der Form betrieblicher Öffentlichkeiten, in die auch die nichtarbeitenden Familienangehörigen einbezogen sind.

Zur Verbesserung der Wohnbedingungen entstehen seit Mitte des 19. Jahrhunderts Wohnungsbaugenossenschaften als Formen solidarischer Selbstorganisation. Der Bau von Werkssiedlungen durch industrielle Großunternehmen ist Unternehmensstrategie gegen das Genossenschaftswesen und zur Sicherung der Verfügbarkeit und der Kontrolle von Arbeitskräften: Die Vergabe von Wohnungen verdoppelt die Abhängigkeit der Arbeitenden vom Unternehmen, indem die Sicherung der Wohnung an den Arbeitsplatz gebunden ist; in Wohnsiedlungen kann die Freizeitverbringung durch die Einrichtung einer Infrastruktur von Läden, Gaststätten, Kindergärten etc. überwacht und beeinflußt werden.

Gegentypus zur Arbeiterwohnung der Mietskasernen und Werkskolonien ist die bürgerliche Wohnung: Großzügige und funktional differenzierte Räumlichkeiten ermöglichen eine familienzentrierte und stärker individualisierte Alltagsgestaltung. Das in bürgerlichen Schichten verbreitete Konzept des von der Arbeit der männlichen erwachsenen Familienmitglieder entlasteten und getrennten Familienlebens ist an diese räumlichen Bedingungen konstitutiv gebunden.

Ein qualitativer Wandel der Wohnbedingungen der Arbeiter und Angestellten hin zu den gegenwärtigen Wohnungsbedingungen setzt in der Bundesrepublik nach 1960 ein. Er vollzieht sich im politischen Kontext der nach 1960 vorherrschenden Förderung des privaten Wohnungseigentums, die eine explizite politische Strategie – die Förderung des Wohnungseigentums soll «aus besitzlosen Proletariern verantwortungsbewußte Staatsbürger» machen (Wohnungsbauminister P. Lücke, zit. n. Brunnehöfer 1983) – beinhaltet und in Kontinuität zur Wohnungspolitik der Weimarer Republik und der Förderung des Kleinsiedlungsbaues im Faschismus steht, sowie im alltagskulturellen Kontext der Herausbildung des Ideals der Kleinfamilie als Wohneinheit und im ökonomischen Kontext wachsenden Wohlstandes. 1979 wohnen 31,2 Prozent der Arbeiter, 28,6 Prozent der Angestellten/Beamten und 66,7 Prozent der Selbständigen in eigenen Wohnungen; die Durchschnittszahl der Einwohner je Wohnung reduziert sich von 1900: 4,6, auf 1930: 4,1, 1960: 3,4 und 1977: 2,5 (Daten nach Ballerstedt & Glatzer 1979 u. Brunnehöfer 1983). Kennzeichnend für die Veränderung der Wohnungsbedingungen ist auch die u. a. in großstädtischen Neubaugebieten deutlich geringe soziale Homogenität der Bewohner.

Der angedeutete Wandel der Wohnverhältnisse im «welfare capitalism» (H. Marcuse) kann als Element umfassenderer Tendenzen zur «Verallgemeinerung der Privatheit als Lebensform» (Mooser 1984, 151) interpretiert werden, d. h. Auflösung traditional-kollektiver Lebensformen, die die soziale Grundlage kollektiv-solidarischer Organisationsformen des Alltagslebens bildeten: Sie ist zugleich Bedingung der Möglichkeit eines Zugewinns an Privatheit und Individualität.

1.2.4 Alltagsleben im Spannungsfeld von Freizeit und Fremdbestimmung

Alltagsleben bezeichnet nicht nur den Ort reproduktionsnotwendiger Tätigkeiten wie Arbeit, Wohnen, Ernährung usw., sondern auch den Ort der Entfaltung strukturell überschüssiger lebendiger Subjektivität: des Feierns, der Feste, kultureller Aktivitäten, d. h. der Freizeit.

Daß die Gestaltungsformen der Freizeit – verstanden als die nicht durch Arbeit und reproduktionsnotwendige Tätigkeiten gebundene Zeit – nicht jenseits gesellschaftlicher Determinationen und Zwänge zu betrachten sind, ist eine soziologische Trivialität: «if sociology has taught us anything it taught us that no time is free of normative constraints» (Berger 1963, 167). Habermas (1968) analysiert das alltägliche Selbstverständnis der Freizeit als autonome und selbstbestimmte Zeit als zentrales Ideologem spätkapitalistischer Gesellschaften.

Die gängige empirisch orientierte soziologische Freizeitforschung untersucht den Zusammenhang von gesellschaftlichem Prozeß und Freizeitverhalten als Prägung der differenten Formen des Freizeitverhaltens durch die schichtspezifischen Lebensbedingungen, insbesondere der Arbeitssituation und des Einkommens. Oppaschowski (1983, 28) stellt dazu selbstkritisch fest: «Die Freizeitforschung der 60er und 70er Jahre ist fast nur Auftragsforschung, insbesondere

Markt- und Konsumforschung für die Freizeit- und Tourismusindustrie gewesen. (...) Diese Art von Freizeitforschung hat uns Datenfriedhöfe beschert.»

Gegen die impliziten Verkürzungen der empirischen Freizeitforschung, welche die Betrachtung differenter Formen der Freizeitverbringung aus der Analyse gesamtgesellschaftlicher Entwicklungstendenzen herauslöst, ist im Kontext der Kritischen Theorie schon früh aufgezeigt worden, daß mit den Tendenzen zur Ausweitung der arbeitsfreien Zeit Prozesse der ‹kulturindustriellen› Vergesellschaftung der Freizeit einhergehen: Im historischen Prozeß kapitalistischer Entwicklung werden traditionelle Formen der Gestaltung und der subkulturellen Regulation der Freizeit erodiert; gleichzeitig entfaltet sich der Zugriff industriell produzierter massenkultureller Angebote, die spezifisch dadurch gekennzeichnet sind, daß sie klassen- und schichtenspezifische sowie regional-partikulare Alltagskulturen in eine tendenziell weltweit gleiche Massenkultur integrieren. Prokop (1981, 20f) hat im Anschluß an die Kritik der Kulturindustrie der Frankfurter Schule die hegemoniale Integration von subkulturellen Momenten in die Produkte der Massenmedien wie folgt gekennzeichnet: «Die Erfahrungen, die Phantasien und Wünsche der Rezipienten werden in den massenkulturellen Produkten durchaus aufgenommen und verarbeitet. (...) Die Spannung zwischen den unentwickelten Phantasiemomenten, die zugelassen werden, und dem ordnenden Schema macht das Faszinierende der monopolistischen Massenkultur aus.» Die Freisetzung aus den Zwängen der Arbeit wird derart als Grundlage einer Verdoppelung gesellschaftlicher Fremdbestimmung durch die massenmediale Durchdringung der Alltagskultur verstanden.

Eine zugespitzte Kritik der Massenkultur, an der zugleich die Probleme einer Kritik des massenkulturell präformierten Alltagslebens deutlich werden, liegt bei H. Lefèbvre (1972 u. 1977) vor. Lefebvre (1972, 94) interpretiert die Entwicklung der Ausweitung und Industrialisierung des Massenkonsums als «Programmierung» des Alltäglichen durch die «bürokratische Gesellschaft des gelenkten Konsums». Diese «sekundäre Ausbeutung» (Negt & Kluge 1972), die die Ausbeutung der Lohnabhängigen im Produktionsprozeß verdoppelt, führt demnach zu einer «Verarmung des Alltagslebens, seine Reduktion auf gelenkten Konsum» (Lefèbvre 1977, II, 10), und zur fortschreitenden Zerstörung der in das Alltagsleben eingelassenen emanzipatorischen Momente.

Die bei Lefèbvre entwickelte Version einer Kritik des Alltagslebens wird in der bundesrepublikanischen Diskussion verknüpft mit den in der Kritischen Theorie entwickelten Elementen einer Kritik der Kulturindustrie sowie Aspekten der psychoanalytischen Kulturkritik und dabei zu einem Theorem der Entwicklung des Alltagslebens verdichtet, das nur mehr Tendenzen fortschreitender kapitalistischer Zerstörung zu diagnostizieren vermag (vgl. Leithäuser & Heinz 1976). In der Diskussion dieser Konzepte sowie durch die Kritik ökonomistischer Ableitungsversuche von Alltagsleben und Alltagsbewußtsein aus der ökonomischen Klassenstruktur ist deutlich geworden, daß eine bloß negativistische Betrachtungsweise der neueren Entwicklungen der Massenkultur und des Konsums der Komplexität ihres Gegenstandes in mehrerer Hinsicht unangemessen ist: Die Wirkungen der Massenmedien sind nicht zureichend als Determination des Alltagsbewußtseins zu beschreiben; die massenkulturelle Erosion traditionaler Alltagskulturen ist zugleich Zerstörung traditioneller Borniertheiten; die Ausweitung des Konsums ist zugleich Erweiterung der individuell verfügbaren Gebrauchswerte und Kulturgüter; die soziale Durchsetzung der kulturindustriellen Massenkultur wird durch die «relative Autonomie sozialer Deutungsmuster» (Neuendorff & Sabel 1976) der Alltagskulturen gebrochen.

Die in diesen Kritiken aufscheinenden Unzulänglichkeiten von Ansätzen, die aus den gesellschaftlichen Entwicklungstendenzen der Kulturindustrie und des Konsums bruchlos auf Veränderungen der alltagskulturellen Lebensformen schließen, machen auf die Komplexität des prozessualen Zusammenhangs von Ökonomie, Massenkultur und Alltagskultur aufmerksam. Theoretische Konzepte, die Veränderungen des Alltagslebens als direkten Effekt struktureller Zwänge und historischer Veränderungen der kapitalistischen Ökonomie interpretieren, erweisen sich m. E. in der fachwissenschaftlichen Diskussion gleichermaßen als defizitär wie Konzepte, die formale Strukturen des Alltags jenseits ökonomischer und politischer Bedingungen sowie historischer Veränderungen rekonstruieren. Durch die Analyse des Ineinandergreifens von ökonomisch-politischen Makrostrukturen und den Mikrostrukturen der symbolischen Reproduktion des Alltagslebens etabliert sich Soziologie des Alltags als eine eigenständige Wissenschaftsdisziplin, wird ihr Erkenntnisgewinn gegenüber konkurrierenden, z. B. sozialhistorischen oder literarischen, Betrachtungsweisen des Alltags deutlich.

Die Entfaltung einer empirisch gehaltvollen Theorie dieses Gegenstandsbereichs ist auf weitergehende soziologische Forschungsarbeiten angewiesen, die eine produktive Verknüpfung zwischen den vorliegenden theoretischen Konzepten und empirischen Kenntnissen herstellen. Fortgeschrittene Ansätze hierzu liegen ggf. in der neueren Diskussion materialistischer Subjekttheorien (vgl. Scherr 1984) vor, die eine nichtreduktionistische Konzeptualisierung des Bildungsprozesses individueller Subjektivität im dialektischen Zusammenhang von gesellschaftlichen Determinationen und individueller Autonomie anstreben, sowie in theoretischen und empirischen Studien im Kontext des Deutungsmusteransatzes, die eine relative Autonomie alltagskultureller Bewußtseinsformen und Handlungsorientierungen zugrunde legen und qualitative empirische Analysen dieser Bewußtseinsformen anstreben.

Alltag als Gegenstand soziologischer Forschung verweist auf die Komplexität der sich im subjektiven Erfahrungszusammenhang niederschlagenden gesellschaftlichen Lebensbedingungen und der in diesen historisch veränderlichen und sozial ungleichen Bedingungen entfalteten alltäglichen Lebensformen. Die in der neueren kritischen Soziologie vollzogene Hinwendung zu diesem Gegenstandsbereich hat theoretische Konzepte und empirische Analysen hervorgebracht, mit denen die Unzulänglichkeit soziologischer Wirklichkeitskonstruktionen deutlich geworden ist, die den gesellschaftlichen Lebensprozeß reduktionistisch aus der Perspektive ökonomischer, politischer und kultureller Lebensbedingungen konzeptualisieren, ohne die Eigenständigkeit alltagskultureller Besonderungen und sozialkreativer Formen der Interpretation, Deutung und Bewältigung dieser Bedingungen zu berücksichtigen. Die Weiterentwicklung der theoretischen und empirischen Analyse des Zusammenhangs von Alltagsleben und gesellschaftlichem Prozeß ist deshalb ein für das wissenschaftliche Begreifen gesellschaftlicher Wirklichkeit zentraler Gegenstandsbereich, der auf interdisziplinäre Zusammenarbeit verwiesen ist. Der mögliche Verwendungszusammenhang sozialwissenschaftlichen Wissens über das Alltagsleben ist dabei durch das Spannungsfeld zwischen perfektionierter herrschaftlich-technokratischer Verfügung einerseits und emanzipativer Anstrengungen der politischen und kulturellen Selbstbestimmung des Alltagslebens andererseits bezeichnet: Alltagsorientierung der Soziologie ist somit nicht als Garantie für eine kritische Selbstverortung sozialwissenschaftlichen Wissens zu verstehen, sie dispensiert nicht von der kritischen Reflexion ihrer Entstehungs- und Verwendungszusammenhänge.

Literatur

Aglietta, M.: Regulation et crises. L'experience des etats-unis. Grenoble 1976.

Ballerstedt, E. M. & W. Glatzer: Soziologischer Almanach. Frankfurt/M. 1979.

Beck, U.: Risikogesellschaft. Auf dem Weg in eine andere Moderne. Frankfurt/M. 1986.

Berger, B.: The Sociology of Leisure. In: E. O. Smigel (Hg.): Work and Leisure. New Haven 1963.

Bolte, K. M. & S. Hradil: Soziale Ungleichheit. Opladen 1984.

Bonß, W. & R. G. Heinze: Arbeitslosigkeit in der Arbeitsgesellschaft. Frankfurt/M. 1984.

Brandt, G. et al.: Computer und Arbeitsprozeß. Frankfurt/M. 1978.

Bravermann, H.: Die Arbeit im modernen Produktionsprozeß. Frankfurt/M., New York 1977.

Brunnehöfer, H.: Wohnen. In: W. Benz (Hg.): Die Bundesrepublik Deutschland. Geschichte in drei Bänden. Bd. 2. Frankfurt/M. 1983.

Daniel, C.: Theorien der Subjektivität. Frankfurt/M. 1981.

Dewe, B. & W. Ferchhoff: Alltag. In: H. Kerber & A. Schmieder (Hg.): Handbuch Soziologie. Reinbek bei Hamburg 1984.

Elias, N.: Über den Prozeß der Zivilisation. Bern 1969.

Giddens, A.: Interpretative Soziologie. Frankfurt/M. 1984.

Goldthorpe, J. H. et al.: Der wohlhabende Arbeiter in England. München 1969.

Habermas, J.: Soziologische Notizen zum Verhältnis von Arbeit und Freizeit. In: H. Giesecke (Hg.): Freizeit und Konsumerziehung. Göttingen 1968.

–: Legitimationsprobleme im Spätkapitalismus. Frankfurt/M. 1973.

– (Hg.): Stichworte zur geistigen Situation der Zeit. Frankfurt/M. 1979.

–: Theorie des kommunikativen Handelns. 2 Bde. Frankfurt/M. 1981.

Hack, L.: Subjektivität im Alltagsleben. Frankfurt/M., New York 1977.

Hammerich, K. & M. Klein (Hg.): Materialien zur Soziologie des Alltags. Kölner Zeitschrift für Soziologie und Sozialpsychologie, Sonderheft 20, 1978.

Heller, A.: Das Alltagsleben. Versuch einer Erklärung der individuellen Reproduktion. Frankfurt/M. 1978.

Hirsch, J.: Der Sicherheitsstaat. Frankfurt/M. 1980.

Hirsch, J. & R. Roth: Das neue Gesicht des Kapitalismus. Vom Fordismus zum Post-Fordismus. Hamburg 1986.

Klages, H.: Wertorientierungen im Wandel. Frankfurt/M., New York 1984.

Kudera, W. et al.: Gesellschaftliches und politisches Bewußtsein von Arbeitern. Frankfurt/M. 1979.

Lefèbvre, H.: Das Alltagsleben in der modernen Welt. Frankfurt/M. 1972.

–: Kritik des Alltagslebens. Frankfurt/M. 1977.

Leithäuser, T. & W. Heinz (Hg.): Produktion, Arbeit, Sozialisation. Frankfurt/M. 1976.

Lenhardt, G. & C. Offe: Staatstheorie und Sozialpolitik. Kölner Zeitschrift für Soziologie und Sozialpsychologie, Sonderheft 19, 1977.

Marx, K.: Das Kapital. Kritik der politischen Ökonomie. MEW Bd. 23. Berlin (DDR) 1968.

Matthes, J. (Hg.): Krise der Arbeitsgesellschaft? Frankfurt/M. 1983.

Mooser, J.: Arbeiterleben in Deutschland 1900–1970. Frankfurt/M. 1984.

Mückenberger, U.: Thesen zur Funktion und Entwicklung des Sozialrechts. Kritische Justiz, 2, 1976.

Negt, O. & A. Kluge: Öffentlichkeit und Erfahrung. Frankfurt/M. 1972.

Neuendorff, H. & C. Sabel: Zur relativen Autonomie von Deutungsmustern. In: K. M. Bolte (Hg.): Verhandlungen des 18. deutschen Soziologentages. Frankfurt/M. 1976.

O'Connor, J.: Die Finanzkrise des Staates. Frankfurt/M. 1974.

Offe, C.: Arbeitsgesellschaft. Strukturprobleme und Zukunftsperspektiven. Frankfurt/M., New York 1984.

Oppaschowski, W.: Probleme im Umgang mit der Freizeit. Schriftenreihe zur Freizeitforschung Bd. 1. Hamburg 1983.

Polanyi, K.: The Great Transformation. Politische und ökonomische Ursprünge von Gesellschaften und Wirtschaftssystemen. Frankfurt/M. 1978.

Prokop, D.: Medien-Wirkungen. Frankfurt/M. 1981.

Ritsert, J.: Probleme politisch-ökonomischer Theoriebildung. Frankfurt/M. 1973.

Rödel, U. & T. Guldimann: Sozialpolitik als soziale Kontrolle. In: T. Guldimann et al.: Starnberger Studien 2. Sozialpolitik als soziale Kontrolle. Frankfurt/M. 1978.

Scherr, A.: Strukturelle Bedingungen und alltagskulturelle Formen individueller Reproduktion im entwickelten Kapitalismus. München 1984.

Schivelbusch, W.: Geschichte der Eisenbahnreise. Die Industrialisierung von Raum und Zeit im 19. Jahrhundert. Frankfurt/M., Berlin, Wien 1977.

Steinert, H. & H. Treiber: Die Fabrikation des zuverlässigen Menschen. München 1980.

Thompson, E. P.: Plebejische Kultur und moralische Ökonomie. Aufsätze zur Sozialgeschichte des 18. und 19. Jahrhunderts. Frankfurt/M., Berlin, Wien 1980.

Vogel, M. R.: Gesellschaftliche Subjektivitätsformen. Frankfurt/M. 1983.

Weber, M.: Die protestantische Ethik und der Geist des Kapitalismus. Gütersloh 1972.

Michael Bommes / Carsten Klingemann / Gabi Köhler / Albert Scherr

1.3 Bereiche anwendungsorientierter soziologischer Forschung

Innerhalb der Soziologie ist der Status anwendungsorientierter Forschung problematisch. Die mittlerweile klassisch zu nennenden Debatten über das Verhältnis der Soziologie zur gesellschaftlichen Praxis wie der sog. Werturteilsstreit der 20er Jahre oder die Positivismusdebatte der 60er Jahre haben nicht zu einer Lösung der Frage geführt, welche Formen des «Praktischwerdens» der Soziologie möglich und legitim sind. Auch gegenwärtig besteht unter Soziologen kein Konsens darüber, nach welchen Kriterien angewandte Forschung von wissenschaftlicher Grundlagenforschung zu unterscheiden ist, was unter praktischer Anwendung soziologischen Wissens zu verstehen bzw. wie dies möglich ist; ob die von Absolventen soziologischer Studiengänge in verschiedenen Bereichen der außeruniversitären Forschung, etwa in Marketing- und Meinungsforschungsinstituten, Kernforschungseinrichtungen und industriellen Großunternehmen, produzierten Arbeitsergebnisse im ‹eigentlichen› Sinne Soziologie oder bloße interessengeleitete Auftragsforschung sind (vgl. Badura 1976). Die aktuelle, unter dem Titel «Verwendungsforschung» (vgl. Beck & Bonß 1989) geführte Auseinandersetzung hat es trotz der hier unternommenen Versuche einer empirischen Überprüfung des Transfers sozialwissenschaftlichen Wissens in Handlungsbereiche der gesellschaftlichen Praxis nicht vermocht, innerhalb der Disziplin eine Einigung darüber herbeizuführen, in welchen Formen die Übersetzung von soziologischer Theorie und Empirie in Praxis sich realiter vollzieht oder in einer dem – einerseits strittigen – soziologischen Selbstverständnis angemessenen Weise vollzogen werden kann (vgl. Beck 1989). Die Spannweite diesbezüglich bedeutsamer Positionen reicht von einer prinzipiellen Ablehnung von Versuchen, Soziologie nach dem Modell der Naturwissenschaften als eine Disziplin zu begreifen, die ein quasi technisch anwendbares Wissen erzeugen und anbieten kann, bis hin zu der Aufforderung, Vorbehalte gegen die angewandte Soziologie zurückzustellen und anzuerkennen, daß soziologisches

Wissen für die politische, ökonomische, pädagogische und andere Formen der Praxis bedeutsam sei. So formuliert für die erstgenannte Position etwa Bude (1984, 86) programmatisch: «Die Soziologie ist keine Sozialtechnologie und kein idealer Diskurs über die Lebenspraxis, sondern ein randständiges Unternehmen, das Deutungen zum Selbstverständnis der Gesellschaft anbietet.» Demgegenüber macht Ronge (1984, 624) die Realität von Soziologie als anwendungsorientierter Wissenschaft geltend: Der akademischen Soziologie «fehlt ein akzeptiertes angewandtes Pendant. Da es aber durchaus angewandte Sozialwissenschaft gibt – Markt- und Marketingforschung, Ressortforschung, Technology Assessment –, bestünde ein erster Schritt darin zu eruieren, was denn in der angewandten Sozialforschung überhaupt getrieben wird. Darüber müßte man sie freilich zuallererst ‹akzeptieren›».

Unabhängig von der jeweils eingenommenen Position zu Tendenzen, die die Frage «Wozu Soziologie?» durch den Ausweis ihrer Praxisrelevanz für die sozialtechnische Steuerung gesellschaftlicher Prozesse oder die Aufklärung eines Alltagsbewußtseins durch ein diesem vermeintlich überlegenes wissenschaftliches Wissen auszuweisen versuchen, ist es ein nicht zu bestreitender Sachverhalt, daß Soziologie, insbesondere die Methoden, Techniken und Ergebnisse empirischer Sozialforschung, «aus den Überlegungen von Wirtschafts- und Parteivertretern nicht mehr wegzudenken» (Lüschen 1979, 10) sind. Ebenso ist festzustellen, daß im Zuge einer fortgeschrittenen Verwissenschaftlichung des Alltags in soziologischen Fachdiskursen entstandene Begriffe wie Status und Identität zu einem Bestandteil der Alltagssprache geworden sind (vgl. Beck & Bonß 1989).

Gegenüber den umfassend zu diskutierenden Anwendungsverhältnissen der Soziologie in modernen industriellen Gesellschaften bleibt die folgende Darstellung auf solche Bereiche soziologischer Forschung begrenzt, die von gesellschaftlichen Akteuren wie den beteiligten Forschern selbst als anwendungsbezogene verstanden und deklariert werden. Wir fassen deshalb als anwendungsorientierte Soziologie zunächst solche Bereiche der Disziplin, die in ihrem Selbstverständnis davon ausgehen, daß sie für die Begründung gesellschaftlich relevanter Entscheidungen bedeutsame Ergebnisse hervorzubringen haben. Im Falle der im folgenden skizzierten Bereiche Jugend- und Alterssoziologie, Ausländer- und Migrationsforschung, Stadt- und Regionalsoziologie sowie Kriminalsoziologie ist es evident, daß diese wie auch andere Teildisziplinen der Soziologie sich anhand von Fragestellungen konturiert haben, die auf Probleme und Interessen der gesellschaftlichen Praxis bezogen sind. Im Unterschied etwa zu einer Thematisierung von Generationsverhältnissen in sozialwissenschaftlichen Gesellschaftstheorien kann von einer anwendungsorientierten Jugendforschung dann gesprochen werden, wenn Soziologen ihre Untersuchungen auf je aktuelle Probleme zwischen Generationen beziehen und dabei ihre Ergebnisse mit dem Anspruch versehen, dadurch die Wissensbasis einer Bearbeitung gesellschaftlicher Probleme zu erweitern. Derartige intentionale Anwendungsbezüge werden jedoch nicht nur von Soziologen selbst hergestellt. Die Sozialwissenschaften verfügen über keine gesellschaftliche Definitionsmacht, die es ihnen erlauben würde, die Anwendungsbezüge ihrer Theorien, Theoreme, Begriffe und Daten zu regulieren. Auch nichtwissenschaftliche gesellschaftliche Akteure und Interessengruppen tragen zu Definitionsprozessen bei, in denen – potentiell gegen die Absicht von Sozialwissenschaftlern – sozialwissenschaftliches Wissen zum Bestandteil gesellschaftlicher Auseinandersetzungen erklärt und als Definitionsgrundlage gesellschaftlicher Problemlagen (vgl. Lau 1989) sowie zur Legitimierung von interessengeleiteten Strategien beansprucht wird.

Derartige Verschränkungen zwischen Soziologie und Praxis versuchen wir im folgenden anhand der beispielhaft ausgewählten Bereiche anwendungsorientierter Forschung zu verdeutlichen. Es geht hier um die Darstellung von in der Geschichte der bundesrepublikanischen Soziologie vorfindlichen und gesellschaftlich einflußreichen «empirischen Relationstypen sozialwissenschaftlicher Arbeitsergebnisse zu gesellschaftlichen Problemen» (Ritsert 1989, 191).

1.3.1 Altersgruppensoziologie

Die gängigen thematischen und institutionellen Ausdifferenzierungen soziologischer Forschung behandeln den Sachverhalt, daß Lebensprozesse zeitlich strukturiert und begrenzt sind, als eine «zusätzliche Varianzdimension» (Kohli 1985, 1). Wenn hingegen in Kontexten der soziologischen Lebenslauf- und Biographieforschung, der Jugend-, Alters- und Alternssoziologie, der Sozialisationsforschung sowie einer neuerdings sich entwickelnden Soziologie der Kindheit die zeitliche Strukturierung von Lebensprozessen direkt thematisiert wird, so handelt es sich hierbei um disziplinäre Ausdifferenzierungen und Spezialisierungen. Die Auseinandersetzung mit den zeitlichen Strukturierungen individueller und kollektiver Lebensverläufe erfolgt nicht in direktem Anschluß an Probleme und Interessen der allgemeinen soziologischen Theorie, sondern in eigenständigen und wechselseitig abgegrenzten Teildisziplinen.

In dem Sachverhalt, daß in soziologischen und alltäglichen Kontexten Kindheit, Jugend und Alter als eindeutig unterscheidbare Kategorien behandelt werden, die durch ihre Differenz (im Sinne von ‹noch nicht›, ‹nicht mehr›) zur Normalidentität des voll sozialisierten und arbeitsfähigen Erwachsenen bestimmt sind, ist ein Ausdruck jener gesellschaftlichen Strukturierung des Lebenslaufs zu sehen, wie sie sich im Zuge der Herausbildung moderner industriell-kapitalistischer Gesellschaften durchgesetzt hat. In sozialgeschichtlicher Perspektive erweisen sich als naturwüchsig und selbstverständlich erscheinende Unterscheidungen von Lebensphasen als ökonomisch, politisch und kulturell konstituierte. Aries (1975) zeigt in kulturgeschichtlicher Perspektive auf, daß die Entdeckung der Kindheit als eine eigenständige Lebensphase nach dem Säuglingsalter sich erst im Verlauf der Modernisierung vorkapitalistischer Gesellschaften herausbildete. Gillis (1980) beschreibt die geschichtliche Variabilität der als Jugend gefaßten Altersgruppe. Die Entstehung einer «Normalbiographie» (Levy), die als gesellschaftlich bestimmte Abfolge segmentierter und chronologisch zuzuordnender Lebensphasen zu beschreiben und deren Zentrum die Normalidentität des arbeitsfähigen Erwachsenen ist, stellt sich in dieser Perspektive als Moment der Entstehung moderner industriell-kapitalistischer Gesellschaften dar. Eine Soziologie von Altersgruppen findet ihren spezifischen, von anthropologischen und sozialgeschichtlichen Perspektiven abgrenzbaren Gegenstand in den spezifischen sozialen Formen, in denen in modernen Gesellschaften ein «Lebenslaufregime» (Kohli) etabliert wird, das Kindheit, Jugend, Erwachsene und Alte als unterschiedene soziale Gruppen hervorbringt.

Für die gesellschaftliche und sozialwissenschaftliche Thematisierung von Altersphasen und Altersgruppen ist entscheidend, daß individuelle Lebenspraxis in industriell-kapitalistischen Arbeitsgesellschaften ihr Zentrum in der beruflichen Erwerbstätigkeit findet. Ökonomisch, sozialpolitisch und kulturell ist die individuelle Lebenspraxis dadurch bestimmt, daß die Normalform der Erwachsenenidentität erst dann erreicht ist, wenn die individuelle und familiale Subsistenz durch berufsförmige Arbeit gesichert werden kann. Damit sind die Lebensphasen vor und nach der Erwerbstätigkeit primär durch die Unterscheidung von dieser Normalform bestimmt. Angewandte soziologische Forschung ist im Falle der Jugend- und Alterssoziologie darauf verwiesen, zur Bearbeitung von Problemen beizutragen, die ökonomisch, politisch und sozial in den Übergangsprozessen in die und aus der Erwachsenenidentität entstehen. Insofern weisen die angewandte Jugend- und Altersforschung eine grundlegende Gemeinsamkeit der Problemstellung auf. Eine Differenz ist darin zu sehen, daß sich bislang die soziale Integration von Jugendlichen als politisch wie ökonomisch brisanteres Phänomen darstellt als die Desintegration alter Menschen aus dem Erwerbsleben und altersspezifische soziale Probleme. Die Integration Jugendlicher in die politische, ökonomische und kulturelle Ordnung einer Gesellschaft ist eine grundlegende Notwendigkeit für die Aufrechterhaltung bestehender gesellschaftlicher Strukturen, während alte Menschen als politisch und kulturell integrierte gelten, die lediglich aus dem ökonomischen Prozeß ausgeschlossen werden. Die Bedeutung der Auseinandersetzungen über Jugend ist auch darauf zurückzuführen, daß wissenschaftliche und politische Auseinandersetzung über ‹die› Jugend immer auch Auseinandersetzungen über allgemeine gesellschaftliche Wandlungsprozesse, Formen der «Selbstvergewisserung der politischen Institutionen mit Hilfe des Mediums Jugend» (DJI 1982, 9) sind.

Im Zusammenhang mit Prognosen, die auf eine fortschreitende Erhöhung des Durchschnittsalters der bundesrepublikanischen Bevölkerung hinweisen (vgl. Deutsches Zentrum für Altersfragen 1982), gewinnen inzwischen Fragen des Altersaufbaus und soziale Probleme alter Menschen an politischer, insbesondere sozialpolitischer Bedeutung. In Rede steht hier, wie bei einem fortschreitenden Anteil nicht mehr erwerbstätiger Menschen an der Gesamtbevölkerung die ökonomische Subsistenz der Verrenteten gesichert werden kann. Alte Menschen werden auf dem Hintergrund dieser Entwicklung seit einigen Jahren verstärkt als Problemgruppe wahrgenommen und ihre Lebensbedingungen zum Gegenstand sozialpolitischer und sozialpädagogischer Interventionen erklärt.

Neben den Problemen der Übergangsphasen zu bzw. aus der Normalidentität der Erwachsenen ist es das Phänomen der Generationen, das den Gegenstand der Soziologie von Altersgruppen bildet. Die Kategorie der Generation (vgl. Mannheim 1964) verweist auf den Sachverhalt der «Gleichartigkeit von Lebenshaltungen und Lebensgefühlen bei Gleichaltrigen, welche erwachsen ist aus historisch einzigartigen Erfahrungszusammenhängen» (Bude 1987, 34). Von Generationen ist jedoch nicht angemessen in Abstraktion von den klassen-, schicht- und milieuspezifischen Ausprägungen von Lebensbedingungen zu reden, in denen Geschichte von sozialen Gruppen erfahren und interpretiert wird. Vielmehr gehen sozialstrukturelle Differenzen in den Bildungsprozeß von Generationen ein, die somit als «durch materielle Umstände bedingte und durch die Eigeninterpretation der Betroffenen hervorgebrachte soziale Realitäten betrachtet werden» (ebd.) können.

Anwendungsorientierte soziologische Forschung über Altersgruppen ist also darauf verwiesen, gesellschaftlich bedeutsame Probleme und Interessen von Altersgruppen auf dem Hintergrund einer komplexen Konstellation zu interpretieren, wobei zumindest folgende Aspekte zu berücksichtigen sind:
– die gesellschaftlichen, vor allem die im engeren Sinne politischen Definitionsprozesse von altersgruppenspezifischen Problemsituationen und ihre Etablierung als Gegenstand soziologischer Forschung;
– die gesellschaftliche Strukturierung des Lebenslaufs von Individuen im Sinne eines jeweils wirksamen Lebenslaufregimes;
– sozialstrukturelle Differenzen innerhalb altershomogener Gruppen;
– altersspezifische geschichtliche Erfahrungszusammenhänge und die darauf bezogenen Bildungsprozesse von Generationen;
– die altersspezifischen körperlichen und psychosozialen Entwicklungsprozesse von Individuen sowie die Modi ihrer gesellschaftlichen Interpretation und Formung.

Damit wird eine interdisziplinäre Zusammenarbeit erforderlich, in der soziologische, psychologische, sozialgeschichtliche, ökonomische, politikwissenschaftliche sowie pädagogische Aspekte zu integrieren sind. Eine solche «interparadigmatische Vorgehensweise» (Krüger 1988, 23) ist gegenwärtig jedoch erst in Ansätzen entwickelt.

Am Fall der sozialwissenschaftlichen Jugendforschung werden im folgenden exemplarisch Verschränkungen von Wissenschaft einerseits sowie Pädagogik und Politik aufgewiesen. Dabei ist insbesondere beabsichtigt, den wechselseitigen Konstitutionszusammenhang von anwendungsorientierter Forschung, Jugendpolitik und Jugendpädagogik zu verdeutlichen. Anwendungsorientierte Jugendforschung wird als ein Moment des gesellschaftlichen Umgangs mit den zeitlichen Strukturen des Lebenslaufs und der Generationenlagerung dargestellt, das in übergreifende gesellschaftliche Strukturen und

Prozesse eingebunden ist und in enger Beziehung zu den sich politisch und kulturell artikulierenden Jugendbewegungen sowie deren politischer und pädagogischer Bearbeitung steht. Insofern ist die Darstellung selektiv und kann nicht beanspruchen, das gesamte Spektrum der anwendungsorientierten Jugendforschung darzustellen (vgl. Hurrelmann, Rosewitz & Wolf 1985; Krüger 1988).

Sozialwissenschaftliche Jugendforschung bezieht sich auf die «Lebensphase Jugend» (Hurrelmann, Rosewitz & Wolf 1985) als einer sozialen Realität, die in der Nachkriegsgeschichte der Bundesrepublik dauerhafter Gegenstand wissenschaftlicher und politischer Auseinandersetzungen war. Im Sinne einer groben Vereinfachung kann davon gesprochen werden, daß in der Rekonstruktionsperiode der Bundesrepublik zunächst die Integration der Jugendgeneration in die zu entwickkelnden demokratischen Strukturen und die Ökonomie des sogenannten Wirtschaftswunders thematisch war. Jugendforschung ist in dieser Periode vor allem am Problem der Generationslagerung interessiert (vgl. Schelsky 1957) und erstellt darüber hinaus quantitative Untersuchungen im Sinne einer Sozialberichterstattung und der Informationsbeschaffung über spezifische Teilgruppen Jugendlicher, etwa über die bis Mitte der 50er Jahre auch quantitativ große Teilgruppe arbeitsloser Jugendlicher. Politische und pädagogische Bemühungen richten sich zunächst darauf, die Bereitschaft einer Generation von Jugendlichen zur politischen Partizipation zu fördern, für die der von Schelsky (1957) geprägte Begriff der «skeptischen Generation» auch in außerwissenschaftlichen Zusammenhängen als angemessene Beschreibung des Generationstypus galt. So hatte die Wahlforschung darauf aufmerksam gemacht, daß die Wahlbeteiligung Jugendlicher im Vergleich zur Gesamtbevölkerung gering war (vgl. Chaussy 1983). Bis zur offenen und politischen Artikulation der Jugendproteste im Zusammenhang der Studentenbewegung und der außerparlamentarischen Oppositionen steht sozialwissenschaftliche Jugendforschung in einem Kontext, der mit dem Stichwort der sozialintegrativen Jugendarbeit und Jugendpolitik bezeichnet wurde (vgl. Müller et al. 1964). Gleichwohl vermag eine genauere Betrachtung zu zeigen, daß auch in der vermeintlich apolitischen Jugend der 50er und frühen 60er Jahre Phänomene der politischen und kulturellen Kritik der «Wirtschaftswundergesellschaft» zu verzeichnen sind (vgl. Krüger 1988), die sich in das dominante Bild der skeptischen Generation nicht bruchlos einfügen.

Das sozialwissenschaftlich gestützte Bild der gegenüber der parlamentarischen Demokratie und politischem Engagement skeptischen

Generation (vgl. Friedeburg, Habermas, Oehler & Weltz 1961) wird durch die in der zweiten Hälfte der 60er Jahre entstehende außerparlamentarische Protestbewegung durchbrochen, die zu einer grundlegenden Veränderung der Sichtweisen der Jugend in der Bundesrepublik führt. Für die weitere Entwicklung der wissenschaftlichen und politischen Jugenddebatten ist bedeutsam, daß die als Jugendbewegung thematisierten Protest- und Aktionsformen der späten 60er und frühen 70er Jahre sich auf dem Hintergrund des bis dahin verbreiteten und sozialwissenschaftlich gestützten Jugendbildes als ein unerwartetes Ereignis darstellen. Die in den 70er Jahren einsetzende Kritik der quantitativen Forschungsmethoden wie die Veränderung theoretisch-konzeptioneller Grundlagen der Jugendforschung ist im Zusammenhang damit zu sehen, daß sich die prognostische Reichweite repräsentativer Umfrageforschung realiter als gering erwiesen hatte. In der Jugendforschung der 70er Jahre relevant gewordene Konzepte wie das der Aktionsforschung, der Lebensweltanalyse (vgl. Projektgruppe Jugendbüro 1975) und der Subkulturforschung sind zwar nicht als unmittelbarer Ausdruck des Scheiterns quantitativer Umfrageforschung zu begreifen. Die außerparlamentarische Jugendforschung war jedoch auch für die sozialwissenschaftliche Jugendforschung eine Lernprovokation, die neben einer methodologischen auch eine theoretisch-konzeptuelle Neuorientierung mit auslöste.

Eine Gemeinsamkeit der strukturfunktionalistischen (vgl. Parsons 1949; Eisenstadt 1966) und kulturanalytisch orientierten Konzepte (vgl. Tenbruck 1965) der Jugendforschung der 50er und 60er Jahre war die weitgehende Abstraktion von internen Differenzierungen von ‹Jugend›, die tendenziell als homogene Gleichaltrigengruppe gedacht wurde. Jugend wird in der einflußreichen Konzeption von Eisenstadt als Lebensphase gefaßt, der die Funktion zukommt, den Übergang von den affektiv-partikularen Orientierungen der Kindheit und der frühen Jugend in die universalistischen und affektiv neutralen Orientierungen der Gesamtgesellschaft zu gewährleisten. Noch schichtentheoretische Konzepte (vgl. Neidhardt 1967; Kreutz 1971) halten an der Vorstellung einer basalen Homogenität der Übergangsphase Jugend im Vergleich zum Status des Erwachsenen fest. Die sich in den 70er Jahren herausbildenden klassentheoretischen (vgl. Lessing & Liebel 1974; Onna 1976) und subkulturtheoretischen Konzepte (vgl. Clarke et al. 1979 b; Brake 1981) der Jugendforschung betonen demgegenüber, daß jugendspezifische politische und kulturelle Artikulationsformen nicht Ausdruck einer Statuspassage, son-

dern im Zusammenhang mit klassenspezifischen Differenzen der Lebensbedingungen und daraus hervorgehenden Interessenlagen zu sehen sind. Einflußreich werden diese Überlegungen in den Ansätzen zu
einer Neubestimmung der Jugendarbeit als antikapitalistische (vgl.
Lessing & Liebel 1974) und bedürfnisorientierte (vgl. Damm 1975), die
das Selbstverständnis der Jugendpädagogik an die von Jugendlichen
artikulierten emanzipatorischen Interessen in klassengesellschaft-
lichen Verhältnissen anzuschließen versuchen. Auch in Konzeptionen, die nicht unmittelbar auf klassentheoretische Überlegungen
zurückgreifen, so etwa in Gieseckes (1970) Konzept emanzipatorischer Jugendarbeit, wird deutlich, daß ‹Jugend› sich nunmehr in
wissenschaftlichen, politischen und pädagogischen Deutungen von
einer politisch passiven Lebensphase, die ihre Differenz zur Gesamtgesellschaft in vorpolitischen Formen der kommerziellen Massenkultur zum Ausdruck bringt, zum zentralen Träger emanzipatorischer
politischer Tendenzen gewandelt hat und als Protestpotential
einerseits, als Ort der Entwicklung abweichender Subkulturen andererseits wahrgenommen wird.

Der Deutungsbedarf, den die Entwicklung einer politischen und
gegenkulturellen Jugendbewegung auf der Seite der etablierten Politik und der hegemonialen Öffentlichkeit auslöst, bewirkt in den 70er
Jahren ein intensives Interesse an sozialwissenschaftlichen Deutungs-
angeboten (vgl. Schäfers 1974), das eine erhebliche Ausweitung der
sozialwissenschaftlichen Jugendforschung ermöglicht. Indem Jugend
in einer breiten Öffentlichkeit zur Problemgruppe erklärt wird, stellt
sich eine Anwendungsorientierung sozialwissenschaftlicher Jugendforschung schon dadurch her, daß Aussagen über Jugend in den politischen, pädagogischen und massenmedialen Diskursen auch dann
aufgegriffen und in diesem Sinne verwendet werden, wenn sie nicht
unmittelbar als anwendungsbezogene verfaßt sind. Zugleich wird
eine Anwendungsorientierung der Jugendforschung institutionell
hergestellt, einerseits in Formen der wissenschaftlichen Politikberatung, wie sie das Bundesjugendkuratorium und die Jugendberichte
der Bundesregierung darstellen, andererseits durch die Etablierung
einer außeruniversitären Jugendforschung, wie sie vor allem durch
das Deutsche Jugendinstitut und das Jugendwerk der Deutschen
Shell-AG repräsentiert ist.

Während im Zentrum der Jugendforschung der frühen 70er Jahre
Tendenzen der politischen und gesellschaftlichen Emanzipation Jugendlicher stehen (vgl. BMJFG 1974, 33), löst sich mit dem Zerfall der

sogenannten Studentenbewegung zunächst der unmittelbare Bezug der Jugendforschung zu sozialen Bewegungen und Konflikten auf. Jugendforschung scheint zur Bearbeitung der weniger spektakulären Integrationsprobleme Heranwachsender zurückkehren zu können. Mitte der 70er Jahre wird eine Deutung von Jugend wirksam, die die Frage «Sind Jugendliche entpolitisiert?» (Ziehe 1975) aufwirft und mit dem Verweis auf veränderte Sozialisationsbedingungen zu begründen versucht, daß die generationstypische Orientierung Jugendlicher als «narzißtischer Sozialisationstypus» (Ziehe) zu beschreiben sei. Im Kontext der Entwicklung der neuen sozialen Bewegungen, der Friedens- und Ökologiebewegung gegen Ende der 70er Jahre wird Jugend jedoch erneut auch als Teil außerparlamentarischer Protestbewegungen thematisch. Jugend stellt sich nicht mehr als an die gesellschaftliche Normalität angepaßte Generation dar, sondern als eine Generation «zwischen Anpassung und Ausstieg» (Jugendwerk der Deutschen Shell-AG 1981). Die sogenannte «neue Jugenddebatte» (vgl. DJI 1982; Baethge et al. 1983; SINUS 1983) unterscheidet sich von den Thematisierungen von Jugendprotest in den frühen 70er Jahren dadurch, daß nicht mehr ein spezifischer Generationenkonflikt thematisiert wird. Vielmehr wird Jugendprotest nunmehr als Ausdruck gesellschaftlich-allgemeiner Zukunftsprobleme diskutiert. Zugleich entsteht im Zuge der weltwirtschaftlichen Rezession und der damit verbundenen strukturellen Massenarbeitslosigkeit das Problem der Jugendarbeitslosigkeit. Diese wird als generationstypische Erfahrung verstanden, die den Prozeß der gesellschaftlichen Integration Jugendlicher an einer entscheidenden Stelle problematisch werden läßt. Jugendforschung ist damit vor die Aufgabe gestellt, Ursache und Auswirkungen von Jugendarbeitslosigkeit zu thematisieren und die arbeitsmarktpolitischen Maßnahmen der Bundesregierung und der Bundesanstalt für Arbeit wissenschaftlich zu begleiten (vgl. Giesbrecht 1983).

Mit der Auflösung der Jugendprotestbewegungen der frühen 80er Jahre, die sich neben den Friedens- und Ökologiebewegungen vor allem als Hausbesetzerbewegungen darstellten, verändert sich die gesellschaftliche Wahrnehmung von Jugend wiederum. Gesellschaftliche Entwicklungstendenzen bilden den Hintergrund einer sozialwissenschaftlichen Jugendforschung, die von der Annahme einer Dynamisierung, Pluralisierung und Differenzierung der Lebensformen Jugendlicher ausgeht (vgl. Heitmeyer & Olk 1990) und die Annahme eines grundlegenden gesellschaftlichen Strukturwandels auf Veränderungen von Jugend und Jugendkulturen zu beziehen versucht. In Frage gestellt wird hier, ob ein Begriff von Jugend, der diese als zwar intern differenzierte, aber über übergreifende und gemeinsame Merkmale verfügende Generation thematisiert, den als historisch neu gefaßten Entwicklungstendenzen noch angemessen ist. Durch eine Differenzierung der Jugendforschung wird versucht, der behaupteten Vervielfältigung jugendkultureller Stilbildungen und Lebensformen analytisch Rechnung zu tragen. In Rede steht dabei auch eine Auflösung jener Struktur der Normalbiographie, die eine Abgrenzung von Jugend zu Erwachsenen als sinnvoll erscheinen läßt (vgl. Ferchhoff & Neubauer 1989). Bedeutsam werden diese Ansätze der neueren Jugendforschung vor allem in pädagogischen Verwendungszusammenhängen, für die seit Mitte der 80er Jahre die Deklaration einer Krise der institutionalisierten Jugendpädagogik kennzeichnend ist (vgl. Giesecke 1984). Anwendungsorientierte Forschung wie Jugendpädagogik und Jugendpolitik verfügen gegenwärtig über keinen vereinheitlichenden Begriff von Jugend und entsprechende konzeptuelle Orientierungen. Jugend stellt sich einerseits als Seismograph allgemeiner gesellschaftlicher Krisen- und Entwicklungstendenzen, andererseits als differenziertes Konglomerat von Lebensformen dar, die einer beschleunigten Veränderung unterliegen. Mit den Versuchen, den internen Differenzierungen und Veränderungen von Jugend analytisch und deskriptiv gerecht zu werden, geht in der anwendungsorientierten Jugendforschung jedoch eine problematische Vernachlässigung längerfristiger Entwicklungstendenzen und übergreifender Gemeinsamkeiten von Jugend einher. So werden etwa klassenspezifische Gemeinsamkeiten divergenter Jugendkulturen kaum mehr thematisiert bzw. in postmodernistischen Konzepten für unerheblich erklärt.

Die gesellschaftlichen Deutungen von Jugend haben für die Geschichte der Bundesrepublik im wesentlichen vier Generationstypen hervorgebracht, die als ‹skeptische Generation›, ‹Studentenbewegung und außerparlamentarische Opposition›, ‹neuer narzißtischer Sozialisationstypus› und ‹postmaterialistische bzw. postmoderne Jugend› bezeichnet worden sind. Anwendungsorientierung besteht im Fall der Jugendforschung neben der Einwirkung auf vielfältige Formen des politischen und pädagogischen Umgangs mit Teil- und Randgruppen Jugendlicher darin, Moment der Entwicklung von Generationentypisierungen zu sein, in denen soziale Konflikte und Prozesse gesellschaftlichen Wandels als Veränderungen von Jugend thematisiert werden. Jugendforschung ist daher in ihrer wissenschaftlichen

Auseinandersetzung mit generationsspezifischen Lebensbedingungen und ihren Veränderungen eingeschlossen in politische Definitionsprozesse gesellschaftlicher Wirklichkeit.

Dies gilt auch für die gegenwärtig zunehmende Thematisierung alter Menschen als sozialer Gruppe. Jugend- und Altersforschung wirken auf die gesellschaftliche Etablierung, Durchsetzung und Veränderung eines gesellschaftlichen Lebenslaufregimes, insbesondere auf die Legitimationen und Delegitimation von Ausgrenzungsprozessen aus politischer und ökonomischer Partizipation ein, die strukturelle Bedingungen für die individuelle Biographie setzen.

1.3.2 Migrationssoziologie

Wanderungssoziologie beschäftigt sich mit den gesellschaftlichen Bedingungen für die Auslösung von Wanderungsprozessen sowie u. a. mit den Folgen von Wanderung für die Gesellschaft, in die hinein größere Gruppen erzwungenermaßen oder freiwillig einwandern. Insofern Wanderungen größeren Ausmaßes für die aufnehmenden Gesellschaften meist sichtbare, sozial verunsichernde Auswirkungen auf unterschiedlichen Ebenen – Arbeits- und Wohnungsmarkt, soziales Klassen- und Schichtungsgefüge, soziale Sicherungssysteme, kulturelles Leben etc. – nach sich ziehen, sieht sich Soziologie in diesem Bereich mit Anfragen nach Empfehlungen für die praktische Bewältigung der aus Wanderungsprozessen resultierenden Probleme konfrontiert – und empfiehlt sich zugleich als Problemkonzeptualisierer und -bewältiger. In diesem doppelten Sinne handelt es sich bei der Wanderungs- oder Migrationssoziologie um eine anwendungsorientierte Sparte des Faches.

Sozialwissenschaften setzen sich seit ihren Anfängen immer auch mit Migrationsphänomenen auseinander. Die Auflösung der feudalistisch-agrarischen Gesellschaftsstruktur, die Ausdehnung von Warenverkehr, Kolonialismus und Industrialisierungsprozessen hatten in ihrem Gefolge die Expansion der Städte durch die Zuwanderung der pauperisierten Landbevölkerung und verarmter Massen aus (ehemaligen) Kolonien. Dieser Prozeß sowie in diesem Kontext sich vollziehende, von heftigen nationalen Konflikten begleitete Staatenbildung brachten die sozialen Krisen hervor, in deren gesellschaftlicher Bearbeitung Sozialwissenschaften und insbesondere die Soziologie als Reflexionsinstanzen sich ausdehnten und schließlich auch als wissenschaftlich eigenständige Disziplin etablierten (vgl. Goudsbloom 1981).

Die Chicago-Schule der Soziologie, die sich Anfang dieses Jahrhunderts akademisch in den USA als erste mit einem eigenständigen Soziologiedepartment etablieren konnte, formierte sich in der Bearbeitung gesellschaftlicher Probleme, die sich mit der Urbanisierung des Lebens, dem enormen Wachstum einer Stadt wie Chicago als Folge von Zuwanderung aus Übersee stellten. Probleme der Einpassung von Einwanderern in die neuen Lebens- und Arbeitsverhältnisse, der Beziehungen zwischen unterschiedlichen Einwanderergruppen, die Situation der Familien und Jugendlicher etc. wurden durchaus mit Blick auf praktische Empfehlungen für die politische Administration untersucht (vgl. Heckmann 1981). In diesem Zusammenhang entstandene Arbeiten (z. B. Thomas & Znaniecki [2]1958, zuerst 1918; Park & Burgess 1921; Park 1925) sind sowohl für die Soziologie allgemein bis heute von Bedeutung (vgl. Schütze 1987) als auch für die Wanderungssoziologie im besonderen, deren theoretische Ansätze bis in die Gegenwart häufig in Auseinandersetzung mit dieser Tradition entwickelt werden.

Ist aber die Entwicklung der Soziologie in den USA im Verhältnis zu Migrationsprozessen aufgrund der Geschichte dieser Gesellschaft zentral, so war und ist die Migrationssoziologie in der Bundesrepublik innerhalb der Disziplin eher rückständig. Als Indiz dafür mag bereits gelten, daß in den USA ein Gesellschaftstheoretiker vom Format Parsons' selbstverständlich auch zu ethnischen Rassenkonflikten schreibt und publiziert (vgl. Parsons & Clarke 1965/66), während Migration in den Schriften von Habermas und Luhmann, die Kristallisationspunkte für gesellschaftstheoretische Anstrengungen in der bundesdeutschen Soziologie darstellen, nicht vorkommt. In der älteren deutschsprachigen Soziologie findet sich in Relation zur europäischen Entwicklung und hier u. a. zu den Problemen der Auflösung traditionaler Strukturen und der Nationalstaatenbildung noch eine entsprechende Reflexion – wie bei Weber ([5]1976) die Analyse ethnischer Vergemeinschaftungsformen und bei Simmel (1908) die Bestimmung des «Fremden». Diese Tradition reißt jedoch ab. Wie die Arbeit des Sozialhistorikers Herbert (1985) zeigt, gibt es eine lange und ununterbrochene Geschichte von mehr oder weniger freiwilligen und erzwungenen Wanderungsprozessen ins deutsche Kaiserreich, in die Weimarer Republik, in das nationalsozialistische Deutschland und schließlich in die Bundesrepublik. Gleichwohl findet dies in der Nachkriegssoziologie bis Ende der 60er Jahre, abgesehen von einigen Arbeiten zur Arbeitsmigration (vgl. Treibel 1989) und einer Reihe von Untersuchungen über die Situation der Flüchtlinge und Vertriebenen in den Westzonen bzw. in der frühen BRD, wenig Beachtung (vgl. Müller 1956; Lemberg & Edding et al. 1959).

Die Bezeichnung ‹Gastarbeiter› für die seit Mitte der 50er Jahre zuwandernden Arbeitsmigranten aus den Ländern Italien, Griechenland, Portugal, Spanien, Jugoslawien und Türkei kam vor dem Hintergrund der faschistischen Vergangenheit zustande, in der massenhaft Arbeitskräfte als sog. ‹Fremdarbeiter› durch zwangsweise Verschleppung beschafft worden waren (vgl. Herbert 1985). Eine Übernahme des Terminus verbat sich daher. Mit der Abwesenheit von Migrationsproblemen in ihren theoretischen Reflexionen und – seit Ende der 60er Jahre – mit der ‹Neuentdeckung› des Wanderungsphänomens als ‹Ausländerproblem› in den Sozialwissenschaften halten sich diese auch in der Wahl der Begrifflichkeit unter Rückgriff auf amerikanische Traditionen in Distanz zur Teilhabe ihrer Fächer an der faschistischen Machtpolitik z. B. in den ost- und südosteuropäischen Ländern (vgl. Klingemann 1990).

‹Ausländerforschung›, als Teil deren sich in den 70er und 80er Jahren Migrationssoziologie etabliert, entsteht vor dem Hintergrund des Ausbaus und der Konsolidierung sozialwissenschaftlicher Studiengänge an den Universitäten. Zugleich aber ist diese Forschung zu erheblichen Teilen Auftragsforschung, die im Zusammenhang des Verlaufs der Arbeitsmigration in die BRD und der darauf bezogenen Politik entsteht. Arbeitseinwanderung war ein politisch gewollter Prozeß. Arbeitskräfte wanderten aus den Ländern ein, mit denen neben Tunesien und Marokko ein Anwerbevertrag geschlossen worden war. Dieser ersten Phase der Anwerbung und Rotation, in der Arbeitskräfte seit 1955 zunächst auf Zeit zum Zweck des Gelderwerbs einwanderten, um nach Erreichen dieses Zwecks oder auch bei Scheitern in ihre Herkunftsgesellschaft zu remigrieren, folgte 1973 der Anwerbestopp und die Phase der sog. ‹Konsolidierung der Ausländerbeschäftigung›, in der neben der politischen Hervorhebung des Inländervorrangs durch eine Reihe von arbeits- und sozialpolitischen Maßnahmen die Folgen einer zunehmenden Niederlassung der Arbeitsmigranten und ihrer jetzt nachziehenden Familienangehörigen für die soziale Infrastruktur (also Wohnungsmarkt, Bildungssystem, Sozialversicherungssystem, Gesundheitssystem etc.) bewältigt werden sollten (1974–1978). Während zum Ende der 70er Jahre und Anfang der 80er

Jahre kurzfristig ‹Integration auf Dauer› als politisch angemessener Umgang mit den Arbeitsmigranten und ihren Familien deklariert wurde (vgl. Kühn 1979), folgte seit 1982 eine Hervorhebung politischer Anstrengungen, die Arbeitseinwanderung durch Maßnahmen zur sog. Rückkehrförderung rückgängig zu machen.

Treibel (1986) zeigt, daß sich die Phasen der Ausländerforschung allgemein wie auch der soziologischen Migrationsforschung zu den Phasen der Ausländerpolitik parallelisieren lassen. Der Zeit seit dem ersten Anwerbevertrag mit Italien bis zum Anwerbestopp ordnet sie eine «Vorlaufs-» (1955–1969) und eine «Frühphase» (1970–1973) zu. In der «Vorlaufsphase» erschienen vereinzelt vorrangig wirtschaftswissenschaftliche und soziologische Beiträge über die Vor- und Nachteile der Ausländerbeschäftigung. Von einer verallgemeinerten wissenschaftlichen Auseinandersetzung mit Migrationszusammenhängen kann jedoch nicht gesprochen werden. Aber in den 60er Jahren wurden auch die Repräsentativuntersuchungen vom Bund, den Ländern und Städten veranlaßt, es begannen die ersten Auftragsforschungen (für Nachweise hier und zum folgenden vgl. Treibel 1989). In der Frühphase stieg die Anzahl der Publikationen, mit denen zugleich neben die zuvor volkswirtschaftlich ausgerichteten nun sozialpsychologisch und politökologisch angelegte Arbeiten traten. In dieser Zeit entstehen die von Berger (1990) diskutierten imperialismuskritischen Arbeiten (vgl. Nikolinakos 1973; Castles & Kosack 1973), die Arbeitsmigration im Zusammenhang der Entwicklung von Kapital und Politik in den westeuropäischen Metropolen und der Abhängigkeit der Mittelmeerregionen als Peripherien Europas diskutieren und so die Lage der Arbeitsmigranten in einer klassentheoretischen Analyse zu bestimmen suchen. Diese Analysen wurden von den Autoren im Anschluß an die 68er-Bewegung vorgenommen, verloren aber zwischenzeitlich innerhalb der Migrationsforschung an Bedeutung.

Der Frühphase der Ausländerforschung folgte die von Treibel so bezeichnete «Hauptphase der Ausländerforschung», die sich noch einmal unterteilt in die Phase der «Konsolidierung» (1974–1978) und der «Expansion» (1979–1983). Die Konsolidierung der Ausländerforschung schlägt sich nieder in der Zunahme von Projekten und Forschungsgruppen sowie in der Schaffung von Forschungsförderungsschwerpunkten (vgl. z. B. Korte & Schmidt 1983). Neben der fortbestehenden Konzentration der Forschung auf Probleme des Arbeitsmarktes und der Wirtschaft behandeln nach einer Übersicht von Rilling (vgl. Treibel 1989) zwei Drittel aller Publikationen Probleme der Sozialisation von Migranten, der subjektiven Verarbeitung der Migration und der Integration. Die Forschung konzentriert sich dabei auf die Situation der sog. zweiten Generation. Dieser Trend setzt sich in der Phase der Expansion fort, und der Markt wird neben den offiziellen Publikationen mit einer unübersehbaren Anzahl von sog. grauen Materialien, wie sie in den Universitäten, Sozialarbeits- und Fortbildungsinstituten sowie Behörden und Verwaltungen entstehen, überschwemmt (vgl. dazu die Bibliographien des ISS 1977–1982). Die Problemvorgaben der Forschung kamen aus Bereichen des Arbeitsmarktes, der betrieblichen und sozialen Integration der Arbeitsmigranten sowie aus dem Bereich der sozialisatorischen Apparate, die sich einer wachsenden Zahl von nachziehenden Migrantenkindern gegenübersahen.

In der Expansionsphase erscheinen die für die migrationssoziologischen Debatten zentralen Arbeiten von Esser (1979) und Heckmann (1981), die von Berger (1990) als wesentlich für zwei unterschiedliche Paradigmen der Migrationssoziologie bezeichnet werden, das «Integrations-» und das «Minoritätenparadigma». Während in letzterem der Blick auf die sozialen und kulturellen Lebenszusammenhänge von Arbeitsmigranten als Kolonie, Gettos oder Communities von Minderheiten gerichtet wird, geht es in ersterem darum, die Bedingungen der Integration und Assimilation von Arbeitsmigranten zu klären. Beide Autoren zeichnen sich dadurch aus, daß sie ihre Arbeiten im Zusammenhang soziologischer Theorien verorten und sich so von der oftmals mangelnden Theorieorientiertheit vieler anderer Arbeiten kritisch absetzen.

Die Eingliederung von Arbeitsmigranten stellt für Esser nur den Spezialfall des allgemeinen Problems dar, wie sich Personen in Sozialsysteme einfügen. Darüber hinaus behauptet er, daß die Basis überzeugender soziologischer Theorien nur eine handlungstheoretisch-individualistische Erklärungsweise auf der Grundlage eines methodisch individualistischen Untersuchungsansatzes sein könne. In diesem Ansatz wird die Existenz einer unabhängigen Realität sozialer Systeme bestritten und ihre Rückführbarkeit auf das individuelle Handeln von Individuen behauptet. Nach Esser ist also eine Theorie der Wanderung nur auf der Basis einer Handlungstheorie möglich, die Wanderung als das Ergebnis von individuellen Entscheidungen, orientiert am subjektiven Nutzen, faßt und untersucht (methodologischer Individualismus). Die allgemeine Behauptung, daß sich soziale Strukturen auf das Zusammenwirken von individuellen Handlungen als deren Wirkungen zurückführen lassen, wird allerdings auch von Esser nicht einge-löst. Indem darüber hinaus jedes Handeln als am subjektiven Nutzen orientiert betrachtet wird, wird der Begriff des Nutzens leer; denn ge-sagt ist damit nur noch, daß Handeln gerichtet ist, einen Sinn hat. Was allerdings der jeweilige «Nutzen» ist, welche Rationalitäten ihm also zugrunde liegen können, wird mit der Begrifflichkeit des «kognitiv-hedonistischen Modells» (Esser) nicht erklärt (vgl. auch Prewo 1979).

Empirisch sind von Esser und seiner Forschungsgruppe (vgl. Esser 1979) unter der leitenden Problemstellung, Bedingungen von Assimi-lation und Integration von Einwanderern zu klären, die Ausgangs-situation der Arbeitsmigration (Wanderungsmotivation, Schul- und Berufsausbildung sowie berufliche Stellung), Bedingungen zu Beginn des Aufenthaltes (Qualifikation und berufliche Stellung) sowie beruf-liche Chancen, Arbeitsplatzbedingungen, Einkommen und Auf-stiegschancen, Bedingungen des Spracherwerbs, Wohnbedingungen und Diskriminierungstendenzen innerhalb der ansässigen Bevölke-rung untersucht worden. Es kommt den Autoren auf die Klärung der Bedingungen der Eingliederung von Arbeitsmigranten an. Stellt man nun fest, daß in einer ersten Studie wesentlich Fragen des Zusammen-lebens zwischen Arbeitsmigranten und Einheimischen für den Ver-lauf der Eingliederung geklärt werden, wenig später aber (vgl. Esser 1982) Schulbildung, Aufenthaltsdauer und Einreisealter zu den ent-scheidenden Variablen für die Eingliederung erklärt werden und da-mit der politischen Empfehlung der Beschränkung des Zuzugs von Familienangehörigen der Arbeitsmigranten durch Absenkung des Einreisealters explizit wissenschaftliche Dignität verliehen wird (vgl. ebd., 302), dann weist dies einerseits auf Probleme in der Theoriebil-dung hin, andererseits auch auf die Willfährigkeit einer Wissenschaft, sich für politische Auseinandersetzungen zur Verfügung zu stellen, was trotz des hohen Theorieanspruchs des Ansatzes von Esser auf den Entstehungszusammenhang (nicht nur) dieser Theorie als Auftrags-forschung verweist.

In Auseinandersetzung mit der amerikanischen Tradition und hier insbesondere der Chicago-School zielt Heckmann (1981, 16) auf die Erstellung eines «kategorial-theoretischen und inhaltlich empirischen Gerüsts zur Analyse der ‹Gastarbeiterfrage› als Minoritätenpro-blem». Nach der Diskussion begrifflicher Fassungen von Arbeitsmi-granten als Minderheiten und verschiedener theoretischer Orientie-rungen der Minoritätenforschung (Vorteils- und Diskriminierungsán-sätze sowie Marginalitätstheorien) analysiert er die Situation der

Arbeitsmigranten in der BRD bezüglich ihrer sozialökonomischen Stellung sowie ihrer sozialen Lage (Einkommen, Wohnungssituation, rechtliche Stellung) und kommt zu folgendem begrifflichen Fazit:

«Die Gastarbeiter sind als Einwandererminorität eine zentrifugale Schicht innerhalb der Arbeiterschaft, ihre soziale Lage ist gekennzeichnet durch ein strukturelles Defizit zwischen zustehendem und realisiertem Lebensniveau (Diskriminierung); Interaktions- und Beziehungsschranken seitens der einheimischen Bevölkerung gehen einher mit Abschließungstendenzen seitens der Einwanderer durch Aufbau eines eigenen sozialkulturellen Systems, der Kolonie; situative Entstabilisierungen kennzeichnen die Unsicherheit ihrer sozialen Lage. Die Gastarbeiter sind nach ökonomisch-sozialer Stellung und sozialer Lage zu einer Einwanderungsminorität in der Sozialstruktur der Bundesrepublik geworden» (ebd., 258).

Der Vorteil der Analyse Heckmanns besteht darin, daß er ein Programm der Analyse von Einwanderungskulturen skizziert, das diese als Formen der Handhabung der Lebensbedingungen in der Aufnahmegesellschaft versteht, so daß einerseits der Rückgriff auf kulturelle Traditionen erst aus diesem Zusammenhang verstehbar wird und nicht auf schlichte kulturelle Gewohnheit reduzierbar ist, andererseits eine kulturelle Praxis erst entschlüsselt werden kann, wenn der Analytiker sich theoretisch der Bedingungen versichert, die in eine Praxis eingehen: Er braucht einen Begriff von Gesellschaft.

Damit ist eine Crux der Ansätze bezeichnet, die zwar das Handeln von Arbeitseinwanderern zum Gegenstand von sog. qualitativen Analysen machen, aber dabei meist die im jeweils analysierten Material artikulierten gesellschaftlichen Bedingungen ausblenden. Statt dessen herrscht eine Perspektive vor, in der die Daten, meist in Interviews erhobene sprachliche Verarbeitungsformen, von den Bedingungen ihrer Produktion abgelöst und als Manifestationen eines als zentral unterstellten Problems des sog. interkulturellen Umgangs gefaßt werden, aufgrund dessen die Äußerungen von Migranten wesentlich als defizitäre oder differente kulturelle Formen untersucht werden. Zudem führen die wenig geklärten methodischen und methodologischen Grundlagen des Vorgehens (vgl. die Beiträge in Hoffmeyer-Zlotnik 1986) zu problematischen Auslegungsverfahren der meist textförmigen Materialien und erlauben so erst die häufig wenig einsichtige Nebeneinanderstellung von Aussagen über die Texte und theoretischen Annahmen über den untersuchten Zusammenhang. Das Problem der qualitativen Arbeiten, die mit unterschiedlichen Absichten auf die Analyse von Einwanderungskulturen zielen, besteht darin, daß sie nicht zuletzt aufgrund der ungeklärten methodischen und methodologischen Probleme sowie häufig mangelnder gesellschaftstheoretischer Anstrengung an die Stelle des ‹Integrationsproblems› das ‹Minoritätenproblem› als ‹Kulturdifferenz›- bzw. ‹Modernitätsdifferenzhypothese› gesetzt haben und damit an der gesellschaftlichen Ethnisierung von Arbeitsmigranten, d. h. ihrer Festlegung auf ethnische Merkmale als bestimmend für ihre soziale Existenz, wissenschaftlich teilgenommen haben (vgl. Bukow & Llaryora 1988).

Migrationssoziologie wird seit etwa 1984 zunehmend selbstreflexiv. Sie sucht also nicht nur Anschluß an die allgemeine Soziologie, wie die Arbeiten von Esser und Heckmann, sondern sie beginnt, ihren Verwendungszusammenhang, d. h. ihre ‹Wirkungen› zu thematisieren. Ist sie in ihrer Entstehung anwendungsorientierte Wissenschaft, die sich zur Lösung von außerhalb der Wissenschaft wahrgenommenen und formulierten Problemen anbietet, so entdeckt sie nun nicht nur, daß eine Reihe ihrer Erkenntnisse vage und kategorial problematisch sind und weiterer Diskussion und Absicherung bedürfen, sondern auch, daß die wissenschaftlich entwickelten Problem(re)formulierungen und Erkenntnisformen als das Treffen von Unterscheidungen Relevanzen festlegen, die außerhalb der Wissenschaft in den Händen der Verwender ein Eigenleben entfalten. Migrationssoziologie «ist nicht mehr nur eine Ressource der Lösung der im Alltag entstehenden Probleme, als die sie sich gerne präsentiert, sondern sie wird mit der Wahrnehmung ihrer Definitions- und Theoretisierungsmacht auch zu einer Quelle der Problemverursachung» (Dittrich & Radtke 1990, 13). Indem die Migrationsforschung sich dessen sowie der Autonomie der Verwender, d. h. der Vergesellschaftung auch der Migrationssoziologie bewußt wird, ist sie darauf verwiesen, die Implikationen der von ihr gewählten Modelle zur Konzipierung von Migration zu überprüfen und diese Konzipierungen in größerer Distanz zu aktuellen Problemlagen vorzunehmen. Sie begibt sich damit auf den Weg, selbstverständlicher Bestandteil der allgemeinen Soziologie zu werden.

1.3.3 Stadt- und Regionalsoziologie

Seit den Anfängen der Soziologie gibt es eine kontinuierliche Beschäftigung mit den Problemen des Wohnens, mit der Struktur und Entwicklung der Städte und mit den Fragen einer möglichen Beeinflussung des (sozialen) Charakters durch die Art und Weise des Siedelns. Marx und Engels, Simmel, Tönnies, Weber sowie Sombart haben Grundlegendes zu den genannten Fragen ausgeführt und werden bis heute als Referenzen genannt, um die Stadt- und Regionalsoziologie als eine eigenständige Teildisziplin der Soziologie zu legitimieren. Unklar blieb allerdings, was der zentrale Gegenstand einer Stadtsoziologie sei und wie ein gemeinsames Erkenntnisinteresse in einer Theorie der Stadt gebunden werden kann. Fast schon regelmäßig werden die Grundfragen (‹Existenzfragen›) gestellt, und darin unterscheidet sich die Stadt- und Regionalsoziologie wohl kaum von anderen soziologischen Teildisziplinen, die immer wieder neu die Begründung ihrer disziplinären Ausdifferenzierung und Spezialisierung überprüfen.

Die grundlegenden Fragen sind: Wie läßt sich Stadt – im Unterschied zu anderen Siedlungsformen – definieren (Frage nach dem Gegenstand der Stadtsoziologie)? Welche Konsequenzen haben bestimmte Siedlungsformen im Hinblick auf das Handeln der Menschen (Frage nach dem Zusammenhang von Raum und Handeln)? Wie läßt sich die Verteilung der Menschen im Raum beschreiben und erklären (Frage nach der Siedlungsstruktur und -entwicklung)?

Die erste der drei Fragen entzündet immer wieder einen heftigen Streit innerhalb der Disziplin um die Existenzberechtigung einer eigenständigen Teildisziplin. Stadt und Land waren noch zu Webers Zeiten als soziale Kategorien deutlich zu trennen. In dem Aufsatz «Die Stadt» entwickelt Weber (1976a) eine Theorie der Stadt (im Rahmen seiner «Soziologie der Herrschaft») in der Abhebung vom Dorf, wobei zentrale Charakteristiken der Stadt der Markt und der Herrschaftssitz sind. Der Gegensatz von Stadt und Land war also gleichbedeutend mit einem Herrschaftsgefälle und mit deutlich unterscheidbaren Produktions- und Reproduktionsweisen. Heute allerdings sind klare Unterschiede kaum auszumachen und der Begriff vom Stadt-Land-Kontinuum bezeichnet das Dilemma, in das man gerät, will man eine Definition der Stadt an ihrem Gegenpol – dem Land – entwickeln. «Wenn sich aber in hochentwickelten kapitalistischen Industriestaaten die städtische nicht mehr eindeutig von einer ländlichen Produktionsweise unterscheiden läßt und 70 % der Bevölkerung in Städten wohnen, ist die Untersuchung der Stadt in Wirklichkeit die Untersuchung der ‹modernen Gesellschaft› – die Stadt also nur Ort, an dem die Gesellschaft in ihrer Struktur und ihren Konflikten erscheint» (Häußermann & Siebel 1978, 486). Demgegenüber zeigt sich, daß zwar die schroffe Gegenüberstellung von Stadt und Land ihren Erklärungswert verloren hat, es aber nach wie vor räumlich ausgeprägte Disparitäten der Lebensbereiche gibt, erfahrbare

Unterschiede in den Arbeits- und Lebensbedingungen. Entsprechend dieser Entwicklung hin zu einer Differenzierung der Siedlungsstruktur ist es notwendig geworden, Siedlungstypen (Stadt, Großstadt, Agglomeration, suburbaner Raum, Dorf usw.) und Sozialräume neu abzugrenzen. Unzweifelhaft besteht ein deutlicher Unterschied zwischen Frankfurt, Frankenthal und Frankenhausen, der nicht nur über die Bevölkerungsgröße und -dichte sowie die Lage der Örtlichkeit geklärt werden kann. Sollten die Begriffe ‹Stadt› und ‹Land› nur noch alltagssprachlich bedeutsam sein? Ist das Provinzielle nicht mehr eine Kategorie, die von dem Städtischen / Urbanen auch soziologisch zu unterscheiden wäre?

Diese Fragen führen zu einer Überprüfung der bislang gültigen Kategorien und Variablen der Erklärung von lokalen und regionalen Differenzierungen. Merkmale zur Beschreibung der Lebensverhältnisse werden ergänzt oder ersetzt durch solche, die unterschiedliche Lebensstile beschreiben sollen. Damit soll gelingen, auch soziologisch zu beschreiben, was im Alltag feststellbar ist: «Urbanität» gehört zu einem Lebensstil, «der sich vor allem auf innerstädtische Standorte konzentriert» (vgl. Häußermann 1988, 75). Wer dies untersuchen will, braucht eine Definition des Städtischen und der Stadt, braucht vor allem eine Theorie über den Zusammenhang von Raum und Handeln und über den Zusammenhang der räumlichen mit der sozialen Organisation der Gesellschaft. Aber auch die ‹neue Urbanität› entlastet nicht von dem alten Problem der Begründung der Differenzierung von Urbanität und Nicht-Urbanität und der Klärung der Frage nach dem Zusammenhang von Raum und Handlung.

Letztendlich unterscheiden sich die verschiedenen Positionen innerhalb der Stadt- und Regionalsoziologie danach, wie weit Raum als eine unabhängige Dimension sozialer Wirklichkeit anerkannt wird. Saunders (1987, 17) schreibt dazu grundsätzlich: «Um überhaupt zu einem entwicklungsfähigen Unternehmen zu werden, muß die Stadtsoziologie ihre Aufmerksamkeit entweder auf die gesellschaftliche Bedeutung von Raum oder auf bestimmte gesellschaftliche Prozesse richten, die nicht auf bestimmte räumliche Gegebenheiten beschränkt werden können.» Er vertritt seinerseits die folgende Position: «Die Stadtsoziologie wird zwar den Raum (und natürlich auch die Zeit) berücksichtigen – wie auch jede andere soziologische Disziplin die räumlichen und zeitlichen Dimensionen sozialer Beziehungen berücksichtigen muß –, aber sie kann nicht länger definiert werden im Sinne einer eigenständigen Thematisierung der räumlichen Formen».

Eine Stadtsoziologie, die die Stadt als physisches Phänomen zur unabhängigen Variablen erklärt, unterliegt der Gefahr, Ursache und Erscheinung zu verwechseln, und «kommt über Banalitäten hinsichtlich des Zusammenhangs zwischen gebauter Umwelt und sozialem Verhalten nicht hinaus» (Häußermann & Siebel 1978, 487).

Eine andere Position behauptet diesbezüglich: «Jede Art sozialer Organisation beruht auf Gemeinsamkeiten (...) des Raumes. Die räumliche Bezugseinheit ist immer eines unter anderen Merkmalen, durch die soziale Organisationen beschrieben werden können. Raum ist ein Strukturierungsmoment sozialer Organisation, (...) für alle Arten sozialer Interaktion» (Hamm 1982, 23). Menschen begegnen sich im Raum und begegnen Sachen. ‹Sachen› sind Träger von sozial relevanten Informationen und konstituieren als solche soziale Verhältnisse. Linde (1972, 19) hat die «Malaise» einer Stadt- und Regionalsoziologie als angewandte Wissenschaft benannt, die Raum als zentralen Gegenstand vernachlässigen würde. Eine Gemeindesoziologie, wenn sie Hinweise für Raumplanung (=Planung von Sachen) geben will, muß die Sachen «auf ihre systemimmanente, d. h. soziale Qualität hin analysieren, deren Struktur entziffern und ihren spezifischen Stellenwert für den Bestand und die Veränderung gesellschaftlicher Zusammenhänge bestimmen». Die hier nur angedeuteten Probleme bei der Suche nach dem Gegenstand der Stadt- und Regionalsoziologie mögen verdeutlichen, welche Schwierigkeiten bestehen, soll eine spezielle Theorie der Stadt formuliert werden.

Eine besonders hervorzuhebende Position wird in der Chicago-Schule der Stadtsoziologie vertreten bzw. referiert von Park, Burgess & McKenzie (1925) unter dem Titel «Sozialökologie». Gegenstand der klassischen Sozialökologie (‹human ecology›) ist die «Untersuchung der räumlichen und zeitlichen Beziehungen menschlicher Lebewesen, wie sie durch die selektiven, distributiven und adaptiven Kräfte der Umwelt bewirkt werden» (McKenzie, zit. n. Hawley 1974, 52). Die Prozesse der Stadtentwicklung und -strukturbildung seien begründet in einem immerwährenden Konkurrenzkampf um Standorte; diese sog. «ökologischen Prozesse» sind: Konzentration, Zentralisation, Invasion, Segregation und Sukzession. Sie führen zur Ausbildung von in sich relativ homogenen sozialräumlichen Einheiten (‹natural areas›).

Die Gemeindesoziologie ist eine eigenständige Position, die die Anfänge der Stadtforschung in der Bundesrepublik nach dem Krieg nachhaltig beeinflußte und wesentlich mit dem Namen René König

(1958) verbunden ist. Am Beispiel einzelner ‹Gemeinden› – als globale Gesellschaft auf lokaler Basis – sollte die Komplexität und Struktur des gesellschaftlichen Daseins empirisch nachvollziehbar werden. Vorbild für deutsche Untersuchungen waren die klassischen amerikanischen Gemeindeuntersuchungen «Middletown» (Lynd & Lynd 1929) und «Middletown in Transition» (vgl. Lynd & Lynd 1937) sowie «Yankee City», die Studie von Warner (1952). Die oft umfangreichen und aufwendigen Studien sollten am Beispiel ausgewählter Gemeinden Rückschlüsse auf die Gesellschaft in toto zulassen. Gegen die tendenziell empiristische Konzeption dieser Studien wandten sich schon früh Adorno & Horkheimer (1956, 133 ff).

Seit den 70er Jahren – und zunehmend die Binnen-Diskussion in der Stadtsoziologie bestimmend – hat sich der politökonomische, marxistisch orientierte Ansatz der «New Urban Sociology» herausgebildet (vgl. z. B. Castells 1977). Dieser Ansatz forscht nicht nur «nach den kapitalistischen und machtpolitischen Grundlagen der baulich-räumlichen Stadtentwicklung und damit der ‹Verfügung› über die Stadt» (Schäfers 1988, 392). Ausgegangen wird hier in Anknüpfung an die Marxsche Gesellschaftstheorie davon, daß gesellschaftliche Widersprüche und Herrschaftsverhältnisse auch räumlich erfahrbar sind, insbesondere in den Mustern der Raumnutzung (vgl. Berndt 1978). Unterschiedliche Aneignungsmöglichkeiten von Raum sind Ausdruck der gesellschaftlichen Ungleichheit: «Die Aufeinanderfolge der sozialen Produktionsformen in der Geschichte – auf Basis der ökonomischen und politischen Revolutionierung der Produktivkräfte und Produktionsverhältnisse – schuf mit einer neuen Periode auch jeweils eine neue Räumlichkeit» (Keil 1987, 134). Die Ungleichheit und Ungleichzeitigkeit von gesellschaftlichen Prozessen in ihrem räumlichen Niederschlag führt zu unterschiedlichen sozialräumlichen Mustern, Problemlagen und Problembearbeitungsstrategien, die unter dem Stichwort ‹Politikmuster im lokalen Staat› diskutiert werden.

Von Bedeutung für die Stadtforschung ist die stärkere Hinwendung zu qualitativen Verfahren. Sie hatte die Abkehr von großangelegten quantitativen Surveys hin zu methodisch detaillierten Fallstudien zur Folge. Über die methodologische und methodische Perspektivenänderung hinaus wurden zunehmend mehr, bislang eher vernachlässigte Disziplinen und damit Fragestellungen in der stadtsoziologischen Forschung aufgegriffen. Einen besonderen Stellenwert hat inzwischen die Stadtgeschichtsforschung eingenommen, entstanden aus der Annäherung von Stadtsoziologie und Geschichte (vgl. Reulecke 1985; Teuteberg 1983).

Traditionell besteht eine enge Beziehung von Stadt- und Regionalsoziologie zur Stadtplanung, Architektur und Kommunalpolitik. Im Zuge der Planungseuphorie der 60er Jahre orientierten sich die planenden und bauenden Disziplinen an einer für sie neuen Wissenschaftlichkeit, die das interdisziplinäre Arbeiten zwangsläufig machte. Umgekehrt folgte die Stadtsoziologie den Themenstellungen der planenden und bauenden Disziplinen und bot mit ihren Forschungen und Ergebnissen Entwurfshilfen und Politikstrategien an. Diese Dienstleistung war schließlich für die Stadtsoziologie insofern erfolgreich, als sie immer mehr Anerkennung erfuhr, die dann zur Profilierung und Institutionalisierung beitrug – kaum ein namhaftes Architekturbüro hatte nicht auch ‹seinen› Soziologen, kaum eine großstädtische Stadtentwicklungsabteilung hatte nicht auch sozialwissenschaftliche Kompetenz im Team. Der Boom der Stadtsoziologie wurde wesentlich gefördert durch das Städtebauförderungsgesetz von 1971, das bei Sanierungsmaßnahmen eine vorbereitende Untersuchung vorsah, wodurch viele Gutachten und Studien zur Sanierung hervorgebracht wurden. Die Nachfrage nach speziell ausgebildeten Soziologen stieg stetig und forcierte die Gründung eigener Institute und die Besetzung von Lehrstühlen. Von diesen kamen aber auch schon bald warnende Anmerkungen:

«Die nur allzu freiwillig akzeptierte In-Dienst-Nahme durch die planende Verwaltung ist nun eine der wesentlichen Ursachen für die Disparatheit, die Theorielosigkeit und für die Entpolitisierung der Soziologie der Stadt. (...) Stadtplanungssoziologie wird am goldenen Strick von Forschungs- und Gutachteraufträgen in die kurzatmigen Aktualitäten staatlichen Krisenmanagements hineingerissen» (Häußermann & Siebel 1978, 485).

Spätestens seit Beginn der 80er Jahre ist auf der ‹Nachfrageseite› an die Stelle von Planungsbegeisterung und Interdisziplinaritätsfreudigkeit Resignation – auch auf der Basis kommunaler Finanznot – getreten, was sich mittelbar auf die Konjunktur der Stadtforschung auswirkte. In den Architekturbüros steht zwischenzeitlich wieder der bauliche Entwurf im Vordergrund. Die großen Städte haben ihre Stadtentwicklungsabteilungen geschlossen und beplanen Baulücken oder Abwasserkonzepte:

«Seit Ende der 70er Jahre ist eine Desillusionierung bezüglich der Planung eingetreten, die auch die Soziologen, die in diesem Zusammenhang tätig waren, getroffen hat. (...) Die Art der Aufgaben und die Art der Bearbeitung sowie die Thematik hat sich verschoben. Zunächst machte man (z. B.) Sanierungsplanung, d. h. die Wissenschaft wurde im Hinblick auf die Entwicklungsplanung eingesetzt. Heute gibt es eine Verlagerung hin zur Wirkungsforschung. Es wird weniger versucht, die Sozialwissenschaften vorab einzusetzen. Dies hängt auch damit zusammen, daß der politische Druck stärker in Richtung Rechtfertigung und Kontrolle geht» (Spiegel, zit. in Schäfers & Köhler 1989, 52).

Die Nachfrage hat nachgelassen, und es wäre für die ‹Anbieter› von Stadtsoziologie an der Zeit, das Versäumte – Theorieentwicklung sowie Klärung des Verhältnisses von Wissenschaft und politischer Planung – aufzuarbeiten, zumal angewandte Stadtforschung heute nicht mehr durch eine allgemeine ‹Soziologie-Begeisterung› begünstigt wird.

Die sozialwissenschaftliche «Arbeit an der Stadt» (Keim 1989) geht weiter und wird auch durch neue Perspektiven, z. B. durch den Beginn einer feministischen Aufbereitung (vgl. Dörhöfer 1990) stadtsoziologischer Standards, interessant.

1.3.4 Kriminalsoziologie als Kontroll- und Präventionswissenschaft

Bereits vor etwa 100 Jahren benannte der Grazer Soziologe Ludwig Gumplowicz (1838–1909) die Konsequenzen einer strikten Anwendung der soziologischen Sichtweise auf menschliches Verhalten, insbesondere wenn es als abweichend unnormal oder kriminell bezeichnet wird. Das Individuum ‹verschwindet›, es gibt keine persönlichen Vorzüge, aber auch keine persönliche Schuld mehr. Von Bedeutung und wissenschaftlichem Interesse sind nur noch die gesellschaftlichen Determinanten für menschliches Handeln. Das heißt aber nicht, daß das Individuum im Fall einer als kriminell geltenden Handlung nicht mehr Gegenstand von Kontroll-, Bestrafungs- und Besserungsmaßnahmen sein sollte.

Gumplowicz prophezeite (allerdings erst für das 25. Jahrhundert) die Einsetzung von «Gerichtssoziologen», die im Strafverfahren belegen, daß nicht der Angeklagte, sondern die sozialen Zwänge, unter denen er handelte, verantwortlich für die verbrecherische Tat seien. Diese schon reichlich soziologistische Vorstellung der Genese von Kriminalität führte jedoch bei Gumplowicz nicht zu der Forderung, den Verbrecher laufenzulassen. Im Gegenteil, der nach heutigem Verständnis sehr moderne Präventionssoziologe schlug vor, daß der

Verurteilte einem «Hilfsverein» zur weiteren Überwachung zu übergeben sei. Außerdem müßten ihn die «Gerichtssoziologen» mindestens einmal wöchentlich zur Nachschulung aufsuchen. Weiterhin hätte das Gericht zu verfügen, daß die zuständigen staatlichen Stellen die sozialen Umstände beseitigen, welche die kriminelle Handlung erzeugen. Gumplowicz war der Meinung, daß das «goldene Zeitalter» anbräche, sobald diese soziologische Vision eines allseits kontrollierten Zusammenlebens realisiert sein würde. Gegen Ende seines Lebens nahm er dann Abstand von der Vorstellung, eine harmonische Gesellschaft durch die Anwendung soziologischer Rezepte, die primär auf die Korrektur des deformierten Individuums zielten, zu etablieren. Die Soziologie «darf ungestraft keine sozialen Vivisektionen vornehmen. Sie muß sich bescheiden, Kadaver zu sezieren, wie der Anatom» (Gumplowicz, zit. n. Mozetič 1985, 621–647, hier: 644).

Gumplowicz' Selbstbeschränkung hat jedoch nicht Schule gemacht. In dem Bestreben, konkrete Sozialverhältnisse tiefer und detaillierter zu durchdringen, hat die auf praktische Anwendung orientierte empirische Sozialforschung nicht nur ihr Methodenarsenal vergrößert. Mit der Verfeinerung ihrer Methoden kam es auch zu einer Präzisierung des Operationsfeldes. Wenn eine Gesundung sozialer Krankheitsherde das Ziel soziologischer Diagnose sein soll, dann sind allgemeine sozialsanitäre Maßnahmen zu unspezifisch. Das von der Norm abweichende – asoziale, kranke, kriminelle – Individuum wird zum vorzüglichen Zielobjekt planerischer Sozialforschung. Als methodisches Vorbild gilt dabei die nordamerikanische Stadtsoziologie, deren Interesse sich vornehmlich auf die Subkulturen richtet und die folgerichtig als kleinste räumliche Analyseeinheit den Wohnblock wählte (vgl. König 1978).

Während der Weimarer Republik hatte sich der Hamburger Soziologe Andreas Walther mit diesem Ansatz vertraut gemacht und ihn weiterentwickelt. Für die Erstellung einer Sozialkartographie Hamburgs zur Ermittlung sogenannter «gemeinschädigender Regionen» kombinierte er zuerst die Wohndichte mit wahlsoziologischen Daten auf der Ebene der Wahlbezirke und erhielt so einen ersten Zusammenhang von politischer («Kommunistennester») und sozialer Abweichung. Als Walther nach der Machtübernahme durch die Nationalsozialisten die vorher verweigerten finanziellen Mittel bekam, konnte er die empirische Basis seiner Untersuchung ausbauen, um einen umfassenden Sozialatlas der «Gemeinschädlichkeit» zu erstellen. Erfaßt wurden alle seit 1918 registrierten Fürsorgezöglinge sowie alle seit 1931 als kriminell registrierten Jugendlichen, außerdem alle chronisch Arbeitslosen. Dadurch erhielt er aufschlußreiche Daten über Behinderte, Erbkranke, chronisch Kranke, Geisteskranke und Psychopathen. Schließlich bekam er Daten über alle Hilfs- und konstitutionsschwachen Schüler. Mit Hilfe von zwölf Mitarbeitern wurden nun die so bestimmten «gemeinschädigenden Regionen» genauer untersucht. Die Sozialforscher schlossen sich z. B. der «nachgehenden Alkoholikerfürsorge» an, werteten Meldebücher von Polizeiwachen aus und führten Sondererhebungen zur Prostitution und Homosexualität in St. Pauli und St. Georg durch. Die eine genaue Sortierung politischer Dissidenz und sozialer Delinquenz ermöglichenden Ergebnisse waren zur sozialwissenschaftlichen Vorbereitung von Slumsanierungen entwickelt worden, um vor dem Abriß die «gemeinschädigenden Familien» und Einzelpersonen zu selektieren. Damit sollte vermieden werden, daß diese in «andere schlimme Quartiere» überwechseln oder gar «Ansteckung in bisher gesunde Gebiete» tragen (vgl. Roth 1987).

Walthers Sozialkartographie stellt wohl eine für die damalige Zeit einzigartige kleinräumlich gegliederte Datensammlung dar, die allerdings die direkte Identifikation und sozialadministrative Behandlung von Einzelpersonen noch nicht ermöglichte. Dies gilt aber in der heutigen Kriminalsoziologie als erstrebenswertes Ziel. Während Walther seine Rezepte zur «Ausmerze» der sozialen und politischen Abweichler im Sinne des nationalsozialistischen Staates propagierte, werden inzwischen erneut umfassende und auf Perfektion zielende Präventionsprogramme entworfen, um durch vorbeugende und nachsorgende Sozialkontrolle individuellen Normbruch vielleicht ja doch noch beherrschbar zu machen.

Bei dem vom Bundeskriminalamt mitfinanzierten Forschungsprojekt «Kriminalitätsatlas Bochum» (vgl. Schwind, Ahlborn & Weiß 1978; vgl. die zusammenfassende Darstellung bei Beste 1983, 399 ff), an dem sich 49 Wissenschaftler und Praktiker beteiligten, waren die kleinsten analysierten Raumeinheiten die 171 sogenannten «statistischen Wohnplätze» der Stadt, so daß nach Ansicht der Autoren die verwendeten Daten keine Reidentifikation von Personen ermöglichten. Gewünscht hatte man sich, die Daten bis auf die Ebene solcher statistischer Wohnblöcke zu konkretisieren, die sich natürlichen Gegebenheiten (Straßenzüge, Parks, Häuserblöcke) anpassen. Mit dieser Analyseeinheit wurde bereits in Berlin-Charlottenburg gearbeitet. Sie ist nicht nur für den gezielten polizeilichen Einsatz, sondern

auch für eine wissenschaftlich angeleitete Sozialkontrolle auf Perso-
nenebene von Vorteil (vgl. Schwind, Ahlborn & Weiß 1978, 75 ff).

Soziologischer Erkenntniswille und die Perfektionierung von Methoden können auch dann zu einer präziseren Erfassung des Individuums führen, wenn – im Gegensatz zum quantitativen Vorgehen der
Kriminalökologie – qualitativ-interpretative Verfahren des Sinnverstehens verwendet werden. In einer Auftragsarbeit für das Bundeskriminalamt stellt der Soziologe Ulrich Oevermann die von ihm
entwickelte, scheinbar esoterische Methode der «objektiven Hermeneutik» (vgl. Aufenanger & Lenssen 1986) als ein Verfahren vor, das
besonders gut geeignet sei, durch Interpretation eines «Spurentex-
tes», wie er sich z. B. in den Unterlagen des Kriminalpolizeilichen
Meldedienstes findet, den Täter zu ermitteln (vgl. Oevermann &
Simm 1985). Von besonderem Interesse sind dabei die ‹Wiederholungstäter›, die als gefährlichste Gruppe unter den Kriminellen gelten. Zu prüfen war die herkömmliche Annahme, daß sich zumindest
ein Teil der Wiederholungstäter dadurch auszeichnet, daß sie sich auf
eine Deliktart spezialisieren und dabei eine charakteristische Arbeits-
weise entwickeln (These von der Perseveranz in Delikttyp und modus
operandi). Eine weitere Annahme geht davon aus, «daß es millieu-
und biographiespezifische Karrieren mit hoher und dauerhafter krimineller Neigung gibt» (ebd. 1985, 160).

Bei der Rekonstruktion der Wiederholungstaten jugendlicher
Bankräuber kommen Oevermann & Simm (ebd., 217) durch die Analyse des Datenmaterials mit Hilfe der «objektiven Hermeneutik» zu
folgender Tätertyp-Beschreibung: «Am wahrscheinlichsten wäre ein
intelligenter, ca. 18jähriger, großer, kräftiger, selbstbewußter und mit
der Tendenz zum Bluffen und Hochstapeln auftretender Oberschüler,
der seine soziale Umwelt als ‹Durchblicker› und durch ‹Cleverness›
beeindrucken möchte. Hang zur Monomanie, Egozentrik und zum
monologischen, strategischen Spielen.» Es folgen Angaben über das
vermutete Herkunftsmilieu und die psychosozialen Verhältnisse in
der Familie des Täters. Der Mittäter wird nur kurz charakterisiert. Da
weiterhin angenommen wird, daß die Täter über ein eigenes Auto
und Motorrad verfügen und die Taten während der Schulzeit verübt
wurden, geht der Rat an die Ermittler, neben ihren klassischen Er-
mittlungen auch diese Erkenntnisse zu nutzen und «an den weiterfüh-
renden Schulen der Umgebung nach fehlenden oder zu spät kommenden Schülern zu fragen, auf die obige Charakterisierung zutrifft und
denen Auto und Motorrad zur Verfügung stehen».

Während Oevermanns Arbeit für das Bundeskriminalamt von manchen Kritikern aus wissenschaftsethischen Gründen insgesamt in Frage gestellt wird (vgl. Herzog 1986), soll hier betont werden, daß die konsequente Befolgung der Logik empirisch ausgerichteter soziologischer Forschungsprogramme prinzipiell zur «sozialen Vivisektion» (Gumplowicz) führen kann. Dabei mag es durchaus mit wissenschaftlich-ethischen Regeln vereinbar sein, daß mit der «objektiven Hermeneutik» versucht wurde, den Beweis zu erbringen, daß die Effizienz kriminalpolizeilichen Ermittlungshandelns nicht durch eine stärkere Nutzung der EDV, sondern eher durch soziologische Schulung der bereits als praktische «objektive Hermeneuten» tätigen Kriminalbeamten erreicht werden kann. Der Schritt zur Kontrollwissenschaft ist aber spätestens dann getan, wenn im Sinne gesellschaftssanitärer Großprojekte alle Erscheinungsformen von Abweichung ins Visier der ja auch präventiv einsetzbaren «objektiven Hermeneutik» geraten.

Obgleich es die wenigen hauptamtlichen Soziologen im Polizeiapparat auch heute noch schwer haben (vgl. Grimminger 1986), besteht bereits seit längerer Zeit ein Interesse an deren Mitarbeit. Schon Anfang der 30er Jahre war der spätere Kölner Soziologe Willy Gierlichs als «Sachbearbeiter für polizeiliche Soziologie» am staatlichen Polizei-Institut in Berlin-Charlottenburg tätig (Klingemann 1988, 84 ff). Gierlichs orientierte sich ebenso wie Andreas Walther an der amerikanischen Stadtsoziologie und betonte die «Bedeutung ökologischer Studien für die Kriminalpolitik und Polizeipraxis» (Gierlichs 1940). Schon 1936 benannte er programmatisch die Brauchbarkeit eines genuin soziologischen Ansatzes für die Ermittlung eines abweichenden «Einzelmenschen»:

«Wenn wir heute schon in der Lage wären, sämtliche Vorgänge des zwischenmenschlichen Lebens bis in ihre Einzelheiten zu durchschauen und in ihren mannigfachen Einwirkungen auf die Einzelmenschen abzuschätzen, würde der notwendig bestehende Zusammenhang zwischen der jeweiligen Situation und dem sich aus ihr ergebenden Verbrechen mit Genauigkeit nachgewiesen werden können. Kein Verbrechen wäre denkbar, ohne daß es sich als das zwingende Ergebnis aus der Ichheit des Verbrechers und der jeweiligen Situation ablesen ließe» (Gierlichs 1936, 662).

Sozialwissenschaftliche Ansichten über die Entstehung von Kriminalität, wie sie Gierlichs vortrug, oder die moderne Sichtweise, wonach Kriminalität gesellschaftlich produziert wird und ein (vielleicht milieugeprägter) Abweichler im polizeilich-justiziellen Verarbeitungsprozeß als ‹Krimineller› definiert wird, sind in je aktuelle Vorschläge zu vorbeugendem polizeilichen Handeln eingeflossen. Ihre wohl visionärste Fassung präsentierte der ehemalige Präsident des Bundeskriminalamtes, Horst Herold, der, ausgehend von eigenen ausgefeilten kriminalökologischen Studien, vorschlug, eine «gesellschaftssanitäre Polizei» zu schaffen, die nicht reaktiv verfolgt, sondern primär präventive Sozialkontrolle betreibt (vgl. zusammenfassend Beste 1983, 390 ff). Hier soll jedoch auf konkrete Versuche zur Realisierung eines polizeilichen Sozialdienstes eingegangen werden, in die Erfahrungen traditionellen polizeilichen Handelns und Ergebnisse soziologischer Forschung über Ablaufbedingungen von Kriminalisierungsprozessen eingegangen sind. Das Projekt des Polizeipräsidenten von Frankfurt am Main, eine präventiv tätige «Jugendpolizei» zu schaffen, «scheiterte schließlich am teilweise massiven Widerstand von Sozialarbeitern, denen die Polizei allerdings mit ihrem Präventionsmodell keine Konkurrenz machen wollte, vielmehr war an eine Zusammenarbeit und an eine Förderung von aufsuchender Sozialarbeit (street worker) gedacht» (Grimminger 1986, 16).

Ein niedersächsisches Projekt war da erfolgreicher. Es kam zu einer sozialwissenschaftlich angeleiteten Erweiterung und Systematisierung traditionellen polizeilichen Handelns in psychosozialen Notsituationen, ein Konzept, das im Modellprojekt «Präventionsprogramm Polizei/Sozialarbeiter» in Hannover realisiert wurde. Konzipiert und wissenschaftlich bewertet wurde das Programm von den Sozialwissenschaftlern der Referatsgruppe «Planung, Forschung, Soziale Dienste» (heute: Referatsgruppe «Forschung») im niedersächsischen Justizministerium. Dort war man mit den Ergebnissen zufrieden. Gleichzeitig erfolgte eine Ausdehnung polizeilicher Aufgabenstellungen in vorher verschlossene Bereiche sozialer Kontrolle: «Durch die Aufwertung dieser Dimension von Polizeiarbeit im Rahmen eines sozialwissenschaftlich konzipierten und evaluierten Modellprojekts wird hier neben dem juristischen Diskurs eine Arena für die Diskussion über formale Legalisierung und Etablierung eines entsprechenden polizeilichen Sozialdienstes eröffnet» (Kreissl 1986, 187).

Ein weiteres Beispiel für die fortschreitende Ausweitung der (präventiven) Kontrollpraxis des Kriminaljustizsystems mit Hilfe sozialwissenschaftlich entwickelter Alternativ-Lösungen zeigt sich in einem ebenfalls von der Referatsgruppe «Planung, Forschung, soziale Dienste» durchgeführten Projekt zur Entlastung des Strafvollzugs. Ausgangspunkt war die Überbelegung der Justizvollzugsanstalten, da immer mehr Ersatzfreiheitsstrafen für nicht gezahlte Geldstrafen verhängt wurden. Es besteht aber die strafrechtliche Möglichkeit, anstatt der Verhängung der Ersatzfreiheitsstrafe «Regelungen zur Tilgung uneinbringlicher Geldstrafen durch freie Arbeit zu treffen». Die Durchführung des Konzepts «Freie Arbeit statt Freiheitsstrafe» bewirkte eine Steigerung der Kontrolldichte bei allen Beteiligten. Die diesen neuen Typ von Arbeitsdienst praktisch organisierenden Gerichtshelfer unterlagen einer stärkeren Kontrolle ihrer vorgesetzten Dienststelle. Der jeweilige Arbeitgeber verpflichtete sich zu Mitteilungen über das Verhalten der Probanden. Diese konnten nur auf eigenen Antrag an der «Freien Arbeit» teilnehmen und wurden zusätzlich arbeitspädagogisch durch sie betreuende Angehörige eines teilnehmenden Wohlfahrtsverbandes diszipliniert. Um diese Alternative zur Haftstrafe realisieren zu können, da sie ja den symbolischen Charakter einer Strafe nicht verlieren darf, muß also eine Kontrollintensität wie im Gefängnis erreicht werden:

«Das bedeutet, daß Kontrollstrukturen in Freiräumen ausgelegt werden müssen, die als Substitut für die totale Institution wirken. (...) Aufgabe der Sozialwissenschaften ist es, diese symbolischen Netze zu knüpfen, z. B. durch methodisch angelegte Verfahren der Evaluation von Modellversuchen, der systematischen Planung von Abläufen und Vorkehrungen, die zur Überwachung aller Beteiligten dienen» (ebd., 166).

Der Soziologe ist im Gefängnis auch praktisch tätig. Er wird vermutlich – im Gegensatz zu seinem professionell-ethischen Selbstverständnis – als Experte für die Definition sozial ausgegrenzter Individuen gebraucht, denen so ein gemeinsames Kollektivmerkmal zur Klassifikation zugeschrieben wird. Diese fachwissenschaftliche Vorarbeit für sozialpolitisch-administratives Handeln kann man auch bei der politisch wirksamen Konstituierung von Gruppen beobachten, die z. B. als ethnisch fremd, also mit scheinbar vererbbaren Merkmalen versehen, sozial oder rechtlich schlechter gestellt werden sollen als die Mehrheit (vgl. Klingemann 1990). Der Soziologe im Vollzug hat nach der Erfahrung eines Praktikers die Aufgabe, die für andere Vollzugsexperten problematische, aber für die Vollzugspraxis erforderliche Typenbildung bei besonderen «Fällen» vorzunehmen. Diese Aufgabe stellt sich bei der Erstellung von Diagnosen für «längerstrafige Gefangene» zu Beginn des Vollzugs in speziellen «Einweisungsanstalten» bzw. zentralen Einweisungsabteilungen.

«Am günstigsten war es, die Soziologie als eine Art ‹Hilfswissenschaft› anzusehen, die einen besonders leichten Zugang zu bestimmten Täter-Typen bzw. Problemstellungen ermöglichte. So ergab sich im Laufe der Zeit eine gewisse fachliche Spezialisierung für den Soziologen (was allerdings nicht für alle Einweisungsanstalten gleichermaßen gilt). Er ist zuständig für Täter, die aus einem anderen sozialkulturellen Hintergrund kommen bzw. deren Lebensschicksal und kriminelle Karriere durch gesellschaftliche Faktoren maßgebend mitbestimmt wird. Konkret befaßt er sich mit Ausländern (zusätzliches ethnographisches Wissen über die Herkunfts-Kulturen ist hierbei hilfreich) sowie deutschen Übersiedlern aus anderen Ländern, Gruppen-, Banden-, organisierten Straftätern, bei denen Delinquenz in einer bestimmten Sozialform geschieht, Angehörigen von gesellschaftlichen Randgruppen/Subkulturen, Wirtschafts-Straftätern (hier ist zusätzlich betriebswirtschaftliches Wissen sinnvoll) sowie Straftätern, deren Schicksal durch epochale Ereignisse nachhaltig beeinflußt wurde» (Maetze 1988, 306 f).

Die Beteiligung eines verständnisbereiten Soziologen am Einweisungsverfahren ist vermutlich ein Reformerfolg im Hinblick auf die herkömmliche Vollzugspraxis. Es besteht aber der Verdacht, daß deren sozialwissenschaftliche Rationalisierung schließlich in einer professionellen Durchleuchtung des Gefangenen endet, die ihn lediglich besser handhabbar macht. So auch die Befürchtung eines in die Tätigkeit von Soziologen im Vollzug Eingeweihten:

«Nicht primär die Behandlung einzelner Gefangener, sondern die Behandlungswirklichkeit des Strafvollzugs ist das Thema der Soziologie. Sie wird deutlich herausarbeiten müssen, daß es gerade im Strafvollzug keine isolierten Lernfelder geben kann. Eine krude Implementierung von Methoden und Settings therapeutischer und pädagogischer Herkunft in eine anstaltliche Lebenswirklichkeit, in der unter den Bedingungen rigider Rollen- und Statusmuster die vermittelten bzw. erworbenen Kompetenzen der Gefangenen alltagspraktisch nicht gefragt sind, nicht geübt und bestätigt werden können, trägt ebenfalls zu bestimmten Dekompressionen und schlimmstenfalls zur Verfeinerung vollzuglicher Sanktionsmöglichkeiten bei» (Warning 1988, 302).

Eine kürzlich erschienene Übersicht über die Forschungsprojekte des «Kriminologischen Dienstes» in der Bundesrepublik, der je nach Bundesland eigenständig ist, von fachlich qualifizierten Referenten in den Justizministerien mitbetreut wird, als Fachdienst in Vollzugsbehörden oder Justizvollzugsanstalten eingerichtet ist oder Forschungsaufträge an Dritte vergibt und Fremdforschung gegebenenfalls unterstützt, belegt, daß die hier aufgeführten Beispiele nur einige Bereiche des breiten Spektrums der sozialwissenschaftlichen Forschung im Vollzug, z. B. in bezug auf sozialtherapeutische Anstalten, Drogenberatung, ambulante Hilfen, sozialpädagogische Maßnahmen, Wie-

dereingliederung von Straftätern, Rückfälligkeit von Haftentlassenen
u. a. m. abdecken (vgl. Jehle 1988). Dabei handelt es sich häufig um
Forschungsansätze, die reformorientiert sind und Kriminalität als
soziales Phänomen oder als gesellschaftlich produziert und zugeschrieben verstehen. Gerade deswegen sind kritische Ansätze, die die
Ursachen von Kriminalität nicht in den schlechten Anlagen des Täters
suchen oder auf psychosoziale Defizite reduzieren, geeignet, in sub-
tile Kontrollstrategien umgemünzt zu werden. Das geht so weit, daß
kritische Sozialwissenschaftler und Kriminologen, die gegen repressive Sanktionsformen argumentieren, «wider Willen zu Steigbügel-
haltern präventiver Sozialtechnologie werden» (Kreissl 1986, 225).

Konsequenterweise setzt die moderne sozialtechnologische Kriminologie dann auch nicht erst bei dem dingfest gemachten Täter an.
Zur Optimierung der Kriminalitätsbekämpfung geht z. B. die sozialwissenschaftliche Kohortenforschung von der Allgegenwart und Epi-
sodenhaftigkeit jugendlicher Delinquenz aus, um bei der Untersuchung der Querschnitte jugendlicher Altersklassen (Kohorten) alle
Faktoren ausfindig zu machen, die den einen zum Karrierekriminel-
len werden lassen, während der andere als Gelegenheitstäter das Nor-
malbild eines vorübergehend devianten Jugendlichen darstellt. Ziel
der daraus entwickelten Präventionsstrategie ist es, bei gleichzeitiger
Vermeidung von unnötiger Härte wie unangebrachter Milde mit
größter Genauigkeit zu entscheiden, wer eingesperrt gehört, da er
gefährlich ist, und wer nicht, weil ihm Besserungsfähigkeit unterstellt
werden kann.

Die Hintergründe der derzeitigen Hochkonjunktur der Kohortenforschung können hier nicht beleuchtet werden. Es ist aber davon
auszugehen, daß die verbreitete Aufnahme der von der kritischen
Kriminologie vertretenen These der prinzipiellen Nichtunterscheid-
barkeit von ‹kriminell› und ‹nicht-kriminell› angesichts der Allgegenwart jugendlicher Delinquenz diese Entwicklung mitbedingt hat.

«Die allmähliche Ersetzung von kruden Alltagstheorien über kriminelle Persönlichkeiten durch komplexe Annahmen über die Soziogenese von Devianz öffnet
der universellen Normalitätskontrolle Tür und Tor. Die kritische Kriminologie ist
hier ein wenig in der Rolle des Zauberlehrlings. Ihr Insistieren auf der gesellschaftlichen Genese von Kriminalität wird in den Händen der Kontrollorgane zur Begründung für die gesamtgesellschaftliche Kontrolle: Die Kriminalprävention im
Kindergarten ist die Folge der Aufklärung über die gesellschaftliche Produktion
von Kriminalität» (Bettmer & Kreissl 1988, 209).

Um dieses Ziel zu erreichen, muß die Sozialforschung näher ans Individuum: «Kohortenforschung ist personenbezogene Forschung. Das Individuum ist Auskunftsorgan (eventuell für viele Jahre, C. K.) und (determiniertes) Zielobjekt für alle erklärenden Variablen» (ebd., 197). Da wegen des Schwindens der Kontrastbegriffe ‹normkonform› und ‹abweichend› prinzipiell jede Einzelperson kontrollbedürftig ist, sieht Kreissl (1989) in einer zukünftigen totalen Kontrollgesellschaft die modernen soziologisch begründeten Praktiken des dann überflüssigen «Kerkersystems» wie etwa das «Soziale Training» für alle obligatorisch werden. Wenn deswegen die kontrollpraktischen Potenzen der Soziologie, die diese Entwicklung maßgeblich vorantrieb, gefürchtet werden, muß relativierend festgehalten werden, daß deren Nutzung bereits von den Ahnvätern der Soziologie (A. Comte, E. Durkheim u. a.) gefordert worden war, das handlungsfähige Subjekt bislang jedoch noch nicht abgeschafft werden konnte.

1.3.5 Probleme und Perspektiven anwendungsorientierter Soziologie

Der in öffentlichen Diskursen vielfach behauptete Status der Soziologie als einer praxisfernen und für die Bewältigung gesellschaftlicher Probleme verzichtbaren Wissenschaft beruht auf einer unangemessenen Wahrnehmung der Prozesse, in denen soziale Wirklichkeit konstruiert und reproduziert wird: In die Begründung praktisch folgenreicher Entscheidungen der Stadtplanung, der Jugendpolitik, des Umgangs mit Einwanderern und der sozialen Kontrolle von Abweichung geht sozialwissenschaftliches Wissen sowohl explizit als auch dann ein, wenn es implizit die Grundlage der Begründung und Legitimation von Entscheidungen bildet, d. h. als quasi selbstverständlicher Bestandteil des «Komplex(es) kultureller Ressourcen und Orientierungen» gebraucht wird, der den «Referenzrahmen für Handeln und Handlungskompetenz ergibt» (Evers & Nowotny 1987, 19).

Dieses ‹Praktischwerden› von Soziologie läßt sich nicht in Analogie zu den technischen Disziplinen der Naturwissenschaften als ein Prozeß der geradlinigen und wissenschaftlich kontrollierten Übersetzung von Theorien, Theoremen und Begriffen in Technologien fassen – derartige Modellvorstellungen der ‹Anwendung› von Wissenschaft stellen auch im Fall der Naturwissenschaften eine Idealisierung dar, die von der prinzipiellen Differenz zwischen wissenschaftlichen Theorien und praktischem Können abstrahieren (vgl. Bulthaupt 1973;

Knorr-Cetina 1989). Auch ist es bei der Soziologie nicht angemessen, von einer strikten und eindeutigen Unterscheidbarkeit von Wissenschaft und Alltagswissen auszugehen. Der Ausweis der Soziologie als eines ‹eigenständigen Wissenstypus› ist problematisch aufgrund des Fehlens einer «strenge(n), gewissermaßen apriorisch festgelegten wissenschaftlichen Betrachtungsweise» (Bahrdt 1989, 37). Die Grenze zwischen Sozialwissenschaft und Alltagswissen wird in gesellschaftlichen Auseinandersetzungen selbst gezogen. Wenn gilt, daß die analysierende und interpretierende Auseinandersetzung mit Strukturen und Entwicklungen in der gesellschaftlichen Wirklichkeit, mit Problemen und Interessen für jedes bewußte Handeln ebenso konstitutiv ist wie für Soziologie, dann ist das Spezifische der Soziologie als gesellschaftlich ausdifferenzierte Reflexionsform, d. h. als Wissenschaft, klärungsbedürftig.

Soziologie entwickelt sich historisch gesehen nicht jenseits gesellschaftlicher Praxis, sondern von vornherein als wissenschaftlich-reflexive Auseinandersetzung mit und in dieser selbst. Die Entwicklung soziologischer Reflexion über Gesellschaft geht der akademischen Etablierung des Faches voraus (vgl. Lepenies 1981). Letztere ist als eine gesellschaftliche Organisationsform von Reflexionsprozessen zu begreifen, welche die Hervorbringung und Tradierung sozialwissenschaftlichen Wissens in relativer Distanz zu gesellschaftlichen Handlungsproblemen und Interessenlagen ermöglicht. Erst damit wird Soziologie als eine spezifische soziale Praxis und Wissensform möglich. Soziologie ist folglich «nur ein Teil des gesellschaftlichen Wissens, das ständig produziert wird, um mit den an sich selbst beobachteten und erfahrenen Veränderungen zu Rande zu kommen» (Evers & Nowotny 1987, 19).

Praxisrelevanz bzw. Anwendungsorientierung sind so gesehen auch keine Funktionen eines spezifischen Typus von Theorien, die etwa von praxisfernen Grundlagentheorien klar unterscheidbar wären. Anwendungsorientierung stellt sich vielmehr durch historisch veränderliche soziale Arrangements her, in denen soziologische Sichtweisen von Wirklichkeit von sozialen Akteuren durchaus eigensinnig angeeignet, dabei verwandelt (vgl. Beck & Bonß 1989) und in Handlungsorientierungen eingebaut werden. Diese Überlegung steht in einem Gegensatz zu der Behauptung, «Soziologie ist das, was Leute, die sich Soziologen nennen, tun, wenn sie von sich sagen, daß sie Soziologie betreiben» (Dahrendorf 1989, 2). Es ist eine ausschließliche Leistung der Soziologen, theoretisches Grundlagenwissen zu definieren und in anwendungsrelevante Theoreme zu übersetzen. Soziologen sind Akteure in Handlungskonstellationen, die einen spezifischen Beitrag in den Aushandlungsprozessen leisten, in denen Wirklichkeit in handlungspraktisch folgenreicher Weise definiert wird. Ihnen wird als Wissenschaftlern ein privilegiertes Wissen über soziale Wirklichkeit zuerkannt, womit sie in einer verwissenschaftlichten Kultur ein Deutungsmonopol für soziale Wirklichkeit beanspruchen können, jedoch gleichwohl nicht in der Lage sind, dieses auch realiter durchzusetzen.

Dieser scheinbare Widerspruch hängt nicht nur mit Macht- und Interessenkonstellationen in der gesellschaftlichen Wirklichkeit zusammen, also damit, daß soziologische ‹Ideen› gegenüber gesellschaftlichen ‹Interessen› nur die Durchsetzungskraft von Argumenten beanspruchen können, wobei vielfach der Satz gilt: Die Herrschenden befehlen, die Ohnmächtigen argumentieren. Aufgrund der Verschränkung von gesellschaftlichen Interessen mit soziologischer Theoriebildung besteht Soziologie seit ihren Anfängen in konkurrierenden Theorien, ist also keine einheitliche Wissenschaft, die ‹ein› wahres Wissen über gesellschaftliche Wirklichkeit jenseits gesellschaftlicher Probleme und Interessen repräsentiert. Sie kann u. E. aus systematischen Gründen eine solche Statur auch nicht erreichen. Die Ausdifferenzierung von Wissenschaft in die Positionen von Experten und Gegenexperten, wie sie Beck (vgl. 1986) für die Naturwissenschaften in der modernen Risikogesellschaft dargestellt hat, verweist in diesem Sinne auf ein grundlegendes Problem auch der gesellschaftlichen Wirklichkeit von Soziologie. Es geht nicht nur um den vergleichsweise einfachsten Fall, daß Soziologie von gesellschaftlichen Akteuren für die Legitimation ihrer interessengeleiteten Strategien benutzt wird. Eine solchermaßen instrumentelle Inanspruchnahme von Wissenschaft als Legitimationsinstanz ist selbstdestruktiv, indem sie die Wissenschaftlichkeit des legitimatorisch beanspruchten Wissens untergräbt: «Bei aller Bezogenheit auf Handlungsprämissen und Entscheidungsspielräume der Praxis ist es doch wohl gerade die Differenz von praktischer und soziologischer Perspektive, die den Beitrag von Soziologen zur Entscheidungsfindung attraktiv und wichtig macht» (Beck & Rosenmayr 1982, 9).

Die empirischen Relationstypen von Sozialwissenschaft und Praxis sind notwendig komplexer, als dies Konzepte ausweisen, die ein direktes Entsprechungsverhältnis von gesellschaftlichen Interessen und wissenschaftlichen Positionen unterstellen. Die Wahrnehmung und

Artikulation gesellschaftlicher Probleme und Interessen vollzieht sich nicht vor und jenseits der Auseinandersetzung mit korrespondierendem soziologischem Wissen, sondern dieses geht bereits in diese Prozesse selbst ein. Wie an den ausgewählten Arbeitsbereichen deutlich wurde, ist die gesellschaftliche Wahrnehmung von Problemen durch Soziologie bereits mitkonstituiert: Die Diskurse, in denen gesellschaftliche Akteure sich mit Problemen auseinandersetzen und darauf bezogene Strategien der Politik, Administration, Pädagogik und Kontrolle entwickeln, sind solche, für deren Entwicklung soziologische Aussagen darüber, was jeweils der Fall sei, relevant sind. Nur weil Soziologie eine Autonomie gegenüber den interessengeleiteten Strategien gesellschaftlicher Akteure beanspruchen kann, kann sie als Moment in sozialen Auseinandersetzungen genutzt und wirksam werden. Gleichwohl ist Soziologie gegenüber Macht- und Herrschaftsverhältnissen nicht neutral: Der objektivierende soziologische Blick unterliegt der Tendenz, daß Menschen zu Merkmalsträgern erklärt und auch damit herrschaftlicher Verfügung zugänglich gemacht werden (vgl. Klingemann 1987).

Wie wohl deutlich wurde, hat sich eine Ausdifferenzierung von Anwendungsorientierungen realiter vollzogen, aufgrund der es trotz selbstkritischer Stellungnahmen von Soziologen über das Verschwinden der Sozialwissenschaften aus dem öffentlichen Leben als eine soziale Tatsache gelten kann, daß Soziologie zu einem Moment des Wissenshaushaltes geworden ist, mit dem in gesellschaftlicher Praxis Sichtweisen von Wirklichkeit begründet, Handlungsalternativen evaluiert und die Bewertung der Folgen von Handlungen vorgenommen werden. Die fortgeschrittene Vergesellschaftung von Wissenschaft stellt eine kritische Soziologie vor die Aufgabe, diesen Prozeß selbst sozialwissenschaftlich zu begreifen. Soziologie erweist sich als ein Moment von Auseinandersetzungen in macht- und herrschaftsstrukturierten Gesellschaften, sie ist eine Ressource in gesellschaftlichen Konflikten und hat hierin ihren Standort zu bestimmen.

Literatur

Adorno, Th. W. & M. Horkheimer: Gemeindestudien. In: Institut für Sozialforschung (Hg.): Soziologische Exkurse. Frankfurt/M., Köln 1956.

Aries, P.: Geschichte der Kindheit. München 1975.

Aufenanger, S. & M. Lenssen (Hg.): Handlung und Sinnstruktur. Bedeutung und Anwendung der objektiven Hermeneutik. München 1986.

Badura, B. (Hg.): Seminar: Angewandte Sozialforschung. Frankfurt/M. 1976.

Baethge, M., H. Schomburg & U. Voskamp: Jugend und Krise – Krise aktueller Jugendforschung. Frankfurt/M., New York 1983.

Bahrdt, H. P.: Standort und Zukunft der Soziologie. Soziale Welt, 1/2, 1989.

Beck, U. & L. Rosemayr: Vorwort – besonders an die «Praktiker» unter unseren Lesern. In: U. Beck (Hg.): Soziologie und Praxis. Soziale Welt, Sonderband 1, 1982.

Beck, U. & W. Bonß (Hg.): Weder Sozialtechnologie noch Aufklärung. Analysen zur Verwendung sozialwissenschaftlichen Wissens. Frankfurt/M. 1989.

Beck, U.: Risikogesellschaft. Auf dem Weg in eine andere Moderne. Frankfurt/M. 1986.

– (Hg.): Über Soziologie. Soziale Welt, 1/2, 1989.

Berger, H.: Vom Klassenkampf zum Kulturkonflikt – Wandlungen und Wendungen der westdeutschen Migrationsforschung. In: E. Dittrich & F. O. Radtke: Ethnizität, Wissenschaft und Minderheiten. Opladen 1990.

Berndt, H.: Die Natur der Stadt. Frankfurt/M. 1978.

Beste, H.: Innere Sicherheit und Sozialforschung. Eine empirische Analyse der Entwicklung kriminologischer Forschung und staatlicher Kontrollpolitik. Münster 1983.

Bettmer, F. & R. Kreissl: Die Kohortenforschung als symbolische Ordnungsmacht. Zur Neuordnung von Kriminalität zwischen Diversion und «Selective-Incapacitation». Kriminologisches Journal, 3, 1988.

BMFJG: Mehr Chancen für Jugend. Zum Inhalt und Begriff einer offensiven Jugendhilfe. Stuttgart 1974.

Brake, M.: Soziologie der jugendlichen Subkulturen. Frankfurt/M., New York 1981.

Bude, H.: Die individuelle Allgemeinheit des Falls. In: H.-W. Franz (Hg.): 22. Deutscher Soziologentag 1984. Opladen 1984.

–: Deutsche Karrieren. Frankfurt/M. 1987.

Bukow, D. & R. Llaryora: Mitbürger aus der Fremde. Soziogenese ethnischer Minoritäten. Opladen 1988.

Bulthaupt, P.: Zur gesellschaftlichen Funktion der Naturwissenschaften. Frankfurt/M. 1973.

Castells, M.: Die kapitalistische Stadt. Ökonomie und Politik der Stadtentwicklung. Hamburg, Berlin 1977.

Castles, S. & G. Kosack: Immigrant Workers and Class Structure in Western Europe. London 1973.

Chaussy, U.: Jugend. In: W. Benz (Hg.): Die Bundesrepublik Deutschland. Bd. 2: Gesellschaft. Frankfurt/M. 1983.

Clarke, J. et al.: Jugendkultur als Widerstand. Frankfurt/M. 1979.

Dahrendorf, R.: Einführung in die Soziologie. Soziale Welt, 1/2, 1989.

Damm, D.: Politische Jugendarbeit. München 1975.

Deutsches Jugendinstitut (DJI) (Hg.): Die neue Jugenddebatte. München 1982.

Deutsches Zentrum für Altersfragen: Altwerden in der Bundesrepublik Deutschland. Berlin 1982.

Dittrich, E. & F.-O. Radtke (Hg.): Ethnizität, Wissenschaft und Minderheiten. Opladen 1990.

Dörhöfer, K. (Hg.): Stadt-Land-Frau. Freiburg 1990.

Eisenstadt, S. N.: Von Generation zu Generation. Altersgruppen und Sozialstruktur. München 1966.

Esser, H.: Sozialräumliche Bedingungen der sprachlichen Assimilation von Arbeitsimmigranten. Zeitschrift für Soziologie, 3, 1982.

Esser, H. & Projektgruppe ausländische Arbeitnehmer: Ansätze zur Erklärung der Integration von Migranten – Theoretische Grundlagen zur Erforschung des Verhaltens ausländischer Arbeitnehmer in der Bundesrepublik Deutschland. In: H. Esser, E. Gaugler & K. H. Naumann et al.: Arbeitsimmigration und Integration. Königstein/Ts. 1979.

Evers, A. & H. Nowotny: Über den Umgang mit Unsicherheit. Die Entdeckung der Gestaltbarkeit von Gesellschaft. Frankfurt/M. 1987.

Ferchhoff, W. & G. Neubauer: Jugend und Postmoderne. Weinheim 1989.

Friedeburg, L. v., J. Habermas, C. Oehler & F. Weltz: Student und Politik. Frankfurt/M.: 1961.

Gierlichs, W.: Stadt und Land. A. Kriminalsoziologie. In: Handwörterbuch der Kriminologie, Bd. II, 1936.

–: Die Bedeutung ökologischer Studien für die Kriminalpolitik und Polizeipraxis. In: Kriminalistik, 11, 1940.

Giesbrecht, A.: Jugend und Arbeit. Frankfurt/M. 1983.

Giesecke, H.: Emanzipatorische Jugendarbeit. Weinheim, München 1970.

–: Wozu noch Jugendarbeit. deutsche jugend, 32, 1984.

Gillis, J. R.: Geschichte der Jugend. Weinheim, Basel 1980.

Goudsbloom, J.: Soziologie auf der Waagschale. Frankfurt/M. 1981.

Grimminger, H.: Fähigkeiten und notwendige Kenntnisse eines Soziologen im Polizeidienst. In: Sozialwissenschaften und Berufspraxis, 3, 1986.

Hamm, B.: Einführung in die Siedlungssoziologie. München 1982.

Häußermann, H. & W. Siebel: Thesen zur Soziologie der Stadt. Leviathan, 6, 1978.

Häußermann, H.: Stadt und Lebensstil. In: V. Hauff (Hg.): Stadt und Lebensstil. Weinheim, Basel 1988.

Hawley, A.: Theorie und Forschung in der Sozialökologie. In: R. König (Hg.): Handbuch der empirischen Sozialforschung, Band 2. Stuttgart 1974.

Heckmann, F.: Die Bundesrepublik: Ein Einwanderungsland? Zur Soziologie der Gastarbeiterbevölkerung als Einwanderungsminorität. Stuttgart 1981.

Heitmeyer, W. & T. Olk (Hg.): Individualisierung von Jugend. Weinheim, München 1990.

Herbert, U.: Fremdarbeiter. Politik und Praxis des ‹Ausländereinsatzes› in der Kriegswirtschaft des Dritten Reichs. Berlin, Bonn 1985.

Herzog, F.: Rezension von Oevermann/Schuster/Simm: Zum Problem der Perseveranz in Delikttyp und modus operandi. Kritische Justiz, 3, 1986.

Hoffmeyer-Zlotnik, J. (Hg.): Qualitative Methoden der Datenerhebung in der Arbeitsmigrantenforschung. Mannheim 1986.

Hurrelmann, K., B. Rosewitz & H. K. Wolf: Lebensphase Jugend. Weinheim, München 1985.

ISS (Institut für Sozialarbeit und Sozialpädagogik): Bibliographien Ausländische Arbeiter und ihre Familien. Frankfurt/M. 1977–1982.

Jehle, J.-M. (Hg.): Der Kriminologische Dienst in der Bundesrepublik Deutschland. Eine Bestandsaufnahme im Jahre 1987. Wiesbaden 1988.

Jugendwerk der Deutschen Shell-AG: Jugend zwischen Anpassung und Widerstand. Hamburg 1981.

Keil, R.: Zur Stadttheorie David Harveys. Prokla, 69, 1987.

Keim, K.-D. (Hg.): Arbeit in der Stadt. Bielefeld 1989.

Klingemann, C.: Das Individuum im Fadenkreuz der Gesellschaftswissenschaften. In: A.-A. Guha & S. Papcke (Hg.): Entfesselte Forschung. Die Folgen einer Wissenschaft ohne Ethik. Frankfurt/M. 1987.

–: Kölner Soziologie während des Nationalsozialismus. In: Blaschke, W. et al. (Hg.): Nachhilfe zur Erinnerung. 600 Jahre Universität zu Köln. Köln 1988.

–: Wechselwirkungen zwischen Soziologie und Biologie – biologische oder soziologische Ethnopolitik? In: E. Dittrich & F.-O. Radtke (Hg.): Ethnizität, Wissenschaft und Minderheiten. Opladen 1990.

Knorr-Cetina, K.: Die Fabrikation von Erkenntnis. Frankfurt/M. 1989.

Kohli, M.: Die Institutionalisierung des Lebenslaufes. Kölner Zeitschrift für Soziologie und Sozialpsychologie, 37, 1985.

– (Hg.): Soziologie des Lebenslaufs. Darmstadt 1978.

Korte, H. & A. Schmidt: Migration und ihre sozialen Folgen. Förderung der Gastarbeiterforschung durch die Stiftung Volkswagenwerk 1974–1981. Göttingen 1983.

König, R.: Grundformen der Gesellschaft: Die Gemeinde. Reinbek bei Hamburg 1958.

–: Die Pioniere der Sozialökologie in Chicago. In: Stadtökologie. Bericht über ein Kolloquium der Deutschen UNESCO-Kommission, veranstaltet in Zusammenarbeit mit der Werner-Reimers-Stiftung vom 23.–26. Februar 1977 in Bad Homburg. Bonn, München 1978.

Kreissl, R.: Soziologie und soziale Kontrolle. Die Verwissenschaftlichung des Kriminaljustizsystems. München 1986.

–: Soziologie und soziale Kontrolle. Mögliche Folgen einer Verwissenschaftlichung des Kriminaljustizsystems. In: U. Beck & W. Bonß (Hg.): Weder Sozialtechnologie noch Aufklärung. Analysen zur Verwendung sozialwissenschaftlichen Wissens. Frankfurt/M. 1989.

Kreutz, G.: Theorie der Jugend und soziale Schichtung. deutsche jugend, 11, 1971.

Krüger, H.-H.: «Es war wie ein Rausch, wenn alle Gas gaben». Die Halbstarken der 50er Jahre. In: Deutscher Werkbund (Hg.): Schock und Schöpfung. Darmstadt 1988.

Kühn, H.: Memorandum des Beauftragten der Bundesregierung. Stand und Entwicklung der Integration der ausländischen Arbeitnehmer in der Bundesrepublik Deutschland. Bonn 1979.

Lau, C.: Die Definition gesellschaftlicher Probleme durch die Sozialwissenschaften. In: U. Beck & W. Bonß (Hg.): Weder Sozialtechnologie noch Aufklärung. Frankfurt/M. 1989.

Lemberg, E. & F. Edding et al.: Die Vertriebenen in Westdeutschland. Ihre Eingliederung und ihr Einfluß auf Gesellschaft, Wirtschaft, Politik und Geistesleben. 3 Bde. Kiel 1959.

Lepenies, W. (Hg.): Geschichte der Soziologie. 4 Bde. Frankfurt/M. 1981.

Lessing, H. & M. Liebel: Jugend in der Klassengesellschaft. München 1974.

Linde, H.: Sachdominanz in Sozialstrukturen. Tübingen 1972.

Lüschen, G. (Hg.): Anmerkungen zur Entwicklung und zum Praxisbezug der deutschen Soziologie. In: Ders. (Hg.): Deutsche Soziologie nach 1945. Kölner Zeitschrift für Soziologie und Sozialpsychologie, Sonderheft 21, 1979.

Lynd, R. S. & M. H. Lynd: Middletown. New York 1929.

– & – : Middletown in Transition. New York 1937.

Maetze, W.: Der Soziologe in der Einweisungsanstalt. In: Sozialwissenschaften und Berufspraxis, 4, 1988.

Mannheim, K.: Das Problem der Generation. In: Ders. (Hg.): Wissenssoziologie. Berlin, Neuwied 1964.

Mozetič, G.: Ein unzeitgemäßer Soziologe: Ludwig Gumplowicz. Kölner Zeitschrift für Soziologie und Sozialpsychologie, 4, 1985.

Müller, K. V.: Heimatvertriebene Jugend. Eine soziologische Studie zum Problem der Sozialtüchtigkeit des Nachwuchses der heimatvertriebenen Jugend. Würzburg 1956.

Müller, C. W., H. Keutler, K. Mollenhauer & H. Giesecke: Was ist Jugendarbeit? München 1964.

Neidhardt, F.: Die junge Generation. Jugend und Gesellschaft in der Bundesrepublik. Opladen 1967.

Nikolinakos, M.: Politische Ökonomie der Gastarbeiterfrage. Migration und Rassismus. Reinbek bei Hamburg 1973.

Oevermann, U. & A. Simm: Zum Problem der Perseveranz in Delikttyp und modus operandi. Spurentext-Auslegung, Tätertyp-Rekonstruktion und die Strukturlogik kriminalistischer Ermittlungspraxis. Zugleich eine Umformung der Perseveranzhypothese aus soziologisch-strukturanalytischer Sicht. In: U. Oevermann, L. Schuster & A. Simm (Hg.): Zum Problem der Perseveranz in Delikttyp und modus operandi. Wiesbaden 1985.

Onna, B. v.: Jugend und Vergesellschaftung. Frankfurt/M. 1976.

Park, R. E., E. W. Burgess & R. D. McKenzie (Hg.): The City. Chicago 1925.

Park, R. E. & E. W. Burgess: Introduction to the Science of Sociology. Chicago 1921.

Parsons, T. & K. B. Clarke (Ed.): The Negro American. Boston 1965/66.

Parsons, T.: Age and Sex in Social Structure. Essays in Sociological Theory, Pure and Applie. Glencoe/Ill. 1949.

Prewo, R: Max Webers Wissenschaftsprogramm. Frankfurt/M. 1979.

Projektgruppe Jugendbüro: Die Lebenswelt von Hauptschülern. Ergebnisse einer Untersuchung. München 1975.

Reulecke, H.: Geschichte der Urbanisierung in Deutschland 1850–1980. Frankfurt/M. 1985.

Ritsert, J.: Über Praxis der Soziologie und Soziologie der Praxis. Soziale Welt, 1/2, 1989.

Ronge, V.: Über den Umgang mit Unsicherheit. In: H. -W. Franz (Hg.): 22. Deutscher Soziologentag 1984. Opladen 1984.

Roth, K. H.: Städtesanierung und «ausmerzende» Soziologie. Der Fall Andreas Walther und die «Notarbeit 51» der «Notgemeinschaft der Deutschen Wissenschaft» 1934–1935 in Hamburg. In: C. Klingemann (Hg.): Rassenmythos und Sozialwissenschaften in Deutschland. Ein verdrängtes Kapitel sozialwissenschaftlicher Wirkungsgeschichte. Opladen 1987.

Saunders, P.: Soziologie der Stadt. Frankfurt/M., New York 1987.

Schäfers, B. & G. Köhler: Leitbilder der Stadtentwicklung. Wandel und jetzige Bedeutung im Expertenurteil. Pfaffenweiler 1989.

Schäfers, B.: Soziologische Erkenntnis und pädagogischer Reduktionismus. Über den Deutungszwang der Sozialwissenschaften am Beispiel soziologischer Aussagen über Jugend und Jugendprotest. Soziale Welt, 2, 1974.

–: Stadt- und Regionalsoziologie: Ausgewählte neuere Ansätze. In: J. J. Hesse (Hg.): Kommunalwissenschaften in der Bundesrepublik Deutschland. Baden-Baden 1988.

Schelsky, H.: Die skeptische Generation. Düsseldorf, Köln 1957.

Schütze, F.: Symbolischer Interaktionismus. In: U. Ammon, N. Dittmar & K. J. Mattheier (Hg.): Soziolinguistik. Berlin, New York 1987.

Schwind, H. D., W. Ahlborn & R. Weiss (Hg.): Empirische Kriminalgeographie. Bestandsaufnahme und Weiterführung am Beispiel Bochum («Kriminalitätsatlas Bochum»). Wiesbaden 1978.

Simmel, G.: Soziologie. Leipzig 1908.

SINUS-Institut: Die verunsicherte Generation. Jugend und Wertewandel. Opladen 1983.

Tenbruck, F. H.: Moderne Jugend als soziale Gruppe. In: L. v. Friedeburg (Hg.): Jugend in der modernen Gesellschaft. Berlin, Köln 1965.

Teuteberg, H. J. (Hg.): Urbanisierung im 19. und 20. Jahrhundert. Historische und biographische Aspekte. Köln 1983.

Thomas, W. I. & F. Zaniecki: The Polish Peasant in Europe and America. 2 Bde. Boston, New York [2]1958.

Treibel, A.: Engagement und Distanzierung in der westdeutschen Ausländerforschung – Eine wissenssoziologische Untersuchung. Stuttgart 1989.

Warner, Lloyd: Structure of American Life. Edinburgh 1952.

Warning, D.: Soziologie und Strafvollzug – Thesen zu einem ambivalenten Verhältnis. In: Sozialwissenschaften und Berufspraxis, 4, 1988.

Weber, M.: Wirtschaft und Gesellschaft. Tübingen [5]1976.

– (1976 a): Die nichtlegitime Herrschaft (Typologie der Städte). In: Wirtschaft und Gesellschaft. Tübingen [5]1976.

Ziehe, T.: Pubertät und Narzißmus. Sind Jugendliche entpolitisiert? Frankfurt/M. 1975.

Reinhart Kößler

1.4 Vergleichende Analyse von Gesellschaftssystemen

1.4.1 Vergleichende Perspektiven und die Ausgangslage der Soziologie

Die meisten menschlichen Gesellschaften fallen aus dem Alltagsgeschäft der meisten Soziologinnen und Soziologen heraus. Das liegt in erster Linie an der Schwerpunktsetzung des größten Teils soziologischer Forschung und Diskussion. Sie konzentriert sich auf industrielle Gesellschaften und unter ihnen wiederum meist auf die jeweils eigene nationale Gesellschaft, in aller Regel also auf *industriell entwickelte kapitalistische Gesellschaften.* Die Analyse anderer Gesellschaftsformen wird Teildisziplinen wie der Entwicklungssoziologie oder anderen Wissenschaften zugewiesen, etwa der Ethnologie oder der Geschichtswissenschaft, zuweilen auch unterschiedlichen Regionalwissenschaften.

Zugleich kommt Soziologie wenigstens auf mittlere Sicht nicht aus ohne ständigen Rückbezug auf andere, nicht-kapitalistische oder vorindustrielle Gesellschaftsformen. Ob es Klassikern, auf die sich die heutige Soziologie zurückführen läßt, um die Aufrechterhaltung der bestehenden oder der ‹alten› Ordnung ging oder um deren Beseitigung und die Schaffung einer völlig neuen – ihre Überlegungen setzten an der großen Umwälzung und den gesellschaftlichen Krisen an, die mit der Entstehung und Ausbreitung industrieller Produktions- und kapitalistischer Wirtschaftsformen verknüpft waren. Am Anfang der Soziologie stand neben dem Problem der Ordnung bereits die Frage nach der Transformation von Gesellschaften und damit nach ihrer Entwicklung. Das schließt den Vergleich zwischen dem Entwicklungsverlauf unterschiedlicher Gesellschaften und unterschiedlichen historischen Gesellschaftsformen notwendig ein. Allerdings ist damit noch keineswegs gesagt, daß die Andersartigkeit von Gesellschaften, ihre grundlegend voneinander abweichenden Strukturprinzipien und die vielfältigen sich daraus ergebenden, nicht zuletzt methodischen Probleme zum Thema werden. Vielmehr herrscht das

Herantragen ‹allgemeiner›, aus dem gesellschaftlichen Konstitutionszusammenhang von Soziologie selbst gewonnener Kategorien vor. Das soll in den folgenden Abschnitten deutlich gemacht werden.

Die Perspektive vergleichender Gesellschaftsanalyse wurde von unterschiedlichen Soziologen auf sehr verschiedene Weise aufgegriffen. Hier sind nur exemplarische Hinweise auf einige dieser Vorgehensweisen möglich. Sie lassen sich um zentrale Fragestellungen wie soziale Evolution, Modernisierung sowie das Problem universaler, für alle Gesellschaften gültiger Strukturmerkmale gruppieren. Dabei werden immer wieder Verhältnissen der industriell entwickelten Gesellschaften vorindustrielle Zustände gegenübergestellt; zuweilen gelangen auch nicht-kapitalistische Industriegesellschaften ins Blickfeld. Perspektiven des Vergleichs zwischen unterschiedlichen Ausprägungen industriell-kapitalistischer Vehältnisse können in diesem Rahmen nur angedeutet werden. Damit wird nicht die Relevanz solcher Ansätze bestritten, die in neueren Debatten, etwa über die Unterschiede zwischen Japan, Nordamerika und Westeuropa oder über den deutschen ‹Sonderweg›, deutlich wird. Auch solche Fragestellungen rekurrieren aber regelmäßig auf die mehr oder weniger weitgehende Prägung gegenwärtiger Zustände durch ‹vorindustrielle› Verhältnisse und deren jeweils spezifische Transformation.

Der folgende Überblick muß davon ausgehen, daß eine systematische Debatte über den Vergleich von ‹Gesellschaftssystemen› kaum geführt wird. Die auf den ersten Blick hier einschlägige westdeutsche Debatte über den ‹Vergleich der Gesellschaftssysteme› zwischen BRD und DDR in den 70er Jahren kam über einen – zumal aus heutiger Sicht nicht unfreiwilliger Komik entbehrenden – verglichenden Sozialbericht kaum hinaus (vgl. z. B. Heß 1971). Die kategorialen Fragen, die eine solche Analyse erst zu klären hat, traten damals zurück hinter einem kaum verhüllten apologetischen Interesse. Nun kommt andererseits, wie angedeutet, eine allgemeine Gesellschaftstheorie schwerlich ohne komparative Perspektiven aus. Besonders im Zusammenhang mit Problemen der sozialen Evolution werden denn auch in ganz unterschiedlichen Zusammenhängen Fragen des Systemvergleichs im hier gemeinten Sinne diskutiert. Der Bezug auf diese Diskussionszusammenhänge erlaubt zugleich, die grundlegende Problematik eines vergleichenden Zugangs zu Gesellschaften zu umreißen, denen gegenüber sich Soziologie und Gesellschaftsanalyse ganz allgemein unweigerlich in einer Außenperspektive befinden.

1.4.2 Perspektiven sozialer Evolution

Seit ihren Anfängen hat die moderne Reflektion auf Gesellschaft ihren unmittelbaren Gegenstand immer wieder mit realen oder auch hypothetischen Zuständen konfrontiert, die älteren Entwicklungsstadien der eigenen Verhältnisse zugeordnet wurden. Ähnliche Ansätze finden sich bereits in der antiken Tradition, etwa bei Aristoteles. Die naturrechtlichen Gesellschaftslehren beriefen sich auf einen ‹Urzustand›, der sehr unterschiedlich gestaltet sein konnte. John Locke etwa verwies ausdrücklich auf die «heutigen Amerikaner», um durch Gegenüberstellung des zeitgenössischen England mit als urtümlich wahrgenommenen Verhältnissen indianischer Völker seine These zu begründen, Eigentum sei von Arbeit abgeleitet (1982, §§ 41, 45).

Universaler Fortschritt

Die eigentlichen Evolutionstheorien verbanden die Feststellung von Unterschieden vorfindlicher und beobachtbarer gesellschaftlicher Strukturen mit ihrer Einordnung in eine aufsteigende Entwicklungslinie: Frühere Zustände werden als Stufen oder als Durchgangsstadien zu den gegenwärtigen vollkommeneren Verhältnissen aufgefaßt; die Zuordnung zeitgenössischer fremder Gesellschaften zu einer dieser früheren Stufen muß das Fremde als ‹rückständig› oder ‹primitiv› erscheinen lassen. Solche Sichtweisen wurden stets mit Projektionen und Wunschvorstellungen verknüpft (vgl. Kramer 1977, bes. 20–31, 60 ff).

Auch da, wo Evolutionstheorien allen menschlichen Gesellschaften die Möglichkeit einer einheitlichen Entwicklung zumindest zugestanden haben, fanden sie sich immer wieder in dem Dilemma, daß sie der ‹modernen›, bürgerlich-kapitalistischen Gesellschaft, also in aller Regel dem eigenen Standpunkt, den jeweils höchsten Entwicklungsstand und damit Vorbildcharakter zusprachen. So widerspricht etwa die universalistische These von der «Perfektibilität» aller Menschen (vgl. bes. Condorcet 1963) zwar rassistischen Konzepten von der ‹Auserwähltheit› bestimmter Völker als Kulturträger; sie entgeht aber keineswegs notwendig kolonialistischen Schlußfolgerungen – etwa in der Perspektive der ‹Erziehung› der Kolonisierten (vgl. Melber & Hauck 1989). Damit ist sie weit entfernt, sich der ‹Innenperspektive› fremder Gesellschaften anzunähern und so eine wichtige Voraussetzung für ihr adäquates Verständnis zu schaffen.

Evolution und Gesellschaftsstruktur

Ein entscheidender Schritt war die Verkoppelung des Evolutionskonzepts mit der Untersuchung konkreter gesellschaftlicher Strukturen und Produktionsformen. Lewis Henry Morgan verband seine genaue empirische Kenntnis der Verwandtschaftsverhältnisse der Iroquois mit vergleichenden Studien, aus denen er allgemeingültige Bestimmungen über die Zusammenhänge zwischen Verwandtschaftssystem, Familienform und Produktionsformen glaubte ableiten zu können (vgl. Morgan 1908; vgl. Hildebrandt 1983, bes. 182–187). Daraus konstruierte er die Abfolge dreier großer Epochen oder Evolutionsstufen der «Wildheit», «Barbarei» und «Zivilisation», welche die zeitgenössischen Gesellschaften in unterschiedlichem Maß durchlaufen hätten und repräsentierten. Auch wenn dies Schema auf frühere Ansätze zurückgriff (vgl. Vico 1966), zeichnete es sich doch durch den Versuch aus, zentrale gesellschaftliche Kategorien wie politische Struktur, Familiensystem und Eigentumsformen sowie materielle Produktion systematisch miteinander in Beziehung zu setzen und zu konfrontieren.

Dies war auch der Ansatzpunkt für die überaus folgenreiche, durch Engels (1962) eingeleitete marxistische Morgan-Rezeption. Sie übernahm die auf eine einzige Entwicklungslinie fixierte evolutionistische Grundposition und damit die prekäre Tendenz, nach Zeit und Raum weit auseinanderfallende gesellschaftliche Verhältnisse auf wenige als gemeinsam unterstellte Grundstrukturen zurechtzustutzen. Freilich wurde Morgan in der marxistischen Version des Evolutionsschemas durch eine Verlängerung der Evolutionslinie in die Zukunft überboten: End- und Höhepunkt ist nicht mehr die bestehende bürgerlich-kapitalistische Gesellschaft, sondern der Sozialismus/Kommunismus, der letztlich aus deren Widersprüchen hervorgehen soll. Auch legen marxistisch inspirierte Evolutionsschemata anders als etwa Morgan das Hauptgewicht auf die Stufe der ‹Zivilisation›, d. h. der staatlich organisierten Klassengesellschaften.

Die Frage freilich, durch welche Stadien die Entwicklung von Klassengesellschaften verlaufe, ist kontrovers geblieben: Unilineare Konzeptionen bis hin zum Postulat einer für alle Gesellschaften obligatorischen Abfolge von ‹Gesellschaftsformationen› stehen neben diversen mehrlinigen Evolutionsschemata. Die marxistische Version des unilinearen Evolutionismus fand einen unrühmlichen, doch nach wie vor häufig zitierten Höhepunkt in dem unter Stalin kanonisierten ‹Fünf-Phasen-Schema›, also der Abfolge von Urkommunismus, Sklavenhaltergesellschaft, Feudalismus, Kapitalismus, Sozialismus/ Kommunismus. Insbesondere unter ‹Feudalismus› wurden dabei die unterschiedlichsten gesellschaftlichen Grundverhältnisse subsumiert (vgl. Kößler 1982, bes. 282ff). Wird die genannte Abfolge für alle Gesellschaften obligatorisch erklärt, so ergeben sich weitere unlösbare Widersprüche, zumal angesichts der tatsächlichen Unterschiede konkreter Entwicklungswege und Gesellschaftsstrukturen (vgl. z. B. Hauck 1979, 21ff).

Die Renaissance eines schöpferischen Marxismus im Westen während der 1960er Jahre war u. a. verknüpft mit der Sprengung des Fünf-Phasen-Schemas und der neuerlichen Diskussion von Alternativen, unter denen die bekannteste die These von der ‹asiatischen› Produktionsweise ist (vgl. u. a. Sawer 1977). In unterschiedlichen Spielarten erlaubt diese These eine differenzierte Betrachtung ‹vorkapitalistischer› Gesellschaften. Vor allem läßt sich so eine strukturelle und begriffliche Unterscheidung erreichen zwischen den Verhältnissen in ‹großen Agrargesellschaften› (vgl. Wittfogel 1931) mit zentralisierten Staatsformen, deren Produktionsformen abhängig sind von der Sicherung vor allem der Wasserzufuhr und von Deichbauten durch große öffentliche, d. h. staatlich organisierte Arbeiten einerseits und der weit diffuseren staatlichen Strukturen etwa des europäischen Mittelalters andererseits (vgl. etwa Brunner 1984, bes. 111ff; Elias 1976, Bd. II). Unterschiede in der staatlichen Struktur verweisen auf grundlegende Divergenzen im Aufbau der Erzwingungsapparate, d. h. der Organisation der bewaffneten Macht und der Verfügung über diese. Diese Erzwingungsapparate müssen in nicht-kapitalistischen Klassengesellschaften aber regelmäßig eingesetzt werden, um die Ausbeutungsbeziehungen zu realisieren, gleichviel ob diese eher die Form ‹feudaler› Rente oder etwa staatlich eingezogener Steuer annehmen: Die ‹politischen› Institutionen sind hier daher untrennbar verschränkt mit ‹ökonomischen› Basisstrukturen (vgl. Kößler 1982, Kap. 2; ähnl. Anderson 1974, 403ff).

Die Debatte über ‹asiatische› Produktionsweise betraf eine weitere Problematik: Gibt es eine unilineare, gesetzmäßig verlaufende soziale Evolution, so sind Unterschiede zwischen konkreten Gesellschaften gleichzusetzen mit größeren oder geringeren Fortschritten dieser Gesellschaften auf der Evolutionslinie. Die Konsequenzen sind besonders bedeutsam, wo in kolonisierten Gesellschaften der Kapitalismus ‹noch› nicht erreicht wurde; hier lagen Schlußfolgerungen nahe, die nicht sehr von der Kolonialideologie mit ihrer Behauptung einer erzieherischen Mission der ‹fortgeschrittenen› und ‹zivilisierten› Völker abwichen. Andererseits wurde die These von einer abweichenden gesellschaftlichen Gesetzmäßigkeit, die keine Entwicklung zum Kapitalismus ohne Anstoß von außen zulasse, gleichfalls als diskriminierend interpretiert, da Westeuropa und besonders England als dem Ursprungsland des Kapitalismus eine welthistorische Sonderstellung eingeräumt werde (vgl. Kößler 1982, 248 ff). Daraus ergaben sich zuweilen grotesk anmutende Anstrengungen zum Nachweis einer kurz vor der kolonialen Öffnung dieser Länder bevorstehenden ‹kapitalistischen Entwicklung› besonders in China und Indien (vgl. etwa Fan 1959).

Eine einflußreiche Variante des Ansatzes der Gesellschaftsformationen ist das Konzept einer einzigen vorkapitalistischen Klassen-Formation, der ‹tributären Produktionsweise›. Es wird vor allem von Samir Amin (vgl. 1975, bes. 11 ff) vertreten, dem international wichtigsten Exponenten der Theorie des ‹peripheren Kapitalismus›. Auch hier wird, ähnlich wie im sowjetmarxistischen Feudalismus-Konzept, wahrhaft weltumspannende ‹Anwendbarkeit› mit extremer empirischer Dürftigkeit erkauft. Die schlichte Aussage, daß Mehrprodukt als Tribut, also gewaltsam angeeignet wird, trägt nichts bei zu der immer entscheidenden Frage, *wie* dies geschieht.

Systemtheorie und soziale Evolution

Die geringe Aussagekraft von Thesen mit hohem Allgemeinheitsgrad ist freilich ein durchgängiges Problem übergreifender Gesellschaftsanalyse und keineswegs auf Ansätze beschränkt, die sich auf Marx berufen. Dies läßt sich an dem ganz anders gearteten Konzept von Talcott Parsons zeigen (vgl. bes. 1977). Parsons unterstellt im Gegensatz zu den Evolutionisten keine Unausweichlichkeit der Evolution. Doch konstruiert auch er Evolution auf ein Ziel hin: «Moderne Gesellschaften» erscheinen als bisheriger Höhepunkt der «Differenzierung» unterschiedlicher Sphären. Dies schließt weitere Fortentwicklungen nicht aus. Parsons verweist hier auf die «gegenwärtige Krise» mit ihren Spannungen, deren Ursachen er vor allem in Prozessen der Rationalisierung und im Rückgang gemeinschaftlicher Beziehungen sieht (ebd., 240).

Im Verlauf gesellschaftlicher Entwicklung beobachtet Parsons vor allem Fortschritte in der Anpassung von Gesellschaften an ihre Umwelt durch die Differenzierung funktionaler Bereiche, die er im Rückgriff auf seine allgemeine Handlungstheorie identifiziert hat. «Handlungs-Evolution» erscheint dabei fast synonym mit «sozialer Evolution» und begründet zunächst die Ausdifferenzierung des «sozialen Systems» neben «kulturellem System», «Persönlichkeit» und «Verhaltensorganismus». Letztere werden so zu Aspekten der «Umwelt» des «sozialen Systems», an die sich zunehmend «anzupassen» die eigentliche evolutionäre Leistung von Gesellschaften darstellt. Sie entsprechen den auf allgemeiner Ebene identifizierten vier funktionalen Problemen aller Handlungssysteme (AGIL), und zwar der Integration, Latenz (Pattern Maintenance), Anpassung und Zielerreichung (Goal Attainment). Die «höchste Ebene» des «sozialen Systems» ist nun für Parsons eben «Gesellschaft». Diese differenziert sich ihrerseits nach dem AGIL-Schema funktional in Ökonomie (Anpassung), politisches System (Zielerreichung), gesellschaftliches Gemeinwesen (Integration) und Aufrechterhaltung institutioneller Muster (Latenz) (ebd., 4–8). Höhere Anpassungskapazität wird dabei gleichgesetzt mit einer höheren Differenzierung dieser Subsysteme untereinander, aber auch innerhalb der Subsysteme selbst (vgl. ebd., 48f).

Ihre Richtung erhält nicht nur soziale, sondern Evolution allgemein (vgl. 1982, 297ff) für Parsons durch eine Reihe wegweisender Errungenschaften, «evolutionärer Universalien», die jeweils in einem «Entwicklungs-Durchbruch» zu einem neuen Niveau der Anpassungskapazität erreicht werden (1977, 50). Ungeachtet seiner antideterministischen Grundeinlassung ist das Evolutionskonzept von Parsons daher bestimmt durch Strukturprinzipien, denen ausdrücklich Allgemeingültigkeit im übergreifenden Prozeß der Höherentwicklung (adaptive upgrading) zugebilligt wird. Es handelt sich um Errungenschaften wie soziale Schichtung und kulturelle Legitimation, welche den Durchbruch von «primitiven Gesellschaften» markieren, ferner Bürokratie sowie Geld und Märkte auf dem Niveau der altorientalischen Reiche, endlich universalistische Normen vor allem im Bereich des Rechts und demokratische Assoziation als Voraussetzung und Ausdruck der Säkularisierung und im Durchbruch zur Modernität. Damit kann Parsons die gegenwärtige Gesellschaft der USA als den Höhepunkt bisheriger Evolution auszeichnen (vgl. 1982, 324).

Demgegenüber hat Niklas Luhmanns Bestimmung «sozialer Systeme» als Kommunikationssysteme ermöglicht, das gegenwärtige Resultat sozialer Evolution als freilich uniforme «Weltgesellschaft» zu verstehen: Sie konstituiert sich, weil «Naturmerkmale wie Abstammung, Berge, Meere» nicht mehr dahin wirken, einzelne Gesellschaften voneinander abzugrenzen, Kommunikation nur noch an die «völlig eindeutige(n) Grenzen» der menschlichen Spezies stößt (1984, 557). Damit sind freilich nicht nur ungeachtet des Verdiensts einer «theoretische(n) Öffnung für globale Zusammenhänge» reale «Vermachtungs- und Verarmungsprozesse» ausgeblendet, welche «diese Weltkommunikation bestimmen» (Sigrist 1989, 841); auch die Unterschiede wirklicher gesellschaftlicher Entwicklung müssen hier als irrelevant erscheinen, und konsequent präsentiert Luhmann ein extrem abstraktes, am Kriterium der Steigerung von Systemkomplexität orientiertes Schema.

Luhmanns Evolutionsschema ist konstruiert entlang aufeinanderfolgender unterstellten Prinzipien «primäre(r) Differenzierung» und damit der «Typik von System/Umwelt-Beziehungen innerhalb des Gesellschaftssystems»: «*archaische* Gesellschaften sind in ihrer Primärstruktur segmentär differenziert, *Hochkulturen* schichtungsmäßig differenziert, die *moderne Gesellschaft* dagegen funktional differenziert» (Luhmann 1975, 198). Diese Einteilung verstößt zunächst gegen die Empirie gerade ‹moderner› Gesellschaften mit ihrer kaum abzuleugnenden Klassen- und Schichtenstruktur (vgl. Sigrist 1989, 843 ff). Darüber hinaus abstrahiert Luhmanns Konstruktion generell von historischer Realität und unterschiebt so dem entstehenden Bild sozialer Evolution ungeachtet seines in Anspruch genommenen «nicht-teleologischen Charakters» (Luhmann 1981, 194) letztlich doch eine teleologische, an der europäischen Entwicklung gewonnene Verlaufsform. Würde die Verabschiedung unilinearer Evolutionskonzepte ernst genommen, so müßten alternative Wege sozialer Evolution thematisiert werden. Das ist bei Luhmann durch die Konstruktion des evolutionären Mechanismus aus «Variation, Selektion und (...) Stabilisierung» (ebd., 184) weitgehend ausgeschlossen, der es erlaubt, ohne Rekurs auf fragwürdige Kausalitätspostulate soziale Evolution letztlich als theoretischen Nachvollzug der gegenwärtig dominant erscheinenden westeuropäisch-nordatlantischen Entwicklungslinie zu präsentieren.

Die Teleologie explizit oder implizit unilinearer Evolutionsschemata tendiert unabhängig von deren spezifischen Konstruktionsprinzipien dazu, konkrete Gesellschaften unter die Fragestellungen der betrachteten Entwicklungslinie zu subsumieren. Das geht über die Konstatierung eines grundsätzlichen ‹Gerichtetseins›, d.h. die Irreversibilität aufeinanderfolgender Prozesse gesellschaftlicher Entwicklung (vgl. Hauck 1985, 81), deutlich hinaus. Konkrete gesellschaftliche Verhältnisse und ihre Dynamik treten für solche Betrachtungsweisen zurück. Das gilt nicht notwendig für einen mit der Fragestellung der Evolution eng verknüpften, jedoch nicht identischen Ansatz: das weite Spektrum der ‹Modernisierungstheorien›.

Perspektiven der Modernisierung

Max Weber hat die für eine kritische Modernisierungsforschung entscheidende Fragestellung an den Anfang seiner Gesammelten Aufsätze zur Religionssoziologie gestellt: «Welche Verkettung von Umständen hat dazu geführt, daß gerade auf dem Boden des Okzidents (...) Kulturerscheinungen auftraten, welche (...) in einer Entwicklungsrichtung von *universeller* Bedeutung lagen» ([6]1981, 9) und dabei als die «schicksalvollste Macht unseres modernen Lebens» den *Kapitalismus* im Sinne ungehemmten und prinzipiell unbegrenzten, systematisierten Erwerbsstrebens genannt (ebd., 12). Diese Fragestellung eröffnet zumindest die Möglichkeit einer breit angelegten Untersuchung der Entwicklungsrichtungen und -potentiale unterschiedlicher Gesellschaften. Weber selbst hat dies in seiner Religionssoziologie angestrebt. Dabei hat er herausgestellt, daß etwa der für seine Sicht der Entwicklung des Kapitalismus im westlichen Europa zentrale Begriff der ‹Rationalisierung› keineswegs einsinnig auf die Entwicklung des industriellen Kapitalismus zielen muß. So lassen sich auch mystische Techniken ‹rationalisieren›, wie Weber am Beispiel der indischen Yogis zeigt. Die Frage nach dem spezifischen Charakter der weltgeschichtlich entscheidenden Struktur und Dynamik westeuropäischer Gesellschaften könnte so zum Leitfaden werden für Verständnis auch anderer Gesellschaftsformen, denen von vornherein eine *eigene* spezifische Struktur und Dynamik zugebilligt wird. Für einen solchen auf der Ebene gesamtgesellschaftlicher Strukturen wirklich vergleichenden Ansatz ist freilich der von Weber gewählte Ausgangspunkt der «Wirtschaftsethik der Weltreligionen» keineswegs obligatorisch.

Solch nicht-moderne Rationalisierung läßt sich freilich nicht eintragen in den spezifischen Prozeß, der im Westen Europas zur Dominanz erwerbsorientierten Wirtschaftshandelns geführt hat. Dessen Resultate aber sind zur Bezugsgröße der unterschiedlichen Modernisierungstheorien geworden, die vor allem nach dem Zweiten Weltkrieg vorwiegend in Reaktion auf Bestrebungen zur Überwindung der ‹Rückständigkeit› oder ‹Unterentwicklung› ehemals kolonial abhängiger Gesellschaften und häufig in Anknüpfung an Max Weber entwickelt wurden. Hier geht es nicht mehr um den Nachvollzug gesellschaftlicher Dynamiken, die aus angebbaren Gründen in ‹Moderne› gemündet sind oder auch nicht; Modernisierungstheorie in diesem weit gängigeren Veständnis will Strategien anbieten, die beanspruchen, die Errungenschaften ‹modernen› Produzierens und Konsumierens universell verfügbar zu machen. Konsequent gerät auch hier die Spezifik unterschiedlicher gesellschaftlicher Strukturen aus dem Blick gegenüber der Zielsetzung des wie immer spezifizierten Nachvollzugs der Entwicklung der industriekapitalistischen Metropolen. Das gilt nicht nur für die klassisch simplistische Konzeption des «take-off» (vgl. Rostow 1984) zu Modernisierung und beschleunigtem Wachstum, sondern letztlich auch für Versuche, weit spezifischere Bedingungen für die Erreichung der sozioökonomischen Zielprojektion des «OECD-Profils», d. h. der Struktur metropolitankapitalistischer Gesellschaften, zu gewinnen (vgl. Senghaas 1982; Menzel & Senghaas 1986). In der Perspektive des angestrebten Aufholens von ‹Rückständen› in der sozioökonomischen Entwicklung erscheint die Nivellierung struktureller Unterschiede zwischen einzelnen Gesellschaften gleichbedeutend mit der Schaffung von Grundvoraussetzungen von ‹Entwicklung› in eben diesem Verständnis. Der kritische Impuls, der mit der Frage nach den Gründen für die Besonderheit des westlich-kapitalistischen Entwicklungsweges Fragen nach Alternativen zumindest noch offengelassen hatte, geht hier verloren.

1.4.3 Strukturkonstanten und Strukturvergleiche

Eine der wichtigsten gesellschaftstheoretischen Strömungen, die sich ausdrücklich auf vergleichende, zumal an ethnographischem Material gewonnene Perspektiven beruft, dürfte der Strukturalismus sein, der vor allem während der 1970er und Anfang der 1980er Jahre die französische Diskussion beherrschte und auch die Debatte im angelsächsischen und im deutschen Sprachraum stark geprägt hat. Eine vollständige Würdigung ist an dieser Stelle nicht möglich. Es geht ausschließlich um Ansätze, die von strukturalistischen Positionen aus entwickelt wurden, um einer allgemeinen Gesellschaftstheorie nahezukommen. Attraktiv dürfte neben unbestreitbaren Forschungsleistungen wichtiger Repräsentanten dieser in sich durchaus differenzierten Richtung (vgl. etwa Meillassoux 1976; Rey 1973) der Anspruch theoretisch-begrifflicher Stringenz und Geschlossenheit sein (vgl. z. B. Balzer 1984, 50 ff). Hier wurde exemplarisch der Versuch unternommen, aus synchron und diachron vergleichender Perspektive Strukturkonstanten zu ermitteln, die Gültigkeit für alle oder auch für eine bestimmte, umgrenzbare Anzahl menschlicher Gesellschaften beanspruchen können, etwa für alle, die in erster Linie durch Klassenverhältnisse geprägt sind (vgl. zuletzt Andréani 1989). Insbesondere gehen die Strukturalisten, meist im Anschluß an die wegweisenden Arbeiten von Etienne Balibar (vgl. bes. 1972, 282 ff), von invarianten Strukturelementen – Arbeiter, Produktionsmittel, Nicht-Arbeiter – aus, die in den einzelnen ‹Produktionsweisen› in unterschiedlicher Weise zueinander in Beziehung treten, woraus sich je spezifische Verhältnisse von Arbeit, Ausbeutung und Herrschaft ergeben. Hinzu treten bei vielen dieser Autoren feste ‹Instanzen› wie Ideologie, Politik, Staat. Die unterschiedlichen Konfigurationen lassen sich modellhaft durchspielen (vgl. Andréani 1989, Bd. II). Dabei ergeben sich durchaus Zuordnungen zunächst abstrakter Kategorien zu Elementen gesellschaftlicher Empirie und Einsichten in mögliche Variationen der thematisierten Strukturen; das wesentliche Problem jedoch liegt in der Konstruktion der Grundkategorien selbst. So lassen fixierte Konzepte von ‹Staat›, ‹Politik› oder ‹Ideologie› wenig Raum zur Erfassung und zum Verständnis von Verhältnissen, die grundlegend anders strukturiert sind, wie dies oben unter Verweis auf ‹Politik› und ‹Ökonomie› im Feudalismus angedeutet wurde.

Die Problematik gesellschaftlicher Konstanten führt zurück zu der Frage, wie ‹fremde› Gesellschaften mit den Mitteln der Gesellschaftsanalyse verständlicher werden können. Einen methodischen Ansatzpunkt dafür bieten Überlegungen von Marx zum Verhältnis seiner Analyse des Kapitalismus zu nicht-kapitalistischen Gesellschaften. Damit ist die eingangs benannte übergroße Mehrheit bisheriger Formen menschlichen Zusammenlebens bezeichnet. Die Marxschen Überlegungen über die Grenzen seines eigenen theoretischen Unternehmens ermöglichen nun ein besseres Verständnis der aufgezeigten Schwierigkeiten. Damit können Bedingungen für die Erarbeitung vergleichender Perspektiven genauer bestimmt werden, die auf einem adäquaten Verständnis der Einzelgesellschaften aufbauen.

1.4.4 Nicht-kapitalistische Gesellschaften

Zunächst sei die Wahl des negativ abgrenzenden Terminus ‹nicht-ka-
pitalistisch› begründet. Sie ist nicht ablösbar von Grundannahmen
über *kapitalistische* Gesellschaften und ihre weltgeschichtliche Bedeutung, die sich wesentlich auf die Marxsche Kritik der politischen
Ökonomie stützen, sich daneben gleichwohl auf Analytiker der ‹Modernisierung› oder der ‹Großen Transformation› wie Max Weber oder
Karl Polanyi (1977) berufen können. Auch die Unterscheidung Durkheims zwischen «mechanischer» und auf fortgeschrittene Arbeitsteilung zurückgehender «organischer» Solidarität (vgl. 1978, Kap.
II–VI) nimmt auf diese entscheidende Bruchstelle Bezug. Aus dieser
Abgrenzung ergeben sich grundlegende begrifflich-methodische Probleme. Sie werden im Umriß am Leitfaden einer m. E. zu wenig be-
rücksichtigten Marxschen Überlegung entwickelt, um dann eine mögliche Lösungsperspektive zu umreißen.

Warum ‹nicht-kapitalistisch›?

Bürgerlich-kapitalistische Gesellschaften, deren Grund- oder «Tiefenstrukturen» (Schiel 1983) entscheidend gewesen sind für die Entstehung der ‹Moderne›, fallen gegenüber allen anderen Formen menschlicher Gesellschaft aus dem Rahmen. Zwar lassen sich hier wie in vielen
anderen Gesellschaften Klassenstrukturen und Ausbeutungsbeziehungen aufweisen. Diese Feststellung ist aber gerade aufgrund ihres
hohen Allgemeinheitsgrades nur wenig aussagekräftig. Will man unterschiedliche Gesellschaftsformen voneinander unterscheiden, geht
es stets um die *Form*, welche die Spaltung der Klassen, Herrschaft,
Ausbeutung oder Kooperation zwischen Menschen und ihr Verhältnis
zur Natur annehmen. Die bloße Feststellung, all dies sei so, daß Ausbeutung eventuell grausame Züge trage usw., ist wenig ertragreich für
ein Verständnis der Unterschiede zwischen Gesellschaftssystemen.
Nun läßt sich feststellen, daß nicht-kapitalistische Gesellschaften, zumindest soweit sie Klassengliederung und Ausbeutungsbeziehungen
aufweisen, bei all ihrer sonstigen Vielfalt einige wesentliche miteinander verbundene Gemeinsamkeiten haben. Diese unterscheiden sie
deutlich von den zumeist im Mittelpunkt gesellschaftstheoretischer Anstrengungen stehenden industriekapitalistisch entwickelten
Gesellschaften. Die grundlegende Bedeutung solcher Gemeinsamkeiten ‹nicht-kapitalistischer› Gesellschaften rechtfertigt es, sie trotz

aller sonstigen tiefgreifenden Unterschiede unter diesem einen Aspekt zusammenzufassen.

In nicht-kapitalistischen Gesellschaften ‹fehlt› zunächst die für die bürgerlich-kapitalistische Gesellschaftsform wesentliche Trennung zwischen den Sphären der ‹Politik› und der ‹Ökonomie›. Gleichviel, ob wir etwa mittelalterliche Feudalverhältnisse, asiatische Despotien, antike Sklavenhaltergesellschaften oder Gesellschaften sowjetischen Typs betrachten – in ihnen allen wird das Funktionieren der produktiven Grundbeziehungen und die damit einhergehende Aneignung von Mehrprodukt durch privilegierte Klassen und Gruppen nicht auf ‹ökonomische›, sondern auf ‹politische› Weise sichergestellt. Hier liegt ein «struktiver Unterschied» (Lukács 1923, 238) zu bürgerlich-kapitalistischen Gesellschaften, in denen Mehrprodukt durch die Mechanismen des Lohnsystems den unmittelbaren Produzenten entzogen wird. Die Verallgemeinerung der Lohnarbeit, die Verwandlung der Arbeitskraft in Ware ist die entscheidende Neuerung, welche den modernen Kapitalismus von allen anderen Gesellschaftsformen unterscheidet (vgl. z. B. Marx 1968, Kap. 24; Polanyi 1977).

Nur unter Verhältnissen, wo Lohnarbeit zum Regelfall geworden ist, können wir nämlich davon ausgehen, daß die unmittelbaren Produzenten ohne regelmäßige Anwendung von ‹außerökonomischer Gewalt› veranlaßt werden können, Mehrarbeit zu leisten; allein hier nämlich bildet die Zeit, die für die Produktion der von den Produzenten benötigten Lebensmittel erforderlich ist, ein Kontinuum mit dem für ‹Mehrarbeit› aufgewendeten Zeitabschnitt und ist von diesem nicht durch klar erfahrbare Kriterien abgrenzbar (vgl. Marx 1968, Abschnitt 2). Nur wenn unmittelbare Gewaltverhältnisse, also ‹politische› Strukturen, nicht regelmäßig zur Realisierung ‹ökonomischer› Beziehungen eingesetzt werden müssen, lassen sich die Sphären von ‹Politik› und ‹Ökonomie› überhaupt sinnvoll unterscheiden, deren Differenzierung nach Ansicht unterschiedlicher Autoren ein wesentliches Moment des Übergangs zur Moderne ausmacht (vgl. Habermas 1981, Teil II). Nur in bezug auf Gesellschaften, wo es zur tatsächlichen Differenzierung dieser Sphären gekommen ist, lassen sich auch Kausalbeziehungen zwischen ihnen diskutieren, etwa entsprechend dem vielberufenen Muster der Beziehungen zwischen ökonomischer ‹Basis› und politisch-ideologischem ‹Überbau›.

Probleme der Begriffsbildung

An der skizzierten Abgrenzung zwischen nicht-kapitalistischen und
bürgerlich-kapitalistischen Gesellschaften zeigt sich bereits eine
zentrale methodische Schwierigkeit. Sie wurde auch deutlich anhand des Überblicks über verschiedene vergleichende Perspektiven
der Gesellschaftsanalyse: Die Kategorien, die wir zur vergleichenden Betrachtung unterschiedlicher gesellschaftlicher Formen benutzen, sind selbst gesellschaftlich bestimmt. Sie entstammen nicht
zufällig der Selbstreflexion derselben bürgerlich-kapitalistischen
Gesellschaft, die wir soeben anhand eines zentralen Strukturunter-
schieds allen anderen (Klassen-)Gesellschaften geradezu als Sonderfall gegenübergestellt haben. Das ist kein Zufall, konstituierte
sich doch die Soziologie wie die meisten Einzelwissenschaften im
Kontext der Herausbildung des industriellen Kapitalismus. Aus den
hier vorgegebenen Problemstellungen und Strukturen entwickelte
sie ihre Fragestellungen und Kategorien. Wie gesehen, wurden
diese immer auf andere Gesellschaftsformen bezogen und an diese
herangetragen.

Ein Beispiel dafür ist die Marxsche «Kritik der politischen Ökonomie», deren Begründer jedoch zugleich Hinweise auf mögliche Lö-
sungsstrategien für die hier umrissenen Probleme gegeben hat, denen es nachzugehen lohnt. So nahm Karl Marx an, daß die von ihm
kritisierten «Kategorien der bürgerlichen Ökonomie eine Wahrheit
für alle anderen Gesellschaftsformen besitzen» (1953, 26). Dieser
Anspruch gründete auf der Feststellung, daß unter dem Kapitalismus sich die gesellschaftlichen Widersprüche in zuvor ungekanntem
Maß zugespitzt und vereinfacht hätten. Insbesondere war es hier mit
der klassischen politischen Ökonomie zur Ausbildung einer eigenen
Wissenschaft von der Gesellschaft gekommen. Die praxisorientierte
Auseinandersetzung mit diesem theoretischen Selbstverständnis der
bürgerlich-kapitalistischen Gesellschaft hatte schließlich deren eigene ‹Selbstkritik› ermöglicht. Untrennbar verbunden damit war die
Einsicht in den historischen, also den gewordenen und vergänglichen
Charakter der gesellschaftlichen Kategorien und Formbestimmun-
gen. Für eine vergleichende Betrachtung von Gesellschaften war so
ein Ausgangspunkt formuliert, die gängige vereinheitlichende Sichtweise auf Gesellschaft zu überwinden, welche «mythologisierend
sich rein identifiziert mit der vergangnen», heute müssen wir präzi-
sieren, der jeweils ‹anderen› Gesellschaft. Der «wesentliche Unter-

schied» (ebd.) ist daher der Schlüssel zum Verständnis der zunächst ‹fremden› Verhältnisse.

Ansätze, welche in nicht-kapitalistischen Gesellschaftsformen nur bekannte, fest vorgegebene Kategorien und Instanzen aufzufinden suchen, werden daher bei dem Versuch scheitern, solche Gesellschaften zu ‹verstehen›. Dagegen muß der «Maßstab der ‹Gesellschaftlichkeit› (...) aus der Natur der jeder Produktionsweise eigentümlichen Verhältnisse, nicht aus ihr fremden Vorstellungen entlehnt werden» (Marx 1980, 32).

Diese methodische Vorgabe kann hier nicht weiter entwickelt werden (vgl. Kößler 1983). Sie ist bisher schwerlich als eingelöst zu betrachten, am wenigsten wohl durch Autoren, die sich auf Marx berufen haben. Dies zeigt eine weitere Schwierigkeit: Der Zugang anhand des Leitfadens einer Kritik des herrschenden theoretischen Selbstverständnisses, allgemeiner eine selbständige ‹Eigentheorie› nach Art der klassischen politischen Ökonomie, auf die wir Bezug nehmen könnten, läßt sich in nicht-kapitalistischen Gesellschaften eben aufgrund der abweichenden Grundstrukturen nicht oder allenfalls in wesentlich anderer Form erwarten. Gerade dann, wenn wir die Notwendigkeit anerkennen, uns zu einem adäquaten Verständnis fremder Gesellschaften auch auf grundsätzlich andere Formen von Rationalität und Diskurs einzulassen (vgl. Song 1988), bleibt hier eine Schranke. Das Bewußtsein davon sollte Warnung vor allzu schnellen Parallelen und Vergleichen oder vor der Formulierung von ‹Gesetzmäßigkeiten› sein, die Geltungsanspruch für ganz unterschiedliche Gesellschaftsformen erheben.

Soziale Grundstrukturen und gesellschaftliche Auseinandersetzung

Allerdings geben uns diese methodischen Überlegungen Kriterien und Fragestellungen an die Hand, die als Leitfaden dienen können, um – auch unter kritischer Rezeption der oben aufgeführten Ansätze – im strengen Sinn systematisch komparative Perspektiven zu entwickeln. Einen wichtigen Zugang bietet die Rekonstruktion fundamentaler gesellschaftlicher Konfliktlinien, wie sie vor allem in zugespitzten Auseinandersetzungen zum Ausdruck kommen. Unter Bezug auf das bereits mehrfach angesprochene Verhältnis von ‹Politik› und ‹Ökonomie› lassen sich hier z. B. zentrale Konfliktgegenstände oder signifikante Verlaufsformen sozialer Bewegungen feststellen, die hinführen auf unterschiedliche Konfigurationen und damit auf unterschiedliche gesellschaftliche Tiefenstrukturen. So erweisen sich ‹Streiks› in bürgerlich-kapitalistischen Gesellschaften als grundlegend verschieden von den allenfalls äußerlich vergleichbaren Bewegungen, die eine wesentliche Rolle in der langjährigen Endkrise von Gesellschaften sowjetischen Typs, zumal in Polen, gespielt haben: Insbesondere unterscheiden sich Interventionen ‹politischer› Instanzen, aber auch der Grad, in dem deren Legitimität und Existenz durch Bewegungen zu erschüttern war, die äußerlich betrachtet ‹nur› reine ‹Arbeitskämpfe› zu sein schienen, grundlegend von den Verhältnissen in bürgerlich-kapitalistischen Gesellschaften. Lassen sich hier die Sphären von Ökonomie und Politik sowie die in ihnen stattfindenden Auseinandersetzungen ungeachtet der engen Zusammenhänge immerhin noch auseinanderhalten, so ist dies in Gesellschaften sowjetischen Typs nicht möglich: Schon auf relativ geringer Stufenleiter stellen ‹ökonomische› Streikkämpfe bereits die ‹politische› Legitimation in Frage (vgl. Kößler 1984).

Unter etwas anderer Perspektive finden sich solche Überlegungen in neueren Analysen zu Geschichte und Verlauf der Kolonisierung. Sie lassen sich zusammenfassend verstehen als Versuche, die kolonisierten Gesellschaften nicht mehr einfach als Gegenstand der Expansion des westlichen Europa oder als Opfer aufzufassen, sondern als Akteure ihrer eigenen Geschichte (vgl. bes. Wolf 1986). Solche vorwiegend mit historischem Material arbeitenden Studien haben die oft überraschende Fähigkeit vor allem unterschiedlicher bäuerlicher Gesellschaften dargetan, sich auf die Provokationen einer oft schlagartig einbrechenden Marktökonomie einzustellen. Die Herausarbeitung solcher Anpassungs- und Gegenstrategien ermöglicht zugleich neue Sichtweisen und Zugänge, was die inneren Verhältnisse der jeweiligen Gesellschaften angeht (vgl. z. B. Palmer & Parsons 1977; Beinart & Bundy 1987).

Diese äußerst knappen Hinweise können indes eine weitere Perspektive andeuten, in der vergleichende Gesellschaftsanalyse erst ihre eigentliche Bedeutung entfaltet. Es könnte dabei um die Rekonstruktion und Kenntnisnahme von Formen gesellschaftlichen Zusammenlebens und Produzierens gehen, die – angesichts der immer deutlicher werdenden ökologischen und auf globaler Ebene auch der gesellschaftlichen Krise des kapitalistischen Industrialismus – zum Entwurf alternativer Entwicklungswege beitragen können.

1.4.5 Zur Thematisierung gesellschaftlicher Alternativen

Neben der Tendenz zu einer differenzierteren Sicht auf die eigenständige Auseinandersetzung außereuropäischer Völker mit der Provokation der kapitalistischen Kolonialexpansion seien stellvertretend zwei mögliche Dimensionen solcher Überlegungen benannt. Zum einen ist in neuerer Zeit immer wieder die Frage nach grundlegenden Alternativen des Umgangs mit natürlicher Ausstattung und naturräumlicher Gliederung durch bäuerliche Gesellschaften aufgeworfen worden. Die in den Anden vor der Kolonisierung entwickelte und nie ganz verschwundene, nach Höhenstufen und Klimazonen vielfältig differenzierte Landwirtschaft (vgl. Murra 1975; Golte 1982) erschließt einerseits exemplarisch eine vom westeuropäischen Paradigma abweichende Form gesellschaftlichen Naturbezugs, andererseits ein vertieftes Verständnis für die unter Kategorien der Profitmaximierung nicht subsumierbare Rationalität ‹kleinbäuerlicher› Produzenten unter diesen spezifischen Bedingungen (vgl. Blum 1989).

Grundsätzlicher läßt sich die Frage nach gesellschaftlichen Universalien allein in umfassend komparativer Sicht stellen und beantworten. Eines der wichtigsten Probleme dürfte hier die gerade von Soziologen häufig behauptete Universalität, d. h. Allgemeingültigkeit, von Herrschaft in menschlichen Gesellschaften sein (vgl. bes. Dahrendorf 1964). Der Nachweis, daß zahlreiche Gesellschaften ohne Herrschaft im Sinne einer ihren Zusammenhalt garantierenden, Erzwingungsgewalt monopolisierenden Zentralinstanz ausgekommen sind, belegt die Bandbreite möglicher Formen von Vergesellschaftung oder den historisch gewordenen, d. h. prinzipiell auch aufhebbaren Charakter von Herrschaftsbeziehungen. Diese Einsicht eröffnet darüber hinaus den Blick auf grundlegende Alternativen gesellschaftlicher Organisation (vgl. Sigrist [2]1979 u. 1984).

Aus solchen umfassenden Vergleichen lassen sich gewiß keine fertigen Rezepte für gesellschaftliche Organisation ableiten. Wenn es aber eine der vornehmsten Aufgaben von Soziologie ist zu klären, was Gesellschaft eigentlich sei, so gehört dazu sicherlich auch die Frage danach, was sie sein kann. Vergleichende Untersuchungen können Wesentliches hierzu beitragen. Diese Chance läßt sich freilich nur einlösen, wenn die naheliegende Gefahr vorschneller Verallgemeinerung von Strukturen und ‹Gesetzen› vermieden wird. Das Beharren auf einer an gesellschaftlicher Dynamik und sozialen Konfliktlinien orientierten Konkretion bedeutet nicht den Verzicht auf Theorien größerer Reichweite. Vielmehr erhalten diese so erst eine gesicherte Grundlage. Die Vermittlung zwischen mitunter hochabstrakten Theorieebenen und der geforderten bleibt dabei eine Gratwanderung, deren Ertrag aber lohnend ist – nicht zuletzt im Sinne eines mehrdimensionalen Verständnisses von Gesellschaft.

Literatur

Amin, S.: Die ungleiche Entwicklung. Essay über die Gesellschaftsformationen des peripheren Kapitalismus. Hamburg 1975.

Anderson, P.: Lineages of the Absolutist State. London 1974.

Andréani, T.: De la société à l'histoire. 2 Bde. Paris 1989.

Balibar, E.: Über die Grundbegriffe des historischen Materialismus. In: Ders. & L. Althusser: Das Kapital lesen. Reinbek bei Hamburg 1972.

Balzer, G.: Produktionsweisen, Artikulation und periphere Gesellschaftsformationen. Peripherie, 14, 1984.

Beinart, W. & C. Bundy: Hidden Struggles in Rural South Africa. London 1987.

Blum, V.: Zur Organisation kleinbäuerlichen Wirtschaftens. Entwicklungstendenzen, Erklärungsansätze und Fallstudien aus den östlichen Anden Südperus. Saarbrücken, Fort Lauderdale 1989).

Brunner, O.: Land und Herrschaft. Grundfragen der territorialen Verfassungsgeschichte Österreichs im Mittelalter. Darmstadt 1984 (zuerst 1939).

Condorcet, M. J. A. N.: Entwurf einer historischen Darstellung der Fortschritte des menschlichen Geistes. Frankfurt/M. 1963 (zuerst 1794).

Dahrendorf, R.: Amba und Amerikaner: Bemerkungen zur These der Universalität von Herrschaft. Europäisches Archiv für Soziologie, 5, 1964.

Durkheim, E.: De la division du travail social. Paris 1978 (zuerst 1893).

Elias, N.: Über den Prozeß der Zivilisation. 2 Bde. Frankfurt/M. 1976 (zuerst 1936).

Engels, F.: Der Ursprung der Familie, des Privateigentums und des Staats. Im Anschluß an Lewis Henry Morgans Forschungen. In: MEW Bd. 21. Berlin (DDR) 1962 (zuerst 1884).

Fan Wön-lan: Neue Geschichte Chinas. Bd. 1 (1840-1901). Berlin (DDR) 1959.

Golte, J.: Kultur und Natur in den Anden. Peripherie, 9, 1982.

Habermas, J.: Theorie des kommunikativen Handelns. 2 Bde. Frankfurt/M. 1981.

Hauck, G.: Von der klassenlosen zur Klassen-Gesellschaft. Systematisches und Empirisches zur Rekonstruktion des Historischen Materialismus. Köln 1979.

–: Vorbemerkungen zu einer materialistischen Theorie der gesellschaftlichen Entwicklung. Peripherie, 21, 1985.

Heß, G. (Hg.): BRD–DDR. Vergleich der Gesellschaftssysteme. Köln 1971.

Hildebrandt, H.-J.: Der Evolutionismus in der Familienforschung des 19. Jahrhunderts. Berlin 1983.

Kößler, R.: Dritte Internationale und Bauernrevolution. Die Herausbildung des sowjetischen Marxismus in der Debatte über die «asiatische» Produktionsweise. Frankfurt/M., New York 1982.

–: Asiatische Volksbewegungen, russische Populisten und «Das Kapital». Über Marxsche Zugänge zu nicht-kapitalistischen Gesellschaften. Peripherie, 14, 1983.

–: Negative Kontrolle über den Arbeitsprozeß als Modernisierungsschranke: Arbeitsbeziehungen in Osteuropa. In: U. Jürgens & F. Naschold (Hg.): Arbeitspolitik. Opladen 1984.

Kramer, F.: Verkehrte Welten. Zur imaginären Ethnographie des 19. Jahrhunderts. Frankfurt/M. 1977.

Locke, J.: The Second Treatise of Government. In: Ders.: Two Treatises of Government. London 1982 (zuerst 1690).

Luhmann, N.: Systemtheorie, Evolutionstheorie und Kommunikationstheorie. In: Ders.: Soziologische Aufklärung 2. Opladen 1975.

–: Geschichte als Prozeß und die Theorie sozio-kultureller Evolution. In: Ders.: Soziologische Aufklärung 3. Opladen 1981.

–: Soziale Systeme. Grundriß einer allgemeinen Theorie. Frankfurt/M. 1984.

Lukács, G.: Geschichte und Klassenbewußtsein. Berlin 1923.

Marx, K.: Grundrisse der Kritik der politischen Ökonomie. Berlin (DDR) 1953.

–: Das Kapital. Kritik der politischen Ökonomie. Erster Band. Buch 1: Der Produktionsprozeß des Kapitals. Berlin (DDR) 1968.

–: Das Kapital. Erster Band. Urausgabe, mit einem editorischen Vorwort von Fred Schrader. Hildesheim 1980 (zuerst Hamburg 1867).

Meillassoux, C.: Die wilden Früchte der Frau – Über häusliche Produktion und kapitalistische Wirtschaft. Frankfurt/M. 1976.

Melber, H. & G. Hauck: Kolonialer Blick und Rationalität der Aufklärung. Peripherie, 36, 1989.

Menzel, U. & D. Senghaas: Europas Entwicklung und die Dritte Welt. Eine Bestandsaufnahme. Frankfurt/M. 1986.

Morgan, L. H.: Die Urgesellschaft. Untersuchungen über den Fortschritt der Menschheit aus der Wildheit durch die Barbarei zur Zivilisation. Stuttgart 1908 (zuerst 1877).

Murra, J.: Formaciones económicas epditicas del mundo andino. Lima 1975.

Palmer R. & N. Parsons: The Roots of Rural Poverty in Central and Southern Africa. London 1977.

Parsons, T.: The Evolution of Societies. Ed. With an introduction by J. Toby. Englewood Cliffs 1977.

–: Evolutionary Universals in Society. In: Ders.: On Institutions and Social Evolution. Selected Writings. Chicago, London 1982 (zuerst 1964).

Polanyi, K.: The Great Transformation. Politische und ökonomische Ursprünge von Gesellschaften und Wirtschaftssystemen. Wien 1977 (zuerst 1944).

Rey, P.-P.: Les Alliances des classes. Paris 1973.

Rostow, W. W.: The Stages of Economic Growth. A Non-Communist Manifesto. Cambridge 1984 (zuerst 1960).

Sawer, M.: Marxism and the Question of the Asiatic Mode of Production. 's Gravenhage 1977.

Schiel, T.: Marx und die Analyse der Transformation von Gesellschaften. Ein theoretischer Ansatz für die politische Praxis. Peripherie, 14, 1983.

Senghaas, D.: Von Europa lernen. Entwicklungsgeschichtliche Betrachtungen. Frankfurt/M. 1982.

Sigrist, C.: Regulierte Anarchie. Untersuchungen zum Fehlen und zur Entstehung politischer Herrschaft in segmentären Gesellschaften Afrikas. Frankfurt/M. [2]1979.

–: Regulierte Anarchie. Eine Anthropologie herrschaftsfreien Zusammenlebens. In: Kindlers Enzyklopädie Der Mensch. Bd. VIII. München 1984.

–: Das gesellschaftliche Milieu der Luhmannschen Theorie. Das Argument, 178, 1989.

Song Du-Yul: Aufklärung und Emanzipation. Die Bedeutung der asiatischen Welt bei Hegel, Marx und Max Weber. Berlin 1988.

Vico, G.: Grundzüge einer neuen Wissenschaft über die gemeinschaftliche Natur der Völker. O. O. 1966 (zuerst 1744).

Weber, M.: Vorbemerkung (zu den Gesammelten Aufsätzen zur Religionssoziologie). In: Ders.: Die protestantische Ethik. Eine Aufsatzsammlung. Gütersloh [6]1981.

Wittfogel, K. A.: Wirtschaft und Gesellschaft Chinas. Leipzig 1931.

Wolf, E.: Die Völker ohne Geschichte. Europa und die andere Welt seit 1400. Frankfurt/M., New York 1986.

Claus Rolshausen

1.5 Gesellschaftsstrukturen

Im Jahre 1650 verlangt das Parlament von allen erwachsenen Engländern ein Treuegelöbnis: Sie müssen erklären und versprechen, daß sie dem Commonwealth von England in seiner bestehenden Form ohne König und Oberhaus wahrhaft treu sein werden. Wer diese ‹staatsbürgerliche Beitrittserklärung› verweigerte, wurde außerhalb der Rechtsgemeinschaft gestellt. In der Konsequenz der Begründung dieses engagement ist jede Regierungsform legitim, besteht eine Verpflichtung zum Gehorsam gegenüber faktisch etablierten Regierungen.

Am 5. Mai 1789 tritt die Versammlung der französischen Generalstände zusammen, um über die Beseitigung der Staatsverschuldung zu beraten. Sechs Wochen später fordert der Dritte Stand, der sich politisch selbstbewußt mit der Nation gleichsetzt, eine Verfassung. Die im Jahre 1776 in Frankreich veröffentlichten Verfassungen der nordamerikanischen Einzelstaaten bieten ein suggestives Beispiel für einen Gesellschaftsvertrag, der auf natürlichen Menschenrechten beruht.

1.5.1 Gesellschaftliche Integration

In der frühbürgerlichen Sozialphilosophie wird gesellschaftliche Ordnung kontrakttheoretisch begründet. Der von Thomas Hobbes (1966) im «Leviathan» skizzierte Mensch ähnelt einer automatischen Maschine, die ihre Bewegung mit der Verschiedenartigkeit des verbrauchten Materials reguliert: Die Sinne empfangen den Druck äußerer Körper und übertragen die Impulse in Gehirn und Herz; Phantasie und Gedächtnis speichern; die Ströme von Einbildungen und Gedanken können die wahrscheinlichen Resultate möglicher Handlungen kalkulieren. Sprache macht die Maschine mitteilungsfähig – in dem Spiel mit Worten findet der Verstand zu Sätzen und Orientierungsregeln. Das Programm der Maschine, das auch ihre Kalkulation bestimmt, besteht in der Fortsetzung der Bewegung, die Begierden und Neigungen folgt. Menschen sind mit körperlichen und geistigen Fähigkeiten ausgestattet und verfügen über Machtmittel. Bewegungsprinzipien des Handelns sind im Verständnis von Hobbes Neigungen und Abneigungen, die im System der Empfindungen als Lust und Unlust erscheinen. ‹Gut› und ‹gerecht› sind durch Objekte des Verlangens eines Menschen charakterisiert. Politische Klugheit wird zu einem zweckrationalen Kalkül. Macht ist das Mittel, mit dem sich individuelle Zwecke durchsetzen lassen. Wenn jeder der selbstinteressierten einzelnen andere Menschen auf diese Zwecke hin instrumentalisiert, wird ein Kampf aller gegen alle unausweichlich. Dieser universale Kriegszustand ist der vorgesellschaftliche *Naturzustand*.

Zur Legitimation und faktischen Integration von Gesellschaften knüpft Hobbes an zwei Leidenschaften an, die den Menschen friedfertig machen: die universale Furcht vor dem Tod und das Streben nach einem angenehmen Leben. Wird die Vernunft des Menschen in den Dienst dieser Leidenschaften gestellt, ist ein Vertrag möglich, in dem Machtpotentiale an einen Souverän abgetreten werden, der den Bürgerkrieg aller gegen alle dauerhaft verhindert. Hobbes trennt damit die interessenbestimmte Interaktion von einem System von Rechtsregeln und Prinzipien, in dem sie sich faktisch vollzieht. Gleichwohl sind diese Grundmerkmale der menschlichen Natur, diese scheinbar präsozialen Verhaltensweisen, ohne die Gesellschaftsformation der bürgerlichen Marktgesellschaft nicht denkbar; die Notwendigkeit souveräner Herrschaft geht aus den psychologischen Annahmen über die Natur des Menschen nicht bruchlos hervor. Da sich die verschiedenen Machtpotentiale gegenseitig begrenzen, kann Macht nur *komparativ* bestimmt werden. Auch den Naturzustand, der logisch der Errichtung der bürgerlichen Gesellschaft vorausgeht, kann Hobbes in seiner Argumentation nur auf die historisch erworbene Natur des Menschen beziehen: Erst die Institutionalisierung von Machtbeziehungen grenzt Konkurrenz, Mißtrauen und Ruhmsucht ein, die ohne Einschränkung durch einen Souverän den Naturzustand und die bürgerliche Gesellschaft *gleichermaßen* charakterisieren würden.

Die Institutionalisierung von Machtbeziehungen eröffnet die Austauschbarkeit der Arbeitskraft auf Märkten und eine ökonomische Interpretation gesellschaftlicher Beziehungen, wie sie in der Bestimmung der natürlichen Macht als Leistungsfähigkeit in einer Marktgesellschaft zum Ausdruck kommt. In ihr gibt es keine autoritative Verteilung von Arbeit, sondern eine freie Entfaltung von Fähigkeiten. Arbeitskraft und Erzeugnisse sind veräußerbar auf einem Markt, traditionelle Rechte und Pflichten treten hinter den erreichbaren Reichtum und den für die Ware Arbeitskraft erzielbaren Preis zurück. Gerechtigkeit erscheint als Gerechtigkeit des Marktes, gestützt durch

Klugheitsregeln, Verpflichtungen gegenüber dem Herrscher einzuhalten. Der Gleichheit der Fähigkeiten entspricht eine Gleichheit des Rechts. Hobbes ist davon überzeugt, daß die Objektivität des Marktes die Ungleichheit der Ränge und Stände abschafft und eine Gleichheit der Unsicherheit schafft, welche die rationale Übertragung von Rechten, auf die sich die Autorität des Herrschers gründen kann, erst ermöglicht. Einige Individuen freilich haben mehr Kraft, Besitz oder Geschick als andere. Diesen Widerspruch zwischen gleichen Rechten und unterschiedlichen Machtpotentialen entfaltet Hobbes individualistisch – immanent nach bürgerlichen Prinzipien – und noch nicht als Moment eines beginnenden Klassenkampfes.

Während Hobbes die frühe Form eines Rechtssubjekts beschreibt und die Interessenverfolgung als legitimes Moment gesellschaftlichen Verkehrs ansieht, gilt das Interesse von John Locke (vgl. 1967) einer Legitimation der bürgerlichen Gesellschaft insgesamt. Er leitet Eigentum aus dem Eigentum des Menschen an seiner Person und seinen Fähigkeiten ab. Die Arbeit seines Körpers und das Werk seiner Hände sollen auch sein Eigentum sein. Menschen als Naturwesen zügeln ihre Triebe und Bedürfnisse über Erfahrungen, die auf Lernprozessen beruhen. Eigentümer sind frei und rechtsgleich. Inbesitznahme bedarf mehr der Zustimmung derer, die am Gemeineigentum beteiligt sind: Das Wasser einer Quelle gehört allen, das Wasser im Krug gehört dem, der es geschöpft hat. Jeder soll freilich durch Arbeit nur so viel Eigentum bilden, wie er für seine Lebenszwecke nutzen kann. Dies gilt auch für ursprüngliche Produktionsmittel wie den Boden. Weil Gott die Welt den Regsamen und Findigen zur Nutzung überantwortet hat, kann ein Mensch so viel Land besitzen, wie er bestellen kann, dessen Ertrag er verbrauchen kann, ohne daß er verdirbt. Umfang der Arbeit und Annehmlichkeiten des Lebens entsprechen sich in natürlicher Weise. Erst das sich entwickelnde Geldwesen, die Übereinkunft, Geld Wert beizumessen, löst dieses Verhältnis auf. Reichtum kann nun beliebig aufbewahrt werden, ohne zu verderben. Der Zusammenschluß zu einem Staatswesen dient der Erhaltung des Eigentums. Eigentümer sind Bürger, die nach dem Prinzip des Mehrheitsentscheids mit einer gewählten Legislative eine Exekutive kontrollieren. Arbeit als gewissermaßen aktives Prinzip des Wohlstands tritt mit der Entwicklung der bürgerlichen Gesellschaft immer deutlicher hervor. Bedeutsam wird die Frage, wie der Wert eines Produkts bestimmt wird. Einkommenstheorien werden formuliert, die auf die produktive Eigenart der wertbildenden Elemente zurückgehen und

Werte als Produkte menschlicher Arbeit und als Gebrauchswerte begreifen – Bodenfläche und Arbeit.

In der *feudalen Gesellschaft* beruht Ausbeutung auf einem Verhältnis unmittelbarer Gewalt, ihr Produktionsverhältnis ist das Grundeigentum. Die Formen der Ausbeutung sind Fron, Naturalabgaben
oder Geldrente. Die herrschende Klasse besteht aus *Adel* und *Klerus*.
Die Lebensgrundlage des Adels ist der von Leibeigenen bewirtschaf-
tete Grundbesitz. Die Feudalherren üben größtenteils die Kontrolle
über die örtliche Verwaltung, das Finanz- sowie das Gerichtswesen
aus; sie verfügen über bewaffnete Gruppen von Rittern und Vasallen
als militärische Basis ihrer Macht. Mit dem Adel eng verbunden sind
Äbte, Bischöfe und Erzbischöfe, die ebenfalls über großen Landbesitz
sowie über Sonderprivilegien verfügen. Die *Bauern* gliedern sich in
eine Schicht freier Bauern, die lediglich Zinsen zahlen müssen, und
eine Schicht von *Leibeigenen*, die an den Grundherrn gebunden sind.
Der Zins an den Feudalherrn nimmt die Form von Naturalien, Arbeit
oder Geld an. Die Produkte der Arbeit werden aufgrund außerökono-
mischen Zwangs angeeignet. Das *Bürgertum* besteht aus städtischen
Handwerkern und Kaufleuten, Beamten und Geistlichen. Innerhalb
der Städte gibt es starke soziale Differenzierungen, die in einer formellen Privilegienordnung verankert sind. Die wichtigsten Schichten innerhalb des städtischen Bürgertums sind das Patriziat (Bankiers,
Grundbesitzer und Kaufleute), kleine und mittlere Kaufleute, Zünfte
(in sich differenziert nach Meistern und Gesellen) sowie Tagelöhner.

Äußerliches Kennzeichen für eine Krise des Feudalsystems am Ende
des Mittelalters in England und Frankreich sind eine Schwächung der
Machtposition des Adels durch den Verlust der Finanz- und Gerichts-
hoheit, die Stärkung eines nationalen Königtums und die wachsende
Bedeutung der Städte. Die Städte entstehen in Westeuropa zwischen
dem 9. und 11. Jahrhundert als Ansiedlungen von Handwerkern, die
sich aus der Leibeigenschaft befreit haben. Sie bilden sich an Verkehrs-
knotenpunkten und an der Stelle der alten römischen Siedlungen, die
in den vergangenen Jahrhunderten die Funktion administrativer,
kirchlicher und militärischer Zentren hatten. Sie müssen sich gegen die
Tributforderungen der Stadtherren zur Wehr setzen und bilden in diesem Kampf politische und militärische Organisationsformen aus. Das
städtische Bürgertum ist an einer Zentralmacht interessiert, die es vor
der feudalen Willkür schützt; daher ist ein Bündnis zwischen den Städten und dem Königtum für die Klassenkämpfe des ausgehenden Mittelalters charakteristisch.

Das 13. Jahrhundert kennzeichnet ein starkes Bevölkerungswachstum sowie die Ausweitung des Handels und der Märkte. Die Versuche zur Steigerung der Produktion bei wachsenden Konsumbedürfnissen der Feudalherren verschlechtern die Lage der Leibeigenen. In der Mitte des 13. und vor allem in der zweiten Hälfte des 14. Jahrhunderts kommt es in England und Frankreich zu Bauernaufständen. Die Schwarze Pest von 1348 dezimiert die Zahl der Arbeitskräfte. Die unteren und mittleren Schichten der Stadtbevölkerung schließen sich zeitweilig den Bauernaufständen an. Vielen Leibeigenen gelingt es, sich freizukaufen und pachtähnliche Verhältnisse mit den Grundherren einzugehen. In England gehen viele Grundbesitzer wegen des Arbeitskräftemangels zur Eigenbewirtschaftung über und stellen bezahlte Lohnarbeiter an.

1.5.2 Gesellschaftliche Reproduktion

Die Salons im Frankreich der Mitte des 18. Jahrhunderts beherrscht ein Thema, das nicht nur ein amüsantes Geplauder, sondern auch Handlungsorientierungen abgeben soll: Die Gesellschaft gründet sich nach den Vorstellungen der Physiokraten auf unbezweifelbare Tatsachen und funktioniert nach naturgegebenen Gesetzen. Die Naturrechte des einzelnen Menschen auf Eigentum an seiner Person und den Dingen, die er durch Arbeit erlangt, stimmen mit den Naturgesetzen überein, welche die Gesellschaft erhalten: Der Gesetzgeber deklariert nur die Gesetze der Natur.

Wirtschaftlicher Kreislauf, Einkommensverteilung, Gewerbepolitik und Finanzierung der Staatsausgaben bilden nur einzelne Elemente *eines* Reproduktionsmodells. Freilich war die wirkliche soziale Lage den Physiokraten kaum bekannt. Naturschwärmerei und Romantisierung der Landwirtschaft bestimmten ihre Vorstellungen. Hungersnot, Geldknappheit und Elend auf dem Land verschwanden hinter dem Bild des Bauern als einem gebildeten Unternehmer. Die Forderung, besser ohne Gesetz als ohne Brot zu leben, erscheint ihnen als ein bloß technisches, durch einen natürlichen Fortschritt lösbares Problem.

In der Phase der Ablösung des Feudalismus durch den Kapitalismus formuliert François Quesnay ein ökonomisches Kreislaufmodell, dessen zentraler Bezugspunkt ein agrarischer Betrieb ist; es verbindet Einkommensentstehung und Verteilung mit der Produktion und interpretiert die Struktur der Gesellschaft als Stellung von Klassen zum «Produktionsprozeß». In der Sicht der Physiokraten besteht die Gesellschaft aus drei Klassen. Zur *produktiven Klasse* gehören alle in der Landwirtschaft Tätigen, die den Boden bewirtschaften und Überschüsse erzielen; die *sterile Klasse* umfaßt alle nicht in der Landwirtschaft Beschäftigten, die keinen Beitrag zum Nettoprodukt leisten; die *besitzende Klasse* umfaßt die Grundeigentümer, den Adel und die Gutsherren. Die Pächter, die zur produktiven Klasse zählen, erwerben Nutzungsrechte gegen Entgelt von den Grundeigentümern. Das Reproduktionsmodell gibt Aufschluß darüber, was die Pächter erzeugen, wie die Erzeugnisse verwendet werden und wie eine Fortsetzung des Kreislaufs möglich ist. Die Erhaltung der notwendigen Lebensbedingungen geht von den Feudalherren, die machtgeschützte Rechtstitel an Eigentum haben, auf geldbesitzende Pächter über, die zu den Grundbesitzern in einer Vertragsbeziehung stehen (vgl. Zimmermann 1961):

Gesellschaftliche Einheit geht aus einem Prozeß hervor, in dem Geld, Nahrungsmittel, Rohstoffe und Manufakturwaren zwischen den Klassen ausgetauscht werden. Der Kreislauf führt auf seine Ausgangsbedingungen zurück – er ist stationär, die für Quesnay noch naturbedingte Ordnung enthält Orientierungen für politisches Handeln und zeigt die historische Erfahrung einer zunehmenden Verbindung gesellschaftlicher Teilsysteme. Ein verbleibender Krisenfaktor ist die Natur, die natürliche Fruchtbarkeit des Bodens.

Seit dem 16. Jahrhundert bildet sich in Europa der rationalistische Staat heraus. Das Römische Recht findet Eingang in Verwaltung und Rechtsprechung, die durch ein formalrechtlich ausgebildetes Beamtentum getragen werden. Ziel der merkantilistischen Wirtschaftspolitik ist es, eine aktive Handelsbilanz zu erreichen und auf der Grundlage eines Steuersystems eine leistungsfähige Finanzwirtschaft aufzubauen. Die rational-bürokratische Organisationsform bedarf des Geldes, das unmittelbar in Gebrauchswerte umgewandelt werden kann. Die soziale Lage bemißt sich nach der Entfernung zum Thron, Bürger und Bauern werden staatsfern, Beamte und Soldaten staatsnah.

1.5.3 Recht, bürgerliche Gesellschaft und Staat

Hegel beschreibt die bürgerliche Gesellschaft als System, dessen immanente Mechanismen kein allgemeines Interesse erzeugen – es muß den Individuen vielmehr auferlegt werden. Seine Antagonismen erzwingen ein autoritatives politisches System. An die Stelle des Gesellschaftsvertrags tritt die Idee des Staates als eines objektiven Ganzen.

Die Wirklichkeit ist vernünftig, weil sie sich nur von sich selbst abhängig weiß. Die moderne Gesellschaft gibt sich ihren Begriff im Recht, das Freiheit und Eigentum garantiert (vgl. Hegel 1955).

Der Staat, der die «sittliche Sphäre» repräsentiert, ist die wahre Form der Allgemeinheit gegenüber einer in Einzelinteressen zerfallenden, das System der Bedürfnisse repräsentierenden, Gesellschaft. Die politische Form des Gemeinwesens ist hingegen Ausdruck der bestehenden gesellschaftlichen Widersprüche. Der moderne Staat ist Produkt der bürgerlichen Revolution. Da die Individuen mit ihrer Lebenstätigkeit keinen einheitlichen Zweck hervorbringen, bleibt der Staat als Allgemeinheit Fiktion. Das Privateigentum ist sinnlicher Ausdruck davon, wie sich mit der bürgerlichen Gesellschaft eine Form der Naturaneignung herausgebildet hat, welche die Beziehungen der Menschen untereinander und zur Natur verkehrt. Die vermittelnde Bewegung des austauschenden Menschen ist das abstrakte Verhältnis des Privateigentums zum Privateigentum. Der einzelne schließt sich in der Besonderheit seiner physischen und geistigen Bedürfnisse mit dem Allgemeinen der Gesellschaft, dem Recht und der Regierung, zusammen. Der *Wille* gibt dem Bedürfnis an der Gesellschaft Erfüllung und Verwirklichung. Im Allgemeinen haben die Individuen ihr Recht. Die unbeschränkte Konkurrenz erfordert eine Regelung durch Rechtsbeziehungen. Recht muß allgemein sein und von den Individuen in ihrer Besonderheit abstrahieren. Da die blinde Notwendigkeit des Systems der Bedürfnisse noch nicht in das Bewußtsein der Allgemeinheit gedrungen ist, muß die Polizei den Prozeß der Produktion und Verteilung sichern, Preise, Arbeit und Privatheit im Interesse des öffentlichen Wohlergehens überwachen. Gegenstand der Polizeiwissenschaft sind daher Sicherung der öffentlichen Ordnung, Marktordnung und öffentliche Fürsorge. Die Teilung der Arbeit und die wechselseitige Abhängigkeit der individuellen Arbeiten im System der Bedürfnisse bestimmt zugleich das System von Staat und Gesellschaft. Die begriffliche Struktur des gesellschaftlich Allgemeinen entzieht sich dem bedürfnis- und interessenbestimmten Kalkül der Einzelhandlungen. Ein auf Rechtsbeziehungen gegründeter Staat garantiert Verteidigung, innere Sicherheit und allgemeine Voraussetzungen für die Produktion, schafft eine naturrechtlich bestimmte Äquivalenz von Arbeitskraft und Wert und fördert die Produktivität der Arbeitsteilung. Das Privatinteresse ist bereits gesellschaftlich bestimmt.

Hegel sieht Arbeit, Anerkennung und Gemeinsinn als Ausdrucksformen einer selbstreferentiellen Produktionslogik. Die List der Naturaneignung ist das konstitutive Prinzip gesellschaftlicher Allgemeinheit. Einzelarbeit bezieht sich auf die Abstraktion der Bedürfnisse des Marktes. Das Allgemeine ist die Staatsgewalt über der Macht des ökonomischen Prozesses. In Familie, bürgerlicher Gesellschaft und Staat hat der freie Wille seine Wirklichkeit. In modernen Gesellschaften wird das durch eine feststehende Rangordnung geprägte gesellschaftliche Verhältnis des Menschen durchbrochen. Emanzipation vollzieht sich für Hegel über Selbstbewußtsein, das durch Arbeit erworben wird. Die Dialektik der Anerkennung ebnet den Weg zu selbstbewußter Freiheit.

Die Entstehung des Selbstbewußtseins in einer Dialektik der Anerkennung ist daher gleichermaßen ein Modell der bürgerlichen Emanzipation aus feudalen Strukturen. Herr und Knecht haben ihr Wesen außer sich. Selbstverwirklichung und Entäußerung an die Natur treten auseinander. Das Selbstbewußtsein bedarf eines anderen, um sich seiner bewußt zu werden. Aus der negativen Beziehung des Selbstbewußtseins auf sich selbst geht die Bewährung im Kampf um Leben und Tod, schließlich Intersubjektivität hervor – Anerkennung durch ein anderes Selbstbewußtsein, und nicht eine mit dem Tod verbundene abstrakte Negation. In der Unterwerfung wird das andere Selbstbewußtsein vernichtet und überlebt zugleich: In Herrschaftsverhältnissen geleistete Arbeit führt zur zunehmenden Beherrschung der äußeren Natur und Emanzipation von Gewalt. Der Herr ist das *für sich* seiende Bewußtsein, vermittelt durch ein anderes Bewußtsein mit sich selbst, zu dessen Wesen es gehört, daß es mit selbständigem *Sein* oder der Dingheit überhaupt synthesiert ist. Für den Herrn wird das dinghafte Sein verfügbar, der Knecht bleibt daran gebunden.

«Der Herr bezieht sich *auf den Knecht mittelbar durch das selbständige Sein*; denn eben hieran ist der Knecht gehalten; es ist seine Kette, von der er im Kampfe nicht abstrahieren konnte und darum sich als unselbständig, seine Selbständigkeit in der Dingheit zu haben, erwies. Der Herr aber ist die Macht über dies Sein, denn er erwies im Kampfe, daß es ihm nur als Negatives gilt; indem er die Macht darüber, dies Sein aber die Macht über den Anderen ist, so hat er in diesem Schlusse diesen Anderen unter sich. Ebenso bezieht sich der Herr *mittelbar durch den Knecht auf das Ding*; der Knecht bezieht sich, als Selbstbewußtsein überhaupt, auf das Ding auch negativ und hebt es auf; aber es ist zugleich selbständig für ihn, und er kann darum durch sein Negieren nicht bis zur Vernichtung mit ihm fertig werden, oder er *bearbeitet* es nur. Dem Herrn dagegen *wird* durch diese Vermittlung die *unmittel-*

bare Beziehung als die reine Negation desselben oder der *Genuß*; was der Begierde nicht gelang, gelingt ihm, damit fertig zu werden und im Genusse sich zu befriedigen» (Hegel 1952, 146).

Der Herr wird von dem für ihn arbeitenden Knecht abhängig. Die Anerkennung ist ungleichzeitig und einseitig: Es fehlt das Moment, «daß, was der Herr gegen den Anderen tut, er auch gegen sich selbst, und was der Knecht gegen sich, er auch gegen den Anderen tue» (ebd., 147). Die jeweilige Anerkennung ist nicht reziprok. Diese Aporie löst das Bewußtsein des Knechtes, das zur wahren Selbständigkeit findet. Die arbeitsfreie Befriedigung der Begierde des Herrn ist nur eine abstrakte Negation. Während der Begierde des Herrn die gegenständliche Seite fehlt, ist Arbeit «*gehemmte* Begierde, *aufgehaltenes* Verschwinden, oder sie *bildet*. Die negative Beziehung auf den Gegenstand wird zur *Form* desselben und zu einem *Bleibenden*, weil eben dem Arbeitenden der Gegenstand Selbständigkeit hat.» Das arbeitende Bewußtsein «kommt also hierdurch zur Anschauung des selbständigen Seins *als seiner selbst*» (ebd., 149). Der Knecht findet sein Selbstbewußtsein, indem er sich in der bearbeiteten Natur, im Produkt, erkennt. Die Arbeitsprodukte schließlich verlangen die Anerkennung dessen, der sie nicht geschaffen hat. Ausbeutung beruht für Hegel noch auf einem unmittelbaren Gewaltverhältnis, in dem der Knecht, der über Produktionsmittel verfügt, sich im Produkt wiedererkennen kann. Der Herr verzehrt, er akkumuliert nicht. Fortschritt, durch Arbeitstechniken gefördert, ist ein Fortschritt von Gleichheit und gesellschaftlicher Fortschritt. In der Anerkennung freier und gleicher Individuen findet er sein Ende. Dieses Modell vorkapitalistischer Herrschafts- und Ausbeutungsverhältnisse trifft die Dynamik von Klassengesellschaften nicht. Erst Marx begründet Herrschaft ökonomisch: Der «Herr» verfügt über die Produktionsmittel, Akkumulationsprozesse bringen Ungleichheit hervor.

1.5.4 Abstrakte Arbeit und Naturbeherrschung

Das «vereinzelte Individuum» kann sich erst in der frühkapitalistischen Gesellschaftsformation herausbilden, in der sich Maßstäbe der Rationalität von Zweck-Mittel-Beziehungen so weit entwickelt haben, daß sie die traditionellen Legitimationen unmittelbarer politischer Herrschaft bedrohen und eine Umdeutung von Weltbildinterpretationen erzwingen. Im «Kommunistischen Manifest» erscheint daher Gewalt als das am Modell des Warentauschs gewonnene Ratio-nalitätskriterium. «Alle festen und eingerosteten Verhältnisse mit ih-rem Gefolge von altehrwürdigen Vorstellungen und Anschauungen werden aufgelöst, alle neugebildeten veralten, ehe sie verknöchern können. Alles Ständische und Stehende verdampft, alles Heilige wird entweiht und die Menschen sind endlich gezwungen, ihre Lebensstel-lung, ihre gegenseitigen Beziehungen mit nüchternen Augen anzuse-hen» (Marx & Engels, 1964, 465). Um die Tauschwerte der Waren an der in ihnen enthaltenen Arbeitszeit zu messen, müssen die verschie-denen Arbeiten selbst reduziert sein auf qualitativ dieselbe Arbeit. Diese Reduktion erscheint als eine Abstraktion, die aber in dem ge-sellschaftlichen Produktionsprozeß täglich vollzogen wird.

Interessenausgleich wird über den Äquivalententausch erreicht. Leidenschaften und Interessen werden durch sich selbst kontrolliert. Die Meinung des «unbeteiligten Zuschauers» wird zur Orientierung unseres Verhaltens ebenso wie die Preisbildung auf Märkten. Die ra-tionale Orientierung löst die Dichotomie von Herrschaft und Knecht-schaft ab. Bürgerliche Freiheit wird zur Naturbestimmung des Men-schen.

Arbeitsteilung, die aus der Neigung der menschlichen Natur zum Tausch hervorgeht, steigert die Produktivkräfte der Arbeit. Durch das Überleben in arbeitsteilig organisierten Gesellschaften machen sich die Menschen ihre natürlichen Begabungen zunutze. Einzelner und Allgemeinheit werden in einer Produktionsweise zusammenge-schlossen, in der die egoistische Nützlichkeit der Einzelhandlungen auch den Nutzen für das Allgemeinwohl befördert. Utilitaristisch orientierte Handlungen und allgemeine Wohlfahrt fallen harmonisch in einem göttlichen Weltplan zusammen.

Im Prozeß ihrer Entstehung war die bürgerliche Gesellschaft auch die politische Gesellschaft. Nach ihrer Entfaltung wird das Verhältnis von Ökonomie, Recht und Staat nicht mehr nach politischer Souverä-nität, sondern von der Selbstbewegung des Kapitals her interpretiert. Die Rechts- und Staatsverfassung wird zum Schein des Kapitalver-hältnisses, Verständigungsformen der Menschen kommt «für sich ge-nommen» keine Wahrheit mehr zu. Marx zeigt in seiner Kritik an Hegel, daß die Existenz des Proletariats gleichsam der Beweis für den völligen «Verlust des Menschen» in der kapitalistischen Produktions-weise ist. Geschichte und soziale Wirklichkeit negieren die Philo-sophie und die bloßen Vernunftbestimmungen. Kritik der Gesell-schaft wird zur Aufgabe revolutionärer Praxis.

Mit der Entstehung des Tausches an den Rändern naturwüchsiger Gemeinwesen befestigt sich die Scheidung zwischen der Nützlichkeit der Dinge für den unmittelbaren Bedarf und ihrer Nützlichkeit zum Austausch. Alle Formen der konkreten Arbeiten sind reduziert auf abstrakt menschliche Arbeit. In der Ware verkörpert sich konkrete Gebrauchswerte schaffende Arbeit und abstrakt allgemeine Arbeit, die die Wertgröße bestimmt. Tausch, der die Formen der naturwüchsigen Arbeitsteilung, auf denen er selbst beruhte, zersetzt, verbindet die einzelnen Gemeinwesen als abhängige Zweige einer gesellschaftlichen Gesamtproduktion. Der Zusammenhang verschiedener Arbeiten wird durch den Austausch von Waren vermittelt. Die objektive Einheit der Produktionsbedingungen zerfällt immer mehr und wird im Verhältnis von Lohnarbeit und Kapital konsequent selbst vollzogen. Der Prozeß, der das Kapitalverhältnis schafft, trennt Produzenten und Produktionsmittel.

Mit der Entfaltung der materiellen Produktivkräfte emanzipieren sich die Menschen von der Natur: Die technisch erweiterte Kombination durch die Planmäßigkeit industrieller Verfahren ist die dingliche Gestalt eines gesellschaftlichen Verhältnisses; die historisch strukturierte ökonomische Formbestimmung der Lohnarbeit nimmt scheinbar naturwüchsigen Charakter an. Die Herrschaft der sachlichen Verhältnisse über die Individuen findet im entwickelten Kapitalismus eine universale Form: Die Produktivkräfte erscheinen losgelöst von den vereinzelten Individuen, obwohl sie nur im Verkehr und Zusammenhang dieser Individuen wirkliche Kräfte sind. Arbeit wird auf der kapitalistischen Stufe dieser Entwicklung als subjektives Wesen des Reichtums erkennbar, sie wird zum *Gebrauchswert* des Kapitals. Ihr gilt das Erkenntnisinteresse der klassischen Nationalökonomie; es enthielt den Anspruch, einen nach erkennbaren Gesetzmäßigkeiten funktionierenden Marktmechanismus zu erklären und soziale Beziehungen mit Bedürfnisbefriedigung in Verbindung zu bringen. Es interpretierte die Gleichheit der Unsicherheit als immanente Rationalität von Marktprozessen und untersuchte deren Bestimmungsfaktoren. Schon Adam Smith setzt Arbeit als Wertbestimmung und Wertmaß, unterstellt aber für vorkapitalistische Gesellschaftsformationen eine über durchschnittliche Produktionszeiten geregelte Austauschbeziehung, ohne daß Arbeit bereits zum bestimmenden Produktionsverhältnis geworden ist; in der Beschreibung kapitalistischer Verhältnisse geht er zu einem subjektivistischen Wertmaß über (vgl. Smith 1923). David Ricardo zeigt gegenüber Smith, daß der Wert der Lohnarbeit wie der jeder anderen Ware mit dem relativen Quantum der zu ihrer Herstellung notwendigen Arbeit wechselt. Andererseits bestimmt er den Wert der Arbeit über ihren Durchschnittspreis und nicht aus der Reproduktion der Arbeitskraft (vgl. Ricardo 1959)

Die klassische politische Ökonomie betrachtet die Arbeit nur nach ihrer stofflichen Seite, als Gebrauchswert produzierende Tätigkeit. Arbeit produziert jedoch auch gesellschaftliche Verhältnisse. Das Kapital als technisch erweiterte Kombination und planmäßige Anwendung von Produktionsmitteln ist ein dinglich verstelltes gesellschaftliches Verhältnis. Die Auflösung aller Produkte und Tätigkeiten in Tauschwerte setzt die allseitige Abhängigkeit der Produzenten voneinander voraus; in der Produktion um der Produktion willen, in der Produktion des abstrakten Reichtums in Form von Geldkapital findet sie ihren höchsten Ausdruck. Diese ‹gesellschaftliche Symbolisierung› ist ein historisches Resultat der Warenwirtschaft. Das Geld entfaltet sich von einem Moment des Tauschvorgangs zum Kapital, die Verwertung des Wertes treibt zur ständigen Verbesserung der Produktivkräfte.

Mit der Akkumulation des Kapitals und dem Grundeigentum, mit der Verselbständigung der Arbeitsbedingungen gegenüber der Arbeit wird das Arbeitsvermögen Ware, deren Gebrauchswert «die den Tauschwert schaffende Energie» ist. Allen Kapitalien ist die Verwertungseigenschaft gemeinsam, die sie im Austausch mit der Arbeit, «der allgemeinen Möglichkeit des Reichtums» überhaupt, realisieren. Die bewußte Auseinandersetzung mit der Natur, in der der Mensch Naturstoffe in Gebrauchswerte umformt, wird mit fortschreitender Entwicklung der Produktivkräfte zunehmend durch Werkzeuge, die Ergebnisse früherer Arbeitsprozesse, vermittelt; diese erhöhen die Produktivität: Lebendige Arbeit setzt vergegenständlichte in Bewegung. Mit der vordringenden Maschinenindustrie verliert der Produktionsprozeß seinen Charakter als Arbeitsprozeß. Die Arbeit des Arbeiters wird zur Vermittlung der «Arbeit» der Maschine und bloße Abstraktion. Das Arbeitsmittel gewinnt in der Maschinerie als automatisches System eine dem Kapital adäquate Existenz. Gleichwohl entfaltet der mechanisierte Produktionsprozeß nur den Begriff des Kapitals in der Aneignung der lebendigen Arbeit durch die vergegenständlichte Arbeit. In diesem die letzte Formation strukturierenden Verhältnis erscheint die werterhaltende und schöpferische Kraft der Arbeit als die des Kapitals: die vergegenständlichte Arbeit als

Anwender der lebendigen. Die Arbeit als Äußerung des Arbeitsvermögens gehört dem Arbeiter, die gesellschaftliche Kombination tritt ihm jedoch als «kapitalistisches Arrangement» entgegen; die gemeinschaftlichen Produktionsbedingungen kombinierter Arbeit erscheinen als unabhängiger kapitalistischer Zusammenhang (vgl. Marx 1960).

Im Gegensatz zu «antediluvianischen Gesellschaftsformationen» ergibt sich in der kapitalistischen Produktion ein schrankenloses Bedürfnis nach Mehrarbeit. Sie kann durch einfache Verlängerung des Arbeitstages wie durch eine Erhöhung der Produktivität erzielt werden – eine Ausdehnung der Gesamtarbeitszeit oder Verkürzung der notwendigen Arbeit. Die Aneignung der absoluten Mehrarbeit ist für die Anfänge der kapitalistischen Produktionsweise charakteristisch. Der entwickelte Kapitalismus revolutioniert die gesellschaftlichen und technischen Bedingungen der Arbeitsprozesse, indem er die Grenzen der Mehrarbeit ausweitet (vgl. ebd. 1960).

1.5.5 Wert und Verwertung der Arbeitskraft

In der Ware verkörpern sich Wert und Surpluswert. Die Realisation von Werten auf dem Markt wird durch Geld vermittelt. Das Kapital erscheint als Wert, der verschiedene Metamorphosen durchläuft. Der ökonomische Kreislaufprozeß ist die Einheit von Produktion und Zirkulation, Geldkapital, Warenkapital und produktives Kapital bezeichnen Funktionsformen des industriellen Kapitals. Das industrielle Kapital schließt den Klassengegensatz von Kapitalisten und Lohnarbeitern ein. Der vorgeschossene Wert verändert seine Größe und gewinnt am Ende des Kreislaufprozesses seine alte Form zurück.

$$G - W \quad \ldots \quad P \left.\right\} \tfrac{A}{Pm} \quad \ldots . \quad W' - G'$$

Zirkulation   Produktion   Zirkulation/Realisation

G = Geld   W = Ware   P = Produktion   A = Arbeitskraft   Pm = Produktionsmittel

Der Kapitalist verfügt über Produktionsmittel und Geld. Er alimentiert den Tauschwert der Ware Arbeitskraft und eignet sich ihren Gebrauchswert an. Eine Reproduktion auf erweiterter Stufenleiter wird möglich.

$$P \ldots W' - G' - W' \} \tfrac{A}{Pm} \ldots P'$$

Marx bestimmt Produktion, Distribution und Konsumtion als Momente einer Totalität; die Produktion bildet das übergreifende Moment, denn die Distribution der Produktionsagenten ist selbst wieder ein Moment der Distribution.

«Eine bestimmte Produktion bestimmt also bestimmte Konsumtion, Distribution, Austausch und *bestimmte Verhältnisse dieser verschiedenen Momente zueinander.* Allerdings wird auch die Produktion, *in ihrer einseitigen Form*, ihrerseits bestimmt durch die anderen Momente. Zum Beispiel wenn der Markt sich ausdehnt, d. h. die Sphäre des Austauschs, wächst die Produktion dem Umfang nach und teilt sich tiefer ab. Mit der Veränderung der Distribution ändert sich die Produktion; z. B. mit Konzentration des Kapitals, verschiedener Distribution der Bevölkerung in Stadt und Land etc. Endlich bestimmen die Konsumtionsbedürfnisse die Produktion. Es findet Wechselwirkung zwischen den verschiedenen Momenten statt» (Marx 1953, 20).

Die Produktionsweise produziert soziale Momente; sie findet sie nicht vor. Marx hat freilich «allgemein geschichtliche Verhältnisse», die in die Produktion hineinspielen, und ihr «Verhältnis zur geschichtlichen Bewegung überhaupt» als kontingent vernachlässigt. Er begreift Familie, Stamm, Sitte und Sprache, das «selbstredende Dasein des Gemeinwesens», als bloß vorökonomische Vergesellschaftungsfaktoren. Wo nur Produktionsweisen gelten, gewinnen Rechtsnormen keine selbständige Bedeutung. Rechtsverhältnisse und Staatsformen wurzeln in den materiellen Lebensverhältnissen. Menschliche Bewußtseinsformen sind zwar von einem sie erzeugenden Substrat, der Produktion der materiellen Lebensbedingungen, abhängig. Auf den verschiedenen Formen des Eigentums, auf den sozialen Existenzbedingungen ruht ein «Überbau» verschiedener und eigentümlich gestalteter Empfindungen, Illusionen, Denkweisen und Lebensanschauungen.

Auf die Reproduktion des wirklichen Lebens wirken die Momente des Überbaus zurück: politische Regelungen von Konflikten, Rechtssysteme und «Theorien». Auf der Grundlage der Warenform differenzieren sich Wert und Verwertung der Arbeitskraft. Die unterschiedliche Stellung im Produktionsprozeß spaltet die Gesellschaft in Klassen. Klassen verselbständigen sich gegenüber den Individuen, die ihre Lebensbedingungen vorfinden. Die Marxsche Klassentheorie, die sich in der Kritik der politischen Ökonomie, findet beansprucht den Nachweis, daß die Existenz von Klassen an bestimmte historische Entwicklungsphasen der Produktion gebunden ist, der Klassenkampf zur Diktatur des Proletariats führt, die freilich nur den Übergang zur klassenlosen Gesellschaft darstellt. Die allgemeine Ordnung beruht auf der Negation der Individuen – das «persönliche Individuum» wird zum «Klassenindividuum». Während die Interessen aller anderen Klassen einseitig sind, bedeutet das Proletariat als Klasse die Negation aller Klassen – sein Interesse ist universal, gerichtet auf die Abschaffung der Produktionsweise.

Im feudalen Ständesystem ist das Grundeigentum das herrschende Produktionsverhältnis. Grundlage der durch den Warentausch vermittelten Teilung der Arbeit ist die Scheidung von Stadt und Land. Die Stadtgesellschaft ist hierarchisch strukturiert – Patrizier, Bürger, plebejischer Pöbel. Handwerker sind in Gilden und Zünften organisiert. Stände fassen Menschen nach Herkunft, Beruf und Lebensführung zusammen, werden als gottgegeben und der Natur des Menschen entsprechend angesehen. Sie bilden gleichzeitig ein System von Privilegien und Verpflichtungen.

Der unmittelbare Produzent, der Arbeiter, konnte erst dann über seine Person verfügen, nachdem er aufgehört hatte, an die Scholle gefesselt und anderen Personen leibeigen oder hörig zu sein. Die Auflösung der Ständegliederung ermöglichte es den Bauern, frei zu wirtschaften, den Adeligen, ein bürgerliches Gewerbe auszuüben. Die geschichtliche Bewegung, die die Produzenten in Lohnarbeiter verwandelt, erscheint einerseits als ihre Befreiung von der Herrschaft der Zünfte, von Lehrlings- und Gesellenordnungen sowie hemmenden Arbeitsvorschriften. Andererseits werden die «Verkäufer ihrer selbst», der Produktionsmittel und der Garantien ihrer Existenz beraubt.

Die ökonomische Entwicklung im Feudalismus führt zur Trennung von gewerblicher und landwirtschaftlicher Produktion und zur Entstehung von Städten. Neben den zwei Hauptklassen entsteht die soziale Schicht der Handwerker und Kaufleute. Die kapitalistische Produktionsweise setzt sich in den Strukturen der alten Gesellschaft erst langsam durch. Die Klassengegensätze vereinfachen sich in Bourgeoisie und Proletariat. Menschen fungieren als Personifikationen ökonomischer Kategorien, durch das Interesse der Selbstbehauptung verbunden. Menschliches Verhalten erscheint in der Dimension einer vorgängigen Vergesellschaftung, die in der entfalteten Warenproduktion zur sachenvermittelten Beziehung von Personen im Tausch wird. Zwar müssen die austauschenden Personen sich wechselseitig anerkennen als Privateigentümer. Ihr Rechtsverhältnis ist ein Willensverhältnis, dessen Inhalt durch das ökonomische Verhältnis gegeben ist. Dieses Verhältnis juristisch gleicher Personen ist Resultat einer vorausgegangenen historischen Entwicklung. Erst die Teilung der Arbeit macht den Produktionsprozeß von den Warenbesitzern und deren Verhältnissen untereinander abhängig. Dieses System allseitiger Abhängigkeit beruht auf der gewaltsamen Trennung der Produzenten von den Produktionsmitteln und reproduziert sich antagonistisch durch das Tauschverhältnis. Die reale Bewegung des Arbeitslohns hängt von Marktmechanismen ab; das Gesetz über den Zehn-Stunden-Tag von 1847 ist ein Sieg der «politischen Ökonomie» der Arbeiterklasse über die der Mittelklasse. Diese Konflikte um den Arbeitstag entspringen dem spezifischen Charakter der Ware Arbeitskraft.

Die Produktions- und Verteilungsverhältnisse spiegeln sich in verdeckter Form im Bewußtsein der Produktionsagenten. Kapital, Grundeigentum und Arbeit erscheinen als naturgemäße und unhistorische Form der Verteilung, als unabhängige Quellen, denen Werte entsprechen. In der Beziehung der Revenuen auf die Produktionsfaktoren verschwindet der historische Charakter. Die gesellschaftlichen Formen fallen zusammen mit dem stofflichen Dasein der Produktionsbedingungen. In Zins, Boden, Grundrente, Profit und Arbeitslohn wird die Mystifikation der gesellschaftlichen Verhältnisse vollendet. In dieser auf den Kopf gestellten Welt treiben «Monsieur le Capital» und «Madame la Terre» als soziale Charaktere und zugleich unmittelbar als bloße Dinge ihren Spuk. Diese Wirkung reproduziert sich in den Vorstellungen der Agenten dieser Produktionsweise als funktionsgerechte Beteiligung am Ertrag. Die verschiedenen Wertbestandteile der Ware erhalten in den Revenuen selbständige Formen, anstatt auf die besonderen stofflichen Produktionselemente als Quellen bezogen zu werden. Diese Illusionen verschleiern die Teilung des Arbeitstages in notwendige Arbeit und Mehrarbeit. Auf dieser Erscheinungsform, die das wirkliche Verhältnis unsichtbar macht, beruhen in der Perspektive von Marx die Rechtsvorstellungen des Arbeiters wie des Kapitalisten.

Die Integrationsprinzipien der bürgerlichen Gesellschaft sind durch das System der Produktivkräfte reguliert und lassen subjektiven Zwecksetzungen nur den zur Reproduktion des Systems notwendigen Spielraum. Marx begreift den institutionellen Rahmen als eine Gestalt des erscheinenden Bewußtseins, in dem das Klassenverhältnis in der Form des privatrechtlich definierten Arbeitsvertrags sich perpetuieren kann und die gesellschaftliche Entwicklung als naturgeschichtlichen Prozeß in Frage stellt. Das in den Formen des Warentauschs sich konstituierende Tauschprinzip ist einerseits notwendige und dominante Bestimmung der dem Produktionsprozeß korrespondierenden Zirkulationssphäre, birgt jedoch zugleich in sich die transzendierende Kraft zur Infragestellung der gesamten Verhältnisse. Ideologien und Mystifikationen haben die Funktion, den utopischen Gehalt des Tauschprinzips, nämlich Freiheit und Gleichheit, zu unterdrücken, indem sie das strukturelle Ausbeutungsverhältnis im Produktionsprozeß verschleiern. Die «Legende» (Weber) sichert die Anerkennung der bestehenden Verhältnisse als gerechte und ist als subjektiver Faktor zur Legitimation des gesellschaftlichen Zusammenhangs unabdingbar. In der bürgerlichen Gesellschaft treten die verschiedenen Formen des gesellschaftlichen Zusammenhangs dem einzelnen als bloße Mittel für seine privaten Zwecke als «äußerliche Notwendigkeiten» entgegen. Die Integration wird nicht über ein subjektiv allgemeines Prinzip, gleichsam ein Tauschprinzip als moralische Verpflichtung gestiftet, sondern die allgemein gehaltenen Rechtsvorstellungen haben die Funktion, den Produktionsprozeß in seiner kapitalistischen Form zu ermöglichen (vgl. Marx 1960).

1.5.6 Rationalisierung und gesellschaftliche Teilsysteme

Traditionale Gesellschaften kennzeichnet eine zentralisierte Herrschaftsgewalt, die Spaltung in sozioökonomische Klassen und die Legitimation der Verteilung des Reichtums und der Herrschaftsausübungen durch ein zentrales Weltbild, einen Mythos oder eine Hochreligion. Mit der kapitalistischen Produktionsweise wird ein Regelmechanismus für Wachstum, Produktivität der Arbeit und Einführung neuer Technologien institutionalisiert. Die Institution des Marktes, auf dem private Eigentümer Waren tauschen, verspricht die Gerechtigkeit der Äquivalenz von Tauschbeziehungen. Dies soll auch für eigentumslose Privatleute gelten, die als einzige Ware ihre Arbeitskraft zur Verfügung haben. In dem Maß, in dem die Eigentumsordnung zu einem Produktionsverhältnis wird, unterliegt diese Gesellschaft einem Modernisierungszwang, der nach und nach alle Lebensbereiche erfaßt. In einem methodologischen Bezugssystem, das durch den Gesichtspunkt einer möglichen technischen Verfügung gekennzeichnet ist, entfalten sich die modernen Erfahrungswissenschaften – sie erzeugen ein Wissen, das seiner Form nach technisch verwertbares Wissen ist.

Max Weber hat den Begriff der Rationalität eingeführt, um die Form der kapitalistischen Wirtschaftstätigkeit, des bürgerlichen Privatrechtsverkehrs und der bürokratischen Herrschaft zu bestimmen. Rationalisierung meint zunächst die Ausdehnung der gesellschaftlichen Bereiche, die Maßstäben rationaler Entscheidung unterworfen werden. Dem entspricht die Industrialisierung der gesellschaftlichen Arbeit. Instrumentelles Handeln dringt in andere Bereiche ein. In beiden Fällen handelt es sich um die Durchsetzung eines Typus zweckrationalen Handelns, der sich zum einen auf die Organisation von Mitteln, zum anderen auf die Wahl zwischen Alternative bezieht. In der Perspektive von Weber ist der «kapitalistische Wirtschaftsakt» eine besondere Ausprägung des Grundtypus zweckrationalen Handelns, «formell friedlich» und «rational»: Orientiert an der Kapitalrechnung, wird der Gewinn zum immer wieder angestrebten Ziel. Voraussetzungen dafür sind die Trennung von Haushalt und Betrieb, die Rationalisierung gesellschaftlicher Strukturen und Handlungsmöglichkeiten, die technische Entwicklung, die abendländische Wissenschaft und deren wirtschaftliche Verwertbarkeit, die Berechenbarkeit des Rechts und der Verwaltung (vgl. Weber 1963 u. 1966).

Klassen kennzeichnen für Weber die Chancen im Hinblick auf Güterversorgung, äußere Lebensstellung und inneres Lebensschicksal. Sie sind wiederum von der Verfügungsgewalt über materielle Güter oder Qualifikationen abhängig. Klassen sind Gruppen von Menschen in gleicher Lage. *Besitzklasse,* so definiert er, soll eine Klasse insoweit heißen, als Besitzunterschiede sie primär bestimmen. *Erwerbsklasse* soll eine Klasse insoweit heißen, als die Chancen der Markterweiterung für Güter oder Leistungen die Klassenlage primär bestimmen. Klassenlagen bezeichnen Interessenlagen, Aneignungs- und Schließungsbeziehungen. Beziehungsgefüge sind geschlossen, wenn Normen gelten, die den Zugang begrenzen. Die schärfste Form der Schließung ist die Monopolisierung: Eine Gruppe versucht für sich selbst, eine privilegierte Position durch einen Prozeß der Unterordnung zu erreichen. Das Ausschließen stützt sich in der Regel auf Machtmittel; soll es auf Dauer gestellt werden, bedarf es der Legitimation (vgl. Weber 1956).

Die fortschreitende Rationalisierung der Gesellschaft hängt mit der Institutionalisierung des wissenschaftlichen und technischen Fortschritts, mit der Ausdifferenzierung der kapitalistischen Wirtschaft und des modernen Staates zusammen. Beider Grundlage ist das formale Recht. Teilsysteme übernehmen spezifische Funktionen.

Den frühen Gesellschaftstheoretikern war die Überzeugung gemeinsam, daß Fortschritt aus einem verwissenschaftlichten Denken und Handeln hervorgeht. In der Deutung der Strukturen gewinnt die entstehende Soziologie kaum neue Einsichten. Auch sie geht davon aus, daß Gesellschaftsordnungen Einzelinteressen integrieren müssen. Arbeitsteilung stützt die Stabilität sozialer Gemeinschaften und die Notwendigkeit hierarchischer Strukturen. Analog zur physiologischen Arbeitsteilung im lebendigen Organismus begreifen die positivistischen Begründer der Soziologie Gesellschaft als einen Quasi-Organismus, der einen Prozeß struktureller Differenzierung bei gleichzeitiger Umweltanpassung durchläuft. In einer sich differenzierenden Gesellschaft werden Funktionen auf Teilsysteme übertragen und institutionell gesichert. Die integrative Funktion sozialer Werte gewinnt einen eigenständigen Charakter. An der Schwelle zum 20. Jahrhundert tritt eine gruppengemäße Strukturierung der Gesellschaft in den Vordergrund und die in ihr ausgebildeten Wertorientierungen. Differenzierungsprozesse werden durch Interessen in Frage gestellt; daher kommt der Kontroll- und Anpassungsfähigkeit der Steuerungsmechanismen große Bedeutung zu; die Komplementarität von Erwartungen kann über normative Strukturen gesichert werden. Die Ausdifferenzierung sozialwissenschaftlicher Disziplinen wird von einer Eingrenzung ihrer Erkenntnisinteressen begleitet. Nicht mehr Gesellschaft als Ganze, sondern das Verhältnis von Sozial- und Systemintegration, die Funktionsbedingungen von Teilsystemen und die Steuerungsmedien Macht und Geld werden ebenso bedeutsam wie nichtökonomische Komponenten, nämlich Sanktionsmechanismen.

1.5.7 Marktprozesse und Entscheidungen

Schon die neoklassische Theorie formulierte das Paradigma eines finanziellen Sanktionsmechanismus, der ‹wirtschaftliche Erscheinungen› unter Bedingungen der vollkommenen Konkurrenz auf ein als optimale Bedürfnisbefriedigung gedeutetes Gleichgewicht hin steuert. Finanziellen Vorteilen entsprechen positive Sanktionen. Unter der Voraussetzung, daß die Situationsbeurteilungen von Theoretikern und Handelnden übereinstimmen, können aus Kalkülmodellen bei vollkommener Information Aussagen über Produktions- und Kaufentscheidungen gewonnen werden. Freilich erfaßt die Rollendichotomie von Unternehmer und Konsument die Problematik einer Koexistenz beider Zielsetzungen und faktische Situationen nicht. Daher muß die aktive Suche nach gewinnbringenden Gelegenheiten in einer Verhaltenstheorie formuliert werden, die Aktionspfade aus Motivation, Erwartung und Attraktivität von Zielen erklärt (vgl. Albert 1967).

Die Sprachspiele der reinen Ökonomie sind in sich abgeschlossene Systeme allgemeiner Sätze, welche Interdependenzzusammenhänge von Quantitäten und Bestimmungsfaktoren des Gleichgewichts beschreiben. Die Nationalökonomie formuliert eine Metaphysik des Nutzens, eine Ideologie des Erwerbs, der Ausbeutung und der Wohlfahrt, eine Soziologie des Marktes und eine Logik der Entscheidung. Die Kalkülmodelle der Entscheidungslogik und die soziologischen Sprachspiele der kommerziellen Beziehungen sind zwanglos verknüpfbar, da sich ihre Maximen auf eine gegebene Sozialstruktur beziehen.

Hans Albert untersucht kommerzielle Beziehungen unter dem Aspekt problemlösenden Verhaltens und erklärt «Marktverhalten» durch die Analyse der Reaktionen der Marktpartner und ihrer «Lage im sozialen Feld». Da die Bewegungen der Güterwelt vom Verhalten der Menschen, von sozialen Beziehungen abhängig sind, verbergen sich soziale hinter ökonomischen Beziehungen, implizieren Preise Tauschakte; in mathematischen Gleichungen ausgedrückte Güterströme zeigen die durch Verfahrensregeln juridisch abgesicherte Übertragung von Sachleistungen aus dem Verfügungsbereich verschiedener Personen oder Gruppen an, deren Aktionsfelder durch Reaktions*alternativen* determiniert sind. Alle Prozesse in dem marktmäßig organisierten Teilbereich der Gesellschaft gehen mithin auf Entscheidungen zurück, die bestimmten Maximen folgen; die Analyse der Marktentscheidungen berücksichtigt die Spielregeln der Gewinnung und Verarbeitung von Informationen und bezieht sich auf ein in eine allgemeine Verhaltenstheorie gefaßtes System von Marktrollen. In dieser Perspektive können soziale Gebilde wie Organisationen oder Märkte als Netzwerke stabiler Beziehungen zwischen Inhabern sozialer Positionen und Rollen beschrieben werden: Eine Organisation wird zentral geleitet; bei Märkten kontrollieren soziale Mechanismen das Verhalten der Teilnehmer. Märkte sind Rekrutierungsfelder für Positionen, insbesondere für Berufsrollen und Alimentierungsmechanismen für andere Systeme, indem sie sicherstellen, daß Kapital, Rohmaterial und Verbrauchsgüter aus einem in einen anderen Verfügungsbereich übergehen.

Verhaltensmaximen können freilich sozialstrukturelle Grenzen kaum überschreiten, Interessenlagen und Machtbeziehungen gehen über Motivlagen und Wertorientierungen hinaus. Gleichwohl verfolgt Albert diese Reflexion auf das faktische Substrat unterschiedlicher Handlungschancen nicht weiter. Um idealtypische Erklärungsskizzen für die Diskussion alternativer Technologien zu gewinnen, führt er das Marktverhalten auf motivationsgesteuerte und kontrollierte Mechanismen zurück, die ihrerseits von der Institutionalisierung von Verhaltensweisen abhängen. Albert begreift Marktpreise als Probleme sozialer Macht, als Resultat eines konfliktreichen Zusammenspiels von in sozialen Gebilden organisierten Rollen, die auf Interesse und Macht gegründet sind. Institutionelle Vorkehrungen und soziale Ordnungen müssen im Hinblick auf realisierbare Alternativen analysiert werden. Eine historisch fundierte Sozialkritik und Sozialtechnologie kann mithin zur Grundlage einer rationalen Politik werden, die den Preismechanismus nicht als Idealmodell eines rationalen Wirtschaftsablaufs, sondern als komplexen Tatbestand begreift. An die Stelle der ökonomischen Idee immanenter Rationalität tritt die Untersuchung von sozialen Wirkungszusammenhängen und die kritische Anwendung ihrer Resultate bei der Analyse ordnungspolitischer Möglichkeiten. Für eine an dem nomologisch deduktiven Erklärungsmodell orientierte Verhaltenswissenschaft ist diese Perspektive auf Macht jedoch eigentümlich beschränkt: Ohne die Analyse von Interessen und sozialen Lagen kann Herrschaft nur als Balance kognitiver Elemente innerhalb wechselnder Sozialmilieus aufgefaßt werden, denen sie sich anpaßt. Diese Tendenz, den Wertkonsensus gleichsam als Dauerlegitimation von Herrschaft nicht in Frage zu stellen, sondern als funktionalen Bestandteil jedes sozialen Systems schon vorauszusetzen, kennzeichnet das von Albert angedeutete, von Parsons ausgeführte Konzept des ökonomischen Subsystems.

1.5.8 Subsysteme und Medien

Die Auffassung gesellschaftlicher Normen als Strukturen in selbst-geregelten Systemen ermöglicht für Parsons (vgl. 1949) die Analyse gesellschaftlicher Prozesse über den empirischen Zusammenhang institutionalisierter Verhaltenserwartungen und den sinnvollen Zusammenhang der Handlungen von Individuen oder Gruppen. Parsons kritisiert ein mit der bürgerlichen Gesellschaftsformation sich entwickelndes Wissenschaftsverständnis, das Kategorien zur Analyse menschlicher Handlungen festlegt: Dieser *Positivismus*, für den die Normen der Rationalität vorherrschend ist, begreift Interaktion nach dem Muster zweckrationalen Handelns und bezieht sie auf die unverbundenen Zwecksetzungen selbstinteressierter einzelner. Dabei bleibt die Frage nach den empirischen Bedingungen der Systemintegration über die Verschränkung einzelner Handlungen offen. Die von Parsons vorgeschlagene Lösung liegt nicht wie bei Hobbes in der Einsetzung einer souveränen Gewalt durch Vertrag, sondern in dem nicht-kontraktuellen Moment des Vertrags: allgemeine Normen, die von den Individuen internalisiert und nicht nur wegen äußerlicher Sanktionsdrohungen anerkannt werden. Die normengeleitete Interaktion rechnet mit individuellen und kollektiven Akteuren, welche die Handlungsenergien ihrer biologischen Grundausstattung entnehmen und Orientierungen aus Interpretationen ihre Bedürfnisstrukturen und gegebenen Situationen gewinnen. Grundprinzip ist eine Maximierung von Gratifikationen. Im menschlichen Handeln gewinnt der Aspekt der Auswahl und Erwartungen an Bedeutung. Parsons differenziert ihn unter drei Aspekten: Der Handelnde bewertet in der kathektischen Orientierung die Bestandteile der Situation in ihrer Bedeutung für Triebe und Bedürfnisse, bestimmt in der kognitiven Orientierung die Objekte auf der Basis seiner Bedürfnisstruktur und wägt in der evaluativen Orientierung konkurrierende Objektbesetzungen gegeneinander ab. Die Interaktion beschreibt ein Verhältnis mit wechselseitigen Invasionschancen in den Bedingungen der Bedürfnisbefriedigung. Ego und Alter greifen in ihre Interessensphäre wechselseitig nur im Rahmen einer klugen Anpassung ein, die Rücksicht auf Strategien und Erwartungen des Gegenübers nimmt (vgl. Parsons 1951).

Die strukturfunktionalistische Soziologie begreift die moderne Entwicklung als Differenzierung. Moral- und Rechtsentwicklung werden entscheidende Variablen. Konflikte, die sich aus ungleich verteiltem Eigentum ergeben, treten in den Hintergrund. Gesellschaftliche Teilsysteme werden zunehmend auf Funktionen spezialisiert. Die Mechanismen von Angebot und Nachfrage folgen dieser Logik (vgl. Parsons & Smelser 1956): Ökonomische Aktivität entfaltet sich im Rahmen von Präferenzen, Technologien und Organisationen. Parsons interpretiert die ökonomische Bewertung als einen Mechanismus, der die Bedeutung von Ressourcen für Individuen oder Kollektive in die der gesamten Systeme übersetzt. Gleichwohl impliziert das institutionalisierte Wertsystem Minima der Organisation – einen Fonds von Ressourcen und an Vertrauensausstattung produktiver Funktionen, die sich unabhängig von wechselnden Preisen oder Sanktionen erhält.

Damit versucht Parson, das ursprünglich instrumentalistisch begründete Interaktionsverhältnis mit kontrakttheoretischen Vorstellungen in Zusammenhang zu bringen. Der Kontrakt umfaßt einen Prozeß des «bargaining for advantage» (Parsons) und formelle oder informelle Regeln. Im ökonomischen Subsystem werden Tauschprozesse durch Rechtsbeziehungen gegenüber «nicht-sozialen» Objekten und Beschäftigungsverhältnissen normiert. Die Vertragsbeziehung selbst beschreibt Parsons jedoch in der Perspektive instrumenteller Rollen, die sich über eine Reziprozität der Zielerreichung stabilisieren. Ein integrativer Austauschprozeß ist auf die Symbolisierung primärer Zielobjekte und Erwartungshaltungen angewiesen; Bezugspunkt ist die gesellschaftliche Bewertung produktiver Funktionen, welche die Wirkung von Interessenkonflikten begrenzt und die vertraglich vereinbarten Verpflichtungen mit denen von Ego und Alter repräsentierten Bezugssystemen kompatibel macht. Parsons nennt vier Faktoren, die Entscheidungen in Vertragsverhältnissen beeinflussen: das Interesse an günstigen Austauschbeziehungen, das sich auf Güter, Dienstleistungen und kulturelle Werte bezieht; Beschränkungen, die durch den Vertrag selbst festgelegt werden; Interessen der Kollektive, denen Ego und Alter angehören; ein Gleichgewicht symbolischer Belohnungen und allgemeine Wertmuster.

Organisationen selbst bilden sich durch Austausch und Kontrakt. Ihre Rollenstrukturen werden durch Motive integriert und im Rahmen hierarchisch gelagerter Autoritätspositionen mit zugeschriebenen Sanktionsmöglichkeiten auf ein gemeinsames Ziel hin interpretiert: Sie legen das Handeln antizipatorisch fest und stützen es evaluativ ab. Vertragliche Regelungen bringen die Interessen in der Dimension von Entschädigung und Arbeitszeit zur Geltung. Jedes System, das mit

Hilfe von in vier Dimensionen variierenden Werten beschrieben werden kann, tendiert zur Erhaltung eines Sollzustands. Die Steuerungsmechanismen arbeiten nach dem Modell kybernetischer Regelkreise. Treten mehrere Handlungseinheiten in einen ökonomisch relevanten Zusammenhang, wird eine allgemeine Bewertungsbasis erforderlich: Geld übernimmt die Funktion einer Steuerungssprache. Das mit der Arbeitsteilung verbundene Problem einer Schließung von Rückkopplungsschleifen löst Parsons mit dem Hinweis auf generalisierte Macht, die über symbolische Mechanismen menschliches Verhalten kontrolliert. Daher nimmt er in der Beschreibung von Rollen und Märkten als Handlungssystemen die instrumentellen und kontrakttheoretischen Elemente des Interaktionsparadigmas wieder auf: Jeder Marktbeziehung liegen Kontrakte zugrunde, die einen spezifischen Kontext für Rollen festlegt. Ökonomische Funktionen gewinnen ihre Bedeutung aus dem Wertsystem und einer gesellschaftlich festgelegten Funktionenhierarchie.

In der Reihenfolge Geld, Macht, Einfluß und Wertbindung analysiert Parsons vier Medien in Grundzügen. Jedes wird einem sozialen Teilsystem zugeordnet: Geld dem ökonomischen, Macht dem politischen, Einfluß dem System der sozialen Integration und Wertbindung dem der Erhaltung von Strukturmustern. Dem Verhaltenssystem hat Parsons Intelligenz zugeordnet, der Persönlichkeit Leistungsfähigkeit, der Gesellschaft Affekt und der Kultur Interpretation. Mit der kapitalistischen Produktionsweise hat sich zunächst die Wirtschaft als funktional spezifiziertes Teilsystem ausdifferenziert. Geld wurde das erste institutionalisierte Steuerungsmedium. Für den systemischen Zusammenhang der Medien untereinander gibt es mithin historische Voraussetzungen, die erfüllt sein müssen. Die Analyse des Geldmediums soll gleichzeitig zu verallgemeinerbaren Interpretationen von Handlungssystemen insgesamt führen.

Das Medium Geld ersetzt sprachliche Kommunikation in bestimmter Weise und in bestimmten Situationen. Es verringert den Aufwand an Interpretationsleistungen und mindert das Risiko eines Scheiterns der Verständigung oder einer gemeinsamen Situationsdeutung. Steuerungsmedien leisten Ersatz für Sprachfunktionen. Sie bedeuten eine Abkoppelung der Interaktion von lebensweltlichen Kontexten und die Entlastung sinnverarbeitender Prozesse. Diese mediengesteuerten Interaktionen können zu ganzen Netzwerken verknüpft werden, ohne daß sie immer wieder neu begründet werden müßten. Geld hat die Eigenschaften eines Codes, mit dessen Hilfe Informationen vom Sender zum Empfänger übertragen werden können. Es erlaubt Erzeugung und Vermittlung symbolischer Ausdrücke mit eingebauter Präferenzstruktur. Der Konsensbildungsprozeß verläuft automatisch. Er ist möglich in einer abgrenzbaren Klasse von Standardsituationen, die durch eindeutige Interessenlagen definiert sind. Alter kann sich grundsätzlich zwischen alternativen Stellungnahmen entscheiden, Ego kann diese Stellungnahme durch Offerten steuern, die Aktoren sind nur an den Konsequenzen von Handlungen orientiert. Für das Geld ist die Standardsituation der Gütertausch. Die Tauschpartner folgen wirtschaftlichen Interessen, der Nutzen ist der generalisierte Wert, der Geldcode schematisiert Stellungnahmen im Hinblick auf Erwerb/Nicht-Erwerb. Rentabilität bildet den Maßstab, nach dem der Erfolg kalkuliert werden kann.

Das Medium muß qualitative Eigenschaften haben: Es muß meßbar in beliebigen Größenordnungen veräußerbar sein und gespeichert werden können. Sprachliche Äußerungen sind hingegen kontextabhängig. Kommunikatives Handeln verdankt sich kritisierbaren Geltungsansprüchen. Die Ansprüche, die im Geldcode festgelegt sind, können in Gebrauchswerten eingelöst werden, sie sind durch Reserven besonderer Art gedeckt. Das Medium bedarf also im Gegensatz zur Sprache einer weiteren institutionellen Verankerung, die über die privatrechtlichen Institute des Eigentums und des Vertrags zustande kommen. Es hat systembildende Effekte. Geld kann nur ausdifferenziert werden, wenn Märkte und Organisationsformen entstehen, die den Verkehr mit den relevanten Umwelten unter monetäre Kontrolle bringen.

Das am Geldmodell entwickelte Medienkonzept überträgt Parsons auf den Begriff der Macht. Macht stellt die symbolische Verkörperung von Wertmengen dar, ohne daß ihr ein intrinsischer Wert zukommt. Sie besteht weder in effektiven Leistungen noch in der Anwendung physischer Gewalt. Allerdings kann Folgebereitschaft für bindende Entscheidungen erwartet werden. Dem Tauschwert Macht entspricht in der Perspektive von Parsons als Gebrauchswert die Verwirklichung kollektiver Ziele, als Deckung dient die Disposition über Zwangsmittel, die zur Androhung von Sanktionen oder direkter Gewalt eingesetzt werden können. Der Code gilt für Standardsituationen, in denen Machthaber und Machtunterworfene agieren, Effizienz der Zielverwirklichung ist der generalisierte Wert, Stellungnahmen von Ego und Alter werden in der Weise schematisiert, daß Unterwerfung oder Nicht-Unterwerfung möglich ist. Von beiden Seiten wird eine objektivierende Einstellung zur Handlungssituation erwartet, für den Machthaber ist ein rentabilitätsanaloger Maßstab vorgesehen, anhand dessen er den Erfolg seiner Entscheidung kalkulieren kann: Souveränität oder Erfolg. Ein geldäquivalentes Zeichensystem steht jedoch nicht zur Verfügung. Macht kann zwar veräußert werden, aber nicht so unbeschränkt zirkulieren wie das Geld; sie kann auch nicht zuverlässig deponiert werden. Geld und Macht unterscheiden sich also in den Eigenschaften der Meßbarkeit, Zirkulationsfähigkeit und Deponierbarkeit. Die Systemeffekte sind nicht so klar ausgeprägt. Macht kann nur als organisierte Macht gesellschaftlich relevant ausgeübt werden.

Für Einfluß und Wertbindung freilich fehlen Institutionalisierungsprozesse. Parsons' Hinweise auf Prestigeordnung und moralische Führung drücken eher Verlegenheit aus. Einfluß und Wertbindung können noch schlechter gemessen, entäußert und gespeichert werden als Macht. Geld und Macht sind manipulierbare Größen, gegenüber denen die Handelnden eine objektivierende, am Erfolg orientierte Einstellung einnehmen können. Sie lassen sich, wenn auch in unterschiedlichem Ausmaß, kalkulieren, sind zweckrationalem Handeln zugänglich. Realwerte und Deckungsreserven müssen so beschaffen sein, daß sie eine empirisch motivierende Kraft haben. In der Ökonomie hat sich das Medienkonzept des Geldes ansatzweise empirisch bewährt, in der Politikwissenschaft sind Versuche gemacht worden, das Medienkonzept der Macht für die Wahlforschung oder die internationalen Systemvergleiche fruchtbar zu machen. Einfluß und Wertbindung lassen sich hingegen weniger wie Geld oder Macht kalkulieren.

Zwar verweist die der klassischen bürgerlichen Ökonomie entlehnte Annahme einer Knappheit der Mittel auf das Interessensubstrat; die Trennung von Rollensystem und faktischer sozialer Lage nimmt jedoch ein sozialtechnisches Moment in den theoretischen Ansatz auf: Sie betont die Rollenkonformität und mißt Abweichungen nur residualen Charakter bei. Die Konstruktion einer Vertragstheorie der Normen identifiziert jene selbst mit Rationalität und bringt sie mit der Akkumulation gesellschaftlichen Wissens in Zusammenhang. Die Zweckrationalität kalkulierender Subjekte muß an der Rationalität von Werten orientiert, die individuellen Ansprüche auf Machtausübung müssen einer Regelung unterworfen werden – Parsons bindet sie in das Bezugssystem von Werten ein: Die Rationalität sozialer Systeme findet sich in der Hierarchie einer normativen Steuerung, die in sich freilich eine kybernetische Reduktion enthält – Gesellschaft erscheint als System, das durch Information und Steuerung Sollwerte erreicht (vgl. Parsons 1975). Gleichzeitig geraten jedoch die Gestehungskosten von Vergesellschaftung aus dem Blickfeld. Parsons betont zwar, daß die Werthierarchie von Individuen und Gesellschaftssystemen nur lose verknüpft sein können und ungelöste, in der Reduktion auf instrumentelle Rollen frustrierte Bedürfnisse ein Leben gegen die Norm fördern. Die Verarbeitung dieser nicht-integrierten Ansprüche folgt aber mit der Strategie der klugen Anpassung dem Grundmuster der durch das System negativ bestimmten Wünsche.

1.5.9 Komplexität, Zweck, Bestand

Das Interesse der Systemtheorie, wie sie Niklas Luhmann ausgearbeitet hat, richtet sich auf Systempräferenzen, nach deren Festlegung Strukturen und Prozesse funktional als Selektionsleistung analysiert werden können. Mit dieser Intention hat Luhmann (vgl. 1984) die Rationalstruktur des Handelns, den Geldmechanismus und die Knappheit interpretiert. Er begreift Wirtschaften als Möglichkeit der Befriedigung und Vertagung von Bedürfnissen. Bei Knappheit handelt es sich um einen abstrakten Vergleichspunkt für die situationsunabhängige Behandlung von Bedürfnissen und deren Übertragung auf den Geldmechanismus.

Luhmann konstatiert die mit der industriellen Entwicklung verbundene Ausdifferenzierung eines Subsystems Wirtschaft und dessen Binnendifferenzierung in Märkte, Haushalte und Betriebe; er verknüpft die an Gewinn und Verlust orientierte Wirtschaftlichkeit der Handlung mit der gesellschaftlichen Funktion von Wirtschaften als Vertagen von Bedürfnissen. Austauschprozesse werden durch die mit dem Geld verbundenen Abstraktionen reflexiv. Im Gegensatz zu dem Subsystem Politik, das unbestimmte Zielangaben wie humanes Leben oder Gerechtigkeit traditionsgebunden institutionell eng interpretiert, bildet das Subsystem Wirtschaft einen eigenen Begriff von Rationalität aufgrund hoher struktureller Differenzierungsfähigkeit und relativ geringer Entscheidungslasten aus.

Luhmann verbindet mit der Diskussion der Kategorien Komplexität, Zweck und Bestand im Rahmen eines funktional-strukturellen Entwurfs sozialer Systeme den Anspruch, die Evolutionsbedingungen von Systemen zu klären. Sie haben für ihn die Funktion, Weltkomplexität sinnvoll so zu reduzieren, daß Erleben und Handeln möglich werden. Die Bildung von Systemen, die für die Handelnden wie auch den Wissenschaftler kenntlich sein muß, ist die Lösung einer als Problem unterstellten Komplexität.

Gesellschaft wird somit als System auf das Problem der komplexen, sozial kontingenten Welt bezogen, Systemgrenzen gewinnen Bedeutung als Reduktionsmöglichkeiten. Luhmann kritisiert an der strukturell-funktionalen Theorie, sie habe den Strukturbegriff dem Funktionsbegriff vorgeordnet und könne daher den Sinn der Strukturbildung nicht begründen; mit der Entwicklung der Handlungswissenschaften sei der Zweckbegriff fragwürdig geworden, da er der Komplexität von Systemproblemen nicht Rechnung trage. Zwecke müßten vielmehr als Formen zur Gestaltung der Beziehungen mit der Umwelt im Hinblick auf funktionale Äquivalente, Strategien der Reduktion von Komplexität und Verhaltenssteuerung analysiert werden. Strukturbildung wird damit zum Mittel funktionaler Problembewältigung; im Horizont einer von Systemen entwickelten Autonomie können in der Perspektive von Luhmann Kausalfaktoren selektiv und vergleichend behandelt werden. Diese Neufassung des Kausalprinzips verzichtet auf eine induktive Begründung und interpretiert Kausalaussagen im Hinblick auf die Bedeutung, die sie für uns haben.

Die kausale Interpretation der Welt ist mithin eine mit der Vergesellschaftung verbundene Rationalisierung der Weltauffassung: die Beziehung mehrerer Ursachen auf eine Wirkung, die Identifizierung einzelner Ursachen und Wirkungen und die Analyse des funktionalen Sinns dieser Zuordnungen. Freilich wird damit der Zwangscharakter von Kausalzusammenhängen von einer als Sinnzusammenhang gedeuteten Gesellschaft ununterscheidbar, die funktionale Weltdeutung gewinnt eine eigenständige Bedeutung. Da die früheren soziologischen Systementwürfe an thermodynamische Modelle anknüpfen, können sie die Problematik ihrer Begründung mit dem Hinweis auf mechanische und organische Analogien lösen. Der Entwurf von Sinnsystemen muß Weltkomplexität und eine unproblematische Umweltbeziehung unterstellen. Für Luhmann werden die Inhalte der Systembildung selbst, in deren Kontext die aktionsleitenden Interessen und Bedürfnisse erst sinnvoll erörtert werden können, nicht thematisch. Die Erklärung von Handlungsmustern aus Verhaltenserwartungen blendet technologische Arrangements und Substratvorstellungen menschlichen Handelns aus. Sie beschränkt sie anthropologisch auf

die Fähigkeit zu Bewußtseins- und Erlebnisverarbeitung und bringt sie
mit der Begrenzung der «Kapazität für aktuelle Aufmerksamkeit und
Informationsverarbeitung» in Zusammenhang. Das durch Eigenkom-
plexität charakterisierte System interpersonaler Aktivität nimmt
selektiv auf die Weltkomplexität Bezug. Beide sind aufeinander abgestimmt, Prozeß und System sind verschiedene Aspekte von Selektivität. Ausdifferenzierte Rollen bahnen den Weg für eine relative
gesellschaftliche Autonomie von Subsystemen, auf die effiziente Ent-
scheidungsprozesse angewiesen sind; sie entwickeln eigene regulative
Standards und regeln die Beziehungen mit der Umwelt nach selektiven
Kriterien. Autonomiebedingungen unterscheidet Luhmann in drei Dimensionen: Das System, das auf zwei verschieden generalisierten
Sinnebenen mit der Umwelt verbunden ist, muß auf eigene Prozesse
der Informationsverarbeitung zurückgreifen können; es muß Zeit haben, um auf Anstöße von außen reagieren zu können und eigene Prozesse der Selektion von Ursachen und Wirkungen anzuwenden; damit
konfliziert es mit der Zeittoleranz, welche die Umwelt festlegt.

Luhmann übergeht die Diskontinuität im Übergang von adaptiven
zu sozialen Systemen, er deutet Selbsterhaltung stillschweigend als
konditionale Programmierung, zu der sich die Institutionalisierung
von Verhaltenserwartungen komplementär verhält: Gesellschaftssysteme erhalten eine «Identität» nur dadurch, daß sie Relationen zwischen innerer und äußerer Komplexität stabilisieren und Verhaltenserwartungen situationsunabhängig definieren. Bei Parsons bleibt die
Beschreibung der Integration doppeldeutig: Sie führt zu einem Nor-
matismus der Normen. Luhmann begründet Grenzziehung und Reduktion von Komplexität zirkulär: Sinn steuert die Reduktion von
Komplexität und ist ihr Resultat.

In einer Explikation der Kategorie Vertrauen hat Luhmann (vgl.
1975) daher auf deren Rationalitätssteigerung aufmerksam gemacht:
Im Hinblick auf die Funktion, Systempotential für Komplexität zu
steigern, ist Vertrauen rational. Ohne Vertrauen sind nur sehr einfache Formen der menschlichen Kooperation möglich. Der «Bedarf für
Vertrauen» hängt von der Verfügbarkeit funktionaler Äquivalente
ab: Lernen, Symbolisierung, Kontrolle, Sanktion. Vertrauen dehnt
die Toleranz für Mehrdeutigkeit, indem es Momente der Unsicherheit überbrückt; als «Systemvertrauen» bedeutet es einen bewußten
Verzicht auf weitere Informationen und Erfolgskontrollen – es ist eine
riskante Vorleistung. Im kooperativen Handeln erschließt es durch
Reduktion von Komplexität neue Handlungsmöglichkeiten, welche

die Rationalität organisierter Sozialstrukturen steigern; freilich müssen ihm erfolgskontrollierte Rollen, die Unsicherheit absorbieren, komplementär sein.

Die Systemperspektive klärt in der Beschreibung ausdifferenzierter Systeme nur die funktionalen Spezifizierungen des Zusammenhangs, in dem Interaktionspartner einander Rollen zumuten, sich wechselseitig motivieren und kontrollieren. Ausdifferenzierung, die Luhmann ansatzweise an einer Soziologie des politischen Systems entwickelt, kann sich auf Personen, Rollen und Normen beziehen. Für das politische System können Rollenrationalisierungen beschrieben werden, denen in Normen oder Werte eingelassene Wirkungen entsprechen; in dem Horizont erreichbarer Ziele werden Rollen und Personen pragmatisch unter Einstellungen zusammengeschlossen, die in Politik und Verwaltung als Objektivität, Gerechtigkeit und Unpersönlichkeit verbindlich werden. Das politische System wird durch Ausdifferenzierung und durch die Bedingungen hoher Systemautonomie in die Lage versetzt, entscheiden zu können; auf der Ebene konkreter Interaktionen kann es diesen Entscheidungen bindende Wirkung verschaffen, Erwartungen effektiv umstrukturieren und Prämissen weiteren Verhaltens festlegen.

Die Fähigkeit eines Systems für die spezifische Funktion bindender Entscheidungen muß nach der Prämisse von Luhmann in dem Maße gesteigert werden, in dem die Komplexität der Gesellschaft zunimmt; das politische System muß im Interesse «fluktuierender gesellschaftlicher Problemlagen» Entscheidungsthemen variieren können und im Hinblick auf entscheidungsbedürftige Themen offen sein. Da es sich nicht auf individuelle gruppenspezifische oder situationsspezifische Gehorsamsmotive stützen kann, muß es, mit anderen Worten, inkompatible Motive der verschiedensten Art kombinieren und egalisieren, damit Entscheidungen wie selbstverständlich akzeptiert werden. Die Fähigkeit zu bindender Entscheidung charakterisiert das politische System auf der Ebene der konkreten Interaktion. Die Erzeugung gesellschaftlicher Macht, für Luhmann ein Medium der Kommunikation, das Entscheidungsleistungen überträgt, charakterisiert es auf der Ebene der Bestandserhaltung. Mit dem politischen hat das ökonomische System gemeinsam, daß es als System funktionaler Entscheidung spezialisiert ist. Es isoliert und objektiviert wenige Aspekte. Es ist auf die soziale Stereotypisierung von Personen oder das Korrespondenzverhältnis von Rollenpartnern nicht angewiesen. Gleichzeitig muß es in der Lage sein, Konflikte zu absorbieren und einen unvermittelten Gegensatz in einen Kampf um Einfluß in Entscheidungszentren zu transformieren. Systeme können zur «Bestandserhaltung» funktional gleichwertige Strategien ausbilden: Sie können die objektive durch eine subjektive Situation ersetzen und bestimmte Formen der Erlebnisverarbeitung institutionalisieren, die die Vielzahl möglicher Verhaltensweisen reduzieren und intern entsprechende Segmente ausbilden. Zwecke, die abstrahierend ausgewählte Wirkungen repräsentieren, gewinnen daher die Funktionen koordinierender Generalisierungen und sollen das Grundproblem der Systemerhaltung erst verarbeitungsfähig machen. Zwecke sind gleichsam Ersatzformeln für ein ihnen vorausliegendes «Ungewißheitsproblem» (vgl. Luhmann 1968).

Selektivität kann durch Anwendung von Prozessen auf sich selbst (Reflexivität) und durch Sicherung der Übertragbarkeit von Selektionsleistungen (Medien der Kommunikation) verstärkt werden. Dadurch können soziale Prozesse in ihrer Leistungsfähigkeit gesteigert werden (Entscheiden über Entscheidungen in der Bürokratie, Lehren des Lernens in der Pädagogik usw.). Bei der intersubjektiven Übertragbarkeit von Selektionsleistungen liegt der Vorteil darin, daß die Reduktion nicht jeweils selbst neu vollzogen werden muß. Bei einer stärkeren funktionalen Differenzierung muß der Weltentwurf komplexer werden. Mit der Industrialisierung ist ein gesellschaftliches Teilsystem entstanden, in dem technische Neuerungen institutionalisiert wurden und mit dem wirtschaftliches Wachstum gesichert werden konnte. Die ursprüngliche Theorie dieses Systems war eine Theorie der wirtschaftlichen Produktion, ehemals einer Fruchtbarkeit des Bodens, später immer mehr der Versuch, die zunehmende industrielle Arbeit zu begreifen. Luhmann versucht nun, den Faktor Arbeit durch den Begriff der Koordinierung von Kommunikation zu ersetzen. Dabei begreift er das Geld als Kodierung wirtschaftlicher Operationen und Kodierung als Duplikation von Knappheit. Die wirtschaftlichen Operationen müssen diesen Code verwenden, nämlich für Leistungen zahlen.

Die Evolution von Gesellschaften ist durch eine zunehmende funktionale Differenzierung gekennzeichnet. Wirtschaft kann begriffen werden als zeitliche Sicherung von Bedürfnisbefriedigung in einem Teilsystem der Gesellschaft. Zunächst wird eine Ausdifferenzierung auf der Rollenebene erreicht, namentlich durch das Entstehen von Märkten. Geld ordnet die Selektion von Handlungen. Im Fall von Geld trifft der über das Medium verfügende Partner eine Entscheidung für sich selbst. Er reduziert Komplexität in der Form der konkreten Fixierung und Erfüllung eines Bedürfnisses und motiviert einen anderen zum befriedigenden Handeln durch Verzicht auf und Übergabe von Freiheit der Auswahl. Die Verfügung über im Geld symbolisierte Komplexität hat den strukturellen Charakter der Einmaligkeit. Geld ist als Symbol generalisiert, von den Weltdimensionen im Prinzip unabhängig gemacht. Es symbolisiert jederzeitige Verfügbarkeit und begründet Dispositionsfreiheit. Man kann sich mit dem Eintausch von Geld auf weiteres Tauschen vorbereiten, muß sich aber noch nicht festlegen.

Jedes Element ist im Funktionszusammenhang des Systems schon Reduktion einer zugrunde liegenden Komplexität. Luhmann betont in einer späteren Fassung das Konzept, daß die Systeme die Elemente, aus denen sie bestehen, durch die Elemente, aus denen sie bestehen, selbst produzieren, also «autopoietische Systeme» sind. Sie sind geschlossene Systeme, da sie ihre Elemente und Prozesse nicht aus ihrer Umwelt beziehen können; sie sind gleichwohl offene Systeme insofern, als sie diese Selbstproduktion nur in einer Umwelt und nur in Differenz zu einer Umwelt vollziehen können. Gesellschaften können als autopoietische Systeme auf der Basis von sinnhafter Kommunikation begriffen werden. Sie reproduzieren Kommunikation durch Kommunikation. Die Gesellschaft selbst wird als kommunikativ geschlossenes System begriffen. Für die Teilsysteme gilt dies nicht, weil sie in einer innergesellschaftlichen Umwelt operieren, in der es ebenfalls Kommunikation gibt. Die Wirtschaft z. B. zahlt Steuern; alle Teilsysteme verwenden zwar Kommunikation als eigenen Modus der eigenen Operation, aber sie können sich nicht durch Kommunikation schließen. Sie benötigen ein für sie eigenes geltendes Prinzip der Konstitution von Einheit. Die Elementareinheit der Wirtschaft ist die Zahlung. Zahlungen sind nur aufgrund von Zahlungen möglich und ermöglichen ihrerseits weitere Zahlungen. Damit ist gleichzeitig das Element der Nichtzahlung bezeichnet. Beide sind durch einen Schematismus gekoppelt, das eine ist die Negation des anderen. Das System vollzieht seine Autopoiesis allein durch Zahlung, und zwar mit Hilfe jenes binären Schematismus, der Zahlen wie Nichtzahlen über Zwang zur Negation zur Selbstreferenz zwingt (vgl. Luhmann 1988).

Für Luhmann wird mit diesem Ansatz vor allem die Differenz von Wert und Preis als Moment der Ausdifferenzierung des Systems verständlich; denn sobald Zahlungen erbracht werden müssen, sind

Preise nötig, die es ermöglichen, Erwartungen in bezug auf die zu zahlende Summe zu bilden. Jede effektiv geleistete Zahlung wirkt preisbildend und hat daher Strukturaufbauwert. Erwartungen über mögliche Preise können gebildet werden. Profit tritt dann auf, wenn die Zahlung dem Zahlenden selbst zugute kommt. Indirekt kann der Zahlende selbst auch Zahlungsmöglichkeiten in diesem System gewinnen. Dadurch wird die Autopoiesis des Systems ein reflexiver Prozeß. Dann sind private Motive nicht mehr nötig, sondern es gibt objektive Steuerungsgesichtspunkte – das Funktionssystem ist selbstreferentiell geschlossen. Auch die Profite müssen in Zahlungen umgesetzt werden. Die Wirtschaft kann sich selbst regulieren, weil sie weder auf Komplementarität noch auf Reziprozität angewiesen ist.

Luhmann anerkennt nun, ohne diesen Sachverhalt näher zu analysieren, daß dieses System ohne Gründe und Motive nicht auskommt. Zahlungen sind an Gründe gebunden, an Bedürfnisse. Luhmann bezeichnet damit eine wirtschaftssysteminterne Form der Informationsverarbeitung, die auf eine psychologische Motivhierarchie zurückgeht. Elementare Bedürfnisse sind mit der Reproduktion des Menschen gegeben, sekundäre Bedürfnisse entstehen erst dann, wenn Geld zur Verfügung steht. Zahlungen sind an Bedürfnisbefriedigungen orientiert. Alle Dispositionen im System sichern jedoch zugleich die Zukunft des ganzen Systems. Das Problem sieht Luhmann darin, daß das Leistungsniveau ausdifferenzierter Wirtschaften und monetär gesteuerter Autopoiesis eine hochgradig unwahrscheinliche und instabile Errungenschaft ist. Die dadurch bedingte Herauslösung aus der Politik ist beispielsweise politisch kaum zu verarbeiten. Außerdem tendiert das Subsystem Wirtschaft dazu, die Verteilung ungleich zu vollziehen. Das Medium Geld stellt – wie Luhmann konstatiert – nur sicher, daß im Bereich der Wirtschaft das Handeln für die Beobachter ungefähr den gleichen Sinn hat wie für die Handelnden selbst.

Systembildung ist die Übersetzung von Funktionen in Strukturen, denn die Grenzziehung transformiert Unendlichkeitsprobleme in Bestandserhaltungsprobleme. Die Reduktion von Komplexität erfolgt nicht allein durch Zwecksetzung, sondern durch die Bildung von Untersystemen, die intern komplex organisiert sind. Das System behandelt die Untereinheiten als Leistungseinheiten. Unter dem leitenden Gesichtspunkt von Zwecken setzt sich der Substitutionsprozeß in das Systeminnere hinein fort. Zweckprogramme, die Wertbeziehungen enthalten können, geben Transformationsregeln für diesen Prozeß der Problemlösung, der Zweckmittelvertauschung an. Entscheidungsprogramme grenzen Handlungsabläufe ein und formulieren sie im Kontext schon begrenzter Komplexität. Die Aussonderung der Zwecke selbst kann Luhmann freilich nicht begründen. Eine operationale Leerformel, die auf «Wertgesichtspunkte» (Luhmann) bezogen ist, ohne sie zu erläutern, begrenzt institutionell den Opportunismus. Mit der Einführung generalisierter Medien der Problemlösung, die eine Umkehr von Zweck/Mittel-Gesichtspunkten ermöglichen, sucht er dem Gesichtspunkt Rechnung zu tragen, daß Ursachen auf ihre Wirkung hin überprüft und Mittel nach Maßgabe ihrer Folgen bewertet werden müssen. Die Strategien zur Lösung von Systemproblemen sind problemneutral formuliert. Die Medien der Übertragung von Selektionsleistungen – Wahrheit, Macht, Liebe und Geld – sind die bloßen Hülsen gesellschaftlicher Reproduktion: so präzisiert im Verständnis von Luhmann Wahrheit die Bedingungen, unter denen der Sinn von Wahrnehmungen anerkannt werden muß; überträgt und potenziert Macht die in individuellen Entscheidungen schon enthaltenen Reduktionsleistungen; Geld überträgt eine unbestimmt bleibende Komplexität, Liebe eine personengebundene Sympathie. Geld, die unspezifische Freiheit der Bedürfnisbefriedigung und verläßliche Verallgemeinerung der Tauschchancen, bildet eine rationale Grundlage für Entscheidungen. Generalisierte Medien der Problemlösung sollen im Zusammenwirken mit Zwecken eine Rationalisierung unter Knappheitsgesichtspunkten erlauben. Luhmanns Interpretationsmuster, das Komplexität zum Bezugspunkt aller Wissenschaften erhebt, überläßt die Transformation der von der Systemtheorie festgestellten Probleme in Programme den Entscheidungstheorien, ohne auch nur die Kooperation über das Medium «problembezogener funktionaler Zusammenhänge» (Luhmann) hinaus kenntlich zu machen. Dabei gewinnen Zweckformeln, die sekundäre Entscheidungsspielräume begrenzen, offensichtlich praktischen Charakter, weil sie innerhalb fester Außengrenzen Weltauslegungen garantieren. Da Luhmann eine Problematisierung bestehender Strukturen als Verlust schon geleisteter Reduktion ansieht, gewinnt die faktische Identität von Systemen normative Kraft: Die Kategorie der Legitimität von Herrschaftssystemen selbst wird hinfällig.

1.5.10 Bedürfnis und Macht

Verteilungstheorien beruhen auf Grundannahmen über die ‹Natur› des Menschen und der Gesellschaft: Der Mensch sei ein soziales, zur Bedürfnisbefriedigung auf Kooperation angewiesenes Wesen (1), das in allen Handlungen eigene Interessen oder die der Gruppe verfolgt (2); die Bedürfnisse schließlich seien unendlich, der Vorrat an Mitteln zu ihrer Befriedigung jedoch knapp; steigende Produktivität könne zwar das Bedürfnis nach Gebrauchswerten, nicht jedoch das nach Statuswerten befriedigen – daher finde in allen Gesellschaften ein ständiger Kampf um die Mittel statt (3). Da auch in dem Verständnis von Lenski Gesellschaften nicht als gleichgewichtige Systeme aufgefaßt werden können, vielmehr Interessengegensätze für sie charakteristisch sind, reflektieren sich im Verteilungssystem die Bedürfnisse der Individuen und die «Ziele der Gesellschaft», die Interessen zur Erhaltung des status quo und der Steigerung der Produktivkräfte. Arbeitsprodukte werden in der Spannung von Bedürfnis und Macht nach zwei Gesetzen verteilt: Um die Reproduktion der Gesellschaft zu sichern, muß ein Teil des Sozialprodukts zur Befriedigung individueller Bedürfnisse verwendet werden, die Verteilung des anderen Teils folgt Machtverhältnissen (vgl. Lenski 1977).

Wenn der Mensch zur Bedürfnisbefriedigung auf Kooperation angewiesen ist, Eigeninteressen in der Spannung zwischen unendlichen Bedürfnissen und knappen Mitteln verfolgt, können alle Gesellschaften nach dem Muster um das Mehrprodukt rivalisierender Gruppen beschrieben werden. Dessen Größe wird von Technologien bestimmt, über die Verteilung entscheiden Macht, Privileg, Prestige; deren Stabilität hängt von der Institutionalisierung politischer Herrschaftssysteme ab. ‹Klassen› sind in dieser Perspektive unterschiedlich privilegierte Zugangschancen, die zudem im Interesse der Systemerhaltung zunehmend eingeebnet werden: Profite werden gleichsam in einer Gemeinschaft von Interessen nach Maßgabe einer Politik systemstabilisierender Entschädigungen umverteilt.

Mit der industriellen Entwicklung ist eine Zentralisation der Macht und eine Vertiefung der Ungleichheit verbunden; sie ist von den Jäger- und Sammlergesellschaften bis hin zu den Agrargesellschaften beobachtbar; Evolution und Ausbeutung durch herrschende Klassen scheinen untrennbar verbunden.

Ohne zu klären, ob Macht auf Verfügung über Mehrwert beruht, reduziert Lenski die Dynamik der historischen Entwicklung auf eine

kumulativ fortschreitende Technologie, welche die Höhe des Mehrwerts bestimmt. Sekundäre Einflußfaktoren sind für Lenski die physische Umwelt, der Grad der Legalität und Stabilität des politischen
Systems und der Anteil des Militärs an der Gesamtbevölkerung. Mit
der Institutionalisierung von Herrschaftssystemen und der ideologischen Absicherung gegen oppositionelle Gruppen wächst die Stabilität des Verteilungssystems. Die legitimierte Herrschaft, welche die
Macht mit der Bindung an Gesetze kalkulierbar macht, ist in dieser
Perspektive die Endstufe eines politischen Zyklus, der mit der gewaltsamen Machtübernahme einer neuen Elite begonnen hat. Klassen definiert Lenski als Aggregate von Positionen in bezug auf Macht, Privileg und Prestige, die ihrerseits aufgrund von Eigentum, ‹politischer›
Macht, Beruf und Bildung, ethnischer Zugehörigkeit, Geschlecht
oder Alter erworben werden können; sie legen Klassensysteme als
lizensierte und legitimierte Verfügungsweisen über Mehrwert fest.
Die zwei Entwicklungslinien – technischer Fortschritt und quantitative Zunahme des Mehrprodukts, die sich zu Netzwerken einer
durch Kontrolltechniken befestigten Ungleichheit verknüpfen – abstrahieren vom historischen Charakter der Bedürfnisse und der Technologie. Die objektive Struktur der Gesellschaft erscheint in einer
Metaphysik der Produktivkräfte, welche die Legitimation politischer
Herrschaft stützt.

1.5.11 Lebenswelt und System

In kapitalistischen Wirtschaftssystemen sieht Habermas ein fortge-
schrittenes Niveau der Systemdifferenzierung eigenen Rechts. Integration vollzieht sich nicht mehr im Medium des Tauschwertes, sondern über Normen und Werte oder Prozesse der Verständigung. Die
Werttheorie biete keine Grundlage für ein Konzept der Verdinglichung, das es gestatten würde, Syndrome der Entfremdung relativ
zum jeweils erreichten Grad der Rationalisierung in der Lebenswelt
zu identifizieren; sie sei die Überverallgemeinerung eines speziellen
Falls der Subsumtion der Lebenswelt unter Systemimperative und erlaube schließlich keine Unterscheidung zwischen der Auflösung traditionaler und der Zerstörung posttraditionaler Lebenswelten (vgl.
Habermas 1981). Daher hält er eine Betrachtungsweise, welche die
ökonomischen Bewegungsgesetze der Gesellschaft methodisch isoliert, für obsolet; sie könne nur so lange beanspruchen, den Lebens-

zusammenhang der Gesellschaft in wissenschaftlichen Kategorien zu erfassen, als Politik von der ökonomischen Basis abhängig ist und diese nicht schon als Funktion von Staatstätigkeit und politisch ausgetragenen Konflikten begriffen werden muß. Habermas faßt diese Unabhängigkeit der Politik, den Spielraum staatlicher Intervention, so weit, daß sich die Perspektive einer Dauerregulierung der Wirtschaftsprozesse, verbunden mit einer weitgehenden Ausdehnung sozialer Entschädigung, ergibt, daß eine kritische Theorie der Gesellschaft mithin auf eine Analyse der ökonomischen Dimension sozialer Konflikte und der den Interventionismus begrenzenden Interessenstrukturen zwanglos verzichten könne.

Die Interpretation der kapitalistischen Entwicklung in den Kategorien Industrialisierung und verzerrter Interaktion sieht die Dialektik des Klassenantagonismus als eine Bewegung der Reflexion, die sich aus dem Dunkel der Warenform befreit und Kapitalisten wie Lohnarbeitern den Gegenstand ihres Streits durch umfassende Kommunikation kenntlich macht; sie reduziert den ‹Klassenkampf› auf eine Auseinandersetzung um das Mehrprodukt und verknüpft dessen Distribution nicht mit dem Produktionsprozeß, sondern mit der Eigentumsordnung. Soziale Bildungsprozesse allein lösen in dieser Perspektive die Dogmatik überwundener Herrschaftsformen und Ideologien auf und verschieben stufenweise die Proportionen in der Aneignung des Mehrprodukts. Entfremdung büßt die ökonomisch sinnfällige Gestalt des Elends ein. Der Ausschluß von der Verfügung über Produktionsmittel ist nicht mehr mit dem Entzug von sozialen Leistungen in der Weise verbunden, daß diese objektive Lage auch subjektiv erfahren und in Handlungen umgesetzt wird.

Habermas begreift Gesellschaften als Systeme und Lebenswelten. Lebenswelten stellen einen kulturell überlieferten und sprachlich organisierten Vorrat an Deutungsmustern bereit. Die Kommunikationsteilnehmer finden den Zusammenhang zwischen objektiven, sozialen und subjektiven Weltbereichen inhaltlich interpretiert vor. Die Lebenswelt verdankt ihre Gewißheit einem in die Intersubjektivität sprachlicher Verständigung eingebauten sozialen Apriori. Habermas schlägt vor, die Abstimmung von Handlungsorientierungen von Mechanismen zu unterscheiden, die nicht intendierte Handlungszusammenhänge über die funktionale Vernetzung von Handlungsfolgen stabilisieren. Die Integration eines Handlungssystems wird in einem Fall durch einen normativ gesicherten oder kommunikativ erzielten Konsens, im anderen Fall durch eine über das Bewußtsein der Aktoren hinausreichende nicht-normative Regelung von Einzelentscheidungen hergestellt.

Zielgerichtete Handlungen werden freilich nicht nur über Prozesse der Verständigung koordiniert, sondern über funktionale Zusammenhänge, die nicht intendiert sind. In der sozialen Evolution differenzieren sich Lebenswelt und System. Mit der Differenzierung entstehen entsprachlichte Medien wie Geld und Macht und eine kapitalistisch bedingte, zunehmend klassenunspezifisch sich auswirkende Verdinglichung kommunikativ strukturierter Handlungsbereiche. Die gesellschaftliche Institutionalisierung der Steuerungsmedien von Handlungsfolgen führt zur Abkoppelung der Subsysteme zweckrationalen Handelns von der Lebenswelt. Die vorherrschende instrumentelle Rationalität dringt in die Bereiche der Lebenswelt ein und ruft in deren symbolischer Reproduktion Störungen hervor. Der Protest entsteht in der Habermasschen Perspektive zwischen System und Lebenswelt: Bei der Verteidigung bedrohter Lebensweisen geht es um deren Kern, die kommunikative Rationalität. Durch das Wachstum des monetär-bürokratischen Komplexes werden Handlungsbereiche berührt, die nicht ohne pathologische Nebenwirkungen auf systemintegrative Mechanismen umgestellt werden können.

Für Bewegungen, die alternative Lebens- und Arbeitsformen zum Ziel haben, treffen diese Annahmen sicher zu; doch schon für die Ökologiebewegung werden sie problematisch. Habermas müßte hier seine These umkehren und eine Kolonisierung der Systeme durch Lebensweltimperative konstatieren, denn nur auf den ersten Blick scheinen diese Bewegungen keine neuen Lebensbedürfnisse verwirklichen zu wollen. Sie richten sich jedoch auf andere Auffassungen von Recht und Moral, individuelle Freiheit, Selbstverwirklichung und Kreativität – auf eine ‹andere› Vergesellschaftungsform insgesamt. Gerade aber weil sie eine andere Vergesellschaftungsform zum Ziel haben, zielen sie auf das destruktive Steuerungspotential des Systems im ganzen. Diese Formen politischer Praxis tendieren dazu, neue selbstbestimmte Formen von Vergesellschaftungsprozessen zu etablieren. Habermas müßte einerseits erklären können, wie vom Boden der rationalisierten Lebenswelt aus Formen von Vergesellschaftung entstehen, die die aus seiner Sicht abgekoppelten mediengesteuerten Subsysteme wieder einholen könnten. Er müßte andererseits zeigen können, daß der gemeinsame lebensweltliche Vorrat von Symbolen so weit reicht, daß Strategien und Entscheidungen über Reproduktionsbedingungen selbst noch zwanglos aus ihm hervorgehen. Was aber verbirgt sich hinter der funktionalen Vernunft der Systemerhaltung? Warum eigentlich soll es nicht mehr der Systemzusammenhang der Selbstverwertung des Kapitals sein? Welchen Kriterien folgt die Steigerung der Systemkomplexität in Wirtschaft und Staat? Warum stehen sie zu ‹Freiheit› und ‹Demokratie› in Widerspruch? Die Vorstellung einer normfreien Sozialität von Systemen, beispielsweise der des Marktes, abstrahiert von Regulativen wie Nutzenmaximierung, Marktordnungen und Garantien durch den Staat. Formale Organisationen sind ebensowenig normfrei, wie der Kapitalismus machtfrei ist. Märkte beispielsweise sind auf institutionelle Rahmenbedingungen angewiesen. Lebenswelten haben sich historisch nicht eigenständig entwickelt, sondern waren vielmehr Objekt intervenierender Strategien (Erziehung, Kunst, Wissenschaft, Sexualität). Die Gegenüberstellung normfreier und sprachlich regulierter Systeme ist irreführend. Gleichwohl entzieht sich die kapitalistische Produktionsweise als ganze einer formalen Organisation, wie sie Habermas in der staatlichen Verwaltung und im kapitalistischen Betrieb verkörpert sieht. In diese zeitdiagnostischen Überlegungen gehen Überzeugungen ein, die selbst nicht theoretisch begründet sind – der wohlfahrtsstaatlich organisierte Kapitalismus sei ein rational organisiertes System, und Krisen könnten dauerhaft reguliert werden, Interessengegensätze seien korporatistisch auflösbar oder könnten sozialstaatlich latent gehalten werden.

1.5.12 Neue und alte soziale Ungleichheit

Die ursprüngliche Akkumulation und die Herausbildung der bürgerlichen Gesellschaft beruhen auf der Anwendung außerökonomischer Gewalt. Diese Entpolitisierung wird mit der zunehmenden Konzentration und Zentralisation des Kapitals durchbrochen. Das in den Arbeitsmarktverhältnissen verborgene Klassenverhältnis erfährt mit der erweiterten Reproduktion eine Repolitisierung, der subsidiäre Charakter der Staatätigkeit wird aufgelöst. Der Staat garantiert einerseits institutionelle Rahmenbedingungen der Gesellschaft, ist andererseits auf objektive Bedingungen der Kapitalverwertung und die Basisideologie des gerechten Tauschs festgelegt. Den staatlich regulierten Kapitalismus kennzeichnen zwei Systemprobleme: die Sicherung gleichgewichtigen ökonomischen Wachstums und die Sicherung von Loyalität, die Unterstützung durch die Mehrheit der

Bevölkerung. Dabei entsteht das Problem, wie das Prinzip der Ge-
winnmaximierung mit einer Steigerung des Sozialprodukts verknüpft
werden kann und globale Ziele wie Wachstum und Beschäftigung, die
für die Erhaltung der Massenloyalität entscheidend sind, erreicht werden können. Die Konzentration ökonomischer Macht zerstört den
Schein, wonach sich die Distribution des Produktionsergebnisses
allein den auf Chancengleichheit beruhenden Bedingungen des
Tauschverkehrs verdankt. Mit zunehmenden Eingriffen in die Produktion bedarf staatliches Handeln der Legitimierung. Randbedingungen
bleiben der öffentlichen Diskussion entzogen. Partizipationschancen
werden in westlichen Demokratien über periodisch stattfindende
Wahlen gesichert. Politische Entscheidungen freilich bleiben davon
ausgenommen. Eingeengt durch Bedingungen privater Kapitalverwertung, verbürgt staatliche Politik die Einhaltung von Existenzmi-
nima und befriedigt oder absorbiert konfliktfähige Interessen.

Der wohlfahrtsstaatliche Kapitalismus, gekennzeichnet durch
einen stetigen Aufschwung nach dem Zweiten Weltkrieg, befindet
sich heute in einem tiefgreifenden Prozeß struktureller Veränderungen. Durch den zunehmenden Einsatz arbeitskräftesparender Technologien werden Produktions- und Beschäftigungssystem entkoppelt.
Die gegenwärtige Gesellschaft ist gekennzeichnet durch eine höhere
Problemanfälligkeit wegen der Größenordnung ihrer Unternehmungen und der Risiken ihrer Technologien. Die bei endlichen Ressourcen wachsende Güterproduktion, die Zentralisierung von Kapital
und Entscheidungen führen zu einer Externalisierung von Problemen
und Risiken. Die sozialen und ökologischen Folgekosten der industriellen Produktionsweise geraten zunehmend ins Blickfeld ebenso
wie die Notwendigkeit ihrer sozialpolitischen Kompensierung. Die
staatliche Subventionierung wirtschaftlich-technischer Entwicklungen setzt Prioritäten bei der Verwendung von Mitteln und zukünftigen gesellschaftlichen Entwicklungen. Gleichzeitig beeinflußte die
Technostruktur ausgereifter Betriebe die Nachfrage für deren Erzeugnisse oder Produktionsprogramme: Einerseits gelingt es den
technologieintensiven Industrien, staatliche Finanzmittel für verwer-
tungs- und konkurrenzbestimmte Technologien zu mobilisieren, andererseits werden durch ein verlangsamtes Wirtschaftswachstum und
politische Entscheidungen Möglichkeiten monetärer Transfers eingeschränkt, auf denen die Sozialpolitik beruht, verschärfen sich Vertei-
lungskämpfe.

Wachsende Teile der Bevölkerung werden aus der Erwerbsarbeit in weniger normierte und damit auch weniger geschützte Bereiche gedrängt. Mit dem soziokulturellen Wandel sind neue Individuierungs- und Lebensformen, wechselnde Lebenslagen und -stile verbunden, werden Gefährdungslagen verallgemeinert und soziale Schichten nivelliert. Gleichwohl gelten Ehe und Familie als Reproduktionszusammenhang der Frau und Erwerbsarbeit als der des Mannes, Existenzsicherung ist nach wie vor an das Erwerbseinkommen gekoppelt. Subsidiäre Sicherungen sind daran orientiert. Das soziale Leben wird stärker durch jenseits der Produktionssphäre liegende Vorgänge definiert. Insofern läßt sich das Ausmaß sozialer Ungleichheit nicht mehr als ungebrochener Reflex ökonomischer Machtverhältnisse interpretieren, ist vielmehr durch staatliche Umverteilung bestimmt; die Einkommensverteilung verliert im kapitalistischen Wohlfahrts- und Interventionsstaat ihre Bedeutung für die Verteilung konkreter Lebenschancen: Das verfügbare Einkommen eines durchschnittlichen Haushalts stammt zu etwa einem Viertel aus politisch administrierten Transferleistungen. Der Anteil der «Versorgungsklassen» (Lepsius) wächst und damit die politisch administrative Prägung sozialer Ungleichheit durch normative Regelungen und «Definitionsmacht». Zwar geht gesellschaftliche Wertschöpfung auf Arbeit zurück; diese Primärverteilung gesellschaftlichen Reichtums wird durch die Umverteilung sekundärer Revenuen, durch den Kauf von Diensten, durch Abgaben und Steuern sowie Beiträge zu kollektiven Fonds modifiziert. Unter Berücksichtigung von Transfers ergibt sich mithin ein Schichtungssystem monetärer Ungleichheit (vgl. Bischoff u. a. 1982). Ein Rückschluß auf Lebensbedingungen erlaubt die Betrachtung von Haushalten insgesamt und Realtransfers in öffentlich zur Verfügung gestellte Güter und Dienstleistungen (vgl. Kreckel 1983; Glatzer & Zapf 1984). Die kollektive Daseinsvorsorge sichert ihrem Anspruch nach die Befriedigung wichtiger Bedürfnisse wie soziale und psychische Sicherheit, Gesundheit, Bildung und Infrastruktur. In dieser Perspektive können noch verbleibende Konflikte gewissermaßen als Nebenfolgen eines politischen Steuerungssystems durch das Verteilungssystem korrigiert werden, wenngleich es immer noch die Gruppen privilegiert, die für die Gesamtgesellschaft unentbehrlich sind, und Lebensbereiche und Gruppen unterprivilegiert, die keine systemrelevanten Risiken hervorrufen können.

Vor diesem Hintergrund bieten weder abstrakte, nicht auf die gesellschaftliche Totalität bezogene Klassenmodelle eine zureichende Erklärung noch Schichtenmodelle eine zureichende Beschreibung.

Beide berücksichtigen spezifische Aspekte der Konstitution sozialer Ungleichheit nicht: branchen- und berufsspezifische Arbeitsplatzrisiken, geschlechtsspezifische Berufschancen, regional unterschiedliche Arbeitsmarkt- und Freizeitchancen, technologisch bedingte Arbeitsplatzbedingungen und Disparitäten.

Andererseits lassen empirische Befunde den Schluß zu, daß sich Veränderungen der Einkommensverteilung in engen Grenzen halten, auch wenn sich eine Nivellierung im mittleren Bereich und eine stärkere Ausprägung der Randbereiche zeigt. Die Zahl der Armen mit einer Einkommensgrenze, bei deren Unterschreiten Leistungen nach dem Bundessozialhilfegesetz wirksam werden, hat in der Bundesrepublik Deutschland zugenommen. Die Einkommensproportionen zwischen den Arbeitnehmergruppen haben sich nicht wesentlich verändert.

Die Prestigeordnung der Berufe ist im wesentlichen unverändert. Die Ausweitung der Bildungchancen hat die Erfolgsmöglichkeiten im Berufsleben insgesamt nicht verbessert. Nach wie vor geht die soziale Selektion im Bildungssystem nach sozialer Herkunft vor allem darauf zurück, daß die kognitiven, motivationalen und sprachlichen Anforderungen zwischen schulischen und familiären Interaktionssystemen erheblich voneinander abweichen. Die soziokulturelle Anpassungsleistung für Kinder aus Arbeiterfamilien ist hoch. Für Lebenslagen, die sozialstrukturell bedeutsam sind, gelten als Parameter die Infrastruktur der Wohngebiete, die Ausstattung der Wohnungen, soziale Herkunft, kulturelle Tradition, intergenerative Bindungen an soziale Lagen und die Differenzierungskraft sozialer Milieus, Arbeitsplatzsicherheit, Gesundheitsrisiken, Freizeitmöglichkeiten, Nationalität. Die Korrelationen zwischen Wohlfahrtsbereichen bewegen sich auf niedrigem Niveau. Starke Interdependenzen finden sich nur zwischen Bildungsgrad, beruflicher Position, Einkommen und Wohnbedingungen sowie zwischen Bildung, Einkommen, Partizipation und Sozialbeziehungen. Die typische Konfiguration ist ein Nebeneinander von Privilegien und Deprivationen. Insbesondere Gastarbeiter und alte Menschen weisen eine hohe Statusinkonsistenz auf (vgl. Strasser & Goldthorpe 1985).

In der Perspektive der funktionalistischen Schichtungstheorien ruft soziale Ungleichheit jene Motivationen hervor, die für Ausbildungsprozesse erforderlich sind, und stellt damit den Bedarf industrieller Gesellschaften an aufgabenadäquaten Qualifikationen und Leistungen sicher. Diese funktionalistische Erklärung kombiniert eine universale Tendenz des Wertens mit einer marktmodellhaften Erklärung aus der Knappheit der Fähigkeiten zur Ausübung von Funktionen. Sie setzt den hierarchischen Aufbau einer Gesellschaft mit einer Funktionsdifferenzierung gleich. Das Belohnungssystem ist im Wertsystem verankert, Prestige ist ein von herrschenden kulturellen Leitbildern bestimmter subjektiver Reflex auf objektive Tatbestände. Die verschiedenen Typen von Schichtungssystemen werden bestimmt durch den Spezialisierungsgrad, den Vorrang von Funktionen, die Mobilitätschancen und das Ausmaß der Schichtensolidarität. Schichtungssysteme grenzen faktisch die Entwicklung von Fähigkeiten ein und sind mit institutionalisierter Herrschaft eng verbunden. Die unterschiedliche funktionale Bedeutung von Positionen kann nicht eindeutig beschrieben werden: die intrinsische Befriedigung mit der ausgeübten Tätigkeit kann in bestimmten Berufen formale Belohnung kompensieren. Die Bedeutungshierarchie der Tätigkeiten variiert mit der Bestimmung des Zielzustandes von Gesellschaften.

Im Bezugssystem von Lebenszielen analysiert Hradil Lebens- und Handlungschancen, die durch gesellschaftlich hervorgebrachte Lebensbedingungen dauerhaft vorgegeben sind (vgl. Hradil 1987). Neidhardt sieht die Faktoren Geld, Macht, Prestige und Wissen, Bourdieu die unterschiedlichen Verfügungsmöglichkeiten über ökonomisches, kulturelles und soziales Kapital (vgl. Bourdieu 1982). Giddens thematisiert den Prozeß der sozialen Strukturierung über Besitz, Qualifikation und physische Arbeitsfähigkeit (vgl. Giddens 1979).

Fürstenberg geht von der Annahme aus, daß die Sozialstruktur durch dauernde Schichtungs- und Umschichtungsprozesse konstituiert wird, d. h. durch die unterschiedliche Bewertung sozialer Handlungen aufgrund normenbildender Legitimationsverfahren. Die Sozialstruktur wird damit zu einem Wirkungszusammenhang sozialer Felder, die durch widersprüchliche Normensetzungen und Interpretationen gekennzeichnet sind; in ihnen verbinden sich objektive und subjektive Sachverhalte. Soziale Handlungsfelder werden durch Interessen geordnet, zeigen unterschiedliche Veränderungspotentiale von sozialen Lagen, Kontrolle über Personen, Ressourcen und Handlungsbedingungen, Stabilisierung von Interessenlagen und Lebensformen. Legitimationen sozialer Beziehungen entstehen dann, wenn Interessen durch anerkannte Verfahren koordiniert und an Zielen orientiert werden können. In dieser Feldtheorie wird soziale Schichtung zum Ergebnis strukturverändernder Konflikt- und Kon-

sensverhältnisse, geht aus revidierbaren Positionen im Verteilungs-
kampf, aus Veränderungspotentialen sozialer Lagen und dem Akti-
vitätspotential von Interessen hervor.

Kreckel betont die Bedeutung horizontaler Disparitäten wie ge-
schlechtsspezifischer Differenzierungen; regionale Unterschiede,
Benachteiligung von Randgruppen oder der unterschiedliche Zugang zu öffentlichen Gütern werden wirksam. Für Kreckel beschreibt die *Zentrum-Peripherie-Metapher* ein Spannungsfeld, das
typischerweise durch Kräftekonzentration im Zentrum und Kräfte-
zersplitterung an der Peripherie gekennzeichnet ist. «Periphere
Lagen sind strukturell verankerte Bedingungskonstellationen, aus
denen sich für die Betroffenen Benachteiligungen hinsichtlich ihrer
Zugangsmöglichkeiten zu allgemein verfügbaren und erstrebenswer-
ten materiellen und/oder symbolischen Gütern und hinsichtlich ihres
Spielraums für autonomes Handeln ergeben. Periphere Lagen können in lokalen, regionalen, nationalen und weltweiten Struktur-
zusammenhängen auftreten, die einander überlagern können»
(Kreckel 1985). Periphere Lagen gehen auf mangelnde Konflikt-
fähigkeit zurück, die sich ihrerseits aus einem institutionalisierten
oder gewaltsam durchgesetzten Ausschluß von dominierenden
Machtressourcen ergeben. Offen bleibt, worauf gesellschaftliche
Durchsetzungsfähigkeit beruht und ob die unterschiedlichen Ebenen
sozialer Ungleichheit interdependent sind.

Globale Gefährdungen führen zu Lebensrisiken, die alle gleichermaßen betreffen. Diese Risiken sind anschaulich und wissenschaftlich erkennbar. Sie erzeugen Druck zu ihrer Bewältigung. Vertei-
lungskonflikte werden abgelöst von Versuchen zur Vermeidung,
Verteilung und Verschleierung von Risiken (vgl. Beck 1983). Die
Klassenlage weicht in dieser Perspektive einer Gefährdungslage, für
deren Einschätzung die Betroffenen nicht mehr kompetent sind. Ex-
pertensysteme gewinnen orientierenden Charakter. Gleichzeitig ruft
das produktionstechnisch gewendete Wissen Risiken hervor. Lebensformen und Merkmale objektiver Lagen verlieren an Kraft in
einem Prozeß, der Individuen aus traditionellen kulturellen Beziehungen sowie Herrschaftszusammenhängen löst und auf die privati-
sierte Lebenswelt zurückwirft. Beck läßt die Frage offen, wie gesellschaftliche Strukturen aussehen, welche die Universalisierung von
Gefährdungslagen vorantreiben, welche Widersprüche den Prozeß
der Individuierung kennzeichnen und welche Notwendigkeiten es
für die Produktion von Risiken gibt (vgl. Beck 1986). Auch für ihn

bleiben Produktion und kapitalistische Entwicklungslogik die Bezugsebene neben Markt und Arbeitswelt.

Andere Ansätze variieren ein Grundmuster, ohne es analytisch aufzuschlüsseln: die Verfügung über bzw. den Ausschluß von Ressourcen, Geldkapital und damit verbundene Entscheidungen über Investitionen, sachliches Kapital und damit verbundene Kontrolle über Produktionsmittel und Arbeitsabläufe.

1.5.13 Politische Steuerung und gesellschaftliche Entwicklung

Im Jahre 1817 beschreibt Robert Owen die im kommenden Jahrhundert zu erwartenden Folgen, wenn die Manufakturen allgemein verbreitet sein werden. Der Aufbau der Gesellschaft auf dem Grundsatz von Gewinn bringt einen neuen Menschentypus hervor – unstet, nomadenhaft, ohne Selbstachtung und Disziplin. Unter den Bewohnern wird eine neue Wesensart entstehen, die dem Glück des einzelnen und der Allgemeinheit abträglich ist. Beklagenswerte und andauernde Mißstände müssen durch gesetzliche Eingriffe behoben werden.

Dabei schien der wirtschaftliche Liberalismus das Problem der Armut zu lösen. Die Nachfage der Baumwollspinnereien nach Arbeitskräften war so groß, daß sie sogar Kinder einbezog. Manche Fabrikanten waren bereit, für die Beschäftigung der Armen zu bezahlen. Die ‹Vermietung› der Armen, sei es nur gegen Unterhalt, war billiger als die Bestrafung und Bekämpfung der Landstreicherei. Staatliche Politik konnte entlastet werden. Es gab keine Unterstützung für arbeitsfähige Arbeitslose, keine Minimallöhne und keine Sicherung des Rechts auf Unterhalt. Die Arbeitskraft wurde kommerzialisiert, als noch die Gesetze der Natur als Gesetze des Geschäftsverkehrs galten. Andererseits reflektiert schon der Utilitarismus die damit verbundenen Widersprüche, noch bevor sich die klassische Nationalökonomie ihnen zuwendet. Eigentlich sei es Aufgabe der Regierung, die Not zu vergrößern, um damit den Hunger als Druckmittel wirksam werden zu lassen. Andererseits würde die große Masse der Bürger voraussichtlich wenig mehr besitzen als ihre Arbeitskraft und daher immer in Not sein. Daher müßte ein regelmäßiger Beitrag zur Linderung der Not geschaffen werden, obwohl dadurch theoretisch Not und Fleiß verringert würden.

Die ‹Marktwirtschaft› wurde zu einer Bedrohung, der man mit Fabrik- und Sozialgesetzen begegnen mußte. Zwei Prinzipien konfligierten: Das eine war das Prinzip des Wirtschaftsliberalismus, das auf einen selbstregulierenden Markt abzielte und durch die gewerbetreibenden Schichten unterstützt wurde; das andere war das Prinzip der Erhaltung der Gesellschaft, des Menschen und der Natur, unterstützt von allen, die von den Folgen der Marktökonomie betroffen wurden. Dabei sind die ‹freien› Märkte durch Intervention entstanden, die Baumwollfabriken mit Hilfe von Schutzzöllen, Exportprämien und indirekten Lohnsubventionen. Der Wirtschaftsliberalismus selbst bedarf einer wachsenden Interventionstätigkeit des Staates.

Gesellschaftliche Systeme oder ihre Untersysteme müssen mehrere Probleme gleichzeitig lösen. Die gegenwärtige Struktur ist durch unvereinbare Systemimperative gekennzeichnet. Sie entstehen dann, wenn die Lösung eines Problems die Entstehung eines neuen zur Folge hat oder Problemlösungen sich widersprechen. Ein augenfälliges Beispiel dafür ist der Umstand, daß eine Senkung der Reallöhne zwar die Verwertungsbedingungen für investives Kapital verbessert, gleichzeitig aber den Absatz von Waren begrenzt. Oder: Maßnahmen zur Erhöhung der Nachfrage lassen Verteilungsstrukturen unangetastet. Oder: Bei einer Verteuerung der Außenfinanzierung von Investitionen durch eine restriktive Geldpolitik besteht für den oligopolistisch strukturierten Sektor der Ökonomie die Möglichkeit, durch Preiserhöhungen auf eine Binnenfinanzierung auszuweichen. Die durch den ökonomischen Krisenprozeß verschärften gesellschaftlichen Widersprüche und Konflikte erzwingen Versuche zu einer systematischen Steuerung des Reproduktionsprozesses. Zunächst subsidiär wird die Staatsverwaltung in Einzelbereichen, dann umfassender bei der Organisierung wissenschaftlich-technischen Fortschritts tätig. Die tendenzielle Übernahme der Innovationsproduktion durch den Staat wird durch die Unfähigkeit auch der größten Einzelkapitale erzwungen, die zu ihrer Reproduktion erforderlichen Innovationsleistungen allein zu erbringen. Das Marktsystem erweist sich als unfähig, die Folgen einer faktisch vergesellschafteten Produktion unter Bedingungen privater Aneignung zu verarbeiten. Staatliches Handeln muß also in den gesamtwirtschaftlichen Kreislauf mit Mitteln globaler Planung eingreifen, Verwertungsbedingungen für Kapital schaffen und verbessern. Das politische System ist jedoch nicht in der Lage, eine umfassende Zielbestimmung der ökonomischen Entwicklung zu definieren – ihren Gebrauchswert für die Gesellschaft und ihre Mitglieder, wie sie für eine integrative Systemplanung erforderlich wäre. Hinzu kommt, daß die Kompensation der destruktiven Effekte einer sich kapitalistisch verwissenschaftlichenden Produktion für Natur und Gesellschaft ihrerseits den Einsatz wachsender staatlicher Mittel erfordern. Die politische Steuerung steht vor dem Problem, verfahrenstechnische mit arbeitsmarktpolitischen und Kriterien sozialer Akzeptanz in der Perspektive eines guten Lebens für alle zu verbinden.

Nach einem systemtheoretischen Krisenbegriff entstehen Krisen, wenn die Struktur eines Gesellschaftssystems weniger Möglichkeiten der Problemlösung zuläßt, als zur Bestandserhaltung in Anspruch genommen werden müssen; die Annahmen der modernen Systemtheorie beziehen die Komplexität von Systemen auf Generalisierung und funktionale Differenzierung: Systeme entlasten individuelles Handeln und strukturieren dessen Sinnhorizont. Steuerungsmedien stellen Integration auf dem Weg der Abstraktion von individuellen Motiven her. Die mit der Evolution verbundene funktionale Differenzierung führt freilich zur Vermehrung von Kontingenzen, die Krisenform annehmen können. Ausdifferenzierte Subsysteme stellen ein Netzwerk komplementärer Leistungssteigerung dar, das an manchen Stellen innerhalb einer fundamentalen Problematisierung der Bestandserhaltung reißen kann. Allerdings besteht hier die Schwierigkeit, Grenzen und Bestand sozialer Systeme eindeutig zu bestimmen.

Die zentralen Annahmen der *politischen* Krisentheorie stellen für hochentwickelte Gesellschaften eine Inkongruenz zwischen utilitären und normativen Erwartungen fest, die sich aus dem Funktionszuwachs des politischen Systems ergibt: Die Folgewirkungen des Vergesellschaftungsprozesses stellen den Fortbestand der durch das Kapital strukturierten Formation in Frage, weil die informationellen Defizite des Marktes zu Realisierungskrisen führen. Das im Kern utilitaristisch orientierte Marktsystem erweist sich als unfähig, die Folgen einer vergesellschafteten Produktion unter Bedingungen privater Aneignung zu verarbeiten. Der Staatsapparat reguliert den gesamtwirtschaftlichen Kreislauf mit Mitteln globaler Planung. Er schafft und verbessert Verwertungsbedingungen für überschüssig akkumuliertes Kapital und ergänzt und substituiert damit Verwertungsmechanismen. Mit der Funktionsschwäche des Marktes und den dysfunktionalen Nebenfolgen dieses Steuerungsmechanismus bricht auch die bürgerliche Basisideologie des gerechten Tauschs zusammen. Im politischen System wird daher das Steuerungsmedium Tausch durch das Medium Entscheidung ersetzt; die Handlungsprämissen können damit aber nicht mehr einer Umwelt entnommen werden, sondern werden zum Gegenstand von Entscheidungen, die ihrerseits der Begründung bedürfen: Legitimation tritt an die Stelle von als prinzipiell lösbar aufgefaßten Verwertungsschwierigkeiten des Kapitals (vgl. Habermas 1973). Mit zunehmenden Eingriffen ist der Staat gezwungen, sein Handeln bei der selektiven Verwendung von Mitteln zu begründen. Habermas verallgemeinert diese Perspektive zu einer Theorie, welche die Entwicklung von Klassengesellschaften unter dem Aspekt begreift, gesellschaftlichen Reichtum ungleich und legitim zu verteilen. Weltbilder übernehmen eine legitimierende Funktion, die durch Produktivitätsüberschüsse historisch immer wieder in Frage gestellt werden kann. Krisentendenzen verschieben sich vom ökonomischen in das administrative System, das Konfliktpotential verlagert sich in Randgruppen, die gegenüber den Errungenschaften der sozialen Evolution resistent sind und mit Motivationsentzug Legitimationskrisen hervorrufen. Problematisch bleiben die Voraussetzungen dieser krisentheoretischen Ansätze deshalb, weil sie von einer krisenhaften, aber möglichen Dauerregulierung wirtschaftlicher Prozesse, einer sozialstaatlichen Eingrenzung des Klassenkonflikts und einer Minimierung von Verteilungsungerechtigkeiten ausgehen.

Die *ökonomischen* Krisentheorien konzentrieren sich auf den Aspekt einer auf die Schaffung von Gebrauchswerten, jedoch am Kapitalverwertungsprozeß orientierten Produktionsweise. Unter Bedingungen privater Aneignung des Mehrwerts wächst die Produktionskapazität für Konsumgüter relativ schneller als die effektive Nachfrage. Die Unternehmer tätigen keine weiteren Investitionen, da die Waren nicht zu ihrem Wert auf dem Markt realisiert werden können, kurz: Das System wird tendenziell unfähig, die nötige Kaufkraft hervorzubringen, um den Wachstumsprozeß aufrechtzuerhalten. Das *Überakkumulationstheorem* besagt, daß Wirtschaftskrisen auf Verwertungsschwierigkeiten des Kapitals zurückgehen, die in ‹niedrigen› Profiten zum Ausdruck kommen. Ein Fall der Profitrate wirkt auch dann krisenverursachend, wenn er in einer Periode stagnierenden technischen Fortschritts durch Lohnsteigerung hervorgerufen wird. Nach dem *Überproduktionstheorem* ergeben sich zyklische Krisen aus Überproduktion, welche die sinkenden Profitraten zur Folge haben, weil die aus den Lohneinkommen gespeiste Massenkaufkraft in einer Periode starken technischen Fortschritts sinkt.

Das Wertmodell der Kapitalentwicklung von Marx besagt, daß Akkumulation von einer wachsenden organischen Zusammensetzung des Kapitals begleitet wird. Diese immanente Logik drückt sich in einer sinkenden Proportion des variablen im Verhältnis zum konstanten Kapital aus. Das Gesetz vom tendenziellen Fall der Profitrate besagt, daß die durch das Kapital in seiner historischen Entwicklung herbeigeführte Entwicklung der Produktivkräfte an einem gewissen Punkt die Selbstverwertung des Kapitals aufhebt. Das Kapitalverhältnis wird zur Fessel der Produktivkräfte. Freilich hat Marx selbst entgegenwirkende Tendenzen angegeben, die den Fall der Profitrate hemmen und die Wirkung des Gesetzes abschwächen: eine Steigerung des absoluten Mehrwerts, Verlängerung des Arbeitstags, eine

Anhebung des relativen Mehrwerts, die Intensivierung des Produktionsfaktors Arbeit, Senkung des Arbeitslohns unter den Wert der Arbeitskraft, Verbilligung der Elemente des Sachkapitals, lohndrükkende Überbevölkerung, auswärtiger Handel und zunehmendes Aktienkapital. Die zentrale These der Werttheorie beschreibt die Tendenz eines historischen Prozesses, die Möglichkeit der Krise aufgrund der allgemeinen Natur des Kapitals.

Die monopolistische Warenproduktion ist durch die Aufhebung des Preismechanismus und die mögliche Selbstfinanzierung von Investitionen gekennzeichnet. Sie ermöglicht weder die Ausnutzung der Ressourcen noch den höchstmöglichen volkswirtschaftlichen Überschuß – die Differenz zwischen der Produktion bei Vollbeschäftigung und dem Existenzminimum.

Mit den Strategien der Krisenvermeidung, die sich auf ökonomische Interventions- und soziale Integrationspolitiken richten, werden Probleme des ökonomischen Subsystems der Gesellschaft auf das politische verlagert, ohne daß es zu einer ursachenadäquaten Verarbeitung in der Lage wäre. Das nur fallweise und indirekte Reagieren zieht seinerseits Folgeprobleme nach sich, in denen die rationalen Momente des fallweisen Reagierens völlig verschwinden können. Schließlich werden die unbeabsichtigten größer als die beabsichtigten Effekte.

Die politische Steuerung beansprucht Kriterien einer gesamtgesellschaftlichen Rationalität, die faktisch jedoch eng begrenzt ist. Entwicklungskonzepte, die Vor- und Nachteile technischer Innovationen gegeneinander abwägen oder deren gesamtökonomische Produktivitätseffekte abschätzen, sind in der Vergangenheit, wie zahlreiche Beispiele zeigen, nicht realisiert worden; Versuche, für politische Interventionen in einem öffentlichen Dialog Zustimmung zu sichern, sind gescheitert. Das 1975 von Volker Hauff und Fritz Scharpf vorgelegte Industriekonzept für die Bundesrepublik Deutschland forderte z. B. die Verringerung der internationalen Abhängigkeit der deutschen Wirtschaft in den Bereichen Energie und Rohstoffe und die Entwicklung neuerer Technologien, um eine Wiederverwendung knapper Ressourcen und eine geringere Belastung der Umwelt zu ermöglichen; außerdem sollten kleinere und mittlere Unternehmen gefördert werden. Die von der Bundesregierung eingesetzte «Kommission für den wirtschaftlichen und sozialen Wandel in der Bundesrepublik» vertrat eine ähnliche Position. Beiden Konzepten war die Forderung nach Anpassungs- und Umorientierungshilfen gemeinsam, die an die

Stelle von Erhaltungssubventionen treten sollten (vgl. Hauff &
Scharpf 1975). Eine Untersuchung des sich seit 1970 vollziehenden
Strukturwandels in den Industrieländern unter dem Gesichtspunkt
der Umweltentlastung durch Veränderung der Produktionsstruktur
ergibt demgegenüber für die BRD eine Mischung aus bloß reaktiver
Strukturpolitik und laissez faire: Staatliche Förderungsmaßnahmen
wirken als Erhaltungssubventionen und steigern die Produktivität zu
Lasten der Beschäftigung.

Eine Theorie des *ökonomischen* Staatsversagens kommt daher zu
dem Ergebnis, daß der Preis der öffentlichen Güter zu hoch ist und
nur mit einem großen Ausmaß an Verschwendung überhaupt produziert werden kann. Im Verwaltungsapparat fehlen Erfolgskontrollen
und Effektivitätsanreize. Die Zeitperspektive staatlichen Handelns
reicht über Legislaturperioden nicht hinaus. Das *politische* Staatsversagen ist dadurch gekennzeichnet, daß Probleme nicht vermieden,
sondern Symptome lediglich bekämpft werden. Die Paradoxie besteht darin, daß mit dem Kurieren an Symptomen nicht-intendierte
Nebenfolgen entstehen, die ihrerseits ‹steuernde› Funktionen haben
(vgl. Jänicke 1986).

Mit der bloßen Verbesserung der Verwertungsbedingungen für
‹überlebensfähiges› Kapital geraten die sozialen Folgen aus dem
Blickfeld. Gleichwohl entwickelt die Politik einer selektiven Privilegierung in sich die Paradoxie, daß politische Mehrheiten mit einem
Programm gesichert werden müssen, das auf Eliteförderung abzielt:
Wie kann sich das Leistungsprinzip als verpflichtende Norm denen
gegenüber durchsetzen, die seine Unwirksamkeit in der alltäglichen
Berufssituation oder der Arbeitslosigkeit erleben? Wie kann Zustimmung für eine Sparpolitik gesichert werden, die faktisch eine Umver-
teilungspolitik für andere Gruppen oder Ziele ist? Da der Wohlfahrtsstaat nicht mehr durch programmatische Interventionsziele begrenzt
ist, kann er mit Problemlösungserwartungen konfrontiert werden,
ohne daß der Nutzen der staatlichen Politik einsichtig wäre oder noch
einer wie immer verschwindend geringen Rationalität folgen würde.
Die selektive Privilegierung nimmt Spaltungsprozesse innerhalb der
Gesellschaft in Kauf. Sie setzt an die Stelle der Lebensqualität einer
Gesellschaft die Forderung einer Industriestruktur und eine Lei-
stungsethik, welche die Einschränkung von Lebensperspektiven ganzer Bevölkerungsgruppen rechtfertigt: Mangelhafte Ausbildung, Ar-.
beitslosigkeit, Alkohol- oder Drogensucht, Krankheit und Armut
erscheinen dann als individuelle Probleme der Betroffenen.

Durch die ordnungspolitische Begrenzung des Wohlfahrts- und Sozialstaats sollen daher vor allem die sogenannten sekundären Kosten auf den Einsatz von neuen Technologien und Arbeitskraft beseitigt werden; schließlich seien Vollbeschäftigung, Wirtschaftswachstum und Produktivitätssteigerung abhängige Variablen der erwarteten und realisierten Gewinne. Eine strukturpolitisch orientierte Vollbeschäftigungspolitik sei daher nicht sinnvoll, Löhne müßten vom Ausgleich von Angebot und Nachfrage orientiert sein; staatliche Personalausgaben müssen gesenkt, öffentliche Dienstleistungen privatisiert und Sozialleistungen von der Objekt- auf eine Subjektförderung umgestellt werden, von einer Zuschuß- zur Darlehensfinanzierung. Alle Sozialsysteme von der Arbeitslosenversicherung bis zu subsidiären staatlichen Hilfen bei sozialen Dienstleistungen sollen zur Einsparung beitragen. Damit sind Beitragserhöhungen in der Sozialversicherung und Leistungseinschränkungen verbunden. Sozialstaatliche Leistungen selbst erscheinen in der Perspektive einer Bürokratisierung alltäglicher Sachverhalte, die besser der Eigeninitiative überlassen werden, ihre Einschränkung unter den positiven Formeln Selbstverantwortung, Mündigkeit und Leistungsgerechtigkeit.

Probleme der kapitalistischen Produktionsweise sind jedoch nur scheinbar auf das ökonomische System begrenzt oder innerhalb seiner Funktionslogik immanent zu lösen. Sie sind vielmehr Ausdruck von politisch vorentschiedenen Verteilungsrelationen zwischen gesellschaftlichen Aufgabenbereichen. Die Sicherung einer wettbewerbsfähigen Struktur der Produktion und der Produkte, die Modernisierung der Volkswirtschaft ist daher nur eine verkürzte Sicht der Probleme. Die scheinbar so überzeugende Koppelung von Arbeit und Einkommen und die Entsprechung von Leistung und Gegenleistung verliert dann ihren Sinn, wenn es keine gesellschaftlichen Möglichkeiten gibt, diese Leistungen zu erbringen.

Die interventionistisch gesicherten Produktionsprogramme über Prioritätensetzung durch den Staat und die Subventionierung krisenanfälliger Bereiche verbleibt nur deswegen im Rahmen des bestehenden Legitimationssystems, weil sie privatwirtschaftliche Orientierungen mit gesellschaftlichem Fortschritt rhetorisch verkoppeln, der unter weltwirtschaftlichen Konkurrenzbedingungen zu sichern ist. Mit zunehmenden Eingriffen ist der Staat gezwungen, sein Handeln bei der selektiven Verwendung von Mitteln zu begründen. Die Legitimationsbasis wird brüchig, wenn die immer knapper werdenden Mittel zu Prioritätensetzung zwingen. Die Reprivatisierung staatlicher Dienstleistungen, um Finanzmittel für wachsende Bereiche zu gewinnen, führt zur Leistungseinschränkung. Die ungleiche Verteilung von Lebenschancen wird immer weniger kompensierbar. Da der Steuerstaat den Eigengesetzlichkeiten der Marktökonomie folgen muß, sind seine Gestaltungsmöglichkeiten durch Akkumulationsinteressen und die Sicherung der natürlichen Grundlagen der Produktion begrenzt. Freilich gerät die Sicherung privatwirtschaftlicher Basisinstitutionen in Konflikt mit der staatlichen Finanzierung von Voraussetzungen und Folgen dieser Produktionsweise.

1.5.14 Sozialwissenschaft und Gesellschaft

Die aktuelle sozialwissenschaftliche Theoriediskussion grenzt Bereiche mit scheinbar abschlußhaften Annahmen aus der Analyse aus:
- Die Ökonomie entwickelt sich zwar krisenhaft, könne aber politisch dauerhaft reguliert werden;
- der Klassenkonflikt könne sozialstaatlich latent gehalten werden;
- lediglich die Steuerungsmedien Macht und Geld bedürften noch der Erklärung;
- die Verteilungsprobleme und Konflikte der Mangelgesellschaft würden überlagert durch die mit der Produktion notwendig verbundenen Risiken;
- die wissenschaftlich und industriell produzierten Großrisiken drohen zwar mit schwersten Folgen, produzierten aber zugleich ein geschärftes Gefahrenbewußtsein und soziale Selbstkontrolle, entsorgten sich gewissermaßen selbst.

Diese Einengung der Perspektiven hat das kritische Potential der Sozialwissenschaften zweifellos geschwächt. Soziale Bewegungen vollziehen sich weitgehend nicht theorieorientiert, sondern im unmittelbaren Reagieren auf Bedrohungen und Risiken. Das Studium selbst wird als genauso entfremdet empfunden wie die gesellschaftliche Realität – seine Relevanzkriterien erscheinen nicht überzeugend. Andererseits beansprucht die außeruniversitäre Alternativkultur die Anerkennung ihrer eigenen Praxis. Außerdem wird die strategische und manipulative Absicherung von Interessen durch sozialwissenschaftliche Argumente nur allzu deutlich: Stichworte sind Entmündigung und Expertenherrschaft, wissenschaftliche Rationalität, fehlende Umsetzungsmöglichkeiten und eine Verselb-

ständigung des intellektuellen Milieus gegenüber dem lebensweltlichen Wissen.

In den widersprüchlichen Institutionalisierungsprozessen, denen
die Sozialwissenschaften unterliegen, finden sich die Elemente einer
überflüssigen Diskussionswissenschaft wie einer Planungswissen-
schaft gleichermaßen. In vielen Bundesländern werden unabhängig
von den jeweiligen Regierungsmehrheiten sozialwissenschaftliche
Stellen mit dem Hinweis auf andere ‹zukunftsträchtigere› Bereiche
gestrichen. Aufgrund des «Sonderprogramms Geisteswissenschaften» sollten beispielsweise die baden-württembergischen Hochschulen bis zum Beginn der 90er Jahre etwa 500 Stellen in andere Bereiche
verlagern; die verbleibenden Arbeitsplätze könnten nur dann gesichert werden, wenn sich die Geistes- und Sozialwissenschaften den
Herausforderungen neuer Technologien stellen, die Akzeptanz moderner Computerwelten sichern und die durch die Modernisierung
von Gesellschaften hervorgerufenen ‹Schäden› kompensieren. Zum
gleichen Zeitpunkt sprach Bundesforschungsminister Heinz Riesen-
huber bei der Eröffnung des 23. Soziologentages 1986 in Hamburg
von einer angestrebten «offenen Partnerschaft» zwischen Sozialwissenschaften und Politik; in einem «helfenden Dialog» soll der technische und zivilisatorische Wandel analysiert werden. Erforderlich ist
eine umfassende Analyse des destruktiven Potentials des Systems.

Die Sozialwissenschaften stehen vor der Aufgabe, langfristige Veränderungen im Reproduktionsprozeß des Kapitals ebenso zu untersuchen wie die Funktionsbedingungen ökonomischer Monopole und
staatlichen Handelns. Sie müßten die zentralen Annahmen der systemtheoretischen und politischen Krisentheorie in eine Interpretation der kapitalistischen Modernisierung insgesamt integrieren. In
ihrer Erneuerung als Krisenwissenschaften könnten sie lebensgefähr-
dende Fiktionen auflösen, Gegenöffentlichkeiten argumentativ stärken und Dominanz etablierter Disziplinen und Professionen kritisch
begegnen. Wissenschaftlich-technischer Fortschritt vollzieht sich innerhalb eines gesellschaftlichen Interessenzusammenhangs. In der
Interpretation der für uns alle offensichtlichen Risiken und der Folgen, die mit dem Modernisierungsprozeß verbunden sind, wird das
Rationalitätsmonopol der Wissenschaften selbst gebrochen: Die
Interpretation und Abschätzung von Risiken ist von Wertungen, normativen Voraussetzungen für Prognosen, Ermessensspielräumen und
Erwartungen, Einschätzungen des Machbaren und Notwendigen abhängig; darüber belehrt jedes Hearing von Sachverständigen. Wis-

senschaftliche und soziale Rationalität sind zwar in divergierenden Dimensionen verankert, verschmelzen faktisch aber unkenntlich mit Interessen und Entwicklungsperspektiven für die industrielle Produktionsweise insgesamt. Die Einzelwissenschaften, obwohl sie immer mehr isoliertes Detailwissen anhäufen, versagen vor dem Problem der Analyse gesellschaftlicher Entwicklung und bedürfen einer Gegenperspektive, die auf die Problemursachen selbst zurückgeht und sich mit der Herstellung von Akzeptanz oder der Kompensierung der durch die Modernisierung hervorgerufenen Schäden nicht begnügt. Diese Perspektive richtet sich auf eine Planung der menschlichen Zukunft, welche den die Naturwissenschaften prägenden technikgläubigen Optimismus in Zweifel zieht und mit gesellschaftsbezogenen Forschungsstrategien nicht eingeschlagene Entwicklungspfade begehbar macht. Sie kann verstärkt werden durch einen Prozeß, der den Fortschrittskonsens zunehmend brüchiger macht: Technischer und sozialer Fortschritt klaffen zunehmend auseinander, dadurch rücken negative Effekte immer mehr ins Blickfeld. Politische Institutionen werden heute zu Sachwaltern einer Entwicklung, die sie weder geplant haben noch gestalten können; andererseits gewinnen Planungsentscheidungen eine politische, nicht legitimierte Dimension: Das politische System verliert seine Funktion als Zentrum von Entscheidungen.

Gleichsam darunter entstehen Handlungsfelder mit Möglichkeiten der Interessenwahrnehmung und Kontrolle. Die Infragestellung tradierter Werte und die Verteidigung bedrohter Lebensweisen sind dafür Beispiele. Die Bewegungen alternativen Lebens und Arbeitens richten sich gleichermaßen auf andere Auffassungen von Recht und Moral, Freiheit, Selbstverwirklichung und Kreativität. Indem sie auf das destruktive Potential des Systems zielen, haben sie einen anderen Vergesellschaftungszusammenhang im Auge, dessen Elemente sich hinter der Fassade der Industriegesellschaft schon finden.

Literatur

Albert, H.: Marktsoziologie und Entscheidungslogik. Neuwied 1967.

Beck, U.: Jenseits von Klasse und Stand? In: R. Kreckel (Hg.): Soziale Ungleichheiten (Sonderband 2 der Sozialen Welt). Göttingen 1983.

–: Risikogesellschaft. Frankfurt/M. 1986.

Bischoff, J. u. a.: Jenseits der Klassen? Gesellschaft und Staat im Spätkapitalismus. Hamburg 1982.

Bourdieu, P.: Die feinen Unterschiede. Frankfurt/M. 1982.

Fürstenberg, F.: «Sozialstruktur» als Schlüsselbegriff der Gesellschaftsanalyse. Kölner Zeitschrift für Soziologie und Sozialpsychologie, 18, 1966.

Giddens, A.: Die Klassenstruktur fortgeschrittener Gesellschaften. Frankfurt 1979 (engl. 1973).

Glatzer, W. & W. Zapf: Lebensqualität in der Bundesrepublik. Objektive Lebensbedingungen und subjektives Wohlbefinden. Frankfurt/M., New York 1984.

Habermas, J.: Legitimationsprobleme im Spätkapitalismus. Frankfurt/M. 1973.

–: Theorie des kommunikativen Handelns. Frankfurt/M. 1981.

Hauff, W. & F. Scharpf: Modernisierung der Volkswirtschaft. Frankfurt/M. 1975.

Hegel, F.: Phänomenologie des Geistes. Hamburg 1952.

–: Grundlinien der Philosophie des Rechts. Hamburg 1955.

Hobbes, Th.: Leviathan. Neuwied 1966.

Hradil, S.: Sozialstrukturanalyse in einer fortgeschrittenen Gesellschaft. Opladen 1987.

Jänicke, M.: Staatsversagen. München 1986.

Kreckel, R.: Zentrum und Peripherie. «Alte» und «neue» Ungleichheiten in weltgesellschaftlicher Perspektive. In: H. Strasser & J. H. Goldthorpe (Hg.): Die Analyse sozialer Ungleichheit. Köln 1985.

Kreckel, R. (Hg.): Soziale Ungleichheiten. Sonderband 2 der Sozialen Welt. Göttingen 1983.

Lenski, G.: Macht und Privileg. Eine Theorie der sozialen Schichtung. Frankfurt/M. 1977.

Locke, J.: Zwei Abhandlungen über die Regierung. Frankfurt/M. 1967.

Luhmann, N.: Soziologische Aufklärung. Opladen 1975.

–: Zweckbegriff und Systemrationalität. Tübingen 1968.

–: Soziale Systeme. Frankfurt/M. 1984.

–: Die Wirtschaft der Gesellschaft. Frankfurt/M. 1988.

Marx, K.: Das Kapital. MEW Bd. 23–25. Berlin (DDR) 1960.

–: Grundrisse der Kritik der Politischen Ökonomie. Berlin (DDR) 1953.

Marx, K. & F. Engels: Manifest der Kommunistischen Partei. MEW Bd. 4 Berlin (DDR) 1964.

Parsons, T. & N. J. Smelser: Economy and Society. London, New York 1956.

Parsons, T.: Gesellschaften. Frankfurt/M. 1975.

–: The Social System. New York 1951.

–: The Structure of Social Action. New York 1949.

Ricardo, D.: Über die Grundsätze der politischen Ökonomie und der Besteuerung. Berlin 1959.

Smith, A.: Eine Untersuchung über Natur und Wesen des Volkswohlstandes. Jena 1923.

Strasser, H. & J. H. Goldthorpe (Hg.): Die Analyse sozialer Ungleichheit. Köln 1985.

Weber, M.: Wirtschaft und Gesellschaft. Tübingen 1956.

–: Gesammelte Aufsätze zur Religionssoziologie. 3 Bde. Tübingen 1963, 1966.

Zimmermann, L. J.: Geschichte der theoretischen Volkswirtschaftslehre. Köln 1961.

2. Zentrale Themen und Methodenprobleme

Die Darstellung der Geschichte des Ideologiebegriffs gehört
wesentlich in den Zusammenhang der Entwicklung der bürgerlichen
Gesellschaft. Es werden die Idolenlehre Francis Bacons behandelt,
der Ideologiebegriff in der französischen Aufklärung, positivistische
und wissenssoziologische Ansätze sowie der Begriff des «notwendig
falschen Bewußtseins» bei Marx. In der älteren Wissenssoziologie
wird der Ideologiebegriff gleichsam zum zentralen Thema, verliert
aber in der Vorstellung eines totalen Ideologieverdachts seinen
analytischen Charakter, den er in der Marxschen Theorie hat.

Die Thematik Freiheit, Rolle und Institution ist an der Umstellung
von den älteren Sozialphilosophien bzw. -theorien zu den
eigentlichen soziologischen Theorien orientiert, die einherging
mit der Entwicklung der bürgerlichen Gesellschaft. Das Vertrags-
theorem wurde durch das der Rolle ersetzt. Freiheit, die zuvor
mit dem Gedanken des Abschlusses eines Gesellschaftsvertrags
verkoppelt bzw. als garantiert unterstellt wurde, tritt nun
gleichsam als Gegeninstanz zu der Rollenhaftigkeit des sozialen
Handelns in Erscheinung. Das Verhältnis von Freiheit und Zwang
verschiebt sich, obwohl es im Begriff der Rolle die überkommene
Erörterung über dieses Verhältnis nur in einer neuen Form
wiederholt. Es bleibt die Frage: Wenn es bestimmte gesellschaftlich
vermittelte Verhaltenszumutungen gibt, was kann Freiheit mit
Bezug auf solche Zumutungen dann noch sein? Die überkommene
Thematik der Differenz von Individuum und Gesellschaft
bzw. von Freiheit und Ordnung taucht hier in neuer Form auf und
prägt den Charakter soziologischer Theoriebildung von

Simmel bis Mead. Der Rollenbegriff wird dann zu einem unzuläng-
lichen – wenn nicht sogar zu einem ideologisch befrachteten – Analy-
seinstrument, wenn die sozialhistorische Entwicklung der bürgerlichen Gesellschaft selbst zum Thema wird.

In dem Beitrag zur Rationalitätsproblematik wird aufgewiesen,
daß auf der Ebene der Moderne ein prozeduraler, nicht aber inhalt-
licher Begriff der Rationalität von Belang ist, und das auch und gerade in praktischer Hinsicht. Bei Luhmann schließlich ist der Begriff
der Rationalität nur noch der des Systems. Dieses hat keine Vernunft. Der Subjektbegriff, der seit der europäischen Aufklärung mit
dem der Rationalität verkoppelt war, verschwindet ganz. Demgegenüber wird im Begriff der Intersubjektivität innerhalb der Theorie
des kommunikativen Handelns ein in sich selbst differenzierter Vernunftbegriff erörtert. Er bezieht sich auf theoretische, praktische
und ästhetisch orientierte Einstellungen interagierender Subjekte,
d. h. auf Fragen nach Wahrheits-, Richtigkeits- und Wahrhaftig-
keitsansprüchen. Der in jedem Diskurs unterstellte Modus
herrschaftsfreier Kommunikation ist hierfür das leitende Paradigma.

Das Methodenkapitel befaßt sich mit Fragestellungen über die
Struktur soziologischer Theoriebildung und in diesem Zusammenhang mit der Problematik des Verhältnisses von Erklären
und Verstehen. Der Universalitätsanspruch hermeneutischer wie
szientistischer Theorien wird sowohl unter dem Gesichtspunkt der
Eigenart soziologischer bzw. gesellschaftstheoretischer Gegenstände
als auch unter einem emphatischen Begriff von Aufklärung
kritisiert. Der Beitrag geht weiter auf die quantitativen und qualitativen Methoden innerhalb der empirischen Sozialforschung
ein. Qualitative Methoden haben Vorrang vor den quantitativen,
weil sie die Eigenart soziologischer Gegenstände berücksichtigen,
die durch die Intentionalität sozialen Handelns vermittelt sind.
Diese Argumentation holt die soziologischen Fragestellungen
wieder in ihre gesellschaftstheoretische Dimension zurück, aus der
sie entstanden sind.

H. K. / A. S.

Kurt Lenk

2.1 Ideologiebegriff und Ideologiekritik

2.1.1 Heutige Begriffsverwendungen

Ideologie ist ein politischer Kampfbegriff, aber auch ein wissenschaftlicher Begriff. Als Kampfbegriff dient er den verschiedensten Konzeptionen, als wissenschaftlicher Begriff tritt er unter vielfältigen Vorzeichen und dementsprechend in ganz unterschiedlichen Fassungen auf. Als Kampfbegriff bemüht er sich oft um die Weihen der Wissenschaft, wie sich umgekehrt manch wissenschaftlicher Ideologiebegriff einem politischen Interesse gern zur Verfügung stellt. Zum Kampfbegriff, der den Balken im Auge des jeweiligen Gegners meint, wurde Ideologie zu Beginn des 19. Jahrhunderts. Wenn schließlich ein jeder alle anderen der Ideologie verdächtigt, bleibt als letztes nur mehr der Erfolg ihrer Durchsetzung, was immer auch dies bedeuten mag. Ist alles politische Wollen und Denken ideologisch, dann fällt auch der Anspruch wissenschaftlicher Analyse, wirklichkeitsorientierte Theorien zutage zu fördern.

Gewiß ist die menschliche Welt seit jeher voll von Ideologien. Doch gäbe es nur sie und nicht auch Analysen und Theorien, die sich aus ideologischer Befangenheit zu befreien vermögen, so hätten die sozialdarwinistischen Zyniker recht, wonach allemal das ‹wahr› sei, was sich durchsetzt. Der Schluß: da sich eine Position erfolgreich erwiesen hat, ist sie eo ipso auch die realtitätsgerechtere, wahrere, ist problematisch. Er verschafft dem Erfolg eine Zusatzprämie.

Aus dem Bisherigen ergibt sich für die Entwirrung des Ideologiebegriffs eine Reihe von Bezugsbegriffen: Realität (= Wirklichkeit), Wahrheit (= Erkenntnis), Theorie sowie das Handeln (= Praxis).

Die Verwendung von Wort und Begriff ‹Ideologie› ist längst interdisziplinär geworden. Über die im engeren Sinne als ‹Sozialwissenschaften› firmierenden Teildisziplinen hinaus gibt es heute ideologiekritische Untersuchungen u. a. in den Sprachwissenschaften, in der Pädagogik, Journalistik, Architektur und Psychologie. Diese Universalisierung hat freilich zu einer mangelnden Präzision geführt. Die Gefahr, daß der Begriff zu einer beliebig handhabbaren Leerformel gerinnt und die Faszination, die gerade von Leerformeln auszugehen pflegt, hat schon Fritz Mauthner bezeichnet, als er in seinem «Wörterbuch der Philosophie» (1980) schrieb, daß das leerste das brauchbarste Wort sei.

Der Begriff ‹Ideologie› wird in allen Abschattungen von individueller und kollektiver Selbsttäuschung bis hin zur Inszenierung von Herrschaftsinteressen gebraucht, die als ‹Allgemeininteresse› firmieren. Er wird mittlerweile in einem positiven (so bei N. Luhmann, E. Lemberg und in der marxistischen Philosophie), in einem pejorativen (Kritische Theorie, Positivismus, Neomarxismus u. a.), aber auch in einem wertneutralen Sinn gebraucht (Wissenssoziologie). So unternahm vor allem Karl Mannheim (1983–1947) und mit ihm die Wissenssoziologie den Versuch, den Ideologiebegriff zu ‹neutralisieren›, indem die Seinsverbundenheit jeglichen Denkens und Wissens behauptet wurde, womit dieser seiner einstigen gesellschaftskritischen Funktion – so bei Marx – verlustig ging. Ferner gab es eine friedliche Koexistenz des neutralen und des positivwertigen wie die des ‹kritisch›-polemischen Ideologiebegriffs im Sprachgebrauch der DDR-Soziologie, wo neben der eigenen «fortschrittlich-proletarischen Weltanschauung» und «Ideologie der Arbeiterklasse» auch die weitere Form des Begriffs von ‹Bewußtsein› und ‹Denken› verwendet wurde. War die gegnerische Ideologie gemeint, so sprach man von bürgerlich-revisionistischer oder von kleinbürgerlicher Ideologie.

Bevor dem Begriff ‹Ideologie› historisch-genetisch nachgegangen werden soll, sei zunächst soviel festgehalten: Politische Ideologien im Sinn von in sich geschlossenen Systemen finden sich gegenwärtig nur mehr in der (aber schon in Auflösung begriffenen) Form der zum ‹Diamat› dogmatisierten Weltanschauung des Marxismus-Leninismus und allenfalls noch als naturrechtlich fundiertes System der Neoscholastik. Als die beiden vorläufig letzten Versionen sog. Hochideologien, d. h. umfassender Gesellschaftsentwürfe, beruhen bzw. beruhten beide nicht zufällig auf festen Institutionen und Organisationen: der Diamat auf etablierten Partei- und Staatsapparaten, die sich seiner als Instrumente zur ideologischen Ausrichtung der Gesellschaft bedienten; die Neoscholastik auf der Hierarchie einer Kirche, die sich als weltumspannende Kirche begreift. Von beiden Systemen wurde, wenngleich mit völlig verschiedenen Mitteln und in unterschiedlichem Grad, der Anspruch erhoben, die Gesamtheit des Wirklichen in systematischer Weise erfassen zu können, ein Anspruch, der von den gegenwärtig wirksamen Ideologien in hochindustrialisierten Gesellschaften auf parlamentarisch-demokratischer Verfassungsgrundlage kaum mehr erhoben wird.

2.1.2 Kritik der Mythologie und der Religion

In der europäischen Aufklärung des 17. und 18. Jahrhunderts trat zum erstenmal jenes Phänomen auf, das man als Revolutionierung des Bewußtseins sozialer Schichten kennt. Es war der aufgeklärte Teil des Bürgertums, der sich im Namen des fortgeschrittenen wissenschaftlichen Bewußtseins gegen die Privilegien des feudalständischen Adels und gegen die absolute Monarchie wandte. Zugleich war dies jene Zeit, in der der Gedanke vom Ideologischen im Denken auftrat, sofern dieses Denken dem naturwissenschaftlichen Erkenntnisideal nicht entsprach und sich als ein bloß bewahrendes, die überkommenen Interessen von Kirche, Adel und Thron legitimierendes erwies.

Ideologiekritik wird als Instrument der sich emanzipierenden bürgerlichen Vernunft entwickelt. Aller Aufklärung bis hin zu Marx ging es vor allem darum, durch die Analyse der Ideologiequellen einer Überwindung der das Denken hemmenden Faktoren vorzuarbeiten, um so Vorurteile und Ideologien selbst eliminieren zu können. Ideologiekritik sollte das in seiner Idolatrie befangene Denken aus seiner Verstrickung befreien. Am Anfang steht die Kritik der subjektiven Verzerrungen reiner Vernunfterkenntnis neben der Auffassung, wonach die Ideologiehaftigkeit des Denkens ein der Vernunft schlechthin anhaftendes Übel sei (wie etwa in Francis Bacons Idolenlehre). Die interessenpsychologische Interpretation des Ideologiephänomens bei den französischen Enzyklopädisten sowie die in der ‹Ideologenschule› geübte Reduktion aller Vorstellungen und Ideen auf wissenschaftlich erfaßbare Empfindungselemente sind konsequente Weiterbildungen dieser Frühstufe der Ideologienforschung.

Das Wort Ideologie hat seinen Ursprung in der Tradition der französischen Aufklärung. Destutt de Tracy (1754–1836) hat als erster von Ideologie als der Lehre von den Ideen gesprochen, die als Ausdruck sinnlicher Eindrücke begriffen werden. Dieser Ideologiebegriff diente in der Philosophenschule um Destutt de Tracy einer sensualistisch orientierten Lehre von den Ideen. Ideologie gehörte nicht dem Bereich der Metaphysik an, sondern dem Bereich der Wissenschaft, die sich auf Beobachtung stützt. Der Begriff Ideologie im Sinne von Ideen besaß in der französischen ‹Ideologenschule› noch einen völlig unpolemischen Sinn.

Das Ideologieproblem, d. h. das Bewußtsein von der Sache selbst, tauchte schon zu Anfang des 17. Jahrhunderts in England auf, und zwar in den Schriften des englischen Philosophen Francis Bacon (1561–1626). Bacon wies als erster auf die Ideologiehaftigkeit des Denkens als ein der Vernunft schlechthin anhaftendes Merkmal hin. Für ihn ist der Mensch in jeder Gesellschaft bestimmten Idolen ausgeliefert. Dem sei allein durch eine spezifische, d. h. empirisch fundierte, induktive Erkenntnismethode zu begegnen.

Bacon nennt vier verschiedene Arten von Idolen: die Götzenbilder des Stammes (idola tribus = gattungsspezifische Eigenarten), der Höhle (idola specus = subjektive Eigenarten), des Marktes (idola fori = soziale Natur des Menschen) und die des Theaters (idola theatri = überlieferte Vorstellungen und Meinungen). Die Idole sind Täuschungen der Vernunft, denen der Mensch aus unterschiedlichen Gründen verfällt.

Die aufklärerische Funktion der Baconschen Idolenlehre besteht vor allem in der Entwicklung einer kritischen und philosophischen Methode, die der Vermischung von Theologie und Philosophie entgegentreten konnte. Dabei war entscheidend, daß Bacon die Beeinflussung der Erkenntnis durch den Aberglauben in eine Reihe stellte mit der Beeinträchtigung, welche die Wissenschaften durch die Idole erfahren. Dadurch erst wurde es möglich, die Idolenlehre als kritisches Instrument gegen kirchliche Dogmen zu wenden, was dann im 18. Jahrhundert von den französischen Aufklärern besorgt wurde. Bacons Kampf gegen die Idole enthält so bereits ein wesentliches Merkmal der späteren Gesellschaftskritik. Aus der Parteinahme für die wahre Erkenntnis entsteht der Kampf gegen religiöse Vorurteile und schließlich gegen die pseudoreligiösen Interessen des geistlichen Standes.

Bacon weist somit zum erstenmal in der Geschichte modernen Denkens auf die Ideologiehaftigkeit des menschlichen Denkens hin, wenn auch in einer vorerst ungeschichtlich-statischen Weise. Von seinen Erkenntnissen wurden nicht nur die französische Aufklärungsphilosophie, sondern auch Ludwig Feuerbach und Karl Marx inspiriert. Wichtig dabei ist, daß für Bacon noch kein Widerspruch zwischen gesellschaftlichem Sein und dem Bewußtsein herrscht (wie dann für Marx), sondern daß für ihn die Ideen der Menschen sich prinzipiell trotz der Idole in Übereinstimmung mit der Wirklichkeit befinden können. Seine Aufgabe sah er gerade darin, alle Hemmungen und Schranken, die sich vor einer Wahrheitsfindung auftun können, aus dem Weg zu räumen, um auf diese Weise das Naturgeschehen in seiner Gesetzlichkeit erkennen zu können. Daß es wahre Erkenntnis grundsätzlich geben muß, war für Bacon ein unbezweifelbares Axiom. Der Begriff von Wahrheit wird durch die Idolenlehre nicht in Frage gestellt. Der menschliche Intellekt ist bei ihm noch mächtig, das Wesen in den Erscheinungen begrifflich zu fassen, genauso wie es dem Naturforscher aufgrund seiner experimentellen Beobachtung der Vorgänge möglich wird, sich die Naturkräfte dienstbar zu machen. Was Bacon von vornherein gehindert hat, an der Übereinstimmung der menschlichen Vernunft mit dem Wesen der erkannten Dinge zu zweifeln, ist die aus der theologischen Tradition stammende Auffassung vom gleichen göttlichen Ursprung des Menschen und der Natur.

Condillac, ein französischer Aufklärer (1715–1786), hat den Baconschen Begriff Idol mit «préjugé» (Vorurteil) übersetzt. Der Kampf gegen die Vorurteile erweitert sich in der französischen Aufklärung zu einer philosophischen Attacke gegen die Kirche und den von ihr gestützten absolutistischen Staat. Berufungsinstanz für jede Kritik an der affirmativen Funktion von Ideen und Vorurteilen ist der bürgerlichen Aufklärung zufolge die in der Natur angelegte Wahrheit, die es durch Vernunft zu entdecken gelte. So wie die Erkenntnis der Naturgesetze die Herrschaft über die Natur ermöglicht, so kann die Erkenntnis der Gesetze der Vorurteilsbildung nicht nur der wahren Einsicht den Weg bahnen, sondern auch zu einer möglichen Veränderung der Gesellschaft beitragen.

Ausgangspunkt ist die Annahme, daß es nur eine einzige und letzte Wahrheitsquelle gibt: die authentische und von jeder Bevormundung und jedem Zwang befreite menschliche Vernunft. Vor ihr sollen sich alle mit Wahrheitsanspruch auftretenden Behauptungen ausweisen und rechtfertigen. Es wird weiterhin vorausgesetzt, daß diese Vernunft in allen Menschen wenigstens der Anlage nach vorhanden ist. Ihre Trübung kann entweder durch Leidenschaften und Affekte oder durch den Despotismus der Herrschaft bedingt sein. Die Bestimmung des Menschen wird darin gesehen, daß er nach der Forderung dieser universell konzipierten Vernunft sein eigenes Leben und das der Gesellschaft einrichtet.

Das zentrale Thema der Enzyklopädisten Holbach (1723–1789)

und Helvetius (1715–1771) war die Frage nach der Abhängigkeit der Ideen von gesellschaftlichen Umständen. Aus der Analyse der Sensibilität ergibt sich die Suche nach den Umweltbedingungen psychischer Vorgänge. Es geht um das Problem, wie das soziale Milieu beschaffen sei, von dem her die Empfindungen und darüber hinaus alle übrigen Bewußtseinsformen letztlich bestimmt werden.

Die französischen Aufklärer gehen dabei von einer kausalen und geradlinigen Abhängigkeit des Bewußtseins vom sozialen Sein aus. Der Mensch wird begriffen als das Produkt seiner sozialen und geistigen Umwelt, in der er sich jeweils vorfindet. In dieser Auffassung, so trivial sie heute erscheinen mag, steckte zugleich eine radikale Kritik am Ancien régime. Denn der kritische Befund mündete in der Einsicht: Erst wenn Zwang und Bevormundung der menschlichen Vernunft durch den absolutistischen Staat und die mit ihm verbündete Kirche wegfallen, kann sich die Erkenntnis der Wahrheit entfalten. Daher lautet das Programm der französischen Aufklärung: Beseitigung der religiösen Vorurteile, die das Volk zum Instrument des monarchistischen Staats gemacht haben. Mit Hilfe der Priester gelingt die Durchsetzung des Herrschaftswillens der Obrigkeit bis in die letzten Winkel der menschlichen Seele hinein. An die Stelle der staatlichen und kirchlichen Autonomie tritt die ihrem Prinzip nach autonome menschliche Vernunft, vor der sich die Glaubenslehren zu verantworten haben.

Das Werk der französischen Aufklärungsphilosophie gipfelt in dem Nachweis, daß jene die menschliche Vernunft störenden Vorurteile von den Herrschaftsinteressen einiger Mächtiger erzeugt und befestigt werden, um so die Erhaltung der bestehenden gesellschaftlichen Zustände zu garantieren (Priestertrugstheorie).

Das Motiv zur Ideologienbildung ist hier ein psychisches: die Machtgelüste der Priester und Monarchen. Diese Theorie vom Priestertrug ist eine der wesentlichen Bestandteile der gegen das Ancien régime gerichteten Ideologiekritik. Die Erfahrung zeige, daß fast alle Fragen der Moral und der Politik durch Macht und nicht durch Vernunft entschieden werden. Wenn die Meinungen die Welt beherrschen, dann ist es auf die Dauer der Mächtige, welcher die Meinungen beherrscht. Die Priestertrugstheorie ist darin interessenpsychologisch orientiert, daß sie von «einer Verschwörung der Mächtigen» (Lenk [9]1984, 17) gegen das unmündige Volk ausgeht. Statt der Vorstellung einer notwendigen Selbsttäuschung im Bewußtsein infolge einer bestimmten Gesellschaftsstruktur wird hier von der bewußten Täuschung der Unterworfenen durch die Mächtigen ausgegangen, d. h. also mehr oder minder von der Lüge zum Zweck der religiösen Legitimation des Feudalabsolutismus über den Mechanismus der Verinnerlichung religiöser Vorstellungen bei den Unterworfenen.

Die Aufklärungsphilosophie weist ein Spannungsverhältnis im Ideologischen auf: da ist zum einen die Ideologie, die ihrer Funktion wegen gewollt wird, zum andern das nicht durchschaute mythische Denken.

Aus der psychologischen Argumentation erklärt sich der heute naiv wirkende Zug der Priestertrugstheorie: bewußte Täuschung bei den einen, durch Unfreiheit bedingter Irrtum bei den vielen. An dieser Reduktionsmethode der Aufklärer können zwei Merkmale des Ideologiebegriffs abgelesen werden, die bei fast allen Typen auch später wiederzufinden sind: einmal der in diesem Begriff vorhandene Versuch, unverständlich Scheinendes im Bewußtsein der Menschen seiner Herkunft nach zu verstehen, zum andern die polemische Note, der Kampf gegen feindliche Anschauungen. Beide Funktionen des Ideologiebegriffs sind in der Regel miteinander verbunden.

Die Mängel der Priestertrugstheorie liegen auf der Hand. Der Vorgang des Betrugs setzt voraus, daß auf seiten der Betrogenen keinerlei Eigentätigkeit vorliegt, die das Zustandekommen des Betrugsmanövers ermöglicht. Wäre dies der Fall, dann genügte in der Tat die ‹Entlarvung› des Betrugsmanövers, um sich des ideologischen Charakters religiöser Vorstellungen zu entledigen.

Das Betrugstheorem übersieht den engen Zusammenhang zwischen der objektiven gesellschaftlichen Situation und den in religiösen Illusionen lebenden Menschen und reduziert diese Situation im wesentlichen auf deren intellektuelle Inkompetenz (Unwissenheit, Leichtgläubigkeit u. ä.) sowie auf primär psychologische Faktoren (wie Furcht vor dem Tode, Angst und Trostbedürfnis). Dabei wird der Aspekt des Zusammenhangs der religiösen Phantasietätigkeit mit den realen Lebensverhältnissen nicht beachtet. Denn es wird nur die negative Seite – Verhinderung von Emanzipation, Unterwerfung – kritisiert, nicht aber der notwendige Zusammenhang zwischen der jeweiligen Erkenntnisstufe und der ihr entsprechenden religiösen Selbstinterpretation erkannt. So kommt die Tatsache zu kurz, daß in der Religionsgeschichte sich die Menschen zugleich ihres eigenen Vermögens bewußt werden, sich selbst im Lichte ihrer Projektionen zu erkennen. Die – wie immer hinsichtlich ihrer Reichweite begrenzte – Erkenntnisintention religiöser Vorstellungen wird durch eine bloß mechanische Erklärungsweise, wie sie im Betrugstheorem vorliegt, übersehen.

Erst Ludwig Feuerbach (1804–1872) enthüllte die Religion als anthropomorphe Projektion; die Quelle des Gottesglaubens liegt hiernach «in der universellen Tendenz des Menschen zur Verleiblichung seiner geheimsten Wünsche und Sehnsüchte in ein überirdisches Subjekt» (Lenk [9]1984, 22 f). Religionen sind nicht nur bloße Erfindungen und Täuschungen, sondern eine historisch notwendige Form der Selbsttäuschung der menschlichen Gattung, die damit ihre eigene Endlichkeit übersteigen möchte.

Beruht die Wirkmächtigkeit von Vorurteilen und Aberglauben darauf, daß der Mensch beherrscht wird vom Begehren (Hobbes), von Imagination (Lamettrie), Interessen und Leidenschaften (Condillac, Helvetius), so soll die Befreiung von Emotionen der Vernunft die Möglichkeit geben, ohne Vorurteile und unbefangen die gesetzmäßigen Zusammenhänge in der äußeren und inneren Natur und die sozialen Prozesse zu begreifen, um dadurch ein autonomes Handeln zu ermöglichen. Leidenschaften gelte es weniger zu bekämpfen als für geistige Tätigkeiten fruchtbar zu machen.

Der entscheidende Mangel der interessenpsychologischen Ideologien der Aufklärung liegt in der bloß äußerlichen Zurechnung der Ideologien zu Gruppeninteressen und Affekten der Menschen, wobei eine prinzipiell unveränderliche psychische Struktur zugrunde gelegt wird. Die Frage nach den Umweltbedingungen psychischer Vorgänge erfährt also eine statisch-mechanische Deutung. Wird das Vorstellungsleben zum Produkt der ‹Umstände› erklärt, so verschwindet die für die Analyse des Ideologiephänomens wichtige Tatsache, daß diese ‹Umstände› stets selbst bereits das Ergebnis praktischer Tätigkeit der Menschen darstellen.

Erst in der Marxschen Ideologiekritik wird die schematisch gebliebene Zuordnung von gesellschaftlichem Sein und Bewußtsein der vergesellschafteten Menschen ihres statischen und ahistorischen Charakters entkleidet. D. h., die objektive, gesellschaftlich bedingte Notwendigkeit ideologischer Bewußtseinsformen im Sinne des ‹gesellschaftlich notwendigen Scheins› bildet den Gegenstand dieser klassischen Form ideologiekritischer Analysen.

Der heute meist mitschwingende, abwertende Akzent im Ideologiebegriff (im Sinne von leerer Spekulation, bloßer Illusion und bodenloser Utopie) war das Werk Napoleons I. (1769–1821), der, bedingt durch die Umstände seiner Machtergreifung, den ‹Ideologen› als den letzten Exponenten der vorrevulutionären Aufklärungszeit zutiefst mißtraute. Zunächst Anhänger der Ideologenschule, geriet der zum Kaiser gekrönte Napoleon in Gegnerschaft zu deren anti-theologischen Vorstellungen und liberalen Haltung. ‹Ideologen› nannte er nun jene Intellektuellen, die zwar selbst nicht an Staatsge-schäften teilhaben, dessenungeachtet aber bestimmte politische Vor-stellungen verbreiten wollten, die für die Zwecke der Massenlenkung ungeeignet sind. Ihre Berufung auf Wahrheit und Recht sei die Aus-geburt einer weltfremden Phantasie, die den Erfordernissen der ‹Re-alpolitik› zuwiderlaufe. ‹Ideologen› setzte er gleich mit ‹Metaphysi-kern› und ‹Fanatikern›. Ihre Theorie wird zur bloßen «Ideologie» fern allen politischen Praxisbezugs. Vernunft wird als blanke Spekula-tion denunziert, Ideologie ein Kampfbegriff zur Denunziation der Gegner und jener, die sich auf die Prinzipien der Französischen Revo-lution berufen.

Die Zurückdrängung der ‹Ideologen› hatte ihren Grund in Napo-leons Absicht, durch ein Konkordat mit dem Vatikan (1801) die Reli-gion wieder in ihre Rechte einzusetzen. Die als gottlose Leugner aller Moral geltenden ‹Ideologen› waren dem im Wege. Diese Napoleoni-sche Wortbedeutung erhielt sich im Preußen der feudalabsolutisti-schen Reaktion nach 1815 und erst recht nach der gescheiterten Revo-lution von 1848. Alles aufklärerisch-antifeudalistische Denken wurde von den Trägern politischer Macht in das Zwielicht des Atheistischen und Utopisch-Revolutionären gerückt. Die Intensität, mit der Macht-haber der Folgezeit gegnerische Ideen bekämpften, läßt allerdings darauf schließen, daß ihre Überzeugung von deren Ohmacht und Wirkungslosigkeit zuweilen doch nicht so fest sein mochte, wie sie glauben machen wollten.

2.1.3 Ideologiekritik bei Marx

Unter Ideologie begreift Marx (1818–1883) im wesentlichen zweier-lei: zum einen – und dies vor allem in den Frühschriften von den «Pa-riser Manuskripten» bis zur «Deutschen Ideologie» – den von aller Praxis losgelösten, metaphysischen Gedanken, der sich selbst auch als «kritischer» verstehen kann; zum anderen wird Ideologie als Aus-druck der Verselbständigung der Warenwelt in der kapitalistischen Gesellschaft («Versachlichung», «Verdinglichung») und ihrer Aus-wirkungen auf das Bewußtsein beschrieben, so daß Ideologie und falsches Bewußtsein identisch werden. Beide Aspekte des Ideologischen fließen in den konkreten Ausführungen von Marx oft ineinander. Dennoch muß festgehalten werden, daß sie sich auf verschiedenen Ebenen der Analyse bewegen: Bezeichnet die erste Form, die Marx in seiner Kritik der Metaphysik und des Idealismus formuliert, Verselbständigungsphänomene des Denkens von aller Lebenspraxis, die sich in der «Vorgeschichte» der Menschheit artikulierten, wobei nach Marx die Menschen erst nach der Aufhebung des Kapitalismus ihre Geschichte mit einem richtigen Bewußtsein zu machen beginnen, so ist die zweite an die ökonomische Struktur kapitalistischer Gesellschaften gebunden und erscheint als Kritik der politischen Ökonomie des Liberalismus. Doch auch die bürgerliche Gesellschaftsformation produziert neben dem falschen Bewußtsein als Warenfetischismus noch Ideologien des ersten Typs.

Marx wendet sich sowohl gegen die mechanischen Materialisten der französischen Aufklärung (so gegen Holbach und Helvetius) als auch gegen das Hegelsche System, sofern es den historischen Wandel als den Prozeß der zu sich selbst kommenden Vernunft deutet.

Ideologien lassen sich weder aus einem der menschlichen Natur anhaftenden Unvermögen ableiten, die gesellschaftlichen Bedingungen seiner Existenz zu reflektieren, noch stellen sie bewußte Inszenierungen machtbesessener Herrscher, Priester oder Cliquen dar. Vielmehr sind sie falsches Bewußtsein als gesellschaftlich notwendiger Schein. Damit wird die vordem schematisch gebliebene Zuordnung von sozialem Sein und Bewußtsein der vergesellschafteten Menschen ihres statischen und ahistorischen Charakters entkleidet. Der Marxsche Ideologiebegriff ist nicht nur Kritik einer mechanisch verfahrenden, milieudeterministischen Ideologienlehre, sondern auch Kritik der idealistischen Konzeption, wonach Ideen und geistigen Prinzipien eine übergeschichtliche Bedeutung zukommt. Marx betont gegenüber den idealistischen Geschichtskonstruktionen, daß nicht abstrakte Prinzipien, Ideen und metaphysische Mächte, sondern allein die wirklichen, kooperierenden und vergesellschafteten Individuen das hervorbringen, was man «Geschichte und Gesellschaft» nennt.

Im Hegelschen System gelang die philosophische Rettung des universellen Gültigkeitsanspruchs der Vernunft dadurch, daß Hegel (1770–1831) die Vernunft historisierte und die Geschichte rationalisierte. Er sah im historischen Wandel den Prozeß des zu sich selbst kommenden Geistes. Die Einheit der Wahrheit wurde jetzt dadurch gewahrt, daß der die verschiedenen Völker und Zeiten umspannende Geschichtsprozeß als das stufenweise Werden der einen Wahrheit selber verstanden wurde. Diese Wahrheit faßte Hegel als das Ganze, die Totalität, welche sich nur in und durch diesen Prozeß realisiert.

Auch für Marx ist, wie bei Hegel, die Weltgeschichte ein fortschreitender, aber nicht immanent teleologischer Prozeß. Das Subjekt dieses Prozesses sind nicht mehr der Hegelsche Weltgeist, sondern die Menschen selber in ihrer gesellschaftlich organisierten Produktion. Für Marx handelt es sich immer um «eine Summe von Produktionskräften, Kapitalien und sozialen Verkehrsformen, die jedes Individuum und jede Generation als etwas Gegebenes vorfindet» (Marx & Engels 1962, 38) und wovon sie in ihrem Handeln ausgehen müssen. Die Geschichte ist so keine aparte Wesenheit, sondern ihre Entwicklung bleibt zurückbezogen auf die relative Kontingenz in der Entwicklung der Produktion. Diese die Basis und das Fundament der gesamten Wirklichkeit bildende Produktion umfaßt die Produktivkräfte (Werkzeuge, Fertigkeiten, Kenntnisse und Bewußtsein usw.) wie auch die sozialen Verhältnisse der produzierenden Menschen zueinander mit den damit zusammenhängenden Eigentumsverhältnissen.

Wenn Marx sich gegen die an die Hegelsche Philosophie anknüpfenden Schulen wendet (z. B. gegen den Junghegelianer Bruno Bauer), so deshalb, weil er in ihnen die höchste Form jenes idealistischen Denkens sieht, das von der Reform des philosophischen Bewußtseins als solcher schon eine Aufhebung realer sozioökonomischer Widersprüche erwartet. In der gemeinsam mit Engels verfaßten «Deutschen Ideologie» (1845/46) ist es ihm um den Nachweis des illusionären Charakters einer bloß theoretischen Revolution zu tun, die sich nach der vollzogenen Kritik an begrifflichen Konstruktionen zur Ruhe begibt. Marx möchte nicht allein die Spekulationen der nachhegelschen Philosophie als wirklichkeitsfern erweisen, sondern darüber hinaus die Notwendigkeit dieser idealistischen Theoreme im Blick auf die damaligen deutschen Zustände begreifen.

Schon Feuerbach hatte gezeigt, daß in der religiösen Vorstellungswelt mit menschlichen Prädikaten ausgestattete überirdische Subjekte als selbständige Wesenheiten erscheinen. Marx entdeckt den entsprechenden Mechanismus in der Begriffssphäre der deutschen Metaphysik. Auch hier seien die gedanklichen Konstruktionen, wenngleich Produkte menschlicher Tätigkeit, als scheinbar geschichtstranszendente Kräfte wirksam. Ideologische Begriffskomplexe erstarren in einer kapitalistisch organisierten Gesellschaft zu übermächtigen Gewalten, denen die Individuen subsumiert werden. Die Geschichte erscheint ihnen als das Werk von Ideen und nicht als das Ergebnis des Zusammenhandelns wirklicher Menschen.

Der zentrale Gedanke der Feuerbachschen Religionskritik, daß mit der Setzung eines allmächtigen Gottes die Negation des menschlichen Wesens verbunden sei, die nur durch die Zurücknahme dieser Entäußerung in das menschliche Gattungswesen aufgehoben werden könne, gewinnt auch für die Marxsche Entfremdungstheorie Bedeutung. In ihr ist das mysteriöse Wesen nicht mehr ein göttliches Subjekt, sondern das tote Kapital, das in der kapitalistischen Tauschwirtschaft über die lebendige Arbeit die Herrschaft gewinnt.

Da die Ideologiehaftigkeit des Denkens für Marx nicht das unabänderliche Merkmal der menschlichen Vernunft, sondern allein das Ergebnis der aus der Klassenstruktur sich reproduzierenden sozialen Widersprüche bildet, sind die entfremdeten Bewußtseinsformen der gesellschaftlich notwendige Schein, dessen das kapitalistische System auf einer bestimmten Entwicklungsstufe zu seinem Fortbestand bedarf. An dieser ideologischen Scheinwelt partizipieren die Kapitalisten wie die Proletarier. Während die einen als personifiziertes Kapital und Exponenten der verdinglichten Warenwelt fungieren, stehen die anderen unter dem fortwährenden Druck der deformierenden Arbeitsbedingungen.

Als ideologisch gilt Marx vor allem jenes Denken, dem die Fähigkeit zur Einsicht in den unauflöslichen Zusammenhang seiner eigenen Bewegungen mit denen der sozialen Kräfte abgeht. Wie für die klassische englische Nationalökonomie ist auch für Marx die menschliche Arbeit Quelle allen gesellschaftlichen Reichtums. Doch unter industriell-kapitalistischen Produktionsverhältnissen, unter den Bedingungen von Arbeitsteiligkeit und Lohnverhältnis, werden die Produkte der menschlichen Hand im Tauschprozeß zu Wertgegenständen, die eine von der konkret-sinnlichen Tätigkeit des Menschen losgelöste Eigendynamik zu besitzen scheinen. Hinter ihrem scheinbar selbständigen Wert verschwinden ihre konkreten gesellschaftlichen Entstehungsbedingungen.

Als Substrat der Ideologienbildung gilt in den ökonomischen Schriften die Fetischisierung der Warenwelt. Fetischisierung bedeutet die Verselbständigung und Loslösung gesellschaftlicher Phänomene von den konkreten Bedingungen ihres Entstehens. Sie gewinnen damit den Schein der Naturwüchsigkeit und Allgemeingültigkeit. Diese Verselbständigung einer dem Produzenten fremd gegenübertretenden Warenwelt findet ihre Entsprechung in der scheinbaren Herrschaft der Abstraktionen des menschlichen Kopfes – Ergebnis gedanklicher Arbeit. Die gleichen Menschen, denen die von ihnen erzeugte Warenwelt in der Zirkulationssphäre als mit Eigenleben ausgestattete, fremde Gewalt gegenübertritt (ökonomische Entfremdung), werden auch von den Abstraktionen ihres Kopfes – in Gestalt scheinbar ewiger Ideen und Prinzipien – beherrscht.

Das Gemeinsame an beiden Formen der Entfremdung, der ökonomischen wie der ideologischen, ist das Verschwinden des gesellschaftlichen Zusammenhangs der sich den Menschen gegenüber verselbständigenden Produkte ihrer eigenen Tätigkeit, weil die Individuen unabhängig voneinander produzieren. Damit gerinnen diese Produkte zu Naturformen, d. h. scheinbar schicksalhaften und damit unveränderbaren, dem Zutun der beteiligten Individuen entzogenen Phänomenen. Ideologische ‹Nebelbildung› ist somit das gesellschaftlich notwendige Korrelat der kapitalistischen Warengesellschaft und des ihr eigenen Warenfetischismus.

Bei Feuerbach war die Rede davon, daß Götterverehrung im Grunde eine Verehrung nach außen projizierter menschlicher Wesenskräfte ist, daß also die Religion letztlich die Ausstattung vorgestellter Phänomene mit menschlichen Merkmalen sei, Phänomene, deren Übersinnlichkeit sich der Verselbständigung menschlicher Hoffnungen und Wünsche verdankt. Analog hierzu sieht Marx im Tauschwert der Waren ein nichtstofflich-übersinnliches Element, d. h. den Ausdruck des Unvermögens der Produzenten, ihre eigenen Produkte sich aneignen zu können. Der Grund dieses Unvermögens liegt in der Herrschaftsstruktur des Lohn- und Arbeitsverhältnisses.

Was den Individuen sich als gesellschaftlicher Vorgang in der Erscheinung zeigt, ist nicht identisch mit der dieser Erscheinung zugrundeliegenden Struktur. Die Einsicht, daß Erscheinung und innere Struktur, Form und sozialer Inhalt erst durch begriffliche Arbeit in ihrem Zusammenhang erschlossen werden können, liegt allen Analysen der Marxschen Theorie zugrunde.

Vergleicht man die Vielzahl der Wendungen, mit denen Marx das ideologische Bewußtsein kennzeichnet, so zeigt sich zunächst ein scheinbarer Widerspruch darin, daß auf der einen Seite Ideologie gefaßt wird als die von aller Praxis getrennte reine Spekulation. Andererseits wird ideologisches Denken immer wieder bestimmt als Bewußtsein der bestehenden Praxis, ideell ausgedrückte Existenzbedingungen der herrschenden Klasse usw. Wird einerseits das ideologi-

sche Moment im Denken in der Abstraktion vom Lebenszusammenhang der produzierenden Menschen erblickt, so erhält gleichwohl
Ideologie die Funktion zugewiesen, Ausdruck der realen gesellschaftlichen Verhältnisse zu sein. Nur wenn man mit Marx die herrschende
Klasse als die zugleich das Denken beherrschende betrachtet, läßt
dieser Widerspruch sich in seiner Notwendigkeit verstehen. Sind die
ideologischen Formen des Bewußtseins die als Gedanken gefaßten
herrschenden materiellen Verhältnisse, so besteht für die Ideologen
der herrschenden Klasse doch zugleich die Notwendigkeit, von ihrer
Praxis in dem Sinne zu abstrahieren, daß die über sie hinaustreibenden
gesellschaftlichen Antagonismen verschleiert werden. Ideologie dient
zur Absicherung des einmal Gewordenen gegenüber dem neu Werdenden. Sie drängt daher auf Verewigung historisch bedingter Machtverhältnisse. Ähnlich wie im formalen Tausch von Kapital und Arbeit das
wirkliche Kräfteverhältnis beider dadurch verborgen bleibt, daß sie
auf dem Markt als formal rechtlich einander gleichberechtigte Partner,
als Käufer und Verkäufer der Ware Arbeitskraft erscheinen, verschwindet auch der Klassencharakter der herrschenden Idee. Indem
nämlich gewissen Theoremen und Werten eine überzeitliche Geltung
zugesprochen wird, müssen die kritischen Reflexionen über deren
Herkunft und objektive Funktionen verstummen.

Aus den hier angedeuteten Aspekten der Marxschen Ideologiekritik
dürfte deutlich geworden sein, daß ihr zufolge nicht alles Denken bloß
ideologischer Überbau ist, wie es im dogmatischen Basis-Überbau-
Schema der Folgezeit interpretiert wird. Die Wahrheit oder Unwahrheit einer Gesellschaftstheorie läßt sich nach Marx weder am Grad
ihrer Interessengebundenheit noch an ihrem vorgeblich wertfreien
Charakter ablesen, sondern nur daran, in welchem Maße es ihr gelingt,
die Bewegungsgesetze und den inneren Zusammenhang der gesellschaftlichen Prozesse, von denen das Leben der Menschen bestimmt
wird, in ihren Kategorien sichtbar werden zu lassen. Nur wenn das
Denken im Vollzug seiner Analyse der sozialen Strukturwandlungen
nach den in der Gesellschaft angelegten objektiven Möglichkeiten und
Tendenzen fragt, kann es nach Marx der stets vorläufigen Wahrheit
nahekommen. Sein Wahrheitsanspruch ist jedoch nicht immanent-
theoretisch, sondern allein im Fortgang der Geschichte einzulösen.

Als Merkmale des «falschen Bewußtseins» wären demnach festzuhalten:

– Es ist gesellschaftlich erzeugt und nicht etwa von wenigen ausge-
  dacht, um damit die Massen zu manipulieren;

- es ist nicht beliebig auswechselbar, sondern in gewissem Sinne auch notwendiges, wenngleich falsches Bewußtsein;
- es trägt den Charakter des Anonymen an sich. Das ‹Falsche› am ideologischen Bewußtsein ergibt sich aus seinem Unvermögen, die gesellschaftlichen Bedingungen seines Entstehens zu reflektieren.

2.1.4 Der Ideologiebegriff in der Nachfolge Marx'

Die Weiterbildungen, welche die Marxsche Ideologiekritik erfahren hat, lassen sich einerseits als Simplifizierung des Basis-Überbau-Modells zu einem inhaltlosen Schema, andererseits jedoch als Konkretisierung der Marxschen Intentionen beschreiben.

Marx hat nicht geglaubt, daß der ideologische Überbau in kapitalistischen Gesellschaften wie ein einheitlicher Block vorzustellen sei. Vielmehr war er der Auffassung, daß im Fortgang der wissenschaftlichen Erkenntnis selbst, und hier besonders der Gesellschaftswissenschaften, die sozialen Konflikte sich im Bewußtsein der Menschen widerspiegeln. So gab es in keiner Gesellschaft, vor allem nicht in einer auf kapitalistischer Grundlage, eine einheitliche Ideologie. Zwar sind die jeweils herrschenden Ideen und Wertvorstellungen einer Epoche in der Regel die Ideen der Herrschenden, doch zeigt sich in deren Selbstverständnis (und zwar vor allem an den Rissen und Sprüngen dieses Selbstverständnisses) der in sich widersprüchliche Charakter einer Klassengesellschaft. Während die orthodoxen und die revisionistischen Richtungen der deutschen Sozialdemokratie gegen Ende des 19. Jahrhunderts die ‹offizielle› Auslegung der Marxschen Theorie lieferten (Kautsky, Bernstein u. a.), vollzog sich in Deutschland nach dem Ende des Ersten Weltkriegs bei einigen an Marx orientierten Autoren eine Neubewertung der Ideologiekritik und des Historischen Materialismus. War es das Kennzeichen der vulgärmarxistischen Ideologienlehre, jegliches geistige Produkt als Instrument des Klassenkampfes und damit als ideologischen Überbau zu denunzieren, wobei die auch den Ideologien innewohnenden historischen Wahrheitsmomente aus dem Blick kommen mußten, so ist die Tendenz dieser in den 20er Jahren einsetzenden Marxrezeption einem solchen Verfahren diametral entgegengesetzt. Vielmehr wird hier versucht, die ideologiekritischen Analysen so zu differenzieren, daß die theoretische Arbeit und deren Resultate wie schon bei Marx als konstitutive Elemente des gesellschaftlichen Prozesses begriffen wer

den. Gegen die im Vulgärmarxismus vorherrschende unterschieds-
lose Verdächtigung eines jeden Gedankens als bloßer Ideologie tritt
die bedeutsame Rolle der menschlichen Aktivität in der geschichtlichen Entwicklung in den Blick. Gegenüber der Vorstellung, daß die
soziale Bewegung allein durch die Macht der massiven Produktivkräfte und Institutionen zustande komme, wird die Rolle des ‹subjektiven Faktors› wiederentdeckt. Klassenbewußtsein bedeutet nicht ein
mit der proletarischen Lage automatisch gegebenes Faktum, sondern
es wird als das Resultat theoretischer und politischer Arbeit begriffen.

Für die Neomarxisten (Ernst Bloch, Georg Lukács, Karl Korsch
u. a.) ist der Marxismus keine abgerundete Weltanschauung (wie für
die Sozialdemokraten um die Jahrhundertwende), sondern selbst Teil
der geschichtlichen Realität; seine Wahrheit könne nicht abstrakt behauptet werden, sondern müsse sich in der gesellschaftlichen Praxis
bewähren. Sie sei ferner eine revolutionäre Lehre, die gerade im Bewußtsein die unerläßliche Voraussetzung für die praktischen Veränderungen der sozialen Lebensbedingungen erblickt.

2.1.5 Soziologische Ideologiekonzepte

Der Klassencharakter von Ideologien wurde auch im institutionellen
Marxismus nicht mehr ungebrochen in einer bloß mechanistisch verfahrenden Basis-Überbau-Zuordnung behauptet. Sowohl die sowjet-
marxistische als auch die DDR-Philosophie interpretierten den Klassencharakter von Ideologien im sozialen und politischen Leben nicht
als unilineare Abhängigkeit der ideologischen Bewußtseinsformen
von ihren ökonomischen und gesellschaftlichen Bedingungen. So
wurde nicht allein die ‹relative Selbständigkeit› der Ideologien gegenüber dem materiellen Unterbau, der sozioökonomischen Struktur der
Gesellschaft behauptet, deren Dynamik als eine Dynamik von Klas-
senkämpfen gilt. Alle Formen des ideologischen Bewußtseins haben
sonach die Tendenz, sich mehr oder minder gegenüber den materiellen Produktionsverhältnissen zu verselbständigen, um dann, in einem
komplizierten Prozeß der Rückkoppelung, ihrerseits wieder das gesellschaftliche Sein zu bestimmen. Damit gewann die Analyse Zugang
zu zwei Phänomenen: der Zählebigkeit von Ideologien und der Motivierung klassenbezogenen Handelns (Partei = Bewußtheit und Spontaneität).

In der amerikanischen Soziologie bezeichnet man diesen als ‹Zählebigkeit› umschriebenen Tatbestand als «cultural lag», d. h. als ein Zurückbleiben kultureller Entwicklung hinter dem bereits erreichten Stand der technischen Zivilisation. Im Kontext des historischen Materialismus der Sowjetphilosophie (und mit ihr der einstigen DDR-Philosophie) erschien das nämliche Phänomen als Beleg für die Möglichkeit, daß ideologische Formationen sich gegenüber dem sozialen Unterbau relativ verselbständigen können.

Betrachtet man die verschiedenen miteinander konkurrierenden Ideologien, die sich auf eine jeweils gleiche Wirklichkeit beziehen und gleichermaßen alle den Anspruch erheben, diese Wirklichkeit adäquat zu interpretieren, so drängt sich der Gedanke auf, in den Widersprüchen dieser Ideologien spiegele sich der widersprüchliche Charakter der sozialen Realität selbst.

Das war in der Tat der Ansatz von Marx. Auch die gegenwärtige Soziologie, soweit sie die Erforschung von Ideologien zum Gegenstand hat, stimmt mit diesem Marxschen Ansatz insoweit überein, daß sie die Formen des ideologischen Bewußtseins für abhängig hält von den objektiven Strukturen der gesellschaftlichen Wirklichkeit, auf die sie modifizierend zurückwirken. Ideologien entstehen nicht zufällig und gewissermaßen im leeren Raum. Sie sind Produkte der komplizierten Wechselwirkung zwischen dem Bewußtsein erfahrender, tätiger und leidender Menschen und der Gesellschaft, die ihrerseits das Resultat menschlicher Tätigkeit darstellt.

Gleichgültig, ob man die Resultate der Marxschen Analysen im einzelnen für richtig hält oder nicht: Zur Herausbildung eines sinnvollen, d. h. kritischen Ideologiebegriffs muß an der Möglichkeit einer wissenschaftlichen Erkenntnis des Wesens und des inneren Zusammenhangs der gesellschaftlichen Wirklichkeit festgehalten werden. Verneint man diese Möglichkeit, ist in der Tat auch ein Ideologiebegriff als soziologisches Erkenntnisinstrument kaum möglich. Ideologiekritik setzt somit eine Theorie der Gesellschaft voraus.

2.1.6 Selbstkritik der Vernunft

Das Ideologieproblem hat in der deutschen Philosophie des 19. Jahrhunderts eine von der Marxschen Theorie unabhängige Geschichte. Von Arthur Schopenhauer (1788–1860) und Friedrich Nietzsche (1844–1900) werden die ideologiekritischen Impulse der französischen Aufklärungsphilosophie, wenn auch vielfältig modifiziert, wiederaufgenommen. Schopenhauer geht davon aus, daß der menschliche Intellekt, obzwar dem blinden «Willen zum Leben» entsprungen, prinzipiell sich aus dem Bann seines Ursprungs lösen könne. Nietzsche hingegen radikalisiert die Destruktion des traditionellen Wahrheitsbegriffs der Philosophie derart, daß dieser nur noch als bloßes Instrument des «Willens zur Macht» erscheint. Für Nietzsche und Schopenhauer wie für die Derivationenlehre Vilfredo Paretos (1848–1923) gilt: Die Triebschicht (das Leben, der Drang, die Residuen usw.) wird zur entscheidenden Reduktionsbasis aller geistigen Regungen des Menschen. Besitzen bei Nietzsche die aus dem «Willen zur Macht» erwachsenden Ressentiments und «Wertschätzungen» noch eine historische Komponente, so bilden für Pareto die Residuen, aus denen die menschlichen Handlungen und die ihnen korrespondierenden Derivationen entspringen, relativ konstante Triebkonglomerate, die sich in den verschiedenen geschichtlichen Epochen kaum wandeln. Der instinktartig-alogische Kern des Menschen garantiert eine gewisse Gleichförmigkeit des Verhaltens, die das Korrelat und zugleich die conditio sine qua non der am naturwissenschaftlichen Wissenschaftsideal orientierten Methodik Paretos darstellen.

Die Ideologienbildung wird so zwar als Phänomen beschrieben, die Derivationen und Handlungsarten werden typologisiert und klassifiziert, doch der Zusammenhang zwischen Ideologie und Gesellschaft und die genetische Herleitung der ideologischen Phänomene bleiben weithin ausgespart.

Sowenig Schopenhauer eine Begründung dafür anbietet, daß der Intellekt des Menschen sich vom in ihm wirkenden «Willen zum Leben» ablösen könne, so rätselhaft bleibt auch Paretos Theorem vom permanenten Zwang des Menschen zur Rationalisierung, welche die «action non logique» lediglich mit einem logischen Firnis überzieht. Wie durch ein Wunder entspringt der naturalistisch interpretierten Triebschicht ein ihr fremdes Element. Gleichwohl ist diese Verselbständigung nur eine scheinbare; denn allen von Schopenhauer, Pareto und Nietzsche inspirierten Ideologienlehren ist die Tendenz gemeinsam, im menschlichen Intellekt die wesentlichen Charakteristika des sich darin ausdrückenden Macht- und Lebenswillens zu diagnostizieren. Geist und Intellekt sind sonach Manifestationen eines blinden und dynamischen Willens, der seinerseits erst im Medium seiner intellektuellen Äußerungen zu erfassen sei. So erweist sich der Dualismus von ‹Intellekt› und ‹Lebenswillen› als vordergründig. In Wahrheit wird angenommen, daß der eine nichts als ein Ausdruck des anderen sei, so daß der Anspruch des Geistes auf Autonomie hinfällig wird, wie dies bei Schopenhauer der Fall ist. Man könnte dieses ideologiekritische Verfahren mit dem Begriff des ‹symptomatologischen Verstehens› bezeichnen: Die psychischen Kräfte sollen indirekt aus Regungen begriffen werden, die den Individuen selber nicht bewußt werden.

Sosehr auch die Kultur- und Zivilisationskritik Schopenhauers und Nietzsches den Einsichten der großen Moralisten der Aufklärungsphilosophie des 17. und 18. Jahrhunderts verpflichtet bleibt: in einem entscheidenden Punkt steht sie dieser diametral entgegen. War es das Bestreben der bürgerlichen Theoretiker der Frühzeit, die Ideologiekritik zu einem Instrument der sich emanzipierenden bürgerlichen Vernunft zu entwickeln, so verkehrt sich hier die rationalistische Grundtendenz in ihr Gegenteil. Die von aller Bevormundung freigewordene kritische Vernunft wendet sich damit gegen ihre eigenen Fundamente.

In den späteren Schriften Nietzsches (vgl. 1965) gewinnt die Abwertung der aufklärerischen Ideale die Oberhand, was schließlich zu einer radikalen Umkehrung der ideologiekritischen Intention führen muß. Die Menschen, argumentiert er, legen die Absicht und die Hintergehung und die Moral erst in die Natur hinein. Hier findet sich die Reflexion auf die Psychologie des fatalen Zwangs, der den ‹freien Geist› zur Reduktion aller ‹Wahrheiten› um der Wahrheit willen treibt.

Vernunft und Intellekt werden bei Nietzsche kritisch aufgelöst. Das Gegengift der Ideologiekritik tangiert nicht mehr nur die Unwahrheit des Denkens, sondern tötet den Willen zur kritischen Scheidung von wahr und falsch selbst. Aus der Analyse der subjektiven Erkenntnisfaktoren erwächst der Wille zur Macht, um dessen Steigerung es dem späten Nietzsche zu tun ist.

War noch ein Denker wie Schopenhauer aus der Einsicht in die Abhängigkeit des Intellekts vom Lebenswillen zur Konsequenz gelangt, daß die Philosophen dennoch nur der Wahrheit verpflichtet seien, so wird für Pareto die Schwäche der Vernunft zum Einwand gegen sie. Was dem Staat, dem Vaterland, dem Ansehen der Nation dient, ist gut, und dementsprechend sind alle Wahrheiten schlecht und verfemt, sofern sie sich nicht dem Machtwillen der jeweils Herrschenden einfügen. Zur Bändigung des Volkes ist jede Form staatlich verordneter Ideologie nützlicher als die Freiheit des Denkens, die, wenn überhaupt, nur wenigen dazu Berufenen vorbehalten sei.

Was Pareto mit seinem Ausgang von einer naturalen Basis her zu legitimieren versucht, ist der Antagonismus einander ablösender Machteliten. Zwar ändern sich die Führerschichten hinsichtlich ihrer sozialen Merkmale; die Tatsache aber, daß es in aller Geschichte und damit auch in aller Zukunft Führende und Geführte gibt, ist unabänderlich. Die jeweiligen Eliten bzw. Gegeneliten halten die Massen entweder in Schach oder setzen sie – unter Berufung auf deren Interessen – durch Ideologien und politische Formeln in Bewegung. Die dem Elitetheorem zugrunde liegende Wertentscheidung impliziert die Absage an die Geschichte als Entwicklungsprozeß. Dadurch wird es möglich, politische Herrschaft als geschichtsübergreifende Kategorie zu konzipieren, die als ordnungsstiftende Macht des Staates stets den Ausgleich konfligierender Interessen zu leisten habe. Politik und Gesellschaft verlieren so ihre konkret-inhaltliche Bestimmtheit und gerinnen zu formalen und abstrakten Kategorien.

Die ursprünglich aufklärerische Tendenz der Ideologiekritik verkehrt sich in ihr Gegenteil: Sie wird zur Gegenaufklärung.

2.1.7 Positivistische Ideologienlehre

In der positivistischen Ideologienlehre Vilfredo Paretos war eine neue Wendung zum subjektiven Ideologiebegriff hin vollzogen.

Theodor Geiger (1891–1952) hat Paretos Begriff der Derivation dahin erweitert, daß er darunter die theoretische Rechtfertigung affektiver und vitaler Engagements schlechthin faßt. Zugleich erhalten die Residuen den sozialpsychologisch bestimmten Charakter milieubedingter seelischer Dispositionen, die Geiger als «Mentalität» bezeichnet. Durch seine Forderung der Wertfreiheit soziologischer Urteile kommt die seit Jahrzehnten geführte Werturteilsdiskussion in eine enge Beziehung zum Ideologieproblem.

Von der Voraussetzung her, daß Ideologie nur als ein Begriff der Erkenntniskritik sinnvoll gelten könne, lehnt Geiger die Marxsche Ideologiekritik und den totalen Ideologiebegriff Mannheims (s. u.) ab. Weder die soziale Wirklichkeit als solche noch die sich auf diese beziehende Bewußtseinsstruktur könnten Gegenstand ideologiekritischer Analysen sein. Vielmehr sei allein das wissenschaftliche Einzelurteil daraufhin zu befragen, ob und inwieweit es mit der empirisch erfaßten, raumzeitlichen Wirklichkeit übereinstimmt. Für Geiger stellt die in den ideologischen Analysen vorliegende Vermengung von

Wertideen und Sachaussagen ein Symptom der Befangenheit des urteilenden Individuums in außertheoretischen Faktoren dar. Sein Interesse gilt vorwiegend der Reinheit wissenschaftlicher Theorie, die am Modell der traditionellen Logik gemessen wird. Die hinter den einzelnen als ideologisch bestimmten Urteilen existierende Intention des Erkennenden bleibt jenseits der positivistischen Ideologiekritik: Sie wird als «Mentalität» aus dem engeren Zusammenhang soziologischer Kritik des Denkens ausgeklammert. Aus der Mentalität gehen zwar Ideologien hervor; sie selbst aber ist nach Geiger ebenso wie die gesellschaftliche Wirklichkeit wahrheits-falschheits-indifferent.

Da Geiger allein das erkennende und urteilende Einzelsubjekt als Ideologienträger anerkennt, sieht er die Möglichkeit der Überwindung ideologischer Bewußtseinselemente in der «intellektuellen Gefühlsaskese» und Selbstkontrolle des Individuums. Mit dieser Bestimmung steht der Geigersche Ideologiebegriff in der Tradition, die ihren Ausgang in der Ideologienlehre Bacons nimmt. Die subjektiven Implikationen des Denkens werden hier wie dort als atheoretische Trübungen der Erkenntnis bezeichnet.

Wird die Vitalbeziehung des Urteilenden zum Objekt als letzte Ursache für die Ideologiebildung eingeführt, bedeutet dies eine Rückführung des einst gesellschaftskritischen Begriffs ins Psychologische.

Die Kontamination von Werturteil und Ideologie bei Geiger ist deshalb geboten, weil Ideologie nicht als umfassender Komplex bestimmter geistiger Gehalte, sondern nur als emotional gefärbtes Einzelurteil gefaßt wird. Die Frage ist, ob nicht die Ausklammerung der Mentalität als eigentlicher Quelle der Ideologienbildung aus der Ideologiekritik und die damit verbundene Tabuierung des gesellschaftlichen Seins unbeabsichtigt apologetisch wirkt. Geiger selbst war es dabei primär um kritische Reflexion zu tun.

Die positivistische Ideologiekritik ist seit Pareto dadurch gekennzeichnet, daß sie ausgeht von einer konstanten Triebnatur des Menschen, die auch die Ursache ist für die Mängel des gesellschaftlichen Lebens. Diese wie jene sind unaufhebbar und durch die ganze Geschichte relativ gleichbleibend. Da dem so ist, muß jeder Versuch einer Veränderung des realen gesellschaftlichen Zustands als fragwürdig erscheinen. Zumindest ist es das Postulat wissenschaftlichen Denkens, daß in ihm der Gedanke einer Veränderung der bestehenden Verhältnisse keinen Raum haben dürfe, weil Veränderung eine Sache des Willens darstellt, der innerhalb der wissenschaftlichen Diskussion gerade als Ideologienerzeuger gilt.

Der Neopositivismus knüpft an Geigers Unterscheidung von Sach- und Werturteil an. Die Beantwortung der Frage der Wissenschaftlichkeit bzw. Ideologiehaftigkeit erfolgt mittels des Wahrheitsbegriffs empirischer Wissenschaft. Werturteile sind demnach unwissenschaftlich und ideologisch, sofern sie eine allgemeine Anerkennung beanspruchen.

Kennzeichnend für den neopositivistischen Ideologiebegriff ist die Trennung von wissenschaftlichen Tatsachenerkenntnissen und politisch-weltanschaulichen Wertungen. Der empiristisch-szientistischen Grundausrichtung entsprechend liegen Wertungen nicht im Bereich der Erkenntnissphäre selbst, sondern sind irrationaler Natur, Ausdruck von Gefühlen, Stimmungen und des Wollens.

Der neopositivistische Ansatz von Ernst Topitsch (geb. 1919) nimmt den von Feuerbach (und Freud) beschriebenen Projektionsmechanismus metaphysischer Gebilde auf und wendet ihn konsequent auf soziale Mythen an. Dabei kommt er zu dem Ergebnis, daß die im unmittelbaren Sichtkreis liegenden Erfahrungszusammenhänge stets die Grundlage und den Ausgangspunkt der Deutung des Fernerliegenden und Fremden bilden. Da der Mechanismus dieser Projektion – wie schon Feuerbach bemerkte – auf der mythologischen Bewußtseinsstufe den Menschen selber verborgen bleibt, können die durch ihn hervorgebrachten kosmischen Ordnungen überdies Postulate für das praktische Verhalten im gesellschaftlichen und staatlichen Leben liefern.

2.1.8 Der wissenssoziologische Ideologiebegriff

Der «allgemeine» und «totale» Ideologiebegriff, den Karl Mannheim (1893–1947) durch die Annahme einer generellen Seinsverbundenheit aller geistigen Standorte zu einem hermeneutischen Prinzip erweitert hat, findet sich in wesentlichen Bestimmungen bereits in der Kulturkritik Nietzsches und in der Derivationenlehre Paretos vorgezeichnet. Die Wissenssoziologie Mannheims unternimmt den Versuch, den Begriff Ideologie «wertneutral» zu bestimmen. Wenn Mannheim ein Urteil oder eine Idee seinsverbunden nennt, so ist damit nichts Wertendes gemeint.

Alle Aussagen über Mensch, Gesellschaft und Geschichte haben ihren historischen und sozialen Ort und müssen daher gleichermaßen als relativ zu einer Wahrheit bezeichnet werden, die sich nur aus der

Gesamtheit der in der menschlichen Geschichte vertretenen Standorte erschließen läßt. Alles Denken ist sozial determiniert und kann darum einen Anspruch auf objektive Erkenntnis der Wahrheit nicht aufrechterhalten. Es repräsentiert jedoch – als «Weltanschauungswissen» – stets eine Partialwahrheit, die es fälschlich für absolut hält. Objektive Erkenntnis empirischer Wirklichkeit wie auch von bestimmten Werten sei nur durch wissenssoziologische Selbstkontrolle des Erkennenden möglich. Diese Selbstkontrolle mache den Erkennenden relativ unabhängig von dem ihn bestimmenden sozialen Standort seiner Klasse, Schicht usw., an deren typischen Denkformen er stets teilhat (Distanzierungsvermögen). Wer, im Sinne dieser wissenssoziologischen Selbstanalyse, diesen Erkenntnisprozeß zu leisten fähig ist, kann jener «sozialen Dünnschicht» innerhalb der Gesellschaft zugerechnet werden, der größere Erkenntnischancen zukommen als den blind engagierten Individuen. Mannheim nennt diese Schicht auch «freischwebende Intelligenz». Ihre besondere Aufgabe sei es, durch fortwährende Selbstkritik relative Synthesen aller wahren Momente der in einer Zeit einander unvermittelt gegenüberstehenden geistigen und politischen Standorte vorzunehmen. Sie kann dies nur mit «gleitenden Begriffen» leisten, die sich der historisch-gesellschaftlichen Bewegung anpassen («Kultursynthese»).

Ein derart universell gefaßter Ideologiebegriff hat aufgehört, ein kritisches Instrument zur Erkenntnis und Überwindung falschen Bewußtseins zu sein. Er wird neutral und verzichtet damit auf den Anspruch der Ideologiekritik, theoretisch-wissenschaftlich-analytische von bloß ideologischen Aussagen zu scheiden. Im historischen Wandel vom wertend-kritischen Ideologiebegriff, wie ihn die bürgerliche Aufklärung und Marx kennen, zum wertfreien, der alle Standpunkte relativ nennt, kommt ein Verzicht der Wissenschaft zum Ausdruck, verändernd in den politischen und gesellschaftlichen Zustand eingreifen zu wollen.

Durch die Herauslösung des Ideologieproblems aus dem theoretischen Zusammenhang der Marxschen Theorie verschwindet dessen ökonomische Wurzel, der Warenfetischismus. Damit wird die Möglichkeit einer sozialpsychologischen Ableitung von Ideologien, wie sie bereits in den interessenpsychologischen Reduktionen geistiger Phänomene zur Zeit der französischen Aufklärung vorgebildet war, erneut aktuell. Das «soziale Sein» wird zum vorgegebenen Faktum, das kaum mehr eine bestimmbare Beziehung zu konkreten historisch-gesellschaftlichen Elementen (wie Tausch, Eigentumsverhältnissen) besitzt. Mannheim möchte daher konsequent die ökonomischen Faktoren aus der soziologischen Begriffswelt ausscheiden, um das sui generis Soziale erfassen zu können. Doch die Seinsebene, auf die hin gedankliche Gebilde funktionalisiert werden sollen, tritt letztlich nur mehr als irrationale Grenzgröße ohne irgendwelche positiven Bestimmungen auf. Die ökonomische Basis wird zu einer metaphysischen Sphäre erweitert. Sie basiert auf der Vorstellung eines sich im Geschichtsprozeß manifestierenden «Lebens». So wird der Geschichtsverlauf zu einem «werdenden Absoluten» hypostasiert und das Ideologieproblem aus dem Zusammenhang der Gesellschaftstheorie herausgelöst.

2.1.9 Der Ideologiebegriff in der Kritischen Theorie

Die Kritische Theorie, wie sie besonders von der Frankfurter Schule von Horkheimer (1895–1973) und Theodor W. Adorno (1903–1969) formuliert wurde, kennt keine ontische Trennung von gesellschaftlicher Realität und ideologischem Überbau mehr. Vielmehr besitzt die gesellschaftliche Totalität, als welche die «verwaltete Welt» (Adorno) sich darstellt, eine Universalität und Durchschlagskraft, die eine solche Trennung obsolet werden läßt. Die Reproduktion der Gesellschaft vollzieht sich durch das Handeln und Denken der Individuen hindurch, so daß in der Gestalt des vorherrschenden Bewußtseins sich die Gesetzmäßigkeit der Gesellschaft nur verdoppelt, wodurch Ideologie sich im Funktionieren dieses Prozesses der Vermittlung von selber herstellt. Der Schein des Ideologischen wird vom System der Gesellschaft mitproduziert; die Individuen werden zu dessen Agenten.

Ideologie ist die Verdoppelung des bestehenden gesellschaftlichen Zustands nach dem Motto: ‹So ist's nun mal, daran läßt sich nichts ändern.› In ähnlicher Weise bestimmt Herbert Marcuse (1898–1979) in seiner Kritik der Eindimensionalität die vorherrschende Ideologie in fortgeschrittenen westlichen Industriegesellschaften. Sie ist gleichbedeutend mit dem Verlust der kritisch-utopischen Funktion begrifflichen Denkens und sozialer Phantasie, ein Ergebnis gesellschaftlich erzeugter Regression. Der Zwang, den die herrschenden Verhältnisse auf das Verhalten und das Bewußtsein der Konsumenten ausüben, schlägt sich im Verzicht auf kritische Reflexion nieder. Analog der Integration ehedem oppositioneller Parteien und Gewerkschaften besorgt eine im ganzen konforme Medienöffentlichkeit die reibungslose Anpassung an vorgegebene Normen und Verhaltensmuster («repressive Toleranz»).

Nicht mehr die Verselbständigung von gedanklichen Zusammenhängen ist der Prototyp heutiger Ideologien, sondern die überhöhende Verdoppelung und Rechtfertigung des ohnehin bestehenden Zustands. Das, was der Fall ist, was ohnehin geschieht, wird den Menschen noch einmal als im höheren Sinne (‹technische Rationalität›) ‹notwendig› eingeschärft. Ideologie ist der Kritischen Theorie zufolge alles das, was die reibungslose Anpassung an die herrschenden Strukturen der Gesellschaft befördert und Reflexion über die bestehenden Verhältnisse behindert. Die Ideen dieser Gesellschaft sind samt und sonders dieser Gesellschaft immanent, verweisen auf keinen anderen, sondern nur auf einen technisch perfekteren Zustand.

Daß die nahezu überall total werdende Lenkung aller individuellen Bereiche und die damit einhergehende Liquidierung all dessen, was mit der, wenn auch relativen, Autonomie des einzelnen zusammenhing, nicht ein Zufall, sondern Symptom eines Entwicklungsgangs der industriell-technisch organisierten Gesellschaften selber ist, gehört zu den Axiomen der Kritischen Theorie.

Dies hat Konsequenzen auch für das, was man als Ideologiekritik bezeichnet: Ihr Gegenstand ist gar nicht mehr so sehr die inhaltliche Aussage geistiger Produkte, denen man früher einfach die Frage: ‹cui bono?› vorhalten konnte. Das Phänomen Herrschaft verliert damit seine Konturen. Ideologie heute wäre gerade im scheinbar ideologiefernen ‹Realismus der Sachzwänge› zu suchen, dem die Menschen sich unterworfen haben. Ist Ideologie nicht mehr der vom gesellschaftlichen Reproduktionsprozeß losgelöste Schein, sondern die Hinnahme der Mechanismen und Funktionen dieser Gesellschaft selbst, so ist dies doch nur die subjektive Seite jenes Prozesses in einer Gesellschaft, in der die Technik selber zum Schleier geworden ist, der nicht mehr erkennen läßt, daß hinter Technik und Technologie menschliche Produktivkräfte sich verbergen, deren Aufgabe einmal die Befriedigung humaner Bedürfnisse und nicht die Überwältigung der Menschen durch den verdinglichten Reproduktionsprozeß gewesen ist.

Mit der bürgerlichen Aufklärung verbindet die Kritische Theorie vor allem die Hoffnung, daß immer dann, wenn von Individuen in einer Gesellschaft Zusammenhänge, die zunächst als blinde Mechanismen wirken mögen, begrifflich aufgearbeitet werden, sich der

Zwang, der von ihnen ausgeht, zu lösen beginnt. Freilich hängt das Gelingen dieses Prozesses der Aufklärung in hohem Maße davon ab, wieweit eine Gesellschaft in der Lage ist, den Bürgern Raum für die Entwicklung eines kritischen Bewußtseins zu geben. Ohne ein solches Bewußtsein hätte ‹Vernunft› keinen Ort mehr im Zusammenleben der Menschen.

2.1.10 These vom Ende aller Ideologien

Die Proklamation der These vom Ende der Ideologien begann etwa Mitte der 50er Jahre, vor allem in den Kreisen, die sich um den «Kongreß für kulturelle Freiheit» gruppierten. Mit dieser Vorstellung ist meist ein Selbstverständnis der westlichen Gesellschaft verbunden, das davon ausgeht, daß es in ihr keine ernsthaften Probleme mehr zu lösen gibt. Wohlfahrtsstaatliche Einrichtungen, so heißt es, hätten alle entscheidenden sozialen Fragen gelöst.

Dies ist eine Vorstellung von Gesellschaft, wie sie etwa in Amerika von David Riesman und in Deutschland von Helmut Schelsky (mit seiner These von der «nivellierten Mittelstandsgesellschaft») entwikkelt wurde. Was nach den Propheten des Endes aller Ideologien zu Ende gegangen sein soll, ist jedwede Form utopischen und unreglementierten Denkens, generell gesprochen, jede politische Theorie und Praxis, die auf eine soziale Umgestaltung abzielt. Als Begründung für diesen Wandel werden folgende Argumente ins Feld geführt:

– die Enttäuschung der Linken in den vergangenen Jahrzehnten, hervorgerufen durch das Ausbleiben der kommunistischen, klassenlosen Gesellschaft, wie sie vom Marxismus prognostiziert war;
– die daraus folgende Diskreditierung der marxistischen Ideologie bei den Arbeitermassen der westlichen Welt;
– das Verschwinden bzw. Ausbleiben systemgefährdender Klassenkonflikte in den fortgeschrittenen kapitalistischen Industriestaaten, die einst den gesellschaftlichen Boden für Klassenkampfideologien gebildet hatten.

Diejenigen Probleme, mit denen es die heutigen westlichen Gesellschaften zu tun haben, seien viel komplexerer Art, als daß sie mit rein politischen Mitteln zu lösen wären. Der Marxismus gilt als widerlegt oder doch zumindest in seinem Wahrheitsanspruch in Frage gestellt. Das intellektuelle, gesellschaftskritische Fundament für Politik auf der Grundlage von globalen Ideologien sei zerbrochen.

Es besteht die Tendenz, kritische Sozialtheorien als ideologisch abzuqualifizieren, die über den vorgegebenen Status quo im Westen hinausweisen. Hierin enthüllt sich der parteiische Charakter der These vom Ende der Ideologien, die sich selbst als wertfrei und damit als ideologiefrei begreifen möchte. So tendiert diese These zu einer Vermengung von Ideologie und Utopie, d. h. zur Abwehr aller kritischen Theorie bei gleichzeitiger Ausklammerung des Verhüllungscharakters der eigenen Ideologie. Als ideologisch gilt ihr nämlich jene Politik, die Konflikte zutage bringt, nicht aber die, der es auf Stabilisierung der geronnenen Verhältnisse ankommt. Prinzipielle Opposition und grundsätzliche Kritik gelten daher schlechthin als ideologisch.

Vom ‹Wesen› politischer Ideologien zu sprechen, sofern man darunter so etwas versteht wie konstante Wesensmerkmale, scheint in Anbetracht der historischen Gestalt politischer Ideologien müßig. Man sollte es bei der Bestimmung der Funktionen belassen, wobei das politische Denken ein nicht zu unterschätzendes Moment des Gesamtverhaltens der Menschen in einer Gesellschaft darstellt.

Eine Wesensbestimmung von Ideologie kann es nicht geben, da Ideologien Produkte der Tätigkeit bewußtseinsfähiger, im Prozeß der Gesellschaft tätiger Menschen sind, die selber einem historischen Wandel unterworfen bleiben. Dieser Wandel drückt sich natürlich auch in den politischen Ideologien aus. Dagegen ist es sehr wohl möglich, eine Bestimmung der vielfältigen Funktionen und Wirkungen zu unternehmen, die Ideologien im politischen und gesellschaftlichen Leben ausüben. Dabei muß man sich allerdings davor hüten, in eine Art Personalisierung der Ideologien zu geraten, die darin bestünde, daß man diese ‹Ismen› (z. B. Liberalismus, Konservatismus) als selbständig wirkende Mächte und Subjekte, unabhängig vom menschlichen Handeln und von ihrer Funktion und ihrer Wirkung, in einem bestimmten sozialen Feld verstünde. Zwar können Ideologien sich gegenüber der Praxis des gesellschaftlichen Lebens in einem oft erstaunlich hohen Maße verselbständigen, und das haben sie tendenziell immer getan. Sie aber isoliert als ahistorische Größen zu fassen, hieße ihnen das zu glauben, was sie zu sein vorgeben. Denn die Dialektik politischer Ideologien besteht eben darin, daß sie – als Schein – zugleich doch sehr wirksame Bestandteile der politischen Realität sind. Sie sind konstitutive Momente der gesellschaftlichen Totalität. Zwar verdanken sie ihr Dasein und damit ihre Wirkungsmöglichkeit der Tätigkeit der konkret vergesellschafteten Menschen; andererseits motivieren und bestimmen sie als verselbständigte Gebilde politisches Verhalten der Menschen in einer spezifischen und historisch variablen Weise.

Ideologie kann bewußt oder unbewußt zur Legitimation konkreter Herrschaftsinteressen verwendet werden; sie kann ebenso das Resultat des individuellen Bedürfnisses sein, die eigene Situation in der Gesellschaft bedeutungsvoller, großartiger und erfreulicher zu sehen, als sie ist. Ideologie kann ferner die Rationalisierung von Machtinteressen sein, identisch mit den Derivationen, die Pareto beschrieb. Ideologie ist auch der schöne Reflex einer unschönen Wirklichkeit, mit dem es sich besser leben läßt. Oder Ideologie ist, mit Marx, das notwendig falsche Bewußtsein einer schlechten Realität, Trost in einer trostlosen Welt. In sich ist dieses Bewußtsein nicht falsch, allenfalls widerspruchsvoll. Kein Bewußtsein kann als in sich falsch oder richtig bezeichnet werden. Es ist falsch in seinem Anspruch, der Realität angemessen zu sein.

Die Möglichkeit des ideologiekritischen Verfahrens ist nur unter folgenden Voraussetzungen gegeben:

1. Die menschliche Vernunft muß prinzipiell das Vermögen besitzen, die strukturellen und wesentlichen Zusammenhänge des gesellschaftlichen Lebens zu erfassen und in eine systematische begriffliche Ordnung zu bringen.

2. Nicht alle Resultate menschlichen Denkens dürfen als ideologisch verfälscht und damit als bloßer Widerschein der bestehenden gesellschaftlichen Machtverhältnisse gelten.

3. Die Struktur der sozialen Wirklichkeit, auf deren Erkenntnis sich das Denken richtet, darf nicht in dem Maße stabilisiert und naturwüchsig sein, daß jeder Versuch zu ihrer Veränderung von vornherein illusorisch und zwecklos ist.

Fragt man danach, wann menschliches Denken, insbesondere Ideologien zu einer gesellschaftlich wirksamen Macht werden können, so müssen zumindest zwei Bedingungen erfüllt sein, soll diesem Denken Wirksamkeit beschieden sein:

1. Ideen und Ideologien können nur dann politisch wirksam werden, wenn ihren Trägern Mittel und Wege zur Verfügung stehen, diese zu institutionalisieren, d. h. als allgemein-verbindliche durchzusetzen.

2. Ideologien können nur dann auf Dauer gesellschaftliches Handeln und Verhalten bestimmen, wenn sie den Interessen und Bedürfnissen zumindest eines Teils der Bevölkerung entgegenkommen.

Anhaltspunkte, die dazu dienen, bei der Beurteilung von Aussagen über Gesellschaft und Staat den Erkenntniswert, d. h. zugleich Wahrheitswert zu bestimmen, geben etwa folgende Fragen:

– Wieweit dringt eine Theorie über die reine Beschreibung der Tatbestände hinaus zu einer Erklärung, also zur Verdeutlichung der Ursachen und Folgen bestimmter sozialer Veränderungen vor? Dies kann sie nur, wenn sie weder selektiv noch monokausal verfährt (Erkenntniswert einer Theorie; Synthese der sozialen Fakten).

– Wieweit gelingt es ihr, richtige Voraussagen aufgrund einer Analyse der vorherrschenden gesellschaftlichen Tendenzen zu treffen (prognostischer Gehalt)?

– In welchem Maße gelingt es ihr, das unübersehbar scheinende Geflecht der Verfügungsgewalten und gesellschaftlichen Machtverteilung in ihren Kategorien greifbar werden zu lassen, um damit die Kräfte beim Namen zu nennen, von denen letztlich alle sozialen Verhältnisse und Veränderungen bedingt werden (Analyse der Machtstrukturen)?

– Inwieweit kann sie erklären, aufgrund welcher Prinzipien sich gesellschaftliche Totalität entfaltet und was deren Apparaturen in Gang hält (Funktionsanalyse)?

– In welchem Maße gelingt es ihr, die in der Gesellschaft vorhandenen Widersprüche zum Ausdruck zu bringen und dabei jede Harmonisierung und zweckbestimmte Stilisierung zu vermeiden? Die Erklärung der Widersprüche durch die Theorie muß die konkreten Widersprüche der Wirklichkeit auf den Begriff bringen (Verzicht auf Idealisierung und Harmonisierung der Realität).

– Inwieweit ermutigt sie trotz des Verzichts auf Beschönigung der sozialen Wirklichkeit die Menschen dazu, ihre Geschicke selbst mitzubestimmen und so im Vollzug ihres gesellschaftlichen Handelns eine Verbindung zwischen Theorie und Praxis herzustellen (Realisierbarkeit)?

Literatur

Lenk, K. (Hg.): Ideologie, Ideologiekritik und Wissenssoziologie. Frankfurt ^{9}1984.

Marx, K. & F. Engels: Die Deutsche Ideologie. MEW Bd. 3 Berlin (DDR) 1962.

Mauthner, F.: Wörterbuch der Philosophie. 2 Bde. Zürich 1980.

Nietzsche, F.: Die Unschuld des Werdens. Nachlaß 2. Teil Stuttgart 1965.

Weiterführende Literatur

Barth, H.: Wahrheit und Ideologie. Erlenbach, Zürich, Stuttgart ²1961.

Bracher, K. D.: Zeit der Ideologien. Eine Geschichte politischen Denkens im 20. Jahrhundert. Stuttgart 1982.

Chatelet, F. & G. Mairet (Hg.): Histoire des Idéologies. 2 Bde. Paris 1978.

Geiger, Th.: Ideologie und Wahrheit. Stuttgart, Wien 1953.

Lenk, K.: «Volk und Staat». Strukturwandel politischer Ideologien im 19. und 20. Jahrhundert. Stuttgart 1971.

–: Politische Soziologie. Stuttgart 1982.

–: Marx in der Wissenssoziologie. (Neuaufl.) Lüneburg 1987.

Lieber, H. J. (Hg.): Ideologie – Wissenschaft – Gesellschaft. Darmstadt 1976.

–: Ideologie. Eine historisch-systematische Einführung. Paderborn 1985.

Ludz, P. Ch.: Ideologiebegriff und marxistische Theorie. Opladen ²1977.

Mannheim, K.: Ideologie und Utopie. Frankfurt ⁶1978.

Meja, V. & N. Stehr (Hg.): Der Streit um die Wissenssoziologie. 2 Bde. Frankfurt/M. 1982.

Pelinka, A. (Hg.): Ideologien im Bezugsfeld von Geschichte und Gesellschaft. Innsbruck 1981.

Peter Furth

2.2 Soziale Rolle, Institution und Freiheit

Der Titel bezeichnet nicht nur einen bestimmten Theoriebereich, sondern er ist durch seine Formulierung auch aufschlußreich für die prinzipielle Situation der zeitgenössischen Soziologie. Der Titel spricht ein altes, höchst strittiges Problem der Soziologie an, das Verhältnis von Individuum und Gesellschaft, aber er formuliert das Problem nur mehr indirekt, ohne daß die Seiten des Verhältnisses noch direkt als selbständige Entitäten vorkommen. Die Titelformulierung läßt damit offen, wie sich Individuum und Gesellschaft auf die gegenüberliegenden Seiten, Rolle, Institution einerseits und Freiheit andererseits, verteilen. Diese Frage bezeichnet aber das Problem, auf das zu achten sein wird.

2.2.1 Zur wissenschaftstheoretischen Einordnung des Rollenkonzepts

Lange Zeit wurden Individuum und Gesellschaft in der Soziologie nicht als Unterschiede eines Zusammenhangs aufgefaßt, sondern getrennt und als Getrennte einander entgegengesetzt. Und der Streit ging nur noch darüber, ob die Soziologie diesen Gegensatz durch den Primat des Individuums über die Gesellschaft oder den Primat der Gesellschaft über das Individuum auflösen sollte. Die entscheidende Frage war, ob nur dem einzelnen Menschen reale Existenz zukomme mit der Folge, daß die Gesellschaft lediglich ein nominalistischer Mengenbegriff war, oder ob der Gesellschaft eine dem einzelnen überlegene und von ihm unabhängige, selbständige Wirklichkeit zukomme mit der Folge, daß die soziologischen Kategorien einen ‹begriffsrealistischen› Status hatten. Unverkennbar, dieser Streit zwischen Atomismus (Individualismus) und Universalismus (Kollektivismus) mit seiner verdinglichenden Entgegensetzung von Individuum und Gesellschaft bewegte sich in den Denkbahnen der Substanzmetaphysik und wiederholte deren Fronten. Aber diese Problemstellung wurde vom funktionalistischen Denken in der Soziologie verdrängt. Individuum und Gesellschaft wurden nicht mehr in der Form der Substanz, d. h. als Seiendes, das für sich zu bestehen vermag, vorgestellt, sondern in der Form der Funktion, d. h. als ‹Sein für anderes›, als Leistung in einem Zusammenhang, als Systemfunktion. Die erkenntnistheoretische Grundfrage war nicht mehr, was ein Ding ist, sondern was es als Element eines Systems bewirkt. Durch den Funktionalismus rückte der Systemgedanke in den Mittelpunkt der Theoriekonzeption. In Umkehrung der genetischen Fragerichtung wurden Systemzustände also nicht ursächlich erklärt, sondern zum Ausgang genommen und als Regulative unterstellt, mittels deren die Lösungsbedingungen von Systemproblemen ermittelt werden sollten. So waren nicht die Handelnden in ihrer konkreten empirischen Existenz, sondern die Beziehungen zwischen Handelnden unter dem Gesichtspunkt ihrer Systemrelevanz der Erkenntnisgegenstand. Die Handelnden traten nicht als Ausdruck einer psychischen Realität, sondern als Teil einer vorgegebenen funktionalen Ordnung auf.

Der Eingriff des Funktionalismus in die soziologische Theorie hatte weitreichende Folgen. Erkenntnistheoretisch bestand der Ertrag in der Bildung eines analytischen Ganzheitsbegriffs und in der Loslösung der nominalistischen Begriffsbildung vom weltanschaulichen Individualismus. Damit hob der Funktionalismus den antinomischen Gegensatz von Individuum und Gesellschaft zwar nicht auf, stellte ihn aber durch Einklammerung – indem er ihn methodisch indifferent machte – still. So konnte der Funktionalismus den Primat der Gesellschaft über das Individuum durchsetzen, ohne daß die alten weltanschaulichen Kosten dafür weiterzuzahlen waren. Den Hauptanteil daran hatte der Begriff der sozialen Rolle, der zusammen mit der Wende, die der Funktionalismus in die soziologische Theorie brachte, aufkam und inzwischen einen paradigmatischen Rang im Selbstverständnis der Soziologie einnimmt. Das ist so, weil dem Rollenbegriff die Eignung zugeschrieben wird, einen Gegenstandsbereich zu konstituieren, der in einem engen und bestimmten Sinn soziologisch ist: Verhalten wird nach Maßgabe des Rollenbegriffs nicht als Reaktion eines Organismus und nicht als Ausdruck persönlicher Eigenschaften, sondern als Vorgang in einem System sozialen Handelns aufgefaßt. Und was dabei das wichtigste ist: Das handelnde Subjekt wird nur soweit berücksichtigt, wie es Rollenträger ist, also nur als Funktion von Vorgängen, die durch soziale Strukturen festgelegt sind.

Was nun bedacht sein will, ist die Beobachtung, daß der paradigma-

tische Umbau der Soziologie durch Funktionalismus und Rollenkonzept die Soziologie in eine paradoxe Situation gebracht hat. Denn
die begrifflichen Mittel und die theoretischen Grundannahmen, vermittels deren erst ein strikt soziologischer Gegenstandsbereich konstituiert wurde, widerstreiten der kulturellen Selbstinterpretation der
Gesellschaft, die Gegenstand der Soziologie ist. Dem Primat der Gesellschaft in der soziologischen Theorie steht das Postulat der Individualität in der Lebenswirklichkeit nach wie vor als Gegenpol gegenüber. Was diese Diskrepanz eigentlich besagt und wie sie interpretiert
wird, davon hängt sehr viel für das Verständnis und die Einschätzung
des Rollenbegriffs ab.

Zwei Auffassungen stehen sich gegenüber. In der einen Sicht
bedeutet die Diskrepanz eine Ungleichzeitigkeit zwischen wissen-
schaftlicher und ideologischer Entwicklung. Wie immer die Ungleichzeitigkeit dabei verstanden wird, ob als Rationalitätsvorsprung der
Wissenschaft, der auf Übertragung wartet, oder ob als irreversible
Ausdifferenzierung, als Abkoppelung der Theorieproduktion von
Legitimationsbedürfnissen, der Analytik vom Sinnbedarf, in jedem
Fall geht in dieser Sicht die paradigmatische Wende von der Seite der
Wissenschaft aus und bleibt funktional auf sie bezogen. Für den Rollenbegriff heißt das, daß ihm einzig der Status eines analytischen Kon-
strukts zukommt, dessen Geltung rein theorieimmanent begründet
ist. In der anderen Auffassung ist die paradigmatische Wende, die der
Rollenbegriff anzeigt, nicht auf wissenschaftsinterne Entwicklungen
beschränkt, sondern ist Teil einer gesamtgesellschaftlichen Wand-
lung. Und die Diskrepanz zwischen Analytik und Selbstartikulation
des soziologischen Gegenstandes wird durch eine übergreifende Bewegung von der Gegenstandsseite her erklärt. Der Rollenbegriff ist in
dieser Sicht nicht nur als wissenschaftliches Instrument, sondern auch
als ideologische Imago zu verstehen; er ist nicht nominalistischer Terminus, sondern Kategorie und als Kategorie nicht nur Denkform,
sondern als solche auch Sozialform.

2.2.2 Vom ‹Vertrag› zur ‹Rolle›

Erst wenn das paradigmatische Modell, das bei der substantialistischen Entgegensetzung von Individuum und Gesellschaft das eigentlich umstrittene Motiv war, erfaßt ist und in seinen Konsequenzen
bedacht wird, läßt sich die Dimension des Wandels, der mit dem Auf-

kommen des Rollenbegriffs verbunden war, ermessen. In dem Streit Atomismus/Individualismus versus Holismus/Kollektivismus ging es um die Stellung des Vertragsmodells in der Soziologie. Der Vertrag war für das bürgerliche Denken jahrhundertelang die gesellschaftliche Urszene, und die Vertragstheorie war der Prototyp der bürgerlichen Gesellschaftstheorie, der sich in der Phase der theoretischen Bekämpfung feudaler Verhältnisse eindrucksvoll bewährte. Doch so gut der Vertragsgedanke für eine kritische Theorie der feudalen Herrschaftsformen und für die Antizipation bürgerlicher Gerechtigkeit taugte, als es beim Übergang in die industrielle Gesellschaft um die Realisierung der revolutionären Postulate und die Errichtung neuer, spezifisch bürgerlicher Institutionen ging, da wurden die Defizite der Vertragstheorie offenbar. Überall, wo in der Gesellschaft der Äquivalententausch die Kommunikation regelte, war die Vertragstheorie in ihrem Element; wo aber der soziale Zusammenhang vom Opfer eigennütziger Interessen abhing und eine nicht-kalkulierbare Solidarität brauchte, versagte sie. Sie wiederholte in der Theorie die Schwäche der faktischen Vergesellschaftung, den systematischen Mangel an sozialer Integration, der wie ein Schatten der bürgerlichen Gesellschaft folgte, jedenfalls da, wo sie sich in Reinkultur durchsetzte.

Bei diesem Mangel setzte die Soziologie an, sobald sie in der Krise des Übergangs vom Feudalismus zum Kapitalismus als neue Wissenschaft entstand. In der politischen Philosophie, in der politischen Ökonomie und in all den Disziplinen, die dem Funktionieren der bürgerlichen Verkehrsformen prinzipiell und legitimatorisch verpflichtet waren, konnte das Vertragsmodell mehr oder weniger unangefochten das dominierende Paradigma bleiben. Aber die Soziologie sah in der Suche nach Ressourcen sozialer Motivation, die die Integrationsdefizite der kapitalistischen Vergesellschaftung ausgleichen konnten, ihre Aufgabe und hatte geradezu – wie Durkheim es am schärfsten sah (vgl. Durkheim [7]1960, 192ff) – in den «nicht-kontraktuellen Elementen des Vertrages» (Parsons [3]1964, 319) ihr eigentliches Thema. So konnte der ‹Vertrag› nur so weit soziologisches Paradigma bleiben, wie ihm kompensatorische Alternativen an die Seite gestellt wurden. Und es war eigentlich von Anbeginn an absehbar, daß die Soziologie sich schließlich unter ein anderes Paradigma stellen würde.

Daß dies eine prekäre Entwicklung sein mußte, die auch heute noch nicht zur Ruhe gekommen ist, wird verständlich, wenn die bisher unberücksichtigte Seite des Themas, das Freiheitsproblem, in die Überlegungen einbezogen wird. Der zum Vertragsmodell gehörende

Freiheitsbegriff war absolut. Man kann seine Absolutheit gar nicht radikal genug denken. In seiner Perspektive lag die Freiheit vor aller Gesellschaft und schloß die Möglichkeit ihrer Verneinung ein. Es war die Freiheit des absoluten Anfangs, eine Tabula-rasa-Freiheit; sie läßt sich gut mit Max Webers Begriff der «innerweltlichen Askese» verstehen. Diese Freiheit, als die Fähigkeit eines Subjekts gedacht, war die Fähigkeit der Abstraktion von aller sozialen Vermitteltheit. Erst das Individuum, das aus dieser Abstraktion hervorging, war ein wahres Subjekt, nämlich Subjekt im Sinne der Autarkie und Subjekt im Sinne des Gemeinwesens. So stand das Subjekt unter zwei Freiheitsforderungen: ein Selbst ohne und gegen die Gesellschaft zu sein sowie gesellschaftlich ohne und gegen das Selbst zu sein. In den normativen Figuren des Robinson und des Citoyen kam dies zum Ausdruck. Diese Freiheit, die Rousseau einem Robespierre, Kant, Fichte und Hegel hinterließ, war doppelsinnig: Sie sollte als individuelle Freiheit im selben Zuge auch die Ermöglichung von Gesellschaft sein; im Sinne der Individualität gedacht, sollte sie ebenso als Fähigkeit der Totalisierung ein gesellschaftliches Ganzes bewirken, das mehr war als die Summe seiner Teile. Aber was noch schwerer wog, war, daß die Freiheit mit diesem Doppelsinn auf einer Abspaltung von der Realität beruhte. Die Freiheit des Vertragsmodells spaltete den Menschen in einen Bürger zweier Welten. In dem emphatischen Subjekt des Vertragsparadigmas stand der wahre, aber künstliche, abstrakte Mensch, der «Mensch als allegorische, moralische Person» (Marx 1961, 370), dem unwahren, aber wirklichen Menschen, dem ‹egoistischen Individuum› der bürgerlichen Gesellschaft in unendlicher Getrenntheit gegenüber.

Dieser Gegensatz brachte die Soziologie in eine antinomische Situation. Sie wollte den Gegensatz aufheben, aber sie konnte es nur, indem sie die Seiten des Gegensatzes reproduzierte. Ihr Problem, die Bildung sozialer Kohäsion, hatte sie von der Citoyenseite des Gegensatzes, die Lösungskräfte aber mußte sie, wollte sie Wirklichkeitswissenschaft sein, auf der Bourgeoisseite suchen. Das Vertragsparadigma hatte normativen Charakter in dem prägnanten Sinn, daß es sich auf den Homo noumenon, den Menschen als intelligibles Wesen, bezog: Die Seinsweise des Gegenstandes galt als offen für die Freiheit als Kausalität; Subjekt und Objekt der Theorie waren durch das Freiheitspostulat miteinander verbunden. Wollte die Soziologie Wirklichkeitswissenschaft sein, dann hatte sie jedoch den Menschen in seiner sozialen Bedingtheit zum Gegenstand und mußte vom idealen Subjektsein der Individuen zu ihrem wirklichen Teilsein übergehen. Und dafür brauchte sie Erkenntnisverfahren, die auf der Determiniertheit des Gegenstandes beruhten und zu prognosefähiger Gesetzeserkenntnis führten. So war die Abwendung der Soziologie vom Vertragsparadigma unumgänglich, aber zugleich extrem schwierig, weil es wegen seiner Verbindung mit dem Freiheitspostulat zum Kern des bürgerlichen Denkens gehörte. Dieser Übergang von einem normativen zu einem analytischen Paradigma konnte also, so unumgänglich er war, nur bedingt und nur begrenzt gelingen, nämlich nur so weit, wie dabei das Vertragsparadigma nicht verletzt wurde und in seiner normativen Schlüsselstellung erhalten blieb, und nur so weit, wie die Ablösung oder der Umbau des Vertragsparadigmas mit dem Wandel der Freiheitschancen und Freiheitsvorstellungen in der Gesellschaft konvergierte.

Das war eine paradoxe Situation. Die Soziologie bewältigte sie durch Aufspaltung der Theoriebildung. So wie der Gegenstand als intelligibler einerseits, als phänomenaler andererseits doppelt war, wurde nun auch die Theorie verdoppelt; die Wissenschaft wurde als empirisch analytische Theorie den ideologischen Formen der Theorie gegenübergestellt. So blieb der Vertrag paradigmatisch und behielt seine normative Schlüsselstellung, aber im Bereich der Ideologie, als Gedanke und ideelles Prinzip, während der Umbau des Vertragsparadigmas, der beim Vertrag in seiner sozialen Wirklichkeit, als Knotenpunkt sozialer Probleme und Bedingtheiten, ansetzte, die Angelegenheit der verwissenschaftlichen Soziologie wurde.

Voraussetzung für einen solchen Paradigmenwechsel, der so tief reichte, daß mit ihm die Bildung einer neuen Wissenschaft verbunden war, war allerdings ein massiver sozialer Wandel, der mit der Durchsetzung und Perfektionierung der kapitalistischen Produktionsweise auch gegeben war. Entwicklungen wie die Verflechtung von ökonomischer und politischer Macht, die Bürokratisierung der verschiedensten Lebensbereiche, die ‹totale Mobilmachung› der Bevölkerungen, die Industrialisierung der Kultur etc. kamen allesamt in einem Effekt zusammen: Sie entwerteten die klassische bürgerliche Freiheitsbedingung, die Trennung von Öffentlichkeit und Privatheit, oder erzwangen neue Interpretationen dafür. Die Durchrationalisierung aller Lebensbereiche führte zu einer Gleichsetzung von Organisiertheit und Gesellschaftlichkeit. Die Heroisierung des autarken, asketischen Individuums aus der Gründerzeit der bürgerlichen Gesellschaft wurde im Zeitalter des «organisierten Kapitalismus» (Hilferding 1927) dys-

funktional. Das Ideal der Individualität wurde aufgespalten in ein ex-
trovertiertes Charisma für Führer und Stars und in ein weit nach innen
verlegtes Selbstwertgefühl für die Massen; viel Individualismus und
wenig Individuen, hieß die Lösung. Die aktuelle, repräsentative Figu-
ration des Subjekts wurde das ‹Mitglied›: der einzelne als Teil einer
Organisation und die Individualität als Funktion dieses Teilseins. Die
Relativierung des Subjektbegriffs war konsequenterweise auch eine
Relativierung des Freiheitsbegriffs. Die Freiheit verlor ihre Bindung
an die Souveränität; die absolute Freiheit der Konstitution wurde mit
der Konsolidierung der bürgerlichen Verhältnisse zur relativen Freiheit der Abweichung, des Vorbehalts, des Kompromisses; die Freiheit *von* der Gesellschaft wandelte sich zur Freiheit *in* der Gesellschaft.

In diesem soziokulturellen Wandel verlor die Freiheitsantinomie
der bürgerlichen Ursprungssituation und ihrer Philosophie ihre Unbedingtheit und ihre institutionelle Evidenz. Die Grenzen im Verhältnis von Individuum und Gesellschaft waren nicht mehr durch einen
äußeren Gegensatz festzulegen. Der Entfremdungsgegensatz zwischen dem Citoyen und dem robinsonadischen Bourgeois verschwand
in der epochalen Figur des Mitglieds; verschwand aber nur scheinbar,
denn er kehrte, verwandelt in einen Gegensatz zwischen und in den
Rollen des Mitglieds, wieder. Diese Dialektik setzte sich auch in der
Soziologie durch. Der Versuch, die antinomische Anfangssituation
durch Aufspaltung der Theoriebildung und durch Abkoppelung der
Soziologie von normativer und ideologischer Gesellschaftstheorie zu
überwinden, führte nicht zur Lösung, sondern zur Verschiebung des
Problems. Der Doppelcharakter des Gegenstandes der Gesellschaftstheorie, zugleich intelligibel und empirisch zu sein, verlangte auch in
der Vereinseitigung durch die empirisch-analytische Theorie noch
sein Recht. So konnte die soziologische Erkenntnis trotz ihrer Immu-
nisierung gegen normativ-ideologische Theorieformen nur eine unge-
wisse Objektivität erlangen.

Auch bei analytischer Objektivierung ihrer Erkenntnis war die Soziologie nicht in der Lage, die Subjektivität auf der Gegenstandsseite
auszuschließen. Dieser Sachverhalt beherrschte die Begriffs- und
Theoriebildung der Soziologie und brachte ein Wechselspiel von sich
gegenseitig ausschließenden und zugleich bedingenden Ansätzen hervor; den Versuchen, die Gesellschaft als einen subjekt-freien Deter-
minationszusammenhang zu erklären, antworteten die Versuche, die
Gesellschaft als einen subjektiv konstituierten Sinnzusammenhang zu

verstehen. Die ausgrenzende Freiheitsantinomie der klassischen, vorsoziologischen Gesellschaftstheorie kehrte als Problemantinomie im
Inneren der Soziologie wieder in der Gestalt methodologischer und
konzeptueller Gegensätze. Die Rollentheorie war dafür exemplarisch. Sah es zunächst so aus, als ließe der Rollenbegriff den vom
Vertragsparadigma gesetzten Gegensatz von Individuum und Gesellschaft hinter sich, so zeigte sich dann aber, daß der Gegensatz in die
Rollentheorie hineinverlagert war und als Konflikt von system-funk-
tionalistischer Rollenkonzeption einerseits, kommunikationstheore-
tischer Konzeption andererseits von neuem auftrat. Mit dem Begriff
der Institution verhielt es sich ähnlich; er stand mit dem Rollenbegriff
in einem theoretischen Kontinuum, und insofern nahm er an dem Gegensatz, der die Rollentheorie spaltete, teil. Aber er zog auch ein
besonderes Interesse auf sich, weil ihm seit der Intervention Arnold
Gehlens der Anspruch anhaftete, gegen die antinomische Schwäche
der Rollentheorie immun zu sein.

Die Zurückdrängung und Eingrenzung des Vertragsparadigmas
war ein langwieriger und für die Gestalt der Soziologie entscheidender Prozeß. Der Rollenbegriff hatte an dieser paradigmatischen
Wende erheblichen Anteil, und er war prädestiniert dazu. Aus seiner
langen Vorgeschichte als Metapher und als Topos der Rhetorik
verwies er auf die Schicksalsseite des Lebens. In der Perspektive der
Rollenmetapher rückten die Phänomene des sozialen Zwangs und der
sozialen Differenzierung in den Vordergrund und wurden als Ausdruck einer unumstößlichen Dramaturgie anerkannt; Unüber-
schreitbarkeit der Gesellschaft und Festgelegtheit des individuellen
Handelns auf vorgängig feststehende soziale Funktionen, lautete die
Botschaft. Sie ließ keinen Platz für eine Trennung von Individuum
und Gesellschaft, wohl aber für eine in das Innere der Individuen
verlegte Differenzierung von sozialen und individuellen Zuständlich-
keiten. Das heißt, die Einheit von Individuum und Gesellschaft, die
sich mit dem, was umgangssprachlich und aus metaphorischer Tradition Rolle hieß, verband, bedeutete nicht das vorbehaltlose Aufgehen des Individuums in der Gesellschaft. Die Eigenart der von der
Rollenmetapher bereitgestellten Vorstellungen bestand vielmehr gerade darin, daß schicksalhafte Verbindlichkeiten als Verpflichtung,
in der Form der individuellen Selbstzurechnung, gedacht und erlebt
wurden. Rolle meint also ‹Seinseingebundenheit›, aber unter der
Bedingung ihrer subjektiven Vermitteltheit.

Diese Verschränkung entgegengesetzter Perspektiven machte die

Rollenmetapher so interessant für die Soziologie; es überschnitten sich die Perspektive des Individuums auf die Gesellschaft und die der Gesellschaft auf das Individuum, die des Handelnden mit der des Beobachtenden. Der Terminus Rolle lenkte den Blick auf Gleichförmigkeiten des Handelns, jedoch so, daß dabei immer ein Individuum mitzudenken war, das zu diesen Gleichförmigkeiten Stellung nehmen konnte; die Differenz zwischen Rolle und Akteur gehörte ebenso zum Inhalt der Rollenmetapher wie das Festgelegtsein des Handelns. Diese reflexive Aufspaltung des Handelns in die Unmittelbarkeit eines vorgeschriebenen Vollzugs einerseits, in die intentio obliqua der Rückbeziehung des Handelns auf subjektive Motive andererseits gab der Rollenmetapher die interpretative Spannweite.

Bezogen auf den Bereich zwischen personaler Intimität und offizieller Allgemeinheit bezeichnete Rolle Handlungsspielräume, in denen sich Notwendigkeit und Freiheit kreuzten, in denen Zwänge herrschten, aber auch spielerischer Umgang mit ihnen möglich war. Der Rollenbegriff, der seine Plausibilität aus den Darstellungen und Überformungen der bürgerlichen Differenz von Öffentlichkeit und Innerlichkeit gewann, ermäßigte die beiden Seiten des Gegensatzes, den er in sich enthielt, die Seite des Schicksals und die Seite der Freiheit, und machte sie vereinbar. Er war, als er für die Soziologie aktuell wurde, so etwas wie ein Kompromißbegriff, und wie bei Kompromissen üblich war die Einheit, die er bildete, prekär und immer wieder neu herzustellen; Spannung und Distanz zwischen den Seiten variierten, mal dominierte die eine, mal die andere Seite. Wo die Theateranalogie durch Formen der Geselligkeit und der bürgerlichen Öffentlichkeit in Alltagsplausibilität übersetzt wurde, überwog die Subjektivität in der Rollenauffassung, die Distanz zwischen individuellem Motiv und sozialer Funktion. Wo die Theateranalogie aber durch eine andere Analogie überlagert und verdrängt wurde, nämlich durch die zur Moderne gehörende Technikanalogie, da war Rolle nur ein Synonym für Funktion, und es dominierte eine objektivierende, fatalistische Auffassung von Rolle, die die Identität von Motiv und Funktion postulierte.

2.2.3 Zur Dogmengeschichte des Rollenkonzepts

Der Rollenbegriff bekam erst spät einen Platz in der soziologischen Theorie. Es waren amerikanische Psychologen und Soziologen, die in der ersten Jahrhunderthälfte den Begriff einführten und zum Leitbegriff der soziologischen Handlungstheorie machten. Erst nach dem Zweiten Weltkrieg faßte er auch in der europäischen Soziologie Fuß, insbesondere in der Soziologie der Bundesrepublik. Aber der Sache nach, als ein mehr oder weniger implizites Thema, war er schon früher anwesend, am deutlichsten in der Soziologie Georg Simmels. Zwar ging die Ausarbeitung der Rollenkonzeption ohne ausdrücklichen Bezug auf Simmels Gedanken und Begriffe vonstatten; aber die Nähe zwischen dem Begriff der sozialen Rolle und Simmels Begriff der sozialen Form war so frappierend, daß rückblickend bisweilen von einer rollentheoretischen Vorläuferschaft Simmels gesprochen wird, was um so verständlicher ist, als die erkenntnistheoretische Grundlegung, deren die Rollenkonzeption bedarf, niemals mehr so systematisch angegangen wurde, wie dies in der Simmelschen Soziologie geschehen ist.

Zum Begriff der sozialen Form bei Simmel

Simmels Überlegungen waren in Fortführung der Kantischen Erkenntnisbegründung auf eine «Kritik der historischen Vernunft», d. h. eine Fundierung der sozialwissenschaftlichen Erkenntnis, gerichtet. Aber der übergreifende Begriff Simmels war nicht mehr der der Vernunft, sondern der des Lebens, und dementsprechend waren die Kategorien, auf die Simmel die soziologische Erkenntnis stellen wollte, nicht nur Denkformen, sondern «Kategorien des Lebens», d. h. Bauformen, Strukturen des Wirklichkeitsgeschehens wie des Wissens davon. In seiner Grundlagenreflexion zu dem Problem: «Wie ist Gesellschaft möglich?» (Simmel 1908, 27 ff), die er mit einer «Erkenntnistheorie der Gesellschaft» verglich, fragte Simmel nach den Bedingungen der Einheit des Gegenstandes Gesellschaft und erkannte, daß sie nicht wie die Natureinheit, die Kants Problem gewesen war, durch das betrachtende Erkenntnissubjekt zustande kam, sondern bei den Elementen der gesellschaftlichen Einheit selber lag, weil sie bewußt und synthetisch aktiv waren. Das verlangte eine Revision des Kantischen Formbegriffs. Der transzendentale, die Synthesis des Erkenntnisgegenstandes begründende Charakter der Form blieb, aber sie wurde in die sich vergesellschaftenden Individuen als ihre eigene Leistung hineinverlegt und dabei verdoppelt in die Bewußtseinsform der realen Vergesellschaftung einerseits, in die ihrer theoretischen Reflexion andererseits. Diese Verdoppelung der apriorischen Bewußtseinsformen machte den Sinn von Simmels Unternehmen einer «Erkenntnistheorie der Gesellschaft» aus; er führte es, bevor er an die empirische Mannigfaltigkeit der Formen der sozialen Wechselwirkung ging, exemplarisch an drei apriorischen «Formen der Vergesellschaftung» durch, eine Untersuchung, die sich heute als die grundlagentheoretische Vorbereitung der Rollenkonzeption verstehen läßt.

Simmel gab den drei «sozialen Aprioris», die er in seiner Skizze der Erkenntnistheorie der Gesellschaft explizierte, keinen kategoriellen Namen; aus der Sicht der späteren Theorieentwicklung könnten sie Rolle, Individualität und System heißen.

Das erste Apriori handelt von den Bildern, die die Interagierenden voneinander haben und einander bieten müssen, damit Stetigkeit und Voraussehbarkeit die Wechselwirkung leiten können. Simmel ließ diese situationsdefinierenden Bilder aus einer dreifachen Typisierung der Wahrnehmung des anderen hervorgehen, einer verallgemeinernden, einer individuierenden und einer klassifizierenden. Um des Entlastungseffekts willen verzerrt die Typisierung die soziale Wahrnehmung in zweifacher Richtung, sie verkürzt und sie idealisiert. In die Interaktion kann der Mensch immer nur unter einem Bild eintreten, das zugleich mehr und weniger als seine Individualität ist, das ihn schematisiert «von seinem Typus als Mensch, von der Idee seiner eigenen Vollendung und von der sozialen Allgemeinheit her, der er zugehört» (ebd., 35), wobei Simmel darauf bestand, daß die Differenz zwischen Schema und konkretem Individuum nicht nur unaufhebbar, sondern geradezu Bedingung der Vergesellschaftung ist.

Das führte er im zweiten Apriori aus. Es ist der Besonderheit des Individuums gewidmet, dem, was Hegel das «subjektive Prinzip der modernen Welt» (1970, 311) nannte. Simmels Gedanke dabei – vielleicht das Leitmotiv seiner ganzen Soziologie – war, daß ein zureichender Begriff von Vergesellschaftung ohne die Anerkennung des Nichtvergesellschaftetseins der Menschen nicht zu bilden ist; Vergesellschaftung war für Simmel nur dann angemessen zu beschreiben, wenn sie zugleich als Individuation verstanden wird. Nicht, daß er damit die Utopie robinsonadischer Autarkie fortsetzen wollte; er sprach damit dem Individuum kein äußeres Außerhalb der Gesellschaft zu, wohl aber ein inneres, das nur indirekt mit Begriffen der Differenz, der Distanz, der Nichtidentität etc. zu erfassen war. Ein Zweifaches war damit gemeint: zum einen die Individualität als ein empirisches Potential latenter Funktionen und Leistungen, die als Hintergrund die Formen der manifesten Vergesellschaftung mitprägen; zum anderen die Individualität als die fundamentale anthropologische Struktur der Exzentrizität, die sich in der Dialektik der Verschränkung von innen und außen zeigt. Simmel bestimmte also die Individualität nicht als eine feste Größe, nicht als die Form einer an sich seienden Existenz, sondern als Bezugsgröße, als einen beweglichen funktionalen Grenzwert des Sozialen, als die Gesellschaft vermittelnd und vermittelt durch sie. Die Pointe des Individualitätsaprioris bestand darin, daß erst der Zusammenhang von sozialer und personaler Existenz die Einheit ausmacht, die «wir das soziale Wesen nennen» (Simmel 1908, 41). Das läßt sich auch umgekehrt formulieren und drückt derart Simmels Leitmotiv am besten aus: So übergreifend und mächtig die Gesellschaft ist, sie ist es nur unter der apriorischen Bedingung, daß das «Leben nicht ganz sozial ist» (ebd., 38).

Die Vereinbarung von sozialer Typisierung und individueller Besonderheit ist nicht ein Problem, das von den einzelnen ad hoc, je nach gegebener Situation gelöst werden kann. Verlangt ist dafür vielmehr eine situationsunabhängige Perspektive auf die Gesellschaft als ein Ganzes. Sie ist Thema des dritten Apriori, in dem Simmel das Gesellschaftsbild beschreibt, das wie eine regulative Idee dem Individuum gegeben sein muß, damit es als Individuum ein «soziales Element» sein kann. Es ist die Vorstellung von der Gesellschaft als eines Gefüges von Positionen und Funktionen, die in ihrer Differenzierung der Verschiedenheit der individuellen Fähigkeiten und Dispositionen entsprechen. Objektiv gewendet bedeutet dieser Gedanke, die Gesellschaft ist ein System, das in den Fähigkeiten und Leistungen der Individuen die selbsterzeugten Bedingungen seiner Existenz hat. Subjektiv gewendet bedeutet der Gedanke das Postulat einer strukturellen Korrelation zwischen sozialen Erfordernissen und individuellen Qualifikationen, und damit verwandelt sich der deterministische Zusammenhang des Systems von Positionen und Leistungen in einen teleologischen Zusammenhang, der als eine Norm in die Intentionalität des sozialen Handelns aufgenommen werden kann.

Mit diesen Überlegungen hinterließ Simmel eine Präfiguration der späteren Rollentheorie, die besondere Aufmerksamkeit verdient, weil er damit eine Konstellation von Grundgedanken gab, die im Zusammenhang mit dem Rollenbegriff immer wiederkehren sollte, und weil er damit das Weiterwirken der Freiheitsantinomie aus der vorsoziologischen Gesellschaftstheorie annoncierte.

Zum Rollenbegriff bei G. H. Mead

In derselben Zeit, den Jahren um die Jahrhundertwende, arbeitete der amerikanische Philosoph George Herbert Mead an Begründungsproblemen der Sozialpsychologie. Von seinem Studium in Deutschland her (hauptsächlich bei W. Wundt, u. a. bei Dilthey) mit der geistes- und sozialwissenschaftlichen Grundlagenreflexion, die die philosophische Diskussion in Deutschland damals beherrschte, vertraut, entwickelte er einen hermeneutischen Pragmatismus, der äußerst folgenreich für die Sozialwissenschaften wurde. Mead war es, der den Rollenausdruck zum erstenmal begrifflich verwendete; er führte ihn zur Bezeichnung der Intersubjektivität des sozialen Handelns ein.

Für Mead war das Subjekt eine problematische Voraussetzung; deshalb waren Genese und Funktion des Selbstbewußtseins das große Thema seiner wissenschaftlichen Arbeit, die ihre Besonderheit darin hatte, daß Mead die Reflexivität und Intentionalität des Bewußtseins nicht als spontan Gegebenes, sondern als Resultat eines Entstehungsprozesses nahm. Die Richtung, in der Mead die vorhandenen Auffassungen überschritt, war durch die pragmatische Tradition, in der er stand, gebahnt, aber sein Explanandum, die Reflexivität des Selbstbewußtseins, verwies ihn weiter und genauer: Nicht beim objektivierenden und die Handlungen äußerlich gleichrichtenden Gegenstandsbezug, sondern bei der Interaktion setzte er an, und nicht die instrumentell-produktive, sondern die symbolisch-expressive Vermittlung der Interaktion wurde zur Basis seines Ansatzes. Sein Gedankengang – aufs Prinzipiellste verkürzt – war dabei folgender: Soziale Bedeutung entsteht in Situationen, in denen die Aufmerksamkeit der Handelnden sich in einer intentio obliqua von den Gegenständen der Umwelt abwendet und auf die Handlung selbst zurückbiegt. Diese Situation gehört typischerweise zur Interaktion von Handelnden. Nur in der Interaktion wird das Verhalten des einen von unmittelbaren Reaktionen des anderen so beantwortet, daß es zur selbstreflexiven Aufmerksamkeit kommt. Nur wer selber Reiz für die Reaktionen eines anderen ist, die für ihn wiederum Reize darstellen, muß sich auf sich selbst als Reizquelle zurückbeziehen. Denn das Bewußtsein der eigenen Handlung ist die Bedingung für das vorlaufende

Verstehen der Handlung des anderen, wie umgekehrt die antizipierende Interpretation des Verhaltens des anderen das Bewußtwerden des eigenen Verhaltens bedingt. Das war es, was Mead mit seinem berühmten Theorem der «Rollenübernahme», des «taking the role of the other» (1968, 194 ff, 216 ff), meinte, wobei Rolle die Handlungsperspektive des anderen und nicht seine soziale Stellung bedeutete, oder nur so weit, wie sie an der Perspektive teilhatte.

Mead deutete also die Reflexivität des Selbstbewußtseins als Resultat der reziproken Verschränkung der Handlungsperspektiven bei der Interaktion. Die innere Repräsentation des Verhaltens des anderen führt zur Bildung verschiedener Instanzen im Selbstbewußtsein. Neben das Ich als Instanz der Spontaneität, gleich ob triebhaft oder geistig, das Ich also in seiner subjektiven Unmittelbarkeit (Mead nannte diese Instanz «I»), tritt das Ich als Instanz der Bewertung der spontanen Impulse, das Ich in seiner objektiven Vermitteltheit, das als Niederschlag vermuteter Fremderwartungen die sozialen Bezüge repräsentiert, in denen das Individuum steht (Meads Bezeichnung dafür: «me»). In dem Maße, wie es gelingt, die nach Bezugsgruppen verschiedenen me's zu einem einheitlichen Selbstbild zu synthetisieren und die Triebimpulse mit den im Selbstbild vertretenen gesellschaftlichen Erwartungen zu vereinbaren, entsteht die dritte Instanz, das «self», die «Ich-Identität» als die Instanz der Balancierung von Selbst und Situation. Diese dramatische Binnenstruktur des Selbstbewußtseins hat in Ablauf und Struktur der Handlung ihre äußere Entsprechung. Die sich verschränkenden und dabei gegenseitig verändernden Rollenübernahmen führen zu einer gemeinsamen Bedeutung der Handlung und zu ihrer Fixierung in bedeutungsgleichen Symbolen, in eins Resultat und Bedingung der Interaktion. Abgelöst von den konkreten Bezugspersonen und Bezugsgruppen verfestigen sich die Rollenübernahmen zu der normativen Vorstellung eines «verallgemeinerten Anderen», der zunächst für die intersubjektive Regelhaftigkeit der individuell erfahrbaren Gesellschaft steht, dann aber auch die Gesellschaft jenseits der unmittelbar gegebenen Bezüge in den Blick rückt.

Indem Mead das Handeln an eine Intersubjektivität band, die als ein unaufhörlicher Prozeß sich gegenseitig verändernder Interpretationen ablief, gab er der Interaktion einen ausgesprochen kreativen Sinn. Das mußte auch für den Rollenbegriff gelten, der aus Meads Ansatz zu gewinnen war. Rolle war im Anschluß an Meads Interaktionsverständnis als ein situationsdefinierendes und dabei situa-

tionsabhängiges Schema aufzufassen, als ein Muster von Verhaltenserwartungen, das sich im Verlauf der Interaktion bildet und ändert
und auf einem stets zu erneuernden Einverständnis der Interagierenden beruht. Mead zog die soziologischen Konsequenzen aus seinem
Ansatz nicht selbst; erst seine Schüler (vor allem Herbert Blumer)
formten aus seiner Hinterlassenschaft eine soziologische Handlungstheorie (vgl. Rose 1962). Unter dem Namen des «Symbolischen Interaktionismus» stellten sie Meads Ansatz als «interpretatives Schema»
gegen das «normative» Schema der strukturellfunktionalen Handlungstheorie. Dabei wurde deutlich, daß Phänomene der Macht, des
Zwangs, der Entfremdung, der Verdinglichung für den Symbolischen
Interaktionismus nur schwer oder gar nicht zugänglich waren. Zweifellos war es Mead gelungen, die theoretische Trennung von Individuum und Gesellschaft zu überwinden; das Subjekt seiner Theorie
war voll sozialisiert, aber die Gesellschaft dafür auch voll subjekti-
viert.

Der funktionalistische Rollenbegriff

In der Perspektive des «verallgemeinerten Anderen» war die Gesellschaft zwar allgegenwärtig, aber strukturell war sie nicht mehr als eine
unendliche Reihe von Rollenübernahmen, eine offene Summe von
Bezugsgruppen. Was unberührt blieb und in dieser Perspektive unberührt bleiben mußte, war die strukturelle Determiniertheit des gesellschaftlichen Zusammenhangs, die sachliche Gewalt der sozialen
Differenzierung. Das aber waren Probleme, die durch die gesellschaftliche Entwicklung im Laufe des Jahrhunderts immer dringlicher
wurden. Meads Erkenntnisinteresse war noch von den Problemen
einer emanzipatorischen Theorie des Subjekts beherrscht. In der Zeit
der ‹Großen Krise› und des New Deal traten aber gesamtgesellschaftliche Steuerungsprobleme und die Suche nach strukturellen Stabilitätsbedingungen in den Vordergrund. Das Problem der sozialen Integration, das der Soziologie von Anfang an aufgegeben war, hatte sich
so weit verschärft, daß nicht mehr die intersubjektive Transparenz der
Interaktion, sondern die Konsistenz der Interaktion theoretisch zu
sichern war. Das bedingte einen Wechsel der Theorieformen, ja eine
Neufassung des Theoriebegriffs überhaupt. Die Orientierung an den
Wesensbegriffen der philosophischen Tradition mit ihrer Gleichsetzung von Wahrheit und Wirklichkeit wurde durch einen instrumentellen Theoriebegriff zurückgedrängt, der die technologische Potenz der

Wissenschaften von ontologischen und kritischen Schranken frei-
setzte. Das betraf vor allem die genetische Fragestellung, die in dieser oder jener Form das 19. Jahrhundert beherrscht hatte und in deren Rahmen Mead gearbeitet hatte. Sie, die in gewisser Weise die
Fortführung der vorsoziologischen Konstitutionstheorie gewesen
war, wurde nun der funktionalistischen Konzeption einer allgemeinen Theorie sozialer Systeme nachgeordnet. Der Bruch mit der genetischen Perspektive und damit zusammen die Abwendung von
Problemen der Subjektivität begünstigte die theoretische Festigung
des Rollenbegriffs. Dafür bedurfte es eines Ansatzes, der die Determiniertheit und funktionale Eingefügtheit des sozialen Handelns ins
Zentrum der Theorie rückte und damit auch die andere, ältere Tradition des Rollenbegriffs ins Spiel brachte.

Die normative Orientierung: Linton

Die ausdrückliche Prägung des Begriffs der sozialen Rolle besorgte
der amerikanische Kulturanthropologe Ralph Linton in seinem 1936
(hier 1964) erschienenen Buch «The Study of Man». Die Einbeziehung ethnologischer Befunde spielte dabei eine wichtige Rolle. Es ist
unverkennbar, daß traditionelle, vorbürgerliche Strukturen und
Handlungsformen bei Lintons Festlegung des Rollenkonzepts Modell
standen. Es war die Enttäuschungsfestigkeit traditionaler Handlungsmuster, auf die sein Interesse konzentriert war, aber nicht zum Zweck
ihrer Rekonstruktion, sondern zum Zweck ihrer funktionellen Verallgemeinerung. Den Rahmen für die Einführung des Rollenbegriffs bildete Lintons Grundannahme, gesellschaftliche Systeme seien von ihren konkreten Mitgliedern unabhängig. Die Individuen nehmen im
gesellschaftlichen System Plätze ein, die ihnen vorgegeben sind und
die sie überdauern, ebenso wie die Rechte und Pflichten, die an die
Plätze gebunden sind. Linton bezeichnete diese mit Handlungsvor-
schriften ausgestatteten Systemplätze als Status und die Ausübung
der Statusrechte und Statuspflichten als Rolle, wobei er die Einstellungen und Wertvorstellungen der Statusinhaber sowie ihre Erwartungen gegenüber anderen Statuspersonen in den Rollenbegriff einbezog. Linton wollte die Rolle als den «dynamischen Aspekt des
Status» verstanden wissen, was ein bezeichnendes Licht auf dieses
originäre Rollenmodell wirft. Denn diese Unterscheidung von Status
und Rolle nach Statik und Dynamik ist nur dann plausibel, wenn man
einerseits eine völlige Unabhängigkeit der Normen und der Status-

gliederung von den konkreten Handlungen und Motiven der Individuen unterstellt, andererseits wenigstens ein Minimum an sozialem Wandel und Geschichte zulassen muß. Es zeigte sich damit eine Problematik, die wesensmäßig zum Statusbegriff gehört.

Linton erkor sich einen Grundbegriff, der in der amerikanischen Soziologie im Sinn des Ausspruchs von Henry Sumner Maine (1861), der Weg der Geschichte führe ‹from status to contract›, besetzt war. An dieser Erinnerung an den ‹Stand› als die wichtigste Struktur der vorbürgerlichen Gesellschaftsgliederung war Linton nicht unbedingt gelegen; er wollte einen geschichtsindifferenten, neutralen Begriff bilden, deshalb gebrauchte er Status wie ein Synonym für Position. Gleichwohl kam er an der traditionalen Bedeutung des Begriffs nicht vorbei. Das führte zu einer Unterscheidung, die Schule machte: Linton teilte den Status in einen solchen, der den Individuen unabhängig von ihrem Willen und nach Anweisung von Tradition zufiel (ascribed status), und in den anderen, der durch Wahl und eigene Leistung zu erwerben war (achieved status). In beiden Fällen aber, auch im Fall des achieved status, waren die dazugehörigen Rollen durch die Individuen nur zu aktivieren und nicht zu beeinflussen. Das war ein Kompromiß, in dem die Seite der Statik und der Prädeterminiertheit der Interaktion ein deutliches Übergewicht hatte.

Linton stellte die soziologische Theorie unter die Perspektive des Systems, d. h. eines Ganzen, das mehr als die Summe seiner Teile sein sollte. In der Perspektive des Systems waren die Individuen Medien der Reproduktion des Systems, und ihre Handlungen waren Funktionen dieser medialen Stellung – oder Rollen in bezug auf den jeweiligen Status. Das Spezifische an diesem Ansatz war indes: Die Individuen waren nur soweit, wie sie Akteure einer Statusrolle waren, Mitglieder des sozialen Systems und auch nur soweit, wie Rollenvorschrift und Rollenausführung zusammenfielen. Der Aspekt der Reproduktion des Systems stand für Linton so weit im Vordergrund, daß er keine Differenz zwischen Rolle als Norm und Rolle als Handlung zuließ; die Individuen fanden nur über die Rollenidentität und nicht über die Rollendistanz Eingang in seine Theorie. Norm und Befolgung gingen für Linton distanzlos ineinander über, als ob die Sprache der Norm unmittelbar Handlung wäre oder die Handlung unmittelbar normativ. Deshalb blieben in seinem Rollenbegriff Norm, Handlung, Einstellung, Erwartung mehr oder weniger ungeschieden nebeneinander. Das, was übergriff und für die Einheit des Begriffs sorgte, war die Norm als die Kraft, die sich in den Motiven und den Handlungen verkörperte und ihnen die Form der Interaktion gab. Deswegen war es durchaus zutreffend, wenn in der Folgezeit das von Linton inaugurierte Rollenkonzept als ‹normatives Schema› charakterisiert wurde. Für Mead war das kreative Prinzip die Interaktion, für Linton die Norm. Bei Mead kam es über die Antizipation des Verhaltens zum Rollenbegriff; für Linton war die Wiederholung diejenige Handlungsstruktur, an die sich der Rollenbegriff anschloß, Wiederholung einer Handlung als Wirkung einer Norm.

Wegen seiner normativen Orientierung machte Lintons Rollenkonzept Schule. Auf der Ebene des Normativen schienen die Lösungen für die Integrations- und Steuerungsprobleme der Gesellschaft zu liegen, zugleich aber waren die noch offenen Probleme einer normativen Theorie des sozialen Handelns nicht zu übersehen. Damit das normative Schema seinen Erklärungsanspruch einlösen konnte, brauchte es selbst noch Klärung und mußte weiter elaboriert werden. Wenn das Theorem von der Steuerungsfunktion des Normativen nicht in den Wertidealismus zurückführen sollte, war vor allem zu klären, wie Normen und die für ihren Vollzug notwendige motivische Energie zusammenkommen, welche Funktion die Interpretation bei der Anpassung von Norm und Handlung hat und ob das Normative in der Einheit eines einzigen Wertsystems vorzustellen ist.

Die strukturell-funktionale Theorie: Parsons

Im Rahmen der strukturell-funktionalen Theorie von Talcott Parsons bekam das Rollenkonzept die modellhafte Gestalt, die allen späteren Diskussionen über den Rollenbegriff zugrunde lag, ob als Vorbild oder als Gegenbild. Parsons stellte die soziologische Theorie wie kein anderer Soziologe dieses Jahrhunderts unter das der Soziologie von allem Anfang an aufgegebene Problem der sozialen Integration. Im Hobbesschen Modell der Vergesellschaftung sah er die große Herausforderung an die Soziologie, weil er fand, daß Hobbes die aporetischen Schwierigkeiten der Vergesellschaftung paradigmatisch gezeigt habe, gerade indem er die Sozialwissenschaften vor das «Dilemma» der utilitaristischen Lösung des Ordnungsproblems stellte (vgl. Parsons 1937, hier [3] 1964). Parsons teilte Hobbes' Grundannahme, daß egoistische Individuen und knappe Mittel der Bedürfnisbefriedigung die natürlichen Voraussetzungen der Vergesellschaftung seien und daß eine souveräne Ordnung diese natürlichen Voraussetzungen überformen müsse, damit es zu einem gesellschaftlichen Zusammenhang anstatt zum bellum omnium contra omnes kommt. Aber er teilte nicht die andere Grundannahme Hobbes', daß die Vernunft in der Gestalt der Zweckrationalität diese Ordnung konstituieren könne, weil sie, selber so asozial und zersplittert wie die individuellen Handlungszwecke, keine stabile Schranke gegen die Gewalt als Mittel egoistischer Bedürfnisbefriedigung sein kann. In dieser zweideutigen Stellung der Zweckrationalität im Hobbesschen Modell, einerseits den natürlichen, asozialen Trieben instrumentell zugeordnet, andererseits Grundlage der gesellschaftlichen Ordnung, sah Parsons das Dilemma der auf Hobbes antwortenden utilitaristischen Gesellschaftstheorie schon angelegt: Entweder wird die Disparatheit der Zwecke durch die metaphysische Annahme einer natürlichen Identität der Interessen harmonisiert und damit das Problem der gesellschaftlichen Ordnung umgangen, oder die Zwecke werden den objektiven Bedingungen der Handlungssituation angeglichen, was die Preisgabe des Handlungsbezuges zugunsten einer deterministischen Vererbungs- oder Milieutheorie bedeutet.

Die Lösung suchte Parsons in der Richtung, die Durkheim der Soziologie gewiesen hatte. Für Durkheim, den Erben der Comteschen Soziologie-Gründung, war der Aufbau der Soziologie mit der Kritik der utilitaristischen Vertragstheorie Hand in Hand gegangen. Durkheim hatte die Erkenntnis, daß jedem Vertrag nicht-kontraktuelle Elemente zugrunde liegen, der Vertrag also als soziale Institution und nicht als zweckrationales Handlungsresultat anzusehen sei, zu einer Theorie der normativen Integration durch die Verinnerlichung moralischer Werte ausgebaut. In ihr sah Parsons das prototypische Modell für die Lösung des Ordnungsproblems. Damit war eine grundsätzliche Wende im Ansatz der Handlungstheorie angezeigt. Es konnte nicht mehr darum gehen, soziale Zusammenhänge als Handlungszusammenhänge zu verstehen, sondern Handlungszusammenhänge waren als Systeme zu begreifen (vgl. Parsons [5] 1964). Die Theorie des sozialen Systems war struktur-funktionalistisch, insofern jedes System eine Ordnung aus Teilen ist und insofern diese Teile durch ihre Funktion, d. h. ihren Beitrag zur Erhaltung des Systems auf allen seinen Stufen, determiniert sind. Die Kategorie der Handlung blieb dabei essentiell, weil nur mit ihr der spezifische Charakter sozialer Systeme zu erfassen war. Sie blieb die dominierende Kategorie in dem Bezugsrahmen, mit dem Parsons den Gegenstand und die Abstraktionsebene der strukturell-funktionalen Theorie festlegen wollte, dem «action-frame of reference». Die subjektiv-intentionale Perspektive des Handelnden war dabei weiter in Geltung, aber nur relativ auf die objektiv-funktionale Perspektive des Systems als eines übergreifenden Ganzen.

Parsons betrachtete die Handlung also als einen Systemprozeß; in allgemeinster Hinsicht war sie ein Prozeß in dem System Handelnder – Situation, und ihr Spezifikum war, daß ihre motivationale Bedeutung für den Handelnden in einem System von Erwartungen organisiert war. Drei Wertungsperspektiven verschränkten sich in diesem Erwartungssystem: die der individuellen Bedürfnisse, die der Interaktionssituation und die der kulturellen Tradition. Nach diesen drei Dimensionen unterschied Parsons an der konkreten sozialen Handlung drei Arten von Systemen, deren Zusammenspiel die Vereinigung von motivischer Energie und steuernden Regulativen und damit die Lösung des Integrationsproblems bewirken sollte.

Parsons setzte wie Hobbes eine Basis von natürlichen Antrieben voraus, über die sich das Ordnungsgefüge erhebt, das soziale System und das kulturelle System. Der «basic frame of reference» ist psychologisch; die elementarste Einheit, von der die strukturell-funktionale Theorie Parsons' ausging, ist das Bedürfnissystem des einzelnen Aktors. Es ist das Substrat des Persönlichkeitssystems, in dem es darum geht, daß aus ungeordneten Antrieben orientierte, bewertete Motivationen werden (interpreted need-dispositions), indem die vom Organismus dem Persönlichkeitssystem zuströmende ungerichtete Energie mit Orientierungsmustern verbunden wird. Die Bezugsgröße des Persönlichkeitssystems ist der einzelne Aktor; im sozialen System herrscht eine andere Perspektivik. In ihm geht es um die Strukturen und Mechanismen, die die wechselseitige Bezogenheit der Handlungen mehrerer Aktoren sichern, wobei aber nicht sie, sondern die Beziehungen zwischen ihnen und die Muster, die für eine komplementäre Orientierung der Handelnden sorgen, die systemspezifischen Elemente sind. Zwar ist die Interaktion das allgegenwärtige Medium, sozusagen der Stoff, aus dem das soziale System besteht, aber sie wird nicht generativ aufgefaßt; die Beziehungsmuster gehen nicht aus ihr hervor, sondern kommen durch das dritte, das kulturelle System zustande. In ihm stehen die Werte und Symbole der kulturellen Tradition bereit, die als Orientierungsmuster die Konsistenz des individuellen Handelns und die komplementäre Bezogenheit des sozialen Handelns verbürgen. Voraussetzung dafür ist allerdings, daß das kulturelle System in die beiden anderen Systemarten integriert ist.

In dieser doppelten und in sich komplementären Integration lag für

Parsons die Lösung des Problems der Ordnung: bei der «Internalisierung» als Integration des kulturellen Systems ins Persönlichkeitssystem und bei der «Institutionalisierung» als Integration des kulturellen ins soziale System. Bei der Internalisierung geht es um die
Bildung sozialer Motivation, während die Institutionalisierung die
situationsspezifische Konkretisierung des Wertsystems ist, die sicherstellt, daß es für die Interagierenden eine gemeinsame Zuordnung
von Situation und Wert gibt. Durch die Institutionalisierung kommt
es zu Normen, die nun möglich machen, daß die Interaktion auch
ohne unmittelbare wechselseitige Bedürfnisbefriedigung stabil ist,
weil die Normenkonformität gewährleistet, daß die Gratifikationen
gleichmäßig verteilt werden. Das Interesse am Erhalt von Gratifikationen und an der Vermeidung von Frustrationen und die Stabilisie-
rungsfunktion des Wertsystems stützen sich dabei gegenseitig. In der
Perfektion des Modells gedacht fallen also die institutionalisierten
Verhaltenserwartungen einerseits, die Bedürfnisse und Interessen
der Handelnden andererseits derart zusammen, daß Normenkonformität, Bedürfnisbefriedigung und Systemstabilität gleichwertig sind.
Das war für Parsons die Pointe der Institutionalisierung. Die Struktur, in der sich die Systeme derart überschneiden, nannte Parsons in
Anlehnung an Linton Status und die dazugehörige Funktion Rolle.
Um zu betonen, daß die beiden Aspekte, der strukturelle und der
funktionale, das gleiche Gewicht für das System haben, sprach er vom
«status-role-bundle». In dieser aus Wertbeziehungen, Interaktionen
und Bedürfnisdispositionen gebildeten Einheit sah Parsons das konstitutive Element des sozialen Systems, das Kernstück der sozialen
Integration.

Die fundamentale Frage, wie das Individuum Mitglied der Gesellschaft wird, wie sich die Vermittlung zwischen dem Persönlichkeitssystem und dem sozialen System vollzieht, kann allerdings nicht auf
derselben analytischen Ebene wie die Theorie des sozialen Systems
behandelt werden. Die Antwort darauf suchte Parsons auf der Erklä-
rungsebene der Sozialisierungstheorie, die er aber nicht, wie es nahe-
gelegen hätte, genetisch auffaßte. So wie er Handlungsmuster und
Institutionen nicht aus den Handlungen und Interessen der Beteiligten selbst herleitete, so verstand er – trotz der entwicklungspsycholo-
gischen Elemente der Psychoanalyse, die er benutzte – den Prozeß
der Sozialisierung als Anpassung der Mechanismen der Motivation
an die Schemata der Ordnung und ging von einer prinzipiellen Identität der Interessen des sozialen Systems und der zu Sozialisierenden

aus; blieb also auch mit seiner Sozialisationstheorie auf der Ebene des funktionalistischen Theorieverständnisses.

Durch den Rahmen des Parsonianischen Strukturfunktionalismus bekam der Rollenbegriff eine Stellung, die ihm einerseits den Rang einer unverzichtbaren Zentralkategorie sicherte, die aber andererseits zum Widerspruch gegen ihn herausforderte. Parsons' Begriff systematischer Theorie war an dem Theorieideal der klassischen Mechanik orientiert. In Analogie zur Geschlossenheit mathematischer Gleichungssysteme postulierte er für Handlungssysteme das völlige, sich selbst erhaltende Gleichgewicht, und der auf das Systemgleichgewicht bezogene Begriff der Funktion wurde ihm zum logischen Äquivalent des Gesetzesbegriffs axiomatisch-deduktiver Theorie. Das war so lange unproblematisch, wie die strukturell-funktionale Theorie nicht eine synthetische, sondern eine analytische Theorie im strikten Sinne des Wortes war, also nicht als Erweiterung empirischer Erkenntnisse, sondern lediglich als logische Explikation allgemeiner Begriffe und als formales wissenschaftssystematisches Ordnungsschema verstanden wurde. Die Problematik begann, sobald dem kategoriellen System empirische und nicht nur analytische Relevanz zugesprochen wurde. Damit wurde der Strukturfunktionalismus zu einer Theorie totaler Vergesellschaftung; Vergesellschaftung war dann identisch mit der Unterwerfung aller unter ein nicht ableitbares, rational nicht begründbares und daher auch nicht kritisierbares Wertsystem; die Dimension reflektierender personaler Autonomie entfiel und konnte nur indirekt und negativ unter dem Titel ‹Abweichung› in die Theorie wieder aufgenommen werden.

Parsons' funktionalistischer Systemtheorie stand (im Unterschied zu Hobbes' «Leviathan» und Leibniz' prästabilierter Harmonie mit ihren theologischen Hintergründen) nur die logische «Utopie der systemtheoretischen Einheit» (Jonas 1969, 171) zur Verfügung. Oberflächlich gesehen, war das nur ein abstraktes methodologisches Postulat, der wirklichen Bedeutung nach aber ein Ausdruck der technologischen Potenzen der wissenschaftlich-technischen Zivilisation.

Rolle und Freiheit

Das Rollenkonzept der strukturell-funktionalen Theorie wurde von der amerikanischen Soziologie rasch übernommen und auf seine empirische Brauchbarkeit überprüft. Bemerkenswert war dabei, daß der Übergang vom analytischen Rollenkonzept zur empirischen Rollenanalyse wie ein Themenwechsel ablief, die kategoriale Ausarbeitung des Rollenkonzepts war vom Integrationsproblem beherrscht, das dominierende Thema der empirischen Rollenanalyse war dagegen das Problem des Konflikts, als Normen- und als Rollenkonflikt, d. h. als Widerspruch innerhalb einer Rolle und als Gegensatz zwischen verschiedenen Rollen. Dieser Themenwechsel gehörte notwendig zum Übergang von der Analytik zur Empirie des Rollenkonzepts, weil auf der Ebene der Rollenverwirklichung – und dort lagen die Befunde des Rollenkonflikts – das Urteil über das Integrationstheorem fallen mußte. Das Fazit aus den Untersuchungen zum Rollenkonflikt ging dahin, daß die Gleichsetzung von Integration und Konfliktvermeidung unhaltbar sei, daß vielmehr die indirekte integrative Funktion des Konflikts vom Rollenkonzept berücksichtigt werden müsse. Das wurde auf zwei Wegen versucht. Einerseits wurde der Konflikt als ein Systemmechanismus in die strukturell-funktionale Theorie aufgenommen; andererseits wurde dem systemtheoretischen Ansatz des Strukturfunktionalismus unter Rückgriff auf G. H. Mead und Alfred Schütz ein handlungstheoretischer Ansatz gegenübergestellt, für den die Differenz zwischen Rolle und Akteur nicht bloß residual, sondern konstitutiv war, was im prinzipiellen Theorem der «Rollendistanz» (vgl. Goffman 1961; Coser 1966) formuliert wurde. An diesem Ansatz, weithin identisch mit der Richtung des symbolischen Interaktionismus, knüpften später Habermas und seine Schüler an und entwickelten sein in der amerikanischen Diskussion zunächst implizit gebliebenes theoretisches Potential.

Zu Dahrendorfs Begriff des Homo Sociologicus

Als Ralf Dahrendorf 1958 den «Homo Sociologicus» veröffentlichte (vgl. Dahrendorf 1967), beabsichtigte er damit zweierlei: Er wollte die aktuelle Gestalt der amerikanischen Rollentheorie vorstellen und zugleich vor dem Soziologismus warnen, der beim Umgang mit dem Rollenparadigma droht. Als Elemente des Rollenkonzepts, das er vorstellen wollte, dienten ihm die Rollenkonfliktuntersuchung von Neal Gross u. a. (1958) und das Bezugsgruppentheorem Robert K. Mertons (vgl. Merton 1957 u. 1957 a), die er durch die Einführung des axiomatischen Postulats eines homo sociologicus vereinheitlichte; mit diesem dem homo oeconomicus der Wirtschaftswissenschaften nachgebildeten Postulat war ein um der Sanktionsvermeidung willen rollenkonform handelndes Subjekt unterstellt.

Dahrendorfs Intervention war ein zwiespältiges Unternehmen, weil er dabei zwei verschiedene Theorietraditionen oder auch Theorieepochen miteinander verband: Die Vorstellung der Rollentheorie geschah ganz im Sinne des zeitgenössischen funktionalistischen Wissenschaftsverständnisses; aber für die Warnung vor der Gleichsetzung des homo sociologicus, des Menschen als Rollenträgers, mit dem Menschen in seiner konkreten Existenz bemühte er die vorsoziologische Theorietradition der Rousseau-Kantischen Freiheitsphilosophie mit ihrer Trennung von intelligiblen und empirischen Wesen. Dahrendorf warnte davor, die heuristische Abstraktion mit einer empirischen Wirklichkeitsbeschreibung, das partikulare Menschenbild der Soziologie mit einer anthropologischen Wesensaussage zu verwechseln, weil ihm daran gelegen war, daß die Trennung zwischen objektivierender und Determinationswissen bereitstellender Wissenschaft einerseits, Moral und Politik als Bereichen der Wertung und Entscheidung andererseits so scharf wie möglich aufrechterhalten blieb. Er griff deshalb auf das frühbürgerliche Freiheitsmodell der Trennung von Individuum und Gesellschaft zurück, richtete es aber nicht im Sinne des klassischen liberalen Vorbilds gegen den Staat und die politische Sphäre, sondern gegen die Gesellschaft und die in ihrem Namen auftretende Wissenschaft. Dieser Rückgriff führte zu einer lang anhaltenden, kontrovers geführten Diskussion voller Mißverständnisse und Unverständnis für Dahrendorfs Position, die aber gerade dadurch zu so etwas wie einer Erkennungsszene der bundesrepublikanischen Soziologie wurde. In ihr wurde nämlich klar, daß die klassischen moralphilosophischen Dichotomien und Grenzziehungen für die Soziologie ihre Aktualität eingebüßt hatten. Offenbar hatte das Citoyenproblem seine Zeit hinter sich, und die Bahn war frei für eine Soziologie ohne das tragische Bewußtsein der Spaltung des Menschen in ein öffentliches und ein privates Wesen. So kam es, daß Widersacher und Befürworter der Dahrendorfschen Intervention in getrennten Kontexten diskutierten. Diejenigen, die der Soziologismuskritik Dahrendorfs widersprachen, konnten sich durch den Soziologismusverdacht, wie er von außerhalb der Soziologie formuliert war, unbetroffen fühlen und bestätigten ihn zugleich, indem sie Rollenkonformität nicht nur als methodisches Postulat, sondern auch als Bestimmung des menschlichen Wesens verstanden. Diejenigen, die Dahrendorf zustimmten, konnten mit ihrer Argumentation außerhalb der Soziologie in der Sphäre der anthropologischen Prinzipien oder des ideologiekritischen Vorbehalts stehenbleiben, indem sie die soziale Rolle bloß als Symbol für die anthropologische Exzentrizität oder die geschichtsphilosophische Entfremdung auffaßten. Sollten aber die Erkenntnisinteressen der beiden Positionen ineinander übersetzbar sein, dann war das Soziologismusproblem des Rollenkonzepts nicht moralphilosophisch, sondern wissenschaftstheoretisch anzugehen, und die Kritik des funktionalistischen Rollenkonzepts mußte ihre eigenen theoretischen Grundlagen mit dem funktionalistischen Theorieverständnis vermitteln.

Subjektivität und Rollenhandeln bei Habermas

Das Verdienst, die Probleme der Subjektivität und damit auch der Freiheit nicht von außen an die soziologische Theorie herangetragen, sondern im Innern des Rollenkonzepts selber aufgeworfen zu haben, gebührt Jürgen Habermas und denen, die in seinem Umkreis den symbolischen Interaktionismus weiterentwickelten und mit anderen Theorieansätzen verbanden wie Lothar Krappmann (vgl. 1977), Ulrich Oevermann (vgl. 1976), Hans Joas (vgl. 1978) u. a. Die Stabilitätsbedingungen des sozialen Systems sind auch für Habermas und den von ihm beeinflußten symbolischen Interaktionismus durchaus das übergreifende Theorieziel; aber nicht Komplementaritäten und Mechanismen, also Strukturen, machen die Sicherungsebene aus, auf die sich die Theorie bezieht, sondern die Subjektfähigkeiten und die Sozialisation als die Genese dieser Fähigkeiten; nicht Kongruenz von Rollendefinitionen und Rolleninterpretationen, nicht Konformität von Normen und Motiven gelten als die Kriterien für die Qualität gesellschaftlicher Systeme, sondern die Möglichkeiten des Erwerbs der «Grundqualifikation des Rollenhandelns», die Habermas mit Rücksicht auf den symbolischen Interaktionismus und die Psychoanalyse «Ich-Identität» nennt (Habermas 1966, 25).

Habermas nennt die «übliche», die in der Soziologie herrschend gewordene Rollenkonzeption der strukturell-funktionalen Theorie soziologistisch (vgl. Habermas 1968, 8); gleichwohl legt er sie seinen weiteren Überlegungen zugrunde. Für Habermas (vgl. ebd., 10) ist das «pathologischer Grenzfall», was für Parsons als Normalfall gilt. Aber damit unterstellt auch Habermas einen Normalfall; er setzt dafür die empirische Abweichung vom theoretischen Modell der strukturell-funktionalen Theorie. Die soziale Wirklichkeit wird auch von Habermas nicht unmittelbar, sondern kategorial vermittelt genommen, und zwar durch das kategoriale Modell Parsons'; es ist die Differenz zwischen Modellperfektion und empirischem Befund, auf die Habermas seine Grundannahmen bezieht. Am Anfang steht die Beobachtung: Wirkliche Interaktionen gelingen und sind relativ stabil, obwohl sie von den Modellannahmen abweichen und die theoretisch unterstellten Systembedingungen nicht erfüllt sind. Als Beleg dienten dafür die Rollenkonfliktuntersuchungen.

Die erste und wichtigste Frage zielt nun darauf, welche Fähigkeiten bei den Interagierenden vorhanden sein müssen, damit ihnen stabile Interaktionen auch ohne die Garantien des theoretischen Modells gelingen und auch dann, wenn der Rollenkonflikt der Normalfall ist. Aber die Differenz zwischen Regel und Abweichung bezeichnet nicht nur einen äußeren Ansatzpunkt, sondern spielt in den Motiven der Handelnden selber so etwas wie eine normative Rolle; so sucht Habermas nach den subjektiven Fähigkeiten des Ertragens von Diskrepanzen und des Umgangs mit den Abweichungen. Die Abweichungen setzen die Aufgaben, die gelöst werden müssen; indirekt sind es immer noch Aufgaben der Erhaltung des Systemgleichgewichts, nur eines Gleichgewichts ohne feste Kontrollwerte und mit objektiven Mechanismen, die auf reflexive Subjektqualifikationen angewiesen und durch sie veränderbar sind. Formelhaft könnte man die Habermassche Version des symbolischen Interaktionismus einen sekundären, kompensatorischen Funktionalismus nennen, wobei die Einbeziehung der Freiheitsdimension zum kompensatorischen Charakter dieses Funktionalismus gehört: Freiheit als Systemerfordernis, als Bedingung des Systembestandes.

Habermas (vgl. ebd., 8) geht davon aus, daß drei Grundannahmen das struktur-funktionalistische Rollenmodell tragen: (1) das Integrationstheorem; es besagt, daß in stabilen Interaktionen die Komplementarität der institutionalisierten Verhaltenserwartungen mit der Gegenseitigkeit der Bedürfnisbefriedigung zusammenfällt; (2) das Identitätstheorem, das die Kongruenz zwischen Rollendefinition und Rolleninterpretationen behauptet; (3) das Konformitätstheorem; die Kongruenz zwischen internalisierten Werten (Motiven) und institutionalisierten Wertorientierungen (Rollen) entspricht dem Zusammenfallen von normativer Erwartung und faktischem Verhalten.

Um die Differenz zwischen der jeweiligen Modellannahme und der empirischen Situation zu erfassen, formuliert er drei Ergänzungstheoreme (vgl. ebd., 11): Angesichts des tatsächlichen Mißverhältnisses zwischen Bedürfnisdispositionen und Wertorientierungen ist Komplementarität der Erwartungen nur durch Zwang, d. h. auf der Basis fehlender Wechselseitigkeit der Bedürfnisbefriedigung erreichbar – Repressionstheorem. Angesichts unvermeidlich diffuser und inkonsistenter Verhaltenserwartungen ist von einer Diskrepanz zwischen den Ebenen der Rollendefinition und der Rolleninterpretation auszugehen, damit es über einen Spielraum für projektive Deutungen und Deutungskompromisse zum Konsens der Situations- und Rollenverständnisse kommen kann – Diskrepanztheorem. Angesichts konfligierender Normen und Rollen muß das Handlungssubjekt über die Fähigkeit verfügen, zu Rollenerwartungen auf Distanz zu gehen, damit über eine reflexive Zuordnung von Wertorientierungen und Situation selbständige Konfliktlösungen möglich werden – Theorem der Rollendistanz.

Diese drei Kontrasttheoreme, mit denen Habermas die vom struktur-funktionalistischen Rollenkonzept vernachlässigten «Dimensionen möglicher Freiheitsgrade des Handelns» (ebd., 19) ins Spiel bringen will, geben den Schnittpunkt zwischen funktionalistischer und interaktionistischer Rollentheorie an. Einerseits bezeichnen sie die Formen und Mechanismen der sozialen Kontrolle, die unterstellt werden müssen, wenn das Systemmodell des Rollenhandelns als realistische Konzeption gelten soll. Andererseits können sie unter dem Gesichtspunkt einer genetischen Sozialisationstheorie auf der Ebene der Persönlichkeitsstruktur als Hinweise auf die Grundqualifikationen des Rollenhandelns verstanden werden, die, obwohl strukturelles Erfordernis des Interaktionsprozesses, dem herrschenden Konzept des Rollenlernens unzugänglich sind: gegenüber Repressivität Frustrationstoleranz als Fähigkeit, die Situation der Rollenambivalenz bewußt zu ertragen; gegenüber Rigidität Ambiguitätstoleranz als die Fähigkeit, Rollenübernahme und Rollenentwurf zu balancieren; gegenüber disziplinärer Verhaltenskontrolle eine reflexionsfähige Verinnerlichung von Normen.

Das sind alles Fähigkeiten, die das Handlungssubjekt braucht, um mit unvereinbaren Anforderungen und divergierenden Situationen fertig zu werden. Einerseits steht das Individuum unter der Erwartung der Konformität, so zu sein wie alle anderen; aber es kann dieser Erwartung nur genügen, wenn es andererseits der Anforderung nach Selbstrepräsentation, also so zu sein wie kein anderer, ebenso nachkommt. Personale Identität und soziale Identität, die Einheit des lebensgeschichtlichen Zusammenhangs und die Einheit in der Mannigfaltigkeit divergenter Rollenansprüche, widerstreiten einander und setzen sich zugleich voraus; sie müssen also balanciert werden. Damit diese Balance zustande kommt, ist eine weitere Identitätsleistung erforderlich, die der Ich-Identität (vgl. ebd., 12).

Ohne balancierende Ich-Identität als Steuerungsinstanz gerät die Interaktion in ein zerstörerisches Dilemma. Die einseitige Wahrnehmung der personalen Identität ist von Stigmatisierung bedroht, und die lückenlose Übernahme der sozialen Identität führt zur Verdinglichung des Verhaltens oder zu diffuser Überanpassung. Die Identitätsbalance, die dieses Dilemma verhindern soll, ist das Ergebnis einer Dialektik von Identifikation und Distanzierung, von Behauptung und Fiktion: Die soziale Identität muß bei aller Übernahme eine Ebene des Scheins enthalten, damit am Anspruch der Unverwechselbarkeit festgehalten werden kann; umgekehrt muß auch der Ausdruck der Einzigartigkeit durch fiktive Formen kompromißfähig gehalten werden, damit der Abstand zwischen personaler und sozialer Identität nicht übermächtig wird.

Bezeichnend für das Konzept, das Habermas, Krappmann u. a. aus den Vorarbeiten des symbolischen Interaktionismus entwickelt haben, ist (gerade auch im Vergleich mit Dahrendorfs Soziologismuskritik) zweierlei: Zum einen, die Überschreitung der Grenzen des funktionalistischen Modells wird in einem Theoriehorizont begründet, der den Funktionalismus Parsons' einschließt. So wird die Ich-Identität, das Kernstück des Habermasschen Rollenkonzepts, in den strukturellen Erfordernissen des Interaktionsprozesses begründet und nicht als Postulat einer individualistischen Freiheitsphilosophie eingeführt. Zum anderen, wenn der Boden der struktur-funktionalistischen Theorie wirklich verlassen wird, dann in Richtung einer hermeneutisch-kommunikationstheoretischen Erweiterung des funktionalistischen Rollenkonzepts.

Die Dialektik der Identitätsbalance wird an die Struktur der Umgangssprache gebunden, denn die Umgangssprache hat eine unschätzbare Eigenschaft. Weil ihre Symbole sich in dem Zwischenbereich zwischen vollständiger semantischer Identität (analytische Wissenschaftssprache) und vollständiger semantischer Nicht-Identität (pathologische Privatsprache) bewegen, erlaubt die Umgangssprache «beides in einem: die gegenseitige Identifikation und das Festhalten an der Nichtidentität des Einen mit dem Anderen» (Habermas [2]1968, 199). Die Umgangssprache ist deshalb für Habermas die alle Institutionalisierung sichernde und zugleich offenhaltende Garantieinstanz. Ihre Intersubjektivität ist Regulativ und Modell für alles soziale Handeln, insofern es verständigungsorientiert ist. Denn sie gibt Kriterien an die Hand, vermittels deren nicht nur nach der Funktion von Konsensen, sondern auch nach ihrer Begründung und Legitimität gefragt werden kann. Die umgangssprachliche Kommunikation bewegt sich immer auf zwei Ebenen zugleich, auf der Ebene des Gegenstandsbezugs, der Anlaß der Kommunikation ist, und auf der Meta-Ebene, auf der die Verständigungsbedingungen der jeweiligen Situation Thema sind.

Das in die Umgangssprache prinzipiell eingelassene Vermögen, ihre eigene Metasprache zu sein, hat Habermas zur Grundlage seiner Theorie der Diskursbegründung normativer Konsense gemacht. Dahinter steht die folgenreichste Grundannahme der Habermasschen Soziologie, daß die Sprache das wichtigste, weil gewisseste Medium der Verständigung ist. Und der Diskurs ist zu verstehen als die Institutionalisierung des konsensuellen Wesens der Sprache. Habermas konstruiert ihn als einen «Vorgriff auf die ideale Sprechsituation», in der «jeder Konsensus, der unter ihren Bedingungen erzielt werden kann, per se als wahrer Konsens gelten darf» (Habermas & Luhmann 1971, 136). Als ein solcher «Vorgriff» ist er «kontrafaktisch», d. h., er ist fiktiv und zugleich unabweisbar; er ist dem nachgebildet, was bei Kant eine regulative Idee war, d. h., er ist nicht als empirische Veranstaltung gedacht, wohl aber als ein den empirischen Vernunftgebrauch leitendes Prinzip. So ist der Diskurs zwar nur ein utopisches Konzept, ein durch unendliche Annäherung anzustrebendes Ideal; gleichwohl stützt Habermas den ganzen kritischen Anspruch seiner Theorie des Rollenhandelns auf ihn, weil für ihn der Diskurs mit seinen herrschaftsfreien Verständigungsregeln das einzige Legitimationsmodell für Normen und Konsense ist, das nicht auf willkürlichen Voraussetzungen beruht.

Aber was bemerkenswert ist: Gerade hier, wo das Habermassche Konzept des Rollenhandelns das struktur-funktionalistische Rollenmodell am weitesten verläßt, gibt es eine strukturelle Ähnlichkeit zwischen den beiden Theorieansätzen. Der Diskurs schließt das Handlungsmodell ähnlich ab wie die Gleichgewichtsannahme das Systemmodell. Im idealen Konsens des Diskurses fällt die personale Identität eines Individuums ganz in seine soziale Identität. Die Teilhabe an der unmittelbaren und unverzerrten Intersubjektivität des Diskurses macht das Beharren des Individuums auf Unverwechselbarkeit überflüssig, ist doch seine ganze Identität in der Intersubjektivität als einer von ihm ablösbaren Struktur aufgehoben. In der Perfektion des idealen Modells begegnen sich also Parsons und Haber-

mas wieder, insofern es in beiden Fällen ausgeschlossen ist, zwischen
internalisiertem und institutionalisiertem Wert, individuellem Motiv
und sozialer Rolle zu unterscheiden.

Zum Begriff der Institution bei Gehlen

Was ein Gesellschaftstheoretiker mit dem Rollenbegriff anfängt, ob
er die deterministische Seite, den Systembezug der sozialen Rolle und
ihren normativen Charakter, oder die Freiheitsseite, den Handlungs-
bezug der Rolle und ihren interpretativen Charakter, betont, hängt
vor allem davon ab, welche Dringlichkeit das Integrationsproblem für
ihn hat. Wenn er den spontanen Entwicklungen der bürgerlichen Gesellschaft die Lösung des Integrationsproblems zutraut, wird er eher
dazu neigen, dem subjektiven Anteil an der Rolle den Primat zu geben. Wenn er dagegen das Integrationspotential der modernen Gesellschaft skeptisch einschätzt, wird er umgekehrt die institutionelle
Objektivität der Rolle hervorheben. Diese skeptische Haltung kann
bis dahin gehen, daß dem Rollenbegriff seiner Zweideutigkeit und
seines Kompromißcharakters wegen die paradigmatische Geltung ab-
gesprochen wird. Das ist der Fall in der Soziologie Arnold Gehlens.
Für Gehlen (1964, 208) ist der Rollenbegriff ein Ausdruck der «modernen Übersetzung aller Seinsbegriffe in Funktionsbegriffe»; Gehlen konstatiert: Der Begriff der Rolle verdrängt als Begriff der «mit
abstrakten Rechten und Pflichten ausgestatteten Funktion» den
«seinsmäßig» verstandenen Status, den Begriff für enttäuschungsfest
normiertes Verhalten; diese Tendenz der Moderne ist für Gehlen aber
selber problematisch, weshalb der Rollenbegriff für ihn ein zu erklä-
render Sachverhalt und nicht paradigmatischer Leitbegriff ist. Leitbegriff in der Gehlenschen Soziologie ist der Begriff der Institution.

Am anthropologischen Anfang der Soziologie Gehlens steht ein
ähnliches Negativum wie am Anfang der Soziologie Parsons'; was für
Parsons das Hobbessche Ordnungsproblem war, ist für Gehlen die
mangelhafte Naturausstattung des Menschen. Das allererste und alles
Weitere festlegende Axiom ist das (von Herder überkommene und
von M. Scheler, J. v. Uexküll u. K. Lorenz weiterbearbeitete) anthropologische Theorem vom Fehlen einer naturbestimmten arteigenen
Umwelt für den Menschen: Im Vergleich mit dem Tier ist der Mensch
ein «instinktreduziertes» (ebd., 125) Wesen; zwischen Antrieben und
Bedürfnisbefriedigungen herrscht beim Menschen kein durch Instinkte gesteuertes Verhältnis. Infolge der Offenheit der Situation

sind die Antriebe «plastisch» und «überschüssig». Aus diesem Mangel ergibt sich für Gehlen das theoretische Programm: Geschichte, Kultur, Gesellschaft sind am Leitfaden der kompensatorischen Aufhebung und Verwandlung der humanspezifischen Mangelsituation zu begreifen. Die Kategorie, die diese Rekonstruktion zu tragen hat und die für die Kompensationsleistungen und die Akkumulation ihrer Erfolge steht, ist die der «Handlung». Ihre Bedeutung bestimmt sich also aus der Sonderstellung des Menschen; sie soll die Notwendigkeit anzeigen, daß der Mensch der Natur eine Kultur als seine zweite Natur durch die eigene Tat abgewinnen muß. Sie darf aber nicht nach der teleologischen Rationalität der Produktionshandlung verstanden werden; das muß – darauf legt Gehlen allen Nachdruck – vermieden werden, denn sonst würde die fundamentale Täuschung aus der Cartesianischen Stellung des Erkenntnisproblems nur fortgesetzt werden: Ein seiner selbst unmittelbar gewisses Subjekt stünde einer objektiven Außenwelt gegenüber, die ohne Rückwirkung und Verpflichtung als bloßer Stoff und gefügiges Mittel der Selbstdarstellung des Subjekts verfügbar wäre. Aus dem immer erneuten Scheitern dieses optimistischen Projekts zieht Gehlen die Konsequenz und stellt dagegen die These in den Mittelpunkt seiner Anthropologie, «daß der Mensch sich nicht selbst und direkt verstehen kann, sondern nur von einem Nicht-Ich aus, und daß er zu einem Nicht-Ich zu werden hat» (ebd., 120).

Damit diese These ihre Erkenntniskraft entfalten kann, müssen die tradierten Dualismen der bewußtseinsphilosophischen Subjektauffassung (Innen/Außen; Seele/Leib; Bewußtsein/Materie etc.) außer Kurs gebracht werden. Das versucht Gehlen mit dem Unternehmen einer «empirischen Philosophie» (ebd., 262; vgl. Gehlen 1963, 145), d. h. mit Kategorien, die beschreibungstechnisch neutral gegen die Subjekt/Objekt-Trennung sind. Speziell der Handlungsbegriff aber muß so umgebaut werden, daß er gegen die Scheinlösungen der Bewußtseinsmetaphysik immun wird. So entwickelt Gehlen quer zum utilitaristisch-rationalen Credo der Moderne einen Handlungsbegriff, der die Sachverhalte der Entfremdung nicht ausblendet oder gar negiert, sondern von ihnen ausgeht und sie positiv in sich aufnimmt. Die leitende Kategorie, die dies anzeigt und die in Gehlens späteren Untersuchungen immer mehr die Stelle des Handlungsbegriffs selber einnimmt, ist die der «Institution».

Gehlen steht wie kein anderer der bundesrepublikanischen Soziologen im Bann der tragischen Tradition des Citoyenproblems, die zwi-

schen Gemeinwesen und Privatnatur des Menschen einen unversöhn-
lichen Gegensatz sah und das Gemeinwesen aus der Aufopferung der
privaten individuellen Besonderheit hervorgehen ließ. Auf der Suche
nach den Quellen einer überindividuellen, totalitätsbezogenen Motivation erkennt er, daß der Mensch seiner natürlichen Konstitution
nach kein Gemeinwesen hat. Als Triebwesen ist der Mensch ‹bourgeois›, d. h. nicht totalitätsfähig. Die Institutionen kompensieren den
Naturmangel des menschlichen Gemeinwesens; sie vertreten die
Stelle der Natur in dem, was die Menschen als ihr Gemeinwesen zu-
sammenhält, indem sie die Ersatzfunktion für das übernehmen, was
die reduzierten Instinkte nicht mehr leisten. Die Rede von der «zweiten Natur» in bezug auf die Institutionen muß also ganz wörtlich genommen werden. Bei dem, was Gehlen Institution nennt, geht es um
Handlungsbedingungen und Handlungsformen, die zwar normativ
und vom menschlichen Willen gesetzt sind, aber gelten sollen wie vorausgesetzte, unwillkürlich wirkende Natur. An drei Merkmalen verdeutlicht Gehlen (1969, 98) die Handlungsform Institution: an der
Regelhaftigkeit, die entsteht, wenn eine «gelingende kollektive Problemlösung in die Norm umschlägt»; an der Objektivität, die das
Handeln bestimmt, wenn es unter dem Prinzip der «Haftung ohne
Schuld» (ebd., 99) (das wir z. B. aus der Tragödie kennen) steht; und
an der Sicherheit, die das Handeln gewinnt und bietet, wenn es unter
Hemmungen steht, deren Irrationalität anerkannt ist, weil man Hemmungen «nie logisch begründen, nur zerstören und dann nur gewaltsam wieder aufrichten kann» (ebd., 101).

Diese Charakterisierung der Institution hat ihre Pointe im Gegensatz zur Zweckrationalität. Das ist kein ausschließender Gegensatz;
Zweckrationalität ist natürlich auch für Gehlen eine wesentliche Eigenschaft von Institutionen, aber sie hat nicht den Primat, sondern ist
sekundär. Sie setzt die Entlastungsleistungen der Institution voraus,
ist also ein Effekt der Institution und nicht ihr Entstehungsgrund oder
ihr Wirkprinzip. Das demonstriert Gehlen in einer ‹Urgeschichte› der
Institution, die wie Nietzsches «Genealogie der Moral» angelegt ist.
Wie Nietzsche vermeidet es auch Gehlen bei seinem Rückgang in archaische Frühzeiten, die späte historische Gestalt als Ursprungsbild in
die Anfänge zurückzuprojizieren. Der Kontrast zum modernen von
Technik und Utilitarismus geprägten Bild der Institution leitet ihn,
und so sieht er im pragmatischen naturreligiösen Ritus den Prototyp
der Institution; denn in ihm entsteht ein Verhalten, das Gehlen (1964,
125) als «zweckloses, aber obligatorisches Handeln» charakterisiert

und das gerade wegen dieser Form für ein authentisches Verständnis der Institution heranzuziehen ist.

Im Ritus der Naturreligion dominiert eine bestimmte Handlungsform, die Mimesis; sie ist es, um derentwillen Gehlen bei seiner genealogischen Rekonstruktion auf das archaische Ritual zurückgeht. Mit Hilfe der mimetischen Anteile am Ritus – Gehlen führt dazu die Kategorie des «darstellenden Handelns» (ebd., 145ff) ein – sind die fundamentalen Leistungen der prototypischen Institutionalisierung (Kommensurabilität von innerer und äußerer Natur, Triebaufschub, Sublimation, Umwertung des Negativen) zu beschreiben, ohne daß dafür objektive oder subjektive Zweckmäßigkeiten unterstellt werden müßten. Durch die mimetische Reproduktion prägnanter Situationen im Ritual wird eine gefürchtete und überlegene Natur in den Handlungs- und Vorstellungskreis des Menschen überhaupt erst hineingezogen, weil in der rituellen Darstellung Naturmacht und menschliche Fähigkeit imaginär übereinkommen, Naturüberlegenheit in der Dimension menschlicher Vermögen vorgestellt wird. Dabei wird die Natur auf eine symbolische Anwesenheit, eine dargestellte Wesenheit, reduziert und tritt als ein Gebilde zwischen Mensch und Natur, an das nun die Vorstellungen und Motive frei von den Affekten unmittelbarer Gefahr und aktueller Begierde anschließen und sich entfalten können. Und vor allem – das ist Gehlen am Ritus das Wichtigste: Die negativen Gegebenheiten des Lebens werden durch die mimetische Wiederholung nicht nur verneint und abgewehrt, sondern zugleich auf einer habituellen Ebene bejaht und anerkannt, weil der mimetische Akt ohne die Anerkennung des Dargestellten nicht sein kann, also eine nicht zurücknehmbare «Entscheidung zum Dasein» (ebd., 153) bedeutet, und zwar eine solche, in der sich Weltverständnis und Selbstverständnis durchdringen. Das ist überhaupt der für die Entstehung der Institutionen entscheidende Wesenszug am Ritual, daß sich in ihm verschiedene Ebenen überschneiden und verschränken, die des Subjektiven und des Objektiven, die des Individuums und die der Gruppe.

Und wiederum liegt der Grund dafür in der Eigenart des darstellenden Handelns. Es ist nicht sachverändernd praktisch wie das Produktionshandeln, sondern der Inhalt des darstellenden Handelns ist zugleich seine Form; es ist reflexives, auf sich selbst bezogenes Handeln, insofern das Wie des Handelns, das ja selber wieder nur durch Handeln dargestellt werden kann, sein Gegenstand ist. Durch diesen Bezug auf das Wie des Handelns, in Entlastung von der unmittelbaren

Dringlichkeit der Situationsaffekte ist die Möglichkeit der «Umkehr der Verhaltensrichtung» (ebd., 150) eröffnet, eine Perspektivendrehung von der gegenständlichen Umwelt auf die soziale Gruppe und von dieser auf das innere Selbst des Individuums. Aufgeladen mit der Bedeutung und Objektivität der dargestellten Naturmacht, werden Interaktion und Gruppe als Selbstwerte erlebbar; abgekoppelt von der Situation werden Bedürfnisse und Affekte für sich bearbeitbar, und die Motivation kann die höhere Form der freien Zweckrationalität annehmen. Diese Wendung schließt die Seite der gegenständlichen Natur in sich ein. Die im Ritus tabuierten Naturmächte und Natursituationen sind dem unmittelbaren Zugriff entzogen und können die Form einer langfristigen Zweckmäßigkeit annehmen, die zunächst unbezweckt und zufällig entsteht und gegenüber dem Ritus sekundär ist, dann aber vom Ritus sich lösen und die motivische Führung übernehmen kann. Dieser evolutionäre Mechanismus der «sekundären Zweckmäßigkeit» (Gehlen [7] 1962, 398f) ist für das Schicksal der Institution entscheidend; denn in ihm steckt eine für den Bestand der Institution verhängnisvolle Dialektik.

Die Zweckrationalität ist ein Erfolg des Wirkens von Institutionen, aber Erfolg nur im Sinne einer Nebenfolge. Wird die unbezweckte Nebenfolge Hauptzweck, Konstruktions- oder Bewertungsprinzip, hat das Rückwirkungen auf das Wesen der Institution. Unter dem Anspruch zweckrationaler Konstruktivität büßen die Institutionen zusammen mit ihrer Naturwüchsigkeit ihr authentisches Wesen, die Unbedingtheit ihrer Geltung, ein; sie entlasten dann nicht mehr vom Antriebsüberschuß, sondern dieser kehrt in der Form der reflexiven Nichtentscheidbarkeit von Handlungszielen wieder.

Die von Technik und Wissenschaft ermöglichte Emanzipation der zweiten von der ersten Natur nimmt den Institutionen den Außenhalt und bringt sie um ihre eigentliche Leistung, die darin besteht, der sozialen Motivation die Form reflexionsindifferenten Geltens zu geben. Die Folge ist eine Tendenz, die Gehlen so erbittert wie hoffnungslos als «Subjektivismus» bekämpft.

Gehlen sieht diese Tendenz der Moderne zum Subjektivismus in einer «langfristigen Massierung von Kausalitäten» begründet; gleichwohl opponiert er gegen diese Entwicklung, und seine Institutionenlehre ist ebensosehr Analyse wie eine institutionsmoralische Intervention. Zwar macht er letztlich den technischen Fortschritt für die subjektivistische Entwertung der Institutionen verantwortlich; aber zugleich beschreibt er die technisch-wissenschaftliche Zivilisation als eine archaische Superinstitution und verwandelt das technologische Argument des Sachzwangs in eine institutionsmoralische Norm, als wären industrialistischer Sachzwang und archaisches Tabu Äquivalente. Dabei ist eine solche Institutionsmoral, die Urzeit und Spätkultur dezisionistisch zusammenzwingt, nur das Komplement des Subjektivismus der unendlichen Reflexion und ist auch selber subjektivistisch. Das macht Helmut Schelsky, der Schüler und Mitstreiter Gehlens, dadurch klar, daß er, konfrontiert mit der Frage «Ist Dauerreflexion institutionalisierbar?» (Schelsky 1965, 250ff), das bezeichnendste Phänomen der modernen Reflexionskultur, die Diskussion, zur Institution erklärt und damit anzeigt, daß auch der Institutionsbegriff die Kompromisse und Ambivalenzen des Rollenbegriffs nicht überwindet, sondern an ihnen teilnimmt.

2.2.4 Grenzen des Rollenkonzepts

Bei einem solchen dogmengeschichtlichen Rückblick wird nicht nur der paradigmatische Einfluß des Rollenkonzepts deutlich. Auch die Begrenztheit des Rollenkonzepts tritt hervor. Sein eigentlicher Geltungsbereich liegt auf der grundbegrifflichen Ebene. Das ist beim Gebrauch des Rollenbegriffs zu berücksichtigen. Man spricht zwar oft von ‹Rollentheorie›, aber das ist ein mißverständlicher Terminus. Die sogenannte Rollentheorie ist nicht selber schon empirische Theorie, sondern eine kategoriale Voraussetzung empirischer Theorie; sie ist ein Interpretationsschema, das einen bestimmten Objektbereich möglicher empirischer Theoriebildung konstituiert, aber diese nicht selber schon darstellt. Wegen dieser quasi apriorischen Funktion ist die Begrifflichkeit des Rollenkonzepts relativ offen und formal; die Erinnerung an die Begriffe der «formalen Soziologie», die einst Leopold von Wiese (1924/29) in Anlehnung an Simmels Ansatz entwickelte, drängt sich auf. So kann man auch mit Grund meinen, daß der wissenschaftstheoretische Status des Rollenkonzepts im Rückgriff auf Simmels erkenntnistheoretische Überlegungen zur Soziologie am besten zu erfassen ist. Dann ist die Rolle als apriorische Kategorie nicht nur Denkform, sondern als Denkform zugleich Sozialform. Und weil sie als Kategorie des Sozialen nicht nur analytisches Konstrukt, erkenntnistechnisches Instrument ist, sind die Versuche einer analytisch-definitorischen Reinigung des Begriffs nur begrenzt sinnvoll; je analytisch präziser der Rollenbegriff gefaßt wird, desto beliebiger oder desto partikularer wird er. Gerade wegen seines grundbegrifflichen Charakters eignet dem Rollenbegriff also eine gewisse Unschärfe, und zwar in doppelter Hinsicht; denn er ist Begriff und Ausdruck zugleich, reflexives Aufgreifen und expressives Symptom epochaler Probleme. Die Unschärfe des Rollenbegriffs allein auf seinen formalen und damit geschichtsindifferenten Charakter zurückzuführen, greift mithin zu kurz, weil damit sein Ausdruckscharakter vernachlässigt wird. Der Formalismus des Rollenbegriffs ist auch als das Symptom einer bestimmten historischen Situation mit bestimmten sozialen Erfordernissen und Wünschbarkeiten zu verstehen.

Das Formale am Rollenbegriff deckt sich weitgehend mit dem statischen Sinn des Begriffs; der durch Abstraktion hergestellten Konstanz des Begriffs korrespondiert eine inhaltlich gemeinte Konstanz. Man muß sehen, der Rollenbegriff ist vor allem ein Ausdruck des sozialen Bedarfs an Statik und des weltanschaulichen Wunsches danach. Aber als ein ‹statischer› Begriff hat er typische Schwächen: Er versagt bei der Untersuchung antagonistischer Konflikte, und bei der Erfassung langfristiger gesamtgesellschaftlicher Entwicklungen ist er nur mittelbar nützlich. Das zeigt sich, wenn ‹Rolle› und ‹Klasse› miteinander in Beziehung gesetzt werden; bei der Frage, ob es eine Proletarierrolle, d. h., ob es eine Klassenrolle gibt, merkt man, daß Klassenbegriff und Rollenbegriff unvereinbar sind und zu verschiedenen theoretischen und weltanschaulichen Kontexten gehören.

In dem Maße, wie soziale Beziehungen nicht komplementär oder reziprok oder hierarchisch geregelt, sondern antagonistisch sind, verliert der Rollenbegriff seine Zuständigkeit, zumal dann, wenn antagonistische Konflikte eine revolutionäre Aktualität haben. Solange Machtkämpfe, von deren Ausgang Gesellschaftsordnungen abhängen, nicht entschieden sind, bleiben die dazugehörigen sozialen Konflikte für den Rollenbegriff unerreichbar. Erst wenn die sozialen Gegensätze institutionalisiert und ritualisiert und die Machtkämpfe standardisiert sind, wie beispielsweise im Parlamentarismus, tritt der Rollenbegriff wieder in sein Recht. Was für die revolutionären Phasen des Kampfes um die soziale Hegemonie gilt, trifft aber auch in gewissem Maße für die Phasen stetiger gesellschaftlicher Entwicklung zu. Denn auch in einem gleichförmigen Entwicklungsprozeß entsteht Neues, ereignen sich unvorhergesehene und unvorhersehbare Abweichungen, die selber stereotyp werden. Das sind Variationen, die nachträglich in Rollen aufgenommen werden, aber nicht per Rolle antizipiert werden können. Das gilt zumal unter den Bedingungen der

fortgeschrittenen technisch-wissenschaftlichen Zivilisation, in der soziale Rollen ungemein schnell veralten und selbst die langlebigsten,
anthropologisch verankerten Rollen wie die Geschlechts- und Familienrollen in den technologisch bedingten Wandel hineingezogen werden, und wenn man die Konsequenzen der In-vitro-Fortpflanzung be-
denkt, wird klar, daß sich der Umbau in diesem Bereich noch vertie-
fen wird.

Der Rollenbegriff muß also, wenn sein statischer Charakter ihn
nicht unanwendbar machen soll, wenn er vielmehr gerade um seines
statischen Charakters willen weiter anwendbar sein soll, in einem
prinzipiellen Sinn unscharf sein. Er muß in einer gewissen Distanz von
den Rollen in ihrer empirischen Bestimmtheit gebildet werden und
mit einem Bedeutungsüberschuß versehen sein. Auf das strukturelle
Allgemeine der Rollen und nicht auf die Ausführung bestimmter Rollen bezogen meint der Rollenbegriff soviel wie ‹Rollenhaftigkeit›.
Das geht aber nicht nur auf das Konto der Abstraktion, die zu jedem
Grundbegriff gehört, sondern darin drückt sich auch eine programmatische Fiktion aus: Rolle als ein Als-ob, Rollenhandeln nicht nur
als Handeln *in* Rollen, sondern auch *wie* in Rollen. Das darf man nicht
übersehen, wenn man den Gehalt dieses soziologischen Grundbe-
griffs richtig verstehen will. Letztlich bedeutet diese Charakteristik,
daß die Zuständigkeit des Rollenkonzepts eher im Bereich der mikro-
soziologischen Untersuchung sozialer Determination liegt und daß
die langfristigen gesamtgesellschaftlichen Determinanten des Handelns außerhalb der Reichweite des Rollenkonzepts bleiben.

In diese Richtung ging auch die marxistische Kritik; sie trat der
Etablierung des Rollenkonzepts besonders heftig entgegen, weil für
sie das Rollenkonzept mitsamt den Phänomenen, auf die es sich bezog, in den Bereich der Ideologie gehörte und deswegen in den kategorialen Rahmen der Soziologie nicht aufzunehmen war. So kam es zu
einer Ablehnung, die eher konfessionell als theoretisch ergiebig war.
Produktiver als der ideologiekritische Argwohn ist eine andere Sicht:
Das Rollenkonzept und der marxistische Soziologieansatz haben bei
aller sonstigen Entgegensetzung ein wichtiges Theoriemotiv gemeinsam. Beide Konzepte enthalten den Systemgedanken, und beide müssen die organizistische oder die kybernetische Modellierung des Sy-
stemgedankens vermeiden, wenn das genuin Soziale am Gegenstand
‹Handlungssystem› erfaßt werden soll.

Eine soziologische Handlungstheorie, die diesem Ziel entspricht,
kann nun in prinzipiell zweifacher Richtung angelegt werden: Die ele-

mentare Theoriebildung kann vom Mensch-Natur-Verhältnis ausgehen und sich an der Arbeit als grundlegendem Handlungsmodell orientieren; andererseits kann sie das Mensch-Mensch-Verhältnis an den Anfang stellen und in der sprachlich vermittelten Interaktion das leitende Handlungsmodell sehen. Hier, in der Ausführung dieses Gegensatzes, beginnt die wirklich sachhaltige und wissenschaftlich bedeutsame Konkurrenz zwischen dem Rollenkonzept und dem marxistischen Ansatz.

Wie diese Konkurrenz ausgeht, ist offen; gewiß ist nur, daß es sich dabei um einen Gegensatz handelt, der notwendig und nicht beliebig aufzulösen ist. Zwei Ansätze stehen sich dabei gegenüber, die fundamentale Geltung beanspruchen und doch relativ und begrenzt sind, die sich verdrängen wollen, aber bei aller Entgegensetzung sich gegenseitig immer erneut voraussetzen müssen: Die marxistische Kategorie der «Produktionsverhältnisse» muß, wenn sie nicht nur deterministisch für die verdinglichte Seite des Verhaltens stehen soll, handlungstheoretisch konkretisiert werden; das verlangt den Einbezug der kommunikatorischen Interaktion, während die rollentheoretische Soziologie ihrerseits den verdinglichenden Zwang der in Produktivkräfte umgebildeten Natur in sich aufnehmen muß, wenn sie eine realistische Theorie der Gesellschaft mit einem möglichst vollständigen Begriff ihres Gegenstandes sein will.

Literatur

Coser, R. L.: Distance, Sociological Ambivalence and Transitional Status Systems. American Journal of Sociology, 72, 1966.

Dahrendorf, R.: Homo Sociologicus. Versuch zur Geschichte, Bedeutung und Kritik der Kategorie der sozialen Rolle. In: Ders.: Pfade aus Utopia. München 1967.

Durkheim, E.: De la division du travail social (zuerst 1883). Paris [7] 1960.

Gehlen, A.: Der Mensch. Seine Natur und seine Stellung in der Welt. Frankfurt/M., Bonn [7] 1962.

–: Studium zur Anthropologie und Soziologie. Neuwied, Berlin 1963.

–: Urmensch und Spätkultur. Frankfurt/M., Bonn 1964.

–: Moral und Hypermoral. Eine pluralistische Ethik. Frankfurt/M., Bonn 1969.

Goffman, E.: Role Distance. In: Ders.: Encounters. Two Studies in the Sociology of Interaction. Indianapolis 1961.

Gross, N. et al.: Explorations in Role Analysis. New York 1958.

Habermas, J.: Vorüberlegungen zu einem Projekt «Schulleistung und Elternhaus». Münster 1966.

–: Thesen zur Theorie der Sozialisation. Stichworte und Literatur zur Vorlesung
im Sommersemester 1968. O. O., o. J.

–: Erkenntnis und Interesse. Frankfurt/M. [2]1968.

– & N. Luhmann: Theorie der Gesellschaft oder Sozialtechnologie. Frankfurt/M.
1971.

Hegel, G. W. F.: Grundlinien der Philosophie des Rechts. In: Ders.: Werke Bd. 7.
Frankfurt/M. 1970.

Hilferding. R.: Die Aufgaben der Sozialdemokratie in der Republik. Berlin 1927.

Joas, H.: Die gegenwärtige Lage der soziologischen Rollentheorie. Wiesbaden
1978.

Jonas, F.: Geschichte der Soziologie. Bd. IV. Reinbek bei Hamburg 1969.

Krappmann, L.: Soziologische Dimensionen der Identität. Strukturelle Bedingungen für die Teilnahme an Interaktionsprozessen. Stuttgart 1977.

Linton, R.: The Study of Man (zuerst 1936). New York 1964.

Maine, H. S.: Ancient Law. London 1861.

Marx, K.: Zur Judenfrage. MEW Bd. 1. Berlin (DDR) 1961.

Mead, G. H.: Geist, Identität und Gesellschaft. Frankfurt/M. 1968.

Merton, R. K.: Social Theory and Social Structure. Glencoe (Ill.) 1957.

–: The Role-Set. British Journal of Sociology VIII, 1957 a. – Deutsch in: H. Hartmann (Hg.): Moderne amerikanische Soziologie. Stuttgart 1967.

Oevermann, U.: Programmatische Überlegungen zu einer Theorie der Bildungsprozesse und zur Strategie der Sozialisationsforschung. In: K. Hurrelmann
(Hg.): Sozialisation und Lebenslauf. Reinbek bei Hamburg 1976.

Parsons, T.: Structure of Social Action (zuerst 1937). Glencoe (Ill.) [3]1964.

–: The Social System. Glencoe (Ill.) [5]1964.

Rose, A. (Hg.): Human Behavior and Social Processes. Boston 1962.

Schelsky, H.: Auf der Suche nach Wirklichkeit. Düsseldorf, Köln 1965.

Simmel, G.: Soziologie. Untersuchungen über die Formen der Vergesellschaftung. Leipzig 1908.

Wiese, L. v.: Allgemeine Soziologie. München, Leipzig I 1924/II 1929.

Hauke Brunkhorst

2.3 Entwicklung des Rationalitätsbegriffs

2.3.1 Rationalität, Handlung, Gesellschaft

Der Begriff der Rationalität ist derjenige Grundbegriff der Soziologie, der diese Disziplin mit der Geschichte des abendländischen Denkens verbindet. Er kommt aus der Philosophie, und er gehört nicht nur äußerlich in die Soziologie. Die Soziologie ist nämlich nicht nur selbst ein rationales Unternehmen wie andere Wissenschaften auch, Rationalität ist vielmehr eines ihrer zentralen Themen. Wie in der Philosophie wird also in der Soziologie die Vernunft sich selbst zum Thema. Der spezifische Gegenstand der Soziologie, das Handeln der Menschen und der Zusammenhang ihrer Handlungen, ist selbst von Rationalität durchdrungen. Gewiß handeln die Menschen nicht immer rational, aber fast immer spielen im Fortgang ihrer alltäglichen und außeralltäglichen Aktivitäten Überlegungen, Pläne und Gründe eine fundamentale Rolle. Wer handelt, hat Gründe, und über Gründe kann man diskutieren, und wer ernsthaft über Gründe streitet, setzt voraus, daß es möglich ist, gemeinsam herauszufinden, welche Gründe gut sind und welche schlecht, welches Argument richtig und akzeptabel ist und welches falsch und inakzeptabel.

Andererseits gilt seit den Anfängen des Nachdenkens über unsere Vernunft und Verstandestätigkeit jedes unüberlegte, planlose und grundlose Verhalten wenn nicht als schlechthin irrational, so doch als unvernünftig und *nicht* rational.

Vernünftige Willensbildung: ‹Lebend nach eigenem Gesetz allein›

Rationales Handeln ist autonom. Es ist im idealen Fall allein durch unsere eigenen Überlegungen bestimmt. Diese Überlegungen sind dann die Ursache der ihnen folgenden Aktivitäten. Daß wir uns etwas überlegen, nennt Kant *Reflexion* (vgl. Kant 1974, 24). Das reflexive, durch Überlegen bestimmte Handeln ist also durch uns *selbst* bestimmt oder autonom determiniert (vgl. auch Schnädelbach 1987, 102 ff). Der Handelnde, der vor wählbaren Alternativen steht, einen Handlungsspielraum hat und sich überlegen konnte, was er will, ist frei von äußerem und innerem Zwang (vgl. auch Löw-Beer 1989). Die Handlungsursache liegt bei freien Aktivitäten im Handelnden selbst und nicht außerhalb dessen, was er weiß und will (vgl. Tugendhat 1987, 373 ff). Autonomie des Handelns und der Person bedeutet also, daß sie tut, was sie will, weil sie weiß, was sie will. Hegel (1970, Bd. 12, 524) nennt den dergestalt selbstbewußten, «sich wollenden Willen» emphatisch «den Grund alles Rechts und aller Verpflichtung und damit aller Rechtsgesetze, Pflichtengebote und auferlegten Verbindlichkeiten» (ebd.). Die Selbstbestimmung des Handelns ist dessen Eigengesetzlichkeit, das ist der ursprüngliche Wortsinn von ‹Autonomie› (vgl. Pohlmann 1971, 702 ff; Göbel 1989). Nur ein durch Überlegung aus eigenem Gesetz determiniertes und begründetes Handeln ist zugleich frei von Zwang und frei von Willkür.

Gedanken und Überlegungen sind nun aber ihrer Natur nach etwas, was nicht im Privatbesitz irgendeines Akteurs ist. Sie sind der gemeinsame Besitz aller Handelnden (vgl. Frege 1969, 44). Die Überlegung, die mein Tun zu meinem eigenen macht, verbindet sie zugleich mit allen anderen. Darin steckt ihr verpflichtender und sogar rechtskonstitutiver Charakter. Denn meine eigene, handlungsbestimmende Überlegung gilt ja als Begründung und Rechtfertigung dieses Handelns allein deshalb, weil sie bestritten und von den anderen angegriffen, negiert werden kann. Das aber kann jeder, der glaubt, es besser zu wissen. Überlegungen sind etwas, das gegen mögliche Einwände verteidigt werden kann, und wenn eine Überlegung wirklich zutrifft, heißt das, daß wir sie gegen jeden möglichen Einwand verteidigen können. Gerade im idealen Fall der absoluten (allein durch Überlegung bestimmten) Freiheit unseres Willens sind wir also von der potentiellen (kontrafaktischen) Übereinstimmung mit allen anderen abhängig und nur durch solche Abhängigkeit frei und unabhängig. Nur dieser freie Wille ist *allgemein* und *vernünftig*. Indem er sich vom allgemeinen Anspruch artikulierbarer Überlegungen auf Zustimmung (Begründbarkeit/Verteidigbarkeit) abhängig macht, gibt er sich selbst das Gesetz seines Handelns: «Der Wille wird also nicht lediglich dem Gesetz unterworfen, sondern so unterworfen, daß er auch als *selbstgesetzgebend*, und eben um deswillen allererst dem Gesetze (davon er sich selbst als Urheber betrachten kann) unterworfen, angesehen werden muß» (Kant 1974 a, 64).

Eines der ältesten Zeugnisse dieses zugleich innerlichen und reflexiven Begriffs der Autonomie ist die Darstellung des Konflikts von Kreon und Antigone bei Sophokles. Das Schicksal der Antigone erfüllt sich in der Konsequenz ihres freien und reflektierten Willens: «Nicht zehrender Krankheit erlagst du, / empfingst nicht des Schwertes blutigen Lohn, / sondern lebend nach eigenem Gesetz allein / entschrittst du lebendig zum Hades» (Sophokles, zit. n. Pohlmann 1971). Wegen ihres gesetzlichen oder gesetzesartigen Charakters ist die innere Autonomie der Antigone eine rationale Haltung. Das innere Gesetz des Handelns ist, wie schließlich bei Kant das allgemeine Sittengesetz, rational wegen seiner strengen Analogie zu den äußeren Naturgesetzen. Es ist um keinen Deut weniger allgemein als die letzteren in seinem Anspruch auf Geltung, aber es überträgt diesen Anspruch auf die Verwirklichung unserer je individuellen Freiheit.

System und Vernunft

Auch wenn wir den Blick vom Handeln der Individuen und Gruppen einer Gesellschaft abwenden, um ihn dem höherstufigen Zusammenhang ihrer Handlungen in Gesellschaften und sozialen Systemen zuzuwenden, verschwindet die innere Beziehung von Vernunft und Gesellschaft ebensowenig wie die von Rationalität und Autonomie. Nicht nur individuell zurechenbare Handlungen, auch gesellschaftliche Entwicklungen lassen sich als Prozesse der Autonomisierung beschreiben und rational verstehen – wobei ‹rationales Verstehen› im Sinne Max Webers bedeutet, daß Handlungen oder soziale Entwicklungen *als* rationale in einem *nicht* psychologischen Sinn verstanden werden können, und zwar genauso wie mathematische Operationen, die wir verstanden haben, wenn wir ihre Regeln beherrschen (vgl. Weber 1988, 427ff).

Rational sind Handlungen, weil wir sie uns überlegt haben und sie deshalb begründen können. Durch reflexiv bewirkte Aktivitäten formt sich die Autonomie handelnder Subjekte. Auch im Zusammenhang ihrer Handlungen in Handlungskomplexen oder sozialen Systemen bewirkt Reflexivität Autonomie. Entscheidungen werden gegenüber Handlungen autonom dadurch, daß die Behörde nur noch über Entscheidungen entscheidet, wenn sie z. B. einem Gastwirt eine Konzession erteilt, nun seinerseits bestimmte Entscheidungen zu treffen. So wird Verwaltung zum autonomen, ausdifferenzierten Sozialsystem, selbstverständlich ohne autark zu werden, bleibt sie doch auf die Zufuhr von Information, Sachmitteln etc. aus ihrer Umwelt angewiesen (vgl. Luhmann 1970, 94f, 98f).

Rational ist, um es an einem Beispiel zu verdeutlichen, die moderne Trennung von Kunst und Moral, weil damit ein *Kategorienfehler* aufgelöst wird. In dem Augenblick, wo Kunst und Moral reflexiv werden und ihr jeweiliges Wesen selbst zum ästhetischen bzw. moralischen Problem wird, wird die Ästhetisierung der Moral und die Moralisierung der Kunst als unzumutbare Sphärenvermengung erfahrbar. So ist der Rechtsanspruch auf Autonomie rational, weil er die Anwendbarkeit moralischer Kategorien auf ästhetische Gegenstände bestreitet; denn diese sind als Gegenstände einer ästhetischen Anschauung von ganz anderer Art als die Fälle, denen unser moralisches Urteil gilt. Moral und Kunst konstituieren verschiedene Gegenstandsbereiche, und die Vernunft der Differenzierung von kategorialen Sphären eigenen Rechts ist (im Sinne Kants) gesetzgebend: Sie zieht sich Grenzen und bestimmt sich durch solche Grenzziehung selbst. Indem sie ihre Eigengesetzlichkeit reflexiv zur Geltung bringt, wird die Kunst zur Schranke der praktischen Vernunft.

Nicht anders in der Wissenschaft. Auch hier begründet sich die moderne Wissenschaft selbst, indem sie allein durch Konzentration auf ihre eigenen Probleme und Fragestellungen alle äußeren Ansprüche auf übergreifende Autorität und Wahrheit zurückweist. Rational ist die Autonomisierung der Wissenschaft, weil sie gesetzgebend im Sinne der inneren Festlegung äußerer Grenzen ist. Die modernen Wissenschaften weisen die Übergriffe höherer Wahrheit, z. B. die Autorität der Religion, zurück, indem sie sich selbst auf die eigene Sache beschränken und sich in Fragen des richtigen Lebens für unzuständig erklären. Die Verteidigung der neuen Physik Galileis und Newtons gegen das Wahrheitsmonopol der Kirche hat die Selbstbegrenzung wissenschaftlicher Wahrheitsansprüche und die Abweisung jeglicher «Katheterprophetie» (Weber) zur Voraussetzung.

Die Autonomie der Vernunft kann also auf der Ebene individueller Selbstbestimmung (von Handlungssubjekten) wie auf der Ebene gesellschaftlicher Eigengesetzlichkeit als Prozeß ihrer Dezentrierung beschrieben werden. Autonom verhalten sich Handelnde ebenso wie soziale Systeme, wenn sie ihre Grenzen selbst bestimmen, und zwar im Verhältnis zu den anderen Akteuren oder Systemen. Handelnde können ihre Autonomie nur realisieren, indem sie sie mit der Autonomie aller anderen koordinieren und damit selbst als Subjekte aus dem Zentrum ihrer sozialen Welt herausrücken. Piaget hat das als *Dezen-*

trierung des Egozentrismus beschrieben. Von einer solchen Dezentrierung kann man auch im Fall der Gesellschaft sprechen. Je autonomer ihre Funktionsbereiche und Rationalitätssphären organisiert sind, desto weniger ist die Gesellschaft das alles einende Subjekt ihrer Vernunft. Die Vernunft individueller und funktionaler (bereichsspezifischer) Differenzierung ist also eine radikal transsubjektive Vernunft: eine Rationalität ohne Zentrum, ohne festen Ort und ohne vorherbestimmtes Ziel. Sie übergreift alle Individuen und sozialen Systeme, aber sie ist nicht das Subjekt ihrer Geschichte – sie ist überall und nirgends.

In der Soziologie ist freilich längst strittig, was für Kant noch selbstverständlich war: daß die institutionelle Selbstbestimmung (beispielsweise der Universität oder der Wissenschaftlergemeinschaft) eine transsubjektive, rationale Selbstbegründung voraussetzt, die allein von vergesellschafteten Handlungssubjekten mit Willen und Bewußtsein vollzogen werden kann. Die neuere Systemtheorie z. B. bestreitet gerade diesen inneren Zusammenhang von funktionaler Differenzierung und rationaler Willensbildung. Für sie gilt deshalb: «Dem System fehlt die Vernunft» (Luhmann 1984, 134). Das ist, in einem Satz, der Beitrag der Systemtheorie zur Entwicklung des Rationalitätsbegriffs. In ihm wird zunächst die von Kant, aber auch von Soziologen wie Weber oder Habermas noch unterstellte Fundierung der gesellschaftlichen Rationalität in der Autonomie der vielen individuellen Handlungssubjekte aufgehoben. Die konstruktivistische Systemtheorie Luhmanns dezentriert auch noch dieses transsubjektive Fundierungsverhältnis. Weil autopoietische Systeme selbstgenügsame Selbstbehauptungssysteme sind, ist «der Zusammenhalt des Systems (...) der Grund der Gründe» (ebd., 186, 36). Da alles «System» ist, lösen sich alle Hierarchien von Ebenen in ein Nebeneinander von psychischen, sozialen, organischen u. a. Systemen auf. Autonome psychische und soziale Systeme durchdringen einander zwar, aber die Autonomie des einen hängt nicht von der des anderen ab. Die Autonomie des Wissenschaftssystems kann allein durch die Autonomie aller wissenschaftsspezifischen Kommunikationen, muß aber nicht länger durch die personale Autonomie ihrer Mitglieder oder die Autonomie ihrer Willensbildung begründet werden. Daß dem System die Vernunft fehlt, heißt dann lediglich, daß seine Autonomie sich auf systemspezifische Selbstbestimmung reduziert und keiner transsubjektiven Begründung durch den bewußten Willen der betroffenen Akteure bedarf. Selbstdetermination und Selbstlegitimation des Systems fallen auseinander. Begründung und bewußter Wille sind der Autonomie des Systems fremde Ereignisse in dessen Umwelt, und Begründungszusammenhänge sind nichts als andere, kontingente Systeme. Der Satz, dem System fehle die Vernunft, bedeutet freilich keineswegs, Systeme wären etwas Irrationales. Er besagt lediglich, daß Systemautonomie sich auf die (funktionale und beobachtbare) Rationalität einer Selbstbestimmung ohne begründende Rede einschränkt.

In der soziologischen Erforschung des Zusammenhangs von Vernunft und Gesellschaft ist zu einer offenen Frage geworden, was der philosophischen Tradition noch ganz selbstverständlich war, zumindest bis ins erste Drittel des 19. Jahrhunderts: der innere Zusammenhang institutioneller Selbstbestimmung mit der bewußten Selbstgesetzgebung gemeinsam handelnder Akteure. Auf dieses Selbstverständnis der philosophischen Tradition greift noch 1937 Herbert Marcuse in seinem Versuch zurück, das Verhältnis von kritischer Gesellschaftstheorie und Philosophie zu bestimmen: «Vernunft ist die Grundkategorie philosophischen Denkens, die einzige, wodurch es sich mit dem Schicksal der Menschheit verbunden hält» (Marcuse 1937, 632).

Beide Voraussetzungen des philosophischen Rationalismus sind im Fortgang der soziologischen Aufklärung ins Wanken geraten: sowohl die Gewißheit, daß in der Wissenschaft, die von Platon bis Hegel und Husserl mit Philosophie identifiziert wurde, alles um den Begriff der Vernunft kreist, als auch die Annahme einer im Vernunftbegriff ins Auge gefaßten Einheit von Theorie und Praxis, die These, ‹Vernunft› wäre der Grundbegriff aller wahren Wissenschaft, *weil* es im Leben der Menschen um Vernunft, nämlich um die Verwirklichung von Autonomie und Mündigkeit gehe. Heute sind es in den Sozial- und Humanwissenschaften nur mehr die kritischen Theorieansätze, die ausdrücklich auf die einst in der Philosophie zentrale Stellung des Vernunftbegriffs zurückgreifen und sie im Rahmen soziologischer Forschung zu erneuern suchen. Zu diesen Theorieansätzen muß man allerdings die kognitiven Entwicklungspsychologien, die in der Tradition Piagets stehen, ebenfalls rechnen, aber auch die Freudsche Psychoanalyse, ist doch dessen Forderung: «Wo Es war, soll Ich werden» eine der rationalistischsten Positionen, die man sich überhaupt vorstellen kann (vgl. auch Marcuse 1968, 41).

Im Rahmen der modernen, auf Forschung angelegten Wissenschaften setzt sich der philosophische Rationalismus freilich der kalten Konkurrenz anderer Paradigmata (vgl. Kuhn 1968) wie der destruktiven Kraft widerstreitender Erfahrungen aus (vgl. Popper [4]1971). Er muß sich von nun an tagtäglich empirisch bewähren und in der Praxis der Forschung seine heuristische Fruchtbarkeit immer von neuem unter Beweis stellen. Die Philosophie muß sich heute also die Arbeit einer Thematisierung und Untersuchung der individuellen und gesellschaftlichen Rationalität von Meinungen und Handlungen mit der Soziologie und den anderen Humanwissenschaften teilen. Das Schicksal der Vernunft liegt damit auch in deren Händen und wird vom Fortgang normaler Wissenschaften abhängig (vgl. Piaget 1974).

Aus diesen einleitenden Überlegungen zum Begriff der Handlungs- und der Systemrationalität ergibt sich ein erstes Fazit: Die Rationalität sozialen Handelns bemißt sich an der Autonomie des Handelnden und damit an der Bestimmung des Handelns durch selbstgegebene Gesetze, an der Universalität ihrer Begründung und an der Tiefe ihrer Verinnerlichung durch den Handelnden. Die Rationalität gesellschaftlicher Entwicklungen bemißt sich an der Autonomie sozialer Systeme. Autonomie heißt auch hier die eigengesetzliche Festlegung von Grenzen. Grenzziehung kann entweder die kategoriale Trennung verschiedener Gegenstandsbereiche und Rationalitätsdimensionen (‹Auflösung von Kategorienfehlern›) bedeuten (so sieht z. B. Piaget die kognitive Entwicklung; vgl. Kesselring 1981; 1984) – oder aber die funktionale Differenzierung von Leistungsbereichen und Reproduktionsaufgaben (wie in der Systemtheorie; vgl. auch Luhmann & Schorr 1979, 34 ff; Luhmann 1975, 193 ff).

2.3.2 Von der objektiven Vernunft zum Projekt ihrer Verwirklichung

In der antiken Metaphysik galten Wahrheit und Vernunft für etwas Unveränderliches und Unzerstörbares. Der theoretischen Erkenntnis ging es um Einsichten in das, was ewig ist, das als das Sein des Ewigen (oder der ewigen Ideen) verstanden wurde. Das Wort ‹Einsicht› endet nicht zufällig auf ‹sicht›. Intuitiv erfaßt das geistige Auge der Spekulation die zeitlose Wahrheit. Die Vernunft ist objektiv, weil sie intellektuell angeschaut werden kann – so wie ein materielles Objekt vom sinnlichen Blick. Das ist das antike Verständnis von Rationalität, das mit Platon beginnt und unter erheblichen Modifikationen und ‹Modernisierungen› in seinen Ausläufern bis Hegel reicht. Demgegenüber bestreiten die modernen Denker, daß Ein-sicht gilt: Das, was evident und anschaulich faßbar ist, ist nicht dasjenige, was wahr und vernünftig ist. Vernünftig sind im modernen Verständnis gelingende Handlungen und erfolgreiche Operationen und diejenigen, die sie vollziehen (vgl. auch Klüver 1971; Habermas 1981, 25ff). Solche Handlungen oder Operationen sind sowenig wie die Aussagen, die wir wahr oder falsch nennen, etwas, das in irgendeinem, sei es realen oder ideellen Sinne, anschaulich der Ein-sicht gegeben wäre. Rational nennen wir nicht das, was wir sehen, sondern das, was wir verstehen, und das ist immer schon abstrakt, ein Handlungsschema, eine formale Operation. Wiederum reicht dieses moderne Verständnis bis tief in die Antike zurück, bis in die konstruktive Anlage der aristotelischen Logik und der euklidischen Geometrie und in die platonische Logosauszeichnung der menschlichen Rede, die Integration von Rede und Wahrheit in der antiken Dialektik. Seinen «lieben Kriton» macht schon der platonische Sokrates mit dem inneren Zusammenhang von Rationalität und Autonomie vertraut: «Denn nicht jetzt nur, sondern schon immer hab ich ja das an mir, daß ich nichts anderem von mir gehorche als dem Satze, der sich mir bei der Untersuchung als der beste zeigt» (Platon 1968, 38).

Die wichtige Differenz von antikem und modernem Rationalitätsverständnis sollte deshalb als Umkehr des Vorrangs der anschaulichen Evidenz vor dem operativen Diskurs beschrieben werden: Das antike (oder klassische) Rationalitätsverständnis geht vom Vorrang der spekulativen Ein-sicht ins ewige Sein aus, während das moderne Denken einem operativ-praktischen Vernunftverständnis den Vorrang vor der Evidenz einräumt und somit die metaphysische Verdinglichung von Vernunft und Wahrheit zu etwas Objektivem, «Seiendem» und «Vorhandenem» (Heidegger) aufhebt (vgl. z. B. die in diesem Punkt weitgehende Übereinstimmung von Tugendhat 1976; Lorenzen 1955, 1968; Quine 1960, 1963; Ryle 1963; Putnam 1982; Rorty 1981, 1989 bis zu Apel 1973).

Antike – Moderne

In der Antike und im Mittelalter war die Vernunft primär «etwas Objektives, dem sich die Menschen erkennend und handelnd anmessen müssen» (Schnädelbach 1985, 80). Ob sie das objektiv Vernünftige nun als unpersönliches Strukturgesetz des Kosmos oder als personalen Schöpfergott interpretiert haben, machte für ihren eigenen vernünftigen Zugang zur Vernunft keinen Unterschied: Sie sahen sich selbst als Teil jener Vernunft und ihr Denken als den passiven Spiegel von deren rationaler Natur.

Was wir wissenschaftlich erkennen können, schreibt Aristoteles, schließt «die Möglichkeit eines Andersseins aus (...). Der Gegenstand wissenschaftlicher Erkenntnis hat also den Charakter der Notwendigkeit. Das heißt, er ist ewig. Denn alles, was mit uneingeschränkter Notwendigkeit existiert, ist ewig, und das Ewige ist ungeworden und unzerstörbar» (Aristoteles 1979, 125; vgl. auch 1970, 17ff). Die spekulative Denkbewegung, die Aristoteles mit der einleuchtenden Klarheit von Syllogismen oder denknotwendigen, mathematischen Beweisen identifiziert, ist deshalb rein kontemplativ. Die reine Theorie und mit ihr das Leben des Theoretikers (der ‹bios theoretikos›) zielt «nicht auf ein Handeln und nicht auf ein Hervorbringen» (Aristoteles 1979, 123). Das von jeder sinnlichen Trübung gereinigte, spekulative Auge schaut nach Hegel auf das, was ist und ewig ist. Eben das, was in dieser Weise wirklich ist, ist die Vernunft. Theorie, wissenschaftliche Erkenntnis kann deshalb, weil es in ihr um das Ewige und insofern «schon Bekannte» geht, «an andere weitergegeben» und «gelernt werden» (Aristoteles 1979, 125).

Lehrbarkeit gehört von Anfang an zum rationalen Charakter des theoretischen Wissens. Aber dieses Wissen war im Einflußbereich des antiken Denkens und Philosophierens unpraktisch, nutzlose Selbstzwecktätigkeit, darin dem Schwimmen oder Klavierspielen vergleichbar. Allenfalls aus heutiger, soziologisch aufgeklärter Sicht ließe sich seine praktische Bedeutung in der Leistung, den sozialen Status und Rang des philosophischen Lebens zu erhalten, ausmachen. Andererseits hat Aristoteles das *praktische* Wissen des Politikers (oder des Feldherrn oder Handwerkers) als eines bestimmt, das nicht im Sinne der Theorie wie ein syllogistisches Verfahren, wie eine Methode lehrbar ist, sondern allein aus praktischer Lebenserfahrung stammt und sich in immer wieder neuen, veränderlichen Situationen bewähren muß. Man weiß eben, was richtig ist; und was für die Gemeinschaft gut ist, kann nicht jeder einfach lernen, dazu bedarf es vielmehr der Lebenserfahrung. Hier, in der Dimension praktischen Wissens, erneuert Aristoteles den alten platonischen Vorrang der tieferen Einsicht der Wenigen vor der schwankenden Meinung (doxa) der Massen: «Daher sollen wir auf die Aussprüche und Anschauungen der Erfahrenen und Älteren oder der einsichtigen Männer, auch wenn sie ohne Beweis vorgetragen werden, genau so hören wie auf Beweise. Denn weil sie durch ihre Erfahrung ein ‹Auge› bekommen haben, sehen sie die Dinge richtig» (ebd., 136).

In dem Problem, in unserer Praxis, im individuellen ebenso wie im gemeinschaftlichen Leben (der Polis) gut über die Runden zu kommen (Telos des ‹guten Lebens›), sah Aristoteles das Grundproblem der Ethik oder einer praktischen Philosophie. Sie hatte es mit dem zu tun, was zerstörbar und veränderlich ist, weil es zeitlich entstanden und geworden ist. Und auf das Zeitliche ist – so schließt Aristoteles – das Wissen des Allgemeinen und Ewigen nicht anwendbar. Das ist allerdings ein naturalistischer Fehlschluß.

Von dieser antiken, aristotelischen Konstellation, die das theoretische vom praktischen Wissen durch eine strikte ontologische Differenz zwischen dem Reich des Unveränderlichen (‹Göttlichen›) und dem des Veränderlichen (‹Menschlichen›) trennt, hebt sich das moderne Denken in Theorie und Praxis ab. Die theoretischen Erkenntnisse der modernen Naturwissenschaften haben zwar immer noch den methodischen und lehrbaren, prozeduralen (‹syllogistisches Verfahren›) Charakter der ‹spekulativen Denkbewegung› des Aristoteles, aber der Gegenstand naturwissenschaftlicher Erkenntnis ist nicht länger das Unzerstörbare und Ewige. Die Welt der mathematischen Naturwissenschaften ist vielmehr kontingent, zufällig, veränderlich und geworden, in der Zeit entstanden und vergänglich. Deshalb ist auch das, was die modernen Wissenschaften entdecken, nicht länger die Vernunft oder die rationale Struktur des Universums. Nicht an der Struktur der ‹Welt› haftet die Rationalität dieser Wissenschaften, sie steckt vielmehr im methodischen Verfahren und damit in ihrer technisch-praktischen Anwendung zur Beherrschung und Kontrolle dieser ‹Welt›. Rational sind theoretische Erkenntnisse, weil sie praktisch wirksam sind. Das ist der Sinn der berühmten kopernikanischen Wende Kants.

‹Kausalität› bzw. ‹kausale Notwendigkeit› ist diesem modernen Verständnis zufolge nicht länger die zeitlose Verfassung der Welt, sondern ein heuristisches, methodisches Prinzip, das zur (subjektiven) Verfassung unseres Verstandes gehört bzw. – etwa im Peirceschen Pragmatismus – zur intersubjektiven Verfassung (zur ‹Konstitution›) der Forschergemeinschaft. In vergleichbarer Weise hat sich seit Kant unser Verständnis des praktischen Wissens gewandelt. Nach der Trennung des Richtigen vom Guten, der Pflicht vom Glück, der Moral von der Ethik (vgl. Rawls 1979, 486 ff) und des Gesetzes von der Sitte (vgl. Hegel 1970, Bd. 2, 526) ist die zentrale Frage unserer gemeinschaftlichen Praxis nicht mehr, das Gemeinwesen möglichst gut über die Runden zu bringen, sondern die moralische Frage ist, was einem jeden aus eigener Einsicht und im Interesse aller als Pflicht zugemutet werden sollte (bzw. was wir alle wollen können). Die Entdeckung des streng allgemeinen, durch keine räumlichen oder zeitlichen Grenzen eingeschränkten Allgemeininteresses (und damit die kritische Unterscheidung des allgemeinen vom bloßen Mehrheitswillen) ist die große Innovation der Moderne, die Rousseau und Kant ins praktische Wissen eingeführt haben. Nun gewinnt auch das praktische Wissen methodischen und prozeduralen (‹lehrbaren›) Charakter, es ist aber nach wie vor wie bei Aristoteles auf veränderliche Situationen bezogen. Wenn Aristoteles hervorhebt, «daß sittliche Einsicht nicht wissenschaftliche Erkenntnis ist» (1979, 132), dann wird man das nicht nur deshalb nicht unumwunden auf die Situation der Modernen anwenden dürfen, weil sich seit der Aufklärung, und eigentlich schon in der jüdisch-christlichen Ethik (vgl. Brunkhorst 1989), unser Verständnis ‹sittlicher Einsicht› grundlegend gewandelt hat (‹theoretischer› geworden ist), sondern, und das wird meist übersehen, auch unser Verständnis ‹wissenschaftlicher Erkenntnis› seit Galilei und Newton ein ganz anderes (nämlich ‹praktischer›) geworden ist.

Während also in der Moderne das praktische Wissen einen theoretischen, gesetzesanalogen (universellen) Grundzug gewinnt, wird umgekehrt das theoretische Wissen praktisch und auf unsere kontingente Welt bezogen; dabei verwandelt sich die starre ontologische Differenz von Theorie und Praxis in eine methodische unterschiedliche Einstellung zur Welt: Fragen wir praktisch nach dem Allgemeinen, so bleiben wir betroffene Teilnehmer an einem Geschehen, in dem es für uns darum geht, was wir tun sollen. Fragen wir hingegen theoretisch nach dem Allgemeinen, so müssen wir die methodische Distanz eines außerweltlichen Beobachterpostens beziehen (wenigstens müssen wir so tun, als ob wir das täten), um zu erkennen, wie es sich an sich mit den Dingen verhält.

Zusammenfassend kann man sagen: Der klassische (antike) Begriff der Vernunft ist *objektiv*. Teleologisch, inhaltlich (substantiell oder mit Webers Ausdruck: «material») und ontologisch sind Wahrheit und Vernunft ‹dort draußen› in der erkennbaren Welt oder hinter ihr zu entdecken (vgl. Rorty, 1989, 79), weil die wesentlichen Ziele des Lebens der Gemeinschaft objektiv vorhanden sind (im Wesen und Telos des Menschen, des Staates o. ä.). Demgegenüber ist der moderne Vernunftbegriff in allen seinen Varianten *praktisch*: Er ist prozedural (diskursiv); denn was immer unsere Ziele sind, wir müssen sie durch Beratung und Überlegung ermitteln. Jedes Telos steht zur Disposition und zur Diskussion. Er ist formal; denn es kommt nicht auf Ein-sicht in die Sache, sondern auf die (im nur mehr metaphorischen Sinn) einsichtige Argumentation für eine Sache an. Und er ist methodisch; denn Argumentationen sind Operationen, die lehrbare Wege weisen.

Zwischen Dialektik der Aufklärung und Ästhetik der Existenz

Man kann den Übergang von der antiken zur modernen Welt als einen – durch das Christentum vermittelten – Prozeß der Verzeitlichung des Weltbildes betrachten. Die Welt wird kontingent. Spätestens seit Augustinus sieht sich der antike Rationalismus ewiger und unveränderlicher Wahrheit deshalb dem Irrationalismus einer (zufälligen, unberechenbaren) Zeitlichkeit und eines in solche Zeitlichkeit gehörenden (willkürlichen, bösen) Willens gegenübergestellt: Die Zeit wird zum Gegenspieler des Logos, aber der Logos soll das Leben führen und bestimmen und die Zeit überwinden. Auch diese irrationale (bzw. überrationale) Stilisierung veränderlicher Zeitlichkeit, die letztere für den Einbruch einer messianischen Heilsgeschichte öffnet, sprengt den rationalistischen Rahmen der aristotelischen Metaphysik, für die das ontologisch von der ewigen Vernunft getrennte Zeitliche und Geschichtliche doch nie aus dem Reich von Vernunft und Logos gänzlich herausfallen konnte. Die die Philosophie des katholischen Mittelalters bestimmende Parteinahme für den Logos (das ‹lumen naturale›) und gegen die Zeit findet im (französischen) klassischen Zeitalter, im 17. Jahrhundert und in der Epoche der Aufklärung, im 18. Jahrhundert, eine konservative und eine emanzipatorische Ausprägung: im (klassischen) Rationalismus der *Autorität*, die den (irrationalen) Willen der Individuen noch einmal der objektiven Autorität der Vernunft und des vernünftigen Staates unterordnet; und im (aufgeklärten) Rationalismus der *Freiheit*, die mit der Autonomie des Willens und der inneren Verwandtschaft, ja Identität von Rationalität und Autonomie (s. o.) das Projekt eines einzelnen Allgemeinen entwirft. Damit ist im Prinzip eine Versöhnung des zeitlich individuierten Willens mit dem Logos der allgemeinen Vernunft möglich geworden. Der Wille selbst wird zum Sitz der Vernunft (vgl. Groethuysen 1979).

Die Aufklärung überwindet also (mit Rousseau und Kant) die christliche, mittlerweile durch den protestantischen Verinnerlichungsschub radikalisierte Gestalt der Skepsis, für die der Wille des einzelnen in letzter Instanz – am radikalsten in der calvinistischen Prädestinationslehre – einem außer- und überrationalen Erlösungsgeschehen (bzw. einem irrationalen Deus absconditus) ausgeliefert bleibt, das (bzw. der) sich allein dem Glauben wider alle Vernunft offenbart. Im Gegenzug zur Aufhebung dieser christlich-protestantischen Skepsis durch die im 18. Jahrhundert mit seinen Revolutionen rasch fortschreitende Aufklärung hat sich bald (seit Burke) die eigentlich moderne Gestalt der Skepsis aus dem Geist des neokonservativen, romantischen und historischen Bewußtseins mit wichtigen Argumenten zu Wort gemeldet.

Aus der romantischen Skepsis, die sich gegen die subjektive Konstruktion einer zeitlosen Vernunft ebenso wie gegen deren ontologische oder theologische Gestalt richtet, haben freilich Hegel (und die Hegelmarxisten) und die Avantgarden des romantisch-historischen Bewußtseins (bis hin zu Nietzsche und Heidegger und in unseren Tagen: Rorty und Foucault) gegenläufige Konsequenzen gezogen. Während Hegel die allgemeine Vernunft geschichtlich rekonstruiert, beginnt mit der Romantik und der Rehabilitierung der intellektuellen Anschauung seit Jacobi und Schelling der lange und ebenso schmerzliche wie innovative und kreative Prozeß der «Zerstörung der Vernunft» (vgl. Lukács 1962), die eine lange Serie von Siegen der Zeit über den Logos ist (vgl. Apel 1989, 131 ff). Es ist der paradoxe Prozeß einer produktiven Destruktion der Vernunft, die ins Phantastische und Imaginative vorstößt, um das Andere jenseits der Vernunft dem modernen, ästhetisch gewordenen Bewußtsein zu erschließen.

Die intellektuelle Grundstellung der Moderne am Ausgang des 18. Jahrhunderts, die Opposition von Aufklärung und Romantik, setzt sich in der Folgezeit in zwei Extremen fort. Während die von Hegel inspirierte Dialektik der Aufklärung über Marx und Lukács bis zu Horkheimer und Adorno (und in unseren Tagen: Apel, Habermas oder Putnam) die alte Frontstellung durch eine Integration der romantischen Opposition in die Aufklärung aufzuheben versucht, verselbständigt sich der romantische Modernismus zum Extrem einer ästhetischen Existenz, die die Opposition von Aufklärung und Romantik hinter sich gelassen hat, um sich jenseits gesellschaftlicher Rationalität zu situieren. An die Stelle des dialektischen «Geistes der Ernsthaftigkeit» (Sartre) tritt das funkelnde Spiel der Paradoxe, von Nietzsches «fröhlicher Wissenschaft» über Sartres «Spiel des Seins» bis hin zu den Avantgarden des Neostrukturalismus, der Dekonstruktion und der Postmoderne.

Zu beiden Extremen der nachmetaphysischen Moderne gibt es

schließlich soziologisch ernüchterte Varianten und Zwischenpositionen. Während der fortgeschrittene Systemfunktionalismus Niklas Luhmanns die unentwirrbaren Paradoxien der Selbstreferenz zum Schlüssel der soziologischen Aufklärung komplexer Gesellschaften macht, in denen alles jederzeit anders sein, an denen aber niemand etwas ändern kann, bewegt sich die Soziologie im Anschluß an Max Weber immer noch auf den Spuren der Dialektik der Aufklärung. Bevor die Vernunft jedoch zum Gegenstand einer Theorie der gesellschaftlichen Rationalisierung werden kann, sieht sie sich zwischen Philosophie und Wissenschaft ihrer eigenen Geschichtlichkeit konfrontiert. Der Name der ersten Theorie ihrer sozialen Evolution ist: Historischer Materialismus.

2.3.3 Die Verwirklichung der Vernunft als Entfesselung der Produktivkräfte

Der Historische Materialismus verwandelt die geschichtsphilosophische Dialektik der Aufklärung in eine kritische Theorie der sozialen Evolution. Er macht einerseits den wissenschaftlichen Anspruch der empirischen Entwicklungstheorien seit Darwin gegen die apriorischen Begriffsgebäude der Philosophie stark, verharrt andererseits jedoch im Dunkelfeld zwischen Philosophie und Wissenschaft. Um es auf eine grobe Formel zu bringen, könnte man sagen, der Marxismus ist exoterisch eine wissenschaftliche Weltanschauung, die Technik und Wissenschaft zur heilsgeschichtlich aufgeladenen Ideologie verkommen läßt; esoterisch hingegen und in ihrem eigentlichen Gehalt ist die Marxsche Lehre eine Form philosophischer Kritik, die sich als progressive Heuristik im Rahmen eines normalwissenschaftlichen Forschungsprogramms bewähren muß und sich dort auch dem möglichen Scheitern aussetzt. Marx macht also aus Hegels Geschichtsphilosophie eine Theorie der sozialen Evolution der Vernunft.

Vernunft oder Rationalität ist für Marx das Potential der Produktivkräfte. Da es nur im Verhältnis zu den historischen Produktionsverhältnissen (oder Verkehrsformen/Verkehrsverhältnissen) bestimmt werden kann, differenziert sich der von Marx zugrunde gelegte Rationalitätsbegriff in Produktivkräfte und Produktionsverhältnisse. Rationalität ist also bei Marx durch deren reflexives Verhältnis bestimmt und schon aus diesem Grunde sehr viel komplexer als der einfache Begriff technischer (oder instrumenteller) Zweck-Mittel-Rationalität. Die Evolution der Vernunft faßt Marx vor diesem Hintergrund als soziale (bzw. sozialrevolutionäre) Entfesselung der Produktivkräfte. Im revolutionären Akt der Entfesselung fallen Vernunft und Freiheit, Rationalität und Autonomie zusammen. Dabei wird Freiheit im Sinne der Aufklärung als Befreiung oder ‹Emanzipation› der Individuen von unbeherrschten und unbegriffenen Mächten und insofern als Befreiung der Vernunft verstanden.

Indem er die soziale Evolution als Entfesselung der Produktivkräfte begreift, setzt Marx zunächst die Aufklärung mit den Mitteln der Gesellschaftstheorie fort. Seine Theorie der Gesellschaft ist «ein ökonomisches, kein philosophisches System», und es hat die «theoretische Nachkonstruktion des gesellschaftlichen Prozesses» zum Ziel. Seine kritische Perspektive gewinnt dieses ökonomische System «immer nur aus den vorhandenen Tendenzen des gesellschaftlichen Prozesses» (Marcuse 1937, 632, 639, 637). Marx hat die Idee einer revolutionären Aufhebung der bürgerlichen Gesellschaft immer im Sinne Hegels als bestimmte Negation verstanden. Kritik ist für ihn mit Bezug auf andere Theorien immanente Kritik und im Blick auf die gesellschaftliche Realität bestimmte Negation (vgl. Böhm 1990).

Die komplexe Vernunft der Produktivkräfte verdankt sich den internen und externen Differenzierungen dieses Begriffs bei Marx. Intern muß zunächst die instrumentelle Seite der Produktivkräfte, wozu neben der technischen Apparatur vor allem die strategischen Organisationsformen der Arbeit und der industriellen Produktion (Arbeitsteilung etc.) und die funktionale Differenzierung der Gesellschaft zählen, von der Produktivkraft des lebendigen Arbeitsvermögens (vgl. Marx 1969, 192 ff, 391 ff) unterschieden werden. Dessen Produktivität zerfällt wiederum in eine individuelle und eine kollektive Seite sowie in eine kulturell-geschichtliche und eine ontologische bzw. anthropologische.

Vor allem in den «Frühschriften» und in den «Grundrissen» spricht Marx im Sinne des idealistischen Entfremdungs- und Entäußerungsmodells von den menschlichen Wesenskräften als den eigentlich produktiven Kräften, die in der Arbeit entäußert und im Arbeitsprodukt wieder angeeignet werden. Zu diesen Wesenskräften gehören insbesondere die Fähigkeiten und das Selbstbewußtsein des einzelnen Individuums: die Produktivkräfte *individueller* Freiheit. Unter der Fessel repressiver Produktionsverhältnisse, die sich mit der Reproduktion der Klassendifferenz von Kapital und Arbeit in modernen Gesellschaften verfestigen, wird das «persönliche Individuum» und dessen

«persönliche Freiheit» in ein partikulares «Klassenindividuum» zu-
rückverwandelt (Marx & Engels 1960, 75 ff).

Diese Fesselung der individuellen Produktivität erklärt Marx sich
durch eine Unterdrückung der *gesellschaftlichen* Produktivität der Arbeit: Das Kapitalverhältnis verwandelt die «gesellschaftliche Produktivkraft der Arbeit» in eine renaturalisierte «Produktivkraft des Kapitals». Statt zum Subjekt des Arbeitsprozesses zu werden, wird die
kooperative Praxis der Individuen durch das Kommando des Kapitals,
nicht anders als ein natürliches Objekt, für dessen Verwertungsprozeß
instrumentalisiert (Marx 1969, 353). «Die scheinbare Gemeinschaft,
zu der sich bisher die Individuen vereinigten, verselbständigte sich stets
ihnen gegenüber und war zugleich, da sie eine Vereinigung einer Klasse
gegenüber einer anderen war, für die beherrschte Klasse nicht nur
eine ganz illusorische Gemeinschaft, sondern auch eine neue Fessel»
(Marx & Engels 1960, 76). Hier, in der «Deutschen Ideologie» – nach
Einführung der berühmten These, alle Kollisionen der Geschichte
hätten ihren Ursprung in einem Widerspruch von Produktivkräften
und Verkehrsformen –, spricht Marx von der Fesselung der «persönlichen Freiheit» des nicht auf seine «Klassenmitgliedschaft» reduzier-
baren Individuums. Insofern ist für Marx die Revolution, die Sprengung veralteter Produktionsverhältnisse, nichts anderes als die
Befreiung des Individuums, die Marx auch noch am Ende des ersten
Bandes des «Kapitals» als «Wiederherstellung des individuellen
Eigentums» bestimmt (Marx 1969, 791).

Freilich ist das «persönliche Individuum» «ohne Gemeinschaft
nicht möglich» (Marx & Engels 1960, 76). Die Produktivität individueller Freiheit hat immer eine gesellschaftliche und geschichtlich-kul-
turelle Seite. Wenn schließlich das revolutionäre Bewußtsein den
‹general intellect› des kollektiven Gesamtarbeiters zur alles verändernden, ersten Produktivkraft macht, wird die gesellschaftliche Produktivität zur Assoziation der freien Individuen. Erst diese Assoziation ermöglicht nicht nur eine Rationalisierung der technischen und
funktionalen Produktivität, sondern die vernünftige Einrichtung der
gesellschaftlichen Verkehrsformen: «In der wirklichen Gemeinschaft
erlangen die Individuen in und durch ihre Assoziation zugleich ihre
Freiheit.» An dieser Gemeinschaft «nehmen die Individuen als Individuen Anteil. Es ist eben die Vereinigung der Individuen (innerhalb
der Voraussetzung der jetzt entwickelten Produktivkräfte natürlich),
die die Bedingungen der freien Entwicklung und Bewegung der Individuen unter ihre Kontrolle gibt» (ebd., 76 f).

Die «volle Vernunft» (Hegel 1970, Bd. 13, 55) der produktiven Kräfte einer Gesellschaft bestimmt sich in letzter Instanz immer aus der ‹externen› Differenzierung von Produktivkräften und Produktionsverhältnissen. Sofern diese Verhältnisse in der bisherigen Geschichte zu kurz gekommene und unterdrückte Produktivkräfte entfesseln, sind sie rational; sonst sind sie Schranken des Rationalitätspotentials der sozialen Evolution. So geht Marx im «Kommunistischen Manifest» davon aus, daß die Produktionsverhältnisse der bürgerlichen Gesellschaft sowohl in technisch-ökonomischer als auch in moralisch-praktischer Hinsicht rationaler sind als alle vorherigen Verkehrsformen der gesellschaftlichen Entwicklung. Sie sind in einem umfassenden Sinne posttraditional und deshalb rational, weil sie alle historischen gewachsenen Schranken der materiellen und der geistigen Produktivität aufheben:

«Die Bourgeoisie kann nicht existieren ohne die Produktionsinstrumente, also die Produktionsverhältnisse, also sämtliche gesellschaftlichen Verhältnisse fortwährend zu revolutionieren. Die fortwährende Umwälzung der Produktion, die ununterbrochene Erschütterung aller gesellschaftlichen Zustände, die ewige Unsicherheit und Bewegung zeichnet die Bourgeoisepoche vor allen früheren aus. Alle festen, eingerosteten Verhältnisse mit ihrem Gefolge von altehrwürdigen Vorstellungen und Anschauungen werden aufgelöst, alle neugebildeten veralten, ehe sie verknöchern können. Alles Ständische und Stehende verdampft, alles Heilige wird entweiht, und die Menschen sind endlich gezwungen, ihre Lebensstellung, ihre gegenseitigen Beziehungen mit nüchternen Augen zu sehen» (Marx & Engels 1969, 51f).

Diese Ernüchterung, die Marx hier fast überschwenglich feiert, ist jener Geist der Aufklärung, den Max Weber später die «Entzauberung der Welt» nennt (s. u.). Noch in den «Grundrissen» spricht Marx affirmativ von der «zivilisierenden Tendenz des Kapitals» und spielt damit an auf einen Begriff umfassender, nicht nur technischer, sondern alle Bereiche der Kultur übergreifender Rationalisierung.

Freilich begreift Marx genau diesen Prozeß der Rationalisierung im Zeichen von Kapital und Bürgertum als *Dialektik der Aufklärung*. Er schließt dabei unmittelbar an Hegel an, um im nächsten Schritt Hegels eigene Kritik der Aufklärung gegen Hegel selbst zu wenden.

Marx geht hier nur einen Schritt weiter als Hegel. Er konfrontiert dessen Perspektive auf Einheit und Versöhnung aller Gegensätze in der spekulativ angeschauten vollen Vernunft des modernen Staates mit den groben Tatsachen seiner kapitalistischen Entwicklung. Für Hegel hatte sich die evolutionäre Dynamik so dargestellt: Der neue

Staat bewahrt und schützt (als «Not- und Verstandesstaat» und über die mit der Logik der bürgerlichen Gesellschaft kompatiblen Vermittlungsglieder der «Polizey» und «Korporation») die revolutionäre Produktivität der bürgerlichen Gesellschaft, um als höherstufiger Ausdruck des «allgemeinen Lebens» dann all ihre Abstraktion abzuschaffen: um den bloß räsonierenden Verstand mitsamt der zugehörigen freien öffentlichen Meinung und die «kalte Verzweiflung» des Besitzbürgers in jenen «wärmeren Frieden» mit der Wirklichkeit aufzuheben, «den die Erkenntnis verschafft» (Hegel 1955, 17, 155 ff, 208). Marx hält dieser spekulativen Anschauung der Idee des Staates die empirische Anschauung des Sozialwissenschaftlers, der widerstreitende Interessen analysiert und Entwicklungstrends beobachtet, entgegen (vgl. Luhmann 1985, 127). Damit wird zunächst nur Einheit von Differenz abgelöst, und die kritische Gesellschaftstheorie bleibt negativ. Das Individuum wird, statt zum «gesellschaftlichen Individuum» (Marx 1953, 111), zum «Klassenindividuum», das seine partikulare Lage als Widerspruch von Klasse und Klasse, von Kapital und Arbeit erfahren muß.

Was Marx in die soziologische Traditionslinie von Saint-Simon und Comte über Weber und Durkheim bis Parsons und Luhmann rückt und ihn als den eigentlichen Überwinder Hegels erscheinen läßt, ist die Umkehrung der klassischen Vorrangstellung des Staates vor der Gesellschaft. Wie Parsons und Luhmann depotenziert Marx den Staat zu einem bloßen Teilbereich der Gesellschaft («Überbau», «ideeller Gesamtkapitalist» etc.). Wie Max Weber entkleidet er ihn jeder höherstufigen Harmonisierungsfunktion, bestreitet er ihm die Kraft, die Widersprüche und Konflikte der bürgerlichen Gesellschaft zum «an und für sich Vernünftigen» (Hegel 1955, 258) zu integrieren (vgl. Rossi 1987, 178 ff). Da Marx im Staat aber immer noch eine scheinhafte Vermittlung aller Gegensätze zu erkennen glaubt, bleibt ein unaufgehobener Rest idealistischer Geschichtsphilosophie gerade in der Ideologiekritik jenes Scheins zurück: Sie legt die konkretistische Utopie vom «Absterben des Staates» (Engels) nahe, denn die ‹wahre› Gesellschaft wäre die ohne solchen falschen Schein höherer Vermittlung.

Weit entfernt, ein bloß beobachtender Theoretiker der technischen Rationalität zu sein, ist Marx Rationalist als Partei einer, nach Adorno, «vernünftigen Einrichtung der Gesellschaft». Der normative Fluchtpunkt seiner Kritik der politischen Ökonomie (das sind die zeitgenössischen Theorien der bürgerlichen Gesellschaft) ist das

«Freie gesellschaftliche Individuum» (Marx 1953, III), das seine Geschichte «aus freien Stücken» und «unter selbstgewählten Umständen» (Marx 1965, 9) macht. Der utopische Horizont, der den gewalti-
gen moralischen Appeal seines ökonomischen Systems ausmacht, ist
aber bei Marx und in weiten Teilen des Marxismus (besonders in der
II. Internationale und im Leninismus) nicht klar von einer progno-
stisch und technisch als Wissenschaft bloß firmierenden Geschichtsphilosophie abgetrennt. Der Rationalitätsbegriff von Marx bleibt
unexpliziert, und genau das leistet naturalistischen Fehlschlüssen
Vorschub. Man gewinnt trotz der wiederholten Marxschen Vorbehalte gegen eine parteiische Wissenschaft den Eindruck, die richtige
Erkenntnis des gesellschaftlichen Seins sei bereits eine revolutionäre
moralische Einsicht. So konnte der Anschein entstehen, der moral
point of view wäre am Ende bloß der richtige Klassenstandpunkt.
Zwar hat der zutiefst Hegel verpflichtete Marx solchen Unsinn nie
behauptet und, wie wir gesehen haben, scharf zwischen dem partikularen Klassenstandpunkt und der allgemeinen Vernunft «wirklicher
Gemeinschaft» bzw. «freier Assoziation» unterschieden; aber die
normativen Grundlagen der Gesellschaftstheorie bleiben bei Marx
auch deshalb im Dunkeln, weil er glaubt, dort, wo es um sie geht,
schlicht auf die idealistischen Formeln vom «freien Individuum», von
«Willen und Bewußtsein» und die unproblematisierte Rede von «Bewußtsein» oder «Selbstbewußtsein» oder von den «Reichen», der
«Notwendigkeit» und der «Freiheit» zurückgreifen zu können (vgl.
z. B. Marx 1968, 828). Marx läßt sich den Vernunftbegriff einfach vom
deutschen Idealismus vorgeben.

Dabei gibt es im Übergang von der Philosophie zur Theorie der
Gesellschaft trotz dieser Schwächen des Marxschen Vernunftbegriffs
auch neue Einsichten und echte Fortschritte in der Entwicklung unseres Rationalitätsverständnisses. Marx analysiert als einer der ersten
den idealistischen Vernunftbegriff des «allgemeinen Lebens» (Hegel
1955, 208) der je einzelnen Individuen konsequent gesellschaftlich
und im Zusammenhang egalitärer, kooperativer Praxis. Das allgemeine Leben ist für Marx das gesellschaftlich produzierte und das
‹einzelne Allgemeine› die gemeinsame Praxis der Individuen. Darin
ist Marx ein Vorläufer der zunächst (bei Peirce) philosophischen und
dann (vor allem von Mead vollzogenen) soziologischen und psychologischen (Piaget) Transformation des idealistischen Rationalitätsverständnisses in eine Pragmatik der intersubjektiven Vernunft.

Schließlich ist es der authentischen normativen Kraft des Marxismus sehr zugute gekommen, daß Marx, worauf Adorno wiederholt hingewiesen hat, das Bilderverbot im Blick auf eine möglicherweise bessere Zukunft immer beachtet und deshalb die Idee des Sozialismus und Kommunismus («wirkliche Gemeinschaft», «freie Assoziation») material unbestimmt und «operativ leer» gelassen hat (vgl. Offe 1989, 746). Gerade das ist eine Stärke des Marxismus. Seine normativen Zielvorstellungen und ‹Ideale› sind negativ, formal und abstrakt genug, um den methodisch-prozeduralen Universalismus des moral point of view wenigstens nicht konkretistisch zu unterbieten. So gewinnt der Marxismus den kritischen Spielraum und die nötige Distanz zu jeder, auch jeder sozialistischen Realität, und er muß sich die schlechte Alternative ‹Kapitalismus› oder ‹bürokratischer Sozialismus›, ‹Markt› oder ‹Plan› gar nicht erst aufzwingen lassen.

Das läßt die wichtige, an Hegels Rechtsphilosophie kritisch anschließende Unterscheidung von Ökonomie und Gesellschaft besonders klar erkennen. Marx begründet nämlich diese, für den Aufbau des Kapitals konstitutive Unterscheidung mit Hilfe des normativ gehaltvollen Begriffspaares «bewußt nicht geregelt»/«formell frei» und «rational planmäßig»/«formell despotisch» (der Hinweis auf die tragende Rolle dieser begrifflichen Differenzierungen findet sich in Böhm 1990). Während die Organisation der Marktgesellschaft und damit der Tausch von Kapital und Arbeit durch seine institutionelle Rechtsform ganz bewußt ungeregelt bleibt und deshalb einen formell freien Warenverkehr ermöglicht, ist die Mikroökonomie der industriellen Produktion einer imperativischen («formell despotischen») rationalen Planung und exakten Kalkulation unterworfen, also durch eine Kombination strategischer («formell despotisch») und technischer («rational planmäßig») Zweckrationalität charakterisiert. Die normative Pointe dieser Unterscheidungen tritt in ihrer Äquidistanz zu freier Marktwirtschaft und realem Sozialismus deutlich hervor. Während der reale Sozialismus (‹Sowjetmarxismus›) die Gesellschaft insgesamt mit einer riesigen Fabrik identifiziert und damit eine zwanghafte Pseudogemeinschaft an die Stelle freier Assoziationsverhältnisse setzt, identifiziert der klassische Liberalismus von vornherein Markt und gesellschaftliche Freiheit und entzieht damit die Bedingungen möglicher Freiheit jeder rationalen Selbstbestimmung. Das «Freie gesellschaftliche Individuum» hingegen, von dem Marx mit idealistischem Pathos schwärmt, wäre formell frei und würde die gesellschaftlichen Bedingungen solcher Freiheit bewußt kontrollieren und insofern die eigene Freiheit selbst wollen können. – Die folgende

bewußt nicht geregelt	bürgerliche Gesellschaft	faschistische Herrschaftsformen
rational-planmäßig	«Verein freier Menschen»	bürokratischer Sozialismus
funktionale Organisation / Assoziationsverhältnisse	formell frei	formell despotisch

Kreuztabelle verdeutlicht die normativen Implikationen der Marxschen Grundbegriffe:

Wenn man die Grundbegriffe der Marxschen Kapitalismusanalyse so auseinanderzieht, wird die komplexe Struktur des dieser Analyse zugrunde liegenden Rationalitätsverständnisses erkennbar. Erkennbar wird, daß die Vernunft gesellschaftlicher Verhältnisse sich ebensosehr in der Arbeit (funktionale Organisation) vergegenständlicht, wie sie sich in den wechselnden Formen des Kampfes von Gruppen, Klassen und Individuen um Akzeptanz und Anerkennung (Assoziationsverhältnisse) objektiviert. Die ‹Menschwerdung des Affen› – nichts anderes bedeutet der Ausdruck «soziale Evolution» – kann nicht, wie noch Engels glaubte, auf den Anteil der Arbeit reduziert werden. Sie muß gleichzeitig als Entwicklung von Anerkennungsverhältnissen begriffen werden. Das eigentlich Originelle am ökonomischen System von Karl Marx ist, wie die Marxrezeption der letzten Jahrzehnte gezeigt hat (vgl. u. a. Ritsert 1973; Jaeggi & Honneth 1977, 1980; Honneth 1987; sowie kritisch Meyer 1973 und Honneth 1989), die Integration des Arbeitsbegriffs der englischen Nationalökonomie in eine an Hegel anschließende Theorie des Kampfes um Anerkennung (vgl. auch Lukács 1973). Die Integration von Arbeit und Anerkennung in seinem ökonomischen System ermöglicht es Marx, in der Differenz von *Kapital* und *Arbeit* den Grundwiderspruch der kapitalistischen Gesellschaftsformation zu erkennen. In einer brillanten Analyse und Kritik der (bürgerlichen) politischen Ökonomie seiner Zeit ist es Marx gelungen, deren Inkonsistenzen der Verdrängung zu entreißen und sie in die eigene Theorie der Gleichursprünglichkeit von Produktivität und Krise des Kapitalismus einzubauen (vgl. Marx 1968). Der im System unvermeidliche Widerspruch von Kapital und Arbeit treibt die revolutionäre Dynamik der kapitalistischen Entwicklung an, indem er ihren Bestand gefährdet: Die erweiterte Reproduktion des Kapitals verdankt sich der Reproduktion eines wachsenden Krisenrisikos. «Nirgendwo sonst, sicherlich nicht im Liberalismus und in der Restaurationsphilosophie, war es gelungen, so genau am Problem zu operieren. Genau diese Leistung hat denn auch verhindert, daß ‹das Kapital› dem eine eigene Theorie entgegensetzen konnte» (Luhmann 1986, 71; ähnlich auch Lukács 1967, 57 ff, 122 ff).

Im Arbeitsbegriff liegt dem ökonomischen System von Marx freilich ein anderer Rationalitätstypus zugrunde als im Begriff der Anerkennung – was Marx und die meisten Marxisten immer hartnäckig ignoriert haben. Während sich die Rationalität der Arbeitsorganisation einer Gesellschaft am Abstraktionsgrad der Arbeit bemißt: an der Verwandlung konkreter in abstrakte Arbeit, die in Geldausdrükken kalkulierbar und rational planbar ist, ist die Rationalitätsdimension von Anerkennungsverhältnissen die Freiheit der Assoziation oder in Hegels Worten der «Fortschritt im Bewußtsein der Freiheit» (Hegel 1970, Bd. 12, 540).

Wenn wir den Marxschen Rationalitätsbegriff analytisch in seine Bestandteile zerlegen, kann auch die Idee einer vernünftigen Entwicklung als Dialektik der Aufklärung dargestellt werden, ohne in eine heimliche Heilsgeschichte jenseits der Moderne, in eine Geschichte ohne Vorgeschichte ausweichen zu müssen. Die Auflösung des dialektischen Rätsels der Aufklärung würde dann in der von Marx zumindest ins Auge gefaßten Aufhebung der einseitigen Entfesselung der Produktivkräfte im Verwertungsprozeß des Kapitals durch die Entfesselung neuer Produktivkräfte bestehen. Das Kapitalverhältnis ist zugleich Fessel und Motor der Entwicklung der Produktivkräfte, es entwickelt nämlich die technische und instrumentelle Dimension der produktiven Kräfte am Ende auf Kosten der gesellschaftlichen Produktivität der Freiheit. Die Entfesselung technischer Arbeitsproduktivität wird unter diesen Bedingungen selbst zur Fessel der Produktivkräfte kommunaler Freiheit (vgl. Theunissen 1982). Es ist dann deren Entfesselung, die die alternativlose Bindung an Voraussetzungen sprengt, die der freien Kommunikation entzogen sind.

So dient das ökonomische System von Marx schließlich dem Zweck, den eigentlichen Gehalt des okzidentalen Rationalismus, unermüdlich seine eigenen Alternativen zu erzeugen, gegen die Vereinseitigung dieses Rationalismus zum Verwertungsprozeß des Kapitals stark zu machen. Am Ende ist die Entfesselung der Produktivkräfte nichts anderes als der Versuch, den Geist des Kapitalismus, der nur durch Selbstüberschreitung mit sich identisch bleiben kann, aus den

Fesseln unverfügbarer «Existenzbedingungen» zu lösen. Dann wäre die Vernunft autonom, weil die Freiheit selbst, «das Hinausgehen über den Ausgangspunkt» (Marx 1953, 438), als die einzige Bedingung der Freiheit erschiene.

2.3.4 Max Weber: Rationalitätstypen und okzidentaler Rationalismus

Der Begriff der Rationalität gehört zur Familie jener geschichtlichen Grundbegriffe, die wie ‹Revolution›, ‹Fortschritt› oder ‹Säkularisierung›, nach der Einsicht Reinhart Kosellecks, nicht nur Indikatoren, sondern Faktoren der in ihnen erfaßten Zusammenhänge sind (vgl. Koselleck 1979). Erst im Werk Max Webers rückt dieser Begriff selbst ins Zentrum soziologischer Theoriebildung.

Die beiden wichtigsten Typen der Rationalität, die Weber unterscheidet, sind *Wert-* und *Zweckrationalität* (vgl. auch Rossi 1987, 65 ff). Sie sind soziologische Nachfolgebegriffe für die auf Aristoteles und Kant zurückgehende Trennung der theoretischen (‹reinen›) von der praktischen Vernunft. Weber folgt freilich hier Kant und nicht Aristoteles, denn sein Rationalitätsverständnis ist formal und methodisch (‹prozedural›) und nicht inhaltlich und ontologisch (‹material›). Außerdem unterscheidet Weber in seiner Soziologie der verschiedenen, autonom («eigengesetzlich») gewordenen «Wertsphären» moderner Gesellschaften implizit verschiedene Typen von Wertrationalität, die zueinander in fundamentale Spannungsverhältnisse treten: So tritt die universalistische Brüderlichkeitsethik der religiösen Sphäre in Opposition zur versachlichten Professionalität des wissenschaftlichen Erkennens; ferner setzen sich moderne Wissenschaft und Religion mit ihren verschiedenen Forderungen an das Verhalten der Menschen gleichermaßen scharf von den Werten des bewußten Genusses und der innerweltlichen Erlösung ab, auf die sich moderne Kunst und romantische Liebe ‹spezialisiert› haben (vgl. Weber [7] 1978, 54 ff).

Was Hegel und Marx im undifferenzierten Begriff der Vernunft bzw. der Produktivkräfte noch vorausgesetzt hatten, wird bei Weber endgültig zu einer offenen Frage: ob sich die eigengesetzlich verselbständigten, zu autonomen Sphären gewordenen Rationalitätsmomente noch einmal zu einer vernünftigen Identität moderner Gesellschaften zusammenfügen – oder ob nicht am Ende jeder dem partikularen «Dämon» gehorchen muß, «der seines Lebens Fäden hält» (Weber 1947, 32). Der Formalismus und die innere Differenzierung im Begriff der

Vernunft steigern nicht nur dessen Komplexität und erweitern nicht nur seinen Anwendungsbereich, sondern sie haben vor allem den methodischen Sinn, nun tatsächlich konsequent den Apriorismus der Philosophie zu brechen und ihren Vernunftbegriff zum Thema einer empirisch operierenden Wissenschaft zu machen. Während der Formalismus Weber davor bewahrt, von vornherein («a priori») eine Einheit von Vernunft und Sache zu unterstellen, schützt die Konstruktion eigengesetzlicher Rationalitätstypen Weber vor der Siegesgewißheit einer Geschichtsphilosophie, die mit Hegel glaubt, man müsse die Welt nur lange und angestrengt genug – unter «Anstrengung des Begriffs» nämlich – vernünftig anschauen, um sich dann staunend die durchgeistigten Augen zu reiben und zu sehen, wie vernünftig sie doch zurückschaut (vgl. Hegel 1955a, 31).

Bei Weber hingegen wird die Voraus-Setzung, der Entwurf der Vernunft in die Geschichte zu einem methodischen Suchscheinwerfer, der die Gesellschaftsgeschichte aus dem heuristischen Blickwinkel des okzidentalen Rationalismus betrachtet. Vorausgesetzt wird Rationalität hier allein in den «Erkenntnisinteressen» des Forschungsprogramms, im theoretischen Projekt forschender Subjekte. Auf der Seite des Gegenstandes oder Objekts der Forschung erscheint die Voraussetzung der Vernunft nur insofern, als die Objekte selbst handelnde Akteure sind, die sich genauso wie der Forscher subjektiv an Entwürfen und Plänen orientieren und deren Handlungen deshalb rational verstehbar sind. Ob und in welcher Hinsicht die Geschichte rational verläuft, ist im methodischen Blickwinkel des Soziologen dann aber zu einer vollkommen offenen, empirischen Frage geworden. Auch ein irrationaler Verlauf der Geschichte kann, genauso wie das irrationale Verhalten eines Handlungssubjekts, als Abweichung von einem möglichen, idealtypisch konstruierten rationalen Verlauf rational verstanden werden. Aus dem geschichtsphilosophischen Vernunftapriori wird so eine konstruktive Hypothese über den okzidentalen Rationalismus, die auf «Wertbeziehungen» und «Erkenntnisinteressen» aufsitzt (vgl. Weber 1988, 427 ff).

Für Max Weber ist dieser okzidentale Rationalismus zugleich Thema und Wertbezug einer universalgeschichtlichen Soziologie.

Er ist ihr eigentliches Thema, denn er ist der in den modernen Gesellschaften des Westens, die mit der Ausbreitung des Weltmarkts zur Weltgesellschaft geworden sind (vgl. Marx & Engels 1960), verkörperte, objektive Geist ihrer sozialen Ordnung: «Unser europäisch-amerikanisches Gesellschafts- und Wirtschaftsleben ist in einem spezifischen Sinn ‹rationalisiert›. Diese Rationalisierung zu erklären und die ihr entsprechenden Begriffe zu bilden ist daher eine der Hauptaufgaben unserer Disziplinen» (Weber 1988, 525).

Dieser Rationalismus des Westens ist aber zugleich der Leben und Forschung übergreifende Wertgesichtspunkt, der «die Richtung unseres Erkenntnisinteresses» bedingt (Weber 1947, 33). Dieses Erkenntnisinteresse wird sich in Webers Studien zum okzidentalen Rationalismus selbst zum Thema; denn Grundriß und Entwurf dieser Studien, ihre zentralen Relevanzkriterien und Selektionsprinzipien, die Weber zu «Idealtypen» zusammenfaßt, beziehen sich durchgängig auf die «Kulturbedeutungen» und «Wertideen» eben dieses Rationalismus (ebd., 42ff, 48ff, 87ff). Die «rückhaltlose Hingabe» an «die Sache», die das sachrationale Streben nach Objektivität zur professionsethischen Grundlage der Soziologie erklärt, verdankt sich selbst einer «letzten höchst persönlichen Lebensentscheidung» für das «‹Gebot der intellektuellen Rechtschaffenheit›», die tief im okzidentalen Rationalismus verwurzelt ist (Weber 1988, 491, 494; 1947, 1ff). Das entscheidende, den Westen vom Osten trennende und Weber mit Marx verbindende Motiv dieses Rationalismus ist die Idee der Freiheit als Selbsttranszendenz (bei Marx: das «Hinausgehen über den Ausgangspunkt» als «einzige Voraussetzung» – s. o.).

Was Weber von der Politik sagt, gilt als zentraler Wertbezug der Soziologie auch von der Wissenschaft – wobei der Wertbezug ihrer Fragestellungen, Hypothesen und Idealtypen scharf von der Wertfreiheit ihrer Aussagen zu unterscheiden ist: «Es ist», schreibt Weber über den Wertbezug der Politik, «zutreffend, daß eine erfolgreiche Politik stets die ‹Kunst des Möglichen› ist. Nicht minder richtig aber ist» – und hier kommt der okzidentale Rationalismus als Wertidee ins Spiel –, «daß das Mögliche sehr oft nur dadurch erreicht wurde, daß man nach dem jenseits seiner liegenden Unmöglichen griff. Es ist schließlich doch nicht die einzige wirkliche konsequente Ethik der ‹Anpassung› an das Mögliche: die Bureaukratenmoral des Konfuzianismus, gewesen, welche die vermutlich von uns allen trotz der sonstigen Differenzen (subjektiv) mehr oder minder positiv geschätzten spezifischen Qualitäten gerade unserer Kultur geschaffen hat» (Weber 1988, 514). Moderner okzidentaler Rationalismus ist Weltanpassung durch Weltablehnung, Weltbeherrschung durch Weltverneinung (vgl. auch Weber [7] 1978, 525).

Diese nicht aus der Welt fliehende – etwa in ein «Jenseitiges», «das weiß Gott wo sein sollte» (Hegel 1955, 14) –, sondern die Welt verändernde, praktische Negation ihrer Verhältnisse ist ein Prozeß der Denaturierung von Vernunft und Gesellschaft, den Marx noch als «Zurückweichen der Naturschranke» begrüßt und den Hegel auf die Formel gebracht hatte: Der natürliche Mensch ist, wie er nicht sein soll. Rationalisierung im modernen, westlichen Sinn ist auch für Weber das Herauslösen der Gesellschaft aus der «Naturquelle alles Lebens». Erst die moderne Gesellschaft tritt «völlig aus dem Kreislauf des alten einfachen organischen Bauerndaseins heraus» (Weber [7] 1978, 560), aber schon in seinem erlösungsreligiösen Ursprung transformiert der okzidentale Rationalismus alle naturbelassenen Assoziationsverhältnisse in genuin soziale Gemeinschaftsformen. Die rationale Erlösungsprophetie entwertet die «naturgegebene *Sippen*gemeinschaft» und läßt, «je weitgreifender und innerlicher das Ziel der Erlösung gefaßt wurde», den ursprünglichen Vorrang «natürlicher Anverwandtschaft und Ehegemeinschaft» zugunsten der religiös gestifteten «neuen sozialen Gemeinschaft» zurückweichen. Während nun aber Marx und Hegel am Ende die Vernunft des Ganzen als organische Totalität entwerfen und den schroff herausgestellten Widerspruch von Geist und Natur (vgl. Riedel 1975, 110ff) schließlich doch noch einer höherstufigen Versöhnung zuführen, ist Weber von solchem Harmoniedenken so weit entfernt, daß er Natur und Geist für gänzlich unversöhnbare, irreversibel voneinander losgerissene, heterogene Sphären hält. Von dem geronnenen Geist der «kalten Skeletthände rationaler Ordnungen» führt kein Weg mehr zurück zur Naturquelle alles Lebens: dem «jedem rationalen Bemühen ewig unzugänglichen Kern des wahrhaft Lebendigen» (Weber [7] 1978, 561). Was bleibt, ist dann nur noch der irrationale Ausbruch aus dem Gehäuse der Hörigkeit, zu dem der Geist durch den Sieg des Kapitalismus geworden ist. Diese bei Weber immer wieder durchbrechende tiefe Vernunftskepsis führt seine Soziologie aus der Perspektive einer dialektischen Selbstkorrektur der Aufklärung heraus und rückt ihn am Ende in die Nähe eines gegenaufklärerischen «Wertedezisionismus nietzscheanischer Prägung», der aus dem Dilemma einer «gleichzeitigen Bejahung und Verneinung des Prinzips der Rationalität» nicht mehr herauskommt (Mommsen 1974, 106, 110; vgl. auch Marcuse 1984, 79ff). Die geschichtsphilosophische Versöhnung der Dialektik der Aufklärung schlägt dann aber in ihr anderes Extrem zurück: eine Ästhetik der Existenz (s. o.), die der «transzendentalen Obdachlosigkeit» (Lukács 1971, 31f) des modernen Lebens und der «Tragödie» seiner Kultur (vgl. Simmel 1983, 183ff) mit dem heroischen Realismus dessen in die düsteren Augen blickt, der sich entschlossen hat, dem Dämon, der seines Lebens Fäden zieht, bewußt und ohne Hoffnung zu folgen.

Rationalität und Autonomie – Begriff und Maß

Webers Begriff der Rationalität ist äußerst komplex und seine angemessene Auslegung bis heute heftig umstritten (vgl. aus der letzten Zeit u. a. Schluchter 1979; Prewo 1979; Sprondel & Seyfarth 1981; Habermas 1981; Münch 1982; Allerbeck 1982; Rossi 1987; Döbert 1989; Gerhards 1989). Die größten Probleme stecken wohl in der unklaren Vorstellung einer ‹materialen Rationalität› und in der Bestimmung des reinen Typus ‹wertrationalen Handelns› mit Hilfe jenes unklaren Begriffs.

Um Webers Verständnis der gesellschaftlichen Vernunft näherzukommen, empfiehlt es sich, zunächst den allgemeinen Begriff der Rationalität, der auf alle Typen des Handelns, Formen der Sinnorientierung und Stufen der Rationalisierung anwendbar ist, vom allgemeinen Maßstab der Rationalisierung des Handelns und der Welt zu unterscheiden.

Webers allgemeiner Begriff gesellschaftlicher Vernunft darf erstens nicht auf *instrumentelle* Vernunft (oder technische Rationalität) reduziert werden. Nicht nur die technische Anwendung unseres Wissens und der systematische Erwerb dieses Wissens (Forschung) ist rational, sondern ebenso alle wertenden und moralischen Stellungnahmen sind auf Rationalität bezogen, aber auch bereits in jeder welterschließenden Orientierungsleistung, sei es die Orientierung durch Stimmungslagen und gerichtete Affekte (Angst vor etwas, Freude über etwas etc.), ist Rationalität wirksam.

Zu jeder sinnhaften Orientierung gehört zweitens, daß sie verstanden werden kann und wir uns ihrer zumindest in einem gewissen Maße bewußt sein müssen, so daß wir im Zweifelsfalle Entscheidungsspielräume haben, um unser Handeln auf alternative Möglichkeiten zu beziehen, nämlich darauf, Unterscheidungen, Deutungen und Wertungen zu akzeptieren oder nicht zu akzeptieren. Rational ist soziales Handeln also, weil es auf die *Freiheit* des individuellen Handelns bezogen ist. Gesellschaftliche Rationalität und individuelle Autonomie setzen sich bereits auf dieser elementaren Ebene wechselseitig voraus (vgl. auch Weiß 1981, 45).

Verweist bereits der elementare Begriff gesellschaftlicher Rationa-

lität implizit auf Autonomie, so wird diese, wo es um Stufen fortschreitender Rationalisierung (von Welt und Weltbild) geht, explizit
zu deren allgemeinem Maßstab. Es ist keineswegs ein bloßer Zufall,
sondern von systematischem Gewicht, daß Weber auf das Problem
des Maßstabs der Rationalisierung im Kontext der Religionssoziologie eingeht, während er in seinen methodologischen Studien allein
technische Fortschritte als Maßstab gelten läßt. Autonomie kann indes weder auf rein technische Beherrschung eingeschränkt werden,
noch ist sie ein beliebiges Resultat von Rationalisierungsprozessen
oder gar ein beliebiger Zweck von Handlungen, der im Handeln einfach gewählt werden könnte. Autonomie ist vielmehr das zentrale,
in jedem rationalen Handeln immer schon vorausgesetzte, wertrationale Maß gesellschaftlicher Rationalisierungsprozesse. Weber
schreibt in der «Religionssoziologie»: «Für die Stufe der Rationalisierung, welche eine Religion repräsentiert, gibt es vor allem zwei
(...) Maßstäbe. Einmal der Grad, in welchem sie die *Magie* abge-
streift hat. Dann der Grad systematischer Einheitlichkeit, in welche
das Verhältnis von Gott und Welt und demgemäß die eigene ethische
Beziehung zur Welt von ihr gebracht worden ist» (Weber [7]1978,
512).

Beide Maßstäbe lassen sich
1. verallgemeinern: Das Abstreifen der Magie ist die «Entzauberung
der Welt», die Weber in ihrem Endstadium mit der «intellektualisti-
schen Rationalisierung durch Wissenschaft und wissenschaftlich
orientierte Technik» (Weber 1947, 7) identifiziert.
2. Das innere Telos insbesondere des ersten Maßstabs ist Autonomie. Das Abstreifen von Magie, die Entmythologisierung und Entzauberung der Welt haben einen inneren Bezug zur Autonomie des
Handelnden: Sie befreien ihn von der Herrschaft äußerer Mächte
und machen die Bestimmung seiner Handlungsziele und insbesondere alles ethisch relevante Verhalten allein vom eigenen Willen und
Bewußtsein abhängig.
3. Schließlich ist hervorzuheben, daß Mythos und Magie nichts
schlechthin Irrationales oder Unverständliches sind. Magisch-mythi-
sches Denken ist für Weber vielmehr die unterste Stufe rationaler
Weltdeutung, die nicht nur, wie jede sinnvoll deutbare, kommunizier-
bare Lebensäußerung überhaupt, Anspruch auf Konsistenz macht,
sondern bereits zu einem formal durchrationalisierten System von
Deutungen und Praktiken geworden ist, so daß Weber beispielsweise ganz ohne Ironie vom «rationalen Zaubern» sprechen und den

«‹Betrieb›» «berufsmäßiger Zauberei» sogar als «ältesten aller ‹Berufe›» bezeichnen kann (Weber 1964, 318).

In letzter Konsequenz ist bei Max Weber die individuelle Autonomie des Handelnden das eigentliche Maß der Rationalität. Sie ist Maßstab der gesellschaftlichen Rationalisierung wie der individuellen Handlungsrationalität. Denn als eine (Selbst-)Zerstörung der Vernunft diagnostiziert Weber ja gerade den Verlust der individuellen Freiheit in der (ungewollten) Folge des Rationalisierungsprozesses, der seinen einst freien Geist zu einem Gehäuse blinden Zwangs gerinnen läßt: «Der Puritaner *wollte* Berufsmensch sein, – wir *müssen* es sein» (Weber 1969, 188).

Jedes soziale Handeln ist, weil es sinnhaftes (nicht unbedingt sinnvolles bzw. zweckmäßiges) Handeln ist, durch ein wenigstens minimales Moment von Autonomie vermittelt. Es ist als soziales Handeln auf Rationalität bezogen, keineswegs immer und schon gar nicht in jeder Hinsicht rational. Durch soziales Handeln orientieren sich die miteinander (und gegeneinander) Agierenden sinnhaft (verständig, kommunikativ) in der Welt und gewinnen durch solche Orientierung wenigstens ein Minimum an Kontrolle und Beherrschung ihrer Welt und Umwelt. Deshalb ist jedes soziale Handeln für andere (ceteris paribus) erwartbar bzw. berechenbar, zugleich verstehbar und sich selbst – zumindest im Sinne eines Know-how – verständlich. Man muß soziales Handeln deshalb scharf von allen Formen (innerlich/oft: unbewußt) zwanghaften oder (rein äußerlich) erzwungenen Handelns oder Verhaltens unterscheiden (vgl. auch Weiß 1981, 45). Da es auch bei zwanghaften Verhaltensweisen oft sinnvoll ist, von Handeln (z. B. der Junkie, der sich einen Schuß nach allen Regeln der Kunst verpaßt) und nicht von reflexartig bedingtem Verhalten zu reden (vgl. Löw-Beer 1989) und überdies freiwilliges Handeln genauso Ursachen hat wie konditioniertes Verhalten (nämlich durch Überlegung verursacht ist), wird hier auf die auch von Weber noch gebrauchte ältere Unterscheidung von «Handeln» und «Verhalten» verzichtet und werden beide Ausdrücke synonym verwendet. Wenn wir so soziales Handeln von zwanghaften und erzwungenen Handlungen (wer mir die berühmte Pistole auf die Brust setzt, kann mich unter Ausschaltung nahezu jeder Autonomie zu scheinbar freien Handlungen zwingen) abgrenzen, können wir Webers vieldiskutierte Typologie sozialen Handelns aus der Tiefenstruktur gesellschaftlicher Rationalität ableiten. Maß und Begriff der Rationalität definieren die Tiefenstruktur der Typologie, die sich nach einem einleuchtenden Vorschlag von Klaus Allerbeck im übrigen als Chomskysches Baumdiagramm darstellen läßt (vgl. Allerbeck 1982, 672 f).

Weber unterscheidet bekanntlich vier reine Typen des Handelns nach dessen möglichen Bestimmungsgründen: (1) zweckrational, durch Orientierung am Erfolg, (2) wertrational, durch den Eigenwert (Selbstzweck) der Aktivität, (3) affektuell (oder emotional) durch Gefühl und Erregung sowie (4) traditional, durch «eingelebte Gewohnheit», Üblichkeiten und alltägliche Routinen bestimmtes (verursachtes) Handeln (Weber 1964, 17).

Während nun das traditionale und das affektuelle Handeln spontan und präreflexiv vollzogen wird, ist das wert- und zweckrationale Handeln reflexiv durch Überlegung und vorgeschaltete Begründungsleistungen vermittelt. Es geschieht mit Willen und Bewußtsein. Im traditionalen und affektuellen Handeln hingegen wissen wir immer erst hinterher, ob das, was wir spontan und ohne viel Überlegung getan haben, auch das war, was wir wirklich tun wollten und getan hätten, wenn wir es uns überlegt hätten. Traditionales und affektuelles Handeln sind kontrafaktisch rationale, nämlich möglicherweise begründbare Handlungen. Genau das unterscheidet sie von Zwangshandlungen.

Während das traditionale Handeln die existential fundamentale Funktion der symbolischen Reproduktion des gewöhnlichen, je schon vertrauten (und zuhandenen) In-der-Welt-Seins erfüllt (vgl. Heidegger [14] 1977), besteht der eigentliche Sinn affektuellen Handelns in der existential komplementären Leistung der symbolischen Produktion und Erschließung neuer Welten. Während unser gewöhnliches In-der-Welt-Sein (traditionales Handeln) weder die Unterscheidung von Innen- und Außenwelt noch die von (erkennendem) Subjekt und (erkennbarem) Objekt kennt und sich wie selbstverständlich in einer gewohnten Umgebung bewegt, so, als wäre es ein durch nichts motiviertes Zusammenspiel komplexer Praktiken (vgl. ebd., 52 ff, bzw. 89 ff; vgl. auch Dreyfus & Rabinow 1987; sowie sehr klar auch Rentsch 1989), wird im affektuellen Reagieren auf außergewöhnliche Umstände die Welt differenzierter: Der Handelnde wird sich mit der neuen Situation, in die er sich plötzlich versetzt (Heidegger würde sagen: «geworfen») sieht, auch seiner inneren Handlungsantriebe und Motive bewußt. In seinen Affekten und Stimmungslagen erschließt sich dem Akteur die Welt im ganzen. Dieses zu «aktiver Passivität» (vgl. Sartre 1977) erregte Bewußtsein ist intentional auf außeralltägliche Reize gerichtet. Es erschließt zusammen mit der Differenz von innen und außen eine veränderte, verfremdete Welt. Das Soziale spezifiziert sich im Affekt zum bewußten Handeln.

Die verschiedenen Formen reinen rationalen Handelns sind in diesem existentiellen Sinn auf die welterschließenden und das Erschlossene konservierenden Leistungen traditionalen und affektuellen Handelns zurückverwiesen. Erst im wert- und zweckrationalen Handeln hat der Handelnde echte Alternativen und Entscheidungsspielräume bewußt vor Augen und kann, was er dann tut, unabhängig von Gefühl und Gewohnheit, allein durch die eigenen Überlegungen und Überzeugungen bestimmen. Mit letzterem Schritt spezifiziert sich bewußtes zu autonomem Handeln. Während aber im zweckrationalen Handeln lediglich die äußere Autonomie des Handelnden vorausgesetzt ist, handelt der wertrational bestimmte Akteur aus innerer Autonomie. Die handelnde Person muß das, was sie will, ganz wollen und ist in diesem Sinne mit ihrem Wollen ‹identifiziert› (vgl. Tugendhat 1987, 375). Diese Identifikation der handelnden Person mit dem, was sie will, also dem Zweck ihres Handelns, impliziert einen auf den Zweck als Zweck bezogenen, absoluten Begründungsanspruch. Die zweckrational, Handlungen als Mittel für gegebene Zwecke nach ihren Erfolgsaussichten kalkulierende Person muß sich hingegen mit den Zwecken (ihrem ‹Wollen›) nicht identifizieren. Sie erhebt deshalb für das, was sie will, nur einen auf die optimalen Mittel relativierten Begründungsanspruch, während sie die Zwecke nicht (wie die Antigone) aus eigenem Gesetz bestimmen muß, sondern sie willkürlich und in letzter Instanz begründungsfrei voraussetzen kann.

Aus diesen Unterscheidungen (zwanghaft/zwanglos; bewußt welterschließend/gewohnheitsmäßiges In-der-Welt-Sein; spontan welterschließend/diskursiv-überlegt; innere/äußere Autonomie) ergeben sich alle Verzweigungsalternativen des nachfolgenden Baumdiagramms, das sich auf den Stufen (1) Handeln, (2) soziales Handeln, (3) bewußtes Handeln und (4) autonomes Handeln jeweils weiter differenziert (s. S. 286).

Im Unterschied zu Max Weber wird hier davon ausgegangen, daß affektuelles und traditionales Handeln sich nicht atomistisch, sondern nur mit Bezug auf die komplexen Strukturen des In-der-Welt-Seins adäquat fassen läßt (wie bei Weber implizit zumindest auch: im Rekurs auf ‹Leben›, ‹eingelebte Gewohnheit› und vor allem: ‹sinnhaftes Sichverhalten›). Vor allem ist zu bezweifeln, daß Webers Heterogenitätsthese der absoluten Unvereinbarkeit von wert- mit zweckrationalem Handeln richtig ist, weil sie eine skeptische Abwertung des Rationalitätspotentials wertrationalen Handelns impliziert, die unhaltbar ist. Webers analytisch gemeinte Behauptung – «vom Standpunkt der Zweckrationalität aus» wäre die «Wertrationalität immer, und zwar je mehr sie den Wert, an dem das Handeln orientiert wird, zum absoluten Wert steigert, desto mehr: *irrational*» (Weber 1964, 18) – verdankt sich selbst einem heimlichen Irrationalismus, der verdeckt geschichtsphilosophische Implikationen hat – und den sie mit keinem Geringeren als dem Deus absconditus der calvinistischen Prädestinationslehre teilt.

Schließlich wird in unserer Rekonstruktion der Handlungstypologie aus Rationalitätsbezügen nichts vorausgesetzt, was der auf Alfred Schütz zurückgehenden Unterscheidung von Um-zu- und Weil-Motiven vergleichbar wäre (vgl. Schütz 1971, 78 ff). Diese in der Weber-Literatur prominente (vgl. zuletzt Döbert 1989) Unterscheidung und die mit ihr verbundene Fundamentaldifferenz von intentionalen und kausalen Erklärungen ist unsinnig und verwirrend. Auch praktische Erklärungen (vgl. v. Wright 1974) sind selbstverständlich kausale Erklärungen (vgl. Tugendhat 1987, 382 ff). Deshalb scheint die Verwendung von intentionalen Um-zu- und kausalen Weil-Motiven gerade zur Trennung von affektuellem und rationalem Handeln ungeeignet (vgl. Allerbeck 1982, 673).

Ausdrücklich sei betont, daß eine Handlung auch nicht allein durch den späteren Erfolg begründet oder gerechtfertigt werden kann; denn der Erfolg kann sich ja zufällig und ohne mein Verschulden eingestellt haben. Selbst wert- und zweckrationale Handlungen können nur durch kausale Motive erklärt und begründet werden. Denn auch «rationale Motive» (vgl. Habermas 1981, 25 ff, 367 ff) sind kausal wirkende Motive: Ich spanne den Regenschirm auf, um mich zu schützen. Aber das bedeutet nur, daß ich es mir vorher überlegt habe, daß ich mich so am besten schützen kann («Erst denken, dann handeln!»). Ich spanne den Regenschirm also auf, *weil* ich es mir überlegt habe und *weil* ich nicht naß werden will. Dasselbe gilt vom wertrationalen Handeln. Ich handle pflichtgemäß, *weil* ich davon überzeugt bin, daß man in Situationen wie diesen nicht lügen darf; oder ich unterlasse etwas, *weil* es meinen tiefsten Überzeugungen (Webers «letzte Stellungnahmen zum Leben») widerspricht (vgl. Davidson 1977 a; 1977 b; 1978; Apel 1979).

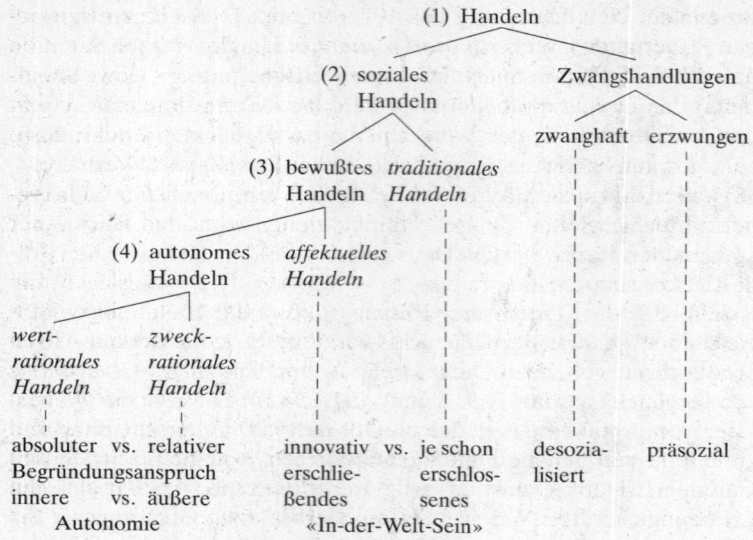

Das Rationalitätspotential welterschließenden Handelns

Gewöhnlich verhalten wir uns in unserer Welt nicht wie der distanzierte Beobachter von einem fremden Planeten, sondern wir orientieren unser Verhalten sinnhaft an den Dingen, Personen und Handlungen einer uns ‹immer schon› vertrauten (‹eingelebten›) Umgebung. Was uns alltäglich umgibt, sind, einer berühmten Unterscheidung Heideggers zufolge, nicht zufällig *vor*handene Dinge, uns umschließt vielmehr die geschichtliche «Faktizität» all des «Zeugs», das uns auf Schritt und Tritt begleitet und *zu*handen, ständig zur Hand ist. Wir verhalten uns ursprünglich ganz praktisch zu den Sachen.

Das tun wir Tag für Tag, ohne uns groß Gedanken zu machen. Die kommen gewöhnlich erst, wenn die eingeschliffenen Routinen durch «außeralltägliche Reize» (Weber 1964, 18) gestört werden. Probleme machen die Welt unberechenbar, Streit entzweit voneinander. Das macht uns die Situation, in der wir sonst «dumpf» (Weber) leben, bewußt. Auf fortwährend oder plötzlich heftig enttäuschte Erwartungen reagieren wir emotional. Im Affekt schlägt die Stimmung um. In die Lücke, die enttäuschte Erwartungen reißen, «springen Emotionen» (Gerhards 1989, 346). Im Affekt definiert sich uns die Situation neu. Das geht gewöhnlich mit einer Intensivierung des Bewußtseins einher. Aber eine noch so ausgeprägte Bewußtseinsintensität macht uns die Situation nicht schon verfügbar. Je stärker der Affekt, desto geringer gewöhnlich die Manipulierbarkeit des eigenen Verhaltens. Taghelles Bewußtsein kann vom völligen Verlust jeglicher Selbstbeherrschung begleitet sein. Die Leidenschaft schärft den Blick, aber sie reißt den Handelnden mit sich fort.

Affekte gehören gewöhnlich zu komplexen Stimmungslagen, die Konstellationen gleichursprünglicher Komponenten sind (vgl. Rentsch 1989, 97 ff). Wie der singulär einbrechende Affekt schärfen Stimmungen das Bewußtsein unseres In-der-Welt-Seins, aber sie können uns ebenso die Kraft zum Handeln rauben, wie sie uns manisch von Aktion zu Aktion treiben. Sie werfen uns, mit Hölderlin zu reden, «von Klippe zu Klippe», aber machen es uns schwer, den Gang der Dinge bewußt zu manipulieren. Dazu müssen wir uns – im Übergang zu wert- und zweckrationalem Handeln – schon gegen sie stemmen und uns von ihnen losmachen, sie auf reflexive Distanz bringen. Das ist die Rationalisierungsleistung innerweltlicher Askese.

Aber die welterschließende, neue Weltansichten aufschließende Kraft von Gefühlen, Affekten und Stimmungen, ihre «Eigentlichkeit» (Heidegger), ist eine durchaus rationale Macht: «eine spezifische Form der Weltkonstruktion» nämlich (Gerhards 1989, 341). Sie haben, mit Heidegger zu reden, Entwurfscharakter, sind «geworfene Entwürfe».

Das gesteigerte Bewußtsein, das affektuelles Reagieren in der Regel begleitet, verleiht Gefühlen und Stimmungen eine innovative Potenz und begründet ihre eigentümlich ambivalente Stellung zwischen dem Rationalen und Irrationalen. Es ist diese Ambivalenz, der das Produktive, Kreative und Innovative affektueller Handlungen entspringt: die Gleichzeitigkeit von hellem Bewußtsein und Kontrollverlust. Dichter und Ästhetiker haben diesen Zustand auf paradox treffende Formeln gebracht, wenn sie wie Musil von «tagheller Mystik» oder wie Benjamin von «profaner Erleuchtung» sprechen.

Das welterschließende Potential affektuellen Sichverhaltens wird aber nicht allein im ästhetischen Bewußtsein von Romantik und Moderne manifest, es ist auch als charismatische Herrschaft und Bewegung eine verändernde Kraft der Geschichte (vgl. Weber 1964,

179 ff). «Große rationale Prophetien» sind hier Webers Musterbeispiele:

> «Die Magie zu brechen und Rationalisierung der Lebensführung durchzusetzen, hat es zu allen Zeiten nur ein Mittel gegeben: große *rationale Prophetie*. Nicht jede Prophetie allerdings zerstört die Macht der Magie; aber es ist möglich, daß ein Prophet, der sich durch Wunder und andere Mittel legitimiert, die überkommenen heiligen Ordnungen durchbricht. Prophetien haben die *Entzauberung der Welt* herbeigeführt und damit auch die Grundlage für unsere moderne Wissenschaft, die Technik und den Kapitalismus geschaffen» (Weber 1969, 353).

Bei den Propheten wird die emotional bindende Kraft ihres Charismas zur Triebfeder der ethischen Rationalisierung der Welt.

In den rächenden Gewalten der Geschichte (vgl. Brunkhorst 1983), in den prophetisch-charismatischen Bewegungen, aber auch in den Stilisierungen der «starken Dichter» (vgl. Bloom 1973) und der imaginativen Kraft ästhetischer Existenz wird das Rationalitätspotential affektuellen Sichverhaltens gesellschaftlich wirksam. Die Rationalitätspotenz von bewußt erlebten Affekten, Gefühlen und Stimmungen wird freilich nur in höherstufigen wertrationalen Kontexten entbunden (vgl. Döbert 1989, 238f): sei es als erfahrenes und als solches kategorial identifiziertes Unrecht, sei es durch die freiwillige Bindung an die Autorität des charismatischen Führers, sei es durch den Eigenwert ästhetischer Stilisierung, Verfremdung und Verklärung des Gewöhnlichen. In all diesen Fällen impliziert freilich die affektgeladene Erschließung neuer Weltentwürfe immer auch die Gefahr des Rückschlags in den Irrationalismus: in Populismus, Faschismus und eine entsprechende Ästhetisierung dezisionistischer Politik.

Heimliche Geschichtsphilosophie:
Vom Geist zum Sieg des Kapitalismus

Das Staaten gründende, Neues stiftende Charisma der Frühzeit einer sozialen Welt (vgl. auch Heidegger 1980) verblaßt gewöhnlich rasch. Wenn es sich veralltäglicht (vgl. Weber 1964, 182ff), kommt die charismatische Bewegung bald in den Bahnen traditionaler Herrschaft und Autorität zur Ruhe. Der Effekt charismatischer Außeralltäglichkeit war dann oft nichts anderes als die Erneuerung alter Herrschaftsformen, wenn nicht gar eine Regression unter deren Rationalitätsniveau. Es kann aber auch zur Versachlichung des Charismas kommen. Der Effekt ist dann häufig revolutionär: insbesondere in den Fällen, in denen das Charisma, wie im Fall der altjüdischen Propheten oder in dem der Aufklärung und der Französischen Revolution, religiös oder rational von der ethischen Prophetie aktiver Weltveränderung angetrieben wird. In diesen Fällen wird das Charisma zum Motor der Rationalisierung: Seine offenbarende Kraft erschließt neue Diskursuniversen (vgl. Schluchter 1979, 186ff). Rational wirkt charismatische Herrschaft vor allem dort, wo sie, wie nach Hegels Einsicht paradigmatisch in der Französischen Revolution, «in sich zerstörte» Formen traditionaler Herrschaft «zerstört» (Hegel 1971, Bd. 20, 296).

Weber war nun der Ansicht, daß der rationalen Versachlichung des Charismas revolutionärer Innovationsschübe eine eigentümliche Dialektik zugrunde liegt. Am Ende des Entzauberungsprozesses, in der Moderne, kommt es zu einem historisch neuen Phänomen: Die Quellen des Neuen versiegen, weil die zweckrationale Vernunft von Technik, Rechenhaftigkeit und Bürokratie ihre eigenen wertrationalen Voraussetzungen zerstört.

Am hypothetisch absehbaren Ende der modernen Entwicklung bleibt deshalb von dem Autonomieversprechen der Aufklärungsepoche und dem noch früheren Aufbruch der protestantischen Sekten zu neuer Freiheit und Gemeinschaftssouveränität (vgl. auch Weber [7] 1978, 207ff) nur mehr die äußere Autonomie zweckrational organisierter Handlungszusammenhänge übrig. Und diese äußere Autonomie wird zur Fessel der inneren, um schließlich den eigentlichen ethischen Kern der in der Moderne errungenen Freiheit zu zerstören. Das seines «religiös-ethischen Sinnes entkleidete Erwerbsstreben» verwandelt die Entzauberung der Welt in die totale Entwertung ihres Sinns (ebd., 571). Aus dem einst freien Geist des – wertrational gewollten – Kapitalismus ist längst ein «Triebwerk» «überwältigenden Zwanges» geworden (Weber 1969, 188; 1947, 223). Der «siegreiche Kapitalismus» bedarf der wertrationalen Stütze einer religiösen Gesinnungsethik nicht mehr. «Auch die rosige Stimme ihrer lachenden Erbin: der Aufklärung, scheint endgültig im Verbleichen» (ebd., 188).

Von Anbeginn an war der Preis der neuen protestantischen Gemeinschaft neue, nach innen getriebene Repression bis hin zur äußersten Grenze eines terroristischen Aufrichtigkeits-, Selbsterforschungs- und Gewissenszwangs in der Lehre Calvins. Die puritanische Ethik nennt Weber in einer späteren Vorlesung eine «machtvolle, unbewußt raffinierte Veranstaltung zur Züchtung kapitalistischer Individuen». Und er zitiert Sebastian Frank: «Du glaubst, du seist dem Kloster entronnen: Es muß jetzt jeder sein Leben lang ein Mönch sein» (Weber 1969, 356ff). Die Universalisierung der Askese zerstört alle naturwüchsigen Bande der Solidarität von Sippe, Stamm und Verwandtschaft und schließlich jede durch eine sorgende und konkret verpflichtende Binnenmoral verklammerte Gemeinschaft. Schon im Matthäus-Evangelium findet Weber den entscheidenden Appell, den das Jesus-Wort an die Adresse der Hausgenossen und Verwandtschaftshorden richtet: «Ich bin nicht gekommen, den Frieden zu bringen, sondern das Schwert.» Aber die abgründige Dialektik, die bereits die Zerstörung aller naturbelassenen Gemeinschaft zugunsten der gesellschaftlich geschaffenen Gemeinde begleitet, ist trotz allem eine des Fortschritts im Bewußtsein der Freiheit. Denn die Kehrseite des liebenden und sorgenden Wärmestroms gemeinschaftlicher Binnenmoral war immer schon eine kalte und aggressive Außenmoral von Freund und Feind, in der alle Liebe und Sorge für den Nächsten und den Gast des Hauses nichts mehr galt. Die Zerstörung und Zurückdrängung, schließlich die gesellschaftliche Marginalisierung aller naturwüchsigen Vergemeinschaftungsformen und Pietätsverhältnisse ist die historische Voraussetzung einer Universalisierung der moralischen Freiheit autonomer Individuen, die sich mit dieser Universalisierung des Moralischen zugleich von den subtilen Zwängen des nachbarschaftlichen Gemeinschaftslebens, vom ‹neighbourhood watching› und von dem bekannten Beigeschmack an Wahrheit, der am Wort ‹Familienbande› haftet, befreien.

Was jedoch Max Weber durch den siegreichen Kapitalismus bedroht sieht, ist diese allgemeine Freiheit, aus der einst ein nicht-kapitalistischer Geist des Kapitalismus alle Kraft zum neuen Anfang der Moderne zog. «Der Puritaner *wollte* Berufsmensch sein, – wir *müssen* es sein» (ebd., 188). In einer «Polarnacht von eisiger Finsternis und Härte» (Weber 1947, 204) erstarrt der Geist des Kapitalismus zur «toten Maschine» (ebd., 223).

Die kaum bestreitbare Gefährdung der modernen Gesellschaft durch die Transformation des Kapitalismus vom Geist zum Sieg mutet allein deshalb so unausweichlich und alternativlos wie das Heideggersche «Seinsgeschick» an, weil Weber glaubt, daß die wertrationale Vernunft der instrumentell-strategischen Zweckrationalität strukturell, und zwar schon aus begrifflichen Gründen, unterlegen sei. Erstere ist material, und ihr ethischer Geist ist nicht formalisierbar und deshalb hoffnungslos der formalen Rationalität des erfolgs- und siegorientierten Handelns unterlegen. Diese skeptische Prämisse ist aber ebenso empiristisch wie falsch, sie droht sogar in Widerspruch zu Webers eigenen Untersuchungen und der Verwendung zu geraten, die er selbst vom Begriff einer generalisierten Wertrationalität macht.

Weber ist der Meinung, daß Wertrationalität immer nur material rational sein kann, weil sie das Handeln über dessen Inhalte, über das, was einer will, über die Zwecke also bestimmt (vgl. Döbert 1989, 232). Da Weber nun die Wertrationalität gerade in dem, was sie eigentlich ausmacht, in den «letzten Stellungnahmen» für bloß material rational hält (und damit für wissenschaftlich irrational), bleibt ihm gar nichts anderes übrig, als die absolute Heterogenität der kognitiven und moralischen Wertsphären zu behaupten. Alle Brücken sind mit der wechselseitigen Exklusion von Rationalismus und Irrationalismus zerbrochen. Fragen, die ganz allein von praktischen Wertungen abhängen, sind durch rationale Diskussion «unaustragbar»; denn praktische Wertungen sind «nicht widerlegbar» und können deshalb nicht als Wertungen «zum Gegenstand einer wissenschaftlichen Kritik gemacht werden» (Weber 1988, 495, 499, 492, 501). Die Geltung eines praktischen Imperativs und die Wahrheitsgeltung einer empirischen Tatsachenfeststellung liegen nämlich in «absolut heterogenen Ebenen» (ebd., 501). Immer wieder hebt Weber diese «absolute Heterogenität» der Wertsphären hervor (ebd., 509f, 506). Aus Heterogenität und Unentscheidbarkeit folgt ein radikaler Perspektivismus auf allen Ebenen von Wertentscheidungen, insbesondere zwischen Wertkategorien oder Wertsphären (Wissenschaft, Moral, Kunst, Politik etc.) und zwischen den jeweils letzten, moralischen oder sonstigen Stellungnahmen: «Es handelt sich nämlich zwischen den Werten letztlich überall und immer wieder nicht nur um Alternativen, sondern um unüberbrückbar tödlichen Kampf, so wie zwischen ‹Gott› und ‹Teufel›» (ebd., 507). Diese Position erinnert stark an den mittlerweile in der Moralphilosophie kaum noch vertretenen Existentialismus einer «radikalen Wahl» (vgl. Taylor 1988, 9ff).

Mit Hilfe von Taylors zu dem der «Wertrationalität» umfangsgleichen Begriff der «starken Wertung» läßt sich Webers ziemlich hoffnungsloses Rationalitätsdefizit leicht korrigieren. «Starke Wertungen» sind dasselbe wie Webers «letzte Stellungnahmen», und sie sind wie diese für die Identität einer Person konstitutiv (vgl. ebd., 23, 26, 37ff).

Weil letzte Wertstandpunkte durch ihre Explikation interpretiert werden müssen und uns nur so zugänglich sind, gibt es so etwas wie fixe ‹letzte› und unhintergehbare Wertstandpunkte überhaupt nicht.

Hier ist, und das führt zum entscheidenden zweiten Punkt, überhaupt nichts ohne Interpretation zu haben, und jede Neuinterpretation sogenannter letzter Wertungen ist eine Revision dieser Wertungen. Sie sind also revidierbar und kritisierbar, weil sie selbst von nichts anderem als rationaler Argumentation abhängen. Jede noch so tiefe Wertung ist hintergehbar, nicht aber die Argumentation, in der sie willkürfrei verankert ist. Mit der sogenannten Wahl starker Wertungen müssen wir, weil es sie ohne Interpretation gar nicht gibt, einen Anspruch auf eine gültige und wahre Begründung erheben. Die Einsicht in den letzten Wertstandpunkt ist keine Entscheidung für ihn, sondern nichts anderes als seine wie immer unzureichende Begründung. Starke Wertungen sind ja selbst, wie Weber sagt, handlungsdeterminierende oder höherstufige Gründe, bestimmte Präferenzen anderen vorzuziehen. Und sie selbst gehen keineswegs «aus einer radikalen Wahl hervor», «die nicht in irgendwelchen Gründen verankert» wäre. In dem Maße aber, in dem eine Wertentscheidung auf Gründen basiert und Werte Handlungen begründen, sind die Gründe «schlicht als gültig aufgefaßt und nicht als ihrerseits gewählt» (ebd., 29). Weber verwechselt die Kategorien «Wahl» und «Geltung»: Zutreffende Gründe stützen meine Entscheidung, unzutreffende lassen sie in Zweifel ziehen. Aber über die Geltung von Gründen kann nicht entschieden werden. Die Zustimmung zu einer begründeten Entscheidung, etwas zu tun, oder zu einer starken Wertung ist selbst keine willkürliche Entscheidung und doch vollkommen frei (vgl. ebd., 29 ff). So haben starke Wertungen in nichts anderem ihre vernünftige Basis als in der Form ihrer Begründung.

Wenn die nicht nur Weber treffende, sondern weit verbreitete Verwirrung über die material-substantielle Vernunft wertrationalen Handelns sich in Luft auflöst, können wir, genauso wie im Fall der Zweckrationalität, materiale und formale Wertrationalität scharf voneinander trennen. Und jetzt stimmt Webers These, daß materiale Wertrationalität im Lichte formaler Vernunft irrational ist; aber sie ist es im Lichte formaler Wertrationalität, während Webers Weg, materiale Wertungen an formaler Zweckrationalität zu messen, sich nun als Kategorienfehler erweist. Die höchste Stufe der Vernunft ist rein formal, und zwar in ihrer zweckrationalen wie in ihrer wertrationalen Dimension. Das vormoderne Vernunftverständnis hingegen ist in allen Dimensionen in letzter Instanz immer ‹material› und ‹anschaulich›. Während die praktische Vernunft des antiken Denkens (Poiesis und Phronesis) in der Moderne theoriefähig wird, gibt es für

Begründungs-anspruch / Rationalitätstyp	formal	material
zweckrational	hypothetisch-konstruktives Denken	technisch-handwerkliches Erfahrungswissen (Poiesis)
wertrational	postkonventionelle Moral (bei Weber auch: autonome Kunst)	praktisches Erfahrungs-wissen (Phronesis)
theoretisch		spekulative Erkenntnis: kontemplative Theorie (bios theoretikos)

den ‹materialen› Theoriebegriff des antiken Denkens keinen moder-nen Nachfolger: Er wird ersatzlos gestrichen.

Wenn wir die Verhältnisse so wie in diesem Schema ordnen, dann verflüchtigt sich mit der Heterogenitäts-Irrationalismus-These auch die geschichtsphilosophische Stilisierung von Webers düsterer Zeit-diagnose zu einem unentrinnbaren Seinsgeschick der modernen Menschheit. Ihre lachende Erbin, die dialektische Aufklärung, steht vor einem neuen Auftritt.

Literatur

Allerbeck, K.: Zur formalen Struktur einiger Kategorien der verstehenden Sozio-logie. Kölner Zeitschrift für Soziologie und Sozialpsychologie, 34, 1982.

Apel, K.-O.: Transformation der Philosophie. 2 Bde. Frankfurt/M. 1973.

–: Die Erklären/Verstehen-Kontroverse in transzendentalpragmatischer Sicht. Frankfurt/M. 1979.

–: Diskurs und Verantwortung. Frankfurt/M. 1989.

Aristoteles: Nikomachische Ethik. Darmstadt 1979.

–: Metaphysik. Stuttgart 1970.

Bloom, H.: Anxiety of Influences. New York 1973.

Böhm, A.: Zum Begriff der Kritik bei Marx. Magisterarbeit. Frankfurt/M. 1990.

Brunkhorst, H.: Kommunikative Vernunft und rächende Gewalt. Sozialwissen-schaftliche Literatur Rundschau, 8/9, 1983.

–: Exodus – Der Ursprung der modernen Freiheitsidee und die normative Kraft der Erinnerung. Babylon, 6, 1989.

Davidson, D.: Handeln. In: G. Meggle (Hg.): Analytische Handlungstheorie. Bd. 1. Frankfurt/M. 1977 a.

–: Die logische Form von Handlungssätzen. In: G. Meggle (Hg.): Analytische Handlungstheorie. Bd. 1. Frankfurt/M. 1977b.

–: Handlungen, Gründe und Ursachen. In: U. Pothast (Hg.): Seminar: Freies Handeln und Determinismus. Frankfurt/M. 1978.

Döbert, R.: Max Webers Handlungstheorie und die Ebenen des Rationalitätskomplexes. In: J. Weiß: Max Weber heute. Frankfurt/M. 1989.

Dreyfus, H. L. & P. Rabinow: Michel Foucault. Jenseits von Strukturalismus und Hermeneutik. Frankfurt/M. 1987.

Frege, G.: Funktion, Begriff, Bedeutung. Göttingen 1969.

Gerhards, J.: Affektuelles Handeln – Der Stellenwert von Emotionen in der Soziologie Max Webers. In: J. Weiß: Max Weber heute. Frankfurt/M. 1989.

Göbel, A.: Schwierigkeiten mit der Autonomie der Kunst im Anschluß an Adorno. Magisterarbeit. Bochum 1989.

Groethuysen, B.: Die Entstehung der bürgerlichen Welt- und Lebensanschauung in Frankreich. 2 Bde. Frankfurt/M. 1979.

Habermas, J.: Theorie des kommunikativen Handelns. 2 Bde. Frankfurt/M. 1981.

Hegel, G. W. F.: Werke in zwanzig Bänden. Bde. 2, 12 u. 13. Frankfurt/M. 1970. Bd. 20. Frankfurt/M. 1971.

–: Grundlinien der Philosophie des Rechts. Hamburg 1955.

–: Die Vernunft in der Geschichte. Hamburg 1955a.

Heidegger, M.: Hölderlins Hymnen «Germanien» und «Der Rhein». Frankfurt/M. 1980.

–: Sein und Zeit. Tübingen [14]1977.

Honneth, A.: Moralische Entwicklung und sozialer Kampf. In: Ders. et al. (Hg.): Zwischenbetrachtungen. Frankfurt/M. 1989.

–: Hekt. Manuskript zu Marx und Marxismus heute. Frankfurt/M. 1987.

Jaeggi, U. & A. Honneth (Hg.): Theorien des historischen Materialismus. Frankfurt/M. 1977.

–: Arbeit, Handlung, Normativität. Frankfurt/M. 1980.

Kant, I.: Kritik der Urteilskraft. In: Ders.: Werke Bd. X. Hg. W. Weischedel. Frankfurt/M. 1974.

–: Kritik der praktischen Vernunft. In: Ders.: Werke Bd. VII. Hg. W. Weischedel. Frankfurt/M. 1974a.

Kesselring, Th.: Entwicklung und Widerspruch. Frankfurt/M. 1981.

–: Die Produktivität der Antinomie. Frankfurt/M. 1984.

Klüver, J.: Operationalismus. Stuttgart 1971.

Koselleck, R.: Vergangene Zukunft. Frankfurt/M. 1979.

Kuhn, Th.: Die Struktur wissenschaftlicher Revolutionen. Frankfurt/M. 1968.

Lorenzen, P.: Einführung in die operative Logik und Mathematik. Berlin, Heidelberg, New York 1955.

–: Methodisches Denken. Frankfurt/M. 1968.

Löw-Beer, M.: Zwangshandlungen. Hekt. Manuskript. Frankfurt/M. 1989.

Luhmann, N.: Soziologische Aufklärung. Bd. 1. Opladen 1970.

–: Soziologische Aufklärung. Bd. 2. Opladen 1975.

–: Soziale Systeme. Frankfurt/M. 1984.

–: Zum Begriff der sozialen Klasse. In: Ders. (Hg.): Soziale Differenzierung. Opladen 1985.

–: Kapital und Arbeit. Soziale Welt, Sonderband 4, 1986.

Luhmann, N. & K. E. Schoor: Reflexionsprobleme im Erziehungssystem. Stuttgart 1979.

Lukács, G.: Geschichte und Klassenbewußtsein. Amsterdam 1967.

–: Die Zerstörung der Vernunft. Neuwied, Berlin 1962.

–: Die Theorie des Romans. Darmstadt 1971.

–: Der junge Hegel. 2 Bde. Frankfurt / M. 1973.

Marcuse, H.: Philosophie und kritische Theorie. Zeitschrift für Sozialforschung, 3, 1937.

–: Psychoanalyse und Politik. Frankfurt/M. 1968.

–: Schriften. Bd. 8. Frankfurt/M. 1984.

Marx, K.: Das Kapital. Bd. I. Berlin (DDR) 1969.

–: Das Kapital. Bd. III. Berlin (DDR) 1968.

–: Grundrisse. Berlin (DDR) 1953.

–: Der 18. Brumaire des Louis Bonaparte. Frankfurt/M. 1965.

Marx, K. & F. Engels: Die deutsche Ideologie. Berlin (DDR) 1960.

–: Manifest der Kommunistischen Partei. München 1969.

Meyer, Th.: Der Zwiespalt in der Marxschen Emanzipationstheorie. Kronberg 1973.

Mommsen, W.: M. Weber: Gesellschaft, Politik und Geschichte. Frankfurt/M. 1974.

Münch, R.: Theorie des Handelns. Frankfurt/M. 1982.

Offe, C.: Bindung, Fessel, Bremse. In: A. Honneth et al. (Hg.): Zwischenbetrachtungen. Frankfurt/M. 1989.

Piaget, J.: Weisheit und Illusionen der Philosophie. Frankfurt/M. 1974.

Platon: Sämtliche Werke. Bd. 1. Reinbek bei Hamburg 1968.

Pohlmann, R.: Autonomie. In: Historisches Wörterbuch der Philosophie 1. Basel 1971.

Popper, K.: Logik der Forschung. Tübingen [4] 1971.

Prewo, R.: Max Webers Wissenschaftsprogramm. Frankfurt/M. 1979.

Putnam, H.: Vernunft, Wahrheit und Geschichte. Frankfurt/M. 1982.

Quine, W. V. O.: Word and Object. Cambridge/Mass. 1960.

–: From a logical point of view. New York 1963.

Rawls, J.: Eine Theorie der Gerechtigkeit. Frankfurt/M. 1979.

Rentsch, Th.: Martin Heidegger. Das Sein und der Tod. München 1989.

Riedel, M.: Natur und Freiheit in Hegels Rechtsphilosophie. In: Ders. (Hg.): Materialien zu Hegels Rechtsphilosophie. Frankfurt/M. 1975.

Ritsert, J.: Probleme politisch-ökonomischer Theoriebildung. Frankfurt/M. 1973.

Rorty, R.: Der Spiegel der Natur. Frankfurt/M. 1981.

–: Kontingenz, Ironie und Solidarität. Frankfurt/M. 1989.

Rossy, P.: Vom Historismus zur historischen Sozialwissenschaft. Frankfurt/M. 1987.

Ryle, G.: The Concept of Mind. Mitcham, Victoria 1963.

Sartre, J.-P.: Der Idiot der Familie. Reinbek bei Hamburg 1977.

Schluchter, W.: Die Entwicklung des okzidentalen Rationalismus. Tübingen 1979.

Schnädelbach, H.: Vernunft und Geschichte. Frankfurt/M. 1987.

–: Philosophie. In: E. Martens & H. Schnädelbach (Hg.): Philosophie. Ein Grundkurs. Reinbek bei Hamburg 1985.

–: Vernunft. In: E. Martens & H. Schnädelbach (Hg.): Philosophie. Ein Grundkurs. Reinbek bei Hamburg 1985.

Schütz, A.: Der sinnhafte Aufbau der sozialen Welt. Frankfurt/M. 1971.

Simmel, G.: Philosophische Kultur. Berlin 1983.

Sprondel, W. M. & C. Seyfarth: Max Weber und die Rationalisierung sozialen Handelns. Stuttgart 1981.

Taylor, Ch.: Negative Freiheit? Frankfurt/M. 1988.

Theunissen, M.: Die verdrängte Intersubjektivität in Hegels Philosophie des Rechts. In: D. Henrich & R. P. Horstmann (Hg.): Hegels Philosophie des Rechts. Stuttgart 1982.

Tugendhat, E.: Der Begriff der Willensfreiheit. In: K. Cramer et al. (Hg.): Theorie der Subjektivität. Frankfurt/M. 1987.

–: Vorlesungen zur Einführung in die sprachanalytische Philosophie. Frankfurt/M. 1976.

Weber, M.: Schriften zur theoretischen Soziologie, zur Soziologie der Politik und Verfassung. Frankfurt/M. 1947.

–: Gesammelte Aufsätze zur Religionssoziologie I. Tübingen [7]1978.

–: Die Protestantische Ethik und der Geist des Kapitalismus. München 1969.

–: Gesammelte Aufsätze zur Wissenschaftslehre. Tübingen 1988.

–: Wirtschaft und Gesellschaft. Köln 1964.

Weiß, J.: Rationalität und Kommunikabilität. In: W. M. Sprondel & C. Seyfarth: Max Weber und die Rationalisierung sozialen Handelns. Stuttgart 1981.

Wright, G. H. v.: Erklären und Verstehen. Frankfurt/M. 1974.

Hauke Brunkhorst

2.4 Methodische Probleme sozialwissenschaftlicher Theoriebildung

Während die traditionelle Fragestellung der Erkenntnistheorie seit Kant die nach den Bedingungen der Möglichkeit der Erkenntnis und ihrer Gegenstände ist, beschränkt sich die neuere Wissenschaftstheorie auf die logische Analyse der Sätze der Wissenschaft. Aber auch hier geht es immer noch um die Frage, ob dabei eine spezifische Logik der Sozialwissenschaften zum Vorschein kommt oder ob es sich mit dem System ihrer Sätze nicht anders verhält als in den traditionellen Natur- oder Geisteswissenschaften.

Hiervon ausgehend, lassen sich die vielfältigen Paradigmadebatten in den Sozialwissenschaften in zwei Schritten ordnen. Zunächst ist strittig, ob es überhaupt eine eigensinnige Logik der Sozialwissenschaften im Unterschied zu den übrigen Wissenschaften gibt. Das wird z. B. von der analytischen Wissenschaftstheorie und vom Kritischen Rationalismus bestritten. Ihr zufolge sind die Sozialwissenschaften in prinzipiell demselben Sinne hypothetisch-deduktiv verfahrende Gesetzeswissenschaften wie etwa die Physik.

Dagegen protestieren seit Dilthey die Theoretiker einer geisteswissenschaftlichen und hermeneutisch reflektierten Soziologie; aber auch spezifisch kritische, emanzipatorische und dialektische Theorieansätze setzen sich gewöhnlich vom empiristischen Verständnis der Wissenschaften ab.

Während die Empiristen, die sich in der Psychologie, in den Wirtschaftswissenschaften und in der quantitativen Sozialforschung weitgehend durchgesetzt haben, in ihrer methodischen Selbstreflexion an der analytischen Wissenschaftstheorie orientiert sind, greifen Hermeneutiker, Dialektiker und Kommunikationstheoretiker, aber auch Funktionalisten wie Parsons oder Luhmann ausdrücklich auf ältere erkenntnistheoretische Fragestellungen nach der Konstitution des sozialen Gegenstandsbereichs zurück. In der allgemeinen Systemtheorie und im jüngeren Poststrukturalismus gibt es erneut Versuche, eine rein aus der Beobachterperspektive entwickelte, umfassende Theorie der Wissenschaften zu entwerfen, die sich aber nicht an der Methodologie der Physik und der logischen Analyse ihrer Sprache orientiert, sondern an komplexen Begriffen des Systems, der Kommunikation, des Diskurses und der Macht.

In einem zweiten Schritt können wir dann Paradigmakontroversen identifizieren, die sich innerhalb des Rahmens und der Logik der Sozialwissenschaften bewegen und sich, einem Vorschlag von Habermas folgend, in ein handlungstheoretisches und ein systemtheoretisches Paradigma sowie in den Versuch, beide kritisch zu integrieren, einteilen lassen.

2.4.1 Das hypothetisch-deduktive Paradigma (kritischer Rationalismus)

Poppers «Logik der Forschung» beginnt mit den Sätzen: «Die Tätigkeit des wissenschaftlichen Forschers besteht darin, Sätze oder Systeme von Sätzen aufzustellen und systematisch zu überprüfen; in den empirischen Wissenschaften sind es insbesondere Hypothesen, Theoriensysteme, die aufgestellt und an der Erfahrung durch Beobachtung und Experiment überprüft werden». Aufgabe einer Logik der Forschung ist es, «dieses Verfahren, die *empirisch-wissenschaftliche Forschungsmethode* einer *logischen Analyse* zu unterziehen» (Popper [4] 1971, 3).

Damit hat Popper die wesentlichen Grundannahmen des *Aussagenmodells* (statement-view) der Wissenschaften benannt (vgl. Sneed 1971; Stegmüller 1973; 1975, 483 ff). Dieses Modell beruht auf zwei zentralen Prämissen: In ihm wird Begründung mit deduktiver Begründung identifiziert und Erfahrung mit der Beobachtung der Natur bzw. mit singulären Sätzen, die solche Beobachtungen beschreiben («Basissätze» einer «Beobachtungssprache»). Die logische Analyse legt alle Zusammenhänge im System wissenschaftlicher Sätze auf deduktive Zusammenhänge fest und schließt alle abweichenden Formen substantieller Begründung, praktischer Rechtfertigung, der Analogiebildung (etwa die berühmten ‹Familienähnlichkeiten›) oder interpretativer Sinnzusammenhänge, Kontexterklärungen etc. aus dem Reich wissenschaftlicher Argumentation aus; während die Identifikation der Erfahrungsbasis mit Beobachtungsprotokollen die Wissenschaft auf ein System rein kognitiver, darstellender Aussagen festlegt und insbesondere alle Werturteile und normativen Implikationen aus allen Wissenschaften, auch den Sozialwissenschaften, ausschließt. «A widely accepted claim about scientific theories is this», schreibt J. P. Sneed: *«Scientific theories are sets of statements; some of which are empirically true or false»* (Sneed 1971, 1).

Beobachtungssätze verankern die wissenschaftlichen Satzsysteme in unserer Sinneswahrnehmung. Die analytische Wissenschaftstheorie unterstellt durchgängig, daß wir «in Sinneswahrnehmungen direkten Zugang zu allgemein zugänglichen Objekten und Prozessen haben und unterscheiden können zwischen günstigen und ungünstigen Umständen für das *Feststellen durch Sehen, Hören etc.*, welche wahrnehmbaren Charakteristika zuverlässig diesen Objekten und Prozessen zugerechnet werden können. Es ist üblich, diese wahrnehmbaren Charakteristika ‹*beobachtbare Eigenschaften*› und ihren sprachlichen Ausdruck ‹Beobachtungs-Prädikate› zu nennen» (Sellars 1970, 240).

Die *Empirismusprämisse* der analytischen Wissenschaftstheorie impliziert eine Assimilation von Verstehen an Beobachtung. Wirklich sinnvoll und intersubjektiv voll verständlich sind allein deskriptive Beobachtungssätze, die den direkten Zugang unserer Sinneswahrnehmung zur objektiven Welt ausdrücken. Das heißt nicht, die Wissenschaften ließen sich auf solche Sätze reduzieren. Im Gegenteil, ohne theoretische Begriffe im Zentrum von Gesetzeshypothesen gibt es keine wissenschaftliche Erklärung. Aber der rationale, verständliche und intersubjektiv verifizierbare Kern wissenschaftlicher Erklärungen sind Beobachtungsaussagen bzw. die vollständig in einer Beobachtungssprache definierten Begriffe einer Theorie. Alle anderen, die theoretischen Begriffe, sind opak, dunkel und sofern sie nicht oder nur partiell in einer empiristischen Beobachtungssprache interpretierbar sind, irrational bzw. außerrational, nämlich intersubjektiv unverständlich. Da wissenschaftliche Erklärungen immer verständliche (wahrnehmungsbezogene) und unverständliche (theoretische) Begriffe mischen (bzw. einander zuordnen in sog. «Zuordnungsregeln»), ist nach analytischem Verständnis Wissenschaft definierbar als deduktives Operieren mit Netzen, deren Fäden durch Knoten verständlicher und unverständlicher Begriffe verknüpft sind. Die Fäden zwischen den rein theoretischen «Gesetzesknotenbegriffen» (Putnam) sind die Sätze der reinen Theorie. Die Fäden, die von den verständlichen Beobachtungsbegriffen gehalten und auf dem Boden der Tatsachen verankert werden, sind das Reich der reinen Empirie. Die Fäden schließlich, die Beobachtungsknoten und opake Gesetzesknoten verknüpfen, sind das, was Carnap «Korrespondenz-» oder «Zuordnungsregeln» nennt.

So behauptet Wolfgang Stegmüller, die einzige Sprache, «die wir vollkommen verstehen», sei die Beobachtungssprache. Demzufolge wäre der theoretische Begriff der Intelligenz nur verständlich in den operationellen Definitionen des Intelligenztests. «Wir geben damit zu, nur ein *teilweises Verständnis* der Termen unserer theoretischen Sprache gewonnen zu haben» (Stegmüller 1970, 293). Deshalb ist allein eine phänomenalistische Ding-Ereignissprache «für die Verständigung zwischen Wissenschaftlern untereinander geeignet» (ebd., 299). Eine solche Sprache muß nominalistisch sein, d. h., sie darf nur auf «konkrete Individuen, wie z. B. Dinge, Dingmomente oder Ereignisse» Bezug nehmen, und dies begründet Stegmüller wiederum damit, daß die Sprache der Wissenschaften «eine verständliche Sprache» (ebd., 300) sein soll. Deshalb sieht sich der Wissenschaftstheoretiker genötigt, die Grenze des Verständlichen bzw. Beobachtbaren «eng zu ziehen und nur etwas als beobachtbar anzusehen, das *sinnlich wahrnehmbar* ist» (ebd., 297).

Auch für Poppers «Logik der Forschung» sind die «Basissätze» der Beobachtungssprache das Kriterium intersubjektiven Sinns, zumindest sein Fundament: «Sollte eines Tages zwischen wissenschaftlichen Beobachtern über Basissätze keine Einigung zu erzielen sein, so würde das bedeuten, daß die Sprache als intersubjektives Verständigungsmittel versagt» (Popper [4]1971, 70).

Intuitiv unbefriedigend ist dieser Begriff des Verstehens zunächst, weil er alle Dispositionsprädikate wie ‹wasserlöslich›, aber auch ‹Absicht›, ‹Motiv›, ‹Verantwortung›, ‹Zurechnungsfähigkeit›, ‹Sprachkompetenz› oder ‹Intelligenz› für zumindest partiell unverständlich erklärt. Da wir sie jedoch tagtäglich in der Wissenschafts- ebenso wie in der Alltagspraxis erfolgreich verwenden, besteht aus der Perspektive dieser Praxis wenig Anlaß, sie für unverständlich zu halten. Aus der Perspektive unseres praktischen Sprachgebrauchs verläuft die Grenze zwischen intersubjektiv verständlich und unverständlich nämlich keineswegs entlang der Grenze von Theorie- und Beobachtungssprache, sie fällt vielmehr mit dem reibungslosen Funktionieren unserer Sprachspiele zusammen. Erst wo dieses Funktionieren einer gewöhnlich erfolgreichen Praxis auf Widerstände stößt, drängt sich das Problem einer unverständlichen Sprache auf, und zwar in der Verwendung (theoretischer) Dispositionsbegriffe wie in der Beschreibung konkreter Individuen oder Ereignisse (z. B. ‹an der und der Raum-Zeit-Stelle schwankt ein Zeiger zwischen 7,5 und 9,3›).

Gerade am soziologischen Grundbegriff der ‹Handlung› scheint das empiristische Verständnis von ‹intersubjektiver Verständigung› zu scheitern. Zwar sind Handlungen raum-zeitlich identifizierbare Körperbewegungen; aber um sie so zu beschreiben, daß wir verstehen, was der Handelnde getan hat, müssen wir die opaken Absichten des Handelnden mitbeschreiben. Wir verstehen die Handlung nur, sofern es eine Beschreibung gibt, die eine Absicht spezifiziert. Obwohl Handlungen Körperbewegungen sind, sind sie deshalb in einer reinen Beobachtungssprache prinzipiell nicht zu fassen. Erst die zutreffende Zuschreibung einer Absicht macht sie verständlich, während in einer nominalistisch-phänomenalistischen Ding-Ereignissprache unverständlich und opak bleiben muß, was geschah, als Hamlet versuchte, den Mann hinter dem Vorhang zu treffen und dabei versehentlich Polonius tötete (vgl. Davidson 1977a, b).

Zur empiristischen Prämisse der analytischen Wissenschaftstheorie gehört ferner die These, daß die Erfahrungsbasis der Wissenschaft deshalb schwankt, weil ihre Sprache nur konventionell durch einen (in letzter Instanz) irrationalen Beschluß für wahr erklärt werden kann. Wahrnehmungserlebnisse, so lautet die zentrale These, können Basissätze bzw. Aussagen der Beobachtungssprache nicht begründen, sondern bloß empirisch motivieren: «So ist es sicher richtig», schreibt Popper, «daß der Beschluß, einen Basissatz anzuerkennen (...) mit Erlebnissen zusammenhängt – etwa mit Wahrnehmungserlebnissen; aber der Basissatz wird durch Erlebnisse nicht begründet; Erlebnisse können Entschlüsse, also auch Festsetzungen *motivieren*, aber sie können einen Basis*satz* ebensowenig begründen wie einen Faustschlag auf den Tisch» (Popper [4] 1971, 71).

Das ist äußerst unbefriedigend, weil so die Basis, die alles trägt, nicht nur schwankt, sondern in der Luft hängt. Das wiederum liegt an einer dogmatisch unterstellten *deduktivistischen Prämisse*, der zufolge nur Sätze andere Sätze begründen können und deshalb jeder Versuch, Basissätze zu begründen, zirkulär bleiben muß. Das aber ist deshalb ein schlichtes Dogma, weil damit erstens von vornherein die Möglichkeit einer pragmatischen Begründung von Beobachtungssätzen ausgeschlossen wird, zweitens empirische Evidenz subjektivistisch mit Evidenzerlebnissen kurzgeschlossen und drittens die Differenz eines irrationalen und eines kritisch konstruktivistischen Konventionalismus der elementaren Beobachtungssprache eingezogen wird.

Poppers These von der Theorieabhängigkeit der Beobachtungsrache bleibt auf halbem Wege stecken, weil er sie mit der Unbegründbarkeitsthese verknüpft. Aber selbst die elementaren synthetischen

Erlebnisse, die wir in singulären Basissätzen ausdrücken (z. B. ‹dies hier ist ein Strauch›), verdanken sich, wie Peirce gezeigt hat, einem komplexen Zusammenspiel pragmatischer, nämlich abduktiver, induktiver und deduktiver Schlüsse. So hat schon die elementare Wahrnehmung von etwas als etwas, weit entfernt, auf ein bloß subjektives Erlebnis reduzierbar zu sein, die «Struktur eines unbewußten abduktiven Schlusses», der von einer (beispielsweise fotografisch) fest-stellbaren und (sprachlich) benennbaren, «interpretationsfreien Selbstgegebenheit der Phänomene» (erstens: «Dies da... ist so und so») über die hypothetische Subsumption einer Klasse möglicher Phänomene unter einem Begriff (zweitens: «Was so und so ist, ist in der Regel ein Strauch») zur etwas als etwas identifizierenden, interpretativen Wahrnehmung (= Beschreibung in einer Beobachtungssprache) als Schlußfolgerung (drittens: «Also ist dies da wohl ein Strauch») führt (Apel 1987, 122).

Deshalb ist es auch falsch, «*Evidenz* auf ein *Evidenzgefühl* oder *Gewißheitserlebnis* ohne jede Begründungsfunktion zu reduzieren». So kann «sinnliche Phänomenevidenz durch ein Photo in ihrem *objektiven* Moment der *Selbstgegebenheit des Phänomens* auf Dauer gestellt werden» (ebd., 127). Verschiedene Beobachter können sich dann zu verschiedenen Zeitpunkten auf dasselbe Phänomen beziehen und ihr jeweils subjektives Evidenzgefühl an der objektiven Phänomenevidenz, der «Widerständigkeit des Realen» (Dingler) korrigieren.

Die durch korrigierbare Evidenzen und fallible, praktisch-synthetische Schlüsse begründeten Wahrnehmungsurteile und Basissätze aber sind nicht bloß empirisch, sondern rational motiviert. Sie sind deshalb nicht länger naturwüchsige Faktizitäten, sondern Produkte eines gerichteten, rational rekonstruierbaren Wissenschaftsfortschritts, der «in the long run» (Popper) auf die Realisierung eines in jedem einzelnen Basissatz schon unterstellten idealen Konsenses abzielt, der die Wirklichkeit adäquat darstellen würde.

Der späte Popper hat zwar die subjektivistischen und dezisionistisch irrationalen Implikationen seines früheren radikalen Fallibilismus erkannt, ist aber – wie vor ihm schon Frege –, um sie zu vermeiden, in einen platonischen Realismus der dritten Welt objektiver Ideen und Bedeutungen zurückgefallen. Er behauptet nun: «Eine Theorie kann wahr sein – auch wenn niemand an sie glaubt, und sie kann wahr sein – auch wenn wir keinen Grund haben, sie zu akzeptieren oder zu glauben, daß sie wahr sei; und eine andere Theorie kann falsch sein, selbst wenn wir vergleichsweise gute Gründe haben, sie zu akzeptieren» (Popper 1968, 225, eigene Übers.). Dabei übersieht Popper aber die für wahre Theorien konstitutive Dialektik von wahrem und faktischem Konsens, von idealer und realer Kommunikationsgemeinschaft, in die Peirce schon die idealistische Dialektik von Glauben und Wissen bzw. Wissen und Wahrheit pragmatizistisch umgewandelt hatte. Es ist zwar richtig, daß eine Theorie wahr sein kann, auch wenn niemand hier und heute an sie glaubt; aber der Sinn ihrer Wahrheit erschließt sich erst, wenn alle guten und schlechten Gründe ausgetauscht und gegeneinander abgewogen worden sind. Eine Theorie ist wahr, sofern jeder und jede ihr zustimmen könnte. Das ist «in the long run» der Sinn der Wahrheit, die sich jeder faktischen Akzeptanz immer wieder durch Falsifikation entzieht (Peirce 1967, 349ff).

Poppers Orientierung an Tarskis semantizistischer Wahrheitstheorie führt zu einer Vernachlässigung der Pragmatik bzw. zu einer psychologistischen Fehldeutung der – schon von Frege in ihrer konstitutiven Wahrheitsfunktion entdeckten – «behauptenden Kräfte» (vgl. Frege [2]1976) der Rede und zu einer Reduktion pragmatischer Subjektivität auf empirisch-psychologische. Apel spricht in diesem Zusammenhang von einem «*abstraktiven Fehlschluß* in bezug auf die *Subjekt-Stelle* der nach Peirce prinzipiell dreistelligen (semiotisch – semantisch – pragmatischen; H. B.) Relation der zeichenvermittelten Erkenntnis» (Apel 1987, 133). Im Zentrum der von Peirce entwickelten Einverständnistheorie der Wahrheit steht deshalb die «außerhalb (der) Willkür» der «verschiedenen Köpfe» und ihrer «äußerst gegensätzlichen Anschauungen» im intersubjektiven «Prozeß der Forschung» «liegende Kraft» *rationaler Motivation*, die die vielen Köpfe, könnten sie sich nur lange genug aneinander heiß reden, schließlich («in the long run») «zu ein und derselben Konklusion» (Peirce 1967, 349) führt.

Auch von einer ganz anderen Seite her ist das hypothetisch-deduktive Paradigma der Wissenschaft mittlerweile ins Wanken geraten. Thomas S. Kuhn konnte in seiner bahnbrechenden Studie über «Die Struktur wissenschaftlicher Revolutionen» nämlich nachweisen, daß die analytische Wissenschaftstheorie mit einem Rationalitätsverständnis, das ausschließlich auf die «Wirkung der Natur und der Logik», nämlich auf (experimentell gestellte) Beobachtungen und deduktive Operationen fixiert ist, die tatsächliche Dynamik der Wissenschaftsevolution nicht nur nicht erklären, sondern noch nicht einmal rational rekonstruieren kann (vgl. Kuhn 1967, 131). Die «metascience of science» droht dann aber zu einer «metascience of science fiction» (Stegmüller 1973, 303) zu degenerieren. Aus dem Triumphzug, zu dem die Wirkungsgeschichte von Kuhns Buch mittlerweile geworden ist, sind freilich – schon von Kuhn selbst – immer wieder relativistische, historistische, hermeneutizistische und sogar wissenschaftsanarchistische Schlußfolgerungen gezogen worden. Diese muß man aber nur dann teilen, wenn man wie Kuhn und der deduktive Empirismus der Wissenschaftstheorie unterstellt, es gäbe keine Begründung und keinen rationalen Diskurs außerhalb des engen Rahmens der «Wirkungen von Natur und Logik».

Glaubt man das nicht, spricht eigentlich alles dafür, vom gescheiterten Versuch der wissenschaftstheoretischen Liquidierung der transzendentalen Erkenntnistheorie zu ihrer dialektischen Aufhebung fortzuschreiten. Dieser Fortschritt setzt mit der Anerkennung des Eigensinns der Logik von Sozial- und Geisteswissenschaften und der gegenstandskonstitutiven Funktion ihrer erkenntnisleitenden Interessen ein.

2.4.2 Erkenntnisleitende Interessen an Kontrolle, Orientierung und Emanzipation

Die Naturwissenschaftler machen ihre Erfahrungen *an-der-Welt*, die Geisteswissenschaftler *in-der-Welt* (Heidegger [14]1977, 12ff). Während die Naturforscher ihren Gegenstand von außen beobachten, ist der Forscher im Reich des objektiven Geistes einer Kultur je schon zu Hause (vgl. Dilthey 1970). Er bewegt sich in einem «einheimischen Reich des Geistes» (Hegel), und er begegnet auf seinen Reisen ins Reich der Vergangenheit oder in die Südsee zwar Ausländern und Fremden, aber mit denen kann er sich so, als ob er ein Inländer wäre, verständigen. Er kann die fremde Sprache lernen und die Grenzen fremder Lebensformen wegarbeiten. Fremdes verstehen lernen ist Horizontverschmelzung und Horizonterweiterung (vgl. Gadamer [4]1975, 250ff, 284ff, 356ff, 375). Die Logik der Interaktion ist eine des Verstehens-in-Situationen und des «praktischen Schließens» (v. Wright 1974): ohne fremde Horizonte kein Verstehen. Die Differenz von Kultur zu Kultur, der Abstand von Zeit zu Zeit ist die geschichtliche Bedingung der Möglichkeit hermeneutischer Erfahrung, geisteswissenschaftlicher und historischer Erkenntnis (vgl. Gadamer [4]1975, 275ff). Die geistige, durch Sprache und Symbol vermittelte

Wirklichkeit ist ein eigentümlicher ‹Gegenstand›, in den der Forscher gleichsam von innen eindringen muß und das auch kann, weil sein zeitliches Dasein immer schon in der Zeit ist. Der Forscher muß die Perspektive seines Objekts teilen, an ihr als Mitspieler (oder Interaktionsteilnehmer) partizipieren, wenn er seine ‹Daten› erheben und neue Erfahrungen machen will. Er könnte seinen Forschungsgegenstand, die Handlungen und Texte fremder Akteure, gar nicht verstehen, wenn er sie in einer ‹Beobachtungssprache› empiristischen Zuschnitts beschreiben würde. Eine derartige Beobachtungssprache wäre für ihn unverständlich und insofern opak, irrational (vgl. Beck 1976; v. Wright 1974).

Die Logik der *Erklärung* (im Unterschied zum ‹Verstehen› des Anderen) ist die Logik der Naturforschung. Das Besondere wird als ein vielen Fällen gleicher Fall unter ein allgemeines Gesetzesschema subsumiert. «Die Theorie», schreibt Popper, «ist das Netz, das wir auswerfen, um ‹die Welt› einzufangen – sie zu rationalisieren, zu erklären und zu beherrschen. Wir arbeiten daran, die Maschen des Netzes immer enger zu machen» (Popper [4]1971, 31). Das Interesse an Verfügung und Kontrolle ist das erkenntnisleitende Interesse der Naturwissenschaften (vgl. Klüver 1971).

Die Logik des *Verstehens* aber erweitert und vertieft, verändert und sichert unseren Erfahrungshorizont gerade im Sich-Einlassen auf die Besonderheit konkreter Fälle. Der Erfahrungshorizont der Geisteswissenschaften ist mit den eigenen Erfahrungen seines Objektbereichs immer schon verschmolzen. Denn die Objekte historischer Forschung sind Ko-Subjekte, deren Welt selbst rationalisiert ist, von ihnen selbst erklärt und beherrscht wird. Das erkenntnisleitende Interesse der Geisteswissenschaften zielt nicht nur darauf, die Fremdheit des Fremden zu verstehen, das Unverständliche verständlich zu machen und das Unübersichtliche übersichtlich, sondern es will vor allem die Entfremdung, die Sinnlosigkeit und Überkomplexität der eigenen, gegenwärtigen und modernen Welt verstehen, um sich in dieser Welt am Leitfaden ihres geschichtlichen Wesens zurechtzufinden. Ihr Interesse gilt der Wiederherstellung von Sicherheit und Vertrauen in eine Welt, die infolge des methodischen Denkens, des wissenschaftlich-technischen Fortschritts, die durch Aufklärung, Alphabetisierung und Industrie fremd, unvertraut, in der fraglosen Akzeptanz des Üblichen und Gewohnten tief verunsichert ist. Das einheimische Reich des Geistes ist auch ein «inneres Ausland» (Freud), in dem der moderne Mensch vor lauter Wegzeichen (‹Methoden›) die Orientierung (am ‹wahren Sein›) verloren hat (–weshalb das Buch von Gadamer auch «Wahrheit und Methode» heißt).

Die hermeneutische Maxime lautet: «Etwas verstehen heißt verstehen, wie es geworden ist» (Schnädelbach 1987, 125 ff). Die moderne Welt versteht, wer ihre Geschichte kennt oder sich zumindest auf eine oder mehrere ihrer vielen Geschichten einen Reim machen kann. Das Narrative gibt dem modernen Menschen das gestörte Vertrauen in seine Welt zurück und läßt ihn diese Welt als eigene eigentlich erfahren. Die narrativen Erinnerungsleistungen der Geisteswissenschaften stimmen so das Verständnis immer auch aufs Einverständnis mit der uneinholbar überlegenen Wahrheit der Geschichte(n) ein (vgl. Gadamer [4] 1975, 250 ff). Von Anfang an ist deshalb das praktische Orientierungsinteresse der Geisteswissenschaften nicht nur komplementär zum expansiven Kontrollinteresse von Naturwissenschaft und Technik, sondern auch eigentümlich defensiv, auf Bewahrung des Bewährten statt auf Veränderung des als falsch Erkannten angelegt (vgl. Ritter 1974, 105 ff). Auf geistigen Ausgleich der Folgekosten und vor allem der ungeplanten Nebenfolgen wachsender Herrschaft und Kontrolle bedacht, ist die Erfahrung des geschichtlichen Geistes konservativ und kompensatorisch von Haus aus (hierin übereinstimmend: Gadamer [4] 1975; Ritter 1974).

Die hermeneutische Erfahrung erhebt nun den Anspruch, fundamentaler zu sein als alle anderen Erfahrungen. In der Tat ist ja, wie wir gesehen haben, das alltägliche Verstehen von Handlungen (und Texten, symbolischen Äußerungen) elementarer und umfassender als das wissenschaftliche Verstehen in einer Beobachtungssprache. Letzteres ist nicht nur restriktiver, sondern im Vergleich mit alltäglichem Handlungsverstehen kontraintuitiv, ‹theoretisch› voraussetzungsvoll, methodisch abgeleitet, weniger ‹ursprünglich›, ein sekundäres Phänomen. Die hermeneutische Erfahrung hingegen macht noch das abstrakte und methodisch manipulierbare Verfügungswissen der Physiker und Ingenieure als ein konkretes Weltbild erfahrbar. Hermeneutik legt die geschichtlichen Wurzeln der ungeschichtlichen Physik und des vorgeblich zeitenthobenen Logos frei und offenbart uns die Herrschaft des analytischen Verstandes als eine bestimmte und vergängliche «Zeit des Weltbildes» (Heidegger [5] 1972, 69 ff) und die ideale Forschergemeinschaft als konkrete, soziale «Paradigmagemeinschaft», deren Existenz sich nicht so sehr der Rationalität eines kontinuierlichen Wissenschaftsfortschritts verdankt, sondern der diskontinuierenden, «irrationalen» Kraft von wissenschaftlichen Revolutionen (vgl. Kuhn 1967). Das methodische Denken muß seine Wahrheit als eine seiner Geschichtlichkeit erfahren (vgl. Gadamer [4]1975). Als Erfahrung aller möglichen Erfahrung erhebt das hermeneutisch-praktische Erkenntnisinteresse einen reflexiven Universalitätsanspruch.

Die geisteswissenschaftliche Transformation der Philosophie rückt seit dem späten Dilthey die «geschichtlich-gesellschaftliche Wirklichkeit» des geformten «Lebens» und dessen «Wirkungszusammenhang» an den Ort des transzendentalen Subjekts der Erkenntnis (vgl. Rothacker 1923). Die Zeit wird zur konkreten Bedingung der Möglichkeit des Logos und dreht die erkenntnistheoretische Stellung des erkennenden Subjekts zu seinen Gegenständen um. Erkenntnistheorie wird vom Kopf auf die Füße gestellt.

Mit dieser Operation erfüllt der eigensinnige Erfahrungsbegriff der Geisteswissenschaften eine doppelte Funktion: Er zeichnet einen eigenen, den naturwissenschaftlichen komplementär ergänzenden Erfahrungstypus aus (Empirie an-der-Welt vs. Empirie in-der-Welt), und er begründet (quasi-transzendental, besser: konkret transzendental) eine aller anderen Erfahrung unhintergehbar vorgeordnete, vorhergehende, vorlaufende Weise der Erfahrung. Im geisteswissenschaftlichen Orientierungsinteresse – so die hermeneutische ‹message› – findet das Kontrollinteresse der Naturwissenschaften zum zerfurchten, fruchtbaren Boden des Lebens zurück.

Die Schwächen dieses doppelsinnigen und universalistisch überdehnten Erfahrungsbegriffs der Hermeneutik liegen auf der Hand. Auf Poppers abstraktiven Fehlschluß von der alle bloß faktischen Akzeptanzen sprengenden Kraft des Logos auf die entsubjektivierte Ewigkeit der wahren Theorien (zur Kritik vgl. Brunkhorst 1978) antwortet die Hermeneutik mit einem konkretistischen Fehlschluß von der geschichtlichen Selbsteinholung des grenzüberschreitenden Logos auf die Unhintergehbarkeit der geschichtlichen Zeit und der immer zeitlich situierten Umgangssprache (zur Kritik vgl. Lorenz & Mittelstraß 1967, 187 ff). In beiden Fällen wird aber die von Peirce entdeckte pragmatische Dimension unserer Subjektivität verfehlt (vgl. Lorenzen 1987, 439 ff).

So wird aus der historischen Aufklärung am Ende ein neuer Mythos, nicht minder absolutistisch als der zu Recht in seine Schranken verwiesene Scientismus (zur Kontroverse vgl. Apel 1971). Wenn nämlich die hermeneutische Maxime «Etwas verstehen heißt verstehen, wie es geworden ist» nicht länger methodisch als heuristische

Maxime einer bestimmten Variante des Wissenserwerbs verstanden wird, sondern als unübersteigbare Voraussetzung jeder Erfahrung; wenn sie im Sinne von ‹Zeitlichkeit› und ‹Geschichtlichkeit› Antwort auf die Frage nach dem Sein verspricht, dann impliziert sie, daß jedes Sein verstehbar, nämlich geschichtlich sei. Das aber ist eine metaphysische These, die schon deshalb nicht sinnvoll bestritten werden kann, weil ihre Negation als Negation einer Totalitätsaussage in strikte Antinomien führt (vgl. Schnädelbach 1987, 125 ff).

Die quasi-transzendentale Metaphysik der hermeneutischen Erfahrung, die Heidegger seinerzeit in «Sein und Zeit» auf die Formel «Sein ist Zeit» gebracht hatte, beschwert das Verstehen mit einem konservativen Vorurteil und verzerrt die Komplementarität von Verstehen und Erklären (vgl. Apel 1979) zuungunsten von Aufklärung und Kritik.

Paradigma aller Geisteswissenschaften sind die Geschichtswissenschaften. Foucault hat in «Die Ordnung der Dinge» die eigentümliche Doppelgesichtigkeit der Geschichte innerhalb der Humanwissenschaften erkannt und zur Grundlage seiner eigenen, dekonstruktiven Absichten gemacht. Die Geschichtswissenschaften fundieren die anderen Wissenschaften, indem sie deren Universalismus partikularisieren: «Die Geschichte bietet also für die Aufnahme der Humanwissenschaften ein gleichzeitig privilegiertes und gefährliches Gebiet. Für jede Wissenschaft vom Menschen bietet sie einen Hintergrund, der sie konstituiert und ihr ein Fundament und gewissermaßen eine Heimat festlegt.» Die Geschichte weist den Wissenschaften ihren transzendentalen Ort zu. Sie erfüllt Kants philosophische Platzanweiserfunktion aber nur mehr ironisch, indem sie den Wahrheitsanspruch der Wissenschaften in solch historischer Platzanweisung destruiert. Die Geschichte kreist die anderen Humanwissenschaften «mit einer Grenze ein und zerstört von Anfang an ihren Anspruch, in dem Element der Universalität zu gelten» (Foucault 1971, 444). Der transzendental-empirische Doppelstatus geschichtlicher Erfahrung transformiert die Transzendentalphilosophie in Genealogie und zersprengt die Universalität des Logos in zeitliche Fragmente. Wissenschaftlich erhobene Wahrheitsansprüche werden damit auf den Status bloß methodischer Richtigkeit zurückgeschraubt – bei Foucault nicht anders als bei Heidegger oder Gadamer.

Jede gelingende hermeneutische Selbstverständigung mit der geschichtlich gewordenen Wirklichkeit der modernen Welt korrigiert zwar deren abstraktes, zeitenthoben rationalistisches Selbstverständnis, aber eben diese Korrektur wird zum tragenden Einverständnis in den geschichtlichen Charakter derselben modernen Welt (exemplarisch Ritter 1977). Indem wir uns der Erfahrung aussetzen, daß diese Welt (einschließlich ihrer Wissenschaft) ist, was sie geworden ist, und sonst nichts, haben wir das Vertrauen ihrer höheren geschichtlichen Wahrheit gewonnen. Die vertrauensbildenden Geschichten der narrativen Geisteswissenschaften entlasten die sozialen Akteure von den Zumutungen einer alle zeitlichen Kontexte immer von neuem transzendierenden Autonomie kraft der höheren Autorität und unübersteigbaren Horizont-Relativität geschichtlich vorgegebenen Sinns. Die «Furcht vor der Freiheit» (E. Fromm) entlastet sich im Reich des Narrativen, in dem Fiktion und Wirklichkeit in immer neuen Beschreibungen (vgl. Rorty 1989) einander durchdringen, von der «Verurteilung» (Sartre) zur Freiheit der «Selbstgesetzgebung» (Kant).

Faktisch wird der starke Universalitätsanspruch hermeneutischer Geschichtswahrheit erst mit der vollzogenen Autonomisierung der *Sozialwissenschaften* eingeschränkt, deren Erkenntnisinteresse zugleich an Natur- und Geisteswissenschaften anschließt und sich zu beiden kritisch, Grenzen ziehend verhält. An die Stelle der (latent absolutistischen) Fundierung des technisch-wissenschaftlichen Kontrollinteresses im praktischen Orientierungsinteresse tritt nun die Gleichursprünglichkeit technischer, praktischer und emanzipatorischer Erkenntnisinteressen, deren Einheit nur mehr im (unendlichen) Prozeß gemeinschaftlicher Wahrheitsfindung (kontrafaktisch) besteht (vgl. Apel 1971; Habermas 1968a u. b). Dessen Vernunft ist in den Sozialwissenschaften nicht anders als in den Natur- und Geisteswissenschaften das jeweils bessere Argument und nicht die höhere Wahrheit einer oder vieler Geschichten, ebensowenig die naturwüchsig zwingende «Wirkung von Logik und Natur» (vgl. Kuhn 1967). Die Logik der Sozialwissenschaften entkleidet die Zeit ihrer überlegenen Wahrheit, die Geschichte ihrer Definitionsmacht, die welterschließenden Geschichten ihres sachlichen Geltungsanspruchs, und sie führt die «Wirkung von Logik und Natur» auf den «zwanglosen Zwang des besseren Arguments» (Habermas 1971) zurück.

Die Differenz von Verstehen und Erklären trennt nun nicht nur die Wissenschaften des Geistes von denen der Außenwelt, die ersteren machen sich die Komplementarität von Verstehen und Erklären auch von innen zunutze. Sie analysieren den objektiven Geist von Kultur und Gesellschaft in der Regel von beiden Seiten, von innen und von außen als Gemeinschaft und als Gesellschaft, als Lebenswelt und als

Funktionssystem. Der Funktionsbegriff gehört zur Grundausstattung der Geisteswissenschaften. Schon Dilthey unterscheidet nicht nur Natur und Geist, sondern noch einmal rekursiv dasselbe innerhalb des Geistes einer geschichtlichen Lebensform, wenn er intern Innen- und Außenperspektive, nämlich die «äußere Organisation der Gesellschaft» (Beispiel: Religion als Kirche und Verband) von den deutungsbedürftigen «Kultursystemen» (Religion als Gemeinde, Glaubensgenossenschaft, ‹Bund› etc.) abhebt.

Die kritisch-emanzipatorischen Sozialwissenschaften setzen nun aber das Auflösungsvermögen der bestimmenden Reflexion in jenem inneren Reich des Geistes (Diltheys «Kultursysteme») selbst in Gang. Sie zerlegen den Verstehensbegriff noch einmal in seine konstitutiven Bestandteile. Am Sachgehalt der Überlieferung, an der Objektivität des Geistes setzen sie die scharfen Klingen immanenter Kritik und bestimmter Negation an. Die andere Seite des Hegelschen Erbes, von dem Dilthey nur objektive Funktions- und Bedeutungszusammenhänge auf dem Weg in die modernen Geisteswissenschaften mitgenommen hatte, bringen Wissenschaften wie die Psychoanalyse und die marxistische Gesellschaftstheorie in der nüchternen Funktionsarchitektur der Sozialwissenschaften als ideologiekritischen Explosivstoff unter. Denn das reflexive Verstehen objektiver Sinnzusammenhänge stößt nicht nur an den Funktionskreisläufen der Gesellschaft, die innerhalb der Gesellschaftsgeschichte ein unaufhebbares Stück Naturgeschichte fortsetzen (Marx spricht hier von «Stoffwechselprozessen» im Austausch von Natur und Gesellschaft), an Grenzen des Verstehens, es stößt vielmehr auch im einheimischen Reich des Geistes auf ein «inneres Ausland» (Freud), das sich «in den zu verstehenden Lebensäußerungen» in Form von Widersprüchen, welche durch ein «Ineinander von Sinn und Unsinn» (Apel 1971, 38f) bedingt sind, zu erkennen gibt. Der Auflösung solcher Widersprüche gilt das emanzipatorische Erkenntnisinteresse in der psychoanalytischen Durchdringung des Dickichts von Fehlleistungen, abgespaltenen Traumsymbolen und neurotischen Störungen ebenso wie in der neueren Schizophrenieforschung der Suche nach Auswegen aus dem «double-bind» und anderen Formen paradoxer Kommunikation (vgl. Watzlawick et al. 1971).

In der Analyse «verzerrter Kommunikation» (Habermas 1968a) trennt sich noch einmal das Verstehen vom Erklären, nun aber in dem Interesse, die Erklärung in der gemeinsamen Selbstreflexion von Subjekt und Objekt rückgängig zu machen und aufzuheben. Dafür ist die

Psychoanalyse immer noch ein einzigartiges Modell. Denn die einzige Erklärung dafür, «daß die Menschen auf die kausalanalytische Erklärung ihres Verhaltens durch neuartiges Verhalten reagieren können, liegt in der Einsicht, daß (sie) die Sprache der psychologisch-soziologischen ‹Erklärung› durch Selbstreflexion in die Sprache eines vertieften Selbstverständnisses umsetzen können» (Apel 1971, 42). Zu einem derart vertieften Selbstverständnis, das die latente Gewalt des quasi-kausalen Zwangs abgespaltener Symbole bricht, aber ist das hermeneutische Orientierungsinteresse an vertrautem Mitsein in einer gesellschaftlich vorverstandenen Welt nicht ausreichend. Hierzu bedarf es vielmehr der postkonventionellen Distanzierung der konventionellen Üblichkeiten einer allein durch Autorität und Tradition verbürgten Geschichtswahrheit. Die unterscheidende Kraft der Kritik trennt das Verstehen vom Einverständnis, die erfahrene Einstimmung gemeinschaftlicher Gefühle von der begründeten Zustimmung zu hypothetischen Wahrheitsansprüchen. Die Logik der Sozialwissenschaften scheidet die welterschließende Macht einer geschichtlichen Sprache von der diskursiven Begründung ihrer Geltungsansprüche. In ihrem Interesse an einem ‹vertieften Selbstverständnis›, das verzerrte Kommunikationsformen auflöst, sind die Sozialwissenschaften reflexive Krisenwissenschaften, die die geschichtliche Zeit zwischen die Begriffe ‹Kritik› und ‹Krise› spannen.

Indem die Sozialwissenschaften mit Durkheim, Dewey, Mead und Piaget das Interesse der Aufklärung gegen den – Widersprüche und Kommunikationspathologien verdeckenden und Krisen verzerrter Kommunikation verklärenden – Totalitätsanspruch der alles verstehenden hermeneutischen Erfahrung in den Geisteswissenschaften zur Geltung bringen und indem sie – gleichzeitig – dem instrumentellen Interesse der Naturwissenschaften an äußerer Autonomie den emanzipatorischen Gesichtspunkt innerer Autonomie entgegenhalten, machen sie das emanzipatorische Erkenntnisinteresse zum Motor einer Transformation der Philosophie, die Erkenntnistheorie nicht liquidiert, sondern aufhebt. In der sozialwissenschaftlichen Transformation der Philosophie wird aus dem autonomen Gewissen unseres intelligiblen Charakters (Kant) über das starke Ich, das werden soll, wo Es war (Freud), der Begriff einer «postkonventionellen Ich-Identität» (Kohlberg). Vergesellschaftungsprozesse können aus dieser abstrakten und universellen Binnenperspektive nicht nur nach Maßgabe der Selbsterhaltung komplexer Systeme von außen analysiert (Kontrollinteresse) und nach Maßgabe des geschichtlichen Selbstverständnisses und der erinnernden Kraft sozialer Kollektive von innen verstanden werden (praktisches Orientierungsinteresse), sie können und müssen nun auch nach Maßgabe ihrer rationalen Identität von innen kritisiert und als innere Rationalisierungsprozesse begriffen werden (vgl. Lorenzen 1975).

So sind die Sozialwissenschaften als emanzipatorische Wissenschaften nicht nur der nachmetaphysische Erbe des Kantischen ‹Gewissens›, sondern auch des Hegelschen ‹Begriffs› als Maß immanenter Kritik. Sie lösen die hermeneutische Projektion sachlicher Wahrheit in die immer schon geschehende Faktizität welterschließender Erfahrung auf und überwinden die Dichotomie von Wahrheit und Methode. Die interne Dissoziation von Sicht und Einsicht, die innerzeitliche Trennung von Zeit und Logos, von Geschichte und Evolution hebt mit den hermeneutischen Totalitätskategorien ‹Leben›, ‹Geist› und ‹Wirklichkeit› die konservative «Verklärung der Lebenswelt» (Apel) auf.

2.4.3 Soziale Systeme und Diskurse der Macht

Der *radikale Konstruktivismus* (vgl. Schmidt 1987; Luhmann 1988) der neueren Systemtheorie schließt wieder – darin der Lehre von den erkenntnisleitenden Interessen verwandt – an ältere Fragestellungen der idealistischen Erkenntnistheorie an. Er greift in der Soziologie den phänomenologisch-hermeneutischen Begriff des (immer auf andere Möglichkeiten vorgreifenden und immer aktuellen) «Sinns» von Handlungen als Grundbegriff auf (vgl. Luhmann 1971) und operiert mit einem entsprechend komplexen Begriff von «Kommunikation» (vgl. Luhmann 1982; 1984, 191 ff), der zwar von der hermeneutischen Teilnehmerperspektive abstrahiert und sich strikt auf Beobachtung und Beobachtung von Beobachtung (second order cybernetics) einschränkt, dabei aber jede Festlegung auf den engen Bezugsrahmen einer empiristischen Beobachtungssprache vermeidet. Beobachtung ist vielmehr auf derselben Operationsebene angesiedelt wie das reflektierende (eben: spiegelnd beobachtende) Bewußtsein der transzendentalen und idealistischen Erkenntnistheorien. An die Stelle des Bewußtseins treten aber allgemeinere Einheiten, nämlich autopoietische oder selbstreferentielle Systeme; und ‹Bewußtsein› ist dann nur ein Fall unter vielen Fällen von Systemen, die ihre Differenz zu anderen Systemen in ihrer Umwelt durch reflexive Beobachtungsleistungen selbst bestimmen und so Systemautonomie gewinnen (vgl. Luhmann 1985). «Selbstreferentielle Systeme können sich selbst beobachten. Sie können ihre eigenen Operationen auf die eigene Identität richten, indem sie eine Differenz zugrunde legen, mit deren Hilfe sich die eigene Identität von anderem unterscheiden läßt» (Luhmann, 1987, 161). Diese Differenz, die für die Systembildung konstitutiv ist, ist die Differenz von System und Umwelt. Sie tritt an die Stelle der älteren von Subjekt und Objekt (vgl. Luhmann 1988, 10). Die Welt ist dann so, wie wir sie sehen (vgl. Schmidt 1987, 18). Der Begriff der *Autopoiesis*, schreibt Luhmann, «gibt, radikal bis in die Physik hinein durchgeführt, die Annahme eines Weltseins auf, das Sein und Denken verbindet» (Luhmann 1987a, 307).

Systeme verwirklichen und erzeugen sich selbst und können das dann beobachten. Die Erfahrungen, die sie machen, werden von den selbstreferentiellen Systemen aufgrund ihrer funktionalen Beschaffenheit selbst erzeugt. Solcherart Selbsterzeugung der Erfahrung (‹Empirie›) ist keineswegs willkürlich und beliebig, obwohl sie an sich im System, das immer nur mit den eigenen Strukturen operieren kann, unbekannt bleibt: Da «kein System Operationen außerhalb der Systemgrenzen, also Operationen in seiner Umwelt vollziehen kann», also «kein System durch eigene Operationen sich selbst mit der Umwelt verknüpfen kann», kann man also «nur vermuten, daß auch durch Rekursivität gedanklicher und kommunikativer Operationen ständig Realität getestet wird, und dies mit Erfolg, weil die Umwelt der Systeme zwar unbekannt ist und unbekannt bleibt, aber jedenfalls nicht beliebige, diskontinuierliche Verteilungen aufweist» (Luhmann 1987a, 312f). Die einem Organismus zugängliche Welt «ist mithin seine kognitive Welt, nicht eine Welt ‹so, wie sie ist›» (Schmidt 1987, 26). Maturana schreibt: «Wir erzeugen daher buchstäblich die Welt, in der wir leben, indem wir sie leben» (Maturana 1982, 269). Systeme bilden sich also im Vollzug von Operationen, die auf sich selbst gerichtet sind und sich so gegen ihre Umwelt abschließen. Systeme werden allein durch ihre Operationen, nicht mehr durch die Dichte des Objektzusammenhangs, den sie bilden, definiert (vgl. Luhmann 1988, 51).

Was wir (als denkende Systeme) beobachten, können wir auf der Abstraktionsstufe der Sprache auch beschreiben.

«Sobald ein Bedarf aufkommt, Selbstbeobachtungen durch strukturelle Vorgaben zu steuern und sie nicht ganz der jeweiligen Situation zu überlassen, wollen wir von

Selbstbeschreibungen sprechen. Die Beschreibung fixiert eine Struktur, einen
‹Text› für mögliche Beobachtungen, die dadurch geführt und besser erinnert, besser tradiert, besser aneinander angeschlossen werden können» (Luhmann 1987, 161).

Das ist der systemtheoretische Begriff des «objektiven Geistes». Beobachtung türmt sich auf Beobachtung und Beschreibung, was dann wieder beobachtet und beschrieben werden kann. Durch derart rekursive Operationen bilden sich autopoietische, d. h. selbstreferentiell geschlossene Systeme (vgl. v. Foerster 1987).

Die erkenntnistheoretische Pointe dabei ist, daß nur durch Selbstbeobachtung und Selbstbeschreibung geschlossene, von ihrer Umwelt «abgekoppelte» Systeme Erfahrungen machen können. «Erkenntnis (ist) nur durch Abbruch von operativen Beziehungen zur Außenwelt erreichbar» (Luhmann 1988, 51). Der Beobachtung und Beschreibung steht immer nur der Weg durch das Selbst, das eigene System und seine strukturellen Möglichkeiten offen. Jede Erkenntnis ist Selbsterkenntnis, und jede Beschreibung der Welt ist eine Selbstbeschreibung. «Die Frage *Was ist der Gegenstand der Erkenntnis?* wird damit sinnlos. Es gibt keine Gegenstände der Erkenntnis. Wissen heißt, fähig sein, in einer individuellen oder sozialen Situation adäquat zu operieren» (Maturana 1982, 76). «Wahrheit und Falschheit gibt es immer nur im Referenzbereich, der von einem Beobachter festgelegt wird» (Maturana 1987, 108).

Dieser Wahrheitsperspektivismus ist zunächst vom objektiven Idealismus zu unterscheiden, der die Wirklichkeit in den Begriff aufhebt und das Wirkliche mit dem Vernünftigen identifiziert. Radikale Konstruktivisten leugnen nicht ‹die Wirklichkeit›, sie sagen nur, «(...) daß alle meine Aussagen über diese Wirklichkeit zu hundert Prozent mein Erleben sind. Daß dieses Erleben dann zusammenstimmt, das kommt natürlich aus der Wirklichkeit» (v. Glasersfeld 1984, 7). Erklärt man das Zusammenstimmen der vielen Beobachtungen verschiedenster Systeme so, dann setzt man aber an die Stelle des transzendentalen Subjekts, das die Möglichkeit des Zusammenstimmens erklären soll, ein weiteres Mal die «Wirkungen der Natur» (Kuhn, s. o.): das kontingente Objekt. Diese Erkenntnistheorie ist extrem naturalistisch. Viele Beobachter stimmen darin überein, «weil Menschen als lebende Systeme den Bedingungen unterworfen sind, die das Medium, in dem sie leben, ihrer Existenz setzt» (Schmidt 1987, 35). Auch hier wird also die epistemische Relation von Subjekt und Objekt vom Kopf auf die Füße gestellt. Es fragt sich dann nur, wie wir in einer solchen Lage noch wissen können, daß ein «Zusammenstimmen» möglich ist. Um diese Möglichkeit erkennen zu können, hatte Kant sich ja ausdrücklich auf den Kopf gestellt.

Statt die transzendentale Subjekttheorie durch eine simple Objekttheorie der Erkenntnis zu ersetzen, geht Luhmann deshalb von der Differenz von «System» und «Umwelt» aus. Das setzt freilich, wie Luhmann selbst sieht, die Rede von einer *«Welt»* voraus, die «die Einheit der Differenz von *System* und *Umwelt* bezeichnet» (Luhmann 1988, 42). Nun ist «die Welt» in der Tat kein Gegenstand, dem wir Prädikatoren wie «System» zusprechen und andere Prädikatoren wie «Umwelt» absprechen können, den wir also durch prädikative Operationen von anderen Gegenständen unterscheiden könnten. Sie ist deshalb von nichts anderem unterscheidbar und insofern das Ununterscheidbare. Denn alle Gegenstände begegnen uns immer schon in der Welt (vgl. Kamlah & Lorenzen 1967, 49; Heidegger [14]1977, 52ff). «Welt» ist auch – ebensowenig wie «Gegenstand» und im Unterschied zu Zeichen, die Sachen oder etwas an ihnen unterscheiden wie ‹Blume›, ‹System›, ‹Tisch›, ‹Umwelt›, ‹Gesellschaft›, ‹Natur›, ‹rot› etc. – kein Prädikator, den wir bestimmten Gegenständen (bzw. Gegenstandsbereichen) nur deshalb zusprechen können, weil wir ihn anderen absprechen, weil wir seinen Gebrauch exemplarisch an Beispielen und Gegenbeispielen lernen können. Es gibt sowenig ein Gegenbeispiel zu «Welt» wie zu «Gegenstand». Jene «Welt», die die «Einheit in der Differenz von System und Umwelt bezeichnet», ist ein Ausdruck, dessen Gebrauch und Bedeutung wir nicht durch exemplarische Einführung anhand von Beispielen und Gegenbeispielen (wie jedes beliebige Prädikat) lernen können, sondern nur beiläufig oder «synsemantisch» im Erlernen prädikativer Differenzierung; denn die Welt ist das, was alle Unterscheidungen «muß beleiten können», um mit Kant zu reden (vgl. Kamlah & Lorenzen 1967, 39ff). «Welt» und «Gegenstand» verhalten sich komplementär zueinander. Während Gegenstände dasjenige sind, dem wir Prädikate zu- oder absprechen und das wir mit Namen benennen können, ist die Welt der unübersteigbare Horizont, in dessen Rahmen wir uns immer schon bewegen, wenn wir Gegenstände bezeichnen und ihnen Prädikate zu- oder absprechen und z. B. beobachtend und beschreibend «System» und «Umwelt» unterscheiden (– wobei das Bild vom Rahmen natürlich schief ist, denn die Welt hat kein Außen, oder wie Heidegger sagt: unser Sein ist «In-der-Welt-sein»).

Luhmann ist jedoch der empiristisch-naturalistischen Ansicht, auch die Rede von «der Welt» wäre genauso wie die Unterscheidung von «System» und «Umwelt» eine spezifische Eigenleistung, eine operative Praktik selbstreferentieller Systeme. Genau das aber kann man mit gutem Grund bestreiten. Innerweltliche «Systeme» erzeugen sich selbst durch differenzierende (Beobachtung und höherstufige Beobachtung einschließende) Operationen; aber sie vollziehen solche Operationen immer schon in der Welt, die sie in jedem operativen Vollzug als Bedingung ihrer Möglichkeit (idealisierend vorlaufend) voraussetzen müssen – und zwar unabhängig davon, ob sie von der Welt wie von einem Gegenstand reifizierend reden oder nicht. Zwar müssen sie sich eine Welt *voraussetzen*, aber sie *müssen* es auch. Darin zwingt sich ihnen die Objektivität (oder, wie Dingler sagt, «Widerständigkeit») der Welt (und ihrer «Realität») auf. Wir könnten gar nicht von ‹der Welt› reden, ohne uns in ihr zu bewegen; aber natürlich können wir von Sternen reden, ohne in oder auf ihnen zu sein. Wir können deshalb zwar Gegenstände fingieren und ihnen fiktive Prädikate zusprechen (wie beim berühmten «Flügelroß» der Logiker), nicht aber die Welt, deren Weltlichkeit wir noch in jeder Fiktion präsupponieren. Die soziologische Systemtheorie geht statt dessen von der anderen Voraussetzung aus, «daß es Systeme gibt» (Luhmann 1984, 30; 1988, 13). Das ist nur scheinbar eine ontologische Prämisse, denn man muß ja sagen, daß es Systeme gibt, um sich auf sie als etwas beziehen zu können. Ohne von Systemen zu reden oder sie wenigstens beobachtend von ihrer Umwelt abzuheben, macht die Existenzpräsupposition nicht den geringsten Sinn (vgl. Luhmann 1988, 16).

Die *empirische Erkenntnistheorie* des neueren Funktionalismus fragt aber nicht mehr danach, wie es möglich ist, so etwas mit Anspruch auf Wahrheit zu sagen wie, daß es Systeme gibt, sondern sie fragt einfach, wie das erkennende System faktisch eine so beschreibbare Selbstbeobachtung (seiner selbst als System) organisiert (vgl. ebd., 22). Sie fragt damit nicht länger nach den allgemeinen Voraussetzungen der adäquaten Erkenntnis von etwas als etwas, sie fragt ganz einfach, wie sich selbstreferentielle Systeme in spezifischen Fällen von Selbstbeobachtung und Selbstbeschreibung faktisch verhalten. Durch radikale Verzeitlichung werden die bei jedem Versuch einer adäquaten Selbstbeschreibung der Gesellschaft im ganzen zwangsläufig produzierten Paradoxien nicht ein für allemal (wie in den transzendentalen und idealistischen Erkenntnistheorien) aus der Welt geschafft, sondern immer nur von Fall zu Fall, nicht auf Dauer, sondern nur von Zeit zu Zeit; dann nämlich, wenn Entparadoxierungsbedarf tatsächlich angemeldet wird (vgl. Luhmann 1987). Erst im Bedarfsfall ist dann eine «kreative Verwendung von Paradoxien» angesagt mittels einer «Transformation unendlicher in endliche Informationslasten» (Luhmann 1987a, 320), nämlich durch fallweise Reduktion von Komplexität.

Die empirische Erkenntnistheorie der radikalen Konstruktivisten operiert schließlich mit einem «soziologischen Begriff der Erkenntnis», der nur «eine» (nun freilich von «der Welt» ununterscheidbar gewordene – vgl. Habermas 1981, Bd. 2) «Gesellschaft», d. h. «nur ein umfassendes System der Autopoiesis von Kommunikation» kennt: «So wird der Erkenntnistheoretiker selbst Ratte im Labyrinth und muß reflektieren, von welchem Platz aus er die anderen Ratten beobachtet» (Luhmann 1988, 24; vgl. auch 42 ff).

Nach diesem Muster einer empiristisch gewendeten Hegelschen Reflexionsdialektik organisiert sich auch die Methodologie funktionalistisch-konstruktivistischer Theoriebildung in der Soziologie. Die Systemtheorie ist dann, nach Luhmanns sich selbst imponierendem Eingeständnis, «eine besonders eindrucksvolle Supertheorie». Supertheorien «sind Theorien mit universalistischen (und das heißt: sich selbst und ihre Gegner einbeziehenden) Ansprüchen» (Luhmann 1984, 19). Die traditionellen «Leitdifferenzen» wie die von Teil und Ganzem, Allgemeinem und Besonderem oder Subjekt und Objekt sind durch die Differenz von System und Umwelt ersetzt worden (vgl. ebd., 22). «Totalisierende Supertheorien» wie der Systemansatz (vgl. Luhmann 1978, 17), die «ihre Lernprozesse nicht an der Natur, sondern am Gegner» (ebd., 23) orientieren, erheben wie Hegels immanente oder die marxistische Ideologiekritik den Anspruch, mit ihren «eigenen Begriffen» den jeweiligen Gegner zu rekonstruieren und so aus sozialstrukturellen Gründen fortschreitender Funktionsdifferenzierung zu erklären, «weshalb er opponiert». Dazu müssen sie sich freilich nicht länger hermeneutisch und hypothetisch auf die Perspektive des Gegners und die internen Widersprüche seiner Begriffsbildung einlassen, sondern sie bleiben ganz in der eigenen Begrifflichkeit einer distanzierten und in sich geschlossenen Beobachterperspektive. Es kommt (im Sinne von «Autopoiesis») immer nur darauf an, «für den Gegner einen berechtigten Platz im *eigenen* theoretischen Rahmen zu finden» (ebd., 18).

Die Systemtheorie schließt sich also selbst autopoietisch gegen ihre Diskursumwelt ab und gewinnt ihre eigenen Erkenntnisse immer nur

durch «Abbruch von operativen Beziehungen zur Außenwelt» (s. o.),
in der die Gegner, die anderen Paradigmen soziologischer Theoriebildung anhängen, agieren. Dieser alle soziologischen Fachgrenzen
sprengende Universalismus ist das Geheimnis ihres Erfolgs, den sie
sich dann selbst als erfolgreichen Systemabschluß zuschreiben kann.
In solch absolutistischer «Abschlußhaftigkeit» (Adorno) ist sie aber
«nicht eigentlich Soziologie, sondern eher zu vergleichen mit metatheoretischen Entwürfen, die Weltbildfunktion erfüllen» (Habermas
1985, 443).

Die Systemtheorie versteht sich selbst als Teil der sozialen Wirklichkeit, auf die sie sich bezieht (vgl. Luhmann 1978, 116). Aber solcher Bezug ist ein purer sozialer Zufall, keine transzendentale Notwendigkeit, er ereignet sich von Zeit zu Zeit und von Fall zu Fall, je
nach Bedarf, er wird nicht deduziert oder erschlossen, sondern beobachtet. Aus der (dialektischen) «Metaphysik» des Geistes wird dann
aber, wie Habermas seinerseits beobachtet hat, eine (undialektische)
«Metabiologie» sinnverarbeitender Systeme (vgl. Habermas 1985,
430). Wahrheit wird unversehens zu einem Modus der Selbstbehauptung und vom Kampf ums Dasein ununterscheidbar. Entsprechend
kann in den modernen Zeiten die Komplexität und Macht dieses Modus der Selbstbehauptung durch die funktionale Ausdifferenzierung
der wahr/falsch-Codierung in autonomen Systemen des Wissens und
der Wissenserzeugung in einem Maße gesteigert werden, das in vor-
modernen, auf Schichtdifferenzierung und sektorale Arbeitsteilung
eingeschränkten Gesellschaften noch unvorstellbar war. Nicht anders
als beim späten Foucault ist Wahrheit ununterscheidbar mit funktionaler Macht verfilzt, und diese Macht des wahrheitsfunktionalen Diskurses («Wille zum Wissen», Foucault) steigert sich im Übergang zur
Moderne (die Luhman als funktional differenzierte Gesellschaft beschreibt) ins Unermeßliche (vgl. Foucault 1976b; 1977b). Diese
Machtsteigerung des Wissensdiskurses sieht Luhmann allerdings gerade nicht wie Foucault in seiner totalen Abhängigkeit von nicht-diskursiven Praktiken, sondern im Gegenteil in seiner Systemautonomie.

Methodologisch – und in diesem Punkt trifft Luhmann sich mit
Kuhn und der Universalhermeneutik Gadamers – verdankt sich dieser Abschied vom Wahrheitsuniversalismus der alteuropäischen Aufklärung einer fundamentalen Kritik an Poppers oben zitierter These,
eine Theorie könne wahr sein, auch wenn niemand an sie glaubt und
niemand einen Grund hat, sie zu akzeptieren, und falsch selbst bei

besten Gründen, die für sie sprechen und von jedermann akzeptiert werden. Im Gegensatz dazu hat sich der radikale Konstruktivismus der Systemtheorie einer Konsensustheorie des Erfolgs verschrieben: «Konsens ergibt sich nur durch kooperative Interaktionen, wenn das sich dabei ergebende Verhalten jedes Organismus der Erhaltung beider Organismen dienstbar gemacht wird» (Schmidt 1987, 28; vgl. auch Maturana 1982, 73; Rusch 1987, 181). Sie löst das von Popper (und zuvor schon von Bolzano und Thomas von Aquin; vgl. Apel 1987, 133) aufgeworfene Problem «objektiver Erkenntnis» so radikal nominalistisch auf, daß die Unterscheidung von objektiver Wahrheit und subjektiver Erkenntnis verschwindet. Ohne diese Unterscheidung (gewissermaßen am vorplatonischen, Heideggerschen «Ursprung») aber, das ist die Pointe radikal-konstruktivistischer (vgl. Luhmann, Maturana, v. Foerster, v. Glasersfeld u. a.) ebenso wie neopragmatisch-postmoderner (Rorty, Lyotard) Erkenntnistheorien, gibt es nicht nur keine objektive Erkenntnis, sondern auch keinen subjektivistischen Relativismus mehr. Radikaler Konstruktivismus ist Perspektivismus ohne Relativismus (vgl. Menke 1989). In solchem Perspektivismus wird aber ein weiteres Mal nur die pragmatische Dimension der Subjektivität, die intersubjektiv konstituierte objektive Erkenntnis, verfehlt.

Jürgen Habermas hat der Systemtheorie Niklas Luhmanns vorgehalten, was diese sich selbst als besonders eindrucksvolle Leistung verbucht. Die Systemtheorie kennt keinen Ort mehr, von dem aus noch ein in sich kontroverses Gemeinbewußtsein überhaupt vorstellbar wäre, das die Gesamtgesellschaft in normative Distanz zu sich selbst rückt (vgl. Habermas 1985, 435f). Habermas nennt diese Position «methodischen Antihumanismus».

Wer es dem zeit seines Lebens für die unterdrückten Rechte und ausgegrenzten Ansprüche von Minoritäten engagierten Michel Foucault nicht glaubt, Luhmann ist der ‹glückliche Positivist›, der Foucault immer sein wollte. Der *methodische Antihumanismus* Niklas Luhmanns koppelt die Soziologie «schon durch die Wahl der Grundbegriffe» von jedem emanzipatorischen Erkenntnisinteresse ab und muß deshalb modernen Gesellschaften jede Möglichkeit bestreiten, «im ganzen normativ Abstand von sich zu nehmen und in den höherstufigen Kommunikationsprozessen der Öffentlichkeit Krisenwahrnehmungen zu verarbeiten» (ebd., 436).

Foucaults Soziologie des Wissens und der Macht teilt mit Luhmann nicht nur das neutralistische Selbstverständnis (vgl. Honneth 1989, 392). Ein kompromißlos empiristischer Umbau von Kants transzendentaler Erkenntnislehre und ein von innen gedachtes «Denken des Außen» (Luhmanns epistemische Ratte, die die anderen Ratten des Labyrinths beobachtet, indem sie sich durch Selbstbeobachtung selbst erzeugt und im Labyrinth situiert) ist der rote Faden, der sich als Konstante durch die beiden großen Abschnitte von Foucaults Lebenswerk, die «Archäologie des Wissens» (Foucault 1973) und die «Genealogie der Macht» zieht. Im «Denken des Außen» will Foucault eine deskriptive, aber keine normative Distanz zur eigenen Gesellschaft gewinnen.

Foucault dekonstruiert im Feld der Humanwissenschaften

– zunächst den Objektivismus des technischen Kontrollinteresses von sozialen Naturwissenschaften wie der Medizin oder der Psychologie (1969; 1976a; 1977a);
– sodann den praktischen Orientierungssinn der Geisteswissenschaften (vgl. 1971);
– schließlich das emanzipatorische Erkenntnisinteresse der Sozialwissenschaften (vgl. ebd.; 1976b; 1977b);

indem er

– die geschichtlich kontingente Konstitution des nur scheinbar wahrheitsfunktionalen Diskurses der objektiven «sciences» durch Machtfunktionen und Machttechniken beschreibt (vgl. 1976b) und damit die «Illusion des autonomen Diskurses» zerstört (Dreyfus & Rabinow 1987, 27ff);
– die hermeneutische Perspektive des «Denkens von innen» (s. o.) aufbricht, um von dort zum «Denken des Außen» vorzustoßen (vgl. 1987, 28ff, 46ff; 1973);

und schließlich indem er

– die eigene sozialwissenschaftliche Perspektive radikal neutralisiert und auf das deskriptive Objekt des kühl konstruierenden Blicks einschränkt (vgl. 1977c).

Alle Sachbezüge, die Erfahrungsbasis des Denkens und der Theorien, müssen intern konstruiert werden. Nur wenn, wie Luhmann sagt, das System sich schließt und seine operativen Beziehungen zur Außenwelt abbricht, kann der Referenzbereich von Wahrheit und Falschheit durch den intern qua Selbstbeobachtung konstituierten Beobachter – so haben wir oben Maturana zitiert – festgelegt werden. So auch Foucault: «Innerhalb ihrer Grenzen kennt jede Disziplin wahre und falsche Sätze, aber jenseits ihrer Grenzen läßt sie eine ganze Teratologie des Wissens wuchern» (1977c, 23). Gegen Platon und Kant betont Foucault ausdrücklich: «Die Welt ist kein Komplize unserer Erkenntnis» (ebd., 36). Es gibt bei Foucault sowenig eine diskurstranszendente Wahrheit wie bei Kuhn eine jenseits des historischen Aprioris der Paradigmagemeinschaft. Es gibt immer nur «eine kreisende Sprache, die auf sich selbst verweist» (Foucault 1987, 39): ein selbstreferentiell geschlossenes System. In seiner Kontroverse mit Kuhn hatte Popper dies seinerzeit den Mythos des «framework» (des Rahmens, des Paradigmas) genannt (vgl. Popper 1970). Anders als bei Kuhn ist bei Foucault die Herrschaft des Plurals (vgl. Foucault 1987, 86) «historischer Aprioris» rein kontingenter Ermöglichungsbedingungen «ohne jeglichen transzendentalen Narzißmus» (Foucault 1973, 184, 289; vgl. auch 1969, 26, wo er von «konkreten Aprioris» der Psychopathologie spricht; sowie 1971, 21, 25f, 173ff, 204ff, 301ff, 411f) zugleich ein durch die Mächte instrumenteller Vernunft konstituierter Diskurs. Der jeweilige Diskurs des Wissens und der Macht unterdrückt nun keineswegs (so jedenfalls der späte Foucault) einen anderen, latenten, aber objektiv emanzipatorischen Diskurs unterdrückter Klassen oder repressiv verdrängter Triebe oder irgendeines anderen wahren, jedoch durch falschen Schein und Repression entstellten Wissens (vgl. auch Dreyfus & Rabinow 1987, 156ff, zur Kritik der Repressionshypothese).

Durch eine reflexive Bewegung der epistemischen Ratte im Labyrinth lernen wir, Diskurse «als geregelte und diskrete Serien von Ereignissen» zu behandeln, die zufällig und diskontinuierlich als Effekte ohne Ursache an der Oberfläche der Körper zusammenspielen (vgl. Foucault 1977c, 40f). Damit erweisen sich die mühsam errichteten rationalistischen Sperren und Diskurskontrollen als die Illusion, durch solche Sperren wären die Produktivität (die imaginative Schöpfungskraft) der Macht (vgl. Deleuze 1987), die diskontinuierliche Plötzlichkeit des Zufalls und das murmelnde Gewimmel der Stimmen, der «Staub der Graphismen» (Foucault 1973) beherrschbar und kontrollierbar geworden. Sie sind es nicht; denn die Diskurse des Logos und des Wissens sind selbst nichts anderes als Produktivität der Macht, Plötzlichkeit des Zufalls und Staub von Graphismen.

Die Komplexität der Diskurse ist unbeherrschbar. Das geglaubt zu haben, war die große Illusion der Aufklärung, ja des westlichen Rationalismus seit Platon. In der Perspektive von Foucaults Diskurstheorie sind *alle* Diskurse «Spiele mit Zeichen» (Sprachspiele). Ge-

rade der Diskurs der modernen Wissenschaften, der den Sachbezug
der neutralen Beobachtungssprache, den Foucault die «Ordnung des
Signifikanten» nennt, ins Zentrum rückt und die Wirklichkeit (Kuhns
«Wirkungen der Natur») zum Richter über die eigenen Theorien erklären möchte, ist nur möglich durch eine radikale Entkopplung des
Diskurses von den Sachen, auf die er sich bezieht: «Der Diskurs verliert so seine Realität, indem er sich der Ordnung des Signifikanten
unterwirft» (ebd., 34). Das, die interne Konstruktion der Realität
durch Ausschluß des operativen Bezugs zu ihr, ist die wissenschaftstheoretische Pointe der «Archäologie des Wissens» (Foucault 1973):
Gerade die ganz auf Sachbezug abstellenden modernen Wissenschaften müssen, um Sachbezug herzustellen, alle Beziehungen zu den
Sachen abbrechen. Zu dieser Einsicht verhilft uns der reflexiv verfremdete Blick des Archäologen: «Die Archäologie ist immer eine
Technik, die uns von einem tiefsitzenden Glauben an direktem Zugang zu den Objekten befreien kann; in jedem Fall muß die ‹Tyrannei
des Referenten› überwunden werden» (Dreyfus & Rabinow 1987,
146). Die Korrespondenztheorie der Realität ist damit gestorben
(ebd., 149).

Um die Herrschaft der optischen Metapher (vgl. Rorty 1981) eines
transzendental die reale Welt in sich selbst spiegelnden Bewußtseins
zu brechen, entwendet Foucault Bataille das Bild des Augapfels, der
sich selbst mit einem schmerzhaften Ruck aus der Verankerung in der
Schädelhöhle und um die eigene Achse dreht, um dem Betrachter das
blutverschmierte Weiß seiner blinden Rückseite entgegenzukehren.
Mit dieser Drehung des Augapfels ins Innere der Schädelhöhlung
zieht der Diskurstheoretiker sich augenblicklich ins Innere des Sinns
zurück, um die Welt der Sachen hinter sich zu lassen (vgl. Foucault
1987, 39ff). Er bricht den operativen Blickkontakt mit der Außenwelt
ab. Aber diese Reise nach innen läßt das Geheimnis verschwinden.
Die Inversion des Augapfels wird zum Sturz der optischen Metapher.
Sie zerstört sich selbst bei ihrer gewaltsamen Drehung ins Innenleben
der Subjektivität. Für eine Sekunde fällt alles Licht der «blutunterlau-
fenen» Pupille in die nächtliche Welt der Schädelhöhle, aber sie entdeckt dort nur mehr die «Leere», «die von dem aus der Höhle gefalle-
nen Subjekt hinterlassen» (ebd., 40f) wurde. Das Subjekt des Blicks
ist nun so weit ins Innere des Sinns vorgedrungen, daß aller Sachbezug
sich verflüchtigt hat. Das nach innen dringende Augenlicht vertreibt
dort alle cartesischen Gespenster (vgl. Ryle 1969) und platonischen
Schatten von der Wand der Höhle. Aber im selben Augenblick

schlägt die reflexive Wendung den Blick nach außen mit Blindheit: «Insight *as* Blindness» oder, wie man will, «Blindness *as* Insight» (vgl. de Man 1983). Dem blind nach außen starrenden Weiß der Pupille kommt keine Sache mehr vor den äußeren Sinn.

Foucault bedient sich der optischen Metaphorik Batailles nur, um die Differenz von Innen und Außen, von Sinn und Bedeutung (Referenz), von Sein als Zeit und Sein als Logos aufzuheben, um (ähnlich wie Heidegger und Luhmann – s. o.) an den genealogischen Ursprungsort vor solcher Differenzierung zurückzuführen. Was der brechende Blick in der Sekunde seines Sturzes im Innern sieht, ist die Leere der subjektiven Welt, die blanke Oberfläche der Schädeldecke, die vom reinen Außen ununterscheidbar geworden ist. Es ist eine Welt wie im Mythos: rund und hohl (vgl. Godelier 1973, 316) – so wie die Schädelhöhlung von innen und von außen betrachtet gleichermaßen rund und hohl erscheint. In der Terminologie der «Dialektik der Aufklärung» (Horkheimer & Adorno 1955) wäre dies der Punkt, an dem deren poststrukturalistische Gestalt ‹in Mythologie› zurückschlägt. Und in diesem Sinne einer neuen Mythologie (vgl. Frank 1982) kann auch Foucault erklären, er habe nie etwas anderes als Fiktion geschrieben (vgl. Deleuze 1987, 32). «Ging es einst darum, die Wahrheit zu denken, so gilt es heute, die abendländische Fiktion zu denken, denn das ‹Ich spreche› läuft dem ‹Ich denke› zuwider» (Foucault 1987, 48). Aus dem Sozialwissenschaftler wird dann aber unversehens ein «stiftender Dichter» (vgl. Heidegger 1980).

Foucault läßt, Nietzsches Programm aufnehmend, *«den Text unter der Interpretation verschwinden»* (Nietzsche 1980, 56). Vom «Denken des Denkens» wendet sich die Diskontinuierung der Diskurse und der Mächte dann linguistisch zum «Sprechen des Sprechens». Im Fortgang vom stummen Blick des «Ich denke» zur intervenierenden Stimme des «Ich spreche» verweht die «unzweifelhafte Gewißheit des Ich und seiner Existenz», und die «Verdrängung und Zerstreuung» dieser Existenz läßt nur mehr ihren «leeren Ort erscheinen» (Foucault 1987, 48).

Anders als Nietzsche und die ästhetische Moderne freilich vollzieht Foucault diese Wende vom Wissen des zeitlosen Logos zur rastlosen Suche nach der verlorenen Zeit, vom sachbezogenen Wahrheitspotential der Sprache (‹Tyrannei des Referenten›, ‹Souveränität des Signifikanten›) zu deren Imaginationspotential, zum «Diskurs ohne Referenz», dessen Ideal die «atonale Logik literarischer Produktion» ist (vgl. Deleuze 1987, 26, 30, 80, 88f, 92, 94), nicht als Ästhet, weder als Dichter noch als Essayist des ästhetischen Diskurses, sondern immer noch in der Rolle des beobachtenden Sozialwissenschaftlers, die er nur überschreitet, um sich von Fall zu Fall zu engagieren. In dieser Rolle ist sein Ort jenseits von Strukturalismus und Hermeneutik immer nur dem verpflichtet, was wirklich gesagt worden ist (vgl. Deleuze 1987, 27f; Dreyfus & Rabinow 1987).

Als ‹theoretizistischer› Archäologe ist Foucault ein Strukturalist, der den Strukturalismus verraten hat, indem er nicht länger nach sinnvollen Regularitäten, sondern nach ihrer «Unterbrechung und *Veränderung*» und den «diskontinuierlichen *geschichtlichen* Bedingungen» des Erscheinens von Sinn fragt; und indem er jenseits des strukturalen Diskurses nach den nicht-diskursiven Praktiken der Macht fragt, die jenem überhaupt erst Bedeutung verleihen. Foucault ist deshalb «Post-Strukturalist» (Fink-Eitel 1989, 63f). Als ‹praktizistischer› Genealoge aber verhält Foucault sich so subversiv zur Hermeneutik wie einst Nietzsche. Die Subversion der Hermeneutik und des Strukturalismus läßt Foucault schließlich eine eigene Methode finden, die Dreyfus und Rabinow «interpretative Analytik» genannt haben. Dabei schließt der Ausdruck «Analytik» gleichermaßen dekonstruktiv an die strukturale Archäologie wie an Kant an: Foucaults archäologischer Analytik geht es immer um entsubjektivierte, disziplin- und diskursspezifische Möglichkeitsbedingungen und Formationsregeln (s. o.). In dem Ausdruck «interpretative Analytik» laufen die beiden methodischen Fäden von Foucaults Denken zusammen: das (beim späten Foucault Führende) einer posthermeneutischen Genealogie und das (methodisch Dienende) einer poststrukturalistischen Archäologie. Damit läßt Foucaults interpretative Analytik die älteren Hermeneutiken des Alltags (Heidegger, Gadamer), die noch die Unterscheidung der zu verstehenden Innenperspektive des Interaktionsteilnehmers von der Außenperspektive des Beobachters vorausgesetzt hatten, ebenso hinter sich zurück wie die ideologiekritischen Hermeneutiken des Verdachts (Marx, Freud), die immer mit einer dunklen oder rebellischen Subjektivität hinter einer glitzernden und bloß scheinhaft geordneten Fassade gerechnet hatten.

Er geht bei diesem Unternehmen durchgängig von zwei Prämissen aus:

1. Es gibt in der Welt des Sozialen immer nur Praktiken, die so sind, wie sie erscheinen und nichts hinter ihrer Oberfläche verbergen – auch keine konstitutiven Regeln, kein ‹tacit knowledge›, keine (Chomskyschen) Kompetenzen, die sich in ihnen «manifestieren»

würden. Insbesondere gibt es kein Subjekt der Praxis: «Niemand ist verantwortlich für eine Entstehung, niemand kann sich ihrer rühmen, sie geschieht in einem leeren Zwischen» (Foucault 1987, 77).

2. Jede Praktik ist eine Interpretation, die wiederum in einer «interpretativen Analytik» der Macht zusammen mit dem Wissen einen Komplex von Praktiken, ein «Dispositiv» bildet. Das «Werden der Menschheit (ist) eine Reihe von Interpretationen» (ebd., 78).

Damit werden die letzten Gespenster des Platonismus ausgetrieben. Was bleibt, ist eine «pragmatisch ausgerichtete historische Interpretation» (Dreyfus & Rabinow 1987, 150). Der eigentliche Ort des Spiels der Mächte und der Kämpfe ist für Foucault, nachdem die Innenwelt mitsamt der Differenz von innen und außen verschwunden ist, buchstäblich das oppositionslose ‹Außen› des menschlichen Körpers. Das trennt Foucault von Max Weber und Adorno – bei aller sonstigen Verwandtschaft im Entwurf einer Dialektik der Aufklärung und in der Theorie einer instrumentell zentrierten Rationalisierung. Denn bei Adorno geht es immer auch um die Unterdrückung der inneren Natur des Subjekts und das Ineinander der Machttechniken mit der Struktur personaler Identität, die sich den Machttechniken auch entzieht. Und bei Weber ist die Disziplinierung durch innerweltliche Askese, die er fast schon in den Worten Foucaults als eine «machtvolle, unbewußt raffinierte Veranstaltung zur Züchtung kapitalistischer Individuen» (Weber 1969, 358 f; vgl. Brunkhorst 1987, 164 ff) beschreibt, immer gekennzeichnet durch eine Verschränkung der autonomen Gewissensbildung (protestantische Ethik: ‹der Puritaner *wollte* Berufsmensch sein›; und Luther: ‹hier stehe ich, *ich* kann nicht anders›) mit einer «eigentümlichen Verengung und Verdrängung des natürlichen Trieblebens» und der «systematischen Meisterung der eigenen, als sündenverderbt geltenden inneren Natur» (Weber [7]1978, 531). Weber und Adorno gehen durchgängig von jener Differenz aus, die Foucault um jeden Preis vermeiden möchte: die Differenz von subjektiver Innen- und objektiver Außenwelt (vgl. auch Honneth 1990; 1989, 391 ff).

Das konsequente (und konsequent perspektivistische) Denken des ‹Außen› ist also in der Tat der rote Faden der Familienähnlichkeit, der sich durch Foucaults ganzes Werk zieht. Spätestens seit der «Archäologie des Wissens» geht er dabei von einem Monismus des Diskurses aus, denn «die diskursiven Beziehungen *beinhalten* diskursive und nicht-diskursive Praktiken». Wie Luhmann in der Perspektive des sich selbst beobachtenden Systems, muß Foucault in der Perspektive des kontingenten Diskurses die Einheit diskursiver und nicht-diskursiver Praktiken thematisieren. Später, in «Überwachen und Strafen», wird der Monismus des Diskurses zu einem Monismus der Macht radikalisiert: «Die *Dispositive* der Macht *beinhalten* Diskurse und Praktiken, Wissen und Macht» (Fink-Eitel 1989, 81).

In beiden Einstellungen aber gilt vom radikalen Denken des Außen, daß es eben keine normative Distanz zur Gesellschaft, die dieses Denken beobachtend interpretiert, mehr geben kann, wenn auch noch «das Gegenteil der repressiven Ordnung, der zu kontrollierende Diskurs selbst (...) Macht» ist (ebd., 70). Erst recht gilt das vom Monismus einer ästhetisch, politisch und ökonomisch produktiven und kreativen Macht: In ihm wird letztere zu einem tendenziell totalitären Prinzip.

Auch Foucaults interpretative Analytik der Macht bleibt dem radikalen Konstruktivismus der Systemtheorie eng verwandt. So wie für diese die funktional differenzierte Gesellschaft zu einem Netz lose verkoppelter, autopoietischer Systeme ohne Zentrum geworden ist, hat die *Macht*, die beim späten Foucault mit Vergesellschaftung überhaupt identisch wird, eine ähnliche Struktur. Sie ist nicht länger,

«wofür sie bislang immer gehalten wurde, kein souveränes Herrschaftszentrum, das sein Gesetz von oben nach unten durchsetzt. Sie ist kein Eigentum und keine bloße Potenz, kein Vermögen oder Mittel, das es einem erlaubt, irgendwelche Zwecke durchzusetzen. Macht ist der Krieg aller gegen alle, der Gesamtzusammenhang ereignis- und augenblickshafter Konfrontationen von Körper zu Körper, das komplexe, dezentrierte Netzwerk einzelner, lokaler, antagonistischer Kräfteverhältnisse. Aus ihnen steigt sie von unten nach oben auf (...). Alles ist Macht. Foucaults Theorie ist ein Monismus der Macht auf der Basis eines unendlichen, offenen Pluralismus lokaler, ungleicher und instabiler Kräfteverhältnisse» (ebd., 88).

Ist für Luhmann immer die aus kontingenter Systemperspektive vorausgeworfene Einheit der Welt die Einheit in der Differenz von System und Umwelt; und wird in seiner soziologischen Erkenntnistheorie schließlich Gesellschaft mit der Lebenswelt im ganzen identifiziert, so vom späten Foucault die Welt des Sozialen mit der Macht. Diese distanzlos-eindimensionale Selbstbeschreibung der gegenwärtigen Gesellschaft, die Luhmanns affirmativen Konstruktivismus mit Foucaults paradoxem Negativismus einer interpretativen Analytik vereint, hatten Adorno und Horkheimer schon in den vierziger Jahren auf den Begriff einer Welt gebracht, die zu einem «gigantischen analytischen Urteil» (1955, 40) geworden sei. So führt die subversiv-ironische Rehabilitierung der Erkenntnistheorie in den Sozialwissenschaften, mit der Luhmann und Foucault sich längst gegen den kritischen Rationalismus durchgesetzt haben, schließlich zu einer weit radikaleren Destruktion der Erkenntnistheorie als ihre schlichte Verdrängung in der analytischen Wissenschaftstheorie.

2.4.4 Handlung, Verständigung und funktionale Vernetzung

Was Adorno von Foucault und Luhmann trennt, die dialektische Struktur seines Negativismus, verbindet ihn mit Habermas. Im Unterschied zu den empiristischen Modernisten Foucault und Luhmann verfügt Adorno über einen normativ starken Begriff der Moderne, den er den undurchdringlichen Strukturen der verwalteten Welt entgegenwirft (vgl. Brunkhorst 1990).

Im Sinne eines solchen normativen Begriffs der Moderne als unvollendetem Projekt ergänzt Habermas die Diskurstheorie Foucaults um eine *Diskursethik* und die Systemtheorie Luhmanns um eine emanzipatorisch-kritische *Handlungstheorie*.

Dabei dramatisiert er weder den gegenwärtigen Zustand der Sozialwissenschaften zur veralltäglichten Außeralltäglichkeit heteronom vermachteter Diskurse (im Gegensatz zur ‹Normalwissenschaft› der Naturforscher) wie Foucault, noch schraubt er ihn auf einen vorparadigmatischen Status der Wissenschaftsevolution zurück wie seinerzeit Thomas Kuhn in einer vielzitierten Nebenbemerkung seines Buches über die «Struktur wissenschaftlicher Revolutionen».

Habermas geht statt dessen (wie Luhmann) einfach von der Tatsache aus, daß es normale Sozialwissenschaften gibt und wir keinen Grund haben, an der Existenz ihres autonomen Diskurses zu zweifeln. Dieser normalwissenschaftliche Diskurs bewegt sich im wesentlichen im Rahmen zweier konkurrierender Paradigmen: der funktionalistischen Systemtheorien und der interaktionistischen Handlungstheorien. Innerhalb der Sozialwissenschaften wiederholt sich damit die Komplementarität von technischen und praktischen Erkenntnisinteressen, von Kontroll- und Orientierungswissen.

Das handlungstheoretische Paradigma der Soziologie hat sich aus Phänomenologie, Hermeneutik und symbolischem Interaktionismus zum Programm einer verstehenden Soziologie fortentwickelt, deren Kernstück die Theorien des Alltagslebens bilden (vgl. Winch 1966;

Arbeitsgruppe Bielefelder Soziologen 1973; Brumlik 1973; Schütz 1974; Cicourel 1970, 1975; Goffman 1982; Tenbruck 1985; Habermas 1981, Bd. 2, 182 ff, 552 ff). Diese Theorien gehen davon aus, daß Gesellschaft aus der Perspektive der Lebenswelt als Lebenswelt konzipiert werden muß. Die Lebenswelt (Gesellschaft) bildet einen je schon vertrauten, aber im ganzen nie explizit gewußten, sondern immer nur implizit vorausgesetzten Hintergrund (‹Kontext›) des Handelns (bzw. der Handlungssituation: ‹Text›), das sich (zumeist in kooperativer Arbeit) instrumentell auf Gegenstände der äußeren Welt oder strategisch und kommunikativ auf die Verschränkung subjektiver Selbstentwürfe und intersubjektiver Perspektiven richtet. Die Lebenswelt hat für den Handelnden immer die Selbstverständlichkeit eines sozialen Aprioris. Ihr normativer Kontext koordiniert die einzelnen Handlungen über die Handlungsorientierungen der Akteure, die diesem Kontext, der sich aus kulturellen Überlieferungen speist, selbst entstammen. Der normative Sozialkontext muß nämlich, um handlungskoordiniert und wirksam zu werden, in *Sozialisationsprozessen* internalisiert und zum Kern der Ich-Identität von Personen werden. Habermas nennt die Handlungskoordinierung durch die Lebenswelt Sozialintegration (vgl. Habermas 1981, Bd. 2, 173 ff).

Aus der Perspektive des «hermeneutischen Idealismus der verstehenden Soziologie» (ebd., 182 ff) freilich kann die Gesellschaft immer nur punktuell und sporadisch auf normative Distanz gebracht werden – hierin ist die «verstehende Soziologie» dem «spezifischen Engagement» des poststrukturalistischen Intellektuellen Foucaults verwandt. Überdies verliert sich der hermeneutische Idealismus auch in einem mikrologischen Deskriptivismus teilnehmender Beobachtung. Die Feldforschung droht dabei jede Distanz zu den untersuchten Subkulturen zu verlieren. Verstehende Soziologen sehen sich einem ähnlichen Dilemma konfrontiert wie die ideengeschichtliche Forschung, deren Theoriefremdheit Luhmann ironisch beschrieben hat: «Forscher, die man mit dem Auftrag, festzustellen, wie es wirklich war, ins Feld jagt, kommen nicht zurück; sie apportieren nicht, sie rapportieren nicht, sie bleiben stehen und schnuppern verzückt an den Details» (Luhmann 1981, 49). Gleichwohl schärfen, wie Habermas hervorhebt, die Ethnomethodologie und die anthropologische Feldforschung der verstehenden Soziologie den Sinn für die «Perspektive der Besiegten», für den Preis «zerfallender Traditionen und Lebensformen» und für «historische Ungleichzeitigkeiten». Sie sensibilisieren für die Wahrnehmung von Modernisierungskosten.

«Aber sie räumen der wirtschaftlichen Entwicklung, der Nation- und Staatenbildung so wenig einen Platz ein wie dem strukturellen Eigensinn rationalisierter Lebenswelten. Die subkulturellen Spiegelungen, in denen die Sozialpathologien der Moderne gebrochen und zurückgeworfen werden, behalten deshalb die Subjektivität und Zufälligkeit *unbegriffener* Ereignisse» (Habermas 1981, 553).

Mit den Fiktionen des hermeneutischen Idealismus: der Autonomie des Handelns und seiner kulturellen Diskurse unter der beschaulichen Halbtransparenz der Lebenswelt, in der man sich – im Prinzip – über alles verständigen kann, räumt das systemtheoretische Paradigma der Soziologie, das sich aus den Traditionen des orthodoxen Marxismus, der Evolutionsbiologie (Darwinismus), der Kybernetik und der Ökonomie (Informations- und Spieltheorie) speist, gründlich auf, wie wir am Beispiel Luhmanns und Foucaults uns bereits haben vor Augen führen können. Mit dem Subjekt verflüchtigt sich die praktische Autonomie des Handelnden, und fremde Gewalten und undurchschaubar-unberechenbare, nicht-diskursive Mächte übermächtigen die Kultur. Die Welt wird nun in ihrer unbewältigten Komplexität, die allem Verstehen Grenzen zieht, erkennbar. Die erklärenden Systemwissenschaften analysieren die moderne Gesellschaft unter dem leitenden Gesichtspunkt funktionaler Differenzierung und wachsender Komplexität. Sie rechnen deshalb damit, daß unsere Handlungen Systeme bilden, die über die funktionale Vernetzung von nicht-intendierten Handlungsfolgen koordiniert werden.

Schon bei Hegel und Marx war der Markt in der entwickelten «bürgerlichen Gesellschaft» das Musterbeispiel für systemische Integrationsprozesse («Systemintegration»). Ein einseitiger Systemfunktionalismus ist jedoch, wie wir gesehen haben, überhaupt nicht mehr in der Lage, anders als theoretisch zur bestehenden Gesellschaft auf Distanz zu gehen. Er ist deshalb «für Sozialpathologien (...) unempfindlich». Weil er die individuellen und kollektiven Lebensschicksale, die mit Sozialpathologien geschlagen sind, «aus der Beobachterperspektive an Ungleichgewichte intersystemischer Austauschbeziehungen assimiliert», raubt er ihnen «die Bedeutung von identitätsbedrohenden Deformationen, als die sie aus der Teilnehmerperspektive wahrgenommen werden» (ebd., 552).

Beide Paradigmen der Soziologie verabsolutieren also einseitig je einen Gesichtspunkt: die Handlungstheorien die Teilnehmerperspektive und die Lebenswelt, der Funktionalismus die Beobachterperspektive und das System.

Habermas geht demgegenüber davon aus, daß Gesellschaften immer beides sind: System und Lebenswelt. Er definiert deshalb Gesellschaften zweistufig als *«systemisch stabilisierte* Handlungszusammenhänge *sozial integrierter* Gruppen» (ebd., 228). Diese allgemeine Bestimmung verknüpft er mit der evolutionstheoretischen These einer Entkoppelung von System und Lebenswelt an der Schwelle zur Moderne, der die Bildung sozialwissenschaftlicher Paradigmen reaktiv folgt (ebd., 229ff). Habermas versteht die soziale Evolution als «Differenzierungsvorgang zweiter Ordnung: System und Lebenswelt differenzieren sich, indem die Komplexität des einen und die Rationalität der anderen wächst, nicht nur jeweils als System und als Lebenswelt – beide differenzieren sich gleichzeitig auch voneinander» (ebd., 230).

Während die Systemtheorie von der Beobachtung ausgeht, daß sich in modernen Gesellschaften die Formen der Differenzierung von sektoraler Arbeitsteilung und sozialstruktureller Stratifikation auf funktionale Differenzierung umstellen, versucht Habermas mit Hilfe der Entkoppelungsthese diesen, von der Systemtheorie empirisch vorausgesetzten Wechsel des evolutionären Primats von segmentärer über horizontale auf funktionale Differenzierung zu erklären. Mit dieser Erklärung der Möglichkeit funktionaler Differenzierung geht er auf Äquidistanz zur verstehenden und zur funktionalistischen Soziologie. In der Lebenswelt sieht er nämlich diejenige Instanz, die «den Bestand des Gesellschaftssystems im ganzen definiert» (ebd.). Das bedeutet aber, daß eine totalisierende Distanzierung zur modernen Gesellschaft nicht nur in der kontingenten Perspektive einer theoretischen Systemreflexion, sondern auch in derjenigen des praktischen Gemeinbewußtseins der Lebenswelt als möglich unterstellt wird – und sogar als Bedingung der Möglichkeit theoretischer Reflexionsleistungen.

Genau an dieser Stelle kommt nun das emanzipatorische Erkenntnisinteresse der Sozialwissenschaften zur Geltung: Die funktionale Differenzierung der Gesellschaft als System hat nämlich nicht nur die Lebenswelt als diffusen, holistischen Hintergrund der Differenz von System und Umwelt, der in der Systemperspektive überdies als manipulierbares Substrat von Zeichen und Praktiken erscheint, zur Voraussetzung; sie setzt vielmehr die strukturelle Differenzierung und innere Rationalisierung der Lebenswelt voraus, die allererst eine Ausdifferenzierung von Systemperspektiven ermöglicht. Der Kern lebensweltlicher Rationalisierungsprozesse – dafür ist Webers Religionssoziologie ebenso ein Beispiel wie Parsons' These von der Wertgeneralisierung – aber ist die kommunikative Vernunft, die evolutionäre Ablösung «des verständigungsorientierten Handelns gegenüber den normativen Kontexten» lebensweltlicher Üblichkeiten, die sich mit der Autonomisierung posttraditionaler Expertendiskurse ebenso durchsetzt wie mit dem Fortschritt des moralischen Bewußtseins öffentlicher Diskurse von der konventionellen zur postkonventionellen Stufe (ebd., 232 ff, sowie Apel 1988; Eder 1985).

Damit ist zunächst ein Forschungsprogramm skizziert, das einen starken, der idealistischen Philosophie entlehnten Vernunftbegriff gegen den Skeptizismus der verstehenden Soziologie geltend und zur Grundlage des Konzepts der «Lebenswelt» macht, um dieses sodann – in einem zweiten Schritt – zum normativen Fundament einer «Kritik der funktionalistischen Vernunft» zu machen. Der gegen den Funktionalismus (ebenso wie gegen den Poststrukturalismus und den hermeneutischen Idealismus) ins Feld geführte Grundgedanke ist der eines *«immanenten Wahrheitsbezugs»* der Gesellschaft. Die Gesellschaft selbst setzt sich mit der bloßen *«Faktizität»* derjenigen «Geltungsansprüche, die mit jeder Form des Wissens gesetzt sind» (Habermas 1984, 53), unter einen kommunikativen Rationalisierungsdruck. Die soziale Lebenswelt selbst beruht «auf der Faktizität von geglaubten, aber grundsätzlich problematisierbaren Geltungsansprüchen» (ebd., 43). Die Faktizität von Geltungsansprüchen, die buchstäblich jede ernsthafte Verständigung (Redepraxis) begleiten, darf also keineswegs mit der «Tatsächlichkeit des factum brutum eines Vorhandenen» (Heidegger [14]1977, 135) identifiziert werden. Diesem «factum brutum» funktional vernetzter Systeme, unüberschaubarer Komplexität und ungeplanter Handlungsfolgen gegenüber ist die Faktizität von Geltungsansprüchen kontrafaktisch wirksam. Sie transzendiert als universeller Vernunftanspruch sozialen Handelns jede empirische Totalität, aber sie wirkt in Gestalt von Rationalisierungsdruck (auch von moralischen Gewissenszwängen) empirisch auf die Gesellschaft ein.

Um diese These zu begründen, bedarf es freilich eines Forschungsprogramms, das dann in Untersuchungen zur Evolution des Freiheitsbewußtseins und der Rechtsentwicklung (vgl. z. B. Eder 1985) und über Legitimationskrisen und Lebensweltpathologien, die aus Verletzungen lebensweltlicher Vernunft entstehen (vgl. z. B. Habermas 1973) und «rächende Gewalten» (vgl. Brunkhorst 1983) freisetzen, getestet werden kann und muß.

2.4.5 Soziologie und empirische Sozialforschung

Ausgehend vom Verhältnis quantitativer und qualitativer Methoden sollen abschließend Motive und Prinzipien einer Forschungsorientierung skizziert werden, die kritische Theorie und empirische Sozialforschung verknüpft und das quantitative Kontrollwissen traditioneller Forschung unter emanzipatorischen Erkenntnisinteressen mit dem qualitativen Orientierungswissen hermeneutischer Methoden zu einer «postkonventionellen Sozialforschung» (Bonß 1983) integriert.

Gewöhnlich wird die sogenannte qualitative Sozialforschung in zwei Hinsichten ins heuristische Vorfeld ‹harter Empirie› abgedrängt. Sie gehört, so lehrt es die analytische Wissenschaftstheorie, zum «context of discovery», hat aber im «context of justification», wo es allein um die «Wirkungen von Logik und Natur» (Kuhn; s. o.) geht, nichts zu suchen. Hermeneutik, Phänomenologie, interpretative und kommunikative Sozialforschung (vgl. z. B. Soeffner 1979; Garz & Kraimer 1983; Berger 1974; Haag, Krüger, Schwärzel & Wildt 1972; Hopf & Weingarten 1979; Lazarsfeld 1941) sind einmal wissenschaftsgeschichtliche Frühformen quantitativer und statistischer Methoden. Sie gehören zur Prähistorie der modern sciences. Andererseits spielen qualitative Methoden, hermeneutische Textinterpretationen, phänomenologische Beschreibungen, Feldforschung, Tiefeninterviews, Gruppendiskussionen, überhaupt alle schwach strukturierten und mehr oder minder offenen Erhebungs- und Auswertungsverfahren immer eine unverzichtbare Rolle im Vorfeld und in den Pretestphasen von Sozialforschung, bevor es an die eigentliche Messung und Erhebung quantifizierbarer Daten geht.

Diese traditionelle Rangordnung qualitativer und quantitativer Methoden verdankt sich neben dem schon erwähnten deduktiv-empirischen Begründungsverständnis der Fixierung an einen extensionalistischen Begriff der Skalierung (Messung), der eine Explikation des (oben entwickelten) analytischen Verständnisses einer wissenschaftlichen Beobachtungssprache ist. Danach besteht zunächst überhaupt kein Gegensatz zwischen quantitativer und qualitativer Sozialforschung. Auch die qualitative ist «in Wahrheit», nämlich nach ihrer nicht opaken, extensional «verständlichen» (s. o.) Seite, quantitative Forschung, wenngleich auf dem niedrigsten Meßniveau einfacher Häufigkeitsverteilungen. Da jede qualitative Untersuchung auf verallgemeinernden begrifflichen Unterscheidungen basiert und ihr Material klassifiziert – eben die unterschiedlichsten Qualitäten an ihren Untersuchungsgegenständen unterscheidet –, erfüllt sie, sofern die Begriffe operational festgelegt und trennscharf definiert sind, die Bedingungen einer Nominalskala. Auf diesem Niveau aber kann lediglich gezählt, noch nicht gemessen werden. Die eigentliche Quantifizierung und Messung erfolgt erst auf den höheren Skalierungsniveaus: von der ordinalen Rangordnung über die erstmals exakt messende Intervall- bis zur Rationalskala (mit festem Nullpunkt) aufsteigend. Qualitative Forschung ist im wesentlichen nominales Klassifizieren und auf allen höheren Meßniveaus logisch ohnehin vorausgesetzt. Denn die Axiome der Rationalskala implizieren die aller unteren Meßniveaus einschließlich der begrifflichen Gliederungen nominaler Skalierung. Qualitative Forschung ist in dieser extensionalistischen Sichtweise bereits logisch in der quantitativen impliziert. Quantitative, intervall- oder rational skalierte Begriffe haben deshalb einen höheren Informationsgehalt als die «qualitativen» (vgl. Stegmüller 1970, 37ff, 98ff).

Das Argument der Extensionalisten hat für Sozialforscher (im Gegensatz zu Naturforschern) den erheblichen Nachteil, daß ihre Begriffe zumeist nur nominal skaliert sind und exakte, rein quantitative Messung in der Forschungspraxis selten und umstritten ist (zur empiristisch-extensionalistischen Position vgl. Atteslander 1971; Schrader 1971; Friedrichs 1973; Phillips 1970; zur Kritik: Cicourel 1970; Ritsert 1971; Oevermann 1983). Vor allem wird der soziologische Extensionalismus der intensionalen Struktur «sinnhaft orientierten» sozialen Handelns und dem vorgängigen Verstehen von Handlungssinn, ohne das der Sozialforscher überhaupt keinen Zugang zu seinem Objektbereich hätte, nicht gerecht (vgl. Weber 1956, 4ff; Habermas 1982). «Deutende Erfassung» und nicht quantitative Messung ist das methodische Interesse der Soziologie (Weber [6]1976, 7). Selbstverständlich schließt das keineswegs einen exklusiven Gegensatz von «Verstehen» und «Erklären» ein, und auch eine an der intensionalen Struktur des Handlungsverstehens ansetzende Sozialforschung muß auf eine Kausalanalyse des Handelns nicht verzichten (ebd., 4ff; sowie grundsätzlich Davidson 1985; speziell für die Soziologie Ritsert 1975). Die reflexive und sinnhafte Vorstruktur des sozialwissenschaftlichen Objektbereichs hat Gouldner in der These, alle Menschen wären Laien-Soziologen, prägnant zum Ausdruck gebracht. Weil «soziologische Normativität» (vgl. Beck 1972) unvermeidlich ist, haben Soziologen es immer mit Problemen einer «doppelten Operationalisierung» (Ritsert & Brunkhorst 1978, 26 ff) zu tun. Ihre theoretischen Begriffe müssen nicht nur einer operational definierbaren Beobachtungssprache entsprechen (etwa die ‹items› eines Fragebogens), sondern sie müssen auch noch einmal in die Sprache der an der Forschung beteiligten Objekte übersetzt werden, so daß diese als Co-Subjekte überhaupt in der Lage sind, die Fragen des Fragebogens zu verstehen.

Die eigentümlich reflexive Struktur ihres Objektbereichs wird schon aus dem Umstand deutlich, daß zwar die Sozialwissenschaften selbst Gegenstand der Sozialforschung werden können und eine Wissenssoziologie möglich ist, hingegen keine Physik des Wissens und eine physikalische Untersuchung der Logik und Wissenschaftsorganisation der Physik. Außerdem ist die Sozialforschung, ob ihr das nun paßt oder nicht, immer in ein «wertpolarisiertes gesellschaftliches Situationsbewußtsein» (Beck 1972, 209 f) objektiv eingebettet. Schon beim Entwurf eines Fragebogens, des ‹Königswegs› der Sozialforschung, ist der Forscher qua «doppelter Operationalisierung» auf die «sprachgebundene und wertbezogene Subjekthaftigkeit» seines Objektbereichs verwiesen: Sozialforschung ist

«*ohne* kompromißbereite und aktive Kooperation zwischen Forscher und Forschungs-‹Objekt›, *ohne* die Teilnahme an Interviews, Experimenten und anderen Verfahren der Datensammlung, *ohne* die Öffnung von Informationsquellen und ohne die wenigstens stillschweigende Duldung durch die publizistische Öffentlichkeit, interessierte Lobbies und politische Führungskräfte der betreffenden Gesellschaft – *grundsätzlich unmöglich*» (ebd., 210).

Das heißt aber, daß nicht nur der Forscher handelnd in seinen Objektbereich interveniert und ihn ‹stellt› und ‹herstellt› (Heideggers «Gestell»), indem er konstruktiv-technisch aktiv wird; auch der ‹Objektbereich› des Soziologen muß dem Forscher aktiv handelnd entgegenkommen.

Das ist eine grundsätzlich andere Situation als in der Physik oder selbst in der Biologie. Nicht nur die Forschung verändert (wie in der Mikrophysik) durch Forschung ihren Gegenstand, der Gegenstand ‹schlägt zurück› und verändert seinerseits die Forschung und den Forscher – denn die Objekte der Sozialforschung werden sich nicht damit begnügen, «der Wahrheit und der Sozialwissenschaft zu dienen und sich uneigennützig wie die Wiesen den Botanikern den Soziologen als Forschungsmaterial zur Verfügung zu stellen» (Beck 1972, 210). Schon in der Perspektive des technischen Kontroll- und Verfügungswissens muß der Sozialforscher – wenn er nicht a priori irren will – mit doppelter Kontingenz und grundsätzlich symmetrischer Kontrolle und Verfügung rechnen. Der Beobachter wird immer schon beobachtet und kann das wiederum beobachten. Der Gewinnungs- und Gestaltungsprozeß soziologischer Aussagen ist deshalb «immer schon überlagert von der ‹Wertprämisse› der interessenbezogenen Selbstdeutungen sozialer Gruppen, die (...) als Selektionsprinzip in die methodischen Entscheidungsspielräume der Sozialforschung eingreifen» (ebd., 217). Die Soziologie ist nicht nur Teil der sozialen Wirklichkeit, und Sozialforschung ist nicht nur Handeln; die soziale Wirklichkeit ist selbst in gewisser Hinsicht ‹soziologisch›, und alltägliches Handeln ist eine vorprofessionelle Form der Sozialforschung, in der Gossip und Gerücht, aber auch nüchterne Information und Beobachtung das sozialwissenschaftliche ‹Interview› und ‹Experiment› substituieren. «Ebenso nämlich wie der Soziologe immer auch sozialer Akteur, ist der soziale Akteur Soziologe» (ebd., 203). Denn, wie Gouldner sagt: Alle Menschen sind Laien-Soziologen. Das ist in der Physik anders. «Denn ‹der Mensch› ist zwar als *Ding* bzw. als *Körper* Erkenntnisgegenstand der Physik bzw. der Biologie, nicht aber *als* Laien-Physiker bzw. *als* Laien-Biologe. Der Soziologe aber hat es gerade typischerweise nicht mit Dingen oder Körpern, sondern mit *Kollegen als Kollegen* zu tun. So betrachtet schmilzt der Unterschied zwischen dem Soziologen und seinem Untersuchungs-‹Objekt› zu dem Unterschied zwischen einem Soziologen *mit* und einem *ohne* Diplom» (ebd.).

Auch in der Forschung stößt der Soziologe also auf die kontrafaktische Wirksamkeit von Geltungsansprüchen. Denn nicht nur die «deutende Erfassung» von Fällen, Regelmäßigkeiten, Typen und Kausalzusammenhängen, die der Sozialforscher betreibt, kann wahr oder falsch, angemessen oder unangemessen sein; genau dasselbe gilt auch vom ‹deutenden Erfassen› der sozialen Welt durch die Handelnden selbst. Im Gegensatz dazu ist es sinnlos und falsch zu behaupten, «daß das Elektron sein eigenes Verhalten in irgendeiner Weise unabhängig von der Erkenntnis des Physikers beschreibt; und somit besteht auch gar nicht die Möglichkeit, daß wir das Verhalten des Elektrons *falsch* charakterisieren, weil wir etwa die Logik seiner eigenen Beschreibung mißverstehen» (Ryan 1973, 185). Sozialforschung ist deshalb «*Sozialforschungs-Inter-Aktion*»: «Über Gesellschaft läßt sich nur aktiv und mit und durch Gesellschaft hindurch, das heißt, in gesellschaftlichem Handeln ermitteln» (Beck 1972, 210). Systemtheoretisch gesprochen ist Sozialforschung ein ausgezeichneter Fall selbstreferentieller Selbstbeobachtung bzw. Selbstbeschreibung. Sie ist aber

mehr als das. Da jede Beschreibung auch auf die impliziten Geltungsansprüche des ‹Objekts› Bezug nehmen muß, ist soziologische Normativität unhintergehbar, und Soziologie impliziert qua Forschung
auch eine Stellungnahme zu den fraglichen Geltungsansprüchen der
Selbstdeutungen und «Deutungsmuster» ihres Forschungsgegenstan-
des (vgl. zum Deutungsmuster-Ansatz Honegger 1978).

Die Idee einer postkonventionellen Sozialforschung kann nun in
zwei Schritten entwickelt werden. Sie kehrt zunächst die empiristische Rangordnung quantitativ/qualitativ um und mit Hegel zum Vorrang der Qualität vor der Quantität zurück (1), um dann eine derart
hermeneutisch reflektierte Sozialforschung auf philosophisch inspirierte Forschungsprogramme zurückzubeziehen (2).

1. Verweist der quantitative Ansatz auf ein Objekt-Paradigma, so
der qualitative auf ein Text-Paradigma der sozialen Welt (zur Unterscheidung vgl. Taylor 1978). Im Sinne eines solchen Textparadigmas
begründen in der Soziologie die klassische Feldforschung und die Studien, die aus der interaktionistischen und phänomenologischen
Schule herausgewachsen sind (vgl. z. B. Cicourel 1970), ebenso eine
Alternative zur empiristisch-statistischen Forschungstradition wie die
Art, in der die Psychoanalyse (vgl. Habermas 1968a, 300ff) oder die
kognitiven Entwicklungspsychologien (Piaget; Kohlberg) das Verhältnis von Theorie und Empirie und dabei ihr Datenmaterial organisieren, in der Psychologie eine Alternative zum Behaviorismus
darstellt. Gerade Piagets Forschungen sind das vielleicht herausra-
gendste Beispiel für eine Sozialforschung, die der selbstreferentiellen
Struktur ihres Objektbereichs ebenso Genüge tut, wie sie den Umstand, daß dieser selbst universelle Geltungsansprüche von derselben
Art erhebt, wie sie das Wissen des Psychologen postuliert, ins Zentrum ihres Interesses rückt.

Dieses Interesse ist überdies ein emanzipatorisches Erkenntnisinteresse, das die Autonomie des handelnden Subjekts als Ziel und
Richtung der untersuchten Entwicklung hypothetisch unterstellt. Die
kognitive Entwicklungspsychologie ist das Musterbeispiel einer hermeneutischen und emanzipatorischen Wissenschaft, die gleichwohl
streng experimentell verfährt und in der Universalität ihrer theoretischen Aussagen der Physik in nichts nachsteht. Sie kann im Prinzip
durch jeden einzelnen Fall widerlegt werden und ist deshalb allenfalls
sekundär auf statistische Quantifikationen und die (in der empiristischen Soziologie im Unterschied zur Physik) üblichen induktiven Generalisierungen angewiesen. Natürlich gilt das nur ‹im Prinzip›; es

gibt immer Ausnahmen und Anomalien, die ad hoc erklärt werden müssen und – siehe Kuhn – jede normalwissenschaftliche Praxis störend und widerständig begleiten. Aber dagegen hilft auch kein noch so raffiniertes statistisches Schließen (zu Piaget vgl. Kesselring 1981, 1984; zur Methode Piagets und Kohlbergs: Garz 1982).

Ein alternatives Verständnis von Sozialforschung, das die quantitativen den interpretativen Methoden unterordnet und erstere letzteren integriert statt umgekehrt, ist schließlich im Kontext der älteren Frankfurter Schule entwickelt worden (vgl. Pollock 1955; Löwenthal 1975 u. 1964; Ritsert 1972; Bonß 1982), ließe sich aber auch an die phänomenologischen Biographien Jean-Paul Sartres anschließen (vgl. Sartre 1977 ff; Brunkhorst 1980), um sie in der soziologischen Biographieforschung (z. B. Haferkamp 1975; vgl. auch Kohli 1981) fruchtbar zu machen. Sartre ist deshalb von Interesse, weil er keineswegs idiographisch im Detail des Einzelfalls («verzückt schnuppernd» – s. o. Luhmann) steckenbleibt, sondern immer auf die Analyse eines «einzelnen Allgemeinen» zielt, das sich aus einer sozialstrukturellen und familienpathologischen «Geworfenheit» heraus als eine unverwechselbare Person immer von neuem «entwerfen» muß.

2. Eine nach dem Muster der Integration von Handlungs- und Systemtheorie organisierte «revidierte Empirie» postkonventioneller Sozialforschung (vgl. Bonß 1983, 80 ff) würde entsprechend der Integration ihrer Theoriesprachen beobachtungsorientierte und interaktionsorientierte Erfahrungssprachen untereinander und mit der Theorie vernetzen. Ihre Erfahrungsbasis wäre eine Totalitätsempirie Adornoschen Zuschnitts, z. B. im Stile der ‹objektiven Hermeneutik› Oevermanns oder im Sinne von Geertz' «thick descriptions» (1987), eine Totalitätsempirie, die aber immer auch einen entzaubernden «Tatsachenblick» (Bonß 1982) auf die extern beobachtbaren und extensional meßbaren Handlungsfolgen und Nebenfolgen werfen muß, um Totalitätsempirie und Tatsachenempirie nicht in ein exklusives, sondern in ein inklusives Verhältnis zu setzen. In diesem Sinne definiert Wolfgang Bonß postkonventionelle Sozialforschungen als «Kombinationen von quantitativ-tatsachenbezogenen und qualitativ-monographischen Strategien» (1983, 86). Es ergibt sich eine weit komplexere Vernetzung als im Fall der einfachen empiristisch-extensionalistischen Zuordnung von Theorie- und Beobachtungssprachen (s. o.): Über die Theoriesprachen können dann zentrale Motive des philosophischen Vernunftsuniversalismus in die Kernstruktur sozialwissenschaftlicher Forschungsprogramme einströmen.

Theoriesprache	Systemtheorie	Handlungstheorie
Beobachtungssprache	Tatsachenempirie («doppelte Kontingenz»)	Totalitätsempirie («Interaktion»)
Sprachebene / Paradigma	System	Lebenswelt

«Der Materialismus», schrieb Horkheimer 1933, «fordert die Vereinigung von Philosophie und Wissenschaft». Eine schwache diaкektische Kraft kann die Philosophie in den Wissenschaften aber allein in Gestalt theoretischer Hypothesen entfalten, die über ein komplexes Netz von Zuordnungsregeln mit den scientistischen und interpretativen Erfahrungssprachen der Soziologie zusammenhängen (vgl. Horkheimer 1933, 22).

Literatur

Apel, K.-O.: Scientistik, Hermeneutik, Ideologiekritik. In: J. Habermas et al. (Hg.): Theorie-Diskussion. Hermeneutik und Ideologiekritik. Frankfurt/M. 1971.

–: Die Erklären/Verstehen-Kontroverse in transzendental-pragmatischer Sicht. Frankfurt/M. 1979.

–: Fallibilismus, Konsenstheorie der Wahrheit und Letztbegründung. In: Forum für Philosophie Bad Homburg (Hg.): Philosophie und Begründung. Frankfurt/M. 1987.

–: Diskurs und Verantwortung. Frankfurt/M. 1988.

Arbeitsgruppe Bielefelder Soziologen (Hg.): Alltagswissen, Interaktion und gesellschaftliche Wirklichkeit. Reinbek bei Hamburg 1973.

Atteslander, P.: Methoden der empirischen Sozialforschung. Berlin 1971.

Beck, L. W.: Akteur und Betrachter. Freiburg 1976.

Beck, U.: Soziologische Normativität. Kölner Zeitschrift für Soziologie und Sozialpsychologie, 2, 1972.

Berger, H.: Untersuchungsmethode und soziale Wirklichkeit. Frankfurt/M.1974.

Bonß, W.: Die Einübung des Tatsachenblicks. Frankfurt/M. 1982.

–: Kritische Theorie als empirische Wissenschaft, Soziale Welt, 1, 1983.

Brumlik, M.: Der symbolische Interaktionismus und seine pädagogische Bedeutung. Frankfurt/M. 1973.

Brunkhorst, H.: Praxisbezug und Theoriebildung. Frankfurt/M. 1978.

–: Wie man sich zu dem macht, der man ist. In: T. König (Hg.): Sartres Flaubert lesen. Reinbek bei Hamburg 1980.

–: Kommunikative Vernunft und rächende Gewalt. Sozialwissenschaftliche Literatur-Rundschau, 8/9, 1983.

–: Die Welt als Beute. In: W. v. Reijen, G. Schmid & G. Noerr (Hg.): Vierzig Jahre Flaschenpost. Frankfurt/M. 1987.

–: Theodor W. Adorno: Dialektik der Moderne. München 1990.

Cicourel, A. V.: Methode und Messung in der Soziologie. Frankfurt/M. 1970.

–: Sprache in der sozialen Interaktion. München 1975.

Davidson, D.: Handeln. In: G. Meggle (Hg.): Analytische Handlungstheorie. Bd. I. Frankfurt/M. 1977a.

–: Die logische Form von Handlungssätzen. In: G. Meggle (Hg.): Analytische Handlungstheorie. Bd. I. Frankfurt/M. 1977b.

–: Handlungen, Gründe und Ursachen. In: U. Pothast (Hg.): Seminar: Freies Handeln und Determinismus. Frankfurt/M. 1985.

Deleuze, G.: Foucault. Frankfurt/M. 1987.

Dilthey, W.: Der Aufbau der geschichtlichen Welt in den Geisteswissenschaften. Frankfurt/M. 1970.

Dreyfus, H. & P. Rabinow: Michel Foucault. Jenseits von Strukturalismus und Hermeneutik. Frankfurt/M. 1987.

Eder, K.: Geschichte als Lernprozeß. Frankfurt/M. 1985.

Fink-Eitel, H.: Foucault zur Einführung. Hamburg 1989.

Foerster, H. R. v.: Erkenntnistheorien und Selbstorganisation. In: S. J. Schmidt (Hg.): Der Diskurs des radikalen Konstruktivismus. Frankfurt/M. 1987.

Foucault, M.: Wahnsinn und Gesellschaft. Frankfurt/M. 1969.

–: Die Ordnung der Dinge. Frankfurt/M. 1971.

–: Archäologie des Wissens. Frankfurt/M. 1973.

–: Die Geburt der Klinik. Frankfurt/M. 1976a.

–: Überwachen und Strafen. Frankfurt/M. 1976b.

–: Psychologie und Geisteskrankheit. Frankfurt/M. 1977a.

–: Der Wille zum Wissen. Frankfurt/M. 1977b.

–: Die Ordnung des Diskurses. Frankfurt/M. 1977c.

–: Die Subversion des Wissens. Frankfurt/M. 1987.

Frank, M.: Der kommende Gott. Frankfurt/M. 1982.

Frege, G.: Logische Untersuchungen. Göttingen [2]1976.

Friedrichs, J.: Methoden empirischer Sozialforschung. Reinbek 1973.

Gadamer, H.-G.: Wahrheit und Methode. Tübingen [4]1975.

Garz, P. & K. Kraimer (Hg.): Brauchen wir andere Forschungsmethoden? Frankfurt/M. 1983.

Garz, P.: Zur Bedeutung rekonstruktiver Sozialisationstheorien in der Erziehungswissenschaft. Diss. phil. Hamburg 1982.

Geertz, C.: Dichte Beschreibung. Frankfurt/M. 1987.

Glasersfeld, E. v.: Konstruktion der Wirklichkeit und des Begriffs der Realität. In: H. Gumin & A. Mohler (Hg.): Einführung in den Konstruktivismus. München 1984.

Godelier, M.: Mythos und Geschichte. In: K. Eder (Hg.): Seminar: Die Entstehung von Klassengesellschaften. Frankfurt/M. 1973.

Goffman, E.: Das Individuum im öffentlichen Austausch. Frankfurt/M. 1982.

Haag, H., W. Krüger, L. Schwärzel & J. Wildt (Hg.): Aktionsforschung. München 1972.

Habermas, J.: Erkenntnis und Interesse. Frankfurt/M. 1968a.

–: Technik und Wissenschaft als ‹Ideologie›. Frankfurt/M. 1968b.

–: Vorbereitende Bemerkungen zu einer Theorie der kommunikativen Kompetenz. In: J. Habermas & N. Luhmann: Theorie der Gesellschaft oder Sozialtechnologie. Frankfurt/M. 1971.

–: Legitimationsprobleme im Spätkapitalismus. Frankfurt/M. 1973.

–: Theorie des kommunikativen Handelns. 2 Bde. Frankfurt/M. 1981.

–: Zur Logik der Sozialwissenschaften. Frankfurt/M. 1982.

–: Vorstudien und Ergänzungen zur Theorie des kommunikativen Handelns. Frankfurt/M. 1984.

–: Der Diskurs der Moderne. Frankfurt/M. 1985.

Haferkamp, H.: Kriminelle Karrieren. Reinbek bei Hamburg 1975.

Heidegger, M.: Holzwege. Frankfurt/M. ^{5}1972.

–: Sein und Zeit. Tübingen ^{14}1977.

–: Hölderlins Hymnen «Germanien» und «Der Rhein». Frankfurt/M. 1980.

Honegger, C.: Die Hexen der Neuzeit. Frankfurt/M. 1978.

Honneth, A.: Kritik der Macht. Frankfurt/M. 1989.

–: Die zerrissene Welt des Sozialen. Frankfurt/M. 1990.

Hopf, C. & E. Weingarten (Hg.): Qualitative Sozialforschung. Stuttgart 1979.

Horkheimer, M.: Zum Rationalismusstreit in der gegenwärtigen Philosophie. Zeitschrift für Sozialforschung Bd. 2. 1933.

Horkheimer, M. & Th. W. Adorno: Dialektik der Aufklärung. Amsterdam 1955.

Kamlah, W. & P. Lorenzen: Logische Propädeutik. Mannheim 1967.

Kesselring, Th.: Entwicklung und Widerspruch. Frankfurt/M. 1981.

–: Die Produktivität der Antinomie. Frankfurt/M. 1984.

Klüver, J.: Operationalismus. Stuttgart 1971.

Kohli, M.: Zur Theorie der biographischen Selbst- und Fremdthematisierung. In: J. Matthes (Hg.): Lebenswelt und soziale Probleme. Verhandlungen des Deutschen Soziologentages zu Bremen 1980. Frankfurt/M. 1981.

Kuhn, Th.: Die Struktur wissenschaftlicher Revolutionen. Frankfurt/M. 1967.

Lazarsfeld, P. F.: Remarks on Administrative and Critical Communication Research. Zeitschrift für Sozialforschung. Studies in Philosophy and Social Science, Vol. IX, 1941.

Lorenz, K. & J. Mittelstraß: Die Hintergehbarkeit der Sprache. Kant-Studien, 2, 1967.

Lorenzen, P.: Autonomie und empirische Sozialforschung. In: J. Mittelstraß (Hg.): Methodologische Probleme einer normativ-kritischen Gesellschaftstheorie. Frankfurt/M. 1975.

–: Politische Ethik. In: Synthesis Philosophica 4. Zagreb 1987.

Löwenthal, L.: Literatur und Gesellschaft. Neuwied 1964.

–: Notizen zur Literatursoziologie. Stuttgart 1975.

Luhmann, N.: Sinn als Grundbegriff der Soziologie. In: N. Luhmann & J. Habermas: Theorie der Gesellschaft oder Sozialtechnologie. Frankfurt/M. 1971.

–: Soziologie der Moral. In: N. Luhmann & St. Pfürtner (Hg.): Theorietechnik und Moral. Frankfurt/M. 1978.

–: Ideengeschichte in soziologischer Perspektive. In: J. Matthes (Hg.): Lebenswelt und soziale Probleme. Verhandlungen des Deutschen Soziologentages zu Bremen 1980. Frankfurt/M. 1981.

–: Autopoiesis, Handlung und kommunikative Vernunft. Zeitschrift für Soziologie, 4, 1982.

–: Soziale Systeme. Grundriß einer allgemeinen Theorie. Frankfurt/M. 1984.

–: Autopoiesis des Bewußtseins. Soziale Welt, 36, 1985.

–: Tautologie und Paradoxie in den Selbstbeschreibungen moderner Gesellschaften. Zeitschrift für Soziologie, 3, 1987.

–: Autopoiesis als soziologischer Begriff. In: H. Haferkamp & M. Schmid (Hg.): Sinn, Kommunikation und soziale Differenzierung. Frankfurt/M. 1987a.

–: Erkenntnis als Konstruktion. Bern 1988.

Man, P. de: Blindness and Insight. Minneapolis 1983.

Maturana, H. R.: Erkennen. Braunschweig, Wiesbaden 1982.

–: Kognition. In: S. J. Schmidt (Hg.): Der Diskurs des Radikalen Konstruktivismus. Frankfurt/M. 1987.

Menke, Ch.: Relativismus und Partikularisierung. Philosophische Rundschau, 1/2, 1989.

Nietzsche, F.: Sämtliche Werke. Bd. 5. München 1980.

Oevermann, U.: Zur Sache. In: L. v. Friedeburg & J. Habermas (Hg.): Adorno-Konferenz. Frankfurt/M. 1983.

Peirce, Ch. S.: Schriften I. Frankfurt/M. 1967.

Phillips, B.: Empirische Sozialforschung. Wien 1970.

Pollock, F.: Gruppenexperiment. Frankfurt/M. 1955.

Popper, K.: Conjectures and Refutations. New York 1968.

–: Eine objektive Theorie des historischen Verstehens. Schweizer Monatshefte, 3, 1970.

–: Logik der Forschung. Tübingen [4]1971.

Ritsert, J.: Erkenntnistheorie, Soziologie und Empirie. Frankfurt/M. 1971.

–: Inhaltsanalyse und Ideologiekritik. Frankfurt/M. 1972.

– (Hg.): Gründe und Ursachen gesellschaftlichen Handelns. Frankfurt/M. 1975.

Ritsert, J. & H. Brunkhorst: Theorie, Interesse, Forschungsstrategien. Frankfurt/M. 1978.

Ritter, J.: Subjektivität. Frankfurt/M. 1974.

–: Metaphysik und Politik. Frankfurt/M. 1977.

Rorty, R.: Der Spiegel der Natur. Frankfurt/M. 1981.

–: Kontingenz, Ironie und Solidarität. Frankfurt/M. 1989.

Rothacker, E. (Hg.): Briefwechsel zwischen Wilhelm Dilthey und dem Grafen Paul Yorck v. Wartenburg. Halle 1923.

Rusch, G.: Erkenntnis, Wissenschaft, Geschichte. Frankfurt/M. 1987.

Ryan, A.: Die Philosophie der Sozialwissenschaften. München 1973.

Ryle, G.: Der Begriff des Geistes. Stuttgart 1969.

Sartre, J.-P.: Der Idiot der Familie. Reinbek bei Hamburg 1977ff.

Schmidt, S. J.: Der radikale Konstruktivismus. In: Ders. (Hg.): Der Diskurs des radikalen Konstruktivismus. Frankfurt/M. 1987.

Schnädelbach, H.: Vernunft und Geschichte. Frankfurt/M. 1987.

Schrader, A.: Einführung in die empirische Sozialforschung. Stuttgart 1971.

Schütz, A.: Der sinnhafte Aufbau der sozialen Welt. Frankfurt/M. 1974.

Sellars, W.: Theoretische Erklärungen. In: L. Krüger (Hg.): Erkenntnisprobleme der Naturwissenschaften. Köln 1970.

Sneed, J. P.: The Logical Structure of Mathematical Physics. Dordrecht 1971.

Soeffner, H.-G. (Hg.): Interpretative Verfahren in den Sozial- und Textwissenschaften. Stuttgart 1979.

Stegmüller, W.: Probleme und Resultate der Wissenschaftstheorie und analytischen Philosophie. Bd. II: Theorie und Erfahrung. Berlin 1970.

–: Probleme und Resultate der Wissenschaftstheorie und analytischen Philosophie. Bd. II, Teil D und E. Berlin 1973.

–: Hauptströmungen der Gegenwartsphilosophie. Bd. II. Stuttgart 1975.

Taylor, Ch.: Hegel. Frankfurt/M. 1978.

Tenbruck, F. H.: George Herbert Mead und die Ursprünge der Soziologie in Deutschland und Amerika. In: H. Joas (Hg.): Das Problem der Intersubjektivität. Frankfurt/M. 1985.

Watzlawick, P. et al.: Menschliche Kommunikation. Bern 1971.

Weber, M.: Gesammelte Aufsätze zur Religionssoziologie I. (zuerst 1920) Tübingen [7]1978.

–: Wirtschaft und Gesellschaft I. Köln 1956.

–: Die protestantische Ethik und der Geist des Kapitalismus. München 1969.

–: Gesammelte Aufsätze zur Religionssoziologie. Bd. III. Tübingen [6]1976.

Winch, P.: Die Idee der Sozialwissenschaft und ihr Verhältnis zur Philosophie. Frankfurt/M. 1966.

Wright, G. H. v.: Erklären und Verstehen. Frankfurt/M. 1974.

3. Theorieentwürfe

Die Beiträge dieses Teils machen mit frühen sozialphilosophischen und sozialtheoretischen Entwürfen sowie soziologischen und gesellschaftstheoretischen Ansätzen vertraut.

Vorläufer der großen soziologischen Theorien sind die vertragstheoretischen Entwürfe von Hobbes, Locke, Rousseau u. a., aber auch die sozialphilosophischen und sozialtheoretischen Entwürfe von Montesquieu, den Physiokraten, dem englischen Liberalismus und dem deutschen Idealismus. Die frühen bürgerlichen Sozialtheorien sind weitgehend an ihrer Stellung zu den Problemen der aufsteigenden bürgerlichen Gesellschaft zu messen. Die eigentlichen soziologischen Theorien müssen demgegenüber in Relation zu solchen gesellschaftlichen Verhältnissen gesetzt werden, die sich als bürgerliche schon durchgesetzt haben. Eine die bürgerliche Gesellschaft theoretisch transzendierende Struktur besitzt im eigentlichen Sinne nur die Marxsche Theorie. In der Nachfolge Comtes ist Soziologie hingegen vornehmlich als Ordnungswissenschaft zu verstehen.

Nach Darstellung der frühbürgerlichen Sozialtheorien wird das Utopieproblem diskutiert, dessen Geschichte mit der Entwicklung der bürgerlichen Gesellschaft verbunden ist. Die sozialtheoretischen Entwürfe werden nämlich immer mehr von sog. utopischen Einschlägen gereinigt, und schließlich setzt sich, so in der Systemtheorie, ein explizit antiutopisches Denken durch. Dies hängt mit der Entwicklung des Vernunftbegriffs zusammen, die der Entwicklung der bürgerlichen Gesellschaft korrespondiert und letztlich, so in der Systemtheorie, in einen expliziten Anti-

humanismus mündet. Positivistische Modelle sind dafür nur Vorstufen.

Der heutige Diskussionsstand ist weitgehend an der Auseinandersetzung zwischen der Theorie des kommunikativen
Handelns von Habermas, die in sich handlungstheoretische,
hermeneutisch-lebensweltliche und systemtheoretische Aspekte
integriert, und der Systemtheorie Luhmanns orientiert. Auf dem
heutigen Stand theoretischer Entwicklung kommt keine Darstellung
sozialtheoretischer Entwürfe ohne Rekurs auf eine der beiden
Theorien aus. Doch auch die Theorie des kommunikativen
Handelns, die eine Kritik der Systemtheorie als einer affirmativen
Theorie enthält, ist einer gesellschaftstheoretisch vermittelten Kritik
zu unterziehen.

H. K. / A. S.

Harald Kerber / Arnold Schmieder

3.1 Frühbürgerliche Gesellschaftsvorstellungen

3.1.1 Zur Gesellschaftslehre der Aufklärung oder Die Emanzipation des Geistes

Die Thematik der Soziologie beginnt mit einer Emanzipation von vorgegebenen natürlichen oder staatlichen Ordnungen. Gesellschaft erscheint als eigene Gesetzmäßigkeit. Gegenüber den Feudalverhältnissen und ihren ständisch fixierten Ungleichheiten wird in der aufkeimenden bürgerlichen Gesellschaft die Natur des Menschen als allgemeine und gleiche Natur proklamiert; gleichermaßen werden die gesellschaftlichen Verhältnisse als durch Menschen gemachte und als solche auch als durchschaubar betrachtet. Das ist das Thema der Aufklärung. Dieses Thema entstand im Zusammenhang mit der Krise des absolutistischen Staates. Gegen die Staatsomnipotenz setzte die Aufklärung auf die als vernünftig begriffene Menschennatur. Damit war, zunächst rein intellektuell, das überlieferte ständestaatliche System negiert. Unter dem Begriff der Vernünftigkeit der menschlichen Natur wurden gegenüber der ständestaatlich überkommen Autoritätsstruktur Freiheit und Gleichheit der Menschen identisch. Als Resultat aus der allgemein-menschlichen Natur wurde Gesellschaft als eigengesetzliche Sphäre gefaßt.

Montesquieu (1689–1755), dessen wichtigstes Werk, der «Esprit de Lois», 1748 erschien und der Comte und Durkheim als Begründer der Soziologie galt, ist der erste, der gesellschaftliche Integration als soziologisches Problem thematisiert (vgl. Jonas 1968, 20).

Die im «Esprit de Lois» formulierte Gewaltenteilung setzt Montesquieu in einen Gegensatz zum Absolutismus. Dabei liegt das Hauptgewicht seiner Lehre auf der Herausarbeitung von drei Haupttypen zivilisierter Gesellschaftsordnungen: der Monarchie, der Republik und der Despotie. Die Rechtfertigung für eine bestimmte Herrschaftsform hängt immer an einer Vielzahl bestimmter und konkreter Umstände. So ist auch der Despotismus einerseits unter bestimmten gesellschaftlichen Umständen gerechtfertigt, ohne daß er ‹die› Herrschaftsform wäre; andererseits ist er eine Verfallserscheinung. Das Gegenbild zum Despotismus ist die Republik, die eine Aristokratie oder Demokratie sein kann. In der Despotie ist die Herrschaft unbeschränkt und vollzieht sich mittels Angsterzeugung als Unterwerfung des Volkes, in der Republik erfolgt sie über Tugend und über moralischen Konsens.

Wenngleich Montesquieu sich für die Republik begeistert, ist für ihn die Monarchie die beste Regierungsform. Sie ist «die Herrschaft eines einzelnen nach Gesetzen» (ebd., 27). Anders als in der Republik, wo sich die Integration über einen Wertkonsens vollzieht, wird sie hier über den Konflikt bewirkt, indem um Ansehen und gesellschaftliche Macht gerungen wird. Nur die Monarchie kann den Anspruch erheben, eine gemäßigte Regierungsform zu sein. Sie verursacht die geringsten Kosten und «hält sich durch den Ehrgeiz der Beteiligten im Gleichgewicht» (ebd., 28). Die Lehre von der Gewaltenteilung macht diese Gleichgewichtsvorstellung plausibel. Die Macht des Königs, Adels und der Spitze des dritten Standes werden hier im Sinne einer Differenzierung von Exekutive (König), Legislative (Adel und die Großen des Landes) und Judikative (Noblesse de Robe) in ein ausgewogenes Verhältnis zueinander gebracht. Allerdings garantiert die Gewaltenteilung weder demokratische Freiheitsrechte, noch führt sie zu einer Beschränkung der Staatsgewalt. Sie soll nur «ein verfassungsmäßig geregeltes Zusammenwirken der vorhandenen gesellschaftlichen Kräfte (...) sichern und damit den Bestand der Monarchie (...) garantieren» (ebd., 28f).

Hier zeigt sich, daß die Theorie Montesquieus vornehmlich Ausdruck des Übergangs vom Absolutismus zur bürgerlichen Gesellschaft ist. Indem er aber als erster den wechselseitigen Zusammenhang zwischen den «äußeren Lebensbedingungen, Institutionen und Werte(n) einer bestimmten Gesellschaft» aufzeigt und sich für ihn die «Gesetze des menschlichen Zusammenlebens nicht als Naturtatsachen rekonstruieren, sondern nur aus den Bedingungen dieses Zusammenlebens selbst» erschließen lassen (ebd., 21), demonstriert er ein genuin soziologisches Denken.

Als Vorläufer bürgerlich-soziologischen Denkens zeigt sich Montesquieu auch da, wo er die menschliche Natur als durch ein Streben nach Selbsterhaltung und Frieden, Fortpflanzung und Geselligkeit gekennzeichnet sieht (vgl. ebd.) und wo er – so im ersten und politisch wichtigsten Teil des «Esprit de Lois» – die sozialen Desiderate der aufkeimenden bürgerlichen Gesellschaft vorformuliert. In bezug auf die Demokratie – aber nicht nur auf diese, sondern auch auf die Monarchie und die Despotie – hebt er die Wirkungen des Handels lobend hervor: «der Geist des Handels bringt mit sich den Geist der Nüchternheit, der Sparsamkeit, der Mäßigung, der Arbeit, der Weisheit, der Ruhe, der Ordnung, der Regelmäßigkeit. Auf diese Weise und solange dieser vorherrscht, werden die Reichtümer, die er schafft, keine schlechte Wirkung haben» (zit. n. Hirschman 1987, 81). Dieser Geist des Handels meint Interessen, die aufkeimenden bösen Leidenschaften entgegenwirken und diese zügeln. Weiterhin sieht Montesquieu im Handel den Frieden garantiert, weil die Nationen vermittels ihrer wechselseitigen Bedürfnisse voneinander abhängig würden. Allerdings hat er auch Vorbehalte; er beklagt die «Monetarisierung aller menschlichen Beziehungen» (ebd., 90) als Folge des Handels, insgesamt den Verlust von Tugenden, welche die unnachgiebige Verfolgung eigener Interessen in ihrer asozialen Auswirkung auf zwischenmenschliche Beziehungen eindämmen könnten.

Während es Montesquieu um die Einschränkung der Macht und daher um ein gesellschaftliches Gleichgewicht zwischen den Institutionen ging, zielt der mit der französischen Aufklärung aufkommende Fortschrittsbegriff auf eine Zielorientierung von Handlungen und Veränderungen der Verhältnisse, worin der Gedanke der Geschichtsmächtigkeit des Menschen virulent wird.

Voltaire (1694–1778) verkündet schon vor der Revolution die Menschenrechte und fordert die Trennung von Kirche und Staat. Sein Anliegen ist ein ideologiekritisches. Überkommene Traditionen sollen im Namen der Vernunft entzaubert werden. Geschichte ist für Voltaire vorrangig der Fortschritt der Zivilisation, wobei er im Hinblick auf diesen Fortschritt doch eher skeptisch eingestellt war (vgl. Jonas 1968, 33 f). Dagegen war für Turgot (1727–1778) der Gang der Geschichte mit bestimmten, aus dem Christentum stammenden säkularisierten Heilserwartungen verknüpft (zu den Physiokraten s. u.); die Menschheit ist danach als ein einheitlich fortschreitendes und sich vervollkommnendes Subjekt begriffen. Hier schon ist ein Drei-Stadien-Gesetz des Fortschritts entworfen: ein theologisches, ein metaphysisches und ein positives, das die Geschichtsmetaphysik des Drei-Stadien-Gesetzes von Comte vorformuliert.

Condorcet (1743–1794) schließlich entwickelt den Gedanken der Möglichkeit eines Übertritts in das Reich der Freiheit. Auf dem Hintergrund seines Vernunftoptimismus sieht er den Menschen als ver-

rückung und Ausbeutung werden aufhebbar, ebenso Interessengegensätze und Verbrechen; schließlich soll sogar der Tod besiegt werden
können. Dieses rationale Modell hat in der Mathematik sein Vorbild,
wonach der Zufall beseitigt wird und an seine Stelle eine Gesellschafts-
kunst tritt, die, und zwar anders als nach Voltairescher Vorstellung
schrittweiser Reform der Verhältnisse, einen Sprung in das Reich der
Freiheit ermöglicht (vgl. ebd., 35 f).

Fortschritt der Aufklärung, und das meint, dem vernünftigen Willen zur Wirklichkeit zu verhelfen, erfordert nach der ab 1751 von Di-
derot (1713–1784) und D'Alembert (1717–1783) herausgegebenen
Enzyklopädie einen Abbau der Privilegien der Kirchen und des Adels
– wobei die Enzyklopädisten weder die Monarchie noch das Privateigentum als solches angreifen.

Diese Vorrangstellung eines ethisch und politisch abstrakten Wil-
lensbegriffs und die Vernachlässigung der Bedeutung des Privateigentums führt schließlich bei den Sensualisten und Materialisten, so Helvetius (1715–1771) und Holbach (1723–1789), zu einer Position, in
der die Problematik auf eine der Menschenführung reduziert ist; aus
Condillacs (1715–1780) «Essai sur l'origine des connaissances humaines» ziehen sie den Schluß, im Grunde sei das Problem des
menschlichen und gesellschaftlichen Fortschritts nur ein pädagogisches (vgl. ebd., 35–40).

Mit den Physiokraten werden hingegen nächst einem Fortschritt
durch Aufklärung die Eigentumsverhältnisse für eine Integration der
Gesellschaft inauguriert. Die Zusammenfassung der physiokrati-
schen Lehre liegt im ‹tableau économique› (1758) von Quesnay
(1694–1774) vor. Integration meint rein wirtschaftliche Integration,
wobei, gemäß dem Motto der Physiokraten: «‹Ex natura jus, ordo et
leges›», das «Naturrecht des einzelnen Menschen auf Eigentum an
seiner eigenen Person und an den Dingen, die er durch seine eigene
Arbeit erlangt hat», «mit den Naturgesetzen, die die Gesellschaft in
ihrem Bestand erhalten», übereinstimmt (ebd., 42 f). Der ‹ordre naturel›, von dem sie ausgehen, kann für sie nur «aufgrund philosophischer Einsicht und *mittels* politischer Gewalt (...) zur Herrschaft
gebracht und sodann despotisch in seiner Geltung gewahrt werden»
(Habermas [2]1980, 106). Sie sind für eine «wirtschaftliche Sozial-
reform» (Jonas 1968, 44). Sie gehen insofern über Vorstellungen
hinaus, die das Ancien régime nicht radikal in Frage stellen, und soli-
darisieren sich entsprechend mit nicht eigenen Interessen, d. h. mit
Interessen anderer Klassen (vgl. ebd.), wobei sie nach einem aufge-

klärten Despoten verlangen, der das Prinzip des Laissez-faire garantiert, und zwar nach Maßgabe der als Bürgerrechte verstandenen Menschenrechte. Dieser «deklariert» letztlich die Gesetze nur, den ‹ordre naturel›, aus denen das ‹Laissez-faire› folgt, da diese «kein Menschenwerk», sondern naturgegeben und als solche «evident» sind (ebd., 45). Gesellschaftliche Harmonie folgt für die Physiokraten anders als für die englischen Liberalen nicht aus dem Zusammenspiel egoistischer Interessen von Eigentümern, «sondern nur aus dem *aufgeklärten* Selbstinteresse im Rahmen einer *staatlich organisierten* Naturordnung», obwohl auch für sie, so für Quesnay (wie für Locke), nur «das Recht auf Eigentum» der «Kern des Naturrechts ist». Sie gehen nicht von der Vorstellung aus, daß die Gesellschaft durch Vertrag entstanden sei, sondern sie ist «selbst (...) ein Stück Natur» (Habermas [2]1980, 105 f).

Entsprechend ihrem Gedanken rein wirtschaftlicher Integration der Gesellschaft ist nach ihnen die Klassengliederung rein ökonomisch und darin dreigeteilt: die produktive Klasse der Landpächter, die distributive bzw. disponible Klasse der Grundbesitzer und die sterile Klasse der Handwerker und Gewerbetreibenden. Nur die produktive Klasse erbringt einen Mehrwert. Die Klasse der Grundbesitzer eignet sich ihn an. Nur die Agrikulturarbeit ist produktiv, nicht die industrielle. Marx hat gezeigt, daß die Physiokraten, obwohl sie an der Landwirtschaft orientiert waren, was am Überwiegen des Agrarsektors in Frankreich im Verhältnis zur industriellen Entwicklung in England lag, schon eine Theorie des Mehrwerts hatten und sich nicht mehr nur auf die Distribution, sondern auf die Produktion bezogen; insofern sind für Marx die Physiokraten die «eigentlichen Väter der modernen Ökonomie» (MEW Bd. 26.1, 1974, 12). Ihre Annahme aber, nur philosophische Einsicht könne zu jenem ‹ordre naturel› und dem ihm folgenden Prinzip des ‹Laissez-faire› vordringen, wurzelt als rationalistischer Vernunftglaube der Physiokraten (so bei Turgot) im «aristokratische(n) Ton der Aufklärung» (ebd., 23).

Wenn sich die Gesetze, auf die sich die politische Gewalt zur Verwirklichung der Naturordnung der Gesellschaft bezieht, für die Physiokraten «aus der philosophischen Einsicht in die Natur der Dinge selbst» ergeben (Habermas [2]1980, 107), so sind sie für Rousseau (1712–1778) Resultat des Gemeinwillens. In dieser ‹volonté générale› soll die Zerrissenheit der Gesellschaft und die der Menschen in ihr aufgehoben sein; gegen eine Gesellschaft, in der «des einen Tod des anderen Brot» ist (Rousseau 1978, 111), ist «eine sittliche Gesamtkörperschaft» auf der Grundlage des Gesellschaftsvertrages zu schaffen, der wesentlich beinhaltet: «*Gemeinsam stellen wir alle, jeder von uns seine Person und seine ganze Kraft unter die oberste Richtschnur des Gemeinwillens; und wir nehmen, als Körper, jedes Glied als untrennbaren Teil des Ganzen auf*» (Rousseau 1977, 18). Zivilisationskritisch und mit Blick auf das soziale Elend kennzeichnet Rousseau den Gesellschaftszustand als untragbar. Ihm ist die Natur des Menschen ein Widerstandspotential gegen die Desintegration der Gesellschaft und in ihrer Folge auch des Menschen in der modernen Zivilisation. Der Natur des Menschen entspricht es, im Kampf mit der Natur um seine Selbsterhaltung besorgt zu sein, daß seine Bedürfnisse im Einklang mit den natürlichen Befriedigungsmöglichkeiten stehen, in erfüllter Gegenwärtigkeit aufzugehen, seiner natürlichen Triebhaftigkeit zu folgen und dem Müßiggang ergeben zu sein (vgl. ebd., 85ff, 105, 113ff, 137, 183ff, 193ff).

Wenn der Naturzustand durch Gleichheit, Freiheit und Eigentumslosigkeit ausgezeichnet ist, wenn dann der «erste, der ein Stück Land eingezäunt hatte und dreist sagte: ‹Das ist mein› und so einfältige Leute fand, die das glaubten», «zum wahren Gründer der bürgerlichen Gesellschaft» wurde (ebd., 191ff), dann gilt Rousseau darin der zivilisatorische Fortschritt als Verfall und Verlust der natürlichen Unschuld und des ursprünglichen Glücks aus Selbstgenügsamkeit und Unerschütterlichkeit: Fortschritt ist «ein in sich widerspruchsvolles und ambivalentes Geschehen, insofern die leichtere *Bewältigung der Daseinsnot durch Glückseinbußen erkauft* wird. Der *Kampf mit der Natur*, den der Wilde durch seine Integration in die Gesellschaft überwunden hat, bricht als *Kampf innerhalb der Gesellschaft* wieder auf» (Waibl 1988, 171). Er verlangt, den Gesellschaftszustand als moralischen Naturzustand zu restituieren und zu institutionalisieren. Statt den Menschen im Sinne der bürgerlichen Ordnung zu versittlichen, soll die Gesellschaft vermenschlicht werden. Hier rückt Rousseau radikal von dem abstrakten vernunftorientierten Fortschrittsgedanken der Aufklärung ab. Wenn er argumentiert, der natürliche Mensch sei «moralisch neutral und gesellschaftlich indifferent» (Jonas 1968, 51), was auch heißt, daß die Normen der Gesellschaft im Naturzustand unnötig sind, wenn er weiter den Menschen im Naturzustand als frei und doch ins Ganze der Natur integriert annimmt, dann soll schließlich der Gesellschaftsvertrag den moralischen Menschen hervorbringen.

Wenn die Rückkehr zur Einfalt und zum Glück des Naturzustandes versperrt ist, der Weg zu der den Wert und die Würde des Menschen in sich schließenden Freiheit aber offenliegt, dann ist im contrat social das Problem zu lösen, wie eine «echte und wahrhafte, menschliche *Gemeinschaft*» aufzubauen ist, «ohne damit den Übeln und der Verderbnis der konventionellen *Gesellschaft* zu verfallen» (Cassirer 1989, 22) – Ziel ist der Mensch als geistig sittlicher Staatsbürger, der eine «homogene politische Gemeinschaft zu gründen» in der Lage ist (Röhrich 1972, 50), sich nicht äußerem Zwang unterwirft, sondern «die Verwandlung der korrumpierten Menschennatur in die moralische Person des Staatsbürgers» (Habermas [2]1980, 103).

Sich in gesellschaftliche Verhältnisse zu begeben und diesen contrat social zu schließen, dazu sind die Menschen gezwungen, weil nach Rousseau der Naturzustand mit Naturkatastrophen endet. Weil aber gesellschaftliche Integration gemessen am Naturzustand und an der Natur des Menschen Desintegration ist, muß Emanzipation immer auch die Emanzipation von der sog. emanzipierten, d. h. zivilisierten Gesellschaft sein. Wissenschaft, Künste, Moral, Manieren und Eigentum sind spezifische Formen der Abhängigkeit der Menschen voneinander bzw. Formen des Kampfes aller gegen alle, der für Rousseau den Charakter der Zivilisation selbst verdeutlicht. Dem Gemeinwillen, der gegen die Zerrissenheit der Gesellschaft und auf die Einheit der Menschen zielt, soll inkorporiert sein, daß der Gesellschaftszustand einem moralischen Naturzustand entspricht und die gesellschaftlichen Gesetze den Charakter von Naturgesetzen haben. Folgt der Mensch in sich selbst dem Gemeinwillen, so ist er frei. In diesem Sinne geht es Rousseau «um Struktur und Funktion einer Gesellschaft, die der Natur des Menschen entspricht, nicht um Emanzipation der Gesellschaft» – deren vorbürgerlichen und bürgerlichen Charakter er ja nur vor Augen haben konnte –, «sondern um Emanzipation des kollektiven Willens und die Unterwerfung des einzelnen unter ihn» (Jonas 1968, 58 f).

Der contrat social verlangt, radikaler formuliert, «die Denaturierung der naturwüchsigen Existenz in eine moralische» (Habermas 1980, 111); eine entsprechende Verfassung hielt Rousseau nur bei kleinen, sich auf einem einfachen Entwicklungsniveau befindenden Völkern (z. B. Korsika) für möglich, eine Empfehlung, in der das Eingeständnis stecken soll, daß seine Theorie auf moderne Verhältnisse nicht anwendbar ist (vgl. Steinvorth 1983, 136), und die den Schluß zuläßt, daß sich sein contrat social gar nicht um die Lösung der politischen Probleme der großen Nationen Europas bemüht, weil sein System freier Vergesellschaftung nur auf der Grundlage von Subsistenz- und Naturalwirtschaft, d. h. Fehlen von Warenproduktion, möglich ist (vgl. Tuschling 1978, 283). Entsprechend, was seiner Theorie von marxistischer Seite eine Charakterisierung als ‹kleinbürgerlich› eintrug, war er in bezug auf die ökonomische Struktur dieser kleinen und überschaubaren Gesellschaften am Kleineigentum orientiert. So gesehen, war die Lehre des Rousseau trotz seiner Zivilisationskritik «nicht revolutionär, sie mußte erst revolutionär interpretiert werden» (Habermas [2]1980, 111). Das geschah im Tugendbegriff des Robespierre, der sich als Schüler Rousseaus verstand. Was Rousseau aber konstatiert hatte, war, «daß ein *Junktim* besteht zwischen *wirtschaftlichem und zivilisatorischem Fortschritt und einem fortschreitenden sittlichen Verfall*. Als moralischer Buchhalter der kapitalistischen Erwerbsgesellschaft stellt er gegenüber der rein ökonomischen Gewinn-Verlust-Rechnung eine *Gegenbilanz* auf, welche die sozialen und sittlichen ‹Kosten› aufrechnet, die in der kapitalistischen Produktionsweise als Vorleistung für die materielle Wertschöpfung erbracht werden» (Waibl 1988, 175).

3.1.2 Zur Gesellschaftslehre des Liberalismus und der Legitimation sozialer Ungleichheit

Hobbes (1588–1679) gilt als der erste politische Denker, «der mit dem traditionellen Glauben an einen das Universum durchdringenden Willen oder Zweck brach und sich ausschließlich auf weltliche Gleichheit verließ» (Macpherson [2]1980, 106). Wie Rousseau sah auch er die Gefahr der gesellschaftlichen Desintegration. Anstelle aber des Gemeinwillens, der bei Rousseau die absolute Integration des einzelnen in das gesellschaftliche Ganze inauguriert, wird hier zur Aufhebung dieser Desintegration die absolute Souveränität des Herrschers proklamiert, dem die Menschen in einem ursprünglichen Vertrag die Rechte, die sie aus dem als hypothetischen Naturzustand begriffenen vorvertraglichen Gesellschaftszustand gegeneinander haben, übertragen und dem sie sich so unterwerfen. Nach Hobbes streben die Menschen nach immer mehr Macht übereinander; denn «der Ursprung der großen und dauernden Verbindungen der Menschen (ist) nicht von gegenseitigem Wohlwollen, sondern von gegenseitiger Furcht ausgegangen» (Hobbes 1959, 79). Aus diesem Grundgedanken leitet er den Charakter des von ihm als hypothetisch angeführten

Naturzustandes ab; hieraus folgt für ihn die Notwendigkeit einer souveränen Herrschaft. Für Hobbes ist jener Naturzustand der vorvertragliche Gesellschaftszustand des ‹bellum omnium contra omnes›. Der Urvertrag als Unterwerfungsvertrag markiert nur die Möglichkeit der friedlicheren Regelung der Verhältnisse, die im vorvertraglichen Gesellschaftszustand schon vorliegen. Indem nämlich der einzelne seine Rechte auf den Souverän in einem Urvertrag überträgt, handelt er sich und allen anderen einzelnen Sicherheit und Frieden um den Preis der Beschränkung der Freiheit ein.

Das Problem der Unterwerfung des Menschen unter einen allgemeinen Willen stellt sich Hobbes mit der Geste des Naturwissenschaftlers. Die Wolfsnatur des Menschen, von der er ausgeht, ist wertfrei zu beschreiben, und wertfrei ist auch die Skizzierung der Verhältnisse, durch die sie bezähmt werden kann; denn «vor der Schaffung von Abmachungen und Gesetzen gab es bei den Menschen keine Gerechtigkeit noch Ungerechtigkeit, noch auch einen Wesensbegriff des allgemeinen Guten oder Schlechten» (ebd., 20): Ist bei Rousseau Natur eine Idee (nämlich als Zustand der Vollkommenheit des Menschen), die seine Zivilisationskritik anleitet, so bei Hobbes reines Material der Erkenntnis. Für ihn ist es eine ‹Erfahrungstatsache›, daß der Mensch nicht von Vernunft geleitet, sondern ein Einzelwesen ist, das um seine Selbsterhaltung kämpft. Da der Mensch von Natur aus weder gut noch böse ist, ist das Integrationsproblem «kein moralisches Problem, sondern ein Problem, das sich aus der Tatsache seines materiellen Daseins ergibt. Einfach durch die Tatsache seines materiellen Daseins gerät der Mensch in Konflikt mit seinesgleichen» (Jonas 1968, 64).

Der im Naturzustand nicht zu vermeidende Krieg aller gegen alle ist bei Hobbes methodisch auf die naturwissenschaftliche Vorstellung des wechselseitigen Drucks und Gegendrucks aufeinanderwirkender Körper bezogen. Soziale Gleichheit ist nach diesem Denkmodell deshalb nicht möglich, weil man dazu den gleichen Platz im Raum einnehmen müßte. Friede ist dann nichts anderes als die durch Druck und Stoß sich ergebende wechselseitige Ausschließung, die, selbst unstrukturiert, in eine bestimmte geordnete Beziehung zu bringen ist. Die Spitze dieser Beziehung und der alleinige Gesetzgeber ist der Staatsmann, «der große Leviathan, der sterbliche Gott» (Hobbes 1976, 155).

Es ist davon auszugehen, daß für Hobbes die englischen Bürgerkriege im 17. Jahrhundert die historische Ausgangsorientierung einer naturwissenschaftlichen Interpretation der Gesellschaft sind (vgl. Macpherson [2]1980). In diesem Sinne ist zu verstehen, daß sich für Hobbes in einer Gesellschaft, in der die Institutionen und Werte erschüttert sind, die Natur offenbart (vgl. Jonas 1968, 65). Indem sich die naturwissenschaftliche Methode als Naturalisierung (als Hinweis auf die sog. wahre Natur des Menschen) eines bestimmten Zustands der Gesellschaftsentwicklung erwies und rein kausal die Notwendigkeit zu erklären versuchte, warum man in einen geregelten gesellschaftlichen Zustand eintreten sollte, hielt sie hier gleichsam für die Ideologie und Selbstrechtfertigung der Herrschaftsinteressen des frühen Bürgertums her: Indem eine «bestimmte gesellschaftliche Situation (...) zum Beweis einer allgemeinen gesellschaftlichen Natur» (ebd., 66) genommen wird, wird das Resultat zu seiner eigenen Voraussetzung gemacht.

Für Hobbes ist der Mensch von Natur aus – und dies wertfrei gesehen – asozial. Die Bedürfnisse der anderen empfindet er als Bedrohung seiner Existenzerhaltung: «Das Streben nach Macht und Furcht vor dem Tod bedingen sich gegenseitig; sie sind die beiden Grundtriebe der menschlichen Atome» (ebd., 66). Macht hat dabei neben Freundschaft, Reichtum und Weisheit einen ausschließlich utilitaristischen Charakter und dient der Selbsterhaltung. Die instrumentelle bzw. strategische Handlungsstruktur beherrscht die menschliche Verfassung. Macht strebt nach mehr Macht (vgl. Hobbes 1976, Kap. 8), sie ist keine Angelegenheit von Eliten, sondern mit der Notwendigkeit der Selbsterhaltung eine für alle Menschen gegebene Bestimmung. Freiheit ist für Hobbes diese ‹wilde›, die Übermächtigung des anderen implizierende Freiheit jenes als Atom vorgestellten Menschen im Naturzustand. Der Gesellschaftszustand kann dann entsprechend nicht, wie später für die Vertragsrechtstheorie von Locke, eine Freiheit nur garantieren, die im sog. vorgestellten Naturzustand der Anlage nach schon vorgebildet ist; der Gesellschaftszustand, die gesellschaftliche Integration folgt gerade aus der Furcht vor der natürlichen Freiheit des Menschen. Darum impliziert der Gesellschaftszustand nicht die Vollendung von Freiheit, sondern gerade ihre Einschränkung. Die Freiheit muß zum Zwecke der durch Gesetze zu garantierenden Sicherheit des einzelnen vor seinem Nächsten eingeschränkt werden. Freiheit ist hier dann die rein merkantile Freiheit, die mit dem staatlich aufgeklärten Absolutismus kompatibel ist.

Hobbes leitet also – und dies auf der Folie eines naturwissenschaftlich orientierten Bewegungsbegriffs und den so verstandenen sozialen

Tatsachen – das Sollen eines geregelten Gesellschaftszustandes als Unterwerfung unter die Prärogative des absoluten Souveräns aus naturgesellschaftlichen Seins-Zusammenhängen ab; gerade dies kann als Differenz in seiner Theorie und als deren wesentliche Problematik gesehen werden. Hobbes' Materialismus ist so «eine notwendige Bedingung seiner Theorie der politischen Pflichten», wobei dann allerdings auch die Bewegungskollision wichtig ist, die nicht im mechanischen Materialismus selbst enthalten ist, sondern der «Markt-Prämisse» (Macpherson [2]1980, 95) entstammt. Hobbes' «Gesellschaftsbegriff» ist an einem reinen Marktmodell orientiert. Der «traditionelle Begriff der Gerechtigkeit» wird «durch den Marktbegriff ersetzt» (ebd., 80). Das Klassenproblem, das sich in der Eigentumsmarktgesellschaft auftut, konnte er nicht durchschauen, da nach ihm alle Individuen darin gleich sind, daß sie der gleichen gegenseitigen Unsicherheit vermittels des Machtstrebens voreinander ausgesetzt sind. Das sog. einfache Volk stimmt der souveränen Gewalt mangels Alternativen zu. Ein Widerstandsrecht wird ausgeschlossen: «Er durchschaute nicht, daß dasselbe Merkmal einer Gesellschaft, das sie zu einem ewigen Wettkampf aller um die Macht werden läßt, sie auch zu einer in ungleiche Klassen geteilten Gesellschaft macht» (ebd., 111).

Bezogen auf das Integrationsproblem rangiert die Sicherheit der Bürger letztlich vor ihrer Freiheit. Der Gesellschaftsvertrag ist gerade diesbezüglich Herrschafts- und Unterwerfungsvertrag. Die Integration ist also in diesem Sinne bei Hobbes «kein gesellschaftliches, sondern ein politisches» Problem, «das durch die Staatsgewalt geregelt wird» (Jonas 1968, 70). Für Hobbes ist natürlich der einzelne zunächst «weder Arbeiter noch Bürger» (ebd., 71), sondern schlechthin Bedürfniswesen. Aber der Naturzustand ist als politischer Zustand der bürgerlichen Gesellschaft vor der vertraglichen Regelung jenen sich auf Macht und Besitz beziehenden Interaktionsverhältnissen nachgebildet. In der A-Historisierung und im kausalanalytischen Verständnis des Bedürfnisbegriffs bei Hobbes steckt dieses Problem in nuce, das sich für Habermas nur so äußert, daß am Ende in Hobbes gegen den liberalistischen Inhalt seiner Theorie «Machiavelli über Morus» siege. Die liberale Räson des Staates werde «von dessen Absolutismus verschlungen, *insofern* ein Leviathan in der Tat» (Habermas [2]1980, 74).

Ist nun der Mensch nach Hobbes ein asoziales Wesen, dessen Natur durch den Leviathan, gleichsam durch Selbstunterwerfung unter die

Obrigkeit gezähmt wird, so gilt für den englischen Sensualismus
Lockes (und den Skeptizismus Humes), daß der Mensch weder ein
soziales noch ein asoziales, sondern ein Wesen ist, das «das für es
Lebensdienliche aus seiner Erfahrung zu lernen hat» (Jonas 1968,
72): «Wir sind alle eine Art Chamäleon und nehmen die Farbe der
Dinge an, die in unserer Nähe sind» (Locke 1970, 67).

Im englischen Liberalismus geht es in der Zeit nach Hobbes um die
Frage der Garantie und der Fortschreibung von Freiheiten bzw. Frei-
heitsrechten vermittels bestimmter institutioneller Bedingungen. Dabei wird im englischen Sensualismus bei Locke die Erfahrung zum
leitenden Paradigma. Die menschliche Natur ist bei Locke
(1632–1704) nicht mehr die bedrohliche Natur, von der Hobbes ausging, obwohl hier Locke ambivalent bleibt (vgl. Macpherson [2]1980).
Vergesellschaftung erhält für den freien Marktverkehr einen pragma-
tisch-nützlichen Aspekt. In Anknüpfung an die Figur des Gesellschaftsvertrages wird der Vertragsgedanke bei Locke im Sinne der
Legitimierung des Marktgeschehens progressiv gewendet. Freiheit
des einzelnen meint vornehmlich seine Freiheit als Eigentümer und
Wirtschaftssubjekt, gesellschaftliche Integration folgt aus den Handlungszusammenhängen der als Bürger gefaßten Individuen. Anders
als bei Hobbes ist sie nicht mehr Ausdruck der institutionellen Kanalisierung ihrer bedrohlichen Bedürfnisnatur; im Gegensatz zu Hobbes
ist Lockes Menschenbild optimistisch-pragmatisch. Handeln, Erfahren, Lernen, gesellschaftliche Integration und ein damit einhergehen-
der Begriff menschlicher Freiheit bilden bei Locke einen in sich
konstitutiven Zusammenhang. Der Mensch schöpft alles aus der Erfahrung, er verfügt nicht (wie bei Descartes) über angeborene Ideen.
Aus der Erfahrung ergibt sich die Einsicht zur Herstellung solcher
Institutionen, die mit der Handlungsfreiheit der Bürger kompatibel
sind (vgl. Jonas 1968, 76ff).

Eigentum prägt den Naturzustand im Sinne eines implizit institutionellen Zustandes selbst. Der Naturzustand hat nicht einen dem Gesellschaftszustand entgegenzusetzenden asozialen Charakter; vielmehr ist er, indem er nicht anti-institutionell ist, als Naturzustand
schon Gesellschaftszustand. Der Mensch wird als Eigentümer seiner
Person definiert und Eigentumserwerb mit seiner Legitimation auf
Arbeit und auf die Tüchtigkeit der Arbeitenden zurückgeführt. Der
als Handlungszusammenhang von Eigentümern definierte soziale Zusammenhalt, dessen Voraussetzung die Selbsterwerbung von Eigentum über Arbeit ist, grenzt solche Individuen vom sozialen Zusam-

menhalt aus, die nicht tüchtig genug waren, um Eigentum zu erwerben.

Bei Locke finden sich zwei Auffassungsweisen über das Eigentum: Das Eigentum ist durch die Bedürfnisse der Menschen begrenzt, wobei sich seine Begrenzung aus dem Gedanken der Verderblichkeit der produzierten Güter ergibt; diese Begrenzung wird aber schon im Naturzustand durch die Einführung des Geldmechanismus aufgehoben, weil Geld den Charakter hat, nicht zu verderben: «Der Tüchtige, dem Gott die Welt zur Nutzung gegeben hat, kann jetzt in der Akkumulation von Eigentum fortfahren, ohne durch natürliche Grenzen aufgehalten zu sein» (Jonas 1968, 79). Durch den Geldmechanismus wird bei Locke die ursprüngliche Einschränkung beim Eigentumserwerb aufgehoben und entsprechend die soziale Ungleichheit in der Anerkennung der notwendigen Ungleichheit des Eigentums legitimiert, die sich zuvor nur an der Differenz von Tüchtigkeit und Untüchtigkeit bemaß. Vermittels des Geldes entfaltet sich diese Ungleichheit gleichsam universell. Während in der ersten Phase des Naturzustandes unbearbeitetes Land in Überfülle vorhanden, das Nahrungsmittelangebot groß und die Bevölkerungsdichte gering war, zudem, da Techniken der Nahrungsmittelkonservierung unbekannt waren, jeder Anreiz fehlte, über den unmittelbaren Bedarf hinaus zu produzieren (vgl. Locke 1974, 24 ff, 38 f, 82 ff), wird durch den Populationszuwachs, durch den der Boden knapp wird (vgl. ebd., 35 f), und die Einführung des Geldes eine neue Entwicklungsdynamik in Gang gesetzt: «Wie die verschiedenen Grade des Fleißes den Menschen Eigentum von unterschiedlichem Ausmaß zu geben vermochten, so gab die Erfindung des Geldes den Menschen die Gelegenheit, den Besitz dauerhaft zu machen und ihn zu vergrößern» (ebd., 37). Die Einführung des Geldes geht dabei auf menschliche Übereinkunft zurück, und das Geld selbst wird Gegenstand des natürlichen menschlichen Bereicherungstriebs (vgl. ebd., 38; vgl. Euchner 1979, 90 ff).

Nach Einführung des Geldmechanismus zerfällt die Gesellschaft entsprechend in zwei Klassen, nämlich in diejenigen, die lediglich über das Eigentum an ihrer Arbeitskraft verfügen und darum von anderen abhängig beschäftigt werden, und in die Klasse der Kapitalisten und Grundbesitzer. Zwar sind alle Bürger in dem Sinne, daß sie in ihrer Qualität als Eigentümer zu schützen sind; doch nur Kapitalisten und Grundbesitzer sind Vollbürger in dem Sinne, daß sie über die politischen Fragen des Landes entscheiden (vgl. ebd., 80).

Damit ist die liberale Leitvorstellung sowohl über die Naturalisierung des Produktionsprozesses thematisiert als auch die Vorstellung einer Trennung von Gesellschaft und Politik, wobei letztere nur dem Schutz des Eigentums zu dienen hat. Daneben findet sich schon im Frühzustand die kapitalistische Produktionsweise legitimiert, insoweit zwischen Eigentum als Akkumulation und Eigentum als Arbeitskraft getrennt wird, was den Gedanken der Fremdbeschäftigung in Form der Lohnarbeit impliziert (vgl. Macpherson [2]1980, 242). Der Antagonismus von gleichzeitigem Zusammen- und Auseinanderfallen von Produzent und Aneigner nach Einführung des Geldes, die darin beinhaltete «falsche Natürlichkeit der Identität legitimiert die Realität ihres eigenen Widerspruchs zur ewig gültigen Struktur menschlicher Gesellschaft. Und die dem Antagonismus entspringende Logik verflacht diesen zur quantitativen Differenz; der Gegensatz von Lohnarbeit und Kapital löst sich auf in das Kontinuum der Eigentumsunterschiede von arm bis reich» (Rotermundt 1976, 92).

Die rechtliche Gleichheit liegt darin, daß Eigentum nach Locke zu schützen ist. Aber es ist, wenngleich auf den größeren Fleiß der Tüchtigen zurückgehend, ungleiches Eigentum, und darin liegt die soziale Ungleichheit. Im Sinne der Rechtsgleichheit sind bei materieller Ungleichheit alle als Bürger anerkannt. Letztere ist gegenüber der ersteren nach Locke nur sekundär. Hierin kulminiert der Gedanke des Gesellschaftsvertrags als eines Vertrags, der lediglich als Formalrecht die Rechtsgleichheit, die am Eigentum orientiert ist, garantiert und somit nichts anderes darstellt als die Legitimation der bürgerlichgesellschaftlichen Verfassung. Über Arbeit und Inanspruchnahme fremder Arbeitskraft und Tausch und damit Vermehrung des individuellen Reichtums vermehrt sich der allgemeine Reichtum und damit die Partizipation eines jeden an demselben. Der Staat hat die Institutionen der bürgerlichen Gesellschaft zu garantieren, und beim Eintritt in die bürgerliche Gesellschaft werden die Machtmittel, über die die Menschen schon im Naturzustand zum Schutze ihrer natürlichen Rechte verfügten, lediglich auf eine staatliche Gewalt übertragen (vgl. Jonas 1968, 81; Macpherson [2]1980, 246). Die Form bürgerlicher Sozialität gegen den Gültigkeitsanspruch des feudalabsolutistischen Ordnungsbegriff legitimierend, ist Lockes Staat der «*liberale Minimalstaat*, dessen Aufgaben- und Kompetenzbestimmung darin festgeschrieben ist, den *Funktionsrahmen für eine kompetitive Marktgesellschaft herzustellen*» (Waibl 1988, 99).

Ist für Locke der Mensch ein soziales Wesen, so ist er für Hume (1711–1776) weder sozial noch asozial und in keine der beiden Rich-

tungen festgelegt. Die menschlichen Handlungen kommen durch ein
Zusammenspiel von Leidenschaft und Vernunft zustande, wobei die
Vernunft von der Leidenschaft geleitet wird, und die Leidenschaften
unterliegen ihrerseits den Urteilen und Meinungen. Meinungen und
Konventionen haben eine gleichsam sozialisierende Funktion in Hinsicht auf die Interessen und Leidenschaften und geben damit das Potential für die gesellschaftliche Integration ab (vgl. Rohbeck 1978,
117ff). Hier tritt die gesellschaftliche Billigung von Handlungen an
die Stelle der Vorstellung einer sich aus der Natur ergebenden Moral-
ordnung. Der sog. moralische Sinn ist den Menschen nicht von Natur
aus mitgegeben, sondern erwächst aus Erziehung. Gewohnheit ist
hierfür eine Schlüsselkategorie. Neigungen werden sozialverträglich
gemacht, und zwar über Erziehung, die bestimmte sozialverträgliche
Verhaltensgewohnheiten erzeugt. Gesellschaftliche Integration beruht danach für Hume auf einer Ordnung, die als institutionalisierte in
Traditionen, Konventionen, Meinungen und Gewohnheiten begründet ist. Da über die Ausbildung von Gewohnheiten eine Kontinuität
des Verhaltens über Generationen hinweg garantiert und dadurch das
Verhalten der Menschen berechenbar ist, ersetzen diese Konventionen und Gewohnheiten den Gesellschaftsvertrag und lassen ein Widerstandsrecht weitgehend überflüssig werden.

Hume wendet sich gegen den Gedanken der Majoritätsherrschaft
und sieht das Gewaltsame in der politischen Herrschaft, das dem
Staat und der Gesellschaft Stabilität garantieren soll. Staaten basieren
nicht auf der freien Einsicht in die Notwendigkeit ihres Bestehens
durch das Volk, und die Regierung ist «weder notwendig verantwortlich wie bei Hobbes», aber auch nicht «bloßer Treuhänder der Bürger
wie bei Locke». Ihre Autorität gehört «mit zu den Institutionen (...),
ohne die die bürgerliche Gesellschaft nicht bestehen könnte». Die
Lehre vom institutionalisierten Gleichgewicht der Kräfte, von den
checks and balances, geht auf Hume zurück. Gemeint ist die Balance
zwischen den verschiedenen Teilen der Gesellschaft und ihrer politischen Vertretung. Voraussetzung dazu war, daß sich in der englischen
Gesellschaft die einzelnen gesellschaftlichen Gruppen schon praktisch und politisch miteinander arrangiert hatten (so u. a. durch die
Möglichkeit der Vertretung im Unterhaus und hinsichtlich allgemein
garantierter Rechtssicherheit). Nach Hume sind die Institutionen
dem Menschen gegenüber keine Übermacht, sondern sie sind ihm
gerade darin verwandt, daß er selbst «eine Institution von Gewohnheiten und Neigungen ist». Der Institutionenbegriff bezieht sich nicht

nur auf die Großinstitutionen der Gesellschaft, sondern auf alle Institutionen des Alltags, durch den der einzelne durch vielfache Zusammenhänge mit dem Allgemeinen verbunden ist: «Hume ist der erste gewesen, der die Gesellschaftslehre über den sterilen Gegensatz von Natur und Freiheit, von Staat und Bürger hinausgeführt hat» (Jonas 1968, 91).

Hobbes hatte den Warencharakter des ganzen menschlichen Lebens betont. Locke, dem modernen liberalen Geist mehr verbunden als Hobbes, fällt insoweit dahinter zurück, als er nicht erkannte, «daß die beständige Veräußerung der Arbeit gegen einen gerade nur die Existenz sichernden Lohn, die er als den notwendigen Zustand der Lohnarbeiter während ihres ganzen Lebens ausgab, auf eine Veräußerung von Leben und Freiheit hinausläuft» (Macpherson [2]1980, 248): Gerade Leben und Freiheit sollten, und das war der Widerspruch, mit privatem Eigentum kompatibel sein. Insofern blieb der Begriff des Bürgers bei ihm abstrakt; dagegen wird bei Hume der Mensch als gesellschaftliches Wesen und das Gesellschaftliche überhaupt unter dem Signum von Konvention und Gewohnheit behandelt.

Das, was Moral meint, ist in der englischen Philosophie nicht wie in der französischen Aufklärung an ein allgemeines Vernunftideal gebunden; Moral ist eine innergesellschaftliche Angelegenheit. In der schottischen Moralphilosophie, gerade bei Adam Ferguson und Adam Smith, kommt dies zum Ausdruck.

Ferguson (1723–1816) entwickelt eine gesellschaftliche Handlungslehre. Nach ihm führt der Mensch sein Leben durch Lernen aus Erfahrungen. Der Begriff der Plastizität des menschlichen Verhaltens gegenüber dem der Tiere (in Deutschland spielt er bei Herder eine Rolle und wird später in Gehlens Anthropologie zentral) tritt auch hier schon auf – aus der Plastizität entwickeln sich die verschiedenen Handlungsmöglichkeiten, verschiedene gesellschaftliche Verfassungen und die Möglichkeit der Anpassung der Menschen an diese Verfassungen. Moral hängt somit nicht mehr an einer vorausgesetzten Vernunftorganisation des Menschen. Nicht Vernunft tritt, sondern Gewohnheiten treten an die Stelle der Instinktorganisation der Tiere. Sie legen das Verhalten fest. Die Berechenbarkeit des Verhaltens und damit des Verhaltens des einzelnen innerhalb bestimmter Berufe usw. resultiert aus der Entwicklung von bestimmten festgelegten Gewohnheiten. Sie erhalten den Charakter institutionalisierter Verhaltensregulierungen, was bis zur Ausbildung von Sprache und Intelligenz

geht. Gesellschaft baut sich aus den Handlungen der einzelnen auf.
Subjektive oder objektive Dimensionen sind so im Begriff des Handlungskreises zusammengebunden: «Die Internalisierung gesellschaftlicher Normen und Werte und die Objektivierung menschlicher Motive und Interessen in Institutionen sind eine Einheit» (Jonas 1968, 98).

Dieser Zusammenhang, nach dem die Möglichkeit subjektiver Freiheit und objektiver Gebilde zusammengedacht werden müssen, zeigt sich vor allem bei Adam Smith (1723–1790), der wie Hobbes von der egoistischen Natur der Menschen ausgeht und deren Gleichheit gerade im Selbsterhaltungstrieb sieht. Selbsterhaltung und Fortpflanzung und dementsprechende Leidenschaften und nicht die Vernunft sind der Motor der gesellschaftlichen Entwicklung. Handlungen sind hier insofern nicht mehr mit einem rein individuellen Nutzenkalkül verbunden, obwohl eigensüchtige Motive und Nützlichkeiten dabei nicht ausgeschlossen sind, als der «Maßstab unserer Handlungen (...) die Handlungen anderer» sind (ebd., 100): «Jedenfalls ist es einleuchtend, daß wir um unsere Schönheit oder Häßlichkeit nur wegen ihrer Wirkung auf andere Menschen besorgt sind. Wenn wir keine Verbindung mit der Gesellschaft hätten, dann wäre uns beides vollständig gleichgültig. (...) Wir fangen deshalb an, unsere Affekte und unser Betragen zu prüfen und Betrachtungen darüber anzustellen, wie diese ihnen erscheinen müssen, indem wir bedenken, wie sie uns wohl erscheinen würden, wenn wir uns an ihrer Stelle befänden. Wir stellen uns selbst als die Zuschauer unseres eigenen Verhaltens vor und trachten nun, uns auszudenken, welche Wirkung es in diesem Lichte auf uns machen würde» (Smith 1977, 169f). Handlungen werden in dem Sinne von gesellschaftlichen Normen geleitet, als wir über die Beurteilung der Handlungen anderer unser Verhalten an deren Handlungen messen. Die Nützlichkeit ist insofern «keine unmittelbar gegebene Kategorie, sondern anderen Maßstäben untergeordnet». Diese werden uns dadurch bekannt, «daß wir die Rolle des anderen übernehmen» (eine frühe Vorwegnahme sozialbehavioristischer Vorstellungen wie etwa bei George Herbert Mead): «Indem wir die Handlungen der anderen beurteilen, erwerben wir uns selbst den Maßstab, der unser eigenes Handeln unerbittlich zensiert» (Jonas 1968, 100). So wird die plastische Natur des Menschen durch Verhaltenskontrolle als Verinnerlichung von Verhaltensanforderungen gesellschaftlich modelliert. Handlungen sind zwar individuell veranlaßt, aber im Handelnden gibt es als allgemeinen Repräsentanten der Gesellschaft die Instanz des unbeteiligten Zuschauers (Smith spricht hier vom «inhabitant of the breast» oder «man within»), der als billigender oder mißbilligender Ausdruck internalisierter gesellschaftlicher Normen ist und den Orientierungsrahmen für individuelles Handeln abgibt.

Es tut sich hier das Problem der Normengenese und des Unterschieds bzw. Zusammenhangs von individuellem und kollektivem Handeln auf, also die Problematik des Zusammenhangs von Individuum und Gesellschaft. Im Regelkreisgedanken ist diese Problematik aufgehoben. Smith ist «der erste, der in einer ausgearbeiteten Theorie die Gesellschaft als einen sich selbst regulierenden und darum freien Handlungszusammenhang» beschreibt (ebd., 101). Die Gesellschaft setzt sowohl das Interesse der Menschen frei, gleichzeitig kontrolliert sie es. Zwei Normen sind es, die nach Smith das Verhalten bestimmen: eben die Meinung des unbeteiligten Zuschauers und die Preise am Markt. Die klassische Alternative von Herrschaft und Knechtschaft, Über- und Unterordnung gilt dabei für Smith nicht mehr. Statt der Unterwerfung des einzelnen unter die Gesellschaft verinnerlicht dieser bestimmte Verhaltenserwartungen und zensiert daran sein eigenes Verhalten. Und auch der Markt vermittelt, welches Verhalten man in Relation zu seinem eigenen Interesse einzunehmen hat, um sich marktgerecht zu verhalten. So entwirft er eine gleichsam ökonomische Idylle, wenn er in bezug auf Stadt- und Landbewohner meint, beide machten «ihre Gewinne gemeinsam und wechselseitig, und wie überall sonst, so ziehen auch in diesem Falle alle, die in einem Erwerb beschäftigt sind, welcher spezialisiert ist, aus dieser Arbeitsteilung Vorteile» (Smith 1978, 311).

Die wirtschaftlichen Interessen sind in das allgemeine Interesse am gesellschaftlichen Verkehr eingebettet (vgl. Jonas 1968, 103); der Mensch tauscht, um mit seinen Mitmenschen in eine Beziehung zu treten; Tausch entspricht der Neigung zur Kommunikation untereinander. Der Markt dient dem gesellschaftlichen Fortschritt, seine Expansion ermöglicht weitere gesellschaftliche Arbeitsteilung, was die Ergiebigkeit menschlicher Arbeit steigert und einen wenn auch gestaffelten Wohlstand für alle Schichten garantiert.

Hier bedingen Selbstinteresse und gesellschaftliche Integration einander; das Selbstinteresse wird über Rechts- und Verkehrssicherheit, Eigentum und Markt und über die Kontrolle durch den unbeteiligten Zuschauer gleichsam gesellschaftlich genutzt. Das Kreislaufmodell, wonach Gesellschaft gleichsam im Sinne von Feed-back-Schleifen begriffen wird, bezieht sich sowohl auf moralische und wirtschaftliche wie auf technologische Prozesse (vgl. ebd., 104f; zur Marxschen Kritik dieser Gleichgewichtsvorstellung vgl. Marx, MEW Bd. 26.1, 1974, 44ff, und MEW Bd. 26.2, 1974, 162ff). Die Vorstellung von Smith, daß die Menschen über das Streben nach Erfolg in ihrem eigenen Interesse gezwungen werden, das Interesse der anderen und somit jenes der Gesellschaft zu befördern, ist eine Anthropologisierung des Interessenbegriffs, der realgesellschaftlich erst aus der Struktur der kapitalistischen Produktionsweise erwächst und diese gleichsam als Naturprozeß legitimiert.

Die mit dem Begriff der «invisible hand», die in dem einzelnen wirksam ist, gemeinte Selbstregulierung des gesellschaftlichen Ganzen zeigt sich allerdings nur indirekt: Der gesellschaftliche Zusammenhang ist weder ein Natur- noch ein Moral-, sondern ein aus Handlungen bestehender Zusammenhang; das Streben nach Verbesserung der eigenen Lage führt zur Zivilisierung der Sitten, zu einer Kontrolle der Leidenschaften und zu einem für alle steigenden Wohlstand. Die sozial ungleiche Differenzierung drückt sich dabei aber gerade darin aus, daß die Handlungschancen gemäß der wirtschaftlichen und gesellschaftlichen Stellung in der Gesellschaft nach oben hin zu- und nach unten hin abnehmen, was einer vermehrten Kontrolle der unteren Schichten gegenüber den oberen entspricht und das Gleichgewichtstheorem problematisch werden läßt. Smith sieht allerdings selbst, daß es nicht immer ein soziales Gleichgewicht gibt. Für diesen Fall tritt auch bei ihm der Staat auf den Plan. Die Vorstellung von der gesellschaftlichen Integration aus den Handlungen der Menschen ist insofern nur eine Hypothese, die an der Realität zu prüfen ist (vgl. auch Krämer-Badoni 1978, 59f). Dann aber ist die gesellschaftliche Harmonie nur eine gedankliche Konstruktion gegenüber den Abweichungen, die sich in der Erfahrung zeigen – was insbesondere unter dem Eindruck der einsetzenden Industrialisierung die Smithsche Theorie zur Ideologie werden läßt.

Mit der Ausbreitung der Industrie und mit der auch auf England wirkenden Französischen Revolution und durch den daraus folgenden sozialen und politischen Wandel tritt eine Bedrohung der überkommenen Institutionen ein, die für den Liberalismus noch nicht in einem entfremdeten Verhältnis zum einzelnen bestanden hatten (vgl. Jonas 1968, 113). Zur Verteidigung einer ‹Natürlichkeit› der Institutionen und als Kritik an den Folgen der Französischen Revolution entwickelte sich eine konservative Sozialtheorie, deren Hauptvertreter Edmund Burke (1729–1797) und Thomas Robert Malthus (1766–1834) sind.

Malthus geht, und zwar gegen die liberalistische Vorstellung von einer Verminderung bzw. nur – wenn überhaupt – langsamen Vermehrung der Bevölkerung, davon aus, daß menschliche Gesellschaften unter einem Bevölkerungsüberschuß leiden, weil im Verhältnis zur arithmetischen Vermehrung von Nahrungsmitteln die Bevölkerung in einer geometrisch orientierten Progression wachse. Er sanktionierte deshalb die soziale Ungleichheit gegenüber der Forderung der Egalisierung des Besitzes, da dadurch die sozialen Probleme nur verschärft würden: «Die Ungleichheit des Besitzstandes und das Elend der niederen Volkskreise erhalten hier, entgegen den Ansichten von Adam Smith, eine natürliche bzw. moraltheologische Rechtfertigung» (ebd., 115f). Armut ist nach Malthus selbstverschuldet und Ausdruck sozialer Hemmungslosigkeit. Eigentum muß gegenüber der Begehrlichkeit der Armen geschützt werden; denn Eigentum ist Ausdruck von Fleiß und Enthaltsamkeit.

In der Schrift «Principles of Political Economy» von 1820 sucht Malthus nach einer ökonomischen, nicht aber mehr biologischen Erklärung der gesellschaftlichen Probleme. Durch «ungleiche Vermögensverteilung» ist «immer genug Nachfrage für die Produktion vorhanden» (ebd., 116). An die Stelle des Überschusses an Menschen tritt das Problem des Überschusses von Waren. Eine Gesellschaft von reinen Warenproduzenten kann ihre Erzeugnisse nicht loswerden (vgl. ebd.). Schon hier deutet sich die Thematik der Überproduktionskrisen an (wie sie dann von Marx unter dem Gesichtspunkt der Kritik der kapitalistischen Produktionsweise diskutiert wird); für Malthus lösen sich diese Krisen konservativ durch die Vorstellung einer Schicht von nur konsumierenden (Aristokraten, Grundbesitzern und den Reichen überhaupt), nicht auch produzierenden Individuen – für Marx «ein Pamphlet im Interesse der capitalists gegen die Arbeiter und im Interesse der Aristokratie (...) gegen die capitalists» (Marx, MEW Bd. 26.3, 1974, 56).

Burke, der sich wie Malthus in der Tradition der Handlungslehre der schottischen Moralphilosophie verstand, die noch individuelle Freiheit und gesellschaftliche Stabilität zusammenbringen wollte, gibt diesen Gedanken preis und läßt Vernunft und Wirklichkeit auseinandertreten. Burke wendet sich gegen den französischen Rationalismus und dessen Vernunftbegriff und somit gegen die Französische Revolution. Für ihn ist das «Motiv menschlicher Handlungen (...) niemals die Vernunft, sondern das Vorurteil mit der Vernunft, (…) nicht der abstrakte Wille des einzelnen, sondern die Werte und Vorurteile der Gesellschaft. Nur durch diese institutionalisierten Normen können Handlungen stabilisiert werden» (Jonas 1968, 117). Statt einer Vereinigung von Vernunft und Wirklichkeit treten diese auseinander und bilden zwei Parteien. Institutionen werden dann entweder als quasi eigenwertig und damit als unzweideutig anzuerkennende begriffen (von der konservativen Partei) oder radikal in Frage gezogen (von der revolutionären Partei), wobei Burke sogar Verehrung für die bestehenden Institutionen verlangte (vgl. ebd.). Die Thematik von Freiheit und institutioneller Bindung, die mit der Französischen Revolution zum Gegenstand wurde, erweist sich auch für die Gesellschaftslehre des deutschen Idealismus als zentraler Topos.

3.1.3 Der deutsche Idealismus

Nach Kant (1724–1804) ist der Mensch «aus krummem Holze» (Werke Bd. XI, 1977, 41) und kann sich nur innerhalb der Gattungsentwicklung – und das heißt nur tendenziell – von der Nabelschnur der Natur, auch und gerade seiner eigenen, befreien und gemäß seinen Vernunftanlagen entwickeln. Die Idee eines allgemeinen Friedenszustandes, d. h. nach Kant *«einer gesetzmäßigen Ordnung»* (ebd., 37), vermag sich infolge eines sich in bestimmter Weise entwickelnden Antagonismus von Interessen nur in «Annäherung» Geltung zu verschaffen (ebd., 41). Die Vernunftidee einer nach Kant *«allgemein das Recht verwaltenden bürgerlichen Gesellschaft»* (ebd., 39) kann sich nur über den Antagonismus der menschlichen Kräfte durchsetzen, deren Entwicklung gegenüber den jeweils unmittelbaren Neigungen der Menschen einer vernunftrechtlich begriffenen Naturabsicht zugeschrieben wird. Nur infolge des so verstandenen «Mechanism der Natur», nicht aber infolge einer moralischen Besserung ergibt sich, daß die Menschen sich «unter Zwangsgesetze zu begeben einander selbst nötigen, und so den Friedenszustand, in welchem Gesetze Kraft haben, herbeiführen müssen» (ebd., 224).

Der Freiheitsbegriff, von dem Kant in Hinsicht auf die Bildung einer bürgerlichen Verfassung ausgeht, schließt die Begrenzung der Freiheit, damit sie mit der Freiheit anderer bestehen könne, unter dem Gesichtspunkt ihrer Sicherung *«unter äußeren Gesetzen»* (ebd., 39), also ihrer rechtlichen Sicherung ein. Dieser Freiheitsbegriff bezieht sich auf das rechtlich geregelte Mein und Dein und dient der Sicherung des Besitzes wie der Möglichkeit, Verträge schließen zu können.

Freiheit, «sofern sie mit jedes anderen Freiheit nach einem allgemeinen Gesetz zusammen bestehen kann», ist nach Kant das «einzige, ursprüngliche, jedem Menschen kraft seiner Menschheit zustehende Recht». Die «angeborene *Gleichheit*» (Werke Bd. VIII, [5]1982, 345) liegt nach Kant «schon im Prinzip der angeborenen Freiheit». Hier, nämlich in Hinsicht auf die Form des damit gemeinten «inneren Mein und Dein», gibt es «nur *ein* Recht» (ebd., 346), während die Einteilung der Rechtslehre bloß auf das äußere Mein und Dein bezogen ist. Der Staat als Rechtsstaat hat entsprechend Freiheit, Gleichheit und aber auch die «Selbständigkeit der Bürger» (Jonas 1968, 129) zu garantieren, die an dem Eigentumserwerb orientiert ist.

Es ist die Wechselseitigkeit der Anerkennung des individuellen Besitzes, die durch die öffentliche Gesetzgebung garantiert wird. Im Unterschied zum provisorisch-rechtlichen Besitz im Naturzustand ist es hier ein sog. «*peremtorischer* Besitz» (Werke Bd. VIII, [5]1982, 367), der – unter der als Allgemeinwille gedachten Vernunftidee der Stiftung eines Urvertrages – im bürgerlichen Zustand als rechtliche Sicherung des Besitzes gemeint ist. Der Besitz, mag er auf Vertrag oder Ermächtigung beruhen, ist nach Kant erst dann gesichert, wenn die Erwerbung «die Sanktion eines öffentlichen Gesetzes für sich hat», also durch die «öffentliche (distributive) Gerechtigkeit bestimmt» und durch die diese Gerechtigkeit «ausübende Gewalt gesichert ist» (ebd., 431).

Kant unterscheidet zwischen Sachenrecht, persönlichem und dinglich-persönlichem Recht, wobei sich das erstere auf die äußeren Gegenstände, das zweite auf Vertragsbeziehungen und das dritte auf Familien- und Gesindeverhältnisse bezieht. Zeigt sich im Hinblick auf das persönliche Recht der liberale Charakter der Rechtsvorstellung Kants, so in Hinsicht auf das dinglich-persönliche Recht dessen feudal gebliebener Einschlag. Danach ist die Erwerbung nach diesem Gesetz dreifach: «Der Mann erwirbt ein *Weib*, das *Paar* erwirbt *Kinder* und die *Familie Gesinde*. – Alles dieses Erwerbliche ist zugleich unveräußerlich und das Recht des Besitzers dieser Gegenstände das *allerpersönlichste*» (ebd., 389). Die Herrschaft über die äußeren Dinge wandert hier in die der zwischenmenschlichen Beziehungen ein. Der Begriff des öffentlichen Rechts ist diesbezüglich dann gleichsam nur der intelligible Titel für bestimmte empirisch vorausgesetzt bleibende ungleiche gesellschaftliche Beziehungen, und der Staat sichert bei Kant «wie bei Locke lediglich (...) was sich bereits im Privatbesitz der einzelnen befindet» (Saage 1973, 41).

Kant unterscheidet gemäß seinem Rechts- und Besitzbegriff zwischen sog. selbständigen und den passiven, sog. unselbständigen Staatsbürgern, wobei Selbständigkeit am Eigentum orientiert ist und also nur diejenigen, die über Eigentum verfügen, «die Fähigkeit der Stimmgebung» und Repräsentation haben (Werke Bd. VIII, [5]1982, 432), während die sog. passiven Staatsbürger (wozu u. a. Frauen, private Dienstboten, Gesellen usw. gehören) gleichsam nur reine Untertanen sind. Um seine Konstruktion von der Zweiteiligkeit der Staatsbürger zu rechtfertigen, unterscheidet er zwischen sog. bloßen Teilen des vereinigten Willens und den Gliedern desselben und bestimmt generell den Status der passiven Staatsbürger im Unterschied zu den aktiven dahin gehend, daß sich erstere in «Abhängigkeit von dem Willen anderer» (ebd., 433) befinden. Die soziale und politische Ungleichheit, von der Kant dabei ausgeht, widerspricht allerdings insofern nicht der Freiheit und Gleichheit aller Menschen, als diese nach ihm ein intelligibles Vermögen darstellen und empirisch jeder zum Vollbürger aufsteigen kann.

Die Konstruktion Kants von Freiheit und Gleichheit aller Individuen als einem intelligiblen Vermögen und der empirisch zu erringenden Selbständigkeit über den Besitz erklärt die Differenz von aktiven und passiven Staatsbürgern. Der vereinigte Wille repräsentiert auf der intelligiblen Ebene immer schon die Einheit des Menschengeschlechts, die empirisch in aktiv-handelnde und schutzunterworfene Staatsbürger zerfällt. Auf diese Weise repräsentiert der vereinigte Wille die Selbstunterwerfung der Gattung unter Gesetze, die sie sich selbst gibt. Empirisch kann die Selbstunterwerfung, da sie dem Vernunftvermögen der Gattung entspricht, deshalb ihrerseits nicht wieder aufgehoben werden. Das Recht, gedacht als Vernunftrecht a priori (vgl. Bloch 1961), hat diesbezüglich von vornherein einen allgemeingültigen Charakter. Die empirischen Formen von Über- und Unterordnung bewegen sich innerhalb des als allgemeine Sphäre gesetzten Rechtszustandes. Dieser kann nicht noch selbst aufgehoben werden, sondern nur unrechtmäßige Formen von Abhängigkeitsbeziehungen, die diesem Zustand nicht gemäß sind (vgl. zur Ablehnung des Widerstandsrechts und zur Beurteilung revolutionärer Entwicklungen Werke Bd. VIII, [5]1982, 438–443). Empirisch sind es die als die «freien Einzelnen» zu begreifenden Besitz-

bürger, die den Rechtszustand für sich und im Namen der «Schutzge-
nossen» gleichsam politisch verwalten (Jonas 1968, 129). Nur in der
Gattungsentwicklung kann nach Kant der Mensch alle seine Vernunftanlagen, denen Neigungen und Triebe widersprechen, entfalten. Der Staat wird bei Kant nicht zu einer moralischen Anstalt zur
Veredelung der menschlichen Natur. Ihm wächst vielmehr die Aufgabe der Garantie der rechtlichen Regelung des äußeren Mein und
Dein zu. Kant geht von der Differenz von Sinnlichkeit, Verstand und
Vernunftideen aus, d. h. von der Unterscheidung von universellen
und partikularen Bezügen, die nicht noch selber in einer höheren Ver-
nunfttotalität aufgehoben werden können.

Fichte (1762–1814) geht nicht wie Kant von der mit der Freiheit des
einzelnen in Beziehung zu bringenden und am Eigentum orientierten
Selbständigkeit des einzelnen aus, die einer rechtsstaatlichen Garantie bedürfte. Für ihn ist vielmehr «die Bestimmung des Staates» dadurch charakterisiert, «jedem erst das Seinige zu *geben*, ihn in sein
Eigentum erst *einzusetzen* und sodann erst, ihn dabei zu *schützen*»
(Werke Bd. III, 1962, 429). In diesem Sinne ist Fichte gegen eine liberale Gesellschaftsverfassung. Es ist aber wohl verfehlt zu behaupten,
daß bei Fichte im Verhältnis zu Kant, nach welchem sich die Gesellschaft durch die freien Handlungen der einzelnen konstituiert, wieder
«die alte obrigkeitliche Frage nach der Wohlfahrt und dem Glück der
Untertanen» schlicht restituiert werde (Jonas 1968, 138). Fichte sieht
vielmehr – und schärfer als Kant – die Probleme der modernen Gesellschaft, ohne allerdings die dieser Gesellschaft immanenten Lösungs-
ursachen benennen zu können.

Fichte bleibt zunächst an den Gesellschaftsvertragstheorien des 17.
und 18. Jahrhunderts orientiert, sieht aber dann auch schon deren Illusionen und fordert eben deshalb eine Verpflichtung des Staates für
die soziale Existenz der Gesellschaftsmitglieder. Entsprechend lautet
seine Definition:

«Alles Eigentumsrecht gründet sich auf den Vertrag aller mit allen, der so lautet:
wir alle behalten dies auf die Bedingung, daß wir dir das Deinige lassen. Sobald
also jemand von seiner Arbeit nicht leben kann, ist ihm das, was schlechthin das
Seinige ist, nicht gelassen, der Vertrag ist also in Absicht auf ihn völlig aufgehoben,
und er ist von diesem Augenblicke an nicht mehr rechtlich verbunden, irgendeines
Menschen Eigentum anzuerkennen. Damit nun diese Unsicherheit des Eigentums
durch ihn nicht eintrete, müssen alle von Rechtswegen, und zufolge des Bürgerver-
trags, abgeben von dem Ihrigen, bis er leben kann» (Werke Bd. II, 1962, 217; vgl.
auch Lukács 1954, 71).

Es soll aber «auch kein Müßiggänger in einem vernunftmäßigen Staate sein» (Werke Bd. II, 1962, 218). Diese «nicht mehr liberalistische» (Bloch 1961, 89) Staatsidee ist dann in «Der geschlossene Handelsstaat» (Werke Bd. III, 1962, 417–543) von 1801 in Strenge ausgeführt; hier drückt sich ein «zentralisierende(r) Sozialismus» aus, der eine reine «Vernunft-Konstruktion» darstellt (Bloch 1961, 89).

Der Staat allein ist es nach Fichte, «der eine unbestimmte Menge Menschen zu einem *geschlossnen Ganzen*, zu einer *Allheit* vereinigt» (Werke Bd. III, 1962, 431). Dieser Vernunftstaat ist als moralische Anstalt ein die Sphären von Produktion, Ackerbau und Gewerbe überwachender Staat, aber so, daß er, indem er auch den Handel mit dem Ausland in die eigenen Hände nimmt, dem Bürger nur so wie seine Arbeit «auch den vollen Ertrag seiner Arbeit» zuweist. Insofern ist dieser Staatssozialismus gerade nur «Mittel zum Ziel personenhafter Ungedrücktheit und Entwicklung aller» (Bloch 1961, 90). Dabei huldigt dieser Staatssozialismus allerdings einem ethischen Rigorismus. Für Lukács ist das Werk «Der geschlossene Handelsstaat» nur «eine starre Anwendung der Fichteschen Moralprinzipien auf alle Gebiete des gesellschaftlichen Lebens, eine – jakobinisch gefärbte – Diktatur der Moral über das ganze gesellschaftliche Leben der Menschen» (Lukács 1954, 371).

Nur für einen sozial-ethischen bzw. sozial-apriorischen Standpunkt ist Fichte wirklich «der erste deutsche Sozialist» (Adler 1925, 163), nicht aber für eine originär am Marxschen Materialismus orientierte Position.

Georg Wilhelm Friedrich Hegel (1770–1831) ist im Unterschied zu Kant (obwohl dessen Subjekt- und Freiheitsbegriff die Thematik der Moderne anschlägt) und auch zu Fichte der erste Philosoph, der, nach einem Diktum von Habermas, «einen klaren Begriff der Moderne entwickelt hat» (Habermas 1985, 13). Seine Philosophie ist nach dem Urteil von Ritter (1965, 18) «bis in ihre innersten Antriebe hinein» eine Philosophie der Revolution. Aber um nicht die Philosophie «der Herausforderung durch die Revolution zu opfern, hat Hegel die Revolution zum Prinzip seiner Philosophie erhoben» (Habermas [2]1980, 89), und zwar als deren Kritik. Hegels Weg ist aber nicht nur durch die Auseinandersetzung mit der Französischen Revolution, sondern auch durch die industrielle Revolution in England und durch eine Auseinandersetzung mit der englischen Nationalökonomie bestimmt gewesen (vgl. dazu Lukács 1954). (Im folgenden wird vornehmlich auf den späten Hegel der Rechtsphilosophie Bezug genommen.)

Das Prinzip der Weltgeschichte ist nach Hegel das der Freiheit. Weltgeschichte, verstanden als das Zu-sich-selbst-Kommen des Geistes bzw. als Selbstrealisierung der Vernunft, gehe «von Osten nach Westen, denn Europa ist schlechthin das Ende der Weltgeschichte, Asien der Anfang (...). Der Orient wußte und weiß nur, daß *Einer* frei ist, die griechische und die römische Welt, daß *Einige* frei seien, die germanische Welt weiß, daß *Alle* frei sind. Die erste Form, die wir daher in der Weltgeschichte sehen, ist *Despotismus*, die zweite ist die *Demokratie* und *Aristokratie* und die dritte ist die *Monarchie*» (Werke Bd. 12, 1986, 134). Die orientalische Welt ist «das Kindesalter der Geschichte» (ebd., 135), die griechische Welt das Jünglingsalter, die römische das Mannesalter und die germanische das Greisenalter: «Das natürliche Greisenalter ist Schwäche, das Greisenalter des Geistes ist aber seine vollkommene Reife, in welcher er zurückgeht zur Einheit, aber als Geist». Das Greisenalter der Weltgeschichte beginnt mit der im Christentum geschehenen Versöhnung zwischen dem Individuellen und dem Sittlich-Ganzen, aber diese Versöhnung ist hier nur «*an sich* vollbracht». An-und-für-sich ist sie vollbracht, indem sich die geistliche Macht in die weltliche versenkt. Daraus «geht die höhere Form des vernünftigen Gedankens hervor: Der in sich abermals zurückgedrängte Geist produziert sein Werk in denkender Gestalt und ist fähig geworden, aus dem Prinzip der Weltlichkeit allein das Vernünftige zu realisieren» (ebd., 140).

Vermittelt durch das für Hegel säkulare Ereignis der Französischen Revolution, die nach ihm aber nur einen abstrakten Begriff der Freiheit formulieren konnte und dadurch notwendig den Terrorismus nach sich ziehen mußte (vgl. Werke Bd. 3, 1986, 431–441), gehen unter dem Begriff der Weltgeschichte als zu sich selbst kommender Vernunft weltliche und geistliche Macht ineinander über. Das Staatlich-Allgemeine ist hier, im Unterschied zu einem bloß «*äußeren Staat, Not-* und *Verstandesstaat*» (Werke Bd. 7, 1986, § 183, 340), die Wirklichkeit der verwirklichten Vernunft. Die Freiheit als die des Subjekts hat dann nach Hegel auf dieser Ebene des Sittlich-Allgemeinen des Staates «die Handhabe gefunden, ihren Begriff wie ihre Wahrheit zu realisieren. Dieses ist das Ziel der Weltgeschichte...» (Werke Bd. 12, 1986, 141). Der Staat ist so – unter Maßgabe der subjektiv-politischen Freiheit als Rechtsgrund – «die Wirklichkeit der konkreten Freiheit» (Werke Bd. 7, 1986, § 260, 406). Für Hegel hat das Prinzip der modernen Staaten überhaupt «diese ungeheure Stärke und Tiefe, das Prinzip der Subjektivität sich zum *selbständigen*

Extreme der persönlichen Besonderheit vollenden zu lassen und zugleich es in die *substantielle Einheit zurückzuführen* und so in ihm selbst diese zu erhalten» (ebd., 407).

Nach Hegel korrespondiert dem abstrakten Freiheits- und Emanzipationspostulat der Französischen Revolution die *«restaurative Verneinung der Gegenwart»* (Ritter 1965, 44). Da Hegel aber über keinen Begriff der Revolutionierung der durch die Französische Revolution in Existenz gesetzten bürgerlichen Gesellschaft verfügt, ist für ihn die Versöhnung zwischen der durch die Französische Revolution selbst bewirkten Restauration einerseits und dem Fortschrittsoptimismus andererseits nur durch die als sittlich verstandene Sphäre des Staates möglich. Die Französische Revolution hat hiernach das Problem der universellen menschlichen Freiheit thematisiert, ohne es aber im Sinne des Begriffs einer konkreten Freiheit, d. h. durch die Etablierung entsprechender institutioneller Garantien, lösen zu können.

Hegel begreift mit den Augen der klassischen Nationalökonomie die bürgerliche Gesellschaft als universelle Arbeits- und arbeitsteilige Gesellschaft, die sich durch die Akkumulation des Reichtums auf der einen, die Pauperisierung auf der anderen Seite und der sich daraus ergebenden Expansion dieser Gesellschaft über die gesamte Erde auszeichnet (vgl. Werke Bd. 7, 1986, §§ 243, 244, 246, 248; vgl. auch Ritter 1965). Die Befreiung des Menschen von der Nabelschnur der Natur über Arbeit ist innerhalb der bürgerlichen Produktionsorganisation nur *«formell*, indem die Besonderheit der Zwecke der zugrunde liegende Inhalt bleibt» (ebd., § 195, 350). Die Vervielfältigung und Spezifizierung der Bedürfnisse impliziert auf der Ebene der von Hegel kritisch gesehenen bürgerlichen Gesellschaft «eine ebenso unendliche Vermehrung der Abhängigkeit und Not» (ebd., 351). An die Stelle der Abhängigkeit der Menschen von der Natur tritt vermittels der gesellschaftlichen Arbeitsteilung eine bestimmte wechselseitige Abhängigkeit der Menschen voneinander unter gesellschaftlichen Gesetzen. In der bürgerlichen Gesellschaft, die von Hegel als die Sphäre der zwischen Familie und Staat existierenden entzweiten Sittlichkeit verstanden wird, ist der Mensch, unabhängig von rassischen, religiösen und sonstigen Unterschieden, schlechthin als Mensch begriffen (vgl. ebd., § 209, 360f); aber das ist nach Hegel nur erst der abstrakte, aus der natürlichen Sittlichkeit der Familie heraustretende und einem universellen Bildungsprozeß über Arbeit unterworfene Mensch. Zu sich selbst, d. h. zur konkreten Realisierung seiner Freiheit, kommt der Mensch erst auf der Ebene des Sittlich-Allgemeinen des Staates, also als Citoyen (vgl. ebd., § 153, 303 f).

Hegel geht in der Rechtsphilosophie vom substantiell-freien Willen aus, gefaßt als Denken, das sich ins Dasein übersetzt (vgl. Werke Bd. 7, 1986, §§ 5–7; vgl. auch Dorn 1981, 30). In Hinsicht auf die Unterteilung des Willens in die Sphären von Recht, Moralität, Sittlichkeit und Weltgeschichte, wodurch die Einteilung der Rechtsphilosophie beschrieben ist, ergibt sich für Hegel, daß der freie Wille, damit er nicht abstrakt bleibt, sich ein Dasein geben muß. Das sinnliche Material des Daseins sind die äußeren Dinge, und die erste Form der Freiheit ist entsprechend die des Eigentums und damit die Sphäre des formellen und abstrakten Rechts. Der Vertrag ist eine vermittelte Form des Eigentums, und Rechtsverletzungen erscheinen als Verbrechen und Strafe. Die hiermit gemeinte äußere Freiheit ist nach Hegel «das, was wir Person nennen, das heißt das Subjekt, das frei und zwar für sich frei ist und sich in den Sachen ein Dasein gibt». Hier ist das Dasein des freien Willens aber nur in seiner bloßen Unmittelbarkeit vorgestellt und damit der Freiheit nicht angemessen. Aus der Negation dieser Unmittelbarkeit entspringt sodann der Bereich der Moralität. In der Moralität soll sich das Gute in der äußerlichen Existenz realisieren. Die Sollensform – und das impliziert eine Kritik der Kantischen Moralphilosophie – kann aber die Differenz zwischen intelligibler und empirischer Sphäre nicht auflösen. Das reine Sollen verhindert vielmehr die konkrete Realisierung des Pflichtgebots. Insofern ist die Moralität genauso abstrakt wie das formelle Recht. Die Wahrheit beider ist «erst die *Sittlichkeit*». Diese ist «die Einheit des Willens in seinem Begriffe und des Willens des Einzelnen, das heißt des Subjekts». Die Familie repräsentiert dabei die natürliche Sittlichkeit, die bürgerliche Gesellschaft vermittels der Auflösung der Familie die Sphäre der Entzweiung der Sittlichkeit und der Staat die aus der Entzweiung zu sich selbst gekommene «Sittlichkeit und der Geist, in welchem die ungeheure Vereinigung der Selbständigkeit der Individualität und der allgemeinen Substantialität stattfindet». Das Recht des Staates erweist sich damit als höher als das der anderen Stufen: «es ist die Freiheit in ihrer konkretesten Gestaltung, welche nur noch unter die höchste absolute Wahrheit des Weltgeistes fällt» (Werke Bd. 7, 1986, § 33, Zusatz 91).

Der Staat kann entsprechend keinem Vertragsverhältnis entspringen, mag er nun gefaßt sein «als ein Vertrag aller mit allen oder als

Vertrag dieser aller mit dem Fürsten und der Regierung» (ebd., § 75, 157) (womit die Vertragstheorien von Hobbes, Locke, Rousseau, aber auch der vernunftrechtliche Vertragsbegriff bei Kant gemeint und kritisiert sind). Für Hegel ist die Theorie des Gesellschaftsvertrags «eine unzulässige Übertragung einer dem Privatrecht eigenen Institution in den Bereich des Staatsrechts» (Bobbio 1975, 88). Hegels Volksbegriff meint entsprechend nicht eine Menge von Menschen, die (wie bei Kant) durch Stiftung eines vernunftrechtlich begriffenen Urvertrags zu einem Volk werden, sondern das Volk ist die «Idee der Sittlichkeit (...) von seiten ihrer Besonderheit», und der Geist «ist in jedem und für jedes, selbst insofern es Einzelnes ist» (Hegel 1967, 54; vgl. auch Bobbio 1975, 87).

Im Unterschied zu Kant führt bei Hegel «die Gleichheit des Rechts aller auf Freiheit und damit auf privates Eigentum (...) notwendig zur Ungleichheit der Fähigkeiten und des Vermögens im Konkurrenzkampf der bürgerlichen Gesellschaft», dem Bereich der entzweiten Sittlichkeit. Hier ist für Hegel die «Grenze des individualistischen Vernunftrechts der Neuzeit» angesiedelt (Ilting 1975, 56). In den Korporationen sollen nun die Widersprüche der bürgerlichen Gesellschaft überwunden werden (vgl. ebd., 74, Anm. 9). Die Korporation ist für Hegel zur Familie «die zweite, die in der bürgerlichen Gesellschaft gegründete *sittliche* Wurzel des Staates» (Werke Bd. 7, 1986, § 255, 396). Die Sphäre der bürgerlichen Gesellschaft geht hier «in den *Staat* über» (ebd., § 256, 397). Aber die Korporationen – das zeigte schon der junge Marx – sind nur «der Materialismus der Bürokratie, und die Bürokratie ist der *Spiritualismus* der Korporationen. Die Korporation ist die Bürokratie der bürgerlichen Gesellschaft; die Bürokratie ist die Korporation des Staates» (Marx, MEW Bd. 1, 1961, 247). In solchem Widerstreit, wodurch die Widersprüche der bürgerlichen Gesellschaft, die durch die Korporationen aufgehoben werden sollen, gerade nicht gelöst werden, drückt sich bei Hegel der bestehenbleibende Widerstreit zwischen Staat und Gesellschaft resp. zwischen Bourgeois und Citoyen aus. Der Staat erweist sich als die nur politische und damit illusorische Aufhebung der Widersprüche der bürgerlichen Gesellschaft. Als Staatsbürger, als Citoyens, verfolgen nach Hegel die Individuen nicht ihre privaten, sondern ihre öffentlichen Interessen gemeinsam. Öffentlichkeit und Privatheit bleiben in dieser Weise unterschieden.

Die Auffassung Hegels vom Staat ist nun weder kompatibel mit der Vorstellung eines Repräsentativsystems, das auf einer liberal-demo-

kratischen Verfassung aufruht, noch führt der Gedanke, daß der Staat
die zu sich selbst gekommene Sittlichkeit repräsentiere, zu einer wirklichen Lösung der Widersprüche der bürgerlichen Gesellschaft. Die
Rechtsphilosophie ist am Gang des Geistes orientiert. Dieser ist von
Hegel als schon zu sich selbst gekommener vorausgesetzt und wird
empirisch durch die Zufälligkeit des Monarchen in Form einer konstitutionellen Monarchie repräsentiert. In der Rechtsphilosophie ist entsprechend der Staat nicht die reelle Idee eines reellen Gemeinwesens,
sondern das Gemeinwesen wird zum Prädikat des als sittliche Idee
begriffenen Staates (vgl. ebd., 250).

Hegel unterscheidet allerdings als erster ausdrücklich zwischen der
Sphäre der bürgerlichen Gesellschaft und der des Staates. Der Terminus «bürgerliche Gesellschaft» ist in der Rechtsphilosophie neu. Der
damit gemeinte Inhalt bestimmt aber schon früher Hegels Denken
(vgl. Horstmann 1975, 310, Anm. 90). Der Staat repräsentiert bei Hegel «das sich in Institutionen fixierende wahre Allgemeine» (ebd.,
300) gegenüber der Sphäre der zerrissenen Sittlichkeit der bürgerlichen Gesellschaft, die doch auch die Sphäre ist, in der sich der einzelne über Arbeit zur Subjektivität und damit zur formalen Freiheit
heranbildet (vgl. Habermas 1985, 51; vgl. zum Problem auch Hegel:
Werke Bd. 7, 1986, §§ 183–185).

Die Thematisierung der Differenz von Staat und bürgerlicher Gesellschaft bei Hegel hat für die heutige Hegelinterpretation «als Beitrag zur angemessenen Theoretisierung der modernen politischen
und gesellschaftlichen Verhältnisse zu gelten» (Horstmann 1975,
300; vgl. auch Ilting 1975, 52–78). Aber die Lösung, daß der Staat
als Wirklichkeit der sittlichen Idee, was sich in der konstitutionellen
Monarchie und in der ständischen Verfassung verkörpern soll, eine
Prädominanz gegenüber der einzelnen Subjektivität bekommt, kann
hiernach nicht die adäquate Lösung des Problems einer «ungezwun-
genen Willensbildung» (Habermas 1985, 54) interagierender Subjekte auf der politischen Ebene sein. Im Gegenteil, in jenem ‹Insti-
tutionalismus›, wie er in Hegels Staatsbegriff thematisch wird, sind
demokratische Willensbildungsprozesse so nicht möglich (vgl. ebd.,
53). Könnte die Entwicklung des Arbeitsprozesses, wodurch die
Subjektivität herangebildet wird, die Möglichkeit eröffnen, in Form
ungezwungener Willensbildungsprozesse über eine mehr oder minder repressionslose Verteilung der erarbeiteten Produkte zu entscheiden, so fiele dadurch die Sphäre der bürgerlichen Gesellschaft
als eines antagonistischen Zusammenhangs privater Interessen ten-

denziell fort. Das würde auch die staatliche Sphäre tangieren, da diese nun nicht mehr – wie bei Hegel – infolge der Ausweglosigkeit der Theorie gegenüber diesem Antagonismus zur Sphäre einer absoluten, der bürgerlichen Gesellschaft vorausgesetzten sittlichen Sphäre stilisiert werden müßte, in welcher die Antagonismen der bürgerlichen Gesellschaft ihre ideelle Aufhebung erfahren, ohne daß sie empirisch aufgehoben wären. Gegenüber der modernen Subjektivität und ihrer Freiheit, deren Heranbildung Hegel ja so deutlich gesehen hat (vgl. z. B. gegen Platons Staatsideal Hegel: Werke Bd. 7, 1986, § 185, 341 ff), erweist sich die Hegelsche Staatstheorie als inadäquater Lösungsvorschlag für die Probleme der modernen Gesellschaft. Hegel hat, indem er die restaurative Staatsauffassung eines Karl Ludwig Haller (vgl. ebd., § 257, 401 ff) wie auch das moderne rationale Naturrecht der Vertragstheorien kritisierte, auf den Polis-Gedanken in der Hinsicht zurückgegriffen, in der er «dem Individualismus der Moderne überlegen ist» (Habermas 1985, 51), um unter dieser Maßgabe Individualität und Allgemeinheit zu vermitteln. Dieser Gedanke kann unter intersubjektivitätstheoretischen Annahmen für die Lösung von Problemen der Moderne mit ihren anderen ökonomischen und sozialen Strukturen aber nicht tragfähig sein.

Hegel hat sich gegenüber der absoluten Freiheit der Französischen Revolution und der Kehrseite dieser Freiheit, dem absoluten Schrecken, auf einen konkreten Begriff der Freiheit bezogen, wo die Freiheit des einzelnen erst im sittlichen Ganzen des Staates und seiner institutionellen Zusammenhänge zu sich selbst kommt. Er hat den antagonistischen herrschaftserzeugenden Charakter der bürgerlichen Produktionsverhältnisse sehr wohl gesehen. Aber eine Theorie darüber, wie die Menschenrechte mit den bürgerlichen Produktionsverhältnissen zusammenhängen und daß der Staat dagegen nur das illusorische Ganze repräsentieren konnte, das sich in den gesellschaftlichen Verhältnissen der Menschen selbst nicht realisieren ließ, besaß er infolge der gesamten Anlage seiner Philosophie nicht, die ausgeht vom Begriff der Entzweiung des doch schon zu sich selbst gekommenen Geistes.

Hatte Hegel ursprünglich gegen die religiöse und politische Form der Entzweiung in der Realität seiner Zeit zugunsten «selbstkritischer Erneuerung» (Habermas 1985, 56) der Wirklichkeit plädiert (vgl. hierzu die religionsphilosophischen und politischen Schriften des jungen Hegel: Werke Bd. 1, 1986), so bekommt die Staatsphilosophie im Begriff absoluter Sittlichkeit, sich manifestierend in der konstitutionellen Monarchie, schon einen konservierenden Zuschnitt und zieht sich «von der unbefriedeten politischen Wirklichkeit zurück». In der Schrift «‹Über die englische Reformbill›» von 1830 schlägt sich Hegel dann «unverhohlen auf die Seite der Restauration» (Habermas 1985, 54).

Wenn, wie eingangs gesagt, die Thematik der Soziologie mit der Emanzipation von vorgegebenen natürlichen oder staatlichen Ordnungen beginnt, so zeigt sich in diesen frühen theoretischen Entwürfen, «daß die Legitimität einer gesellschaftlichen Ordnung in der Moderne wesentlich von der Entfaltung kognitiver Systeme im Kontext der neuzeitlichen Wissenschaft abhängt» (Krämer-Badoni 1978, 9); denn was in den vorgestellten philosophischen Legitimationstheorien der bürgerlichen Gesellschaft mit ihrer kapitalistischen Produktionsweise wie auch den kritischen Infragestellungen dieser Legitimationstheorien geschieht, ist «die *Vorwegnahme der ‹bürgerlichen Gesellschaft›*, die seit dem 16. Jahrhundert sich vorbereitete und im 18. Riesenschritte zu ihrer Reife machte. In dieser Gesellschaft der freien Konkurrenz erscheint der einzelne losgelöst von den Naturbanden usw., die ihn in früheren Geschichtsepochen zum Zubehör eines bestimmten, begrenzten menschlichen Konglomerates machen» (Marx 1953, 5). Es geht in den meisten dieser frühen Gesellschaftsentwürfe um die Thematik der Konstitution von Gesellschaft unter Rückgriff auf Naturzustands- oder Menschenbildkonzeptionen und um die Frage, an welchen Zielen und Normen zum einen das individuelle, zum anderen das gesellschaftliche Handeln und Verhalten auszurichten ist. Darin waren der sich ausdifferenzierenden Soziologie ihre eigene Thematik wie auch ihre beiden basalen Orientierungen gegeben: ein Ordnungsdenken oder ein Denken mit emanzipatorischem Anspruch.

Literatur

Adler, M.: Die Beziehungen des Marxismus zur Klassischen deutschen Philosophie. In: Ders.: Kant und der Marxismus. Berlin 1925.

Bloch, E.: Naturrecht und menschliche Würde. Frankfurt/M. 1961.

Bobbio, N.: Hegel und die Naturrechtslehre. In: M. Riedel (Hg.): Materialien zu Hegels Rechtsphilosophie. 2 Bde. Bd. 2. Frankfurt/M. 1975.

Cassirer, E.: Das Problem Jean Jacques Rousseau. In: E. Cassirer, J. Starobinski & R. Darnton: Drei Vorschläge, Rousseau zu lesen. Frankfurt/M. 1989.

Dorn, L.: Recht, Moralität und Sittlichkeit in der Sozialphilosophie von Hegel. Münster 1981.

Euchner, W.: Naturrecht und Politik bei John Locke. Frankfurt/M. 1979.

Fichte, J. G.: Grundlagen des Naturrechts. In: Ders.: Ausgewählte Werke Bd. II. Hg. Fritz Medicus. Darmstadt 1962.

–: Der geschlossene Handelsstaat. In: Ders.: Ausgewählte Werke Bd. III. Hg. Fritz Medicus. Darmstadt 1962.

Habermas, J.: Theorie und Praxis. Frankfurt/M. [2]1980.

–: Der philosophische Diskurs der Moderne. Frankfurt/M. 1985.

Hegel, G. W. F.: System der Sittlichkeit. Hamburg 1967.

–: Frühe Schriften. In: Ders.: Werke Bd. 1. Frankfurt/M. 1986.

–: Phänomenologie des Geistes. In: Ders.: Werke Bd. 3. Frankurt/M. 1986.

–: Grundlinien der Philosophie des Rechts. In: Ders.: Werke Bd. 7. Frankfurt/M. 1986.

–: Vorlesungen über die Philosophie der Geschichte. In: Ders.: Werke Bd. 12. Frankfurt/M. 1986.

Hirschman, A. O.: Leidenschaften und Interessen. Politische Begründungen des Kapitalismus vor seinem Sieg. Frankfurt/M. 1987.

Hobbes, Th.: Vom Menschen. Vom Bürger. Hamburg 1959.

–: Leviathan. Stuttgart 1976.

Horstmann, R. P.: Über die Rolle der bürgerlichen Gesellschaft in Hegels politischer Philosophie. In: M. Riedel (Hg.): Materialien zu Hegels Rechtsphilosophie. 2 Bde. Bd. 2. Frankfurt/M. 1975.

Ilting, K.-H.: Die Struktur der Hegelschen Rechtsphilosophie. In: M. Riedel (Hg.): Materialien zu Hegels Rechtsphilosophie. Bd. 2. Frankfurt/M. 1975.

Jonas, F. J.: Geschichte der Soziologie. 4 Bde. Bd. 1: Aufklärung, Liberalismus, Idealismus. Mit Quellentexten (von Montesquieu, Voltaire, Rousseau, Hume, Smith, Kant, Fichte, Hegel). Reinbek bei Hamburg 1968.

Kant, I.: Die Metaphysik der Sitten. In: Ders.: Werke Bd. VIII. Hg. W. Weischedel. Frankfurt/M. [5]1982.

–: Idee zu einer allgemeinen Geschichte in weltbürgerlicher Absicht. In: Ders.: Werke Bd. XI. Hg. W. Weischedel. Frankfurt/M. 1977.

–: Zum ewigen Frieden. In: Ders.: Werke Bd. XI. Hg. W. Weischedel. Frankfurt/M. 1977.

Krämer-Badoni, Th.: Zur Legitimität der bürgerlichen Gesellschaft. Frankfurt/M., New York 1978.

Locke, J.: Gedanken über Erziehung. Stuttgart 1970.

–: Über die Regierung. Stuttgart 1974.

Lukács, G.: Der junge Hegel. Berlin (DDR) 1954.

Macpherson, C. B.: Die politische Theorie des Besitzindividualismus. Frankfurt/M. [2]1980.

Marx, K.: Grundrisse der Kritik der Politischen Ökonomie. Berlin (DDR) 1953.

–: Kritik des Hegelschen Staatsrechts. MEW Bd. 1. Berlin (DDR) 1961.

–: Theorien über den Mehrwert. MEW Bd. 26.1, 26.2 und 26.3. Berlin (DDR) 1974.

Ritter, J.: Hegel und die Französische Revolution. Frankfurt/M. 1965.

Rohbeck, J.: Egoismus und Sympathie. David Humes Gesellschafts- und Erkenntnistheorie. Frankfurt/M., New York 1978.

Röhrich, W.: Sozialvertrag und bürgerliche Emanzipation von Hobbes bis Hegel.
Darmstadt 1972.

Rotermundt, R.: Das Denken John Lockes. Zur Logik des bürgerlichen Bewußtseins. Frankfurt/M., New York 1976.

Rousseau, J. J.: Gesellschaftsvertrag. Stuttgart 1977.

–: Schriften zur Kulturkritik. Die zwei Diskurse von 1750 und 1755. Hamburg
1978.

Saage, R.: Eigentum, Staat und Gesellschaft bei Immanuel Kant. Stuttgart, Berlin, Köln, Mainz 1973.

Smith, A.: Theorie der ethischen Gefühle. Hamburg 1977.

–: Der Wohlstand der Nationen. München 1978.

Steinvorth, U.: Stationen der politischen Theorie. Stuttgart 1983.

Tuschling, B.: Die «offene» und die «abstrakte» Gesellschaft. Argument-Sonder-
band 25/26. Berlin 1978.

Waibl, E.: Ökonomie und Ethik. Die Kapitalismusdebatte in der Philosophie der
Neuzeit. Stuttgart, Bad Cannstatt 1988.

Jan Robert Bloch

3.2 Von der bürgerlichen Sozialutopie zur Gegenutopie

3.2.1 Das vorscheinende Ende der menschlichen Vernunft

George Orwell hat mit «Nineteen Eighty-Four» (1949) ein Inferno der Zukunft gezeichnet: totale Verwaltung aller Lebensbereiche, Reduktion der Beziehungen auf die niedrigsten Ebenen menschlicher Existenz, graue Uniformiertheit im Würgegriff des Großen Bruders. Das Dasein im Kriegsstaat Oceania ist nicht nur grau, sondern auch blutig. Immer wieder werden die Schlachtfelder angeheizt: Der Krieg gegen die Nachbarländer Eastasia und Eurasia wird zum Opium fürs Volk. Die Spuren der Vergangenheit sind getilgt, die Sprache verkommt zum gesäuberten Mittel der Täuschung, Verdrehung und Heuchelei, die allgegenwärtige Gedankenpolizei besorgt die moralische und intellektuelle Unterwerfung der ohnmächtigen Untertanen – eine gefesselte, düstere und zugleich gläserne Welt ohne Schönheit, Farbe und Glanz.

Einzig die bedrohte, verzweifelte, schließlich verratene Leidenschaft zwischen Julia und Winston deutet einen Ausweg in der Ausweglosigkeit an: Ihre Beziehung könnte zum sprengenden Bündnis inmitten despotischer Herrschaft werden, zur Perspektive der Befreiung vom engen, überlebensgroßen Gefängnis durch die Erfüllung in sich selbst. Denn die Liebe wäre eine innere Kraft, die das unmenschliche Gerüst zum Einstürzen bringen könnte, eine Kraft jenseits des alle Lebensbereiche durchdringenden Apparats Oceanias: Wenn Liebe möglich ist, wenn die Menschen trotz allem noch fähig sind, ohne Argwohn und Kalkül füreinander zu empfinden, bleibt der Weg zur menschenwürdigen Gesellschaft noch offen.

In «The Time Machine» (1895) von Herbert George Wells werden die verästelten, verschleierten Herr-und-Knecht-Strukturen der modernen bürgerlichen Ordnung auf die Ebene des unverhüllten Gegenüber gebracht: Im Jahre 802701 sind die reichen Herren von ehedem singende, tanzende und scheinbar sorglose Blumenkinder geworden –

sie sind im Müßiggang verblödet. Die proletarischen Knechte von ehedem sind schwärzliche Nibelungengeschöpfe von weit höherer Intelligenz geworden und hausen in unterirdischen Höhlen. Die Menschennaturen über ihnen, die ohne Arbeit infantil geblieben sind, werden gleichsam als Viehherde gehalten. So, wie der kollektive Sinn der Blumenkinder untereinander nichtssagend geworden ist, ist auch ihre Beziehung zu den Kanalwesen der Unterwelt ziemlich einschichtig: Sie werden von jenen verschlungen.

Bei Aldous Huxley leben die Weltbürger im standardisierten Weltstaat nach den Parolen community, identity und stability in einem auf Grund eugenischer Manipulation verewigten Klassenverhältnis. In «Brave New World» (1932) bezeichnet community einen Typ Gemeinschaft, in der jeder einzelne der funktionalen Rationalität des Ganzen untergeordnet ist, identity die Abschaffung jedweder individueller Verschiedenheit und stability den völlig entdynamisierten gesellschaftlichen Stillstand. Die depersonalisierten Menschen leben auf der Oberfläche einer entzauberten aseptischen Konsumwelt, die sich für das Paradies hält, und dämmern mit Hilfe euphorisierender Allheildrogen ihrem debilen Glück entgegen.

Im nachrevolutionären Rußland entwirft Jewgenij Samjatin in seinem Zukunftsroman «Wir» (1920) einen Modellstaat, in dem die Bürger ohne Not und ohne Gedanken dahinleben. Ihr konkretes «Ich» wird durch das abstrakte «Wir» des Staates ersetzt, wodurch ihnen das ewige Glück gesichert werden soll. Dieses Glück wird, wie in der schönen neuen Welt Huxleys, von oben als objektives gesetzt – denn im Streben nach subjektivem Glück steckt Aufruhr. Nach der Vertilgung jeglicher Individualität in einer Welt ohne zwischenmenschlichen Eros, verwandtschaftliche Bindung und kommunale Nächstenliebe gerät der Staat zum einzig möglichen Objekt für menschliche Zuneigung. Diese Zuneigung ist von algebraischer Art: Alles ist nach mathematischen Gesetzen geordnet. Im durchsichtigen, vollendeten Universum von «Wir» sagt ein Zweifler, dem die Phantasie noch wegoperiert werden muß, zu einem der Angepaßten: «Wir sind vollkommen glückliche arithmetische Durchschnittsgrößen. Wie ihr sagen würdet, die Integration von Null bis Unendlich, vom Idioten bis zu Shakespeare» (Samjatin 1983, 36).

Das eingeschriebene Merkmal der negativ-utopischen Literatur der Moderne, der Dystopien, ist die Umkehrung Utopias: Einst wurde Utopia für seine Bürger gedacht, nunmehr werden die Bürger für Utopia gemacht. Im Zentrum der dystopischen Gewordenheit stehen funktionale Schemata einer transparenten, verwissenschaftlichten und kontrollierten Universalwelt, in der nur das Notwendige notwendig ist und das Rationale irrationale Macht ausübt, steht die Verarmung und schließlich Zertrümmerung der menschlichen Identität: der Beziehungen auf allen Ebenen des Liebens und Denkens.

Die moderne Dystopie steht am Scheideweg zweier Motive, wenngleich diese zuweilen verschränkt sind: Der utopische Erzählrahmen kann einerseits der nihilistischen Diagnose dienen, daß der Mensch nicht in einer Utopie leben kann und leben soll, ja froh sein darf, die Last der Freiheit abzuwerfen und diese einer externen funktionalen Rationalität zu überantworten. Der Rahmen kann andererseits durch die dargestellte Negation der Freiheit Widerstand erzeugen und somit auf dialektische Weise dem utopischen Horizont einer besseren Welt treu bleiben. Zum Schema des Romans gehören dazu Außenseiter, deren menschliche Natur sich im inneren Ringen um die Wahrheit aufbäumt und die sich der bedingungslosen Einfügung in die Kollektivität widersetzen. Selbst wenn im Konfliktfeld zwischen eigener Individualität und totaler Herrschaft die Rebellen untergehen, wie Winston Smith in «1984», enthält das Scheitern das Unabgegoltene der ertasteten Möglichkeit, der unerfüllten Hoffnung. In der Rebellion steckt Sehnsucht nach einer besseren Welt und Heimweh nach einer Vergangenheit, die Spuren der möglichen Zukunft trägt – sofern diese vom omnipotenten Apparat nicht bereits völlig vertilgt sind. Und daher ist der Kampf der großen Brüder gegen die Vergangenheit ein immerwährendes Baumoment ihres Imperiums. Die Schreckensherrschaft waltet auf dem Boden des großen Vergessens, der Geschichtslosigkeit. Ihre Sprache ist Newspeak: «By 2050 – earlier, probably – all real knowledge of Oldspeak will have disappeared. The whole literature of the past will have been destroyed» (Orwell 1983, 50).

Auch die Dystopien tragen die Züge ihrer Zeit: Der Fahrplan, den Ernst Bloch (vgl. 1959, 555 ff) für die Utopien als Ausdruck der sich anbahnenden Tendenz nach vorn geltend machte, gilt erst recht hier – seien es die Ministerien für ewige Wahrheit, seien es enthumanisierte Maschinenwelten, sei es der Schutthaufen des infantilisierenden Amüsements, sei es die künstliche Fabrikation der menschlichen Natur. Die alptraumartigen Visionen machen sichtbar, was am Beginn des Kontinuums noch verborgen und unbegriffen ist. Huxleys «Brave New World» verlängert den Amerikanismus; seine konsequente Extrapolation führt zum total kollektivierten Land des falschen Lächelns bei fortdauernder Profitökonomie und Geldwirtschaft. Er erkennt, daß die von Dostojewski in «Die Brüder Karamasow» gestellte Frage, ob durch die Befriedigung materieller Bedürfnisse das Verlangen nach Freiheit ausgelöscht wird, im Konsumalltag des amerikanisch industrialisierten Kapitalismus zunehmend bejaht wird.

Der Fahrplan bei Orwell ist von anderer Art: In seinem antizipierten Schattenreich der Armut und Willkür fehlt jegliche kapitalistisch überkommene luxurierende Verbrämung des Elends; seine politische Extrapolation gilt in erster Linie der staatlichen, nicht der ökonomischen Macht, und der Pate ist nicht amerikanisch, sondern sowjetisch. Er dokumentiert die Rumäniens des Jahres 1984. «War is Peace. Freedom is Slavery. Ignorance is Strength» (Orwell 1983, 18), sind die Losungen der Partei des Großen Bruders: Was immer die Partei für Wahrheit hält, *ist* Wahrheit. Das unter den realen Stalins gesungene Lied Louis Fürnbergs beginnt: «Die Partei, die Partei, die hat immer recht».

Hinter den Antizipationen einer düsteren Zukunft stehen oft bittere und einschneidende Erfahrungen – bei George Orwell die Hand Stalins im Spanischen Bürgerkrieg, bei H. G. Wells der Schlag, den der Erste Weltkrieg seinem Glauben an die menschliche Vernunft versetzte. Vorherrschend bei den meisten Autoren ist die Wahrnehmung einer vollständig der technischen Funktion unterstellten künftigen Gesellschaft. Sie sehen den bevorstehenden Untergang der wahren menschlichen Werte in den entzauberten Weltsystemen Kapitalismus und Kommunismus. Sie erleben, wie der geschichtsoptimistische Sinn des 19. Jahrhunderts in den Schützengräben verkommt und hinfällig wird.

Es sind vorwiegend Autoren der Linken, die mit Entsetzen die Aussichten einer Zukunft erkennen, die sie selbst einstmals ersehnt hatten. Sie lernen, die Verwirklichung des Fortschritts, das Gelingen ihrer Visionen zu fürchten, nicht das Mißlingen, da eine positive Erfüllung des vordem auch von ihnen geteilten Optimismus zur Apokalypse führen würde. Die Geburt ist ihr Problem, nicht die Fehlgeburt. Mit diesem Selbstmoment unterscheidet sich ihre Position zugleich von den paradoxen Argumenten der konservativen Utopiekritik: Jene konstruiert den fiktiven Gegensatz zwischen realpolitischem Handeln und utopischem Wunschdenken (als ob geschichtliche Entwicklung ohne utopische Modelle denkbar wäre) und ordnet *zugleich* der ‹harmlosen›, weil irrealen Utopie einen bedrohlichen Totalitarismus zu – um mit dem Paradoxon das Faktische der Machtverhältnisse als das Normative der Gesellschaft zu definieren, zu gestalten und überhistorisch zur Geltung zu bringen: «Der Kampf gegen die Utopie findet seinen Stachel nicht so sehr in ihren Vorstellungen von einer schöneren Zukunft, vielmehr in ihrer Kritik an einer schlechten Gegenwart. Nicht die Bilder des Besseren an sich werden denunziert, sondern die auch in solchen Bildern immer schon enthaltene Kritik am Bestehenden. So wird, was utopisch ist, gerade dort am exaktesten bezeichnet, wo es bekämpft wird: in der Kontroverse um die Bestimmung des Begriffs spiegelt sich die um das, was er immer schon meint» (Neusüss 1972, 33).

3.2.2 Zur fundamentalistischen Gegenutopie: die mythische Todesmaschine Deutschland

Eine dystopische Gattung anderer Art sind die ‹völkischen› Wunschbilder nach einem wiedererstarkten Deutschland, die überwiegend in den Jahren nach dem Ersten Weltkrieg entstanden. Eine schundige Gattung freilich, aber eine, die folgenreich Hohlräume besetzte. Zwischen 1895 und 1945 waren, von den Programmen der Naziführer abgesehen, über hundert alldeutsche, protofaschistische und nazistische Zukunftsromane erschienen, zum Teil in hohen Auflagen, die von Millionen gelesen wurden.

Die faschistische Ideologie hat aus politischen Gründen hier ihren Platz, da zum einen die anti-utopischen Argumente der Konservativen mit dem Verweis auf die Nazivisionen die vernichtenden Konsequenzen utopischer Modelle *überhaupt* zu belegen trachten. Zum anderen überließ in entscheidender Zeit die Linke das utopische Symbolfeld und Bildgebiet den Nazis (vgl. Bloch 1962); sie hatte der Transformation des antikapitalistischen Ressentiments der Bevölkerung in einen mystifizierten Überlegenheitswahn, in eine atavistisch verortete, barbarische Gegenaufklärung, wenig entgegenzusetzen.

Bis 1933 werden die Zukunftsbilder zumeist erzeugt durch düstere und verbitterte Romane, in denen ein zerrissenes und ausgebeutetes, entrechtetes und gedemütigtes Deutschland zum Opfer erbarmungsloser Siegermächte wird und von beständiger Niedertracht der Nachbarn umgeben ist. Ex negativo produzieren sie in selbstbemitleidende Haßtiraden gegen die ‹Schmach von Versailles› chiliastisch geprägte Visionen eines rettenden Heils von oben: Ein völkischer Messias wird ersehnt, der die Deutschen vom fremden Joch befreit. Zu diesen Erlöserphantasien gesellen sich ‹völkische Widerstandsromane von un-

ten›, in denen die ‹Deutsche Zeitenwende› und eine ‹nationale Wiedergeburt› durch Aufstände eingeleitet wird, um bald in die dritte
visionäre Phase überzugehen – die der rassistisch begründeten Welt-
herrschaft.

Der alte Traum vom neuen Reich (vgl. Hermand 1988) ist gekoppelt an die rückwärts gewandte Mystik des ‹nordischen Blutes›, an
archaische Vorstufen der Menschwerdung. Die Blut-und-Boden-
Phraseologie mitsamt dem antisemitisch verkleideten Antikapitalis-
mus und -industrialismus bindet zwar die Massen, gerät indessen bald
in Widerspruch zu den realen Globalinteressen der Naziführung. Die
kleinbürgerlich verklemmte Überdrehtheit der alldeutschen Romane, die eine Rückkehr zu altgermanisch handwerklich-bäuerlichen
Verhältnissen visionierten, paßte nicht zum militärisch verankerten
aggressiven Imperialismus, der technische Wunder erwartete, zum ar-
chitektonischen Größenwahn, der überlebensgroße Ewigkeitsdoku-
mente plante, zum ‹wissenschaftlich und naturgesetzlich› begründeten deutschen Sozialdarwinismus, an dem die ganze Welt genesen
sollte. Und so wird der nazistische Wahn immer weniger von boden-
ständiger Rückkehr zur Scholle oder von synkretistischen Anleihen
bei Allerweltsmythen bestimmt, sondern zunehmend vom Abstraktum des Herrenmenschen, der als Soldat, Ingenieur, Architekt, Wissenschaftler auf der Grundlage modernster Großtechnik jedes bisherige menschliche Maß sprengt.

3.2.3 Das ent-utopisiert thermodynamische Ende der Natur

Die Verwüstung der gesellschaftlichen Bindungen und der menschlichen Identität ist das durchgängige Leitmotiv der modernen dystopischen Literatur. Die Zerstörung der Natur indessen erscheint als
einhergehendes, sprachloses Nebenher – beim Fall in den gegenutopischen Abgrund wird sie mitgezerrt. Eine Bedrohung ist sie nicht:
An der Naturschranke gibt es nichts mehr zu verschieben – sie ist
gebrochen. Einige Jahrzehnte später zeigt Hollywood die Naturver-
wüstung der schönen neuen Welt im Bühnenbild der Zukunft deutlicher; das Szenario der aufräumenden Rambo-Gestalten ist ein ver-
rottetes Superharlem mit verödeten Ruinen, umgeben von Ratten
und gelblichem Gestank und Mülltonnen, die in erstarrten Gassen
immerfort umfallen und wegrollen, sobald der Mann rot sieht. Sonst
bewegt sich kaum etwas.

Jewgenij Samjatin kämpfte in seinen Romanen gegen die von ihm mit ‹Entropie› bezeichneten gleichschaltenden Kräfte. Kein Zweifel: Negative Utopien lassen sich im Sinne des physikalischen Entropiesatzes verstehen, nach dem die Komplexität eines geschlossenen Systems auf dem Pfeil der Zeit abnimmt. Die dystopische Literatur skizziert einen Zukunftsraum, in dem differente Strukturen verdämmern und eine karge Ordnung mit Gewalt und Entmündigung aufrechterhalten wird. Die Unterdrückung jeglicher Vielfalt ist der Grundzug dieses Sozialraums, da freie Autonomie zügellose Leidenschaften wachrufen und Verwirrung stiften würde und die Stabilität des einzig auf Funktionalität gebauten Systems somit gefährdet wäre. Das ent-utopisierte Haus wird, sofern es überhaupt noch steht, vom technizistisch extrapolierten Neoklassizismus und Positivismus bestimmt. Diese Welt des total integrierten Gleichgewichts entbehrt des Unvorhergesehenen, des Zufälligen, des Unberechenbaren. Sie kennt weder das Barocke noch das Romantische, weder Märchen noch Mythen. Sie bietet der Überraschung kein Obdach, dem Neuen keine Möglichkeit, dem Abenteuer keine Gelegenheit. Ihre faschistoide Metaphysik ist die maschinelle Vernunft.

Einige zerbrochene Figuren in Samuel Becketts Entropiedramen haben eine Mülltonne zum Gehäuse. Im «Endspiel» schaut sich Clov mit dem Fernglas um: «Es ist grau. Grau! GRAU!» Hamm zuckt zusammen: «Grau! Sagtest Du grau?» Und Clov antwortet: «Ein helles Schwarz, allüberall.» Sie sind am thermodynamischen Ende – die Welt ist verblichen, die Menschen verkrüppelt, die Natur erstarrt. «Hamm: Die Natur hat uns vergessen. Clov: Es gibt keine Natur mehr. Hamm: Keine Natur mehr! Du übertreibst. Clov: Ringsherum» (Beckett 1963, 247; 223). Die Geschichte aller ist ein Trümmerhaufen, eine ewige Wiederkehr des Immergleichen: Staub und Asche. ‹Irgend etwas geht seinen Gang› in diesem Endspiel – und dieses Etwas verdämmert in einer verlöschenden Erde, die sie nie brennen sahen. Estragon und Wladimir warten auf Godot. Statt seiner kommt ein kleiner Junge, der ihnen sagt, daß Godot nicht kommen wird. Alles versinkt im Brei des vergeblichen Nicht-Mehr.

3.2.4 Utopische Übergänge in der bürgerlichen Zwischenwelt

Im Gegensatz zu den dystopischen Visionen einer verwalteten und verkümmerten Welt am Ausgang ihrer Möglichkeiten antizipiert die positivierte Utopie den Beginn einer besseren. Ihr Thema ist die Verwirklichung des Glücks. Die utopische Idee ist älter als die Sozialutopie der Neuzeit, die durch Thomas Morus ihren Namen erhielt. Die Prophezeiungen der Bücher Moses, die Visionen eines apokalyptischen Messianismus, die Exoduspartien der Bibel, die Eschatologie des himmlischen Jerusalem, der platonische Begriff vom Eros als dem Kind von Armut und Reichtum mit utopischer Spannung zwischen Nicht-Haben und Haben, die Sehnsucht der Materie nach der höchsten, göttlichen Form bei Aristoteles, die Mysterien Christi (Auferstehung, Himmelfahrt, Wiederkehr), der Kampf des Lichts des Gottesreichs mit der Finsternis des Weltreichs in Augustins «De civitate Dei» (Dies septimus nos ipsi erimus: Der siebte Tag werden wir selber sein), das vom Abt di Fiore im 13. Jahrhundert prophezeite und im deutschen Bauernkrieg revolutionär treibende tertium evangelium – diese Wegbeispiele zeugen vom frühen Anfangsort utopischer Zielinhalte, gehören als Sedimente menschlicher Sehnsucht und menschlichen Widerstands zum Altneuland der Utopie.

Die verheißene Zukunft wurde von Anfang an skeptisch begleitet: Utopische These und komplementäre dystopische Gegenthese durchziehen die Geschichte der Utopie bis in unsere Gegenwart. Parallel zur Konstruktion des ersehnten Ideals läuft die Verneinung des großen Wachtraums – die utopischen Entwürfe, die die Gegebenheiten zu überschreiten trachten, werden als verrückte Pläne verhöhnt. Die satirischen Komödien von Aristophanes bringen Zerrbilder auf die Bühne, in denen Platons aristokratische Kommune «Politeia» (372 v. Chr.) parodiert wird. Im gynäkokratischen Modell der «Frauenvolksversammlung» wird der Gleichheitsgedanke in den gütergemeinschaftlichen Utopien seiner Zeit ad absurdum geführt, und im Wolkenkuckucksheim der «Vögel» verspottet er die geometrisierenden städtebaulichen Vorstellungen des Hippodamus.

Die gegenutopischen Bewegungen sind folglich älter als die absteigenden Äste des 20. Jahrhunderts – ihre Motive sind indessen von anderer Art. Die antiken Texte haben zum Gegenstand die *Unmöglichkeit* der utopischen Idee und somit ihre Absurdität; das Thema der modernen Texte, eines Huxley etwa, ist gerade die *Möglichkeit* der utopischen Idee, positiv erfüllt zu werden: die Furcht vor der totalen

Geometrisierung der menschlichen Lebensverhältnisse nach dem Maß einer funktionalen Ratio, die Furcht vor der vollzogenen Gleichheit und der endgültigen Verwirklichung des Glücks, die Furcht vor der Vollendung der Geschichte – den Autoren wird es aus Erfahrung ernst und ihre Hand schwerer. Daher verklingt in der neuzeitlichen dystopischen Literatur jenes maßgebliche Motiv der Gegenutopien der Antike: die bezweifelnde Ironie, mit der die visionären Planspiele zum Goldenen Zeitalter als nicht verwirklichbare Phantastereien abgetan werden.

Im Mittelalter, zwischen ausgehender Antike und beginnender Neuzeit, tritt, mit Ausnahme der religiösen Linie von Augustin zu di Fiore, sub specie utopiae eher Ruhe ein (wenngleich die im 12. Jahrhundert hervortretenden weltlichen Gralserzählungen durchaus utopische Züge tragen). Der Mangel an Entwürfen zu einer besser verfaßten künftigen Ordnung der Gemeinschaft deutet auf eine relative Gleichzeitigkeit von Überbau und Basis, auf eine vorwiegende Übereinstimmung der gebildeten Schichten, Adel und Klerus, mit der gesellschaftlichen Organisation – und dieser Organisation mit dem göttlichen Schöpfungswillen.

In Epochen, in denen die Synthese der Verschiedenheit (in diesem Fall der Antike, des Germanentums, des Christentums in Folge der Völkerwanderung) die sozialen Prozesse beherrscht, dominieren die internen Differenzierungen, Verarbeitungen und Lösungen – es ist keine andere Zukunft gegenwärtig als die gegenwärtige. Ohne künftige Gegenwart, ohne perspektivische Zukunftssicht gibt es keine utopische Grenzüberschreitung: Ein solches System operiert geschlossen und wird innere Grenzen strukturell verschieben, aufheben oder anderen Orts etablieren (durch die Errichtung einer ständisch geordneten Gesellschaft zum Beispiel), kaum jedoch das Abenteuer einer symmetriebrechenden Dynamik eingehen. Diese utopische Ruhe soll indessen nicht darüber hinwegtäuschen, daß es unter der Oberfläche gärte, daß Unzufriedenheit und Sehnsucht sich kondensatorhaft sammelten und im ausgehenden Mittelalter mit utopischen Entladungen die Neuzeit einleiteten.

Die von der römischen Kirche bewirkte Einheit des Christentums in lateinischen Worten und lateinischer Schrift bildet eine auch kulturell umfassende, gewissermaßen ent-utopisierende Einheit. Die beginnenden Spannungen beim Übergang von Feudalherrschaft zur Bürgeremanzipation werden in der gottgewollten politischen Ordnung der Civitas Dei, des Staates Gottes, *noch* überdacht von einem

kollektiven christlichen Weltbild, dem somit eine tragende, konfor-
mierende Bedeutung zukommt. Diese Stabilisierung endet mit der
beginnenden Vergesellschaftung der Bildung, mit der Überbrückung
der kulturellen Kluft zwischen Klerus und städtischem Bürgertum.
Die ‹Schwarze Pest›, die 25 Millionen Menschen hinraffte, tat ein übriges, den Glauben an eine göttlich verfügte Welt zu erschüttern.

Die Skepsis mit der überkommenen Ordnung, mit der als absolut
geltenden Glaubenslehre mündet in die utopische, faustische Suche
des auf sich gestellten, auf sich zu stellenden Individuums nach einer
offenen und besseren Welt. Symbolgestalten dieser Stimmung sind
die Seefahrer Kolumbus, Magellan oder Amerigo Vespucci, die sowohl von den neuen ökonomischen und politischen Motiven des an-
brechenden bürgerlichen Zeitalters wie vom altneuen chiliastisch-an-
tiken Motiv der Renaissance angetrieben werden. Sie sind Figuren
der Zwischenwelt. Ihre geographisch-utopischen Ausfahrten zum ge-
suchten irdischen Paradies bringen Entdeckungen mit sich, die mit
dem Verschieben der kartographischen Grenzen die Weltkenntnis
ungemein erweitern und zugleich die festgefügten Werte der alten
Welt relativieren. Erst recht gilt das für die nachfolgenden wissenschaftlichen Entdeckungen in der Planetenwelt, für den kosmischen
Aufbruch eines Kopernikus oder Galilei: Hielt Kolumbus noch die
Erde für den Mittelpunkt des Universums, so sprengt das heliozentri-
sche System den irdischen Rahmen menschlichen Selbstbewußtseins,
indem es seinen reflektierenden Schauplatz ins Planetarische verlagert.

3.2.5 Die rationalen Sozialutopien der beginnenden Neuzeit

Mit dem Anschluß des utopischen Denkens an die bürgerliche Emanzipation ändert sich seine Bestimmung. Während in den antiken Utopien die für den Freien schändliche Arbeit kaum eine Rolle spielt und
ebensowenig, bei aller Kühnheit der Pläne zum Goldenen Zeitalter,
das Motiv der Gleichheit der Individuen (eine hierarchische Ordnung
des Staates mithin akzeptiert wird), während in den religiösen Reichs-
intentionen die konstruktiven Einzelzüge noch ungenau sind, kommt
in den Utopien der Renaissance, der Reformationszeit, des Humanismus eine genauere Dynamik auf – gewaltig begleitet vom naturwissenschaftlichen und technischen Umbruch jener Zeit, von Veränderungen der Arbeitswelt, vom Kunstgenie eines Leonardo, in dessen

italienischem Licht das Rinascimento, die Wiedergeburt des Menschen als Menschen, ein besonderes Maß an Schönheit bekommt. Im Übergang vom Feudalismus zum Frühkapitalismus, in der Zwischenwelt des Nicht-Mehr der Desintegration und des Noch-Nicht der Antizipation, stellen sich auf allen Lebensgebieten die altneuen Probleme der Antike schärfer. Das Neue der Renaissance beginnt mit der kritisch-entdeckenden Rückwendung zum Alten. Die erstarrte Wirklichkeit der Gegenwart ist die Negation einer möglichen besseren Welt – und die Utopie die Negation dieser Negation.

In den politischen Utopien der Renaissance werden die Grundrisse der Entwürfe bestimmter, wird das Gleichheits- und Gerechtigkeitsmotiv der athenischen Vorbilder prinzipieller und drängender. Durch die Neuentdeckung der Welt als offene Möglichkeit und des Menschen als individuelle Persönlichkeit wird die göttliche Vorsehung ersetzt durch das Vertrauen in die eigene Fähigkeit, den künftigen Staatsorganismus, das ideale Gemeinwesen selbst herzustellen. Mit der einsetzenden Befreiung vom fremdbestimmten und begrenzten Weltverständnis, mit der Abkehr vom kirchlichen Dogma und vom engen feudalen Korsett, entsteht ein neuer Menschentypus: das selbstbewußt erfolgreiche und universale Individuum, das seine Verhältnisse gestaltet und beherrscht und «der Welt seinen eigenen Stempel aufdrücken kann» (Heller 1982, 16).

Verweltlichung und Subjektorientierung prägen die utopische Literatur dieser Epoche, in der die Vorzeichen der späteren Aufklärung bereits gesetzt sind. Mit der Reformation, dem Bruch mit der Obhut der päpstlichen Romkirche, wird diese Prägung, die bislang in der gebildeten Schicht ihren Ausdruck fand, vergesellschaftet: Die Idee des Selbstvertrauens wird für alle Menschen erreichbar, indem sie mit der ‹Freiheit eines Christenmenschen› jenseits klerikaler Vormundschaft Gott unmittelbar erreichen kann. Der Glaube wird durch das Motiv der Selbsterlösung – gestützt auf das *eigene*, vom Evangelium geleitete Gewissen – auf irdische Art rational. Mit Luthers Bibelübersetzung eröffnet sich allen Schichten, in erster Linie den verelendeten und unterdrückten Bauern und Leibeigenen, der unverwaltete Geist des Evangeliums und damit das Unabgegoltene urkommunistischer Relikte in der kämpferisch-ethischen Tradition des Christentums, die in Thomas Müntzers Utopie eines klassenlos gerechten ‹Reichs Gottes auf Erden› zum revolutionären Programm wird.

Die rationalen Sozialutopien, bürgerliche Stammhäuser des modernen antizipierenden Denkens, finden ihren Ausdruck im sogenannten Staatsroman: Thomas Morus («Utopia», 1516), Thomas Campanella («Sonnenstaat», 1623), Francis Bacon («Neu-Atlantis», 1627) sind seine wesentlichen Autoren. Sie verlegen die vorbildliche Menschengemeinschaft auf eine ferne und fiktive Insel, von der im Stil einer Reisebeschreibung berichtet wird. Diese Insel heißt modellbildend und begriffsstiftend bei Morus U-topia: Nirgend-wo. Die geographische Bestimmung dieses besten, kommunistischen Gemeinwesens wird vom erzählenden Weltreisenden, dem Inselnamen gemäß folgerichtig, unterschlagen: Er berichtet von einem Ort, der nicht existiert und daher nicht besichtigt werden kann.

Durch diese eigentümlich ausgehängte Verantwortung verankert die Konstruktion des Morus bereits im Namen jene entscheidende Paradoxie von einem im Nirgendland liegenden Glücksland, die den antiken Vorgängern zwar geläufig war, ihnen aber als Prädikator fehlte: die Utopie selbst. Der Inselstaat heißt ja nicht Eutopia, guter Ort. Die Namensgebung hat Folgen, denn fortan wird die Verschränkung des Guten mit dem Unwirklichen, einer besseren Welt mit einer nicht realisierbaren, im Begriff eingeritzt. Und mit der merkwürdigen Taufe taucht zudem die Frage auf, ob überhaupt bei ‹Utopia› selbst von einer Utopie im Sinn einer antizipierenden Welthaltung gesprochen werden kann oder ob nicht vielmehr ein hypothetisches, theoretisches Reformprojekt vorliegt, das nicht auf Zukunft, sondern auf humane Optimierung des Bestehenden gerichtet ist.

Das Projekt wäre, gemäß dieser Umformulierung der utopischen Energie, zugleich ein Erkenntnismodell, und einem solchen Modell geht es nicht um die Beseitigung der vorgegebenen gesellschaftlichen Ordnung im England des 16. Jahrhunderts und die Einführung einer utopischen, sondern um die Aufklärung der Mißstände und ihrer Ursachen (im Sinn des blank zu putzenden Erkenntnisspiegels in der späteren Idolenlehre Bacons): Durch den Besuch der Insel «Utopia» können die Menschen die Verhältnisse besser verstehen und somit zum Besseren gestalten. Für das Aufklärungsmotiv, nach dem die vollkommene Gesellschaft sich jederzeit und überall einrichten ließe, sofern die Menschen durch Einsicht zu einer entsprechenden Staatsverfassung gebracht werden könnten, mag die räumliche (und eben nicht zeitlich in die Zukunft gerichtete) Verlegung der Glücksinsel Utopia auf ein Eiland im Weltmeer sprechen: Morus (aus gleichem Grunde auch Campanella) erschien es möglich, mit den Mitteln der Gegenwart den besten Staat zu verwirklichen.

Morus' Insel ist ein Nirgendland im Elend der frühkapitalistischen,

ursprünglichen Akkumulation in England, durch die der größte Teil
der Landbevölkerung die Existenzgrundlage verlor und als vagabun-
dierendes Lumpenproletariat vegetierte. Die Emanzipation der Leibeigenen zu freien, über sich selbst verfügende Arbeiter, führte von der
feudalen zur kapitalistischen Unterdrückung: «Aus ihrem goldnen
Zeitalter... stürzte die englische Arbeiterklasse ohne alle Zwischen-
übergänge in das eiserne» (Marx 1962, 746). Spätere Ausbeutungs-
theorien vorwegnehmend, beschreibt Morus diese Zustände im ersten
Teil der Schrift «Utopia» und erkennt in der Not der Verelendung die
Wurzel des Verbrechens: «So verhängt man harte und entsetzliche
Strafen über Diebe, während man viel eher dafür hätte sorgen sollen,
daß sie ihren Unterhalt haben, damit sich niemand der grausigen Notwendigkeit ausgesetzt sieht, erst zu stehlen und dann zu sterben» (Morus 1976, 19).

In seinem Idealstaat, von dem er im zweiten Teil vortragen läßt,
gibt es weder Privateigentum noch Geldwirtschaft, ihre Bürger leben,
wie in Platons «Politeia», in Gütergemeinschaft. Der Stoffwechsel
mit der Natur wird subsistenzökonomisch geregelt, die politische Ver-
kehrsform der Utopier ist Selbstverwaltung, die Todesstrafe ist abgeschafft und die Tagesarbeitszeit auf sechs Stunden beschränkt.

Bei solcher Positivität ist freilich zu bedenken, und das nicht nur bei
der Modellinsel «Utopia», ob ein so beschaffener bester Staatszu-
stand, der die einheitliche Gesellschaft über die individuelle Mannigfaltigkeit stellt, wünschens- und lebenswert wäre oder ob nicht vielmehr die Menschen sich wie in einem Gefängnis vorkämen, ob nicht die
Spuren zu «Brave New World» oder «1984» bereits bei Platon, Morus
oder Campanella gelegt sind. Prüfstein ist, inwieweit im utopisierten
Idealstaat die freie Entwicklung des einzelnen zum Grundmotiv gehört, inwieweit der Idealstaat eine umfassendere geistige Perspektive,
eine höhere Entfaltung der individuellen Persönlichkeit ermöglicht als
zuvor. Prüfstein ist vor allem das gesellschaftsbildende Vermögen des
Individuums. Auf die damalige Epoche selbst bezogen wird die Frage
anders stehen: Vor der Herausbildung bürgerlicher Subjektivität, auf
dem Niveau von Sein und Bewußtsein der Renaissance etwa, ist die
entworfene Welt in der Tat eine freiere.

Der Fahrplan der Utopie ist undeutlicher als im Fall der Dystopien,
bei denen das geschichtliche Material in den wesentlichen Zügen vorliegt und nicht erst antizipiert werden muß. Trotz der Unschärfe läßt
sich gleichwohl in den Utopien die jeweils nächste geschichtliche Tendenz erkennen, da Geburtszeit und Herkunftsort die Utopie prägen

und in den Hoffnungen einer Epoche die in ihnen aufspürbare «utopische Funktion» dämmert (Bloch 1959, 161f; Furter 1978, 577f). Der utopische Plan ist nicht beliebig, sondern Ausdruck seiner Zeit. Seine Vorwegnahmen sagen etwas aus über die Widersprüche der Epoche, der sie entsprungen sind – erst recht in Krisenzeiten der überkommenen Struktur. Utopische Bilder, die sich nicht aus einer Analyse der Gesellschaft ableiten, in der der Schöpfer lebt, haben wenig sozialen Gehalt: «Die Solidität einer Gedankenkonstruktion beruht darauf, daß sie sich nicht weiter von der Wirklichkeit entfernt, als die Wirklichkeit sich in der Entwicklung von sich selber entfernen kann; ihr Rang beruht darauf, daß sie das Element des Unbedingten in ihrer Zielsetzung ebensowenig in Frage stellt wie die Verwirklichung» (Teller 1976, 149).

Morus' «Utopia» fällt in die Periode der Entfaltung des freien Handelskapitals in England und der Ablösung der mittelalterlich-feudalen Landnutzung durch die kapitalistische, durch die mit höherer Produktivität für den Markt erzeugt werden kann. Campanellas «Sonnenstaat», etwa 100 Jahre später, steht am Übergang vom zersplitterten Handwerk zur großen Manufaktur unter zentralisierter Königsgewalt: «Das beginnende Manufaktursystem, das Arbeiter und technische Produktionsmittel in großen Werkstätten vereinigte, wird staatssozialistisch utopisiert» (Bloch 1959, 609). Der humanistisch-skeptischen Utopie der sozialen Freiheit bei Morus folgt Campanellas fanatisch-katholische Utopie der organisierten Ordnung, in der das bürgerliche Interesse der fortgeschrittenen Länder des europäischen Barock an einer einheitlichen Wirtschaft mit den Interessen der absolutistischen Monarchie zusammentrifft. Beiden Utopien gemeinsam ist die Abschaffung des Privateigentums, beide kennen weder Ausbeutung noch Profit. Bei Morus entspringt dieser vorweggenommene Kommunismus dem verweltlichten Wunschbild nach Gleichheit und Gerechtigkeit im demokratischen Kollektiv, nach *Vergesellschaftung* des Eigentums, dieser Quelle allen Elends, bei Campanella dem messianistischen Wunschbild nach höchster Verstaatlichung (indem der Staat das vollendete Abbild des Sonnengottes ist): Die durchgehende Verwaltung aller Lebensbezirke schließt jedwede individuelle, jenseits des Staatsinteresses liegende Differenzierung aus – so auch die private Eigentumsbildung. Was in «Utopia» die Voraussetzung für demokratische Gleichheit ist, wird im «Sonnenstaat» die Grundlage für eine nach astrologischen Maßgaben geregelte Ordnung. Daher sind im kühlen, theokratischen Pyramidenbau Campanellas die

Strukturen unter dem Regiment des allwaltenden Sonnengottes hierarchisch aufgestuft. Der breit ausgegossene, milde Glanz über Morus' glückseliger Zauberinsel weicht den harten Konturen eines staatssozialistischen Reichs der kosmischen Ordnung, in dem die Menschen als Individuen aufgehoben werden: Der Staat wird zum höchsten Zweck seiner Bürger, zum funktionalen Zweck seiner selbst.

Im Utopiefragment Francis Bacons wird von einem Haus Salomon auf der Insel Neu-Atlantis berichtet, in dem wissenschaftliche Möglichkeiten zur Verbesserung der Lebensbedingungen untersucht werden. Das Haus ist ein utopisches Laboratorium technischer Entdeckungen, dessen Forscher mit verblüffender Prophetie noch ungeborene, spätere Realerfindungen vorwegnehmen. Wenngleich Bacons Fragment von der Antizipation eines besten Staates Salomonis abbricht, das technische Humanum dem sozialen also vorauseilt, erweist es sich trotz der phantastisch-spekulativen Art als überzeugenderes Dokument konstruierender Utopie: Seine heilsgeschichtliche Vision setzt auf empirische Naturforschung und Erfahrungswissen und nicht auf programmatische Ordnungsprinzipien einer idealen Gesellschaft.

In Bacons auf Wissenschaft und Technik beruhendem Glücksmodell wird die ausgerichtete Form der politisch-sozialen Utopie durchbrochen. Die Zukunftsentwürfe in der experimentierenden Akademie der technischen Wohltaten auf der Insel Atlantis übersteigen eine nur gesellschaftliche Modellfunktion utopischen Denkens. Mit Bezug auf Bloch erinnert Schmidt (vgl. 1978, 17ff) an die Breite utopischer Horizonte im antizipierenden Bewußtsein. Utopie ist somit nicht auf die Probleme der besten Gesellschaftsverfassung beschränkt, sondern umfaßt, in freilich unterschiedlichem Maß, sämtliche Gebiete menschlicher Tätigkeit. Zu dieser Enzyklopädie gehören dergestalt medizinische, technische, geographische oder architektonische Utopien, solche in Kunst, Religion oder Naturphilosophie wie auch Erkenntnis- und Erziehungstheorien, die das utopische Sozialmodell mit einem utopisierten Staatsrecht verbinden. In der Epoche bürgerlicher Manifestation wird solchermaßen Rousseaus «Emile» (1762), nach dem der Mensch von Natur aus gut ist und zur Freiheit geschaffen, die pädagogische Ergänzung zu seiner Vertragstheorie.

In diesen Epochen, am frühesten in England, übernimmt das aufgeklärte Naturrecht die Funktion der Sozialutopie (vgl. Bloch 1959, 621ff) und verändert sie: Die utopischen Glücksbilder weichen der Konstruktion des politisch emanzipierten Rechtsraums, wenngleich beide im Überholen des Gegebenen miteinander verschränkt sind: «Die Sozialutopie ging auf menschliches Glück, das Naturrecht auf menschliche Würde. Die Sozialutopie malte Verhältnisse voraus, in denen die *Mühseligen* und *Beladenen* aufhören, das Naturrecht konstruierte Verhältnisse, in denen die *Erniedrigten* und *Beleidigten* aufhören» (Bloch 1961, 13). Die Ableitung der Rechtsprinzipien aus den Freiheits-, Gleichheits- und Brüderlichkeitsmaximen der Aufklärung bildet das Fundament für die amerikanische Unabhängigkeitsbewegung und die Französische Revolution, für die Erklärung der unveräußerlichen Menschenrechte. Thomas Hobbes («De cive», 1642; «Leviathan», 1651), Hugo Grotius («De iure belli et pacis», 1625), John Locke («Two Treatises of Government», 1690), Jean-Jacques Rousseau («Contrat social», 1762), Immanuel Kant («Zum ewigen Frieden», 1795) oder Johann Gottlieb Fichte («Der geschlossene Handelsstaat», 1801) sind, um nur einige zu nennen, die Verfasser programmatisch verfaßter Rechtsutopien, in denen die sittlichen und autonomen Gesetze des Citoyen gebaut werden.

Morus, Campanella und Bacon verlegten ihre politisch-sozialen Wunschländer in räumliche Entfernung: Das Land Utopia liegt auf einer Insel des Weltmeeres in der Gegend der Neuen Welt Amerikas, der Sonnenstaat im Innern Ceylons und das Haus Salomons auf einer Insel Bensalem in der Südsee. Ihre Nachfolger zu Beginn des 19. Jahrhunderts projizierten diese in die Zukunft. Auf dem Boden der Praxiswidersprüche der bürgerlichen Gesellschaft in der Welt der industriellen Revolution entfernt sich das Problem des Naturrechts aus dem utopischen Plan. Es entstehen frühsozialistische Projekte: Robert Owens agrarisch-handwerkliche Zukunftsgemeinden unter Wegfall jeglichen Profits («The Social System», 1820), Charles Fouriers genossenschaftliche Organisation der Erzeugung und Verteilung von Gütern in Gestalt individueller Kommunen («Traité de l'association domestique et agricole», 1822) und Saint-Simons zentralistische Utopie der organisierten Großindustrie («Système industriel», 1821), in der mittels rationaler Planung die Willkür ausbeuterischer Einzelunternehmen verhindert wird.

Gegen Ende des 19. Jahrhunderts, nachdem das großtechnische Zeitalter mit der industriellen Revolution angebrochen ist und die mächtige Maschinerie die Lebensbereiche durchsetzt hat, werden in den meisten Utopien vergangen geglaubte Harmoniewelten wach und Zukunftsbilder lebendig, in denen Beziehungsreichtum, Gerechtigkeit und Frieden vorherrschen. In einem der vielen Beispiele solcher

Projekte, in William Morris' «News from Nowhere» (1891), wird ein ideales Gemeinwesen geschildert, in dem die industrielle Produktion und die mechanisierte Lohnarbeit abgelöst werden durch vielseitiges Handwerk, das, als Gütererzeugung und Kunst zugleich, dem Leben nützt und den Lebenszusammenhang ausdrückt. Die Arbeit ist nicht mehr unwürdig und unbeseelt, keine ausgebeutete Plackerei, die nur Häßliches und Nutzloses hervorbringt, sondern schöpferischer Teil des guten, selbstbestimmten und bewußten Lebens in einer befreiten Natur, die anstelle der vordem verödeten, industriell erstickten Landschaft mitsamt städtischem Lärm aufblüht.

Immerwährend sind die Utopien der ‹Außenseiter› (Hans Mayer), der Juden zum Beispiel, der Frauen. Das prophetische Gebetsziel ‹Nächstes Jahr in Jerusalem› mündet in das zionistische Traumbuch des ‹wahren Sozialisten› Moses Hess («Rom und Jerusalem», 1862), ein Menschenalter später visioniert Theodor Herzl («Der Judenstaat», 1896; «Altneuland», 1900) die jüdische Nation, die Heimstatt des jüdischen Volkes. Und das Grundbuch über die Frauenrechte von Mary Wollstonecraft (1792) findet utopische Wiederkehr in Charlotte Perkins Gilmans Reiseroman über eine nur von Frauen bewohnte und weise gestaltete, liebevolle Friedensrepublik mit gottgeschenkten Kindern («Herland», 1915), die von drei amerikanischen Forschungsreisenden aufgesucht wird.

3.2.6 Dilemmata der Utopien und mögliche Erbschaft ihrer Zeit

Mit Morus, Campanella und Bacon sind drei utopische Grundmodelle der Neuzeit bezeichnet, deren Motive und somit Merkmale, wenngleich geschichtlich überformt, in den nachfolgenden Utopien wiederkehren. Morus' diesseitsfrohe «Utopia» führt zu Edward Bellamys «Looking Backward» (1888), Henry David Thoreaus «Walden» (1854) oder William Morris' «News from Nowhere» (1891), Campanellas «Sonnenstaat» zu Saint-Simons «Système industriel» und schließlich zu Samjatins «Wir» – womit die Grenzlinie zwischen Utopie und Dystopie verschwimmt. Bacons erfindende Kunst im salomonischen Haus wiederum findet spekulative Nachbarschaft in den Wissenschaftsphantasien der technischen Zukunftsromane eines Jules Verne oder H. G. Wells und begleitet fast alle Dystopien der Moderne, um schließlich in der seriellen Science-fiction zu enden.

Morus' «Utopia» mutet wie eine humanistische Landschaft demo-

kratischer Unabhängigkeit an, jene Campanellas – und erst recht
Samjatins «Wir» oder, um ein weiteres verwandtes Beispiel zu nennen, B. F. Skinners «Walden Two» (1948) – wie ein ins Totale gestei-
gertes Matriarchat mit durchorganisierter Behütung. Bacons technische Utopie in «Neu-Atlantis» wiederum ist ein patriarchalisches
Programm, das der erklärenden, aufklärenden und vornehmlich verändernden Macht des Wissens verpflichtet ist. Ein ‹mütterliches›
Moment ist freilich diesen drei Fiktionen gleichermaßen beigegeben,
wenngleich Bacons jegliche Einkreisung durchkreuzende Ausfahrt
in die Welt ausgreifender Projekte seine Utopie zu einer prome-
theisch-technischen Rebellion gegen Raum- und Zeitkontingente
macht: Ihre utopischen Räume sind, als Insel oder ummauerte
Stadt, geschlossen (im Gegensatz zum meist weltumfassenden dystopischen Raum), ihre Zeitverläufe zyklisch – die Idylle ist nicht nur
ortlos, sondern zudem geschichtslos.

Bloch unterschied im Marxismus zwischen dem Kälte- und dem
Wärmestrom, und diese Orientierung gilt auch utopischen Modellen:
Alle Utopien enthalten Ordnungs- und Freiheitskategorien, nach denen unterschieden werden kann zwischen statisch und dynamisch, regional und kosmopolitisch, egalitär und hierarchisch, weiblich und
männlich, kontingent und unbegrenzt, asketisch und opulent, welt-
lich und messianistisch, rational und religiös, spielerisch und szienti-
stisch, barock und kristallin, pädagogisch und funktional, vielfältig
und eintönig, romantisch und sachlich, offen und geschlossen und so
fort. Diese Gruppierung hat weniger eine klassifikatorische Bedeutung als vielmehr die einer Tendenzkunde des Unabgegoltenen im
utopischen Denken. Zugleich aber mag die nietzschehafte ewige Wiederkehr des Immergleichen, die sich wiederholenden Bauelemente
utopischer Konstruktionen, die eigentümliche Monotonie erklären,
die sozial-utopische Positivität zuweilen ausströmt.

Die Motive, die einem in der utopischen Literatur wohlvertraut
sind und häufig zu bekannt vorkommen, sind der Gattung nicht immer förderlich. Das gilt nicht nur der verbreiteten literarischen Form
des romanhaften Reiseberichts (in dem meist wenig differenzierte
Personen auftreten, da es dem Autor auf die Schilderung des utopischen Systems ankommt – was auch häufig in übertriebener Ausführ-
lichkeit geschieht), als vielmehr dem entdifferenzierten Gemeinsinn,
der vielschichtige Situationen und Konflikte einebnet. Das trotz der
Entfaltungsvisionen meist niedrige Komplexitätsniveau in den universalistischen Sozialsystemen der klassischen Utopiemodelle setzt

allemal einen hohen Konsensgrad der Bürger voraus, und dieser wiederum kann nur durch unterschiedlich kalte und warme Hebel herbeigeführt werden, seien diese Erziehung oder Sonnengott, aufgeklärte Vernunft oder platonische Polizei.

Solchermaßen konkretisiert sich oft die sprengende utopische Intention eines spekulativen Textes am genauesten nicht in der positiven Bestimmung dessen, was sie will, sondern in dem, was sie nicht will, worin allerdings die positive Bestimmung enthalten ist. In der Verneinung wird Utopie systemtranszendent und subversiv – in dieser Negativen Dialektik bleibt sie ihrem Namen, dem ‹Nirgendwo›, treu und nimmt ihn beim Wort. Wenn überhaupt, so gilt das den Texten, nicht jedoch der bildenden Traumkraft in Musik und vor allem Malerei: Diese Kunst als Kritik wäre utopisch leer. Inwieweit die Kritik der schlechten, unhaltbaren Wirklichkeit ohne Wagnis des Entwurfs die Rolle der Utopie übernehmen kann, inwieweit in der Positivität utopischer Bilder der Zukunft die geschichtsmächtige Hoffnung universal ontologisiert wird, inwieweit das utopisch *Gemeinte* in seiner vorscheinenden Tendenz mit einer «Utopie reduziert auf kritische Funktion» (Schmidt 1988, 169 ff) in praktisch-vernünftiger Absicht erzeugt werden kann, inwieweit also Kritik Veränderung bewirken kann – diese Fragen markieren die Diskussion zwischen der Kritischen Theorie Theodor W. Adornos und der Ontologie des Noch-Nicht-Seins Ernst Blochs sowie, aus anderem Impuls, zwischen dieser Ontologie und jener des gesellschaftlichen Seins von Georg Lukács (vgl. 1984).

Philosophische Breite und Tiefe wie praxistheoretische Bestimmung erhält die Utopie als Noch-Nicht-Sein im Werk Ernst Blochs, der im Marxismus die konkreteste aller Antizipationen erkennt. Dessen «Schichten der Kategorie Möglichkeit» (Bloch 1959, 258 ff) bilden die ontologische Grundlegung zur Utopie des noch offenen Weltexperiments, in dem das antizipierende Bewußtsein sich mit der objektivrealen Möglichkeit der Welt selbst verbündet. Die Fundierung der Utopie in einer entelechetisch bestimmten, aufsteigenden Materie, die dem Menschen- und Weltheil entgegenkommt, die Konstitution einer dem handelnden Subjekt prozessual verbundenen *objektiven* Naturutopie, ist zugleich ihr problemreichster Teil.

3.2.7 Die gesellschaftstheoretischen Bedeutungen der Utopie

Einer nur disziplinär verfaßten Soziologie ist der Begriff der Utopie kaum ein zentrales Motiv – die meisten soziologischen Handbücher verzichten auf das entsprechende Schlagwort. Die Utopie scheint in den Theoriebildungen soziologischer Schulen wenig zu Hause zu sein oder eine Art subkutane Existenz zu führen, indem eine utopische Hintergrundstrahlung zwar auf bestimmte gesellschaftstheoretische Kategorien wirken kann, das utopische Denken selber aber selten zum Gegenstand soziologischer Theorie heranreift. Ansätze dazu finden sich etwa in der wissenssoziologischen Arbeit Karl Mannheims («Ideologie und Utopie», 1965), freilich auf dem Umweg des soziologisch hinlänglich reflektierten Ideologiebegriffs, in Arnhelm Neusüss' Untersuchung zu einer Soziologie des utopischen Denkens auf der Grundlage ausgewählter Texte («Utopie», 1972) oder in Hans-Jürgen Krysmanskis Versuch, die Bedeutung der spekulativen Denkweise in den Sozialwissenschaften zu bestimmen («Die utopische Methode», 1963).

Es überrascht wenig, daß eine sozialtechnologisch und positivistisch ausgerichtete Soziologie für den utopischen Begriff kein Quartier hat. Ihr ‹kritisches› Verhältnis zur Gegenwart bezieht sich im wesentlichen auf die Optimierung des Gegebenen und nicht auf den Entwurf anderer gesellschaftlicher Beziehungen. Und ebensowenig wird eine systemtheoretisch autopoietisch fundierte Sozialwissenschaft die Utopie zum Thema haben; denn ihre Konzeption der Gesellschaft als zyklischgeschlossene und sich selbst erzeugende Organisation steht im Gegensatz zum entdifferenzierten (weil umfassenden) systemtranszendierenden Widerstand im utopischen Entwurf.

Aber auch die dialektisch-hermeneutisch orientierte Soziologie hat keinen begriffskonstituierenden Zugang zum utopischen Denken; sie gewinnt ihren Rang als kritisch untersuchende Theorie der Gesellschaft, die Utopie aber ist kein analytischer Begriff, und folglich kann sie nicht zum Instrument dieser Theorie werden. Dem verwandt ist die mit Friedrich Engels' Schrift «Die Entwicklung des Sozialismus von der Utopie zur Wissenschaft» (1974) verstärkte szientistische Ablösung der Utopie im Marxismus, die ihre sozialtheoretische Bedeutung im marxistischen Diskurs zusätzlich geschmälert hat.

Entzieht sich die Utopie der disziplinären Diskussion, so entzieht sie sich in erster Linie der fachspezifischen Verwaltung, und somit wird die soziologische Eingemeindung der utopischen Spekulation zur Frage der Interdisziplinarität. Wenn Georg Lukács auf der Totalität des gesellschaftlichen Gesamtzusammenhangs beharrt, so erhellt daraus die ‹Künstlichkeit› der Einzelwissenschaften, also auch der Soziologie. Das utopische Denken, das deskriptiv-normativ angelegt ist und vor allem intentional, sprengt den (arbeitsteilig freilich notwendigen) Rahmen der Sozialforschung; denn Intentionalität läßt sich weder zu analytischen Zwecken operationalisieren, noch ist sie im wissenschaftlichen Sinn ein theoretisches Instrument der konstruktiven Synthese. Gegenstände der Soziologie sind existente Gegenstände. Eben der Widerstand des auf Zukunft gerichteten utopischen Imagos gegen greifbare Evidenz der Gegenwart bewirkt seine Heimatlosigkeit im sozialwissenschaftlichen Diskurs.

Neusüss erkennt, wie bereits angeführt, in der kritischen Funktion der Utopie ihre soziologische Bedeutung: «Als theoretische Unruhe ist Utopie kritisch im Prozeß der Selbstreflexion der Sozialwissenschaften noch wirksam; vielleicht ist sie die einzige Instanz, die diesen Prozeß am Leben erhält» (Neusüss 1972, 110). Jede sozialwissenschaftliche Kritik des Ganzen bedarf des utopischen Vorblicks, anderenfalls wäre sie im wörtlichen Sinn maßlos und ohne Ziel. Das Maß aller Dinge ist der Mensch, und dieses Maß ist der archimedische Ort der Kritik. Diese anthropologische Konstante gibt die Invariante der Richtung in der Kritik der herrschenden Verhältnisse an. Solchermaßen steht auch die Kritische Theorie bei aller Ablehnung spekulativer Positivität auf utopischem Grund, sonst wäre sie uferlos.

Die Untersuchung des utopisch Gemeinten und Visionierten kann sich auf analytische Weise soziologische Geltung verschaffen, indem utopische Modelle seismographisch verstanden werden. Die erwähnte ‹utopische Funktion› (Bloch 1959, 161 f), nach der Utopie nicht beliebig ist, sondern mit der Kritik am Bestehenden detektivische Auskunft über die jeweilige Epoche gibt, mag dem Anspruch einer soziologischen Theorie des utopischen Denkens nahekommen. Sowohl in den utopischen Dokumenten wie erst recht in denen der Dystopie werden unterschwellige Widersprüche, Strömungen und Tendenzen sichtbar gemacht, gewissermaßen begreifbar positiviert, und somit zum genuinen Gegenstand der Soziologie.

Die sozialwissenschaftlichen Bedeutungen des utopischen Denkens werden um so aktueller, als das Wort vom Ende der Utopie umgeht und damit das Wort vom Ende der Geschichte: Indem keine Systemalternative zum politisch-ökonomischen Gesamtkonzept Kapitalismus sich als funktionsfähig erwies, wird dieses Konzept zur endgültigen Form menschlicher Gemeinschaft nominiert. Die posthistorische Diagnose einer Welt ohne Utopie (und somit ohne geschichtsprägende echte Kategorien des Neuen) stellt eine gesellschaftliche Zukunft vor, die sich auf die Verwaltung irdischer Bestände beschränkt, auf Input-output-Analysen und Währungsstabilität, auf gesetzliche und technische Regelungen, auf ökologische Orientierung und Abfederung der sozialen Konflikte, auf das Management der Nachfrage und die Verbesserung der Gesundheitsfürsorge.

Der utopische Begriff wäre somit bestenfalls historisch interessant, nicht jedoch für künftige Gestaltungen. Die Verbannung der Utopie in das Museum für Geschichte erklärt die Hoffnungswege der irdischen Sozialprozesse für beendet und die Gegenwart für überzeitlich allgültig. Für Beschlüsse dieser Größenordnung gilt der Satz Michel Foucaults: «Die Zeitgenossen neigen dazu, die Bedeutung der Gegenwart zu überschätzen, indem sie meinen, ausgerechnet sie ständen an einem Scheideweg oder Schnittpunkt der Geschichte» (Foucault, 1983).

Die Erörterungen zum Abschied von der Utopie werden indessen einem vom menschlichen Wesen des Menschen und der Weltwirklichkeit aus der Hand genommen: Sie erzeugen utopisches Denken. Mit dem Versiegen stalinistischer Herrschaft wird die Welt nicht frei von Elend und Erniedrigung, Ungerechtigkeit und Unterdrückung, Armut und Hunger. Wenn die Bedrängten überlegen, daß das, was ist, nicht so sein muß, wie es ist, sind sie bereits auf dem utopischen Weg. Und zu diesem Weg gehören Grenzüberschreitungen in den noch nicht erfahrenen Raum der Zukunft, gehören *Träume* von einer besseren, gerechteren, menschen- und naturwürdigen, friedlichen Welt, gehören realutopisch die Bedingungen der Möglichkeit ihrer Verwirklichung. Die Herstellung dieser Bedingungen obliegt keinem geschichtlichen Träger des Absoluten, keinem fundamentalistischen Kollektivsubjekt, sondern unserer praktischen Vernunft.

Literatur

Bacon, F.: Neu-Atlantis. In: K. J. Heinisch (Hg.): Der utopische Staat. Reinbek bei Hamburg 1984.
Beckett, S.: Dramatische Dichtungen in drei Sprachen. Bd. 1. Frankfurt/M. 1963.
Bloch, E.: Das Prinzip Hoffnung. Frankfurt/M. 1959.

Bloch, E.: Erbschaft dieser Zeit. Frankfurt/M. 1962.

–: Naturrecht und menschliche Würde. Frankfurt/M. 1961.

Campanella, T.: Sonnenstaat. In: K. J. Heinisch (Hg.): Der utopische Staat. Reinbek bei Hamburg 1984.

Engels, F.: Die Entwicklung des Sozialismus von der Utopie zur Wissenschaft. MEW Bd. 19. Berlin (DDR) 1974.

Foucault, M.: Um welchen Preis sagt die Vernunft die Wahrheit? Ein Gespräch. In: Spuren, 1 u. 2, Hamburg 1983.

Furter, P.: Ernst Blochs «Prinzip Hoffnung» in der Diskussion übers utopische Denken. In: B. Schmidt (Hg.): Materialien zu Ernst Blochs «Prinzip Hoffnung». Frankfurt/M. 1978.

Heller, A.: Der Mensch in der Renaissance. Köln 1982.

Hermand, J.: Der alte Traum vom neuen Reich. Frankfurt/M. 1988.

Huxley, A.: Brave New World. New York 1969.

Krysmanski, H.-F.: Die utopische Methode. Köln, Opladen 1963.

Lukács, G.: Zur Ontologie des gesellschaftlichen Seins. Darmstadt, Neuwied 1984.

Mannheim, K.: Ideologie und Utopie. Frankfurt/M. 1965.

Marx, K.: Das Kapital. 1. Band, MEW Bd. 23. Berlin (DDR) 1962.

Morus, T.: Utopia. Leipzig 1976.

Neusüss, A.: Utopie. Neuwied, Berlin 1972.

Orwell, G.: Nineteen Eighty-Four. Middlesex (England) 1983.

Samjatin, J.: Wir. Köln 1983.

Schmidt, B.: Utopie ist keine Literaturgattung. In: G. Ueding (Hg.): Literatur ist Utopie. Frankfurt/M. 1978.

Schmidt, B.: Kritik der reinen Utopie. Stuttgart 1988.

Teller, J.: Nachwort. In: T. Morus: Utopia. Leipzig 1976.

Wells, H. G.: The Time Machine. London 1895.

Harald Kerber / Claus Rolshausen

3.3 Der Marxismus – Entstehung und Entwicklung einer kritischen Gesellschaftstheorie

3.3.1 Die Marxsche Theorie: Kritik des Idealismus und anschauenden Materialismus

Die Marxsche Gesellschaftstheorie hat sich über die Auseinandersetzung mit Hegel, dem französischen Sozialismus und der englischen Nationalökonomie entwickelt. Im Unterschied zu Hegel, dessen Denken über Logik, Naturphilosophie und Philosophie des Geistes retrospektiv orientiert ist und wonach die Dialektik eine Logik vorstellt, nach der der Geschichtsprozeß als ein in sich vernünftiger charakterisiert ist, geht Marx nicht von der «Sache der Logik», sondern von der «Logik der Sache» aus (Marx, MEW Bd. 1, 1961, 216). Diese Logik ist für den jungen Marx die Widersprüchlichkeit und Zerrissenheit der bürgerlichen Gesellschaft. Der Staat, der für Hegel die Wirklichkeit der sittlichen Idee ist, repräsentiert nur die scheinhafte Sphäre eines Gemeininteresses; folgerichtig werden erst durch die reale Aufhebung der bürgerlichen Gesellschaft die Bedingungen für eine solidarisch verfaßte Gesellschaft entwickelt.

Kategorien sind nicht wie bei Hegel sich selbst erzeugende Denkbestimmungen, sondern «Daseinsformen und Existenzbestimmungen» der bürgerlichen Gesellschaft. Existenzbestimmungen sind verselbständigte Elemente der aus der Perspektive des wesentlichen Verhältnisses von Lohnarbeit und Kapital begriffenen Totalität. Die Möglichkeit der wissenschaftlichen Abstraktion ist an eine Stufe der gesellschaftlichen Entwicklung gebunden, in der das Arbeitsvermögen von der Individualität des einzelnen abgelöst wird. Arbeit ist in der Wirklichkeit das Mittel zum Schaffen des Reichtums überhaupt geworden. Die kategorialen Bestimmungen sind mit historischen Voraussetzungen vermittelt, welche die Formel der Trennung der Produzenten von den materiellen Voraussetzungen der Produktion kennzeichnet. Mit der Auflösung der Einheit von Produzent und Eigentum verselbständigt sich die Abstraktion *von einem Moment* im

Prozeß der Aneignung der Natur zur *Form der Produktion* überhaupt. Das Denken hat die Struktur des Aufsteigens vom Abstrakten zum Konkreten, ohne daß dieses Aufsteigen mit dem Entstehungsprozeß des Konkreten selbst, mit der Herausbildung der bürgerlichen Gesellschaft identisch ist. Das Denken, gefaßt als Abfolge rein kategorialer Beziehungen, ist historisch-bestimmtes Denken. Es trifft auf die historisch gewordene gesellschaftliche Verfassung – die bürgerliche –, in der die einfachsten Kategorien allgemeine Formen eines im Verhältnis zu früheren Gesellschaftsformen extensiv entwickelten Ganzen sind und von dorther die konkreteren Kategorien im Sinne der Reproduktion dieses Ganzen als «Gedankenkonkretum» (Marx, MEW Bd. 13, 1961, 632) entwickelt werden können.

Die Auseinandersetzung von Marx mit dem absoluten Subjekt Hegels in «Nationalökonomie und Philosophie» geschieht zunächst im Rekurs auf den Naturalismus Feuerbachs. Für Marx ist Feuerbach «der wahre Überwinder der alten Philosophie» (Marx 1966, 109). Der abstrakte Naturalismus und anschauende Materialismus von Feuerbach wird freilich schon in den Frühschriften mit dem Begriff der gegenständlichen Tätigkeit überwunden. Den aus dem Idealismus überkommenen Begriff der Tätigkeit wendet Marx gegen den anschauenden Materialismus wie den Begriff der Sinnlichkeit gegen den Idealismus: Im Idealismus bleibt der Begriff der Tätigkeit ebenso abstrakt wie der der Sinnlichkeit im anschauenden Materialismus. Der Begriff der gegenständlichen Tätigkeit impliziert eine konkrete Gesellschaftsanalyse und -kritik. Idealismus und anschauenden Materialismus begreift Marx ideologiekritisch als vereinseitigte Bewußtseinsgestalten der bürgerlichen Gesellschaft.

In «Die deutsche Ideologie» geht der Begriff der Vergegenständlichung in den der Geschichte über. Marx und Engels wenden sich schon früh gegen einen substantialistischen Begriff von Geschichte und die geschichtsphilosophische Spekulation:

«Die *Geschichte* tut *nichts*, sie ‹besitzt *keinen* ungeheuren Reichtum›, sie ‹kämpft *keine* Kämpfe›! Es ist vielmehr der *Mensch*, der wirkliche, lebendige Mensch, der das alles tut, besitzt und kämpft; es ist nicht etwa die ‹Geschichte›, die den Menschen zum Mittel braucht, um *ihre* – als ob sie eine aparte Person wäre – Zwecke durchzuarbeiten, sondern sie ist *nichts* als die Tätigkeit des seine Zwecke verfolgenden Menschen» (Marx & Engels, MEW Bd. 2, 1962, 98). Die Geschichte ist danach nichts anderes «als die Aufeinanderfolge der einzelnen Generationen, von denen Jede die ihr von allen vorhergegangenen übermachten Materiale, Kapitalien, Produktivkräfte exploitiert» (Marx & Engels, MEW Bd. 3, 1962, 45).

Die spätere Formel, wonach nicht das Bewußtsein der Menschen ihr Sein, sondern umgekehrt ihr gesellschaftliches Sein ihr Bewußtsein bestimmt, verweist auf die Interpretation der historischen Entwicklung über die gesellschaftlich vermittelte materielle Auseinandersetzung der Menschen mit der Natur. Der jeweilige Stand dieser Entwicklung kommt in Bewußtseinsformen zum Ausdruck, unter denen die Menschen sich dieser Auseinandersetzung bewußt werden. Die geschichtliche Entwicklung ist abhängig vom Stand der Auseinandersetzung mit der Natur. Marx charakterisiert dieses Verhältnis von Naturbeherrschung und historischer Entwicklung mit den Begriffen Produktivkräfte und Produktionsverhältnisse und ihren Zusammenhang als Produktion. Auf dieser Basis erhebt sich ein sogenannter politischer, juristischer und geistiger Überbau. Die Produktionsverhältnisse und damit in letzter Instanz auch der Überbau sind nicht aus sich selbst zu begreifen, sondern in Relation zu der jeweiligen «Entwicklungsstufe ihrer materiellen Produktivkräfte» (Marx, MEW 13, 1961, 8).

Die menschliche Geschichte ist «ein *wirklicher* Teil der *Naturgeschichte*, des Werdens der Natur zum Menschen» (Marx 1966, 83); Natur löst sich in Naturgeschichte auf. Die Entwicklung der einzelnen Produktionsepochen verläuft dabei über die Entwicklung der Arbeitsmittel, die das spezifische Verhältnis der Menschen untereinander wie ihr Verhältnis zur Natur bestimmen.

Diese Bestimmung des Zusammenhangs von Natur und Geschichte macht die Industrie «zum wirkliche(n) geschichtliche(n) Verhältnis der Natur und daher der Naturwissenschaften zum Menschen» (ebd.). Selbst die reinen Naturwissenschaften wie Physik oder Chemie erhalten «ihren Zweck sowohl wie ihr Material erst durch Handel und Industrie, durch die sinnliche Tätigkeit der Menschen» (Marx & Engels, MEW Bd. 3, 1962, 44). Der Begriff der Industrie geht auf den der sinnlichen Tätigkeit zurück: Sinnliche Tätigkeit impliziert einen spezifischen Zusammenhang zwischen Geschichte und Natur. Die Unterteilung der Wissenschaft in Natur- und Geisteswissenschaften ist daher abstrakt, und auch der interaktive Zusammenhang der Menschen hat seinen Grund in der materiellen Produktion und Reproduktion.

Marx und Engels gehen von einem Kreisprozeß zwischen materieller Produktion und den Produktionsformen aus, in denen diese abläuft. «Die Industrie und der Handel, die Produktion und der Austausch der Lebensbedürfnisse bedingen ihrerseits und werden wieder in der Art ihres Betriebes bedingt durch die Distribution, die Gliederung der verschiedenen gesellschaftlichen Klassen» (ebd., MEW Bd. 3, 43 f; vgl. auch Engels, MEW Bd. 20, 1962, 137). Marx unterscheidet später zwischen der Distribution der Produktionsinstrumente, der Distribution der Mitglieder der Gesellschaft und der der Produkte. Die Distribution der Produkte resultiert dabei aus den ersten beiden Formen. Diese beiden Formen sind innerhalb des Produktionsprozesses selbst einbegriffen und bestimmen die «Gliederung der Produktion» (Marx). Ohne die in sie eingeschlossene Distribution ist die Produktion für Marx eine leere Abstraktion; sie hat bestimmte Bedingungen und Voraussetzungen, die in spezifischer Form Momente derselben bilden; ihre Veränderung hängt von der Entwicklung der Produktionsinstrumente ab und nicht von einer Veränderung des institutionellen Rahmens einer Gesellschaft.

Die Art der Auseinandersetzung der Menschen mit der Natur ist gesellschaftlich vermittelt; Arbeit bekommt einen rein instrumentellen Charakter, wenn sie zum empirisch herrschenden Prinzip der Gesellschaft wird. Ist Arbeit als solche gefaßt als Mensch-Natur-Vermittlung, worüber sich die Menschen als Naturwesen und damit ihre Interaktionsbeziehungen ändern, was von Marx im Werden der Natur für den Menschen zusammengedacht ist, so bestimmt nun das quantitative Verhältnis, die abstrakte Arbeit, die gesellschaftliche Verfassung wie die Mensch-Natur-Beziehung.

Die scheinbare Verselbständigung der kategorialen Beziehungen gegenüber ihrem gesellschaftlichen Bezug hat hier ihren gesellschaftlich vermittelten Grund und schlägt sich im philosophischen Denken des 19. Jahrhunderts unbegriffen als reine Selbstvermittlung der Kategorien und im nationalökonomischen Denken als Selbstbewegung der Distributionsformen nieder. Im Begriff der abstrakten Arbeit hebt sich die Gesellschaft gleichsam von sich selber ab und erscheint als abstrakte Beziehung der Menschen untereinander und zur Natur ohne historischen Bezug. Die historisch gewordenen Ursachen dafür sieht Marx in der Entwicklung des Warentauschs und der Warenproduktion. Die radikale Enthistorisierung der gesellschaftlichen und der Mensch-Natur-Verhältnisse, deren ‹Verdinglichung›, erweist sich als Struktur eines Produktionsverhältnisses, das auf Warenproduktion und Warentausch beruht.

Mit dem dinglichen Schein der Waren stellt sich das gesellschaftliche Verhältnis der Produzenten zur Gesamtarbeit als außer ihnen existierendes Verhältnis von Gegenständen dar: Die gesellschaftlichen Verhältnisse sind fetischisiert.

«Das Geheimnisvolle der Warenform besteht also einfach darin,
daß sie den Menschen die gesellschaftlichen Charaktere ihrer eigenen
Arbeit als gegenständliche Charaktere der Arbeitsprodukte selbst,
als gesellschaftliche Natureigenschaften dieser Dinge zurückspiegelt,
daher auch das gesellschaftliche Verhältnis der Produzenten zur Gesamtarbeit als ein außer ihnen existierendes Verhältnis von Gegenständen» (Marx, MEW Bd. 23, 1962, 77f). Das gesellschaftliche Verhältnis der Menschen nimmt die «phantasmagorische Form» eines
Verhältnisses von Dingen an. Der unmittelbare Produktionsprozeß
mystifiziert das Kapitalverhältnis in der Entwicklung des relativen
Mehrwerts, durch den gesellschaftliche Produktivkräfte der Arbeit
als Produktivkräfte des Kapitals erscheinen; der Zirkulationsprozeß
erscheint aufgrund der scheinbar positiven Funktion der Zirkula-
tionszeit als Quelle des Mehrwerts. In der Einheit des unmittelbaren
Produktionsprozesses und des Zirkulationsprozesses verselbständigen sich die Produktionsverhältnisse, erscheinen die Wertbestandteile in selbständigen Formen.

3.3.2 Arbeit und Wert.
‹Grundmängel› der klassischen politischen Ökonomie

Den Entwürfen der Physiokraten liegt die Vorstellung einer Herrschaft der Natur zugrunde. Sie sehen den Ursprung des Mehrwerts in
einer durch produktive Arbeit gekennzeichneten agrarischen Produktion: Die Summe der Lebensmittel, die der Arbeiter verzehrt, ist
geringer als die, welche er produziert. Die Form des Mehrwerts ist die
Grundrente, die Profit und Zins einschließt. Arbeit in der sich entwik-
kelnden Industrie erscheint als unproduktiv. Mit der Ableitung des
Wertes aus der Natur und nicht aus dem gesellschaftlichen Verkehr
erhält die bürgerliche Gesellschaft – wie Marx konstatiert – noch
einen feudalen Schein.

Für die utopischen Sozialisten wird das Gesetz der Arbeit, das die
neue Epoche des Industrialismus bestimmt, zur Kampfparole gegen
die Herrschaft der unproduktiven Klassen. Sie entwerfen das Programm einer Umgestaltung der Gesellschaft nach dem Vorbild des
aufgeklärten Absolutismus durch den Herrscher oder die herrschende Klasse. Der Klerus soll durch die Organisation der Wissenschaft, die Aristokratie durch das Unternehmertum ersetzt werden.
Die Verwirklichung des größtmöglichen Glücks der größtmöglichen

Zahl von Menschen geht aus den natürlichen Gesetzen der Verteilung hervor: freie Arbeit, vollständiger Genuß der Produkte durch die Erzeuger und freiwilliger Austausch. Den Frühsozialismus in England kennzeichnet der Kampf um eine gesetzliche Beschränkung der Arbeitszeit und der Beschäftigung Jugendlicher; Arbeitslosigkeit soll durch Errichtung von Armenkolonien behoben, und die Realeinkommen sollen durch Ausschließen des Zwischenhandels erhöht werden. In Arbeitsbörsen sollen die Tauschprozesse auf der Grundlage des Selbstkostenpreises vermittelt werden.

Die klassische politische Ökonomie führt alle Formen gesellschaftlichen Reichtums auf eine gemeinsame Substanz, nämlich Arbeit und Mehrarbeit, zurück. Die Aporien ihrer Arbeitswerttheorie bilden den Ausgangspunkt der Marxschen Kritik. Die materialistische Wertperspektive verbindet die Analyse einer Logik der ökonomischen Entwicklung mit deren Einbettung in Herrschaftsverhältnisse und kritisiert mit den realen ökonomischen Verhältnissen eine den gesamten Lebensprozeß interpretierende Wissenschaft, in der sich das Selbstverständnis der bürgerlichen Gesellschaft ausdrückt: Eine kritische Reflexion der Kategorien der bürgerlichen Ökonomie, welche die Differenzierung von Wesen und Erscheinung für sich in Anspruch nimmt, übersetzt die vorfindbaren absoluten Begriffe in die materialistische Kritik der politischen Ökonomie.

Für A. Smith und D. Ricardo geht der Wert der Waren aus den relativen Arbeitsmengen hervor, die für ihre Produktion erforderlich sind. Beide leiten den Mehrwert in seiner bürgerlichen Form als Profit aus der Arbeit her, die über die für die Reproduktion notwendige Arbeit hinausgeht. Der Wert der Arbeit ist kleiner als der Wert des von ihr hervorgebrachten Produkts; der Überschuß des Werts des Produkts über den Wert der Ware Arbeitskraft ist gleich dem Mehrwert.

Die Analyse von Wert und Wertgröße bezieht jedoch nicht die Frage ein, warum sich Arbeit in Wert und das Maß der Arbeit durch die Zeitdauer in der Wertgröße des Arbeitsprodukts darstellen. Unabhängig von sich verändernden gesellschaftlichen Bedingungen sieht Smith Arbeit als Maßstab, nach dem der Wert der Waren gemessen und verglichen werden kann. Folgerichtig behandelt er Austauschprozesse in vorkapitalistischen Gesellschaften wie die preisbestimmter Waren und unterstellt eine über durchschnittliche Produktionszeiten geregelte Austauschbeziehung, ohne daß Arbeit bereits zu einem gesellschaftlichen Verhältnis, ‹praktisch wahr› geworden ist. In der

Beschreibung kapitalistischer Verhältnisse geht er zu einem fixen, subjektivistisch bestimmten Wertmaßstab über. Obgleich er Arbeit als realen Preis, Geld lediglich als nominalen Preis der Produkte betrachtet, sieht er den Wert unter kapitalistischen Verhältnissen durch den Arbeitslohn bestimmt; allerdings gehöre der Ertrag der Arbeit nicht mehr dem Arbeiter allein, da der Wert der Ware durch Arbeit und Gewinn bestimmt wird, aus welchem die Löhne und das Material für die Arbeit bezahlt werden. Beim Übergang vom einfachen Warenaustausch zum Austausch zwischen vergegenständlichter und lebendiger Arbeit und bei der Betrachtung von Profit und Grundrente sieht Smith zwar einen Widerspruch, aber nicht, daß dieser Widerspruch dadurch entsteht, daß das Arbeitsvermögen selbst zur Ware wird, deren Gebrauchswert den Tauschwert hervorbringt. Marx notiert, daß sich Smith mit großer Naivität in einem Widerspruch bewegt:

«Auf der einen Seite verfolgt er den inneren Zusammenhang der ökonomischen Kategorien oder den verborgenen Bau des bürgerlichen ökonomischen Systems. Auf der anderen stellt er daneben den Zusammenhang, wie er scheinbar in den Erscheinungen der Konkurrenz gegeben ist und sich also dem unwissenschaftlichen Beobachter darstellt, ganz ebensogut wie dem in dem Prozeß der bürgerlichen Produktion praktisch Befangenen und Interessierten. Diese beiden Auffassungsweisen – wovon die eine in den inneren Zusammenhang, sozusagen in die Physiologie des bürgerlichen Systems eindringt, die andere nur beschreibt, katalogisiert, erzählt und unter schematisierende Begriffsbestimmungen bringt, was sich in dem Lebensprozeß äußerlich zeigt, so wie es sich zeigt und erscheint – laufen bei Smith nicht nur unbefangen nebeneinander, sondern durcheinander und widersprechen sich fortwährend» (Marx, MEW Bd. 26.2, 1974, 162).

Ricardo weist gegenüber Smith darauf hin, daß sich der Wert der Lohnarbeit wie der jeder anderen Ware mit dem relativen Quantum der zu ihrer «Herstellung» notwendigen Arbeit verändert und von den gesellschaftlichen Bedingungen ihrer Verausgabung abhängig ist. Andererseits bestimmt er den Wert der Arbeit nicht aus der Reproduktion der Arbeitskraft, sondern über ihren Durchschnittspreis. Dieser «natürliche» Preis hängt ab von den Preisen der Lebensmittel, Bedarfsartikel und «Annehmlichkeiten», die zum Unterhalt des Arbeiters und seiner Familie notwendig sind; ihr Marktpreis bildet sich aufgrund des Verhältnisses von Angebot und Nachfrage. Dieses Modell «relativer Arbeitswerte» vernachlässigt ebenfalls den Zusammenhang zwischen einer spezifischen Produktionsweise und der Form der Wertbestimmung durch Arbeitszeit. Ricardo geht zwar von der Bestimmung der Wertgröße der Ware durch die Arbeitszeit aus und untersucht dann, ob die übrigen ökonomischen Verhältnisse dieser Bestimmung des Wertes widersprechen oder sie modifizieren. Diese Verfahrensweise aber überspringt – wie Marx kritisiert – notwendige Vermittlungsschritte und versucht, die unmittelbare Kongruenz der ökonomischen Kategorien untereinander nachzuweisen. Ricardo unterscheidet nicht zwischen absolutem und relativem Wert, Wert und Kostpreis. Während Smith die aufgewendete Arbeit als Quelle des Tauschwertes und die aus Austauschprozessen hervorgehenden Relationen analysiert, begnügt sich Ricardo mit der Feststellung, daß der wechselnde Wert der Arbeit die Wertbestimmung der Waren durch das relativ in ihnen enthaltene Arbeitsquantum nicht aufhebt. Die Frage, wodurch sich die Ware Arbeitskraft von anderen Waren unterscheidet, wie lebendige und vergegenständlichte Arbeit zu bestimmen sind, rückt für ihn jedoch nicht ins Blickfeld. Ricardo begreift Kapital nicht als ‹verselbständigte Macht›, als Herrschaftsverhältnis, das Austauschprozesse erzwingt.

S. Bailey wendet daher gegen Ricardo ein, er verwandle den Wert in eine von den Waren getrennt existierende scholastische Entität. Wenn Waren als relative Werte erscheinen, reicht das aus seiner Sicht im Warenverkehr völlig aus. Bailey bestimmt damit, wie Marx ihm konzediert, eine der Funktionen des Geldes, auch wenn er Wert und Preis gleichsetzt: Verändert sich der Wert des Geldes, verändert er sich allen Waren gegenüber gleichmäßig; Geld erzeugt gleichzeitig aber die Fiktion, als würde damit ein den Waren inhärenter Wert gemessen – Arbeit spielt für die Frage des relativen Werts keine Rolle. Bailey unterstellt mit Geld als Maßstab der Preise schon die Verwandlung der Ware in Geld. Um aber die Werte als Preise darzustellen, muß vorher der Wert der Ware als Geld sich dargestellt haben. Geld ist bloß die Form, in der der Wert der Waren im Zirkulationsprozeß erscheint. Der die kapitalistische gesellschaftliche Produktionsweise methodisch nicht reflektierende Arbeitsbegriff konfundiert die Wertbestimmung durch Arbeit mit der Bestimmung des Werts der Arbeit.

Smith verwendet einen doppelten Wertbegriff, gekennzeichnet durch die relativ in Produkte eingegangene Arbeit und die Ware Arbeit als fixes unveränderliches Wertmaß. Ricardo zeigt zwar, daß es keine Waren von unveränderlichem Wert geben kann, bezieht sich aber in enthistorisierender Weise auf das bloß quantitative Wertverhältnis der Waren untereinander. Beiden gemeinsam ist ein geheimer Subjektivismus einer Theorie des Arbeitsleides.

Die «Grundmängel» der klassischen politischen Ökonomie sieht

Marx darin, daß sie aus der Analyse der Waren nicht die Form des Werts bestimmt, die ihn zum Tauschwert macht; daß sie die ökonomische Gegenständlichkeit in Form einfacher, überhistorisch bestimmter Austauschverhältnisse voraussetzt; daß sie das immanente Wertmaß daher nicht von einem äußeren Wertmaß unterscheidet. Erst Marx zeigt den immanenten Zusammenhang zwischen Wertform, Wertgröße und historisch bestimmter Form der Reproduktion. Er weist die spezifisch sozial konstituierte Form dieser Gegenständlichkeit nach, welche gesellschaftliche Arbeit unter Bedingungen kapitalistischer Vergesellschaftung annimmt: Das Arbeitsprodukt stellt sich in Form der Ware dar, deren spezifische Erscheinungsform das Geld ist.

Marx eröffnet die Perspektive einer Reproduktionstheorie, die *ideologiekritisch* gegen das Selbstverständnis der bürgerlichen Gesellschaft und *praktisch* gegen ihre eigenen Reproduktionsbedingungen gerichtet ist. In der Werttheorie wird deutlich, daß es kein im Hegelschen Sinn vernünftiges Allgemeines gibt, das als zwanglose, nichtrepressive Macht der Vereinigung im gesellschaftlichen Ganzen wirksam wäre. Die Produzenten existieren nur sachlich füreinander; das ihnen Gemeinsame erscheint in der Geldbeziehung als sachliche Notwendigkeit und bloß äußerliche Verbindung.

Die methodenreflexiven Äußerungen von Marx wenden sich kritisch gegen die hegelianisierende Neigung, die empirischen Verhältnisse aus dem Begriff zu entwickeln. Das Prinzip der theoretischen Rekonstruktion von Objekten, historischen Ereignissen, wissenschaftlichen oder juridischen Tatbeständen aus der Totalität des Phänomenzusammenhangs folgt dem Muster einer begrifflichen Antizipation der noch inhaltslosen und chaotischen Totalität (der kapitalistische Reichtum erscheint als eine ungeheure Warenansammlung) und einer Bestimmung und Differenzierung von Elementen im Zusammenhang der Totalität. Integration vollzieht sich im Medium des Tauschwerts.

Das Begreifen der einzelnen Tatsachen als Momente einer Totalität ermöglicht die Erkenntnis der Wirklichkeit: Totalität ist die eigentliche Wirklichkeitskategorie. Der Vergesellschaftungsmodus menschlicher Arbeit kombiniert Handlungen zu einer sich reproduzierenden Totalität, ohne selbst intentional verfaßt zu sein. Weil diese Totalität fetischisiert ist, muß ein Sammelsurium ökonomischer Formen, unter denen Marx die Ebene der einfachen Zirkulation und der trinitarischen Formel (Boden, Arbeit und Kapital als

eigenständige Einkommensquellen) versteht, analytisch abgebaut
werden; in ihm erscheinen die Verhältnisse der kapitalistischen Produktion nur abgetrennt von dem verborgenen Zusammenhang und
den vermittelnden Momenten.

Marx kritisiert Stufenschemata der Abfolge geschichtlicher Verhältnisse und betont den historischen Charakter der kritischen Gesellschaftstheorie. Die Kategorien der bürgerlichen Ökonomie sind,
obwohl sie «eine Wahrheit für alle anderen Gesellschaftsformen besitzen» (Marx, MEW Bd. 13, 1961, 636), gerade weil die bürgerliche
Gesellschaft die «entwickeltste und mannigfaltigste historische Organisation der Produktion» (ebd.) ist, zur Analyse vorbürgerlicher Gesellschaftsformen nur bedingt brauchbar. Diese Gesellschaftsformen
können nämlich diese Kategorien in bezug auf ihre historisch gewordene spezifische Bezogenheit aufeinander, wie sie in der bürgerlichen Gesellschaft vollzogen ist, nur verkümmert oder karikiert
enthalten. Kritische Gesellschaftstheorie selbst ist dabei erst bei entwickelten gesellschaftlichen Verhältnissen möglich – sobald die
«Selbstkritik der bürgerlichen Gesellschaft begonnen» hat. Unter
diesem Gesichtspunkt ist zu verstehen, daß für Marx die Kategorien,
die die Verhältnisse der bürgerlichen Produktionsorganisation ausdrücken, «zugleich Einsicht in die Gliederung und die Produktionsverhältnisse aller der untergegangenen Gesellschaftsformen gewäh-
ren, mit deren Trümmern und Elementen sie sich aufgebaut» (ebd.).
Die bürgerliche Gesellschaft ist nicht als Abschluß einer historischen
Entwicklung zu begreifen, wie es das Stufenschema gerade impliziert,
sondern selbst als eine gegensätzliche Form der Entwicklung, die historisch auf ihre eigene Entstehungsgeschichte zurückweist. Im Unterschied zu Hegel, für den nach Marx die «Idee (...) der Demiurg
des Wirklichen» ist, erweist sich bei Marx die Dialektik als konkret
ausgeführte Gesellschaftstheorie, die «in dem positiven Verständnis
des Bestehenden zugleich auch das Verständnis seiner Negation, seines notwendigen Untergangs einschließt» (Marx, MEW Bd. 23, 1962,
27f).

Engels geht allgemein-ontologisch von der «Materialität» und
«Einheit der Welt» aus, die den Seins- wie den Erkenntnisprozeß um-
spannt. Diese Einheit ist nach ihm garantiert durch die Bewegung als
«*Daseinsweise der Materie*» (Engels, MEW Bd. 20, 1962, 575). Das
Dialektische der Bewegung besteht dann darin, daß die Bewegung
selbst ein Widerspruch ist. Einheit und Differenz zwischen unbeleb-
ter, belebter Materie, Geschichte, gesellschaftlicher Entwicklung und

Denken ergeben sich daraus, daß der Charakter des Materiellen sich überall als widersprüchliche Bewegung äußert, es sich dabei aber immer um spezifische Bewegungsformen handelt (vgl. ebd., 112f, 325, 354, 356). Materie und Bewegung sind, bezogen auf die je spezifischen Bewegungsformen, allerdings nichts anderes als eine gedankliche «Abstraktion» (ebd., 519). Engels konstatiert unter der Voraussetzung eines gleichsam asymptotisch verlaufenden Denkprozesses, der einer ontologischen Garantie bedarf, damit das Denken als objektives behauptet werden kann, «daß in der Natur dieselben dialektischen Bewegungsgesetze im Gewirr der zahllosen Veränderungen sich durchsetzen, die auch in der Geschichte die scheinbare Zufälligkeit der Ereignisse beherrschen; dieselben Gesetze, die, ebenfalls in der Entwicklungsgeschichte des menschlichen Denkens den durchlaufenden Faden bildend, allmählich den denkenden Menschen zu Bewußtsein kommen» (ebd., 11; vgl. auch 539). Die «Begriffsdialektik», gefaßt als Widerspiegelung der realen Welt, ist dabei allgemeinontologisch nur der bewußte Reflex der dialektischen Bewegung der Wirklichkeit (vgl. Engels, MEW Bd. 21, 1962, 293).

Bezogen auf die vorausgesetzte Annahme der Einheit und Materialität der Welt handelt es sich bei allen bestimmten Zusammenhängen um Entwicklungsstufen eines als einheitlich-materiell verstandenen Evolutionsprozesses. Das demonstriert Engels beispielsweise unter Verweis auf Darwin an der Entwicklung der Arten und der Entstehung und Entwicklung des Menschen und bezieht es auch auf die Entstehung des Lebens aus der unorganischen Natur. Dialektik wird damit gefaßt als «einfache Weltanschauung». Das Stufenschema der historischen Entwicklung, von dem Engels ausgeht, ist dabei nicht identisch mit dem Stufenschema der bürgerlichen Nationalökonomie. Die Engelssche Ausgangsorientierung läßt sich sehr gut damit verbinden, daß nach Marx, wie dieser zustimmend einen russischen Rezensenten des «Kapital» zitiert, «‹jede historische Periode ihre eigenen Gesetze›» (Marx, MEW Bd. 23, 1962, 26) hat. Aber die den Charakter der kritischen Gesellschaftstheorie prägende Problematik, daß die Analyse vorbürgerlicher gesellschaftlicher Zusammenhänge – und damit auch die prospektiv gezielte Frage nach der Veränderung der bürgerlichen Gesellschaft selbst – nur mittels der Analyse der kategorialen Zusammenhänge der bürgerlichen Gesellschaft erfolgen kann, wird durch das sich als eine positive Teleologie verstehende Entwicklungsschema bei Engels nicht eingeholt. Die kritische Gesellschaftstheorie wird dadurch zu einer positiven Entwicklungsmetaphysik.

Diese Art und Weise des Theorieverständnisses hat vor allem den Sowjetmarxismus, aber auch den evolutionstheoretischen Ansatz von Kautsky geprägt.

3.3.3 Marxismus und Sozialismus in der Sowjetunion, in China und in den osteuropäischen Ländern

Die Widerspiegelungstheorie, wie sie Engels formuliert hat, wird in der Leninschen Version des Marxismus systemisiert. Sie ist im Gesamtzusammenhang der Leninschen Theorie, der Partei-, der Staats-, der Wirtschafts- und der Erkenntnistheorie Lenins zu sehen. Die Parteitheorie Lenins von 1902 war ursprünglich orientiert an dem Zusammenhang zwischen den zurückgebliebenen Verhältnissen Rußlands innerhalb der gesamtkapitalistischen Entwicklung und der sich daraus ableitenden Eigenart der vormarxistischen revolutionären Bewegung (vgl. Kerber 1970 9).

Im Unterschied zu Marx, der im «Kommunistischen Manifest» 1848 davon ausgeht, daß die Kommunisten «keine besondere Partei gegenüber den anderen Arbeiterparteien» seien, sondern «der entschiedenste immer weitertreibende Teil der Arbeiterparteien aller Länder» (Marx & Engels, MEW Bd. 4, 1959, 474; vgl. auch 492 f), geht Lenin von einer Partei der Berufsrevolutionäre aus (einer Avantgarde), die das richtige revolutionäre Bewußtsein haben (vgl. Lenin, Werke Bd. 5, [9]1985, 467–484). Für ihn fallen im Unterschied zu Rosa Luxemburg und in ähnlicher Weise wie für Kautsky (vgl. ebd., 394) sozialistische Theorie und Praxis der Massen auseinander. Die Marxsche Theorie hat hier nur noch den Charakter einer Gegenideologie gegenüber der bürgerlichen Ideologie. Sie muß, indem sie gleichsam die bürgerliche Ideologie in den Köpfen der Arbeiter verdrängt, von außen in das Proletariat durch die Berufsrevolutionäre, die die Einsicht in die gesellschaftliche Entwicklung besitzen, hineingetragen werden. Damit ist schon im Ansatz die Struktur einer autoritär, hierarchisch und elitär orientierten Partei konzipiert, die sich im nachrevolutionären Rußland zur Herrschaftsorganisation über die gesamte Gesellschaft entwickelte und in den Stalinismus mündete. Die Praxis ist schon hier, so wie es dann in der Erkenntnistheorie von Lenin explizit Thema wird, nur die Anwendung der Theorie. Damit wird aber die Theorie – hier zur ‹richtigen› gegen die sog. falsche bürgerliche – zur Ideologie.

War diese Parteikonzeption von Lenin ursprünglich im wesentlichen nur für Rußland selbst gedacht, so hat er sie später, als er die Erfahrung machte, daß die sozialistischen Parteien, in denen demokratische Prinzipien herrschten, reformistisch wurden, immer stärker als die einzig mögliche für den Aufbau einer sozialistisch-kommunistischen Partei schlechthin gehalten.

Die Leninsche Staatstheorie ist, obwohl hier Lenin gegenüber revisionistischen Vorstellungen etwa vom friedlichen Hineinwachsen in den Sozialismus und gegen Kautskys Demokratiebegriff originär an Marx anzuknüpfen versucht, nicht unabhängig von seiner Parteitheorie. So versteht er hier z. B. unter der Diktatur des Proletariats die «Organisierung der Avantgarde der Unterdrückten zur herrschenden Klasse» (Lenin, Werke Bd. 25, [6]1981, 475). In seiner Parteitheorie ist Praxis nur eine Anwendung der Theorie. Ähnlich wie der sozialdarwinistisch orientierte Kautsky spricht er davon, daß allgemein die «ganze Theorie von Marx (...) eine Anwendung der Entwicklungstheorie – in ihrer konsequentesten, vollkommensten, durchdachtesten und inhaltsreichsten Form – auf den Kapitalismus» ist. Und: «Marx stellt die Frage des Kommunismus so wie der Naturforscher die Frage der Entwicklung einer neuen, sagen wir biologischen Art stellen würde, wenn ihm bekannt wäre, daß sie so und so entstanden ist und sich in der und der Richtung modifiziert» (ebd., 471).

Auch Lenins Imperialismustheorie ist letztlich evolutionstheoretisch-ontologisch abgestützt. Hiernach gibt es für ihn bei einer ungleichmäßigen Entwicklung des Kapitalismus im Weltmaßstab einen konstitutiven Zusammenhang zwischen der peripheren Stabilisierung des Kapitalismus als Monopolkapitalismus und seiner allgemein gewordenen Krise. Weil die etablierten Arbeiterparteien mit den herrschenden Mächten paktieren, ist eine Neustrukturierung sozialistischer Politik erforderlich, die das russische Proletariat als Avantgarde des internationalen revolutionären Proletariats legitimiert.

Eine ontologische Interpretation des Marxismus zeigt sich am deutlichsten in Lenins Erkenntnistheorie. Unter Verweis auf Haeckel und Lloyd Morgan formuliert er, daß wir in den «‹Grundsteinen des Gebäudes der Materie› (...) die Existenz einer Fähigkeit, die der Empfindung ähnlich ist, vermuten» (Lenin, Werke Bd. 14, [9]1985, 37) können. Damit wird die Widerspiegelungstheorie, die bei Lenin unter der Maßgabe des philosophischen Materiebegriffs realistisch orientiert ist, ontologisch abgestützt. Das Verhältnis von Denken und Sein wird zu einem ontologisch vermittelten gnoseologischen Verhältnis. Die

Widerspiegelungsmöglichkeit der Außenwelt durch das menschliche Bewußtsein und die Möglichkeit der Wahrheit der Erkenntnis kulminieren letztlich in der Einheitsbeziehung von Materie und Geist in der Materie selbst. Praxis ist dann nur noch Kriterium für die Objektivität der Erkenntnis, obwohl Lenin andererseits betont, daß die «*Praxis (...) höher*» sei als «*die (theoretische) Erkenntnis*» und daher «die *Vereinigung von Erkenntnis und Praxis*» (Lenin, Werke Bd. 38, [7]1981, 207) notwendig werde.

Ursprünglich wurde der Sozialismus als jenes gesellschaftliche System verstanden, das die Aufhebung der Herrschaft von Menschen über Menschen erreichen soll (vgl. Stučka 1969). Die Diktatur des Proletariats kann daher nur eine Übergangserscheinung sein; Kategorien des bürgerlichen Rechts verlieren gleichermaßen ihre Grundlage, wenn der Austausch nicht mehr nach Wertäquivalenten erfolgt. Das Proletariat muß die Leitung der Wirtschaft übernehmen und das Beamtentum als selbständig organisierte Klasse ablösen (vgl. Varga 1921). Als in der Sowjetunion der Kriegskommunismus durch die Neue Ökonomische Politik ersetzt wurde, existierten neben den staatlichen Unternehmen privates Kapital in der Industrie und im Agrarbereich. Das Mißverhältnis zwischen Preisen der in geringen Mengen zur Verfügung stehenden industriellen und landwirtschaftlichen Erzeugnisse führte dazu, daß die Bauern den Markt boykottierten. Welche Gesetzmäßigkeiten hat diese Stufe der Entwicklung, und wie können die Strukturen verändert werden, um den sozialistischen zum dominanten Sektor zu machen? Während Bucharin die Integration der Bauern in den sozialistischen Produktionsprozeß über Genossenschaften fordert, setzt sich Preobrazensky für eine hohe Besteuerung der Bauern und des privaten Kapitals ein, um einen sozialistischen Akkumulationsprozeß zu sichern, in dem ein großes Mehrprodukt für die erweiterte Reproduktion zur Verfügung steht (vgl. Bucharin 1921; Preobrazensky 1974). Klassenkampf, internationale Lage und subjektive Momente, die politisch ausgenutzt werden müssen, sichern für Trotzki eine Revolution, die sich nicht ohne Unterstützung durch das europäische Proletariat in eine dauernde sozialistische Herrschaft übersetzen kann (vgl. Trotzki 1969). Voraussetzung dafür sind ein schneller Übergang von der bloßen Industrialisierung zur Planwirtschaft, eine Ablösung von Parteienherrschaft und Bürokratie und eine Internationalisierung der Revolution. Dem kontrastiert das Stalinsche Konzept des Aufbaus des Sozialismus in einem Land unter Führung der Partei.

Im Stalinismus bekommt der Marxismus den Charakter einer Weltanschauung. Sie soll dazu dienen, ideologisches Instrument für die Behauptung der Einheit der sowjetischen Gesellschaft zu sein. Das drückt sich darin aus, daß

a) der Begriff der Dialektik zugunsten eines unkritischen Materiebegriffs formalisiert wird;

b) die Betonung des Materialismus nun dazu dient, eine scharfe Trennung zwischen sog. idealistischer und materialistischer Dialektik vorzunehmen, zu unterscheiden zwischen dem Idealismus und dem Materialismus als zwei Grundkonzeptionen des menschlichen Denkens, wobei unter Idealismus das Denken von niedergehenden und unter Materialismus das von aufsteigenden Klassen verstanden wird.

Der «dialektische Materialismus», dessen «Anwendung» auf die Erscheinungen des Lebens der Gesellschaft, auf die Erforschung der Gesellschaft und ihrer Geschichte (vgl. Stalin 1946, 647), wird zur in sich schlüssigen und abgeschlossenen Weltanschauung der marxistisch-leninistischen Partei. In sakrosankten Lehrsätzen verschwindet der historische und kritische Charakter der Kategorien (vgl. Geschichte der kommunistischen Partei der Sowjetunion: Kurzer Lehrgang, [6]1951). Diese Lehrsätze sind jeder Konfrontation mit der Praxis entzogene reine Leerformeln. Jeder pragmatische politische Schritt, den die Partei unternahm, konnte durch sie gerechtfertigt werden.

Sein und Bewußtsein, nach der Marxschen Theorie historisch in je spezifischer Weise miteinander vermittelt, werden hier ontologisch miteinander verbunden, indem Bewußtsein als Eigenschaft einer bestimmten Bewegungsform der Materie begriffen wird (vgl. zum Problem: Wetter [5]1960). Die Philosophie und die Einzelwissenschaften sollen die Theorie und die scheinbar schon in wesentlichen Zügen sozialistische Wirklichkeit rechtfertigen. Parteilichkeit und Objektivität des Denkens, bei Lenin noch als dialektisch verbunden gedacht, fallen auf diese Weise auseinander. Diese «historische Opferperiode der Arbeit» unter dem Stalinismus war insofern «auch eine solche des Geistes» (Hofmann 1967, 90), als jede Abweichung von den durch die Partei kanonisierten Lehrsätzen der zur Weltanschauung denaturierten Marxschen Theorie durch Verfolgung und Unterdrückung geahndet wurde.

Die Veränderungen der Marxschen Theorie nach der Stalin-Ära beruhen auf einer «*Wiederentdeckung der Dialektik*» und damit «*der*

Realität» (ebd., 121f): Marxismus als kritische Gesellschaftstheorie richtet sich auf die widersprüchlichen Entwicklungstendenzen der sowjetischen Gesellschaft.

Die marxistische Theorie in den Ländern Osteuropas ist einerseits Kritik der gesellschaftlichen Praxis, andererseits Legitimationsideologie. Sie reflektiert die unterschiedlichen ökonomischen und politischen Entwicklungen, bezieht sich auf Probleme der Wissenschaftstheorie, der sozialistischen Demokratie und der gesellschaftlichen Organisation von Arbeit. Die Diskussion der Entwicklung des Sozialismus wurde durch die Notwendigkeit der Planwirtschaft bei gleichzeitiger Demokratisierung der Verwaltung bestimmt (vgl. Lange 1964). Die Wirtschaftsverwaltung soll auf die Arbeiter- und Genossenschaftsselbstverwaltung im Rahmen des zentralen Planes übergehen; die Preise sollen dem Wertgesetz folgen, überwiegend jedoch staatlich festgesetzt werden. Umstritten blieb, ob einzel- und gesamtwirtschaftliche Rationalität durch Planung koordiniert werden können oder ob auch der Sozialismus Marktverhältnisse berücksichtigen muß (vgl. Šik 1966).

Nur im planökonomischen Lenkungssystem, das die Kenntnisse der unmittelbaren Produzenten und Marktformen einbezieht, können die negativen Effekte einer extensiven Wirtschaftsentwicklung verhindert werden. Die repräsentativen demokratischen Formen müssen mit entwickelteren Formen der Selbstverwaltung kombiniert werden (vgl. Richta 1971).

Die in China entwickelte marxistische Revolutionstheorie sieht das Potential der Befreiung in den revolutionären Massen der Bauern und im Partisanenkampf zur Schaffung befreiter Gebiete. Nur so können in China der imperialistische Einfluß gebrochen, der Feudalismus aufgehoben und die Agrarrevolution durchgeführt werden, um die Macht der Großgrundbesitzer und der kompradorischen Bourgeoisie einzuschränken. Die marxistische Revolutionstheorie betont die demokratische Macht der Arbeiter und Bauern, fordert das Wachstum der Roten Armee und der Partisanen-Abteilungen sowie die damit verbundene Entwicklung «roter Gebiete», die der Umzingelung durch die Kräfte der weißen Macht gewachsen sind. Mit der Erweiterung der Agrarrevolution können Macht und Einflußsphären weiter abgesichert werden. Mao Tse-tung konzipiert den Staat als demokratischen Übergangstypus, gekennzeichnet durch ein Nebeneinander von Etatismus und Privatbesitz (vgl. Mao Tse-tung 1968). Gesellschaftliche Praxis enthält in sich Produktionstätigkeit, Klassenkampf, politische, wissenschaftliche und kulturelle Tätigkeit. Praxis als Erkenntnis deckt Wahrheit auf, entwickelt Widersprüche und deren Lösung. Die Perspektive besteht in der Aufhebung des Privateigentums, der gemeinsamen Arbeit und der gleichen Verteilung.

An die Marxsche Auffassung, Arbeit realisiere die menschlichen Möglichkeiten in der Natur und ermögliche deren Transformation, schließt sich die Forderung nach einer rationalen Radikalität des Denkens und der Praxis an (vgl. Kosik 1963; Kolakowski 1967). Die Betrachtung der gesellschaftlichen Totalität als strukturiertes dialektisches Ganzes, aus dem heraus Fakten rational begriffen werden können, soll die Dogmatisierung in der wissenschaftlichen Entwicklung auflösen und das bürgerliche Denken überwinden, dem das Erkenntnissubstrat als unerfaßbar gilt (vgl. Lukács 1923). Demgegenüber können die Vermittlungsformen in den strukturierenden Aufbauprinzipien und Bewegungstendenzen des Gegenstandes selbst aufgezeigt werden. Die marxistische Anthropologie von A. Schaff (vgl. Schaff 1970) bestimmt den Menschen als durch Arbeit bewußt die Welt veränderndes Wesen.

In Jugoslawien betont die Zagreber Praxisgruppe die menschliche Emanzipation gegenüber ökonomischen Reduktionen. Entfremdung finde sich auch im Verhältnis zwischen menschlicher Praxis und Produktion, Gemeinschaft und Individuen und in den Differenzierungen des sozialen Bewußtseins (vgl. Petrovic 1969).

3.3.4 Naturalistisches, positiv-wissenschaftliches und transzendental-kritisches Marx-Verständnis

Die ursprüngliche Einheit der Marxschen Theorie ergab sich aus der Analyse der bürgerlichen Gesellschaft als einer historisch gewordenen Totalität gesellschaftlicher Verhältnisse und der Analyse der Bedingungen für ihre mögliche Aufhebung. Philosophische einzelwissenschaftliche wie auch kritisch orientierte Aussagen über die Möglichkeitsbedingungen revolutionärer Praxis konnten zulänglich nur unter dem Gesichtspunkt dieser Einheit und der Struktur der bürgerlichen Gesellschaft begriffen werden. Als kritisch-revolutionär orientierte Theorie verstand sie ihre leitenden Kategorien, deren historisch-transitorische Struktur sie nachwies, als Daseinsformen der gesellschaftlichen Verfassung der bürgerlichen Gesellschaft. Aus dieser Ausgangsorientierung ergab sich die ständige Selbstreflexion leitenden Begriffe. In diesem Sinne war die Theorie auch und gerade im «Kapital», das von Marx als Totalitätsanalyse der die bürgerliche Gesellschaft bestimmenden Produktionsweise begriffen wurde, immer streng historisch orientiert.

Von dieser Position unterschied sich – wie erwähnt – schon in wesentlichen Teilen der Begriff des Materialismus bei Engels. Im Sowjetmarxismus wurde die Marxsche Theorie, nicht zuletzt unter dem Einfluß ihrer ontologisch orientierten Universalisierung durch Engels, zu einer Weltanschauung und Legitimationswissenschaft. In anderen Strömungen, die sich als marxistische verstanden, löste sich der ursprüngliche Charakter der Einheit dieser Theorie auf, an den erst wieder Lukács und Korsch in den zwanziger Jahren anzuknüpfen versuchten, bzw. er wurde zugunsten einer evolutionstheoretisch verstandenen Einheit oder ethisch orientierten Fragestellung in Hinsicht auf die Notwendigkeit des Sozialismus ersetzt. Die Auflösung der ursprünglichen Einheit der Theorie ergab sich im wesentlichen aus dem Scheitern der Hoffnungen auf eine baldige revolutionäre Veränderung der bürgerlichen Gesellschaft. Die Marxsche Theorie wurde mit naturalistischen bzw. aus dem Transzendentalismus kommenden Orientierungen verbunden. Sie wurde mit einer naturalistischen Entwicklungsmetaphysik (so bei Kautsky) in Verbindung gebracht, mit einer an Kant orientierten transzendentaltheoretischen Begründung (so von einer linksradikalen Position innerhalb des Austromarxismus bei Max Adler) oder einer am Begriff sozialwissenschaftlicher Fragestellungen orientierten Revision unterzogen (Bernstein), wonach der Sozialismus nur mehr als ethisches Postulat verstanden werden konnte.

Diese Positionen sind paradigmatische Positionen, die sich ursprünglich innerhalb der II. Internationale gebildet haben. Die sich daraus ergebenden Fragestellungen sind noch heute aktuell: Welche Faktoren bestimmen die gesellschaftliche Evolution? In welchem Zusammenhang stehen transzendental-soziale Strukturen und ethische Orientierungen? Welche Bedeutung kommt der Gesellschaftstheorie im Hinblick auf einzelwissenschaftliche Ergebnisse über naturale und gesellschaftliche Prozesse zu?

Die Auseinandersetzung zwischen diesen Positionen, die nach der Auffassung von Korsch und Lukács den Rahmen der bürgerlichen Philosophie nicht wirklich transzendieren, drehte sich im wesentlichen um evolutionstheoretische, erkenntniskritische (so Adler auch gegenüber dem Leninismus), ethische und den Status der Dialektik in der Marxschen Theorie betreffende Fragestellungen in Hinsicht auf die gesellschaftliche Empirie sowie um Fragen nach dem Charakter und den Bedingungen der Möglichkeit gesellschaftsverändernder Praxis.

Kautsky, der gegenüber dem Revisionismus Bernsteins und links-radikalen Strömungen um Rosa Luxemburg und Karl Liebknecht vor dem Ersten Weltkrieg in der deutschen Sozialdemokratie den sog. «Zentrismus» vertrat, begreift den Marxismus unter Rückgriff auf den von Engels formulierten sozialevolutionären Standpunkt unter dem Gesichtspunkt einer allgemeinen Entwicklungstheorie, und er versucht, «‹das gemeinsame Gesetz› zu ergründen, ‹dem menschliche wie tierische und pflanzliche Entwicklung unterworfen›» sind (Matthias 1957, 153; vgl. auch Kautsky 1929, 2 Bde., Bd. 2, 630f, und Korsch 1971, Anm. 35). Kautsky gelangte vor allem über die Lektüre des «Anti-Dühring» von Engels zum Marxismus. Diese Lektüre bestätigte in vieler Hinsicht seine Anschauungen über die gemeinsame Gesetzlichkeit in Natur und Geschichte, die er sich aus dem Studium Darwins und der Naturwissenschaft erworben hatte (vgl. Matthias 1957).

Die Marxsche, sich radikal auf die historisch je spezifischen Zusammenhänge von gesellschaftlichem Sein und Bewußtsein beziehende Theorie ist bei Kautsky zugunsten einer allgemeinen, Natur und Geschichte umspannenden Entwicklungsmetaphysik preisgegeben. Die menschliche Geschichte ist danach nur ein an besondere Gesetze gebundener Sonderfall in der Geschichte der Lebewesen. Sie hat ihre eigenen Gesetze. Diese hängen aber mit den allgemeinen Gesetzen der lebendigen Natur zusammen (vgl. Schmidt 1962, 37). Der Entwicklungsglaube Kautskys diente der reformistischen Praxis der deutschen Sozialdemokratie im kaiserlichen Deutschland entsprechend vor allem als verschleiernde Ideologie. Bezogen auf diese Praxis erwies sich die Theorie Kautskys dann nur als das Pendant zum Revisionismus Bernsteins, gegen den sich Kautsky theoretisch wendete.

Im Unterschied zu Lenin, für den Demokratie «ein die Unterordnung der Minderheit unter die Mehrheit anerkennender *Staat*, d. h. eine Organisation zur systematischen *Gewaltanwendung* einer Klasse gegen die anderen» (Lenin, Werke Bd. 25, [6]1981, 469) ist und wonach der Begriff der klassenlosen Gesellschaft die Auflösung des Staates und der Demokratie zugleich meint, betont Kautsky im Sinne eines Sozialevolutionismus, daß beide nicht aufzulösen, sondern zu erweitern seien. Für den späten Kautsky ist eine «Synthese notwendig zwischen den Tendenzen der Demokratie nach fortschreitender Beschränkung der Staatsgewalt und den Tendenzen der ökonomischen Entwicklung nach ständiger Ausdehnung der Funktionen des Staates und des Apparates, der zu ihrer Bewältigung notwendig ist» (Kautsky 1929, Bd. 2, 447). Der Staat ist hiernach nicht untrennbar mit der Ausbeutung verknüpft. Die moderne Form des Staates und der Demokratie resultiert hier für Kautsky aus der Produktion des relativen Mehrwerts, wonach die Ausbeutung vermehrt werden kann ohne Verlängerung des Arbeitstages oder der Verschlechterung der Lebensverhältnisse der Arbeiter (vgl. ebd., 380). In seiner Perspektive taucht zum erstenmal in der Weltgeschichte die Möglichkeit von Staatswesen auf, «die den Keim zu steter Vervollkommnung» in sich tragen, wodurch dann «Staat und Gesellschaft in eine ganz neue Epoche» (ebd., 382) eintreten. Insofern gewinnt der Begriff der Diktatur des Proletariats, wie ihn Marx in seiner Kritik des Gothaer Programms von 1875 formuliert hat, für Kautsky einen anderen Sinn: «Gleichzeitig mit dem Proletariat erstarkt die Demokratie» (Kautsky 1932, 119). Die Sozialdemokratie ist für Kautsky zwar eine revolutionäre, aber nicht unbedingt eine die Revolution machende Partei. Und also: «Nicht von der Möglichkeit oder Notwendigkeit eines kommenden Zusammenbruchs oder Niedergangs des Kapitalismus hängt die Aussicht des Sozialismus ab, sondern von den Erwartungen, die wir hegen dürfen, daß das Proletariat genügend erstarkt (...)» (Kautsky 1929, Bd. 2, 562). Im Sinne eines «undialektischen Entwicklungsglaubens» wird somit schließlich «den ‹Verhältnissen› die Verwirklichung des Sozialismus» (Matthias 1957, 165) überlassen.

Nach Bernstein muß die Marxsche Theorie revidiert werden, weil empirisch eine Verelendung der Massen und eine Polarisierung der Gesellschaft in zwei Klassen und somit die Entwicklung der gesellschaftlichen Verhältnisse zu einer revolutionären Situation nicht nachweisbar seien. Daher tritt Bernstein für gewerkschaftliche und genossenschaftliche Vereinigungen und sozialpolitische Bestrebungen ein und verteidigt gegen die sog. «Hegeldialektik» (Bernstein 1969, 29) in der Marxschen Theorie den «empirischen», an einzelwissenschaftliche Fragestellungen orientierten Standpunkt.

Theoretisch unterscheidet Bernstein bei allen Wissenschaften zwischen einer «reinen» und einer «angewandten» Lehre. Die erstere besteht aus Erkenntnissätzen, die als «allgemeingültig» zu betrachten sind und die letztere aus den «Anwendungen dieser Sätze auf die Einzelerscheinungen oder Einzelfälle der Praxis» (ebd., 39). Nach Bern-

stein bilden die Erkenntnissätze das konstante und die aus deren
Anwendung gewonnenen Erkenntnisse das variable Element. In Anwendung dieser Unterscheidung sieht er unter Hinweis auf das Vorwort von Marx in «Zur Kritik der Politischen Ökonomie» die Marxsche Theorie in eine «abstrakte Geschichtstheorie» und in eine
«Theorie der modernen Gesellschaft» unterteilt, die er als Anwendung der allgemeinen Sätze dieser Theorie auf die Tatsachen der Gesellschaft begreift (vgl. ebd.). Eine solche Theorie muß sich nach
Bernstein aber verändern, wenn ihre allgemeinen Sätze durch die geschichtliche Entwicklung in Frage gestellt werden. Für die moderne
Gesellschaft stellt er allgemein fest, daß diese an ideologischen Faktoren, die nicht von der Ökonomie «und der als ökonomische Macht
wirkenden Natur» (ebd., 38) bestimmt seien, reicher sei als frühere
Gesellschaftsformationen. Die Macht des ökonomischen Faktors
könne durch vorausschauende Planung so eingeschränkt werden, daß
schon in der bestehenden Gesellschaft «das allgemeine Interesse in
wachsendem Maße an Macht gegenüber dem Privatinteresse» gewinne. Für Bernstein ergibt sich daraus, daß gerade das in der ökonomischen Entwicklung erreichte Niveau den ideologischen und vor allem den ethischen Faktoren einen «größeren Spielraum selbständiger
Betätigung» lasse, «als dies vordem der Fall war». Gegenüber Hegel
(ohne wirkliche Berücksichtigung der Hegelkritik durch Marx) tut
nach Bernstein der Sozialdemokratie deshalb «ein Kant not» (ebd.,
217) und das mit dessen Vernunftkritik gegebene *fundamentale Prinzip seiner Kritik* (ebd., 218). – Die Rückkehr zu Kant und die Positi-
vierung der Marxschen Theorie korrespondieren hier einander umstandslos.

Die neukritizistischen Positionen, die an der Ethik Kants orientiert
sind, versuchen die Marxsche Theorie durch eine ‹Ethik› zu ergänzen
oder zu zeigen, daß die zentralen Begriffe der Theorie von Marx bereits eine ethische Wertung enthalten. Für die Position eines an Kant
orientierten ethischen Sozialismus sind zu nennen die Arbeiten von
H. Cohen und für eine Verbindung von Marx und Kant unter ethischen Gesichtspunkten u. a. die von Vorländer, Woltmann und Stau-
dinger (vgl. Sandkühler & de la Vega 1974).

Demgegenüber ist der Begriff des Sozial-Apriori in der Theorie
von Max Adler primär an einer Kant verpflichteten transzendentaltheoretischen Begründung der Marxschen Theorie orientiert. Ethische Fragestellungen beziehen sich nach Adler auf rein praktische
Orientierungen und haben keinen Bezug zu dieser Begründungsvor-

aussetzung der Marxschen Theorie. Innerhalb des Austromarxismus und gegenüber Kautsky und Bernstein vertrat Adler eine linksradikale Position in Hinsicht auf die Frage nach der Notwendigkeit einer revolutionären Veränderung der bürgerlichen Gesellschaft. Das zeigt sich vor allem an seiner Differenzierung von politischer (als bürgerlicher) und sozialer (als sozialistischer) Demokratie, seinem Diktaturbegriff, wie an seiner Auffassung vom Staat als einer historisch widersprüchlichen Form der Vergesellschaftung für alle klassengespaltenen Gesellschaften.

Das Sozial-Apriori bei Adler, das, und zwar gegen den Dialektikbegriff bei Marx, als früher Versuch gelten kann, einen apriorisch orientierten Vernunftbegriff zu entwickeln, ist als vor jeder empirischen Vergesellschaftung immer schon vorauszusetzende mentale Vergesellschaftung des Individualbewußtseins innerhalb der von Adler behaupteten Bewußtseinstotalität zu begreifen. Die Marxsche Theorie selbst wird von Adler begriffen als «systematische kausale Erkenntnis von Seinszusammenhängen» (Adler 1936, 18) des gesellschaftlichen Prozesses, wobei hier gegenüber mechanischer oder organischer eine sog. soziale bzw. geistige Kausalität gemeint ist, die durch über Ideen vermittelte intentionale Handlungen zustande kommt und insofern teleologisch orientiert ist, als sich als Sinnbezug des Geschichtsprozesses die empirische Realisierung der Ideen des Wahren, Guten und Schönen erweist, durch welche mental die Individuen schon a priori verbunden sind. Historisch-gesellschaftliche Prozesse verlaufen dabei unter dem Wechselspiel von Ideen und aus der ökonomischen Entwicklung entspringenden Interessen und Herrschaftsstrukturen, wonach der Klassenkampf letztlich immer «Geisteskampf» ist und mit jedem Emanzipationsschritt sich auch der ideelle Aspekt immer stärker thematisch macht bis hin zur klassenlosen Gesellschaft. Die ökonomischen Strukturen definiert Adler als «variable Determinanten an der formalen Konstanz des sozialen Lebens» (Adler [4]1920, 16). Werden unter den historisch verschiedenen Herrschaftsformen die Ideen in widersprüchlicher Weise, nämlich zur Herrschaftssicherung, verwendet, so gilt für Adler gerade deshalb, daß durch jeden Sieg einer unterdrückten Klasse «jederzeit zugleich ein Sieg der Moral, des Rechts und der Vernunft» (Adler [3]1925, 63) vorliegt. Der Staat ist bei Adler bestimmt als eine öffentlich-rechtliche Form der Ausbeutung, Staatsformen sind nur Modifikationen allgemeiner Strukturen.

Adler versucht in einer Kritik, die sich auch gegen die Position von

Kautsky wendet, die Marxsche Theorie von einer naturalistisch-realistischen Ausgangsorientierung zu befreien. Aber unter der Prämisse des Sozial-Apriori zeigt sich auch bei ihm eine entwicklungsmetaphysische Orientierung wie im Naturalismus Kautskys, wenn auch im Unterschied zu diesem transzendentallogisch orientiert. Aus der Sicht der theoretischen Ansätze von Marcuse (vgl. Marcuse 1930) und Lukács (vgl. Lukács 1924) erweist sich diese Form der Theoriebildung selbst noch als bürgerlich orientiert.

3.3.5 Reflexion der Marxschen Theorie als Kritik der kritisch-revolutionären Theorie

Gegenüber dem Naturalismus Kautskys, dem Revisionismus Bernsteins, dem offiziellen Leninismus sowie auch gegenüber einer an Kant orientierten ethischen Ergänzung der Marxschen Theorie oder transzendentallogischen Begründung bezieht sich die von Korsch und Lukács vorgenommene Reformulierung unter Rückgriff auf die Dialektik wieder explizit auf die Totalitätsanalyse von Marx. Unter dem Gesichtspunkt des Totalitätstheorems haben Naturalismus, Revisionismus und Kantianismus und auch der Sowjetmarxismus gemeinsam, daß der bestimmte historisch vermittelte Stellenwert der Marxschen Theorie als einer kritisch-revolutionär orientierten Gesellschaftstheorie nicht mehr expressis verbis zur Geltung gelangt (vgl. Korsch zur Kritik an Lenin, Kautsky und Bernstein; Korsch 1966, 41–46). Der Rekurs auf den in Auseinandersetzung mit Hegel gewonnenen Begriff der Dialektik als Methode der Marxschen Theorie, wie das bei Korsch und Lukács geschieht, impliziert sowohl eine Kritik an der Widerspiegelungstheorie bei Lenin, die Korsch als ein sogar noch vorkantianisch orientiertes Verständnis über das Verhältnis von Denken und Sein begreift, wie auch eine Kritik an jedem Naturalismus und Empirismus als vorhegelsche Positionen, wie aber auch eine Kritik an Kantischen Ausgangsorientierungen in Hinsicht auf die Interpretation der Marxschen Theorie, da schon die Hegelsche Dialektik als Kritik des Kantischen Transzendentalismus begriffen und vorausgesetzt wird (vgl. hierzu unter Bezug auf Lukács: Fetscher 1962, 3 Bde., Bd. 1, 28f).

Die theoretische Ausgangsorientierung von Korsch bezieht sich auf die methodologische Selbstreflexion, wie sie Marx in der «Einleitung zur Kritik der Politischen Ökonomie» vornimmt. Materialistische Dialektik soll in der Perspektive von Korsch mit ihrem jeweiligen konkreten geschichtlichen Gehalt ausgefüllt werden (vgl. Korsch 1966, 176).

Im Sinne einer auf die Entwicklung der Marxschen Theorie anzuwendenden historisch-materialistischen Ausgangsorientierung versucht Korsch nun die Entwicklung dieser Theorie unter sozialstrukturellen Gesichtspunkten in drei große Entwicklungsperioden zu unterteilen und marxistische Ideologien als Produkte einer historischen Entwicklung zu begreifen. Die Periode von 1843 bis 1848 beginnt ideengeschichtlich mit der Kritik der Hegelschen Rechtsphilosophie durch Marx und endet mit dem Kommunistischen Manifest. Die Periode ab 1848 beginnt mit der Niederwerfung des Pariser Proletariats und endet mit der Jahrhundertwende; die dritte Periode ist durch die Zeit danach charakterisiert.

In der ersten Phase ist die Theorie bei Marx und Engels nach Korsch «trotz aller Absagen an die Philosophie» eine «mit philosophischem Denken durch und durch gesättigte Theorie der als lebendige Totalität gesehenen und begriffenen *gesellschaftlichen Entwicklung*, genauer: der als lebendige Totalität begriffenen und betätigten *sozialen Revolution*» (ebd., 98). Auch in der zweiten Phase bleibt der nun als wissenschaftlicher Sozialismus auftretende Marxismus «das umfassende *Ganze* einer Theorie der sozialen Revolution» (ebd., 100). Aber die einzelnen Theoriestränge wie Ökonomie, Politik, Ideologie usw. treten nun weiter auseinander, ohne daß dadurch an die Stelle des Ganzen eine Vielheit selbständiger Elemente tritt. Unter Anspielung auf Hilferding (vgl. ebd., 109, 125f) kritisiert Korsch dann die später erfolgte Auffassung des wissenschaftlichen Sozialismus als Summe einzelwissenschaftlicher Erkenntnisse ohne «*unmittelbare* Beziehung zur politischen und sonstigen Praxis des Klassenkampfs» (ebd., 101). Versagte nach Korsch mit Ausbruch des Ersten Weltkriegs gerade diese Marx-Orthodoxie, so beginnt im Zusammenhang damit auch jene dritte Entwicklungsperiode, die vor allem von Korsch und Lukács selbst als die Wiederherstellung des Marxismus bezeichnet wird. Diese Wiederherstellung kann nach Korsch nur in Form einer dialektischen Weiterentwicklung im Sinne einer «alle Gebiete des gesellschaftlichen Lebens als Totalität erfassenden Theorie der sozialen Revolution» (ebd., 110) erfolgen.

Die Orientierung am Totalitätsbegriff durch Korsch impliziert das, was Korsch im Unterschied zu einer «‹reine(n)› Kritik» im Sinne Kants unter «Kritik» versteht. Nach ihm setzt der Marxsche Begriff der Kritik überall an, als «‹Kritik› der bürgerlichen Philosophie», als «‹Kritik› der bürgerlichen Geschichtsschreibung», als «‹Kritik› sämtlicher bürgerlicher ‹Geisteswissenschaften›, mit einem Wort» als «‹Kritik› der gesamten bürgerlichen Ideologie» (ebd., 140). Die Marxsche Theorie als Kritik der bürgerlichen «Ideologie» ist danach weder reine Wissenschaft noch Philosophie, vielmehr eine Kritik der verschwiegenen Voraussetzungen aller bisherigen bürgerlichen Wissenschaft und Philosophie. Die Anwendung der «historischen und materialistischen Methode von Marx auf den Marxismus» führt dann bei Korsch in der Folge zur historisch vermittelten Relativierung der Marxschen Theorie selbst (vgl. das Vorwort von Gerlach, in Korsch 1966).

In der Perspektive von Lukács erscheint Geschichte als ununterbrochene Umwälzung von Gegenständlichkeitsformen, die das Dasein der Menschen gestalten. Für die bürgerliche Gesellschaft findet sich in der Struktur des Warenverhältnisses das Urbild aller Gegenständlichkeitsformen und aller ihnen entsprechenden Formen der Subjektivität. Diese Form des Weltbezugs charakterisiert Lukács als Verdinglichung: Die auf Lohnarbeit beruhende Produktionsweise erfordert das «zur Ware Werden» einer Funktion des Menschen. Die Eigenschaften eines Menschen verbinden sich nicht mehr zur organischen Einheit einer Person, sondern werden veräußerbare Dinge. Solange sich Integration über das Medium des Tauschwertes vollzieht, existieren die Produzenten nur sachlich füreinander, erscheint das Gemeinwesen als ein «äußerliches und darum zufälliges Ding allen gegenüber» (Marx 1953, 909).

Lukács verbindet daher mit der Verdinglichung eine Kritik der modernen Wissenschaft selbst. Das Erkenntnissubstrat gilt ihr als unerfaßbar. Im Gegensatz zum «Rationalismus» früherer Epochen tritt die moderne Philosophie mit dem Anspruch auf, das Prinzip des Zusammenhangs sämtlicher Phänomene entdeckt zu haben. Vorbild für ein «System», in dem jedes einzelne Moment aus seinem Grundprinzip erzeugt werden kann, ist die Mathematik. Das übersichtliche Registrieren vernachlässigt jedoch, daß die Inhalte die Struktur des Systems bestimmen, verzichtet darauf, die Wirklichkeit als Ganzes zu erkennen und setzt die formell-mathematische mit Erkenntnis überhaupt gleich. Die Einheit von Subjekt und Objekt ist Tätigkeit. Materie bildet das Substrat des Handelns.

Die moderne Philosophie hat die wechselseitige Durchdringung von Form und Inhalt nur als Programm. Sie versucht, die bürgerliche

Gesellschaft gedanklich zu überwinden und das Subjekt spekulativ zum Leben zu erwecken. In ihren Resultaten gelangt sie jedoch nur zur vollständigen gedanklichen Reproduktion und zur apriorischen Deduktion der bürgerlichen Gesellschaft. Lukács hält daran fest, daß Unmittelbarkeit und Vermittlung selbst Momente eines dialektischen Prozesses sind und die Vermittlungsformen in den strukturierenden Aufbauprinzipien und Bewegungstendenzen des Gegenstands aufgezeigt werden können. Die «Gegenstände der Empirie» werden als Momente der Totalität erfaßt und verstanden.

«Die Kategorie der Vermittlung als methodischer Hebel zur Überwindung der bloßen Unmittelbarkeit der Empirie ist also nichts von außen (subjektiv) in die Gegenstände Hineingetragenes, ist kein Werturteil oder Sollen, das ihrem Sein gegenüberstände, *sondern ist das Offenbarwerden ihrer eigentlichen, objektiven, gegenständlichen Struktur selbst*. Diese kann aber erst infolge des Aufgebens der falschen Einstellung des bürgerlichen Denkens an den Gegenständen zum Vorschein kommen und ins Bewußtsein gehoben werden. Denn die Vermittlung wäre unmöglich, wenn nicht bereits das empirische Dasein der Gegenstände selbst ein vermitteltes wäre, das nur darum und insofern den Schein der Unmittelbarkeit erhält als einerseits das Bewußtsein der Vermittlung fehlt, andererseits die Gegenstände (eben deshalb) aus dem Komplex ihrer wirklichen Bestimmung gerissen und in eine künstliche Isolation gebracht worden sind» (Lukács 1923, 179).

Diese mit der fortschreitenden Kapitalisierung der Gesellschaft verbundene Bewußtseinsstruktur kann aufgehoben werden, wenn die «richtige» Erkenntnis der Gesellschaft zur unmittelbaren Selbstbehauptung einer Klasse wird – mit dem Proletariat, das «die Auflösung der bisherigen Weltordnung» (Marx) und die universelle Befreiung verkündet. Während Hegel die Einheit von theoretischer und praktischer Vernunft nur spekulativ auf den Begriff bringt und damit die geschichtliche Praxis verfehlt, wird für Lukács der kritische Gehalt der philosophischen Einsicht in der Theorie des proletarischen Klassenbewußtseins wirksam. Zwar stiftet die Mechanisierung der Produktion keinen Zusammenhang der einzelnen Individuen untereinander. Der Kampf der Arbeiter um die Arbeitszeit macht virtuell aber die Objektrolle des sich als Ware objektivierenden Menschen durchsichtig. Mit der Selbsterkenntnis als Ware ist nun für Lukács eine gegenständliche Veränderung am Objekt der Erkenntnis selbst verbunden. Der Fetischcharakter jeder Ware gibt den Kern, die Beziehung zwischen Menschen frei. Solange das Proletariat freilich in einer ideologischen Krise befangen ist, übernimmt die Theorie die Rolle des wirklichen Selbstbewußtseins. «Die rein abstrakte Negativität im Dasein des Arbeiters ist also nicht nur die objektiv typischste Erscheinungsform der begrifflich abgeleiteten Verdinglichung, das struktive Vorbild für die kapitalistische Vergesellschaftung, sondern – eben deshalb – subjektiv der Punkt, wo diese Struktur ins Bewußtsein gehoben und auf diese Weise praktisch durchbrochen werden kann» (ebd., 189). Diese Intention auf Totalität abstrahiert jedoch von alltäglichen Prozessen und charakterisiert das Handeln nur seinem objektiven Sinn nach. Folgerichtig wird die Kommunistische Partei ein Garant dafür, daß das idealtypisch vorgestellte Klassenbewußtsein auch umgesetzt wird. Sie wird zu einem abgesonderten Vorbild, um den Entwicklungsprozeß des Klassenbewußtseins zu fördern und zu beschleunigen und den revolutionären Sinn zu verkörpern.

Bloch geht im Gegensatz zu Lukács nicht nur vom Tendenzcharakter des gesellschaftlichen Seins aus, sondern von einem Begriff der Tendenz-Latenz, der die Natur und die menschliche Geschichte umfaßt. Der Materiebegriff wird dabei im Sinne eines naturontologischen Materialismus als Offenheit des Weltprozesses nach vorn hin verstanden, wonach die Materie gegenüber überkommenen dualistischen Form-Stoff-Vorstellungen sich ihre Formen selbst schafft. Die Kategorie der realen Möglichkeit wird hier entscheidend. Das Sein wird dabei als das utopisch verstandene Telos des Weltprozesses gefaßt und mit Bezug auf die Realisierung der Entwicklungsmöglichkeiten des die Natur umschaffenden Menschen als «Heimat» (Bloch 1959, Bd. 5, 1628).

3.3.6 Die «Kritische Theorie»

In der Etablierung des Sowjetsystems wurde das Bild einer abgekürzten Industrialisierung für Entwicklungsländer immer deutlicher, die, weit entfernt von der Verwirklichung einer emanzipierten Gesellschaft, hinter die rechtsstaatlichen Errungenschaften des Kapitalismus in eine Parteidiktatur führt. In kapitalistischen Gesellschaften bedürfen die gesellschaftliche Arbeit und der Warenverkehr einer politischen Verwaltung. Entfremdung wird abstrakt gegenüber einer ökonomisch sinnfälligen Gestalt des Elends. Das Interesse an der Emanzipation der Gesellschaft artikuliert sich nicht mehr unmittelbar: Der Ausschluß von der Verfügung über Produktionsmittel, wie er das Proletariat kennzeichnet, ist nicht mehr mit dem Entzug von sozialen Entschädigungen derart verbunden, daß diese objektive

Lage auch subjektiv erfahren und in Handlungen umgesetzt wird. Faschistische Herrschaftsformen bedeuten einen Rückfall in die Barbarei. Die Ausdifferenzierung der Sozialwissenschaften schließlich und ihre akademische Institutionalisierung wirft die Frage einer *rationalen Begründung* von Kritik im Zusammenhang der Entwicklung der Disziplinen und der Wissenschaftsorganisation selbst auf.

Das Verhältnis von Wissenschaft und Proletariat, das Verhältnis von Theorie und Wahrheit und die Kritik der instrumentellen Vernunft rücken daher in den Mittelpunkt des theoretischen und praktischen Interesses (vgl. Horkheimer 1967). Nur in dem Maße, wie Theorie mit dem Bewußtsein der Arbeiter vermittelbar ist, kann sie politische Wirkungen entfalten, kann eine objektive Klassenlage auch subjektiv erkannt werden. Im transzendental gedachten Klassenstandpunkt des Proletariats wird, wie Georg Lukács es formuliert hat, mit fortschreitender Entwicklung der Produktivkräfte die kapitalistische Gesellschaft als Totalität durchschaubar. In diesem Kontext identifiziert Horkheimer noch 1929 die Gruppen, die die Not ihrer gesellschaftlichen Stellung erfahren, mit den natürlichen Trägern der Erkenntnis und dem Subjekt revolutionärer Theorie. Mit der gesellschaftlichen Entwicklung und der Ohnmacht der Arbeiter vor dem Unterdrückungsapparat des autoritären Staates flüchtet aber, wie er es metaphorisch ausdrückt, die Wahrheit zu kleinen Gruppen, die, von dem Terror immer weiter dezimiert, theoretisch kaum arbeiten können (vgl. Horkheimer 1974). Horkheimer hält daran fest, daß eine Theorie der Gesellschaft politische Interessen notwendig einschließt, über deren Wahrheit nicht die scheinbar neutrale Reflexion, sondern die konkrete geschichtliche Aktivität entscheidet. In wissenschaftlicher Arbeit als Moment des gesamtgesellschaftlichen Arbeitsprozesses konstituieren und verändern sich erst die Gegenstände von Erkenntnis. Die Relevanz von Problemstellungen muß sich ebenfalls in dieser Dimension des gesellschaftlichen Vorverständnisses bestimmen. Das Wissenschaftsverständnis der kritischen Theorie beansprucht daher die Analyse von Gesellschaften innerhalb eines Gesamtzusammenhangs und der Perspektive, ihn revolutionär zu verändern, auch wenn die Situation des Proletariats nicht mit der Erkenntnis des Unterdrückungszusammenhangs verbunden ist: Trotz der Erfahrungen von Not und Unrecht verhindert die Differenzierung der sozialen Struktur und der Interessen, daß dieses Bewußtsein sich unmittelbar Geltung verschafft.

Horkheimer kritisiert vor diesem Hintergrund den Glauben an die

Massenspontaneität und hält eine kognitive Distanzierung der sozialistischen Intelligenz um des Proletariats willen von dessen Bewußtsein
für unabdingbar. Diese Solidarisierung, die die Distanzierung vom
erscheinenden Bewußtsein des Proletariats bedeutet, wird freilich
problematisch, wenn Kriterien für die sozialistische Identität politischer Positionen auf den Fluchtpunkten selbstgewählter Einsamkeit
undeutlich werden. Sie führt zu einer überparteilichen und abstrakten
Auffassung der Intelligenz, die sich in der Analyse von Gesellschaftsstrukturen bestätigt sieht: Das Proletariat ist entweder in den bürgerlichen Herrschaftszusammenhang integriert oder reproduziert ihn in
Strukturen der eigenen Organisation. Für die wissenschaftliche Tätigkeit bleiben moralisch getragene Entscheidungen und immer vager
werdende Orientierungen an objektiven Interessen zurück – schließlich die Einschätzung, daß die Weiterentwicklung der Theorie auch
gegen das Bewußtsein des Proletariats vorgenommen werden muß –
durch Subjekte kritischen Verhaltens (vgl. Horkheimer 1968). Der
utopische Bezugspunkt liegt freilich noch in der Aufhebung der privaten Verfügungsgewalt über Produktionsmittel und der planwirtschaftlichen Reorganisation des gesamtwirtschaftlichen Prozesses.

Mit der Beschränkung der kritischen Theorie auf Philosophie als
problemsensitives Medium gegenüber den Einzelwissenschaften wird
der Sinn von Wissenschaft in der Perspektive einer negativen Geschichtsphilosophie der Aufklärung und einer Kritik der instrumentellen Vernunft insgesamt fragwürdig.

Horkheimer wendet sich mit der These, daß sich für eine materialistische Theorie die Gegenstände ihrer Erfahrung aus vorfindbaren Konfliktlagen ergeben, gegen eine unhistorische Selbstreflexion
des Subjekts und betont die historisch überholbaren Standards von
Wahrheit. Philosophie soll die Rolle eines Interpretationsmediums
für die disziplinär zersplitterten Einzelwissenschaften übernehmen.
Mit dem Begriff der traditionellen Theorie kennzeichnet er eine Form
der Theorie, wie sie sich in der gesamten neuzeitlichen naturwissenschaftlich orientierten Wissenschaft findet. Ihr Kennzeichen ist die
Trennung des wissenschaftlichen Objekts vom betrachtenden Subjekt. Die kritische Theorie geht davon aus, daß Subjekt und Objekt
gesellschaftlich konstituiert sind und die Relevanzstrukturen wissenschaftlicher Arbeit nur im Zusammenhang des gesellschaftlichen Reproduktionsprozesses zureichend verstanden werden können. Ihre
politische Aufgabe sieht sie darin, die vernünftige Organisation des
gesellschaftlichen Arbeitsprozesses theoretisch vorzubereiten.

Das Programm eines interdisziplinären Materialismus, das Horkheimer im Auge hat, geht aus einer Krisendiagnose der bürgerlichen und marxistischen Wissenschaft hervor. *Wissenschaft als Produktivkraft* liefert die intellektuellen Voraussetzungen für eine wachsende Beherrschung der äußeren und inneren Natur; sie hat eine gesellschaftlich bedingte Struktur, deren Erscheinungsform sich im gesellschaftlichen Entwicklungsprozeß selbst verändert. *Wahrheitsbezogenheit* richtet sich auf die spezifische Autonomie der Wissenschaft und die Verallgemeinerbarkeit ihrer Erkenntnisse. Die Selbstentfaltung wissenschaftlicher Entwicklung teilt freilich die wachsende Widersprüchlichkeit des Kapitalismus selbst: Unter der Perspektive der Gesellschaftsbezogenheit veralten die wissenschaftlichen Erkenntnisse mit der Entwicklung der Produktivkräfte.

Der durch die bürgerliche Gesellschaft bewirkte Erkenntnisfortschritt verkehrt sich schließlich in sein Gegenteil: Die Sozialwissenschaften nehmen gesellschaftliche Objekte nach Kriterien der Verwendung, Verwertung und Verwaltung wahr. Wissenschaftsimmanent setzt sich dieser Strukturwandel in einer Beschäftigung mit der Eigenlogik von Gegenstandsbereichen und der Fiktion einer voraussetzungslosen Analyse der sozialen Wirklichkeit fort, die gleichzeitig deren unkritische Reproduktion bedeutet. Die Einzelwissenschaften versagen vor der Analyse des gesellschaftlichen Gesamtprozesses; trotz der Anhäufung isolierter Einzelerkenntnisse wird eine rationale Erklärung der Gesellschaft immer weniger geleistet, bedeutet die Akkumulation von Wissen keine Vertiefung von Erkenntnissen, wird schließlich der Rationalitätsbegriff selbst eingeschränkt.

Horkheimers programmatische Perspektive besteht darin, die Kritik der politischen Ökonomie von Marx in einer historisch reflektierten Einstellung auf sich selbst zu beziehen und dadurch weiter zu entwickeln; er ist überzeugt, daß sie deshalb einen hervorragenden Ausgangspunkt bietet, weil die Gesetze einen übergreifenden Struktur- und Funktionszusammenhang bezeichnen, dessen konkrete Gestalt in Abhängigkeit von den jeweiligen Problemlagen neu hergestellt und begründet werden kann. Die von Horkheimer angezielte materialistische Theorie der Gesellschaft grenzt sich gegenüber dem orthodoxen Marxismus ab. Sie soll keine neue Metaphysik auf der Grundlage eines ontologischen Primats der Materie sein. Vielmehr muß das wechselseitige Bedingungsverhältnis von Überbau und Basis immer wieder historisch reflektiert werden. Auch hier spielt die Überzeugung eine große Rolle, daß Politik im 20. Jahrhundert ein hohes Maß

an Autonomie gewonnen hat, wie es nicht zuletzt in der leninistischen
und faschistischen Praxis zum Ausdruck kommt (vgl. Horkheimer
1981). Soziale Tatsachen als solche könne es daher nicht geben, vielmehr ein Wechselspiel zwischen Besonderem und Allgemeinem, zwischen Momenten und Totalität.

Die kritische Theorie verfolgt jedoch diese Aufgabe, die konsequent
in eine makrosoziologische Analyse kapitalistischer Gesellschaften
geführt hätte, nicht weiter, sondern nimmt sie in philosophische Reflexion zurück (vgl. Horkheimer & Adorno 1947). Der universalgeschichtliche Prozeß menschlicher Naturaneignung ist technisch-in-
strumentell. Die Kritik der instrumentellen Vernunft zeigt, daß die
Emanzipation der Menschengattung nicht durch eine Perfektionierung der Herrschaft über die Natur zu erreichen ist. Auf der Nachtseite
der menschlichen Geschichte werden Technik und Technologie als
systematisierte Form produktiver Selbstbehauptung der Gattung gegenüber der Natur zum Vehikel einer welthistorischen Regression.
Bereits am Anfang aller Geschichte konstituiert sich die Menschengattung, indem sie sich aus dem Naturzusammenhang ausgrenzt und ihn
zum Zweck der Selbstreproduktion ausbeutet. Die der ersten Natur
zugefügte Herrschaft reproduziert sich in den gesellschaftlichen Organisationsformen, deren extremste Form der Faschismus ist. Die kognitiven Weltorientierungen tragen als solche schon die Male ihrer Pa-
thogenese und der Stabilisierung von Herrschaftszusammenhängen.
Die Totalisierung politischer Herrschaft im Faschismus, die Verstümmelung von Individualität, die autoritäre Disziplinierung von Formen
kognitiver Weltorientierung in Kulturindustrie und Propaganda sind
Ausdrucksformen einer für Herrschaftszwecke instrumentalisierten
Vernunft. Jede fachwissenschaftliche Arbeit wird in der «Dialektik
der Aufklärung» mit ihrer produktions- und sozialtechnologischen
Anwendung gleichgesetzt, unvermittelt stehen philosophische Reflexion und empirische Sozialforschung nebeneinander. Die Kulturindustrie schließlich besetzt das Bewußtsein aller Gesellschaftsmitglieder
restlos durch eine massenkommunikativ vorfabrizierte Realität.
Herrschaft über die Natur reproduziert sich in den Institutionen und
Bewußtseinsformen abendländischer Gesellschaften so weit, daß nur
Skepsis gegenüber den Disziplinen und platonischer Dialog ein Na-
turverhältnis imaginieren können, in dem Selbsterhaltung und Unterdrückung entkoppelt sind. Voraussetzung für eine emanzipierte Gesellschaft wird nun die moralische Qualifikation des transzendentalen
bürgerlichen Subjekts. Totalität, offen für die objektiven Interessen

des Proletariats, wird zur negativen Totalität – zu einem Zwangszusammenhang der Geschichte.

Die naturbeherrschende Rationalität weitet den Verdinglichungszusammenhang so weit aus, daß es gegenüber der instrumentellen Rationalität keinen Fluchtpunkt mehr gibt, ja die Theoriebildung aus politischen Interessenzusammenhängen und vom faktischen Bewußtsein des Proletariats gelöst werden muß, um Reste kritischer Bewußtseinsformen bewahren zu können. Im Spätkapitalismus, einer Gesellschaft totaler Verdinglichung, widersteht nur eine Theorie des Gehalts von Kunstwerken und der negativen Totalität: Das Kunstwerk nimmt eine Erfahrungsform in Anspruch, die nicht von der herrschaftlichen Aneignung der Realität dominiert wird, philosophische Kritik kann im Medium des Denkens dessen Herrschaftslogik zeigen. Habermas teilt beide Motive nicht. Den ohne eine proletarische Massenbewegung verstellten Horizont will er mit einer Kommunikationstheorie wieder öffnen und den Anspruch der klassischen politischen Wissenschaft erneuern, Antworten auf die Frage geben zu können, was in einer bestimmten historischen Situation getan werden kann und muß: Gegen eine in seiner Sicht bewußtseinsphilosophische Konstruktion von Gesellschaft macht er die ursprüngliche Intersubjektivität geltend; die Kritik der instrumentellen Rationalität teilt er nur bis zu dem Punkt, an dem evolutionäre Leistungen von Gesellschaftssystemen aus dem Blickfeld geraten.

Ausgangspunkt für die Diskussion der Frage, wie Entstehung und Entfaltung moderner Gesellschaften als Rationalisierungsvorgang begriffen werden können, ist die Einschätzung, daß die von Marx, Weber, Horkheimer und Adorno zugrunde gelegten Handlungsbegriffe nicht komplex genug sind, um an sozialen Handlungen alle die Aspekte zu erfassen, an denen gesellschaftliche Rationalisierung ansetzen kann und daß sie nicht präzise zwischen der Rationalisierung von Handlungsorientierungen oder lebensweltlichen Praktiken und dem Komplexitätszuwachs von Handlungssystemen unterschieden haben.

Für die frühe Marxinterpretation durch Habermas ist der Begriff der Kritik in einer sich wieder der reinen Kritik nähernden Weise zentral. Philosophie und Sozialwissenschaften werden zu unhintergehbaren Voraussetzungen für die als Kritik verstandene Marxsche Gesellschaftstheorie. Worum es Habermas geht und von woher er in seinen frühen Interpretationen der Marxschen Theorie viele der bisherigen Interpretationen derselben kritisiert, ist, den Marxismus als kritische

Theorie in praktischer Absicht zu verstehen, die im Rekurs auf die Sozialwissenschaften sowohl an empirische Bedingungsanalysen für die Frage nach den empirischen Voraussetzungen für einen möglichen, die Gesellschaft transformierenden Prozeß orientiert ist, als auch philosophisch-gesellschaftstheoretisch, indem sie, unter dem Gedanken möglicher Emanzipation, sich das Ganze der bestehenden Gesellschaft kritisch zu ihrem Gegenstand macht.

Habermas rekurriert hier auf den historisch gewordenen Charakter des Systems entfremdeter Arbeit, an das die Marxsche Theorie gebunden bleibe. Insofern ist für ihn Dialektik nur «logische Spur» in der Geschichte, sie besetzt sie nicht «im ganzen»; und die «praktisch vollendete Dialektik» ist damit zugleich «die aufgehobene» (Habermas [2] 1980, 441).

Aus der Voraussetzung, die Marxsche Theorie als empirisch orientierte Geschichtsphilosophie in praktischer Absicht zu begreifen, erfolgt eine Kritik an dem geschichtsontologisch orientierten Begriff des Klassenbewußtseins bei Lukács, das hegelianisch orientiert bleibe. Habermas unterscheidet strikt «zwischen praktischer und theoretischer Notwendigkeit» (ebd., 413) für die emanzipatorische Praxis.

Habermas geht gegenüber der älteren kritischen Theorie von der Unterscheidung von Interaktion bzw. instrumentellem Handeln und Arbeit (später von der Unterscheidung von Lebenswelt und System) aus. Unterscheidet er hier zwischen dem Interesse an der «technischen Verfügung über Natur» und der «Dimension des Bewußtseins zusammenlebender und miteinander sprechender Menschen» (ebd., 308), so kann sich Kritik nur auf diese intersubjektive Dimension gegenüber zweckrationalen Orientierungen beziehen, wo an die Stelle einer Emanzipation durch Aufklärung die Verfügung über gegenständliche oder vergegenständlichte Prozesse getreten ist. Die Richtung des technischen Fortschritts ist in seiner Perspektive noch weithin durch gesellschaftliche Interessen bestimmt, die «naturwüchsig aus dem Zwang zur Reproduktion des gesellschaftlichen Lebens hervorgehen, ohne als solche reflektiert und mit dem erklärten politischen Selbstverständnis der sozialen Gruppen konfrontiert zu werden; infolgedessen bricht neues technisches Können unvorbereitet in bestimmte Formen der Lebenspraxis ein; neue technische Potentiale einer erweiterten technischen Verfügungsgewalt machen das Mißverhältnis zwischen Ergebnissen angespanntester Rationalität und unreflektierten Zielen, erstarrten Wertsystemen, hinfälligen Ideologien offenbar» (Habermas [5] 1971, 117 f). Es ist die «lösende Kraft der Reflexion» (ebd.), die nach ihm allein den technokratisch-herrschaftlichen Zwang brechen kann. Dabei kann das Subjekt des Emanzipationsprozesses von der Theorie nur empirisch im Rekurs auf bestimmte soziale Richtungen und Strömungen fingiert werden, in denen sich Protestformen herausbilden, die auf die Veränderung zu Unterprivilegierungen führender Verhältnisse zielen.

Den Begriff der Klasse gewinnt Habermas nur aus der Ebene der Interaktion. Unter diesem Blickwinkel gewinnt für ihn die Marxsche Theorie Konturen einer Ideologiekritik, die «unter der lautlosen Gewalt einer Reflexion, welcher Marx den Kantischen Namen der Kritik zurückgibt» (Habermas [5] 1979, 59), überflüssige gesellschaftliche Gewalt beim Namen nennt. Diese Form der Gewalt und Herrschaft ist im Unterschied zur Herrschaft über die äußere Natur, die bestehenbleibt, Herrschaft über die innere Natur, die durch Reflexion aufgebrochen werden kann. Marx selbst unterscheidet nach Habermas aber nicht deutlich genug zwischen dem logischen Charakter der Naturbeherrschung und dem der Kritik. Die Psychoanalyse, begriffen als «*Tiefenhermeneutik*» (ebd., 267), ist hier im Gegensatz zum Selbstmißverständnis, das nach Habermas Marx von seiner eigenen Theorie hat, für Habermas das einzige Beispiel einer Selbstreflexion in Anspruch nehmenden Wissenschaft (vgl. ebd., 262ff). In der «Theorie des kommunikativen Handelns» wird dann dieses Konzept auf therapeutische Diskurse eingeschränkt.

Das, was Habermas unter der «Dialektik des Klassenantagonismus» versteht, verdankt sich nach ihm also einer von der «Synthesis durch gesellschaftliche Arbeit» zu unterscheidenden «Bewegung der Reflexion». Paradigmatisch dafür ist ihm dazu die Theorie der Sittlichkeit beim jungen Hegel, d. h. die Dialektik des «Kampfes um Anerkennung» (ebd., 81). Daher ist die Entwicklung der Produktivkräfte mit der Geschichte der Revolution nur in einer sehr lockeren Weise verknüpft (vgl. ebd., 83). Emanzipationsschritte hängen im Sinne der Aufhebung überflüssiger Herrschaft nur kontingent am jeweiligen Entwicklungsstand der Produktivkräfte.

In der 1981 ausgearbeiteten «Theorie des kommunikativen Handelns» verdankt sich die kritische Gesellschaftstheorie bei Habermas einem Paradigmenwechsel «von der Zwecktätigkeit» bei «Marx über Weber bis zu Lukács und der Kritischen Theorie» zum «kommunikativen Handeln» (Habermas 1981, Bd. 2, 9), mit Bezug auf Lukács speziell einem Wechsel vom Konzept der Gegenständlichkeits- zu dem von Verständigungsformen (vgl. Bd. 2, 278ff). Habermas versteht hier Gesellschaften als «*systemisch stabilisierte* Handlungszusammenhänge *sozial integrierter* Gruppen» (1981, Bd. 2, 228). Gesellschaftliche Evolution folgt dem Muster einer lebensweltlich zentrierten kommunikativen Rationalisierung und der Komplexitätssteigerung der Subsysteme zweckrationalen Handelns; daher sind nach Habermas ausschließlich lebensweltlich wie systemtheoretisch orientierte Perspektiven nur einseitige Erklärungsmuster dieser Evolution.

Die sich gleichsam selbst aufklärende Vernunft ist in der Struktur kommunikativen Handelns angelegt und zieht eine Differenzierung und Entkoppelung der Sphären von Lebenswelt und System nach sich, die im Gang der Evolution in unterschiedlicher Weise noch miteinander verbunden waren. Dieser Prozeß der sich in das kommunikative und das zweckrationale Handeln auseinanderlegenden Sphären der gesellschaftlichen Evolution folgt einer bestimmten Entwicklungslogik, unterschieden von der Entwicklungsdynamik, die gleichsam die Kontingenzspielräume für das Sichdurchsetzen dieser Logik bereitstellt.

Im Rekurs von Habermas auf das Lebenswelttheorem sowie auf das vernünftige Potential der Sprache und auf die Dezentrierungsthese von Piaget, wonach sich die kommunikative Rationalität in der Artikulation bestimmter Geltungsansprüche auslegt, wird also gleichsam unter dem Aspekt eines universellen Vernunftbegriffs nur der affirmative Charakter, der in der konservativen Artikulation des Sachzwangarguments (Freyer, Ritter, Gehlen) sich verdeutlicht, kritisiert, ohne daß von Habermas der «Eigensinn» (1985, 407) versachlichter bzw. systemischer Prozesse selbst noch in Frage gestellt wird. In einer Art Zeitrafferperspektive werden von ihm gleichsam alle Gesellschaftstheorien, ob linker oder rechter Provenienz, unter dem Gesichtspunkt, daß sie an der Selbstbezüglichkeit eines monologischen Subjektbegriffs gebunden bleiben, dessen Erbe und Kritik nach ihm der Luhmannsche Systembegriff vorstellt, auf die gleiche Ebene gerückt.

Habermas kritisiert, daß «Marx (...) die kapitalistische Gesellschaft so sehr als Totalität» begreife, «daß er den evolutionären *Eigenwert*, den mediengesteuerte Subsysteme besitzen, verkennt» (ebd., Bd. 2, 499; vgl. auch Habermas 1985, 407). Habermas sieht in den Subsystemen zweckrationalen Handelns (dem Wirtschafts- und dem politischen System), sofern deren mögliche auf die Lebenswelt wirkende verdinglichende Dynamik an den Rändern der Lebenswelt stillgestellt wird, das von Marx charakterisierte Reich der Notwendigkeit (vgl. Marx, MEW Bd. 25, 1964, 828). Er sieht in der Entwicklung des Lohnarbeitsverhältnisses nicht mehr ein gesellschaftliches Verhältnis, das eine gesellschaftliche Totalität impliziert und den Schein erzeugt, als sei es ein rein sachliches Verhältnis. Er begründet damit die Perspektive, daß die Individuen unabhängig von sachlichen in kommunikative Beziehungen treten können. Damit wird die Gesellschaft als bestimmte historisch gewordene Totalität nicht mehr zum Gegenstand der Analyse und Kritik.

3.3.7 Zur gegenwärtigen Diskussion

Die gegenwärtige Diskussion um die Weiterentwicklung des Marxismus ist kontrovers und vielfältig; sie hat sich von der sowjetmarxistischen Interpretation ebenso gelöst wie von den einzelnen ‹Spielarten› der ‹Kritischen› Theorie. Die miteinander konkurrierenden Konzepte werden freilich kaum noch durch eine gemeinsame Tradition zusammengehalten. Die Ausdifferenzierung marxistischer Ansätze auf der Grundlage einer Kritik der objektivistisch verkürzten Marx-Interpretation der II. Internationale und eine akademische Institutionalisierung findet sich in den westlichen Ländern: Den Historischen Materialismus kennzeichnet die wissenschaftliche Auseinandersetzung mit sozialwissenschaftlichen Theorien und der durch Hegel begründeten Tradition. Die marxistische Wissenschaft der Geschichte verbindet Produktionsweisen und gesellschaftliche Formationen. Die marxistische Philosophie richtet sich auf die ‹Produktion› von Erkenntnis und strebt eine Theorie der Wissenschaftsgeschichte an.

Für den strukturalen Marxismus wird in der Auseinandersetzung mit dem Stalinismus in der Sowjetunion und dem Existentialismus in Frankreich die Frage nach dem Recht des Individuums bedeutsam. Abgelöst von den bewußtseinsimmanenten Gehalten der Hegelschen Dialektik entwickelt Althusser den Begriff der Strukturtotalität und der bestimmenden Funktion der Produktionsverhältnisse (vgl. Althusser 1972).

Lefèbvre fordert die Reflexion historischer und gesellschaftlicher Bedingungen und die Weiterentwicklung des Marxismus durch gesellschaftliche Widersprüche hindurch (vgl. Lefèbvre 1966). Aus der Perspektive von Garaudy erscheint der marxistische Humanismus als philosophischer Marxismus, dem er eine «Methodologie der historischen Initiative» gegenüberstellt (vgl. Garaudy 1969).

Für Merleau-Ponty hat die Geschichte keinen Sinn an sich, er muß notfalls auch mit Gewalt hergestellt werden, ohne daß eine menschlichere Welt verbürgt ist (vgl. Merleau-Ponty 1968). In Italien ist für Gramsci marxistische Philosophie der Praxis ein Ausdruck gesellschaftlicher Widersprüche und Motiv ihrer Veränderung (vgl. Gramsci 1967).

Die Theorie sozialer Evolution begreift die Marxsche Theorie als verallgemeinerbaren Interpretationsrahmen für die gesellschaftliche Entwicklung insgesamt. Der Kritische Marxismus versteht sich als Selbstverständigung einer politischen Bewegung und ihrer historischen Erfahrungen: Gesellschaftlicher Fortschritt wird durch Strukturprobleme ausgelöst, durch die Entwicklung moralischer Normen gefördert.

‹Erneuerungsversuche› betonen die historischen Entwicklungen des Kapitalismus im Weltmaßstab und die Schranken der Marxschen Theorie selbst. Sie problematisieren die Vorstellung einer Revolutionierung gesellschaftlicher Verhältnisse, die an die Stellung im Produktionsprozeß und das proletarische Klassenbewußtsein gebunden ist, und verweisen auf soziale Protestbewegungen, die die Erhaltung ihrer Lebensbedingungen zum Ziel haben. Gegenüber einer Dialektik von Produktionsverhältnissen und Produktivkräften heben sie die Selbstdestruktion kapitalistischer Entwicklung hervor. In der Analyse von Problemlagen gegenwärtiger Gesellschaften gewinnen sie ein eigenes Selbstverständnis ebenso wie in der Begründung gegenüber den etablierten Sozialwissenschaften; es scheint, als sei die Aneignung und Kritik ‹bürgerlicher› Theorien ihr einziger noch gemeinsamer Bezugspunkt. Darüber kann die Diskussion erneut eröffnet werden.

3.3.8 Marxismus als Legitimationswissenschaft – ein Nachtrag

In den vergangenen Jahren haben wir gesehen, wie schnell sich Gesellschaftsstrukturen und Herrschaftssysteme verändern können. Das Modell des Sozialismus, in der Sowjetunion entwickelt, auf andere Länder übertragen, ist gescheitert. In einer konservativen Interpretation ist die Sachlage klar, theoretisch war sie es schon immer. Nun liegt aber gewissermaßen das Ergebnis eines Großversuchs vor, in dem theoretische Einsichten in praktische Politik und Gesellschaftsplanung umgesetzt wurden. Dieser Großversuch hat, folgt man dieser

Interpretation, die ein in der Bundesrepublik weit verbreitetes Bewußtsein kennzeichnet, gezeigt, daß die Marktwirtschaft der Planwirtschaft überlegen ist. Da die Planwirtschaft von Marx ‹konzipiert› wurde, ist dessen Theorie selbst gescheitert. Zu bedauern sind nur noch diejenigen, die auf einen gewandelten Sozialismus hoffen. Der Fürther Ludwig Erhardt, so die einprägsame Formel aus Bayern, hat über den Trierer Karl Marx gesiegt.

Die Marktwirtschaft wird dabei zu einem neuen Mythos. Keine andere Ordnung sei zur Kontrolle ökonomischer Macht und zugleich zu so weitgehenden sozialen Leistungen fähig wie eine als ‹Erzkapitalismus› diffamierte freiheitliche Wirtschaft. Aber: Wie steht es um die Kontrolle ökonomischer Macht? Ist sie in den Funktionsprinzipien dieses Wirtschaftssystems angelegt? Stammen die sozialen Errungenschaften nicht aus sozialen Kämpfen? Mußten sie nicht gegen marktwirtschaftliche Bewegungsgesetze erstritten werden? Sind sie denkbar ohne die Friedens-, Ökologie- und Frauenbewegung? – Zweifel jedenfalls sind angebracht.

Andererseits: Wie steht es um die sozialistische Utopie einer sozialen Demokratie – ein unentfremdetes System gesellschaftlicher Arbeit und eine konsequente Verwirklichung der Menschenrechte? Ist mit der Selbstauflösung der vom Stalinismus geprägten, von Superbürokratien mühsam am Leben erhaltenen Gesellschaftssysteme alles zu Ende? Ist der Sozialismus vom Beginn an zum Scheitern verurteilt? Begann die Verwirklichung des Projekts verfrüht, am falschen Ende, zu einem falschen Zeitpunkt, nämlich vor einer kapitalistischen Epoche?

Die kommunistische Opposition in den real sozialistischen Ländern hat immer wieder betont, daß zwischen dem Sozialismusmodell von Marx und dem sog. Realen Sozialismus ein Gegensatz besteht. Marx selbst wollte kein konkretes Bild der sozialistischen Gesellschaft entwerfen. Er untersuchte reale Prozesse und gab Entwicklungstendenzen an: eine Beschreibung idealer Zustände, eine Gesellschaftsplanung war für ihn aus methodischen Gründen ausgeschlossen, detaillierte Überlegungen über das Funktionieren der zukünftigen Gesellschaft überflüssig. Der wissenschaftliche Sozialismus von Marx grenzte sich damit gerade gegenüber dem utopischen Sozialismus seiner Vorgänger ab. Die Kritik bestehender Verhältnisse ist umfassend dargestellt, Strategien zu ihrer Überwindung sind weniger klar entwickelt. Die zukünftige Gesellschaft sollte funktionieren, wenn erst einmal ihre Grundlagen geschaffen waren: Abschaffung des Privateigentums und Aufhebung der Entfremdung, wirkliche Aneignung, in der wir zu Besitzern von Dingen werden, die uns entfremdet gegenüberstehen. Kommunismus sollte – wie Engels es formulierte – die Lehre von den Bedingungen der Befreiung des Proletariats sein, die theoretischen Ausdrücke der Kommunisten «allgemeine Ausdrücke tatsächlicher Verhältnisse» eines existierenden Klassenkampfs einer vor ihren Augen vor sich gehenden geschichtlichen Bewegung. Daher können Revolutionen nicht unabhängig von Umständen gemacht werden. In einer demokratischen Staatsverfassung sollte direkt oder indirekt die politische Herrschaft des Proletariats gesichert werden – in allen zivilisierten Ländern.

In der Zukunftsgesellschaft – so die wenigen Andeutungen – sollten alle Produktionszweige für gemeinschaftliche Rechnungen nach gemeinschaftlicher Planung und unter Beteiligung aller Mitglieder der Gesellschaft betrieben werden. Klassenunterschiede wurden damit überwindbar, die Existenz des Proletariats legt nicht mehr Zeugnis ab vom «völligen Verlust des Menschen». Auf der Grundlage einer entwickelten Produktion und Produktivität der Arbeit gibt es keine Ungleichheit, kein Vorrecht des Besitzes und des Genusses.

Die Entwicklung eines «*Sowjetmarxismus*» (Marcuse) ist der Versuch, die Marxsche Theorie mit einer historischen Situation zu versöhnen, die selbst den wenigen Andeutungen für den Übergang vom Kapitalismus zum Sozialismus nicht entspricht. Lenin versucht, am klassischen Begriff des revolutionären Proletariats festzuhalten, ihn jedoch gleichzeitig mit einer Theorie der Arbeiteraristokratie und einer Avantgarde, gleichsam einer revolutionären Vorhut, zu verbinden. Die These, daß das Klassenbewußtsein dem Proletariat von außen beigebracht werden muß, nimmt eine Entwicklung vorweg, in der es zum bloßen Objekt eines revolutionären Prozesses wird. Die Entwicklung des Marxismus zur Legitimationswissenschaft real sozialistischer Herrschaftssysteme kennzeichnet das Interesse an ihrer Rechtfertigung, eine ohne Subjektivität und klassenbewußtes Handeln gedachte Emanzipation und eine mit einem ontologischen Gewißheitsanspruch belastete Naturwissenschaft von der Gesellschaft. Das Marxsche Denken wurde in einer Veränderung seiner grundlegenden Kategorien und seiner praktischen Absicht zu einer materialistischen Weltanschauung herabgesetzt – nicht mehr in der Lage, fortdauernde und neu entstehende Gewaltverhältnisse zu analysieren. Die Kritik der politischen Ökonomie wurde in einer positivistischen Umbildung zur Rechtfertigung eines Industrialisierungsprozesses, vergleichbar der ursprünglichen Akkumulation. Technik wurde, in der sowjetmarxistischen Version, von den ökonomischen Organisationsformen des Produktionssystems und der Produktivkräfte abgelöst und zu einer unabhängigen Variablen der gesellschaftlichen Entwicklung. Die Reduktion der Reflexion auf Produktion auf den Umkreis instrumentellen Handelns wird in der Weltanschauung des Sowjetmarxismus mit der Konsequenz formuliert, daß naturwissenschaftliche und gesellschaftswissenschaftliche Erkenntnis nicht mehr unterscheidbar ist. Produktivkräfte werden zum Instrument einer neuen sozialen Kontrolle miteinander weltweit konkurrierender industrieller Gesellschaften.

Verdinglichung fand Marx in der Struktur des Warenverhältnisses der auf Lohnarbeit beruhenden Produktionsweise. Die mit der fortschreitenden Kapitalisierung der Gesellschaft verbundene Bewußtseinsstruktur kann aufgehoben werden, wenn die ‹richtige› Erkenntnis der Gesellschaft zur unmittelbaren Selbstbehauptung einer Klasse wird. Für Georg Lukács wird der kritische Gehalt der philosophischen Einsicht in der Theorie des proletarischen Klassenbewußtseins wirksam. Zwar stiftet die Mechanisierung der Produktion keinen Zusammenhang der Individuen untereinander; der Kampf der Arbeiter um die Arbeitszeit macht *virtuell* aber die Objektrolle des sich als Ware objektivierenden Menschen durchsichtig. Mit der Selbsterkenntnis als Ware ist für Lukács eine gegenständliche Veränderung am Objekt der Erkenntnis selbst verbunden. Der Fetischcharakter jeder Ware gibt den Kern, nämlich die Beziehung zwischen Menschen, frei. Solange das Proletariat freilich in einer ideologischen Krise befangen ist, übernimmt die *Theorie* die Rolle des wirklichen Selbstbewußtseins. Die Vorstellung einer naturgesetzlichen gesellschaftlichen Entwicklung verleiht auch einem autoritären Voluntarismus die Weihe einer historischen Notwendigkeit. Eine zentralistische Kaderpartei interpretiert schließlich autoritativ die Realität, die kommunistische Partei, schließlich ihr Zentralkomitee, wird der alleinige Garant dafür, daß ein idealtypisch vorgestelltes Klassenbewußtsein auch umgesetzt wird. Von dieser herausgehobenen Funktion der Theorie sind es nur gleitende Übergänge zur Rolle der kommunistischen Partei, schließlich ihres Zentralkomitees.

Darauf hinzuweisen ist notwendig; es ist ebenso notwendig, darauf hinzuweisen, daß zu den Funktionsdefiziten der ‹Sozialen› Marktwirtschaft Massenarbeitslosigkeit, Armut und Umweltzerstörung gehören. Der wohlfahrtsstaatliche Kapitalismus, gekennzeichnet durch einen stetigen Aufschwung nach dem Zweiten Weltkrieg, befindet sich heute in einem tiefgreifenden Prozeß struktureller Veränderungen. Durch den zunehmenden Einsatz arbeitskräftesparender Technologien werden Produktions- und Beschäftigungssystem entkoppelt. Diese Gesellschaft ist gekennzeichnet durch eine höhere Problemanfälligkeit – wegen der Größenordnung ihrer Unternehmungen und der Risiken ihrer Technologien. Die sozialen und ökonomischen Folgekosten der industriellen Produktionsweise geraten zunehmend ins Blickfeld, ebenso wie die Notwendigkeit ihrer sozialpolitischen Kompensierung. Wodurch wird diese Entwicklung verursacht? Ist es der Widerspruch zwischen gesellschaftlicher Produktion und privater Aneignung, der sich in einer Überproduktion von Waren bei gleichzeitiger Arbeitslosigkeit und sinkendem Lebensstandard der Beschäftigten und Unbeschäftigten ausdrückt? Zeigen die Veränderungen der ökonomischen Strukturen Grenzen der Entwicklungsmöglichkeiten des Systems selbst? Wie können die unterschiedlichen Interessen gesellschaftlicher Gruppen im Hinblick auf die Reallohnentwicklung und Beschäftigungspolitik zum Ausgleich gebracht werden? Können Prozesse einer nachholenden Industrialisierung, wie sie die ehemals real sozialistischen Länder wahrscheinlich vor sich haben werden, Krisenprozesse in den entwickelteren kapitalistischen Ländern aufhalten?

Die Kompensation der destruktiven Effekte einer sich kapitalistisch verwissenschaftlichenden Produktion erfordert den Einsatz wachsender staatlicher Mittel. Die politische Steuerung steht vor dem Problem, verfahrenstechnische mit arbeitsmarktpolitischen und Kriterien sozialer Akzeptanz in der Perspektive eines ‹guten› Lebens für alle zu verbinden. Sie beansprucht Kriterien einer gesamtgesellschaftlichen Rationalität, die jedoch faktisch eng begrenzt ist. Das Marktsystem erweist sich als unfähig, die Folgen einer teilweise vergesellschafteten Produktion unter Bedingungen privater Aneignung zu verarbeiten. Das politische System, das Verwertungsbedingungen für Kapital schafft und verbessert, ist nicht in der Lage, eine umfassende Zielbestimmung der ökonomischen Entwicklung zu definieren – ihren Gebrauchswert für die Gesellschaft. Probleme der kapitalistischen Produktionsweise sind weder auf das ökonomische System begrenzt, noch können sie innerhalb seiner Funktionslogik immanent gelöst werden. Sie sind vielmehr auch Ausdruck von politisch vorentschiedenen Verteilungsrelationen zwischen gesellschaftlichen Aufgabenbereichen und Gruppen. Die Zielvorstellungen wie die Sicherung einer wettbewerbsfähigen Struktur der Produktion und der Produkte oder die Modernisierung der Volkswirtschaft bieten daher nur eine verkürzte Sicht der Probleme. Die scheinbar so überzeugende Koppelung von Arbeit und Einkommen und die Entsprechung von Leistung und Gegenleistung verlieren dann ihren Sinn, wenn es keine gesellschaftlichen Möglichkeiten gibt, diese Leistungen überhaupt zu erbringen. Jenseits der vordergründigen Alternativen wie Markt oder Plan, Freiheit oder Sozialismus stehen wir heute vor der Frage, wie Gesellschaften der Zukunft überhaupt noch funktionieren können – im Hinblick auf ihre Wirtschaft, die soziale Frage, die politische Demokratie und die individuelle Emanzipation.

Literatur

Adler; M.: Marxistische Probleme. Stuttgart [4]1920.

–: Marx und Denker. Berlin [3]1925.

–: Das Rätsel der Gesellschaft. Wien 1936.

Althusser, L.: Das Kapital lesen. Reinbek bei Hamburg 1972.

Bernstein, E.: Die Voraussetzungen des Sozialismus und die Aufgaben der Sozialdemokratie. Reinbek bei Hamburg 1969.

Bloch, E.: Das Prinzip Hoffnung. In: Ders.: Gesamtausgabe. Bd. 5. Frankfurt/M. 1959.

Bucharin, N.: Das ABC des Kommunismus. Hamburg 1921.

Engels, F.: Herrn Eugen Dührings Umwälzung der Wissenschaft. MEW Bd. 20. Berlin (DDR) 1962.

–: Dialektik der Natur. MEW Bd. 20. Berlin (DDR) 1962.

–: Ludwig Feuerbach und der Ausgang der Klassischen deutschen Philosophie. MEW Bd. 21. Berlin (DDR) 1962.

Fetscher, I.: Der Marxismus. 4 Bde. Bd. 1. München 1962.

Garaudy, R.: Die große Wende des Sozialismus. München 1969.

Geschichte der Kommunistischen Partei der Sowjetunion: Kurzer Lehrgang. Berlin (DDR) [6]1951.

Gramsci, A.: Philosophie der Praxis. Frankfurt/M. 1967.

Habermas, J.: Theorie und Praxis. Frankfurt/M. [2]1980.

–: Erkenntnis und Interesse. Frankfurt/M. [5]1979.

–: Technik und Wissenschaft als Ideologie. Frankfurt/M. [5]1971.

–: Theorie des Kommunikativen Handelns. Frankfurt/M. 1981.

–: Der philosophische Diskurs der Moderne. Frankfurt/M. 1985.

Hofmann, W.: Stalinismus und Antikommunismus. Frankfurt/M. 1967.

Horkheimer, M. & Th. W. Adorno: Dialektik der Aufklärung. Amsterdam 1947.

Horkheimer, M.: Zur Kritik der instrumentellen Vernunft. Frankfurt/M. 1967.

–: Kritische Theorie. Frankfurt/M. 1968.

–: Dämmerung. Frankfurt/M. 1974.

– et al.: Recht und Staat im Nationalsozialismus. Hg. von H. Dubiel, H. Söllner. Frankfurt/M. 1981.

Kautsky, K.: Die materialistische Geschichtsauffassung. 2 Bde. Berlin 1929.

–: Die proletarische Revolution und ihr Programm. Berlin 1932.

Kerber, H.: Kein Schritt vorwärts, zwei Schritte zurück. Politikon 30, 1970.

Kolakowski, L.: Der Mensch ohne Alternative. München 1967.

Korsch, L.: Marxismus und Philosophie. Frankfurt/M., Wien 1966.

–: Die materialistische Geschichtsauffassung. Frankfurt/M. 1971.

Kosik, K.: Dialektik des Konkreten. Frankfurt/M. 1963.

Lange, O.: Entwicklungstendenzen der modernen Wirtschaft und Gesellschaft. Wien 1964.

Lefèbvre, H.: Der dialektische Materialismus. Frankfurt/M. 1966.

Lenin, W. I.: Was tun? Werke Bd. 5. Berlin (DDR) [9]1985.

–: Materialismus und Empiriokritizismus. Werke Bd. 14. Berlin (DDR) [9]1985.

–: Staat und Revolution. Werke Bd. 25. Berlin (DDR) [6]1981.

–: Konspekte zu Hegels «Wissenschaft der Logik». Werke Bd. 38. Berlin (DDR) 1970, [7]1981.

Lukács, G.: Max Adler: Das Soziologische in Kants Erkenntniskritik. Internationale Pressekorrespondenz für Politik, Wirtschaft und Arbeiterbewegung, 46, 1924.

–: Geschichte und Klassenbewußtsein. Berlin 1923.

Mao Tse-tung: Ausgewählte Werke. 4 Bde. Peking 1968.

Marcuse, H.: Transzendentaler Marxismus? Die Gesellschaft, 2, 1930.

–: Die Gesellschaftslehre des Sowjetischen Marxismus. Neuwied, Berlin 1964.

Marx, K.: Texte zu Methode und Praxis II. Reinbek bei Hamburg 1966.

–: Aus der Kritik der Hegelschen Rechtsphilosophie. Kritik des Hegelschen Staatsrechts (§§ 261–313). MEW Bd. 1. Berlin (DDR) 1961.

–: Grundrisse der Kritik der Politischen Ökonomie. Berlin (DDR) 1953.

–: Zur Kritik der Politischen Ökonomie. Vorwort. MEW Bd. 13. Berlin (DDR) 1961.

–: Das Kapital. 3 Bde. Bd. 1 und 3. MEW Bde. 23 u. 25. Berlin (DDR) 1962 u. 1964.

–: Einleitung zur Kritik der Politischen Ökonomie. MEW Bd. 13. Berlin (DDR) 1961.

–: Theorien über den Mehrwert. MEW Bd. 26.2. Berlin (DDR) 1974.

Marx, K. & F. Engels: Die deutsche Ideologie. MEW Bd. 3. Berlin (DDR) 1962.

–: Die heilige Familie oder Kritik der kritischen Kritik. MEW Bd. 2. Berlin (DDR) 1962.

–: Manifest der Kommunistischen Partei. MEW Bd. 4. Berlin (DDR) 1959.

Matthias, E.: Kautsky und der Kautskyanismus. In: I. Fetscher (Hg.): Marxismus-Studien. Tübingen 1957.

Merleau-Ponty, M.: Die Abenteuer der Dialektik. Frankfurt/M. 1968.

Petrovic, G.: Wider den autoritären Marxismus. Frankfurt/M. 1969.

Preobrazensky, E. A.: Die sozialistische Alternative. Berlin 1974.

Richta, R. (Hg.): Politische Ökonomie des 20. Jahrhunderts. Frankfurt/M. 1971.

Sandkühler, H. J. & R. de la Vega: Marxismus und Ethik. Frankfurt/M. 1974.

Schaff, A.: Marxismus und das menschliche Individuum. Reinbek bei Hamburg 1970.

Schmidt, A.: Der Begriff der Natur in der Lehre von Marx. Frankfurt/M. 1962.

Šik, O.: Ökonomie, Interessen, Politik. Berlin (DDR) 1966.

Stalin, J.: Über dialektischen und historischen Materialismus. In: Ders.: Fragen des Leninismus. Moskau 1946.

Stučka, P.: Die revolutionäre Rolle von Recht und Staat. Frankfurt/M. 1969.

Trotzki, L.: Die permanente Revolution. Frankfurt/M. 1969.

Varga, E.: Die wirtschaftlichen Probleme der proletarischen Diktatur. Wien 1921.

Wetter, G. A.: Der dialektische Materialismus. Seine Geschichte und sein System in der Sowjetunion. Freiburg [5]1960.

Zum Überblick

Vranicki, P.: Geschichte des Marxismus. 2 Bde. Frankfurt/M. 1983.

Gerhard Hauck

3.4 Soziologie als positive Wissenschaft

3.4.1 Was ist der Positivismus?

Das hervorstechendste Merkmal der Soziologie des 19. Jahrhunderts ist ihre Faszination durch die Naturwissenschaften. Die Sozialwissenschaften endlich auf das Niveau der Naturwissenschaften zu heben, für das menschliche Zusammenleben Gesetzmäßigkeiten von ähnlicher «Präzision», «Gewißheit», «Nützlichkeit» und «Realität» (Comte 1969 b, 57 f) zu entdecken, wie man sie für die Bewegung der Himmelskörper oder (nach Mills bescheidenerem Programm) für die Gezeiten schon entdeckt hatte, war das erklärte Ziel von Comte und Mill ebenso wie später von Pareto und Durkheim – aber auch von eher politisch als akademisch orientierten Denkern wie Fourier, Saint-Simon, Proudhon und Sorel. Den Schlüssel zum Erfolg in diesem Bemühen sah der eine wie der andere in der Übernahme der naturwissenschaftlichen, der ‹positiven› Methode durch die Sozialwissenschaftler.

Wie sah man diese Methode? Keiner der Väter der Soziologie war naiver Empirist in dem Sinn, daß er glaubte, es genüge, ‹die Fakten sprechen zu lassen›, um zu positiver Erkenntnis zu gelangen. Sie alle wußten, daß die Fakten als solche nicht ‹sprechen›. «Keine echte Beobachtung ist möglich, ohne daß sie durch irgendeine Theorie anfangs gelenkt und am Ende interpretiert wird», sagt Comte (1969 a, 334). Die Methode, die Mill für die «moralischen Wissenschaften» vorschlägt, ist die «umgekehrt deduktive», in der «apriorische Deduktion mit den Tatsachen der Geschichte» «verknüpft» werden muß (Mill 1968, 327). Paretos Vorgehensweise ist die «logico-experimentelle», wobei «logisch» für Deduktion, «experimentell» für Erfahrung steht. Auch wenn er seine Vorgehensweise immer wieder als «induktiv» kennzeichnet (vgl. z. B. Pareto 1953, § 145), erklärt er es doch gleich zu Beginn seines «Trattato di Sociologia Generale» für notwendig, für die Soziologie im voraus gewisse «Normen», «Prinzipien» oder «Postulate» aufzustellen, denen er folgen wolle, die ihm jedoch nicht als «Dogmen», sondern nur als an den Fakten zu korrigierende «Hypothesen» dienen sollten (ebd., §§ 3 f). Durkheim wendet sich gegen die Vorstellung, die beste Art, eine Wissenschaft zu begründen, sei die, «zuerst mit Geduld Materialien aufzuhäufen, denn man kann erst wissen, welche sie braucht, wenn sie sich schon ihrer selbst und ihrer Bedürfnisse bewußt ist» (Durkheim 1977, 78). Und: «Zunächst sucht man rein deduktiv, wie das eine von zwei Gliedern das andere erzeugen konnte; dann bemüht man sich, das Ergebnis dieser Deduktion an der Erfahrung zu verifizieren» (Durkheim 1976, 210). Wer den Positivismus nur als Empirismus kritisiert, trifft weder den Schöpfer des Begriffs der «positiven Philosophie» (Comte) noch die in seiner Tradition stehenden Soziologen des 19. und frühen 20. Jahrhunderts.

Was ist der Positivismus dann aber wirklich? Ich werde versuchen, die These zu begründen, daß die zentrale Gemeinsamkeit in der Methodologie der hier zu behandelnden Autoren in ihrem *Naturalismus* besteht, der seinerseits einer Tendenz zur *Verdinglichung* und *Enthistorisierung* Vorschub leistet.

Naturalismus

Alfred Schütz kritisiert als «Naturalismus» eine sozialwissenschaftliche Vorgehensweise, die «gegenseitiges Verstehen», «Intersubjektivität, Interaktion, Interkommunikation und Sprache einfach als ungeklärte Grundlage ihrer Theorien» voraussetzt (Schütz 1971, Bd. 1, 61), statt sie als ihren «eigentlichen Gegenstand» zu behandeln. Dieses Vorgehen ist in den Sozialwissenschaften deshalb unangemessen, weil die Art und Weise, wie die Menschen ihre Handlungen verstehen (der ‹Sinn›, den sie ihnen beilegen), diese in ihrem Ablauf und in ihren Konsequenzen wesentlich mitbestimmt; weil ferner der Sinn, den die jeweiligen anderen in der Handlung einer Person sehen, für ihre Reaktionen entscheidend ist; weil weiterhin dieser Sinn von Person zu Person und von Gesellschaft zu Gesellschaft variiert; und weil schließlich soziales Handeln unmöglich wäre, wenn die Beteiligten nicht trotzdem wenigstens annäherungsweise Einigung über den Sinn ihrer Handlungen erzielen könnten.

Die Positivisten gehen allesamt von der Einheit der Methode in Natur- und Sozialwissenschaften aus. Sie wollen die sozialen Tatbestände ‹wie Dinge› behandeln und nur ‹beobachtbare Fakten› gelten lassen (wobei der Sinn einer Handlung nicht zu den beobachtbaren

Fakten gerechnet wird). ‹Dinge› pflegen ihren Bewegungen aber keinen Sinn beizulegen – schon gar nicht einen, der für deren Ablauf determinierend wäre. Das Verhältnis des Naturwissenschaftlers zu seinem Gegenstand ist deshalb ein grundlegend anderes als das des Sozialwissenschaftlers zu dem seinen. Der letztere trifft anders als der erstere auf eine Welt, die sich vor all seinen Definitionsversuchen schon selbst definiert, die schon «bestimmte Ausschnitte aus der sinnlosen Unendlichkeit des Weltgeschehens» «mit Sinn und Bedeutung bedacht» hat (Weber 1951, 180); und wenn er diesen Sinn nicht berücksichtigt, verfehlt er einen der wichtigsten Bestimmungsfaktoren des menschlichen Handelns.

Freilich ist das naturalistische Programm – die sozialen Fakten wie Dinge zu behandeln – praktisch undurchführbar. Als menschliche Wesen kommen auch die Positivisten nicht umhin, das Verhalten anderer Menschen nach seinem Sinn zu klassifizieren – andernfalls müßten sie sämtliche intentionalen Begriffe aus ihrer Sprache ausmerzen, könnten sie beispielsweise nur noch sagen: ‹Der Arm von A bewegt sich nach oben›, nicht mehr: ‹A grüßt›, ‹zeigt›, ‹winkt›, ‹warnt› oder was auch immer. Etwas Derartiges unternimmt keiner unserer Autoren. Im Gegenteil, sie klassifizieren menschliches Verhalten wie jedermann nach Bedeutungen – die sie selbst unreflektiert unterstellen, ohne sich zu vergewissern, ob sie von den Handelnden geteilt werden.

Verzerrungen ganz ähnlicher Art kreidet auch Marx den Positivisten seiner Zeit an: «Die Produktion soll vielmehr – siehe z. B. Mill – (...) als eingefaßt in von der Geschichte unabhängigen ewigen Naturgesetzen dargestellt werden, bei welcher Gelegenheit dann ganz unter der Hand *bürgerliche* Verhältnisse als unumstößliche Naturgesetze der Gesellschaft in abstracto unterschoben werden» (Marx 1974, 8f). Die Weigerung der Positivisten, den Sinn und seine Konstitution im jeweiligen gesellschaftlichen Zusammenhang zum eigentlichen Gegenstand ihrer Untersuchung zu machen, führt regelmäßig dazu, daß als natürliche Fakten schließlich gerade die Ausschnitte aus der sinnlosen Unendlichkeit des Weltgeschehens erscheinen, die ihre eigene Kultur oder Subkultur mit Sinn und Bedeutung belegt hat. Daß man diese sinnlose Unendlichkeit auch in anderer Weise zerlegen kann; daß andere Kulturen dies auch tun; daß dies für das Handeln der dort lebenden Menschen von kausaler Bedeutung ist – all dies spielt für den Positivisten keine Rolle. Der Naturalismus ist ahistorisch, grundlegend andere gesellschaftliche Verhältnisse als die eigenen erscheinen ihm undenkbar.

Bei Alfred Schütz und seinen Nachfolgern in der «interpretativen Soziologie» besteht eine Tendenz, Sinnfragen nur auf einer Ebene der reinen Geistigkeit zu diskutieren, losgelöst von allen Problemen der Produktion und Reproduktion des materiellen gesellschaftlichen Lebens. Sinnhaftes Handeln ist aber auch und gerade die gesellschaftliche Aneignung der Natur, Sinn konstituiert sich auch und gerade in der gesellschaftlichen Arbeit. Besonders die produktive Tätigkeit des Menschen ist ausgerichtet an einer nur vorgestellten Zukunftsgestalt ihres Gegenstandes, die eben ihren Sinn ausmacht («was aber den schlechtesten Baumeister vor der besten Biene auszeichnet, ist, daß er die Zelle im Kopf gebaut hat, bevor er sie in Wachs baut» – Marx, MEW Bd. 23, 1969, 193). Die Antizipation des Gebrauchswerts ihres Objekts verleiht der je konkreten Arbeit ihre Bedeutung und bestimmt die Art und Weise ihrer Durchführung; und sie verleiht dem fertigen Produkt seine spezifische «Gegenstandsbedeutung» (Holzkamp 1973) – wir sehen den Hammer als Hammer (und nicht etwa als Kultobjekt), weil wir eine bestimmte Nutzungsmöglichkeit antizipieren. Im Gebrauchswert kristallisiert sich der Sinn der Arbeit. Und wenn diese Art von Sinnkonstitution nicht funktioniert, funktioniert auch keine andere, denn die Menschen müssen schließlich «leben, um ‹Geschichte machen› zu können» (Marx & Engels, MEW Bd. 3 1969, 28). Diese elementare Tatsache pflegen die Positivisten wie ihre bloß phänomenologisch argumentierenden Kritiker zu übersehen. Die menschliche Arbeit ist aber notwendig und von Anfang an gesellschaftliche Tätigkeit. «Die Produktion des vereinzelten Einzelnen außerhalb der Gesellschaft (...) ist ein ebensolches Unding wie Sprachentwicklung ohne *zusammen* lebende und zusammen sprechende Individuen» (Marx 1974, 6). Entsprechend müssen auch die Gebrauchswertantizipationen, die die menschliche Arbeit bestimmen und ihr Bedeutung verleihen, von Anfang an gesellschaftliche sein. Sowenig eine Kritik des Naturalismus deshalb die Sinnkonstitution in Unabhängigkeit von der menschlichen Aneignung der Natur betrachten darf, so wenig darf sie sie aus der autonomen Schöpfungstätigkeit isolierter Einzelproduzenten herleiten.

Verdinglichung

Seine Extremform findet der Naturalismus in dem, was Marx mit Bezug auf die Kategorien der bürgerlichen Ökonomie als «Verdinglichung» analysiert und kritisiert hat. Zentrales Beispiel ist ihm die

Waren- und Wertform der Arbeitsprodukte in der kapitalistischen
Gesellschaft. Sobald die Proportionen, zu denen sich die Produkte als
Waren austauschen, «zu einer gewissen gewohnheitsmäßigen Festig-
keit herangereift sind, scheinen sie aus der Natur der Arbeitsprodukte
zu entspringen» (Marx, MEW Bd. 23, 1969, 89). Der Wert erscheint
als natürliche Eigenschaft von Dingen. Was Marx den bürgerlichen
Ökonomen zum Vorwurf macht, ist, daß sie den scheinbar natürlichen Charakter dieser Phänomene für bare Münze nehmen; daß sie
übersehen, daß die Arbeitsprodukte nur aufgrund spezifischer gesellschaftlicher Definitionen Waren sind und einen Wert haben und daß
diese Definitionen einem ganz bestimmten historisch-gesellschaftlichen Kontext – dem der kapitalistischen Produktionsweise – entstammen und nur aus ihm zu erklären sind.

Wenn die bürgerlichen Ökonomen diese Verhältnisse als sachliche
analysieren, treffen sie die Realität der kapitalistischen Gesellschaft
auf der Oberflächenebene durchaus: Es *ist* die Bewegung der Sachen,
welche die Teilung und Wiederzusammenführung der gesellschaftlichen Arbeit wie die gesellschaftliche Entwicklung determiniert –
«als regelndes Naturgesetz, (...) wie etwa das Gesetz der Schwere,
wenn einem das Haus über dem Kopf zusammenpurzelt» (ebd.).
Aber dies ist «eben ein Naturgesetz, das auf der Bewußtlosigkeit der
Beteiligten beruht» (ebd.). Die Erfordernisse des Kooperationszu-
sammenhangs setzen sich nur deshalb (schlecht und recht) nach Art
eines Naturgesetzes durch, weil die gesellschaftliche Gesamtarbeit
wegen des privaten Charakters der Produktion in der kapitalistischen
Gesellschaft ex definitione nicht Gegenstand der bewußten, zweck-
mäßigen und zwecksetzenden Tätigkeit der Gesellschaftsmitglieder
werden kann. Die Vorstellung, daß sie dies werden könnte, muß außerhalb des Horizonts des Positivisten bleiben – sie stünde im Widerspruch zum naturgesetzlichen Charakter seiner Systeme. Deshalb
neigt er dazu, die als natürliche mißverstandenen bürgerlichen Verhältnisse in vorkapitalistische Gesellschaften hineinzuprojizieren und
jeden Widerstand gegen diese Verhältnisse als bloßen Wahn, als Rea-
litätsblindheit zu denunzieren – Naturnotwendigkeiten kann man
nicht abschaffen. Insofern ist der Positivismus Ideologie, Apologie
der bestehenden Verhältnisse.

Verdinglichungen der gleichen Art und des gleichen Ausmaßes wie
in der bürgerlichen Ökonomie sind in der bürgerlichen Soziologie sel-
tener. Explizites Thema der Soziologie sind ja die zwischenmenschlichen Beziehungen, die Bewegungen von Menschen, nicht die von

Waren und Preisen. Dennoch läßt sich zumindest Durkheim durch sein Programm, die sozialen Tatbestände ‹wie Dinge› zu behandeln, dazu verführen, ‹die Gesellschaft› zu einer selbständigen, außerhalb des Handelns der Gesellschaftmitglieder existierenden Wesenheit zu vergegenständlichen, die dieses Handeln, obwohl aus ihm entstanden, vollständig beherrscht – ganz so wie in der Regligion, wo «die Produkte des menschlichen Kopfes mit eigenem Leben begabte (...) selbständige Gestalten» zu sein scheinen, und «in der Warenwelt», wo das gleiche für die «Produkte der menschlichen Hand» gilt (ebd., 86). Ansonsten versteigt sich nur noch Comte in seiner religiösen Spätphase zu ähnlichen Konstruktionen. Dagegen führt Paretos Naturalismus zu einer anderen Spielart der bürgerlichen Ideologie: Obwohl er die Sinngebungsakte der Menschen ebensowenig ernst nimmt wie Durkheim, konstruiert er doch keine überindividuellen Wesenheiten, um die gesellschaftliche Bewegung zu erklären, sondern greift statt dessen zurück auf das immer gleiche Spiel von konstanten, aber mehr oder weniger unbewußten und durch das Bewußtsein nicht zu modifizierenden Instinkten. Die Konsequenz ist allerdings hier wie da: Eine grundlegende Änderung der bestehenden Verhältnisse ist unmöglich.

3.4.2 Auguste Comte (1798–1857): Naturgesetze der gesellschaftlichen Entwicklung regieren die Welt

Das Werk von Auguste Comte scheint sich auf den ersten Blick der hier entwickelten Vorstellung vom Positivismus nur schwer zu fügen. Zwar betont Comte immer wieder, daß die positive Philosophie «alle Phänomene als unveränderlichen Naturgesetzen unterworfen ansieht» (Comte 1968, 11 f), und daß «derselbe Charakter der Positivität, der allen anderen Wissenschaften aufgedrückt wurde, auch ihr (der ‹sozialen Physik› – Comtes ursprüngliche Bezeichnung für die Soziologie, G. H.) zugehört» (ebd., 18). Seine grundlegende Unterteilung der Soziologie in «soziale Statik» und «soziale Dynamik» entnimmt er der Biologie; und beide haben sich auf «beobachtbare Fakten» zu beschränken und die unveränderlichen Naturgesetze des gesellschaftlichen Zusammenlebens zu erforschen – die «soziale Statik» die gesetzmäßigen Bedingungen der sozialen Ordnung, die «soziale Dynamik» das Gesetz des gesellschaftlichen Fortschritts. Er betont aber auch, daß das spezifische Charakteristikum der Soziologie,

das Neue, was sie in die Wissenschaft einführe, die *historische* bzw.
die historisch-komparative Methode sei. Und das Grundgesetz der
«sozialen Dynamik», das «Dreistadiengesetz» behauptet die absolute
Verschiedenheit der grundlegenden gesellschaftlichen Organisationsprinzipien in den aufeinanderfolgenden Phasen der Menschheitsent-
wicklung.

Soziale Dynamik

In seltsamem Kontrast zu der enormen Bedeutung, die Comte der
Historie theoretisch beimißt, steht die Tatsache, daß er in seinen
Überlegungen zur «sozialen Dynamik» auf die Analyse historischen
Materials wie historischer Monographien so gut wie vollständig verzichtet. Grundlage seiner Einteilung der Menschheitsgeschichte in
Stadien – nämlich die Aufeinanderfolge von theologischem, meta-
physischem und wissenschaftlichem Stadium – ist die Unterscheidung
zwischen drei verschiedenen Weltanschauungen: der theologischen,
die nach den letzten Ursachen der Dinge fragt und diese im unmittelbaren Wirken personaler übernatürlicher Mächte sieht; der metaphysischen, die sich von der theologischen dadurch unterscheidet, daß sie
an die Stelle der Götter abstrakte Wesenheiten oder Prinzipien wie
die Natur, die Bewegung, die Freiheit oder den sich entfaltenden
Weltgeist setzt; der wissenschaftlichen, welche die sinnlose Frage
nach den letzten Ursachen der Dinge überhaupt aufgibt und sich statt
dessen dem Studium der zwischen ihnen bestehenden Zusammenhänge gesetzmäßiger Art widmet.

Da für Comte kein Zweifel besteht, daß «Ideen die Welt regieren
und umwälzen» (ebd., 40), müssen sich je nachdem, ob die eine oder
die andere von diesen Weltanschauungen in einer Gesellschaft
herrscht, auch alle anderen Institutionen grundlegend unterscheiden.
Weil dem theologischen Denken die für jegliche Produktionstätigkeit
entscheidende Frage nach den gesetzmäßigen Zusammenhängen zwischen den Dingen fremd ist – eigentlich gibt es für dieses Denken
«keine andere Ressource als das Gebet» (Comte 1969 a, 555) –, leben
die Gesellschaften im theologischen Stadium nicht in erster Linie von
regelmäßiger Arbeit, sondern von der Kriegführung und Versklavung
fremder Völker. Sie bestehen aus Kriegern, Sklaven und der «spekulativen Klasse», den Theologen. Alle drei sind notwendig für die gesellschaftliche Entwicklung. Nur in der «Schule des Militärs» «konnte
die primitive Gesellschaft Ordnung lernen» (ebd., 573). Die «Sklave-

rei war die notwendige Vorbereitung auf die schließliche Fülle des industriellen Lebens, das so dem größeren Teil der Menschheit aufgezwungen wurde trotz unserer angeborenen Abneigung gegenüber der Arbeit» (ebd., 574). Ohne die spekulative Klasse schließlich hätte es niemals eine Trennung von Theorie und Praxis gegeben, und das theoretische Denken hätte sich ebensowenig entwickeln können wie ein «System gemeinsamer Überzeugungen, ohne das es keine Gesellschaft gibt» (ebd.). Krieger und Theologen sind durch «ein festes Band miteinander verbunden», denn «es ist klar, daß kein militärisches System entstehen und Bestand haben könnte, wenn es nicht von vornherein auf theologische Weihen zurückgreifen könnte, ohne die die innerliche Unterwerfung, die es benötigt, weder vollständig noch dauerhaft genug sein kann» (ebd., 580). Schließlich stehen beide, das Militär wie die Religion, der «industriellen Entwicklung feindlich gegenüber» (ebd., 582).

Vom metaphysischen Stadium sagt Comte kaum mehr, als daß es eine Phase des Übergangs ist. Klar ist jedoch, daß ihm der Geist des metaphysischen Zeitalters der der Aufklärungsphilosophie ist, die ihrerseits als geistiger Urheber der Französischen Revolution erscheint. Beide, Aufklärung wie Revolution, waren notwendig, um das theologische Denken wie das Ancien régime zu überwinden. Beide müssen ihrerseits überwunden werden, damit die gesellschaftliche Ordnung erhalten wird und das wissenschaftliche Denken sich durchsetzen kann.

Das wissenschaftliche Stadium ist dadurch gekennzeichnet, daß die positive, die wissenschaftliche Methode alle Bereiche des gesellschaftlichen Lebens durchdringt. Man strebt nicht mehr nach absolutem Wissen über letzte Gründe, sondern nach relativem Wissen über invariante Beziehungen, welches sich nützen läßt, um den Gang der Ereignisse vorherzusehen und zu beeinflussen – «savoir pour prévoire, prévoire pour pouvoir» (Comte). Das ist genau die Einstellung, die für industrielle Entwicklung notwendig ist. Die Industrie und die Wissenschaft befruchten sich gegenseitig. Sie stehen in einem engen Bündnis miteinander und in unversöhnlichem Gegensatz zum Militär und zur Kirche – aus den gleichen Gründen, die diese untereinander zu Bündnispartnern werden ließen. Es gibt also im theologischen wie im wissenschaftlichen Stadium eine spekulative Klasse (erst Theologen, dann Wissenschaftler) und eine aktive (erst Militärs, dann Industrielle). Und an die Stelle der Sklaven treten die Proletarier, denen Comte verspricht, daß sie für die «Mühen, die mit ihrer Position untrennbar verbunden sind» – einer «Position, für die sie von Natur aus am besten geeignet sind» –, entschädigt werden sollen mit einem «größeren Anteil am öffentlichen Leben» (Comte 1969 b, 150).

Als naturalistisch und ahistorisch erscheint dieser Entwurf in zweierlei Hinsicht. Zum einen unternimmt es Comte, als Gegensätze zwischen aufeinanderfolgenden historischen Epochen zu konstruieren, was zunächst und vor allem die Klassengegensätze seiner eigenen Gesellschaft waren. Das gegen die aufsteigende und sich auf wissenschaftliche Rationalität berufende Bourgeoisie des späten 18. und frühen 19. Jahrhunderts gerichtete Bündnis von Thron und Altar bzw. von Feudaladel und Klerus wird als das die Frühgeschichte der gesamten Menschheit bestimmende gesellschaftliche Verhältnis dargestellt. Dem Bürgertum und der Wissenschaft gehören die Zukunft. Der Geist der Revolution muß hierzu allerdings ebenso verschwinden wie der der Theologie – andernfalls könnte das Proletariat die revolutionären Versprechungen von Freiheit, Gleichheit und Brüderlichkeit möglicherweise ernst zu nehmen beginnen und gegen die sich als herrschende Klasse etablierende Bourgeoisie einklagen. Deshalb muß auch die Aufklärungsphilosophie als rückständige, ein vergangenes Zeitalter repräsentierende Weltanschauung denunziert werden.

Nun muß die Übertragung von Sinn- und Bedeutungszusammenhängen aus einer Gesellschaft auf eine andere nicht notwendig zu falschen Ergebnissen führen – möglicherweise könnten ihr ja reale Gemeinsamkeiten entsprechen. Ob dies der Fall ist oder nicht, ließe sich aber nur durch Konfrontation jener Zuschreibungen mit den Eigendefinitionen der betroffenen Gesellschaft (annäherungsweise) klären – und darauf verzichtet Comte getreu seinem einheitswissenschaftlich-naturalistischen Programm vollständig. Natürlich kann man ihn nicht am religions- und sozialhistorischen Wissensstand von heute messen. Aber schon die Bibel, die am leichtesten zugängliche von allen für seine Entwicklungstheorie relevanten Quellen, hätte ihm an vielen Stellen zu einem differenzierteren Verständnis früherer Epochen verhelfen können – etwa bezüglich der These, im theologischen Stadium sei «jeder aktive Eingriff des Menschen in die Wirtschaft zur Erhöhung seines Vorteils» ein «verbrecherischer Angriff auf die göttliche Vorsehung», weil sie «unveränderliche Gesetze voraussetze, die letztlich mit willkürlicher Entscheidung unvereinbar» seien (Comte 1969 b, 584): Aus einer Vielzahl von Bibelstellen – von der begeisterten und detaillierten Darstellung handwerklich-technischer Abläufe beim Bau des Tempels im Buch der Könige (I, 6–8) über das Lob des mit dem anvertrauten Geld wirtschaftenden Knechts im Matthäus-Evangelium (25, 14–30) bis zum Paulinischen «wer nicht arbeitet, soll auch nicht essen» (2. Thessalonicher, 10) – hätte er ersehen können, daß im theologischen Denken auch ganz andere Wirtschaftsgesinnungen möglich sind. Es kennt sehr unterschiedliche Einstellungen zur Arbeit, nicht nur die generelle Ablehnung jedes planvollen Eingreifens in die Natur, die Comte ihm unterstellt. Diese ist nur das in die Geschichte hineinprojizierte Negativbild der Arbeitseinstellung, die er im Bürgertum verwirklicht sieht und für die einzig vernünftige hält. Ähnliches ließe sich auch für die als naturgesetzlich unterstellte Technik- und Wissenschaftsfeindlichkeit der Militärs sagen. Schließlich waren die ersten, die in Europa (zum Unterschied von China) die Erfindung des Schwarzpulvers technisch nützten, die Techniker der Kriegsführung.

Auch die korrespondierende These vom notwendigen Antimilitarismus der Industrie muß als Verlängerung einer spezifischen Klassenkampfsituation von Comtes eigener Gesellschaft ins Naturgesetzliche hinein interpretiert werden: Der reale Gegensatz war der zwischen dem Bürgertum, der industriellen Klasse und dem Adel, der Klasse, die sich als Kriegerkaste definierte und ihre Privilegien aus ihrer Funktion bei der Kriegsführung legitimierte (in der Ideologie; realiter hatte sie diese Funktion längst verloren). Aus diesem Streit zwischen zwei Klassen um die Vorherrschaft folgt aber keineswegs eine gesetzmäßige Unvereinbarkeit der ihnen zugeschriebenen Funktionen – was im Zeitalter Comtes allerdings sehr viel schwerer zu erkennen war als heute nach den großen imperialistischen Kriegen. Zusammengefaßt: Der ahistorische und naturalistische Charakter von Comtes Evolutionstheorie besteht nicht darin, daß er die gesellschaftlichen Verhältnisse seiner Zeit in toto zu naturgesetzlichen erklären würde. Er zeigt sich vielmehr zunächst nur darin, daß Comte die gesellschaftlichen Verhältnisse, die er am einen Pol des für seine eigene Gesellschaft charakteristischen Klassengegensatzes verwirklicht sieht (nämlich bei Adel und Klerus), in die Frühgeschichte der Menschheit projiziert, am anderen Pol (bei Bourgeoisie und Wissenschaft) in die unmittelbar bevorstehende Endzeit dieser Geschichte. Er zeigt sich fener darin, daß Comte auf jeden Versuch der Konfrontation seiner Konstruktion mit den Eigendefinitionen der Betroffenen verzichtet. Die an jenen Polen vorgefundenen Zusammenhänge zwischen verschiedenen gesellschaftlichen Erscheinungen – zwischen theologischem, militärischem, antiindustriellem und anti-wissenschaftlichem Denken beispielsweise –

werden zu Naturnotwendigkeiten hochstilisiert, obwohl sie bestenfalls in der spezifischen Klassenkampfsituation der frühkapitalistischen Gesellschaft notwendige sind.

Zum anderen erscheint mir Comtes Entwurf aber auch insofern als
naturalistisch und ahistorisch, als er den gesellschaftlichen Fortschritt
selbst zum Naturgesetz der gesellschaftlichen Entwicklung verklärt.
Der Fortschritt der Zivilisation ist für Comte unvermeidlich. Er führt
«unbestreitbar zu einer immer weitergehenden Entwicklung unserer
edelsten und hochherzigsten Gefühle» (Comte 1969a, 501) ebenso
wie «der grundlegenden Bedingungen der menschlichen Existenz»
(ebd.). Er unterliegt der Modifikation nur bezüglich seiner Geschwin-
digkeit; jegliche Umkehrung in der grundlegenden Reihenfolge der
Entwicklung und jedes Überspringen von Stufen wird ausgeschlossen.

Es liegt nahe, diese Fortschrittskonzeption mit dem Aufstiegsopti-
mismus des emporsteigenden Bürgertums jener Zeit in Verbindung
zu bringen. Als aufsteigende Klasse par excellence ist dieses Bürgertum geneigt, den permanenten Fortschritt, den es in seinem Alltag
erfährt, in die gesamte Menschheitsgeschichte zu projizieren. Davon
unabhängig ist jedoch zu konstatieren, daß Comte den Beweis für den
naturgesetzlichen Charakter des gesellschaftlichen Fortschritts schul-
dig bleibt. Das Dreistadiengesetz beschreibt (bestenfalls) eine einma-
lige historische Abfolge. Daß sie so abgelaufen ist, wie sie es ist, beweist nicht, daß sie nicht anders hätte ablaufen können. Seine Rede
vom «Naturgesetz» der gesellschaftlichen Entwicklung bleibt unbe-
gründet.

Auch diese Rede ist nun – trotz der Anerkenntnis der Verschiedenartigkeit von Kulturen und Institutionen in den verschiedenen
Stadien – eine Spielart des Naturalismus, weil und insofern sie alle
fremdartigen gesellschaftlichen Verhältnisse nur als Vorstufen zu
den eigenen ansieht. Die eigenen Institutionen erscheinen als diejenigen, auf die die Natur des Menschen zustrebt (Comte sagt dies
z. B. explizit mit Bezug auf die monogame Familie – vgl. 1969a,
451); die fremden entsprechen dieser Natur nicht und haben vor der
Vernunft nur insofern eine Existenzberechtigung, als sie der Herausbildung der eigenen dienlich sind. Das theologische und das metaphysische Stadium sind für Comte deshalb notwendige Phasen der
Menschheitsgeschichte, weil sich ohne sie das wahre, das positive
Denken nicht hätte entwickeln können. Der Menschengeist kann gar
nicht anders zum wissenschaftlichen Denken kommen als dadurch,

daß er zunächst alle Phänomene «seinen eigenen Handlungen so weit wie möglich angleicht» (ebd., 527), d. h. sie aus den Handlungen ihm gleichender personaler Mächte erklärt, dann abstrakte Wesenheiten an deren Stelle setzt, um schließlich zur Erforschung gesetzmäßiger Zusammenhänge zu gelangen. «Sobald wir einmal zugeben, daß der menschliche Geist immer vom theologischen Stadium ausgehen und konstant im positiven ankommen muß, können wir leicht die Notwendigkeit (...) verstehen, die ihn zwingt, durch das metaphysische hindurchzugehen, welches keine andere Bestimmung hat als die, den Übergang vom einen zum anderen zu ermöglichen» (ebd., 561). Maßstab zur Beurteilung fremder Institutionen sind nur die in Comtes eigener Gesellschaft geltenden Festlegungen. Auch dort, wo der Autor die Unterschiedlichkeit der Festlegungen in unterschiedlichen Kulturen zur Kenntnis nimmt, gesteht er den fremden kein eigenes, sondern nur ein abgeleitetes Existenzrecht zu – als notwendige Vorstufe zur bürgerlichen Gesellschaft.

Soziale Statik

Deutlicher noch als die Gesetze der sozialen Dynamik tragen die der sozialen Statik den Stempel des Naturalismus. Sie sind allesamt als überhistorische formuliert; in bezug auf sie soll es keine Unterschiede zwischen den Gesellschaften geben.

Grundeinheit und Keimzelle der Gesellschaft ist für Comte die Familie, denn nur in ihr und durch sie wird aus dem Individuum ein gesellschaftliches Wesen, eines, das sich mit anderen identifiziert. «Unerläßlich» dafür ist aber nicht nur die «Intimität und Gemeinsamkeit» der Familie, sondern auch die «natürliche Institution» der Unterordnung – «Unterordnung der Geschlechter» (d. h. der Frau unter den Mann) und «Unterordnung der Generationen» (Comte 1969a, 452). In der Familie gibt es auch die ersten Ansätze zur Arbeitsteilung. Gesellschaft aber kann es erst geben, wo es Arbeitsteilung zwischen mehreren Familien gibt. Die Arbeitsteilung bringt die Verbindung zwischen den einzelnen Elementen der Gesellschaft zustande. Gleichzeitig birgt sie aber die Gefahr der Trennung, weil sie jeden seinem «privaten Interesse» nachgehen läßt, «dessen Zusammenhang mit dem öffentlichen er nur vage wahrnimmt» (ebd., 483). Deshalb bedarf es, wo immer Arbeitsteilung herrscht, eines Organs der Leitung, das jenen Zusammenhang wiederherstellt. Und diese Leitung muß in einem «individuellen Repräsentanten» konzentriert sein; andernfalls «ist die Zusammenarbeit nur eine scheinbare» (Comte 1969 c, 266). Dies gilt auch für die Industrie, die «ihre Kapitäne ebenso benötigt wie der Krieg» (Comte 1969 b, 159). Die Arbeiter, die «von Natur aus» für andere, niedrigere Positionen geeignet sind, müssen dies einsehen lernen. Die Lösung ihrer Probleme kann «nur eine moralische, nicht eine politische sein» (ebd., 151). Insbesondere das Eigentum kann nur durch moralische, nicht durch politische Mittel kontrolliert werden (vgl. ebd., 157); d. h., die Kapitalisten müssen ihr Eigentum «im Gefühl der Verantwortung für ihre Untergebenen» gebrauchen (vgl. ebd., 159). Hierzu brauchen sie nicht nur Reichtum; es bedarf auch einer «permanenten Vergrößerung der Unternehmen», denn nur die größeren Unternehmer können jenen Geist entwickeln (ebd.). Deshalb ist auch die Vererbung des Reichtums eine «Notwendigkeit» (ebd., 160). Der Fehler der Kommunisten ist, daß sie all diese «Naturgesetze, die die sozialen Phänomene regulieren, mißachten oder sogar leugnen» und politische Lösungen suchen (ebd., 158).

Daß hier die bürgerliche Familie und der bürgerliche Staat, die kapitalistische Arbeitsteilung und die kapitalistische Eigentumsordnung zu natürlichen und damit unveränderbaren Einrichtungen verklärt werden, ist die Folge.

3.4.3 John Stuart Mill (1806–1873): Naturgesetze des individuellen Denkens regieren die Welt

Mill war ein großer Bewunderer von Comtes «Cours de Philosophie Positive» und trug viel zur Ausbreitung des dort entwickelten Gedankenguts in England bei. Es gibt einen ausgedehnten Briefwechsel zwischen beiden, in dessen Verlauf ein anfangs von beiden als minimal empfundener Dissens in einen Grundlagenstreit mündete, der schließlich zum Abbruch der Korrespondenz führte: Mill bestritt Comtes Behauptung von der natürlichen Unterlegenheit der Frau gegenüber dem Mann und versuchte, diese Behauptung, als Comte mit immer größerer Vehemenz auf ihr beharrte, als Vorurteil zu entlarven. Sein Hauptargument war, daß die Frauen seiner Zeit auf ganz andere Ziele hin sozialisiert würden als die Männer und deshalb, wenn sie an deren Zielen gemessen würden, mit Notwendigkeit schlechter abschneiden müßten; diese Unterschiedlichkeit in den Sozialisationszielen sei aber keineswegs naturnotwendig (vgl. Mill 1976, 200).

An diesen ersten Dissens knüpfte ein weiterer an: Während Comte die Psychologie zur einen Hälfte der Biologie, zur anderen der Soziologie zuschlagen wollte, erkannte ihr Mill den Charakter einer eigenständigen Wissenschaft zu, einer Wissenschaft zudem, die die einzig tragfähige Grundlage für soziologische Erklärungen abgeben könne. Durch Beobachtung und Induktion können die Sozialwissenschaften nach Mill nur zu «empirischen Gesetzen» kommen, zur Erkenntnis einer Gleichförmigkeit, «welche in allen Fällen, die innerhalb der Grenzen unserer Beobachtung lagen, Stich hält, die jedoch keine Sicherheit dafür gewährt, daß sie auch außerhalb dieser Grenzen Stich halten wird», weil wir nicht wissen, «warum sie wahr sei»; «ihre Wahrheit ist nicht eine unbedingte, sondern eine von anderen abhängige» (Mill 1968, 262 f). Die «Gesetze der gesellschaftlichen Phänomene» sind von dieser Art; sie können kein «eigenes, selbständiges Gesetz besitzen» (ebd., 327); denn sie sind nichts anderes «als die Gesetze des Thuns und Leidens menschlicher Wesen, die durch den gesellschaftlichen Zustand miteinander verbunden sind» (ebd., 284). Aber: «Menschliche Wesen in der Gesellschaft besitzen keine anderen Eigenschaften als jene, die von der Natur des individuellen Menschen herstammen und sich in diese auflösen lassen» (ebd.). Deshalb muß der Sozialwissenschaftler, wenn er zu wirklich befriedigenden Erklärungen kommen will, die «umgekehrtdeduktive Methode» anwenden, d. h., die durch historische Beobachtung ermittelten empirischen Gesetze müssen «mit den Naturgesetzen, aus denen sie folgen, deduktiv verknüpft werden» – in letzter Instanz: mit den «Gesetzen des Geistes» (ebd., 249 ff). Daß es solche Gesetze, solche «Gleichförmigkeiten der Folge unter Geistzuständen gibt, und daß diese durch Versuch und Beobachtung sich ermitteln lassen» (ebd., 252), steht für Mill ebenso fest, wie daß diese Gesetze nicht nur abgeleitete, sondern «eigenständige» sind. Eine Begründung liefert er ebensowenig wie eine befriedigende Definition von «Eigenständigkeit».

Mill ist also psychologischer Reduktionist in dem Sinn, daß er eine Erklärung gesellschaftlicher Zusammenhänge erst dann als ausreichend akzeptiert, wenn diese aus den «Naturgesetzen» des individuellen Bewußtseins, den einzigen, auf die wir uns im Bereich der Geisteswissenschaften verlassen können, abgeleitet wurden. Für Comte dagegen ist «die Gesellschaft als ganze besser bekannt und als Studienobjekt zugänglicher als die Teile, aus denen sie sich zusammensetzt» (Comte 1969 a, 286).

Während Mills Denken in bezug auf die Stellung der Frau den Comteschen Naturalismus überwindet und insofern einen eindeutigen Fortschritt darstellt, läßt sich Gleiches in bezug auf seinen psychologischen Reduktionismus keineswegs eindeutig sagen. Mill setzt letztlich voraus, daß es den Menschen als vorgesellschaftliches Wesen gibt, als ein Wesen, das unabhängig von der Gesellschaft Geist und Individualität entwickelt hat und sich erst im nachhinein mit anderen verbindet (vgl. Mill 1968, 284). Wenn, anders als in diesem Bild vorausgesetzt, die Entwicklung von Geist und Individualität aus dem gesellschaftlichen Zusammenleben selbst resultiert (vgl. z. B. Mead 1962), dann wird die Autonomie der «Geistesgesetze» gegenüber den «Gesetzen des gesellschaftlichen Lebens» doch sehr fragwürdig (für eine ausführlichere Auseinandersetzung vgl. Winch 1974, 87 ff). Die Vorstellung, man könne und müsse die «Phänomene des Geistes» als individuelle und überhistorische, d. h. in Unabhängigkeit von allen gesellschaftlichen Festlegungen experimentell studieren, scheint eher noch naturalistischer zu sein als Comtes antireduktionistische Position – die methodologisch allerdings nicht weiter begründet wird. Später sollte Pareto in dieser Frage die Millsche, Durkheim die Comtesche Position wieder aufnehmen.

3.4.4 Vilfredo Pareto (1848 – 1923): Irrationale und undurchschaute individuelle Triebe regieren die Welt

Das für alle Positivisten charakteristische szientistische Pathos findet bei Pareto eher noch stärkeren Ausdruck als bei Comte und Mill. In keiner seiner Schriften vergißt Pareto den Hinweis, daß er «zu einem ausschließlich wissenschaftlichen Zweck» schreibe und ausschließlich dem «rationalen Denken» verpflichtet sei. «Das Eindringen des Gefühls in die Domäne der Naturwissenschaften hat deren Fortschritt stets verzögert und mitunter völlig aufgehalten. Erst seit einigen Jahren konnten sich diese Wissenschaften diesem verderblichen Einfluß ganz entziehen und von diesem Zeitpunkt ist der wahrhaft außergewöhnliche Aufschwung zu verzeichnen, den sie in unserer Zeit genommen haben. Die Sozialwissenschaften dagegen sind nur zu sehr dem Gefühl unterworfen geblieben» (Pareto 1975, 110). Die hier zum Ausdruck kommende strikte Trennung zwischen dem «Gefühl» und dem «rationalen Denken» bildet auch die Grundlage für Paretos Unterscheidung zwischen «logischen» und «nicht-logischen» Handlungen sowie zwischen «Residuen» und «Derivationen», auf die wir zunächst eingehen müssen.

«Logisch» sind Handlungen, wenn sie «einem Zweck angemessene und mit diesem logisch verbundene Mittel darstellen» (Pareto 1953, § 150). Dies schließt ein, daß sowohl Mittel als auch Zweck «real» und nicht «imaginär» sind; daß Zweck und Mittel bzw. Wirkung und Ursache logisch auseinander folgen; und daß der reale, objektiv gegebene Zweck mit dem subjektiven, den der Handelnde verfolgt, identisch ist. Ist eine dieser Bedingungen nicht erfüllt, ist die Handlung «nicht-logisch». «Nicht-logisch» können Handlungen demzufolge in sehr verschiedener Weise sein: Sie können es 1. dadurch sein, daß sie überhaupt keinen Zweck verfolgen; 2. dadurch, daß sie ihren Zweck nicht erreichen können, weil dieser entweder (2.1) «imaginär» ist («in den Himmel kommen») oder (2.2) mit den gewählten Mitteln nicht erreichbar ist – aufgrund von (2.2.1) falschen oder (2.2.2) auf imaginäre Wesenheiten zurückgreifenden Ursachenannahmen; und 3. dadurch, daß die objektiven und die subjektiven Konsequenzen der Handlung nicht identisch sind (vgl. Pareto 1975, 121 f).

Die nicht-logischen Handlungen spielen nach Pareto im sozialen Leben die bei weitem wichtigste Rolle. Hier sieht er sich im Gegensatz zu fast allen älteren Sozialwissenschaftlern, die den Menschen irrigerweise als vor allem logisch handelndes Wesen angesehen hätten. Dieser Irrtum hänge mit der stark ausgeprägten Neigung der Menschen zusammen, «ihren Handlungen einen logischen Firnis zu geben» (Pareto 1953, § 154). Sie suchen für ihre nicht-logischen Handlungen stets logisch erscheinende Begründungen – die in Wirklichkeit fast immer scheinlogische sind. «Diese Handlungen sind rein instinktiv, der sie vollziehende Mensch empfindet jedoch Vergnügen, wenn er ihnen – übrigens ganz willkürlich – logische Ursachen zugrunde legt» (Pareto 1975, 121).

Da die Begründungen nicht die wirklichen Ursachen angeben, können sie, wenn sie keinen Glauben mehr finden, ohne weiteres gegen andere ausgetauscht werden, ohne daß sich an den Handlungen etwas ändern müßte. Die Begründungen sind variabel; konstant sind nur die zugrundeliegenden nicht-logischen Prinzipien oder Instinkte. Eines von Paretos Lieblingsbeispielen ist die Askese: Nach christlicher Lehre ist die Askese etwas Gott Wohlgefälliges; ein Mensch tut Buße, um Gott Genugtuung für fremde oder eigene Sünden zu leisten. Ähnliche Vorstellungen findet man in den meisten Religionen. Es gibt aber auch Askese ohne jede religiöse Begründung: «Die Spartaner sind Asketen, nur um strenge Manneszucht zu halten; die Buddhisten sind es, um allen Lebensenergien einen Zaum anzulegen. Schließlich werden heutzutage Leute zu Asketen im Namen der heiligen Wissenschaft, die, wie sie sagen, den Alkohol verbietet. Andere fürchten den Anblick einer schönen Frau aus Gründen einer ihnen eigenen Geschlechtsmoral, nach der, warum weiß man nicht, der Geschlechtsgenuß das schlimmste aller schlimmen Verbrechen ist. (...) Danach ist es klar, daß die *Konstante* die Leiden sind, die die Menschen sich selbst zufügen, die *Variablen* die Motive, die sie dazu haben oder zu haben behaupten» (Pareto 1953, § 1164). Was sich so über die wechselnden Begründungen hinweg am menschlichen Handeln als konstant erweisen läßt, nennt Pareto «Residuum», die variablen Erklärungen, die dazu gegeben werden, bezeichnet er als «Derivationen».

Auf die alles andere als schlüssige Klassifikation der Residuen mit ihren sechs Klassen und 40 Unterklassen, zwischen denen sich zahllose Überschneidungen ergeben, soll hier nicht näher eingegangen werden. Nur mit zweien von diesen Klassen, den beiden einzigen, die Pareto im Fortgang seiner Arbeit bei der Deutung sozialer Prozesse überhaupt noch anwendet, müssen wir uns noch etwas eingehender beschäftigen: dem *«Kombinationsinstinkt»* (Klasse I) und dem Residuum der *«Persistenz der Aggregate»* (Klasse II). Durch den Kombinationsinstinkt werden die Menschen dazu veranlaßt, zwischen allen möglichen Dingen aufs Geratewohl kausale Zusammenhänge herzustellen – von denen nur der allerkleinste Teil tatsächlich existiert. Das Residuum der Persistenz der Aggregate treibt die Menschen dazu, den einmal anerkannten Kombinationen dauerhafte Geltung zu verleihen und jedem Versuch, sie in Zweifel zu ziehen, energisch Widerstand zu leisten. Die Residuen der Klasse I sorgen für die notwendigen Veränderungen, die der Klasse II für die ebenso notwendige Erhaltung des Bestehenden.

Entscheidend für Paretos Theorie der gesellschaftlichen Entwicklung ist nun, daß er die Residuen von Klasse I und Klasse II verschiedenen Persönlichkeitstypen zuordnet: Es gibt Menschen, bei denen der Kombinationsinstinkt, und andere, bei denen das Residuum der Persistenz der Aggregate das Handeln überwiegend bestimmt. Dies wird vor allem für seine Theorie von der «Zirkulation der Eliten» wichtig, in der er im Anschluß an Machiavelli und bezogen auf den Bereich des politischen Handelns die Persönlichkeitstypen, in denen der Kombinationsinstinkt überwiegt, als «Füchse», die vor allem auf die Persistenz der Aggregate fixierten als «Löwen» kennzeichnet. An der Wiege eines jeden politischen Systems steht eine Kaste oder Klasse von «Löwen», von tapferen und gewalttätigen Kriegern mit einem festen und unerschütterlichen Glauben an die eigene Mission (Persistenz der Aggregate), die in einem bestimmten Gebiet die Macht erobert, alle Gegner mitleidlos ausrottet und so die eigene Herrschaft und den eigenen Staat etabliert. Diese ihre Herrschaft beruht entsprechend der Unwandelbarkeit ihrer Überzeugung auch lange nach der Eroberung noch in erster Linie auf Gewalt und Ausbeutung. Langfristig ist jedoch der Raub keine ausreichende Grundlage ihrer Herrschaft. Handel und Gewerbe müssen organisiert werden, und dazu bedarf es neuartiger Kombinationen. Deshalb benötigt man statt der tapferen Krieger von einst je länger, desto mehr listige, der Intrige kundige «Füchse», die in zunehmender Anzahl in die herrschende Klasse kooptiert werden. Aber deren Neuerungssucht gefährdet die etablierte Ordnung; und nur auf List und Intrige kann keine Klasse ihre Herrschaft gründen, ganz ohne direkte Gewalt geht es nicht. Deshalb wird das System schließlich seine Überlebensfähigkeit verlieren und dem Ansturm einer neuen «Löwen»-Klasse erliegen – und damit beginnt der Zyklus von vorn. Ähnliche Zyklen sucht Pareto für den ökonomischen – hier lösen sich «Rentner» (Residuum II) und «Spekulanten» (Residuum I) ab – und für den ideologischen Bereich – hier folgen Phasen der Religiosität auf solche des Skeptizismus – herauszuarbeiten. Comtes unerschütterlicher Glaube an stetigen und immerwährenden Fortschritt ist hier vollständig ersetzt durch ein zyklisches Weltbild der ewigen Wiederkehr des Gleichen – nicht zufällig zu einer Zeit, in der auch die Aufstiegsbewegung des Bürgertums zum Abschluß gekommen war (vgl. Hauck 1984, 12–21).

Auch für Pareto sind nach alledem die Selbstinterpretationen und Eigendefinitionen, die die Menschen von ihrem Handeln geben, wissenschaftlich ziemlich belanglos. Sie sind bloße Derivationen, die kommen und gehen, ohne daß sich am immer gleichen Handeln etwas ändern würde.

Die Problematik dieser methodologischen Prämisse läßt sich wohl am deutlichsten anhand von Paretos Darstellung der «religiösen Oszillation» in der Neuzeit darstellen: Im 18. Jahrhundert war auf dem europäischen Kontinent die Irreligiosität auf dem Vormarsch; das Christentum verlor einen Großteil seiner Macht. Dies konnte nicht endlos so weitergehen, wenn die Persistenz der Aggregate nicht gar zu sehr gefährdet werden sollte. Gegen Ende des Jahrhunderts stand «der Umschwung in entgegengesetzter Richtung» auf der Tagesordnung. Die Französische Revolution, die «eine religiöse Revolution» war, besorgte ihn. «Es handelt sich hier nicht um eine Analogie, sondern um Identität» (Pareto 1975, 128). Auch dieser religiöse Aufschwung ebbte wieder ab; die rhythmische Bewegung setzte sich fort. «Heute, im Jahre 1901 befinden wir uns in der Aufstiegsperiode der religiösen Gefühle (...); eine neue Religion: der Sozialismus und andere ‹humanitäre› Überzeugungen (...) haben fast den ganzen Nutzen davon gehabt» (ebd.).

Pareto behauptet also, die Weltanschauungen der Französischen Revolution und des Sozialismus seien Religionen. Sie selbst sehen dies allerdings durchaus anders; sie sehen sich selbst als irreligiös, und das Christentum pflichtet ihnen darin bei. Für sie besteht keine Identität, für Pareto besteht sie. Wer hat recht? Pareto, denn was er betreibt, ist Wissenschaft, was die anderen betreiben, ist nur Ideologie bzw. Derivation. Was er als «gleich» bzw. «ungleich» ansieht, *ist* es, was sie so ansehen, spielt keine Rolle – dies ist die arrogante Prämisse, auf der die gesamte Unterscheidung zwischen Residuen und Derivationen ruht.

Pareto definiert mit dem sinnstiftenden und sinnorientierten menschlichen Handeln aber nicht nur die Ziele von sozialen Bewegungen aus dem Umkreis des soziologisch Relevanten hinaus, sondern auch die gesellschaftliche Arbeit, einen Faktor, der unbestreitbar die Natur zunehmend umgestaltet und somit die Rahmenbedingungen unseres Handelns ständig verändert. Was Pareto in Rechnung stellt, sind schließlich nur noch die unwandelbaren Instinkte der biologischen Spezies Mensch – so wie er sie sieht: als Residuen der verschiedenen Unterarten. Was Wunder, daß seine Soziologie zu keinem anderen Ergebnis gelangt als zu einer Theorie der ewigen Wiederkehr des Gleichen. Wenn man das Spezifikum des menschlichen Handelns – seine Sinnhaftigkeit – als irrelevant ausschaltet, bleibt schließlich nur noch seine konstante animalische Natur als Erklärungsfaktor übrig (es sei denn, man würde wie Durkheim auf überindividuelle Wesenheiten rekurrieren, was Pareto mit seiner individualistischen Position aber nicht in den Sinn kommt). Daß etwas wirklich Neues entstehen könnte, ist damit a priori ausgeschlossen. Gesellschaften unterscheiden sich für Pareto nur danach, ob überwiegend mit dem einen oder mit dem anderen Instinkt ausgestattete Persönlichkeitstypen in ihnen dominieren; und der Wechsel zwischen der Dominanz der einen und der der anderen erfolgt im immer gleichen Zyklus. Und so sieht Pareto in der altgriechischen wie der altrömischen wie der venezianischen wie 'der neuzeitlichen Geschichte immer nur auf das gleiche Auf und Ab von «Löwen» und «Füchsen», «Rentnern» und «Spekulanten», Gläubigen und Skeptikern. Der Wandel von der Sklavenhalter- über die feudale zur kapitalistischen Gesellschaft ist ihm keine Erwähnung wert. Über die «Einheit» der menschlichen Natur geht ihm ihre «wesentliche Verschiedenheit» dadurch verloren, daß er gerade «das Spezifische» wegläßt – eine Auslassung, in der schon nach den Marxschen «Grundrissen» «die ganze Weisheit der modernen Ökonomen (liegt), die die Ewigkeit und Harmonie der bestehenden sozialen Verhältnisse beweisen» (Marx 1974, 7).

3.4.5 Emile Durkheim (1958–1917): ‹Die Gesellschaft› regiert die Welt

Es ist in erster Linie Durkheims Schriften geschuldet, daß «Comtes ‹Positivismus› einen bedeutenden Einfluß auf die Entwicklung einer positivistischen Soziologie» im 20. Jahrhundert ausgeübt hat (vgl. Giddens 1977, 39). Ordnung, Fortschritt und Wissenschaft sind ebensosehr Durkheims zentrale Themen wie die von Comte; und die zentrale Aufgabe, die sich Durkheim stellt, ist, «die moralischen Tatbestände nach der Methode der positiven Wissenschaften zu behandeln» (1977, 72). Auf die immens wertvollen materialen Analysen Durkheims, insbesondere zur Arbeitsteilung (ebd.) und zur Religionssoziologie (1981), kann im gegenwärtigen Zusammenhang – dem der Positivismusdiskussion – nicht eingegangen werden; sie werden von der hier geübten Kritik nur am Rande berührt. Hier kann es nur um die Auseinandersetzung mit Durkheims allgemeinsten gesellschafts- und wissenschaftstheoretischen Grundannahmen gehen, insbesondere um sein Konstrukt der «sozialen Tatsachen» und um seinen Gesellschaftsbegriff, die systematisch vor allem in den «Regeln der soziologischen Methode» (Durkheim 1976) entwickelt werden.

Die sozialen Tatsachen nach der Methode der positiven Wissenschaften zu analysieren heißt für Durkheim, sie «wie Dinge» zu behandeln; das ist für ihn «die erste und grundlegendste Regel» der soziologischen Methode. Dieses ‹Wie-Dinge-Behandeln› hat eine ganze Reihe von unterschiedlichen Bedeutungsnuancen. Eine erste findet Ausdruck in der folgenden Passage: «Was ist eigentlich ein Ding? Das Ding verhält sich zur Idee wie etwas, das man von außen kennt, zu etwas, das man von innen kennt» (Durkheim 1976, 89). Die sozialen Tatbestände kennen wir nur von außen – und nicht wie unsere eigenen Ideen von innen –, weil sie «in keinem von uns im Ganzen vorhanden» sind (ebd., 90).

Obwohl wir die sozialen Tatbestände also nicht «von innen» kennen, bildet es sich der Alltagsverstand doch immer wieder ein: Wir haben unsere «Vormeinungen» – «notiones vulgares» oder «praenotiones», wie Durkheim im Anschluß an Bacon formuliert – «gewissermaßen Phantome, die das wahre Aussehen der Dinge entstellen, und die wir dennoch für die Dinge selbst nehmen» (ebd., 117). Wenn die Soziologie zur positiven Wissenschaft werden soll, gilt es, diese Konzepte zu überwinden, genauso wie Chemie und Astronomie die von Alchemie und Astrologie überwunden haben. Die sozialen Tatbestände wie Dinge zu behandeln bedeutet demnach auch, «an ihre Erforschung mit dem Prinzip heranzutreten, daß man absolut nicht weiß, was sie sind» (ebd., 90); alle Vormeinungen «müssen daher beiseite geschoben werden» (ebd.) – ein zweiter, mit dem ersten («soziale Tatbestände von außen betrachten») zusammenhängender, aber sicher nicht identischer Aspekt der «ersten Regel» (ob der Alltagsverstand recht oder unrecht hat, ist eine Frage; ob wir soziale Tatbestände von außen oder von innen kennen, eine andere).

Drittens müssen natürlich, wenn die Alltagsdefinitionen keinen wissenschaftlichen Wert haben, in der positiven Soziologie andere, eben «wissenschaftliche», an ihre Stelle treten. Anders als Pareto, dem seine Definitionen selbstverständlich und unhinterfragt die wissenschaftlichen sind, bemüht sich Durkheim wenigstens, Kriterien für die Wissenschaftlichkeit einer Definition zu entwickeln. Das wichtigste unter diesen Kriterien ist, daß das äußerlichste und am leichtesten identifizierbare Merkmal der Erscheinung zur Definition herangezogen werden muß. Wenn wir die sozialen Tatbestände nur von außen kennen können, bleiben nur äußerliche Merkmale zur Identifikation; zu tieferliegenden kann man erst später, erst durch die wissenschaftliche Arbeit selbst vordringen. Und wenn wir alle subjektiven Vormeinungen ausschalten wollen, müssen wir für jedermann eindeutig identifizierbare «objektive» Merkmale heranziehen. Diese Regeln des Definierens mögen nun ja ganz vernünftig sein (oder auch nicht). Warum die mit ihrer Hilfe erreichten Klassifikationen aber weniger willkürlich und wissenschaftlicher sein sollen als die Praenotiones der Alltagserfahrung, warum sie gar aus «der Natur der Dinge» und nicht aus «der besonderen Richtung» unseres Denkens folgen sollen (ebd., 132), ist nicht einzusehen.

Die meisten sozialen Tatbestände erscheinen als fließend, vage und veränderlich; objektive Merkmale zu ihrer Identifizierung sind deshalb oftmals nur schwer auffindbar. Bei näherem Zusehen zeigt sich jedoch, daß sich die meisten von ihnen in fest umgrenzten Formen «kristallisieren» – «in rechtlichen und sittlichen Normen, Sprichwörtern, Tatsachen der sozialen Struktur usw.» (ebd., 139), kurz: in «Institutionen» (ebd., 100). Und in diesen Formen werden sie objektiv faßbar. «Eine Rechtsnorm ist, was sie ist; es gibt nicht zwei verschiedene Arten, sie aufzufassen» (ebd., 139). Soziologie als positive Wissenschaft von den sozialen Tatbeständen kann demnach auch «definiert werden als die Wissenschaft von den Institutionen» (ebd., 100) – sicherlich wieder ein neuer Aspekt, der mit den vorhergehenden zwar irgendwie zusammenhängt, aber keineswegs logisch aus ihnen folgt.

Neben diesem ersten Bündel von Bedeutungsaspekten des Dingcharakters der sozialen Tatbestände gibt es bei Durkheim noch ein zweites, davon gänzlich unabhängiges. Ein Ding ist nicht nur etwas, was wir nur von außen kennen können, es ist auch etwas, was all unseren Versuchen, es zu ändern, Widerstand entgegensetzt. Dinge können wir nicht nach Belieben umgestalten. «Der Einzelne findet sie vollständig fertig vor und kann nichts dazu tun, daß sie nicht seien oder daß sie anders seien, als sie sind; er muß ihnen Rechnung tragen» (ebd., 99) und «sich ihnen jederzeit anpassen» (ebd.). Insofern üben sie einen *Zwang* auf ihn aus.

Daß sie Zwang auf unser Handeln und auf unser Bewußtsein ausüben, ist auch das wesentliche Merkmal der sozialen Tatbestände. «Sie bestehen in besonderen Arten des Handelns, Denkens und Fühlens, die außerhalb der Einzelnen stehen und mit zwingender Gewalt ausgestattet sind, kraft deren sie sich ihnen aufdrängen» (ebd., 107). Daß dieser Zwang real ist, zeigt sich an den Sanktionen, die wir über uns ergehen lassen müssen, wenn wir jenen festgelegten Verhaltensformen zuwiderhandeln. Daß er seinen Sitz außerhalb des individuellen Bewußtseins hat, zeigt sich daran, daß er sich immer wieder gegen dieses wendet und durchsetzt; und selbst wo der einzelne sich freiwillig jenen Verhaltensformen unterwirft, tut er es deshalb, weil er im Lauf seiner Erziehung den Zwang verinnerlicht hat. Während es sich bei dem ersten Bündel von Explikationen des Dingcharakters der sozialen Tatbestände eher um methodologische Forderungen handelt, geht es hier also, wie man sieht, um ontologische Behauptungen: Das Wesen der soziologischen Tatbestände ist ihr Zwangscharakter; und sie existieren außerhalb der individuellen Bewußtseine.

Diesem letzteren Punkt müssen wir uns zuerst zuwenden. Die Gesellschaft ist für Durkheim eine «Synthese sui generis». Sie löst «neue Erscheinungen» aus, «welche von denen, die im Bewußtsein der einzelnen vor sich gehen, verschieden sind» und «in der Gesellschaft selbst ihren Sitz haben (...), nicht in ihren Teilen, d. h. ihren Gliedern»; *sie haben ein anderes Substrat* (ebd., 94), eben die Gesellschaft. Dieses Substrat entwickelt ein eigenes («kollektives») Bewußtsein und eigene («kollektive») «Handlungs- und Denkweisen», «die eine Realität außerhalb der Individuen besitzen»; «sie sind Dinge, die eine Eigenexistenz führen» (ebd., 99). Das Kollektivbewußtsein gehört einer «anderen Gattung» an als das Individualbewußtsein (ebd.) und entspricht auch nicht «dem Durchschnitt der individuellen Gefühle», dem es sogar «entgegengesetzt» sein kann (ebd., 190). Und es besitzt ihnen gegenüber eine «materielle und moralische Suprematie» (ebd., 99). Da die Gesellschaft «das Individuum in der Zeit wie im Raum grenzenlos überschreitet, muß sie auch begreiflicherweise imstande sein, ihm die Arten des Handelns aufzuerlegen, die sie mit ihrer Autorität sanktioniert hat» (ebd., 186).

Hier konstruiert Durkheim tatsächlich einen Fetisch ‹Gesellschaft› – und zwar in guter alter Tradition ganz nach seinem eigenen Ebenbild, nur absolut vollkommen: ein selbständiges Wesen mit eigenem Bewußtsein und eigenem Wollen, das eine außerhalb der Individuen liegende Eigenexistenz besitzt und ihnen seinen Willen aufzwingt. Er unternimmt es sogar, wissenschaftlich zu beweisen, daß dieser Zwang moralisch gerechtfertigt sei: Die sozialen Tatbestände wie Dinge zu behandeln – was sie sind –, heißt anzuerkennen, daß sie Zwang auf uns ausüben. Die soziologische Reflexion kann dem Menschen deshalb «nur einleuchtende Gründe für die Unterordnung, die von ihm gefordert wird, und für die Gefühle der Ergebenheit und des Respekts (...) vermitteln» (ebd., 203). Sie erblickt «die wesentliche Bedingung eines jeden Lebens in der Gemeinschaft im Geiste der Unterordnung» (ebd., 204). ‹Die Gesellschaft›, ein Produkt menschlichen Handelns und Denkens, wird zum von diesem Handeln unabhängigen Herrn über die Menschen vergegenständlicht – ein Verdinglichungsprozeß ganz ähnlicher Art, wie ihn Marx an den Fetischbildungen in Religion und Ökonomie aufgezeigt hat.

Aber die Konstruktion wackelt an allen Ecken und Enden. Was Durkheim rechtfertigen will, ist der moralische Zwang, den die Gesellschaft auf den einzelnen ausübt. Dies gibt jedoch der Analogieschluß von den natürlichen Gegenständen, die unseren Umgestaltungsversuchen Widerstand entgegensetzen, nicht her. Hier geht es nur um technische Notwendigkeiten oder «Zwänge» – Durkheim spielt mit der Vieldeutigkeit des Begriffs. Was die Analogie beweist, ist bestenfalls, daß bestimmte Institutionen – genau wie bestimmte Naturgegenstände – mit den gegebenen Mitteln entweder gar nicht oder nur zu bestimmten Kosten umzugestalten sind. Die Analogie beweist nicht, daß ich das Verhalten, welches jene Institutionen inhaltlich von mir fordern (zum Unterschied von den Naturgegenständen, die überhaupt nichts ‹fordern›), als moralische Norm bejahen, noch gar, daß ich mich im Handeln danach richten muß. Ich kann auch Normen, von denen ich weiß, daß ich sie nicht – oder vorläufig nicht – abschaffen kann, moralisch ablehnen; und ich kann sie auch – insgeheim oder öffentlich – brechen.

Auch der von Durkheim mehrmals angestellte Vergleich der Gesellschaft mit einer gegenüber den Ausgangselementen andersartige Eigenschaften besitzenden chemischen Verbindungen, mit dem bewiesen werden soll, daß die Gesellschaft eine von den Individuen unabhängige Existenz besitzt, hinkt. Sicherlich trifft es zu, daß eine Legierung von Kupfer, Zinn und Blei andere physikalische Eigenschaften besitzt als jedes dieser Elemente allein oder auch ein Gemisch von ihnen. Und es trifft auch zu, daß, wenn zwei Individuen interagieren, die Handlungsergebnisse in aller Regel anders aussehen, als wenn sie isoliert handeln würden. Aber es trifft nicht zu, daß sie durch ihre Interaktion ein drittes, selbständiges «Sonderwesen, nämlich die Gesellschaft» (Durkheim 1981, 583), mit eigenem, von dem ihren unabhängigen Handeln und Bewußtsein aus sich heraussetzen würden – ebensowenig wie die Bronze eine separate Sonderexistenz *neben* den sie zusammensetzenden Elementen besitzt.

Dies heißt nicht, Durkheims «Kollektivismus» einen ‹methodologischen Individualismus» entgegenzusetzen. In gewisser Hinsicht ist Durkheim sogar beides, zu ‹kollektivistisch› *und* zu ‹individualistisch›. ‹Das Individuum› ist ihm eine genauso selbständige und unabhängige Größe wie ‹die Gesellschaft›. Die erstere besitzt ein von der Tatsache der gesellschaftlichen Interaktion unabhängiges ‹Individualbewußtsein›, die letztere ein von den Handlungen der Individuen unabhängiges ‹Kollektivbewußtsein› – und beide bekriegen sich unablässig. Meads wohlbegründete Vorstellung, daß individuelles Bewußtsein, Denken und Selbstbewußtsein selbst (phylogenetisch wie ontogenetisch) aus der Interaktion mit anderen resultieren, daß sich ohne Übernahme der Perspektive der anderen keine signifi-

kanten Symbole, also auch kein begriffliches Denken, und ohne
«Spiegelung meiner im Bewußtsein eines anderen Subjekts» (Habermas 1974, 13) kein Selbstbewußtsein entwickeln kann, ist mit Durkheims Konstruktion unvereinbar.

Auf der anderen Seite scheint jedoch Durkheims Konzeption vom
«Sonderwesen Gesellschaft» eine starke Stütze zu finden in dem, was
er die «Kristallisationsformen» des sozialen Lebens nennt, in den Institutionen im weitesten Sinn des Wortes. In Gesetzbüchern *haben*
Normen eine vom Handeln der Individuen unabhängige Gestalt gewonnen. «Eine Rechtsnorm ist, was sie ist» (Durkheim 1976, 139).
Sie übt Zwang aus auch und gerade auf die Individuen, die sie nicht
anerkennen. Und doch gibt es Rechtsnormen, die ‹nur auf dem Papier stehen›, weil sich niemandes Handeln an ihnen orientiert. Wenn
Durkheim fortfährt, «es gibt nicht zwei Arten, sie (die Rechtsnorm,
G. H) aufzufassen» (ebd.), ist dies schlichtweg falsch. Die Jurisprudenz lebt davon, daß Rechtsnormen unterschiedlich interpretiert
werden können; und im traditionellen Recht war der Wandel der
Rechtsinterpretationen die wichtigste Quelle des Rechtswandels
überhaupt (vgl. Weber 1956). Insbesondere die Rollentheorie des
symbolischen Interaktionismus hat herausgestellt, daß die gleiche
Interpretationsbedürftigkeit auch die Normen des alltäglichen (Rol-
len-)Handelns kennzeichnet; auch was die Rollennorm fordert, muß
interpretiert werden. Wichtiger noch als die Interpretation der Norm-
inhalte ist, daß die Normunterworfenen immer auch ihre momentane
Situation interpretieren müssen: Ist dies eine Situation, auf die die
Norm A (oder B oder C) anzuwenden ist, oder nicht? Nur über die
Definitionen und Interpretationen der Gesellschaftsmitglieder (einschließlich derer, die die Einhaltung der Normen überwachen) bestimmen die Institutionen das soziale Handeln – und genau diese
Interpretationen meint Durkheim als «Praenotiones» außer acht lassen zu können. Im übrigen gilt die Interpretationsabhängigkeit nicht
nur für moralische und Rollennormen, sondern sogar für ökonomische Institutionen wie das Geld, was besonders in den Situationen
deutlich wird, wo es als Zahlungsmittel nicht mehr akzeptiert und
durch andere (z. B. Zigaretten-)Währungen ersetzt wird.

Durch solche Überlegungen lassen sich die symbolischen Interaktionisten allzuoft zu allzu idyllischen Gesellschaftskonzeptionen
verführen. Gesellschaftliches Handeln sieht dann oftmals so aus, als
ob sich stets lauter gleichberechtigte Partner gegenüberstünden, die
sich alle zuerst ihre Situations- und Normdefinitionen zurechtlegen

und sie dann miteinander aushandeln würden, um schließlich zu einem vorläufigen Konsens zu gelangen, der jedem einzelnen ein ausreichendes Maß an Bedürfnisbefriedigung erlaube (vgl. z. B. Krappmann 1971). Die reale Verdinglichung der zwischenmenschlichen Beziehungen im Kapitalismus wird durch Durkheims Bild von der Gesellschaft als Zwangsanstalt besser getroffen.

Durkheim gibt den Zwangscharakter der kapitalistischen Gesellschaft auf der Oberflächenebene durchaus korrekt wieder. Was er verkennt, ist dessen Zusammenhang mit den Klassenverhältnissen. Da für ihn a priori feststeht, daß die Sinngebungsakte der Gesellschaftsmitglieder bei der Erklärung sozialer Tatbestände keine Rolle spielen dürfen (und da er auch Triebe oder Instinkte als Erklärungsfaktoren ausschließt), bleibt ihm, wenn er jene Zwänge erklären will, theoriestrategisch aber keine andere Wahl, als ihre Ursachen in einer außerhalb des menschlichen Handelns angesiedelten Wesenheit zu lokalisieren. Soziale Klassen und ihre Situationsdefinitionen kommen als Erklärungsfaktoren für Durkheim ebensowenig in Betracht wie individuelle Akteure und deren Sinngebungsakte; denn in beiden Fällen müßte er sich mit dem gemeinten Sinn menschlichen Handelns auseinandersetzen, was seinem naturalistischen Credo widerspräche. Die von den symbolischen Interaktionisten anvisierte konsensuelle Regelung der zwischenmenschlichen Beziehungen, die in Klassengesellschaften eben wegen ihres Klassencharakters nicht realisierbar erscheint, wird von Durkheim mit dem Wesen der menschlichen Gesellschaft überhaupt für unvereinbar erklärt. Mit ‹der Gesellschaft› in Durkheims Sinn kann man keine Situations- oder Normdefinitionen aushandeln; ihr kann man sich nur bedingungslos unterwerfen. Dies dem Individuum klarzumachen, es zu freiwilliger Unterordnung zu bewegen, ist die Aufgabe der Wissenschaft wie der Religion; «es genügt, ihm den Zustand seiner Abhängigkeit und natürlichen Inferiorität zum Bewußtsein zu bringen – damit er sich in der Religion eine anschauliche und symbolische Vorstellung hiervon mache oder durch das Mittel der Wissenschaft sich adäquate und bestimmte Begriffe darüber bilde» (Durkheim 1976, 203) – ‹die Gesellschaft› ist der adäquate Begriff für das, was die Religionen als Gott verehren. Der ‹Geist der Unterordnung› ist beiden geschuldet. Die Geringschätzung des Sinns, den die Akteure ihrem Handeln geben, führt Durkheim zu der Forderung, daß dieses Handeln sich den von ‹der Gesellschaft› ausgehenden Zwängen widerstandslos zu beugen habe. Nach dem Inhalt der Zwänge wie nach der Form der Gesellschaft wird dabei nicht gefragt; Unterordnung unter ‹die Gesellschaft› bedeutet konkret: Unterordnung unter die bestehende Herrschaftsordnung. Diese ist für Durkheim genauso sakrosankt wie für alle anderen Positivisten. Ihre Unveränderbarkeit zu beweisen, unternimmt er genau wie sie; und genau wie bei ihnen ist auch bei ihm der Naturalismus das wichtigste Mittel zur Erreichung dieses Ziels.

3.4.6 Zusammenfassung: aller soziologische Positivismus ist Naturalismus

Aller soziologische Positivismus ist Naturalismus. Er will die sozialen Tatbestände in der gleichen Weise als von außen zu betrachtende ‹Dinge› behandeln, wie dies die Naturwissenschaften bei ihren Gegenständen tun. Der Sinn, den die Menschen ihrem Handeln beizulegen pflegen und der mit den in den Naturwissenschaften gebräuchlichen Methoden nicht beobachtbar erscheint, ist den Positivisten keiner Untersuchung wert. Damit schließen sie aber nicht nur einen der entscheidenden Bestimmungs- und Veränderungsfaktoren des menschlichen Handelns aus der Betrachtung aus, sondern auch und gerade das, was das spezifische Menschliche an diesem Handeln ausmacht. Sie sind zudem ständig in Gefahr, in ihrer eigenen Kultur geltende Sinnzuschreibungen unkritisch auf alle anderen Gesellschaften zu übertragen und somit spezifische Eigenarten der bürgerlichen Gesellschaft zu Naturgesetzen des gesellschaftlichen Lebens überhaupt emporzustilisieren. Eine grundlegende Veränderung der bürgerlichen Gesellschaft wird damit für unmöglich erklärt. In diesem Punkt sind sich alle unsere Autoren einig. Wer die Sinnhaftigkeit des menschlichen Handelns – seine spezifische Differenz – aus der soziologischen Betrachtung als irrelevant ausschaltet, hat theoriestrategisch letztlich nur zwei Optionen: Entweder er erklärt die sozialen Tatbestände aus der konstanten animalischen Natur des Menschen, aus Trieben und Instinkten – dies ist Paretos Lösung (bei Mill deutet sie sich nur an). Oder er erklärt sie aus dem Wirken eines Sonderwesens Gesellschaft, das zwar aus dem sinnhaften Handeln der Individuen hervorgegangen sein mag, sich von diesem aber völlig losgelöst hat, eine von ihm unabhängige Eigenexistenz führt – dies ist Durkheims Lösung (bei Comte deutet sie sich an). Die Unmöglichkeit einer grundlegenden Veränderung folgt in beiden Fällen: Für Pareto sind selbst Revolutionen nur Teil der ewigen Wiederkehr des Gleichen; und für Durkheim ist ‹die

Gesellschaft› ‹dem Individuum› materiell und moralisch so grenzenlos überlegen, daß es keine andere Wahl hat als die, sich bedingungslos zu unterwerfen.

Literatur

Die Bibel. Einheitsübersetzung der Heiligen Schrift. Stuttgart 1980.

Comte, A.: Cours de Philosophie Positive. Les préliminaires généraux et la philosophie mathématique. Œuvres d'Auguste Comte. Vol. I. Paris 1968.

–: Cours de Philosophie Positive. Partie dogmatique de la philosophie sociale.
Œuvres d'Auguste Comte. Vol. IV. Paris 1969 a.

–: Système de Politique Positive ou Traité de Sociologie. I. Œuvres d'Auguste
Comte. Vol. VII. Paris 1969 b.

–: Système de Politique Positive ou Traité de Sociologie. II. Œuvres d'Auguste
Comte. Vol. VII. Paris 1969 c.

Durkheim, E.: Regeln der soziologischen Methode. Neuwied 1976.

–: Über die Teilung der sozialen Arbeit. Frankfurt/M. 1977.

–: Die elementaren Formen des religiösen Lebens. Frankfurt/M. 1981.

Giddens, A.: Studies in Social and Political Theory. London 1977.

Habermas, J.: Technik und Wissenschaft als ‹Ideologie›. Frankfurt/M. 1974.

Hauck, G.: Geschichte der soziologischen Theorie. Eine ideologiekritische Einführung. Reinbek bei Hamburg 1984.

Holzkamp, K.: Sinnliche Erkenntnis. Frankfurt/M. 1973.

Krappmann, L.: Soziologische Dimensionen der Identität. Stuttgart 1971.

Marx, K.: Das Kapital. 3 Bde. MEW Bd. 23–25. Berlin (DDR) 1969.

–: Grundrisse der Kritik der Politischen Ökonomie. Berlin (DDR) 1974.

Marx, K. & F. Engels: Die deutsche Ideologie. MEW Bd. 3. Berlin (DDR) 1969.

Mead, G. H.: Mind, Self and Society – From the Standpoint of a Social Behavio-
rist. Chicago 1962.

Mill, J. S.: Von der Logik der moralischen Wissenschaften. In: Ders.: Gesammelte
Werke Bd. 4. Aalen 1968.

–: Letter to Comte, 30.4.1843. In: K. Thompson (ed.): Auguste Comte. London
1976.

Pareto, V.: Allgemeine Soziologie. Ausgew. und hg. v. K. Brinkmann. Tübingen
1953.

–: Ausgewählte Schriften. Hg. v. C. Mongardini. Frankfurt/M 1975.

Schütz, A.: Gesammelte Aufsätze. 3 Bde. Den Haag 1971.

Weber, M.: Gesammelte Aufsätze zur Wissenschaftslehre. Tübingen 1951.

–: Wirtschaft und Gesellschaft. 2 Bde. Tübingen 1956.

Winch, P.: Die Idee der Sozialwissenschaft und ihr Verhältnis zur Philosophie.
Frankfurt/M. 1974.

Claus Rolshausen

3.5 Zur Soziologie Max Webers

Max Weber, geb. am 21. April 1864 in Erfurt/Thüringen, studierte ab 1882 Jurisprudenz, Nationalökonomie, Geschichte und Philosophie in Heidelberg, später in Berlin und Göttingen. 1889 promovierte er mit einer Arbeit über die «Entwicklung des Solidarhaftprinzips und des Sondervermögens der offenen Handelsgesellschaft aus den Haushalts- und Gewerbegemeinschaften in den italienischen Städten». Mit einer Arbeit über «Die römische Agrargeschichte in ihrer Bedeutung für das Staats- und Privatrecht» habilitierte er sich 1892. In diesem Zeitraum arbeitete er an der Enquête über die Verhältnisse der Landarbeiter im ostelbischen Deutschland. Ab Herbst 1894 nahm er eine Professur für Nationalökonomie in Freiburg wahr, wurde 1896 nach Heidelberg berufen, trat nach mehreren Nervenkrisen 1903 vom Lehramt zurück. Wichtige Daten sind 1909 die Gründung der Deutschen Gesellschaft für Soziologie und seit 1914 die Debatten im Verein für Sozialpolitik, die unter dem Namen «Werturteilsstreit» bekannt geworden sind. 1920 ist er gestorben.

3.5.1 Soziologie als «Wirklichkeitswissenschaft»

Weber begreift die Entwicklung der Erfahrungswissenschaften und die Erweiterung des empirischen Wissens vor dem Hintergrund eines allgemeinen Rationalisierungsprozesses. Die okzidentale gesellschaftliche Entwicklung kennzeichnet die Ausdifferenzierung der kapitalistischen Wirtschaft und des modernen Staates und die Herausbildung eines auf dem Satzungsprinzip beruhenden formalen Rechts. In seinen methodologischen Schriften kennzeichnet er die Aufgaben und Vorgehensweisen von Wissenschaft, behandelt jedoch das Phänomen der Entstehung der modernen Wissenschaft kaum. Diese Vernachlässigung einzelner Elemente wie die instrumentelle Einstellung zur Natur, deren methodische Objektivierung und die Ausbreitung diskursiven Denkens, welche die modernen Wissenschaften prägen, kontrastiert eigentümlich mit der Bedeutung, die Weber der *Struktur* des wissenschaftlichen Denkens für die analytische Erfassung von Erscheinungsformen der Wirklichkeit zumißt.

In seiner Soziologie findet sich für die Interessenbasis und den Verwendungszusammenhang der Forschung die These, daß Werte oder Normen zwar als Fakten zum Gegenstand einer systematischen Untersuchung gemacht werden könnten, damit jedoch kein Zwang verknüpft sei, Empfehlungen zu formulieren. Mit diesem Argument einer forschungslogischen Unvereinbarkeit von Werten und Tatsachen stellt Weber die Möglichkeit einer normativen Sozialökonomie in Frage. Während noch die Texte der historischen Volkswirtschaftslehre dem Versuch galten, theoretisch jene Werte zu bestimmen, an denen sich eine erfolgreiche Sozialpolitik orientieren kann – mithin wertende Stellungnahmen implizierten –, löst Weber «soziologische Forschung» von «Politik». Zwar muß man die Suche nach Wahrheit als einen Wert anerkannt haben, um Wissenschaft überhaupt sinnvoll betreiben zu können; mit dieser Voraussetzung treten jedoch praktische Zielsetzungen gleichsam von außen an die Wissenschaft heran. Bei vorgegebenen Werten kann sie eine technologische Klärung der Probleme im Verwendungszusammenhang herbeiführen: Sie kann bestimmen, welche Mittel für die Realisierung vorgegebener Zwecke geeignet sind und die Folgen und Nebenfolgen von Handlungen kalkulieren. Die Wertdiskussion aber, wie Weber sie im Auge hat, kann die Zwecksetzung selbst wissenschaftlich nicht bestimmen. Vielmehr ist die Abwägung von Wahlmöglichkeiten zwischen konkurrierenden Zwecksetzungen begrenzt: Wir können die Chancen abwägen, mit bestimmten Mitteln einen Zweck zu erreichen, und, indem wir die innere Konsistenz von Zwecksystemen überprüfen, auch die letzten Maßstäbe für ein Handeln als wirksam dartun. Wir können jedoch die Frage, ob die Realisierung von Zwecken in einer historischen Situation praktisch sinnvoll ist, gleichsam nur indirekt, nämlich durch jene Abwägung der Mittel, beantworten. Denn jede «denkende Besinnung» auf die letzten Elemente sinnvollen menschlichen Handelns ist in der Sicht Webers an die Kategorien Zweck und Mittel, mithin an die Kausalität empirischer Wissenschaften gebunden.

Weber hebt hervor, daß sich die Tatsachenanalyse nicht auf alle Merkmale eines Gegenstandsbereichs erstrecken kann. Deren Auswahl ist an ein Bezugssystem erkenntnisleitender Interessen gebunden, die den Zusammenhang zwischen wissenschaftlicher und gesellschaftlicher Wirklichkeit reflektieren. So wird für uns die empirische Wirklichkeit «Kultur», weil und insofern wir sie mit Wertideen in Beziehung setzen; nur diese Bestandteile der Wirklichkeit werden für uns «bedeutsam» und «wissenswert»: Was für uns Bedeutung hat, ist durch keine «voraussetzungslose Untersuchung» des empirisch Gegebenen zu erschließen, sondern seine Feststellung ist Voraussetzung dafür, daß etwas überhaupt Gegenstand der Untersuchung wird.

In der Perspektive von Weber erfassen die Sozialwissenschaften, die sich im Gegensatz zur Geschichtswissenschaft nicht auf eine phänomenologische Untersuchung historischer Ereignisse beschränken können, nur einen Teil eines undurchschaubaren Ganzen, einen mit Sinn und Bedeutung versehenen endlichen Ausschnitt aus der sinnlosen Unendlichkeit des Weltgeschehens. Die Beziehung der Wirklichkeit auf Wertideen, die Ordnung in generellen Begriffen und die Analyse im Hinblick auf Gesetzmäßigkeiten sollen eine «denkende Ordnung» des Wirklichen ermöglichen (vgl. Weber 1968).

Die Kategorien Wertbeziehungen und Kulturbedeutung sollen für ihn die Abgrenzung von Natur- und Kulturwissenschaften sichern. Während die Naturwissenschaften die Wiederholung ursächlicher Verknüpfungen beschreiben, richten die Kulturwissenschaften ihr Erkenntnisinteresse auf historisch eigentümliche Gebilde und Zusammenhänge und deren idealtypische Rekonstruktion. Die aus Paradigmen relevanter Realitäten des Handelns gewonnenen und auf Werte bezogenen Idealtypen sind als deskriptive Aussagen, welche die Hypothesenbildung anleiten sollen, ihrerseits von Voraussetzungen normativen Gehalts abhängig. Das Postulat der Wertbeziehungen gilt der Explikation dieser Voraussetzungen, freilich in einer unreflektierten und nicht mehr dem Bereich der Wissenschaft zugehörigen Weise. Weber zieht auf der Ebene der Forschungslogik daraus keine Konsequenzen. Vielmehr gewinnen die methodisch korrekte Beweisführung und die logische Analyse scheinbar universale Gültigkeit. Wir können, Weber zufolge, das sozial Wirkliche nicht erkennen, sondern uns nur verschiedener Hilfsmittel bedienen, um einen Sinnbezug herzustellen (vgl. Prewo 1979).

Für diese pragmatische Entscheidung über den Forschungsgegenstand bleiben theoretische Gesichtspunkte, welche die Untersuchungen anleiten, dem faktischen Forschungsprozeß transzendent; dieser richtet sich vielmehr auf Leerstellen innerhalb eines Begriffsapparats, den wir in jenem Scheinwerferlicht überblicken, das von den Wertideen auf die Kulturprobleme fällt. Die für die Theoriebildung konstitutive implizite Geschichtsphilosophie der Rationalisierung aller Lebensbereiche, auf deren Hintergrund Weber den Status des zweckrationalen Handelns bestimmt, ist in ihrer Angemessenheit kaum überprüfbar, weil Weber Wertideen von ihrer Funktion löst, konstitutiv für Wissenschaft zu sein, ihren metatheoretischen Status und damit die Problemzone aus dem Blickfeld verliert, in welcher Weise Wertideen Untersuchungsfelder durch ihre Transformation in Wertbeziehungen konstituieren. Wenn im Begriff der Wertbeziehungen die Konstitution des Erkenntnisobjekts sozialwissenschaftlicher Forschung, die Auswahl wissenschaftlicher Probleme und die Eingebundenheit des Wissenschaftlers in eine spezifische Gesellschaft zusammengefaßt werden soll, kann die Vermittlung von Wertbeziehungen mit den im vorkonstituierten Gegenstand schon realisierten Wertbeziehungen nicht durch Normen des logischen Denkens allein, wie es Weber vorschwebt, eingelöst werden. Die Sicherung der Objektivität sozialwissenschaftlicher Erkenntnis bedarf vielmehr eines Reflexionsprozesses, der sich auf die Forschungsstrategie und die Abhängigkeit ihrer theoretischen Grundannahmen von normativen Voraussetzungen richtet. Diese Rückbindung an ein gesellschaftliches Vorverständnis hat Weber jedoch nicht reflexiv entfaltet. Er geht der Frage nicht nach, ob das durch Wertbeziehungen gesteuerte Auswahlverfahren, das mögliche Gegenstände der wissenschaftlichen Erkenntnis konstituiert, nicht seinerseits *erkenntniskritisch* gefaßt werden muß und ob nicht die Dimension, in der Idealisierungen verankert werden, über Regelsysteme und Orientierungen der Handelnden hinaus in ihrer objektiven Bedeutung analysiert werden müssen.

Mit der Idealtypisierung kennzeichnet Weber ein Verfahren der Theoriebildung, das sich auf eine von ihm so gefaßte Wirklichkeit als chaotische Mannigfaltigkeit unendlich zahlreicher geschichtlich-gesellschaftlicher Einzelereignisse und Handlungen richtet. Die Einzelereignisse stehen in kausaler Relation zueinander; Subjekte verleihen dieser Wirklichkeit wertbezogen Sinn und bringen damit Kulturwirklichkeit hervor. Im ersten Fall wird die chaotische Mannigfaltigkeit als unter der Kategorie der Kausalität vorkonstruiert gedacht; im zweiten Fall wird ein praktischer, durch die Handelnden vollzogener Konstitutionsprozeß zum Gegenstand der Analyse. Die der pointierenden Abstraktion folgende Idealtypisierung – das Verfahren der systematischen Kulturwissenschaften – führt zu «Gedankengebilden», «rein idealen Grenzbegriffen», an denen die Wirklichkeit gemessen werden kann. Die Rückbindung des Wertbezugs an die Kulturwirklichkeit soll wissenschaftliche Aussagen auf doppelte Weise sichern: Die auf Selektion, Abstraktion und idealisierende Konstruktion gestützte wissenschaftliche Begriffsbildung folgt einerseits Maßstäben, die überindividuelle Geltung beanspruchen; sie ist andererseits auf Werte der Kulturwirklichkeit bezogen.

Der Gehalt kulturwissenschaftlicher Aussagen ist mithin auf Kulturwertideen festgelegt, die in historisch vorfindbaren Gesellschaften bedeutsam sind. Die Kennzeichnung des Erfolgs der Begriffsbildung für die Erkenntnis konkreter Kulturerscheinungen bleibt jedoch zwiespältig. Weber erläutert die «gedankliche Gestalt des Idealtypus» an der abstrakten Wirtschaftstheorie, die ein Idealbild von Vorgängen auf dem Gütermarkt bei Tauschwirtschaft, freier Konkurrenz und rationalem Handeln bildet.

Mit idealtypischen Begriffen können wir die Eigenarten faktischer Zusammenhänge pragmatisch veranschaulichen, «Zurechnungsurteile» schulen, der Hypothesenbildung die Richtung weisen und der Darstellung des Wirklichen eindeutige Ausdrucksmittel verleihen. Weber gibt als Hinweis die «Steigerung eines oder einiger Gesichtspunkte» der Wirklichkeit, greift für die Abgrenzung zwischen reinen Gedankenspielen und wissenschaftlich fruchtbarer Begriffsbildung auf den Erfolg für die Erkenntnis konkreter Kulturerscheinungen in ihrem Zusammenhang, ihrer ursächlichen Bedingtheit und ihrer Bedeutung zurück; ihr Erfolg kann noch dadurch verstärkt werden, daß sie unserer Phantasie als «zulänglich aktiviert» oder unserem nomologischen Wissen «als adäquat» erscheinen. Die Verbindung zwischen den idealtypischen Begriffen und der Realität bleibt jedoch offen; jene sind wegen der nicht näher bestimmten Abstraktion aus empirischem Material nicht dagegen abgesichert, zu Beispielfällen für ein formales System zu werden; ihre Funktion als Instrument der Erkenntnis, beispielsweise einer Kennzeichnung zweckrationaler Elemente in empirisch vorfindbaren Handlungsabläufen und der «Abweichung», fällt jedenfalls nicht mit der Feststellung zusammen, ob Kulturwertideen in der Kulturwirklichkeit faktische Funktion und Bedeutung haben und Idealtypen als vergleichender Maßstab für gesellschaftlich relevante Strukturen geeignet sind.

Webers Formulierung, daß man Wahrheit anerkannt haben muß, um überhaupt Wissenschaft betreiben zu können, zielt auf eine unbegrenzte Kommunikationsgemeinschaft und müßte die Bedingungen der Möglichkeit von Konsensbildung und Wahrheitsfindung als Minimalethik festhalten: Eine kritische Gesellschaftswissenschaft, welche die geschichtliche Selbsterfahrung der menschlichen Gattung rekonstruieren will, müßte sie zum Maßstab ihrer Werturteile selbst machen. Die Suche nach Wahrheit und die «Anwendung» der Normen richtigen Lebens kann von der Lebenspraxis nicht abgelöst werden, wie es die Neutralität von Verfahrensregeln fingiert. Motive müssen in ihrem aktiven Sinngehalt verstanden sein, bevor sie als psychische Faktoren in eine Kausalerklärung überhaupt einbezogen werden können. Kausalerklärungen gewinnen ihre Bedeutung innerhalb eines gesellschaftlichen Zusammenhangs, dessen Erklärung sie allein nicht leisten. Das szientifische Interesse an der technisch relevanten Erkenntnis der Natur und das hermeneutische Interesse an der intersubjektiven Verständigung über mögliche Sinnmotivationen lassen sich offensichtlich nicht zwanglos miteinander verkoppeln. Eine Begründung der Soziologie als Wirklichkeitswissenschaft kann von einer Diskussion über ihre Zielsetzung und die objektive Bedeutung von Phänomenen nicht entlastet werden. Nur wenn die erkenntnisleitenden Interessen, von denen die Wahl des Erkenntnisobjekts und des theoretischen Rahmens abhängt, in einem gesellschaftlichen Gesamtzusammenhang begriffen werden, auf den sie sich interpretierend beziehen, gerät die folgenreiche Interdependenz der sozialwissenschaftlichen Forschung und des objektiven Zusammenhangs, auf den sie sich richtet, ins Blickfeld.

Die Grundbegriffe sozialen Handelns, wie Weber sie formuliert, legen die Methodologie des Verstehens ebenso fest wie den Begriff von «Welt», auf den sich ein Handelnder bezieht. Im Gegensatz zum beobachtbaren Verhalten ist mit Handeln Sinn verbunden. Soziales Handeln wird auf das Verhalten anderer bezogen und ist daran in seinem Ablauf orientiert. In «sozialen Beziehungen» sind die Handlungsorientierungen reziprok aufeinander bezogen.

Weber unterscheidet zweckrationales, wertrationales, affektuelles und traditionales Handeln; in dieser Reihenfolge nimmt der Rationalisierungsgrad der Handlung ab. Für Weber gibt das zweckrationale Handeln den Idealtypus für teleologisches Handeln überhaupt ab: Es ist orientiert an adäquat vorgestellten Mitteln für eindeutig gefaßte Zwecke (vgl. Weber 1968, 170ff). Diese subjektive Handlungsorientierung kann mit einem objektiv zweckrationalen Handlungsablauf verglichen werden; je eindeutiger sie diesem entspricht, desto weniger bedarf sie psychologischer Momente zu ihrer Erklärung.

Weber sieht die gesellschaftliche Rationalisierung vor allem in einer durchgreifenden Rationalisierung von Lebensbereichen und in der Entwicklung und Etablierung von Verfassungsstaaten als «politischen Anstalten» und deren Verwaltung durch Fachbeamte. Die okzidentale Rationalisierung kennzeichnet er mit dem Phänomen der modernen Naturwissenschaften, dem «Fachbetrieb» der universitär organisierten Wissenschaft, der Rationalisierung von Kunst und Musik, der wissenschaftlichen Systematisierung der Rechtslehre, der Etablierung des kapitalistischen Unternehmens auf der Grundlage der Trennung von Haushalt und Betrieb, der rationalen Buchführung und der formell freien Arbeit. Die Operationalisierung der Vernunft und die durch eine technische Zusammenfassung von Daten geprägte Begrifflichkeit, welche die Entstehung kapitalistischer Gesellschaften begleitet, rückt für ihn nicht ins Blickfeld, obwohl mit der fortschreitenden Industrialisierung an dieser Form der Rationalisierung die Züge einer produktiven Manipulation der Natur und einer interessengeleiteten Erkenntnis deutlich hervortreten: Es wird augenfällig, daß die kapitalistisch motivierte Aneignung der Natur Erkenntnis strukturiert und Fragestellungen hervorbringt, die nur diesem «gesellschaftlichen Projekt», und nur dieser Wissenschaft eigentümlich sind (Horkheimer 1967).

Kulturelle Rationalisierung findet ihren Ausdruck in Wissenschaft, Technik, Kunst und einer prinzipiengeleiteten Ethik. Der kulturellen Rationalisierung entspricht eine methodische Lebensführung, deren Wertorientierungen und Handlungsdispositionen die kapitalistische Entwicklung mit hervorgebracht haben. Im Alltagsbewußtsein der Träger dieser Gesinnung fundiert Weber die radikale Verwerfung magischer Mittel für die Heilssuche; Gläubige, unter denen nach der Prädestinationslehre die Erwählten nicht identifiziert werden können, folgen einer Berufsidee, die weltliche Erfüllung mit der Bewährung als Werkzeug Gottes auf Erden verbindet und die Weltablehnung in die innerweltliche Askese rastloser Berufsarbeit umformt (vgl. Weber 1972 u. 1973).

Die praktische Rationalität der innerweltlichen Askese, die sich im Calvinismus findet, verknüpft zweck- und wertrationales Handeln. Die Unterscheidung zwischen formaler und materialer Rationalität bezieht sich auf Entscheidungen handelnder Subjekte. Indem sie sich ihre Präferenzen bewußtmachen, Ziele und Entscheidungsmaximen wählen und Mittel einsetzen, verfahren sie formal rational; indem sie das den Präferenzen zugrunde liegende Wertsystem beurteilen, verfahren sie material rational. Handlungen, die den Bedingungen der Mittel- und Wahlrationaltiät genügen, nennt Weber zweckrational, die, die Bedingungen normativer Rationalität genügen, wertrational.

Weber qualifiziert die Rationalisierung der Weltbeherrschung als unseren Gesichtspunkt, mit dem wir deren Herausbildung retrospektiv analysieren und beansprucht gleichzeitig die Möglichkeit einer alle Kulturmenschen vereinenden Perspektive und die Heraushebung eines «wesentlichen» Merkmals. Im Begriff «Wertbeziehung» drükken sich bei Weber Annahmen über die Konstitution *wissenschaftlicher* im Unterschied zu *alltäglichen* Sinnstrukturen aus.

Weber gibt jedoch keine eindeutige Antwort auf die Frage, ob der Rationalisierungsprozeß universell ist oder nur deshalb eine Forschungsperspektive begründet, weil *wir* ihn für kulturbedeutsam halten. «Universalgeschichtliche Probleme wird der Sohn der modernen europäischen Kulturwelt unvermeidlicher- und berechtigterweise unter der Fragestellung behandeln: Welche Verkettung von Umständen hat dazu geführt, daß gerade auf dem Boden des Okzidents, und nur hier, Kulturerscheinungen auftraten, welche doch – wie wenigstens wir uns gern vorstellen – in einer Entwicklungsrichtung von *universeller* Bedeutung und Gültigkeit lagen?» (Weber 1973, 9). Weber kann hier auf die Frage, welche Werte – in Abwägung gegenüber anderen – kulturbedeutsam sind, nur deshalb verzichten, weil er methodisch keine vergleichende Wertung kultureller Phänomene vornehmen will; er muß freilich deren faktische Wirksamkeit unterstellen, weil es für ihn keine Relevanzkriterien in den Phänomenen selbst gibt. Für die Überprüfung von Geltungsansprüchen enthält seine Methodologie keine Mittel: Sie steht zweideutig zwischen der Forschungssubjektivität und der Objektivität der zu erkennenden Welt. Weder die Möglichkeit der Relativierung von Forschungsperspektiven, die auf der Ebene der Idealtypenbildung erneut auftaucht, noch die Beziehung auf Wirklichkeit klärt Weber eindeutig: Unter verschiedensten Gesichtspunkten können wir die Phänomene als für uns bedeutsam betrachten; die verschiedensten Prinzipien der Auswahl der in einen Idealtypus einer bestimmten Kultur aufzunehmenden Zusammenhänge sind denkbar.

Von daher werden auch die Bedeutungen, die Weber gesellschaftlichen Entwicklungsprozessen zumißt, fraglich. Können die Phänomene des abendländischen Modernisierungsprozesses nicht auch entlang eines Leitfadens der Irrationalität gedeutet werden, deren Momente Weber zwar sieht, aber doch nicht systematisch aufnimmt? Wie dem auch sei: Dieser Verzicht ist jedenfalls folgenreich, weil der von Weber entworfene Typus sozialwissenschaftlichen Wissens auf die Unterstützung jener Form von Rationalisierung hin schematisiert ist, die er als okzidentale zugleich zum Gegenstand seiner Theorie macht und in diesem Sinn die Rückvermittlung an die Kulturwirklichkeit – zumindest implizit – beansprucht.

3.5.2 Rationalisierung und Handlungsorientierung

In seinen materialen Arbeiten verfolgt Weber das Thema der Ausdifferenzierung der kapitalistischen Wirtschaft und des modernen Staates. Organisatorischer Mittelpunkt der kapitalistischen Wirtschaft ist der *Betrieb*, der vom Haushalt getrennt ist, Investitionsentscheidungen an den Chancen des Güter-, Kapital- und Arbeitsmarkts orientiert, formell freie Arbeitskräfte beschäftigt und wissenschaftliche Erkenntnisse produktiv nutzt (vgl. Weber 1924).

Den organisatorischen Mittelpunkt des *Staates* bildet die rationale Staatsanstalt, die auf der Grundlage eines zentralisierten und verstetigten Steuersystems über ein zentral geführtes Militär verfügt, Rechtsetzung und legitime Gewaltanwendung monopolisiert und die Verwaltung bürokratisch mit Fachbeamten organisiert. Organisationsmittel ist das auf dem Satzungsprinzip beruhende formale Recht. Die Merkmale legaler Herrschaft bestehen darin, daß Recht mit der Erwartung und dem Anspruch gesetzt werden kann, daß es befolgt wird. Recht ist ein System abstrakter Regeln, die in der Rechtspflege auf Einzelfälle angewendet werden. Alle Menschen sind Bürger, die dem Recht, also nicht persönlicher Willkür unterliegen; alle rechtlichen Entscheidungen bedürfen der Begründung.

Webers Dissertation gilt der Entstehung der kapitalistischen Handelsgesellschaften im späten Mittelalter und ihrer Rechtsgrundlagen. In seiner Habilitationsschrift über «Die römische Agrargeschichte in ihrer Bedeutung für das Staats- und Privatrecht» untersucht er verschiedene Erscheinungen des römischen Staats- und Privatrechts in ihrer politischen Bedeutung für die Entwicklung der agrarischen Verhältnisse, interpretiert die Geschichte des römischen Imperialismus und zeichnet die Entwicklung vom ursprünglichen Gemeineigentum zum Privateigentum nach (vgl. Weber 1962). Eine Analyse der sozialen Gründe des Untergangs der antiken Kultur führt den Zerfall des römischen Weltreichs und seiner Kultur auf Veränderungen der Sozialstruktur zurück – die Herausbildung ständischer Gliederungen, die Auflösung von Berufsbeamtentum und Berufsheer und der ständischen Kultur. Seine Studien zur Sozial- und Wirtschaftsverfassung des Wilhelminischen Deutschland gelten der Entwicklung der Arbeitsverfassung nach Aufhebung der Leibeigenschaft im 19. Jahrhundert und der Herausbildung neuer kultureller Wertmuster. Arbeiter werden auf der Grundlage von Arbeitsverträgen beschäftigt. Unter ihnen haben die Instleute (Gutstagelöhner), die in Katen oder ländlichen Arbeiter-Mietskasernen wohnen, eine besondere Bedeutung. Der Vertrag wird mit der ganzen Familie geschlossen, bildet eine Kombination von Geldzahlung, Naturalien, Landzuweisung und Weideberechtigung. Der Gutsbesitzer hat die Gerichtsobrigkeit; der Arbeitsvertrag konstituiert ein Herrschaftsverhältnis und – über die Beteiligung am Gesamteinkommen – eine Interessengemeinschaft gleichermaßen. Die traditionalen Grundlagen dieser Interessengemeinschaft werden durch die schwankenden Getreidepreise, die intensivierten Anbaumethoden und zunehmend eingesetzte Dreschmaschinen in Frage gestellt – eine patriarchalische Organisation entwickelt sich zu einer kapitalistischen (vgl. Weber 1924).

In den Untersuchungen zur *Religionssoziologie* (vgl. Weber 1963 u. 1966) stehen Wirtschaftsethiken als Teil der Lebensführung im Vordergrund. Weber verfolgt die Rationalisierungsproblematik auf der Ebene von Bewußtseinsstrukturen, obgleich die entzauberte Welt mit der Verselbständigung von Recht und Moral immer weniger als ethisch sinnvoll orientierter Kosmos gedeutet werden kann. Die methodische Lebensführung und ihre Motivierung hat für Weber den Stellenwert eines wichtigen Faktors für die Entstehung des Kapitalismus. Er geht der Frage nach, ob «religiöse Einflüsse bei der qualitativen Prägung und quantitativen Expansion» des kapitalistischen Geistes mit beteiligt sind und welche konkreten Seiten der auf kapitalistischer Basis ruhenden Kultur auf sie zurückgehen. Die Feststellung von Wahlverwandtschaften zwischen Formen des religiösen Glaubens und der Berufsethik sieht er als Grundlage, um abschätzen zu können, in welchem Maß «moderne Kulturinhalte» ihrer geschichtlichen Entstehung nach religiösen Motiven zuzurechnen sind. Konsequent strebt er für den Zusammenhang von «Gemeinschaftshandeln» und konkreten Wirtschaftsformen den Nachweis von Adäquanzbeziehungen oder Wahlverwandtschaften an: Die Berufsethik des Calvinismus bildet die notwendige Voraussetzung der Rationalisierung der Lebensführung und damit des okzidentalen Kapitalismus. Innerweltliche Askese, deren sichtbares Zeichen – wirtschaftlicher Erfolg – die mögliche Auserwähltheit schon auf Erden signalisieren kann, ohne freilich Gewißheit zu verbürgen, ist aus religiösen Gründen entstanden und hat bürgerliche Tugenden wie Fleiß,

Gewinnstreben, Ehrlichkeit, Sparsamkeit und Mäßigung im Genuß begründet. Das hinsichtlich der kulturbedeutsamen Wirkung weitreichende calvinistische Dogma ist die Lehre von der Gnadenwahl, nach der nur ein kleiner Teil der Menschen zur Seligkeit berufen ist und sich deren auch nur indirekt vergewissern kann; die Pflicht, sich für erwählt zu halten und jeden Zweifel daran als Anfechtung abzuweisen, begründet eine rastlose Berufsarbeit: Der kapitalistische Geist geht durch Säkularisation aus der reformierten Berufsethik hervor. Die «Macht puritanischer Lebensauffassung» wird wesentlicher und einzig konsequenter Träger einer ökonomisch rationalen Lebensführung und einer rastlosen Berufsarbeit als höchstem asketischen Mittel – sie steht an der Wiege des modernen Wirtschaftsmenschen.

Die ethisch eingefärbten Maximen der Lebensführung übersetzen sich auf der Grundlage einer radikalen Verwerfung magischer Mittel und der Vereinsamung des Gläubigen in die Qualitäten eines erfolgreichen Kaufmanns und stabilisieren sie. Prinzipiengeleitete ich-autonome Lebensführung, die zunächst noch eingebunden ist in die strikte Gleichheit innerhalb eines Standes und die Rechtfertigung der Ungleichheit der Stände untereinander, durchdringt zunehmend alle Lebensbereiche. Der calvinistisch akzentuierte Prädestinationsglaube stiftet eine Sinngebung für die Welt als Ruhm Gottes, den der Mensch durch zweckvolle Ausgestaltung vermehren muß: Da es weder Trost in den Sakramenten finden noch mit guten Werken auf sein Leben Einfluß nehmen kann, bleibt dem Individuum nur die innerweltliche Askese einer Berufsarbeit ohne verbindliche Garantien für die Heilsvergewisserung.

«Eine prinzipielle und systematische, ungebrochene Einheit von innerweltlicher Berufsethik und religiöser Heilsgewißheit hat in der ganzen Welt nur die Berufsethik des asketischen Protestantismus gebracht. Die Welt ist eben nur hier in ihrer kreatürlichen Verworfenheit ausschließlich und allein religiös bedeutsam als Gegenstand der Pflichterfüllung durch rationales Handeln, nach dem Willen eines schlechthin überweltlichen Gottes. Der rationale, nüchterne, nicht an die Welt hingegebene Zweckcharakter des Handelns und sein Erfolg ist das Merkmal dafür, daß Gottes Segen darauf ruht. Nicht Keuschheit, wie beim Mönch, aber Ausschaltung aller erotischen ‹Lust›, nicht Armut, aber Ausschaltung alles rentenziehenden Genießens und der feudalen lebensfrohen Ostentation des Reichtums, nicht die asketische Abtötung des Klosters, aber wache, rational beherrschte Lebensführung und Vermeidung aller Hingabe an die Schönheit der Welt oder die Kunst oder an die eigenen Stimmungen und Gefühle sind die Anforderungen, Disziplinierung und Methodik der Lebensführung das eindeutige Ziel, der ‹Berufsmensch›, der typische Repräsentant, die rationale Versachlichung und Vergesell-

schaftung der sozialen Beziehungen die spezifische Folge der okzidentalen innerweltlichen Askese im Gegensatz zu aller anderen Religiosität der Welt» (Weber
1964, 433).

Weber versucht, Kausalbeziehungen nachzuweisen, ohne Wirtschaftsformen insgesamt aus religiösen Motiven abzuleiten. Er verfolgt die Kausalkette in einer Richtung – der Auswirkungen der protestantischen Ethik auf den Geist des Kapitalismus: Die methodische
Lebensführung geht aus der «Askese» in ihrer protestantischen Umbildung hervor, welche zu der Wirtschaftsform in einem kulturge-
schichtlich bedeutsamen Adäquanzverhältnis steht. Eine umgekehrte
Kausalkette, nach der alltagsweltliche Ausdrucksweisen und Momente des Wirtschaftslebens in die religiöse Vorstellungswelt eingegangen sind, bleibt für ihn außer Betracht.

   In der zeitgenössischen Diskussion wurde darauf hingewiesen, daß
sich die große Bedeutung der Pflichterfüllung gleichermaßen als Anpassung der religiösen Vorstellungswelt an die gesellschaftliche Entwicklung deuten läßt. Die religiösen Tagebücher der Puritaner, in die
Sünden, Anfechtungen und Gnadenfortschritte eingetragen wurden,
können die Geschäftsbücher ebenso zum Muster haben, wie die Heili-
gung des Lebens den Charakter eines Geschäftsbetriebs annehmen
kann. Weber zeigt zwar bis hin zu den aus praktischen Anfragen
hervorgegangenen Responsarien, die freilich ebenfalls wirtschaftspolitische Vorstellungen der Verfasser spiegeln können, das Vorhandensein und die enge Verknüpfung dieser Gesichtspunkte; seine Schlußfolgerungen jedoch, daß der Geist methodischer Lebensführung aus
religiösen Motiven ableitbar ist, ist nicht belegt. Seinen methodologischen Erwägungen folgend, hätte er andere Kausalbeziehungen und
Deutungsmöglichkeiten begründet kritisieren und konkurrierende
Deutungen abweisen müssen.

   Wenn, allgemein gesprochen, die Neuerungen der Reformation in
der Betonung innerweltlichen Handelns und in der direkten Beziehung zwischen Individuen und Gott liegen, ist für den Nachweis einer
Kausalbeziehung – in welcher Richtung auch immer – die Frage bedeutsam, in welcher Beziehung der Protest gegen die römische Prie-
sterkirche zu staatlichen Herrschaftsinteressen steht und welches Verhältnis zwischen der Berufsethik und allgemeinen Normensystemen
besteht. Weber vernachlässigt auch den im europäischen Mittelalter
innerhalb des Katholizismus auftretenden kapitalistischen Geist. Er
beschreibt die innere Konsistenz einer Lebensform und verkennt

nicht deren Irrationalität. Die Hingabe an die Berufsarbeit, die damit verbundene Repression und der blinde Gehorsam gegenüber einem unerforschlichen Ratschluß über das Seelenheil sind gleichermaßen irrational. Die Verbindung der individualistischen Unmittelbarkeit mit dem Gedanken der Prädestination fällt hinter die progressiven Elemente der historischen Religionen zurück und negiert die im urchristlichen Glauben ausgebildeten Möglichkeiten des Menschen, an seiner Erlösung aktiv mitzuwirken und sie damit zu sichern.

Weber liest den Zusammenhang zwischen der calvinistischen Berufsethik und dem kapitalistischen Geist an der kulturellen Überlieferung ab, ohne den Widerspruch zwischen rationalen und irrationalen Momenten gleichgewichtig weiter zu verfolgen. Daran sind die Fragen geknüpft, ob die Isolierung eines Motivs, nämlich der Selbstzweck des Erwerbs, gegenüber anderen wie Selbsterhaltung, Sorge für die Familie oder öffentliche Wohlfahrt als konstitutiver Faktor sinnvoll ist. Welche Bedeutung kommt der Beschränkung der «Profitlichkeit» des Kapitals auf die Ehre Gottes zu? Entspricht diese Ethik nicht eher einer an sozialpolitischen Maximen orientierten Lebensführung? Schließlich: Können wir von einer direkten Entsprechung von religiösen Leitvorstellungen und interessengeleitetem Handeln ausgehen? Weber muß die unmittelbare Wirksamkeit von Sinnstrukturen unterstellen und gewinnt die Erfolgskontrolle für seine Begriffsbildung in der Hermetik von unterstellten Maximen des ökonomischen Alltagslebens und faktischem Handeln. Und: Sind traditionalistische Bedarfswirtschaftssysteme und vom kapitalistischen Geist getragene Erwerbswirtschaftssysteme so gegensätzlich, wie Weber sie faßt? Nimmt, mit anderen Worten, der Idealtypus die Momente auf, die ihn zum Instrument der Erkenntnis machen und die Weberschen Schlußfolgerungen absichern können? Schließlich sanktioniert die durch Calvin begründete Ethik, welche die Produktivität von Gewerbe und Handel im Rahmen der christlichen Liebe betont und das Zinsnehmen als Geschäft ermöglicht, lediglich eine in Genf bereits erlaubte Praxis; das kanonische Zinsverbot war durch Wucherer, deren Vermittlung stillschweigend geduldet wurde, ohnehin schon durchbrochen – die Kurie selbst setzte sich darüber hinweg. Wie dem auch sei – Weber läßt die Frage offen, ob sich in der Manifestation des kapitalistischen Geistes *konkrete Tendenzen* nachweisen lassen, die zur Akkumulation von Kapital beigetragen haben, und nimmt auch die Möglichkeit nicht wahr, seine Verfahrensweise durch zeitdiagnostische Überlegungen zu rechtfertigen. Der Anspruch,

Idealtypen konsistent aus kulturbedeutsamen Phänomenen zu entwickeln und zu konstruieren, kann durch die materiale Analyse aber nur dann unproblematisch eingelöst werden, wenn innerhalb eines logisch konsistenten Begriffssystems kulturbedeutsame Phänomene nicht bloß reifiziert werden. Dazu hätte Weber aber die Frage klären müssen, wie die Gesamtheit der sozialen und ökonomischen Bedingungen ihrerseits die puritanische Lebensführung beeinflußt hat und warum, wie er selbst konstatiert, die Kausalanalyse vor dem Phänomen des *entfalteten* Kapitalismus versagt: Religiös motivierte Entsagung und berufliche Tätigkeit haben eine Lebensführung hervorgebracht, von der sie ihrerseits aufgehoben werden. Warum gewinnen, wie er es ausdrückt, die äußeren Güter dieser Welt zunehmende und schließlich unentrinnbare Macht über den Menschen wie niemals zuvor in der Geschichte? Weber kann nicht erklären, warum sich rationale Wirtschaftsgesinnung und Organisationen zu einem schicksalhaften Zwang verselbständigen, der das Berufsmenschentum ohne jede Wahlfreiheit etabliert.

Die mehr beiläufige Feststellung eines vom «Standpunkt des Eigeninteresses aus irrationalem sich Hingebens an die Berufsarbeit» kann, wie mir scheint, ebensowenig beiläufig geschehen, wie die Interpretation der kapitalistischen Entwicklung am Leitfaden der Rationalisierung vorwissenschaftlich ist. Weber muß, mit anderen Worten, inhaltliche Qualifizierungen und einen Bezug auf die Reproduktionsbedingungen von Gesellschaften in Anspruch nehmen, die in seiner scheinbar konsistenten Denkökonomie nicht aufgehen. Seine strukturtheoretischen Aussagen sind *nicht* forschungsstrategisch mit den religionssoziologischen Untersuchungen vermittelt (Weber 1963 u. 1966).

So aber gibt es nur eine scheinbar gelungene Kombination zwischen einer Faktizität von Problemen, der formell freien Arbeit und der Zuordnung von Handlungstypen zu Strukturtypen – freie Lohnarbeit erscheint bei Weber ohnehin nur in der Perspektive einer Anweisungsbefugnis. Zurück bleibt auf den Spuren der Entstehungsbedingungen des kapitalistischen Lebenszusammenhangs eine vorherrschende Gesinnung, im besten Fall *ein* strukturbedeutsames Phänomen unter vielen anderen. Weber sieht strukturtheoretische Aussagen unproblematisiert als Rahmen an, der die darin festgestellten «Wahlverwandtschaften» nicht berührt. Allein die Möglichkeit, die Einübung in eine methodisch rationale Lebensführung von ihrem Gegenpol her als irrational zu deuten, legt einen

Bezug auf gesellschaftliche Totalität nahe, um diese Zweideutigkeit aufzulösen. Weber zieht sich jedoch hier auf einen «bestimmten rationalen Gesichtspunkt» zurück und muß offenlassen, wie konsistent in sich der Handlungstypus ist, dessen Verstetigung zur kapitalistischen Entwicklung beigetragen hat.

Die Weltreligionen rücken für Weber als religiös bedingte Systeme der Lebensreglementierung ins Blickfeld; ihn interessieren die in den psychologischen und pragmatischen Zusammenhängen religiöser Systeme begründeten praktischen Antriebe zum Handeln. Bei der Betrachtung von China geht er der Frage nach, warum die Entwicklung einer marktmäßigen, am freien Tausch orientierten kapitalistischen Gesellschaft begrenzt bleibt – ein interessenbewußtes Bürgertum, Rechtsregeln und die soziologischen Grundlagen des kapitalistischen Betriebes mit einer rationalen Versachlichung wirtschaftlichen Handelns fehlten. Sittenverbände und Ahnenkult verhinderten eine dem Okzident vergleichbare Entwicklung der Stadt. Die patrimoniale Stadtstruktur ermöglichte nicht die Entfaltung einer rational kalkulierbaren Verwaltung und Rechtspflege. Da die literarische Bildung als universales Mittel der Vervollkommnung fungierte und den Maßstab sozialen Ansehens bildete, rechtfertigte sie den gesellschaftlichen Ausschluß aller praktischen Fragen.

Während sich im Puritanismus die vollständige Entzauberung der Welt findet, läßt der Konfuzianismus die Magie in ihrer positiven Heilsbedeutung unangetastet. Puritanismus und Konfuzianismus haben eine irrationale Verankerung – einerseits der unerforschliche Ratschluß Gottes, andererseits die Magie. Während aber aus der Magie die Unverbrüchlichkeit der Tradition folgt, ergibt sich aus der Beziehung zu Gott und zur kreatürlich verderbten, ethisch irrationalen Welt die Aufgabe ihrer rationalen Umgestaltung, das Schicksal geht auf eine frühere Existenz zurück. Die Erfüllung der Pflichten in der Kaste schafft Voraussetzungen für die Wiedergeburten in einer höheren. Für Indien verfolgt Weber die ständische Gebundenheit verschiedener und sich widersprechender Ethiken, die zwar die Ausbildung von Fachwissenschaften und die Entwicklung der formalen Logik als Kunstlehre des Beweises zur Folge haben; der spezifische methodische Rationalismus ist jedoch durch Techniken der Kontemplation bestimmt und bleibt den «Tatsächlichkeiten der Welt» gegenüber indifferent; deren Ordnung ist gültig. Für den Buddhismus stammt Erleuchtung aus folgenloser, täglich erneuerter Meditation, Erlösung mithin aus einer Ethik des Nichthandelns. Für die asiatische

Religiosität ist charakteristisch, daß Wissen als mystische und magische Herrschaft über die innere und äußere Natur zum Heil führt; Indifferenz gegenüber der Welt ist die Konsequenz.

Die meist erblichen Charismaträger bestimmen die praktische Lebensführung der Menschen; daher fehlte trotz der «schrankenlosen Erwerbsgier des Asiaten» die rationale Versachlichung des Triebcharakters des Erwerbsstrebens und seine Eingliederung in ein System rationaler innerweltlicher Ethik des Handelns. Im Judentum kommt es zur Ausbildung eines Paria-Kapitalismus: Ökonomischer Erfolg und Gottes Segen folgten nicht aus der religiösen Bewährung, sondern aus dem Umstand, daß der fromme Jude außerhalb dieser Erwerbstätigkeit gottgefällig gelebt hat.

3.5.3 Wirtschaft und Gesellschaft

In «Wirtschaft und Gesellschaft» untersucht Weber das wechselseitige Verhältnis von Recht und Sozialordnung. Er begreift Recht als eine Ordnung mit spezifischen Garantien für die Chance ihrer empirischen Geltung. Obwohl der Vergleich von Kosten und Ertrag schon immer das bestimmt, was Weber wirtschaftliches Handeln nennt, entfaltet der Kapitalismus unter der Voraussetzung einer verläßlich formalisierten Rechtsordnung und Verwaltung die rationale Organisation freier Arbeit und stellt den Erwerb durch Tausch auf Dauer. Rationalisierung kommt einerseits in der immanenten Tendenz zur Markterweiterung, andererseits in der Zunahme abstrakter Satzungen und in der Bürokratisierung von Herrschaftsverhältnissen zum Ausdruck. In Webers historisch gerichteten Analysen enthüllen sich der rationale Tausch und die formal freie Preisbildung des Marktes als Kompromisse von Machtkämpfen, wird zweckrationales Handeln zum Muster von Tauschgesellschaften. Rationalität der kapitalistischen Ökonomie und Herrschaft sind eng verknüpft. Aus den zweckrationalen Erwägungen von Vorteilen und Nachteilen gehen in der Perspektive Webers Kontinuitäten des Handelns hervor, welche Chancen begründen, daß das faktische Verhalten in einer angebbaren Art den Erwartungen folgt und damit soziale Beziehungen konstituieren werden. Über einen wert- oder zweckrational motivierten Interessenausgleich hinaus, wie er für Vergesellschaftung charakteristisch ist, werden dauerhafte Beziehungen durch eine Ordnung konstituiert, die das Prestige der Vorbildlichkeit für sich beanspruchen können; ihre Geltung besteht für Weber in der Wahrscheinlichkeit, daß sich Handeln daran orientiert (vgl. Winckelmann 1952).

Die formale Rationalität der Geldrechnung hat materiale Voraussetzungen:
- die Geldpreise gehen nach einem Marktkampf aus Machtkonstellationen hervor;
- die Marktfreiheit muß unter weitgehendem Ausschluß von Monopolen ebenso gesichert sein wie
- die Kaufkraft von Ständen und Klassen.

Da die Kapitalrechnung auf Sicherheit und Formalisierung von Rechtsordnung und Verwaltung angewiesen ist, ist die Versachlichung der Gewaltherrschaft in einer universalistischen Zwangsanstalt Bedingung und Folge der Rationalisierung: Der Staat ist ein Betrieb und ein Monopol der Gewaltsamkeit, ein «Gemeinschaftshandeln» von Klassen und eine oktroyierte Ordnung zugleich.

Weber notiert den Widerspruch, daß formale und materiale Rationalität auseinanderfallen, ohne jedoch den Schein naturgesetzlicher Notwendigkeit dieser Verhältnisse zu durchbrechen. Die Antinomie, die er als grundlegend und unentrinnbar hypostasiert, enthält selbst eine implizite Reproduktionsvorstellung. Sie ist auf das Modell einer Wirtschaft bezogen, die strategisch eine Knappheit an Mitteln in Rentabilitätskalküle übersetzt; sie setzt eine Gesellschaftsordnung voraus, in der vereinbarte Satzungen gleichsam als Grenzen sinnhafter Orientierungen Einverständnis konstituieren. Legitime Ordnungen werden in der Perspektive von Weber als Chance physischen Zwangs begründet, abgestützt durch den Legitimationsglauben als historisch wirksame Illusion. Auch die bei ihm vorgenommene Deutung menschlichen Handelns in der effektiven Kopplung von Zwecken und Mitteln zeigt historische Formen der Lebenserhaltung und das Interesse an der Selbsterhaltung der Gattung. Handeln ist – mit anderen Worten – nur erfolgreich im Kontext von Zielen, die sich im Zusammenhang sanktionierter Zwecke und effektiver Zweck-Mittel-Relationen, kurz: in der Suggestion erfolgreicher Herrschaftssysteme eingespielt haben. Die formale Rationalität, das Maß einer technisch möglichen und wirklich angewendeten Rechnung, geht bei ihm bruchlos und unreflektiert in kapitalistische Rationalität über. Die scheinbar technische Notwendigkeit der Trennung der Arbeiter von den Betriebsmitteln und der Umstand, daß sich die für jede rationale Wirtschaft wesentliche «Vorsorge» in rechenhaften Überlegungen ausdrückt, machen den Begriff des ratio-

nalen Wirtschaftens aus; Betriebsdisziplin erscheint als Modell gesellschaftlicher Herrschaft, die Eigentum und Vertragsfreiheit garantiert.

«Nutzleistungen», Geld, Kredit, Markt- und Wirtschaftsformen
deutet Weber im Kontext der subjektivistischen Nationalökonomie
und – in soziologischer Perspektive – als Verteilung von Verfügungsgewalt: Machtbeziehungen sind wesentliche Bedingungen für wirtschaftliches Handeln. Knappheit und die subjektiv empfundene
Notwendigkeit der Vorsorge führen zu einem auf Bedarfsdeckung gerichteten Handeln. Gegenstände des Begehrens sind «Nutzleistungen», die auf alternative Verwendungsmöglichkeiten verteilt werden
können. Der wirtschaftliche Sachverhalt tritt nur dann ein, wenn aus
der Sicht des Handelnden alternative Zwecke bei Knappheit der Mittel realisiert werden können. Während *technische* Rationalität sich
allein auf die Auswahl alternativer Mittel für gegebene Zwecke bezieht, strebt *wirtschaftliche* Rationalität ein optimales Ergebnis an
und beruht daher auf einer Abwägung knapper Mittel und einer Prioritätensetzung von Zwecken.

Regeln des rationalen Wirtschaftens sind die «planvolle Verteilung
von Nutzleistungen auf Gegenwart und Zukunft» und auf begrenzte
Verwendungsmöglichkeiten auf der Grundlage von Grenznutzen-
schätzungen, die Aufnahme einer Produktion, «wenn die Dringlichkeit des Begehrs des erwarteten Ergebnisses nach die Schätzung des
Aufwandes übersteigt», und planvoller Erwerb. Erwerb richtet sich
auf die Sicherung von Verfügungsgewalt durch «Vergesellschaftung
mit dem derzeitigen Inhaber der Verfügungsgewalt oder Beschaf-
fungskonkurrenten» durch die Herstellung eines Verbandes oder
durch Tausch. Für den Kapitalismus ist der wirtschaftlich rational
orientierte Tausch bedeutsam, der zu einem Interessenausgleich oder
einer Interessenverbindung führt; diese Vergesellschaftung ist flüch-
tig, mit dem Tauschvorgang beendet (Weber 1964).

Webers Kritik der subjektivistisch orientierten Nationalökonomie
bleibt ohne Folgen für seine materialen Analysen. Er hebt hervor,
daß die subjektiv vorhandene «Bedarfsempfindung» nicht gleich dem
«der Güterbeschaffung in Rechnung zu stellenden Bedarf sein kann».
Nicht die Grenzkonsumenten, sondern die Unternehmer lenken die
Produktion. Die Rentabilitätsrechnung ist an «Preischancen» orientiert, die sich durch Interessenkampf und -kompromiß auf dem Markt
bilden. Die kategorialen Bestimmungen verweisen auf eine soziale
Realität, die durch Konkurrenz, grenznutzentheoretische Einschät-

zungen und einen Zusammenhang von Nutzen und Tauschwert geprägt ist. Den Implikationen seiner Vorstellung des «*Tauschkampfes*» geht Weber nicht weiter nach. Tausch kommt in einer Perspektive zustande, wenn die subjektiven Vorstellungen vom relativen Wert der Güter entgegengesetzt sind: Hier liegt der Spielraum für ein Feilschen, dessen Ausgang ungewiß ist. Der «Tauschkampf der Interessenten» wird durch einen Kompromiß abgeschlossen. Durch Nutzenerwägungen bestimmte Tauschgrenzen sind individuell geprägt und weit gespannt. Für die Maximierung des eigenen Vorteils hat die Antizipation der Bewertung des anderen große taktische Bedeutung; dieses interaktive Moment geht über bloße Orientierungen an Bedarfsdeckung und Nutzenschätzungen hinaus und tritt beim Tausch unter Konkurrenzbedingungen deutlich hervor. Wenn die Tauschenden mit dem Auftauchen eines Dritten rechnen müssen, der einen von ihnen überbietet, wird ihr eigener Spielraum geringer. Diese auf geringen Spielräumen beruhenden Preissetzungen, die sich zu Orientierungsdaten für ganze Märkte verselbständigen, hat Weber im Auge, wenn er schreibt, daß sich ein «rationaler Tauschkampf» nur bei marktgängigen Gütern entwickelt: Bei einheitlichen Marktpreisen – und nur unter dieser Voraussetzung – ist er planvoll durchführbar, ist eine intersubjektiv verbindliche Orientierung an Tauschakten anderer möglich. Geben zunächst Nutzenschätzungen die Erklärung für die Preise ab, dienen sie bei der Verallgemeinerung des Austausches nur noch als Anhaltspunkte dafür, ob überhaupt getauscht wird.

Konkurrenz verstetigt die Tauschgrenzen, Geld stabilisiert die Tauschbeziehungen. Voraussetzungen dafür sind jedoch Produktivität, Arbeitsteilung, Konkurrenz, Verkehrsmöglichkeiten, neue Bedürfnisse. An Geld als chartales Zahlungsmittel sind Erwartungen als Tauschmittel geknüpft: Als Zahlungsmittel mit Geltungsgarantie ermöglicht es die formale Rationalität der Geldrechnung, die Ausweitung von Handlungskreisen und eine Vereinheitlichung der Orientierungen. Angesichts vervielfältigter Handlungsmöglichkeiten wird es zum Orientierungsmittel. Wenn aber Nutzenschätzungen nur noch die Entscheidungsgrundlage dafür bilden, ob überhaupt getauscht wird, kann selbst eine makrosoziologisch überdehnte Grenznutzenschätzung dieses Phänomen nicht mehr zureichend erklären. Weber führt die Analyse bis zu dem Punkt, wo allgemeine gesellschaftliche Bedingungen und Austauschrelationen gegenüber den individuellen Nutzenschätzungen in den Vordergrund treten und gesellschaftliche Objektivität hinter den in ein System fester Preise übersetzten Austauschrelationen durchscheint; das System fester Preise engt seinerseits die Interessendurchsetzung und die Möglichkeiten optimalen Handelns ein.

Selbst wenn man mit Weber die Geltung auf das frühkapitalistische Stadium beschränkt und eine Entwicklung annimmt, die zu rein ökonomisch bedingten Monopolen führt, bleibt die Frage offen, welche Konsequenzen die Akzentuierung von «Systemleistungen» hat. In seiner Fassung der formalen Rationalität zeigt sich, daß die Erweiterungen der Bestimmungen der Rationalität über die Nachkonstruktion idealtypischer Sinnzusammenhänge hinausgehen. Weber stellt die Rechenhaftigkeit des von Wertmaßstäben geleiteten Handelns der Versorgung von Menschengruppen unter wertenden Gesichtspunkten gegenüber. Die Geldrechnung in ihrer entwickelten Form hat im Gegensatz zur Naturalrechnung jenes System effektiver Preise zur Voraussetzung, das auf Systemleistungen verweist, welche die Handlungsperspektiven einzelner überschreiten. Strukturzusammenhänge wie die rationale Buchführung als sichtbarer Ausdruck und Form der Kapitalrechnung, die Trennung von Haushalt und Betrieb in buchmäßiger und rechtlicher Hinsicht und die freie Arbeit (daß Personen vorhanden sind, die nicht nur rechtlich in der Lage, sondern auch wirtschaftlich genötigt sind, ihre Arbeitskraft auf dem Markt zu verkaufen) oder eine Analyse der Produktion haben für Weber keine forschungsstrategische Bedeutung. Der Bestimmung eines arbeitsteiligen gesellschaftlichen Produktionszusammenhangs, in welchem Vergesellschaftung nicht erst über den Markt, sondern über gesellschaftliche Arbeit hergestellt wird, geht Weber nicht weiter nach und verwendet einen allgemeinen, historisch unspezifizierten Kapitalbegriff. Die Strukturmerkmale aber, auf die er notwendig stößt, können aus sinnhaften Intentionen allein nicht erklärt werden. Die verstehende Analyse von Handlungen dringt, je mehr sich der Kapitalismus zum System verfestigt, zu Strukturen vor, die über bloße Sinnzusammenhänge hinausgehen. Nur scheinbar paradox ist die Konsequenz, daß in dem Maße, in dem Handlungen immer rationaler und ihre Abläufe berechenbarer werden, die verstehende Analyse von Handlungen zur theoretischen Rekonstruktion von Wirklichkeit nicht mehr ausreicht.

3.5.4 Rezeption

Webers Studien zur Kulturbedeutung des Protestantismus fanden bei den zeitgenössischen Theologen Zustimmung, Kritik bei den Historikern und Nationalökonomen, die sich auf die Frage konzentrierten, ob neben der religiösen Begründung für die rastlose Berufsarbeit *alle* anderen Faktoren ausgeschlossen werden können, mithin der Idealtypus «kapitalistischer Geist» für die Erfassung der Motivation zureichend ist und welche Rolle die Entfaltung des Handelns und des Finanzkapitals spielt.

Talcott Parsons hat die Studien 1930 ins Englische übersetzt und damit die Rezeption Webers in Amerika eingeleitet. Webers Werk «Wirtschaft und Gesellschaft» mit der Begründung einer verstehenden Soziologie fand im Gegensatz zu seinen Arbeiten über Rationalisierung oder methodische Probleme kaum Interesse.

Nach dem Zweiten Weltkrieg wurde die Rezeption Webers durch die des Struktur-Funktionalismus wieder mit in Gang gesetzt – allerdings verbunden mit einer Aufgliederung des Gesamtwerks in Lehrstücke. Der ‹Klassiker› Weber wurde zur Begründung der Kontinuität der Disziplin Soziologie herangezogen, die von ihm begründete soziologische Sichtweise für das Verhältnis von Individuum und Gesellschaft, die gesellschaftliche Konstruktion der Wirklichkeit und die konstitutive Bedeutung der subjektiven Sinngebung (vgl. Parsons 1949, 1967; Käsler 1976/78; Schluchter 1980).

Für den *Weber-Marxismus* ist eine Interpretation bedeutsam geworden, welche die Bedeutung idealisierender Gesetze für das Marxsche Vorgehen hervorhebt; sie entsprächen insofern den Idealtypen, als ihnen kein Korrelat in der wirklichen Welt zugeordnet werden könne; der Übergang zu empirischen Hypothesen könne als Prozeß fortschreitender Konkretisierung beschrieben werden (vgl. zusammenfassend Weiß 1981).

Die insbesondere durch Georg Lukács vorgetragene marxistisch orientierte Kritik hebt einen neukantianistisch inspirierten subjektiven Idealismus hervor, der wissenschaftliche Erkenntnis als Leistung des Subjekts bestimmt, formalistische Analysen und leere Analogieschlüsse liefert und die erkenntnistheoretische Begründung politischer Praxis zerstört. Die die Auswahl und Formung des Gegenstandes bestimmenden Wertgesichtspunkte werden in seiner Perspektive der wissenschaftlichen Diskussion entzogen; die Konzeption des Idealtypus leugnet objektive Gesetzmäßigkeiten in der Geschichte. Lukács deutet die von Individuen unabhängige Gesetzmäßigkeit und Objektivität gesellschaftlicher Entwicklung als Selbstobjektivierung der menschlichen Gesellschaft auf einer bestimmten Stufe ihrer Entwicklung. Indem sie sich von den empirischen Restriktionen befreit, denen das Bewußtsein der handelnden Menschen unterliegt, kann sich Theorie auf die Gesellschaft als Ganzes, als konkrete Totalität beziehen: Die sozialwissenschaftliche Forschung von Weber über die Gliederung der Bevölkerung in Klassen, Stände, Schichten und Gruppen lebe hingegen von Definitionen, setze historische Verhältnisse zum Material herab, beschränke sich bei der Definition von Klasse und Klassenlage auf die Zirkulationssphäre (vgl. Lukács 1968).

Herbert Marcuse verweist darauf, daß gesellschaftliches Handeln zwar auf die Ordnungs- und Legitimationsleistung entwickelter Deutungs- und Wertmuster angewiesen ist, «Sinnwelten» aber keine eigenständige Bedeutung haben (vgl. Marcuse 1965). Webers Konzeption von Rationalität und Rationalisierung liefert einen scheinbar wertneutralen Bezugsrahmen für die sozialwissenschaftliche Forschung und hat gerade deshalb ideologische Bedeutung: Instrumentelle oder formale Rationalität fungiert als Instrument zur Beherrschung und Kontrolle natürlicher und gesellschaftlicher Prozesse. Zwecke und Interessen von Herrschaft gehen schon in die Konstruktion des technischen Apparates ein – bilden die formale Rationalität des Kapitalismus.

Die Möglichkeit einer rationalen Politik und einer praktischen Umsetzung wissenschaftlicher Ergebnisse hat Weber unter Verweis auf Wertbindungen und die Trennung von wissenschaftlichen und politischen Interessen diskutiert. Die Trennung von Wissenschaft und gesellschaftlicher Praxis hat inzwischen in ihrer Formalisierung zu einem in bezug auf Wahrheits- und Geltungsansprüche kontingenten Subsystem Wissenschaft geführt. Die bei Weber nicht in Frage gestellten Momente der Industrialisierung werden zur Rationalität von Herrschaft überhaupt.

Die Form der Industrialisierung ist die Trennung der Arbeiter von den Betriebsmitteln. In der Herrschaft der Dinge wird formale Rationalität zur Rationalität von Herrschaft. Weber verallgemeinert die Blindheit einer Gesellschaft, deren Reproduktion sich hinter dem Rücken der Individuen vollzieht, zum unentrinnbaren Schicksal und historisch überholbare Herrschaftsformen zum Element wirtschaftlicher Rationalität. Die mit der fortschreitenden Industrialisierung verbundene bürokratische Herrschaft überträgt die Leistungsfähigkeit des Industriebetriebes auf die Gesellschaft im ganzen und bedarf, um auf Dauer gestellt zu werden, irrationaler charismatischer Absicherung – ihr Idealtypus zerfällt ohne von außen kommende Wert- und Zielsetzungen. Webers Analyse des Kapitalismus ist im Gegensatz zu seinen methodischen Überlegungen nicht wertfrei: Die von ihm als technisch bestimmte Vernunft ist politisch; im «Gehäuse der Hörigkeit» ist auch die bürgerliche Vernunft eingeschlossen.

Literatur

Horkheimer, M.: Zur Kritik der instrumentellen Vernunft. Frankfurt/M. 1967.

Käsler, D. (Hg.): Klassiker des soziologischen Denkens. 2 Bde. München 1976/78.

Lukács, G.: Geschichte und Klassenbewußtsein. Werke. Bd. 2. Neuwied 1968.

Marcuse, H.: Der eindimensionale Mensch. Neuwied 1965.

Parsons, T.: The Structure of Social Action. New York 1949.

–: Sociological Theory and Modern Society. New York 1967.

Prewo, R.: Max Webers Wissenschaftsprogramm. Frankfurt/M. 1979.

Schluchter, W. (Hg.): Verhalten, Handeln und System. Frankfurt/M. 1980.

Weber, M.: Gesammelte Politische Schriften. Hg. v. J. Winckelmann. Tübingen 1958.

–: Die römische Agrargeschichte in ihrer Bedeutung für das Staats- und Privatrecht. Amsterdam 1962.

–: Gesammelte Aufsätze zur Sozial- und Wirtschaftsgeschichte. Tübingen 1924.

–: Gesammelte Aufsätze zur Religionssoziologie, Bd. 1. Tübingen 1963.

–: Wirtschaft und Gesellschaft. Hg. v. J. Winckelmann. Köln 1964.

–: Gesammelte Aufsätze zur Religionssoziologie. Bde. 2 u. 3. Tübingen 1966.

–: Gesammelte Aufsätze zur Wissenschaftslehre. Hg. v. J. Winckelmann. Tübingen 1968.

–: Die Protestantische Ethik. Hg. v. J. Winckelmann. Bd. 2. Heidelberg 1972.

–: Die Protestantische Ethik. Hg. v. J. Winckelmann. Bd. 1. Heidelberg 1973.

Winckelmann, J.: Legitimität und Legalität in M. Webers Herrschaftssoziologie. Tübingen 1952.

Weiß, J.: Das Werk Max Webers in der marxistischen Rezeption und Kritik. Köln 1981.

Bernd Dewe

3.6 Wissenssoziologie – Begriff und Entwicklung

3.6.1 Entwicklungslinien und Programm der Wissenssoziologie

Das zentrale Anliegen der klassischen deutschen Wissenssoziologie, wie sie von Max Scheler und Karl Mannheim begründet und durch die Ideologienlehre Theodor Geigers angeregt wurde, war die Aufklärung der Beziehungen zwischen sozialem Sein und Bewußtsein durch die Zuordnung von kulturellen Objektivationen (Weltanschauungen, Wertvorstellungen, Denkformen) zu sozialen Strukturen, Schichten und Institutionen, wobei der Ideologiebegriff eine wesentliche Bedeutung erlangte. Diesem Programm lag letztlich die Frage nach der Relationierung von sozialen und kognitiven Strukturen zugrunde. Durch dieses Forschungsprogramm belastete sich die klassische Wissenssoziologie allerdings mit soziologisch nicht faßbaren erkenntnistheoretischen Problemen. Die umfassenden Erkenntnisziele besonders der Mannheimschen Wissenssoziologie ließen sich im historischen Rückblick betrachtet nicht nur aufgrund epistemologischer Uneindeutigkeiten kaum erreichen; ein unzureichend explizierter Begriff des Wissens (gesellschaftlich / individuell) tat ein übriges (vgl. Stehr & Meja 1981).

In der Fortführung der wissenssoziologischen Tradition vor allem in der amerikanischen Soziologie wurde diese Fragestellung weitgehend zugunsten einer allgemeineren Fassung des wissenssoziologischen Gegenstandsbereichs aufgegeben, obgleich auch durch die Verlagerung des Forschungsschwerpunkts die ursprünglich bedeutsame Frage nach den Überlagerungen und Konfrontationen verschiedener Wissensschichten ausgeblendet wurde. Die ‹neuere Wissenssoziologie› beschäftigt sich «mit allem (...), was in der Gesellschaft als ‹Wissen› gilt», hauptsächlich mit der Erforschung des Alltagswissens, von dem aus die «gesellschaftliche Konstruktion der Wirklichkeit» begriffen werden kann (Berger & Luckmann 1970, 16).

Andererseits schuf Robert Merton durch seinen Versuch, eine Verbindung zwischen Wissenssoziologie und funktional-struktureller Theorie herzustellen, die Grundlage für die funktionale Wissenschaftssoziologie (vgl. Stehr & König 1975), die sich von der Wissenssoziologie ablöste und die Erklärung kognitiver und sozialer Momente im Prozeß der Wissensproduktion ausblendete. Neuerdings lassen sich Bemühungen um eine Reintegration der Wissenssoziologie in die Wissenschaftssoziologie bzw. um eine Übersetzung wissenschaftssoziologischer Fragestellungen in wissenssoziologische erkennen (vgl. Knorr 1985). Solche Versuche lassen die Problematik einer Konfrontation von verschiedenen Wissensbereichen und -strukturen und ihrer Überlagerung erst in den Anfängen sichtbar werden. Gerade aber zur Bearbeitung dieser genuin wissenssoziologischen Problemstellung gilt es, sowohl auf klassische Fragestellungen der Wissenssoziologie Mannheims zurückzugreifen als auch neben der ‹neueren Wissenssoziologie› des Alltagswissens die auf Edmund Husserl zurückgehenden Konzeptionen zum Verhältnis von Lebenswelt und Wissenschaft (vgl. Husserl 1977) in die Betrachtung einzubeziehen. Ausgehend von ‹älterer› und ‹neuerer› Wissenssoziologie ist es zwingend, die Fragestellung auf die Bestimmung der Träger bestimmter Wissensinhalte und -ordnungen und ihrer Partizipationschancen am ideellen Bestand der Gesellschaft auszuweiten (vgl. etwa Stehr 1989).

Im Sinne solch einer basalen Orientierung in der Wissenssoziologie könnte allgemein als Gegenstand wissenssoziologischer Betrachtung «der Zusammenhang von *Denken* und *sozialem Handeln* in seiner grundsätzlichen Bedeutung» (Beckerath et al. 1965, 370) in Anspruch genommen werden. In diesem Rahmen thematisiert sich hinsichtlich der Verwissenschaftlichung der Gesellschaft (vgl. Weingart 1983) und des Verhältnisses der Sozialwissenschaften zu ihrem Gegenstand dieser Zusammenhang nicht mehr primär unter der Mannheimschen Fragestellung nach der Seinsgebundenheit des Denkens, des Einflusses sozialer Strukturen auf die wissenschaftliche Theoriebildung, sondern in eher umgekehrter Richtung unter der Frage nach dem Einfluß des wissenschaftlichen Wissens auf das soziale Handeln, die gesellschaftliche Praxis (vgl. Bonß & Hartmann 1985; Beck & Bonß 1989).

Bei der Analyse des Problems bleibt ‹Wissen› die zentrale Kategorie. ‹Wissen› ist nicht als eine Ansammlung von Informationen zu verstehen, sondern nach seiner internen Struktur zu untersuchen; wissenssoziologisch wird nicht die Frage gestellt, inwieweit Wissen eine mehr oder weniger verzerrte Abbildung der Realität darstellt; vielmehr steht der Deutungsaspekt (vgl. Dewe 1989), mit dem jedes Wissen behaftet ist, im Vordergrund der Betrachtung: Auf Grundlage des Wissens, der ‹Vorinformation›, deuten und interpretieren die Menschen die Welt und gestalten diese im Handeln nach ihren Vorstellungen; Wissen repräsentiert so weder abbildend noch umbildend das Sein, sondern hebt dieses zunächst einmal in das Bewußtsein; so gefaßt ist Wissen Wesensbestimmung des Individuums (vgl. Luckmann 1986), das sich die Welt wissend aneignet und sie dementsprechend gestaltet, Wissen ist so handlungsanleitend; Wissen besteht weiterhin nicht nur aus Ideen, Weltanschauungen, theoretischen Gedanken, wie durch die klassische Wissenssoziologie nahegelegt, nicht nur aus Erkenntnissen und Wahrheiten, sondern als Wissen soll alles gelten, «was in der Gesellschaft als ‹Wissen› gilt», also auch das, «was jedermann in seinem alltäglichen, nicht- oder vortheoretischen Leben ‹weiß›» (Berger & Luckmann 1970, 58).

Schließlich lassen sich auf dem Hintergrund eines so weit gefaßten Begriffs verschiedene Wissensformen unterscheiden, die wissenssoziologisch aber nur in Bezugnahme auf ihre Bedeutung für Vergesellschaftungsprozesse des handelnden Individuums charakterisiert werden können (vgl. Scheler 1980).

Da (sozial-)wissenschaftliches Wissen seinen Einfluß wesentlich dadurch geltend macht, daß es in die gesellschaftlichen Wissensbestände eingeht und diese verändert, kann es wissenssoziologisch auf dem Hintergrund systematischen Wissens allgemein begriffen werden und zur Bestimmung des gesellschaftlichen Wissens die analytische Kategorie Alltagswissen, das gewissermaßen dessen Grundlage darstellt, eingeführt werden. Die systematische Berücksichtigung anderer Wissensformen (z. B. technisches, religiöses Wissen) gehört zum Programm der ‹Neueren Wissenssoziologie›.

Alltag, die Welt des ‹Jedermann›, ist als ein Sinnbereich zu verstehen, der gegenüber anderen Wirklichkeitsbereichen (Traumwelt, Welt religiöser Erfahrungen, Welt der Wissenschaft etc.) die «Vorzugsrealität», «die vornehmliche und ausgezeichnete Wirklichkeit des Menschen» (Schütz & Luckmann 1984) darstellt und so jeder gesellschaftlichen Praxis zugrunde liegt. Alltagswissen bzw. praktisches Handlungswissen, der dem Alltagshandelnden zur Verfügung stehende Wissensvorrat wird wissenssoziologisch als analytische Kategorie betrachtet, und zwar in der Weise, daß mit diesem Begriff nicht primär die Wissensinhalte und ihre Verteilung im gesellschaftlichen Wissensvorrat in den Blick gefaßt werden, sondern der typische Aufbau, die Struktur und der Verwendungszusammenhang dieses Wissens (vgl. Gebauer 1984), das somit auf dieser Ebene dem wissenschaftlichen Wissen vergleichbar gegenübergestellt werden kann. Es kann wissenssoziologisch jedoch nicht davon abgesehen werden, daß immer schon Elemente wissenschaftlichen Wissens im gesellschaftlichen Wissen enthalten sind (vgl. Luckmann 1983). Im Alltag und Alltagswissen müssen diese Elemente integriert werden, um als handlungsanleitende Wissensbestände gesellschaftliche Wirkung zu erlangen. Vermittlungswege und -instanzen, die bei der Verbreitung sozialwissenschaftlichen Wissens in der Gesellschaft eine Rolle spielen, sind bei wissenssoziologischen Betrachtungen des Problems von zentraler Bedeutung und haben im Diffundierungsprozeß sowohl Selektions- als auch Aufklärungsfunktionen (vgl. Sprondel 1989).

Es wird in wissenssoziologischen Analysen oft von einer Gegenüberstellung von Wissenschaft und Praxis als Sinnbereiche ausgegangen, die primär über die Wissensbereiche des gesellschaftlichen Sonderwissens und Allgemeinwissens (vgl. Luckmann 1981) identifiziert werden. Dabei ist es allerdings notwendig, auch auf andere Merkmale der Sinnbereiche (allgemeine Erfahrungsweisen, Rechtfertigungsstrategien) zu sprechen zu kommen, da sich Wissen nicht völlig isoliert betrachten läßt, sondern nur einen möglichen Zugang zur rekonstruktiven Erschließung der Beziehung von institutionalisiertem Wissenschaftsbetrieb und gesellschaftlichen Praxisfeldern darstellt (vgl. etwa Kreissl 1985, der die kognitiv-linguistische Dimension untersucht, oder Bourdieu 1976, der die unterschiedlichen Handlungslogiken von Wissenschaft und Praxis rekonstruiert). Eine nicht statisch angelegte, vielmehr dynamisch und rational konstruierte Gegenüberstellung kann programmatisch ein grundlegendes Schema von Transformationsprozessen zwischen wissenschaftlichem Wissen und Alltagswissen ergeben, das bei der wissenssoziologischen Betrachtung von solchen zwischen gesellschaftlicher Wissensverteilung und individueller Bildungsgeschichte des Subjekts zugrunde gelegt werden muß.

Die Unterscheidung verschiedener Wissens*formen* wird so relevant. Unter verschiedensten Aspekten ist sie seit der Ausbreitung des wissenssoziologischen Denkens in den 20er Jahren dieses Jahrhunderts vorgenommen worden. Breite Akzeptanz fand die Differenzierung in Leistungswissen, Bildungswissen und Heilswissen. Max Scheler hat sie in die Diskussion gebracht. Ähnlich verhielt es sich mit Theodor Geiger, der allerdings vergeblich immer wieder auf die Tendenz zur Scheinobjektivierung aufmerksam machte (vgl. Geiger

1953). Die Scheinsicherheit eines Denkens in Pseudosubstanzen wurde je von neuem einem gegenstandsnahen Denken in Funktionen vorgezogen. So wurde eine verdoppelte Eindeutigkeit des Wissens zementiert. Die Reflexion über Strukturen des Wissens, über die Modalitäten seiner Produktion und Rezeption konnte dadurch jedoch nicht aufgehalten werden. Aus ihr entfaltete sich ein Schlüsselthema der wissenschaftlichen Diskussion.

In Deutschland allerdings wurde ihre Verbreitung durch die NS-Herrschaft verhindert. Kaum eine Disziplin hatte so unter dem Auszug der Wissenschaftler zu leiden wie die Wissenssoziologie. Selbst nach der Befreiung vom Hitler-Faschismus blieb dies spürbar. Der Rezeptionsprozeß erfolgte recht zögerlich. Die Gründe für die Gehemmtheiten oder gar für die Abwehrmechanismen wären eine eigene wissenssoziologische Untersuchung wert. Karl Mannheims Gesellschaftsanalysen und -konzepte (vgl. Mannheim [2]1964) stießen auf die Skepsis gegenüber der Reeducation oder gerieten gar groteskerweise unter Marxismus-Verdacht. Dabei gingen seine kritischen Konfrontationen über die traditionellen Alternativen hinaus. Aber seine Forderungen im Interesse einer Topographie des Wissens nach Technikbeherrschung, Selbstreflexivität, Interdependenzbewußtsein und Anerkennung von Relativierungen implizierte ein Maß an substantieller Rationalität, die entweder eine Überforderung war oder als Gefahr umgedeutet und tabuisiert wurde. Theodor Geigers erkenntniskritischen Monita (vgl. Geiger 1949) erging es nicht anders. Der Verweis auf die Projektion der Selbstauslegungen, mit dem wir uns das Leben erleichtern und das Verstehen behindern, mußte irritieren und abgewiesen werden. Auch den Wegen des «Zugangs zum Fremdseelischen», wie Aron Gurwitsch (1977) es nannte, verschloß man sich, denn dazu gehörte einerseits ein Wissen vom Bewußtsein, andererseits von einer Situationsunabhängigkeit der Menschen, das vor sich selbst und anderen zuzugeben nicht ertragbar erschien. So fand in der Emigration und im Ausland eine Bezugnahme zweier im deutschen Sprachraum entwickelter Erkenntnisrichtungen, der Sozialphänomenologie und der Wissenssoziologie, aufeinander statt, die international weithin wirkte, aber lange Zeit ohne nennenswerte Rückwirkungen auf den deutschen Sprachraum blieb.

Eine solche Ausfallerscheinung mutet besonders merkwürdig für ein Land an, in dem die Diskussion über die methodologischen Unterschiede zwischen natur- und kulturwissenschaftlichen Forschungen besonders intensiv geführt worden war. Darauf hat Jürgen Habermas

(1967) in seiner «Logik der Sozialwissenschaften» hingewiesen. Mit seinem Referat zur «Problematik des Sinnverstehens» begann die verspätete Rezeption eines notwendigen Vergewisserungsprozesses der Humanwissenschaften. In diesem Prozeß wurde die wissenschaftliche Aufmerksamkeit auf die welt- und selbsterschließende Bedeutung der Sprache gerichtet und eine rein kognitivistische Betrachtung der Wissensdimensionen relativiert. Mit den Perspektiven des symbolischen Interaktionismus eröffnete sich zudem ein Blick auf die Kommunikationsstrukturen, mit dem auch die Eigenarten der Komplexität der sozialen Wissensstrukturen neu gesehen werden konnten.

3.6.2 Von den erkenntnistheoretischen Ambitionen der klassischen Wissenssoziologie zur Analyse des Alltagswissens

Die phänomenologisch orientierte ‹Neuere Wissenssoziologie›, die sich als eine empirische Wissenssoziologie im Kontext einer Konstitutionsanalyse von Gesellschaft versteht, ist in den 60er Jahren vor allem von Thomas Luckmann konkretisiert worden. Dem Programm der ‹Neueren Wissenssoziologie› liegt die Erkenntnis zugrunde, daß die sozialwissenschaftliche Zuordnung von Symbolsystemen und gesellschaftlicher Wirklichkeit weitaus komplizierter ist als das Verhältnis von Abbild und Objekt. Daraus folgt hier, daß sich eine wissenssoziologische Analyse mit dem Anspruch auf Rekonstruktion der Deutung gesellschaftlicher Wirklichkeit grundlagentheoretisch um die Erschließung der Beziehung von Alltagswissen und Handlungspraxis bemühen muß, um Orientierungsleistungen von Symbolen für soziales Handeln erfassen zu können. «Nur so kann der Gefahr entgangen werden, die Analyse von Deutungssystemen mit der Analyse der sozialen Wirklichkeit in toto gleichzusetzen und damit den Wissensaspekt vor dem Handlungs- und Zustandsaspekt der Gesellschaft überzubetonen» (Fischer & Marhold 1978, 14). Konsequenterweise interpretiert denn auch die ‹Neuere Wissenssoziologie› das soziale Wissen wesentlich von seinem Lebensbezug, von seiner Praxisnähe aus.

   In Abgrenzung von der klassischen deutschen Wissenssoziologie der 20er Jahre wollen etwa Berger und Luckmann den Objektbereich ihrer Wissenssoziologie weder auf das Problem der Ideologie noch auf die Ideen von Intellektuellen eingeengt wissen und darüber hinaus sich weder mit erkenntnistheoretischen noch mit methodologischen

Fragen beschäftigen. Gegenstand ihrer Wissenssoziologie ist vielmehr all das, was in einer Gesellschaft für ‹Wissen› gehalten wird. So wird ihre Absicht verständlich, die mit subjektiv gemeintem Sinn ausgestattete gesellschaftliche Wirklichkeit als eine zugleich objektive Faktizität erforschen zu wollen. Die ‹Neuere Wissenssoziologie› will den Standpunkt ‹jedermanns› nachzeichnen, das heißt die Art und Weise charakterisieren, wie ‹jedermann› mit Wissen vom vortheoretischen bis zu streng theoretischem Wissen hinauf umgeht und wie er dieses Wissen rückerfährt, nämlich als Stützfaktor und Legitimationselement für seine symbolischen Sinnwelten. Ihr Programm darf nun nicht dahin gehend interpretiert werden, daß es im Sinne einzelwissenschaftlicher Forschung den Wahrheitsanspruch für theoretische Entwürfe nicht mehr erhebt. Zutreffend ist vielmehr, daß die ‹Neuere Wissenssoziologie› zwischen soziologischer Forschung und philosophischer Fragestellung im Sinne der Wahrheits- bzw. Erkenntnistheorie strikt unterscheidet und sich auf die erstere zurückzieht und damit auf eine meta- bzw. erkenntnistheoretische Diskussion verzichtet. Die Perspektive der Alltagswelt, die sie entwirft, ist selbst ein einzelwissenschaftliches Konstrukt oder, nach einer Formulierung von Berger und Luckmann (vgl. 1970), eine «Rekonstruktion der Wirklichkeit, wie sie auf dem Weg der Habitualisierung, Typisierung und Institutionalisierung etc. der gesellschaftlichen Interaktion» erwächst. Die Perspektive von ‹jedermann›, die hier derart nachgezeichnet wird, daß sie gleichsam mit diesem Konstrukt zusammenfällt, ist daher keine Fiktion, die man als vorläufig gegenüber einer endgültigen oder ‹wahren› Repräsentation der Wirklichkeit, als bloß subjektiv gegenüber einer objektiven Realitätswiedergabe abweisen könnte. Sie ist vielmehr ein einzelwissenschaftlicher Aspekt, der bewußt auf eine bestimmte Fragestellung eingegrenzt wird, nämlich die, die Rolle des Wissens im Aufbau der gesellschaftlichen Wirklichkeit in all ihren Erscheinungsformen zu analysieren. Die Analysen zu ‹Strukturen der Lebenswelt›

«leben geradezu von der gespannten Doppelperspektive auf Modi der sozialen Orientierung in strukturierten Handlungszusammenhängen, die selbst wiederum geronnene Strukturverdichtungen vorauslaufender Prozesse der Typisierung, Habitualisierung, Institutionalisierung darstellen. Als derartige Strukturverdichtungen haben sie sich weitgehend gegenüber den Bedingungen ihres Entstehungskontextes zu situationsübersteigenden Schematisierungen verselbständigt, oder auf der Deutungsmusterebene zu Normalitäts-stützenden Formen typischer lebensweltlich-impliziter Wissensstrukturen umgeformt» (Matthiesen 1986).

Gegenüber der klassischen Wissenssoziologie hat hier bereits eine Reduzierung des Forschungsprogramms auf die Wissensbestände ‹jedermanns› stattgefunden. Die systematische Analyse der Beziehung verschiedener kultureller Objektivationen untereinander als seinsgebundene Denkformen, also etwa zwischen dem Jedermannwissen und dem wissenschaftlichen Wissen (vgl. Girtler 1974, 512), ist folglich unterbelichtet und hat einen erkenntnistheoretischen Anspruch aufgegeben.

Interessanterweise hatte das Forschungsprogramm der ‹klassischen deutschen Wissenssoziologie› (vgl. Mannheim 1924, 1931; Geiger 1953; Scheler 1924), bevor ihr das Scheitern ihres erkenntnistheoretischen Programms von heterogenen Theorieströmungen wie der ‹Frankfurter Schule› (vgl. Adorno 1961) einerseits und dem Strukturfunktionalismus andererseits (vgl. Merton 1957) bescheinigt wurde, ursprünglich die Frage nach den Folgen einer Konfrontation bzw. Überlagerung von Wissensschichten beinhaltet. Die Wissenssoziologie der 20er Jahre sah ihre Aufgabe darin, die Beziehungen zwischen Denken und sozialer Wirklichkeit zu erkunden, indem sie den Zusammenhang von Wertvorstellungen, Denkstrukturen, Gedankengehalten und sozialen Lagen, Schichten und Institutionen analysierte. «Gegenstand der Analyse ist für sie nicht nur die spezifische Realisierung genereller sozialer Gesetzlichkeiten, die von einer allgemeinen Soziologie rekonstruiert und systematisiert werden, sondern explizit der Zusammenhang von Denken und sozialem Handeln in seinen grundsätzlichen Bedeutungen». Die wissenssoziologische Analyse betrifft somit eine der basalen Fragen der allgemeinen theoretischen Soziologie und gehört insofern als ein «Hauptstück in deren systematische Ausbildung» (Beckerath et al. 1965, 337). Darüber hinaus hat die Wissenssoziologie die Beziehungen zwischen der Gesellschaft und den kognitiven Strukturen wie im engeren Sinne dem theoretischen Wissen von ihr zum Gegenstand ihrer Analyse, ist folglich als «Soziologie der Soziologie» deren Grundlagenwissenschaft sowohl zur Sicherung der Geltung ihrer Aussagen als auch zur Einsicht in ihre eigene gesellschaftliche Stellung und Aufgabe. «Bei dieser Aufgabenstellung kann sie nicht mit dem bloßen Zurechnungsverfahren auskommen, sondern muß die Wahrheitsfrage stellen und die Verfälschungen und Verzerrungen festhalten, die das menschliche Denken in sozialen Situationen erfährt» (ebd., 337ff).

Durch Mannheims Theorie von der ‹Seinsverbundenheit› allen Denkens wurde jedwedes Wissen wie auch die wissenschaftliche Erkenntnis einer «standortgebundenen» Relativierung unterworfen. Dreitzel (1971, 284) bemerkt hierzu:

«Indem sich der Ideologiebegriff nunmehr auf jedes Denken bezieht, wird er von seiner polemischen Funktion befreit und damit wissenschaftlich. Aus einem politischen Kampfmittel ist das wesentliche Element einer ‹soziologischen Geistesgeschichte› geworden, die die Verwurzelung des Denkens in der sozialen Lage erforscht. Da aber jedes Denken ‹seinsverbunden› ist, muß auch jedem Standort, jeder sozialen Lage eine Denkstruktur entsprechen, die sich in ihrer Sinnhaftigkeit auf den historischen Hintergrund bezieht, dem sie verbunden ist.»

Die wechselseitige Bestimmung von ‹Sinnhaftigkeit› und ‹Sein› – von Mannheim als Relationismus bezeichnet – ist folglich der eigentliche Forschungsgegenstand der Wissenssoziologie. Um den Preis der verlorenen Gültigkeit des Denkens ist bei Mannheim das «Sein» als geschichtlich soziale Existenz des Menschen definiert. Karl Mannheim versucht dieses Problem zu lösen, indem er von Max Scheler (1962) den Gedanken übernimmt, daß eine intellektuelle Elite, die sogenannte ‹freischwebende Intelligenz›, jenseits aller Parteilichkeit und Partikularität von sozialen und politischen Gruppeninteressen die Einsichten gleichsam in einer Synthese zusammenfassen könne. Was aber «wahr» und was «Ideologie» ist, entscheidet sich für Scheler (1921) durch die Erkenntnis einer dem Zugriff des Ideologieverdachts völlig entzogenen metaphysischen Weltordnung, wie sie sich der phänomenologischen Analyse erschließt. Mannheim folgt diesem – gemessen am allgemeinen Ideologieverdacht (vgl. Lenk [7]1976, 42 ff) inkonsequenten – Ansatz nicht, sondern verlegt vielmehr das Wahrheitskriterium in die soziale Praxis, in der allein sich das Denken ‹auf der Höhe der Zeit› und mit dem ‹Sein› in (relativer) Deckung befinden kann. Was hinter der Zeit zurückbleibt, wird dann zur Ideologie, und was über sie hinausgeht, utopisch. Die Adäquanz bzw. Richtigkeit des Bewußtseins wird nunmehr an der gesellschaftlichen Praxis der Gegenwart gemessen (vgl. Dreitzel 1971; Lenk [7]1976).

Stern (1974, 556) bemerkt hierzu treffend, daß sich die Seinsverbundenheit bei Mannheim letztendlich in eine «Seinsverbindlichkeit» verwandelt habe, der «das Normale, das heißt der durchschnittliche heutige Bestand an Seiendem als Norm» gelte. Die Verwandlung der Wissenssoziologie von einer ideologiekritisch verfahrenden Analyse zu einer wertesetzenden Disziplin wird hier bereits deutlich: Die Angelpunkte der Wissenssoziologie Mannheims sind Aufklärung durch Destruktion seinsinadäquaten Denkens und Kultursynthese durch

die wertesetzenden Aktivitäten der ‹freischwebenden Intelligenz› mit
dem geschichtsphilosophischen Ziel einer ‹Totalsynthese› (vgl. Krüger 1981, 68).

Durch die Verabsolutierung der wissenschaftlichen Erkenntnis
kam es im Rahmen der klassischen Wissenssoziologie zu der problematischen Gleichsetzung von Wissen/Wissenschaft und Erkenntnistheorie, zu einer dogmatischen Behauptung gesetzmäßiger Abläufe
im Verhältnis von sozialem Wissen und gesellschaftlicher Wirklichkeit sowie zu einer Verabsolutierung des Wahrheitsgehalts einzelner
Wissensarten. Mit Comte wurde die absolute Überlegenheit der wissenschaftlichen Erkenntnis über alle andere Formen des sozialen Wissens konstatiert. Nach dem Comteschen Drei-Stadien-Modell folgt
auf ein theologisches und ein metaphysisches Zeitalter die Ära des
positiven Wissens. Waren theologisches und metaphysisches Wissen
lediglich Ausdruck der sozialen Wirklichkeit, ist umgekehrt das positive Wissen die Basis, das heißt, die soziale Dynamik wird zu einer
Funktion des wissenschaftlichen Fortschritts überhaupt. So vernachlässigte denn auch die klassische Wissenssoziologie die Frage nach
den Beziehungen zwischen den einzelnen Wissensformen und den
sozialen Gruppen, Schichten und Klassen im Hinblick auf das Vorherrschen des einen oder anderen Wissenstyps in einer Gesellschaft.
Scheler hat aber bereits durch seine Unterscheidung von Herrschaftswissen, Leistungswissen, Bildungswissen und Heils- bzw. Erlösungs-
wissen einen in dieser Perspektive brauchbaren Ansatz formuliert
(vgl. Scheler 1980).

Allerdings ist neuerdings im Rahmen der ‹Renaissance› der traditionellen Wissenssoziologie ein zunehmendes Forschungsinteresse an
der «Transformationsproblematik» von sozialem Wissen feststellbar
(vgl. z. B. Stehr & Meja 1982).

Der ‹Neueren Wissenssoziologie› kommt das Verdienst zu, dem
Alltagswissen eine besondere Bedeutsamkeit zugewiesen zu haben,
wobei ‹nicht-alltägliche› Wissensformen und ihre Beziehungen zum
Alltagswissen eher vernachlässigt werden (vgl. als Ausnahme Schütz
1971, 55–76, 7–54, 237–298). Hingegen waren Bemühungen zur
Aufdeckung von ‹Transformationsregeln› zwischen Alltagswissen/
common sense und wissenschaftlichem Wissen stets im stärkeren
Maße vom Theorieprogramm der traditionellen Wissenssoziologie inspiriert. Eine Synthese aus alter und neuer Wissenssoziologie bildet
die hierzulande kaum zur Kenntnis genommene Arbeit über «Reality
Construction in Society» von Holzner (1968), die sich sowohl an der

Fragestellung der klassischen Wissenssoziologie eines Mannheim orientiert als auch die Konzeptualisierungen des Verhältnisses von Alltagswelt und Wirklichkeit – wie sie von Alfred Schütz vorgelegt worden sind – kritisch reflektiert und analysiert. Für die Erweiterung der Thematik einer modernen Wissenssoziologie scheint es naheliegend, der integrativen Perspektive Holzners zu folgen und im Rahmen einer wissenssoziologisch orientierten, rekonstruktiv-analytischen Vorgehensweise typische Problemstellungen aus dem Kontext der traditionellen Wissenssoziologie (Transformationsproblematik, Seinseingebundenheit von Wissensformen, ideologiekritisches Wissenschaftsverständnis) themenbezogen aufzugreifen, ohne dabei den Hinweis von Berger & Luckmann (vgl. 1970, 15f) zu übersehen, daß eine wissenssoziologische Forschung sich vorzüglich mit dem zu beschäftigen hat, was in der Gesellschaft als «Wissen» gilt, wobei entscheidend ist, daß dieses Wissen in einer Weise entwickelt, vermittelt und in sozialen Situationen behauptet wird, daß es für die/den ‹Frau/Mann auf der Straße› Realität ausmacht.

Dieser Vorschlag zu einer Schwerpunktverschiebung des wissenssoziologischen Programms von den theoretischen Abstraktionen und ‹Konstruktionen von Weltanschauungen› weniger Experten hin zum Alltagswissen der Allgemeinheit entspricht dem Interesse, die (mit-)konstitutive Bedeutung des Alltagswissens für gesellschaftliche Symbolisierungsprozesse zu bestimmen, indem man sich darauf besinnt, daß eben das Alltagswissen die Erfahrungsbasis für den Erkenntnisfortschritt der Wissenschaften (hier im engeren Sinne: der Sozialwissenschaften) abgibt und wissenschaftliches Wissen folglich selbst im primären Sinne keine neuen Erfahrungen erzeugen kann. Diese wissenssoziologisch allerdings sehr umstrittene These schließt ein, daß unter dem Gesichtspunkt der Bestimmung des Konstitutionsverhältnisses von wissenschaftlicher Theorie und alltagsweltlich-praktischer Deutung bei gleichzeitiger relativer Eigenständigkeit beider als nicht aufeinander reduzierbarer Wirklichkeitsbereiche es erkenntnislogisch keine prinzipielle Differenz zwischen Alltagswissen und wissenschaftlichen Theorien über die Wirklichkeit gibt und demnach der Anspruch, Wissenschaft stelle stets schon etwas «‹Höheres›, ‹Tieferes›, ‹Wahreres›, ‹Echteres› (...) als die Alltagswirklichkeit dar» (Spinner 1980, 69), in Zweifel gezogen wird.

3.6.3 Wissen und Gesellschaft

In Hinblick auf die Entwicklung eines begrifflichen Instrumentariums zur Entschlüsselung der subjektiv verbindlichen Sinnstrukturen sozialer Realität und der darin eingebundenen differentiellen Wissensbestände kann wissenssoziologisch jedoch ein Vorgehen entwickelt werden, wie es gegenwärtig ebenfalls im Kontext radikaler ideologiekritischer Ansätze (wieder) diskutiert wird, welches nämlich auf die Rekonstruktion der ‹internen Logik› von kulturellen Konfigurationen wie Wissensbeständen, Weltbildern und Deutungsmustern etc. sowohl des praktischen Lebenszusammenhangs des ‹Mannes auf der Straße› als auch der institutionalisierten, stets schon ‹sekundär symbolisierten› Bereiche der Produktion und Verteilung/Popularisierung von nichtalltäglichem Sonderwissen zielt (vgl. Parker 1985; Monk 1987). Ein solcher moderner wissenssoziologischer Zugriff läßt sich wie folgt rekonstruieren: Indem die gesellschaftstheoretisch orientierte Ideologiekritik an der traditionellen Wissenssoziologie (vgl. Lenk [7]1976, 212–341) berücksichtigt wird, impliziert die wissenssoziologische Analyse (vgl. Rudolph 1976) zum einen,

– daß die Erzeugung und Verteilung von gesellschaftlich relevantem Wissen in einem strukturellen Kontext zu eben jenen historisch gewordenen Bedingungen steht, unter denen die Individuen produzieren und sich reproduzieren. Die interaktionsbezogene Ebene der subjektiven Sinn- und Wissensstrukturen wird folglich adäquat erst analysierbar aus der Perspektive des sozialstrukturellen Faktums einer ungleichen Verteilung von gesellschaftlichem Wissen als Ausdruck des gegebenen Standes gesellschaftlicher Arbeitsteilung (vgl. Sprondel 1979). Durch die Thematisierung des Vermittlungszusammenhangs von Sozialstruktur, Handlungsproblemen und Wissensbeständen samt den in ihnen enthaltenen Deutungsmustern können die tendenziell statisch-formalsoziologischen Betrachtungsweisen der traditionellen Wissenssoziologie qua Einbeziehung der dynamischen Komponente der durch die gesellschaftliche Reproduktion bedingten gegenseitigen Vermittlung dieser Wissensbestände als ‹Weltinterpretationen› mit generativem Status – im Sinne einer (Lebens-)Welt auslegenden Systematik – korrigiert werden, ohne die Entwicklungslogik dieser handlungsrelevanten Wissensbestände bruchlos mit derjenigen der objektiven sozialstrukturellen Bedingungen zu identifizieren oder womöglich die Struktur und die Handlungsfunktion von gesellschaftlichen Deutungsmustern psychologisierend in Motive, Einstellungen und Dispositionen einzelner Individuen aufzulösen (vgl. Allert 1976). Die wissenssoziologische Perspektive richtet sich auf die gesellschaftlich produzierten Wissensbestände, auf die strukturierenden Typenbildungen (z. B. die Sozialcharaktere des ‹Laien› und ‹Experten›) sowie ihre Wirkweise bei der Produktion handlungsleitender sozialer Deutungsmuster (vgl. Sprondel 1979, 1989; Dewe 1989).

Indem des weiteren die wissenssoziologische Analyse (vgl. Rudolph 1976) die oben erwähnten Forderungen von Vertretern der sozialphänomenologisch orientierten ‹Neuen Wissenssoziologie› ernst nimmt, impliziert sie zum anderen,
– die sozialwissenschaftliche Analyse in dem Bewußtsein von gesellschaftlicher Realität zu begründen, das den gesellschaftlichen Handelnden selbst zu eigen ist. Aufgenommen wird dabei die Kritik an wissenschaftlichen Verfahren, die sich auf gesellschaftliche Wirklichkeit in prinzipiell gleicher Weise wie auf äußere Natur richten. Solche Verfahren, so zeigt Kreissl (1985), vernachlässigen den Umstand, daß der Sozialwissenschaftler (a) zur gesellschaftlichen Wirklichkeit immer schon ein inneres oder ‹verstehendes› Verhältnis hat und er (b) gesellschaftliche Wirklichkeit als solche gar nicht denken kann, wenn er von diesem Verhältnis abstrahiert: Der zweite wissenssoziologisch behauptete Tatbestand bedeutet, daß der Sozialwissenschaftler die eigentümliche Wirklichkeit und Wirksamkeit von sozialer Realität nicht erfassen kann, wenn er nicht auf das Selbstverständnis der miteinander Handelnden zurückgeht. Nach dieser Auffassung ist ‹die Gesellschaft› (als Inbegriff sozial geltender oder verbindlicher Strukturen, Normen, Rollen usw.) nur vermittelt durch dieses Selbstverständnis präsent und wirksam («doppelte Konstitution von sozialer Realität»; vgl. Hack et al. 1972, 18 ff).

Wissenssoziologischem Denken ist häufig vorgehalten worden, daß sich die Sozialwissenschaftler bei einer derartigen Orientierung auf schwankenden Boden begäben, weil sie sich somit auch auf die faktischen Meinungen und Vorurteile verließen, die die gesellschaftlich Handelnden über ihr eigenes Verhalten hegten (vgl. Blum [7]1976). Statt dessen müßten diese Meinungen und Vorurteile gerade durch Konfrontation mit den objektiven Verhältnissen kritisch durchdrungen werden. Dieser Einwand beruht aus wissenssoziologischer Sicht auf einem Mißverständnis: Wenn zu Zwecken sozialwissenschaftlicher Aufklärung auf das faktische Selbstverständnis der gesellschaftlich Handelnden (allerdings in dem weiteren Sinne, der auch nichtbewußte Orientierungen und Sinnstrukturen umschließt) zurückgegangen wird, so wird dieses Selbstverständnis damit nicht als ‹richtig› oder ‹wahr›, sondern allein als faktisch wirksam unterstellt. Wissenssoziologie ist daher nicht eine bloße – verfremdende – Reproduktion der alltäglichen oder lebensweltlichen Orientierung in der gesellschaftlichen Realität. Dies ist nicht gemeint, wenn von einer Annäherung der wissenschaftlichen an die außerwissenschaftliche Erfahrung gesprochen wird. Entscheidend ist, daß Wissenssoziologie bei einer solchen Vorgehensweise grundsätzlich auf der Ebene ansetzt, auf der auch die außerwissenschaftliche Orientierung in der gesellschaftlichen Wirklichkeit stattfindet. Dabei ist die Einsicht leitend, daß die Klagen über die fortschreitende Entfremdung der Sozialwissenschaften vom ‹wirklichen› und ‹praktischen› Leben durchaus nicht einseitig mit falschen Vorstellungen auf seiten der Kläger, sondern mindestens ebensosehr mit Fehlentwicklungen auf seiten der Wissenschaften zu erklären seien. Gerade wenn die kritische Analyse gesellschaftlichen Handelns auch praktische Folgen haben sollte, muß sich die wissenssoziologische Analyse auf die Struktur außerwissenschaftlichen gesellschaftlichen Wissens einlassen (vgl. Kreissl 1985).

3.6.4 Rationale Rekonstruktion – Möglichkeiten einer empirischen Wissenssoziologie

Das mit einer wissenssoziologischen Fragestellung verbundene Interesse steht folglich im Zusammenhang mit Versuchen, Bedingungen menschlichen Handelns und Denkens im Kontext von Prozessen der ‹Vergesellschaftung› zu interpretieren. Diese ist bekanntlich kein einseitiger subjektiver Aneignungsvorgang, der sich in den Bewegungen des subjektiven Wissensvorrats erschöpft, sondern das, was an natürlichen und sozialen Sachverhalten angeeignet wird, geht ebenfalls in das Ergebnis der Auseinandersetzung des Subjekts mit seiner Umwelt ein.

Wenn unter dem Aspekt von Prozessen der Vergesellschaftung die Transformation von Wissen wissenssoziologisch untersucht wird, bedarf allem voran der Begriff des gesellschaftlichen Wissens, der einen vielschichtigen und komplexen Sachverhalt bezeichnet, einer genaueren Bestimmung. Er umfaßt technisch-instrumentelle Kenntnisse, Erfahrungsregeln und allgemeine Theorien ebenso wie Alltagsdeutungen, Weltbilder und Handlungsorientierungen. Wichtiger aber als eine häufig mit Willkür behaftete Klassifikation von Wissensbeständen sind die Fragen, in welchen Kontexten diese Wissensformen entstehen, in welchen sie Anwendung finden, in welcher Beziehung sie untereinander stehen, schließlich aufgrund welcher Bedingungen sie sich verändern oder in bestimmten Zuständen verharren. Die Kritik an der älteren Wissenssoziologie hat gezeigt, daß die im gesellschaftlichen Allgemeinwissen sich Geltung verschaffenden ‹Weltsichten› und Deutungen nicht im Sinne «ewiger Wesenheiten» bestimmten gesellschaftlichen Klassen oder Gruppen schlichtweg zugeordnet werden können (wie bei Scheler 1921, 22 ff). Ebensowenig läßt sich ein «totaler Ideologieverdacht» (Adorno 1961, 258) hypostasieren, um in der Konsequenz nur noch auf metaphysischer Ebene einen Halt gegenüber diesem «Relationismus» zu suchen (wie bei Mannheim 1924, 577 ff). Vielmehr kann gesellschaftliches Wissen nur im Zusammenhang mit objektiven gesellschaftlichen Prozessen, in denen dieses Wissen entsteht und selbst aktiv auf die Verhältnisse zurückwirkt, bestimmt werden (vgl. Horkheimer 1967, 283 ff). Eine solche Vorgehensweise schützt also vor einer historische Prozesse ignorierenden statischen Definition einzelner Wissensformen. So ist besonders die Unterscheidung zwischen wissenschaftlichem und Alltagswissen als Ausdruck einer bestimmten historischen Entwicklung zu begreifen, in der sich bestimmte Wissensstrukturen aus dem allgemein verfügbaren Wissen herausgelöst und sich gegenüber diesem als Sonderwissen verselbständigt haben. Durch die Technisierung der Arbeitsprozesse sind – historisch betrachtet – Wissenssysteme und Fachsprachen entstanden. Diese Technisierung hatte einerseits eine Wissenschaftsentwicklung zur Voraussetzung, die in der Ausbreitung und Differenzierung der Naturwissenschaften zum Ausdruck kam. Durch die Erkenntnisse über die Beschaffenheit äußerer Natur wurde das Potential möglicher Naturbeherrschung permanent erhöht. Dieser Prozeß ist andererseits durch die Technisierung selbst weiter vorangetrieben worden, indem die Implementierung der Technik neue Lösungen zeitigte, in denen Ergebnisse der Naturwissenschaften zur Anwendung gelangten.

Gleichzeitig entstanden Organisationsformen, die eine zunehmende Arbeitsteilung und Reglementierung von Kooperationsbeziehungen erlaubten. Zwar hat es schon vor der Industrialisierung komplexe Organisationsformen gegeben; die dann zu beobachtende Ausdehnung und Effektivität von Organisation konnte jedoch erst mit den Mitteln der modernen Technik verwirklicht werden. Analog zu den technischen Wissenssystemen hat sich auf der Ebene der Organisation von sozialem Handeln ein spezifisches Fachwissen mit entsprechenden Fachterminologien entwickelt. Ebenso wie die Mittel der Technik zunächst aus praktischer Erfahrung gewonnen wurden, um dann aber durch einen rapiden Prozeß der Verwissenschaftlichung in ihrer Effizienz wesentlich gesteigert zu werden, geriet auch das ‹Organisationswissen›, nachdem es zunächst aus Alltagserfahrung abgeleitet war, in einen Prozeß der Verwissenschaftlichung. Im Verlauf der Verwissenschaftlichung wurden Alltagserfahrungen durch wissenschaftliche Verfahrensweisen und Geltungskriterien ergänzt, um die Wirksamkeit organisatorischer Modelle zu prüfen und zu verfeinern. In zunehmendem Maße wurden auch konkrete Organisationsentscheidungen mit wissenschaftlichen Begründungszusammenhängen legitimiert. Die Wissenschaft gerät dabei unter den strukturellen Zwang, lediglich die Zweck-Mittel-Rationalität zu steigern und nicht die Ziele der Organisation zu problematisieren (vgl. Hack 1988).

Im Zusammenhang von praktischem Handlungswissen und wissenschaftlichem Wissen ist nun von Interesse, auf welche Weise die Wissensformen bestimmte gesellschaftliche Funktionszusammenhänge repräsentieren. Des weiteren ist von Bedeutung, durch welchen Grad von Rationalität und Konsistenz sich die beiden Wissensformen voneinander unterscheiden. Dahinter steht die Frage, ob sich diese Wissensformen in ihrem Potential der Deutung von sozialen Sachverhalten nur graduell oder auch qualitativ unterscheiden und wie diese Unterschiede sozialstrukturell und institutionell eingebunden sind. Um dem Problem der Rationalität von wissenschaftlichen und nichtwissenschaftlichen Wissensformen unter dem Gesichtspunkt von Bildungs- und Vergesellschaftungsprozessen näherzukommen, ohne dabei Rationalität stets lediglich den Wissenschaften und ihren Produkten einzuräumen, bedarf es der Rekonstruktion der verschiedenen Rationalitätsvorstellungen und ihrer in der materiellen Reproduktion liegenden ‹Motive› im gesamten gesellschaftlichen Leben (vgl. O'Neill 1978).

Dreitzel ist der Meinung, daß mit dem Imagebegriff bzw. dem des sozialen Deutungsmusters (vgl. Dewe & Ferchhoff 1984) ein zentrales Problem der Wissenssoziologie getroffen ist, wenn man deren Aufgabe als die Erforschung der Beziehungen zwischen dem Wissen der Menschen und ihrer gesellschaftlichen Lage (vgl. Dreitzel 1962, 214) und des Verhältnisses zwischen Wissen und sozialem Handeln definiert. Ebenso hält Elkana (1975, 25) die Entwicklung der «theory of images of knowledge» für eine wichtige Aufgabe der «historical sociology of scientific knowledge».

Dabei ist die Entstehung, die Struktur und Veränderung von Images/Deutungsmustern eine zentrale Frage; denn das Handeln folgt diesem sinnhaften Bild von der Wirklichkeit, das durch die Konfrontation mit dieser verändert wird: «In der Dialektik von freiem Sinnentwurf und widerständiger Faktizität gestaltet der Mensch die Wirklichkeit nach seinem Bilde, ohne jedoch das Bild in Realität umsetzen zu können» (Dreitzel 1962, 199). Bilder/Deutungen von der Welt sind – so betrachtet – die ursprüngliche Weise, in der wir uns in der Wirklichkeit orientieren. Die Konstitution des Bildes/Deutungsmusters folgt dabei durchaus anderen Gesetzen als die Wirklichkeit, wenn auch nicht unabhängig von dieser (vgl. ebd., 184). Ein Bild bzw. ein Deutungsmuster stimmt nicht mit der Wirklichkeit überein, sondern stellt eine Auswahl und eine Akzentuierung dar. Hiervon ausgehend kann die Wissenssoziologie ‹Wirklichkeitsbilder› bestimmter Gesellschaften, Klassen, Schichten, Gruppen etc. rekonstruieren, zuordnen, ihre Entstehung aufzeigen und beschreiben, wie im Handeln sich eine Wirklichkeit nach einem sozial geteilten Deutungsmuster verfestigt, welche Transformationsmöglichkeiten durch die Rückwirkungen gegeben sind usw., ohne nach ‹richtigem› oder ‹falschem› Bewußtsein fragen zu müssen.

Die Tatsache, daß Bilder und Deutungsmuster zwar eine Vorstellung von der Wirklichkeit geben, nicht aber mit dieser zusammenfallen, macht sie noch nicht ‹ideologisch›. Theoretisch und empirisch aber kann untersucht werden, ob Deutungsmuster/Images sich so weit von der gesellschaftlichen Wirklichkeit entfernt haben, daß sie ‹Fehlverhalten› verursachen, ob sie sich so weit immunisiert haben, daß eine intentionale/aktive Veränderung sozialer Verhältnisse und eine realitätsadäquate Modifikation, Differenzierung oder gar Amplifikation eines sozialen Deutungsmusters bzw. Images nicht mehr stattfindet, sondern nur noch schlichte Reproduktion, ob solche Images, bezogen auf bestimmte gesellschaftliche Interessenlagen, ideologischen Charakter haben, ob sie – vereinfacht – keine individuelle Lebensgestaltung erlauben und der Manipulation unterliegen etc. «Schließlich sind manche Images Ausdruck eines ‹cultural lag›, indem sie traditionelle Verfestigungen anzeigen, die den aufklärerischen Tendenzen der Gesellschaft gegenüberstehen können. Ein solches ‹falsches Bewußtsein› gegenüber gesellschaftlichen Entwicklungstendenzen mag dann in einem Image manifestiert werden, das zu Recht ‹ideologisch› genannt wird» (Dreitzel 1962, 199).

In einem solchen Untersuchungsrahmen ließe sich ein Ideologiebe-

griff verwenden, der «auf die Bezeichnung der bewußten oder unbewußten *Verhüllung gesellschaftlicher Interessenlagen*, die sich *empirisch aufweisen lassen*» (ebd.), eingeschränkt bleibt. Es ist also zukünftig in wissenssoziologischen Analysen zu überlegen, ob nicht mit
dem Weltbilder- und Deutungsmusterkonzept ein zu entwickelndes
Instrumentarium vorliegt, das geeignet ist, die für die klassische Wissenssoziologie nicht lösbaren erkenntnistheoretischen Probleme in
soziologisch faßbare Fragestellungen zu transformieren. ‹Epistemo-
logy› als Wissens- und Erkenntnislehre könnte auf andere Weise
vielleicht erneut Gegenstand der Soziologie werden.

Primär ist dabei die Rekonstruktion der internen Struktur von
Wissen vor den Wissensinhalten und ihrer Verbindung zur Umwelt.
In bezug auf die sozialen Deutungsmuster/Images wird diese Verbindung zur Welt hergestellt durch das Handeln (vgl. auch Stehr
1989) – einem durchaus soziologisch faßbaren Tatbestand. Es wäre
zukünftig die forschungsrelevante Frage zu prüfen, ob einer Wissenssoziologie, die eine um den Handlungsaspekt erweiterte und
konzentrierte Epistemologie in sich aufnimmt, die Aufgabe zuzuwei-
sen ist, ausgehend von empirischen und theoretischen Einzelstudien
(vgl. Dewe & Scherr 1987), die Struktur von Wirklichkeitsbildern,
den Prozeß ihrer Verwirklichung und den damit einhergehenden
Transformationen von Bild/Deutung und Welt als ‹idealen Prozeß›,
bezogen auf eine jeweils gegebene Einheit (Gesellschaft, Gruppe,
Kultur, Epoche), rational zu *rekonstruieren*, um schließlich einen
heuristischen Rahmen für eine empirische Wissenssoziologie bereit-
zustellen.

Literatur

Adorno, Th. W.: Das Bewußtsein der Wissenssoziologie. In: K. Lenk (Hg.): Ideo-
logie, Ideologiekritik und Wissenssoziologie. Darmstadt 1961.
Allert, T.: Legitimation und gesellschaftliche Deutungsmuster. In: R. Ebinghau-
sen (Hg.): Bürgerlicher Staat und politische Legitimation. Frankfurt/M. 1976.
Beck, U. & W. Bonß (Hg.): Weder Sozialtechnologie noch Aufklärung? Analysen
zur Verwendung sozialwissenschaftlichen Wissens. Frankfurt/M. 1989.
Beckerath, E. v. et al.: Handwörterbuch der Sozialwissenschaften. Stichwort:
Wissenssoziologie. Stuttgart, Tübingen, Göttingen 1965.
Berger, P. L. & T. Luckmann: Die gesellschaftliche Konstruktion der Wirklichkeit
– Eine Theorie der Wissenssoziologie. Frankfurt/M. 1970.

Blum, F. H.: Bewußtseinsentfaltung und Wissenssoziologie. In: K. Lenk (Hg.): Ideologie, Ideologiekritik und Wissenssoziologie. Darmstadt [7]1976.

Bonß, W. & H. Hartmann: Konstruierte Gesellschaft, rationale Deutung. In: W. Bonß & H. Hartmann (Hg.): Entzauberte Wissenschaft. Soziale Welt, Sonderband 3, 1985.

Bourdieu, P.: Struktur, Habitus, Praxis. In: Ders.: Entwurf einer Theorie der Praxis. Frankfurt/M. 1976.

Dewe, B.: Wissenssoziologische Betrachtungen zur Relevanz sozialer Deutungsmuster. In: K. Rebel (Hg.): Wissenschaftstransfer. Der Beitrag der Wissenssoziologie. Weinheim, Basel 1989.

Dewe, B. & W. Ferchhoff: Deutungsmuster. In: H. Kerber & A. Schmieder (Hg.): Handbuch der Soziologie. Reinbek bei Hamburg 1984.

Dewe, B. & A. Scherr: Deutungsmuster als Schlüsselkategorie einer kultursoziologisch reflektierten Handlungstheorie? Landau 1987.

Dreitzel, H. P.: Selbstbild und Gesellschaftsbild. Wissenssoziologische Überlegungen zum Image-Begriff. In: Arch. europ. sociol. III, 1962.

–: Wissenssoziologie. In: H.-H. Grotthoff & M. Stallmann (Hg.): Neues Pädagogisches Lexikon. Stuttgart, Berlin 1971.

Elkana, Y.: Science as a Cultural System. Three Lectures. The Hebrew University of Jerusalem 1975.

Fischer, W. & W. Marhold (Hg.): Religionssoziologie als Wissenssoziologie. Stuttgart 1978.

Gebauer, G.: Der Einzelne und sein gesellschaftliches Wissen. Berlin, New York 1984.

Geiger, Th.: Aufgaben und Stellung der Intelligenz in der Gesellschaft. Stuttgart 1949.

–: Ideologie und Wahrheit. Stuttgart 1953.

Girtler, R.: Ethnosoziologische «Paradigmata» und ihre «wissenschaftssoziologische Dynamik», gezeigt am Beispiel der politischen Struktur australischer Wildbeutergruppen. Kölner Zeitschrift für Soziologie und Sozialpsychologie, 4, 1974.

Gurwitsch, A.: Die mitmenschliche Begegnung in der Milieuwelt. Berlin, New York 1977.

Habermas, J.: Zur Logik der Sozialwissenschaften. Philosophische Rundschau, Beiheft 5, 1967.

Hack, L.: Vor Vollendung der Tatsachen. Die Rolle von Wissenschaft und Technologie in der dritten Phase der industriellen Revolution. Frankfurt/M. 1988.

Hack, L. et al.: Klassenlage und Interessenorientierung – Zum Konstitutionsprozeß der Bewußtseinsstrukturen und Verhaltensmuster junger Industriearbeiter. Zeitschrift für Soziologie, 1, 1972.

Holzner, B.: Reality Construction in Society. Cambridge 1968.

Horkheimer, M.: Zur Kritik der instrumentellen Vernunft. Frankfurt/M. 1967.

Husserl, E.: Die Krisis der europäischen Wissenschaften und die transzendentale Phänomenologie. Hamburg 1977.

Knorr, K.: Zur Produktion und Reproduktion von Wissen: Ein deskriptiver oder ein konstruktiver Vorgang? – Überlegungen zu einem Modell wissenschaftlicher Ergebniserzeugung. In: W. Bonß & H. Hartmann (Hg.): Entzauberte Wissenschaft. Soziale Welt, Sonderband 3, 1985.

Kreissl, R.: Text und Kontext. Die soziale Konstruktion wissenschaftlicher Texte. München 1985.

Krüger, M.: ‹Alltagsbewußtsein› und ‹Technokratie›. In: M. Krüger: Wissenssoziologie. Stuttgart, Berlin, Mainz, Köln 1981.

Lenk, K. (Hg.): Ideologie, Ideologiekritik und Wissenssoziologie. Darmstadt [7]1976.

Luckmann, T.: Einige Überlegungen zum Verhältnis von Alltagswissen und Wissenschaft. Pädagogische Rundschau 35, 1981.

–: Common Sense, Science and the Specialization of Knowledge. Phenomenology and Pedagogy, Vol. 1, 1983.

–: Grundformen der gesellschaftlichen Vermittlung des Wissens: Kommunikative Gattungen. In: F. Neidhardt (Hg.): Kultur und Gesellschaft. Kölner Zeitschrift für Soziologie und Sozialpsychologie, Sonderband 28, 1986.

Mannheim, K.: Das Problem einer Soziologie des Wissens. In: Archiv für Sozialwissenschaften und Sozialpolitik, Bd. 53, 1924.

–: ‹Wissenssoziologie›. In: A. Vierkandt (Hg.): Handwörterbuch der Soziologie. Stuttgart 1931.

–: Wissenssoziologie. Auswahl aus dem Werk. Eingel. und hg. von K. H. Wolff. Neuwied, Berlin [2]1964.

Matthiesen, U.: Standbein – Spielbein: Deutungsmusteranalysen im Spannungsfeld von objektiver Hermeneutik und Sozialphänomenologie. Typoskript. Dortmund 1986.

Merton, R. K.: Science and Technology in a Democratic Order. Glencoe/Ill. 1957.

Monk, R. C.: Structures of Knowing. London 1987.

O'Neill, J.: Vom Wechselbezug zwischen alltäglicher und wissenschaftlicher Erklärung. Ein Essay über das Vertrauen. In: B. Waldenfels, J. M. Broekmann & A. Pazanin (Hg.): Phänomenologie und Marxismus. Bd. 3. Sozialphilosophie. Frankfurt/M. 1978.

Parker, J. H.: Social Logics. London 1985.

Rudolph, R.: Zur Soziologie des Alltags. Eine Einführung in die sozialwissenschaftliche Forschung über das Alltagswissen. Politische Bildung, 9, 1976.

Scheler, M.: Die positivistische Geschichtsphilosophie und die Aufgaben einer Soziologie der Erkenntnis. Kölner Vierteljahreshefte für Sozialwissenschaft, 1, 1921.

–: Versuche zu einer Soziologie des Wissens. Baden-Baden 1962 (1. Aufl. München, Leipzig 1924).

–: Die Wissensformen und die Gesellschaft. Bern 1980.

Schütz, A.: Gesammelte Aufsätze I u. II. Den Haag 1971.

Schütz, A. & T. Luckmann: Strukturen der Lebenswelt. Bd. 2. Frankfurt/M. 1984.

Spinner, H. F.: Gegen Ohne Für Vernunft, Wissenschaft, Demokratie etc. Ein

Versuch, Feyerabends Philosophie aus dem Geist der modernen Kunst zu verstehen. In: H. E. Duerr (Hg.): Versuchungen. Aufsätze zur Philosophie Paul Feyerabends. Frankfurt/M. 1980.

Sprondel, W. M.: Experte und Laie: Zur Entwicklung von Typenbegriffen in der Wissenssoziologie. In: W. M. Sprondel & R. Grathoff (Hg.): Alfred Schütz und die Idee des Alltags in den Sozialwissenschaften. Stuttgart 1979.

–: Wissenssoziologie und Wissenschaftstransfer. In: K. Rebel (Hg.): Wissenschaftstransfer. Der Beitrag der Wissenssoziologie. Weinheim, Basel 1989.

Stehr, N.: Wissenschaftliches Wissen und soziales Handeln. In: K. H. Rebel (Hg.): Wissenschaftstransfer. Der Beitrag der Wissenssoziologie. Weinheim, Basel 1989.

Stehr, N. & R. König: Wissenschaftssoziologie. Studien und Materialien. Kölner Zeitschrift für Soziologie und Sozialpsychologie, Sonderheft 18, 1975.

Stehr, N. & V. Meja: Wissen und Gesellschaft. Einleitung. In: Stehr, N. & V. Meja (Hg.): Wissenssoziologie. Kölner Zeitschrift für Soziologie und Sozialpsychologie, Sonderheft 22, 1981.

–: Zur gegenwärtigen Lage wissenssoziologischer Konzeptionen. In: Dies. (Hg.): Der Streit um die Wissenssoziologie. Bd. 2: Rezeption und Kritik der Wissenssoziologie. Frankfurt/M. 1982.

Stern, G.: Über die sogenannte ‹Seinsverbundenheit› des Bewußtseins. In: H. G. Lieber (Hg.): Ideologienlehre und Wissenssoziologie. Darmstadt 1974.

Weingart, P.: Verwissenschaftlichung der Gesellschaft – Politisierung der Wissenschaft. Zeitschrift für Soziologie, 12, 1983.

Bernhard Giesen

3.7 Soziales System und sozialer Wandel – zum Begriff der Systemtheorie

Die Entdeckung der sozialen Sphäre als einer Ebene der Wirklichkeit, die von dem Bereich des Natürlichen getrennt werden muß, läßt sich in drei Schritten beschreiben:

1. die Trennung zwischen dem Bereich der ‹natürlichen› äußeren Welt einerseits und dem Bereich des Handelns, der Autonomie, der Moral und der Geschichte andererseits oder – anders formuliert: die Geburt der Handlungstheorie;

2. die Trennung zwischen dem Problem des Handelns und dem Problem der sozialen Ordnung oder – anders formuliert: die Unterscheidung zwischen Handlungstheorie und Gesellschaftstheorie;

3. die Trennung zwischen dem Problem sozialer Ordnung und dem Problem sozialen Wandels oder – wiederum anders formuliert: der Wechsel von der Gesellschaftstheorie zur Evolutionstheorie.

3.7.1 Sozialer Wandel und Evolution

Mit der klassischen Gesellschaftstheorie des 19. Jahrhunderts setzte sich nicht nur die Trennung zwischen der Ebene objektiver gesellschaftlicher Sachverhalte und der Ebene individuellen Handelns durch, sondern auch das Thema des geschichtlichen Fortschritts und später des sozialen Wandels gewann an Kontur. Spätestens mit der Philosophie der Aufklärung mußte der Wandel des gesellschaftlichen Bereichs nicht mehr als ein Verlust von Ordnung gesehen werden, der nur am Rande der Gesellschaft oder auf den niedrigen Stufen der gesellschaftlichen Ordnung unvermeidbar war, sondern konnte als ein universaler Vorgang des Fortschreitens von unaufgeklärten zu aufgeklärten Stadien der Entwicklung begriffen werden. Die gesellschaftliche Ordnung wie das Individuum erschienen als plastisch und lernfähig und strebten – angeleitet durch Wissenschaft und Aufklärung – zu immer größerer Vollkommenheit (vgl. Condorcet 1963).

Die Idee des geschichtlichen und gesellschaftlichen Fortschritts ging dabei noch Hand in Hand mit der Vorstellung der Beherrschung der Natur: Gerade und erst durch technische und ökonomische Nutzung der Kräfte der Natur sollte sich das Fortschreiten von niedrigen zu höheren Formen des gesellschaftlichen Zusammenlebens einstellen. Dabei zeigt sich, daß das Thema des geschichtlichen Wandels und der Evolution in der klassischen Gesellschaftstheorie allmählich die Oberhand über das Thema der sozialen Ordnung gewinnt (vgl. Giesen 1988). Die Gesellschaftstheorien des 19. Jahrhunderts waren vor allem Evolutionstheorien, die niedrigere von höheren Entwicklungsstadien unterschieden und Prinzipien der gesellschaftlichen Ordnung durch eine bestimmte Plazierung in einer Entwicklungsabfolge kennzeichneten. Das Spätere galt dabei auch als das Überlegene und Höherentwickelte, und die Aussicht auf künftige Prinzipien der gesellschaftlichen Ordnung war gleichzeitig mit der Aufforderung verbunden, diese künftige Ordnung so schnell wie möglich zu verwirklichen. Wandel erschien als normal, notwendig und zielgerichtet, während das Beharren auf der bestehenden Ordnung leicht als Blockierung des geschichtlichen Fortschritts angeklagt werden konnte. Begriffe wie ‹avantgardistisch› und ‹rückständig›, ‹unterentwickelt›, ‹konservativ› und ‹progressiv› erhalten ihre moderne Bedeutung erst vor dem Hintergrund eines Wandlungsmodells, das eine stufenweise und gerichtete, notwendige und unumkehrbare Höherentwicklung der Gesellschaft annimmt. Ordnung ist schließlich nur mehr als ein Durchgangsstadium in einem umfassenden Prozeß des Wandels denkbar (vgl. ebd.). Allgemein verbreitet ist dabei die Unterscheidung von drei gesellschaftlichen Entwicklungsstadien:
1. die ‹geschichtslose› Stufe der Wildheit, Barbarei, der ‹Horden›-gesellschaft oder der ursprünglichen (primitiven) Vergesellschaftung;
2. die Stufe der geschichtlichen Gesellschaften des ‹Ancien régime›, die durch Not, Unwissenheit, Stagnation und herrschaftliche Unterdrückung gekennzeichnet sind;
3. die Stufe der modernen dynamischen Gesellschaft des Fortschritts, der Wissenschaft und der Demokratie.

In der Regel sieht die klassische Gesellschaftstheorie die Gegenwart jeweils als eine Phase des Aufbruchs und des revolutionären Übergangs zum dritten Stadium, d. h. zur modernen Gesellschaft. Als Motor dieses Übergangs gilt nicht nur der wissenschaftliche Fortschritt, sondern auch die wachsende technische Beherrschung der Natur und das demographische Wachstum. Er zeigt sich in einer Veränderung der fundamentalen Prinzipien der gesellschaftlichen Ordnung: An die Stelle der hierarchischen Gliederung nach Ständen tritt die arbeitsteilige funktionale Differenzierung nach Berufen, die Integration durch den Zwang des Herrschers wird überlagert durch die Integration durch den Markttausch, Lohnarbeit ersetzt Zwangsarbeit, das Privileg einzelner Gruppen weicht dem universellen Recht der Allgemeinheit.

Ein allgemeiner Entwicklungstrend zu größerer Komplexität gesellschaftlicher Strukturen war um die Mitte des 19. Jahrhunderts von Herbert Spencer formuliert worden: «Evolution ist ein Wandel von einem Zustand relativ unbestimmter, unzusammenhängender Homogenität zu einem Zustand relativ bestimmter, zusammenhängender Heterogenität» (Spencer 1958, 367). Diese Vorstellung eines unaufhaltsamen Wachstums von Komplexität und Integration gesellschaftlicher Systeme steht neben der am Darwinismus entlehnten Idee der Auslese des am besten Angepaßten. Die Idee der Auslese durch die Konkurrenz ums Überleben benennt dabei den Mechanismus der Evolution, während das Modell des Komplexitäts- und Differenzierungswachstums den evolutionären Ablauf beschreibt. Obwohl in Spencers Evolutionismus noch eng miteinander verbunden, haben beide Ideen eine unterschiedliche Aufnahme durch die Gesellschaftstheorie des 20. Jahrhunderts gefunden. Während die darwinistische Idee des Überlebens des am besten Angepaßten auf starken Widerstand traf, hat die Idee des Differenzierungs- und Komplexitätswachstums eine kaum unterbrochene Tradition gefunden, die bis zur modernen funktionalistischen Gesellschaftstheorie reicht (vgl. Smith 1973).

3.7.2 Systemtheorie

Struktur und Funktion

Obwohl sich der Begriff der Funktion schon in der klassischen Gesellschaftstheorie findet, kann man von einem sozialwissenschaftlichen Funktionalismus erst seit den 40er Jahren dieses Jahrhunderts sprechen. Zunächst mit der anthropologischen Analyse außereuropäischer Gesellschaften verbunden, entwickelte sich der Funktionalismus rasch zum beherrschenden gesellschaftstheoretischen Paradigma der 50er Jahre (Davis & Moore 1945; Parsons 1966; Levy 1966; Merton 1964; Smelser 1959 u. 1962), das in den Jahren nach 1960 heftig kritisiert wurde und den Rückzug antrat, später jedoch erneute Vitalität zeigte (Luhmann 1968; Münch 1982; Alexander et al. 1987).

Ausgangspunkt der funktionalistischen Systemtheorie ist die Annahme eines relativ stabilen und relativ konsistenten Zusammenhangs objektiver sozialer Sachverhalte; einen solchen strukturellen Zusammenhang kann man zwischen den sozialen Positionen innerhalb einer Organisation, zwischen den Gruppen in einer Sozialstruktur, aber auch zwischen den Normen, Werten und Institutionen einer Gesellschaft beobachten. Veränderungen eines Elements dieser Struktur (z. B. einer organisatorischen Position) haben Auswirkungen auf die anderen Elemente und umgekehrt.

Ausgehend von einem bestimmten Bezugspunkt kann man nun nach den Voraussetzungen für den Bestand dieses funktionalen Bezugspunkts fragen (z. B. welche Bedingungen müssen erfüllt sein, um die Fortdauer und den Bestand geldgesteuerter Märkte zu sichern?). Die funktionalistische Fragestellung richtet sich also zunächst von bestehenden Strukturen auf die funktionalen Vorbedingungen für ihren Bestand (vgl. Luhmann 1970, 33). Dabei geraten Felder von *funktional äquivalenten* oder alternativen Sachverhalten ins Blickfeld, die alle den Bestand der fraglichen Struktur sichern können (vgl. Merton 1964, 32f; Luhmann 1970, 14f). Weiterhin werden soziale Sachverhalte relevant, die *dysfunktional* in bezug auf diese Struktur sind, d. h. den Bestand und die Fortdauer der Struktur gefährden oder verhindern.

Funktionale Beziehungen in Hinblick auf den Bestand einer Struktur dürfen nicht mit den intentionalen Zielvorstellungen der handelnden Personen verwechselt werden. Zwar ist keineswegs ausgeschlossen, daß funktionale Bezüge (z. B. Fortdauer einer Organisation) auch als bewußte Ziele die Handlungen von Mitgliedern eines sozialen Systems lenken; aber diese Manifestation des Funktionsbezugs im Bewußtsein ist nicht notwendig, damit Handlungen funktional für diesen Bezug sind: Viele Funktionsbeziehungen bleiben *latent*, d. h., sie werden von den betroffenen Akteuren nicht wahrgenommen (vgl. Merton 1964, 60ff). Ähnlich wie der Stoffwechsel funktional für die Struktur eines Organismus ist (oder sein soll), ohne daß er die Funktion absichtsvoll und bewußt erfüllt, können auch soziale Handlungen funktional (oder dysfunktional) für den Bestand einer Struktur sein, obwohl die Akteure mit diesen Handlungen ganz andere Ziele verfolgten.

Wenn auch grundsätzlich alle Strukturen zum Bezugspunkt funktionaler Analysen gemacht werden können, so sind doch insbesondere jene Strukturen von Interesse, die als Kernbestand von Gesellschaften, Organisationen oder Gruppen gelten. Der soziologische Funktionalismus suchte diese ‹Kernstrukturen› insbesondere auf der Ebene der normativen Ordnung (vgl. Parsons 1951). Gesellschaften wie auch andere soziale Systeme werden durch die Geltung einer normativen Ordnung definiert, die damit auch den zentralen Bezugspunkt der funktionalen Analyse stellte. Im Hinblick auf den Bestand der normativen Struktur fällt dann die Unterscheidung von funktionalen und dysfunktionalen Handlungen zumeist zusammen mit der Differenz von Konformität und Devianz. Konflikte, die die normative Struktur bedrohen, erscheinen leicht als dysfunktional, und der Wandel dieser Struktur läßt sich zunächst nur schwer innerhalb des funktionalistischen Theoriemodells erfassen. Kritiker wie Dahrendorf konnten hier ansetzen (vgl. Dahrendorf 1955); andere Einwände richteten sich generell gegen die Frage nach dem Bestand insbesondere von gesellschaftlichen Strukturen (vgl. Carlsson 1966). Da Gesellschaften die eindeutige Abgrenzung und das klare Kriterium des Todes (vgl. Habermas 1971, 151; Luhmann 1970, 18f) fehlen, sei das Bestandskriterium kaum von analytischem oder empirischem Wert.

System und Anpassung

Das allgemeine Modell der Funktionalen Analyse erfaßte zunächst nur die Beziehung zwischen Strukturen einerseits, den Sachverhalten oder Prozessen andererseits, die im Hinblick auf diese Bezugsstruktur als funktional (oder dysfunktional) aufgefaßt wurden. In einem nächsten Schritt wird das allgemeine funktionsanalytische Schema in entscheidender Weise erweitert und umgedeutet. Es geht nicht mehr nur um eine Analysemethode (ähnlich der Kausalanalyse), sondern um die Vorstellung empirischer Systeme, die sich von ihrer Umwelt abgrenzen und an diese Umwelt angepaßt sein müssen. Soziale Systeme wie Organisationen oder Gesellschaften können als solche empirische Systeme aufgefaßt werden, die sich durch Mitgliedschaftsregeln, solidargemeinschaftliche Beziehungen oder gemeinsame kulturelle Überzeugungen von ihrer Umwelt (zu der ja auch andere soziale Systeme zählen) abgrenzen. Erst durch diese Grenzziehung kann ein System als strukturelle Einheit wahrgenommen und von den Umweltbedingungen unterschieden werden. Solche Grenzen sind für offene Systeme, zu denen alle realen empirischen Systeme zählen, jedoch nicht unüberschreitbar. Systeme können wachsen (z. B. Organisationen können neue Mitglieder hinzugewinnen) oder durch grenzüberschreitende Umweltereignisse in ihrem Bestand bedroht werden. Um dieses Risiko gering zu halten, müssen Systeme an ihre jeweilige Umwelt möglichst gut angepaßt sein. Die Umwelt erscheint aus der Sicht des Systems als ein instabiler Bereich, in dem sich Zustände und Bedingungen auf letztlich nicht vorhersehbare Weise ändern oder zumindest ändern können: Die Umwelt eines offenen Systems ist vielfältiger, d. h. *komplexer* als die Struktur des Systems selbst. Diese Anpassungsbeziehung eines Systems an eine komplexe Umwelt läßt sich mit Hilfe des Strategiebegriffs verdeutlichen. Systeme sind danach durch bestimmte Ziele oder funktionale Bezüge einerseits, eine endliche Anzahl von Strategien oder operativen Möglichkeiten andererseits gekennzeichnet. Mit diesen Strategien kann auf Zustandsänderungen in der Umwelt so reagiert werden, daß die Ziele (d. h. die funktionalen Bezüge) des Systems eingehalten und verwirklicht werden können. Die Zielerreichung – oder mit dem älteren Begriff der funktionalen Analyse: die Bestandserhaltung des Systems – ist also Ergebnis des Aufeinandertreffens von Systemstrategien und Umweltzuständen. Treten nun mehr unvorhersehbare und voneinander unabhängige Umweltzustände auf, als das Repertoire des Systems an frei wählbaren Strategien umfaßt, so bleibt die ‹Herausforderung› durch einen Umweltzustand ohne angemessene Strategieantwort, und das Ziel des Systems ist bedroht.

Um sicher an die Umwelt angepaßt zu sein, müßte das System mindestens ebenso viele Strategien (eine ebenso hohe *Komplexität*) im ‹Repertoire› haben, wie die Umwelt verschiedene Zustände aufweisen kann. Da die Vielfalt (Komplexität) der Umweltzustände tendenziell unendlich ist, ergibt sich für offene Systeme ein Druck zur Steigerung der eigenen Strategievielfalt, d. h. zur strukturellen Komplexität: Bestandserhaltung angesichts einer überkomplexen Umwelt bedeutet folglich Steigerung der Systemkomplexität (vgl. Luhmann 1971, 22). Dieses allgemeine «Gesetz der minimal (für die Bestandserhaltung, B.G.) erforderlichen Komplexität» (Ashby, 1956, 202 ff) bezieht sich jedoch nur auf eine allgemeine Tendenz aller Systeme zur Steigerung struktureller Komplexität; es folgt daraus

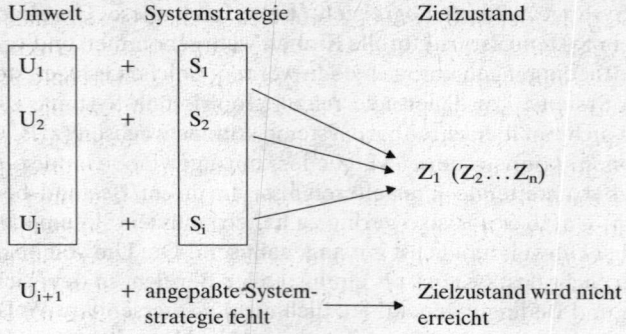

noch nicht, daß ein hochkomplexes System an *alle* Umweltzustände angepaßt und «ultrastabil» ist. Ob eine erfolgreiche Anpassung vorliegt, hängt jeweils von dem konkreten Verhältnis zwischen Umweltzustand und der Systemstrategie ab.

Die allgemeine Anpassungsfähigkeit eines Systems läßt sich nicht nur durch die Vielfalt der verfügbaren Systemstrategien, sondern auch durch die Vielfalt der möglichen Ziele des Systems steigern. Erweist sich ein bestimmtes Ziel mit Hilfe der vorhandenen Systemstrategie in einer bestimmten Umweltsituation als unerreichbar, so kann das System zu dem nächsten Ziel übergehen usw. Zielkomplexität tritt hier an die Stelle von struktureller Komplexität. Gesellschaften sind u. a. deshalb so dauerhaft, weil sie nicht auf ein einziges Ziel und einen einzigen funktionalen Bezug festgelegt sind, sondern die Variation und den Wandel von Zielen zulassen.

Subsysteme und funktionale Differenzierung

Eine weitere Möglichkeit zur Verbesserung der Anpassungsfähigkeit von Systemen besteht darin, bestimmte Teilbereiche des Systems auf die Bewältigung bestimmter Umweltzustände oder Probleme hin zu spezialisieren und sie von anderen Anpassungsaufgaben zu entlasten. Diese spezialisierten Teilbereiche erhalten dann unterschiedliche Funktionen für das Gesamtsystem; sie werden zu Subsystemen, die sich von anderen Subsystemen durch eine gewisse Selbständigkeit abgrenzen können. Das geläufigste Beispiel einer solchen Spezialisierung oder funktionalen Differenzierung ist die kooperative Teilung von Arbeitsaufgaben zwischen Personen; doch auch zwischen Normen, Regeln oder institutionellen Bereichen einer Gesellschaft kann es funktionale Differenzierung geben, die sich auf struktureller Ebene als Subsystembildung zeigt. Die Bereiche Wirtschaft, Politik und Kultur z. B. werden in modernen Gesellschaften weniger durch die Grenzen zwischen Personengruppen oder Berufen – also durch Arbeitsteilung im ursprünglichen Sinne – voneinander unterschieden, sondern durch unterschiedliche funktionale Bezüge und unterschiedliche normative Orientierungen für Handlungen: Handlungsbereiche, in denen vor allem anderen aufgrund von Kosten-/Nutzenverhältnissen entschieden wird, bilden dann ein Subsystem (die Wirtschaft) und die Orientierung an Macht und der bindenden Festsetzung kollektiver Ziele (die Politik) ein anderes.

Funktional differenzierte Subsysteme sind wechselseitig füreinander Umwelt; Veränderungen innerhalb eines Subsystems bilden daher Umweltherausforderungen für die übrigen Subsysteme. In der Regel wird dieses Verhältnis zwischen den Subsystemen als Leistungstransfer oder als Input-/Outputverhältnis dargestellt. Das Subsystem Wirtschaft z. B. produziert als Output in Geld bemessene Leistungen, von denen ein Teil – als Steuern – den Input des politischen Subsystems bildet, das wiederum als Output wirtschaftspolitische Entscheidungen und Gesetze produziert, die schließlich zum Input des ökonomischen Subsystems zählen etc.

Solange das Verhältnis zwischen Input und Output eines Systems konstant bleibt, spricht man davon, daß das System im ‹Gleichgewicht› sei. Verringert oder verschlechtert sich der Input eines Subsystems, so wird auch sein Output sinken; wächst der Input hingegen, so wird ein gleichgewichtig operierendes System auch einen steigenden Output produzieren. Dies gilt freilich nur innerhalb bestimmter Bandbreiten, die durch die interne operative Struktur des Subsystems begrenzt sind: Dramatisches Ansteigen der Steuergelder z. B. führt keineswegs zu einem entsprechenden Wachstum des Umfangs und der Qualität von politischen Entscheidungen. Subsysteme werden hier als ‹Maschinen› gesehen, die durch interne Operationen bestimmte Inputs in Outputs transformieren.

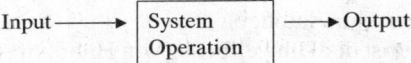

Input ⟶ System Operation ⟶ Output

Die Stelle der Umwelt wird in diesem Modell von den Inputs, die Stelle der funktionalen Bezüge oder Ziele wird von den Outputs eingenommen.

Funktionale Differenzierung ist zwar der wichtigste Strukturtyp moderner Gesellschaften, aber keineswegs das einzige Prinzip zur Bildung von Subsystemen. Wenn innerhalb eines übergeordneten Systems mehrere gleichartige, jedoch voneinander relativ unabhängige Subsysteme gebildet werden, so liegt eine segmentäre Differenzierung vor. Die segmentäre Differenzierungsform bietet den Vorteil, daß durch die wechselseitige Entkoppelung die Probleme und Krisen eines Subsystems nicht gleich auf die übrigen Subsysteme übergreifen. Betrachtet man Familien als solche segmentär differenzierten Subsysteme, so wird dies deutlich: Der Ausfall einer Familie hat keine schwerwiegenden Folgen für den Fortbestand der übrigen Familien, während die enge Koppelung zwischen funktional differenzierten Subsystemen krisenhafte Defizite schnell von einem auf andere Subsysteme überträgt.

Analytische Systemtheorie: das AGIL-Schema

Obwohl funktionale Differenzierung (ähnlich wie Arbeitsteilung) zunächst den empirischen Tatbestand der Bildung von Subsystemen meint, kann das Konzept der funktionalen Differenzierung auch als theoretische Suchstrategie nach möglichen empirischen Differenzierungen aufgefaßt werden. Begriffe wie funktionale Differenzierung bilden dann die theoretische Voraussetzung, die erst die Beobachtung empirischer Systeme ermöglicht. Da empirische Beobachtung immer nur aus der Perspektive einer Theorie (und niemals voraussetzungslos) bestimmte Aspekte der Wirklichkeit wahrnehmen kann, kommt dem theoretisch-begrifflichen Rahmen der soziologischen Erkenntnis besondere Bedeutung zu. Ausgehend von einem solchen ‹analytischen› Begriff der funktionalen Differenzierung hat Talcott Parsons vier Grundfunktionen von Handlungssystemen unterschieden: Anpassung, Zielerreichung, Integration und Strukturerhaltung. Zusammen bilden sie das sogenannte AGIL-Schema (engl. adaptation, goal attainment, integration, latency).

Mit *Anpassung* ist der Umweltbezug von Handlungssystemen angesprochen. Für die interne Operation des Systems zeigt dieser Bezug sich als universelle Tatsache der Knappheit von Ressourcen und Handlungsmitteln für die Zielerreichung des Systems. Die Anpassungsfunktion orientiert sich an der Notwendigkeit, bestimmte Mittel und Ressourcen für die jeweiligen Handlungszwecke zu beschaffen. Sie wird innerhalb des gesellschaftlichen Systems von der Wirtschaft übernommen. Ökonomische Institutionen und Normen regeln Handeln folglich unter vorrangiger Berücksichtigung von Mittelknappheiten. Welche Ziele das System verfolgt, bleibt aus der Perspektive der Anpassungsfunktion noch unbestimmt. Die Festlegung der Systemziele ist der Inhalt einer weiteren Grundfunktion von Handlungssystemen: der *Zielerreichung* (engl. goal-attainment). Insbesondere in sozialen Systemen bedarf es Verfahren der Einigung, um kollektive Ziele verbindlich zu ermitteln, um bei mehreren Zielen eine Rangfolge festzulegen und um knappe Mittel den Zielen zuzuordnen. Diese Zielerreichungsfunktion wird in Gesellschaftssystemen vom politischen Subsystem wahrgenommen. Durch Ausdifferenzierung des politischen Subsystems lassen sich so die auseinanderstrebenden Interessen der einzelnen überwinden und spezifische Ziele für das Gesamtsystem festsetzen.

Den Funktionen der Anpassung und Zielerreichung fügt Parsons zwei weitere Funktionen hinzu, deren Erfüllung erst die Erzeugung einheitlicher und stabiler kollektiver Ziele ermöglicht: Grundlage einer dauerhaften Einigung zwischen den Mitgliedern eines sozialen Systems ist ein wechselseitiges Vertrauen und das Gefühl der Gemeinschaftlichkeit und Solidarität. Auf die Herstellung dieser gemeinschaftlichen Grundlage und wechselseitigen Attraktion der Handelnden bezieht sich die *Integrations*funktion. Sie wird in Gesellschaften durch die Bildung von sozialen Gemeinschaften mit gemeinsamen normativen Orientierungen erfüllt.

Um die Gemeinsamkeit normativer Orientierungen nicht dem Zufall oder dem Belieben der einzelnen zu überlassen, müssen diese jedoch in allgemeinen Wertüberzeugungen verankert werden. Rechtsnormen werden dann nicht bloß deshalb beachtet, weil ein Verstoß bestraft wird, sondern weil sie durch gemeinsame Werte begründet werden können. Diese *Strukturerhaltungs*- oder Begründungsfunktion (engl. latency) wird für Gesellschaften durch kulturelle Institutionen erfüllt; sie stellen die normative Struktur von Gesellschaften auf Dauer und vermitteln ihr einen übergeordneten Bezugspunkt in Gestalt der symbolischen Kultur.

Die durch das AGIL-Schema ausdifferenzierten Subsysteme lassen sich jeweils einer bestimmten Umwelt zuordnen. Für das soziale System sind dies Verhaltensorganismen Umwelt der Ökonomie, die

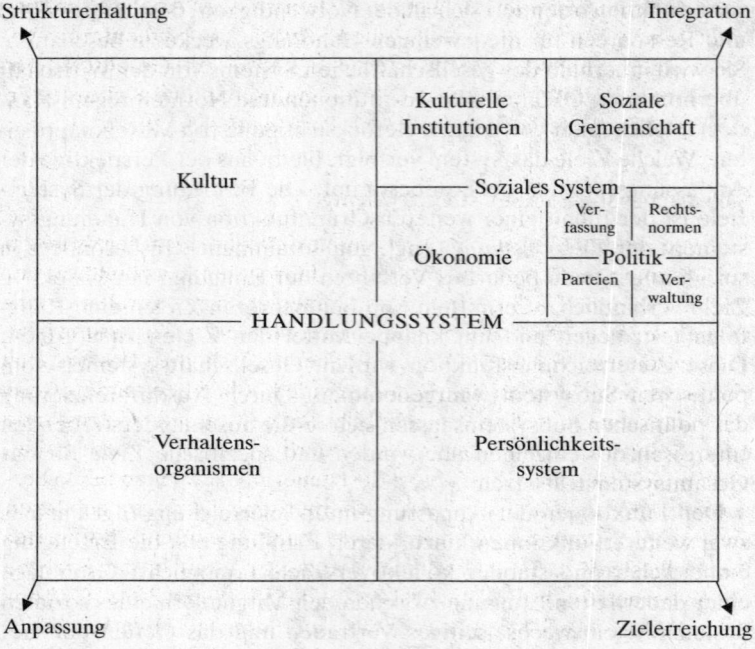

Strukturerhaltung ← ... → Integration

| Kulturelle Institutionen | Soziale Gemeinschaft |

Kultur — Soziales System — Verfassung / Rechtsnormen

Ökonomie — Politik — Parteien / Verwaltung

HANDLUNGSSYSTEM

| Verhaltensorganismen | Persönlichkeitssystem |

Anpassung ↓ ... ↓ Zielerreichung

Persönlichkeitssysteme Umwelt der Politik und die Kultur Umwelt der kulturellen Institutionen. Das integrative Subsystem hat keine eigene Umwelt innerhalb des übergreifenden Handlungssystems.

Die analytischen Gesichtspunkte des AGIL-Schemas ermöglichen nicht nur die Einordnung etwa des politischen Systems als Subsystem des umfassenderen sozialen Systems der Gesellschaft, sondern auch die Einordnung des sozialen Systems als integratives Subsystem eines übergreifenden Handlungssystems, das neben dem sozialen System auch das Persönlichkeitssystem, das System des Verhaltensorganismus und das System der symbolischen Kultur umfaßt. Andererseits können die Subsysteme des sozialen Systems (z. B. das politische Subsystem) wiederum intern differenziert werden, etwa in Verfassung (Strukturerhaltung), Rechtsnormen (Integration), Verwaltung und Regierung (Zielerreichung) und Parteien (Anpassung). Der weiteren Differenzierung von Systemen (nach innen) oder dem weiteren Zusammenbau von Systemen zu übergeordneten Systemen sind durch das AGIL-Schema grundsätzlich keine Grenzen gesetzt. Es bietet nicht nur eine verfeinerte allgemeine Heuristik zur Analyse funktionaler Strukturen, sondern auch einen Schlüssel zu elementaren Abgrenzungen empirischer Subsysteme in modernen Gesellschaften. Ökonomie, Politik, gesellschaftliche Gemeinschaft und Kultur treten hier immer schärfer auseinander (vgl. Parsons 1966 u. 1968).

Selbststeuerung und Selbstbeobachtung

Systeme mit hoher struktureller Komplexität und ausdifferenzierten Subsystemen benötigen spezifische Verfahren zur Koordination der Prozesse in den verschiedenen Subsystemen und zur zentralen Orientierung der Systemoperationen auf die Probleme der Anpassung bzw. Zielerreichung. Vorausgesetzt wird dabei die Fähigkeit des Systems einerseits, seine eigenen inneren Zustände beobachten, andererseits seine internen Operationen im Hinblick auf gewünschte Zielzustände oder ‹Sollwerte› kontrollieren und steuern zu können. Diese Fähigkeit zur Selbstbeobachtung und Selbststeuerung kann man bei kybernetischen Systemen feststellen. Kybernetische Systeme, zu denen auch soziale Systeme zählen, sind in der Lage, bestimmte ‹Sollwerte› auch angesichts turbulenter Umwelten zu erhalten. In der Sprache der Kybernetik nehmen die ‹Sollwerte› die Stelle der Ziele, funktionalen Bezüge oder Gleichgewichtszustände ein. Mit Hilfe von ‹Sensormechanismen› nehmen sie die tatsächlichen Zustandswerte wahr, vergleichen sie dann mit den idealen Sollwerten oder Zielzuständen und setzen entsprechende Korrekturprozesse in Gang, um die Sollwerte zu erreichen.

Auch diese Fähigkeit zur Selbstbeobachtung und Selbststeuerung kann natürlich nicht unbegrenzt gewährleisten, daß das System im Gleichgewicht bleibt bzw. seine Ziele erreicht. Die Abweichung von den Sollwerten kann größer sein, als durch den Korrekturmechanismus noch bewältigt werden kann, oder die Abweichungen wachsen und verändern sich schneller, als durch relativ langsamere Mechanismen der Wahrnehmung und Korrektur erfaßt und gegengesteuert werden kann. In diesen Fällen sind die Selbstbeobachtung und Selbststeuerungsfähigkeiten des Systems überfordert, und das System gerät in ein krisenhaftes Ungleichgewicht.

Analysiert man soziale Zusammenhänge als kybernetische Systeme, so stellt sich die Frage nach den ‹Sollwerten›, an denen sich soziale Kontroll- und Korrekturprozesse orientieren. Eine der wichtigsten Antworten auf diese Frage bietet wiederum die Systemtheorie von Talcott Parsons. Auf der Grundlage des AGIL-Schemas unterscheidet Parsons innerhalb einer Hierarchie der Kontrolle vier Ebenen für die Analyse des sozialen Handelns. Die oberste Ebene wird durch Werte gebildet, die von den Handelnden nicht durch Zwang oder die Erwartung persönlichen Vorteils, sondern aufgrund von Überzeugung und Einsicht ‹internalisiert› werden. Diese Werte kontrollieren und begründen (oder kritisieren) Normen und Regeln, die mit positiven oder negativen Sanktionen verbunden sind und deshalb durchaus aus Gründen persönlichen Vorteils beachtet werden. Die Ebene der Normen und Regeln wiederum kontrolliert die positionsspezifische Ausformung von Rollenerwartungen für konkretes Handeln, und diese Rollenerwartungen schließlich bestimmen die Ebene der Mittel und Ressourcen, die in einer Situation zugänglich und für soziales Handeln vonnöten sind. Kybernetische Kontrollbeziehungen finden sich auch zwischen den verschiedenen Subsystemen des Handlungssystems. Das System der symbolischen Kultur kontrolliert hier durch Begründung und Legitimation das soziale System der Normen, Rollen, Institutionen und Gemeinschaften, dieses wiederum kontrolliert durch Sozialisation und Sanktion die Persönlichkeitssysteme der Mitglieder, und die Persönlichkeitssysteme schließlich steuern über individuelle Zielsetzungen und Interessen die Verhaltensorganismen. Diese von oben nach unten gerichtete Kontrolle erscheint bei Parsons als ein Fluß der Information, dem ein umgekehrter Fluß der Energie von unten nach oben entspricht: Aus dem Verhaltensorganismus bezieht das Persönlichkeitssystem den Antrieb zum Handeln, aus dem Persönlichkeitssystem stammt die Motivationsenergie zur Teilnahme an sozialen Prozessen, und aus der Dynamik sozialer Systeme entsteht der Druck zum Wandel der symbolischen Kultur. Kontroll- und Informationsprozesse, die auf die Einhaltung von Sollwerten und die Strukturerhaltung zielen, und energetische Prozesse, die der Anpassung an die Umwelt und der Ressourcenbeschaffung dienen, wirken in kybernetischen Sozialsystemen notwendig zusammen. Mangel an Kontrollfähigkeiten führt dabei das System ebenso in die Krise wie Ressourcen- oder Energiemangel: Kulturelle Desorientierung und Sinnkrise (Anomie) einerseits und apathische Teilnahmslosigkeit und Motivationskrise andererseits sind die entsprechenden Krisenzeichen für soziale Systeme.

Symbolische Interaktionsmedien

Prozesse der Selbstbeobachtung und Selbststeuerung von Systemen werden bedeutend erleichtert und beschleunigt, wenn die Operationen des Systems anhand eines allgemeinen Standards oder Codes in Hinblick auf ihren Beitrag zu den Zielen oder funktionalen Bezügen bestimmt oder bemessen werden können. Im Unterschied zur Alltagssprache, die ja auch eine Codierung von Ereignissen in der Welt ermöglicht, müssen solche Codes jedoch funktionsspezifisch sein: Sie ermitteln nur einen einzigen Aspekt von Systemoperationen, nämlich deren unterschiedlichen Beitrag zu einem speziellen Funktionsbezug. Durch diese funktionsspezifische Abstraktion werden schnelle und präzise Vergleiche von operativen Leistungen möglich: Die Selbstbeobachtungsfähigkeit und in der weiteren Folge auch die Selbststeuerungskapazität werden gesteigert.

Im Bereich sozialer Systeme werden solche funktionsspezifischen Codes «allgemeine Interaktionsmedien» genannt (vgl. Parsons 1980; Luhmann 1975, 170 ff). Das geläufigste Interaktionsmedium ist das Geld. In Geld werden die allgemeinen Tauschchancen von Gütern und Leistungen innerhalb eines ökonomischen Systems bemessen. Es ermöglicht den präzisen und schnellen Vergleich mehrerer Tauschangebote, erlaubt die schnelle Abwicklung von Tauschgeschäften und beschleunigt das Zustandekommen von Tauschgeschäften, selbst wenn ein Tauschpartner nichts für den anderen konkret Nützliches anbieten kann. Geld vermittelt Tauschinteraktionen auch jenseits der Reichweite konkreten Nutzen- und Gebrauchswerts und bildet die Grundlage für das Operieren des ökonomischen Funktionssystems. Es kann sogar ‹reflexiv› auf sich selbst angewendet werden (vgl. Luhmann 1970, 92 ff): Im Zinsgeschäft werden Geldsummen mit Hilfe von Geld gekauft, um dadurch Tauschmöglichkeiten zu erweitern und zeitlich vorzuverlagern.

Fraglich ist nun, ob sich nicht nur im Bereich des ökonomischen Handelns, sondern auch in anderen funktionsspezifischen Subsystemen solche allgemeinen Interaktionsmedien haben herausbilden können. Systemtheoretiker wie Parsons und Luhmann bejahen diese Frage. Sie sehen z. B. in der Ausdifferenzierung von wissenschaftlichen Systemen, deren Operationen sich am Standard der methodisch ermittelten Wahrheit orientieren, oder in der Ausdifferenzierung des politischen Funktionssystems mit Hilfe eines allgemeinen Codes der Macht eine enge Verbindung zwischen funktionaler Differenzierung von Subsystemen und der Entwicklung funktionsspezifischer Interaktionsmedien (vgl. Parsons 1980). Symbolische Interaktionsmedien stehen hier für allgemeine Interaktionschancen innerhalb eines Funktionssystems und bilden einen zusätzlichen Code, der neben die vielfältigen Bedeutungsmöglichkeiten der Alltagssprache tritt und den Sinn von Handlungen auf eine Dimension (Macht, Wahrheit, Geld, Einfluß, Liebe etc.) reduziert. Keines dieser Interaktionsmedien hat freilich den Entwicklungsstand des Geldes erreicht; teilweise sind sie nicht quantifizierbar, was den Vergleich erschwert; teilweise sind sie nicht von einem Akteur auf den anderen transferierbar, was die Zurechenbarkeit und Knappheit von Handlungschancen verhindert (vgl. Giesen 1987). Dennoch bietet das Konzept der Interaktionsmedien einen vielversprechenden Zugang zur Analyse der Entwicklung von funktionaler Differenzierung.

Selbstreproduktion und Selbstreferenz

Unter dem Einfluß von neodarwinistischen Modellen aus der Biologie einerseits, Theorien der Gehirnpsychologie und des zellulären Wachstums andererseits hat sich auch in der soziologischen Systemtheorie die Frage nach der Produktion und Reproduktion von Systemelementen und Systemstrukturen gestellt. Die Elemente von Systemen werden dabei nicht mehr als selbstverständlich vorhandene Gegebenheiten (etwa handelnde Personen) vorgestellt, sondern als zeitlich befristete (Handlungs-)Ereignisse, die ständig neu produziert werden müssen. Ein ökonomisches System z. B. muß ständig aufs neue Tauschinteraktionen produzieren; gelingt dies nicht, bricht es auf Dauer zusammen.

Diese Produktion von Systemelementen vollzieht sich jedoch nicht völlig ungerichtet und beliebig, sondern gelenkt durch einen Code oder ein Schema der Reproduktion, das die Übertragung von Information von einem Element auf ein anderes gestattet und die Ähnlichkeit der Elemente eines Systems untereinander und die Kontinuität des Systems sicherstellt. Tauschinteraktionen in ökonomischen Systemen beruhen so z. B. auf dem Reproduktionscode des Geldes: Die Zahlung von Geld im Austausch gegen Güter schließt die Möglichkeit des Bezahlten ein, mit dem erhaltenen Geld weitere Tauschgeschäfte abzuschließen usw. Diese Fähigkeit, mit Hilfe von bestehenden Elementen neue Elemente eines Systems zu erzeugen, wird «Autopoiesis» genannt (vgl. Maturana 1982; Varela 1979; Luhmann 1984). Bei

Handlungssystemen entspricht die Fähigkeit zur Autopoiesis der sinnhaften Reproduktion der sozialen Wirklichkeit: Ein Handlungsereignis verweist auf mehrere mögliche Anschlußhandlungen und erhält erst durch den Bezug auf diese seinen Sinn. Auf sinnlose und unverständliche Ereignisse können keine entsprechenden Anschlußhandlungen folgen; die autopoietische Reproduktion des Handlungssystems gerät ins Stocken.

Während Autopoiesis sich auf die Produktion von Systemelementen bezieht, geht es bei Selbstbeobachtung und Selbststeuerung um den Systemprozeß. Wie oben schon erwähnt, verfügen kybernetische Systeme über die Fähigkeit, die eigenen internen Operationen wahrzunehmen und das Ergebnis dieser Selbstbeobachtung wiederum in bestimmte Systemoperationen umzusetzen (vgl. v. Foerster & Zopf 1962). Der Systemprozeß korrigiert sich selbst, oder – anders formuliert – das Ganze des Systemprozesses tritt wieder als ein Teil des Systemprozesses selbst auf. In sozialen Systemen können z. B. Beobachtungen des vergangenen Interaktionsverlaufs als Handlungsereignisse auftreten und so den weiteren Interaktionsprozeß selbst beeinflussen.

Soziale Systeme besitzen jedoch nicht nur die Fähigkeiten zur autopoietischen Reproduktion ihrer Elemente und zur Selbstbeobachtung bzw. Selbststeuerung ihrer Operationen, sondern sie können auch auf sich selbst als Ganzes explizit Bezug nehmen und sich selbst zum Thema machen. Interaktionssysteme können z. B. die Frage nach dem ‹Sinn› von Handlungen stellen und ein ‹Selbstbild› entwickeln, Organisationen können ihre Ziele diskutieren und auch verändern, und Gesellschaftssysteme kömen Diskurse über sich selbst einleiten und auf Dauer stellen: Soziale Systeme sind selbstreferentiell, d. h., sie können sich selbst als Ganzes zum Gegenstand des Systemprozesses machen. Selbstreferentielle Systeme können ihre eigenen Ziele (funktionalen Bezüge, Sollwerte) in Frage stellen und ändern, ohne daß damit der Systemprozeß zusammenbrechen und die Grenzen des Systems aufgelöst würden (vgl. Luhmann 1984, 593ff). Sie sind daher weitaus flexibler und anpassungsfähiger als einfachere Systemtypen.

3.7.3 Theorien sozialen Wandels

Zwar steht seit der klassischen Gesellschaftstheorie des 19. Jahrhunderts das Thema ‹Sozialer Wandel› im Zentrum der soziologischen Theoriebildung, doch geht die Behandlung dieses Themas nicht selten von handlungsorientierten oder systemorientierten Grundlagen aus. Sozialer Wandel wird dann nicht als elementarer Ausgangspunkt der Analyse, sondern als erklärungsbedürftiges Ergebnis sozialen Handelns oder als Nebenerscheinung im Prozeß der Systembildung aufgefaßt.

Wandel als Krise der Ordnung

Die funktionalistische Systemtheorie begreift sozialen Wandel dabei vor allem als Resultat der Versuche eines Systems, sein Gleichgewicht angesichts wechselnder Umwelten zu erhalten oder die internen Inkonsistenzen und Spannungen zwischen verschiedenen Systemteilen zu bewältigen. Ausgehend von der fundamentalen Annahme sozialer Ordnung wird sozialer Wandel hier als Abweichung von der Normalsituation, als ein Übergang zwischen zwei Strukturformen, als außerordentliche und vorübergehende Periode instabiler Ordnung gesehen. Die Quellen des Wandels werden in der Regel außerhalb des sozialen Systems in seiner Umwelt angesiedelt oder als ‹pathologischer› Ordnungsverlust, als ‹Funktionskrise› oder einfach als ‹Probleme› bezeichnet (vgl. Smith 1973; Schmid 1982). Die Auffassung des Wandels als ‹Systemkrise› ist zumeist mit einem hierarchischen Modell der Systemebenen verbunden, das Wandel nur auf den niedrigeren Ebenen im Hinblick auf die Erhaltung der Systemziele, des Kernbestandes oder der obersten Werte erklären kann. Im Hintergrund steht hier die Vorstellung des Systemwandels als notwendiger Anpassungsvorgang an eine komplexe Umwelt: Leistungsfähigere und produktivere Institutionen treten an die Stelle von weniger leistungsfähigen.

Wandel als Steigerung von Ordnung: Modernisierung

In der Parsonschen Systemtheorie bleibt die Analyse sozialen Wandels jedoch nicht auf die Anpassung des Systems an seine Umwelt beschränkt. Sozialer Wandel vollzieht sich auch als Ausbau funktionaler Differenzierung von normativen Strukturen (vgl. Parsons

1964; Levy 1966). Funktionale Differenzierung erscheint hier als Steigerung struktureller Komplexität, die wiederum die Anpassungsfähigkeit des Systems an seine Umwelt erhöht. Gleichzeitig werden interne Ordnungsprobleme, Rollenkonflikte, Spannungen und Inkonsistenzen zwischen Teilbereichen des Systems durch funktionale Differenzierung lösbar.

Mit steigender struktureller Komplexität geht in der Regel ein Wachstum der Zahl der Elemente eines Systems einher. Diese Wachstumsdimension des sozialen Systems bezeichnet Parsons als Inklusion: Die Grenzen der gesellschaftlichen Gemeinschaft weiten sich aus und umfassen nicht mehr nur die lokale Gemeinde, sondern tendenziell eine Weltgesellschaft. Dieses universal ausgeweitete soziale System kann seine normativen Strukturen jedoch nicht mehr durch partikular begrenzte Werte begründen und erhalten, sondern muß den Werthorizont gleichfalls ‹universalisieren›, so daß alle denkbaren Mitglieder der gesellschaftlichen Gemeinschaft diesen Werten ihren Konsens geben können. Universalisierung der Werte, normative Inklusion in die gesellschaftliche Gemeinschaft, Spezifikation und Differenzierung von Rollen und Steigerung der Leistungsfähigkeit und Anpassung des sozialen Systems bilden in der Parsonschen Theorie die zentralen Achsen eines Wandlungsprozesses, der als *Modernisierung* bezeichnet wurde. Die Richtungen dieses Modernisierungsprozesses folgen den Funktionen des AGIL-Schemas. Darin wird deutlich, daß das Parsonsche Modell des Wandels letztlich nur die Steigerung von systemartiger Ordnung erfaßt: Wachstum des Systems, seiner Anpassungsfähigkeit und Produktivität, seiner Differenzierung und strukturellen Komplexität. Modernisierung bedeutet folglich nicht den Wandel der Ordnungsprinzipien selbst, sondern den Ausbau und die Steigerung der modernen Ordnung. Andere Wege als der zur Modernisierung sind hier ebensowenig vorgesehen wie die Möglichkeit von Krisen oder Pathologien, die erst auf diesem Weg der Moderne auftauchen.

Wandel als technischer Fortschritt

Im Unterschied zu systemtheoretischen Modellen des Wandels gehen evolutionstheoretische Konzeptionen nicht mehr von der Vorstellung einer gegebenen strukturellen Ordnung aus, die begrenztem und vorübergehendem Wandel unterliegen kann, sondern betrachten strukturelle Ordnungen als vorübergehende Momente in einem umfassenden Strom des Wandels. Wandel, Geschichte und Evolution gelten hier als fundamentale Voraussetzung der soziologischen Analyse, während soziale Ordnung selbst der Erklärung durch Bezug auf Geschichte und sozialen Wandel bedarf. Der Strom des Wandels erzeugt unablässig neue Strukturen, die auftauchen und wieder verschwinden, um Platz für neue Formen der sozialen Ordnung zu machen. Wandel erscheint aus der Sicht der Evolutionstheorie als der Normalfall und die dauerhafte Struktur als die erklärungsbedürftige Anomalie.

Den erklärungskräftigen Bezug für diesen Wandel des Sozialen kann der Evolutionismus zunächst in der materiellen Umwelt ansiedeln. Soziale Systeme müssen Probleme materieller Knappheit bewältigen und sich an Veränderungen der natürlichen Umwelt durch materielle Techniken anpassen. Materielle Techniken und die entsprechende Menge an Energie, die mit ihnen aus der Umwelt gewonnen werden kann, werden folglich als die Schlüsselvariablen zur Erklärung von Wandel der Bevölkerungsgröße, von Normen, Institutionen und Weltbildern betrachtet (vgl. White 1949 u. 1959). Der Bezug auf bestimmte Technologien dient entsprechend auch als Unterscheidung von Gesellschaftstypen: Jagen und Sammeln, Gartenbau, Metallbearbeitung, Ackerbau, Viehzucht, Industrie (vgl. Lenski & Lenski 1970). Die soziale Evolution schreitet danach voran durch die Erfindung und Nutzung von neuen Technologien und neuen Formen der materiellen Produktion – weitgehend unabhängig von den Absichten, Wünschen und Befürchtungen der betroffenen Akteure. Technischer Fortschritt und wirtschaftliche Entwicklung gelten hier als die unabänderlichen und unwiderstehlichen Gesetze der Geschichte und des sozialen Wandels. Wenn materialistische Evolutionstheorien die «thermodynamische Effizienz» (Sahlins & Service 1960) oder die «Anpassung an die ökologische Situation» (Harris 1977) in den Mittelpunkt stellen, so bedeutet dies jedoch keineswegs, daß damit eine autonome Variation von Normen oder Weltbildern ausgeschlossen wäre. Diese unterliegt allerdings dem selektiven Druck ökologisch materieller Bedingungen, und dieser Druck arbeitet in eine einzige Richtung: Wachstum der thermodynamischen Effizienz und technischer Fortschritt, der den Weg freimacht für Bevölkerungswachstum und neue Formen der sozialen Differenzierung. Auf diese Weise begrenzt und beschränkt die materielle Technik den Raum für den sozialen Wandel normativer Strukturen, die ihrerseits wiederum als funktional oder adaptiv für die materielle Reproduktion gesehen werden.

Die materialistische Theorie der sozialen Evolution erweist sich so weit als erklärungskräftig, wie die Ebenen der materiellen Technik, der sozialen Institutionen und des symbolischen Weltbildes in einem Gesellschaftssystem noch nicht deutlich voneinander unterschieden werden. Dies ist in den sogenannten vorhochkulturellen oder ‹primitiven› Gesellschaften der Fall, in denen die Dynamik des Wandels vor allem auf materielle Innovationen oder Umweltveränderungen zurückgeführt werden kann. Sobald jedoch die Ebene der symbolischen Weltbilder oder der sozialen Institutionen eine gewisse Unabhängigkeit von der materiell-ökologischen Situation erreicht haben, kann die materialistische Evolutionstheorie den Prozeß des sozialen Wandels nur mehr unzureichend erfassen.

Die Evolution der Weltbilder

Im Unterschied zur materialistischen Theorie des sozialen Wandels geht die Evolutionstheorie von Habermas und seinen Schülern nicht mehr allein von dem in der äußeren Natur angelegten Druck zur materiellen Anpassung, sondern von einer autonomen Logik der Entwicklung der symbolischen Weltbilder aus (vgl. Habermas 1976; Eder 1976; Döbert 1973). Ebenso wie die gesellschaftliche Evolution von Technik und Ökonomie auf der Notwendigkeit zur materiellen Anpassung und der individuellen Fähigkeit zum instrumentellen Lernen durch Versuch und Irrtum beruht, liegt auch der gesellschaftlichen Evolution von Weltbildern und moralischen Vorstellungen die Notwendigkeit zur sozialen Kommunikation und die individuelle Fähigkeit zum moralischen Lernen zugrunde. Um die Dynamik der Evolution von Weltbildern und Moralen zu entschlüsseln, müssen danach die universellen Voraussetzungen von Kommunikation und die individuelle Entwicklung moralischer Vorstellungen untersucht werden. Hinweise hierfür fand Habermas in Piagets Konzept der ‹Entwicklungslogik› und der Theorie der moralischen Stufen von Kohlberg. Danach lassen sich notwendige Abläufe von Stufen in der moralischen Entwicklung des Kindes feststellen, die auch auf die gesellschaftliche Evolution von moralischen Vorstellungen übertragen werden können. Auf der präkonventionellen oder naturalistischen Stufe der Moral werden noch keine Unterschiede zwischen den natürlichen Wirkungen von Handlungen und ihrer sozialen Bedeutung gemacht; allein die natürlichen Wirkungen entscheiden über die Beurteilung einer Handlung. Auf der konventionellen Stufe der Moral hingegen werden Handlungen in bezug auf eine Norm oder Konvention beurteilt, die durch eine Autorität oder die soziale Gemeinschaft gesetzt und bestimmt wurde. Eine von der Konvention unabhängige Instanz des moralischen Urteils ist jedoch noch nicht möglich. Die postkonventionelle und höchste Stufe der Moral schließlich erlaubt eine solche Beurteilung und Erzeugung von Normen mit Hilfe von universellen Prinzipien des moralischen Urteils. Der Übergang von primitiven Gesellschaften zu staatlich verfaßten Hochkulturen wird aus dieser Sicht dann nicht nur durch die technische Revolution des Ackerbaus, der Bewässerung und der Metallbearbeitung hervorgerufen, sondern vor allem durch den Übergang von einer präkonventionellen, auf natürlich-verwandtschaftlicher Solidarität beruhenden Moral zu einer Moral der Herrschaft und des Gesetzes. Die Entwicklung der modernen Gesellschaft wird schließlich vorangetrieben durch eine prinzipiengeleitete universelle Moral, die Konventionen, Normen und Rechtsregeln als veränderbar und begründungsbedürftig begreift.

Mit der Evolution moralischer Vorstellungen geht auch eine Ausweitung der Reichweite von normativen Verpflichtungen einher. Während die Stammesmoral primitiver Gesellschaften noch auf den Bereich verwandtschaftlicher Solidarität beschränkt war und die Gesetzesmoral der traditionalen Hochkulturen an die Grenzen der Herrschaftsgebiete reicht, weitet sich der Geltungsbereich der universalistischen Moral der Moderne auf alle Gattungsangehörigen aus. Die Gesellschaft wird zur Weltgesellschaft. Diese universalistische Ausweitung der gesellschaftlichen Gemeinschaft wird begleitet von einer Tendenz zur sozialen Gleichheit einerseits, zur individuellen Freiheit andererseits. Damit nähern sich die moralischen Prinzipien der Moderne den Bedingungen der idealen Kommunikationssituation, die aus den bei Sprechhandlungen vorausgesetzten Annahmen ermittelt werden können. Zu ihnen zählen Herrschaftsfreiheit und soziale Gleichheit ebenso wie die Abstraktion von den individuellen strategischen Interessen der Beteiligten, die Authentizität der Darstellung und die Reziprozität der Perspektiven. Wenngleich diese Bedingungen des idealen Diskurses nur in Annäherung erreicht werden können, sieht Habermas doch in der wissenschaftlichen Aufklärung der Moderne eine nachdrückliche und unaufhaltsame Ausrichtung der gesellschaftlichen Evolution zur Verwirklichung dieses Ideals. Aus der Tendenz der Moderne zur Universalisierung, zur Formalisierung und Objektivierung und zur Abstraktion von konkreten und partikularen Gehalten erwächst jedoch auch die Vorstellung von Gesellschaft als einem unpersönlichen und objektiven System, das schließlich in Gegensatz und Widerspruch zu den Lebenswelten der Handelnden tritt und diese zu überwältigen und zu zerstören droht (vgl. Habermas 1981). Die Abstraktion von konkreten sozialen Arbeits- und Tauschbeziehungen im Kapitalismus erweist sich dabei nur als eine Erscheinungsform dieses Gegensatzes von *System* und *Lebenswelt*. Andere ebenso bedeutsame sind Bürokratisierung und Verrechtlichung, Verwissenschaftlichung und Therapeutisierung.

Aus der Perspektive der Habermasschen Gesellschaftstheorie tritt die Systemtheorie in Gegensatz zur Handlungs- und Kommunikationstheorie. Sie erscheint als Abbildung spezifischer gesellschaftlicher Verhältnisse der Moderne, die im Bemühen um die Überwindung von persönlicher Herrschaft den unpersönlichen Zwang der Systeme hervorbrachte. Wenn auch mit der Habermasschen Theorie der gesellschaftlichen Evolution das Thema des gesellschaftlichen Wandels auf eine sehr komplexe Weise mit kommunikationstheoretischen Grundlagen verbunden wird, so verbleibt es dennoch – ebenso wie die materialistischen Evolutionstheorien – im Rahmen der klassischen Modelle der gerichteten und stufenförmigen Höherentwicklung.

Multilineare Entwicklungen und Prozesse der Rückkehr zu ‹früheren› oder ‹niedrigeren› Formen lassen sich innerhalb von solchen Fortschritts- oder Entwicklungsmodellen kaum angemessen erfassen.

Evolutionäre Systeme

Im Unterschied zu traditionellen Modellen der stufenweisen Höherentwicklung gehen neodarwinistische Theorien sozialen Wandels nicht von einer im vorhinein festgelegten Richtung des gesellschaftlichen Wandels oder der gesellschaftlichen Evolution aus. Die auf Spencer und Hegel zurückgehenden Grundlagen des klassischen Evolutionismus werden hier ersetzt durch eine Orientierung an den Konzepten der strukturellen Variation und umweltbedingten Selektion (vgl. Luhmann 1981, 178 ff; Campbell 1965; Giesen 1980; van Parijs 1981; Schmid 1982).

Soziale Systeme erscheinen hier als Prozesse der Reproduktion, in denen strukturelle Muster mehr oder weniger stark variiert werden – ähnlich wie die Struktur einer Sprache in den einzelnen Sprechhandlungen reproduziert, variiert und weiterentwickelt wird. Einige dieser Strukturvarianten erweisen sich angesichts der Umweltsituation den anderen als überlegen, lassen sich besser reproduzieren als diese und werden sie allmählich verdrängen. Dieser Prozeß der ‹selektiven Reproduktion› ist im Hinblick auf individuelle Personen als ‹Lernen› geläufig und bekannt.

Für die Evolutionstheorie wird der Begriff der ‹selektiven Reproduktion› zum Schlüsselkonzept zur Analyse des Wandels auch von sozialen Systemen. Er lenkt die Aufmerksamkeit auf die spezifische Situation oder Umwelt eines Interaktionssystems, einer Organisation oder einer Gesellschaft und erklärt Interaktionprozesse, organisatorischen oder gesellschaftlichen Wandel als Reaktion auf die besondere Problemsituation, in der sich das soziale System befindet. Der Reproduktionsprozeß selbst vollzieht sich in sozialen Systemen als sinnvolle Weiterführung von Handlungen durch ‹Anschluß›handlungen.

Dabei wird keineswegs vorausgesetzt, daß soziale Systeme oder ihre Mitglieder über die Fähigkeit zur ‹rationalen› Problemlösung verfügen. Selektive Reproduktion von Handlungsmustern kann sich auch allein dadurch vollziehen, daß bestimmte Handlungen in bestimmten Situationen als unverständlich oder sinnlos gelten und keine sinnvolle Anschlußhandlung erzeugen können, andere hingegen den Anstoß zu einer Vielzahl von solchen Anschlußhandlungen geben. Gerade für die Analyse von Wandlungsvorgängen, die nicht auf die Handlungsabsichten eines planenden Subjekts zurückgeführt werden können, erweist sich das evolutionstheoretische Paradigma als besonders geeignet.

Das Modell der selektiven Reproduktion von Strukturen setzt voraus, daß zwischen dem evolutionären System und seiner Variation an Strukturen einerseits, den selektiv wirksamen Faktoren auf der Seite der Umwelt oder Situation andererseits getrennt werden kann. Aus der Sicht des Systems sind die selektiv wirksamen Faktoren der Umwelt niemals gänzlich und sicher bekannt, und aus der Sicht der Umwelt geschieht die Variation der Systemstruktur unabhängig und unbeeinflußt durch die selektiven Faktoren der Situation. Wäre die Variation der Systemstruktur nicht ‹blind›, sondern direkt von den ‹Selektionsfaktoren› gesteuert, so handelte es sich nicht mehr um evolutionäre Prozesse zwischen System und Umwelt, sondern um kybernetische Abhängigkeitsbeziehungen *innerhalb* eines Systems.

Da Problemlagen, Handlungssituationen und Umweltfaktoren keineswegs konstant sind, sondern sich ständig ändern können, lassen sich auch keine universellen Trends gesellschaftlicher Evolution, keine allgemeinen Richtungen des Wandels und keine Sicherheiten für Fortschritt, Wachstum und Höherentwicklung mehr feststellen. Allein im Hinblick auf die Beschleunigung des evolutionären Prozesses selbst können noch allgemeine Bedingungen angegeben werden. Eine solche Beschleunigung des Wandlungsprozesses tritt ein, wenn Variation und Selektion unterschiedlichen sozialen Prozessen zugeordnet werden (vgl. Luhmann 1981, 184ff). Dies ist z. B. der Fall, wenn in Gesprächsrunden spezielle Zeit für ‹brain-storming› reserviert wird, während die Phase der Entscheidungsfindung hiervon getrennt wird, wenn in Organisationen spezielle Abteilungen für Innovation und Forschung eingerichtet werden, während andere Abteilungen über die Verwirklichung von Innovationsvorschlägen entscheiden, wenn in Gesellschaften bestimmte institutionelle Bereiche (z. B. Wissenschaft) vor allem der Erzeugung von neuen Ideen, Kritik und Veränderungsvorschlägen dienen, während andere institutionelle Bereiche (z. B. Politik und Verwaltung) selektiv über die praktische Verwirklichung dieser Vorschläge entscheiden.

Diese Trennung von Prozessen der Variation und der Selektion fand verstärkt statt beim Übergang zwischen der traditionalen Gesellschaft, die durch schichtförmige oder ständische Differenzierung zwischen sozialen Gruppen gekennzeichnet war, zur modernen Gesellschaft, deren wichtigstes Differenzierungsprinzip die Unterscheidung bestimmter Funktionsbereiche ist. Die Ausdifferenzierung eines bestimmten Funktionsbezugs (z. B. ökonomische Kosten-/Nutzenverhältnisse, politische Macht bzw. Unterstützung, wissenschaftliche Wahrheit etc.) bietet ein spezielles Selektionskriterium, das von der Notwendigkeit zur Erzeugung von Innovation und Variation (ökonomischer Güter, politische Alternativen, wissenschaftliche Forschungsergebnisse) getrennt werden muß. Diese Trennung wird institutionell z. B. durch Märkte (Anbieter – Nachfrager), Wahlen (Wahlkandidaten – Wähler) und Kritikprozesse (Kritisierte – Kritiker) hergestellt.

Mit dem evolutionstheoretischen Paradigma hat sich das Verhältnis zwischen System und Prozeß, zwischen Ordnung und Wandel endgültig umgekehrt. Systeme sind nur mehr als abgegrenzte Reproduktionsprozesse erkennbar, und strukturelle Ordnung bildet sich nur mehr als begrenztes Durchgangsstadium in einem umfassenden Prozeß des Wandels aus. Wandel ist der selbstverständliche Normalfall, und strukturelle Ordnung gilt demgegenüber als erklärungsbedürftig. Gleichzeitig sind aber die großen Orientierungen dieses Wandlungsprozesses verlorengegangen. Kein geschichtsmächtiges Subjekt verleiht dem Wandel Rationalität und Vernünftigkeit, kein übergeordnetes Ziel gibt dem Wandel eine Richtung, keine interne Dynamik sichert universellen Fortschritt und Höherentwicklung (vgl. Lyotard 1984). Die Idee des sozialen Wandels wird hier abgeschnitten von ihren Bindungen an Geschichte, Fortschritt, Subjektivität und Vernünftigkeit.

3.7.4 Ausblick und kritische Würdigung

Systemtheoretische und evolutionstheoretische Modelle sind nicht ohne Konkurrenz bei der Behandlung der Themen ‹Soziale Ordnung› und ‹Sozialer Wandel› geblieben. Seit dem Aufstieg des sozialwissenschaftlichen Funktionalismus zum beherrschenden Theorieparadigma der ersten beiden Nachkriegsjahrzehnte mußten sie sich mit starken kritischen Einwänden auseinandersetzen. Schon während der Blütezeit des soziologischen Funktionalismus haben Konflikttheoretiker (z. B. Dahrendorf) auf die Möglichkeit hingewiesen, soziale Ordnung als ein labiles Herrschaftsverhältnis zwischen mehreren sozialen Gruppen zu analysieren und in den Konflikten zwischen diesen Gruppen die wichtigste Quelle sozialen Wandels zu sehen. Die Vielzahl der kritischen Argumente und Anmerkungen zur Funktionalistischen Systemtheorie lassen sich in vier Punkten zusammenfassen. Als problematisch gelten: (1) die Annahme der Einheitlichkeit, Abgegrenztheit und Integration von sozialen Systemen; (2) die Neigung, sozialen Wandel nur als krisenhaften Strukturverlust zu behandeln; (3) die damit verbundene Neigung zu bestandsorientierter, konservativer Politik, und (4) die Aufgabe der Vorstellung des individuellen Subjekts als Basis der Sozialtheorie. Die beiden ersten Einwände hat die interne Entwicklung vom klassischen Funktionalismus bis zur Evolutionstheorie und zur Theorie autopoietischer Systeme in Rechnung gestellt – freilich um den Preis einer Verschärfung des Vorwurfs der Subjektfeindlichkeit. In der Tat ist die in Parsons' voluntaristischer Handlungstheorie noch deutliche Subjektorientierung in neueren Konzeptionen fast gänzlich geschwunden: Handlung, Subjektivität und individuelle Identität werden hier als Produkt von Systemprozessen behandelt und erscheinen damit als analytisch nachgeordnete Phänomene. Im Gegenzug können Theoretiker wie Touraine (1973) wiederum kollektives Handeln und soziale Bewegungen als fundamentale Prozesse für die krisenhaft wechselnde Systembildung und kulturelle Strukturen herausstellen. Historisch orientierte Soziologen wie N. Elias, S. N. Eisenstadt oder R. Bendix haben sozialstrukturelle Modelle vorgestellt, die, ausgehend von der Herrschafts-, Macht- und Abhängigkeitsbeziehung zwischen sozialen Gruppen oder kollektiven Akteuren, neue Perspektiven für die Analyse von sozialem Wandel eröffnen (vgl. Elias 1969; Eisenstadt 1970; Bendix 1978).

Auch wenn die Entwicklung von sozialen Strukturen nicht selten im Mittelpunkt dieser Arbeiten steht, können sie nicht im engeren Sinn als system- oder evolutionstheoretische Ansätze gelten und werden daher hier ausgespart. Der Streit um den analytischen Primat der Subjekt- und Handlungsorientierung oder der Struktur- und Systemorientierung wird nicht selten als Mikro-Makro-Problem behandelt. Neuere synthetische Ansätze (vgl. Alexander et al. 1987; Giddens 1979) versuchen, diese klassische Frontstellung in der Analyse sozialen Wandels zu überwinden.

Literatur

Alexander, J., B. Giesen, R. Münch & N. J. Smelser: The Micro-Macro Link. Berkeley, Los Angeles, London 1987.

Ashby, W. R.: An Introduction to Cybernetics. London 1956.

Bendix, R.: Kings or People. Power and the Mandate to Rule. Berkeley, Los Angeles, London 1978.

Campbell, D. T.: Variation and Selective Retention in Socio-Cultural Evolution. In: H. Barringer & G. J. Blankstein: Social Change in Developing Areas. Cambridge/Mass. 1965.

Carlsson, G.: Betrachtungen zum Funktionalismus. In: E. Topitsch (Hg.): Logik der Sozialwissenschaften. Köln, Berlin 1966.

Condorcet, M. J. A.: Esquisse d'un historique des progrès de l'esprit humain, 1794 (dt.: Entwurf einer historischen Darstellung der Fortschritte des menschlichen Geistes. Frankfurt/M. 1963).

Dahrendorf, R.: Struktur und Funktion. Talcott Parsons und die Entwicklung der soziologischen Theorie. Kölner Zeitschrift für Soziologie und Sozialpsychologie, 7, 1955.

Davis, K. & W. E. Moore: Some Principles of Stratification. American Sociological Review, 10, 1945.

Döbert, R.: Systemtheorie und die Entwicklung religiöser Deutungssysteme. Frankfurt/M. 1973.

Eder, K.: Die Entstehung staatlich organisierter Gesellschaften. Frankfurt/M. 1976.

Eisenstadt, S. N.: Readings in Social Evolution and Development. Oxford, London 1970.

Elias, N.: Über den Prozeß der Zivilisation. Soziogenetische und psychogenetische Untersuchungen. 2 Bde. Bern 1969.

Foerster, H. v. & G. Zopf (Hg.): Principles of Selforganization. Oxford 1962.

Giddens, A.: The Class-Structure of Advanced Societies. London 1974 (dt.: Die Klassenstruktur fortgeschrittener Gesellschaften. Frankfurt/M. 1979).

Giesen, B.: Makrosoziologie. Eine evolutionstheoretische Einführung. Hamburg 1980.

–: Media and Markets. In: M. Schmid (Hg.): Evolution Theory in the Social Sciences. Dordrecht 1987.

–: The Change in «Change». An evolution-theoretical View on the History of a Concept. In: N. Smelser & H. Haferkamp (Hg.): Theories of Social Change. Berkeley 1988.

Habermas, J.: Theorie der Gesellschaft oder Sozialtechnologie? Eine Auseinandersetzung mit Niklas Luhmann. In: Habermas, J. & N. Luhmann: Theorie der Gesellschaft oder Sozialtechnologie. Frankfurt/M. 1971.

–: Zur Rekonstruktion des Historischen Materialismus. Frankfurt/M. 1976.

–: Theorie des kommunikativen Handelns. 2 Bde. Frankfurt/M. 1981.

Harris, M.: Cannibals and Kings. London 1977.

Lenski, G. & J. Lenski: Human Societies. An Introduction to Macrosociology. New York 1970.

Levy, M.: Modernization and the Structure of Societies. Princeton 1966.

Luhmann, N.: Zweckbegriff und Systemrationalität. Über die Funktion von Zwecken in sozialen Systemen. Tübingen 1968.

–: Moderne Systemtheorie als Form gesamtgesellschaftlicher Analyse. In: J. Habermas & N. Luhmann (Hg.): Theorie der Gesellschaft oder Sozialtechnologie. Frankfurt/M. 1971.

–: Soziologische Aufklärung 1–3. Opladen 1970, 1975 u. 1981.

–: Soziale Systeme. Grundriß einer allgemeinen Theorie. Frankfurt/M. 1984.

Lyotard, J. F.: The Post-Modern Condition. A Report on Knowledge. Minneapolis 1984.

Maturana, H. R.: Erkennen: Die Organisation und Verkörperung von Wirklichkeit. Ausgewählte Arbeiten zur biologischen Epistemologie. Braunschweig, Wiesbaden 1982.

Merton, R. K.: Social Theory and social Structure. Glencoe/Ill. 1964.

Münch, R.: Theorie des Handelns. Zur Rekonstruktion der Beiträge von T. Parsons, E. Durkheim und M. Weber. Frankfurt/M. 1982.

Parijs, Ph. v.: Evolutionary Explanation in the Social Sciences. An Emerging Paradigm. London, New York 1981.

Parsons, T. & N. Smelser: Economy and Society. London 1956.

Parsons, T.: The Social System. New York, London 1951.

–: Evolutionary Universals in Society. American Sociological Review, 29, 1964.

–: Societies. Comparative and Evolutionary Perspectives. Englewood Cliffs 1966.

–: Social Systems. In: International Enzyclopedia of the Social Sciences. Vol. 15. New York 1968.

–: Zur Theorie der sozialen Interaktionsmedien. Hg. v. S. Jensen. Opladen 1980.

Sahlin, M. D. & E. R. Service: Evolution and Culture. Ann Arbor 1960.

Schmid, M.: Theorie sozialen Wandels. Opladen 1982.

Smelser, N. J.: Social Change in the Industrial Revolution. London 1959.

–: Theory of Collective Behaviour. London 1962.

Smith, A. D.: The Concept of Social Change. London 1973.

Spencer, H.: First Principles. New York 1958 (1. Aufl. 1862).

Touraine, A.: Production de la Société. Paris 1973.

Varela, F. J.: Principles of Biological Autonomy. New York 1979.

White, L.: Science of Culture. New York 1949.

–: Evolution of Culture. New York 1959.

Michael Wiese

3.8 Erklärende versus verstehende Soziologie

Die Auseinandersetzungen in der jüngeren Soziologie sind geprägt durch zwei grundsätzliche Positionen des Wissenschaftsverständnisses. Auf der einen Seite stehen die Vertreter der Einheitswissenschaft: Natur- und Gesellschaftswissenschaften unterliegen derselben ‹Logik der Forschung›, auf den Kern gebracht in Poppers Wissenschaftstheorie. Dagegen argumentieren verschiedene Positionen, denen gemeinsam ist, daß sie die Eigenständigkeit der Gesellschaftswissenschaften betonen, deren Gegenstand eine eigenständige Logik der Forschung erfordert. Diese Kontroverse hat wissenschaftstheoretische Wurzeln (vgl. dazu Habermas 1967) und wird gegenwärtig auf verschiedenen Feldern (Kritischer Rationalismus vs. Kritische Theorie; Erklären vs. Verstehen; reasons vs. causes; quantitative vs. qualitative Sozialforschung) ausgetragen.

3.8.1 Erklärende Soziologie

Ausgehend von der Vorstellung der Einheitswissenschaft orientiert sich die erklärende Soziologie an drei zentralen Postulaten: 1. Einheit von Theorieaufbau und Methoden in den Natur- und Sozialwissenschaften; 2. dem Ideal rationaler Erklärungen nach Muster des Hempel-Oppenheim-Schemas; 3. dem Ideal rationaler Kritik nach dem Muster der Falsifikation (vgl. v. Wright 1974, 16ff).

Eine rationale oder deduktiv-nomologische Erklärung, wie sie im Hempel-Oppenheim-Schema dargestellt ist, hat folgende Struktur:

Rand-/Antezedenzbedingungen	$A_1 \ldots, A_n$	Explanans
Gesetzesaussagen	$G_1 \ldots, G_n$	
Zu erklärende Ereignisse	$E_1 \ldots, E_n$	Explanandum

Aus der Wenn-Komponente, den konkreten Randbedingungen, formuliert in singulären Sätzen, und den Gesetzen, formuliert in Allsätzen, läßt sich die Dann-Komponente, das zu erklärende Ereignis, deduzieren oder ableiten. Das Modell eignet sich für Prognosen. Aus bekannten Randbedingungen und Gesetzen wird ein Ereignis vorausgesagt, dessen tatsächliches Eintreten zur Bewährung der Gesetzesaussagen beiträgt.

Für die rationale Kritik als Basis der Weiterentwicklung der Theorien – diese bestehen aus auseinander abgeleiteten Gesetzen – ist entscheidend, daß die Gesetze Allaussagen sein müssen, die ohne raum-zeitlichen Bezug eine potentiell unbegrenzte Ereignismenge umfassen. Beispiel: Für alle Gesellschaften gilt: Gesellschaften teilen sich in soziale Klassen. Eine solche Gesetzesaussage gilt als bewährt, solange keine Gesellschaft gefunden wird, in der es keine sozialen Klassen gibt. Tritt dieser Fall ein, dann ist sie falsifiziert, und es gilt, ein besseres Gesetz zu finden. Nur durch rationale Kritik mittels der Falsifikation tritt Theorieentwicklung ein.

Behaviorismus und methodischer Individualismus

Den Postulaten der Einheitswissenschaft folgend, sucht der Behaviorismus in der Soziologie vordringlich nach allgemeingültigen Gesetzen menschlichen Verhaltens. Die Übernahme der methodischen Postulate wird so strikt befolgt, daß nur das beobachtbare Verhalten zum empirischen Datum werden kann; der nichtbeobachtbare Teil des Verhaltens, die Gefühle und Interpretationen, werden nach Möglichkeit aus der Untersuchung verbannt; sie gelten als schwer objektivierbar. Die Methoden sollen so konstruiert werden, daß sie unter gleichen Bedingungen gleiche Ergebnisse reproduzieren. Im Behaviorismus gilt Verhalten als Reaktion auf einen vorhergehenden Stimulus, und die Beziehung zwischen beiden läßt sich durch den Bezug auf ein Lerngesetz erklären. In der Tradition von Pawlow hat Skinner das für die Soziologie bedeutsame Konzept der operanten Konditionierung, dem Lernen am Erfolg, formuliert. Opp (1972) hat die lerntheoretischen Grundannahmen und ihre Umsetzung in ein soziologisches Forschungsvorgehen exemplarisch dargestellt. Der rationale Kern sozialen Handelns ist die Nutzenoptimierung, daher auch der Name ‹Utilitarismus›. Methodologische Grundannahme ist, daß zur Erklärung sozialen Handelns auf Sätze über individuelles Handeln rekurriert werden muß (vgl. Homans 1972, 41ff); folglich nennt man diese Konzepte auch ‹methodischen Individualismus›. Gegen psychologistische Reduktionsstrategien in der Soziologie wendet sich schließlich auch Popper. Für ihn gibt es neben Naturgesetzen, die es in

der Soziologie auch geben soll, normative Gesetze, die Handlungsmöglichkeiten vorschreiben, und «somit lassen sich unsere Handlungen nicht ohne Berücksichtigung unserer sozialen Umgebung, sozialer Institutionen und ihrer Funktionsweise erklären» (Popper 1957,
Bd. 2, 114). Auch ‹Utilitaristen› wie Opp sehen inzwischen, daß ihr
Programm um die Dimension des normativen Handelns erweitert
werden muß (vgl. Opp 1986). Ritsert (1976) faßt die Argumente gegen den Reduktionismus des Methodischen Individualismus zusammen und zeigt, daß sich soziale Tatsachen nicht ohne Rest in Begriffe
individuellen Handelns übersetzen lassen. Aus einer anderen Richtung argumentierend hat Parsons (1968) schon früh auf das ‹utilitari-
stische Dilemma› hingewiesen, das sich darin zeige, daß letztlich
menschliche Zwecksetzung und Sinngebung aus der Analyse sozialen
Handelns eliminiert werden. Das handelnde Individuum wird zum
Organismus, der nur noch auf Stimuli der Umwelt reagiert. Die Aussagen werden für die soziologische Analyse letztlich inhaltsleer.

Hier kündet sich der methodologisch entscheidende Kritikpunkt
an: Dem Behaviorismus gelingt es nicht, die Bedingungen für deduktiv-nomologische Erklärungen zu erfüllen. Die in den Allaussagen
verwendeten Begriffe wie Belohnung oder Nutzen sind inhaltsleer
oder trivial. Zur Belohnung kann alles werden: Geld, Liebe, Erfolg
u. a. m. Erst in den singulären Sätzen der Randbedingungen werden
die Begriffe konkret und faßbar. Damit werden die Randbedingungen zum inhaltlichen Explanandum. «Offensichtlich ist es für die empirische Sozialwissenschaft keine allgemein sinnvolle Forschungsstrategie, die bekannten Gesetzmäßigkeiten mit begrenzter historischer
Reichweite auf immer allgemeinere, am Ende historisch neutrale Gesetze (Allsätze; M. W.) zurückführen zu wollen. In der Naturwissenschaft impliziert diese Forschungsstrategie (...) eine kontinuierliche
Zunahme des empirischen Gehaltes ihrer Theorien; in der Sozialwissenschaft müßte in der Regel genau das Gegenteil der Fall sein»
(Wellmer 1969, 37).

Von der ‹Logik der Forschung› zur ‹logic in use›

Ist damit das deduktiv-nomologische Erklärungsmodell in der Soziologie gescheitert, und was tritt an seine Stelle? Ein Ausweg steht der
erklärenden Soziologie noch offen, denn auch in den Naturwissenschaften wird das ideale Modell des Hempel-Oppenheim-Schemas
nur selten erreicht. Stegmüller (1974, 105 ff) führt den Begriff der un-

vollkommenen Erklärungen ein, deren gemeinsames Merkmal es ist, daß das in Frage kommende Gesetz nicht exakt oder explizit formuliert wird oder überhaupt noch nicht formuliert werden kann. Will man die Forschung nicht vertagen, bis genügend Gesetze gefunden und überprüft wurden, dann muß man sich mit Erklärbarkeitsbehauptungen begnügen. Eine solche «Erklärbarkeitsaussage kann sogar dann richtig sein, wenn die fraglichen Gesetze zum Zeitpunkt der Aufstellung dieser Behauptung noch nicht entdeckt worden sind oder niemals entdeckt werden» (ebd., 129).

Damit kann das Ideal der deduktiv-nomologischen Erklärung aufrechterhalten werden, obwohl in der Praxis der Forschung induktiv-statistische Aussagen dominieren. Im Unterschied zu den Allsätzen haben sie folgende Form: Für einen Teil von X gilt das Prädikat B, oder konkret: Die meisten Gesellschaften haben ein System sozialer Schichtung. Ein Satz, der nicht mehr falsifizierbar ist. «Die induktive Wahrscheinlichkeit gibt den Grad der Sicherheit oder Bestätigung des Explanandums relativ zu den Aussagen des Explanans an. Der Schluß ist nicht sicher, sondern nur wahrscheinlich» (Friedrichs 1973, 67). Nun können sich zwar auch induktiv-statistische Erklärungen auf die Stegmüllersche Erklärbarkeitsbehauptung zurückziehen; aber vorderhand kann der Erklärungsbegriff nur als Nachweis einer wahrscheinlichen, ‹kausalen› Regelmäßigkeit zwischen sozialen Tatsachen, die mehr oder weniger ‹objektiv› erhoben werden, begriffen werden.

Lazarsfelds Kritik (1968) an der Wissenschaftstheorie des Kritischen Rationalismus, der zuwenig die Probleme der empirischen Sozialforschung zum Ausgangspunkt methodologischer Überlegungen nehme, wurde noch mit der Hoffnung vorgebracht, daß sich das Programm der Einheitswissenschaft aufrechterhalten läßt. Betrachtet man das tatsächliche Forschungsvorgehen der erklärenden Soziologie, dann ergibt sich folgendes Bild.

«(Die Forscher; M. W.) akzeptieren die These, daß es soziale Tatsachen gibt (...), die als objektive Tatsachen betrachtet werden können, auch wenn manchmal Korrekturen von Meßfehlern erforderlich sind; sie halten an dem Anspruch fest, daß diese Daten so genau und so quantifiziert wie möglich dargestellt werden sollen; sie versuchen, Regelmäßigkeiten und Verbindungen zwischen den Daten zu lokalisieren; sie versuchen herauszufinden, ob Zusammenhänge scheinbar oder real sind, indem sie mit statistischen Mitteln die Variablen kontrollieren oder manipulieren; stellt sich ein Zusammenhang als real heraus, versuchen sie, eine kausale Beziehung zwischen den Variablen festzustellen und mit einer Hypothese in Verbindung zu bringen; bei der Formulierung und Interpretation der Ergebnisse sind sie im großen und ganzen theoretisch opportunistisch oder eklektizistisch» (Smelser 1986, 143).

Angesichts des tatsächlichen Forschungshandelns ist Kaplans (1964) pragmatische Analyse, die methodologische Regeln als Normen der Forschungspraxis begreift, ein treffender Entwurf, die szientistische Forschungspraxis der erklärenden Soziologie zu beschreiben. Und in der Tat dominiert statt theoretischer Weiterentwicklung die Entwicklung und Verfeinerung der Methoden. Insbesondere die EDV-gestützten multivariaten und mehrdimensionalen Analyseverfahren erweitern den Forschungsspielraum und Aussagenbereich der erklärenden Soziologie. In methodologischen Handbüchern findet die logic-in-use (vgl. ebd.), die an Stelle der ‹Logik der Forschung› getreten ist, ihren Niederschlag. Von den drei Postulaten der Einheitswissenschaft wurde das deduktiv-nomologische durch das induktiv-statistische Erklärungsmodell ersetzt; damit fällt das Postulat der rationalen Kritik durch Falsifikation; es bleibt das Postulat der objektivierbaren, quantifizierenden Methodik. Aber auch hier rückt, wie Cicourel (1970) zeigt, das Problem des Sinnverstehens unausweichlich ins Blickfeld.

3.8.2 Die verstehende Soziologie

Das sprachanalytische Argument der ‹Mentalisten›

Gegen die deduktiv-nomologischen oder nur kausalen Erklärungsmodelle sozialen Handelns argumentieren die Mentalisten. Soziales Handeln läßt sich nicht auf eine Ursache zurückführen oder als bloße Reaktion beschreiben, ihm liegen subjektive Handlungsgründe zugrunde, die durch Verstehensoperationen erfaßt werden müssen (vgl. dazu den Reader von Ritsert 1975). Um die expliziten oder impliziten Handlungsgründe erkennbar zu machen, braucht man den Rückgriff auf verschiedene Verstehensoperationen, d. h. den Rückgriff auf die Situationseinschätzungen, normativen Bindungen, Werthaltungen, Dispositionen und Intentionen der Handelnden. Eine reine Kausalanalyse übersieht, was im Thomas-Theorem auf den Punkt gebracht wird: Wenn Menschen Situationen als real definieren, dann sind sie in ihren Folgen real; sie übersieht also die subjektiven und situationsgebundenen Anteile menschlichen Handelns. Die sprachanalytischen Mentalisten verweisen auf eine Besonderheit des sozialwissenschaftlichen Gegenstandes: Soziale Wirklichkeit konstituiert sich durch sinnvolles Handeln und somit nach anderen Regeln als die physische Objektwelt. Die Übertragung einer einheitswissenschaftlichen Logik der Forschung ist unangemessen; es gilt, eine eigene, gegenstandsangemessene Forschungslogik für die Sozialwissenschaften zu entwickeln.

Methode und Messung

Cicourel (1970) problematisiert das Messen in den Sozialwissenschaften, den Akt der Datenkonstitution, der in Analogie zu den Naturwissenschaften Objektivität sichern soll. Für ihn zeigt sich eine Inkompatibilität zwischen der Struktur und Logik des Meßverfahrens und den Strukturen des sozialwissenschaftlichen Gegenstandsbereichs; exakte Messungen setzen aber Übereinstimmung voraus, so daß die Meßinstrumente der Soziologie nur «willkürliche Messungen» (ebd., 15) erlauben. Diese werden ad hoc angewendet, ohne daß die Kompatibilität ihrer impliziten Annahmen mit denen der Theorie überprüft wird. Die fehlende Explikation wird vom Forscher durch Rückgriff auf den common sense – eine unreflektierte Verstehensoperation – und auf die Konventionen in der Anwendung der Methode ausgeglichen. Der notwendige Rückgriff auf den common sense und die gemeinsame Kultur von Forscher und Erforschtem ist aber nicht Resultat eines unbefriedigenden Standes der Methodologieentwicklung, der eines Tages überwunden werden kann, sondern ein prinzipielles Problem der Sozialwissenschaften. Es läßt sich auch nicht durch den Rückgriff auf eine sprachanalytische Protosoziologie lösen. Die Willkür des Messens läßt sich bestenfalls einschränken, wenn das Verhältnis von wissenschaftlichem und Alltags-Handeln neu bestimmt wird. Da Forscher und Erforschte eine gemeinsame Kultur und ein gemeinsames Alltagswissen teilen, muß, wie Schütz (1971) darlegt, das Problem gelöst werden, objektive Begriffe und Strukturen auf der Basis subjektiver Sinnstrukturen zu bilden. Der Wissenschaftler bildet also Konstruktionen von Konstruktionen, die im Alltagshandeln bewußt oder unbewußt angewandt werden. Es gilt für ihn, die «allgemeinen Prinzipien zu erforschen, nach denen der Mensch im Alltag seine Erfahrungen und insbesondere die der Sozialwelt ordnet» (ebd., 68). Neben der Erschließung des subjektiven Sinns, auf den sich die Mentalisten konzentrieren, geht es um das Erschließen der Strukturen und Regeln des Handelns.

Der Symbolische Interaktionismus

Einen Versuch in diese Richtung unternimmt der Symbolische Interaktionismus. In der Denktradition von Mead entwickelt Blumer
(1973) einige methodologische Postulate. «Vom Standpunkt des Symbolischen Interaktionismus aus ist (...) das menschliche Zusammenleben ein Prozeß, in dem Objekte geschaffen, bestätigt, umgeformt
und verworfen werden» (ebd., 91). Die soziale Realität ist nichts völlig Abgesichertes, das auf den Handelnden deterministisch wirkt, sie
wird durch ständige Interaktionen erst hergestellt; sie widersetzt
sich somit auch objektivierenden Methoden. Um symbolvermittelte
Interaktionen erst zu ermöglichen, müssen die Handelnden gewisse
Fertigkeiten besitzen. Mead (1968; vgl. auch Joas 1980) entwickelte
ein anthropologisch begründetes Konzept menschlicher Kommunikation und Sozialität, das auf der Fähigkeit des Menschen zur Bildung
von Ich-Identität und Selbstreflexivität gründet. Sie sind die Voraussetzungen gelingender symbolisch vermittelter Interaktionen, in denen die Bedeutungen der sozialen Situationen ausgehandelt und diese
erst hergestellt werden. Im Modellfall der Handlungsdyade müssen
Ego und Alter notwendig die Rolle (Vorstellungen, Interessen,
Werte) des anderen antizipieren. Da Ego sich der Rolle des Alter nie
vollständig gewiß sein kann, sind ständige Prüfungen und Vergewisse-
rungen notwendig. Anders als in der strukturfunktionalistischen
Theorie Parsons', in der die Rollenübernahme prinzipiell als gelin-
gend angenommen wird, bleibt hier der Prozeß tentativ und prinzipiell unabgeschlossen. Der gesellschaftliche Prozeß ist aus dieser
Sicht präexistent und immer schon im Fluß befindlich.

«Über soziale Interaktionen bilden sich sowohl gemeinsame als auch individuelle
Handlungsergebnisse aus, konstituieren sich soziale Einheiten und Identitäten.
Aus der Perspektive der Identitätsbildung ermöglicht Rollenübernahme, daß die
Welt in Mustern von Verhaltensweisen wahrgenommen und über die Interaktion
und Identifizierung mit ‹signifikanten Anderen› (Meads ‹generalized other›)
internalisiert und in Rollensysteme transformiert wird. Der Prozeß der Rollenübernahme ist daher als der Kernprozeß des Symbolischen Interaktionismus anzusehen, er stellt die Reflexivität der gesellschaftlichen Akteure auf Dauer»
(Eberling & Wiese 1981, 217).

Aus diesem Gegenstandsverständnis abgeleitete Methodologie muß
die Bedeutungs- und Sinnstrukturen des Handelns im konkreten
Kontext einschließen, in dem sie hervorgebracht werden. Blumer
nennt dies das naturalistische Vorgehen. Die empirische Erschlie-

ßung der Wirklichkeit erfolgt immer induktiv und in zwei Phasen, der Exploration und der Inspektion. In der Exploration werden keine ausformulierten Hypothesen und festgelegten Methoden eingesetzt, sondern ‹sensitive Konzepte›, die Richtungen der Untersuchungen anzeigen und offen dafür bleiben, die Wirklichkeitssicht und Relevanzgesichtspunkte der Untersuchten zu erschließen. Dabei können alle qualitativen Erhebungsverfahren, die dieser Prämisse genügen, eingesetzt werden. In der Phase der Inspektion wird das empirische Material aus der Distanz, d. h. gelöst von der konkreten Untersuchungssituation, auf das wissenschaftliche Bezugssystem reflektiert, um es «in eine theoretische Form zu gießen, die allgemeinen Beziehungen aufzudecken, die situationsspezifischen Bezüge (der) Konzepte zu schärfen und theoretische Entwürfe zu formulieren» (Blumer 1973, 125). Grundlage für den Forschungsprozeß bleibt die grundlegende Fähigkeit, durch Rollenübernahme die handlungsrelevanten Interaktionen und Deutungen der Untersuchten mit deren Augen zu sehen. Der universale Grundzug des ‹taking the role of the acting other› ist die Basis dieses induktiven Vorgehens, dieser Form des Verstehens. Statt objektivierender quantitativer Methoden werden qualitative Methoden eingesetzt (vgl. dazu Hopf & Weingarten 1979; Soeffner 1979; Zedler & Moser 1983).

Die Ethnomethodologie

Die Konstitution der Wirklichkeit durch das Handeln, dieses Postulat des Symbolischen Interaktionismus, gilt auch für die Ethnomethodologie. Nur fragt sie nicht nach dem Warum, nach den Ursachen oder Gründen des Handelns, sondern danach, wie die Handlungen durchgeführt werden. Dem Ethnomethodologen «liegt daran, festzustellen, wie die Mitglieder der Gesellschaft die Aufgabe lösen, die Welt, in der sie leben, zu sehen, zu beschreiben und zu erklären» (Zimmerman & Wieder 1970, 289). Die Frage, ob die Handlungen der Laien und deren Erklärungen über das Wie des Vollzugs richtig, falsch, angemessen, ideologisch oder erfolgreich sind, stellt sich für den Ethnomethodologen nicht; er ist diesen Aspekten gegenüber ‹indifferent›.

Zentrale methodologische Begriffe dieses Vorgehens sind dokumentarische Interpretation, Indexikalität und Reflexivität. Garfinkel nennt den Modus operandi der Sinnerzeugung die dokumentarische Methode der Interpretation, «die eine gegenwärtige Erscheinung als ‹Dokument von›, als ‹Hinweis auf› und als ‹Vertreter von› einem angenommenen zugrundeliegenden Muster (behandelt; M. W.). So entsteht nicht nur das zugrundeliegende Muster aus seinen einzelnen dokumentarischen Materialisierungen, sondern die einzelnen dokumentarischen Materialisierungen werden ihrerseits auf der Grundlage dessen interpretiert, ‹was bekannt ist›, über das zugrundeliegende Muster. Beide Teile werden benutzt, um den jeweils anderen näher zu bestimmen» (Garfinkel 1967, 78).

Die dokumentarische Methode ist nicht nur der Modus des Alltagshandelns, mit dem Neues auf Bekanntes zurückgeführt und damit handhabbar gemacht wird; sie ermöglicht auch, mit der Indexikalität umzugehen. Indexikalität bezeichnet die Tatsache, daß Handlungen kontextgebunden sind. Ihr unabänderlicher Bezug auf eine bestimmte raum-zeitliche Situation erfordert immer, daß der Kontextbezug mitexpliziert wird. Indexikale Ausdrücke sträuben sich gegen jede Form der Objektivierung, der ‹Heilung›.

«Die Eigenschaften indexikalischer Ausdrücke haben die professionellen Wissenschaftler zu zahllosen methodologischen Arbeiten motiviert, die auf deren In-Ordnung-Bringen gerichtet waren (...), wobei sie immer darauf insistieren, als Ziele ihrer Untersuchung eine programmatisch relevante Unterscheidung zwischen objektiven und indexikalischen Ausdrücken und einer programmatisch relevanten Substituierbarkeit von objektiven für indexikalische Ausdrücke hochzuhalten» (Garfinkel & Sacks 1976, 145).

Diese programmatische Entscheidung zur ‹Objektivität› führt zum Verlust der Subjektivität und Kontextgebundenheit, wie Cicourel in seiner Kritik des Messens zeigte. Alltagshandeln muß nun die Indexikalität soweit reduzieren, ohne damit den gegebenen Interpretationsspielraum zu stark einzuengen oder gar zu zerstören. Die alltagsweltlichen Verfahren, anderen Laien den Sinn indexikalischer Ausdrücke anzuzeigen, werden dadurch ermöglicht, daß diese immer auch ‹reflexiv› und selbstexplikativ sind. Beide Eigenschaften sind dem Alltagshandeln immanent und werden benutzt, um vertraute Handlungen als vertraut kenntlich zu machen oder um eine Darstellungsweise zu benutzen, die eine Handlung so darstellt, als würde sie zum erstenmal vollzogen. Die Reflexivität der Handlungen ist ‹uninteressant›, d. h., die Laien hinterfragen sie nicht; denn würden sie dies tun, dann würden sie das Alltagswissen, auf dem der Handlungsvollzug ruht, sich gegenseitig explizieren; sie würden damit den Sinn des Sinns in Frage stellen. Dessen Unhinterfragtheit gewährleistet aber den routinierten Alltag, sichert die fragile Stabilität des Alltagshandelns.

Die Fragilität des Alltags macht Garfinkel insbesondere in den Krisenexperimenten deutlich. So forderte er seine Studenten auf, im Elternhaus die Rolle des Gastes zu übernehmen und dabei zu beobachten, wie ihre Verwandten versuchen, durch Erklärungen des merkwürdigen Verhaltens den Alltag wiederherzustellen. In einem anderen Versuch wurden Studenten aufgefordert, eine Interaktionssequenz darzustellen und zu kommentieren. Da im Kommentar die indexikalischen Ausdrücke, die sonst stillschweigend mitgedacht wurden, ‹objektiviert› werden sollten, ohne daß dies gelang, blieb die Indexikalität unheilbar (vgl. dazu Garfinkel 1967).

Die Ethno‹methodologie› machte es dem Leser schwer, ihre Postulate zu verstehen. Dieser Effekt ist nicht zufällig, denn auch für die Ethno‹methodologie› des professionellen Forschers gilt, was für die Methoden des Laien im Alltag gilt: Die Methode wird erst im Handlungsvollzug deutlich. Liest man Untersuchungen wie die von Fengler & Fengler (1980) oder Beispiele in Weingarten, Sack & Schenkein (1976), dann werden Zielrichtungen, Begriffe und Methoden dieser Forschungsrichtung deutlicher.

Erklären und Verstehen

Die Operation Verstehen hat, das machte die Argumentation deutlich, zwei Dimensionen. Sie meint einmal das Verstehen des subjektiv gemeinten Sinns des Handelnden, das Nachvollziehen eines psychischen Prozesses oder einer Handlung; auf diese Dimension konzentrieren sich die mentalistische Position und weite Teile der qualitativen Methodik. Der hermeneutische Begriff des Verstehens verweist auf die zweite Dimension, auf das Erschließen objektivierter Bedeutungen in den Deutungen, Handlungen und Texten, die das Alltagshandeln produziert. Die Suche nach den ‹latenten Sinnstrukturen› mittels des Verfahrens der «objektiven Hermeneutik» (Oevermann 1979) stellt einen empirischen Versuch dar, diese Dimension zu erschließen. Die der «objektiven Hermeneutik» folgenden «Verfahren der Sinnauslegung (stellen) in jedem Falle die grundlegenden Operationen des Messens bzw. der Erzeugung theorierelevanter Daten (dar)» (ebd., 353). Die quantitativen Verfahren der erklärenden Soziologie stellen aus dieser Sicht nur implizite Verkürzungen des hermeneutischen Verstehens dar, die sich forschungsökonomisch und somit pragmatisch begründen lassen. Ihnen geht aber ein zumeist impliziter und verkürzter Verstehensprozeß voraus – Cicourel nennt dies den Rückgriff auf den common sense und die gemeinsam geteilte Kultur.

Literatur

Blumer, H.: Der methodologische Standpunkt des Symbolischen Interaktionismus. In: Arbeitsgruppe Bielefelder Soziologen: Alltagswissen, Interaktionen und gesellschaftliche Wirklichkeit. 2 Bde. Reinbek bei Hamburg 1973.

Cicourel, A. V.: Methode und Messung in der Soziologie. Frankfurt/M. 1970.

Eberling, W. & M. Wiese: Sozialwissenschaftliche Forschungsprogramme. Frankfurt/M. 1981.

Fengler, C. & T. Fengler: Alltag in der Anstalt. Rehburg-Lockum 1980.

Friedrichs, J.: Methoden der empirischen Sozialforschung. Reinbek bei Hamburg 1973.

Garfinkel, H.: Studies in Ethnomethodology. Englewood Cliffs 1967.

– & H. Sacks: Über formale Strukturen praktischer Handlungen. In: E. Weingarten et al. (Hg.): Ethnomethodologie. Beiträge zu einer Soziologie des Alltagshandelns. Frankfurt/M. 1976.

Habermas, J.: Zur Logik der Sozialwissenschaften. Sonderheft der Philosophischen Rundschau. Tübingen 1967.

Homans, G. C.: Was ist Sozialwissenschaft? Opladen 1972.

Hopf, C. & E. Weingarten (Hg.): Qualitative Sozialforschung. Stuttgart 1979.

Joas, H.: Praktische Intersubjektivität. Die Entwicklung des Werkes von G. H. Mead. Frankfurt/M. 1980.

Kaplan, A.: The Conduct Of Inquiry. San Francisco 1964.

Lazarsfeld, P. F.: Wissenschaftslogik und empirische Sozialforschung. In: E. Topitsch (Hg.): Logik der Sozialwissenschaft. Köln, Berlin 1968.

Mead, G. H.: Geist, Identität und Gesellschaft. Frankfurt/M. 1968.

Oevermann, U. et al.: Die Methodologie einer «objektiven Hermeneutik» und ihre allgemeine forschungslogische Bedeutung in den Sozialwissenschaften. In: H. G. Soeffner (Hg.): Interpretative Verfahren in den Sozial- und Textwissenschaften. Stuttgart 1979.

Opp, K.-D.: Verhaltenstheoretische Soziologie. Reinbek bei Hamburg 1972.

–: Das Modell des homo sociologicus. Eine Explikation und eine Konfrontation mit dem utilitaristischen Verhaltensmodell. Analyse & Kritik, 1, 1986.

Parsons, T.: The Structure Of Social Action. New York, London 1968.

Popper, K. R.: Die offene Gesellschaft und ihre Feinde. 2 Bde. Bern 1957.

Ritsert, J. (Hg.): Gründe und Ursachen gesellschaftlichen Handelns. Frankfurt/M. 1975.

–: Methodischer Individualismus und Totalitätsbezug. In: Ders. (Hg.): Zur Wissenschaftslogik einer kritischen Soziologie. Frankfurt/M. 1976.

Schütz, A.: Gesammelte Aufsätze. Den Haag 1971.

Smelser, N. J.: Die Beharrlichkeit des Positivismus in der amerikanischen Soziologie. Kölner Zeitschrift für Soziologie und Sozialpsychologie, 3, 1986.

Soeffner, H.-G.: Interpretative Verfahren in den Text- und Sozialwissenschaften. Stuttgart 1979.

Stegmüller, W.: Das ABC der modernen Logik und Semantik. Der Begriff der Erklärung und seine Spielarten. Berlin, Heidelberg, New York 1974.

Weingarten, E., Sack, F. & J. Schenkein: Ethnomethodologie. Beiträge zu einer Soziologie des Alltagshandelns. Frankfurt/M. 1976.

Wellmer, A.: Kritische Gesellschaftstheorie und Positivismus. Frankfurt/M. 1969.

Wright, G. H. v.: Erklären und Verstehen. Frankfurt/M. 1974.

Zedler, P. & H. Moser: Aspekte qualitativer Sozialforschung. Opladen 1983.

Zimmerman, D. & D. L. Wieder: Ethnomethodology and the Problem of Social Order. In: J. D. Douglas (Hg.): Understanding Everyday Life. Chicago 1970.

Michael Wiese

3.9 Biologisch orientierte Evolutionstheorien

«Die Ethologie oder vergleichende Verhaltensforschung ist leicht zu definieren:
Sie besteht darin, auf das Verhalten von Tieren und Menschen alle jene Fragestel-
lungen und Methoden anzuwenden, die in allen anderen Zweigen der Biologie seit
Charles Darwin selbstverständlich sind» (Lorenz 1982, 17).

Von zentraler Bedeutung ist damit Darwins Begriff der Evolution;
durch Mutationen, den völlig ungerichteten Prozessen der Veränderung eines oder mehrerer genetischer Merkmale, wird er in Gang gesetzt. In seltenen Fällen führt die eintretende Veränderung dazu, daß
der Organismus seine Umwelt besser nützen kann, mithin seine Über-
lebens- und Reproduktionschancen gegenüber den nichtmutierten
Artgenossen steigen. Durch Selektion verschwindet schlechter ange-
paßtes Erbgut, während das besser angepaßte sich durchsetzt. Der
Evolutionsprozeß wird weder subjekthaft gesteuert, noch läuft er
zielgerichtet ab; er ist teleonom. Die Grundfragestellung der Ethologie nach der Funktion eines Merkmals oder einer Verhaltensweise
zielt immer auf die Erklärung des Arterhaltungswerts dieser Erscheinung.

Ist der evolutive Prozeß in Gang gekommen, dann erhält er eine
Richtung auf Optimierung der Energie- und Informationsverarbei-
tungsmechanismen. Er weist von der Amöbe mit höchst einfachen
zum Menschen mit höchst komplexen Mechanismen. Dabei ist das
Kontinuum von der Amöbe zum Menschen nicht als linearer Zuwachs
an Komplexität zu begreifen, in ihm gibt es qualitative Sprünge («Ful-
gurationen» bei Lorenz 1977). Auf unterschiedlichen Entwicklungsstufen entstehen neue Systemeigenschaften, die nicht vollständig auf
die der vorhergehenden Stufe reduzierbar sind. Daher haben die Er-
kenntnis- und Verhaltensmöglichkeiten unserer nächsten Verwandten, der Primaten, bei aller Ähnlichkeit im einzelnen eine andere
Qualität. Im evolutiven Optimierungsprozeß entwickeln sich mit den
entsprechenden Organen (Nervensystem, Zentrales Nervensystem,

Hirn und Großhirn sowie ausdifferenzierte Sinnesorgane) immer komplexere Erkenntnisstrukturen, die immer weitere Ausschnitte der Umwelt extrahieren, speichern und zweckvoll wiedergeben können. Dabei bleibt die Erkenntnisstruktur der Struktur der Realität angepaßt, da nur so das Überleben gesichert bleibt. Diese Annahmen bilden die Basis einer in Ansätzen formulierten «evolutionären Erkenntnistheorie» (vgl. Lorenz 1977; Lorenz & Wuketits 1983 und als kritische Würdigung Engels 1985).

Bildet die Evolutionstheorie den erkenntnisleitenden Hintergrund der Ethologie, dann ist die Entdeckung der Erbkoordination der «archimedische Punkt, von dem unsere Forschung ausgeht» (Lorenz 1977, 82). Dies gilt in besonderem Maße für die Variante des angeborenen Auslösemechanismus (AAM). Mit seiner Entdeckung konnte der lernpsychologischen Verhaltensforschung ein entscheidendes Argument entgegengehalten werden. Der AAM bezeichnet den Zusammenhang von im Organismus genetisch verankertem ‹angeborenen Erkennen› einer relevanten Umweltsituation mit dem ‹angeborenen Können›, das ein phylogenetisch festgelegtes Verhalten in Gang setzt. Beispiele dafür sind: der den Rivalenkampf auslösende rote Bauchfleck des Stichlings, das Brutpflege auslösende Rachensperren vieler Vogelküken u. a. m. Der AAM zeichnet sich durch Automatik und Starrheit aus und unterliegt der doppelten Quantifizierung. Das Verhalten wird um so intensiver, je stärker der auslösende Reiz ist und je mehr Zeit seit dem letzten Ablauf verstrichen ist. Letzteres gilt als Hinweis auf die endogene Triebgebundenheit des Verhaltens. Fehlt das auslösende Objekt, dann tritt ein aktives Suchverhalten ein, oder das Verhalten richtet sich gegen ein beliebiges, meist ähnliches Objekt oder wird gar im Leerlauf, ohne Objekt, abreagiert. Die Zahl der Erbkoordinationen wurde durch Entdeckungen erweitert: der erworbene Auslösemechanismus, Appetenz nach Ruhezuständen, Spiel- und Neugierverhalten u. a. m. (vgl. Lorenz 1982). In der aufgeführten Reihenfolge löst sich die Starrheit der Erbkoordinationen immer mehr auf. Im Neugierverhalten werden die Verhaltensweisen von ihren Endzwecken abgekoppelt – verlieren ihren Ernstcharakter – und in entspannter Situation probeweise am Objekt durchgespielt. Neugierverhalten, Spielen, Nachahmen und instrumentelles Verhalten (Werkzeuggebrauch) sind die Bereiche, in denen die größte Ähnlichkeit mit dem menschlichen Verhalten besteht und wo der evolutive Übergang vermutet wird.

Die Ethologie wurde, solange sie sich auf die Erklärung tierischen

Verhaltens beschränkte, von den Sozialwissenschaften nur am Rande zur Kenntnis genommen. Dies änderte sich in unserem Sprachraum, als Konrad Lorenz (1963) seine Theorie aggressiven Verhaltens entwickelte und explizit ihre Geltung für die Erklärung menschlicher Aggressivität behauptete. Aggressivität wurde in den Sozialwissenschaften, nimmt man die psychoanalytisch orientierten Triebtheorien aus, in erster Linie über zwei theoretische Ansätze erklärt: Die Aggressions-Frustrations-Theoreme begriffen Aggression als Folge der Störung einer zielgerichteten Handlung, und die empirisch überlegenen Lerntheorien gingen von dem Axiom aus: Aggression wird, wie jedes andere komplexe Verhalten auch, erlernt. Lorenz entwickelte ein am AAM orientiertes Modell aggressiven Verhaltens, das seine endogene Triebbedingtheit und genetische Verankerung betonte. In der Konzentration auf die Debatte ‹nature vs. nurture› wurde nahezu übersehen, daß Lorenz' Aussage weiter reichte. Das «sogenannte Böse», die Aggression, verstanden als innerartliches Kampfverhalten, ist eine der Voraussetzungen für Sozialität. Diese provokante These begründete er damit, daß in anonymen Tiergesellschaften (Gnu-Herden, Heringsschwärme etc.) praktisch keine Aggression auftritt, es aber auch kein individuelles Erkennen der adulten Tiere gibt. Bei anderen gesellig lebenden Tieren (Paviane, Wölfe, Graugänse etc.) gibt es hingegen individuelles Erkennen und Aggressionen. Hier fordert der Artgenosse der eigenen Sozietät als Artgenosse zwar Aggression heraus, aber als durch Gewöhnung bekanntes Individuum lenkt er sie nicht auf sich. Sie wird durch Hemmung, Ritualisierung und besonders durch die Rangordnung so weit abgeschwächt, daß sie die Sozietät nicht gefährdet, d. h., diese Mechanismen begründen und stabilisieren die Sozietät. Die Aggression wird in vielen Fällen nach außen, gegen Fremde, umgeleitet, und der gemeinsame Kampf schweißt wiederum die Sozietät zusammen. Individuelles Erkennen und Gruppenbindung adulter Tiere sind mit Aggression verwoben.

Diese These blieb in ihrer Ausschließlichkeit auch in der Ethologie nicht unwidersprochen. Bischof (1985, 125 ff) verweist auf das Brutpflegeverhalten, die Sexualität und auch die Aggression als mögliche biologische Wurzeln der sozialen Bindung. Entscheidend bleibt, daß der Ursprung der Vergesellschaftung in genetisch programmierten Verhaltensweisen gesucht und mit einiger Plausibilität auch nachgewiesen wird. Damit werden Kernbereiche der Soziologie, das Verhältnis von Individuum und Gesellschaft und der Prozeß der Vergesellschaftung, thematisiert, und die Soziologie muß die ethologischen Modelle aufnehmen und diskutieren.

Zuvor muß geklärt werden: Gibt es beim Menschen phylogenetisch festgelegtes Verhalten, und wie ‹sicher› wird es von der Ethologie festgestellt? Antworten auf diese Frage sucht die Ethologie hauptsächlich von zwei Seiten. In der Primatenforschung wird versucht, experimentell den Übergang zum Menschen bzw. die entscheidenden Differenzen zum Menschen zu finden. Die Humanethologie, die in unserem Sprachraum eng mit den Arbeiten von Eibl-Eibesfeldt (1978) verbunden ist, geht von der Prämisse aus, daß das Verhalten des Kulturwesens Mensch sozialisatorisch geprägt ist. Dies erschwert das methodische Erkennen von Erbkoordinationen im menschlichen Verhalten, da durch Beobachtung, die dominierende Methode der Humanethologie, sich der genetische Verhaltensanteil nicht isolieren läßt und sich andererseits Experimente unter Erfahrungsentzug aus ethischen Gründen verbieten. Um beiden ethologischen Methoden so nahe wie möglich zu kommen, ging man folgendermaßen vor:

1. Ausgehend von der Annahme, daß im frühen Lebensalter aus Reifungsgründen noch keine komplexen Lernprozesse stattfinden konnten, versucht man, bei Säuglingen und Kleinkindern erbkoordinierte Ausdrucksbewegungen und Verhaltensweisen nachzuweisen. Untersuchungen über Reaktionen, Verhalten und kognitive Kompetenzen in den ersten Lebenswochen und -monaten (vgl. Hassenstein 1978; Morath 1978; Trotter 1984) belegen die Annahmen von genetisch programmierten Ausdrucksbewegungen. Die Arbeiten von Spitz (1970) über die Bedeutung von Interaktion von Mutter und Kind werden als weitere Belege für Erbkoordinationen betrachtet.

2. Eibl-Eibesfeldt (1978, 413) zeigte bei der Untersuchung von taub-blinden Menschen, daß sie trotz ‹angeborenem Erfahrungsentzug› viele Ausdrucksbewegungen spontan produzieren.

3. Eine weitere Methode der Humanethologie ist der interkulturelle Vergleich, wobei die Universalität bestimmter Ausdrucksbewegungen trotz unterschiedlicher kultureller Sozialisation als Hinweis auf ihre genetische Festlegung gilt. Eibl-Eibesfeldts (1978, 414ff) Nachweis der Universalität einiger basaler Ausdrucksbewegungen beim Grüßen, Flirten, Beschwichtigen, Verabschieden etc. kann den Anspruch nicht einlösen, eine universale Grammatik menschlichen Sozialverhaltens (vgl. Eibl-Eibesfeldt 1984) zu erstellen. Gerade hier werden die methodischen Restriktionen auf das bloße Beobachten zum Erkenntnishindernis. Werden die kulturellen und kommunikati-

ven Bedeutungen, die die Handelnden ihrem Verhalten beimessen, methodisch eliminiert, dann werden die Ergebnisse fast notwendig trivial.

4. Der Analogieschluß ist nun die Methode, die von sozialwissenschaftlicher Seite zur Kritik geradezu einlädt, und ein weitverbreiteter Vorwurf lautet denn auch: Es ist unzulässig, vom Verhalten der Graugans auf das des Menschen zu schließen. Aber in dieser Pauschalität trifft er nicht zu; denn der Analogiebegriff der Ethologie zielt nicht auf die Ähnlichkeit der Erscheinungsform von Verhaltensweisen, sondern auf die der arterhaltenden Funktion ab. Nun kann aber die Kritik mit einer gewissen Berechtigung aufrechterhalten bleiben, denn nicht immer folgen die Ethologen ihrem eigenen Erklärungsmodell. Nehmen wir als Beispiel die Sicherung einer Sozietät durch Rangordnung, dann wird die Analogie beim Menschen immer bei der auf Dominanz beruhenden Rangordnung, z. B. der Wölfe, gesucht. Nun gibt es bei den Hundeartigen aber auch den afrikanischen Wildhund, dessen Rudel durch eine submissive, auf Beschwichtigung beruhende Rangordnung gesichert wird (vgl. Lawick-Goodall 1978). Daß die Sozialstruktur beim Menschen nur über dominante Aggression gesichert werden kann, wird durch anthropologische und ethnologische Studien widerlegt. Benedict (1955) stellt z. B. vergleichend die auf Bescheidenheit und Mäßigung beruhenden Kulturen der Pueblo-Indianer denen der Dobu gegenüber, die stark auf Aggressivität und Mißtrauen fundiert sind.

Wider besseres Wissen gerät so die Argumentation vieler Ethologen in das trübe Fahrwasser des Sozialdarwinismus, für den sozialer Erfolg gemessen in Geld und/oder Macht mit biologischem Erfolg, der Darwinschen Fitness, identisch ist, oder des verbrämten Rassismus, für den bestimmte Rassen genetisch benachteiligt sind.

Woran liegt es, daß auch aufgeklärte Ethologen gegen falsche Analogieschlüsse nicht gefeit sind? Ihr grundlegendes Argumentationsschema beruht auf der Gleichsetzung von evolutiver Naturgeschichte mit der Sozialgeschichte des Menschen. Dies ist problematisch, denn die Sozialstruktur des Wolfrudels bleibt trotz Wechsel der Individuen invariant, d. h., sie hat keine Geschichte. Im Gegensatz dazu nimmt die menschliche Familie in unterschiedlichen Gesellschaftsformen unterschiedliche Formen an, sie hat Geschichte. Die Gleichsetzung von Naturgeschichte und Sozialgeschichte, wie sie Lorenz (1985, 11) vornimmt, ist der Kern des ethologischen Mißverständnisses. Die Tatsache, «daß der Mensch Geschichte hat und geschichtlich erst wird, was er ‹ist›, (ist) eine beunruhigende Tatsache für eine Anthropologie (oder Humanethologie; M. W.), die es mit der ‹Natur› des Menschen, mit dem was allen Menschen jederzeit gemeinsam ist, zu tun hat» (Habermas 1958, 32).

Mit diesem Argumentationsmotiv der Festlegung des geschichtlich Gewordenen als anthropologisch Konstantes argumentiert die konservative Zivilisationskritik. Gehlens (1962) Überlegungen zum Menschen, seiner Natur und seiner Stellung in der Welt folgen trotz eines von der Ethologie divergierenden Ausgangspunkts diesem Argumentationsschema. Im Unterschied zur Ethologie nimmt er den Menschen aus der Evolutionsgeschichte heraus und bezeichnet ihn als Sonderentwurf der Natur, der durch einen Mangel an echten Instinkten und angeborenen Verhaltensweisen gekennzeichnet ist. Als biologisches Mängelwesen ist er ganz auf seine Kultur angewiesen, die die Umwelt zur Welt formt. Nun widerlegt die Ethologie dieses Argument als anthropozentrischen Kunstgriff; denn der Mensch ist aus biologischer Sicht ein hochgradiger Spezialist im Nichtspezialisiertsein, so daß er sich an fast alle Umweltgegebenheiten anpassen kann (vgl. Lorenz 1982, 354f; Bischof 1985, 503ff). Gehlens Bio-Anthropologie verwandelt Kultur in Natur. Institutionen übernehmen die Rolle der Instinkte (vgl. Gehlen 1969, 95), sie werden zu quasiautomatischen, routinisierten, habitualisierten Gewohnheiten des Denkens und Handelns. Normen werden zu «Sozialregulationen», zu «triebartigen Anlagen» (ebd., 38). Ethik und Moral gründen in quasigenetischen Wurzeln des Menschen. In seiner Zivilisationskritik (ebd.) wird das Institutionenethos des Staates durch eine elargierte Familienmoral, den Humanitarismus, gefährdet. Das Sippenethos, basierend auf Reziprozität, individueller Fürsorge, Rücksichtnahme und Solidarität, elargiert zum hedonistischen Humanitarismus. Werden alle Menschen Brüder, d. h. in den Handlungsbereich dieses Ethos einbezogen, dann wird das Staatsethos, das um die Werte des Dienens, der Disziplin, der Opferbereitschaft zentriert ist, verdrängt. Pazifismus verdrängt ‹gesunde› Aggressivität nach außen. Der Humanitarismus, verbreitet und getragen von den Intellektuellen, verstößt aus dieser Sicht «gegen das biologisch begründete metaethische Gleichgewicht der ursprünglichen Wertsysteme und zerstört (...) die anthropologische Gesundheit der Gattung» (Habermas 1970, 316). In ihrer Zivilisationskritik treffen sich – von unterschiedlichen Wegen kommend und verschiedene Argumentationsfiguren benutzend – Gehlen und Lorenz. Ihre ahistorische, auf anthropologischen Konstanten des Verhaltens gründende Ursprünglichkeit des Menschen läßt in einer komplexen, technisierten Umwelt/Welt nur einen Weg offen, den Weg zurück.

Die Beziehung der Soziologie zur Ethologie sollte sich aber nicht auf die notwendige Ideologiekritik beschränken. Die Darstellung zeigte, daß es Ansatzpunkte für eine fruchtbare Diskussion geben kann, die sich um die soziologisch zentrale Fragestellung der Konstitution von Individuum und Gesellschaft zentrieren könnte. Die ethologischen Erkenntnisse über die biologischen Grundlagen der Sozialität müssen dazu in Verbindung gesetzt werden mit den sozialwissenschaftlichen Überlegungen zur Vergesellschaftung, z. B. mit den anthropologischen und philosophischen Grundannahmen Meads (vgl. dazu Joas 1980). Die Neubestimmung des Natürlichen im Menschen wird auch aus gesellschaftspolitischen Motiven notwendig. Die Gentechnologie hat unser Verhältnis zum Lebendigen auf eine qualitativ neue Stufe gestellt, sie entwirft das Konzept einer ‹rational-utilitaristisch gesteuerten› Evolution und macht dabei vor dem Menschen nicht halt. Selektive Eingriffe ins menschliche Erbgut sind bereits möglich, konstruktive Eingriffe rücken in den Bereich des Möglichen. Um hier normative Grenzen zu setzen, wird es auch wieder notwendig, unsere Natur und damit unser Verhältnis zur Natur neuzubestimmen.

Literatur

Benedict, R.: Urform der Kultur. Reinbek bei Hamburg 1955.

Bischof, N.: Das Rätsel Ödipus. Die biologischen Wurzeln des Urkonflikts von Intimität und Autonomie. München 1985.

Eibl-Eibesfeldt, I.: Stammesgeschichtliche und kulturelle Anpassung im menschlichen Verhalten. In: Die Psychologie des 20. Jahrhunderts. Bd. VI. Zürich 1978.

–: Die Biologie des menschlichen Verhaltens. Grundriß der Humanethologie. München 1984.

Engels, E.-M.: Was leistet die evolutionäre Erkenntnistheorie? Zeitschrift für allgemeine Wissenschaftstheorie, XVI, 1985.

Gehlen, A.: Der Mensch. Seine Natur und seine Stellung in der Welt. Frankfurt/M. 1962.

–: Moral und Hypermoral. Eine pluralistische Ethik. Frankfurt/M. 1969.

Habermas, J.: Anthropologie. In: A. Diemer & I. Frenzel: Philosophie. Frankfurt/M. 1958.

–: Nachgeahmte Substantialität. Eine Auseinandersetzung mit Arnold Gehlens Ethik. Merkur, 4, 1970.

Hassenstein, B.: Die Entwicklungsphase des Kleinkinds. In: Die Psychologie des 20. Jahrhunderts. Bd. VI. Zürich 1978.

Joas, H.: Praktische Intersubjektivität. Die Entwicklung des Werks von G. H. Mead. Frankfurt/M. 1980.

Lawick-Goodall, H. J.: Unschuldige Mörder. Bei den Raubrudeln in der Serengeti. Reinbek bei Hamburg 1978.

Lorenz, K.: Das sogenannte Böse. Zur Naturgeschichte der Aggression. Wien 1963.

–: Die Rückseite des Spiegels. Versuch einer Naturgeschichte menschlichen Erkennens. München 1977.

–: Vergleichende Verhaltensforschung. München 1982.

–: Die acht Todsünden der Menschheit. München, Zürich 1985.

Lorenz, K. & F. Wuketits (Hg.): Die Evolution des Denkens. München, Zürich 1983.

Morath, M.: Der menschliche Säugling. In: Die Psychologie des 20. Jahrhunderts. Bd. VI. Zürich 1978.

Spitz, R.: Vom Säugling zum Kleinkind. Naturgeschichte der Mutter-Kind-Beziehung im ersten Lebensjahr. Stuttgart 1970.

Trotter, J. R.: Die 10 Gefühle, die die Welt bedeuten. Psychologie Heute, 10, 1984.

3.10 Zur neueren Theoriediskussion

Harald Kerber

3.10.1 Zur Theorie des kommunikativen Handelns und ihrer Kritik am Systemfunktionalismus

Die Theorie des kommunikativen Handelns ist vornehmlich Resultat eines kommunikationstheoretisch orientierten Paradigmenwechsels der kritischen Gesellschaftstheorie in der Tradition von Marx: An die Stelle der früher von Habermas verwendeten Theoreme von instrumentellem Handeln und Interaktion, so wie sie noch in «Erkenntnis und Interesse» ([5]1979) Thema sind, treten in der «Theorie des kommunikativen Handelns» (1981) – und diese früher vorgenommene Unterscheidung gleichsam überlagernd – die Theoreme Lebenswelt und System. Unter Rekurs auf Mead und Durkheim, d. h. unter Rückgriff auf einen umfassenden Begriff kommunikativer Rationalität und einer evolutionstheoretisch verstandenen Entwicklung der Gesellschaft unter der Voraussetzung von Sozial- und Systemintegration, wendet sich Habermas gegen kritische und affirmative gesellschaftstheoretische Ansätze, die nach ihm nur oder vornehmlich am Begriff eines selbstbezüglichen Subjekts orientiert sind.

In der «Theorie des kommunikativen Handelns» kritisiert Habermas zugunsten eines kommunikativ verstandenen Vernunftbegriffs den nach ihm verkürzten Rationalitätsbegriff der älteren kritischen Theorie, die die Verdinglichung der gesellschaftlichen Verhältnisse mit Rationalisierung identifiziert habe. In Ermangelung eines sprachzentrierten umfassenden Begriffs der Vernunft sei dort das Gerüst der Kritik an der Verdinglichung selber den Voraussetzungen verhaftet geblieben, die kritisiert worden seien. Habermas sieht allerdings zwischen Lukács einerseits und Horkheimer und Adorno andererseits den Unterschied, daß Lukács unter Rückgang auf die Kategorie gesellschaftlicher Totalität von der Möglichkeit der gesellschaftlichen Aufhebung der Dominanz der zweckrationalen Handlungsstruktur über lebensweltliche Bezüge ausgehe, während bei Horkheimer und

Adorno in der «Dialektik der Aufklärung» im Begriff der Selbsterhaltung Verdinglichung in den Gang der Menschengattung als ganzer verlagert sei. Habermas kritisiert, daß sich die ältere kritische Theorie wesentlich nur noch geschichtsphilosophisch orientiert habe, und er meint, daß der Begriff der Mimesis, der dort gegen die Zweckrationalität thematisiert wird, unbegriffen letztlich auf die kommunikative Vernunft selbst verweise.

In der «Theorie des kommunikativen Handelns» löst sich Habermas im Rückgang auf die universalpragmatische Herleitung kontextunabhängiger Sprachstrukturen von der noch «Erkenntnis und Interesse» beherrschenden materialistisch-hermeneutischen Explikation der Entzerrung verharschter Kommunikationsstrukturen, d. h. von der Verschmelzung von Ideologiekritik und der transzendentalen Reflexion der universalen Bedingungen von Sprache und Handeln. Das Ziel, das Habermas nun hat, ist die Rekonstruktion des evolutionär sich ausdifferenzierenden kommunikativen Handlungspotentials unter Voraussetzung der Lebensweltrationalisierung und der Komplexitätssteigerung der Subsysteme zweckrationalen Handelns. Unter der kommunikationstheoretischen und entwicklungslogischen Annahme einer Versprachlichung sakraler Weltbildstrukturen und hierbei der Annahme eines bestimmten Rationalitätsgefälles zwischen sakralem und profanem Bereich begreift Habermas unter lerntheoretischen Gesichtspunkten, indem er die Theorie der Intelligenzentwicklung von Piaget und die Theorie der Entwicklung des moralischen Bewußtseins von Kohlberg auf die Phylogenese überträgt, den gesellschaftlichen Prozeß als evolutionär gerichteten, sich stufenförmig entwickelnden Prozeß der gesellschaftlichen Differenzierung, der über die Rationalisierung von Weltbildern und über die Motiv- und Wertgeneralisierung (Universalisierung von Recht und Moral) verläuft. Auf der Ebene der Moderne führt diese Entwicklung zur Entkopplung von Sozial- und Systemintegration und damit zum Problem der Verdinglichung lebensweltlicher Bezüge (vgl. zum Problem Rationalisierung von Weltbildern, der Wertgeneralisierung und der Ausdifferenzierung der kulturellen Wertsphären die Auseinandersetzung mit Max Weber: Habermas 1981, Bd. 1, Kap. II). Das Konzept der Lebenswelt ist dabei «als Komplementärbegriff zum kommunikativen Handeln» verstanden und soll nach Habermas die Möglichkeit des Anschlusses der Handlungstheorie «an die Grundbegriffe der Gesellschaftstheorie» (ebd., 337) sichern.

Gegenüber einem rein systemtheoretischen Ansatz betont Haber-

mas zur Legitimation seines eigenen Gesellschaftskonzeptes, daß
eine Systemtheorie der Gesellschaft «schon aus methodologischen
Gründen (...) nicht autark» sein könne, weil die «eigensinnigen
Strukturen der Lebenswelt, die die Systemerhaltung internen Beschränkungen unterwerfen, (...) eines kommunikationstheoretischen Ansatzes» bedürften, der «das vortheoretische Wissen von
Angehörigen (der Lebenswelt; H. K.) aufnimmt» (ebd., Bd. 2, 229).
Zudem seien «die objektiven Bedingungen, unter denen die systemtheoretische Vergegenständlichung der Lebenswelt erforderlich wird,
im Laufe der sozialen Evolution selbst erst entstanden» (ebd., 229f).

Bezogen auf das Problem, die – wie Habermas vorschlägt – soziale
Evolution unter dem doppelten Gesichtspunkt von Sozial- und Systemintegration zu begreifen, ist hier zunächst auf die von ihm vorgenommene Darstellung der einzelnen Handlungsbegriffe einzugehen.
Habermas nennt zuvörderst vier Handlungsbegriffe: a) das teleologische Handeln, das, wie er betont, «seit Aristoteles im Mittelpunkt der
philosophischen Handlungstheorie» (ebd., Bd. 1, 126) steht. Hier
wird ausgegangen von einem Aktor. Es wird zum strategischen Handeln erweitert, sofern mindestens zwei Aktoren (so bei der Tausch-
handlung) beteiligt sind. Dieses Handeln liegt nach Habermas den
«entscheidungs- und spieltheoretischen Ansätzen in Ökonomie, Soziologie und Sozialpsychologie zugrunde». Ferner nennt er b) das
normenregulierte Handeln. Dieses ist das Handeln von Mitgliedern
einer sozialen Gruppe, «die ihr Handeln an gemeinsamen Werten
orientieren» (ebd., 127), und er nennt c) das dramaturgische Handeln. Hier bilden die Interaktionsteilnehmer «füreinander ein Publi-
kum (...), vor dessen Augen sie sich darstellen». Schließlich nennt er
d) das kommunikative Handeln. Dieses Handeln «bezieht sich auf die
Interaktion von mindestens zwei sprach- und handlungsfähigen Subjekten, die (sei es mit verbalen oder extraverbalen Mitteln) eine inter-
personale Beziehung eingehen». Hier wird unter dem Gesichtspunkt
der Koordinierung von Handlungsplänen Verständigung innerhalb
bestimmter Geltungsbereiche gesucht. Es geht um «das Aushandeln
konsensfähiger Situationsdefinitionen». Die Sprache erhält dabei
«einen prominenten Stellenwert» (ebd., 128).

Alle diese Handlungsbegriffe haben nach Habermas «Rationali-
tätsimplikationen» (ebd., 129). Beim teleologischen Handeln, das
unter den Aspekten *«Wahrheit»* und *«Wirksamkeit»* (ebd., 130) zu
begreifen ist, handelt es sich um einen *«Ein-Welt-Begriff»*. Er bezieht
sich auf die objektive Welt. Dieser Ein-Welt-Begriff gilt auch für das

strategische Handeln. Der Begriff der objektiven Welt, der hier gemeint ist, bezieht sich darauf, daß für strategisch handelnde Subjekte
in der Welt neben physischen Gegenständen «Entscheidungen fäl-
lende Systeme auftreten können». Beim normenregulierten Handeln, das der «Wertinternalisierung» unterliegt, handelt es sich hingegen um «Beziehungen zwischen einem Aktor und genau zwei
Welten» (ebd., 132f), nämlich um die objektive und die soziale Welt.
Weder im teleologischen noch im normenregulierten Handeln verhält
sich der Aktor zu sich selbst reflexiv. Das geschieht im dramaturgischen Handeln. Es handelt sich hierbei ebenfalls wie im normenregulierten Handeln um zwei Welten, nämlich um die «Innen- und die
Außenwelt» (ebd., 140).

Die Rationalitätsproblematik, die nach Habermas sich für die bis
jetzt genannten Handlungsbegriffe mit Ausnahme des kommunikativen Handelns «nur *für den Sozialwissenschaftler*» ergibt, rückt nun
beim kommunikativen Handeln «in die Perspektive des *Handelnden
selbst*» (ebd., 141). Wird, wie Habermas betont, Sprache in den anderen Formen des Handelnden nur «einseitig» benutzt, so gilt: «Allein
das kommunikative Handlungsmodell setzt Sprache als ein Medium
unverkürzter Verständigung voraus, wobei sich Sprecher und Hörer
aus dem Horizont ihrer vorinterpretierten Lebenswelt gleichzeitig auf
etwas in der objektiven, sozialen und subjektiven Welt beziehen, um
gemeinsame Situationsdefinitionen auszuhandeln» (ebd., 142). Hergestellt wird hierbei also ein dreifacher Weltbezug. Der übergreifende
Charakter des kommunikativen Handelns gegenüber den drei anderen Handlungsbegriffen äußert sich entsprechend darin, «daß sich die
in ihnen jeweils ausgezeichneten Typen der Kommunikation als
Grenzfälle kommunikativen Handelns erweisen» (ebd., 143f). In
Hinsicht auf die Herleitung dieses Handlungsbegriffs bezieht sich Habermas auf Mead, auf Wittgensteins Sprachspielkonzept, auf die
Sprechakttheorie und die Hermeneutik bei Gadamer, wobei Ethnomethodologie und Hermeneutik aber darin kritisiert werden, daß hier
«soziales *Handeln* auf die Interpretationsleistungen der Kommunikationsteilnehmer reduziert, Handeln an Sprechen, Interaktion an Kon-
versation angeglichen» (ebd., 143) werde.

Im kommunikativen Handeln ist die mögliche unverkürzte sprachliche Verständigung das leitende Paradigma. Sie ist damit vorgestellt
als ein bestimmter «Mechanismus der Handlungskoordinierung»
(ebd., 143). Rückt, wie gesagt, in diesem Handeln die Rationalitätsproblematik in die Perspektive des Handelnden selbst, was sich am

Begriff der Geltungsansprüche, die hier in reflexiver Weise erhoben
werden, zeigt, so heißt das in bezug auf das Verhältnis von Handeln-
dem und Sozialwissenschaftler, daß prinzipiell beide sich auf der
Ebene der Kommunikation über die Frage nach der Koordinierung
von Handlungsplänen bewegen, wobei allerdings der Sozialwissenschaftler in eigenartiger Weise vom Handeln selbst entlastet ist. Hatte
Habermas in «Erkenntnis und Interesse» diesen Zusammenhang mit
Hilfe einer von der Hegelschen Logik abgekoppelten Interpretation
der Phänomenologie des Geistes von Hegel zu verdeutlichen versucht, so geschieht das jetzt über die Reflexion der Problematik des
Erhebens von Geltungsansprüchen auf dem Hintergrund einer unter
lerntheoretischen Gesichtspunkten begriffenen und sich in Weltbild-
rationalisierungen verkörpernden gesellschaftlichen Evolution.

Die Reflexivität, die ins kommunikative Handeln eingebaut ist, ergibt sich daraus, daß in bezug auf das Problem der Wahrheit, der
Richtigkeit und der Wahrhaftigkeit in Hinsicht auf die objektive, soziale und subjektive Welt die Kommunikationsteilnehmer über den
Mechanismus von Ja/Nein-Stellungnahmen ihre Äußerungen «an der
Möglichkeit» relativieren, daß deren Geltung, die mit Gründen beansprucht wird, von anderen Aktoren mit Gründen bestritten werden
kann. Verständigung als handlungskoordinierender Mechanismus
von Handlungsplänen erfolgt dabei über die Einigung auf die «Gültigkeit einer Äußerung» über mindestens einen der Weltbezüge. Das
impliziert *Einverständnis*», d. h. «die intersubjektive Anerkennung» (ebd., Bd. 2, 184) von Geltungsansprüchen. Konsens ist dabei
vorgestellt als Negation des Dissenses. Das Ziel ist hier die Verständigung selbst. Die reinen Typen der sich ergebenden Verständigung
sind dabei nur «Grenzfälle» in dem Sinne, daß, wird ein bestimmter
Geltungsanspruch in Hinsicht auf einen bestimmten Weltbereich thematisch hervorgehoben, implizit *zugleich*» (ebd.) immer der Bezug
zu den anderen Weltbereichen mitgegeben ist.

Die Möglichkeit der Artikulation ausdifferenzierter Geltungsansprüche und ihre Bestreitung hängt mit einem Begriff der Moderne
zusammen, der durch die Lebensweltrationalisierung, durch die
Komplexitätssteigerung der Subsysteme zweckrationalen Handelns
und durch die Entkopplung von Lebenswelt und System charakterisiert ist. Das Lebensweltkonzept zeigt dabei auch, daß Verständi-
gungsvorgänge immer nur auf der Folie eines kulturell eingespielten
Hintergrundwissens im Sinne eines unproblematischen Vorverständnisses über etwas erfolgen: ... «nur der Teil des Wissensvorrates, den

die Interaktionsteilnehmer für ihre Interpretationen jeweils benützen und thematisieren, wird auf die Probe gestellt» (ebd., Bd. 1, 150).

Die teleologische Struktur bleibt nach Habermas «für alle Handlungsbegriffe fundamental». Sprachliche Verständigung ist also, wie gezeigt, nur ein bestimmter Mechanismus der Koordinierung von Handlungsplänen. Demgegenüber (und sowohl dem expressiven wie dem normenregulierten Handeln gegenüber) zeichnet sich das strategische Handeln darin aber auch als ein eigener Handlungstypus aus, daß es sich im Unterschied zu den anderen Handlungstypen, die Bedingungen wie Legitimität, Selbstdarstellung und kommunikativ erzieltes Einverständnis spezifizieren, «mit einer Explikation der Merkmale unmittelbar erfolgkontrollierten Handelns» (ebd., 151) begnügt. Für den von Habermas behaupteten Vorgang der Differenzierung der Gesellschaft in sich voneinander abkoppelnde Bereiche von Sozial- und Systemintegration als Resultat gesellschaftlicher Evolution bedeutet das, daß der strategische Aspekt abgekoppelt wird von kommunikativer Koordination, wodurch dann umgekehrt das kommunikative Handeln «nur noch die Typen normenregulierten und dramaturgischen Handelns» (Linkenbach 1986, 236) umfaßt. Für Habermas, für den die Mensch-Natur-Auseinandersetzung auf einen historisch-invarianten instrumentellen Funktionskreis bezogen bleibt (vgl. ebd.), gilt dann mit Bezug auf die Differenzierung von Lebenswelt und System, daß das «strategische, vom Verständigungsmechanismus abgehängte Handeln, das eine objektivierende Einstellung auch gegenüber interpersonalen Beziehungen verlangt, (...) zum Muster für den methodischen Umgang mit einer wissenschaftlich objektivierten Natur» avanciert. Auch im «instrumentellen Bereich» löse sich «die Zwecktätigkeit» in dem Maße «von normativen Restriktionen», wie sie «mit Informationsflüssen aus dem Wissenschaftssystem rückgekoppelt» (Habermas 1981, Bd. 2, 292) werde.

Habermas (1985, 407; vgl. auch 1981, Bd. 2, 231) bezieht den Begriff seiner «zweiten Natur» auf die Formen einer «normfreien Sozialität» der Subsysteme zweckrationalen Handelns. Dieser Begriff der zweiten Natur ist nicht so zu verstehen (wie bei Marx), daß die Gesellschaft infolge der Eigenart bestimmter Produktions- und Interaktionsformen den Individuen gegenüber als zweite Natur erscheint, sondern er ist an einem Systembegriff orientiert, wonach die Subsysteme zweckrationalen Handelns als solche schon einen versachlichten Zusammenhang darstellen, der dann als «Versachlichung von Lebensformen» (Habermas 1985, 407) erfahren wird. Der Begriff der gesellschaftlichen Evolution bleibt an die Doppelheit von Sozial- und Systemintegration gebunden. Die von Hegel und Marx überkommenen Positionen werden letztlich derart kritisiert, daß sie (wie auch andere, konservative Denkmuster; vgl. Habermas 1985, u. a. 408) der Struktur eines selbstbezüglichen Subjektbegriffs verhaftet bleiben, in der Lebenswelt und System, Sozial- und Systemintegration nicht in ihrem «Eigensinn» (ebd., 407) bzw. die Subsysteme zweckrationalen Handelns nicht in ihrem «evolutionären *Eigenwert*» (Habermas 1981, Bd. 2, 499) zur Sprache kommen.

In Hinsicht auf die These der Lebenswelt-System-Differenzierung wird von Habermas die kapitalistische Wirtschaftsstruktur als «Widerstreit von System- und Lebensweltimperativen» (Habermas 1985, 404), also als Widerstreit von kommunikativ orientierter und normfreier Sozialität behauptet. Im Sinne des Differenzschemas gilt für den Demokratiebegriff bei Habermas entsprechend, daß zwischen Kapitalismus und Demokratie ein «*unauflösliches* Spannungsverhältnis» (Habermas 1982, 2, 507; vgl. auch Habermas zu Offe, ebd., 508) bestünde, da mit beiden «zwei entgegengesetzte Prinzipien der gesellschaftlichen Integration um den Vorrang» (ebd.) konkurrieren würden. Bezogen auf den Kapitalismus ist bei Habermas die Analyse von Markt- und Machtstruktur dann so angelegt, daß auf der Ebene der Neuzeit das Wirtschaftssystem in Führung gegangen und der Staat in Form des Steuerstaates «mit der Produktion rückgekoppelt worden ist» (Habermas 1985, 406 f; vgl. auch 1981, Bd. 2, 247). Entsprechend ist das Medium Macht «an Geld assimiliert» (Habermas 1985, 407; vgl. auch 1981, Bd. 2, 256) worden. Macht und Geld sind dabei nicht – wie nach der Marxschen Analyse – als konkret vermittelte Kategorien einer bestimmten Produktions- und Reproduktionsstruktur der Gesellschaft begriffen, sondern evolutionstheoretisch als entsprachlichte Medien verstanden, die sich einer Entlastung vom umgangssprachlichen Verständigungsaufwand infolge der Lebensweltrationalisierung verdanken. Die «Bindungseffekte eines verständigungsorientierten Sprachgebrauchs» sind hier im Unterschied zu «*generalisierte(n) Formen der Kommunikation*», die «die sprachliche Verständigung (...) bloß kondensieren» (Massenmedien etc.; Habermas 1981, Bd. 2, 573), durch «perlokutionäre Effekte» (ebd., 417) ersetzt. Nach Habermas sind die systemischen Zusammenhänge bei einem geringen Grad der gesellschaftlichen Differenzierung «noch eng mit den Mechanismen der sozialen Integration verwoben» (ebd., 231). Im Zuge der gesellschaftlichen Evolution werden sodann durch diese entsprachlichten Medien die Subsysteme des Wirtschafts- und Verwaltungshandelns zunehmend ausdifferenziert, wobei dann generell jeder «evolutionär in Führung gehende Mechanismus (...) ein höheres Integrationsniveau» beschreibt, «auf dem die vorausgehenden Mechanismen zugleich degradiert, aufgehoben und umfunktioniert werden» (ebd., 247; vgl. hierzu den an Parsons gewonnenen Begriff des *symbolisch generalisierten Kommunikationsmediums*», u. a. ebd.). Wichtig ist dabei, daß jeder dieser in Führung gehenden Mechanismen einer geeigneten institutionellen Verankerung, vermittelt durch entsprechende «Basisinstitutionen» (ebd., 259; vgl. auch ebd. mit Hinweis auf Max Weber, 230), in der Lebenswelt bedarf.

Die ‹Aufhebung› der als eine bestimmte Form des Widerstreits von kommunikativ orientierter und normfreier Sozialität begriffenen kapitalistischen Produktionsstruktur ergäbe sich dann allein durch eine geeignete Institutionalisierung der entsprachlichten Medien unter Voraussetzung der behaupteten evolutionären Eigenwertigkeit lebensweltlicher und systemischer Bezüge. Geld wird über die «Institute des bürgerlichen Privatrechts wie Eigentum und Vertrag, Macht über die öffentlich-rechtliche Organisation von Ämtern institutionalisiert» (ebd., 404). Macht ist dabei gegenüber dem Geld «legitimationsbedürftig» und verlangt deshalb eine *anspruchsvollere normative Verankerung*» (ebd., 405) in der Lebenswelt als das Geld. Die Universalisierung von Recht und Moral im Zuge der Lebensweltrationalisierung ist für die Art und Weise der Möglichkeit der Institutionalisierung zentral, wobei hinwiederum das «Rechtssystem (...) *als ganzes* einer Verankerung in legitimationswirksamen Basisinstitutionen» bedarf. Im bürgerlichen Verfassungsstaat sind hiermit die Grundrechte und die Volkssouveränität gemeint, die nach Habermas die «Brücke» (ebd., 266) zwischen Recht und Moral darstellen. Es zeigt sich aber in Hinsicht auf die entfesselte kapitalistische Dynamik und dann des Spätkapitalismus, wo von der Form eines «Komplementärverhältnisses von Staat und Wirtschaft» (Brunkhorst 1983, 27) auszugehen sei, daß die Basisinstitutionen sich als zu schwach zeigen können, um die symbolische Reproduktion der Lebenswelt gegenüber systemischer Intervention zu schützen und sie kommunikativer Eingrenzung zu unterwerfen.

Das Problem, daß die entsprachlichten Medien Macht und Geld destruktiv auf die Lebenswelt zurückschlagen können, ergibt sich aus der Theorie der Verständigungsformen. Diese stellen «jeweils einen Kompromiß» dar «zwischen den allgemeinen Strukturen verständigungsorientierten Handelns und den innerhalb einer gegebenen Lebenswelt thematisch nicht verfügbaren Reproduktionszwängen» (Habermas 1981, Bd. 2, 279). In Hinsicht auf den Evolutionsprozeß ergibt sich daraus ein Rationalitätsgefälle zwischen dem sakralen und dem profanen Bereich, wonach bis zur Moderne das Rationalitätspotential des Profanbereiches «durch Weltbilder eingegrenzt und neutralisiert worden war» (ebd., 518) und in der späten Moderne eine «Einebnung des Rationalitätsgefälles» infolge der «Profanisierung der bürgerlichen Kultur» (ebd., 519) stattfindet, von Max Weber als Sinnverlust thematisiert. Die «voll ausdifferenzierte Verständigungsform» als gleichsam zu sich selbst gekommene kommunikative Vernunft und die systemischen Mechanismen sind auf dieser Ebene vollkommen voneinander getrennt. Die Imperative der Subsysteme zweckrationalen Handelns, zuvor hinter dem Rationalitätsgefälle von sakralem und profanem Bereich verborgen, wirken nun «erkennbar von außen auf die sozialintegrierten Handlungsbereiche» ein, mit Blick auf Max Weber als Freiheitsverlust zu verstehen. Dennoch tritt die «Konkurrenz zwischen Formen der System- und der Sozialintegration» nicht offen hervor (ebd., 520f).

Es wird gezeigt, daß die auf Verständigungsprozesse angewiesene rationalisierte Lebenswelt zwei Gefahren unterliegt, nämlich «systemisch induzierter Verdinglichung und kultureller Verarmung» (ebd., 483). Damit sind die Verselbständigung der Subsysteme zweckrationalen Handelns gemeint, deren Imperative destruktiv auf die kommunikative Alltagspraxis zurückwirken können (vgl. zum Problem der Ambivalenz von Verrechtlichungstendenzen ebd., 522–547) und die Form einer nicht voll durchgeführten Binnenrationalisierung der Lebenswelt, wo Wissenschaft, Moral und Kunst von überkommenen Traditionen abgespalten sind. Dagegen wird unter Rückgriff auf Durkheim und Mead thematisiert, daß man von dem «Vorschein einer posttraditionalen Alltagskommunikation» auszugehen habe, «die auf eigenen Füßen steht, die der Eigendynamik verselbständigter Subsysteme Schranken setzt, die die eingekapselten Expertenkulturen aufsprengt und damit den kombinierten Gefahren der Verdinglichung wie der Verödung entgeht» (ebd., 486). Im Unterschied zu einer nach Habermas «überholten Theorie des Klassenbewußtseins» wie bei Lukács sollen die empirischen Bedingungen zur Entmächtigung systemischer Imperative «für eine Rückkoppelung der rationalisierten Kultur mit einer auf vitale Überlieferungen angewiesenen Alltagskommunikation» (ebd., 522) angegeben werden. Hier kommt Habermas u. a. auf neuere Protestpotentiale (vgl. ebd., 575–583) zu sprechen, deren Fokus nach ihm nicht mehr Konflikte innerhalb der materiellen Produktion, sondern der kulturellen Reproduktion, der Sozialintegration und der Sozialisation sind (vgl. ebd., 576). Die Theorie des kommunikativen Handelns, die für Habermas Abschied genommen hat von der, wie er meint, «Brüchigkeit der geschichtsphilosophischen Grundlagen» (ebd., 561) der älteren Kritischen Theorie von der Gesellschaft, muß dann gerade auch hier die Möglichkeit der empirischen «Anschlußfähigkeit» (ebd., 562) für die Realisierung ihres sie leitenden kommunikationstheoretischen Paradigmas gegeben sehen.

Habermas geht, bezogen auf den Spätkapitalismus, davon aus, daß der kapitalistische Antriebsmechanismus «durch staatliche Intervention gehütet», aber «keineswegs verändert» werde. Die dieser Entwicklung korrespondierende «sozialstaatliche Pazifizierung des Klassenkonflikts» ist dabei aber nicht als Klassenkompromiß verstanden, sondern so, daß die nach Habermas «aus der Lebenswelt ins System verschobene Klassenstruktur (. . .) ihre historische greifbare Gestalt» (ebd., 512) verliert. Damit verändern sich nach Habermas im Verhältnis zum Liberal-Kapitalismus die Bedingungen für die Austauschbeziehungen, die er «zwischen System (Wirtschaft und Staat) und Lebenswelt (Privatsphäre und Öffentlichkeit)» sieht (ebd., 513; vgl. auch 1985, 406f). Das Problem, das sich hier ergibt, ist die Möglichkeit einer «Zerstörung posttraditionaler Lebenswelten» (Habermas 1981, Bd. 2, 513), die selbst in «hochspezialisierte Teilsysteme (und Teile von Teilen von Subsystemen)» (Habermas 1985, 405) unterteilt sind, durch systemische Imperative. In der sprachlich vermittelten Intersubjektivität bleiben nach Habermas aber die lebensweltlich ausdifferenzierten Bereiche (Kultur, Gesellschaft und Person) gegenüber den systemischen «*intern* verklammert» (ebd., 441). Der Systemfunktionalismus selbst wird nun gleichsam als theoretische Reduplikation «funktionaler Notwendigkeiten der systemisch integrierten Handlungsbereiche» (Habermas 1981, Bd. 2, 507f) gegenüber der Lebenswelt verstanden – auch auf Kosten einer Technisierung derselben. Deren eigene Integrität kann demgegenüber im Sinne des kommunikationstheoretischen Ansatzes nur dadurch gewahrt werden, daß die systemische Expansion durch bestimmte institutionelle Beschränkungen zum Erlahmen gebracht wird. Rein theoretisch wird dem Systemfunktionalismus vorgehalten, daß er nicht über ein geeignetes Sprachkonzept verfüge, durch das der «Egozentrismus der einzelnen Systemperspektiven durch eine höherstufige, über- oder zwischensystemisch gemeinsame Perspektive zu überwinden» wäre, die ja im Begriff «der intersubjektiven Anerkennung von kritisierbaren Geltungsansprüchen» (Habermas 1985, 441) terminiert.

Der überkommene Begriff der Vernunft hat nach Habermas einen selbstbezüglichen Charakter. Die kommunikative Vernunft bezieht sich demgegenüber auf die Intersubjektivität möglicher Verständigung. Da die Subsysteme zweckrationalen Handelns im Gange der gesellschaftlichen Evolution sich infolge der Lebensweltrationalisierung verselbständigen und dadurch die zweckrationale Handlungsstruktur als Struktur eigener funktionaler Zusammenhänge wirkt, bleibt die kommunikative Vernunft auf die Lebenswelt eingeschränkt. In diesem Sinne wird der Systemfunktionalismus auf der Folie der kommunikativen Vernunft gleichsam als Theorie eines verdinglichten Verständnisses der Lebenswelt begriffen und kritisiert.

Der Systemfunktionalismus, der «das selbstbezügliche Subjekt» der älteren Philosophie «durch das selbstbezügliche System» ersetzt, geht für Habermas «schlicht» davon aus, «daß die Strukturen der Intersubjektivität zerfallen, die Individuen aus ihrer Lebenswelt herausgelöst sind» und ergo «personale und soziale Systeme Umwelten füreinander bilden». Auf diese Weise verzichte der Systemfunktionalismus auf «jede Art von Vernunftanspruch». Im Sinne seiner am Lebenswelt-Systemtheorem orientierten Marx-Interpretation und Marx-Kritik ist der «barbarische Zustand», den «Marx für den Fall des Fehlschlagens revolutionärer Praxis vorausgesagt» habe, für den Systemfunktionalismus «bereits eingetreten» (ebd., 409; vgl. auch 1981, Bd. 2, 499). Habermas versucht also darzulegen, daß aus der Perspektive der Systemtheorie die Lebenswelt einen marginalen Charakter annehmen muß.

Luhmann, der entlang dem Konsens-Dissens-Problem sich gegen Husserls «Bewußtseinsleistungen eines monadischen Subjekts» (1984, 120) wendet, hat nach Habermas keinen ausreichenden Interaktionsbegriff, weil ihm das von Mead überkommene «Konzept der sprachlich erzeugten Intersubjektivität nicht zur Verfügung» (Habermas 1985, 435; vgl. auch 1981, Bd. 2, 277) stünde und damit auch kein entsprechender Öffentlichkeitsbegriff, der nach Habermas die Vernünftigkeit des höherstufigen Subjekts überkommener geschichtsphilosophischer Orientierungen in Hinsicht auf die Frage ersetzt, ob komplexe Gesellschaften eine vernünftige Identität ausbilden können (vgl. auch schon Habermas 1976, 92–126). Glaubt Luhmann, mit der

externen Differenz von psychischen und sozialen Systemen der überkommenen Subjektphilosophie gerade deshalb zu entgehen, weil von
ihm «die Subjektivität, das Vorliegen des Bewußtseins, das Zugrun-
deliegen des Bewußtseins als *Umwelt* sozialer Systeme und nicht als
deren *Selbsreferenz* aufgefaßt» (Luhmann 1984, 234) wird, so drückt
sich für Habermas darin, indem der Gedanke der Selbstreferenz von
der Subjektivität auf den Systembegriff übergeht, die Preisgabe jeden
Vernunftanspruchs aus.

Für Luhmann bedeutet Kommunikation die «Synthese dreier Se-
lektionen», nämlich die «Einheit aus Information, Mitteilung und
Verstehen». Er unterscheidet sich in Hinsicht auf das Problem der
Ja/Nein-Stellungnahmen zu erhobenen Geltungsansprüchen von
Habermas darin, daß man nach ihm «beim Adressaten der Kommunikation das Verstehen des Selektionssinnes (...) vom Annehmen bzw.
Ablehnen der Selektion als Prämisse eigenen Verhaltens» (ebd., 203)
unterscheiden muß, während für ihn bei Habermas «im Begriff des
Grundes kognitive und motivationale Komponenten zusammenfallen. Man könne (so interpretiert er Habermas; H. K.) Gründe gar
nicht verstehen, ohne affirmativ oder negativ zu ihnen Stellung zu
nehmen» (ebd., 353, Anm. 12 zu Habermas 1981, Bd. 1, 191). Da unter Bezug auf das Bewußtsein als «Operationsmodus psychischer Systeme», die nach Luhmann zur Umwelt sozialer Systeme zählen, das
Bewußtsein nicht mehr wie in der Phänomenologie Husserls und im
transzendentaltheoretischen Verständnis überhaupt «Subiectum für
alles andere» (ebd., 202) ist und Luhmann dem kommunikationstheoretischen Begriff der Intersubjektivität bei Habermas eine Entlastung von der geschichtsphilosophischen Problematik des selbstbezüglichen Subjekts bescheinigt, muß er dennoch dafür in der Theorie
von Habermas eine Art Substitut entdecken. Er meint nämlich, daß
Ja/Nein-Stellungnahmen «zu entsprechender Handlungsorientierung
zwingen», wodurch Individualität und damit Freiheit ausgeschlossen
werde. «Daß man sich auch durch *eigene* Einsicht nicht *zwingen* lassen muß», ist nach Luhmann entgegen dem zwanglosen Zwang des
besseren Arguments bei Habermas gerade «Grund der *Freiheit*, ihr zu
folgen». Andernfalls «wären alle Motive an die Weltmaschine angeschlossen» (ebd., 353, Anm. 12). – Habermas selbst geht in seiner
Theorie von «anthropologisch tiefliegenden Strukturen sprachlich
vermittelten normenregulierten Handelns» aus. Die Versprachlichung des Sakralen dient ihm als «Gedankenexperiment», um sich
von den «formalpragmatisch geklärten Strukturen verständigungs-

orientierten Handelns» zu diesen anthropologisch tiefliegenden Strukturen «zurück(zu)tasten» (Habermas 1981, Bd. 2, 139; vgl. auch ebd., 561).

In der Trennung von psychischen und sozialen Systemen ist für Luhmann das überkommene Problem des Zusammenhangs von Individuum und Gesellschaft, das Marx in die Formel faßte, das menschliche Wesen sei «die Welt des Menschen, das Ensemble der gesellschaftlichen Verhältnisse» (MEW, Bd. 3, 1973, 6), in der prekären Weise geschlichtet, daß die Sphären von Bewußtsein und Kommunikation voneinander getrennt sind. Der Sinnbegriff, den Habermas unter kommunikationstheoretischen Prämissen auf die Erhebung und Bestreitung von Geltungsansprüchen bezieht, erfährt dadurch, was Habermas monieren muß, eine Neutralisierung. Demgegenüber betont Habermas mit Bezug auf das kommunikationstheoretische Paradigma bei Mead, daß dieser z. B. gegen Durkheims «unbefriedigende(n) Dualismus» des Verhältnisses «von Individuum und Gesellschaft» (Habermas 1981, Bd. 2, 91) darin «eine überzeugende Gegenposition» bezöge, daß bei ihm der Prozeß der «Vergesellschaftung (...) zugleich einer der Individuierung» sei (ebd., 93). Der Marxsche Satz, daß das menschliche Wesen das Ensemble der gesellschaftlichen Verhältnisse sei, müßte von dorther so verstanden werden, daß in der rationalisierten posttraditionalen Lebenswelt, in welcher die Subsysteme zweckrationalen Handelns verankert sind, die regulative Idee der sprachlichen Verständigung zum leitenden Paradigma wird. Entsprechend gilt: «In dem Maße, wie sich die Sprache als Prinzip der Vergesellschaftung durchsetzt, konvergieren (...) die Bedingungen der Sozialität mit Bedingungen der kommunikativ hergestellten Intersubjektivität» (ebd., 143). Die unter koevolutionären Gesichtspunkten begriffene Unterscheidung von psychischen und sozialen Systemen, von der Luhmann ausgeht, reduziert dagegen nach Habermas gleichsam Zusammenhänge, die auf den Modus sprachlicher Verständigung – so über die Gültigkeit einer Norm – angewiesen bleiben, auf ein äußeres systemisches Verhältnis.

Habermas bezieht sich auf Mead, wenn er formuliert, daß, je «mehr das kommunikative Handeln von der Religion die Bürde sozialer Integration» übernehme, «um so stärker (...) auch das Ideal einer unbegrenzten und unverzerrten Kommunikationsgemeinschaft empirische Wirksamkeit in der realen Kommunikationsgemeinschaft» (ebd., 147) gewinnen müsse (entsprechend zur spontanen Selbstdarstellung; vgl. ebd., 147–163). Im Unterschied zu dem nach ihm kom-

munikationstheoretischen «*Idealismus*» (ebd., 168) Meads reflektiert
Habermas aber mit Bezug auf die Subsysteme zweckrationalen Handelns auf die «Grenzen der integrativen Kapazität verständigungsorientierten Handelns» (ebd., 169). Nach Habermas setzt nun die
rationalisierte Lebenswelt sowohl die «systemisch induzierte Verdinglichung» wie den Vorschein bzw. die «utopische Perspektive»
(ebd., 486) einer posttraditionalen Alltagskommunikation frei. Im
Angesicht vorhandener Verdinglichungstendenzen, die nach Habermas im Unterschied zur Marxschen Analyse klassenunspezifisch über
monetäre und bürokratische Kanäle verlaufen (vgl. ebd., 503ff,
513f), erscheint der Ausgang von solcher Perspektive aber als relativ
machtlos. Indem das Sprachparadigma vorausgesetzt bleibt, unter-
läuft die Theorie kommunikativer Vernunft gleichsam nur bei Anerkennung der Subsysteme zweckrationalen Handelns als eigenständige
normfreie Bereiche, deren Imperative destruktiv auf die Lebenswelt
einwirken können, die äußere Differenz zwischen psychischen und
sozialen Systemen, von welcher der Systemfunktionalismus im Begriff der doppelten Kontingenz ausgeht. Die Feststellung, daß Luhmann mit den «Aspekten des Sozialen und des Psychischen (...) das
Leben der Gattung und das ihrer Exemplare» auseinandernehme, um
es dann «auf zwei einander *äußerliche* Systeme zu verteilen, obwohl
doch der *interne* Zusammenhang beider Aspekte für sprachlich konstituierte Lebensformen konstitutiv» sei (Habermas 1985, 442f), hat
denn auch einen mehr beschwörenden statt einen wirklich kritischen
Charakter. Nach Habermas muß das «Rationalitätspotential sprachlicher Verständigung (...) in dem Maße aktualisiert werden, wie der
gemeinsame lebensweltliche Kontext, in den kommunikatives Handeln eingebettet ist, seine Naturwüchsigkeit verliert» (1981, Bd. 2,
393). Mit dem dadurch geforderten «Verständigungsbedarf» bzw.
«Verständigungsaufwand» wächst zugleich das «Dissensrisiko» (vgl.
ebd. und 1985, 405).

Die Theorie des kommunikativen Handelns geht in ihrer Sicht der
Moderne mit davon aus, daß der rationalisierten Lebenswelt Entla-
stungseffekte vom Dissensrisiko durch die entsprachlichten Medien
Macht und Geld korrespondieren und also Formen der Entwelt-
lichung systemischer Prozesse, die durch diese Medien ausdifferenziert werden. Gerade diese Sicht, die gegenüber der älteren kritischen
Theorie von der Gesellschaft den Eigenwert und die Positivität systemischer Prozesse gegenüber dem, was dann Lebenswelt heißt, betont, könnte gegen die Absicht der kommunikationstheoretisch ge-

führten Kritik an der Systemtheorie noch selber mit verständlich machen, daß und warum der Systemfunktionalismus innerhalb der scientific community eine solche starke Stellung erlangt hat, wie er sie zur Zeit behauptet.

Das Differenzschema von psychischen und sozialen Systemen und damit der Begriff der doppelten Kontingenz, von denen der Systemfunktionalismus ausgeht, machen gleichsam jeden Vernunftanspruch überflüssig und erweisen sich dadurch als antihumanistisch. Aber hier stellt sich wohl erst die Frage, wie gleichsam durch diese Vorgaben des Systemfunktionalismus hindurch und nicht durch eine gegen sie gerichtete kommunikationstheoretisch orientierte Kritik, die an den Subsystemen zweckrationalen Handelns ihre eigene Grenze hat, ein antizipatorischer Begriff vernünftiger Verhältnisse zu formulieren wäre. Danach wäre aber diese von der Systemtheorie behauptete Differenz von psychischen und sozialen Systemen nur spezifisch für eine bestimmte historisch gewordene Struktur gesellschaftlicher Verhältnisse – die kapitalistischen. Unter Marxschen Kriterien formuliert, wäre sie der theoretische Ausdruck für real existierende Verdinglichungsstrukturen.

Literatur

Brunkhorst, H.: Kommunikative Vernunft und rächende Gewalt. Über Jürgen Habermas' «Theorie des kommunikativen Handelns». Sozialwissenschaftliche Literatur Rundschau 8/9, 1983.

Habermas, J.: Zur Rekonstruktion des Historischen Materialismus. Frankfurt/M. 1976.

–: Erkenntnis und Interessen. Frankfurt/M. [5]1979.

–: Theorie des kommunikativen Handelns. 2 Bde. Frankfurt/M. 1981.

–: Der philosophische Diskurs der Moderne. Frankfurt/M. 1985.

Linkenbach, A.: Opake Gestalten des Denkens. Jürgen Habermas und die Rationalität fremder Lebensformen. München 1986.

Luhmann, N.: Soziale Systeme. Grundriß einer allgemeinen Theorie. Frankfurt/M. 1984.

Marx, K.: Thesen über Feuerbach. MEW, Bd. 3. Berlin (DDR) 1973.

Klaus P. Japp

3.10.2 Systemtheorie und Kritik

Vorbemerkung

Die sozialwissenschaftliche Systemtheorie hat sich mittlerweile zu einem Unternehmen mit extremer Expansionsgeschwindigkeit ausgewachsen. Nicht nur, daß sie die soziologischen (Einzel-)Disziplinen (spezielle Soziologien, allgemeine Soziologie, Evolutionstheorie) ‹besetzt› und zu integrieren beansprucht – auch Nachbardisziplinen wie Psychologie, Pädagogik, Jurisprudenz und schließlich Theologie bleiben nicht von ihr verschont. Eine Theorie, die solche Ambitionen mit auch nur mittlerem Erfolg durchzusetzen versucht, muß über ein sehr hohes begriffliches Auflösevermögen (resp. Theorien und Gegenstandsbereiche) verfügen und dementsprechend komplex organisiert sein. Komplexität, einer der systemtheoretischen Grundbegriffe, gilt vor allem für diese Theorie selbst.

Daraus ergibt sich ein kaum zu unterschätzendes Darstellungsprogramm: In der Systemtheorie sind alle Begriffe, Argumente, hypothetischen Verknüpfungen etc. *rekursiv*. Sie konfrontiert den Leser mit einem Netz von Verweisungszusammenhängen, das praktisch ohne Anfang und ohne Ende sich immer erneut auf sich selbst bezieht. Das ist kein Zufall und auch keine theorieartistische Gespreiztheit. Vielmehr spiegelt sich darin die (moderne) systemtheoretische Sichtweise von sozialer ‹Realität› als einer rekursiv-geschlossenen Welt – gebildet aus Kommunikation –, die ihren Halt nur noch in sich selbst findet. Religion wird entzaubert, kulturelle Werte werden relativiert, und wer immer ein halbwegs unanfechtbares Sinnfundament benötigt (Natur z. B. oder Moral), der muß es sich schon selber schaffen – und dann daran glauben. Das heißt aber: Wo man auch beginnt (Sinn, Kontingenz, Komplexität, Selektion, System – um nur einige Begriffe zu nennen), man setzt bereits alles andere voraus. Man benötigt wohl ein eigenes Buch, um dieses (Darstellungs-)Problem, wenn nicht zu lösen, so doch wenigstens angemessen darstellen zu können (vgl. Kiss 1986; Willke 1982). Ein anderer Weg besteht darin, eine theoriepolitisch und -strategisch interessierende Fragestellung zu wählen, der sich dann – ohne Rücksicht auf theorieinterne Komplexitätsverluste – systemtheoretische Argumentationsstränge zuordnen lassen. Diese Fragestellung soll hier auf *Kritik* bezogen werden (vgl.

bereits: Habermas & Luhmann 1971): auf einen theoriepolitisch *möglichen* und interessierenden Kontext von System- und Kritischer Theorie.

Die Einheit der Kritik

Von ‹Kritik› (im Sinne einer kritischen Theorie der Gesellschaft) soll hier die Rede sein, wenn drei Bedingungen erfüllt sind. Zum einen muß es einen sozialen Träger geben, dessen wirkliche Aktionen es der Theorie überhaupt ermöglichen, die Gesellschaft aus einer kritischen Perspektive wahrzunehmen. Zum anderen muß eine systematische Beziehung zwischen Struktur- und Interessengegensätzen rekonstruierbar sein. Schließlich muß diese Beziehung Richtungskriterien für sozialen Wandel zulassen, der das Problemlösungspotential sozialer Strukturen prinzipiell erweitert und zugleich die Emanzipation depravierter Interessen ermöglicht. Diese drei Bezugspunkte steuern gleichsam die Erkenntnisinteressen der Kritischen Theorie (vgl. zu diesem – gesellschaftstheoretisch systematisierten – Begriff von Kritik Habermas 1973, 9 ff).

Der erste Punkt begründet die spezifische Beobachtungsperspektive der Theorie, der zweite den Maßstab der theoretischen Kritik und der dritte deren Einheit. Ersichtlich entstammen diese abstrahierten Gesichtspunkte der Tradition marxistischer Gesellschaftstheorie (vgl. Offe 1972). So geht Marx von der Arbeiterklasse als sozialem Träger, von der Beziehung zwischen gegensätzlichen Strukturen (Produktionsverhältnisse und Produktivkräfte) und Interessengegensätzen (Arbeiterklasse / Kapitaleigner), schließlich von der Vereinheitlichung dieser Beziehung durch Krise und Klassenkampf aus (vgl. Habermas 1976).

Andererseits sind jene abstrahierten Gesichtspunkte im Rahmen der Kritischen Theorie (vgl. ebd., 1976) herausgearbeitet worden. Jene Tradition soll deshalb durch zentrale Argumente der Marxschen Theorie und deren Erben in Gestalt der «kritischen Theorie» markiert werden.

Worum es dabei eigentlich geht, ist der eigentümliche Umstand, daß der Zerfall jener Tradition (vgl. Eder 1986) (ihrer Einheit!) mit dem paradigmatischen Ausbau der Systemtheorie einhergeht (vgl. Japp 1986). Dies zeigt sich etwa darin, daß die Kritische Theorie im Zuge der zerfallenden Einheit der Kritik sich Bestandteile der Systemtheorie einverleibt (vgl. Habermas 1973; Offe 1972). Vor allem aber darin, daß dieser Zerfall durch den Wechsel systemtheoretischer Paradigmen hindurch begreifbar wird. Das klingt vertrackt, aber gleichwohl: Dieser Kontext ist Gegenstand der folgenden Ausführungen. Man kann diesen Zerfall der Einheit von Kritik sicherlich auch anders begreifen. Aber an dieser Stelle geht es um Systemtheorie.

Drei systemtheoretische Paradigmen

Die Systemtheorie hat sich von einem Paradigma des Verhältnisses von Ganzem und Teilen (Bateson) zu dem von System und Umwelt (Parsons) und schließlich zum Paradigma autopoietischer Systeme (Maturana) hin entwickelt (vgl. Luhmann 1984, 15f). Mit jedem paradigmatischen Wechsel werden Grundbegriffe umgestellt und notwendigerweise auch die implizierten Argumentationsfolgen (vgl. Kiss 1986, 59ff). So werden etwa die Zentralkonzepte Komplexität und System jeweils durchgreifenden Änderungen unterworfen.

Im Paradigma von Ganzem und Teilen (vgl. zu seiner Herkunft aus der kybernetischen Steuerungs- und Informationstheorie Bateson 1985) wird der Systembegriff noch wesentlich als Kontext begriffen, der sich aus seinen Bestandteilen ergibt und zugleich ‹mehr› ist als die Summe seiner Teile. Damit wird Komplexität relevant als Differenz der Komplexität des Ganzen und seiner Teile: Der umfassende Kontext des Systems ‹enthält› mehr Zustände und Zustandsrelationen als die Teile. Daraus ergibt sich ein weiteres Zentralkonzept, nämlich das der Selektivität. Jeder Zugriff auf Teile oder Teilbeziehungen ist selektiv (gewissermaßen: einseitig) im Verhältnis zur Komplexität des Ganzen – des Systems. Aus dieser Perspektive einer grundlegenden Komplexitätsdifferenz zwischen jeweils umfassenden Systemen und deren Untersystemen (Teilen) hat Bateson (1985) schon früh auf die moderne Problematik ökologischer Ungleichgewichte geschlossen: Diese verdanken sich der perspektivischen ‹Einseitigkeit› (der Selektivität) vor allem technischer Eingriffe in systemische Kontexte, deren immanente Komplexitätsdifferenz immer erst in Form unerwarteter (krisenhafter) Folgewirkungen ‹sichtbar› wird. Pestizideinsatz und Treibgase sind nur augenfällige Beispiele. Eine derartige Sichtweise verführt leicht zu der Idee, Komplexitätsdifferenz durch Abbau von Selektivität (durch umfassende – ‹ganzheitliche› Planung etwa) zu eliminieren, d. h. sich der Komplexität ‹des Ganzen› zu bemächtigen.

Paradoxerweise sind solche Ideen jedoch nur durch extreme Vereinfachungsstrategien zu realisieren, die es dann mit noch massiveren

Folgeproblemen zu tun bekommen. Das Scheitern ‹umfassender› Versuche etwa der Bildungs-, Forschungs- oder Finanzplanung liefert hier reichlich Anschauungsmaterial.

Diese (und andere) Gründe haben dazu geführt, das Komplexitätskonzept derart zu radikalisieren, daß für Systeme (im engeren Sinn: Sozialsysteme) die Funktion der Reduktion einer prinzipiell unbeherrschbaren Umweltkomplexität angenommen werden muß (vgl. Luhmann, in: Habermas & Luhmann 1971). Ansonsten wäre an sinnhaftes Handeln und Erleben nicht zu denken. Komplexitätsdifferenz wird also auf die Differenz von System und Umwelt umgestellt. Die ‹Teile› (Handlungen, Prozesse, Strukturen) des Systems (und dieses selbst) sind dann nicht mehr selektiv in irgendeinem widrigen Sinne, sondern sie sind es *notgedrungen*: im Sinne einer komplexitätsreduzierenden Selektivität, die gleichbedeutend mit der Selbstkonstitution des Systems-in-seiner-Umwelt ist. Erst durch Reduktion der unfaßbaren Weltkomplexität auf soziale Ordnung durch Systembildung wird nicht-zufälliges Handeln überhaupt erst möglich. Diese Sichtweise macht auch deutlich, warum die funktionale Systemtheorie sich von Parsons' Strukturfunktionalismus absetzen muß: Funktionen sind nicht primär auf die Erhaltung eines Systems hin angeordnet, sondern das System erfüllt selbst eine Funktion: die der Reduktion von (Umwelt-)Komplexität (vgl. ebd.).

Dieses paradigmatische Konzept wird von der Theorie «autopoietischer Systeme» – wenn man so will – zu Ende geführt (vgl. Luhmann 1984, 242 f). Die in der selektiven Selbstkonstitution sozialer Systeme durch Reduktion von Umweltkomplexität bereits angelegte Idee des Selbstbezugs sozialer Systeme wird radikalisiert: Umwelteinflüsse (z. B. ökonomische) auf das (z. B. politische) System werden nicht mehr nur selektiv verarbeitet, sondern durch interne Selbstkontakte überhaupt erst ermöglicht. In diesem Sinne operieren soziale (und personale) Systeme nach Maßgabe geschlossener Selbstreferenz: Das System produziert sich selbst, indem es die Elemente, aus denen es besteht (Kommunikationen), laufend reproduziert (vgl. Maturana 1982; Luhmann 1984). Die systeminterne Reproduktion der Elemente, aus denen das (soziale/psychische) System besteht – das ist Autopoiesis: Selbst(re)produktion. Politische Kommunikationen etwa richten sich nach internen Codierungen des politischen Systems (Regierung/Opposition) und nach nichts anderem – geschweige solchen der Umwelt (vgl. Luhmann 1986, 75 ff). Andererseits würden autopoietisch geschlossene Systeme ohne Umweltkontakt leerlaufen.

Dieser Systemtyp benutzt seine Umwelt, um seine beständige Selbsterneuerung durch Fremdreferenz (Umweltbezug) selbstreferentiell fortsetzen zu können. So zynisch es auch immer klingen mag: Das politische System etwa benutzt ökonomisch erzeugte Arbeitslosigkeit oder Umweltschäden für seine interne Reproduktion von spezifisch politischen Systemelementen. Welche – und ob überhaupt – Problemlösungen dabei herauskommen, ist in einem befremdlichen, aber definitiven Sinne zweitrangig. Erstrangig ist die laufende Reproduktion und Produktion (hier) spezifisch politischer Kommunikationen (Elemente). Komplexität wird weiterhin reduziert, aber nicht mehr allein (quasi negativ) zwecks Umweltabgrenzung, sondern nach Kriterien autopoietischer Selbstreproduktion. Die operativ entscheidende Komplexitätsdifferenz verlagert sich von der Umweltgrenze auf die Differenz von Selbst- und Fremdreferenz – von Identität und Differenz. Auf diesem Wege werden die Systeme füreinander ‹blind›, denn jedes System reguliert diese Differenz mit einem nur für es selbst geltenden Code (für die Wirtschaft: Zahlung/Nichtzahlung; für die Politik: Regierung/Opposition) und dazugehörigen Programmen (Preise in der Wirtschaft; Parteiprogramme in der Politik).

Soziale Systeme können sich dann (von Routinebeziehungen abgesehen) untereinander nur noch ‹erkennen› an Folgewirkungen, die keiner gewollt hat – und die womöglich keiner für wünschenswert hält (Risikotechnologien, aber auch Arbeitslosigkeit, Gesetzesflut etc.).

Das dritte Paradigma der Systemtheorie entwirft eine soziale Wirklichkeit, die es nicht eigentlich ‹gibt›, insofern sie sich selbst erzeugt – sich gleichsam selbst unterstellt und dadurch wirklich wird (vgl. v. Foerster 1985). Soziale Kommunikation gibt es nicht ‹draußen in der Welt›, sondern nur im Modus ihrer laufenden kommunikativen Selbsterzeugung.

Das erste Paradigma und marxistische Kritik

Die marxistische Kritik fokussiert einen Gegensatz zwischen Produktivkräften und Produktionsverhältnissen. Es ist der Gegensatz zwischen gesellschaftlicher Produktion und privater Aneignung. Der klassischen Theorie (vgl. Habermas 1976) zufolge führt dieser Gegensatz periodisch in eine Situation, die den kapitalistischen Verwertungsprozeß blockiert. Der privat angeeignete Mehrwert reicht nicht aus, den gesellschaftlich produzierten Kapitalstock rentierlich zu verwerten. Die ‹letzte› Ursache wird allgemein darin gesehen, daß der private Aneignungsmechanismus (die Produktionsverhältnisse) zu ‹eng› ist, um der Wachstumsdynamik der Produktivkräfte gerecht werden zu können und so auf die eine (Überproduktion) oder andere (Unterkonsumption) Weise in die Krise führt (vgl. Habermas 1973). Die Krise impliziert einen Konflikt zwischen Beteiligten (Kapital) und Betroffenen (Arbeit), dessen historisch-programmatisches Ziel als Vergesellschaftung der Produktionsverhältnisse, d. h. der Eigentumsverhältnisse definiert wurde.

Die Einheit der Kritik findet ihr Kriterium in der Kompensation eines Defizits: der Differenz zwischen privater Aneignung und gesellschaftlicher Produktion.

Diese – inzwischen klassische – Anordnung von Kritik läßt sich ohne Schwierigkeiten mit dem Paradigma von Ganzem und Teilen verknüpfen. Die Komplexität des Ganzen – des kapitalistischen Gesellschaftssystems – wird durch die Unterkomplexität eines ‹Teils› dieses Systems – den Produktionsverhältnissen – ständig in Schwierigkeiten gebracht. Die Forderung nach Vergesellschaftung bezieht sich dann auf die historisch mögliche ‹Aufhebung› der Differenz zwischen Ganzem und Teilen. Letztlich hat der Klassenkampf also die Aufhebung einer gesellschaftlich zentralen Komplexitätsdifferenz zum Ziel.

Das Scheitern dieses Programms läßt sich ebenfalls mit den Mitteln jenes Paradigmas beschreiben: Das Schema von Ganzem und Teilen ist zu einfach, um die Bedingungen für die Aufhebung einer (organisierten, d. h. strukturierten) Komplexitätsdifferenz erfassen zu können. Die Möglichkeiten (die Komplexität) des Systems (des Ganzen) werden unterschätzt, denn nur durch eine derartige Vereinfachung (s. o.) läßt sich die Einebnung jener Komplexitätsdifferenz auch praktisch-politisch umsetzen.

Bezieht man den Umstand ein, daß das System über mehr Möglichkeiten (funktionale Äquivalente) verfügt (als nur über Reinigungskrisen und politische Unterdrückung), um seinen Bestand zu sichern, bekommt man das System-Umwelt-Paradigma in den Blick.

Das zweite Paradigma und politische Legitimationskritik

Durch die Organisation von Märkten, durch Wissenschaft und Technik sowie durch politische Intervention kommt es zu einem wohlfahrtsstaatlich befriedeten Kapitalismus (vgl. Habermas 1973). Er zerreißt die Einheit der Kritik, indem der Klassenkampf zu einem bloßen (institutionell regulierten) Verteilungskonflikt zusammenschrumpft und zugleich der Krisenmechanismus (zumindest) gedämpft wird. Damit verliert aber der Maßstab der Kritik (s. o.) seine Geltung, und auch deren sozialer Träger wird seiner Rolle als Motor des sozialen Fortschritts und dessen theoretischer Reflexion beraubt. Für Träger, Maßstab und Einheit der Kritik müssen neue Bezugspunkte gesucht werden.

Mit der Ausdifferenzierung eines politisch-administrativen Systems (Wohlfahrtsstaat) entsteht ein System, das selbst mit relativer Autonomie und eigenen Umweltgrenzen ausgestattet ist. Es kann nicht mehr in einem Unterordnungsverhältnis zum ökonomischen ‹Ganzen› begriffen werden, also nicht mehr im Rahmen des Paradigmas von Ganzem und Teilen, sondern in dem von System und Umwelt.

Entsprechend konzipiert Offe (1972) den *spät*kapitalistischen Krisenmechanismus als einen Gegensatz zwischen ökonomischem System und politischer Umwelt: Jenes reguliert sich durch abstrakte Tauschbeziehungen (Geld) und dieses durch konkrete Maßnahmen (Macht). In dem Maße, wie das politisch-administrative System seine zweckorientierten Steuerungsleistungen steigert, produziert es Gebrauchswertorientierungen, die – in Differenz zu Tauschwertorientierungen – einen konkreten, zweckorientierten Legitimationsbedarf erzeugen. Es entstehen – im Hinblick auf das ökonomische System – «exterritoriale Strukturen», die ein Legitimationsrisiko in die Beziehungen zwischen ökonomischem und politischem System (die beide füreinander Umwelt sind) transportieren. Komplexitätsdifferenz hat sich in die Legitimationsbalance von System (Ökonomie) und Umwelt (Politik und umgekehrt) verschoben.

Jedes System verarbeitet Umweltkomplexität nach den ihm eigentümlichen Selektionsregeln: das politische System unter dem Gesichtspunkt der Machterhaltung bzw. -steigerung, das ökonomische unter dem Gesichtspunkt der Erhaltung bzw. Steigerung von Zahlungsfähigkeit. Die Selektionsregeln sind also systemspezifisch und daher nicht aufeinander rückführbar. Diese System-Umweltdifferenz wird zum Einfallstor für (nicht-intendierte, vielfach kontraproduktive) Folgewirkungen, die Systemoperationen in der jeweiligen Umwelt auslösen. Zum Beispiel können Arbeitsschutzgesetze (für Behinderte etwa) Benachteiligungen einzelner Arbeitnehmergruppen (Behinderte werden nicht mehr eingestellt) nach sich ziehen, andererseits können regionale Beschäftigungsbereiche das politische System zu Infrastrukturmaßnahmen (Straßenbau, Industrieansiedlung) veranlassen. Weil das politische System darauf spezialisiert ist, gesellschaftlich bindende Entscheidungen hervorzubringen, die «kontingent» sind, insofern sie immer auch anders hätten ausfallen können, werden Legitimationsdefizite, die solche Folgewirkungen – egal, von welchem System sie ausgelöst werden – nach sich ziehen, primär an das politische System adressiert. Dies geschieht etwa in der Form von Bürgerinitiativen, die zeitlich von schwankender Dauer sind, sachlich sehr verschiedene Themen aufgreifen und sozial heterogen zusammengesetzt sind – was sie eben von der Idealvorstellung eines ‹organisierten Proletariats› unterscheidet.

Wenn man die vielfältigen Ziele von Bürgerinitiativen abstrahiert, kommt man auf Partizipation, die das politische System eben gar nicht oder nur in der ihm eigentümlichen Selektivität zuläßt (Wahlen, Lobbyismus etc.). Der Zusammenhang zwischen legitimationsrelevanten Folgeproblemen der System-Umweltdifferenz und Partizipationskonflikten könnte dann jenen Maßstab der Kritik abgeben, als deren sozialer Träger die Gesamtheit der Bürgerinitiativen angesehen werden könnte. Die Einheit der Kritik könnte im strategischen Ziel einer partizipatorischen Demokratie liegen. Aber (und deshalb die Konjunktive) in allen drei Dimensionen trifft man auf starke Kontext*lokkerung*:

Der soziale Träger ist heterogen, der Maßstab ist mehrdeutig, und die Einheitsvorstellung sieht sich Zweifeln an ihrer gesamtgesellschaftlichen Durchschlagskraft ausgesetzt. Die Kritik zerfranst, und das hat ersichtlich etwas mit der Umstellung auf System-Umweltprobleme zu tun: Diese sind uneindeutig (und heterogen) in ihrer Zurechenbarkeit, und das drückt sich dann in ‹der› zeitlich, sachlich und sozial relativ unbestimmten Partizipationsforderung aus – sie ist unzähligen (konkurrierenden) Deutungen ausgesetzt.

Konsequenzen funktionaler Differenzierung

Das Organisationsprinzip moderner Gesellschaften ist selbstredend nicht durch die Interaktion von Ökonomie und Politik bestimmt. Im Zuge der sozialen Evolution differenzieren sich andere Systeme aus, die auf der Grundlage funktionaler Spezifikation exklusiv operieren. Jedes System muß voraussetzen, daß (wissenschaftliche, rechtliche etc.) Funktionen, die es selbst nicht erfüllt, von anderen Systemen übernommen werden. Keine dieser Funktionen ist verzichtbar, und kein System kann die Funktion eines anderen Systems mit übernehmen. Das widerspräche dem Prinzip funktionaler Differenzierung. Was dabei entsteht, ist eine Gesellschaft ohne «Zentrum und Spitze» (vgl. Luhmann 1981), wie sie in der marxistischen Kritik noch fester Theorieanker ist und in der politischen Legitimationskritik bereits unter Druck gerät.

Das erschwert naturgemäß die Anwendung der eingangs genannten Kritikkriterien, die an einen zentralen Krisenmechanismus und einen Besetzungskonflikt um die ‹Spitze› der Gesellschaft gebunden sind (vgl. auch Touraine 1981). Funktionale Differenzierung führt letztlich dazu, daß jedes ‹Zentrum› aufgerieben wird und die ‹Spitze› unbesetzt bleibt. Das Monopolkapital (Politische Ökonomie) kommt dafür ebensowenig in Frage wie etwa Wissenschaftseliten (Theorien der postindustriellen Gesellschaft). Da es dann keinen privilegierten Ort mehr gibt, von dem aus die Gesellschaft sich als Ganzes beobachten ließe, steht jede Kritik vor dem Problem, daß ‹Gesellschaft› sich teils systemspezifisch gleichsam ‹zerlegt› und Konflikte nicht mehr an *einer* ausgezeichneten Widerspruchsachse (wie Lohnarbeit und Kapital) orientiert werden können.

Darüber hinaus tendieren funktionsspezifische Sozialsysteme unter Bedingungen starker Differenzierung (d. h. hoher/undurchschaubarer Umweltkomplexität) zur Schließung (vgl. Luhmann 1984, 30ff).

Alle Systeme bestehen aus Kommunikationen; aber sie schließen sich gegeneinander ab, indem sie ihre ‹Letztelemente› als funktionsspezifische Kommunikation selbst produzieren und reproduzieren: «Autopoiesis». Für das ökonomische System sind das Zahlungen, für das politische Entscheidungen etc. Die Ausdifferenzierung derart geschlossener Systeme verläuft über den Aufbau eines systemspezifischen Kommunikationscodes, der die Kommunikationen im System nach binär schematisierten Werten lenkt (vgl. Luhmann 1986), etwa nach Eigentum/Nicht-Eigentum oder Machtsteigerung/Machtverlust.

Der Code wird programmiert (durch Preise/durch Parteiprogramme etc.) und läßt alle Themen, die nur möglich sind, zu, aber nur im Rahmen des für das jeweilige System geltenden Codes. Derselbe Gegenstand – etwa ein Kernkraftwerk – hat dann im politischen System etwas mit Macht, im ökonomischen System etwas mit Zahlungsfähigkeit und im wissenschaftlichen etwas mit Wahrheit (oder Falschheit) zu tun. Der Code ist nicht änderbar mit dem System verschweißt (Schließung), während die Programme Änderbarkeit und Lernfähigkeit im Umgang mit Umweltkontakten organisieren (Öffnung) – aber auch dies nur im Rahmen systeminterner Selbstbezüge (Selbstreferenz). Öffnung (Fremdreferenz) kommt dann nur durch Schließung (Selbstreferenz) zustande. Man kann dann (schon gar) nicht mehr sagen, daß Systeme sich an Umwelt(en) anpaßten, sondern eher gilt das Umgekehrte: An Umwelt ist für das System nur noch relevant (im Sinne einer Information, die eine Information ist), was die codespezifischen, programmgebundenen Kommunikationsstrukturen *nicht* von vornherein ausfiltern. Die Umwelt als solche ist für das System ‹unverständlich› – bloßes Rauschen. Auf dieser Grundlage ergeben sich keine linearen Beziehungen mehr zwischen Systemen und Konflikten. Unter Bedingungen der durch funktionale Differenzierung erzwungenen Schließung ergibt sich für konfliktorientierte Kollektivakteure (handlungsfähige Sozialsysteme; vgl. Japp 1986) die umgekehrte Schwierigkeit: Wie können ihre Kommunikationen (Protest / Widerspruch) überhaupt die (Sinn-)Grenzen selbstreferentiell geschlossener Systeme durchbrechen, d. h. Anschluß finden an systemspezifisch codierte Programmkommunikation? Jene Kontextlockerung (s. o.) könnte dann – unter derartig verschärften Bedingungen – sehr wohl das Ende der tradierten Vorstellung von Träger, Einheit und Maßstab der Kritik bedeuten.

Das dritte Paradigma und die Einheit der Kritik

Treffen diese Ausführungen zu in dem Sinne, daß etwa funktionale Differenzierung nicht nur ein mehr oder minder spekulatives Erklärungskonzept ist, sondern reale Gegebenheiten beschreibt (vgl. ebd.), dann ergeben sich zwangsläufig immer weitere Beschränkungen für die (Einheit der) Kritik ‹der Gesellschaft›.

Die Selbstproduktion (Autopoiesis) sozialer Systeme stellt auf der Ebene basaler Selbstreferenz (vgl. Luhmann 1984, 191 ff) auf nichts als die Produktion und Reproduktion systemspezifischer Kommunikationen ab. Solche Systeme sind rekursiv auch in dem Sinne, daß sie auf Umwelt nur durch kommunikative Selbstkontakte reagieren – ‹nachdem› sie eben diese Umwelt auf dem Wege selbstreferentieller Schließung gewissermaßen ausgeschieden haben. Die alles entscheidende Komplexitätsdifferenz liegt dann im Regulieren von Selbst- und Fremdreferenz, und das alles immer nur im Hinblick auf Fortsetzung der Autopoiesis systeminterner Kommunikation. Die politische Selbstreferenz und die ökonomische Fremdreferenz z. B. werden im-

mer so reguliert, daß die systeminterne Basalkommunikation (macht-
gesteuerte Entscheidungen) nicht blockiert wird. Das Aufkaufen von
politischen Entscheidungspositionen wird deshalb zum Skandal – und
nur deshalb. Dabei spielt die Differenz von System und Umwelt die
Rolle einer Beobachtungsdifferenz, die nicht etwa Zentraloperation
ist – dies ist allein die rekursive Reproduktion systeminterner Kommunikationen (vgl. Luhmann 1986, 89ff). Zahlung folgt auf Zahlung,
Entscheidung auf Entscheidung, Rechtsnorm auf Rechtsnorm etc.,
obwohl die Umwelt dauernd stört und ohne diese Störungen das jeweilige System sich im Leerlauf befände. Die Umwelt ‹stört›, andererseits geht nichts ohne sie. Das ist die Paradoxie der Autopoiesis!
Wenn Kommunikationen die Letztelemente sozialer Systeme bilden,
dann werden auch (und gerade) die handelnden Personen zur Umwelt
der Systeme. Und dies in der Form bewußtseinsfähiger psychischer
Systeme – kommunizieren (und handeln) können sie nur im Kontext
sozialer Systeme. Damit Bewußtsein zu Kommunikation und Kommunikation zu Bewußtsein wird, bedarf es der «Interpenetration»
zwischen sozialen und psychischen Systemen (vgl. Luhmann 1984,
286ff). Beide Systemtypen sind füreinander Umwelt, und sie benutzen einander um ihrer jeweiligen Autopoiesis (Kommunikation/Be-
wußtsein) willen. Unter diesen Bedingungen steht jegliche Kritik ‹der
Gesellschaft› vor schier unlösbaren Aufgaben:

Soziale Träger einer theoretischen Kritik rutschen an den harten
Kommunikationsbarrieren sozialer Systeme (Codes/Programme) ab
und fallen durch die Vielzahl heterogener Systemreferenzen hindurch: Damit stehen sie unter dem Zwang, sich selbst erzeugen zu
müssen. Interessen bzw. Wertorientierungen (an Frieden/Umwelt/
Lebensformen/Frauenemanzipation) müssen im Zuge der kommunikativen Autopoiesis (neuer sozialer Bewegungen) rekrutiert werden
– womit auch eine quasi-‹objektive› Rückbeziehung auf Systemge-
gensätze entfällt: Die Gesellschaft beliefert ihre sozialen Träger nicht
mehr mit eindeutigen und vor allem verallgemeinerbaren Bezugs-
punkten ‹der Kritik›. Interessen- und/oder Wertkonflikte sind für
soziale Systeme ‹nur noch› Bezugspunkte von System-Umweltdiffe-
renzen, die nicht mehr in einem schlichten Sinne ‹gegeben› sind (geschweige durch ‹den› Systemkontext), sondern nach systeminternen
Selektionsregeln verarbeitet oder auch ignoriert werden.

Man hat dann gleich zwei Effekte: die Abkopplung sozialer Träger
der theoretischen Kritik von selbstreferentiell ‹verschlossenen› Sozialsystemen und die Entkopplung von System und (‹systemkriti-

schen›) Konfliktpotentialen. Alles gerät unter den Druck der Selbstreferenz (nicht zuletzt die praktische und theoretische Kritik) und
arrangiert sich neu. An die Stelle einer (durch alle Gegensätze hindurch) homogenen Einheit der Kritik tritt eine «neue Unübersichtlichkeit» (vgl. Habermas 1985a).

Die Einheit von Identität und Differenz

Wenn man sich einmal damit abfindet, daß jegliche Kommunikation
von ‹der› Gesellschaft und ihren Teilsystemen (qua Interpenetration
mit personalen Systemen) selbst erzeugt wird, dann gibt es keinen
privilegierten Ort kritischer Reflexion auf Gesellschaft, der sich außerhalb ihrer befände. Weder Gott noch Natur noch das Subjekt
kommen dafür in Frage – sie sind allesamt (ex-)kommuniziert von
selbstreferentiell operierenden Sozialsystemen, von denen wiederum
keines die Repräsentation von Gesellschaft für sich beanspruchen
kann. Jede ‹von außen› geführte Kritik würde nicht Einheit, sondern
Differenz erzeugen: die zwischen der kritischen Beobachtung/Be-
schreibung und dem Beobachteten/Beschriebenen. Das kann auch
ein noch so idealer Diskurs (vgl. Habermas 1985) nicht verhindern.
Das Entscheidende ist vielleicht: Wenn *alles* selbstreferentiell und auf
Autopoiesis angewiesen ist, dann ist es auch die Theorie. Sie kann
sich (und sei sie noch so kritisch) nur noch selbst begründen (vgl. Luhmann 1987), und die ‹Einheit› der Gesellschaft wird (für die Theorie)
durch die Differenz zwischen (systemspezifischer) Beobachtung und
Beobachtetem laufend eliminiert. Kann sich die theoretische Kritik
dann noch an gesellschaftlichem Fortschritt – und nichts anderes indi-
ziert ja die Einheit der Kritik – orientieren? Sie kann es nicht, denn
Fortschrittsorientierungen setzen Einheitsvorstellungen der gesellschaftlichen Totalität (vgl. Habermas 1985) – in der Differenz von
Rückschritt und Fortschritt – voraus. Diese Einheitsvorstellungen
sind aber nach Lage der Dinge nicht mehr zu haben. Die Einheit der
Gesellschaft ‹ist› ihre Differenziertheit! Ist die Kritik dann noch zu
retten, oder bricht sie sich an den internen Selbstvorspiegelungen
einer Gesellschaft, die folglich jeder anders sieht – als Wissenschaftler, als Politiker, als Unternehmer oder als ‹Alternativer›?
    Die Systemtheorie bricht mit Fortschrittstheorien – selbst der Evo-
lution mag sie den Fortschritt nicht mehr anvertrauen, denn diese läßt
inzwischen nicht einmal mehr die «Selbstgefährdung der Gesellschaft» aus (vgl. Luhmann 1986). Was sie moniert, sind «Rationa-

litätsdefizite» funktional differenzierter Gesellschaften. ‹Kritik› wird umgestellt auf Rationalität, die einerseits immer nötiger, andererseits immer unerreichbarer wird (vgl. Luhmann 1984, 593ff).

Rationalität ist dabei nicht an irgendwelche moralischen oder anderweitig normativen Vernunftprinzipien gebunden. Sie ist schlicht ein operatives Erfordernis funktionaler Differenzierung und wird doch durch diese zugleich behindert: Einerseits wird durch den selbstreferentiellen Operationsmodus funktional differenzierter Systeme das Problem relevant, wie Umweltinterventionen eines Systems so orientiert werden können, daß jene Interventionen keine unlösbaren Folgeprobleme für das System (bis hin zur ökologischen Selbstgefährdung der Gesellschaft, also auch für andere Systeme) hervorbringen. Andererseits erzeugt die Zentralrücksicht auf die selbstreferentielle Autopoiesis des Systems immer wieder ‹blinde Flecken› im Umweltkontakt, so daß Folgenverantwortung im System – und allein das wäre Rationalität – eher unwahrscheinlich wird (vgl. Willke 1982). Insbesondere gilt diese Rationalitätsschere auf der Ebene von Gesellschaft, insofern kein soziales Subsystem (auch das politische nicht) gesellschaftliche Folgenverantwortung (Ökologie!) zu tragen imstande ist. Soziale Subsysteme andererseits gewinnen ihre operationsrelevanten Informationen durch Differenzen, inbesondere der von System und Umwelt. Allerdings ist diese Differenz immer an die selbstreferentielle Identität des Systems zurückgebunden. Rationalität hieße dann: die Systemidentität an der System-Umweltdifferenz (und umgekehrt) so zu orientieren, daß durch Lockerung der Identität (der Schließung) eine Einheit von Identität und Differenz zustande käme (vgl. etwa den Kontext von Code und Programm, in: Luhmann 1986, 89ff). Genau das aber wird durch die autopoietischen Schließungszwänge (insbesondere des für jedes System zentralen Kommunikationscodes) verhindert, und so produzieren die Systeme ihre eigenen Rationalitätsfallen.

So produziert das politische System zu viele Gesetze, mit deren Rückwirkungen es sich dann auseinanderzusetzen hat, das ökonomische System Arbeitslosigkeit und ökologische Schäden, deren Rückwirkungen es nur mit den Mitteln (dem Preissystem) begegnen kann, die die Probleme verursacht haben, und das Wissenschaftssystem produziert Risiken, für deren ethisch-moralische Rückwirkungen es keinen Kommunikationscode besitzt.

Von den «neuen sozialen Bewegungen» kann man keine Einheit der (Fortschritts-)Kritik mehr erwarten. Was man erwarten kann, ist eine Orientierung im Rahmen von (systemspezifischen) Rationalitätsdefiziten. Das ist dann keine Einheit der Kritik mehr, sondern (Dauer-)Kritik der (notorischen Verfehlung von) Einheit. Da sie selbst Systeme – in einer Umwelt – von Systemen sind, stellt sich das Problem, ob sie ‹gehört› werden oder konsequenzenlos vor sich hin-‹rauschen›: Die Kritik ist keineswegs am Ende, aber sie muß sich – autopoietisch – selbst erzeugen und sieht sich auf diesem Wege bald selbst Problemen gegenüber, die ihr eigener Gegenstand sind (vgl. z. B. Offe 1986): Rationalität.

Von hier aus liegt die Frage nahe, ob es ein ‹nachmodernes› Gesellschaftsstadium geben könne (vgl. Berger 1986). Offe (1986a) diskutiert die Möglichkeit, die unkontrolliert-expansionistischen Teilsystemrationalitäten zu rationalisieren. Er setzt vor allem auf «Selbstbeschränkung» teilsystemischer Expansion. Man fragt sich aber: Wer soll es machen? Denn für jedes Interesse an Selbstbeschränkung (Gentechnologie / Atomenergie, aber auch durch Grundeinkommen erleichterter Erwerbsarbeitsverzicht) findet sich wohl immer ein (im Zweifelsfall mächtigeres, weil ‹eingebautes›) Gegeninteresse. In diesem Bereich prekärer Systemrationalität liegt deshalb ein Relevanzkriterium erster Ordnung für die «neuen sozialen Bewegungen».

Für die «neuen sozialen Bewegungen» heißt das: Auch sie haben keinen exklusiven Zugang zu gesellschaftlicher Rationalität. Sie sind ebenfalls darauf verwiesen, von den Rückwirkungen ihrer Aktionen (Kommunikationen) zu lernen. Und zwar zu lernen, daß sie die Gesellschaft nicht ‹von außen› beobachten, geschweige denn kritisieren können. Dafür fehlt eben ein einheitlicher Maßstab der Kritik. Es geht nur ‹von innen›, und dann wird es unübersichtlich. Da helfen auch keine fundamentalistischen Totalreduktionen. Das führt nur in die Paradoxie, eine Gesellschaft extern zu beobachten, die jegliche Beobachtung / Kommunikation internalisiert – und relativiert. Diese Lage der Kritik äußert sich schon darin, daß (der ‹soziale Träger›) die «neuen sozialen Bewegungen» primär auf Moral und Angstkommunikation setzen, während die (System-)Theorie sie beobachtet, keinesfalls aber von ihnen getragen wird. Wo man auch hinschaut, zur Kritik, zur Theorie, zur Gesellschaft und vor allem deren Teilsystemen – alles gründet im Selbstbezug und blockiert damit jene Einheit der Kritik.

Wenn sie denn möglich sein soll, dann ohne Einheit. An ihr kann sie nur selbst zerbrechen (vgl. Japp 1991). Und auch die Einheit der Differenz (zwischen Kritik und Gesellschaft) ist nur noch – wenn überhaupt – momenthaft zu haben. Sie läßt sich nicht mehr auf Dauer stellen. In funktional differenzierten Gesellschaften läßt sich Kritik nur als notorische Widerspruchskommunikation ohne sicheren Grund durchhalten. Deshalb kann sie nur bestehen, wenn sie sich immer wieder neu herstellt – oder sich in Gestalt der «neuen sozialen Bewegungen» (etwa) immer neu organisiert. Je ‹nach Lage› jener Differenz, deren Einheit bereits zerfällt, wenn man meint, sie sei hergestellt. Funktionale Differenzierung erzeugt Differenz, u. a. die zwischen Kritik und Gesellschaft. Die Einheit der Differenz ist dann gegenwärtig vor allem in der Erinnerung.

Literatur

Bateson, G.: Ökologie des Geistes. Frankfurt/M. 1985.

Berger, J. (Hg.): Die Moderne – Kontinuitäten und Zäsuren. Soziale Welt, Sonderband 4, 1986.

Eder, K.: Soziale Bewegung und kulturelle Evolution. In: J. Berger (Hg.): Die Moderne – Kontinuitäten und Zäsuren. Soziale Welt, Sonderband 4, 1986.

Foerster, H. v.: Das Konstruieren einer Wirklichkeit. In: P. Watzlawick (Hg.): Die erfundene Wirklichkeit. München 1985.

Habermas, J. & N. Luhmann: Theorie der Gesellschaft oder Sozialtechnologie. Frankfurt/M. 1971.

Habermas, J.: Legitimationsprobleme im Spätkapitalismus. Frankfurt/M. 1973.

–: Zur Rekonstruktion des Historischen Materialismus. Frankfurt/M. 1976.

–: Der philosophische Diskurs der Moderne. Frankfurt/M. 1985.

–: Die neue Unübersichtlichkeit. Frankfurt/M. 1985 a.

Japp, K. P.: Kollektive Akteure als Soziale Systeme? In: H.-J. Unverferth (Hg.): System und Selbstproduktion. Frankfurt/M. et al. 1986.

–: Risiken der Technisierung und die neuen sozialen Bewegungen. In: G. Bechmann (Hg.): Risiko und Gesellschaft. Opladen 1991.

Kiss, G.: Grundzüge und Entwicklung der Luhmannschen Systemtheorie. Stuttgart 1986.

Luhmann, N.: Soziologie als Theorie sozialer Systeme. In: Ders.: Soziologische Aufklärung. Bd. 1. Opladen 1986.

–: Politische Theorie im Wohlfahrtsstaat. München 1981.

–: Soziale Systeme. Grundriß einer allgemeinen Theorie, Frankfurt/M. 1984.

–: Ökologische Kommunikation. Opladen 1986.

–: Die Richtigkeit soziologischer Theorie. Merkur, 1, 1987.

Maturana, H. R.: Erkennen: Die Organisation und Verkörperung von Wirklichkeit. Braunschweig, Wiesbaden 1982.

Offe, C.: Strukturprobleme des kapitalistischen Staates. Frankfurt/M. 1972.

–: Zwischen Bewegung und Partei. Die Grünen in der politischen «Adoleszenz-krise»? In: O. Kallscheuer (Hg.): Die Grünen – Letzte Wahl? Berlin 1986.

–: Die Utopie der Null-Option. In: J. Berger (Hg.): Die Moderne – Kontinuität und Zäsuren. Soziale Welt, Sonderband 4, 1986 a.

Touraine, A.: The Voice and The Eye. Cambridge et al. 1981.

Willke, H.: Systemtheorie. Stuttgart, New York 1982.

4. Gesellschaft und Soziologie

In diesem Abschnitt werden der Zusammenhang der Entwicklung des sozialhistorischen Prozesses und soziologischer Paradigmen sowie deren immanente Strukturen zur Sprache gebracht. Unter Bezug auf die ältere deutsche Soziologie, auf die Entwicklung der Soziologie in westlichen Industrienationen und in der UdSSR wie (ehemals) sozialistischen Ländern wird verdeutlicht, wie bestimmte soziologische Sichtweisen auch unterschiedlichen gesellschaftlichen Voraussetzungen korrespondieren, ohne daß soziologisches Wissen darauf gänzlich zu reduzieren wäre. In Deutschland gab es eine starke geisteswissenschaftliche Tradition. In Frankreich beherrschte – nach Comte, aber auch in dessen Nachfolge – die Schule Durkheims mit ihrem Begriff des kollektiven Bewußtseins zu bestimmten Zeiten die Diskussion; es folgten existentialistische, strukturalistische bzw. neostrukturalistische Ansätze. Für die USA zeigte sich mehr eine Entwicklung pragmatisch orientierter Theorien. In der UdSSR und in den (ehemals) sozialistischen Ländern mußte sich soziologisches Denken gegen die als Weltanschauung verdinglichte Marxsche Theorie durchsetzen, die unter dem Begriff des Marxismus-Leninismus firmierte. Soziologie als Wissenschaft von Experten für bestimmte gesellschaftliche Teilprobleme mußte schließlich mit dem Wachsen der Komplexität der gesellschaftlichen Verhältnisse in allen diesen Ländern mehr oder minder akzeptiert werden.

In Frankreich war die Soziologie an der Aufnahme von bzw. Auseinandersetzung mit linken Positionen orientiert, während in Amerika vor allem der Sozialbehaviorismus von George Herbert

Mead relevant wurde. In Deutschland übte nach dem Zweiten Weltkrieg besonders die Kritische Theorie von der Gesellschaft, die Frankfurter Schule, großen Einfluß aus.

Die Inhalte der kontroversen Diskussionen zwischen den einzelnen soziologischen Theorieentwürfen sind nicht von den Tendenzen der gesellschaftlichen Entwicklung selbst zu trennen.

H. K. / A. S.

Bernd Wirkus

4.1 Die Ältere Deutsche Soziologie

4.1.1 Einleitung

Ein problemgeschichtlicher Abriß der älteren deutschen Soziologie
muß zunächst auf die ideengeschichtlichen und politischen Zusammenhänge eingehen, aus denen die Soziologie als Wissenschaft der
Gesellschaft und des menschlichen Handelns zu verstehen ist. Doch
können im folgenden die historisch-politischen Implikationen einer
‹philosophischen Soziologie› nur angedeutet werden; auf die Darstellung der gerade in den zwanziger Jahren sich rasch entwickelnden
empirischen Sozialforschung muß dagegen verzichtet werden.

Soziologie entstand, historisch betrachtet, aus den gesellschaftlichen Emanzipationsbestrebungen des Bürgertums vom Absolutismus zur Zeit der Aufklärung (besonders in England und Frankreich).
Die Anfänge einer Politischen Philosophie bei Thomas Hobbes
(1588–1679) in «De Cive» (1642), seine Theorie der Bedingung der
Möglichkeit der Staatsbildung im «Leviathan» (1651), Adam Fergu-
sons (1723–1816) «Essay on the History of Civil Society» (1767),
Adam Smith' Theorie der Arbeit in dem Klassiker der liberalen Nationalökonomie «An Inquiry into the Nature and Causes of the
Wealth of Nations» (1776), Jean-Jacques Rousseaus (1712–1778)
Kritik des Privateigentums, seine auf der «volonté générale», dem
allgemeinen Willen, beruhende Demokratielehre im «Contrat social»
(1762) vor allem, schufen die Grundlagen einer politisch und ökonomisch immer selbständiger agierenden bürgerlichen Klasse. Die englische «Glorious Revolution» von 1688, der amerikanische Befrei-
ungskampf mit der Unabhängigkeitserklärung von 1776 und der Sturz
des Feudalabsolutismus in der Französischen Revolution von 1789
waren die Ergebnisse politisch-gesellschaftlicher Theorie.

Die politische ‹Sonderstellung› Deutschlands, der Partikularismus
und Provinzialismus seiner absolutistischen Fürstentümer und die
Verwurzelung in den politischen Vorstellungen eines mittelalterlichen

‹Reichsgedankens› ließen eine Adaption liberalistischer und demo-
kratischer Ideen dagegen, außer bei einer kleinen Schar von Dichtern
und Philosophen, kaum zu. Die Demokratiebestrebungen der März-
revolution 1848 blieben eine Episode und gingen später im nationalistischen Getöse des neuerstandenen Deutschen Reichs, das viele für
die Reinkarnation des mittelalterlichen Kaisertums hielten, vollends
unter. Mit der Reichsgründung 1871 trat Deutschland zwar als politisch ‹verspätete Nation›, jedoch mit um so größerem Aplomb in Europa gegen seine Nachbarn und vor allem die anderen imperialistischen Großmächte Frankreich, England und Rußland an, um den sich
selbst zuerkannten ‹Platz an der Sonne› mit einer Mischung von Industrialismus ‹Made in Germany› und hegemonialer Machtstaatpolitik
zu erobern. Bei aller Traditionsbewußtheit blieb Deutschland gegenüber den wesentlichen politischen Tendenzen der Neuzeit eigentümlich traditionslos. Trotz der Aufklärungsphilosophie eines Kant
(1724–1804) blieb die ‹Romantik›, das Schwelgen in der Vergangenheit, besonders im Mittelalter, im deutschen Denken immer eine besondere Verlockung und Verheißung. Dieses Schwanken zwischen
Verklärung und Aufklärung war auch für die Entstehung der Soziologie in Deutschland symptomatisch. Diese entstand zwar zunächst als
‹Oppositionswissenschaft› des Bürgertums gegen die Mächte des alten Feudalabsolutismus. Doch im nachrevolutionären Zeitalter der
Restauration und des entstehenden gegenrevolutionären Konservatismus verlor der Begriff der ‹Gesellschaft› seine eindeutige, gegen
den absolutistischen Staat gerichtete polemische Note und wurde
fortan in neutralerer und deskriptiverer Weise von konservativen,
liberalen und selbst sozialistischen Theoretikern gemeinsam benutzt.
Auch vom Hauptvertreter des Positivismus in Frankreich, Auguste
Comte (1798–1857), wird der Terminus ‹Soziologie› in seinem
«Cours de Philosophie Positive» für eine neue Universalwissenschaft
zur Steuerung der Gesellschaft eingeführt.

In Deutschland betonten nach der gescheiterten Revolution von
1848 als erste der Hegelianer Lorenz von Stein (1815–1890) und der
Liberale Robert von Mohl (1799–1875) die Notwendigkeit einer besonderen ‹Gesellschaftslehre› neben der traditionellen ‹Staatswis-
senschaft› und ‹Nationalökonomie›. Auch der von Karl Marx
(1818–1883) und Friedrich Engels (1820–1895) entwickelte ‹Historische Materialismus› übte mit einer Fundamentalkritik an der bürgerlich-kapitalistischen Gesellschaftsordnung nachhaltigen Einfluß auf
die spätere Soziologie aus. Nicht ohne Wirkung blieb außerdem die

von Moritz Lazarus (1824–1903) und Heymann Steinthal (1823–1863) begründete und von Adolf Bastian (1826–1904) und Wilhelm Wundt (1832–1920) weiterentwickelte ‹Völkerpsychologie›. Alle diese theoretischen Ansätze vollzogen sich noch nicht unter dem Stichwort ‹Soziologie›. In Deutschland fehlten solche ‹Vordenker› einer soziologischen Theorie wie Comte in Frankreich und Herbert Spencer (1820–1903) in England. Nachdem das Problem der ‹Gesellschaft› von heterogenen Ansätzen erkenntnistheoretischer, ontologischer und geschichtsphilosophischer Herkunft als eigenständiges Thema neben oder gar anstelle des Staates erkannt war, konkurrierten in einer Phase der eigentlichen Konstitution der Soziologie bis zum Ende des Ersten Weltkriegs verschiedene methodische Ansätze um die positive Grundlegung und das Paradigma der ‹richtigen› Soziologie. Die Krisenzeit der Weimarer Republik von 1919 bis 1933 hingegen führte zu grundsätzlichen Zweifeln an der Verfassung der Gesellschaft und damit auch zu einer Krise der Theorie: In der folgenden ‹Dialektisierungsphase› der Soziologie wurden vorzugsweise das vorher erarbeitete theoretische Niveau und die Resultate modifiziert, erweitert, fortgeführt, teilweise in ‹höhere› Standpunkte dialektisch ‹aufgehoben›, aber auch gänzlich umgewandelt oder negiert. Die Haupttendenzen blieben indes sichtbar. Der ‹Kampf um die Soziologie› – gewiß eines der aufregendsten intellektuellen Ereignisse der an geistigen Potenzen nicht eben armen ‹Weimarer Zeit› – wurde durch die Machtergreifung der Nationalsozialisten brutal abgewürgt. Geduldet wurde nur noch die im Sinne der nazistischen Rassenpolitik verkündete ‹Volkstumssoziologie› oder andere dem braunen Zeitgeist angepaßte Staats- und Gesellschaftslehren.

4.1.2 Die Begründung der deutschen Soziologie 1885–1914

Der naturalistisch-positivistische Ansatz: Ludwig Gumplowicz

Im «Grundriß der Sociologie» (1885) von Ludwig Gumplowicz (1838–1909), einem Österreicher polnisch-jüdischer Herkunft, tauchte zum erstenmal in programmatischer Absicht der Begriff ‹Soziologie› im Titel eines deutschsprachigen Buches auf. In empirisch-naturalistischer Denkweise suchte Gumplowicz nach einem Gegenstand der Soziologie sui generis, um ihr durch klare Abgrenzung gegen eine damals von H. Spencer inspirierte biologisch argumentierende Organismustheorie der Gesellschaft (Schäffle, v. Lilienfeld, Ratzenhofer) wie auch die von der Psychologie herkommende «Völkerpsychologie» den Status einer eigenständigen Wissenschaft zu sichern. Gumplowicz wies der Soziologie die Aufgabe zu, den «Werdeprozeß menschlicher Vergesellschaftung» (1885, 213) zu erfassen und die «Gesetzmäßigkeit dieses Verlaufs» (ebd.) festzustellen, nicht aber nach irgendeinem Ursprung menschlichen Seins zu forschen. Dies hieß für ihn besonders die Illusion der Geschichtsphilosophie aufzugeben, die «Geschichte der Menschheit als Ganzes (...) umfassen» (ebd.) zu können. Und empirisches Faktum in seinem Sinne war allein das Zusammenwirken der Menschen in Gruppen, in einem «Polygenismus» (ebd., 79), der sich nach innen in der Zusammengehörigkeit (Syngenie) der Sprache, Religion und Moral, nach außen aber in Kampfesstellung gegen andere Gruppen (Heterogenie), die ‹Fremden›, manifestiert. Das Sozialphänomen der Staatenbildung erscheint bei ihm allein aus dieser Perspektive als das eines sozial bedingten Interesses an Macht und Machterweiterung, als Fortsetzung der Kämpfe der primitiven Horde der Urzeit; ihr einziger Zweck sei die Unterwerfung einer Gruppe durch eine andere und die «Organisation der Herrschaft einer Minorität über eine Majorität» (ebd., 116). «Ideen» von Recht und Moral könnten immer nur funktionellen Zielen der Machterhaltung der Herrschenden bzw. dem Emanzipationskampf der Unterdrückten dienen. Trotz gewisser Anklänge an die Klassenkampftheorie von Marx kannte Gumplowicz' Sozialpessimismus nur einen ewigen Kampf um Macht und Herrschaft, aber keinen gesellschaftlich-geschichtlichen Fortschritt. Die polemische Hauptthese seines deterministischen Kollektivismus, der Mensch könne nicht anders denken als das ihn umgebende «soziale Medium», nicht er selbst, sondern die Gesellschaft in ihm (ebd., 167) denke, provozierte die massive Gegenkritik der damals in der Mehrheit individualistisch argumentierenden Historiker und Geisteswissenschaftler.

Der historisch-psychologische Ansatz: Ferdinand Tönnies

Einen besonderen Rang in der deutschen Soziologie nimmt Ferdinand Tönnies' ((1855–1936) Buch «Gemeinschaft und Gesellschaft» (1887) ein, das vielen als eigentlicher Beginn der deutschen Soziologie gilt, weil Tönnies darin den Kulturprozeß der Neuzeit aus der Gegensätzlichkeit der zwei Grundkategorien ‹Gemeinschaft› und ‹Gesellschaft› erfassen wollte. Obwohl Tönnies eher dem englischen rationa-

listischen Empirismus zuneigte, hatte doch seine ontologische Auslegung des Gemeinschaftsbegriffs auf romantisch-irrationalistische
und sektiererische Strömungen, z. B. die Jugendbewegung, erheblichen Einfluß. Im Gegensatz zu Gumplowicz interessierte Tönnies
viel stärker die ‹Binnenstruktur› der Gruppen. Dabei baute er seine
Soziologie auf zwei polaren Grundkategorien auf: einem sog. «Wesen-
willen», der das natürliche, reale und organische Zusammenleben, die
«Gemeinschaft», konstituiere und einem abstrakten und künstlichen
«Kürwillen», aus dem das bloß mechanische Aggregat «Gesellschaft»,
d. h. die modernen Lebensformen Wirtschaft, Öffentlichkeit und gesellschaftliche Konvention, hervorgehen sollte. Aus dem beiderseiti-
gen Verhältnis ergibt sich bei Tönnies eine eigenartige und wider-
spruchsvolle, zwischen Empirismus und Metaphysik schwankende So-
zial- und Geschichtsphilosophie. Entgegen seiner methodologischen
Grundintention, Begriffe und Typen nur instrumentell-funktional zu
betrachten, als lediglich zum besseren Verstehen entworfene «freie
und willkürliche Gedankenprodukte» (Tönnies 1963, 133), erhält
«Gemeinschaft» doch bei ihm den ontologischen Status eines «ens
obiectivum», eines realen Seins, mit dem verglichen Gesellschaft zu
einem ontologisch geringerwertigen «ens fictivum» abgewertet wird.
Die Einschränkung, in der Realität kämen die ‹reinen› Begriffe immer
nur in Mischung vor, harmoniert auch kaum mit der Grundauffassung
seiner dichotomischen Geschichtsphilosophie, nach der irreversibel
ein heiles, positives, ‹wesenhaftes› Zeitalter der Gemeinschaft durch
ein negativ-abstraktes, mechanistisches Zeitalter der Gesellschaft abgelöst wird.

Ein weiterer Punkt der Verwirrung bei Tönnies besteht darin, daß
nach seiner Meinung Geschichte es immer mit Vergangenheit zu tun
hat, Soziologie dagegen sich auf den eigenen autonomen Objektbereich ‹Gegenwart› beziehen soll. Tatsächlich gipfelte aber sein Gedankengang in der Konstruktion einer geschichtsphilosophisch-onto-
logischen irreversiblen Abhängigkeit der Gesellschaft (Gegenwart)
von Gemeinschaft (Vergangenheit) – und damit der Soziologie von
Geschichte. Mochte Tönnies auch immer wieder betonen, ihm liege
jede Romantisierung der Gemeinschaft fern, so verweist doch seine
Theorie ständig auf das Vorbild einer ontologisch-geschichtsphiloso-
phisch überhöhten Vergangenheit. Tönnies' Grundthese, «alles
Wirkliche ist organisch» (ebd., 5), läßt allein Vergangenheit zur
‹Wahrheit› werden und damit ‹Gemeinschaft› zum Zielpunkt der
Sehnsucht konservativer Ideologie.

Der transzendentalphilosophisch-erkenntnistheoretische Ansatz: Rudolf Stammler und Max Adler

Von einer Rezeption der Marxschen Philosophie, die sie mit Kants Transzendentalphilosophie verbinden wollte, gingen Stammler und Adler (1975 u. 1975 a) das Problem der Konstitution der Soziologie an. Hatten die führenden sozialistischen deutschen Theoretiker der II. Internationale (1889–1914) wie Karl Kautsky u. a. in Marx hauptsächlich den großen Ökonomen und Politiker gesehen, so verwies der neukantianistische Rechtsphilosoph Rudolf Stammler (1856–1938) in seiner umfangreichen Untersuchung «Wirtschaft und Recht nach der materialistischen Geschichtsauffassung» (1896) auf die sozialphilosophische Bedeutung der marxistischen Ökonomie, deren Kern darin bestünde, alle geschichtlich-gesellschaftlichen Erscheinungen unter einem allgemeinen Gesetz zusammengefaßt zu haben. Nach einer knappen Anerkennung der positiven Denkleistung von Marx legt Stammler in extenso seine eigene Begründung einer «theoretischen Sozialwissenschaft» dar, die hauptsächlich von der Intention einer Überwindung der «Unfertigkeit» des Marxschen Gedankens beherrscht wird, die nach Stammler in einer Verkennung der wissenschaftlichen Bestimmungsfähigkeit der rein empirischen Sphäre der Wirtschaft besteht. Gestützt auf Kants Transzendentalphilosophie versucht Stammler darzulegen, daß allgemeingültige Gesetze nur aus einer transzendentalen, aller zeitlich-empirischen Abhängigkeit entrückten Sphäre des menschlichen Zusammenlebens abgeleitet werden können. Daraus nimmt er die Legitimation, die historisch-empirisch begründete Marxsche Analyse der Klassenstruktur der Gesellschaft durch eine angeblich an sich seiende, jenseits aller empirischen Veränderungen bestehende Sphäre des Rechts, die nichts weiter als die Vorstellung einer «äußeren Regelung» überhaupt enthalten soll, zu ersetzen. Wie ahistorisch Stammler eigentlich denkt, wird deutlich an der rigorosen Trennung von Kausalität und Teleologie, einer angeblich empirischen Handlungsdetermination und der davon völlig freien, aus transzendentalen Quellen gespeisten Zwecksetzung im Handeln. Letzten Endes stehen sich in Stammlers System der «natürliche» und der «soziale Mensch» völlig unvermittelt gegenüber. Stammlers großenteils willkürlich anmutender Begriffsdualismus wurde von Max Weber als «Rückfall in die schlimmste Scholastik» (Weber [4] 1973, 309) abgetan, und nicht zuletzt wegen dieser Attacke geriet Stammlers transzendentale Sozialphilosophie bald in Vergessenheit.

Lediglich der Austromarxist Max Adler (1873–1937) nutzte die Gedanken Stammlers zu einer erkenntnistheoretischen Fundierung seiner eigenen Sozialphilosophie. Auch Adler (vgl. 1975 und 1975 a) wollte die genuine Philosophie von Karl Marx durch einen Rückgang auf die Erkenntnistheorie Kants offenlegen, um von hier aus das Fundament zu einem wahren revolutionären Marxismus legen zu können, um damit die durch den reformistischen ‹Revisionismus› Eduard Bernsteins ausgelöste Krise des Marxismus zu beenden. Adler lehnte Stammlers Trennung einer empirischen Sphäre der Wirtschaft von einer apriorischen Rechtssphäre ab und wollte statt dessen auf deren gemeinsame Grundbedingungen zurückgehen, die «Vergesellschaftung des menschlichen Bewußtseins», durch die auch die Trennung zwischen Sein und Sollen, Wirklichkeit und Geltung beseitigt werden könne. Adler setzt dabei geistige Phänomene mit sozialer Verbundenheit der Menschen gleich. Stammlers Identifikation von Sozialerfahrung mit bloßer Normativität wird von ihm als unfertig kritisiert, weil bereits jede konventionelle «äußere Regelung» die «transzendental-soziale Bezogenheit des Indivualbewußtseins auf nebenmenschliches Bewußtsein» (Adler 1936, 42) voraussetzen muß. Das nur individuell reale Bewußtsein kann sich erst in seiner Sozialform erfüllen. Adler prägte den Begriff «Sozialapriori». Durch ihn wollte er gleichermaßen die philosophische Dimension der Marxschen Theorie aufzeigen wie den noch bei Kant bestehenden Dualismus von theoretischer und praktischer Philosophie aufheben, ohne dabei selbst jedoch einem ständigen Schwanken zwischen einer erkenntnistheoretischen Formbetrachtung des Bewußtseins und seiner Substantialisierung durch das Gesellschaftsmoment, dem sozialen Sein, entgehen zu können. Adler macht so noch einmal das Dilemma deutlich, das sich an transzendentalphilosophische Begründungsversuche der Soziologie knüpft, realgeschichtliches Sein in einer reinen Geltungssphäre bzw. dem Apriori-Bewußtsein aufzulösen.

Der universalistisch-holistische Ansatz: Othmar Spann

Eine konservativ-romantische, stark von katholischen Ordovorstellungen geprägte universalistische «Gesellschaftslehre» entwickelte der Nationalökonom O. Spann (1878–1950), in der eine Ganzheitsmetaphysik sub specie aeternitatis die Gesellschaft gegen den Gedanken der emanzipatorischen Gesellschaftsveränderung immunisieren soll. Alle individualistisch-kritischen, der Aufklärung verpflichteten

Gesellschaftsbilder werden von Spann mit dem Verdikt «mechanistisch» belegt. Die Soziologie sollte ganz auf das ontologische Ganzheitsdenken des Aristoteles verpflichtet werden. Spanns Universalformel zur Erklärung aller Sozialphänomene lautet stereotyp: Das Ganze ist früher als seine Teile. Aber Realität hat die Ganzheit Spanns nur in den Teilen, in die sie sich «ausgliedert». Freilich, das Ganze bleibt in den Gliedern immer vorausgesetzt. Denn in der «Ausgliederung» sollen Differenzen nicht aus dem Gegensatz und Widerspruch, sondern aus einem «sinnvoll-gegenseitigen Aufeinanderhingeordnetsein», das von dem von Anfang an fertigen Ganzen schon bestimmt wird, entstehen. Spanns scheinbar objektivistische Wendung gegen eine subjektivistisch-individualistische und liberalistische Soziologie setzt eine prästabilierte Harmonie der gesellschaftlichen Verhältnisse voraus, deren Vorbild ein statisches Ständestaatmodell ist, wie es in der «Politeia» des Platon seinen ersten philosophischen Ausdruck gefunden hat. Die hierarchisch-ganzheitliche Ordnung der Gesellschaft eines «Ständestaates» wird in Spanns «Universalismus» zum Modell der Zukunft erklärt (vgl. Spann 1914). Hinter den abstrakt-ausgeklügelten Kategorien Spanns steckt eine Geschichtstheologie von Verfalls- und Heilsordnung, aus der jegliche Entwicklungsdynamik herausgenommen wurde und die mit Recht als geschichtsfeindlicher Emanatismus bezeichnet wurde.

Die «Formale Soziologie»: Georg Simmel

Georg Simmel (1858–1918) ist der erste der genannten Soziologen, der sich dem Schema Kausalität oder Teleologie, Naturgesetz oder freier Wille, Individualismus oder Kollektivismus entzieht, indem er die Komplexität und Veränderbarkeit geschichtlicher Phänomene durch den Begriff der «Wechselwirkung» ersetzt. Allerdings läßt die Etikettierung «Formale Soziologie» Simmels Grundintention, die Soziologie aus den dogmatischen Verengungen von Transzendentalphilosophie wie metaphysischer Ontologie und Geschichtsphilosophie herauszuführen, nicht recht deutlich werden. Denn seine ausdrückliche Bindung sozialer Tatsachen an bestimmte «Zeitstellen» zeigt bereits Konturen eines historisch-dialektischen, nicht rein apriorisch formalen Denkens.

Simmels spezieller Blick ist weder auf bloß Individuelles oder Universelles, d. h. Gemeinschaft oder Gesellschaft in ihrer abstrakten Abgeschlossenheit, gerichtet noch auf einen Dualismus von Inhalt oder Form. Ihn interessiert vielmehr das Verhältnis kontinuierlich fließender Lebenstotalität zur abstrakt begrifflichen Diskontinuität des Denkens. In der trotz allem von ihm beibehaltenen Form-Inhalt- bzw. Leben-Form-Polarität geht es darum mehr um die Momente der Nichtübereinstimmung und der Grenzzonen. Diese Eigenart seines Denkens bleibt durch alle seine verschiedenen Denkphasen, von der frühen noch vom Positivismus Machs beeinflußten Schrift «Über sociale Differenzierung» (1890) bis zu seinem letzten metaphysischen Buch «Lebensanschauung» (1918), konstant. Simmel setzt den Wechselwirkungsbegriff als relationistisches und relativistisches Instrument ein, weil er dogmatische Verabsolutierungen und Ontologisierungen perhorresziert. Simmelsche Hauptthemen wie die «Tragödie der Kultur» oder das «Individuelle Gesetz» werden nur vom dialektischen Gesichtspunkt der konstitutionellen «Verschiebbarkeit und Verschiebung unserer Grenzen» (Simmel 1918, 3) überhaupt sinnvoll, nicht jedoch als ontologische Fixpunkte. Tragödie bedeutet zwar auch für Simmel «Entäußerung», nicht aber Untergang oder Katastrophe; vielmehr das prinzipiell Unvollendbare in allen Kultur- und Gesellschaftsbeziehungen, den Objektivationen des Geistes, damit aber zugleich Potenzierung. Einer Lebensphilosophie, die wie die Diltheys (1833–1911) den Glauben an das «Verstehen» des Lebens aus dem Innen durch ein «Nacherleben» hegt (vgl. Dilthey 1922), steht Simmel fern. Dialektisch auch hierin, gibt es für ihn nur Verstehen des Lebens aus dem Gegensatz zu ihm, per analogiam über die äußere Realität. Leben heißt Transzendieren seiner selbst als «Mehr-Leben» und andererseits «Mehr-als-Leben» (Simmel 1918, 20). Simmels bewußte Wendung gegen die transzendentale Subjektphilosophie wird auch in seiner Interpretation des Zweck-Mittel-Verhältnisses deutlich. Maßgeblich schaffen bei Simmel nicht mehr «erhabene» Zwecke, sondern ontologisch nachrangige Mittel, «Äußeres» oder «Hülle», Kultur, indem sie sich gegenüber den Zwecken verselbständigen. Diese Sichtweise prägt auch Simmels Gesellschaftsbegriff, nach dem Gesellschaft dort existiert, «wo mehrere Individuen in Wechselwirkung treten» (Simmel 1908, 5), d. h. prinzipiell «äußerlich» und in rein funktionaler Beziehung. Sein Gesellschaftsbegriff resultiert damit weder aus ontologischer Wertstufung wie bei Tönnies oder Hierarchisierung wie bei Spann noch einer «Letztbegründung» aus einem a priori vergesellschafteten Subjekt wie bei Adler. Vielmehr wird der Gesellschaftsbegriff ebenso wie der der Kultur in seinen verschiedenen Formen von Über- und Unterordnung, Konkur-

renz, Nachahmung, Arbeitsteilung, Parteibildung usw. als aktual-
funktionaler verstanden. Die gängige Parzellierung sozialer Erscheinungen in Nationalökonomie, Politik oder Ökonomie wird somit von
der Soziologie gleichsam ‹quer› durchschnitten, indem das Vergesell-
schaftungsmoment von seinen verschiedenen Inhalten gelöst und isoliert dargestellt wird. Dies konstituiert Soziologie nicht mehr als
«Universalwissenschaft», sondern in «Sensu strictissimo» als Spezial-
wissenschaft (ebd., 9).

Indem Simmel seine Methode einer formalen Soziologie den bisher
vorhandenen als «direkt entgegengesetzt» (ebd.) ansieht, kehrt er den
Entwicklungstrend zu immer fundamentaleren Begründungen der Soziologie um und schafft die Voraussetzung für eine von «Letztbegründungen» abrückende dialektische Soziologie. Zugleich wendet er sich
auch von den bereits «auskristallisierten» Formen der Gesellschaft wie
Staat, Familie, Klassen usw. ab und richtet sein Augenmerk viel stärker
auf die unscheinbaren «mikroskopisch-molekularen Vorgänge» wie
Briefeschreiben, Mittagessen usw., die «die Gesellschaft gleichsam im
status nascens zeigen» (ebd., 18 f) und das wirkliche Geschehen bilden,
ohne welches die großen Sozialgebilde auseinanderbrechen würden.
In einem erkenntnistheoretischen «Exkurs» seiner Soziologie wird
Simmels Wendung gegen ontologische und erkenntnistheoretische
Letztbegründungen deutlich. Gesellschaft vollzieht sich nicht als «das
abstrakte Bewußtsein des Einheitsbegriffs», sondern in «unzähligen
singulären Beziehungen» (ebd., 29), und der Vergesellschaftungsvor-
gang entsteht nicht mehr aus einem unvordenklichen transzendentalen
Prinzip, sondern als permanente Ergänzung des prinzipiell fragmentarischen Seins des Menschen durch den Anderen. Durch diese dialektische Konzeption des «Vergesellschaftet-Seins» ist gleichermaßen ein
«Nicht-Vergesellschaftet-Sein» mitgesetzt (ebd., 36) und damit den
verschiedenen Konzeptionen totaler Vergesellschaftung die Spitze gebrochen.

Vielleicht war Simmels nichtsystematischer ‹Impressionismus› ein
Schwachpunkt seines Denkens. Doch kann die darin enthaltene Warnung vor allzu schnell gezimmerten Systemen, die die frühe Soziologie noch mit der traditionellen Philosophie teilte, die Aufforderung
zur Offenheit des Denkens und das Bekenntnis zum fragmentarischen
Charakter der Wirklichkeit mit gleichem Recht zu den Pluspunkten
der Simmelschen Sozialphilosophie gezählt werden. Simmels Tragik
war sein in seiner jüdischen Herkunft wurzelndes intellektuelles Au-
ßenseitertum. Nicht nur seine Soziologie stand quer und auch philo-

sophisch subversiv zu den anderen Begründungsversuchen einer Soziologie als Wissenschaft. Seine Position war die eines «potentiell Wandernden» (ebd., 685), wie Simmel in seiner «Soziologie» den «Fremden» charakterisierte, im Bereich der Wissenschaft, dem die Unendlichkeit der Wirklichkeit Gegenstand seiner Ratio und Intuition wird, der aber selbst nie ein «Bodenbesitzer» der Wissenschaft werden will und kann. So wurde Simmels Denken Ausgangspunkt und Wegweiser für ein neues Problembewußtsein und eine bis dahin unbekannte Reflexionshöhe in der Soziologie (vgl. insg. 1983), ohne daß er selbst schulbildend wirkte.

Der empirische Ansatz: Max Weber

Wie Simmels Werk ist auch das Max Webers (1864–1920) Fragment geblieben, infolge von Krankheit und frühem Tod allerdings nicht methodologisch intendiert. Simmel wie Weber wandten sich von einer teleologischen Soziologie ab. Weber bekennt sich jedoch noch eindeutig zur Kategorie der empirischen Kausalität als einziger wissenschaftsadäquater Haltung. Sein methodologischer Ansatz ist verglichen mit Simmel viel konventioneller: Elemente von Diltheys geisteswissenschaftlichem Verstehensbegriff vermischt er mit H. Rickerts (1863–1936) indivualisierender und generalisierender Begriffsbildungslehre zu einer «Verstehenden Soziologie», die durch Ermittlung der «generellen Regeln des Geschehens» zu einer exakten Wissenschaft ausgebildet werden soll. Webers Begriffsbildung und Argumentationsweise ist dabei trotz hoher Differenzierungsqualität nicht eindeutig. Aber die Kernbegriffe der Weberschen Soziologie wie «Wertbeziehung», «subjektiv gemeinter Sinn» oder «Idealtypus» bilden trotz – oder vielleicht auch wegen – ihres nicht eindeutig fixierbaren Bedeutungsgehalts bis heute einen zentralen Gegenstand soziologischer Interpretation und soziologischen Selbstverständnisses. Aber auch Webers Theorie eines Handlungsverstehens als Sinnverstehen läßt sich nicht von dem geschichtlichen Horizont ablösen, in dem dieses Handeln sich selbst versteht. Verstehen des Sinns wird von Weber mit einer konventionellen Durchschnittsberechnung von Zweck und Mittel, das er «zweckrational» nennt, gleichgesetzt. Indem Weber in seinem reduktionistischen Ansatz alle Sozialvorgänge auf einzelmenschliches Handeln (vgl. Weber [4]1973, 439) als unterste Einheit reduziert, begibt er sich selbst in einen Zirkel. Denn er muß zugeben, daß die Evidenz unserer sozialen Erkenntnis von einer Kulturbedeutung abhängt, deren Rahmenbedingungen und Voraussetzungen er innerhalb seiner Theorie jedoch nicht hinreichend erklären kann. Kultur soll nach Weber nur ein mit Sinn bedachter Ausschnitt aus dem Chaos der Wirklichkeit sein, der aufgrund unserer kulturbedingt wertenden Stellungnahme entsteht. Kultur wird damit zur Erklärung von Kultur immer schon vorausgesetzt. Das Resultat ist tautologisch: Eine Stellungnahme entsteht aufgrund eines bereits gewählten Gesichtspunkts. So verfängt sich Max Webers kritisch angelegte «Verstehende Soziologie» schließlich in einem Zirkel von bewußten Voraussetzungen und notwendigerweise unbewußten Hypostasierung der kulturellen Wertbeziehung.

Auch beim «Idealtypus», dem obersten konstruktiven Begriff seiner Soziologie, entsteht die Vorstellung eines «Ganzen» induktiv aus der Einzelerscheinung, dem atomistischen Gebilde. Denn nur die ausgewählten, einseitig gesteigerten Elemente sollen die «Widerspruchslosigkeit» des in heuristisch-hypothetischer Absicht gebildeten Begriffsganzen garantieren. Dies kann wiederum nur mit bewußter Eliminierung der historischen Dimension der Begriffsbildung vonstatten gehen. Damit nähert sich Weber jedoch wieder der klassifizierenden, generalisierenden Begriffsbildung, die er unter Bezugnahme auf Rickert in den Sozialwissenschaften beseitigen wollte. So schaltet er ebenso – wenn auch auf andere Weise als Simmel – die Frage nach der «Innerlichkeit» des Subjekts als soziologische Fragestellung aus, indem er sich auf eine reine Objektivität von Zweck und Mittel als «die letzten Elemente sinnvollen menschlichen Handelns» (ebd., 149) richtet, aus denen sich menschliches Wollen ablesen lassen soll.

4.1.3 Die Dialektisierungsphase der Soziologie in der Weimarer Republik bis 1931

Die politisch-geistige Grundtendenz

Nach dem Zusammenbruch des deutschen Kaiserreichs am Ende des Ersten Weltkriegs 1918 entstand die neue Republik nicht aus innerer Bejahung der Demokratie durch die Volksmehrheit, sondern nur aus dem Wunsch nach einer Ordnung überhaupt. So arrangierte sich ein Großteil des Bürgertums zunächst mit den neuen parlamentarischen Institutionen eher, um eine sozialistische Revolution abzuwehren, als aus innerer Überzeugung. Nach dem Ende seiner Weltmachtträume sah sich Deutschland auf Europa zurückverwiesen, in dem es nun die Rolle eines Verlierers und Außenseiters spielen mußte. Alte Ressentiments gegen die Zivilisation des Westens wurden weiter geschürt. Der auf Ausgleich gerichtete politische Kurs von Politikern wie Rathenau und Stresemann wurde entweder mit Gewalt und Mord gestoppt oder von Mißtrauen begleitet, kaum aber innerlich gebilligt. In dieser allgegenwärtigen Krise des öffentlichen und politischen Lebens dominierte eine dialektische Tendenz in der Soziologie, die die gesellschaftlichen Grundlagen der Negativität der ‹Gegenwart› erfassen und sie je nach politischem Standort in einer ‹höheren› Einheit aufheben wollte. So wurden im Brennspiegel ‹Gegenwart› Begriffe wie ‹Gemeinschaft›, ‹Gesellschaft› oder ‹Ganzheit› intensiviert und zu utopischen Perspektiven einer neuen Zukunft ausgestaltet, die im Licht der dahinterstehenden sozialistischen oder nationalistischen Ideologien jeweils anders changierten. Zeittypisch war außerdem eine ausgesprochen kritische, gegen jegliche Begriffsfetischismen gerichtete Haltung, die sich vor allem in einem Mißtrauen gegen bekannte Synthesen und Systeme ausprägte, aber sie nolens volens durch andere substituierte. Mit den beiden Grundtendenzen von selbstreflexivem Gegenwartsbezug und der Sonde der Kritik entwickelte sich die dialektische Soziologie der zwanziger Jahre unabhängig von und quer durch alle sonstigen politisch-ideologischen Standpunkte – von Theodor Litts phänomenologisch-dialektischer Studie «Individuum und Gemeinschaft» (1919) über Siegfried Kracauers «Soziologie als Wissenschaft» (1922, hier 1971), die marxistischen und dezisionistisch-existentialistischen Positionen bis hin zur Wissenssoziologie Karl Mannheims.

Sinn oder Sinnlosigkeit der Geschichte: Ernst Troeltsch und Theodor Lessing

Der Religionssoziologe Ernst Troeltsch (1865–1923) wollte die Krise der Zeit an einer historischen Darstellung der Entwicklung der Geschichtsphilosophie vom 19. Jahrhundert unter dem Titel «Der Historismus und seine Probleme» (1922) aufdecken, um «aus den historischen Erbstücken» eine Klärung des gegenwärtigen Standorts und einen Ausweg aus den «katastrophenhaften und revolutionären Zeiten» und der «Kulturkrise» durch eine neue «Kultursynthese» zu finden. Die Abkehr der Zeit von einem rational-teleologischen, einheitlichen Entwicklungsbegriff, statt dessen die Konzentration auf den eigenen «Kulturkreis», auf «Einzel-Entwicklungskreise» (Troeltsch 1922, 688), erhält von Troeltsch den Namen «Historismus». Der Gedanke einer «Wertrelativität» (ebd., 211), der ständigen Erneuerung und Anpassung der Werte aus der Zeit heraus, sollte jetzt die konkreten Maßstäbe liefern und einem absoluten Relativismus und Wertnihilismus vorbeugen. Wo Troeltsch noch aus Furcht vor einer «Barbarisierung» sämtlicher Lebensgebiete einen – wenn auch beschädigten – Glauben an die Geschichte bewahren möchte, ist dieser in Theodor Lessings (1872–1933) radikalskeptischem, kulturpessimistischem Werk «Geschichte als Sinngebung des Sinnlosen» (1919, hier [3] 1921) völlig abhanden gekommen. ‹Geschichte› ist für Lessing nichts weiter als ein Konglomerat von Herdentrieb, Angstneurosen, Massensuggestionen, Urteilslosigkeit und Dummheit, und die sog. Notwendigkeit der Geschichte nur die Apotheose des blinden Zufalls; historische Ideen und die sog. Teleologie der Geschichte sind allein die Bemäntelung von Gewaltakten, Räubereien und Metzeleien.

Lessings Destruktion der «geschichtlichen Tatsachen» endet bei der «psychologischen Tatsache der Geschichtsstiftung» (ebd., 61). Die Geschichte kennt keinen übergeordneten Standpunkt der Wahrheit, nur das «Interesse», das Mitteninnesein – als Sieger oder Opfer. Gegenüber Oswald Spenglers (1880–1936) nihilistisch-zynischer Bejahung des «Untergangs des Abendlandes» im Namen eines angeblich unabwendbaren «Schicksals» spricht aus Lessing jedoch noch ein idealistischer und auch utopischer Ethiker, der an eine neue Geschichte glaubte. Lessing selbst stand allerdings bald auf der Seite der Opfer. Er war der erste jüdische Dozent, dessen Vorlesungen bereits 1923 von nationalsozialistischen Studenten gestört wurden, und bald nach der nationalsozialistischen Machtergreifung wurde er 1933 im Exil in der Tschechoslowakei ermordet.

Phänomenologische Positionen

In Theodor Litts (1880–1962) Schrift «Individuum und Gemeinschaft» (1919), einem der ersten Versuche einer Sozialphilosophie nach dem Ersten Weltkrieg, verbinden sich Husserls phänomenologische Wesensschau, Simmels «Wechselwirkungskategorie», Hegels Begriff des «objektiven Geistes» und Max Webers Rationalisierungsbegriff zu einer neuen phänomenologisch-dialektischen Sozialtheorie. Litt wollte die Halbheiten und falschen Verabsolutierungen einer auf Individualismus oder Kollektivismus beruhenden und damit das

Wesen menschlicher Vergesellschaftungspraxis verkennenden Sozialphilosophie durch eine Kategorie der «sozialen Verschränkung» (Litt
1919, 35) – später von ihm «Reziprozität der Perspektiven» genannt –
überwinden. Die zahllosen sozialen Verhältnisse wie Familie, Arbeit,
Geselligkeit sollten nicht mehr unter abstrakt-ontologischem Wesens-
aspekt behandelt werden, sondern rein funktionalistisch der das moderne Leben kennzeichnende atomisierende Rationalisierungs- und
Arbeitsteilungsprozeß positiv aufgearbeitet werden, indem Gemeinschaft und Gesellschaft als gleichzeitige und voneinander abhängige
Innen- bzw. Außenaspekte von Gruppen angesehen werden. An den
gesellschaftlichen Kommunikationsformen, den politisch-parlamen-
tarischen Mechanismen usw. exemplifiziert Litt das einheitsstiftende
Moment von Rationalisierungen und die davon ausgehende Vermehrung und Verstärkung des Gesamtlebens. Mit Nachdruck insistiert
Litt auf der Notwendigkeit «äußerer Ordnung» für den Zusammenhalt des Ganzen. In ein und demselben Entwicklungsgang sind jeweils
Bindung und Auflösung, die individualisierende und sozialisierende
Auswirkung zu einem System der Lebenseinheiten verschränkt. An-
stelle abstrakter Trennung setzt Litt darum das «gesellschaftliche
Ganze als ein individualisierendes, hierarchisch gegliedertes System
von Einheitsbildungen» (ebd., 207). Wegen der Verschränkung von
Subjekt und Objekt im sozialen Erkenntnisprozeß gibt es nach Litt
auch keine einfache Richtigkeit von Vorstellungen, sondern jeder
Akt des Erfassens des Ganzen führt selbst den Lebensprozeß ein
Stück weiter. Deshalb läßt auch ein und derselbe Lebensvorgang eine
«Vielzahl von Sinndeutungen» (ebd., 213) zu. Im sozialen Leben gibt
es somit kein rein kontemplatives Auffassen; in allen sozialen Formen
ist vielmehr «stets eine Stellungnahme des ganzen Menschen» (ebd.,
214) vorhanden.

Siegfried Kracauers (1889–1966) erkenntnistheoretisch angelegte
Studie «Soziologie als Wissenschaft» (1922, hier 1971) beschäftigt
sich mit dem Sinnerfassen der Soziologie in einer sinnentleerten Zeit.
In der Auseinandersetzung mit den von Husserl ausgehenden tran-
szendental-phänomenologischen Konzeptionen der Sozialphilosophie kommt Kracauer zu dem paradoxen Ergebnis, daß eine phänomenologische Begründung der reinen Soziologie ausreichen kann,
letzte Generalisierungen der Einzelphänomene mittels der «Wesensschau» in Hinsicht auf die Obergrenze eines «Sinns überhaupt» zu
ermitteln, daß aber in der Richtung nach «unten», zur unendlichen
Mannigfaltigkeit der gesellschaftlichen Gestaltungen mit zunehmen-

der Entfernung von den letzten Formalerkenntnissen notwendig eine Vermehrung und Verbreiterung der Begriffe erfolgen muß. In einer Epoche der «Sinnverflüchtigung», die in subjektive Weltanschauungen oder wissenschaftlich-objektive, wertfreie Erkenntnis ausweicht, muß das Problem der Notwendigkeit einer soziologischen Erkenntnis sich darum erneut mit aller Gewalt stellen. Nach der Zerstörung der Harmonie von Ich und Welt und dem Verlust der Herrschaft des «Sinns» ist darum das Scheitern von transzendentalphilosophischen Letztbegründungen der Soziologie unvermeidlich. Da das Feld der Phänomenologie sich nur in «fortschreitender Generalisierung» und Ausklammerung der Wirklichkeit auf dem Weg zu den «reinen Wesenheiten» öffnet, schafft die gleichzeitige Näherung an das reine Ich der Phänomenologie und die «Vollrealität» nur «Scheinnotwendigkeiten» (ebd., 98). Alle Begriffsdeduktionen material-empirischer Soziologie müssen immer irgendwo abbrechen, was keineswegs ihren heuristischen Wert mindern muß: Es kommt nur darauf an, sich vom «Wahne» zu befreien, die «materiale Soziologie» könne denselben Evidenzgrad erreichen wie eine transzendental-phänomenologisch begründete «formale Soziologie». Kracauers skeptisches Aufzeigen der Grenzen und Aporien der beiden Begründungsstränge der Soziologie erhielt leider nie die ihm eigentlich gebührende Aufmerksamkeit.

Ein ungebrochener Systematisierungswille war in dieser Zeit nur noch bei einem kleineren Teil der Soziologen erkennbar, vor allem bei jenen, die sich verstärkt empirischer Forschung zuwandten, etwa in der von Simmel beeinflußten «Beziehungslehre» Leopold v. Wieses (1876–1969), die die Soziologie als ein Teilgebiet der Wissenschaft vom Menschen ansieht und vom «Zwischenmenschlichen» aus eine vollständige Theorie der sozialen Prozesse und sozialen Gebilde aufbauen wollte (vgl. v. Wiese [4] 1966). Vor einer ähnlichen Problemstellung stand außerdem die phänomenologische «Gesellschaftslehre» (1923) Alfred Vierkandts (1867–1953), die gleichfalls formal, aber stärker historisch argumentierend vom Begriff der Gruppe aus das Wesen der Gesellschaft systematisch erfassen wollte. Vierkandts 1931 veröffentlichtes «Handwörterbuch der Soziologie» sollte die erste große Zusammenfassung der «soziologischen Einsichten und Bestrebungen der Gegenwart» als «Selbstbesinnung» der noch jungen Soziologie sein. Beide Soziologieansätze waren in den zwanziger Jahren nicht ohne Einfluß, standen aber nicht mehr im Mittelpunkt der Diskussion.

Max Webers Sinnbegriff, Kern seiner «Verstehenden Soziologie», wollte auch Alfred Schütz (1899–1959) unter Zuhilfenahme von Husserls Phänomenologie auf eine systematische Theorie des objektiven Sinnverstehens im Bereich der Sozialwissenschaften hin ausdehnen, indem er sich besonders des Problems des Alltagsverstehens annahm. Durch Trennung von Eigenverstehen und Fremdverstehen, von «Ich» und «alter ego», dem Anderen, zeichnet Schütz die sich vielfach kreuzenden und überschneidenden Linien menschlich sinnhaften Handelns in der «Lebenswelt» nach. Schütz akzentuiert zwar die «Komplexheit» sozialer Erfahrung, doch baut diese sich wieder primär auf einer Analyse der bewußtseinskonstituierten «Innenwelt» auf (vgl. Schütz [2] 1981). Aufmerksamkeit erregte die phänomenologische «Sinnsoziologie» von Schütz in Deutschland erst nach dem Zweiten Weltkrieg via Amerika, wohin Schütz emigriert war.

Zum Problem von ‹Gruppe› und ‹Gemeinschaft und Gesellschaft› gaben im sehr verzweigten Spektrum phänomenologisch beeinflußter Sozialphilosophie Theodor Geiger (1891–1952) und Hermann Schmalenbach (1883–1958) weiterführende Antworten. Während Geiger in seinen «Gestalten der Gesellung» (1928) – in den Spuren von Litt – Tönnies' Dualismus von Gemeinschaft und Gesellschaft nicht mehr als Grundformen, sondern als strukturell notwendige Innen- bzw. Außenaspekte jeglicher Gruppenbildung begriff, wollte Schmalenbach diese wieder ontologisierend durch die Einführung einer dritten Mischkategorie «Bund» ergänzen, die von ihrem Ursprung her gesellschaftlich, in ihrem Wesen aber gemeinschaftlich zu begreifen sei. Schmalenbachs Beschreibung der labilen Struktur und des Mischcharakters der Bünde, ihrer gleichzeitigen Emotionalität und Rationalität, der diffus emotionalen Sehnsucht nach Überwindung gesellschaftlicher Entzweiung einerseits, sachlich-zweckhafter Organisation andererseits und nicht zuletzt der leidenschaftlichen Suche nach Führern (vgl. Schmalenbach 1922), umriß recht genau die Mechanismen der Gruppenbildungsprozesse in der Weimarer Zeit, von der noch relativ apolitischen Jugendbewegung bis zu Hitlers SA.

Marxistisch-dialektische Positionen

Hatte Max Adlers an Kant orientierte philosophische Deutung von Marx vorrangig der politischen Bekämpfung des «Revisionismus» um die Jahrhundertwende gegolten, so warf nun der gebürtige Ungar Georg Lukács (1885–1971) in seiner für den späteren Neomarxismus fundamentalen Untersuchung «Geschichte und Klassenbewußtsein»

(1923) wiederum unter gewandelten geschichtlichen Bedingungen die Frage eines «orthodoxen», d. h. für ihn revolutionären, antireformistischen Marxismus auf und meinte, die Lösung in einer an Hegels Dialektik ausgerichteten Marxinterpretation gefunden zu haben. Orthodoxie erhält bei ihm die gewandelte Bedeutung, nicht mehr Hüter einer Tradition, sondern Ausdruck einer auf die Gegenwart und die Totalität des Geschichtsprozesses gerichteten Methode zu sein. Gerade unter den Bedingungen einer noch – aus der Sicht Lukács' – zunehmenden Entfremdung im Kapitalismus wird die dialektische Selbsterkenntnis der gesellschaftlichen Totalität zur Bedingung der existentiellen Selbstbehauptung des Proletariats, die durch einen bloßen positivistisch-tatsachengläubigen «Vulgärmarxismus» verdeckt würde. Lukács' Postulierung der dialektisch-geschichtsphilosophischen Einheit von Theorie und Praxis beeinflußte die sozialphilosophische Diskussion der zwanziger Jahre auch außerhalb des Marxismus außerordentlich.

So gelangte der unabhängige Marxist Karl Korsch (1886–1961) unter Einbeziehung der Lukácsschen Totalitätskonzeption zu dem Ergebnis, daß die bisherige Marxrezeption immer nur von einzelnen ökonomischen, politischen oder sozialen Theorien ausgegangen sei, ohne den Kern der Marxschen Philosophie, den «vergesellschafteten Menschen» als reales Subjekt-Objekt des Weltprozesses, zu berücksichtigen. Erst die von Hegel herrührende Identifizierung von «Begriff» und «Sein» im Denken von Marx und Engels mache aus dem Marxismus eine revolutionäre Methode. Indem das Proletariat darangehe, die objektiven Möglichkeiten in der kapitalistischen Gesellschaftsordnung in eine höhere Form der kommunistischen Zukunftsgesellschaft «aufzuheben», werde es zum Erben und Vollstrecker der klassischen Philosophie. Theoretische Kritik und praktische Umwälzung zusammen ergäben die konkrete, wirkliche Veränderung der bürgerlichen Gesellschaft. Korschs theoretischer Angriff richtete sich vor allem gegen die von Lenin vertretene Erkenntnistheorie der Widerspiegelung, die seiner Meinung nach zur «Ontologisierung der Begriffe» führen muß und die das dialektische Verhältnis zwischen Sein und Bewußtsein, Theorie und Praxis zerstört und den revolutionären Geschichtsprozeß in eine fortschreitend evolutionäre Annäherung an die Wahrheit umfälscht.

Die Veröffentlichung der philosophischen Frühschriften des jungen Marx 1932 intensivierte die wissenschaftliche Erforschung des Marxismus außerordentlich. Sie wurden von Herbert Marcuse

(1898–1977), einem mit dem Marxismus sympathisierenden Heidegger-Schüler, mit der Erwartung begrüßt, daß sie den ursprünglichen Sinn des Marxismus wiederherstellen und die Theorie des wissenschaftlichen Sozialismus auf einen neuen Boden stellen könnten. Die eigentliche Bedeutung dieser Texte beruht nach Marcuse auf der darin enthaltenen Theorie der Selbstentfremdung des Menschen durch die «entfremdete Arbeit» in der kapitalistischen Gesellschaft, die – allein am Aspekt der Warenproduktion ausgerichtet – den Menschen selbst in der Lohnarbeit zur Ware degradiert.

Demgegenüber wandte sich Max Horkheimer (1895–1973), seit 1931 Leiter des Frankfurter «Instituts für Sozialforschung», einer Sammelstelle parteiunabhängiger Marxisten, ernüchtert von den Entwicklungen im revolutionär bolschewistischen Rußland und angesichts der in der Weltwirtschaftskrise drohenden Selbstzerstörung des Kapitalismus und der Ohnmacht der liberalen Demokratie gegenüber der heraufziehenden nationalsozialistischen Bedrohung in seiner «Kritischen Theorie» von der Suche nach dem sich immer mehr zur Chimäre verflüchtigenden Proletariat als «revolutionärem Subjekt» ab und einer dialektischen Durchdringung von Philosophie und einzelwissenschaftlicher Praxis zu, die sich an konkreten gesellschaftlichen Problemen ausrichten und in Zusammenarbeit mit Soziologen, Ökonomen, Psychologen und Historikern zeit- und praxisnahe Lösungen der gesellschaftlichen Probleme erarbeiten sollte. Mit Lukács' Position verwandt war allerdings noch Horkheimers prinzipielles Festhalten an einer dialektischen Theorie-Praxis-Einheit, die sich gegen eine an Naturwissenschaft, Mathematik und der Effizienz des kapitalistischen Produktionsprozesses orientierte positivistische «traditionelle Theorie» richtete, ohne damit den Glauben an eine durch utopische Theorie herzustellende Totalität der Wirklichkeit zu verknüpfen (vgl. Horkheimer 1970).

Dezisionistisch-existentialistische Positionen

Auch in der akademischen Philosophie wurde in den zwanziger Jahren das Bewußtsein der Notwendigkeit einer Neubegründung philosophischer Reflexion immer spürbarer. Besonders die Modedisziplinen Anthropologie und Existenzphilosophie wollten das außeruniversitäre Bedürfnis des Bildungsbürgertums nach zeitgemäßen philosophischen Antworten befriedigen. So kündigte etwa Max Scheler (1874–1928) in einer Programmschrift «Die Stellung des Menschen im Kosmos» (1928) eine neue philosophische Universaldisziplin «Anthropologie» an, die mittels Einbeziehung der Ergebnisse der modernen Naturwissenschaft, insbesondere der Biologie, an die Stelle der traditionellen Metaphysik treten sollte. Ihm folgten Helmuth Plessner (1892–1985) und Arnold Gehlen (1906–1976), die verstärkt soziologisches Gedankengut in die Anthropologie einfließen ließen. Demgegenüber nahm der neben Karl Jaspers (1876–1969) maßgebliche Existenzphilosoph, Martin Heidegger (1889–1976), für sich in Anspruch, mit seiner in «Sein und Zeit» (1927) ausgebildeten «Fundamentalontologie» mit einer – in Hinsicht auf die Anthropologie – «radikaleren und ursprünglicheren» Fragestellung nach dem Sinn von Sein überhaupt erst den Zugang zur «Geschichtlichkeit» des menschlichen Seins gebahnt zu haben.

In der Soziologie artikulierte sich das Bedürfnis nach einer radikalen Historisierung der Theorie am stärksten in Hans Freyers (1887–1969) «Soziologie als Wirklichkeitswissenschaft» (1930). Freyer kritisiert die bisherigen Kulturwissenschaften einschließlich der meisten soziologischen Konzeptionen als formal-ahistorische «Logoswissenschaften», denen er seine neue soziologische «Wirklichkeitswissenschaft» gegenüberstellte. Weil «gesellschaftliche Gebilde» unserem «Sein und Tun» angehörten, verlangten sie eine besondere Stellungnahme des Menschen zur existentiellen Wirklichkeit und müßten deshalb «Gegenwartswissenschaften» sein; soziologische Begriffsbildung habe darum von der «gegenwärtigen Lage» auszugehen. Soziologie wird bei Freyer somit zum «Selbstbewußtsein» der Gegenwart und zur Theorie der Existenz (vgl. Freyer 1930, 88). So radikalisiert Freyer das Individualitätsprinzip der Diltheyschen Hermeneutik auf eine «in der Zeit eingelagerte Realdialektik», die die sonst getrennten Begriffe in einer nicht mehr nur rationalistisch zu fassenden Haltung, der «Entscheidung», vereinen soll. Wo das Bild der Geschichte vom «Willensgehalt der Gegenwart» seine Kategorialstruktur erhält, entsteht nach Freyer eine «neue Erkenntnishaltung» (ebd., 111), «konkrete Soziologie» mit der «Sinn» bzw. «Form» ablösenden neuen apriorischen Kategorie «Entscheidung». Die von Freyer vorangetriebene totale Dynamisierung des Denkens bedroht aber Erkenntnis generell durch ihren voluntaristischen Irrationalismus. Mit dem Satz «Nur wer gesellschaftlich etwas will, sieht soziologisch etwas» (ebd., 305), betont Freyer den eminent geschichtlichen Charakter der Soziologie. Doch münzt er diese Grundhaltung in eine gegen die liberalbürgerliche Demokratie der Weimarer Republik gerichtete politische Haltung einer konservativen «Revolution von rechts» um und weist der Soziologie einen «Standpunkt jenseits der bürgerlichen Gesellschaft» zu, da sie, aus dem Marxschen Gedanken des Klassenkampfes entsprungen, von Anfang an «eine tief antiliberale Angelegenheit» (ebd., 285) gewesen sei. Von Freyer wird dabei genauso wie von anderen, die die Soziologie aus der Romantik ableiten (Spann, Baxa), unterschlagen, daß wesentlich die Elemente einer liberalistisch-politischen Theorie die Entwicklung der Soziologie beförderten und dies selbst ein Indikator des Werdens dieser bürgerlichen Gesellschaft war. So finden sich in Freyers Soziologie ein prononcierter Gegenwartsbezug mit einem dezisionistisch verzerrten Geschichtsbegriff vermischt. Geschichtliche Gültigkeit wird im Vorgriff auf einen «wahren Willen» entworfen, und «das Bild des Vergangenen von der Gegenwart her geformt» (ebd., 305). «Wahres Wollen fundiert wahre Erkenntnis» (ebd., 307), lautet der genauso dezidierte wie vage Schlüsselsatz von Freyers Soziologie.

1933, nach Hitlers Machtantritt, lautete dann das Grundgebot von Freyers konkret situationsgebundener Ethik, «sich richtig zu entscheiden, nicht aber zu wissen, daß oder warum es richtig sei» (Freyer 1933, 39). Jede Herrschaftsform, die in der Lage ist, das «Interregnum» des demokratisch-politischen Pluralismus zu beenden und den «Bestand» des Volkes verbürgt, wird hier von Freyer als «gerecht» bezeichnet. Das gesellschaftskritische Bewußtsein der Soziologie degeneriert damit zur Rechtfertigungsideologie für antidemokratische und totalitäre Herrschaftsstrukturen. Im neuen totalen Staat sollte die Politik selbst der «Ort der totalen geschichtlichen Entscheidungen» (ebd., 71) sein, getragen vom «Selbsterhaltungswillen eines Volkes», dem «aus seiner Tiefe neue Kräfte hervorwachsen, die zur Herrschaft bereit und reif sind» (ebd., 39).

Eine politisch-totalitäre «Staatsdemokratie» antizipierte Ernst Jünger (geb. 1895) in seinem 1932 erschienenen Buch «Der Arbeiter». Hier verdrängt ein vom «Mythos» des Arbeiters inspirierter «heroischer Optimismus» den alten heroischen Untergangspessimismus à la Spengler. Auch Jüngers Buch lebt allein von der Feindschaft gegen die liberal-bürgerliche «Gesellschaftsdemokratie» und eine angeblich in wirtschaftlichem Sicherheitsdenken erstarrte bürgerliche Lebensform. Doch statt der «Arbeiterklasse» des Marxismus erscheint jetzt eine aus allen konkreten politischen Verhältnissen gelöste «Gestalt» des mit den alten bürgerlichen Mächten im Krieg stehenden «Arbeiters», der seine Kraft aus den irrationalen Tiefen einer organischen Ganzheit bezieht und dessen aktionistisches Sein ihn zum Träger eines neuen Staates prädestiniert, der nichts mehr mit den noch im 19. Jahrhundert verhafteten liberalen Demokratien gemein haben soll. Die wohl vom Marxismus ausgeborgte Kategorie der «Totalität» wird bei Jünger zur Vision einer politischen «Ordnung und Hierarchie», die in vielem wieder wie schon bei Spann an das antike Ständestaatmodell bei Platon erinnert. Trotz gewisser terminologischer Ähnlichkeiten zwischen marxistischem und dezisionistischem Denken, z. B. in Hinsicht auf den Totalitätsbegriff, wäre es simplifizierend, die Ideologien einfach für austauschbar zu halten (vgl. König 1971, 21). Denn im nicht orthodox gebundenen Marxismus war immerhin dialektische Erkenntnis eine Grundüberzeugung, wohingegen im Dezisionismus der irrationale Totalitätsmythos nur den Zweck hat, Denken und rationale Diskussion zu beenden und zugunsten von Befehl und Gehorsam auszuschalten. Gegen die angebliche Partikularität der bürgerlichen Lebensform forderte Jünger die «totale Mobilmachung». Aber auch hier steht hinter der ganzen revolutionären Phraseologie nur die dezisionistische leere Bewegtheit, die «Revolution des Nihilismus» (1938), wie der Titel eines im Exil geschriebenen Buches von Hitlers konservativem Ankläger, dem Ex-Nationalsozialisten Hermann Rauschning, lautete.

Den Weg zu einem dezisionistischen Nihilismus hatte auch der Jurist Carl Schmitt (1892–1985) mit seinen Angriffen auf den liberalen Parlamentarismus, den er in polemisch einseitiger Weise für die Auflösung des Staates in den gesellschaftlichen Gruppenkämpfen verantwortlich machte, maßgeblich mitgebahnt. Staatliche Souveränität, ein «starker Staat», kann nach Schmitt nicht aus den Diskussionen des demokratischen Mehrheitssystems, sondern nur aus der Entscheidungssouveränität im «Ausnahmezustand», der totalen Suspendierung aller Moralnormen, entspringen. Die auf dem Normalfall und Konsensbildung aufbauende liberale Massendemokratie mache aber echte Politik, die ihr Konstituens in der «konkret-existentiellen» Freund-Feind-Unterscheidung finde (Schmitt 1927, 7), prinzipiell unmöglich. Die Sphäre des Politischen sei durch die ihr immanente politische Entscheidungsqualität den anderen Gesellschaftsbereichen Wirtschaft, Religion, Kultur total übergeordnet. Wird wie bei Schmitt das Politische mit der Definition des Freund-Feind-Verhältnisses gleichgesetzt, so erwächst das Schaffen eines Feindbildes zur zentralen politischen Aufgabe. Wie bei Jünger der Kampf das existentielle Erlebnis ist, der dem menschlichen Leben einen Sinn gibt, so bei

Schmitt die politische Entscheidung, einen Feind zu haben, die das Leben erst in jene Dimension befördert, wo es ‹ernst› genommen werden kann. In Schmitts Dezisionismus entspringt die Entscheidung ontologisch aus dem Nichts. An die Stelle des marxistischen Klassenbewußtseins treten hier das Ressentiment und die Aggressionsabfuhr gegen einen ubiquitären ‹Feind›, was aber Schmitt hinter kühler logischer Analyse zu verbergen trachtet. Indem auch dadurch reale Geschichte sich zur ‹reinen› Kategorie von ‹Geschichtlichkeit› verflüchtigt und ein inhaltsleerer Entscheidungsbegriff einem beliebigen «Aktivismus der Entscheidung» (Lieber 1974, 78) Tür und Tor öffnet, entwickelt das dezisionistisch-existentialistische Denken das theoretische Rüstzeug und die intellektuelle Legitimation einer heraufziehenden Politik der Inhumanität und Barbarei.

Die Konzeption der Wissenssoziologie: Max Scheler, Karl Mannheim

Auch die Wissenssoziologie war eine Reaktion auf die «Krisensituation des Denkens» (Mannheim 1964, 659) in der Weimarer Republik mit ihrer Spaltung in rechte und linke Ideologien. Sie wird im wesentlichen durch Max Scheler ([2]1960) und Karl Mannheim repräsentiert. Während Max Scheler jedoch nur als Initiator und Inspirator dieser neuen Richtung anzusehen ist, versteht sich Mannheims Wissenssoziologie (1964, 659) als methodologisch-systematische Aufarbeitung und «radikales Zu-Ende-Denken» der soziologischen und geistigen Situation der Zeit mit allen «außertheoretischen Bedingungen des Wissens».

Max Scheler (1874–1928) wollte die Wissenssoziologie zur erkenntnistheoretischen Grundlage einer umfassenden Kultursoziologie machen, die Regeln, Typen und Gesetze des gesellschaftlichen Lebens und die tatsächlichen Determinationen und Beziehungen des zwischenmenschlichen Verstehens und Handelns ermitteln sollte. Neben der Einteilung in eine apriorisch-deduktive und eine empirisch-induktive Soziologie ergibt sich als weitere Aufgabenstellung der Schelerschen Wissenssoziologie vor allem die Aufdeckung von Ursachen und Zielen menschlichen Handelns, von bloßen Trieben auf der einen, Normen und Idealen auf der anderen Seite, woraus wiederum die Einteilung in Kultur- und Realsoziologie, Soziologie des Über- und Unterbaus, folgt. Diese dualistische Grundstruktur läßt die Wissenssoziologie bei Scheler generell zur Frage nach dem «Gesetz der

Ordnung der Wirksamkeit der Ideal- und Realfaktoren» (Scheler 1924, 8) werden. Offensichtlich handelt es sich dabei um die Umwandlung der alten soziologischen Hauptprobleme wie Kausalität und Teleologie oder Statik und Dynamik des gesellschaftlichen Seins und gesellschaftlicher Gebilde in ein neues Gesetz. Vom Standpunkt dieser «gemäßigten Wissenssoziologie» (Lieber 1985, 82) stellen sich aber bestimmte Fragen der Relativierung und Historisierung des Wissens überhaupt nicht, weil er trotz aller äußeren Verwandlungen, die sein Denken von seiner phänomenologischen, über eine katholisierende bis hin zu seiner anthropologischen Phase durchmachte, immer an der Wesensbestimmung einer außerhistorischen Wertordnung und eines ‹ewigen› Geistes festhielt. Die in seinen letzten Lebensjahren in Angriff genommene, aber nicht vollendete große Anthropologie sollte die in der Wissenssoziologie vorgestellte «Fundierungsordnung» systematisch zu einer Anthropologie genannten Trieb-Geist-Ontologie ausweiten.

Karl Mannheims (1893–1947) Wissenssoziologie dagegen fragt von vornherein nicht mehr nach irgendwelchen ontologischen Wesensqualitäten des Geistes. Vielmehr geht sie von der durch den Marxismus entwickelten funktionalistischen Ideologienlehre aus, daß Denkweisen und -kategorien nur über die Erhellung ihrer geschichtlich-gesellschaftlichen Ursprünge und ihres Wandels verstanden werden können. Sein Erkenntnisinteresse lag bei einer vernunftgeleiteten und konsensfähigen gesellschaftlichen Praxis und der Überwindung polarer ideologischer Standpunkte, wozu die Soziologie als seiner Meinung nach adäquateste Reflexionsform der Gegenwart einen maßgeblichen Beitrag zu leisten hätte. Angelpunkt seiner Wissenssoziologie ist das faktisch konkrete Denken der Wirklichkeit in sozialen Gruppen und Klassen, nicht die Fiktivität abstrakt-philosophischer Systeme. Da aber bei Mannheim zugleich das geisteswissenschaftlich-historische Moment der Selbstreflexion eine wichtige Rolle spielte, wurde seine Wissenssoziologie Gegenstand heftigster Kontroversen. Mannheim wollte mit seiner dynamischen Konzeption der Wahrheit und einem operationalistischen Gebrauch der Totalitätskategorie (Stichwort: «allgemeiner totaler Ideologiebegriff») den Totalitätsanspruch sämtlicher Ideologien – einschließlich der marxistischen – auf den Besitz der Wahrheit relativieren und die Einsichtsfähigkeit in die Partikularität des jeweils eigenen Standpunkts durch ein «sozial differenziertes Sehen der Gesamtbewegung» (Mannheim 1964, 296) stärken. Es war die Grundüberzeugung dieser Wissenssoziologie, daß in einer hochkomplexen industriellen Gesellschaft keine einzelne soziale Klasse oder politische Gruppe mehr Träger der geschichtlichen Gesamtbewegung sein könne und darum auch im Gebiet des Geistigen eine notwendige Konkurrenz in emanzipatorisch-kritischer Funktion stattfinden müsse und darum verschiedene Parteien um die richtige soziale Sicht bzw. die «offizielle Weltauslegung» (ebd., 573) legitim konkurrieren. So wurde nach Mannheim auch die von oppositionellen Schichten propagierte Soziologie schließlich von ihren Gegnern «beinahe verstohlen» übernommen, weil sie das adäquateste Instrument der Weltorientierung in der gegebenen Situation war (ebd., 609).

Mit seiner dynamischen Wahrheitskonzeption, der Vorstellung, daß jedes Zeitalter inklusive der eigenen Gegenwart seine spezifische Wahrheit enthalte, unternahm Mannheim den Versuch, durch kritische Überprüfung der Abhängigkeit der Denkformen von ihren gesellschaftlichen Wurzeln und Verflechtungen, der Funktionalisierung der «Ideen» und des «Bewußtseins überhaupt», auf die Ideenträger und deren konkrete geschichtliche Situation, ihrer Ideologie- bzw. Utopiehaftigkeit also, einer neuen «Methode des Suchens» zu einer neuen «kontrollierbaren Wissenschaft» des menschlichen Denkens (ebd., 620f) den Weg zu bereiten und den reales politisch-soziologisches Denken vereitelnden «Pseudometaphysikern» (ebd., 623) den Boden zu entziehen. Dabei gehört es für Mannheim zur «Struktur der Demokratisierung des Geistes» (ebd., 585), daß zunächst «jede Partikularansicht die Aspiration hat, zum universellen Auslegungsschema» (ebd.) zu werden, wobei Polarisation im sozialen Raum der Polarisation der Denkmodelle und Geistesströmungen vorangehen. Auch die «Spaltung im Denken der Gegenwart» führt Mannheim auf fundamentale «Spannungen im sozialen Raum» (ebd., 595), «auf Bündnisse und Spaltungen im Kollektivwollen» (ebd., 590), schließlich «auf Machtkämpfe einzelner Gruppen» (ebd., 575) zurück. Der von konservativen Kritikern gegen die Wissenssoziologie erhobene Vorwurf des «Soziologismus» und «weltanschaulichen Nihilismus», auf den in letzter Konsequenz die Destruierung der Personalität des Menschen folge, läßt sich gegenüber einer positivistisch-reduktionistischen Soziologie zu Recht erheben, trifft jedoch nicht auf eine Soziologie zu, die ein philosophisches «Organ der Selbstbestimmung und der Selbsterweiterung» (ebd., 614) des menschlichen Seins und praktischer Weltorientierung sein wollte.

Trotz gewisser Anlehnung an Hegels Aufhebungsdialektik steht

Mannheims Wissenssoziologie dem illusionären Glauben der idealistischen Philosophie, gleichsam «mit Gottes Augen» den Sinn der Geschichte erfassen zu können (ebd., 608), skeptisch gegenüber, ohne jedoch den an einen langsam entstehenden geistigen «Consensus ex post» (ebd., 609) in der Gesellschaft ganz aufzugeben. Mannheims «allgemeine Fassung des totalen Ideologiebegriffs» (1965, 70) verwandelte die Ideologiekritik aus einem politischen Kampfinstrument wie im Marxismus zu einem neuen Typ von relationistischer Erkenntnistheorie, in der gerade die Schöpfer und Träger der Theorie – konkret: die «sozial freischwebenden Intellektuellen» (Mannheim 1964, 454), wie Mannheim im Anschluß an Alfred Weber formulierte – zu einem besonderen Fokus der soziologischen Erkenntnis werden sollten.

So besteht der Ertrag der Dialektisierungsphase der Soziologie gegenüber der mehr objektorientierten Konstitutionsphase vor allem in einer historisch-dialektischen Selbstreflexion der Soziologie auf ihre geschichtlich-gesellschaftlichen Bedingungen und Möglichkeiten. Das Bedürfnis, eine zeitnahe theoretische Erklärung des gesellschaftlichen Krisenzustands zu finden, artikulierte sich natürlich unter dramatisch verändernden ökonomischen und politischen Voraussetzungen ungleich vehementer als in ruhigen Zeiten. Im Ringen der heterogenen soziologischen Standpunkte um die Wirklichkeit berührten sich dabei die Extreme der Linken und Rechten in dem Maße, wie jeder gezwungen war, sich die erfolgreichen Denkschemata des Gegners selbst anzueignen, so daß sich trotz völlig divergenter Zielvorstellungen die soziologischen Positionen in bezug auf Denkstil und Terminologie zum Teil wie kommunizierende Röhren verhielten. In der Polarisierung des Denkens zeigten sich die realen Antagonismen der Gesellschaft. Soziologie konnte dadurch zum Ort der radikalen Systemkritik von links wie rechts, aber auch für jede Art der ‹Rechtfertigung› benutzt werden. Mannheim träumte noch den Traum der Aufklärung, Vernunft und nüchterne Selbstbesinnung könne bei den Intellektuellen zumindest den Boden für ein kommendes «Zeitalter des Ausgleichs» (Scheler) bereiten – eine vergebliche Hoffnung angesichts der hereinbrechenden Barbarei des Nationalsozialismus. Zum Ende der Weimarer Republik erhitzte sich das geistige Klima zusehends; die Unversöhnlichkeit der Standpunkte trat immer schärfer hervor. Nicht die intellektuelle Problematisierungsfähigkeit war erschöpft, wohl aber Konsensfähigkeit und Humanität. Die ältere deutsche Soziologie war an ihren Endpunkt gelangt.

Literatur

Adler, M.: Das Soziologische in Kants Erkenntniskritik (1924). Aalen 1975.

–: Kant und der Marxismus (1925). Aalen 1975 a.

–: Das Rätsel der Gesellschaft. Wien 1936.

Dilthey, W.: Einleitung in die Geisteswissenschaften. Gesammelte Schriften. Bd. I. Leipzig, Berlin 1922.

Freyer, H.: Soziologie als Wirklichkeitswissenschaft. Leipzig, Berlin 1930.

–: Herrschaft und Planung. Hamburg 1933.

Gumplowicz, L.: Grundriß der Sociologie. Wien 1885.

Horkheimer, M.: Traditionelle und kritische Theorie. Frankfurt/M., Hamburg 1970.

Jünger, E.: Der Arbeiter. Hamburg 1932.

König, R.: Studien zur Soziologie. Frankfurt/M., Hamburg 1971.

Kracauer, S.: Soziologie als Wissenschaft. In: Ders.: Schriften Bd. I. Frankfurt/M. 1971.

Lessing, Th.: Geschichte als Sinngebung des Sinnlosen. München [3] 1921.

Lieber, H.-J.: Kulturkritik und Lebensphilosophie. Darmstadt 1974.

–: Ideologie. Paderborn, München, Wien, Zürich 1985.

Litt, Th.: Individuum und Gemeinschaft. Leipzig, Berlin 1919.

Mannheim, K.: Wissenssoziologie. Berlin, Neuwied 1964.

–: Ideologie und Utopie. Frankfurt/M. 1965.

Rauschning, R.: Die Revolution des Nihilismus. Zürich, New York 1938.

Scheler, M. (Hg.): Versuche zu einer Soziologie des Wissens. München, Leipzig 1924.

–: Die Wissensform und die Gesellschaft. Bern, München [2] 1960.

Schmalenbach, H.: Die soziologische Kategorie des Bundes. Die Dioskuren, I, 1922.

Schmitt, C.: Der Begriff des Politischen. Archiv für Sozialwissenschaft und Sozialpolitik, 56, 1927.

Schütz, A.: Der sinnhafte Aufbau der sozialen Welt. Frankfurt/M. [2] 1981.

Simmel, G.: Soziologie. Untersuchungen über die Formen der Vergesellschaftung. Leipzig 1908.

–: Lebensanschauung. Vier metaphysische Kapitel. München, Leipzig 1918.

–: Schriften zur Soziologie. Eine Auswahl. Frankfurt/M. 1983.

Spann, O.: Kurzgefaßtes System der Gesellschaftslehre. Berlin 1914.

Tönnies, F.: Gemeinschaft und Gesellschaft. Berlin 1963.

Troeltsch, E.: Der Historismus und seine Probleme. Tübingen 1922.

Vierkandt, A. (Hg.): Handwörterbuch der Soziologie. Stuttgart 1931.

Weber, M.: Gesammelte Aufsätze zur Wissenschaftslehre. Tübingen [4] 1973.

Wiese, L. v.: System der Allgemeinen Soziologie. Berlin [4] 1966.

Bernd Dewe / Wilfried Ferchhoff / Albert Scherr

4.2 Entwicklungslinien soziologischer Theorie in den westlichen Industrienationen

Vorbemerkung

Der Versuch einer Übersicht über Entwicklungslinien soziologischer Theorie in den westlichen Industrienationen kann keine umfassende, sondern lediglich eine selektive Auseinandersetzung mit den Theorieangeboten beanspruchen, die wir wirkungsgeschichtlich als bedeutsame betrachten. Wir orientieren uns bei der Darstellung einerseits – wo sachlich notwendig – am Gesichtspunkt nationalgesellschaftlicher Besonderheiten, vor allem dort, wo diese – wie es bei der französischen Soziologie der Fall ist – zur Entfaltung einer spezifischen Ausprägung der Soziologie geführt haben. Andererseits versuchen wir, dem sozialhistorischen und theorieimmanenten Umstand Rechnung zu tragen, daß zwischen der US-amerikanischen und der deutschen soziologischen Theorieentwicklung bedeutsame Wechselbeziehungen wirksam waren und sind. Diese beschränken sich nicht auf die Einflüsse der nach dem Zweiten Weltkrieg dominanten Richtung der amerikanischen Soziologie, die durch die Verknüpfung «einer quantitativ orientierten und raffinierten Empirie» mit einer «auf ‹mittlere Reichweite› zurückgestutzten strukturell-funktionalen Theorie» (Joas 1980, 417) gekennzeichnet werden kann. Bedeutungsvoll für die Entwicklung der Soziologie in der Bundesrepublik werden nachfolgend insbesondere der in der amerikanischen Tradition des Pragmatismus begründete Symbolische Interaktionismus, die methodologischen Pionierleistungen der älteren Chicagoer Schule im Hinblick auf die Entwicklung einer qualitativen Sozialforschung sowie die an die Sozialphänomenologie anknüpfende ethnomethodologische Soziologie. Die Darstellung der handlungs- und interaktionstheoretischen Soziologie ist von dieser sachlichen Verschränkung gekennzeichnet.

Ein Hauptproblem, bei dessen Bearbeitung sich grundlegende Differenzen soziologischer Theorien konturieren, verbindet sich mit der Frage, wie das Verhältnis gesellschaftlicher Objektivität, ökonomischer, politischer und kultureller Strukturen, zum subjektiv-sinnhaften Handeln von Individuen gesellschaftlich verfaßt ist und sozialwissenschaftlich angemessen rekonstruiert und dargestellt werden kann. Der Beitrag versucht in Auseinandersetzung mit bedeutsamen Richtungen soziologischer Theoriebildung herauszuarbeiten, daß Bestimmungen des Verhältnisses von gesellschaftlicher Objektivität und individueller Subjektivität sowohl zentrale Abgrenzungskriterien zwischen Traditionen sozialwissenschaftlicher Theoriebildung hervorbringen wie Divergenzen und Spannungspole innerhalb dieser Traditionen selbst erkennbar werden lassen.

Wenn im folgenden die von der Soziologie Emile Durkheims dominierte Entwicklung der französischen Soziologie handlungs- und interaktionstheoretischen Konzepten der verstehenden Soziologie, der Sozialphänomenologie, des Symbolischen Interaktionismus und des Pragmatismus, wie sie vor allem in den USA und Deutschland entwickelt wurden, gegenübergestellt werden, so geschieht dies auch in der Absicht, maximale Differenzen in bezug auf das Problem von Objektivität und Subjektivität in der Entwicklung soziologischer Theorie in den westlichen Industrienationen nach 1945 darzustellen. Demgegenüber kann besonders die Entwicklungslinie der Kritischen Theorie als eine verstanden werden, die eine Vermittlung dieser Gegensätze, ihre Aufhebung in ein einheitliches Theorieprogramm, beabsichtigt. Aus konzeptionellen Gründen – eine umfassendere Darstellung Kritischer Theorie liegt in einem anderen Beitrag dieses Bandes vor – beschränken wir uns auf eine Übersicht zur Entwicklung der Kritischen Theorie nach 1945.

4.2.1 Entwicklung und Kritik des sozialwissenschaftlichen Naturalismus

Während zwischen der Entwicklung soziologischer Theoriebildung in den USA und Deutschland enge Beziehungen aufgewiesen werden können, kann bezüglich der Herausbildung der Soziologie in Frankreich davon gesprochen werden, daß diese ohne bedeutsame Bezugnahmen auf zeitlich parallele Entwicklungen in anderen Ländern erfolgt. Geistesgeschichtlicher Hintergrund der entstehenden französischen Soziologie ist die positivistische Sozialphilosophie Auguste Comtes. Diese ist in ihrer Überordnung von Fortschritt und Ordnung über das Individuum qualitativ von der transzendentalen Verortung subjektiver Konstitutionsleistungen bei Kant und der dialektischen

Relationierung von allgemeiner und individueller Subjektivität bei Hegel unterschieden. Diese Differenz der sozialphilosophischen Tradition kann als ein wichtiges geistesgeschichtliches Erklärungsmoment für die Besonderheiten der französischen Soziologie gelten, die sich über den schulbildenden Einfluß Durkheims etabliert.

Die Entwicklung der Soziologie in Frankreich zur Fachdisziplin vollzieht sich bis zu der Periode zwischen den Weltkriegen unter nahezu ausschließlicher Dominanz von Durkheim und seiner Schule. Noch zeitgenössische französische Soziologen führen die aktuelle sozialwissenschaftliche Theoriebildung auf Durkheim zurück: «Denn (...) es leben heute alle Wissenschaften vom Menschen im Hause Durkheims, auch wenn sie es nicht wissen, weil sie durch die Hintertür eingetreten sind» (Bourdieu & Passeron 1981, 501). In dieser These deutet sich eine Kontinuität in der Entwicklung soziologischer Theorie in Frankreich an, an der sich die folgende Darstellung orientiert. Spannungspole, zwischen denen sich die Auseinandersetzung innerhalb der französischen Soziologie bewegen, sind der dominante, zunächst bei Durkheim, dann in der strukturalistischen Soziologie und Sozialphilosophie ausgeprägte «Naturalismus» (Schütz 1962, I, 54) einerseits, der phänomenologisch-existentialistische und handlungstheoretische Subjektivismus andererseits. Diese Auseinandersetzung setzt sich in spezifischer Weise auch in der nach dem Zweiten Weltkrieg bedeutsamen Debatte zwischen marxistischer und nichtmarxistischer Soziologie ebenso wie in den innermarxistischen Debatten fort.

4.2.2 Grundzüge der Soziologie E. Durkheims

Durkheims Programm einer Gesellschaftsanalyse, «die zugleich rational durchsichtig, empirisch beweisbar und moralisch verpflichtend» (Jonas 1976, II, 32) sein soll, liegt ein Gesellschaftsbegriff zugrunde, der eine spezifische Verbindung zwischen der Entwicklung der gesellschaftlichen Arbeitsteilung und den Formen des «Kollektivbewußtseins», die mit der Struktur gesellschaftlicher Arbeitsteilung verbunden sind, herstellt. Als Kollektivbewußtsein wird die «Gesamtheit der gemeinsamen (...) Überzeugungen und Gefühle im Durchschnitt der Mitglieder einer gleichen Gesellschaft» (Durkheim 1977, 121) bezeichnet. Ihm wird eine von den Individualbewußtseinen relativ unabhängige Existenz sowie eine «materielle und moralische

Suprematie» (Durkheim 1961, 190) gegenüber den individuellen Bewußtseinen zugesprochen. Das Kollektivbewußtsein fungiert bei Durkheim als die zentrale Instanz für die Herstellung und Aufrechterhaltung gesellschaftlicher Einheit. Gesellschaft wird derart begriffen nach dem Modell des sozial integrierten, über die geteilte Moralität zusammengeschlossenen Kollektivs. Durkheim ist an der (Wieder-) Herstellung der Unterordnung individueller Handlungsorientierungen unter die gesellschaftliche vorherrschende Normativität interessiert; soziale Integration wird damit nicht als Ausdruck der intersubjektiven Aushandlung von Sinnorientierungen gedacht, sondern, darin durchaus den Zwangscharakter bürgerlich-kapitalistischer Vergesellschaftung zutreffend reflektierend, als Unterordnung der Individuen unter die Imperative gesellschaftlicher Integration auf dem Wege der Anerkennung herrschender Moralität durch eben die Individuen.

Das Kollektivbewußtsein fungiert in der Konsequenz dieses Konzepts zugleich als bestimmendes Kriterium für die Definition von Normalität und Abweichung. Impliziert ist darin eine theoretische Rechtfertigung für die gesellschaftliche Sanktionierung abweichenden Verhaltens, deren Einfluß auf die struktur-funktionalistische Soziologie von T. Parsons evident ist.

Durkheims 1893 erschienenes Werk «Über die Teilung der sozialen Arbeit» (Durkheim 1977) unterscheidet die für «segmentäre» Gesellschaften mit geringer gesellschaftlicher Differenzierung spezifische «mechanische Solidarität oder Solidarität der Ähnlichkeiten» (ebd., 7) von der für arbeitsteilig-differenzierte Gesellschaften typischen «organischen Solidarität». Mechanische Solidarität als eine Verfaßtheit des Kollektivbewußtseins, die auf der Ähnlichkeit der sozialen Positionen beruht, behindert die Entfaltung von Individualität. Organische Solidarität wird demgegenüber als eine Form der moralischen Verbindung der Gesellschaftsmitglieder in arbeitsteilig differenzierten Gesellschaften gedacht, die auf einem Konsensus der arbeitsteilig aufeinander verwiesenen und individuierten Gesellschaftsmitglieder beruht. Organische Solidarität ist in diesem Sinne ein entwicklungslogisch höheres Stadium des Kollektivbewußtseins (vgl. ebd., 267 f).

Als ursächlich für die Entwicklung der gesellschaftlichen Arbeitsteilung werden bei Durkheim die Auflösung der segmentären Verfaßtheit und die dadurch bedingte wachsende Größe der gesellschaftlichen Einheiten sowie die zunehmende «moralische» und «materielle» Dichte (ebd., 273 ff) der sozialen Verflechtungen zwischen den Individuen angenommen (vgl. Elias 1969).

Daß die zeitgenössische Gesellschaft organische Solidarität nicht ausreichend herzustellen vermag, ist für Durkheim Spezifikum ihrer Krise. Die sozialen Desintegrationserscheinungen der «Anomie» führt er auf fortbestehende Elemente segmentärer Verfaßtheit zurück. Der Klassenkonflikt, in dem Durkheim einen Ausdruck segmentärer Strukturen sieht (vgl. Durkheim 1977, 40ff und 416ff), wird damit als Bedrohung der normativ-moralischen Einheit moderner Gesellschaften interpretiert und zurückgeführt auf eine «Verteilung der sozialen Funktionen», die «nicht mehr der Verteilung der natürlichen Talente entspricht» (ebd., 417).

Die Behandlung des Problems der Anomie führt Durkheim in seiner Arbeit über den Selbstmord fort. Durkheim (1974) formuliert eine soziologische Erklärung der zunehmenden Selbstmordraten unter Absehung von allen außergesellschaftlichen, z.B. individualpsychologischen, Faktoren – gemäß seiner methodischen Regel, Soziales nur durch Soziales zu erklären (vgl. G. Hauck in diesem Band). Ursache einer anormalen Selbstmordrate ist das Fehlen einer verbindlichen moralischen Orientierung des Handelns der Individuen an gesellschaftlich-allgemeinen Werten und Normen.

Die hierin aufscheinende Thematisierung des Verhältnisses von Individuum und Gesellschaft ist interpretatorisch umstritten: Während Jonas (vgl. 1976, 37f) Durkheim eine streng dualistische Fassung des Verhältnisses von Individuum und Gesellschaft unterstellt, lehnt R. König diese Interpretation ab. König (vgl. 1976, 327) sieht in Durkheims Behandlung des Problems eine «dialektische Verschränkung der Person und des sozialen Zusammenhanges» (ebd.). Diese Kontroverse verweist auf eine grundsätzliche Problematik des theoretischen Stellenwerts des Durkheimschen Werks. Festzuhalten ist hier nur, daß sich Durkheim durch seinen methodischen Naturalismus einer Analyse des subjektiven Sinns von Handeln sowie intersubjektiver Konstitutionsprozesse verschließt. In seiner theoretisch-normativen Orientierung am gesellschaftlichen Normalen vermag er die inviduelle Besonderheit und kollektiven Widerstand nur mehr als – tendenziell pathologische – Abweichung zu thematisieren. Insofern kann von einer genuin dialektischen Darstellung des Zusammenhangs von Individuum und Gesellschaft nicht die Rede sein, auch wenn König (vgl. ebd., 327) zu Recht simplifizierende Interpretationen, die Durkheim eine soziologistische Ignoranz gegenüber dem Individuellen und Innerpsychischen unterstellen, kritisiert (vgl. Lukes 1973).

Eine abschließende Bewertung der theoretischen Bedeutung Durkheims kann und soll hier nicht vorgenommen werden (vgl. Jonas 1976; Habermas 1981; Thompson 1982). Es ist jedoch auf eine weitere zentrale Problemstelle seiner Konzeption zu verweisen. Luhmann stellt, darin die marxistische Durkheim-Kritik aufgreifend, fest: «Gewiß kann man nicht sagen, daß Durkheim für die Probleme der politischen Ökonomie keinen Blick und kein Verständnis gehabt hätte; aber im Übergehen der strukturellen Auswirkungen des Geldwesens, also gerade im Ausgangspunkt der Marxschen Theorie, liegt tatsächlich eine Blindstelle» (Luhmann 1977, 32). Zwar stellt Durkheim ausdrücklich fest, daß die «ökonomischen Funktionen seit ungefähr zweihundert Jahren» einen wesentlichen Bedeutungszuwachs erfahren haben; «während sie früher nur eine zweitrangige Rolle spielten», stehen sie «heute an erster Stelle» (Durkheim 1977, 41). Gleichwohl werden die naheliegenden theorieprogrammatischen Konsequenzen dieser Überlegung bei Durkheim nicht eingelöst.

4.2.3 Fortführungen und Weiterentwicklungen des soziologischen Objektivismus

Der schulbildende Einfluß des Durkheimschen Werks steht in Zusammenhang mit der Gewinnung einer dominanten Position von Vertretern einer an Durkheim orientierten Soziologie im Prozeß der universitären Institutionalisierung der Soziologie nach dem Ersten Weltkrieg (vgl. Pollack 1978, 19ff; Clark 1981). Der Durkheim-Schule zugerechnet werden können im wesentlichen M. Mauss, M. Halbwachs, P. Fauconnet, G. Davy sowie E. C. Bougle und, allerdings nur bedingt, L. Lévy-Bruhl. Konstitutive Gemeinsamkeiten dieser Gruppe sind die methodologische Übereinstimmung mit Durkheims Prinzip der naturalistischen Betrachtung sozialer Phänomene und eine Anknüpfung an die bei Durkheim behandelten Forschungsgegenstände, wobei insbesondere die kulturanthropologischen Themen eine wesentliche Vertiefung erfahren. Der organisatorische Zusammenhang, der die Bezeichnung ‹Durkheim-Schule› rechtfertigt, stellt sich über die Herausgabe der von Durkheim begründeten Zeitschrift «Année sociologique» her.

Eine der grundlegenden Weiterentwicklungen der Durkheimschen Soziologie anhand des Studiums segmentärer Gesellschaften liegt in M. Mauss' Studie «Die Gabe» (vgl. in Mauss 1978) vor. Der Gaben-

tausch stellt gemäß Mauss ein Gesellschaftlichkeit konstituierendes
Prinzip dar: Durch den reziproken Austausch zwischen Kollektiven
entsteht eine wechselseitige Verpflichtung, die konstitutiv für den gesellschaftlichen Zusammenhang dieser Kollektive ist. Mauss studiert
den Güteraustausch ‹primitiver› Gesellschaften als ein Phänomen, in
dem synchron soziale Dimensionen, ökonomische, historisch-geneti-
sche und psychologische Aspekte zusammenfließen (vgl. Lévi-Strauss
1978). Er geht damit deutlich über soziologistische Tendenzen bei
Durkheim hinaus. Gesellschaft konstituierend ist der Gabentausch
primär «für jene Gesellschaften (...), welche die Phase der ‹totalen
Leistung› (vom Clan zum Clan und Familie zur Familie) hinter sich
gelassen, jedoch nicht das Stadium des reinen Individualvertrages,
des Geldmarktes (...) erreicht haben (...)» (Mauss 1978, 93). Andererseits gilt der Gabentausch bei Mauss als Konstitutionsmoment von
Gesellschaftlichkeit überhaupt. «Und da wir feststellen werden, daß
diese Moral und Ökonomie sozusagen unterschwellig noch in unserer
eigenen Gesellschaft wirken, und da wir glauben, hier einen der Fel-
sen gefunden zu haben, auf denen unsere Gesellschaften ruhen, können wir daraus einige moralische Schlußfolgerungen bezüglich einiger
Probleme ziehen, vor die uns die Krise unseres Rechts und unserer
Wirtschaft stellt (...)» (ebd., 14).

Eine theoretische Verortung dieses für M. Mauss zentralen Theo-
rems kann zumindest auf dreierlei Bezüge verweisen: Das Krisenbe-
wußtsein Durkheims, seine Zentrierung auf moralische Desintegra-
tionsphänomene und sein Interesse an der Begründung einer neuen
Moralität kehren hier wieder. Die Generierung von Maßstäben der
Kritik aus der idealtypisierend konstruierten Struktur historisch vor-
gängiger Gesellschaften verweist zurück auf die Sozialphilosophie
Rousseaus, wobei hier, anders als bei Rousseau, historisch-reale Gesellschaften den Bezugspunkt bilden. Die Kennzeichnung des Gaben-
tausches als quasi universelles Sozialphänomen stellt drittens eine
Brücke zur strukturalen Anthropologie her, die Lévi-Strauss (vgl.
1967) explizit beansprucht.

Der Gehalt der umfangreichen Arbeiten der erwähnten Mitglieder
der sogenannten Durkheim-Schule kann hier nur angedeutet werden
(vgl. Jonas 1976; Vogt 1981): M. Halbwachs hat in seiner 1925 erschienenen Studie «Das Gedächtnis und seine sozialen Bedingungen»
(Halbwachs 1985) den Versuch unternommen, in Kritik an der Berg-
sonschen Lebensphilosophie den sozialen Charakter des individuellen Erinnerungsvermögens, seine Abhängigkeit vom «kollektiven

Gedächtnis» aufzuweisen. Lévy-Bruhl, der wie Mauss kulturanthropologische Studien betreibt, führt gegenüber Durkheim eine strenge Unterscheidung zwischen der primitiven mythologischen und der modernen rationalen Mentalität ein, die in Differenz zu Durkheims Interesse an der Universalität des Problems sozialer Integration die Besonderheit der historisch-spezifischen Vergesellschaftungsformen betont. Trotz der angedeuteten Relativierung Durkheimscher Theoreme findet keine grundsätzliche Überwindung der obengenannten Probleme seines Ansatzes statt.

Wesentlichen Einfluß hat die Soziologie Durkheims und seiner Schüler auf die sich um die Zeitschrift «Annales d'histoire économique et sociale» kristallisierte Sozialgeschichtsschreibung (vgl. Honegger 1977), deren prominenteste Vertreter M. Bloch und Lefèbvre waren. Die dort in enger Verbindung zur Durkheim-Schule (vgl. Craig 1981) vollzogene ‹Soziologisierung› der Geschichtsschreibung richtet sich gegen den die zeitgenössische Geschichtsschreibung beherrschenden Historismus. Theoretische Differenzen zum Durkheimschen Wissenschaftsverständnis sind insbesondere in bezug auf die Zurückweisung einer Unterordnung der Geschichtswissenschaften unter die Soziologie nicht zu übersehen. Programmatisches Ziel ist die Etablierung einer «qualitativen Strukturgeschichte», die allerdings «vorwiegend deskriptiv bleibt» (Honegger 1977, 17). Auch kann bezüglich der ‹Annales› kaum von einer theoretisch-stringenten Schulenbildung gesprochen werden; die sozialgeschichtlichen Studien der mit den ‹Annales› assoziierten Historiker – von herausragender Bedeutung sind F. Braudel, G. Duby und J. Le Goff – fügen sich einer methodologischen Vereinheitlichung nicht.

Die im Kontext der ‹Annales› begonnene Sozialgeschichtsschreibung ist für die neuere bundesdeutsche Diskussion allerdings von erheblicher Bedeutung (vgl. ebd.).

4.2.4 Soziologie als Theorie der Sozialtechnokratie

Parallel zum Zerfall der Durkheim-Schule vollzieht sich in den vierziger Jahren die Herausbildung einer Soziologie jenseits des Durkheimschens Ansatzes, die nach Ende des Zweiten Weltkrieges zu institutionellem und wissenschaftlichem Einfluß gelangt. Pollack (1978, 28f) verweist diesbezüglich u. a. auf die Etablierung neuer Forschungsinstitutionen, eine damit verbundene Entfaltung empirischer

Forschung der Einzeldisziplinen sowie die Einbeziehung der Soziologie in das staatliche Planungssystem und in politisch-philosophische Auseinandersetzungen.

Relevante Vertreter dieser Entwicklung sind u. a. R. Aron (politische Soziologie, Elitetheorie), G. Friedmann (Industriesoziologie), Chombart de Lauwe (Stadtsoziologie), R. Boudon und J. Stoetzel (empirische Sozialforschung), L. Goldmann (Literatursoziologie) sowie G. Gurvitsch. Der theoretische und empirische Gehalt dieser Analysen kann im hier gegebenen Rahmen nicht gehaltvoll reflektiert werden (vgl. dazu Gugler 1961; Pollack 1978).

Von den Genannten sind es vor allem R. Aron und R. Boudon sowie M. Crozier, die einen nachhaltigen und prägenden Einfluß auf die Entwicklung des soziologischen Denkens ausüben. Aron ist einerseits relevant für eine Öffnung der französischen Diskussion gegenüber der deutschen Soziologie, insbesondere der Theorie von M. Weber (vgl. Aron 1971). Zugleich vertritt er ein dezidiert antimarxistisches Konzept sozialtechnischer Politikberatung (vgl. Aron 1970), dessen theoretische Begründung er im Theorem der Industriegesellschaft und der damit verbundenen These des «Endes der Ideologien» darlegt (vgl. Aron 1967, 93 ff). Arons theoretisches Interesse geht dahin, die qualitativen Veränderungen gesellschaftlicher Lebensbedingungen als Produkt wissenschaftlicher und technischer Entwicklungen auszuweisen, die gegenüber der Unterscheidung von kapitalistischen und nicht-kapitalistischen Gesellschaften indifferent und dieser Differenz gegenüber überlegen sind. Eine Zuspitzung erfährt dieses Konzept in der sogenannten Technokratiethese, wie sie in Frankreich vor allem durch J. Ellul vertreten wird. Von wesentlicher Bedeutung ist Aron auch für die politische Soziologie durch seine elitetheoretischen Analysen und seine Analysen internationaler Beziehungen.

Crozier, der durch seine Analysen der Bürokratie bekannt geworden ist, tritt im Anschluß an Aron für eine Definition des Verwendungszusammenhangs sozialwissenschaftlichen Wissens ein, die sich affirmativ gegenüber Prozessen kapitalistischer Modernisierung und Rationalisierung verhält; theoretisch einher geht damit eine Rezeption des Strukturfunktionalismus von Parsons und Merton (vgl. Pollack 1978, 51 ff; Gugler 1961, 99 ff).

Neben der von Aron u. a. inspirierten Neuorientierung soziologischen Denkens in Richtung auf eine ‹entideologisierte› Produktion von Wissen, das im Sinne rationaler Politikplanung anwendungsorientiert zu sein beansprucht, sind es die Auseinandersetzungen zwischen philosophischem Existentialismus, Phänomenologie, sozialwissenschaftlichem Strukturalismus und Marxismus, die für die Entwicklung soziologischer Theoriebildung primär bedeutsam sind.

4.2.5 Der sozialwissenschaftliche Strukturalismus

Während der phänomenologische Existentialismus ohne wesentlichen Einfluß auf die soziologische Theoriebildung in Frankreich bleibt, gewinnt die im sozialwissenschaftlichen Strukturalismus entfaltete naturalistische Gegenposition zentrale Bedeutung für die soziologische Diskussion, insbesondere durch den strukturalen Marxismus von L. Althusser, M. Godelier und N. Poulantzas (vgl. Althusser & Balibar 1972; Hauck 1984; Honneth 1977).

Lévi-Strauss' Werk «Die elementaren Strukturen der Verwandtschaft» (1981) ist diesbezüglich als methodische Grundlegung zu verstehen. Lévi-Strauss (vgl. 1978) selbst stellt sich in die Tradition der Durkheim-Schule, was auf die Kontinuität der Tradition eines Objektivismus verweist, die allerdings keineswegs ungebrochen ist. Zwar hält Lévi-Strauss am Durkheimschen Theorem der ahistorisch gedachten Universalität fundamentaler gesellschaftlicher Phänomene ebenso fest, wie ihm das Interesse an kulturanthropologischen Fragestellungen mit der Durkheim-Schule gemein ist. Seine Methode der formalen Analyse gesellschaftlich unbewußter Strukturen ist jedoch von der Durkheimschen Methodologie systematisch zu unterscheiden. Insbesondere bricht der sozialwissenschaftliche Strukturalismus mit der für Durkheim konstitutiven Verbindung soziologischer Analyse mit dem Problem der normativ-moralischen gesellschaftlichen Integration.

Die bei Durkheim zum wissenschaftlich-politischen Imperativ erhobene Unterordnung der Individuen unter das Gesellschaftlich-Normale steht im Strukturalismus nicht zur Diskussion. Die Vorherrschaft wie auch immer konkret gefaßter Strukturen über das bewußte und willentliche Handeln der Individuen muß nicht zur Überwindung der gesellschaftlichen Krise hergestellt werden. Sie ist elementare Voraussetzung strukturalen Denkens, quasi ontologisches Faktum, das unabhängig vom Willen und Bewußtsein der Individuen, also auch unabhängig von jeder politischen Intervention soziale Gültigkeit beanspruchen kann.

Eine genuin soziologische Verwendung strukturalistischer Konzepte liegt bei P. Bourdieu und seinen Mitarbeitern vor. In Differenz zum Strukturalismus von Lévi-Strauss lehnt Bourdieu jedoch eine Herleitung kultureller Phänomene aus «universellen, physischen, biologischen oder geistigen Prinzipien» (Bourdieu & Passeron 1973, 17) ab. Ausgangspunkt der Soziologie Bourdieus sind ethnologische Untersuchungen (vgl. 1979). Eine spezifisch soziologische Wendung wird mit seinen bildungssoziologischen Untersuchungen (vgl. Bourdieu & Passeron 1971 u. 1973) eingeleitet. Bourdieu und Passeron analysieren das französische Bildungssystem in seiner Funktion als Instanz zur Reproduktion sozialer Ungleichheit, indem aufgezeigt wird, daß – gegen bildungsreformerische Hoffnungen – in schulischen Bildungsprozessen die vorgängigen Effekte sozialer Ungleichheit nicht korrigiert, sondern verdoppelt und damit legitimiert werden. Die Vergabe von Bildungstiteln wird damit als Form symbolischer Gewalt begriffen im Sinne einer herrschaftlichen Zuweisung sozialer Positionen.

Bourdieus Analyse gesellschaftlicher Strukturen ist durch seine spezifische Verwendung des Klassenbegriffs gekennzeichnet. Er faßt Soziologie als «eine Art Sozialtopologie» (Bourdieu 1985, 9) auf, d. h. Gesellschaft als mehrdimensionalen Raum, als dessen «Konstruktionsprinzipien» «verschiedene Sorten von Kapital» (ebd., 10) wirken, denen spezifische «Felder» dieses Raums entsprechen. Bourdieu unterscheidet «ökonomisches Kapital», das er als die Verfügung über Produktionsmittel begreift, von «kulturellem Kapital», verstanden als Verfügung über kulturelle Güter (Wissen, Bildung), «soziales Kapital», d. h. Einflußchancen aufgrund sozialer Beziehungen, schließlich «symbolisches Kapital als wahrgenommene und als legitim anerkannte Form der drei vorgenannten Kapitalien, gemeinhin als Prestige, Renommee usw. bezeichnet» (ebd., 11). Diese Typologie von Kapitalsorten ist nicht als Ausdruck eines Versuchs stringenter Klassenanalyse im Sinne der Marxschen Theorie zu interpretieren; sie dient der theoretisch angeleiteten Verortung sozialer Gruppen, die empirisch durch ein typisches kulturelles Handeln gekennzeichnet sind, die über geteilte «Wahrnehmungs-, Bewertungs- und Handlungsschemata» (Bourdieu 1983, 173) verfügen. Den Zusammenhang zwischen der Verortung von Gruppen im sozialen Raum und den empirisch feststellbaren Formen des Deutens und Handelns stellt Bourdieu über das Konzept des Habitus her. Bourdieu greift die Unterscheidung von Klassenlage und Klassenstellung auf und bestimmt den Habitus als «Einverleibung» (Bourdieu 1979, 189) der durch diese

objektiven Strukturen erzwungenen dauerhaften Handlungsdispositionen. Die Logik dieser für soziale Gruppen typischen, generativen
Handlungsdispositionen ergibt sich aus der Unterstellung einer utilitaristischen Strategie sozialer Gruppen, nämlich der ihrer Positions-
verbesserung im sozialen Raum. Die für soziale Gruppen spezifischen
Habitusformen sind bei Bourdieu determinierend für das soziale
Handeln der Individuen. Lediglich die situationsangepaßte Realisierung der habitualisierten Dispositionen ist noch individuell-kreative
Leistung.

Bourdieu, der sich metatheoretisch von einem Strukturalismus, der
«die handelnden Individuen gern auf die Rolle von ‹Stützen› objektiver Strukturen» (Bourdieu 1983, 170) reduziert, abgrenzt (vgl. Bourdieu 1987), bleibt diesem Verständnis jedoch weitgehend verhaftet.
Die Potentiale von Widerständigkeit individueller und kollektiver
Art werden in seinen Untersuchungen weder empirisch beschrieben,
noch wird in systematischer Weise deutlich, wo Formen des Handelns, welche nicht als Stützen objektiver Strukturen zu fassen sind,
systematisch zu verorten sind. Bourdieu beschreibt als alleinigen Fall,
dem keine Entsprechung von objektiven Strukturen und subjektiven
Dispositionen zugrunde liegt, die zeitliche Verschiebung der objektiven Strukturen gegenüber den Dispositionen des Habitus, also den
Fall einer ‹ungleichzeitigen› Unangepaßtheit des Habitus. Die Reichweite des Bourdieuschen Konzepts – ungeachtet der Fülle seiner in-
teressanten empirischen Studien – ist deshalb systematisch auf eine
Analyse ausschließlich derjenigen Formen sozialen Handelns beschränkt, die sich als individuell unbewußter, objektiv bedingter Ausdruck utilitaristischer Handlungspraxen sozialer Gruppen begreifen
lassen (vgl. Eder 1989).

Zentrale Ansätze zur Überwindung eines ahistorischen Strukturalismus im Sinne der theoretischen Berücksichtigung der historischen
Genese und Transformationen von Strukturen sind im genetischen
Strukturalismus J. Piagets enthalten. Entgegen einer verkürzenden
Interpretation Piagets als Entwicklungspsychologe, der allein für so-
zialisationstheoretische Analysen von Belang sei, kann sein genetischer Strukturalismus als relevanter Beitrag zur soziologischen Theoriediskussion verstanden werden (vgl. Harten 1977; Kindler 1976).
Die von Piaget vorgelegte genetische Rekonstruktion des Erkenntnis-
vermögens ist ein wesentlicher Bezugspunkt für eine soziologische
Sozialisationstheorie. Methodisch versucht Piaget sowohl die strukturalistische «Dekonstruktion» des Subjekts wie auch die struktura-

listische Ausblendung historischer Prozesse zu überwinden, d. h. die
Analyse von Strukturen begrifflich reflexiver zu situieren. Wenn Piaget darauf verweist, daß weder eine Struktur ohne «genetische Konstruktion» entstehen kann noch die Reproduktion einer Struktur
ohne die «Tätigkeit eines Subjekts» (Piaget 1980, 134) denkbar ist,
dann sind hiermit zentrale Ansätze zur Überwindung des Bruches
zwischen Strukturalismus und historisch-materialistischer Dialektik
zumindest benannt.

Von zentraler Bedeutung für die Begründung einer strukturalen
Kulturtheorie sind die Arbeiten M. Foucaults, die hier jedoch nicht
dargestellt werden können (vgl. Honneth 1985 sowie den Beitrag zu
methodischen Problemen von Brunkhorst in diesem Band).

4.2.6 Nicht-strukturaler Marxismus in der französischen Soziologie

Neben der dominanten Strömung des strukturalen Marxismus sind
die verschiedenen Konzepte eines nicht-strukturalen Marxismus, deren bedeutendste Vertreter in Frankreich H. Lefèbvre und A. Gorz
sind, bedeutsam für die soziologische Diskussion. Lefèbvre, der theoretisch im Gegensatz zu Althusser eine Interpretation der Marxschen
Theorie vertritt, die die systematische Einheit der frühen Schriften
von Marx und der Kritik der politischen Ökonomie betont (vgl. Lefèbvre 1972b), ist durch seine «Kritik des Alltagslebens» (vgl.
Lefèbvre 1972a und 1977) hervorgetreten. Die Kritik des Alltagslebens untersucht den Konflikt zwischen gesellschaftlichen Prozessen
und dem alltäglichen Erfahrungszusammenhang der Individuen unter
der grundsätzlichen Voraussetzung, daß das Alltagsleben als subjektive Totalität die Potentiale gesellschaftlicher Umwälzung in sich enthält, und wendet sich damit gegen eine Verkürzung der Analyse sozialer Konflikte auf die Produktionssphäre: «Der Dogmatismus hat
nicht das Recht, das gesellschaftliche und menschliche Dasein des
Proletariats auf (...) die Arbeit zu verkürzen» (Lefèbvre 1977, III,
40). Zugleich thematisiert Lefèbvre die Veränderungen des Alltagslebens durch gesellschaftliche Prozesse, dies allerdings in einer Sichtweise, die die «Verarmung» des Alltagslebens, seine «Reduktion auf
gelenkten Konsum» (ebd., I, 10) ausschließlich in den Vordergrund
stellt. Der Vorwurf eines ‹revolutionären Romantizismus› ist deshalb
insofern berechtigt, als er sich gegen die bei Lefèbvre vorfindliche
ausschließlich negative Bewertung moderner Umbildungen des All-

tagslebens wendet. Sein Versuch, die Marxsche Kritik der politischen Ökonomie in Zusammenhang mit einer Analyse des Alltagslebens zu stellen, verweist jedoch auf ein zentrales Defizit marxistischer Soziologie, zu dessen Bearbeitung Lefèbvre Wichtiges beigetragen hat (vgl. Dewe, Ferchhoff & Sünker 1987).

4.2.7 Soziologie der neuen sozialen Bewegungen: eine handlungstheoretische Perspektive

André Gorz analysiert in seinen Schriften die theoretische Bedeutung sozialer Bewegungen und Konflikte, die sich nicht zureichend nach dem Modell des ökonomisch fundierten Klassenkonflikts begreifen lassen. Während seine Studie «Zur Strategie der Arbeiterbewegung im Neokapitalismus» (1967) noch im wesentlichen an der Bestimmung der Arbeiterklasse als Zentrum emanzipatorischer Bewegungen festhält und eine Kritik ökonomistischer Interpretationen von Klassenauseinandersetzungen beinhaltet, ersetzt Gorz dieses Konzept zunehmend durch die Vorstellung eines Bedeutungsverlustes der Arbeiterklasse für emanzipatorische Prozesse. Seine Auseinandersetzungen mit der Ökologieproblematik (vgl. Gorz 1977 u. 1980b) und der Problematik von Rationalisierung und Arbeitszeitverkürzung (vgl. Gorz 1980a) spitzt er in seiner Schrift «Abschied vom Proletariat» (1980c) zu einer grundsätzlichen Kritik an marxistischen Gesellschaftstheorien zu, der die «traditionelle Arbeiterklasse (...) nur noch als privilegierte Minderheit» (Gorz 1980b, 64) gilt. Die im Marxismus dem Proletariat zugeschriebene emanzipatorische Funktion wird in der Konsequenz auf die «Nicht-Klasse der Nicht-Arbeiter», das «Neoproletariat» (ebd., 63), verlagert. Der analytische Gewinn der Gorzschen Marxismuskritik liegt jedoch wohl weniger in der polemischen Infragestellung klassentheoretischer Annahmen als in seinem Versuch, die damit verbundene Diskussion zur Krise der Arbeitsgesellschaft in emanzipatorischer Perspektive weiterzuführen (vgl. Gorz 1983).

Eine eigenständige Variante soziologischer Gesellschaftstheorie, die – hierin Gorz vergleichbar – ihren zentralen Bezug in den neuen sozialen Bewegungen jenseits der Arbeiterbewegung findet, liegt in den Schriften von A. Touraine vor. Ausgehend von seinen Überlegungen zur postindustriellen Gesellschaft (vgl. Touraine 1972), in denen er die Bestimmung der Arbeiterklasse als emanzipatorisches

Potential kritisiert, entwickelt Touraine eine Grundlegung von Gesellschaftstheorie, die die «zunehmende Fähigkeit einer Gesellschaft, auf sich selbst einzuwirken» (1986, 16), als systematische Grundlage soziologischer Analyse auszuweisen versucht. Zentral für Touraines Konzept der postindustriellen Gesellschaft ist die Annahme, daß «die fortgeschrittenen Industriegesellschaften nicht mehr Gesellschaften der Akkumulation, sondern der Programmierung sind» (1972, 50), womit gemeint ist, daß die Steuerung der gesellschaftlichen Entwicklung durch die «herrschenden Klassen» der «Technokraten, Bürokraten und Rationalisatoren» (ebd., 76) den zentralen Ort der gesellschaftlichen Machtausübung bildet, nicht mehr die Akkumulation von Kapital. Analog ist nicht mehr das ökonomische Interesse der Arbeiterklasse zentrale Grundlage gesellschaftlicher Konflikte, sondern «die Revolte gegen ein System der Integration und Manipulation», «eine mehr politische und kulturelle als wirtschaftliche Aktion» (ebd., 80). In der Konsequenz dieser Überlegungen schlägt Touraine deshalb vor, den Klassenbegriff durch den Begriff der «sozialen Bewegung» zu ersetzen (1986, 26), d. h. durch eine «pragmatischere, pluralistische Konzeption der sozialen Konflikte» (ebd., 320).

Gegenstand der Soziologie ist demnach nicht Gesellschaft als wie auch immer objektiv strukturierte Einheit, sondern die «Erforschung der sozialen Akteure und der Beziehungen, die sie eingehen» (ebd., 20). Diese werden als zentrale Determinanten sozialen Handelns verstanden. Touraine spricht zugespitzt von einem «rein sozialen» Konflikt, der «keine andere Grundlage hat als das Handeln, mit dem die Gesellschaft sich selbst formt» (Touraine 1976, 40). Er vertritt damit ein konsequent handlungstheoretisches Selbstverständnis der Soziologie in offensichtlichem Gegensatz zu Durkheim wie auch zum Marxismus und Strukturalismus, wobei nicht individuelles, sondern kollektives Handeln als Grundlage von gesellschaftlicher Entwicklung und soziologischem Denken fungiert.

Touraines Überlegungen sind der Versuch, den veränderten Formen sozialer Konflikte und der Entwicklungsdynamik kapitalistischer Industriegesellschaften theoretisch Rechnung zu tragen, ohne eine Apologie kapitalistischer Modernisierung zu betreiben. Gleichwohl ist die handlungstheoretische Modifikation der kategorialen Grundlagen der Gesellschaftstheorie, wie sie Touraine vorschlägt (vgl. 1976 u. 1986), in seiner Kritik strukturtheoretischer Bestimmungen weder zureichend begründet noch in seiner tendenziell dichotomischen Entgegensetzung von Strukturanalyse und Handlungsanalyse überzeugend.

Wenn die Soziologie in Frankreich hier als eigenständige nationale Theorietradition dargestellt wird, so hat dies seine sachliche Berechtigung vor allem in dem bis in die sechziger Jahre weitgehend fehlenden Diskussions- und Austauschprozeß zwischen der deutschen und französischen Soziologie. Deutliche Anzeichen für ein zwischenzeitlich erfolgtes Aufbrechen dieser wechselseitigen Abschottung sind jedoch in der Rezeption des sozialwissenschaftlichen Strukturalismus und Neostrukturalismus, in der Diskussion der von Gorz und Touraine vorgelegten Auseinandersetzungen mit den sog. neuen sozialen Bewegungen und dem starken Einfluß der Bourdieuschen Sozialtopologie etwa auf die bundesrepublikanische Kultursoziologie ebenso zu sehen wie in den nachhaltigen Auswirkungen des Postmoderne-Konzepts von J. F. Lyotard.

Wenn man das, was im Neostrukturalismus der französischen Philosophie zum Ausdruck kommt, als ‹postmodern› charakterisiert, so deshalb, weil diese Richtung, etwa in der Foucaultschen Diskurstheorie, «den Akzent auf die Inkommensurabilitäten legte» (Lyotard 1985, 86). Lyotard (1982) versucht nachzuweisen, daß die aufklärerische Unterscheidung zwischen wahrem und erzählerischem Wissen obsolet ist. Die neuzeitliche Wissenschaft sei selbst nur eine grandiose Erzählung; denn, so Lyotard, das wissenschaftliche Wissen kann nicht wissen, ob es das wahre Wissen ist, ohne auf das andere Wissen – namentlich die Erzählung – zurückzugreifen. Ansonsten wäre es gezwungen, sich selbst vorauszusetzen, und damit verfällt es in das, was es ausgrenzt, die Petitio principii, nämlich das Vorurteil. Kulturen legitimieren sich längst nicht mehr nur durch die Vernunft, sondern durch Sprachspiele, Erzählungen und mythische Vitalität. Einer solchen postmodernen Philosophie wird dann alles zum Diskurs, wenn nicht zum Roman. Die Philosophen der Neuzeit erzählen Geschichten, von denen keine uns überzeugen muß. Was hier philosophisch auf den Punkt gebracht wurde, hat seine Entsprechung in den verschiedenen Künsten. Von daher ist es nicht zufällig, daß die ‹Postmoderne› noch am augenfälligsten in der Architektur sich Ausdruck verschafft hat. Nicht nur, daß viele Stilformen der Vergangenheit wieder zugelassen werden, macht sie postmodern, sondern gerade auch ihr Bekenntnis zum dekorativen und nutzlosen Detail. Daß hingegen wissenschaftliche Aussagen zweckrational oder effizient sein sollen, ist für Lyotard ein Grund, gerade an ihrer Wahrheit zu zweifeln. Das postmoderne Denken geht bei ihm nicht in kulturpessimistischen Abgesängen auf. Das postmoderne Denken und Wissen entspricht auch keiner Wiedergeburt romantischer Remythologisierungen. Vielmehr zielt die Postmoderne auf eine Verstreuung, Sinnvervielfältigung und Dekonstruktion von Denkansätzen sowie Wissenstraditionen, die ihrerseits erst in der Lage sind, die tatsächlichen Aufweichungen und Erosionen gesellschaftlicher Modernisierungsprozesse freizulegen. Das postmoderne Denken, das nicht mit einem Wissenschaftspluralismus des «anything goes» (Feyerabend 1981, 97f) zu verwechseln ist, ist für Lyotard ein experimentelles, das eine Rehabilitierung des Philosophierens jenseits der geronnenen Begriffsinstrumentarien der Human- und Geisteswissenschaften anstrebt. Lyotard setzt sich denn auch von gegenaufklärerischen Retrospektiven ab:

> «Die Postmoderne hingegen, die mich interessiert, gehört auch zur Moderne, aber sie behandelt diese nicht als ein Objekt, das vergangen, verloren und deshalb so wertvoll und gut zu verkaufen ist. Vielmehr versuchten die Avantgarden stets, das schon Dagewesene nicht zu wiederholen, sondern weiterzugehen im Hinterfragen. (...) Sie machten die etablierte Moderne lediglich, um sich von ihr abzusetzen, ins Exil zu gehen. Dieses Exil, das ich Experimentieren nenne, mache ich als Kraft im Postmodernen geltend (...)» (Lyotard 1985, 38f).

In die Richtung einer Verschränkung der sozialwissenschaftlichen Diskussionen weist auch die Aufmerksamkeit, die poststrukturalistische Sozialwissenschaftler wie Foucault und Lyotard der deutschen Soziologie, insbesondere der Kritischen Theorie, widmen.

Den gleichwohl offensichtlichen «Grenzen der Verständigung» (Frank 1988) zwischen den deutschen und amerikanischen Sozialwissenschaften einerseits, den französischen andererseits liegen gewisse paradigmatische Differenzen zugrunde, die sich auf die Unterschiede der sozialphilosophischen Bezüge in der Entstehungsphase der Soziologie zurückbeziehen lassen. Hinzuweisen ist insbesondere auf den geringen Einfluß genuin dialektischer Konzeptionen des Verhältnisses von Individuum und Gesellschaft in der französischen Soziologie und die demgegenüber vorherrschende Tradition des Objektivismus Durkheims, der in der Tradition der Comteschen Sozialphysik steht. Diese Differenz der sozialphilosophischen Grundlagen sozialwissenschaftlicher Theoriebildungsprozesse – besonders in Frankreich und Deutschland – begründet eine Spannung zwischen theoretischen Grundorientierungen, die in die gegenwärtige Diskussion hineinwirkt.

Im Unterschied zur Dominanz objektivistischer Konzeptionen in der französischen Soziologie ist jedoch in der existentialistischen Sozialphilosophie Frankreichs in der Debatte eine Position präsent, die emphatisch die individuelle Subjektivität betont. Die Bedeutung der durch Jean-Paul Sartre und Maurice Merleau-Ponty repräsentierten existentialistischen Phänomenologie für die sozialwissenschaftliche Diskussion in Frankreich ergibt sich sowohl daraus, daß beide als Prototypen gesellschaftskritisch engagierter Intellektueller einen zentralen Bezugspunkt der Kritik einer sich affirmativ verstehenden Soziologie bilden, wie auch daraus, daß der in ihren Werken dargelegte kategoriale Stellenwert von Subjektivität in striktem Gegensatz zu allen Varianten eines sozialwissenschaftlichen Naturalismus steht. Im Zentrum der Philosophie Sartres (vgl. König 1988) steht die Frage nach der Verantwortlichkeit des Individuums für sich selbst, die in einer – an den Kantschen kategorischen Imperativ erinnernden Wendung – als Grundlage der Verantwortlichkeit «für alle Menschen» (Sartre 1977, 12) verstanden wird. Selbstverantwortetes Leben ist damit in eins gesetzt mit gesellschaftlichem Engagement. Ausgehend von einer Kritik am Engelsschen Naturbegriff unternimmt Sartre den Versuch einer Begründung der Dialektik und der Bestimmung ihrer Grenzen, wobei das fundamentale Problem einer Subjekt-Objekt-Dialektik, daß es «nur eine Geschichte gibt, d. h. Realitäten, die sich den Individuen aufzwingen», aber diese Geschichte zugleich «aus Millionen individueller Handlungen gewoben» (ebd.) ist, in den Rahmen einer Analyse der «Totalisierung» (Sartre 1967, 57) individueller Handlungen gestellt wird.

Die Arbeiten Merleau-Pontys knüpfen enger an klassisch-phänomenologische Fragestellungen an, insbesondere in seiner «Phänomenologie der Wahrnehmung». In Abhebung von Husserl entwickelt er die Phänomenologie nicht aus der Perspektive des einsamen Bewußtseins, sondern unter Berücksichtigung intersubjektiver Konstitutionsprozesse von Sinn (vgl. Gurwitsch 1976).

Ohne Verbindung zum politischen Existentialismus entwickelt A. Gurwitsch seine Variante der Phänomenologie. Kennzeichnend ist seine Betonung der Leiblichkeit als basalen Ausgangspunkts soziologischer Studien.

4.2.8 Handlungs- und interaktionstheoretische Perspektiven der deutschen und amerikanischen Soziologie

Trotz erheblicher Differenzen (vgl. hierzu Arbeitsgruppe Bielefelder Soziologen 1973; Giddens 1984) kann vereinfachend die Variationsbreite der Interaktionstheorien und pragmatischen Handlungstheorien in bezug auf zwei komplementäre Grundannahmen bestimmt werden, die Spannungspole bezeichnen, zwischen denen sich die Analysen der interaktionstheoretischen Soziologie bewegen:

– Das handelnde Individuum erzeugt das Soziale in kooperativ-interaktiver Weise mit anderen Individuen, Gesellschaftlichkeit geht aus individuellem Handeln hervor. In dieser Perspektive werden Prozesse der Konstitution von Sinn, Lebenspraxis, Alltag, sozialen Rollen etc. in den Mittelpunkt des theoretischen Interesses gerückt.

– Soziales wird als immer schon Gegebenes und Konstitutives, als individuellem Handeln Vorgängiges angenommen, wobei die sozialen Konstitutiva, die Prozesse und Modi von Interaktionsvollzügen reflexiv verfolgt werden sollen. Die Existenz einer intersubjektiv beschaffenen Welt wird vorausgesetzt.

In Deutschland wurde die Verbreitung der Vorläufer dieser Handlungs- und Interaktionstheorien (der Phänomenologie) durch die NS-Herrschaft verhindert. Auch nach der Befreiung von den Nazis blieb die Vertreibung der Wissenschaftler folgenreich. Der in der Bundesrepublik einsetzende Rezeptionsprozeß der Phänomenologie erfolgte recht zögerlich. Es fand jedoch in der Emigration, vor allem in den USA, eine Bezugnahme zweier im deutschen Sprachraum entwickelter Erkenntnisrichtungen, der Sozialphänomenologie und der Wissenssoziologie (vgl. den Beitrag von Dewe in diesem Band), aufeinander statt, die international weithin wirkte, indes lange Zeit ohne nennenswerte Rückwirkungen auf den deutschen Sprachraum blieb. Eine solche Ausfallerscheinung mutet merkwürdig für ein Land an, in dem die Diskussion über die methodologischen Unterschiede zwischen natur- und kulturwissenschaftlicher Forschung besonders intensiv geführt worden ist. Darauf hat Jürgen Habermas (vgl. [3]1973) hingewiesen. Mit seiner Aufarbeitung der Problematik des Sinnverstehens begann die verspätete Rezeption eines Vergewisserungsprozesses der Humanwissenschaften, für den von den einen Max Weber zitiert wird, von den anderen Alfred Schütz.

Als grundlagentheoretische Entsprechungen der eingangs erwähnten Bezugspunkte verwendet die interaktionstheoretische Sozialwis-

senschaft zum einen das Konzept der unmittelbar handlungsgenerie-
renden und handlungsleitenden Alltagswelt mit ihren zumeist typifi-
zierten und routinisierten alltagsweltlichen Wissensbeständen; zum
anderen das Konzept der perspektivischen sozialen Handlung eines
Individuums, wobei die Sicht des einzelnen durch seine eigene Stellung im Verhältnis zur Perspektive der anderen bzw. der auf den Begriff gebrachten Gesamtgesellschaftlichkeit des «signifikanten Anderen» (Mead) mitbestimmt ist.

Interaktionstheoretische Sozialwissenschaft speist sich neben Elementen aus der Verstehenden Soziologie Max Webers aus mindestens
zwei philosophiegeschichtlichen Theorieströmungen:
– aus der auf E. Husserl zurückgehenden Phänomenologie, die ihren
bedeutenden sozialwissenschaftlichen Niederschlag in der genuin
phänomenologischen Sozialtheorie, in der neueren Wissenssoziologie sowie in der an formalpragmatischen Interaktionslogiken interessierten Ethnomethodologie findet;
– aus der Philosophie des amerikanischen Pragmatismus, der in den
Sozialwissenschaften im heutigen – auf Mead aufbauenden – Symbolischen Interaktionismus, aber auch etwa in dem Konzept einer «objektiven oder strukturalen Hermeneutik» (Oevermann 1986) eine
zentrale Rolle spielt.

Der Grundgedanke der pragmatischen wie der sozialphänomenologischen Handlungstheorie läßt sich dahin gehend umschreiben, daß
sinnhafte soziale Handlungen im Unterschied zu bloßem Verhalten
die Grundeinheit der sozialen Wirklichkeit bilden. Dieses Grund-
axiom gibt gleichzeitig den Modus der Erfahrung an. Sowohl der Gegenstand selbst als auch die auf den Gegenstand gerichtete spezifische
Erkenntnisform sind durch Sinn konstituiert. Die Differenz von Handeln und Verhalten hat ihr methodologisches Korrelat in der Unterscheidung von Verstehen und Erklären. Eine interaktionstheoretisch
geprägte Sozialforschung muß somit methodologisch dem entscheidenden Sachverhalt Rechnung tragen, daß die gewählten sozialwissenschaftlichen Begrifflichkeiten schon immer in den Begriffen, Meinungen und Deutungen, die die zu Untersuchenden/Beteiligten
selbst von der Sache haben, ihr empirisches Pendant besitzen und somit nur interpretativ verstanden, nicht objektivistisch nach dem Modell der Naturwissenschaften erklärt werden können.

4.2.9 Pragmatismus: eine amerikanische Sozialphilosophie

Die erste wirkliche amerikanische Philosophie, wie der Pragmatismus von Anhängern wie Gegnern in gleicher Weise bezeichnet wird, wurde im letzten Drittel des 19. Jahrhunderts im Kreis um Charles S. Peirce in Cambridge entwickelt (vgl. Peirce 1967).

Bezugspunkt pragmatischer wie phänomenologischer Theoriebildung ist die Lebenspraxis oder auch die alltägliche Welt des handlungspraktischen Zusammenlebens von Individuen, sind deren Interaktionen, Interpretationen, Typisierungen, sprachliche Symbole und Deutungen, mit denen sie handlungserzeugend ihre gesellschaftliche Wirklichkeit situationsbezogen bearbeiten, sicherstellen und auch verändern. Die Konstruktion und Rekonstruktion sozialer Wirklichkeit ist das Resultat eines mehrschichtig ablaufenden, sinngeleiteten Interaktionsprozesses stets schon vergesellschafteter und sozial handelnder Individuen.

Der Pragmatismus (bzw. Pragmatizismus) geht davon aus, daß sich alles Theoretisieren auf lebenspraktisches Handeln bezieht und erst von diesem Handeln her seine Bedeutung gewinnt. Es geht in pragmatischer Perspektive – im Unterschied zum Marxschen Interesse, notwendig falsches Bewußtsein mit Hilfe wissenschaftlicher Wahrheit aufzuklären – um die Verteidigung der relativen Gültigkeit der pragmatischen Wahrheit für das lebenspraktische Handeln (vgl. Künne 1986, 116–160).

Nach pragmatischer Auffassung kommt man der Wahrheit nur näher, indem man Erfahrungen sammelt und diese Erfahrungen radikal durchdenkt. Das Kriterium dieses radikalen Empirismus in der Erkenntnistheorie ist die lebenspraktische Relevanz von wissenschaftlichen Deutungen und Theoriebildungsprozessen. Derart verbindet der Pragmatismus einen radikalen Empirismus in der Erkenntnistheorie mit einer Wissenschaftskritik vom Standpunkt des Common sense. Im Pragmatismus werden alle Dualismen und Dichotomien zwischen Mensch und Natur, Körper und Geist, Subjekt und Objekt, Tatsachen und Werten etc. (vgl. Kellner 1969) in Frage gestellt. An deren Stelle treten die unmittelbaren Erfahrungen und lebenspraktischen Handlungen im Hinblick auf ein Beziehungsgefüge zwischen natürlicher und gesellschaftlicher Umwelt.

Ging der ‹Logiker des Pragmatismus› Peirce vor allem von der Kantschen Philosophie aus, so setzt der ‹Sozialpädagoge des Pragmatismus› Dewey – darin in gewisser Weise Hegel folgend – einen ‹dynamischen Naturalismus› voraus: Die menschliche Tätigkeit greift nicht extern in die außermenschliche Natur ein; diese kann sich vielmehr in Form des intelligenten Eingreifens menschlicher Tätigkeiten selbst realisieren.

Selbst Mead – in seiner Zwischenstellung als Sozialbehaviorist wie als Ahnherr des Symbolischen Interaktionismus – ist mit den genuinen Pragmatikern durch die Betonung einer nicht-subjektivistisch verklärten Erfahrung als Kriterium der Philosophie und auch in der Ablehnung einer rationalistischen Erkenntnistheorie verbunden. Erkenntnis findet seiner Auffassung nach nur im Verhaltensvollzug von Menschen selbst statt, kann also nicht unabhängig von Verhaltensweisen analysiert werden. Meads Nahtstelle zum Pragmatismus liegt u. a. darin, daß er an der analytischen Ausgangsbasis von James und Dewey wie auch an dem Vorrang einer ‹experimentellen Methode› im Hinblick auf die Validität von wissenschaftlicher Erkenntnis in einem fundamentalen Sinn festhält, also im Prozeß wissenschaftlicher Forschung hinsichtlich des Testens von Hypothesen einer induktiven Logik – Peirce' abduktivem Schluß ähnlich – zentrale Bedeutung beimißt. Abduktives Schließen impliziert weder schlichte Folgerungen noch Ableitungen, sondern – allgemein formuliert – Sprünge von wohlbekannten Prämissen zu einer weitgehend unbekannten, erst noch behutsam zu erschließenden Ordnung der Sozialwelt, die eben dadurch verstehbar gemacht wird, daß man sie den Prämissen annähert.

Sozialwissenschaftlicher Erkenntnisfortschritt ist demnach nicht nach dem Modell der Kumulation von gegenständlichen Entdeckungen, sondern nach einem Modell der sukzessiven Übersetzung bzw. Explikation von Handlungsproblemen und Sinnstrukturen alltagspraktischen Handelns vorstellbar. Diese Auffassung schließt ein, daß die zentrale Aufgabe sozialwissenschaftlicher Erkenntnis in der Explikation der sozialen Sinnstrukturen alltagspraktischer Handlungsvollzüge der Laien und entsprechend ihre basale praktische Funktion in der Rückvermittlung ihrer Erklärungsleistungen liegt – statt in der Umgestaltung der sozialen Realität nach Maßgabe des Informationsgehalts bestätigter Hypothesen. Ihre theoretische Aufgabe läge in der abduktiven Sicherung und Präzisierung der Verfahren der Explikation innerhalb der Kommunikationsgemeinschaft der Forscher (Peirce) sowie in der Analyse der Bedingungen ihrer Möglichkeit einerseits, der Systematisierung und Konsistenzprüfung der gesicherten Explikationsergebnisse andererseits.

4.2.10 Von der Verstehenden Soziologie zur Sozialphänomenologie

Die Grundlegung einer Sozialphänomenologie der alltäglichen Lebenswelt ist Gegenstand der Arbeiten des 1938 von Wien über Paris in die USA emigrierten Sozialwissenschaftlers Alfred Schütz. Schütz findet in den USA der 40er und 50er Jahre eine Situation vor, in der die phänomenologische Philosophie Husserls weitgehend unbekannt ist und in der sein Versuch einer Begründung sozialwissenschaftlicher Theorie in den vorwissenschaftlich-alltäglichen Prinzipien der Deutung und Ordnung von Wirklichkeit seitens der etablierten, insbesondere der positivistisch beeinflußten Soziologie auf Reaktionen stößt, die durch weitgehende Nichtbeachtung und Ablehnung gekennzeichnet sind. So wird die wissenschaftskritische Perspektive der Phänomenologie von Talcott Parsons noch 1976 im Rückblick auf seine 1941/49 geführte Auseinandersetzung mit Schütz (vgl. Schütz & Parsons 1977) explizit verworfen: «Für meine Begriffe konstruiert Schütz einen ganz unrealistisch scharfen Gegensatz zwischen der Perspektive des Handelnden und der des wissenschaftlichen Beobachters und Analytikers, der beide ernstlich auseinander bringt. Ich sehe sie dagegen eng miteinander verknüpft: Der Vollzug der Wissenschaft ist nur ein extremer Typus des Handelns» (Parsons 1977, 134). Einfluß auf die soziologische Theoriebildung erlangt die Schützsche Sozialphänomenologie erst im Kontext einer Kritik des Objektivismus der Systemtheorie und des orthodoxen Marxismus, wie sie seit Mitte der 60er Jahre in den USA vor allem seitens der sogenannten neueren Wissenssoziologie – von zentraler Bedeutung sind hier die Arbeiten von P. L. Berger und T. Luckmann (vgl. Berger & Luckmann 1970) – und der Ethnomethodologie, mit zeitlicher Verzögerung auch in der bundesrepublikanischen Soziologie, formuliert wird.

Ein wichtiger Bezugspunkt für die Entwicklung von Schütz' Konzept einer phänomenologischen Sozialtheorie ist die kritische Auseinandersetzung mit Max Webers klassischer Definition sozialen Handelns. Im Anschluß an die Webersche Grunddefinition des Handelns als subjektiv-sinnhaftes Verhalten, das auf das Handeln anderer bezogen ist (vgl. Weber 1972, § 1), hat Schütz dessen Sinnbegriff in kritischer Absicht in mehrere ‹Sinnschichten› aufgespalten (vgl. Schütz 1974, 24ff). Schütz unterzieht das methodologische Konzept, daß der Handelnde mit seinem Handeln einen Sinngehalt impliziert und daß dieses Handeln gleichsam sinnhaft am Handeln anderer orientiert ist, einer Analyse. Die Konstruktion und Rekonstruktion sinnhaften

Handelns führe auf die Probleme der Konstitution des Sinns eines Erlebnisses im «inneren Zeitbewußsein» (Husserl) bzw. der «inneren Dauer» (Bergson) zurück (vgl. Schütz ebd., 47ff).

Die Leitgedanken der Schützschen soziologischen Handlungstheorie, daß Handeln, Verstehen, Beobachten und Beurteilen nur im Regreß auf den einzelnen Handelnden, auf das Erleben des ‹einsamen Ich› erfaßbar werden, radikalisieren das Webersche Grundprinzip, soziales Handeln auf das Handeln beteiligter einzelner zurückzuführen, und suchen die originäre Konstitution des Sinns im ‹einsamen Ich› zurückzuverfolgen. Letzteres ist zugleich ein konsequenter Bruch mit Webers Programmatik, der von der interindividuellen Dimension der Sinnkonstitution beharrlich abstrahiert (vgl. Prewo 1979, 153ff).

Man geht in phänomenologischen Ansätzen davon aus, daß soziale wie normative Strukturen nicht unabhängig von den wechselseitig symbolisierten, typisierten und regelgeleiteten Handlungen der Akteure existieren – ein ‹subjektfrei› konzipierter Strukturbegriff würde zweifellos Kritik herausfordern. Intersubjektivität wird hier – Schütz spricht selbst davon – vorausgesetzt. Ein Alter ego, als psychophysisches Subjekt aufgefaßt, koexistiert mit mir, sein «Erlebnisstrom» besitzt die gleichen Urformen wie der meinige, in der Zeitdimension der lebendigen Gegenwart findet ein Phänomen des Zusammenalterns statt (Schütz 1974, 143ff). Somit haben wir es in dieser «schlicht gegebenen» alltäglichen Lebenswelt nicht nur mit einem «einsamen empirischen Ich» zu tun; Sozialität ist eo ipso von vornherein vorhanden, weil Alter egos fraglos hingenommen werden. Das bedeutet auch, daß die Welt der Alltäglichkeit keineswegs nur meine Privatwelt sein kann. Die menschliche Alltagswelt ist von Anfang an eine intersubjektiv geteilte Welt.

Doch bleibt eine unaufgelöste Doppeldeutigkeit zwischen transzendentaler und mundaner Begründung der Lebenswelt bestehen. Sie kommt dadurch zum Ausdruck, daß das schon von dem Phänomenologen Edmund Husserl vorgezeichnete Spannungsverhältnis zwischen dem erfahrenen Leben des Alltags in einer konkreten sozialgeschichtlichen und -kulturellen Lebenswelt und der nur in transzendentaler Reflexion freizulegenden ‹Bodenfunktion› einer universellen, apriorischen Lebenswelt auch in seiner sozialwissenschaftlichen Nachfolge wieder durchschimmert.

In der Lebenswelt des Alltags muß Egos setzender Sinnzusammenhang von Alter ego ständig eingeholt werden können, und umgekehrt muß Ego in der Lage sein, den Sinnzusammenhang von Alter ego wiederum deutend und interpretierend in seinem vielfach gegliederten Sinnbezugssystem zu verorten. Die Schützsche deskriptive Handlungstheorie folgt dem schon bei Weber und vor allem bei Mead ausgearbeiteten Konzept des Erwartens von Erwartungen. Die vergesellschaftete intersubjektive Wirklichkeit des Alltags erscheint den in der natürlichen Einstellung lebenden Menschen als ‹schlicht gegebene Selbstverständlichkeit›. Der potentielle methodische, philosophische oder wissenschaftliche Skeptizismus bzw. Zweifel im Hinblick auf den tatsächlichen Wirklichkeitscharakter der alltäglichen Lebenswelt wird in Form einer ‹natürlichen Epoche› ausgeschaltet.

So können in Anlehnung an Schütz einige charakteristische Merkmale benannt werden, die den Erlebnis- bzw. Erkenntnisstil in der alltäglichen Lebenswelt ausmachen:

– ein hellwaches Bewußtsein, dessen Aufmerksamkeit auf das alltägliche Leben gerichtet ist;

– eine besondere Epoche der natürlichen Einstellung, in der die alltägliche Lebenswelt nicht in Frage gestellt wird. Der mögliche Zweifel an der Existenz der Welt wird bewußt ausgeschlossen; Verhaltenssicherheit ist das Ziel des problemlösenden Handelns in der Lebenspraxis;

– ein vorherrschendes praktisches Interesse an der Welt, um den grundlegenden Lebensanforderungsinteressen zu genügen, wie sie aus den Strukturen gesellschaftlicher Reproduktion hervorgehen;

– eine besondere Form der Sozialität, die von vornherein als ‹intersubjektiv› aufgefaßt wird, weil die Selbsterfahrung immer schon auf die mit Bewußtsein ausgestatteten Mitmenschen verweist. Es besteht eine gewisse gemeinsame intersubjektive Welt des Handelns und der Verständigung;

– eine spezifische Zeitperspektive, die im Schnittpunkt der ‹durée› und der kosmischen Zeit/Weltzeit ihren Ursprung hat und als die universale Zeitstruktur der intersubjektiven Welt fungiert.

Diese konstitutiven Elemente, die in der alltäglichen Lebenswelt als Erlebnis- und Erkenntnisstile fungieren, besitzen ihre Gültigkeit nur in diesem besonderen Sinnbereich. Allerdings ist dieser «geschlossene Sinnbereich» der primäre Sinnbereich, von dem alle anderen ebenfalls geschlossenen Sinnbereiche abgeleitet werden können. Die Übergänge von einem dieser sich gegenseitig begrenzenden Sinnbereiche zu einem anderen bezeichnet Schütz als sprunghafte, mit einem «Schock»-Erlebnis begleitete radikale Veränderungen in den

«Bewußtseinsspannungen» (Schütz & Luckmann 1979, 43). Jeder einzelne geschlossene Sinnbereich hat je spezifisch ausgebildete Erfahrungs-, Erkenntnis- und Erlebnisdimensionen, selbst eigene Formen von ‹Sozialitäten› und unterschiedliche Zeitperspektiven, die alle während der Aufenthaltsphase in einem bestimmten geschlossenen Sinnbereich jeweils sinnbereichsspezifisch aktualisiert werden.

Das Verhältnis von Lebenspraxis und Wissenschaft bzw. von Alltagswissen und (sozial-)wissenschaftlichem Wissen ist sowohl ein Verhältnis der (erkenntnislogischen) Entsprechung als auch ein gegensätzliches der Erkenntnishaltungen und -stile. An dieses Entsprechungsverhältnis schließt sich die methodologische Schützsche Formulierung an, daß die von den Sozialwissenschaften konstruierten Begrifflichkeiten «sozusagen Konstruktionen zweiten Grades» sind, «das heißt Konstruktionen von Konstruktionen jener Handelnden» im alltäglichen «Sozialfeld» (Schütz 1971, 68, 72 u. 697). Die auf alltäglichen «Typifizierungen» und «Konstruktionen ersten Grades» aufruhenden «Konstruktionen zweiten Grades» sind für Schütz aber auch wesentlich unterschieden von jenen Konstruktionen, mit denen die Naturwissenschaften operieren, weil Sozialwissenschaftler immer schon auf Bedeutungen, Interpretationen und «Relevanzstrukturen» (Schütz & Luckmann 1979, 224ff) rekurrieren müssen, die von gesellschaftlich handelnden und mit Bewußtsein begabten Subjekten in ihrer alltäglichen sozialen Wirklichkeit schon vorab jedweder sozialwissenschaftlichen Analyse konstituiert worden sind.

Die sozialwissenschaftlichen Konstruktionen zweiten Grades, die auf den im Alltag schon vorgefertigten Konstruktionen im Sinne von Metakonstruktionen beruhen, haben sich im Rahmen der Versprachlichung und der «diskursiven Welt der Wissenschaft» methodisch-empirischen Prüfverfahren zu stellen. Sie müssen in etwa folgenden Bedingungen Genüge leisten:

– dem Postulat des Respekts vor der Autonomie der alltäglichen Lebenspraxis, denn die Alltagspraxis ist ein autonomer Bereich, den die Sozialwissenschaften nur ex post rekonstruktiv deutend entziffern können;

– dem Postulat der logischen Konsistenz, dem zufolge die Begrifflichkeiten den Anforderungen der wissenschaftlichen Klarheit und Präzision unterliegen und die sozialwissenschaftlichen Konstruktionsleistungen mit den Grundlagen der ‹formalen Logik› in Einklang stehen müssen;

– dem Postulat der Adäquanz, nach welchem die Begrifflichkeit des sozialwissenschaftlichen Modells so konstruiert sein muß, daß dieses in einer Weise mit der Alltagswelt verwoben bleibt, die seine Verständlichkeit für die in alltagsweltlichen Lebensvollzügen stehenden Handelnden garantiert (vgl. Schütz 1971, 49 ff).

Im Sinne einer vergleichenden Gegenüberstellung zu diesen Postulaten lassen sich des weiteren folgende Charakteristika aufzählen, die jeder «hellwache» Mensch in der «natürlichen Einstellung» in der alltäglichen Lebenspraxis als selbstverständlich, als inexplizites «tacit knowledge» bis zum Auftreten von massiven Interaktionsverlaufsstörungen, Normalitätszusammenbrüchen oder subjektiven Krisensituationen und sozialen Problemlagen hinnimmt:

– Das Vorhandensein anderer mit physischen Körpern ausgestatteter Individuen in bestimmten subkulturell geteilten symbolischen Sinnwelten und Handlungspraxen, die intentional handlungsfähig sind.

– Der Bedeutungsgehalt der Außenweltobjekte (Natur- und Sozialwelt) ist für die Individuen prinzipiell (intersubjektiv) gleichbedeutend; zumindest müssen sie über einen ähnlichen Wissensvorrat verfügen, der sie zum Auslegen und Verstehen der alltäglichen Lebenspraxis befähigt.

– Die Individuen können wechselseitig in Beziehungen und Wirkungen eintreten, die jeweiligen Perspektiven und Haltungen der anderen Interaktionspartner einnehmen (‹Reziprozität der Perspektiven›), also grundsätzlich den virtuellen Standort des jeweiligen anderen einnehmen und sich dabei selbst ‹spiegeln›; die Möglichkeit des Erwartens von Erwartungshandlungen ist gegeben.

– Die Möglichkeit von Fremdverstehen ist prinzipiell gegeben; sie folgt aus den vorangegangenen alltagsweltlich unbefragten selbstverständlichen und nicht in Zweifel gezogenen Annahmen: Verständigung ist auf der Basis der Grundidealisierung der Reziprozität der Perspektiven bzw. der ‹Idealisierung der Reziprozität der Motive› möglich.

– In der Alltagswelt sieht sich das Individuum als das Zentrum der sozialen Welten, die es um sich in verschiedenen Schichten unterschiedlicher Reichweite, größerer oder geringerer Anonymität und Intimität, gruppiert.

– Das Alltagshandeln ist prinzipiell bestrebt, Normalität herzustellen bzw. wiederherzustellen, etwas als bekannt zu klassifizieren, also vor allem Unbekanntes in bekannte Typisierungs- und Deutungsschemata zu transformieren.

– Das Alltagshandeln vertraut auf eine ‹gemeinsame Welt› latenter

Übereinstimmungen; es geht von jenen beiden alltagsweltlichen Idealisierungen aus, die der Handelnde immer schon machen muß: die der Annahme von dem fraglosen Hinnehmen der Weltstruktur, die sich in der Idealisierung des ‹Und so weiter› kundtut, und die der Annahme von der zukünftigen Gültigkeit bisheriger Erfahrung, ausgedrückt in der Idealisierung des ‹Ich kann immer wieder›; das Alltagshandeln ist sowohl pragmatisch-ökonomisch, d. h., es sichert Schnelligkeit und soziale Akzeptanz sowie den gewünschten Erfolg, als auch entscheidungs- und handlungsentlastend: Es liefert Problemlösungsroutinen und zielt auf die Minimierung des Neuen, Ungewöhnlichen, Zweifels etc. ab (vgl. zusammenfassend Schütz & Luckmann 1979; Grathoff 1978; Soeffner 1983).

4.2.11 Sozialbehaviorismus und Symbolischer Interaktionismus in der amerikanischen Soziologie

Der von George Herbert Mead mitbegründete Symbolische Interaktionismus versucht dem schon bei Weber in Ansätzen entwickelten Konzept wechselseitig orientierter Verhaltenserwartungen gerecht zu werden, indem die Konstitution eines intersubjektiv geteilten Sinngehalts ernst genommen wird und die Vergesellschaftungsdimension schon immer als den einzelnen Handlungen vorausgehende gedacht wird. Mead steht in der philosophischen Tradition des Pragmatismus und entwickelt seine Theorie symbolischer Interaktion in kritischer Abgrenzung gegen den Behaviorismus Watsons und dessen Modell des durch Reiz und Reaktion gesteuerten Verhaltens. Als zentrales Thema der Arbeiten des radikaldemokratischen Intellektuellen Mead kann der Zusammenhang von Individuierung und Vergesellschaftung gelten. Fluchtpunkt seiner Überlegungen ist die Idee einer solchen Gestaltung des gesellschaftlichen Lebenszusammenhanges, in der die «freie Selbstbestimmung aller nötig und möglich zugleich ist» (Joas 1980, 40).

Der Prozeß der intersubjektiven Sinnkonstitution wird bei Mead anthropologisch bzw. evolutionsgeschichtlich zurückverfolgt und begründet, indem die sich im Verlauf der Evolutionsgeschichte entwickelnde Lautgebärde als Springpunkt hinsichtlich der Erzeugung von Intersubjektivität charakterisiert wird. Mit der Entstehung der vokalen Geste ist für Mead die Möglichkeit gegeben, in sich selbst die gleiche Reaktion auszulösen wie bei einer anderen Person. Die vokale

Geste ist «einer jener gesellschaftlichen Reize, der das sie gebrau-
chende Wesen auf die gleiche Weise beeinflußt, wie er es beeinflussen
würde, wenn er von einem anderen Wesen käme. Das heißt, daß wir
uns selbst sprechen hören können, wobei die Bedeutung des Gesag-
ten für uns die gleiche ist wie für andere» (Mead 1968, 101). Nicht-
vokale, körperliche Gesten werden vom Individuum nicht so wahrgenommen, sie bleiben dem Ausübenden zum größten Teil verborgen.
Erst die vokale Geste ermöglicht es, daß der Mensch zum Beobachter
seiner selbst werden kann. Somit «löst er in sich selbst die gleiche
Reaktion aus wie im anderen Individuum» (ebd., 109). Die Konstitution der vokalen Geste ist für Mead damit zum zentralen Mechanismus geworden, auf dem seine gesamte Theorie über die Genesis von
Geist, Bewußtsein, Sprache und Identität aufbaut.

Meads genetischer Begründungsversuch einer Intersubjektivitätsherstellung nimmt seinen Ausgangspunkt vom «social act», einer
komplexen vergesellschafteten Gruppenaktivität. Methodisch heißt
das für ihn, daß individuelles Verhalten nur über das organisierte Verhalten der gesellschaftlichen Gruppe erklärt werden kann. Dem Ganzen wird somit Vorrang vor dem bloß Individuellen zugesprochen.

Der kooperative Praxiszusammenhang wird nicht so sehr als vom
Individuum ausgehender sozialer Handlungsprozeß verstanden; vielmehr deutet dieser auf Verlaufsformen von Handlungen, die sich evolutionsgeschichtlich erst über gesamtgesellschaftliche Bezugsebenen
in spezifisch individuelle Verhaltenserwartungen ausdifferenzieren.
Im gesellschaftlich vermittelten Kommunikationsprozeß ist das Subjekt, so Mead, erst ein ‹Anderer›, bevor es es selbst ist.

Indem das Individuum in sich selbst den gleichen Reaktionsprozeß
hervorkehren bzw. anzeigen oder reflektieren kann wie bei einem anderen Individuum, besteht die Möglichkeit, daß die behavioristisch
aufgefaßte Reiz-Reaktion-Schematik des Verhaltens durchbrochen
werden kann. «Das Auslösen der Haltung», sagt Mead, «die zur gleichen Handlung wie beim anderen Individuum führen würde, macht
den Prozeß der Analyse, des Zerlegens der Handlung selbst möglich»
(ebd., 289). Das nicht unmittelbare Reagierenmüssen verschafft
Handlungsspielräume, da durch eine handlungshemmende – Mead
nennt sie verzögerte – Reaktion kontrolliertes, reflexives, an wechselseitigen Verhaltenserwartungen orientiertes Verhalten möglich wird.
Das über den Prozeß der verallgemeinerten Rollen-Übernahme rei-
chende System von Einstellungen bezeichnet Mead als den generalisierten Anderen («generalized other»).

Der generalisierte Andere ist demnach Repräsentant von Spielregeln, von Normen und Werten einer Gruppe, Institution etc. im je individuellen Verhaltensrepertoire. Die Repräsentanz kann sich auf Teilgesellschaften bzw. auf die Gesamtgesellschaft schlechthin ausdehnen. Ihre abstrakteste Form ist der rationale Denkprozeß, der als ein logisches Universum verstanden werden kann. Die Universalisierung des generalisierten Anderen ist bei Mead keinesfalls auf die Gesamtheit der sozialen Wirklichkeit beschränkt, sondern Sozialität ist auch auf Außermenschliches, auf Natur verwiesen.

Damit ist der Verbund der Meadschen Sozialpsychologie mit einer Philosophie der Handlung (vgl. Mead 1969) eingeleitet. Individuum und der außermenschliche Gegenstand in der Umwelt des Individuums gehören einer gemeinsamen Perspektive an, nämlich dem Zeitsystem in der Natur. Naturgegenstände können somit über den sozialen Mechanismus der Kooperation in dem Erfahrungshorizont des Individuums auftreten. Der schon aus der Meadschen Sozialpsychologie bekannte Vorgang, daß das Individuum sich erst über die Perspektiven des Anderen bzw. des generalisierten Anderen zu einem reflexiven Individuum emporarbeiten kann, wird in gleicher Form auf den umweltbezogenen, naturhaften Gegenstand übertragen. In dieser Hinsicht spricht Mead davon, daß das Individuum die Rolle des Gegenstands einnehmen muß, um von dort aus, den schon beschriebenen Mechanismus der verzögerten Reaktion bzw. der Handlungsblockierung/Handlungshemmung in Rechnung stellend, sein Handeln als *sein* Handeln zu begreifen und zu organisieren. Über den Handlungsprozeß können somit außermenschliche Natur und Individuum aufeinander bezogen werden. Die auf kooperativer, von vornherein vergesellschafteter Handlungsbasis ruhende Intersubjektivität wird gleichsam über die Normativität von Verhaltenserwartungen hinaus auf ein nicht-normatives Substrat verlagert. Der Sozialitätsbegriff wird von Mead darüber hinaus auf die allgemeine Ebene von nicht-menschlichen Naturprozessen erweitert.

Das der phänomenologisch orientierten Soziologie entlehnte methodologisch-typifizierte Konzept der Reziprozität der Perspektiven wird bei Mead in ähnlicher Weise durch den oben charakterisierten handlungsbezogenen Perspektivenprozeß des role-taking beschrieben. Ungeachtet der Differenzen konvergieren beide Konzepte, weil sowohl Schütz als auch Mead davon ausgehen, daß die an der Interaktion Beteiligten den Standort oder den Standpunkt des jeweils Anderen antizipatorisch besetzen müssen, um ihre sozialen Handlungen wechselseitig aufeinander abzustimmen, bzw. noch basaler, damit überhaupt soziale Handlungen gelingen können.

Weber, Mead und Schütz sind sich einig darüber, daß der soziale Handlungsbegriff kontextabhängig, situationsspezifisch, bedeutungsgenerierend, bedeutungsindizierend, teleologisch, typifizierend etc. für den oder die Handelnden erfaßt werden muß.

Der bei Weber noch zu sehr vom einzelnen Subjekt ausgehende und von dort aus Intentionalität anzeigende Sinnbegriff wird von den Vertretern des Symbolischen Interaktionismus (Mead, Blumer) interpretativ in den Interaktionsprozeß eingeschmolzen. In diesem und nur in diesem Sinne scheint in den verschiedenen Varianten der von uns als solche gekennzeichneten interaktionstheoretischen Soziologie neuerdings der ältere, insbesondere an Max Weber orientierte handlungstheoretische Sinnbegriff durch einen vermeintlich mehr regelgeleiteten, strukturtheoretisch gefaßten intersubjektiv-interaktiven Sinnbegriff ersetzt zu werden. Im Interaktionsvollzug wird subjektiver Sinn über synthetische Strukturen der genannten interaktiven und kommunikativen Regelsysteme ausgebildet bzw. mitgetragen. Die klassische Dichotomie von Individuum und Gesellschaft scheint somit überwunden zu sein.

Das soziale Selbst oder in umgekehrter Perspektive die subjekteigene Identität wird nun in zwei unterscheidbare Phasen gespalten: Es erfolgt die Differenzierung in das «I» und «me». Während die Übernahme der Haltungen anderer bzw. des «generalisierten Anderen» durch das «me» gekennzeichnet ist, erfolgt eine Reaktion auf die herangetragenen Anforderungen nach deren Übernahme durch das «I».

Das «me» steht für eine bestimmte Gruppen-, Subkultur-, Gemeinschafts- und Gesellschaftsorganisation; es sind die Haltungen der Anderen, die ich in mir selbst einnehme und die sich demnach von vornherein bestimmen lassen. Mead sagt, «das me ist gegeben», während die «Reaktion darauf» nicht festliegt – sie «ist noch nicht gegeben», sie ist nicht konventionalisiert (Mead 1968, 218f). Auf der anderen Seite wird von den organisierten Gruppenhaltungen des «me» auch ein bestimmtes «I» verlangt, damit soziale Muster und gesellschaftliche Verpflichtungen auch im situationalen Kontext erfüllt werden können. Einen identischen, vollends deckungsgleichen Überschneidungszusammenhang von «I» und «me» kann es nicht geben. «Me» und «I» sind im zeitlichen (Verlaufs-)Prozeß getrennt, aber gleichzeitig Teile eines Ganzen, indem sie zusammen eine Persönlichkeit, Identität und ein soziales Selbst bilden. Mead wehrt sich dagegen, ein soziales Selbst bzw. eine Identität als Substanz aufzufassen, und begreift Identität als Prozeß. Das «I» ist in diesem Prozeß die vorwärtstreibende, gegenwärtige und in die Zukunft gerichtete schöpferische und dynamische Kraft. Der Begriff des «I» bezeichnet damit das Prinzip von Kreativität und Spontaneität, gleichzeitig aber für Mead biologisch und anthropologisch die Triebausstattung des Menschen; das «I» ist jedoch keineswegs deckungsgleich mit dem biologischen Organismus (vgl. Joas 1980, 22f).

Auf das mehr gesellschaftlich bzw. gruppenspezifisch konventionalistisch gemaßregelte «me» reagiert das «I» als emergente, das «me» überschreitende Qualität der Spontaneität und Kreativität. Das Meadsche «I» als ein über die Dimension des vergesellschafteten Sozialen gewonnenes Prinzip der Subjektivität kann aber als «I» gar nicht ins Bewußtsein gehoben, reflektiert werden, da das «I» in der direkten Erfahrung nicht aufzutreten vermag; denn sobald innegehalten, reflektiert wird, ist während des Reflexionsprozesses das «I» schon wieder zu einem «me» geworden. Erst nach vollzogenem Handeln kann das Meadsche «I» erfahren werden. Die realen, ständig wechselnden und sich um Nuancen verändernden Interaktionsereignisse machen deutlich, daß der soziale Kontext, in dem wechselseitig aufeinander bezogene Handlungsaktionen und Handlungsreaktionen ablaufen, ein variationsreiches, facettenhaftes und sehr komplexes Gewebe von Handlungen und Gegenhandlungen zuläßt.

Der Interdependenzcharakter von «I» und «me» im prozessualen Verlauf der Identitätsbildung, wobei die unterschiedlichen «me» zu einem einheitlichen und auf Verständigung basierenden ‹Selbstbild› synthetisiert werden (müssen), gestattet es auf diese Weise, daß der handelnde Organismus Mensch neben seiner nicht zu hintergehenden Einbettung in Naturprozesse sowohl durch die sozialisierte Vergesellschaftungsdimension als auch durch den autobiographischen Fahrplan seiner Individualität gebildet wird. Obwohl z. B. Matthes und Schütze (vgl. Arbeitsgruppe Bielefelder Soziologen 1973) die Hauptfrage der Meadschen Grundlagentheorie des Symbolischen Interaktionismus darin sehen, wie aus den Erwartungen anderer sich ein ego synthetisierend konstituiert, gilt die auf den Kopf gestellte Kernfrage, wie die von Ego ausgehenden und an andere gerichteten Verhaltenserwartungen Gesellschaft konstituieren, also wie die Individuen zur Gesellschaft gelangen, nicht nur einer phänomenologisch orientierten Sozialwissenschaft als Problem. Auch Mead und in seiner Nachfolge der von Blumer (vgl. 1969) so gekennzeichnete, allerdings um die relevante Dimension des Instrumentellen verkürzte Symbolische Interaktionismus betonen ausdrücklich die individuellen Anteile und schöpferischen Konstruktionsleistungen der handelnden und arbeitenden Subjekte beim Aufbau und Wandel der gesellschaftlichen Wirklichkeit. Die Individuen gehen nicht bruchlos und quasi reduktionistisch aus dem vergesellschafteten Gesellschaftlichen hervor; denn wenn dies der Fall wäre, hörten sie konsequenterweise auf, Individuen zu sein. Allerdings stehen ihnen keineswegs beliebige und offene Handlungsspielräume aktiver Gesellschaftsgestaltung zur Verfügung, weil vor allem normativ institutionalisierte und objektivierte Handlungsverfestigungen als Verhaltensimperative wirken und demnach Neuschöpfungsprozesse in Grenzen halten.

Neben dem die Gesellschaft tragenden Grundprinzip der Kommunikation tritt für Mead ein zweites dominantes evolutionstheoretisches Prinzip auf, welches den Menschen eine Sonderstellung im Tierreich einnehmen läßt. Der Mensch wird aus dem Naturdasein in das gesellschaftliche Dasein überführt. Es ist die nicht nur der Fortbewegungsfunktion dienende Hand, die zusammen mit der Sprache zur «Entwicklung des gesellschaftlichen Menschen» führt (Mead 1968, 284). Die menschliche Hand nimmt eine Zwischenstellung ein; sie ist der «Mittler» zwischen dem «Beginn einer Handlung» und dem tatsächlichen «Vollzug» dieser Handlung, so daß die direkten Bedürfnisbefriedigungsaktivitäten in indirekte umgewandelt werden können. In dem von Mead vorgestellten Vier-Phasen-Modell der Handlung: Handlungsimpuls, Wahrnehmung, Manipulation und Handlungsvollendung ist insbesondere die Phase der Manipulation die für den Menschen relevante (vgl. Mead 1969, 102ff), weil hier die unmittelbaren Kontakterfahrungen unterbrochen werden und somit von sofortigen Bedürfnisbefriedigungen absehen. Der Mensch, sagt Mead, «schafft» seine «Umwelt mittels jener physischen Objekte», welche «im strengen Sinn die Produkte unserer eigenen Hände sind» (Mead 1968, 295). Die Gleichursprünglichkeit von Arbeit, Interaktion und Sprache könnte Mead grundlagentheoretisch in die Nähe des historischen Materialismus rücken (vgl. Ritsert 1980).

4.2.12 Ethnomethodologie: eine Soziologie des westlichen Alltagslebens

Ethnomethodologisch orientierte Soziologen versuchen, durch eine Radikalisierung von Theoremen des Symbolischen Interaktionismus und der Sozialphänomenologie zu einer Analyse der impliziten Voraussetzungen sozialer Ordnung zu gelangen. Dabei sind nicht die Strukturen von Ökonomie und Politik von Interesse, sondern die Basisregeln alltäglichen Handelns, die selbstverständlichen Gewißheiten, die in ethnomethodologischer Sicht die Interaktion im Alltagsleben und damit soziale Ordnung erst ermöglichen. Indem durch sogenannte Krisenexperimente noch die scheinbar ‹natürlichen› Regeln etwa einer Begrüßungshandlung zum Bestandteil einer prinzipiell brüchigen kulturellen Ordnung erklärt werden, auf der gesellschaftliche Gefüge basieren, wird Gesellschaft insgesamt als eine zerbrechliche Ordnung dargestellt. Gouldner (vgl. 1974, 466ff) sieht hierin eine Affinität der Ethnomethodologie zu einer tendenziell anarchistischen Infragestellung sozialer Ordnung begründet und verweist darauf, daß die Attraktivität dieses Konzepts in Zusammenhang mit der Legitimationskrise des politischen Systems der westlichen Industrienationen in den späten sechziger Jahren zu sehen sei.

Innerhalb der ethnomethodologischen Sichtweise wird Objektivität auch im Sinne einer Verfestigung von Bedeutungen in geteilten Symbolsystemen, wie sie noch für den Symbolischen Interaktionismus bestimmend war, in situativ-interpretative Zusammenhänge aufgelöst. Ein vom Handeln der Individuen unabhängiger und insofern objektiver Status von sozialer Wirklichkeit wird entschieden bestritten. Dieser Ansatz begreift soziale Wirklichkeit als durch alltägliche Handlungen/Interaktionen vollzogene, konstituierte Realität.

Der praktisch-organisatorische Vollzug, der von den Gesellschaftsmitgliedern in den jeweils ablaufenden, aktuellen Handlungen konstruiert, produziert, interpretiert und rekonstruiert wird, soll ethnomethodologisch aufgedeckt bzw. erschlossen werden. Aufgabe der Ethnomethodologie ist es demnach, die von den Gesellschaftsmitgliedern tagtäglich schon immer angewendeten Methoden, mit denen diese ihre Lebensbewältigungspraktiken regeln, zu dechiffrieren – ethnomethodologische Forscher kennzeichnen Gesellschaftsmitglieder daher auch als praktische Methodologen.

Kernbestandteil der ethnomethodologisch begriffenen Interaktion ist der Prozeß der dokumentarischen Interpretation. Die die Überlegungen der Wissenssoziologie Karl Mannheims aufgreifende Methode der dokumentarischen Interpretation zielt darauf ab, die einer Erscheinung zugrunde liegenden Muster freizulegen, wobei davon ausgegangen wird, daß Handelnde selbst ihre Interaktionen wechselseitig als Dokument eines solchen zugrundeliegenden Musters betrachten. Die tieferliegenden Dokumente, Muster, Regelstrukturen oder Interaktionslogiken können wiederum nur in der Wahrnehmung und Interpretation von Handlungen gebildet werden. Diese wechselseitige Abhängigkeit von Handlungen und zugrundeliegenden Mustern wird im Sinne der Ethnomethodologie als Indexikalität bezeichnet (vgl. Garfinkel & Sacks 1976). Jede gesellschaftliche Wirklichkeit – das ist der Kern von Garfinkels (1967) Problemstellung – besteht letztlich nur aus zeit- und interaktionsgebundenen, ständig reinterpretationsbedürftigen dokumentarischen Sinngeschichten und ist damit eine prinzipiell zerbrechliche Realität (vgl. a. Mehan & Wood 1976).

Ethnomethodologische Forschung ist derart strukturanalog zum Alltagshandeln. Die Methode der dokumentarischen Interpretation bezeichnet folglich den Prozeß der alltäglichen Interpretationsarbeit in Handlungen wie die Vorgehensweise des ethnomethodologischen Forschers. Weil nur mit Hilfe dieser Methoden die Handlungen deskriptionsfähig und erkennbar gemacht werden können, stehen Methode und Handlung dabei in einem unauflöslichen, nicht zu bereinigenden Verweisungszusammenhang.

Interaktionspartner sind – und das ist in der Tat eine festzuhaltende ethnomethodologische Erkenntnis – auf alltagsweltliche Basisregeln, Interaktionsregeln, Interpretationsregeln angewiesen, um ihre tagtäglichen, zum größten Teil routinisiert ablaufenden Handlungs- oder Interaktionspraktiken zu bewältigen. Den invarianten Eigenschafts- und Regelungscharakter praktischer Handlungen, der interaktives, soziales Handeln auch als interpretativen Prozeß anleitet, heben Ethnomethodologen hervor, wenn sie diesen im Alltag ablaufenden Prozeß als einen Forschungsvorgang eigener Art auffassen. Diese Regelgeleitetheit der Interaktion wird somit zur Voraussetzung und zum Anlaß, die dokumentarischen Methoden der Interpretation als grundlegende Eigenschaften der interaktiven Herstellung von Sinn und Bedeutung zu erforschen. Ethnomethodologen haben die in spezifischen Situationskontexten zur Anwendung kommenden konstitutiven Selbstverständlichkeiten, die prinzipiell von jedem Gesellschaftsmitglied beherrscht werden und daher auch für jedes Gesellschaftsmitglied verständlich sind, Hintergrunderwartungen, Tiefenstrukturen, Basisregeln oder Regelstrukturen genannt.

Darstellbarkeit und Reflexivität werden ethnomethodologisch als zwei Seiten ein und desselben Phänomens aufgefaßt. Während Darstellung den Produktionscharakter und Reproduktionsprozeß von sinnhaften Handlungen bezeichnet, der sowohl das Tun als auch das Berichten, Erkennen und Beschreiben von Interaktionssituationen als Organisationsformen von gewöhnlichen Alltagshandlungen umfaßt, verweist der Begriff Reflexivität auf die vom einzelnen Akteur abgekoppelte Sinnkonstitution einer sozialen Situation hin. Diese existiert aber nur scheinbar unabhängig vom Konstrukteur. Ethnomethodologen unterlaufen das in vielen sozialwissenschaftlichen Theorierichtungen relevante Verdinglichungs- oder Reifikationsphänomen, wenn sie den objektiven Charakter von Darstellungen sozialer Wirklichkeit nicht unabhängig von den sozial verwobenen und organisierten Anlässen seines Gebrauchs in ihrem Denkhorizont aufnehmen (vgl. Falk & Steinert 1973). Sämtliche Darstellungen, die Interaktionspartner anwenden, um die Alltagssituationen zu gestalten, besitzen diesen reflexiven Charakter. Die Reflexivität bleibt aber verdeckt, denn die Interaktionspartner unterstellen fortwährend und unausgesprochen den regelgeleiteten und geordneten Charakter ihres Handelns. Das reziproke Unterstellen eines alltäglichen Sinnverstehens bildet und erhält sich ausschließlich und allein über menschlich ablaufende Interaktionsprozesse. Der Realitätscharakter eines interaktiv gebildeten gesellschaftlichen Tatbestandes erscheint hier in einer nicht mehr zu überbietenden prozessual radikalen Form: Er ist Produkt der wechselseitigen Unterstellung im Interaktionsprozeß selbst. Dieser Prozeßcharakter muß ethnomethodologisch im Sinne einer radikalen Labilität interpretiert werden – er impliziert Neu- und retrospektive Definition gleichermaßen.

Für das ethnomethodologische Verstehen des Sinngehalts menschlicher Äußerungen ist ihr indexikalischer Charakter fundamental. Indexikalische Ausdrücke beziehen sich auf spezifische Interaktions- und Kommunikationssituationen in alltagsweltlichen Lebenszusammenhängen und verweisen gleichzeitig über ihre biographischen und situationalen Bedeutungsdimensionen hinaus auf den formalen Charakter von Tiefenregelstrukturen. Der Prozeß der Indexikalisierung will deutlich machen, daß Kontextabhängigkeit ein zentrales Kriterium für den Bedeutungsgehalt von besonderen, einzigartigen Situationen darstellt.

Diese Eigenschaft indexikaler Äußerungen hat dazu geführt, daß Ethnomethodologen nur begrenzt von einem Prinzip der Entindexikalisierung sprechen. Weil eben die Funktionsprinzipien der Indexikalität selbst in alltagsweltlichen Lebensvollzügen freigelegt werden sollen, verfolgt ein ethnomethodologisch orientiertes Forschungsprogramm keine totale Entindexikalisierung. Jeder Entindexikalisierungsversuch bleibt letztlich auf den Vagheitscharakter und die Veränderungsmöglichkeiten von Sinninterpretationen in Interaktionskontexten verwiesen. Da aber der Zuordnungscharakter situationsspezifischer, an der Oberfläche erscheinender Ereignisse zu einem latenten Muster kein Determinationsverhältnis aufweist, bleibt die Möglichkeit einer nicht abbrechenden Interpretationsleistung von Regelstrukturen offen. Daher können auch die Handelnden den Sinn, den sie wechselseitig bei indexikalischen Äußerungen sich unterstellen müssen, nur deshalb durchhalten, weil Rationalität von den Handelnden in Form von Begründungen, Legitimationen, Kommentierungen etc. im Prozeß der dokumentarischen Interpretation gleichzeitig mitgeliefert wird. Indexikalische Ausdrücke funktionieren, sie werden intersubjektiv geteilt, Subjektivität wird auf Dauer gestellt, und genau das macht ihre Quasi-Objektivität aus. Das immerwährende Herstellen von Intersubjektivität, der Konstruktionsvollzug von sozialer Wirklichkeit betont aber auch ausdrücklich die permanent aktiven Leistungen der Subjekte. Die Objektivierung sozialer Realität bleibt in ethnomethodologischer Hinsicht an den praktisch-methodologischen Vollzugscharakter der Gesellschaftsmitglieder zurückgebunden. Objektivität wird zur ausschließlich intersubjektiv hergestellten, die außerhalb ihrer intersubjektiven Konstitution keinen Bestand hat. Soziale Wirklichkeit wird damit in gewisser Hinsicht zum Augenblicksphänomen – nicht so sehr die Veränderung, sondern die Stabilität einer sozialen Ordnung ist einer solchen interpretativ-ethnomethodologischen Sozialwissenschaft erklärungsbedürftig.

Die dieser Forschungsrichtung inhärente Affinität von Alltagshandelnden als praktischen Methodologen und Sozialwissenschaftlern als professionellen Methodologen hat dazu geführt, daß Ethnomethodologie sich den subjektiven Aspekten sozialer Wirklichkeitskonstruktionen der Gesellschaftsmitglieder in alltagsweltlichen Lebensweltvollzügen zugewendet hat (vgl. den Beitrag von Wiese in diesem Band). Allerdings – und das ist eine zu kritisierende Beschneidung ihrer Erkenntnisleistungen – stützt sich ihr Forschungsinteresse vornehmlich auf formale Strukturen von Alltagshandlungen (vgl. Garfinkel & Sacks 1976). Weil durch den Ethnomethodologen das Individuum als handlungs- oder interaktionskompetent betrachtet wird, muß bzw. kann auf die Bewertung und Beurteilung von Handlungen bewußt verzichtet werden. Der Ethnomethodologe nimmt somit explizit die Position eines relativistischen Wirklichkeitsbeobachters ein (vgl. Ritsert 1988, 119 ff). Die postulierte ‹ethnomethodologische Indifferenz› soll dezidiert darauf aufmerksam machen, daß ethnomethodologisch nur der Gebrauch von Regeln in der Perspektive der Gesellschaftsmitglieder von Interesse ist, gegenüber der der Sozialwissenschaftler über keine privilegierte Regelkenntnis irgendeiner Art verfügt, die ihn zur Kritik des Alltagshandelns erst befähigen würde. Die Annahme solcher Regeln, die nur von außen den Gesellschaftsmitgliedern quasi unterstellt werden, betrachtet die Ethnomethodologie als genuines Phänomen des soziologischen Denkens, als bloßes Produkt einer spezifischen Wissenschaftspraxis.

4.2.13 Kritische Theorie: ein unvollendetes Projekt

Die programmatische Intention der älteren Kritischen Theorie, nämlich einer interdisziplinären Weiterentwicklung der Intentionen der Marxschen Gesellschaftstheorie unter Berücksichtigung der veränderten gesellschaftlichen Bedingungen und des fortgeschrittenen Standes der Wissenschaften, findet in der bundesdeutschen Nachkriegssoziologie keine ungebrochene Kontinuität. Zwar wird das Institut für Sozialforschung 1950 in Frankfurt wiedergegründet. Von den zentralen Mitarbeitern des interdisziplinären Arbeitszusammenhangs der älteren Kritischen Theorie kehren jedoch nur Horkheimer, Pollock und Adorno, nicht aber Marcuse und Fromm nach Deutschland zurück. Das in den 30er Jahren angestrebte interdisziplinäre Theorieprojekt war somit, auch aufgrund der zwischenzeitlich deutlich gewordenen Divergenzen der theoretischen Standorte (Wiggershaus 1986, 55 ff), schon aus personellen Gründen nicht umstandslos fortzuführen.

Signifikant wird diese Diskontinuität bei der Betrachtung der in den 50er und 60er Jahren durchgeführten Forschungsprojekte des Instituts. Diesbezüglich stellt G. Brandt zutreffend fest: «Schon für die Forschungsvorhaben der 50er und 60er Jahre, ‹Gruppenexperiment› (1955), ‹Betriebsklima› (1955), ‹Mechanisierungsgrad und Entlohnungsform› (1958), ‹Grenzen des Lohnanreizes› (1962) und die Schulstudien des Instituts gilt, daß sie niemals als unmittelbarer Ausdruck der kritischen Theorie begriffen wurden (...)» (Brandt 1981, 9). Brandt interpretiert dies als Aufgabe des Programms einer divergente einzelwissenschaftliche Forschungen systematisch integrierenden Theoriebildung. Eine Kontinuierung des Projekts Kritische Theorie findet somit nur mehr in den Einzelschriften der der Kritischen Theorie zuzurechnenden Autoren statt, womit zugleich personengebundene Divergenzen stärker hervortreten.

Dieses Aufbrechen der theoretischen Einheit wird dann in der sogenannten zweiten Generation der Kritischen Theorie (J. Habermas, O. Negt, A. Schmidt, L. v. Friedeburg, A. Wellmer, C. Offe), d. h. den in direktem Kontakt mit Horkheimer und Adorno am Frankfurter Institut stehenden Sozialwissenschaftlern der Nachfolgegeneration, eklatant (vgl. v. Reijen 1984).

Von Kritischer Theorie ist somit für die Nachkriegsentwicklung der Bundesrepublik nicht mehr im Sinne eines paradigmatisch-einheitlichen Theorieentwurfs zu sprechen. Der sich in der literarischen und wissenschaftlichen Öffentlichkeit gleichwohl herstellende Eindruck einer ‹Frankfurter Schule› resultiert zum einen aus der Rezeption der frühen Kritischen Theorie im Zuge der Studentenbewegung, zum anderen aus dem Fehlen einer ausreichend differenzierten Diskussion in einer von kritisch-theoretischen Ansätzen gründlich ‹gesäuberten› intellektuellen Landschaft.

Durch die Erfahrungen des Faschismus und des amerikanischen Exils war in der älteren Kritischen Theorie der Konnex zwischen den emanzipatorischen theoretischen Intentionen und der Arbeiterbewegung als gesellschaftlichem Träger eines Emanzipationsprozesses zerschlagen worden. Die «Dialektik der Aufklärung» (Horkheimer & Adorno 1947) bringt eine Wendung zu einer sozialphilosophischen Kritik der sich universalisierenden Herrschaft des Warentauschs zum Ausdruck, die für Adorno und Horkheimer auch in der Nachkriegszeit grundlegend bleibt. Diese Kritik der Herrschaft entwickelt Adorno in seinen Schriften «Negative Dialektik» (1966) und «Ästhetische Theorie» (1970) weiter, die die theoretische Substanz seiner zahlreichen kulturkritischen, bildungstheoretischen und methodenkritischen Schriften explizieren. Adornos Intention der «Rettung des Nichtidentischen», die sich gegen die Subsumtion alles Gesellschaftlichen unter das sich universalisierende Prinzip des Warentauschs richtet, liegt ein Verständnis der zeitgenössischen Gesellschaft als ‹Spätkapitalismus› zugrunde, dessen Stabilität grundlegende gesellschaftliche Veränderungen verhindert. Kritische Theorie kann sich im Adornoschen Verständnis nur mehr auf die Rettung des noch nicht vollständig unter die gesellschaftliche Herrschaft Subsumierten richten, nicht mehr auf qualitative gesellschaftliche Transformationen.

Horkheimers Beitrag zur Fortentwicklung der Kritischen Theorie in der Nachkriegszeit (vgl. Schmidt 1974) bezieht sich, mit Ausnahme seiner «Kritik der instrumentellen Vernunft» (1974), die eine Systematisierung zentraler Gedanken der Dialektik der Aufklärung darstellt, auf die Leitung des Instituts für Sozialforschung sowie zahlreiche Reden und Aufsätze, die jedoch keine wesentlichen theoretischen Innovationen beinhalten.

Die Differenz von kritischer Gesellschaftstheorie und der in der bundesdeutschen Soziologie der 50er und 60er Jahre vorherrschenden affirmativen Soziologie wird im Rahmen des sogenannten Positivismusstreits (vgl. Adorno et al. 1969) öffentlich ausgetragen. Die im Zusammenhang des Tübinger Soziologentages 1962 zwischen Adorno und Habermas auf der einen, H. Albert und K. R. Popper auf der anderen Seite geführte Diskussion um die Logik sozialwissenschaftlicher Forschung ist Ausgangspunkt einer anhaltenden Diskussion, die auf dem Frankfurter Soziologentag 1969 erneut kumuliert (vgl. Baier 1969). Die vorherrschende, am naturwissenschaftlichen Methodenideal orientierte Soziologie als Fachwissenschaft bestreitet der Kritischen Theorie die wissenschaftliche Legitimität einer Erkenntnis der gesellschaftlichen Totalität im Interesse ihrer Veränderung. Demgegenüber hält Adorno an einem Verständnis sozialwissenschaftlicher Theorie als dialektische Kritik fest, für das die empirische Überprüfbarkeit theoretischer Erkenntnisse im Sinne gängiger empirischer Sozialforschung nicht das zentrale Gültigkeitskriterium darstellt.

Im Positivismusstreit wird zugleich die Differenz der Soziologie von J. Habermas, der als bedeutendster Vertreter der zweiten Generation der Kritischen Theorie einzuschätzen ist, zur Adornoschen Theorie deutlich. In seinem Nachtrag zur Tübinger Debatte deutet Habermas (vgl. 1963) die analytische Unterscheidung zwischen der Logik gesellschaftlicher Arbeit als instrumenteller Verfügung über die Natur und der Logik kommunikativer Verständigung über sozial verbindliche Normen an, eine Unterscheidung, die er zur zentralen Grundlage seines eigenen Theorieentwurfs in seinen späteren Arbeiten ausbaut. Dabei gerinnen ihm die Differenzierungen von Arbeit und Interaktion (vgl. Habermas 1968) als gesellschaftlichen Handlungslogiken und die daran anknüpfende von System und Lebenswelt (vgl. Habermas 1981) tendenziell zu Dichotomien, die analytisch sinnvolle Differenzierungen als gesellschaftlich differenzierte Bereiche mißverstehen (vgl. Honneth & Joas 1986). Damit setzt sich Habermas deutlich und endgültig von den konzeptionellen Grundlagen der älteren Kritischen Theorie ab.

Die außerordentliche Relevanz des Habermasschen Denkens für die Weiterentwicklung Kritischer Theorie ergibt sich aus seiner Rezeption der sprachanalytischen Philosophie und des Pragmatismus, auf deren Grundlage Habermas eine umfassende Grundlegung kritischer Gesellschaftstheorie in der Logik kommunikativen Handelns entwickelt (vgl. Habermas 1981), die beanspruchen kann, auf den aktuellen Stand der sozialwissenschaftlichen Diskussion umfassend Bezug zu nehmen. In dieser Hinsicht ist die Habermassche Theorie – bei aller notwendigen Kritik ihrer Konstruktionsprobleme – konkurrierenden Ansätzen kritischer Gesellschaftstheorie gegenwärtig überlegen.

Für die soziologische Fachdiskussion ist die Auseinandersetzung von Habermas mit der funktionalistischen Systemtheorie Niklas Luhmanns einflußreich (vgl. Habermas & Luhmann 1971; Maciejewski 1975). Habermas hält gegen Luhmann an der «alteuropäischen Tradition» (Luhmann) fest, Gesellschaftstheorie im Interesse der gesellschaftlichen Emanzipation der Individuen zu entwickeln. Während Luhmann die Kategorie des Subjekts als vernachlässigbar betrachtet und in der philosophischen Tradition zentrale Eigenschaften des Subjekts (Sinn, Selbstbewußtsein, Selbstbestimmung) als Eigenschaften von sozialen Systemen interpretiert, versucht Habermas mittels eines kommunikationstheoretischen Verständnisses von Intersubjektivität kritisch an die Tradition der Subjektphilosophie anzuschließen (vgl. dazu den Beitrag von Kerber in diesem Band).

Neben Habermas ist es vor allem O. Negt, der als Vertreter der zweiten Generation der Kritischen Theorie in der Soziologie eine eigenständige theoretische Position entwickelt. Negt vertritt einen theoretischen Standort, der stärker an die Bezüge der Kritischen Theorie zur Marxschen Theorie anknüpft und den Verwendungszusammenhang seiner Analysen eng an die Arbeiterbewegung adressiert. Das als «exemplarisches Lernen» titulierte Konzept Negts für die gewerkschaftliche Bildungsarbeit versucht, Einsichten kritischer Bildungstheorie in handlungspraktisch relevanter Weise umzusetzen (vgl. Negt 1967). Die zusammen mit A. Kluge verfaßte Studie «Öffentlichkeit und Erfahrung» (1972) analysiert die Blockierungen des Bildungsprozesses proletarischer Öffentlichkeiten unter den Bedingungen spätkapitalistischer Vergesellschaftung, wobei Negt und Kluge insbesondere, darin an Adorno anknüpfend, die Rolle der Massenmedien thematisieren. Hinzuweisen ist weiterhin auf die zahlreichen Aufsätze Negts zur politischen Theorie sowie seine gemeinsam mit A. Kluge verfaßte Studie zur politischen Ökonomie des Arbeitsvermögens (vgl. zusammenfassend v. Reijen 1984).

Die Relevanz der Kritischen Theorie für die bundesrepublikanische Nachkriegssoziologie beschränkt sich nicht auf die unmittelbar der Frankfurter Schule zuzurechnenden Autoren. Die im Zuge der Studentenbewegung und der Reformperiode einsetzende Veränderung des intellektuellen Klimas der Bundesrepublik beinhaltet eine Öffnung der akademischen Öffentlichkeit sowohl gegenüber der Marxschen als auch der Kritischen Theorie, in deren Folge eine theoretisch uneinheitliche und thematisch vielfältige Anknüpfung an Problemstellungen und Theoreme der Kritischen Theorie erfolgt. Neben der sich Ende der 60er Jahre entwickelnden direkten Auseinandersetzung mit der Kritischen Theorie (vgl. Ritsert & Rolshausen 1970) ist auf eine Vielzahl von Sozialwissenschaftlern zu verweisen, die an die Intention der Kritischen Theorie produktiv anknüpfen, ohne daß sie unmittelbar der Frankfurter Schule zugerechnet werden können, so J. P. Arnason, G. Brandt, S. Breuer, A. Honneth, J. Ritsert, A. Schmidt.

Hinzuweisen ist weiterhin auf die erneute Diskussion der paradigmatischen Grundlagen und der Kontinuität der Kritischen Theorie, wie sie sich in den von Bonß und Honneth (1982) sowie Friedeburg und Habermas (1983) herausgegebenen Sammelbänden sowie einer großen Zahl von Einzelstudien (vgl. u. a. Jay 1976; Honneth 1985; Söllner 1979; Breuer 1977; Dubiel 1988; Wiggershaus 1986) niederschlägt.

4.2.14 Integrationsversuche von sozialwissenschaftlichem Objektivismus, handlungs- und interaktionstheoretischer Soziologie sowie Kritischer Theorie in der englischen Soziologie

In der englischen Soziologie, deren Entwicklung nach dem Zweiten Weltkrieg hier nicht darzustellen war, da dort keine Ausbildung einer eigenständigen Entwicklungslinie genuin soziologischer Theorie er-

folgte (vgl. Giddens 1979, 234ff; Anderson 1981), sind es einerseits
die im Umkreis des Centre for Contemporary Cultural Studies entstandenen sozialgeschichtlichen und kulturanalytischen Arbeiten
von E. P. Thompson, P. Willis, J. Clarke und anderen, die zur Herausbildung einer wirkungsgeschichtlich bedeutsamen Entwicklungslinie soziologischer Theorie führen. Maßgeblich für das theoretische
Selbstverständnis dieser Richtung ist die Absicht, in kritischer Auseinandersetzung mit dem strukturalen Marxismus und auf der
Grundlage sozialgeschichtlicher Studien sowie der Untersuchungen
von jugendlichen Subkulturen ein Konzept von Kulturanalyse zu begründen, das im Gegensatz zu objektivistischen Verkürzungen des
Strukturalismus die Seite der subjektiven Erfahrung gesellschaftlicher Verhältnisse theoretisch wie empirisch angemessen berücksichtigt (vgl. Linder 1981).

Andererseits liegt in den Arbeiten von R. J. Bernstein (1979) und
A. Giddens (1979, 1984 u. 1988) der Versuch vor, eine umfassende
Integration der soziologischen Theorien des Objektivismus Durkheimscher Provenienz, der sprachanalytischen, der handlungs- und
interaktionstheoretischen Soziologie sowie der Kritischen Theorie
zu begründen. Bedeutsam für die aktuelle Theoriediskussion ist vor
allem Giddens' Theorie der Strukturierung (vgl. Giddens 1988), die
von der Grundannahme einer Dualität von Strukturen (vgl. Giddens
1984, 191ff) ausgeht. Die Entstehung und Reproduktion sozialer
Strukturen wird hier konsequent an das soziale Handeln von Individuen zurückgebunden, deren Handeln durch die etablierten sozialen
Strukturen zugleich in nicht deterministischer Weise bestimmt wird.
Wenn Strukturen sozialer Systeme als «Mittel und Ergebnis der kontingent ausgeführten Handlungen situierter Akteure» (Giddens
1988, 246) begriffen werden, erweist sich das sinnhafte Handeln als
in soziale Strukturen eingebunden, die Resultat abgelaufener Handlungen und verfestigte Bedingungen aktueller Handlungen sind, deren Stabilität jedoch nur darauf beruht, daß sie durch dieses Handeln reproduziert werden. Giddens versucht, auf der Basis dieser
Grundannahmen eine Theorie der Konstitution von Gesellschaft zu
entwickeln, die allerdings formal-analytisch verfaßt ist und bislang
historische Veränderungen im Verhältnis von Struktur und Handeln
weitgehend vernachlässigt (vgl. Gerstenberger 1988). Giddens teilt
in seinem Versuch einer theoretisch angemessenen Vermittlung von
Objektivität und Subjektivität die programmatische Intention sowohl der Bourdieuschen wie der Kritischen Theorie. Eine abschlie-

ßende Einschätzung seines Theorieprogramms kann aufgrund
der gerade erst beginnenden Diskussion hier nicht formuliert werden.

4.2.15 Zusammenfassende Einschätzung

Die von pragmatizistischen, sozialphänomenologischen und interaktionistischen Theorien in der Soziologie geteilten Grundperspekti-
ven der Betrachtung sozialer Wirklichkeit lassen sich zusammenfassend wie folgt charakterisieren:

Eine pragmatizistisch verfahrende und phänomenologisch inspirierte Sozialwissenschaft

– erlaubt einen Bogen zu spannen zwischen einer Perspektive, die an
den empirischen Erfahrungen des egologischen Subjekts orientiert
ist, und einem diametral andersartigen Standpunkt, der die Intersubjektivität des Alltags und die Logik des Alltäglichen voraussetzt, die
die Vorbedingung für das Selbstverstehen des Subjekts ist;

– erkennt an, daß wir im Rahmen unserer Analysen, Deutungen und
Rekonstruktionen mit einer vorinterpretierten Welt zu rechnen haben, daß etwa eine Beschreibung ‹frei von Deutung› im Lichte von
‹Vorwissen› nicht möglich ist, also daß man den – für die Geisteswissenschaften typischen – ‹hermeneutischen Zirkel› nicht umgehen
oder auflösen kann;

– ermöglicht eine differenzierte Analyse alltagsweltlich-mikrosozia-
ler Handlungs- und Interaktionsabläufe wie deren Bedingungen, die
immer schon von den Individuen vorausgesetzt werden müssen;

– enthält wesentliche Beiträge zur Klärung des Problems der gesellschaftlichen Intersubjektivitätsherstellung, d. h. der Frage, wie Individuen Intersubjektivität und Sinn ‹produzieren›, erhalten und verfestigen oder institutionalisieren;

– gelangt somit zu einer exemplarisch-emphatischen Berücksichtigung des Subjekts und der Subjektleistungen innerhalb des objektive
Faktizität beanspruchenden (über-greifenden) Gesellschaftsprozes-
ses;

– ermöglicht ferner die detaillierte – wenngleich formale – Analyse
normativ-struktureller Handlungsverfestigungen.

Als charakteristische Schwächen und Erklärungsgrenzen kann man
trotz Nichthintergehbarkeit der obigen Positiva benennen, daß interaktionstheoretische Handlungsanalysen

– Handeln nur als sinnhaft begreifen; es fehlt die «Beschäftigung von Handelnden mit der praktischen Verwirklichung von Interessen, eingeschlossen der materiellen Umformung der Natur durch menschliche Tätigkeit» (Giddens 1984, 64). Diese Kritik trifft weniger den Pragmatiker inklusive Mead, aber um so eher die Sozialphänomenologie;

– ein entsprechendes Defizit hinsichtlich der theoretischen Zugriffsmöglichkeit auf den zentralen Stellenwert von Interessenunterschieden und Machtstrukturen (Machtungleichheiten) im gesellschaftlichen Leben, aber auch generell auf ‹materielle gesellschaftliche Verhältnisse› und sozio-ökonomische Strukturen aufweisen;

– eine lediglich formelle und ahistorische Erfassung solcher gesellschaftlicher Phänomene wie ‹Verdinglichung› und ‹Verfestigung von Handlungen/Handlungsstrukturen› bzw. spezifischer Institutionalisierungen (z. B. Markt/Staat) ermöglichen, die diese im Sinn eines historisch invarianten kulturellen Phänomens erscheinen lassen;

– deshalb auch nur wenig zu Phänomenen des sozialen Wandels, zum Institutionenwandel und zur Geschichte (Vorwurf der Ahistorizität) anzubieten haben;

– einen Strukturbegriff aufweisen, der zwar als offen und handlungsleitend bzw. handlungsbeschneidend gesehen wird, aber auf (gesamt-) gesellschaftlicher Ebene historisch und inhaltlich unabgeleitet bleibt, da er wesentlich normativ gefaßt ist;

– zusammenfassend eine mangelhafte Rückbindung von Interaktionen und Interaktionssystemen an ihre sozialstrukturellen Bedingungen (Auseinandersetzungen unterschiedlicher Interessen, ungleiche Machtressourcen etc.) aufweisen, womit die Genese interaktioneller Relationen und symbolischer Bedeutungsgehalte historisch bestimmter Art ausgeblendet bleibt.

In gegensätzlicher Perspektive haben objektivistische Theorien, hierin auch die Tradition der Marxschen Theorie fortführend, geltend gemacht, daß gesellschaftstheoretisch von einem Primat sozialer Strukturen gegenüber dem subjektiv-sinnhaften Handeln von Individuen und sozialen Gruppen auszugehen sei. Die Strukturen sozialer Ungleichheit können dann, was eine unhintergehbare Einsicht objektivistischer Erklärungsansätze darstellt, als Macht- und Herrschaftsverhältnisse begriffen werden, die auf das willentliche und bewußte Handeln von Individuen nicht reduzierbar sind. In strukturalistischen Konzepten gerinnt dieses Primat sozialer Strukturen jedoch tendenziell zu einem ahistorisch und sozialontologisch verfaßten Sachverhalt, der gesellschaftliches Leben im allgemeinen, nicht mehr historisch-besondere gesellschaftliche Verhältnisse auszeichnet. Soziale Strukturen stellen sich dann als Regulierungen von Handeln dar, die hinter dem Rücken der Individuen, aber durch ihr Handeln hindurch wirksam werden, ohne daß dieses Determinationsverhältnis aufgebrochen werden könnte. In strukturaler Perspektive sind somit Ansatzpunkte für eine absichtsvolle Gestaltung gesellschaftlicher Verhältnisse, die das Primat etablierter sozialer Strukturen durchbrechen, auch dann nicht mehr theoretisch begründbar, wenn, wie bei Bourdieu, programmatisch intendiert ist, durch die theoriegeleitete Entwicklung von «Bewußtsein über Determiniertheiten dazu beizutragen, etwas wie ein Subjekt zu konstituieren» (Bourdieu 1987, 45).

Diese Schwächen und Erklärungsgrenzen werden in der Kritischen Theorie zu überwinden versucht, indem subjektiv-sinnhaftes Handeln als soziales Handeln innerhalb historisch bestimmter ökonomischer, politischer und sozialer Machtstrukturen verstanden wird. Jenseits mechanistischer Ableitungen sozialen Handelns aus gesellschaftlichen Strukturen und objektiven Interessen wird versucht aufzuweisen, wie intentionales Handeln mit den gesellschaftlichen Bedingungen, innerhalb deren es sich realisiert, vermittelt ist. Mit der Annahme, daß gesellschaftliche Strukturen sich durch das Handeln der Individuen hindurch reproduzieren, ohne daß dieses Handeln begrifflich auf erzwungenes Verhalten reduziert werden kann, wird es für die Weiterentwicklung Kritischer Theorie erforderlich, Einsichten der interaktionstheoretischen Soziologie konzeptuell ernst zu nehmen. In der Verschränkung interaktionstheoretischer Konzepte mit den gesellschaftstheoretischen Analysen der Kritischen Theorie ist insofern ein Ansatzpunkt für die Weiterentwicklung soziologischer Theorie zu sehen, der für das Interesse einer fortschreitenden Überwindung des Auseinanderfallens von objektivistischen und subjektivistischen Ansätzen in der soziologischen Theorie zentral ist.

Literatur

Adorno, Th. W.: Negative Dialektik. Frankfurt/M. 1966.
–: Ästhetische Theorie. Frankfurt/M. 1970.
– et al.: Der Positivismusstreit in der deutschen Soziologie. Neuwied 1969.
Althusser, L. & E. Balibar: Das Kapital lesen. Reinbek bei Hamburg 1972.

Anderson, P.: Großbritannien: Soziologische Gründe für das Ausbleiben der Soziologie. In: W. Lepenies (Hg.): Geschichte der Soziologie. Bd. 1–4. Frankfurt/M. 1981.

Arbeitsgruppe Bielefelder Soziologen (Hg.): Alltagswissen, Interaktion und soziale Wirklichkeit. Bd. 1 u. 2. Reinbek bei Hamburg 1973.

Aron, R.: The Industrial Society. Oxford 1967.

–: Die heiligen Familien des Marxismus. Hamburg 1970.

–: Hauptströmungen des soziologischen Denkens. Köln 1971.

Baier, L.: Soziale Technologie oder soziale Emanzipation? Zum Streit zwischen Positivisten und Dialektikern über die Aufgaben der Soziologie. In: B. Schäfers (Hg.): Thesen zur Kritik der Soziologie. Frankfurt/M. 1969.

Berger, P. L. & T. Luckmann: Die gesellschaftliche Konstruktion der Wirklichkeit. Frankfurt/M. 1970.

Bernstein, R. J.: Restrukturierung der Gesellschaftstheorie. Frankfurt/M. 1979.

Blumer, H.: Symbolic Interactionism. Englewood Cliffs 1969.

Bonß, W. & A. Honneth (Hg.): Sozialforschung als Kritik. Frankfurt/M. 1982.

Bourdieu, P.: Entwurf einer Theorie der Praxis. Frankfurt/M. 1979.

–: Die feinen Unterschiede. Frankfurt/M. 1983.

–: Sozialer Raum und ‹Klassen›. Frankfurt/M. 1985.

–: Sozialer Sinn. Kritik der theoretischen Vernunft. Frankfurt/M. 1987.

Bourdieu, P. & C. Passeron: Die Illusion der Chancengleichheit. Stuttgart 1971.

–: Theorie der symbolischen Gewalt. Frankfurt/M. 1973.

–: Soziologie und Philosophie in Frankreich seit 1945. In: W. Lepenies (Hg.): Geschichte der Soziologie. Bd. 1–4. Frankfurt/M. 1981.

Brandt, G.: Ansichten kritischer Sozialforschung 1930–1980. Leviathan, Sonderheft 4, 1981.

Breuer, S.: Die Krise der Revolutionstheorie. Negative Vergesellschaftung und Arbeitsmetapsychik bei H. Marcuse. Frankfurt/M. 1977.

Clark, T. N.: Die Durkheim-Schule und die Universität. In: W. Lepenies (Hg.): Geschichte der Soziologie. Bd. 1–4. Frankfurt/M. 1981.

Craig, J. E.: Die Durkheim-Schule und die Annales. In: W. Lepenies (Hg.): Geschichte der Soziologie. Bd. 1–4. Frankfurt/M. 1981.

Dewe, B., W. Ferchhoff & H. Sünker: Perspektiven einer Kritik des Alltagslebens heute – ein Nachwort. In: H. Lefebvre: Kritik des Alltagslebens. Frankfurt/M. 1987.

Dubiel, H.: Kritische Theorie der Gesellschaft. Eine einführende Rekonstruktion vom Horkheimer-Kreis bis Habermas. München 1988.

Durkheim, E.: Die Regeln der soziologischen Methode. Neuwied 1961.

–: Der Selbstmord. Neuwied 1974.

–: Über die Teilung der sozialen Arbeit. Frankfurt/M. 1977.

Eder, K. (Hg.): Klassenlage, Lebensstil und kulturelle Praxis. Frankfurt/M. 1989.

Elias, N.: Über den Prozeß der Zivilisation. Frankfurt/M. 1969.

Falk, G. & H. Steinert: Über den Soziologen als Konstrukteur von Wirklichkeit. In: H. Steinert (Hg.): Symbolische Interaktion. Stuttgart 1973.

Feyerabend. P.: Erkenntnis für freie Menschen. Frankfurt/M. 1981.

Frank, M.: Die Grenzen der Verständigung. Frankfurt/M. 1988.

Friedeburg, L. v. & J. Habermas (Hg.): Adorno-Konferenz. Frankfurt/M. 1983.

Garfinkel, H.: Studies in Ethnomethodology. Englewood Cliffs 1967.

– & H. Sacks: Über formale Strukturen praktischer Handlungen. In: E. Weingarten et al. (Hg.): Ethnomethodologie. Beiträge zu einer Soziologie des Alltagshandelns. Frankfurt/M. 1976.

Gerstenberger, H.: Zu Anthony Giddens' Konstitution der Gesellschaft. Prokla. Zeitschrift für politische Ökonomie und sozialistische Politik, 71, 1988.

Giddens, A.: Central Problems in Social Theory. London/Basingstoke 1979.

–: Interpretative Soziologie. Frankfurt/M., New York 1984.

–: Die Konstitution der Gesellschaft. Frankfurt/M. 1988.

Gorz, A.: Zur Strategie der Arbeiterbewegung im Neokapitalismus. Frankfurt/M. 1967.

–: Ökologie und Politik. Reinbek bei Hamburg 1977.

–: Das Ende der Politik der Vollbeschäftigung. Leben ohne zu arbeiten? In: F. Duve (Hg.): Technologie und Politik. Bd. 15. Reinbek bei Hamburg 1980a.

–: Ökologie und Freiheit. Reinbek bei Hamburg 1980b.

–: Abschied vom Proletariat. Frankfurt/M. 1980c.

–: Wege ins Paradies. Berlin 1983.

Gouldner, H. W.: Die westliche Soziologie in der Krise. 2 Bde. Reinbek bei Hamburg 1974.

Grathoff, R.: Alltag und Lebenswelt als Gegenstand phänomenologischer Sozialtheorie. Kölner Zeitschrift für Soziologie und Sozialpsychologie, Sonderheft 20, 1978.

Gugler, J.: Die neuere französische Soziologie. Neuwied 1961.

Gurwitsch, A.: Die mitmenschlichen Begegnungen in der Milieuwelt. Amsterdam 1976.

Habermas, J.: Analytische Wissenschaftstheorie und Dialektik. In: M. Horkheimer (Hg.): Zeugnisse. Theodor W. Adorno zum 60. Geburtstag. Frankfurt/M. 1963.

–: Technik und Wissenschaft als Ideologie. Frankfurt/M. 1968.

–: Zur Logik der Sozialwissenschaften. Frankfurt/M. [3]1973.

–: Theorie des kommunikativen Handelns. 2 Bde. Frankfurt/M. 1981.

– & N. Luhmann: Theorie der Gesellschaft oder Sozialtechnologie. Frankfurt/M. 1971.

Halbwachs, M.: Das kollektive Gedächtnis. Frankfurt/M. 1985.

Harten, H.-C.: Der vernünftige Organismus oder gesellschaftliche Evolution der Vernunft. Frankfurt/M. 1977.

Hauck, G.: Geschichte der soziologischen Theorie. Reinbek bei Hamburg 1984.

Honegger, C. (Hg.): Schrift und Materie der Geschichte. Frankfurt/M. 1977.

Honneth, A.: Geschichte und Interaktionsverhältnisse. Zur strukturalistischen Deutung des historischen Materialismus. In: U. Jaeggi & A. Honneth (Hg.): Theorien des Historischen Materialismus. Frankfurt/M. 1977.

–: Kritik der Macht. Reflexionsstufen einer kritischen Gesellschaftstheorie. Frankfurt/M. 1985.

– & H. Joas (Hg.): Kommunikatives Handeln. Beiträge zu Habermas' Theorie des kommunikativen Handelns. Frankfurt/M. 1986.

Horkheimer, M.: Zur Kritik der instrumentellen Vernunft. Frankfurt/M. 1974.

– & Th. W. Adorno: Dialektik der Aufklärung. Amsterdam 1947.

Jay, M.: Dialektische Phantasie. Die Geschichte der Frankfurter Schule und des Instituts für Sozialforschung. Frankfurt/M. 1976.

Joas, H.: Praktische Intersubjektivität. Die Entwicklung des Werkes von G. H. Mead. Frankfurt/M. 1980.

Jonas, F.: Geschichte der Soziologie. Bd. I und II. Reinbek bei Hamburg 1976.

Kellner, H.: Einleitung. In: G. H. Mead: Philosophie der Sozialität. Frankfurt/M. 1969.

Kindler, N. (Hg.): Jean Piaget – Werk und Wirkung. München 1976.

König, R.: Emile Durkheim. Der Soziologe als Moralist. In: D. Käsler (Hg.): Klassiker des soziologischen Denkens. München 1976.

König, T. (Hg.): Sartre. Ein Kongreß. Reinbek bei Hamburg 1988.

Künne, W.: Wahrheit. In: E. Martens & H. Schnädelbach (Hg.): Philosophie. Ein Grundkurs. Reinbek bei Hamburg 1986.

Lefèbvre, H.: Das Alltagsleben in der modernen Welt. Frankfurt/M. 1972a.

–: Soziologie nach Marx. Frankfurt/M. 1972b.

–: Kritik des Alltagslebens. Kronberg/Ts. 1977.

Lévi-Strauss, C.: Strukturale Anthropologie. Frankfurt/M. 1967.

–: Einleitung. In: M. Mauss: Soziologie und Anthropologie. Berlin 1978.

–: Die elementaren Strukturen der Verwandtschaft. Frankfurt/M. 1981.

Lindner, R.: Editorial. In: J. Clarke et al.: Jugendkultur als Widerstand. Frankfurt/M. 1981.

Luhmann, N.: Arbeitsteilung und Moral. Durkheims Theorie. In: E. Durkheim: Über die Teilung der sozialen Arbeit. Frankfurt/M. 1977.

Lukes, S.: Emile Durkheim. London 1973.

Lyotard, J.-F.: Das postmoderne Wissen. Bremen 1982.

–: Grabmal des Intellektuellen. Graz, Wien 1985.

Maciejewski, F. (Hg.): Theorie der Gesellschaft oder Sozialtechnologie. Beiträge zur Habermas-Luhmann-Diskussion. Frankfurt/M. 1975.

Mauss, M.: Soziologie und Anthropologie. Bd. I und II. Berlin 1978.

Mead, G. H.: Geist, Identität und Gesellschaft. Frankfurt/M. 1968.

–: Philosophie der Sozialität. Frankfurt/M. 1969.

Mehan, H. & H. Wood: Fünf Merkmale der Realität. In: E. Weingarten et al. (Hg.): Ethnomethodologie. Beiträge zu einer Soziologie des Alltagshandelns. Frankfurt/M. 1976.

Negt, O.: Soziologische Phantasie und exemplarisches Lernen. Frankfurt/M. 1967.

– & H. Kluge: Öffentlichkeit und Erfahrung. Frankfurt/M. 1972.

Oevermann, U.: Kontroversen über sinnverstehende Soziologie. In: S. Aufenanger & M. Lensen: Handlung und Sinnstruktur. München 1986.

Parsons, T.: Rückblick nach 35 Jahren. In: A. Schütz & T. Parsons: Zur Theorie sozialen Handelns. Ein Briefwechsel. Frankfurt/M. 1977.

Peirce, C. S.: Schriften I. Zur Entstehung des Pragmatismus. Frankfurt/M. 1967.

Piaget, J.: Der Strukturalismus. Stuttgart 1980.

Pollack, M.: Gesellschaft und Soziologie in Frankreich. Königstein/Ts. 1978.

Prewo, R.: Max Webers Wissenschaftsprogramm. Frankfurt/M. 1979.

Reijen, W. v.: Philosophie als Kritik. Einführung in die Kritische Theorie. Königstein/Ts. 1984.

Ritsert, J.: Die gesellschaftliche Basis des Selbst. Soziale Welt, 2, 1980.

–: Gesellschaft. Einführung in den Grundbegriff der Soziologie. Frankfurt/M., New York 1988.

Ritsert, J. & C. Rolshausen: Der Konservatismus der Kritischen Theorie. Köln 1970.

Sartre, J.-P.: Kritik der dialektischen Vernunft. Reinbek bei Hamburg 1967.

–: Drei Essays. Berlin 1977.

Schmidt, A.: Zur Idee der Kritischen Theorie. München 1974.

Schütz, A.: Gesammelte Aufsätze. Bd. 1. Den Haag 1962.

–: Gesammelte Aufsätze. Bde. 2 u. 3. Den Haag 1971.

–: Der sinnhafte Aufbau der sozialen Welt. Frankfurt/M. 1974.

Schütz, A. & T. Parsons: Zur Theorie sozialen Handelns. Ein Briefwechsel. Frankfurt/M. 1977.

Schütz, A. & T. Luckmann: Strukturen der Lebenswelt. Bde. 1 u. 2. Frankfurt/M. 1979.

Soeffner, A.: Alltagsverstand und Wissenschaft. In: P. Zedler & H. Moser (Hg.): Aspekte qualitativer Sozialforschung. Opladen 1983.

Söllner, A.: Geschichte und Herrschaft. Studien zur materialistischen Sozialwissenschaft. Frankfurt/M. 1979.

Thompson, K.: Emile Durkheim. London 1982.

Touraine, A.: Die postindustrielle Gesellschaft. Frankfurt/M. 1972.

–: Krise oder Mutation? In: Touraine et al.: Jenseits der Krise. Wider das politische Defizit der Ökologie. Frankfurt/M. 1976.

–: Krise und Wandel des sozialen Denkens. In: U. Beck (Hg.): Die Moderne – Kontinuität und Zäsuren. Göttingen 1986.

Vogt, W. P.: Über den Nutzen des Studiums primitiver Gesellschaften. Einige Anmerkungen zur Durkheim-Schule. In: W. Lepenies (Hg.): Geschichte der Soziologie. Bd. 1–4. Frankfurt/M. 1981.

Weber, M.: Wirtschaft und Gesellschaft. Tübingen 1972.

Wiggershaus, R.: Die Frankfurter Schule. München 1986.

René Ahlberg

4.3 Die Soziologie in der Sowjetunion und in den sozialistischen Ländern

4.3.1 Einleitung

Die Soziologie hat in der Sowjetunion eine außerordentlich wechselhafte Geschichte gehabt. Nirgends ist ihre Entwicklung so unmittelbar und direkt mit dem sozialen, politischen und ideologischen Wandel in einem Land verbunden wie gerade in der Sowjetunion. In der Periode der nachholenden Industrialisierung ist die Soziologie in Forschung und Lehre radikal unterdrückt und dann beim Übergang von der extensiven zur intensiven Wirtschaftspolitik Ende der 50er Jahre – im begrenzten Umfang – wieder zugelassen worden. Man wird mit einigem Recht feststellen dürfen, daß die Motive, die zuerst zur Stilllegung und dann wieder zur Zulassung der soziologischen Forschung geführt haben, eng mit dem Wandel der ökonomischen und sozialen Funktionsbedingungen in den verschiedenen Entwicklungsetappen der sowjetischen Gesellschaft zusammenhängen. Die Verhaltensänderungen der sowjetischen Wissenschaftspolitik gegenüber der Soziologie spiegeln den Wandel der ökonomischen und sozialen Problemstellungen wider, die die sowjetische Politik im Verlauf ihrer Geschichte zu bewältigen hatte. Die endgültige Rehabilitierung der Soziologie und ihre Trennung vom historischen Materialismus sind freilich erst in allerletzter Zeit erfolgt. Offiziell ist sie als selbständige und unabhängige Einzelwissenschaft durch den Beschluß des Politbüros resp. des Zentralkomitees der KPdSU vom 12. Juni 1988 «Über die erhöhte Rolle der marxistisch-leninistischen Soziologie bei der Lösung der wichtigsten sozialen Probleme der sowjetischen Gesellschaft» anerkannt worden (vgl. V Central'nom 1988, 1–2). Letztlich sind die Faktoren, die das Schicksal der sowjetischen Soziologie bestimmt haben, nur im Zusammenhang mit gesamtgesellschaftlichen Entwicklungen zu verstehen.

Ähnlich wie in der Sowjetunion haben sich auch die Geschicke der Soziologie nach dem Zweiten Weltkrieg in den sozialistischen bzw.

ehemals sozialistischen Ländern Ost- und Südosteuropas gestaltet. Wo sich die Soziologie in der Zwischenkriegzeit in diesen Teilen Europas bereits als eine selbständige wissenschaftliche Disziplin etabliert hatte – so in Polen, in Ungarn, in Jugoslawien und in der Tschechoslowakei –, ist sie nach 1945 durch die zuständigen Behörden mehr oder weniger rasch stillgelegt und durch den historischen Materialismus ersetzt worden. Eine gewisse Ausnahme bildete lediglich Polen, wo die nationalen Traditionen der Soziologie bereits so fest im akademischen Leben verankert waren, daß es bis 1950 gedauert hat, ehe sie auch hier unterdrückt werden konnte. Nach der Wiederaufnahme der empirischen Sozialforschung in der Sowjetunion Anfang der 60er Jahre wurde sie mit einer charakteristischen zeitlichen Verzögerung auch in den meisten damaligen sozialistischen Ländern wieder zugelassen. Sie ist nur noch in Albanien als eine ‹bürgerliche Klassenwissenschaft› verpönt. Die Wissenschaftspolitik in diesen Ländern hat die Soziologie sehr unterschiedlich gefördert – teils haben Behörden ihre Institutionalisierung betrieben (Polen, Ungarn, Jugoslawien, DDR), teils verzögert (Rumänien, Bulgarien, ČSSR).

4.3.2 Die Frühphase der sowjetischen Soziologie

Wo die Soziologie in Rußland vor der Oktoberrevolution an den Universitäten und Hochschulen institutionalisiert war, konnte sie auch nach der bolschewistischen Machtergreifung zunächst unbehelligt betrieben und gelehrt werden. In den Jahren von 1917 bis 1922 gehörte die Soziologie sogar zu den populärsten Wissenschaften. Auch die bolschewistische Regierung hat diese junge Disziplin anfänglich in die praktische Planung des Sozialismus einbezogen und ihre Institutionalisierung großzügig gefördert. Selbst in den schweren Zeiten des Bürgerkriegs waren die Behörden bestrebt, soziologische Lehrstühle an allen großen Universitäten des Landes zu errichten und soziologische Forschungsprojekte in Gang zu bringen. Die allgemeine Begeisterung für die Soziologie ging nach der Februarrevolution so weit, daß man sie als Pflichtfach in die Lehrpläne der Mittelschulen einführte. Damit war Rußland das erste europäische Land, in dem die Soziologie zum Lehrstoff der Schule gehörte (vgl. Nowikow 1988, 129).

In der Frühphase der sowjetischen Wissenschaftsgeschichte haben sich besonders zwei Sachverhalte zugunsten der Soziologie ausge-

wirkt: Erstens waren fast alle soziologischen Richtungen im vorrevolutionären Rußland oppositionell oder kritisch gegenüber dem bestehenden Regime eingestellt, was aus der Sicht der damaligen Zeit weitgehend mit der revolutionären Haltung der bolschewistischen Partei
gegenüber dem Zarismus übereinzustimmen schien. Zweitens hatte
sich in Rußland im letzten Viertel des 19. Jahrhunderts unter dem
Einfluß von M. M. Kovalevskij (1851–1916) und E. V. de Roberty
(1843–1915) eine positive Soziologiekonzeption mit sozialrevolutio-
nären Zielsetzungen herausgebildet, die ebenfalls, oberflächlich betrachtet, wissenschaftliche und politische Berührungspunkte mit der
marxistischen Gesellschaftskritik aufwies. Daher ist der politisch radikale Positivismus in der Soziologie von vielen Zeitgenossen mit der
revolutionären Einstellung des Marxismus gegenüber der bestehenden Gesellschaftsordnung gleichgesetzt worden. Da auch nam-
hafte bolschewistische Theoretiker die wissenschaftstheoretischen
und politischen Differenzen zwischen Positivismus und Marxismus
nicht immer deutlich wahrnahmen oder auch bestrebt waren, beide
Wissenschaftskonzeptionen miteinander zu verbinden, ist die positive
Soziologie von der bolschewistischen Regierung zunächst tatkräftig
unterstützt worden.

In diesen frühen Jahren war die Vorstellung, daß die kommunistische Gesellschaft auf der Grundlage soziologischen Wissens und mit
Hilfe der empirischen Sozialforschung geplant werden müsse, weder
durch alternative Konzeptionen noch durch dogmatische dialektische
Denkfiguren in Frage gestellt. Genaue Informationen über die sozialen Verhältnisse und der Einsatz der soziologischen Forschung zur
Erlangung eines planungsrelevanten Wissens erschienen als eine
selbstverständliche und unerläßliche Voraussetzung für die erfolgreiche Verwirklichung des Kommunismus. Insbesondere A. A. Bogda-
nov (1879–1928) und N. I. Bucharin (1888–1938) haben mit ihren
Versuchen, die marxistische Sozialtheorie in einem positivistischen
Sinne zu systematisieren, einen nachhaltigen Einfluß auf die Formierung der sowjetischen Sozialwissenschaften in den 20er Jahren ausgeübt. Sowohl der Organisationswissenschaft Bogdanovs als auch der
Gleichgewichtstheorie Bucharins lag die Idee zugrunde, den Marxismus in eine rationale und analytische Soziologie umzuformen, die
dem kommunistischen Aufbau als wissenschaftlicher Wegweiser dienen sollte. Dieser weitverbreiteten positivistischen Strömung im russischen Marxismus ist es zu verdanken, daß sich die vorrevolutionären
Traditionen der positiven Soziologie ungestört weiterentwickeln und

zu einer verhältnismäßig umfangreichen empirischen Sozialforschung überleiten konnten.

Die Begeisterung für die Soziologie wich einer jähen Ernüchterung, als V. I. Lenin im März 1922 mit dem jungen Soziologen Pitirim A. Sorokin (1889–1968) zusammenstieß, weil dieser eine soziologische Untersuchung veröffentlicht hatte, in der er die Auswirkungen der sowjetischen Ehegesetzgebung auf die Stabilität der Familie negativ bewertete. In seiner Erwiderung bedauerte Lenin, daß Menschen wie Sorokin noch immer vom sowjetischen Staat beschäftigt würden, «um die Jugend aufzuklären, obwohl sie dazu nicht mehr taugen, als notorische Kinderschänder in der Rolle von Erziehern an Schulen für die untersten Altersstufen taugen würden» (Lenin 1970, III, 765). Diese maßlose Kritik machte in exemplarischer Form deutlich, daß der Positivismus in der Soziologie, so radikal seine Gesellschaftskritik auch sein mochte, nicht mit der bolschewistischen Weltanschauung identisch war. Diese Episode hatte zur Folge, daß alle nicht-marxistischen Geistes- und Sozialwissenschaftler von den Universitäten und Hochschulen entfernt wurden. Noch im gleichen Jahr sind 161 Wissenschaftler und Schriftsteller – unter ihnen auch Sorokin – aus der Sowjetunion ausgewiesen worden. Die freiwerdenden Professuren für Soziologie wurden kurzerhand in Planstellen für historischen Materialismus umgewidmet.

4.3.3 Die Verfemung der Soziologie

Die Verdrängung der nicht-marxistischen Hochschullehrer aus den höheren Bildungsanstalten hat die soziologischen Aktivitäten im akademischen Bereich zum Erliegen gebracht. Außerhalb der Universitäten, in kommunalen und regionalen wissenschaftlichen Einrichtungen sowie in den verschiedenen Massenorganisationen, konnte sich dagegen die marxistisch orientierte empirische Sozialforschung noch bis ungefähr 1930 relativ unangefochten behaupten. Einige wenige soziologische Untersuchungen sind auch noch in der Mitte der 30er Jahre erschienen. Soweit sich die marxistischen Soziologen systemkonform verhielten und ihre Forschungsvorhaben in Übereinstimmung mit den jeweiligen ideologischen Aktualitätsnormen wählten, sind sie auch weiterhin von den Behörden unterstützt worden. Der endgültige Bruch mit dem positiven marxistischen Wissenschaftsideal war in den 20er Jahren noch nicht vollzogen. Die Auseinandersetzungen zwischen den Vertretern einer positiven und einer dialektischen Wissenschaftskonzeption im Marxismus nahmen zwar seit 1925 immer heftigere Formen an, aber bis 1930 konnten die Kontrahenten noch relativ frei um die ‹richtige› marxistische Wissenschaftskonzeption ringen.

Der Streit zwischen den Positivisten und Dialektikern ging erst im Frühjahr 1931, und zwar unter persönlicher Beteiligung J. V. Stalins an den wissenschaftstheoretischen Kontroversen, zu Ende. Aufgrund seiner Intervention setzte sich eine politisch instrumentalisierte Version der ‹marxistisch-leninistischen Gesellschaftswissenschaft› durch, welche den Anspruch erhob, eine dialektische Gesetzeswissenschaft zu verkörpern, die im Forschungsprozeß die Einheit von Theorie und Praxis gewährleistete. Im selben Maße, wie dieser politisch instrumentalisierte Wissenschaftsbegriff allen Sozialwissenschaften oktroyiert wurde, verlor für diese die soziale Wirklichkeit jede kognitive und erkenntniskritische Bedeutung. Die Sozialwissenschaftler orientierten sich in der Folgezeit nur noch an den ideologischen Richtlinien der Partei, die im Forschungsprozeß zum Kriterium der Wahrheit aufrückten. Die Vorherrschaft des ideologisch strukturierten Wissenschaftsbegriffs äußerte sich in der systematischen Unterdrückung der empirischen Sozialforschung in allen Sozialwissenschaften. Die positive Soziologie galt seither wegen ihrer kognitiven Präferenzen als ‹bourgeoise Pseudowissenschaft› und ‹Dienerin des Imperialismus›.

Die Stillegung der soziologischen Forschung läßt sich jedoch kaum nur als eine willkürliche ideologische Entscheidung der Parteiführung erklären. Hinzu kommt die Tatsache, daß ein offizieller Beschluß zur Auflösung soziologischer Institute oder zur Einstellung ihrer Arbeit in der Sowjetunion niemals gefaßt worden ist. Eher läßt sich das Gegenteil beweisen, wenn man von den konträren Wissenschaftskonzeptionen absieht, die sich im sowjetischen Sprachgebrauch hinter den Begriffen ‹Soziologie› und ‹Gesellschaftswissenschaft› verbergen. Die sowjetische Wissenschaftspolitik hat nämlich niemals aufgehört, die ‹marxistisch-leninistischen Gesellschaftswissenschaftler› zu einem gründlichen und umfassenden Studium der sozialen Realitäten aufzurufen. Wenn die Soziologie trotz dieser Appelle jahrzehntelang nur in der Form einer dogmatischen Sozialphilosophie existiert hat, so hängt das unter anderem mit den kognitiven Konsequenzen des politisch instrumentalisierten dialektischen Wissenschaftsbegriffs zusammen. Mit der Aufforderung zur umfassenden Erforschung der sozialen Wirklichkeit war nicht mehr die objektive und kritische Analyse empirischer Sachverhalte, sondern die Rechtfertigung der politischen Praxis mit dem Gesetzeswissen des historischen Materialismus gemeint. Mit der aktionistischen Wissenschaftskonzeption war logisch notwendig die Ersetzung des Begriffs ‹Empirie› durch den der ‹Aktion› als Bezugspunkt der objektiven Realität verbunden. Die ‹wahre Wirklichkeit›, zu der die dialektische Analyse vordringen mußte, stellte sich in dieser Aspektstruktur nicht mehr als ‹Sein›, sondern nur als ‹Werden› dar. Man kommt vielleicht der Wahrheit am nächsten, wenn man davon ausgeht, daß die Unterdrückung der kognitiven, objektiven und konkreten Intentionen der Soziologie das Ergebnis eines allmählichen Wandels der Wirklichkeitsauffassung aller am Wissenschaftsprozeß beteiligten sozialen Gruppen und Instanzen gewesen ist.

Die Verfemung der Soziologie, einschließlich der marxistisch orientierten empirischen Sozialforschung, fällt nämlich in die Zeit der beginnenden gewaltsamen Industrialisierung und Kollektivierung der Landwirtschaft. Nachdem der erste Fünfjahresplan 1928/29 beschlossen war, kam es bei seiner praktischen Verwirklichung angesichts der enormen sachlichen Probleme und sozialen Widerstände, die überwunden werden mußten, in der sowjetischen Politik zu einer Umwertung der Prioritäten. Damals wurde nicht nur endgültig alle Macht in den Händen des Staates konzentriert, sondern auch jede Rücksichtnahme auf die sozialen Folgen der nachholenden Industrialisierung fallengelassen. So bediente man sich bei der Durchsetzung der Planziele nicht nur eines politischen, administrativen und fiskalischen Drucks auf die Bevölkerung, sondern immer häufiger und bedenkenloser auch terroristischer Mittel. Es konnte daher nicht ausbleiben, daß sich das Soziale aus der Sicht der Staats- und Parteiführung allmählich aus einem autonomen Subjekt, dem man diente, in ein unselbständiges Objekt verwandelte, das man formen mußte. In einer Epoche, in der man die Gesellschaft revolutionär umzugestalten versucht, wirkt ein allzu genaues Wissen um die Leidensgeschichte des Manipulationsobjekts immer handlungshemmend. Die sowjetische Führung glaubte ihre hochfliegenden Pläne durch unkalkulierbare Risiken bedroht und handelte dementsprechend unter einem ständigen Zeitdruck, so daß sie zumindest im sozialen Bereich nicht so sehr an objektiven oder gar kritischen Erkenntnissen als vielmehr an überzeugenden Argumenten interessiert war, mit denen sie ihre Entscheidungen massenwirksam rechtfertigen konnte.

Aus dieser Situation mag es verständlich werden, daß sich das politische Interesse in der Epoche des Stalinismus von der Erkundung und Beachtung sozialer Belange auf die technischen Mittel zu ihrer Beherrschung verlagerte. So ist auch die Funktion der Soziologie nur noch unter dem Gesichtspunkt bewertet worden, inwiefern sie als ein Mittel der sozialen Manipulation eingesetzt werden konnte. Ihr Wert bemaß sich in dieser Zeit lediglich nach ihrer Effektivität als Mobilisierungs- und Rechtfertigungsinstrument. Von hier aus gesehen mußte jedes kritische oder auch nur zweckfreie Wissen, das nicht unmittelbar und direkt in den Dienst der revolutionären Umgestaltung gestellt werden konnte, als Ausdruck und Ergebnis eines ‹konterrevolutionären Verhaltens› zum Sozialismus erscheinen. Unter diesem Gesichtspunkt erfüllt die objektive, analytische, distanzierte und kritische Einstellung der Soziologie zu ihren Erkenntnisgegenständen geradezu in idealtypischer Weise alle Merkmale einer «Wissenschaft mit einer grundsätzlich anderen Klassenorientierung» (Steiner 1988, 237). Die Funktionen der positiven Soziologie ließen sich in dieser politischen Konstellation weder mit den Interessen noch mit den Aufgaben des sowjetischen Staates verbinden. Sie wurde stillgelegt, weil ihr das ‹aktive Moment› fehlte, auf das es damals allein ankam. Sie war damit als Bestandteil des bürgerlichen Klassenbewußtseins identifiziert, den man durch den historischen Materialismus als der eigentlichen ‹wissenschaftlichen Soziologie› ersetzen mußte.

Abgesehen von einigen wenigen soziologischen Forschungsvorhaben, die noch in der ersten Hälfte der 30er Jahre durchgeführt und veröffentlicht werden konnten – es handelte sich dabei um Untersuchungen zum Freizeitverhalten und Lebensstandard der arbeitenden Bevölkerung –, hat es in der Sowjetunion bis zum Beginn der 60er Jahre weder eine fachspezifische soziologische Forschung noch das Studienfach Soziologie an den Universitäten und Hochschulen gegeben. Wenn man für diesen Vorgang in der modernen Wissenschaftsgeschichte nach Parallelen sucht, so drängt sich als Vergleich nur noch das Schicksal der Soziologie im nationalsozialistischen Deutschland auf. Auch hier geriet die rational verfaßte Soziologie sofort in ein kritisches Spannungsverhältnis zu den ideologischen Legitimationsgrundlagen des faschistischen Staates und erwies sich als Quelle regimekritischer Informationen, die mit dem rassenbiologischen Weltbild des Nationalsozialismus unvereinbar waren. Jene Formen der Soziologie und soziologischen Forschung, die im faschi-

stischen Deutschland überlebten, schlossen sich an geistesgeschicht-
liche Traditionen an, die sich der Nazi-Ideologie einfügten oder ihr
zumindest nicht zuwiderliefen.

4.3.4 Die sowjetische Theorie-Praxis-Konzeption

Die aktionistische Dialektikkonzeption, wie sie sich zu Beginn der
30er Jahre im historischen Materialismus herausgebildet hat, verband
die marxistische Theorie als «Methodologie des Handelns auf der
Grundlage des Wissens» mit der sozialistischen Praxis als «Methodologie des Wissens auf der Grundlage des Handelns» zu einer dialektischen Einheit, in der sie nahtlos ineinandergriffen und eine permanente Revolutionierung der Gesellschaft rechtfertigten (vgl. Luppol
1929, 114). In den 20er Jahren war der Einheitsgrundsatz, den Lenin
1909 für alle Elemente des Marxismus formuliert hat, für die Struktur
des historischen Materialismus noch keineswegs verbindlich. In dieser frühen Zeit haben die marxistischen Sozialwissenschaften einen
raschen Differenzierungsprozeß durchlaufen, der zur Formierung
einzelwissenschaftlich verfaßter Disziplinen führte. Erst als dieser
Prozeß auch die marxistische Philosophie und Soziologie erfaßte und
sie in herkömmliche Einzelwissenschaften zu verwandeln drohte,
griff die Wissenschaftspolitik in diese Entwicklung mit der Verpflichtung der Sozialwissenschaftler zur Beachtung des Einheitsgrundsatzes ein. Während die einzelwissenschaftliche Formierung der
Wirtschafts-, Rechts-, Geschichts-, Kunst- und anderer Sozialwissenschaften gefördert wurde, drohte die Verselbständigung der Philosophie und der Soziologie den ganzheitlichen Charakter der ‹Gesellschaftswissenschaft› und damit auch ihren auf dem Einheitsgrundsatz
beruhenden Wahrheits- und Objektivitätsanspruch auszuhöhlen.

Die Dogmatisierung des Einheitsgrundsatzes hatte zur Folge, daß
die wissenschaftlichen Aufgaben der positiven Soziologie in die Zuständigkeit des historischen Materialismus übertragen wurden. Die
sowjetische Gesellschaftswissenschaft nahm damit die Form einer
dialektischen Universalwissenschaft an, die für sich einen multidiszi-
plinären Leistungsanspruch reklamierte: Sie beanspruchte unter
Berufung auf ein vorgeblich gesichertes Wissen über die Gesetzmäßigkeiten des Sozialprozesses, die sinngebenden Funktionen der Philosophie, die empirisch-analytischen der Soziologie und die kritischen
der Erkenntnistheorie erfüllen zu können. Die strukturelle Verknüp-

fung dieser drei Wissenschaften im Begründungszusammenhang der Gesellschaftswissenschaft galt fürderhin als das nicht mehr zu überbietende Merkmal ihrer wissenschaftlichen Überlegenheit über die ‹bürgerliche Soziologie›. Sie präsentierte sich damit als eine Sozialwissenschaft neuen und höheren Typs, deren Exzeptionalität auf der Verschmelzung philosophischer, empirischer und erkenntnistheoretischer Leistungsansprüche in einem scheinbar widerspruchsfreien monistischen Begründungszusammenhang beruhte.

Die universalistische Struktur der marxistisch-leninistischen Gesellschaftswissenschaft ermöglichte nach Auffassung ihrer Vertreter nicht nur die vollständige theoretische Erfassung der sozialen Realität und ihrer historischen Entwicklung, sondern darüber hinaus durch die praktische Anwendung dieses Wissens in der Politik die planmäßige und zielgerichtete Lenkung und Leitung der gesellschaftlichen Entwicklung. Unter Hinweis auf die mit Hilfe der Gesellschaftswissenschaft gelungene Verbindung von Theorie und Praxis im Entwicklungsprozeß der sowjetischen Gesellschaft grenzte sie sich nunmehr von allen Formen der nichtmarxistischen Philosophie und Soziologie ab. Zu den Abgrenzungskriterien gehörte ferner das Dogma, daß die Gesellschaftswissenschaft gar nicht mehr der herkömmlichen Methoden und Techniken der empirischen Sozialforschung bedürfe, da sie mit dialektischen Denkmethoden direkt zum Wesen der empirischen Erscheinungen vordringen könne. Diese universalistische Wissenschaftskonzeption hat in der Sowjetunion jahrzehntelang die empirische Sozialforschung als Quelle neuer Erkenntnisse diskreditiert.

Zu den Prinzipien, die ebenfalls in dieser Epoche endgültig im Strukturgefüge des historischen Materialismus verankert wurden, gehört ferner der Grundsatz der Parteilichkeit des Erkenntnis- und Forschungsprozesses. Die Verknüpfung des wissenschaftlichen Auftrags der Gesellschaftswissenschaft mit dem Grundsatz der Parteilichkeit folgte aus der Dogmatisierung der marxistischen These, daß der soziale Standort eines Wissenschaftlers grundsätzlich über seine Wahrheitsfähigkeit entscheide. Auf diese Weise stellte sich die Parteinahme für die jeweilige ‹Generallinie› der Partei als konstitutive Bedingung objektiver Erkenntnis dar. Die Gesellschaftswissenschaft fand damit ihren praktischen Sinn in dem Auftrag, unter Führung der Partei am sozialistischen Aufbau mitzuwirken.

4.3.5 Die Reaktivierung der empirischen Sozialforschung

Fast drei Jahrzehnte lang konnte sich der historische Materialismus als dialektische Aktionswissenschaft behaupten, indem seine Vertreter an der ideologischen Orientierung der Bevölkerung teilnahmen und die Entscheidungen des politischen Systems wissenschaftlich legitimierten. Die erfolgreiche Übertragung des marxistischen Gesellschaftsmodells auf die sowjetische Sozialstruktur schien zu beweisen, daß die Gesellschaftswissenschaft tatsächlich über ein verläßliches Gesetzeswissen verfügte, das der praktischen Politik als Leitfaden dienen konnte. Als jedoch das gesellschaftliche System der Arbeitsteilung und Kooperation im Industrialisierungsprozeß komplexere Formen annahm, die spontane soziale Bewegungen auslösten, die niemand vorhergesehen hatte, wurden die kognitiven Defizite der Gesellschaftswissenschaft offenkundig. Ihre Vertreter waren nicht in der Lage, die plötzliche Selbstmobilisierung der Gesellschaft zu erklären. Die orientierenden, motivierenden und legitimierenden Funktionen der Gesellschaftswissenschaft, mit denen man bisher auf den Sozialprozeß erfolgreich eingewirkt hatte, versagen bei dem Versuch, den industriegesellschaftlichen Wandel unter Kontrolle zu bringen. Das Problem wurde aktuell, weil die zunehmende soziale Mobilität die Wirtschaftsplanung störte und finanzielle Verluste verursachte. Die Krise ist noch dadurch verschärft worden, daß sich die spontanen sozialen Bewegungen auch nicht mehr mit administrativen Methoden und moralischen Appellen beeinflussen ließen.

Die fortschreitende Modernisierung und Rationalisierung der Wirtschaft hatte in der zweiten Hälfte der 50er Jahre ein relativ selbständiges und störungsanfälliges Beziehungsgeflecht zwischen Produktionstechnik, Arbeitsorganisation und Berufsstruktur geschaffen, das eigenen Gesetzen folgte und die zentralen Planungsbehörden vor völlig neue Informations- und Kommunikationsaufgaben stellte. Das Problem, auf das man gestoßen war, bestand in der für Industriegesellschaften völlig normalen Zunahme der sozialen Mobilität. Die sowjetische Planungsbürokratie sah sich jedoch zunächst außerstande, mit den Problemen einer mobilen Industriegesellschaft fertig zu werden. Da sich die sozialen Störungsherde der zentralen Planung nicht mit Befehlsmethoden beseitigen ließen, begann die Wirtschaftsbürokratie die Kontrolle über die Verteilung der Arbeitskräfte zu verlieren. Willkürliche Eingriffe in diese sozialen Prozesse erzeugten unweigerlich neue Schwierigkeiten in den Wirtschaftsabläufen. In dieser kritischen Situation entstand bei den Behörden erstmals ein Interesse am Einsatz wissenschaftlicher Erkenntnismittel zur Gewinnung von planungsrelevanten sozialen Informationen über die Ursachen der wachsenden Migrations- und Fluktuationsraten.

Die Einsicht, daß die Ursachen der sozialen Mobilität erforscht werden müssen, um die Allokation der Arbeitskräfteressourcen rational planen zu können, scheint sich in der zweiten Hälfte der 50er Jahre durchgesetzt zu haben. Betriebsdirektoren, in deren Werken der Produktionsablauf empfindlich gestört war, aber auch Gewerkschaftsfunktionäre und Parteisekretäre der betroffenen Gebiete wandten sich immer häufiger und dringender an die zuständigen Ministerien mit der Forderung, entweder die im April 1956 eingeführte Freiheit der Arbeitsplatzwahl wieder einzuschränken oder die Ursachen der Arbeitskräftefluktuation in den Betrieben zu beseitigen. Die Behörden wandten sich wiederum an die Universitäten und Hochschulen mit der Bitte um praktische Vorschläge zur Eindämmung der sozialen Störungsherde. Als jedoch im Verlauf mehrerer Jahre klar wurde, daß von den Gesellschaftswissenschaftlern keine wirksame Hilfe zu erwarten war, weil sie sich entweder in dieser Frage für unzuständig erklärten oder einfach bei dem Versuch scheiterten, die Ursachen der sozialen Mobilität mit philosophischen Analysen ausfindig zu machen, sahen sich die Behörden schließlich genötigt, von sich aus die Einführung der empirischen Sozialforschung zu fordern.

Neben dem Informationsbedarf der Wirtschaftsbürokratie hat eine Änderung der ideologischen Grundlagen der sowjetischen Außenpolitik günstige Voraussetzungen für die Reaktivierung der empirischen Sozialforschung geschaffen. Bis zur Mitte der 50er Jahre existierten kaum irgendwelche formellen oder informellen Beziehungen zwischen sowjetischen und westlichen Wissenschaftsorganisationen. In der Wissenschaftpolitik wirkte noch immer die von A. A. Shdanov betriebene ideologische Polarisierung nach, die insbesondere die Gesellschaftswissenschaftler zum ‹bedingungslosen Kampf› gegen die Positionen der westlichen Philosophie und Soziologie verpflichtete. Die geistige Verfassung, in die man sich auf dem Höhepunkt des Kalten Krieges hineingesteigert hatte, schloß die Aufnahme formeller Beziehungen mit nationalen und internationalen Wissenschaftsorganisationen im westlichen Ausland aus. Die Übernahme von Methoden der westlichen Soziologie war unter diesen Bedingungen undenkbar. Die Wissenschaftsbürokratie erblickte damals in der totalen Abschirmung der eigenen Sozialwissenschaften vor westlichen Einflüssen eine ihrer wichtigsten Aufgaben. Persönliche Kontakte mit Fachkollegen oder wissenschaftlichen Institutionen im Westen wurden erst recht nicht geduldet.

Mitte der 50er Jahre änderte sich die sowjetische Haltung zum Westen. Einen wesentlichen Einfluß auf die Entspannung haben die Ergebnisse des 20. Parteitages der KPdSU im Februar 1956 gehabt. Auf diesem Kongreß ist nicht nur die von N. S. Chruschtschow eingeleitete Entstalinisierungspolitik, sondern auch die Konzeption der friedlich konkurrierenden Koexistenz von Staaten mit unterschiedlichen Gesellschaftsordnungen bekräftigt worden. Für die sowjetische Wissenschaftspolitik implizierte die neue außenpolitische Leitlinie die Weisung, die bisherige Politik der Selbstisolation aufzugeben und durch Aufnahme von formellen Kontakten zu westlichen Wissenschaftsorganisationen einen eigenen Beitrag zur Beendigung des Kalten Krieges und zur Sicherung des Friedens zu leisten. Die ersten Maßnahmen zur Verwirklichung der Koexistenzdoktrin sahen die Einladung von westlichen Wissenschaftlern zur Teilnahme und Mitarbeit an Tagungen und Konferenzen in der Sowjetunion vor. Sie ermöglichten gleichzeitig sowjetischen Wissenschaftlern den Besuch und die Mitarbeit an entsprechenden Veranstaltungen im westlichen Ausland. Die ideologisch besonders exponierten Gesellschaftswissenschaftler, die bisher strengen Ausnahmeregelungen bei der Aufnahme von Verbindungen zu westlichen Philosophen und Soziologen unterworfen waren, durften jetzt ebenfalls direkte Kontakte zu westlichen Geistes- und Sozialwissenschaftlern sowie Wissenschaftsorganisationen suchen.

Den organisatorischen Rahmen für die Zusammenarbeit mit der internationalen Soziologie schuf das Präsidium der Akademie der Wissenschaften der UdSSR am 19. Juni 1958 mit der Gründung der Sowjetischen Gesellschaft für Soziologie. Damit erfüllte die Sowjetunion die satzungsmäßigen Voraussetzungen für den Eintritt sowjetischer Soziologen in die International Sociological Association (gegründet 1949). Die Auswirkungen dieser Maßnahme auf die Autorität des historischen Materialismus und auf die Einstellung der sowjetischen Gesellschaftswissenschaftler zur westlichen Soziologie sind dabei freilich kaum gründlich durchdacht worden. Erstens hat die Gründung des sowjetischen Soziologenverbandes sowohl in der Sowjetunion als auch in den übrigen sozialistischen Ländern einen jahrzehntelangen wissenschaftstheoretischen Grundlagenstreit (1958–1970) über das Verhältnis der Soziologie zum historischen Materialismus ausgelöst, in dem sich dann die Anhänger und Vertreter einer einzelwissenschaftlich verfaßten marxistisch-leninistischen Soziologie formierten. Zweitens zeigte schon die erste Kontaktaufnahme sowjetischer Gesellschaftswissenschaftler nach dem 20. Parteitag der KPdSU mit westlichen Soziologen auf dem III. Weltkongreß für Soziologie im August 1956 in Amsterdam, daß ihre ideologische Indoktrination der Wirklichkeit nicht standhielt. Die Diskussionen auf dem Weltkongreß der Soziologen hatten zur Folge, daß die sowjetischen Konferenzteilnehmer nach ihrer Rückkehr in die Heimat in ihren veröffentlichten Konferenzberichten entschieden für die Wiederaufnahme der soziologischen Forschung in der Sowjetunion eintraten. Das waren Entwicklungen, die die sowjetische Wissenschaftspolitik weder gewollt noch vorhergesehen hatte.

Nach der Gründung des Soziologenverbandes, die nur den Weg für die Wiederaufnahme der empirischen Sozialforschung, nicht aber für die Institutionalisierung des Faches ‹Soziologie› freigab, wurden auch von fast allen übrigen sozialistischen Ländern Kontakte mit nationalen und internationalen Soziologenorganisationen im westlichen Ausland geknüpft und ausgebaut. Nur in Polen und Jugoslawien hatten bereits vor 1958 nationale Soziologenvertretungen bestanden, und zwar in Jugoslawien seit 1956 und in Polen seit 1957. Bulgarien und Rumänien folgten 1959 dem sowjetischen Beispiel. In der DDR übernahm die 1962 in der Vereinigung der Philosophischen Institute gegründete Sektion Soziologie die internationale Vertretung der DDR-Soziologen. Die Soziologen der ČSSR schlossen sich 1964 in zwei nationalen Soziologenverbänden zusammen, und zwar in der Tschechoslowakischen (Prag) und der Slowakischen Gesellschaft für Soziologie (Bratislava). Die Ungarn folgten diesem Trend Ende der 60er Jahre. Die Volksrepublik China hat sich dieser Entwicklung 1979 mit der Gründung einer Studiengesellschaft für Soziologie angeschlossen. Lediglich in Albanien ist die Soziologie nach wie vor unterdrückt.

4.3.6 Der Grundlagenstreit bis zur endgültigen Rehabilitierung der Soziologie

Ein Jahr vor der Gründung des sowjetischen Soziologenverbandes war in der führenden philosophischen Zeitschrift der Sowjetunion «Fragen der Philosophie» ein Aufsatz des ostdeutschen Wirtschaftshistorikers Jürgen Kuczynski mit dem herausfordernden Titel «Soziologische Gesetze» (1957) erschienen und von der Zeitschriftenredaktion zur Diskussion gestellt worden. Kuczynski begründete darin die Forderung, die ‹marxistische Soziologie› vom historischen Materialismus zu trennen und als eine selbständige Wissenschaft zuzulassen, mit dem Entwurf einer nach Seinsebenen gegliederten Gesetzeskonzeption, die zwischen drei Bereichen mit relativ selbständigen Gesetzmäßigkeiten unterschied: den Gesetzen der Natur, der Wirtschaft und der Gesellschaft (vgl. Kuczynski 1957, 96). Die Provokation dieses Denkmodells bestand in der Betonung der relativen Selbständigkeit der nomologischen Ebene, was der dialektischen Auffassung vom Allzusammenhang der Dinge widersprach, und in der Aufwertung der sozialen Sphäre zum Forschungsgegenstand einer selbständigen Soziologie, was überdies die Geltung des Einheitsgrundsatzes in der Gesellschaftswissenschaft in Frage stellte.

An den Thesen dieses Aufsatzes entzündete sich eine langwierige und komplizierte wissenschaftstheoretische Diskussion über das Existenzrecht einer eigenständigen Soziologie neben der Theorie des historischen Materialismus. Schon im Anfangsstadium der Auseinandersetzungen tauchte bei dem Versuch, die Struktur und Funktion der positiven Soziologie vom historischen Materialismus abzugrenzen, eine Reihe von Problemen auf, die mit seinem monistischen Begründungszusammenhang unvereinbar waren. Die Ausgliederung des sozialen Bereichs aus dem Forschungsgegenstand des historischen Materialismus schränkte seine wissenschaftliche Zuständigkeit auf einige wenige abstrakte historische Gesetzmäßigkeiten ein, was ihn zu einer herkömmlichen Sozialphilosophie degradierte, während die Soziologie umgekehrt durch die Zuweisung eines sozialen Erkenntnisgegenstandes wieder in den Status einer zentralen Sozialwissenschaft aufrückte. Darüber hinaus implizierte die Aufwertung der Soziologie zu einer selbständigen Einzelwissenschaft das Recht, in eigener Zuständigkeit eine allgemeine Theorie der Gesellschaft zu entwickeln, was den historischen Materialismus auch auf seinem ureigensten Gebiet ins Abseits drängen mußte. Aus diesen Gründen stieß die Forderung Kuczynskis zunächst auf eine geschlossene Front der Ablehnung.

Die soziologisch orientierten sowjetischen Gesellschaftswissenschaftler haben sich erst allmählich im Verlauf des Grundlagenstreits argumentativ profiliert und als eine professionelle Gruppe von den konservativen Gesellschaftswissenschaftlern abgespalten. Indem sie auf einer Klärung der Stellung der empirischen Sozialforschung im

System der Sozialwissenschaften beharrten, beunruhigten sie das wissenschaftliche Establishment und trieben die Diskussion weiter. Da aber alle Versuche zur Einordnung der empirischen Sozialforschung in das bestehende Wissenschaftssystem auf eine Differenzierung der monistischen Struktur des historischen Materialismus und auf eine Einschränkung seines universalistischen Leistungsanspruches hinausliefen, geriet die Diskussion immer wieder in die Sackgasse, schleppte sich in akuter Form bis zum Beginn der 70er Jahre fort und flammte auch danach gelegentlich wieder auf.

Wenn diese Kontroversen überhaupt einen formulierbaren Erkenntnisertrag gehabt haben, so den, daß die Wissenschaftskonzeption der positiven Soziologie mit der traditionellen sowjetischen Version der Gesellschaftswissenschaft unvereinbar ist. Während sich die Diskussion argumentativ ständig wiederholte und letztlich bis zur endgültigen Rehabilitierung der Soziologie 1988 unentschieden blieb, hat sich die Wissenschaftsbürokratie schon zu Beginn der 60er Jahre auf die Seite der Gegner einer selbständigen Soziologie geschlagen. Die Vertreter der Gesellschaftswissenschaft konnten nämlich durchaus schlüssig beweisen, «daß der Versuch J. Kuczynskis, die Soziologie als gegenüber dem historischen Materialismus selbständige Wissenschaft auszusondern, einerseits zur Liquidierung des historischen Materialismus, andererseits zur Verwirrung in einer Reihe von Grundfragen der Gesellschaftswissenschaft führt» (Gofman 1960, 329). Für die Haltung der Wissenschaftsbürokratie war ausschlaggebend, daß die Ausgrenzung eines spezifisch soziologischen Forschungsobjekts aus dem Gegenstandsbereich des historischen Materialismus nicht nur zum Zusammenschrumpfen seiner wissenschaftlichen Zuständigkeit, sondern auch seiner empirischen Legitimationsbasis führen mußte. Aus diesem Grunde machte L. Iljitschow, der damals im Sekretariat des Zentralkomitees der KPdSU für die Wissenschaft zuständig war, auf der Vollversammlung der Akademie der Wissenschaften am 19. Oktober 1962 klar, daß nicht die Soziologie als selbständige Wissenschaft, sondern nur die Methoden der empirischen Sozialforschung rehabilitiert seien (vgl. Iljitschow 1962, 135).

Doch diese administrative Entscheidung hat den schleichenden Autoritätsverlust des historischen Materialismus nicht aufzuhalten vermocht, dem er sich nach der Wiederaufnahme der empirischen Sozialforschung sowohl in der Sowjetunion als auch in den anderen sozialistischen Ländern ausgesetzt sah. Teils aufgrund des ständig wachsenden Informationsbedarfs der Wirtschaftsverwaltung, teils infolge der immanenten Dynamik des soziologischen Forschungsprozesses selbst nahm der Differenzierungs- und Spezialisierungsgrad der soziologischen Forschung unaufhaltsam zu. Die Formierung der Soziologie konnte zwar durch die Wissenschaftsbürokratie verlangsamt, aber nicht aufgehalten werden. Der wachsende Umfang der empirischen Sozialforschung führte gewissermaßen hinter ihrem Rücken zur Herausbildung einer Reihe von speziellen Soziologien, zum Beispiel der Arbeits-, der Jugend-, der Familien-, der Freizeitsowie der Industrie-, Betriebs-, Stadt- und Agrarsoziologie und damit auch zur Profilierung von spezifischen soziologischen Forschungsobjekten, die mit soziologischen Methoden, Begriffen und Theorien bearbeitet werden mußten. Auf diese Weise entstanden besondere soziologische Wissensgebiete und Zuständigkeiten, deren praktischer Wert für die soziale Planung auf ihrem hohen Spezialisierungsgrad beruhte.

Die fachspezifisch ausdifferenzierten Wissenschaftsgebiete und -gehalte konnten nicht mehr mit den traditionellen Methoden des historischen Materialismus – mit Deduktionen und Generalisierungen – in das Strukturgefüge des Marxismus-Leninismus eingebaut werden. Erstens führte die Eingliederung dieses hochspezialisierten Wissens zur Deformation der philosophischen Struktur des historischen und dialektischen Materialismus, das heißt zu ihrer Überlastung mit empirischen Wissensgehalten; zweitens hatte die philosophische Verallgemeinerung des soziologischen Spezialwissens zur Folge, daß sich sein praktischer Informationswert unter dem Einfluß dieses Verfahrens in abstrakte Theoreme auflöste. In der Mitte der 60er Jahre hatte die soziologische Forschung bereits spezielle Wissensgebiete hervorgebracht, die wegen ihrer praktischen Informationsleistungen für die Funktionsfähigkeit der sozialistischen Herrschaftssysteme unverzichtbar geworden waren und daher auch nicht mehr – wie in den 30er Jahren – willkürlich unterdrückt werden konnten. Die Reorganisation der marxistisch-leninistischen Gesellschaftswissenschaften mußte unter diesen Bedingungen bei der Struktur des historischen Materialismus ansetzen.

Die Auflösung der monistischen Struktur der Gesellschaftswissenschaft setzte in den Jahren 1967/68 ein. Sie vollzog sich zuerst auf der organisatorischen Ebene durch die Einrichtung relativ selbständiger soziologischer Forschungsinstitute im Verbund der Akademie der Wissenschaften der UdSSR und an den großen Universitäten. In Ver-

bindung mit dem Beschluß des Zentralkomitees der KPdSU vom
14. August 1967 «Über Maßnahmen zur weiteren Entwicklung der
Gesellschaftswissenschaft und zur Erhöhung ihrer Rolle beim kommunistischen Aufbau», der auch eine Rationalisierung der soziologischen Forschung vorsah, ist 1968 in Moskau das «Institut für konkrete
Sozialforschung» geschaffen worden. Mit diesem und ähnlichen Instituten, die jetzt im ganzen Lande entstanden, erhielt die empirische
Soziologie den Status einer halbautonomen Sozialwissenschaft mit
mittleren theoretischen Kompetenzen. In dieser Zeit wurden auch die
ersten Schritte zur Integration des Faches Soziologie in den akademischen Lehrbetrieb unternommen: 1968 wurde eine Professur für angewandte Soziologie an der Universität Tbilissi (Georgien) und 1969
eine Professur für Methodik und Technik der empirischen Sozialforschung an der Universität Moskau eingerichtet. Doch selbst in dieser
auf die praktischen Belange der empirischen Sozialforschung zuge-
schnittenen Form scheinen diese Lehrstühle einen wissenschaftlichen
Anspruch signalisiert zu haben, der die sowjetische Wissenschaftspolitik veranlaßte, von weiteren Berufungen abzusehen. Immerhin
wurde den Soziologen das Recht eingeräumt, in begrenzten empirischen Sparten spezielle soziologische Theorien zu entwickeln.

Die erste Generation der marxistisch-leninistischen Soziologen
hatte in der Sowjetunion und in den anderen sozialistischen Ländern
(mit Ausnahme Polens) ihr Fachwissen noch im Selbststudium erworben. Sie rekrutierten sich aus dem Kreis etablierter Philosophen, Historiker, Ökonomen, Psychologen und Ethnologen, vereinzelt auch
aus Naturwissenschaftlern und Mathematikern, die sich durch die in-
tensive Beschäftigung mit westlicher soziologischer Literatur und
durch die Teilnahme an internationalen Soziologentagungen ihr Wissen angeeignet hatten. Die zweite Generation konnte bereits seit der
Mitte der 60er Jahre Soziologie als Nebenfach eines Philosophie- oder
Ökonomiestudiums oder als Graduierte an soziologischen For-
schungsinstituten in berufsbegleitenden Weiterbildungskursen studieren. Die dritte Generation, die ihr Studium in der ersten Hälfte der
80er Jahre beendet hat und in der praktischen Sozialforschung tätig
wurde, hat es bereits leichter gehabt, eine zusätzliche soziologische
Ausbildung zu erwerben: 1984 ist endlich ein rechtlich geregeltes,
wenn auch immer noch auf den Kreis graduierter oder in der praktischen Sozialforschung tätiger Personen eingeschränktes und thematisch auf die angewandte Soziologie begrenztes Soziologiestudium an
den Universitäten in Moskau und Leningrad eingeführt worden.

Die praktische Verwertbarkeit soziologischer Forschungsergebnisse blieb jedoch auch weiterhin hinter den Erwartungen zurück. Ihre sog. Praxisferne, die immer wieder bemängelt wurde, resultierte sehr oft aus der Art der Forschungsaufgaben, die sie bewältigen mußte. Viele soziologische Forschungsprogramme waren noch immer innerhalb der Aspektstruktur des historischen Materialismus konzipiert. Sie zielten nicht auf die Lösung praktischer Probleme, sondern auf die Bestätigung der sozialen Dogmen des Marxismus-Leninismus. So hat zum Beispiel die Konzentration des Moskauer Soziologie-Instituts seit 1972 auf die empirische Erforschung der sowjetischen Klassen- und Sozialstruktur nur sehr begrenzte Erkenntnisse über die soziale Schichtung in der Sowjetunion erbracht. Es ging dabei auch um etwas ganz anderes, nämlich um die Verifizierung der These, daß sich die sowjetische Sozialstruktur dem Ideal der sozialen Homogenität annäherte. Schließlich waren bis vor kurzem alle ideologisch sensiblen Problemfelder, deren Existenz dem offiziellen Sozialismusideal widersprach, etwa das Erstarken des Nationalismus, die Machtstellung der Staatsbürokratie, die fehlende Rechtssicherheit, die Existenz sozialer Konflikte, die Entfremdung zwischen Staat und Gesellschaft und alle Formen des abweichenden Verhaltens – Kriminalität, Prostitution, Alkoholismus, Drogensucht, Selbstmord –, aus der soziologischen Forschung ausgeschlossen. All das hat bisher die Repräsentativität, den Informationsgehalt und die praktische Verwertbarkeit der soziologischen Forschung gemindert.

Die vom 27. Parteitag der KPdSU (Februar/März 1986) ausgehende Politik der Umgestaltung (Perestrojka) hat den Bedarf an sozialen Informationen für die praktische Umsetzung der Reformziele sprunghaft erhöht. Als sich in der Phase der Konzipierung und Präzisierung der Reformziele erwies, daß die sowjetischen Soziologen wegen des unklaren Status ihrer Wissenschaft nicht in der Lage waren, den Informationsbedarf der Parteiführung im gewünschten Umfang zu befriedigen, scheint man sich für die endgültige Anerkennung der Soziologie entschieden zu haben. Es hat freilich langer intensiver Vorarbeiten bedurft, ehe das Politbüro des Zentralkomitees der KPdSU am 19. Mai 1988 über die Situation der Soziologie beraten und am 12. Juni 1988 ihre Rehabilitierung bekanntgeben konnte (vgl. V Central'nom 1988). Der Beschluß machte klar, daß alle ideologischen Einwände gegen die Theoriefähigkeit der Soziologie hinfällig sind. Damit ist der historische Materialismus auf den Platz einer Sozialtheorie verwiesen, die sich auch in ihrem Kernbereich der Korrektur durch die empi-

rische Soziologie stellen muß. Die Aufforderung des Politbüros an die
Akademie der Wissenschaften der UdSSR und an die zuständigen Ministerien, die erforderlichen Maßnahmen zu ergreifen, um die Integration der Soziologie in die Studienpläne aller Universitäten und
Hochschulen zu gewährleisten, war von entscheidender Bedeutung
für die Anerkennung ihrer Autonomie, weil man erst dann von einer
selbständigen Wissenschaft sprechen kann, wenn sie in der Hoch-
schulstruktur eines Landes mit eigenen Lehrstühlen und Instituten
sowie mit eigenen Studienordnungen vertreten ist.

4.3.7 Entwicklungsprobleme der Soziologie

Trotz aller Restriktionen hat die Soziologie in der Sowjetunion bereits
vor ihrer Legalisierung durch den Politbüro-Beschluß einen beachtlichen Institutionalisierungsgrad erreicht. An der soziologischen Forschung waren im Jahre 1988 über 40 philosophische, ökonomische,
politikwissenschaftliche, juristische, ethnologische, demographische,
pädagogische und sozialpsychologische Abteilungen und Sektionen
der Akademie der Wissenschaften der UdSSR (Leningrad, Novosi-
birsk, Sverdlovsk) sowie der entsprechenden Institute der Akademien
der Wissenschaft der einzelnen Unionsrepubliken (Kiev, Minsk, Viln-
jus, Tallinn, Tbilissi) beteiligt. Das Netz der soziologischen For-
schungsstellen an den Universitäten wurde ebenfalls erheblich ausgebaut. Die Zahl der ‹soziologischen Laboratorien› betrug im gleichen
Jahr ungefähr 200. Es handelt sich dabei grundsätzlich um Forschungseinrichtungen, an denen keine akademische Lehre stattfindet. Mit
soziologischen Forschungen befassen sich ferner wissenschaftliche
Sektionen an zentralen staatlichen Behörden, in Großbetrieben und
Produktionsvereinigungen sowie die ehrenamtlich arbeitenden Institute und «Räte der Soziologie» bei den Partei-, Gewerkschafts-, Kom-
somol- und anderen gesellschaftlichen Organisationen. Der sowjetische Soziologenverband umfaßte damals schließlich 6000 individuelle
und 1200 kollektive Mitglieder (Institute, Redaktionen, Forschungsgruppen) und gliederte sich in 35 zentrale und ungefähr 150 über das
ganze Land verteilte regionale Sektionen, die sich durch die Erledi-
gung von Forschungsaufträgen selbst finanzieren. Die Gesamtzahl der
in der Sowjetunion hauptamtlich beschäftigten Soziologen beträgt
nach sowjetischen Schätzungen für die jüngste Zeit fünfzehn- bis zwan-
zigtausend Personen. Davon arbeiteten nach diesem Stand drei- bis

viertausend als Betriebs- und Industriesoziologen in der Wirtschaft (vgl. Zaslavskaja 1987, 5).

Das größte soziologische Forschungszentrum mit über 400 Mitarbeitern ist das bereits erwähnte, 1968 gegründete «Institut für konkrete Sozialforschung». Es ist 1972 im Zuge einer internen Reorganisation in «Institut für soziologische Untersuchungen» umbenannt worden. Aufgrund des Politbüro-Beschlusses vom 16. Juni 1988 ist der Name des Instituts abermals geändert worden. Es heißt danach in Übereinstimmung mit der herkömmlichen Bezeichnung für selbständige Einzelwissenschaften «Institut für Soziologie». Das neue Emblem symbolisiert die endgültige Anerkennung der Soziologie. Die Einschränkung ihrer theoretischen Kompetenz auf die Konzipierung ausschließlich spezieller soziologischer Theorien wurde damit aufgehoben. Der Politbüro-Beschluß räumt den Soziologen das Recht zur «Ausarbeitung der fundamentalen theoretischen, methodologischen und methodischen Probleme der Soziologie» ein. Die Planlosigkeit der soziologischen Forschung, die man jahrzehntelang nicht in den Griff bekommen hat, sollte überwunden werden, indem man das Moskauer Institut «mit der Koordinierung der soziologischen Forschung im Lande und mit der Durchführung namentlich der internationalen, unionsweiten und interregionalen Forschung» betraute (V Central'nom 1988, 1).

Der quantitative Umfang der soziologischen Forschung in der Sowjetunion läßt sich durchaus mit dem in den USA oder in Westeuropa vergleichen. Soziologische Forschungsteams haben in den letzten 10 bis 15 Jahren viele große und aufwendige Projekte erfolgreich durchgeführt. So sind zum Beispiel die Entwicklung des kulturellen und technischen Niveaus der Industriearbeiter im Ural, der Zusammenhang zwischen Berufstätigkeit, Alltagsverhalten und öffentlicher Meinung in Taganrog, die Ursachen der Migration der ländlichen Bevölkerung in Sibirien, die Einstellung der Industriearbeiter zu ihrer Tätigkeit in Leningrad, die Beziehungen zwischen nationalen und sozialen Faktoren im Verhalten der Bevölkerung in der Tatarischen Autonomen Republik, die Funktion der Hochschulen beim Wandel der Sozialstruktur in sechs Regionen der UdSSR und der Einfluß der Industrialisierung auf die sozialstrukturelle Entwicklung der Arbeiterschaft in Gorki untersucht und ausgewertet worden. Auch zu allen systematischen Aspekten der Soziologie liegen zahlreiche empirische Untersuchungen vor. Hinsichtlich der Organisation und Technik der Forschung, der mathematisch-statistischen Aufbereitung und Auswertung der soziologischen Forschungsergebnisse können sich diese Untersuchungen mit denen in den USA und in Westeuropa messen.

Etwas anders verhält es sich beim internationalen Vergleich des professionellen Niveaus der Soziologen und des Differenzierungsgrades der soziologischen Theorie. Die Ausbildungskapazitäten für das Fach Soziologie stehen in allen sozialistischen bzw. ehemaligen sozialistischen Ländern in einem auffälligen Mißverhältnis zum praktischen Umfang und zur funktionalen Bedeutung der Soziologie in diesen Gesellschaften. Noch 1987 hat die damalige Präsidentin des sowjetischen Soziologenverbandes, T. I. Zaslavskaja, kritisiert, daß es in der Sowjetunion nach wie vor nur eine «Soziologie ohne Soziologen» gäbe (Zaslavskaja 1987, 9). Dementsprechend niedrig ist das durchschnittliche theoretische und berufliche Niveau der Soziologen. Die empirische Soziologie hat sich bisher in fast allen diesen Ländern ohne eine kritische und erst recht ohne eine systemkritische Analyse und Reflexion entwickelt. Die soziologische Literatur des Westens war den meisten Soziologen unbekannt: «Viele Jahrzehnte lang sind bei uns die Werke der bedeutendsten internationalen Soziologen nicht veröffentlicht worden, was militanten Ignoranten die Gelegenheit bot, den Inhalt der wissenschaftlichen Arbeit der führenden Vertreter des Faches, wie Max Weber, Talcott Parsons, Pitirim Sorokin und anderer, zu entstellen» (Ryvkina 1988, 47). Die theoretische Durchdringung und Verallgemeinerung des empirischen Forschungsmaterials war in den Händen des historischen Materialismus konzentriert. Aus diesem Grund wurde die Uniformität in der theoretischen Dimension der marxistisch-leninistischen Soziologie lange nicht überwunden. Die systemkritischen Auseinandersetzungen mit dem bestehenden Herrschaftssystem haben erst seit 1987 begonnen.

In diesem Zusammenhang muß noch die funktionale Bedeutung der soziologischen Forschung für die Entwicklungsmodalitäten bestehender sozialistischer Gesellschaftsordnungen etwas genauer geklärt werden. Aus der Perspektive westlicher Industriegesellschaften ist die Relevanz der Soziologie und des von ihr vermittelten Wissens für die Funktionsfähigkeit zentral geplanter Wirtschafts- und Gesellschaftsordnungen kaum auf den ersten Blick erkennbar. Für den Erfahrungshorizont der Soziologen in westlichen Industriegesellschaften ist es vielmehr charakteristisch, daß sie große Schwierigkeiten haben, typische Berufsfelder für Soziologen im außeruniversitären Bereich anzugeben und den generellen praktischen Wert des soziologischen Wissens für das Funktionieren der Marktwirtschaft zu bestimmen (vgl. Novotny 1975). Markt, Öffentlichkeit und demokratische Strukturen schaffen hier automatisch ein direktes und kritisches Informations- und Kommunikationsnetz zwischen Wirtschaft, Gesellschaft und Staat, dessen Koordinierungs- und Steuerungskapazität den Sinn eines zusätzlichen soziologischen Wissens relativiert und auf besondere Fälle einschränkt. In sozialistischen Herrschaftssystemen stellt sich dagegen die Situation ganz anders dar. Ihnen fehlen wirkungsvolle Rückkopplungsmechanismen, wie sie westlichen Industrienationen immanent sind. Sie müssen daher diese systembedingten Informations- und Steuerungsdefizite durch eine aufwendige und differenzierte soziologische Forschung ausgleichen.

Damit hängt noch ein zweites, für westliche Beobachter nicht immer leicht zu durchschauendes Problem zusammen. Es wird hier als systembedingte Überforderung der wissenschaftlichen Leistungsfähigkeit sowohl der Soziologie als auch des gesamten sozialwissenschaftlichen Wissens bezeichnet. Vorausgesetzt, daß unerwünschte Nebenfolgen der verschiedensten Art vermieden werden sollen, sind sozialistische Herrschaftssysteme, soweit sie heute noch bestehen, bei der sozialen und ökonomischen Lenkung und Planung weitgehend auf empirisch kontrollierte Informationen, Prognosen und Problemlösungsalternativen angewiesen. Im Rahmen eines wissenschaftsgläubigen Weltbildes, das die gesellschaftliche Entwicklung mit Hilfe eines soziologischen Gesetzeswissens beherrschbar wähnt, sind die Erwartungen, die sich an die praktische Verwertbarkeit soziologischer Forschungsergebnisse knüpfen, ohnehin schon hochgespannt. Sie werden noch dadurch gesteigert, daß das soziale Informationssystem solcher Staaten auf wissenschaftliche Erkenntnismittel angewiesen ist, um funktionstüchtig zu bleiben. Die permanente Kritik an der ‹Praxisferne› der soziologischen Forschung ist daher sehr oft Ausdruck einer prinzipiellen Überforderung der praktischen Verwertbarkeit des soziologischen Wissens. Man erwartet, daß die Soziologie die Aufgaben eines Rückkopplungsmechanismus erfüllt, wie er in westlichen Industriegesellschaften besteht. Aus diesem Grund bleibt der Erkenntnisertrag der Soziologie immer hinter den unrealistischen Erwartungen und dem exorbitanten Informationsbedarf solcher Herrschaftssysteme zurück. Die unaufhörlichen Versuche der Wissenschaftsbürokratie, die praktische Effektivität der soziologischen Forschung durch Eingriffe in deren Wissenschaftsorganisation zu steigern, erzeugen nur zusätzliche Probleme, statt sie zu lösen.

4.3.8 Soziologiekonzeptionen in den (ehemaligen) sozialistischen Ländern

In allen sozialistischen bzw. ehemals sozialistischen Ländern ist bzw. war die Formierung der Soziologie durch die Unsicherheit ihres wissenschaftlichen Status geprägt. Nach der Wiederzulassung der empirischen Sozialforschung in der Sowjetunion war es auch in Ungarn, Bulgarien, Rumänien, in der Tschechoslowakei, Polen und der DDR zu wissenschaftstheoretischen Auseinandersetzungen über die Legitimität einer selbständigen marxistisch-leninistischen Soziologie gekommen. Ähnlich wie im Positivismusstreit der bundesdeutschen Soziologie in den 60er Jahren kam es auch hier zu einer Konfrontation zwischen den Vertretern einer positiv-analytischen und einer dialektisch-philosophischen Wissenschaftskonzeption. Sie lief entweder auf die Rekonstruktion des dialektischen Universalismus der Gesellschaftswissenschaft oder auf die mehr oder weniger deutliche Abgrenzung der Soziologie vom historischen Materialismus hinaus. Abgesehen davon, daß viele Soziologen ihre positive Wissenschaftskonzeption in verdeckter Form vertraten, haben einzelne Autoren, so Andrzej Malewski in Polen (Malewski 1959), Miloš Kaláb und Zdenék Strmiska in der Tschechoslowakei (Kaláb & Strmiska 1967), Jurij A. Levada in der Sowjetunion (Levada 1969) und Jürgen Kuczynski in der DDR (Kuczynski 1978), die Soziologie auch argumentativ aus dem Strukturzusammenhang des historischen Materialismus herauszulösen versucht. Obwohl diese Vorstöße in den 60er und 70er Jahren nicht durchdrangen und – wie im Fall Levadas – zu einem langjährigen Berufsverbot führten, sind die Tendenzen zur Emanzipation der Soziologie vom historischen Materialismus virulent geblieben. Am weitesten ist dieser Prozeß in Polen, Ungarn und Jugoslawien fortgeschritten.

Auch das im Grundlagenstreit der 60er Jahre fixierte Gebot, daß die marxistisch-leninistische Soziologie eine – durch ihre philosophischen Grundlagen gesicherte – monistische Struktur besitze, d. h. nicht in spezielle soziologische Disziplinen zerfalle, wie das in der ‹theorielosen bürgerlichen Soziologie› der Fall sei, hat bzw. hatte unter dem Einfluß der inhaltlichen Differenzierung der empirischen Sozialforschung seine ursprüngliche Geltung eingebüßt. Mit Beginn der 70er Jahre spaltete sie sich in eine wachsende Zahl von Spezialdisziplinen auf, die sich in jenen Ländern, in denen dieser Prozeß am weitesten fortgeschritten war (Polen, Ungarn, Jugoslawien), auch am deutlichsten vom historischen Materialismus distanzierten. Insbesondere das Recht zur theoretischen Erklärung ihrer Forschungsergebnisse, das den speziellen Soziologien Ende der 60er Jahre zugefallen war, hat den Emanzipationsprozeß ausgelöst. Die allmähliche Zersplitterung und Auflösung der Soziologie in Spezialdisziplinen konnte aber auch in der Sowjetunion, Bulgarien, Rumänien, der ČSSR und der DDR nicht aufgehalten werden, obwohl die dortige Wissenschaftspolitik der Ausdifferenzierung von soziologischen Spezialdisziplinen einen hartnäckigen Widerstand entgegensetzte. Daher wurde seinerzeit auch in diesen Ländern der historische Materialismus mit wachsender Komplexität der soziologischen Forschung in eine abstrakte Dimension abgedrängt.

Eine weitere Differenzierungsursache resultierte aus den unterschiedlichen wissenschaftsgeschichtlichen und -politischen Rahmenbedingungen, unter denen sich die einzelnen nationalen Soziologien im Ostblock konstituiert hatten. In Rumänien, Bulgarien, der Tschechoslowakei und der DDR war die Grundlegung der Soziologie in Übereinstimmung mit den theoretischen Vorentscheidungen der sowjetischen Wissenschaftspolitik erfolgt. Ebenso wie in der UdSSR war auch in diesen Ländern die Struktur der Soziologie aus den dogmatischen Prämissen des historischen Materialismus abgeleitet und in der radikalen Abgrenzung von allen nationalen und internationalen Schulen und Richtungen dieser Disziplin ausgearbeitet worden.

In Polen hatte sich dagegen die Soziologie unter günstigeren Bedingungen entfalten können. Trotz der offiziellen Verdammung der ‹bürgerlichen› Traditionen der polnischen Vorkriegssoziologie hatte sie sich hier in der kontinuierlichen Weiterführung der nationalen Wissenschaftsgeschichte entwickeln können. Während sie in allen anderen sozialistischen Ländern nach dem Zweiten Weltkrieg mehr oder weniger rasch stillgelegt wurde, konnte sie unter den etwas liberaleren politischen Verhältnissen in Polen ihre Arbeit nach dem Krieg relativ ungestört wieder aufnehmen und dabei direkt – zum Teil auch personell – an ihre großen Vorkriegstraditionen anknüpfen. Man braucht hier nur an Namen wie Ludwig Gumplowicz (1838–1909), Ludwik Krzywicki (1859–1941), Stefan Czarnowski (1879–1937), Jósef Chałasinski (1904–1979), Florian Znaniecki (1882–1958) und Stanisław Ossowski (1897–1963) zu erinnern, um die nationalen Leistungen der polnischen Soziologen vor Augen zu haben. Im Gegensatz zu den anderen ehemaligen sozialistischen Ländern, in denen die soziologische Forschung erst im Verlauf der 60er Jahre aufgenommen worden war, hatte man sie in Polen – nach einer verhältnismäßig kurzen Unterbrechung (1950–1955) – schon 1956, nunmehr freilich auf der Grundlage des historischen Materialismus, fortgesetzt (vgl. Reschka 1973).

In Jugoslawien und Ungarn – zeitweilig auch in der ČSSR – bot die Soziologie ein weit weniger dogmatisches Bild als in Rumänien, Bulgarien oder der DDR. Im Unterschied zur konzeptionellen Differenzierung der polnischen Soziologie, die vielfach an westliche Denkansätze anknüpfte, sind die systemkritischen Ursprünge der jugoslawischen und ungarischen Soziologie im kritischen Potential des Marxismus zu suchen. Die Rückbesinnung auf den Marxismus als einer humanen und kritischen Theorie hing hier mit den politischen und ideologischen Erschütterungen zusammen, die den Bruch mit Moskau in Jugoslawien (1948), die Niederwerfung des Volksaufstandes in Ungarn (1956) und die Ereignisse des «Prager Frühlings» (1968) in der ČSSR ausgelöst hatten.

In Jugoslawien führte die kritische Auseinandersetzung mit dem sowjetischen Sozialismusmodell Anfang der 60er Jahre zur Entstehung der ‹authentischen› Schule des Marxismus, deren Repräsentanten – Rudi Supek, Gajo Petrović, Milan Kangara, Predrag Vranicki, Mihailo Marković, Miladin Životić, Vojin Milić – sich um die systemkritische Zeitschrift «Praxis» (1964–1974) gruppierten und die internationalen Kongresse der «Sommerschule in Korčula» (seit 1963) organisierten. Sie vertraten eine an den humanen und kulturkritischen Implikationen des Marxismus orientierte, teilweise auch an die Positionen der Frankfurter Schule angelehnte antietatistische und antibürokratische Soziologie- und Praxiskonzeption. Unter dem philosophischen Einfluß Georg Lukács' (1885–1971) hatte sich Mitte der 60er Jahre auch in Ungarn die kritische Budapester Schule der Soziologie gebildet, die sich um András Hegedüs, Agnes Heller, György Márkus und Mihály Vajda zusammenschloß und vornehmlich Bürokratisierungs- und Entfremdungstendenzen im Sozialismus thematisierte. Als sich Anfang der 70er Jahre zeigte, daß die Systemkritik dieser Schulen immer radikalere Formen annahm, die mit argumentativen Mitteln nicht einzudämmen war, schränkten die Behörden die Arbeits- und Publikationsmöglichkeiten dieser Soziologen und Philosophen drastisch ein, um damit auch ihren politisch wirkungsfähigen Gruppenzusammenhalt aufzulösen.

Der Soziologie-Beschluß des Zentralkomitees der KPdSU hat die Glaubwürdigkeit des historischen Materialismus im gesamten ehemaligen gen Geltungsbereich des Marxismus-Leninismus zusätzlich erschüttert. Die Diskreditierung der Gesellschaftswissenschaft machte sich in der Sowjetunion erstmals in Anzeichen eines allgemeinen wissenschaftlichen Paradigmawandels bemerkbar. Der historische Materialismus sah sich plötzlich von einer liberalen und pluralistischen Wissenschaftskonzeption in einen aggressiven Verdrängungswettbewerb verwickelt. In der sozialwissenschaftlichen Literatur kommt es immer häufiger und direkter zu einer Aufwertung des Zufälligen, des Einmaligen und Individuellen, die bisher als unwesentlich galten und vernachlässigt wurden. Die neue Wissenschaftsauffassung formiert sich in der Opposition gegen den dialektischen Einheitsgrundsatz der Gesellschaftswissenschaft und gegen das Ideal der sozialen Einförmigkeit und Gleichheit des Sozialismus. Die Vertreter des Pluralismus machen dabei die einheitliche, gleichförmige und gesetzmäßige Sozialismuskonzeption für die Stagnation der wirtschaftlichen und gesellschaftlichen Entwicklung verantwortlich. Das Individuelle, Singuläre, Zufällige und nicht mehr das Kollektive, Allgemeine und Gesetzmäßige soll danach künftig die Erkenntnisinteressen der Sozialwissenschaften dominieren und die Stagnationsursachen überwinden helfen (vgl. Škoda 1987). – Erst die Zukunft wird erweisen, wie unter dem Begriff eines humanen Sozialismus, den die sowjetische Parteiführung anstrebt, das Verhältnis von allgemeiner Gesellschaftstheorie und einzelwissenschaftlicher Orientierung aussehen und ob es dann überhaupt noch eine solche Fragestellung geben wird. Die neueren Entwicklungen in Osteuropa, die eine Abkehr vom sozialistischen Modell überhaupt implizieren, lassen auch für die Entwicklung der Sowjetunion wohl eher vermuten, daß eine allgemeine gesellschaftstheoretische Orientierung, die bisher ohnehin nur legitimatorischen Charakter hatte, zugunsten einzelwissenschaftlicher soziologischer Orientierung obsolet wird.

Literatur

Gofman, I. I.: Zu dem Artikel «Soziologische Gesetze» von J. Kuczynski. Deutsche Zeitschrift für Philosophie, 3, 1960.

Iljitschow, L. F.: Die wissenschaftlichen Grundlagen der Leitung der gesellschaftlichen Entwicklung. Sowjetwissenschaft. Gesellschaftswissenschaftliche Beiträge, 2, 1962.

Kaláb, M. & Z. Strmiska: Zu einigen Fragen der marxistischen Auffassung der soziologischen Theorien. In: Pragopress (Hg.): Sozialwissenschaften. Diskussion und Forschung in der Tschechoslowakei. Prag 1967.

Kuczynski, J.: Sociologičeskie zakony (Soziologische Gesetze). Voprosy filosofii, 5, 1957.

–: Studien zu einer Geschichte der Gesellschaftswissenschaften. Bd. 10. Berlin (DDR) 1978.

Lenin, V. I.: Ausgewählte Werke in drei Bänden. Bd. I–III. Berlin (DDR) 1970.

Levada, J. A.: Lekcii po sociologii (Vorlesungen über Soziologie). Moskau 1969.

Luppol, I.: Lenin und die Philosophie. Zur Frage des Verhältnisses der Philosophie zur Revolution. Wien, Berlin 1929.

Malewski, A.: Der empirische Gehalt der Theorie des historischen Materialismus. Kölner Zeitschrift für Soziologie und Sozialpsychologie, 11, 1959.

Nowikow, N.: Die Soziologie in Rußland. Ihre institutionelle Entwicklung von den Anfängen bis zur Oktoberrevolution 1917. Wiesbaden 1988.

Nowotny, H.: Zur gesellschaftlichen Irrelevanz der Sozialwissenschaften. In: N. Stehr & R. König (Hg.): Wissenschaftssoziologie. Sonderheft der Kölner Zeitschrift für Soziologie und Sozialpsychologie, 18, 1975.

Reschka, W.: Die Entwicklung der polnischen Soziologie. Kölner Zeitschrift für Soziologie und Sozialpsychologie, 25, 1973.

Ryvkina, R.: Ot graždanskoj smelosti – k naučnoj dokazatel'nosti (Von der Zivilcourage zur wissenschaftlichen Beweisführung). Kommunist, 14, 1988.

Škoda, V. V.: Ideja mnogoobrazija i naučnoe poznanie (Die Idee der Mannigfaltigkeit und die wissenschaftliche Erkenntnis). Sociologičeskie issledovanija, 6, 1987.

Steiner, H.: Zur Soziologie des Neubeginns nach 1945 in der Sowjetischen Besatzungszone Deutschlands. In: Jahrbuch für Soziologie und Sozialpolitik (1988). Berlin (DDR) 1988.

V Central'nom Komitete KPSS (Im Zentralkomitee der KPdSU). Izvestija, 1–2, 12. 6. 1988.

Zaslavskaja, T. I.: Rol' sociologii v uskorenii razvitija sovetskogo obščestva (Die Rolle der Soziologie bei der Beschleunigung der Entwicklung der sowjetischen Gesellschaft). Sociologičeskie issledovanija, 2, 1987.

Weiterführende Literatur

Ahlberg, R.: Entwicklungsprobleme der empirischen Sozialforschung in der UdSSR (1917–1966). Wiesbaden 1968.

–: Die Aufgaben der Soziologie bei der Umgestaltung der sowjetischen Gesellschaft. Osteuropa, 4, 1988.

–: Die Rehabilitierung der Soziologie in der Sowjetunion. Osteuropa, 5, 1989.

Aßmann, G. & R. Stollberg (Hg.): Grundlagen der marxistisch-leninistischen Soziologie. Berlin (DDR) 1979.

Balla, B. (Hg.): Soziologie und Gesellschaft in Ungarn. Bd. I–IV. Stuttgart 1974.

Cox, T. M.: Rural Sociology in the Soviet Union. Its History and Basic Concepts. London 1979.

Filippow, F. & M. Rutkewitsch: Klassen und Schichten in der Sowjetunion. Berlin (DDR) 1979.

Kuczynski, J.: Bemühungen um die Soziologie. Berlin (DDR) 1986.

Rjabuškin, T. V. & G. V. Osipov (Hg.): Sovetskaja sociologija (Sowjetische Soziologie). Tom I–II. Moskau 1982.

Shlapentokh, V.: The Politics of Sociology in the Soviet Union. Boulder, London 1987.

Teckenberg, W.: Organisation und Funktion sowjetischer Soziologie. Beiträge zur Konfliktforschung, 4, 1984.

Voigt, D.: Soziologie in der DDR. Köln 1975.

Weinberg, E. A.: The Development of Sociology in the Soviet Union. London 1974.

Wiatr, J. J. (Hg.): The State of Sociology in Eastern Europe Today. Carbondale, Edwardsville 1971.

5. Ausbildung und Praxisfelder

Siegfried Lamnek

5.1 Gesellschaftliche Interessen und Geschichte der Ausbildung

Ein zentrales Problem der Soziologie ist ihr Gegenstand: Sie ist eine unter vielen Disziplinen, die sich mit dem Objektbereich ‹Gesellschaft› befassen. So sind erhebliche Überschneidungen z. B. mit Psychologie, Sozialpsychologie, Nationalökonomie, Geschichte, Philosophie, Kulturanthropologie zu verzeichnen. Ist diese Überlappung professionspolitisch bedeutsam, so ist noch gewichtiger, daß Soziologie als Wissenschaft von der Gesellschaft in je konkreten Gesellschaften betrieben wird. Deshalb kann Soziologie nicht unabhängig von gesellschaftlichen Strukturen, Bedürfnissen und Entwicklungen gesehen werden, wie sie andererseits durch ihre Erkenntnisse Gesellschaft mitbestimmt. Da ein Soziologe unter bestimmten gesellschaftlichen Einwirkungen arbeitet, mit seiner Arbeit selbst wieder gesellschaftliche Bedingungen beeinflußt und produziert, die wiederum untersucht werden, ergibt sich eine Dauerreflexion durch die soziologische Perspektive. Die Interdependenz von Soziologie und Gesellschaft wird gerade bei historischer Betrachtung der Entwicklung der Disziplin und der universitären Ausbildung offenkundig.

Obgleich der Gegenstand ‹Gesellschaft› von jeher wissenschaftlich thematisiert wurde und in der Philosophie einen besonderen Stellenwert einnahm, wird von der Soziologie als einer jungen Wissenschaft gesprochen, da erst seit dem 19. Jahrhundert Gesellschaft als eigenständiges Forschungsobjekt einer speziellen Wissenschaft, der Soziologie, zugeordnet wird. Die Soziologie hat in Deutschland eine recht schwierige Entwicklung hinter sich. Als akademische Disziplin mit regelmäßiger und systematischer Lehre und einer vollen akademischen Absicherung konnte sie sich erst um die Mitte des 20. Jahrhunderts konsolidieren und letztlich etablieren. Auch wenn die verstärkte Einrichtung von Universitätslehrstühlen noch nichts mit der Entwicklung und der Organisation der Disziplin an sich zu tun haben muß – man betrachte z. B. die Expansion von 1933 bis 1945 (vgl. Rammstedt 1986, 164) –, «so gilt doch, daß die äußere und innere Kontinuität einer Wissenschaft wesentlich davon abhängt, wie sie sich in der Wissenschaftsorganisation, und das heißt für Deutschland vornehmlich: wie sie sich an den *Universitäten* und Hochschulen in Lehre und Forschung zu etablieren vermochte» (Matthes 1981, 41f). Diese Entwicklung ist zugleich die Basis für die Ausbildung der Soziologen, die als akademische erfolgt.

5.1.1 Die Soziologie vor 1945

Auch für die Soziologie gilt die «Gesetzmäßigkeit» einer wissenschaftlichen Entwicklung (vgl. Hardin 1977, 18f u. 49): Sie begann mit den Programmen der Fachtagungen, schlug sich dann in den Publikationen, zunächst in Fachzeitschriften, dann auf dem Buchmarkt, nieder und ging erst danach in das Lehrangebot der Universitäten ein. Der erste Anlauf zu einer akademischen Eigenständigkeit der Soziologie, dessen Zeitpunkt vor den Ersten Weltkrieg datiert wird, war dadurch gekennzeichnet, daß es nicht um die Verselbständigung eines soziologischen Studienganges ging, sondern um die Einführung der Soziologie im Rahmen bereits bestehender Studiengänge (vgl. Matthes 1981, 28).

Vor dem Ersten Weltkrieg gab es keinen Lehrstuhl für Soziologie an einer deutschen Hochschule. Es wurden nur wenige Lehrveranstaltungen mit soziologisch aufbereiteten Themen angeboten. Nur in Berlin gab es ein dichtes, aber keineswegs systematisches Lehrangebot (Gustav Schmoller, Werner Sombart, Georg Simmel, Alfred Vierkandt und Franz Oppenheimer), in Heidelberg lehrten Max und Alfred Weber, in Kiel Ferdinand Tönnies. Diese waren allerdings Ordinarien anderer Fächer: für Nationalökonomie, Jura, Philosophie usw. Soziologische Lehre wurde von ihnen eher nebenher angeboten; auch dominierten in ihren Lehrveranstaltungen mehr die sozialgeschichtlichen und -politischen Aspekte. Es war nicht möglich, Soziologie als Neben- oder Wahlfach in den ersten Studienabschlüssen (z.B. Magister) zu benennen; mancherorts gab es wenigstens die Möglichkeit, Soziologie als zweites oder drittes Fach in der Promotion zu wählen. Doch war Soziologie letztlich nicht einmal als Nebenfach voll akzeptiert, die Verbreitung soziologischen Wissens nur beschränkt möglich. Selbst diese marginale Position war durch den Ausbruch des Ersten Weltkriegs bedroht, und alle Bemühungen um eine selbständige akademische Existenz der Soziologie wurden vereitelt.

Der zweite Anlauf, Soziologie als akademisches Lehrfach einzurichten, begann mit dem Ende des Ersten Weltkriegs. Er ist untrennbar mit Leopold von Wiese verknüpft, der in Köln lehrte, dort das Forschungsinstitut für Sozialwissenschaften mitbegründete und Mitglied des Vorstandes der 1920 wieder zum Leben erweckten Deutschen Gesellschaft für Soziologie war. Als unermüdlicher Diskussionsredner auf nahezu allen einschlägigen Fachtagungen trat er mit Nachdruck für die Errichtung soziologischer Lehrstühle, für die Entwicklung eines einheitlichen thematischen Rahmenprogramms und für Soziologie als Lehrfach an den deutschen Hochschulen ein (vgl. z. B. Lüschen 1979, 4; Alemann 1981, 359).

Diese zweite Phase ist durch einen Mehrfrontenkampf charakterisiert: Die Soziologen hatten bei der Durchsetzung ihrer Disziplin als akademisches Lehrfach und wegen interner Differenzen darüber, was denn Soziologie eigentlich sei und wie sie gelehrt werden müsse, hart zu kämpfen. Auf der Ebene der Hochschulpolitik bestand diese Auseinandersetzung zum einen darin, gegen den wissenschaftlichen und politischen Konservatismus der existentiell gesicherten Disziplinen wie auch gegen eine allzu stark an Parteiinteressen orientierte staatliche Hochschulpolitik anzugehen. Die Soziologen standen vor dem Problem, sich mit einem ausgearbeiteten Studienplan gegenüber den bereits etablierten Wissenschaften zu profilieren; dazu fehlten jedoch konzeptionelle Voraussetzungen und breitere Erfahrungen in der akademischen Lehre.

Intern gab es Meinungsverschiedenheiten im Grundsätzlichen: in der Gegenstandsbestimmung, im theoretischen Ansatz, im methodischen Vorgehen und in den Forschungsinteressen. Es wurde ein Streit darüber geführt, ob Soziologie eine selbständige Einzelwissenschaft (v. Wiese), eine in allen Human- und Geisteswissenschaften jeweils anzuwendende Methode der Betrachtung und Analyse (Ernst Troeltsch) oder eine Art Universalwissenschaft (Franz Oppenheimer) sei (vgl. Matthes 1981, 36). Gegen Ende der 20er Jahre gab es erst eine volle Professur für Soziologie in Frankfurt am Main, während an allen anderen Universitäten keine eigenen Lehrstühle existierten, jedoch relativ regelmäßig soziologische Lehrveranstaltungen angeboten wurden. Diese fanden im Rahmen von Lehraufträgen an nichtsoziologisch definierten Lehrstühlen statt. Trotz der Empfehlung des Preußischen Landtags im Frühjahr 1929 und den von der Deutschen Gesellschaft für Soziologie eingeleiteten Maßnahmen, an allen preußischen Hochschulen Lehrstühle für Soziologie einzurichten, konnten während der Phase der politischen Umwälzung keine Erfolge in der Etablierung der Soziologie als akademisches Lehrfach erzielt werden.

Mit der Machtergreifung des Nationalsozialismus und unter dessen Herrschaft kam es zur völligen Lähmung, ja Eliminierung der nicht linientreuen Soziologie, nicht nur als universitärer Ausbildungsdisziplin, sondern als Wissenschaft schlechthin. Zu der Zeit galt die dem Nationalsozialismus distanziert gegenüberstehende Soziologie als «jüdische», «liberalistische», «marxistische» Wissenschaft (Rammstedt 1986, 9), die der «Zersetzung des Volkskörpers» beschuldigt wurde (vgl. Dahrendorf 1974). Andererseits bauten in einer völligen Gleichschaltung mit dem Nationalsozialismus Karl Heinz Pfeffer, Hans Freyer, Karl Valentin Müller u. a. eine «deutsche Schule der Soziologie» auf dem Hintergrund nationalsozialistischer Gedankenguts auf (vgl. König 1971; Bergmann et al. 1981; Kern 1982, 215). «Soziologie wurde zweifelsohne in Deutschland unter dem Nationalsozialismus betrieben. 1944/45 gab es mehr Lehrstühle für Soziologie als 1932/33; die Zahl der universitären und außeruniversitären soziologischen Institute erhöhte sich rapide; ein Berufsfeld für Soziologen außerhalb der Universitäten zeichnete sich erstmals ab» (Rammstedt 1986, 164). Man betrachte hierzu auch die Vielzahl der in dieser Zeit erschienenen soziologischen Publikationen sowie den Wandel von einer theoretischen über eine praktische zu einer angewandten (und angepaßten) Soziologie. Es gab eine «Popularisierung der soziologischen Sichtweise und ihrer Integration in die nationalsozialistische Weltanschauung, als diese in Herrschaftswissen umgesetzt wurde» (ebd.).

Die nicht angepaßte deutsche Soziologie hatte der Faschismus eigentlich schon Anfang der 30er Jahre gestoppt: Der für 1932 geplante 8. Deutsche Soziologentag, auf dem die Lage der Soziologie als akademisches Lehrfach diskutiert werden sollte, wurde wegen der unsicheren politischen Verhältnisse auf 1933 verschoben, konnte dann aber nicht mehr stattfinden. Ende 1933 tagte noch einmal der Vorstand der Deutschen Gesellschaft für Soziologie, jedoch wurde seine Tätigkeit Anfang 1934 von Freyer eingestellt; das Institut für Sozialforschung in Frankfurt wurde 1933 geschlossen; die Kölner Vierteljahreshefte für Soziologie stellten im Sommer 1934 ihr Erscheinen ein; der Entlassungswelle an den deutschen Universitäten in den Jahren von 1933 bis 1936 fielen fast zwei Drittel aller deutschen Sozialwissenschaftler zum Opfer (vgl. Matthes 1981, 40f u. Lepsius 1979, 26);

viele Soziologen verließen unter dem politischen Druck Deutschland. Andererseits bediente sich das Regime der Soziologen zu sozialtechnologischen und legitimatorischen Zwecken (vgl. Klingemann 1985; Rammstedt 1986; Matthes 1981).

Die zum Teil unterschiedliche Darstellung der Soziologie im Nationalsozialismus (extremtypisch: Eliminierung versus regimefunktionaler Aufschwung) kann nach unserer Einschätzung auf drei Bedingungen zurückgeführt werden: Einmal wird die angepaßte Soziologie im 3. Reich nicht als Soziologie gewertet; zum anderen ist auch in der Soziologie die Vergangenheitsbewältigung nicht zureichend vorgenommen worden, und zum dritten ging man in dem (partiellen) personellen und theoretischen Neuaufbau der Soziologie nach dem Krieg – ähnlich, wie das auch gesamtgesellschaftlich der Fall war – von einer ‹Stunde Null› aus, indem kein historischer Bezug hergestellt wurde.

5.1.2 Die Soziologie nach 1945

Nach dem Krieg ging es zunächst «einmal darum, vom Faschismus Abstand zu bekommen und eine moralische Basis zu gewinnen, von der aus Soziologie tatsächlich als (wie auch immer näher zu bestimmende) *Human*wissenschaft praktiziert werden konnte» (Holzer 1982, 9). Im Nachkriegsdeutschland konnten die Sozialwissenschaften beim Wiederaufbau des akademischen Lebens auf politischen und moralischen Kredit bauen (vgl. Matthes 1981, 42). Die amerikanische Besatzungsmacht förderte vor allem außerakademische sozialwissenschaftliche Forschungen, um die Voraussetzungen für den Aufbau der zweiten deutschen Demokratie zu ergründen und um Grundlagen für eine gezielte Sozial- und Kulturpolitik in ihren Verwaltungsgebieten zu gewinnen. Hier sind zum Beispiel Studien zum Flüchtlings- und Vertriebenenproblem und seiner Lösung im Nachkriegsdeutschland sowie empirische Untersuchungen vornehmlich gemeindesoziologischer Art zu nennen, die aus der Arbeit des UNESCO-Instituts für Sozialwissenschaften in Köln und des Instituts für Sozialwissenschaftliche Forschung in Darmstadt hervorgingen (vgl. ebd., 42).

Der Neuaufbau der Sozialwissenschaften an den Universitäten und Hochschulen wurde unmittelbar nach dem Zweiten Weltkrieg kaum betrieben. Noch 1950 herrschte an den deutschen Universitäten und technischen Hochschulen im Bereich der Sozialwissenschaften ein ähnlich buntes Bild wie in den 20er Jahren. Zu diesem Zeitpunkt gab es 148 soziologische Lehrveranstaltungen und 141 Studenten an den einzelnen Universitäten und Hochschulen.

Erst Mitte der 50er Jahre kam es zur Einrichtung selbständiger Studiengänge und -abschlüsse im Fach Soziologie, zunächst an der Freien Universität Berlin, dann an den Universitäten in Hamburg, Köln und Frankfurt am Main. Der Prozeß der Konsolidierung und Verselbständigung der Soziologie als akademisches Lehrfach war jedoch von heterogenen, ja widersprüchlichen Konstellationen begleitet (vgl. ebd., 45). Nachdem 1957 die Versuche der 1946 wiedergegründeten Deutschen Gesellschaft für Soziologie, einen Studiengang für «Diplomvolkswirte sozialwissenschaftlicher Richtung» innerhalb eines wirtschaftswissenschaftlichen Studiums einzuführen – nach Meinung der Verhandlungspartner endgültig –, gescheitert waren, war eine Entscheidung für einen selbständigen soziologischen Studiengang und -abschluß eigentlich unausweichlich.

Der neu geschaffene Studiengang befand sich aber von Anfang an in einer Krise, da es an qualifiziertem akademischem Personal mangelte und zudem die Einbindung des eigenständigen Studiengangs Soziologie in die bestehenden Fakultäten und deren Studiengänge nicht problemlos erfolgen konnte: Wo sich die Soziologie an die Ökonomie angliederte, wurde die Ausbildung in sozialwissenschaftlichen Forschungsmethoden erheblich belastet; wo sich die Soziologie an die Philosophische Fakultät band, blieb das Studium «frei von *jeder* verpflichtenden Auseinandersetzung mit den Lehrinhalten der neueren Ökonomie» (ebd., 46) usw.

Mit den Inkonsistenzen in den Definitionen der Soziologie, dem schwachen Bestand an akademischem Lehrpersonal und den divergierenden Zuordnungen der Disziplin kam es mit der Verselbständigung der Soziologie zu einer gewissen Schulenbildung: An den einzelnen Universitäten dominierten jeweils unterschiedliche theoretische und forschungspraktische Orientierungen, die die Ausrichtung des Lehrangebots prägten und die sich gegenüber Positionen und Ausrichtungen, die an anderen Universitäten vertreten wurden, weitgehend abkapselten. Trotz dieser sich gegenseitig tendenziell abschottenden Schulen war ihnen eines gemeinsam: Die Lehre im Fach Soziologie war allgemein, vorrangig und implizit auf den weiteren Ausbau der soziologischen Kapazitäten im akademischen oder halbakademischen Bildungssektor und auf eine Forschungstätigkeit in universitären oder außeruniversitären Institutionen ausgerichtet.

Bis zum Beginn der 60er Jahre entwickelte sich die Disziplin von einem Randfach mit überwiegender Forschungsorientierung zu einem Massenfach mit breiten Lehrfunktionen. Zwischen 1963 und 1972 befand sich die Soziologie in der Phase einer umfassenden Generaldebatte und einer rapiden quantitativen Expansion. Diese Entwicklungsperiode «zeigte allerdings recht bald, daß von einer tatsächlichen Konsolidierung der Soziologie nicht die Rede sein konnte; denn mit der beginnenden Einrichtung der Soziologie als akademisches Fach brachen die wissenschaftsimmanenten Widersprüche auf, die trotz des augenfälligen und grundlegenden Bezugs zur amerikanischen Soziologie von Beginn an die Diskussionen kennzeichneten» (Holzer 1982, 11).

Diese Separationstendenzen haben aber nicht verhindert, daß in dieser Phase an nahezu allen Universitäten die Soziologie Fuß fassen konnte: Es wurden Diplomstudiengänge eingerichtet, die Universitätsplanstellen und die Studentenzahlen erhöhten sich erheblich, das Lehrangebot wurde ausgeweitet, die Forschungskapazitäten wurden verbessert und Arbeitsmöglichkeiten außerhalb der Universität zunehmend – wenn auch nicht zureichend – eröffnet. 1968 gab es in der Bundesrepublik Deutschland und Westberlin ca. 55 Lehrstühle und ungefähr zwei- bis dreimal so viele Stellen für wissenschaftliches Personal; 1970 existierten schon 69 Lehrstühle, an denen insgesamt 997 soziologische Lehrveranstaltungen angeboten wurden. 1973 waren an den Universitäten, pädagogischen und sonstigen wissenschaftlichen Hochschulen bereits ca. 190 H(C)4- und H(C)3-Stellen vorhanden (vgl. Vaskovics 1984, 3; vgl. Viehoff 1984, 268) und ungefähr zweimal so viele weitere wissenschaftliche Stellen, nicht gerechnet die Drittmittelstellen für Forschungsprojekte und die Positionen an den neugegründeten Fachhochschulen bzw. Fachbereichen für Sozialwesen.

Im April 1969 empfahl der Vorstand der Deutschen Gesellschaft für Soziologie zur Lösung der intradisziplinären Schwierigkeiten, auf einen weiteren Ausbau eines selbständigen Studiengangs für Diplomsoziologen zu verzichten und die Soziologie in Zukunft nur als ‹klassisches Nebenfach› zuzulassen. Diese Erklärung hatte keine praktischen Konsequenzen. Die Probleme, die trotz des formalen Gelingens der akademischen Verselbständigung der Soziologie existierten, wären durch die Realisierung der DGS-Erklärung vermutlich auch nicht gelöst worden. Trotzdem kamen solche Ideen wie Soziologie (nur) als Nebenfach, Soziologie als Bildungsstudium, Soziologie als ausschließlich universitäres Fach immer wieder einmal in

Entwicklung des akademischen Lehrfachs Soziologie seit dem Ersten Weltkrieg

	Lehrstühle für Soziologie	Anzahl der soziologischen LVen*	Studenten**
vor dem Ersten Weltkrieg	0		
Ende der 20er Jahre	1		
1950	6***	148	
1951/52			141 +
1960	25***	302	
1960/61			828 ++
1965	45***	468	
1965/66			3214 ++
1968	56***		
1968/69			4066 +++
1970	69***	997	
1970/71			6083 ++++
1972			5799 +
1975		2571	
1975/76			15688 +++++
1976/77			8330 +

+	Soziologen
++	Soziologen und Sozialwissenschaftler
+++	Soziologen und Sozialwissenschaftler (ohne Frankfurt)
++++	Soziologen und Sozialwissenschaftler (PHs incl.)
+++++	Politologen und Sozialwissenschaftler (PHs und FHs incl.)
*	Klima 1979, 231
**	Lüschen 1979, 5
***	Lepsius 1979, 65f

die Diskussion, waren aber wegen des ‹Selbsterhaltungstriebs› der Professoren der Soziologie nicht durchsetzbar.

Trotz der heterogenen und inkonsistenten Entwicklung der Disziplin, des diffusen Bildes der akademischen Ausbildung und der antizipierbaren Schwierigkeiten der Soziologen auf dem Arbeitsmarkt setzte zu Beginn der 70er Jahre auf das Fach Soziologie geradezu ein ‹Run› ein: Die Zahl der Studenten nahm rapide zu, dementsprechend die Universitätsplanstellen (1971: 439; 1973/74: 830; vgl. Klima 1979, 223). Nicht zuletzt wegen dieser Ausweitung befand sich die akademische Soziologie zwischen 1972 und 1980 in einer Phase der Differenzierung und Spezialisierung. In der Lehre kam es zu einer tendenziellen Abkopplung einer Neben- und Beifachsoziologie, die

Orientierungs- und Zusatzwissen zu anderen Fächern liefern sollte, von einer Hauptfachsoziologie, die professionelle Ausbildungsziele verfolgte. 1977/78 begann die Zahl der Soziologiestudenten rückläufig zu werden: der Anteil der Hauptfachstudenten pendelte sich auf den Stand von 1965 ein.

«Das Desinteresse der Studierenden an der Soziologie (als ‹Hauptwissenschaft›) war zweifellos darauf zurückzuführen, daß außerhalb der Hochschulen die Brauchbarkeit soziologischer Tätigkeit für zahlreiche gesellschaftliche Sektoren zwar eingeräumt, den Soziologen aber gleichzeitig fachlich und vor allem politisch motivierter Vorbehalt entgegengebracht wurde, der – provoziert durch die zumeist manipulativ stilisierte ‹Rolle› der Soziologen in der Studentenbewegung – jene Brauchbarkeit als eine bedingte erscheinen ließ» (Holzer 1982, 18).

Die heute und in nächster Zukunft in den Arbeitsmarkt zu entlassenden Diplomsoziologen haben unter dieser tatsächlich oder vermeintlich nur beschränkten Einsatzmöglichkeit der Soziologen in außeruniversitären Berufsfeldern zu leiden. Dieses Problem beschäftigt nach wie vor die Disziplin und wird – wie könnte es in der Soziologie anders sein – sehr unterschiedlich bewertet.

5.1.3 Konkurrierende Schulen in der Bundesrepublik

Die Soziologie konnte in der Nachkriegszeit weder politisch noch wissenschaftlich auf einer kontinuierlichen Entwicklung aufbauen. Ihre Situation war durch eher differenzierende denn verbindende Konzeptionen, einen dezimierten Personalbestand und eine bis dahin nicht zureichende Diskussion über die Funktion der Soziologie als Lehrfach gekennzeichnet. Zudem wurde das – teilweise diffuse – Bild der Soziologie durch den ‹Import› der stark empirisch orientierten amerikanischen Soziologie beeinflußt, wodurch in der Soziologie in Deutschland polarisierende Akzente gesetzt wurden: Den klaren Befürwortern dieser Richtung standen die nicht weniger strikten Ablehner gegenüber. Als in der Mitte der 50er Jahre die ersten sozialwissenschaftlichen Diplomstudiengänge (an vier Universitäten) errichtet wurden, geschah dies mehr oder minder ‹ungeplant›, jedenfalls ohne vorausgehende Diskussion zwischen den Fachvertretern; die Studiengänge wurden inhaltlich nicht abgestimmt. Die unterschiedlichen theoretischen und forschungspraktischen Orientierungen an den verschiedenen Universitäten führten zu einer Schulenbildung, vor allem zu einer philosophischen und einer ökonomischen Ausrichtung der

Soziologie, die es in dieser ausgeprägten Distanz zueinander in anderen Ländern nicht gibt.

– In Köln bildete sich um René König, der sich besonders durch die Aufarbeitung und kritische Analyse der soziologischen Klassiker und die Rezeption amerikanischer, englischer und französischer Gegenwartssoziologie verdient gemacht hatte, eine soziologische Richtung.

– Helmut Schelsky, zunächst in Hamburg – später in Münster und Dortmund –, spielte eine nicht unwichtige Rolle in der ‹Schulenbildung›. Hier wurde Soziologie als ‹empirische Wirklichkeitswissenschaft› mit philosophisch-phänomenologischem Hintergrund verstanden.

– In Frankfurt wurde von Theodor W. Adorno und Max Horkheimer das Institut für Sozialforschung, das bereits Ende der 20er Jahre existiert hatte, neu gegründet. Sie vertraten die kritisch-dialektische Theorie, die durch die Auseinandersetzung mit der amerikanisch-pragmatischen Soziologie und der wissenschaftstheoretischen Position des Kritischen Rationalismus gekennzeichnet war.

– In Kiel wurde unter dem Einfluß von Gerhard Mackenroth und später Karl Martin Bolte die Neue Kieler Schule geformt. Diese Richtung widmete sich vor allem soziologisch orientierter Bevölkerungslehre und empirischer Sozialanalyse.

– An der Freien Universität Berlin wurde unter dem Einfluß von Otto Stammer und Hans-Joachim Lieber eine politisch-ideologiekritisch orientierte Soziologie eigener Provenienz entwickelt.

Diese Schulen waren geprägt von den Arbeiten ihrer ‹Väter›, den Interessenschwerpunkten und den wechselseitigen theoretischen, politischen und persönlichen Aversionen oder Affinitäten der Begründer und Träger dieser Schulen. Die Zentren waren intern durch einen starken Zusammenhang gekennzeichnet, der die zwischen ihnen bestehenden Differenzen noch betonte (vgl. Matthes 1981, 58).

Die an den anderen Universitätsorten betriebene Soziologie stand zu dieser Zeit mehr oder weniger im Schatten dieser Schulen. Dadurch wurde eine regelmäßige, offene und kritische Kommunikation unter den Soziologen erheblich beeinträchtigt (vgl. ebd.). Es muß jedoch auch die positive Wirkung der Schulenbildung gesehen werden: Innerhalb der Schulen bestand eine konzentrierte (wenn auch häufig einseitige) Kommunikation, wodurch wissenschaftliches Potential gebildet wurde, das, als mit der Zeit die Grenzen der Schulen durchlässiger wurden, nicht unbeträchtliche Energien freisetzen konnte.

Als eine neue Generation von Nachkriegssoziologen gegen Ende der 50er und am Beginn der 60er Jahre in die akademischen Positionen drängte, wurden die Grenzen der einzelnen Schulen der ersten Nachkriegsphase durchlässiger. Diese Generation läßt sich in zwei Gruppen teilen: «Die *einen* (...) verfielen (...) wiederum jener

Neigung zur unverwechselbaren ‹Ein-Mann-Soziologie›, die diese
Disziplin in den zwanziger Jahren gekennzeichnet und sich in der
Schulenbildung der fünfziger Jahre zu einer eigentümlichen Struktur
der Disziplin insgesamt objektiviert hatte» (ebd., 62). Zu dieser
Gruppe gehörten vor allem Ralf Dahrendorf und Dieter Claessens.
Die *andere* Gruppe begab sich auf verschiedene abgrenzbare For-
schungsfelder, bearbeitete verschiedene spezielle Soziologien oder
widmete sich den didaktischen Problemen der Sozialwissenschaften
in Schule und Hochschule. Fast ausnahmslos wurden keine direkten
und bewußt geführten Auseinandersetzungen mit der Schulenbildung
der 50er Jahre, ihrem wissenschaftsgeschichtlichen Stellenwert und
ihren paradigmatischen Inhalten geführt. Zu dieser Gruppe sind
Hans Paul Bahrdt, Karl Martin Bolte, Ludwig von Friedeburg, Friedrich Fürstenberg und Heinz Kluth zu zählen.

Anfang der 60er Jahre kam die Soziologengeneration zum Zug, die
ihre akademische Ausbildung in einem schon entwickelten Lehrbetrieb der Soziologie erfahren hatte. Gleichzeitig bildete sich in der
Auseinandersetzung zwischen der Frankfurter und der Kölner Schule
«das Grundthema heraus, das bis heute in der BRD die Entwicklung
der Soziologie begleitet. (...) immer ging es um die Frage nach der
‹richtigen› soziologischen Methodik, nach der ‹richtigen› soziologischen Gegenstandsbestimmung und -behandlung» (Holzer 1982, 12).
Dieses Grundthema wurde zum Beispiel von König und Adorno als
Konfrontation zwischen ‹soziologischer Theorie› und ‹Theorie von
Gesellschaft› abgehandelt; von Adorno und Popper im sogenannten
Positivismusstreit gefaßt, der auf einer Arbeitstagung der Deutschen
Gesellschaft für Soziologie in Tübingen begann; von Habermas und
Albert über Jahre hinweg zur Kontroverse zwischen ‹Kritischer Theo-
rie› und ‹Kritischem Rationalismus› gemacht; von Dahrendorf durch
die Debatte um den soziologischen Funktionalismus erweitert; später
allgemein als ‹Theorievergleich› debattiert (vgl. Kreckel 1975, 63 ff).

Auf dem 1974 in Kassel veranstalteten Soziologentag wurde der
Versuch unternommen, die Soziologie theoretisch neu zu diskutieren.
Es wurde die «Arbeitsgruppe Theorienvergleich» gegründet, die
schon von der Formulierung der Arbeitsaufgabe her eher vermittelte
als polarisierte. Zwischen 1975 und 1977 gab es im Rahmen des
«Theorienvergleichs» drei informelle Arbeitstagungen, die von der
Deutsche Gesellschaft für Soziologie ausgerichtet wurden, sowie
eine breitere Diskussion während des Deutschen Soziologentages
1976 in Bielefeld. 1978 wurden die Resultate der dreijährigen Arbeit

in dem Sammelband «Theorienvergleich in den Sozialwissenschaften» veröffentlicht.

Auf dem 20. Deutschen Soziologentag (1980 in Bremen) präsentierte sich «eine gewandelte Soziologie (...): streit- und theoriemüde, von geradezu ‹biedermeierlichen› Forschungsinteressen, dankbar den wenigen verbliebenen Vaterfiguren lauschend, Abbild weniger einer geschlossenen Wissenschaft als beflissenen Wissenschaftelns» (Buschbeck 1980, 36). Der ‹europäische Typ›, Wissenschaft zu betreiben – bevorzugt Theorieentwicklung –, war damit abgelegt, und der amerikanische Pragmatismus hielt auch in die deutsche Soziologie Einzug.

5.1.4 Zur gegenwärtigen Situation des Hauptfachstudiums

Seit etwa 1980 ist die akademische Soziologie in eine Phase der Schrumpfung personeller Kapazitäten mit erheblichen, langfristigen Konsequenzen eingetreten. Durch Reduzierung öffentlicher Mittel für die Sozialwissenschaften und durch Stellenstreichungen wurde und wird die Forschungs- und Lehrkapazität der Soziologie erheblich beeinträchtigt. Die ungünstigen Bedingungen für Lehre, Forschung und Berufsausübung innerhalb der Soziologie befördern Rückzugstendenzen oder lassen solche aufkommen, die allerdings in unterschiedliche Richtungen gehen.

In der Ausbildung in Soziologie an den einzelnen Hochschulen haben sich in Studieninhalten und -bedingungen so starke Divergenzen entwickelt, «daß die Gemeinsamkeiten nur noch durch das gemeinsame Etikett aufrechterhalten werden – oft nicht einmal durch dieses» (Vaskovics 1984, 6). Die Qualität des Studiums hat sich u. a. durch die ungenügende personelle Ausstattung an einigen Universitäten – die zum Teil nicht einmal annähernd jenen Minimalbedingungen entsprechen, die für ein geregeltes Soziologiestudium als unverzichtbar angesehen werden müssen –, die – kapazitätsbezogen – zu hohen Studentenzahlen, die geringen Studien- und Prüfungsanforderungen (vgl. z. B. ebd., 6f, Punkte 6 u. 8) und die mangelnde Praxisberücksichtigung in den letzten Jahren verschlechtert.

In bezug auf das Studium der Soziologie und die Arbeitsmarktchancen ausgebildeter Soziologen bietet sich eine nicht gerade rosige Perspektive, die jedoch auch für andere Disziplinen – wenn auch (noch) nicht in diesem Ausmaß – zutrifft (vgl. in bezug auf das Studium der

Soziologie und die Arbeitsmarktchancen ausgebildeter Soziologen auch Matthes 1983, 19).

Den ca. 700 bis 900 Studenten, die ihr Studium jährlich mit einem Diplom oder Magister in Soziologie abschließen (vgl. Vaskovics 1984, 5; Viehoff 1984, 270, ermittelte für 1978 über 1000 Abschlüsse), steht eine verringerte und sich weiter reduzierende Aufnahmekapazität des Arbeitsmarktes gegenüber. 1980 waren rund 7000 ausgebildete Soziologen in der Bundesrepublik tätig (vgl. Alemann 1979, 58); Vaskovics (1984, 5) nimmt 5000 bis 7000 berufstätige Soziologen an. Es finden zwar viele Soziologen eine Beschäftigung, die aber oft nicht ihrer fachlichen und formalen Qualifikation entspricht. «Die Zahl der Absolventen, die derzeit eine ihrer Ausbildung adäquate Stelle finden können, kann mit höchstens 150–200 jährlich angenommen werden» (ebd., 5).

Zusammenfassend folgert Matthes (1981, 52) zur Lage der bundesrepublikanischen Soziologie:

«– (…) *einerseits* (ist sie) eine sich selbst gegenüber *verspätete Wissenschaft* (…), indem sie zwar *Soziologie der Wissenschaft* im Hinblick auf andere Disziplinen betreibt und gerade daraus ein wesentliches Moment ihrer derzeitigen gesellschaftlichen Geltung bezieht, ohne jedoch bisher in der Lage gewesen zu sein, sich an ihren eigenen Einsichten zu einer im Inneren funktionierenden Wissenschaft zu entwickeln,

– (…) *andererseits* (ist sie) eine ihren eigenen Möglichkeiten gegenüber *verfrühte Wissenschaft* (…), indem sie sich zwar als akademisches Lehrfach zu etablieren, den damit verbundenen Anspruch auf Praxisbezug, und zwar in bezug auf eine *außerakademische* Praxis, nicht einzulösen vermochte, obgleich sie ständig über gesellschaftliches Handeln lehrt und forscht.»

5.1.5 Studium und Beruf – neuere Entwicklungen

Über Jahre hinweg war die Arbeits-/Berufslosigkeit der Soziologen wegen der geringen Zahl der Ausgebildeten, der Expansion des Fachs und der Selbstrekrutierungspolitik der Universitäten weder ein qualitatives noch ein quantitatives Problem. Zu einer Zeit jedoch, in der mehr Soziologen ‹produziert› werden und der Prozeß der universitären Selbstrekrutierung abgeschlossen – mindestens erheblich limitiert – scheint (vgl. Schelo 1984, 9ff), sind die Soziologen gezwungen, sich im außeruniversitären Bereich gesellschaftlich als nützlich zu erweisen.

Die Einführung der Diplomstudiengänge – die Natur- und Ingenieurwissenschaften standen dabei Pate, gleichgültig mit welchem akademischen Titel zum Abschluß versehen –, die in den 60er Jahren auch mit dem Ziel erfolgte, dem in anderen Fächern und in der allgemeinen Öffentlichkeit relativ unbekannten Titel des Magisters etwas Profil und Identität, Eigenständiges und Besseres gegenüberzustellen, konnte nur kurzfristig halten, was man sich versprochen hatte. Die Identität war insoweit eine begrenzte, als eigentlich nur die akademischen Grade (partiell) vereinheitlicht wurden, keineswegs aber die Inhalte oder die Standards der Ausbildung. Während die naturwissenschaftlichen Diplome den potentiellen Arbeitgebern indizierten, daß ein Stellenbewerber mehr oder weniger unmittelbar beruflich einsetzbar war, konnte das für die Diplomsoziologen nicht gelten: Einmal hatte man noch keine konkreten Erfahrungen gesammelt und konnte deshalb das Einsatzpotential der Soziologie nicht kennen. Andere hatten möglicherweise schlechte Erfahrungen gemacht, weil die Soziologen erst nach erheblicher (und kostenträchtiger) Einarbeitungszeit ‹verwertbar› waren (Trainee-Programme) und die Ausbildung eben akademisch-wissenschaftlich und nicht berufspraktisch erfolgte.

Dies mag mit ein Grund dafür gewesen sein, daß die Wissenschaftsbürokratie forderte und den Prüfungsordnungen oktroyierte, der akademische Abschluß des Diplom-Soziologen habe ein berufsqualifizierender zu sein. Dies blieb – mit wenigen Ausnahmen – aber Etikett und Wunschdenken. Kaum eine Universität modifizierte die Ausbildung im Sinne einer Realisierung dieser Absicht. Von der Ausbildungsreform blieb nur die Ausbildung übrig – die Reform gab es eigentlich nicht. Vielfältige Gründe waren dafür ausschlaggebend: Die wenigsten Lehrenden hatten die außeruniversitäre Berufspraxis je zu Gesicht bekommen. Viele wandten sich gegen die Bestrebungen einer stärkeren Berufsqualifizierung, weil sie dadurch die Autonomie der Hochschulen gefährdet sahen. Andere hielten am praktizierten Wissenschaftsideal fest, manche betrachteten Soziologie als reines Bildungsstudium, wiederum andere lehnten eine Verantwortung des Ausbildungsbereichs für den Beschäftigungsbereich ab usw.

Es wurde eine überregionale Studienreformkommission von der Kultusministerkonferenz der Länder und der Westdeutschen Rektorenkonferenz eingerichtet, die sich mit der Frage der Berufsqualifizierung erneut auseinandersetzte.

«Die Studienreformkommission sah (...) den Hauptakzent ihrer Arbeit darin, einen Beitrag zur Identität des soziologischen Studiengangs in der Bundesrepublik Deutschland zu leisten. Nur aus einer solchen Identität resultiert nach Auffassung der Kommission ein auch für Außenstehende erkennbares ‹Leistungsprofil›, das zur Professionalisierung des Fachs führen sollte und es den Absolventen erleichtern dürfte, einen geeigneten Arbeitsplatz zu finden. Gleichwertigkeit der Abschlüsse soziologischer Studiengänge soll für künftige Abnehmer auf dem Arbeitsmarkt ein deutliches Bild der professionalen Kompetenz von Soziologen garantieren» (Vaskovics 1986, 8).

Literatur

Alemann, H. v.: Zur Struktur sozialwissenschaftlicher Forschungsinstitute in der Bundesrepublik. In: G. Lüschen (Hg.): Deutsche Soziologie seit 1945. Opladen 1979.

–: Leopold von Wiese und das Forschungsinstitut für Sozialwissenschaften in Köln 1919 bis 1934. In: W. Lepenies (Hg.): Geschichte der Soziologie. Studien zur kognitiven, sozialen und historischen Identität einer Disziplin. Frankfurt/M. 1981.

Bergmann, W. et al.: Soziologie im Faschismus 1933–1945. Darstellung und Texte. Köln 1981.

Buschbeck, M.: Zwischen Babylon und Biedermeier. Bericht vom 20. Deutschen Soziologentag in Bremen. Süddeutsche Zeitung vom 24.9.1980.

Dahrendorf, R.: Pfade aus Utopia. München 1974.

Hardin, B.: The Professionalization of Sociology. A Comparative Study: Germany – USA. Frankfurt/M., New York 1977.

Holzer, H.: Soziologie in der BRD. Theorienchaos und Ideologieproduktion, Berlin 1982.

Kern, H.: Empirische Sozialforschung. Ursprünge, Ansätze, Entwicklungslinien. München 1982.

Klima, R.: Die Entwicklung der soziologischen Lehre an den westdeutschen Universitäten 1950–1975. Eine Analyse der Vorlesungsverzeichnisse. In: G. Lüschen (Hg.): Deutsche Soziologie seit 1945. Opladen 1979.

Klingemann, C.: Soziologie im NS-Staat. Vom Unbehagen an der Soziologiegeschichtsschreibung. Soziale Welt, 3, 1985.

König, R.: Studien zur Soziologie. Thema mit Variationen. Frankfurt/M. 1971.

Kreckel, R.: Soziologisches Denken. Eine kritische Einführung. Opladen 1975.

Lepsius, M. R.: Die Entwicklung der Soziologie nach dem Zweiten Weltkrieg 1945 bis 1967. In: G. Lüschen (Hg.): Deutsche Soziologie seit 1945. Opladen 1979.

Lüschen, G.: Anmerkungen zur Entwicklung und zum Praxisbezug der deutschen Soziologie. In: G. Lüschen (Hg.): Deutsche Soziologie seit 1945. Opladen 1979.

Matthes, J.: Einführung in das Studium der Soziologie. Opladen 1981.

– (Hg.): Krise der Arbeitsgesellschaft. Verhandlungen des 21. Deutschen Soziologentages in Bamberg 1982. Frankfurt/M., New York 1983.

Rammstedt, O.: Deutsche Soziologie 1933–1945. Die Normalität einer Anpassung. Frankfurt/M. 1986.

Schelo, P.: Geschlossene Gesellschaft? Hochschulabsolventen und Öffentlicher Dienst. UNI Berufswahl Magazin, 8, 1984.

Vaskovics, L. A.: Zur Entwicklung und Lage des Hauptfachstudiums der Soziologie in der Bundesrepublik Deutschland. Papier erstellt für die Geschäftsstelle für die Studienreformkommissionen im Sekretariat der Kultusministerkonferenz. Bonn, Bamberg 14.3.1984.

–: Reform der soziologischen Studiengänge. Soziologie. Mitteilungsblatt der Deutschen Gesellschaft für Soziologie, 1, 1986.

Viehoff, L.: Zur Entwicklung der Soziologie an den Hochschulen der Bundesrepublik Deutschland von 1960–1981. Zeitschrift für Soziologie, 3, 1984.

5.2 Gegenwärtige Institutionen, Studiengänge und Praxisfelder

5.2.1 Institutionen

41 bundesdeutsche Hochschulen bieten ein Soziologiestudium im Hauptfach an. Soziologie kann für das Lehramt und als Magister- oder Diplomstudiengang studiert werden. An 27 Hochschulen kann ein Diplomabschluß (Bremen bietet sogar zwei Diplomabschlüsse an), an 28 ein Magisterabschluß erworben werden; 14 Hochschulen bieten sowohl den Diplom- als auch den Magisterstudiengang an.

Der akademische Grad nach erfolgreich absolviertem Magisterstudium ist einheitlich der Magister Artium (M. A.); die Bezeichnungen der sozialwissenschaftlichen Diplomstudienabschlüsse gehen auseinander: Neben dem Diplom-Soziologen gibt es den Diplom-Sozialwissenschaftler, den Diplom-Sozialwirt, den Diplom-Sozialökonomen, den Diplom-Volkswirt sozialwissenschaftlicher Richtung und den Diplom-Ökonomen (vgl. Link 1985, 60ff). Diese Diplomabschlüsse beziehen sich zum Teil auf gleiche bzw. ähnliche Studieninhalte, so daß die Differenzierung im verliehenen Diplom-Grad einer Identität der sozialwissenschaftlichen Studiengänge und Abschlüsse keineswegs förderlich ist. Zudem konnte sich «keiner der sozialwissenschaftlichen Studienabschlüsse (...) auf dem Arbeitsmarkt eindeutig durchsetzen» (Studienreformkommission 1985, 33), wenngleich etwa die Hälfte der Universitäten den Titel Diplom-Soziologe verleiht.

5.2.2 Studiengänge

Der *Diplomstudiengang* orientiert sich etwas stärker an den bereits vorhandenen bzw. noch zu erschließenden Tätigkeitsfeldern und ist in seinen Anforderungen relativ standardisiert. Neben der Grundausbildung und der Spezialisierung auf bestimmte Gebiete wird das Soziolo-

Studienabschlüsse an deutschen Hochschulen

Hochschule	Akadem. Diplom	Abschluß Magister	Verliehene Titel
TH Aachen	−	+	Magister Artium
Uni Augsburg	+	+	Diplom-Ökonom, Magister Artium
Uni Bamberg	+	−	Diplom-Soziologe
Uni Berlin	+	−	Diplom-Soziologe
TU Berlin	−	+	Magister Artium
Uni Bielefeld	+	−	Diplom-Soziologe
Ruhr-Uni Bochum	+	+	Diplom-Sozialwissensch., Magister Artium
Uni Bonn	−	+	Magister Artium
Uni Bremen	+	−	Diplom-Soziologe, Diplom-Sozialwissensch.
TH Darmstadt	+	+	Diplom-Soziologe, Magister Artium
Uni Dortmund	+	−	Diplom-Sozialökonom
Uni Düsseldorf	−	+	Magister Artium
Uni-GH Duisburg	+	−	Diplom-Sozialwissensch.
Katholische Uni Eichstätt	−	+	Magister Artium
Uni Erlangen-Nürnberg	+	+	Diplom-Sozialwirt, Magister Artium
Uni Frankfurt	+	−	Diplom-Soziologe
Uni Freiburg	−	+	Magister Artium
Uni Gießen	+	+	Diplom-Sozialwissensch., Magister Artium
Uni Göttingen	+	+	Diplom-Sozialwirt, Magister Artium
Uni Hamburg	+	+	Diplom-Soziologe, Magister Artium
Uni Hannover	+	+	Diplom-Sozialwissensch., Magister Artium
Uni Heidelberg	−	+	Magister Artium
Uni Kiel	+	+	Diplom-Sozialökonom, Magister Artium
Uni Köln	+	−	Diplom-Volkswirt sozialwissenschaftlicher Richtung
Uni Konstanz	−	+	Magister Artium
Hochschule Lüneburg	+	−	Diplom-Sozialökonom

Hochschule	Akadem. Diplom	Abschluß Magister	Verliehene Titel
Uni Mannheim	+	+	Diplom-Soziologe, Magister Artium
Uni Marburg	+	+	Diplom-Soziologe, Magister Artium
Uni München	+	−	Diplom-Soziologe
Uni Münster	−	+	Magister Artium
Uni Oldenburg	+	−	Diplom-Sozialwissensch.
Uni Osnabrück	+	+	Diplom-Sozialwirt, Magister Artium
Uni Passau	−	+	Magister Artium
Uni Regensburg	+	+	Diplom-Soziologe, Magister Artium
Uni des Saarlandes	+	+	Magister Artium
GH Siegen	−	+	Magister Artium
Uni Trier	+	+	Diplom-Soziologe, Magister Artium
Uni Tübingen	−	+	Magister Artium
Uni Würzburg	−	+	Magister Artium
Uni-GH Wuppertal	+	−	Diplom-Sozialwissensch.

(nach Link 1985, 60–62)

giestudium durch Wahl- und Wahlpflichtfächer ergänzt. Gewichtig ist die Ausbildung in Methoden incl. Statistik und EDV.

Das _Grundstudium_, das vier Semester umfaßt, enthält zunächst orientierende Lehrveranstaltungen, Einführungen in wissenschaftliches Arbeiten und in die Soziologie. Im weiteren Verlauf werden die fachlichen Grundlagen relativ breit fundiert, ohne weitergehende Spezialisierungen vorzunehmen. In der Regel erfolgt zwischen dem 3. und 5. Fachsemester die Diplom-Vorprüfung, die an den einzelnen Instituten (noch) sehr unterschiedlich geregelt ist: Sie reicht von einem Beratungsgespräch bis hin zu vier Prüfungen, die schriftlich und/oder mündlich erfolgen. Mit dem Vordiplom-Zeugnis erwirbt man das Recht, das Hauptstudium zu beginnen, und kann problemlos die Universität wechseln, weil durch Äquivalenzvereinbarungen das Zeugnis überall in der Bundesrepublik anerkannt wird.

Das ebenfalls vier Semester dauernde _Hauptstudium_ dient in erster Linie zur Vertiefung der soziologischen Grundlagen. Es erfolgt in der Regel eine gewisse Spezialisierung, die der Student aus dem universitären Angebot wählen kann. Das Hauptstudium ist zumeist weniger stark curricular durchstrukturiert und weniger reglementiert, weshalb es dem Studierenden mehr eigene Gestaltungsmöglichkeiten eröffnet und größere Eigenverantwortung abverlangt. Das Studium wird mit der Diplomprüfung abgeschlossen, in der die Diplomarbeit oft ein starkes Gewicht gegenüber den anderen Prüfungsteilen besitzt. Letztere können aus bis zu fünf Prüfungsfächern bestehen, die schriftlich und/oder mündlich geprüft werden. Mit dem Diplomzeugnis wird ein ‹berufsqualifizierender› Abschluß bescheinigt (was aber zumeist an der Realität vorbeigeht).

Flexibler stellt sich der *Magisterstudiengang* mit seinen vielfältigen Kombinationsmöglichkeiten dar. Er setzt sich in der Regel aus dem Hauptfach Soziologie und zwei Nebenfächern zusammen, während im Diplomstudiengang zwar auch zwei Nebenfächer existieren, dafür aber zusätzlich zur Allgemeinen Soziologie zwei spezielle Soziologien studiert und geprüft werden. Die Einteilung des Magisterstudiums ist analog zum Diplom (acht Semester Regelstudienzeit), wobei aber eine geringere Strukturierung, Standardisierung und Reglementierung festzustellen ist. Während des Studienverlaufs werden von den Studenten Leistungsnachweise in Form von größeren schriftlichen Ausarbeitungen, mündlichen Vorträgen und Klausuren erbracht. Eine Magisterzwischenprüfung als Äquivalent zur Diplom-Vorprüfung hat sich inzwischen an praktisch allen Universitäten durchgesetzt.

Neben Diplom- und Magisterstudiengang in Soziologie existieren sog. integrierte Studiengänge «Sozialwissenschaften». Das Studium besteht im Grundstudium u. a. aus einer fachspezifischen Einführung in die Fächer des sozialwissenschaftlichen Kernbereichs und einer solchen in die ergänzenden Fächer sowie im Hauptstudium u. a. aus der Schwerpunktbildung in den Fachdisziplinen oder in einer fächerübergreifenden Orientierung an Problemfeldern. Im Rahmen des Hauptstudiums sollen Praxisbezüge hergestellt werden. Das sozialwissenschaftliche Studium soll die sozialwissenschaftlichen Fächer untereinander und diese mit den Fächern des Ergänzungsbereichs integrieren und die gemeinsame Basis aller Sozialwissenschaften (gerade auch durch gemeinsames Grundstudium von Soziologen, Psychologen, Pädagogen etc.) herausstellen. Die Fächer werden nicht isoliert, sondern integriert studiert.

Obwohl dies sicherlich eine unzulässige Generalisierung und Verkürzung darstellt, kann man den Diplomstudiengang als eher empirisch, ökonomisch und spezifischer berufsqualifizierend bezeichnen, während der Magisterstudiengang stärker theoretisch, philosophisch und weniger arbeitsmarktorientiert sein dürfte. Der integrierte Studiengang ist immer ein Diplomstudium. Das Angebot an möglichen Nebenfächern ist in allen Studiengängen umfangreich und inter- und intrahochschulspezifisch unterschiedlich.

Die Prüfungsordnungen beeinflussen neben den Faktoren Interesse und Berufsvorstellungen nicht unwesentlich die Semesterplanung der Studenten (vgl. Lamnek & Urlinger 1985, 13). Allerdings ist das Anforderungsprofil bezüglich der Prüfungen nicht einheitlich. «In bezug auf die regionale Mobilität der Studierenden würde eine bundeseinheitliche Übereinkunft in Fragen der Vorprüfungsbestimmungen und der Studieninhalte des Grundstudiums eine nicht zu unterschätzende Erleichterung bedeuten» (Link 1985, 76). Werden schriftliche Prüfungen in den Diplomstudiengängen überwiegend in fünf Fächern verlangt, müssen sie im Magisterstudiengang meist nur in ein bis drei Fächern absolviert werden. Einheitlich und unabhängig von der Art des Abschlusses werden dagegen mündliche Prüfungen abgehalten. Diese Prüfungsgespräche beziehen sich auf die Diplom- bzw. Magisterarbeit und decken Haupt- und Nebenfächer ab. Bei den Prüfungsinhalten «zeigt sich selbst bei Berücksichtigung der ortsunterschiedlichen Nomenklatur der Prüfungsfächer, daß ein Kernbestand prüfungsrelevanter Fächer in der Soziologie nicht existiert. Das gilt selbst für klassische Fächer der soziologischen Theorie und Methodenlehre» (ebd., 80).

5.2.3 Berufsfelder für Soziologen

Gesicherte Berufsfelder für Soziologen außerhalb des Hochschulbereichs existieren bis heute nicht. Es ist fraglich, ob sich dies in naher Zukunft ändern wird. Die Studienreformkommission stellt als «zentrales Ergebnis» ihrer Diskussionen dazu fest: «Die Berufsfelder der Soziologen (sind) so vielfältig (...) und (werden es auch) in der Zukunft (...) sein (...), daß es kein umfassendes in sich geschlossenes Berufsfeld des Soziologen geben kann» (Studienreformkommission 1985, 36).

Auf der Seite der potentiellen Arbeitgeber ergeben sich Berufsfelder als Folge von Engpässen bei der Rekrutierung von qualifiziertem Personal oder von neu entstandenen Problemen bzw. Entwicklungen. Soziologen werden oft als eine Art ‹Ersatz› oder ‹Experiment› eingestellt. Der potentielle Arbeitnehmer erobert oft neue Berufsfelder, indem er zum Teil Stellenangebote annimmt, die unter seiner eigentlichen Qualifikation liegen, und/oder ungünstige Arbeitsbedingungen akzeptiert. Positiv wirken sich Höherqualifizierung sowie praktische Erfahrungen durch gezielten Stellenwechsel aus (vgl. Rentrop 1985, 94ff). Die Soziologen können ihre Berufschancen zum einen bereits während des Studiums durch die Wahl von Nebenfächern und durch den Erwerb von Zusatzqualifikationen erhöhen (Sprachen- und EDV-Ausbildung, weiteres Hochschulstudium usw.). Hierbei besteht allerdings die Gefahr, daß die Soziologen dann nicht wegen ihrer soziologischen Kenntnisse und Fähigkeiten eingestellt, sondern eher fachfremd beschäftigt werden. «Für die Ausbildung der Soziologen (stellt sich) folgendes Dilemma: Berücksichtigt man die Arbeitsmarktchancen, geht das ‹Soziologische› tendenziell verloren» (Lamnek 1984a, 116). Gleichwohl können alle vorliegenden empirischen Untersuchungen ‹typische› Tätigkeitsfelder für Soziologen nachweisen. (Die nachfolgenden Prozentzahlen beziehen sich immer auf die jeweils examinierten Soziologen.)

Hochschulen: Die Etablierung der Soziologie als eigenständiges Fach an den Hochschulen in den 50er und 60er Jahren führte in den frühen 70er Jahren für über 30 Prozent der Soziologen zu einer beruflichen Position. Dabei handelte es sich vorwiegend um ‹Rotationsstellen› mit begrenzter Dauer, so daß vor allem Soziologen kurz nach Graduierung eine erste Anstellung fanden. Der Anteil derer, die im Hochschulbereich tätig sind, ist inzwischen deutlich gesunken. Es kann davon ausgegangen werden, daß der Selbstrekrutierungsprozeß an bundesdeutschen Hochschulen weitgehend abgeschlossen, der Ersatzbedarf gering ist. Die Tätigkeitsinhalte im universitären Bereich sind neben Lehre und Beratung/Planung/Organisation in erster Linie die Forschung.

Außeruniversitäre Forschungsinstitute: Dieser Bereich deckt die ‹nicht-kommerzielle› und die ‹Markt- und Meinungsforschung› ab. Sind privatwirtschaftlich-kommerzielle Einrichtungen im Gegensatz zu öffentlich-rechtlichen Institutionen als künftiger Arbeitsbereich nicht sehr beliebt, spielen sie doch in einigen Regionen, z. B. im Großraum München, als Arbeitgeber durchaus eine Rolle (vgl. Lamnek 1984a, 118). Die Aufnahmekapazität in der außeruniversitären Forschung liegt bei etwa 10 Prozent. Forschung, Organisation und Planung/Beratung/Akquisition stellen Schwerpunkte der Arbeit dar.

Öffentliche Verwaltung und Behörden: Bis etwa 1960 gab es in der

öffentlichen Verwaltung noch keinen Arbeitsbereich für Sozialwissenschaftler. Doch von da an nahm die Beschäftigung in diesem Bereich
stetig zu. Seit Beginn der 70er Jahre rekrutiert die öffentliche Verwaltung verstärkt Soziologen. 80 Prozent der Soziologen – verglichen mit
48 Prozent der Wirtschaftswissenschaftler – traten erst nach 1969 in die
staatliche Verwaltung ein. Gut 40 Prozent fingen ihre Verwaltungslauf-
bahn direkt nach dem Hochschulabschluß an, und über 80 Prozent star-
teten hier ihre Karriere als Angestellte. Soziologen werden vor allem
in den Fachressorts beschäftigt und übernehmen sozialtechnische
Funktionen. Die Planung, speziell die Stadt-, Regional- und Landesplanung, macht mit über 40 Prozent die Haupttätigkeit der Soziologen im öffentlichen Dienst aus. Dieses Berufsfeld wurde Anfang der
70er Jahre neu erschlossen und betrifft vorwiegend die Stadtentwicklung und -forschung sowie Statistik. Die meisten Soziologen arbeiten
in den öffentlichen Verwaltungen und Planungsbüros. Weitere Bereiche sind das Sozial- und Gesundheitswesen, der Umweltschutz und
die statistischen Ämter. Seit Mitte der 70er Jahre stellt die Sozialarbeit im Rahmen der allgemeinen Aufwertung der ‹helfenden Berufe›
eines der Schwerpunktgebiete im Soziologiestudium dar. Lag die Beschäftigung im Sozialbereich 1968 noch um drei Prozent, stieg sie zwischen 1974 und 1978 auf über 30 Prozent. Mit 18 Prozent konnten sich
die Soziologen auch im Sektor Psychiatrie und Gesundheitswesen etablieren. Die Expansion im Sozialbereich kam vor allem durch die
Hinnahme ungünstigerer Beschäftigungsbedingungen (nur ca. 25
Prozent sind Stellen auf akademischem Positionsniveau) durch die
Soziologieabsolventen zustande (vgl. Rentrop 1985, 103ff). Neben
der Planung sind Organisation und Verwaltung/Beratung/Bildung
weitere Haupttätigkeitsfelder im Bereich öffentlicher Verwaltung
und Behörden. Ein festes sozialwissenschaftliches Berufsfeld existiert
jedoch nicht; Juristen und Wirtschaftswissenschaftler werden in der
Regel bei der Einstellung bevorzugt. Die beschäftigten Soziologen
treffen in diesem Sektor meist auf Schwierigkeiten, ihr Wissen und
ihre Fähigkeiten zu vermitteln (vgl. Lamnek 1984a, 121f).

Interessenverbände: Soziologen finden in diesem Bereich ein hete-
rogenes, aber nicht zu vernachlässigendes Berufsfeld. Ca. zehn Prozent sind bei Gewerkschaften, Parteien, Verbänden, Kammern, Kirchen u. a. beschäftigt. Die Tätigkeitsinhalte liegen bei Organisation/
Planung/Beratung, Verwaltung und Bildung/Sozialarbeit. Allerdings
werden auch hier Soziologen weitgehend fachfremd eingesetzt.

Massenmedien: Viele Absolventen haben Berufsvorstellungen, die sich auf diesen Bereich richten; aber nur vereinzelt finden Soziologen bei Presse, Rundfunk und Fernsehen eine Beschäftigung. Soziologische Kenntnisse und Fähigkeiten spielen eher als Hintergrundwissen eine Rolle. Die Tätigkeitsinhalte sind neben Journalismus Organisation/Planung und Bildung. «Nicht zuletzt wegen des Ausbaus der Publizistik zu einem eigenständigen Studiengang und dem geringen Grad der Akademisierung im Medienbereich wird man auch schwerlich davon ausgehen können, daß sich hier ein eigenständiges soziologisches Berufsfeld entwickeln läßt» (Rentrop 1985, 112).

Industrie und Wirtschaft: In der Industrie bzw. Privatwirtschaft sind relativ wenige Soziologen beschäftigt. (Dies liegt oft auch daran, daß dieser Sektor bei Soziologen nicht gerade beliebt ist.) Ihr Anteil schwankt regional unterschiedlich zwischen fünf und 30 Prozent. Soziologen besetzen hier vor allem Stellen in Organisations-, Planungs-, Personal-, Fortbildungs- und Marketingabteilungen mit analogen Tätigkeitsinhalten. Eine enge sozialwissenschaftliche Berufsrolle ist jedoch nicht erkennbar. Wichtig sind in diesem Berufsfeld Kenntnisse in Ökonomie, Psychologie und Recht.

Bildung, Ausbildung und Erziehung: Nur wenige Soziologen sind an öffentlichen und privaten Bildungseinrichtungen beschäftigt. Wenn, dann «ist außerdem zu fragen, inwieweit es sich dabei um ausgebildete Lehrkräfte handelt, die zusätzlich ein Studium der Soziologie abgeschlossen haben, oder um soziologische Tätigkeiten im Bereich der Schule» (ebd., 103). Aber in der Erwachsenenbildung, der betrieblichen Fort- und Weiterbildung finden Soziologen Betätigung.

Entwicklungspolitik/Internationale Organisationen: Dieses Berufsfeld stellt für Soziologen noch Neuland dar; allerdings zeichnen sich hier, retrospektiv betrachtet, zunehmende Berufschancen (gerade auch bei Sprachkenntnissen) ab. In den letzten Jahren sind doch einige Soziologen als Entwicklungshelfer ins Ausland gegangen.

Als Fazit zu den beruflichen Möglichkeiten der Soziologen läßt sich festhalten, daß eine relativ große Variationsbreite an Berufsfeldern existiert, für die Soziologen qualifiziert erscheinen können. Eine spezifische Ausbildung für einzelne Berufsbereiche gibt es kaum, wie auch keine Garantie auf einen Arbeitsplatz durch das Studium erworben wird.

5.2.4 Die heutige Situation auf dem Arbeitsmarkt

Obwohl das Studienfach Soziologie in den letzten Jahren stark ausgebaut wurde und auch die Beschäftigungszahl dieser Studienabsolventen enorm anstieg, stehen heute die Chancen für Soziologen schlechter denn je, und es ist davon auszugehen, daß dieser ungünstige Trend anhält. Verantwortlich für diese Situation sind folgende Punkte:

– Die allgemeine Arbeitslage hat sich inzwischen auch für Akademiker verschlechtert.

– Die Zahl von Soziologie-Absolventen steigt weiter an: Für 1981 wurde die Zahl der Soziologen auf dem Arbeitsmarkt auf 13000 geschätzt (vgl. Lamnek 1984a, 107). Viehoff (1985, 5) vermutete Ende 1984 bereits 16700 Soziologen und ging für die folgenden drei Jahre von einem Zuwachs von weiteren 5400 Absolventen aus: «Das bedeutet, daß sich aufgrund des Anstiegs der Studienanfängerjahrgänge 1979 bis 1981 der Bestand der Absolventen in diesem kurzen Zeitraum um ein Drittel erhöht.»

– Die im Vergleich zu anderen akademischen Berufen niedrige Altersstruktur der beschäftigten Soziologen schließt eine Substitution durch Jüngere mehr oder weniger aus.

– In staatlichen und halbstaatlichen Bereichen hält die restriktive Personalpolitik weiter an – die Absorption von Absolventen wird dadurch weitgehend unterbunden. Dazu kommt, daß die Aufnahmekapazität von Soziologen im Hochschulbereich weitgehend erschöpft ist.

– Potentielle Arbeitgeber verfügen meist nur über unzureichende Vorstellungen über die Einsatzmöglichkeiten von Soziologen.

– Die allgemein schlechten Arbeitsmarktbedingungen für Akademiker verstärken die horizontale Verdrängung zwischen ähnlich gelagerten Studienabschlüssen.

– Das negative Image der Soziologie und der Soziologen benachteiligt diese Studienabgänger auf dem konkurrierenden Arbeitsmarkt.

– Es ist anzuzweifeln, ob der Praxisbezug bzw. die Berufsfeldorientierung der Soziologen-Ausbildung ausreichend ist (vgl. Lamnek 1984a, 108, u. 1984, 23f).

Kennzeichnend für die gegenwärtige Arbeitsmarktsituation der Soziologen ist eine hohe Arbeitslosigkeit. Die Bundesanstalt für Arbeit zeigte die Entwicklung der registrierten arbeitslosen Soziologen (die meisten arbeitslosen Soziologen sind aber nicht gemeldet) im Zeitraum von 1976 bis 1983 an folgenden Zahlen auf. 1976: 554; 1978: 656; 1980: 969; 1982: 1730; 1983: 2174 (nach Viehoff 1985, 56). Weiter gibt die Bundesanstalt eine Zahl von 3492 stellensuchenden Soziologen an. «Dies läßt vermuten, daß neben den registrierten Arbeitslosen eine erhebliche Zahl nicht adäquat, nur übergangsweise oder aus anderen Gründen nicht zufriedenstellend beschäftigt ist» (ebd.). Unter die Phänomene des ‹Grauen Arbeitsmarkts› fallen die unterschiedlichsten Formen qualitativer und quantitativer Unterbeschäftigung. Eine vertikale berufliche Mobilität ‹nach unten› ist wegen der ungünstigen Arbeitsmarktsituation oft zu beobachten. 1983 wurde etwa für die Münchner Soziologen ein Arbeitslosenanteil von 30 Prozent ermittelt. 45 Prozent der beschäftigten Soziologen haben eine unbefristete, knapp 21 Prozent eine befristete Vollzeitbeschäftigung. Etwas über 32 Prozent sind dagegen nur teilzeitbeschäftigt. Resultat: Nicht einmal 30 Prozent haben ein ‹normales› Arbeitsverhältnis. Außerdem waren mehr als 40 Prozent noch nie als Soziologen tätig (vgl. Lamnek 1984a, 108).

5.2.5 Selbsterzeugung von Praxisfeldern

Auf Dauer werden nur aktive Professionalisierungsstrategien in breiten Berufsbereichen zum Erfolg führen. Die hohe Arbeitslosigkeit bzw. Unterbeschäftigung sowie die Notwendigkeit der Professionalisierung fordern Interessenvertretungen der Soziologen, um etwas an dieser Situation zu ändern. Der Berufsverband Deutscher Soziologen (BDS) und Einzelinitiativen organisieren verstärkt Informationsveranstaltungen, um Verbesserungen zu bewirken. Eine solche Initiative von Arbeitslosen ist die Selbsthilfegruppe des Sozialwissenschaftlichen Forums – Arbeitsgemeinschaft erwerbsloser Sozialwissenschaftler e. V. (SOFO). Deren langfristiges Ziel ist es, Beschäftigungsfelder außerhalb des Hochschulbereichs zu erschließen und zu etablieren, aber auch den Bedarf an sozialwissenschaftlicher Arbeit in der Öffentlichkeit zu wecken. Kurzfristig werden über Forschungsvorhaben finanzielle Mittel und Beschäftigung angestrebt. Mit ‹workshops›, die der BDS finanziell mitträgt, versucht das SOFO arbeitslose Kollegen anzusprechen, sie zu ähnlichen Zusammenschlüssen zu motivieren und anzuleiten (vgl. Hündersen & Jaschinski 1985, 51–60).

Das Freiburger Institut für angewandte Sozialwissenschaften e. V. (FIFAS) ist ein praxisnahes Forschungsinstitut für arbeitslose Sozialwissenschaftler. Der Grundgedanke für eine solche Einrichtung existiert schon länger: Sozialwissenschaftler, die an Universitäten beschäftigt sind, übernehmen die Patenschaft über ein in der Nähe neugegründetes Institut, das einer begrenzten Zahl von Absolventen und arbeitslosen Kollegen Beschäftigung bietet. Die Leitung und Organisation obliegt den Angehörigen dieser neuen Einrichtung selbst. Das Institut bemüht sich auf dem freien Markt um Aufträge aus den Bereichen Wirtschaft, Forschung, öffentlicher Verwaltung, Interessenverbänden u. a. und deckt seine Kosten aus den Projekten, durch Drittmittelgelder und durch Unterstützung von Arbeitsämtern. Die etablierten Sozialwissenschaftler stehen dem Institut beratend und helfend zur Seite, übernehmen eine gewisse Auftragsgarantie und integrieren die Arbeit des Institutes teilweise in den Lehr- und Forschungsbetrieb. In Freiburg wurde diese Idee verwirklicht: Das FIFAS nahm Mitte 1984 seine Arbeit auf und hat sich bisher bewährt: Arbeitslose Soziologen konnten aus ihrer Isolation herausgeholt und motiviert werden – Studienabsolventen erhalten Praxiserfahrungen und die Möglichkeit, sich fachlich weiterzuqualifizieren.

Die hohe Arbeitslosigkeit bei Diplomsoziologen, die hier nur pro-totypisch für alle geisteswissenschaftlichen Fächer stehen, die mit dem M. A. abschließen, hat zu weitreichenden Bemühungen geführt, diese schwierige Situation tendenziell zu bewältigen. So wurde an der Universität München ein eingetragener Verein «Student und Arbeits-markt» von der Universität, dem Arbeitsamt und Vertretern der In-dustrie gegründet, um den Studenten rechtzeitig durch Informationen und Ausbildungsangebote den Weg in die Arbeitslosigkeit zu erspa-ren. Kritisch muß hierzu jedoch angemerkt werden, daß die Teilneh-mer an diesen Programmen, wie viele Soziologen sonst auch, eher fachfremd und unterqualifiziert beschäftigt sind.

Trotz der insgesamt negativen Arbeitsmarktsituation, die sicher noch länger anhalten wird, ist für die Soziologie selbst eine optimisti-schere Prognose abzugeben: Extrapoliert man die Entwicklung der Vergangenheit in die Zukunft, so ist zwar nicht zu erwarten, daß der Stellenmarkt für Soziologen noch erheblich expandieren wird. Ande-rerseits hat sich die Soziologie inneruniversitär voll etablieren und in außeruniversitäre Berufsfelder Einzug halten können. Schon allein die Ersatzbesetzung von solchen Positionen bietet gewisse Chancen.

Betrachtet man weiter die Entwicklung der Soziologie in anderen Ländern, etwa den USA oder den Niederlanden, so ist auch für die Bundesrepublik erwartbar, daß die Soziologie eine zunehmende ge-sellschaftliche Bedeutung gewinnen wird, wenn es den Standesorgani-sationen und den berufstätigen Soziologen gelingt, eine Imagekorrek-tur herbeizuführen. Die gesellschaftliche Bedeutung der Soziologie wird auch deswegen zunehmen, soweit sie in der Lage ist, sich praktisch nützlich zu erweisen, weil die gesellschaftlichen Probleme weder quan-titativ noch qualitativ abnehmen werden (z. B. Umwelt, Kriminalität,

Ausländerintegration, neue Technologien, Arbeitslosigkeit etc.), zu denen die Soziologie Gestaltungsvorschläge (neben den Analysen) unterbreiten kann.

Aus der vermutlich wachsenden gesellschaftlichen Bedeutung ist auch ein steigender gesellschaftlicher Bedarf an Soziologie und Soziologen abzuleiten. Dieser hat sich in der historischen Entwicklung schon gezeigt: Gegenwärtig sind – absolut gesehen – mehr Soziologen berufstätig als je zuvor. Da aber weit mehr Menschen Soziologie studieren, als Arbeitsplätze angeboten werden, wird sich die Schere – unter Ceteris-paribus-Bedingungen – zukünftig – auch bei der erwarteten leichten Zunahme an Stellen für Soziologen – wahrscheinlich noch weiter öffnen: Die Zahl der arbeitslosen Soziologen wird trotz gestiegenen gesellschaftlichen Bedarfs nicht abnehmen.

Literatur

Hündersen, B. & H. Jaschinski: Selbsthilfe arbeitsloser Sozialwissenschaftler: das Sozialwissenschaftliche Forum in Marburg. Sozialwissenschaften und Berufspraxis, 8, 1985.

Lamnek, S.: Disparitäten auf dem Teilarbeitsmarkt für Soziologen. Sozialwissenschaften und Berufspraxis, 3, 1984.

–: Praxis und Berufsfeldorientierung der Soziologenausbildung. Soziologie, 2, 1984a.

Lamnek, S. & R. Urlinger: Arbeitsmarkt und Studiengestaltung. Sozialwissenschaften und Berufspraxis, 8, 1985.

Link, R.: Prüfungsanforderungen sozialwissenschaftlicher Studiengänge an bundesdeutschen Hochschulen. In: G. Lumm (Hg.): Ausbildung und Professionalisierung der Soziologie. Eine Bibliographie (1970–1984) mit zentralen Übersichtsbeiträgen. In: BDS-Schriftenreihe, Bd. 6, 1985.

Rentrop, G.: Untersuchungen zu Berufsfeldern von Soziologen. In: G. Lumm (Hg.): Ausbildung und Berufssituation von Soziologen – Anwendung und Professionalisierung der Soziologie. Eine Bibliographie (1970–1984) mit zentralen Übersichtsbeiträgen. In: BDS-Schriftenreihe, Bd. 6, 1985.

Studienreformkommission Politikwissenschaft/Soziologie. Empfehlungen der Studienreformkommission Politikwissenschaft/Soziologie. Bd. 2: Soziologie. Veröffentlichungen zur Studienreform, 25 (Entwurf). Bonn 1985.

Viehoff, L.: Der Ausbau der Soziologie seit 1960 – Entwicklung und Folgen. In: G. Lumm (Hg.): Ausbildung und Berufssituation von Soziologen – Anwendung und Professionalisierung der Soziologie. Eine Bibliographie (1970–1984) mit zentralen Übersichtsbeiträgen. In: BDS-Schriftenreihe, Bd. 6, 1985.

Siegfried Lamnek

5.3 Ausbildung und Praxisfelder im internationalen Vergleich

5.3.1 UdSSR

Werden die Gesellschaftswissenschaften in der UdSSR als Wissenschaften im Dienst des sozialen Fortschritts anerkannt und gefördert (vgl. Volkov 1979, 130), taucht doch die Soziologie als eigener Studienzweig (bis einschließlich 1983) nicht auf. Sie wird lediglich als Spezialisierung, d. h. als eines der «fields of social science» aufgeführt (vgl. Gapotchka & Smirnov 1976, 65ff). Bis dato studierten mehr als fünf Millionen Studenten Gesellschaftswissenschaften an den höheren Bildungseinrichtungen der UdSSR (vgl. Volkov 1979, 131). Das Studium an den Universitäten bzw. Instituten dauert fünf Jahre. Das zweijährige Studium der Politischen Geschichte der Sowjetunion bildet mit insgesamt 170 akademischen Stunden den Auftakt. Schwerpunkte sind die Marxistische Partei und das politische System der sowjetischen Gesellschaft. Die Philosophie bestreitet das zweite und dritte Jahr mit 140 Stunden. In diesem Teil soll ein Überblick über ihre Rolle in der Entwicklung der Wissenschaft und in der sozialen Praxis gegeben werden. Einen wichtigen Platz nehmen die «grundlegenden Bedingungen der Existenz und Entwicklung der Gesellschaft», «die Formen von Gesellschaftssystemen» sowie die «Hauptrichtungen, Kriterien und Typen des sozialen Fortschritts» ein. Im vierten Jahr wird Politische Ökonomie gelehrt und behandelt. In diesem Kontext werden auch «Formen und Methoden der Planung und die staatlichen Pläne für ökonomische und soziale Entwicklung» gelehrt. Das Studienjahr beendet der Wissenschaftliche Kommunismus mit über 80 Stunden. Dieser Kurs geht auf die historische Entwicklung, verschiedene Theorien und Gesetze des Sozialismus/Kommunismus ein und wirft aktuelle Fragen auf.

Das Studium ist nicht auf die Hochschule beschränkt: In der vorlesungsfreien Zeit arbeiten die Studenten in «students' clubs» und «scientific conferences» an laufenden Problemen, halten Referate und schreiben Hausarbeiten (vgl. ebd., 135). Die Teilnahme der Studenten an staatlichen Wettbewerben in den Gesellschaftswissenschaften steigt von Jahr zu Jahr. Auf verschiedenen Ebenen (Institute, Städte, Republiken und in der gesamten Sowjetunion) werden den Studenten Anreize zum wissenschaftlichen Arbeiten geboten. Im Studium vermittelte Fähigkeiten sollen die Studenten durch wissenschaftliches Arbeiten unter Beweis stellen und praktisch einsetzen. Im Rahmen ihres sozial-politischen Praktikums werden sie – ohne Bezahlung – u. a. in folgenden Bereichen tätig: allgemeine Öffentlichkeits- und Propagandaarbeit, Organisation von Wettbewerben und Vorstellungen sowie Mitarbeit an pädagogischen Einrichtungen.

In dem zentralistisch gelenkten System sollte es keine großen Probleme für die Gesellschaftswissenschaftler geben, berufliche Tätigkeitsfelder zu finden. Ob diese der Qualifikation immer gerecht werden, kann nicht festgestellt werden. Fast jede Hochschule unterhält spezielle gesellschaftswissenschaftliche Lehrstühle. Neben dem Lehrbetrieb werden methodologische Arbeiten und wissenschaftliche Forschung betrieben, also ein quantitativ breites Berufsfeld. Nach der Promotion können Soziologen als Vortragende («lecturer») oder Assistenten an den Lehrstühlen tätig werden. Um als ranghöherer Lehrer («senior teacher») arbeiten zu können, müssen die Doktoranden ein dreijähriges Seminar absolvieren. Die nächsthöhere Stufe ist der Dozent («docent/assistant professor»), schließlich der Professor.

Außer den Hochschulen betreiben auch Einrichtungen der Partei empirische Sozialforschung und bieten den Gesellschaftswissenschaftlern ein berufliches Tätigkeitsfeld. Soziologen sind an verschiedenen gesellschaftswissenschaftlichen Instituten tätig und gestalten zum Beispiel die Sozialplanung der Industrie mit (vgl. Wiegmann 1972, 18). Daneben arbeiten sie in Kooperation mit Ingenieuren und Technikern etwa bei der Städteplanung mit (vgl. Gapotchka & Smirnov 1976, 65 f). Neben diesen Tätigkeiten bieten sich auch die Sektoren, in denen die Gesellschaftswissenschaftler im Rahmen ihres Praktikums während der Studienzeit arbeiten, als praktische Berufsmöglichkeiten an.

5.3.2 Österreich

Bei erfolgreichem Soziologiestudium wird der Titel «Magister rerum socialum oeconomicarumque» (Mag. rer. soc. oec.) verliehen. Das Studium umfaßt zwei Abschnitte, die jeweils mit einer Prüfung abgeschlossen werden. Die eigentliche Spezialisierung auf das jeweilige Hauptfach erfolgt im zweiten Studienabschnitt. «Die Verordnung über die Studienordnung für den Studienversuch Soziologie» von 1972 schreibt folgende Pflicht- und Wahlfächer im Ausmaß von 40 Wochenstunden für den ersten Studienabschnitt vor:

«a) Grundzüge der Sozialphilosophie und der Wissenschaftstheorie der Gesellschaftswissenschaften; b) Struktur und Probleme der Gesellschaft unter besonderer Berücksichtigung Österreichs; c) Geschichte der sozialen Ideen und Theorien; d) Einführung in die Soziologie; e) Methoden der empirischen Sozialforschung; f) Vorprüfungsfächer: 1. Neuere Geschichte; 2. Mathematik und Statistik für Sozialwissenschaften» (Kellermann 1974, 39).

Um den Grad des Dr. rer. soc. oec. zu erlangen, müssen eine Dissertation abgefaßt und eine mündliche Prüfung in je vier Fächern abgelegt werden (vgl. Reisch 1979, 394 ff).

Die Absolventen des Soziologiestudiums werden bald mit der Diskrepanz zwischen ihrer Ausbildung und der beruflichen Tätigkeit konfrontiert. Nicht wenige verlängern ihre Ausbildung und gehen damit den schwierigen Arbeitsmarktbedingungen (noch) aus dem Weg. Neben dem klassischen Berufsbild des forschenden Soziologen gibt es kaum alternative Laufbahnen. Zwar gäbe es genügend Berufsfelder für Soziologen, doch mangelt es am öffentlichen Verständnis (vgl. Kellermann 1974, 34f). Die Hochschule stellt mit 25 Prozent das wichtigste berufliche Einsatzgebiet dar. Der nächstwichtige Bereich sind die außeruniversitären Forschungsinstitute. Relativ wenige Soziologen gehen freiberuflichen Tätigkeiten nach. Gering ist die Nachfrage nach Soziologen in der Wirtschaft. Nicht einfach ist das Eindringen in die Verwaltungs- und Lehrberufe. Den Sozialwissenschaftlern gelang es noch nicht, sich im öffentlichen Dienst gegen das Juristenmonopol durchzusetzen. Die 20 Prozent der in der Verwaltung beschäftigten Soziologen finden ihre Tätigkeitsfelder vor allem bei den Arbeitsämtern, der Berufsberatung, dem Sozial- und Wirtschaftskundigen Verwaltungsdienst, dem statistischen und wissenschaftlichen Dienst sowie in den Justizanstalten (vgl. Fiala 1974, 43 ff).

5.3.3 Schweiz

Die Soziologiekurse sind in vier Kategorien eingeteilt. Unter die Basiskurse fallen: Einführungskurse, allgemeine Theorie, Philosophie der Wissenschaft, Methodologie und Statistik. Zur Gruppe der Standard-Spezial-Kurse gehören: ‹Stadt-Land›, Bildung, politische Soziologie, Organisation-Berufe-Industrie und Familie. Zu den problemorientierten Kursen zählen: Entwicklung, internationales System, Minderheiten, Kriminalität, Umgebung, soziale Indikatoren und medizinische Soziologie. Unter die Kategorie der interdisziplinären Kurse fallen: Ökonomische Soziologie, kulturelle Soziologie, Soziologie der Wissenschaft, Soziologie des Wissens, Konfliktforschung, ‹kleine Gruppen› (vgl. Heintz 1979). Nach einer Erhebung der Schweizerischen Arbeitsgemeinschaft für Akademische Berufs- und Studienberatung (AGAB) im Sommer 1977 machen 88 Prozent der Soziologieabsolventen als Studienabschluß das Lizentiat und zehn Prozent das Doktorat (vgl. Geser 1979, 416). In der Schweiz wird allgemein bei den angehenden Sozialwissenschaftlern großer Wert auf Kenntnisse in Sprachen, EDV und Jugendarbeit gelegt.

Die Berufschancen der Absolventen sind ungünstig. Soziologen sind oft aus eigenem Entschluß und wegen der schwierigen Bedingungen auf dem Arbeitsmarkt nicht erwerbstätig oder wählen Beschäftigungsalternativen, die weder ihrer Qualifikation noch den soziologischen Ausbildungsinhalten gerecht werden (vgl. Kaiser 1982, 12 ff). Über die Hälfte aller Soziologen beginnen ihre berufliche Laufbahn als Assistenten oder sonstige Mitarbeiter an den Hochschulen. Die meisten dieser Stellen sind nicht für lange Zeit zu besetzen und stellen eher einen Übergang dar. Dauerstellen bieten dagegen, wenn auch nicht im Übermaß, die öffentliche Verwaltung und die Privatwirtschaft an. Allerdings sind im außeruniversitären Bereich Soziologen-Qualifikationen oft nur partiell gefragt. Die wenigen eindeutigen Soziologenstellen fallen an Soziologen mit längerer Berufserfahrung, so daß die Studienabgänger vor zusätzlichen Schwierigkeiten stehen. Über 50 Prozent der Erwerbstätigen haben schließlich Vermittlungsprobleme (vgl. Levy & Ritschard 1979, 427 ff).

Die innerakademischen Aufstiegsmöglichkeiten sind durch den hohen Versorgungsgrad und das relativ niedrige Durchschnittsalter der Positionsinhaber stark beschränkt, so daß die Soziologen vermehrt auf außerakademische Bereiche oder akademische Karrieren im Ausland ausweichen müssen. Einige Schweizer Soziologen konnten inzwischen

bei den verschiedenen Medien, bei der Presse, bei Wirtschaftsverbän-
den, bei der Verwaltung u. a. Fuß fassen, «wobei der öffentliche
Dienst (...) selbst bei außerakademischen Berufsrollen eindeutig an
erster Stelle steht» (Höpflinger 1978, 198). Die Forschung nimmt bei
den inhaltlichen Schwerpunkten der Berufstätigkeiten noch vor der
Lehre den ersten Platz ein. Abgeschlagen sind Entwicklung/Planung
und Beratungs- bzw. Counselling-Aktivitäten.

5.3.4 Niederlande

Die soziologische Ausbildung ist in den Niederlanden professioneller
und spezialisierter als in vielen anderen Ländern (vgl. Yzerman 1980,
373). Offiziell dauert das Soziologiestudium fünf Jahre. Mit dem
«doctorandus» (drs.) schließen die Studenten ab und streben entweder den Ph. D. an oder arbeiten als Soziologen. Yzerman gibt die Zahl
der Studenten der Sozialwissenschaften an den holländischen Universitäten nach dem «Central Bureau of Statistics» für 1978/79 mit 25574
an. Die Zahl der beschäftigten Soziologen wurde für 1980 auf 4500 bis
5000 und die Zahl der arbeitslosen promovierten Studienabgänger für
Mitte 1979 auf 350 geschätzt. Die meisten Soziologen sind im Öffentlichen Dienst («gouvernment» und «civil service») beschäftigt, ge-
folgt von den Universitäten, deren Aufnahmequote in den letzten
Jahren abnahm, und anderen Bildungseinrichtungen, deren Bedeutung anstieg. Die Arbeitsplätze, die von Soziologen besetzt sind, ver-
ringerten sich im Sektor der außeruniversitären Forschung («other
research») und in den «production industries» stark (vgl. Yzerman
1980, 363 ff). Im Juni 1979 waren absolut 307 Soziologen, davon über
29,3 Prozent Graduierte, länger als zwölf Monate arbeitslos. Bei steigender Arbeitslosendauer ist noch dazu ungewiß, wie der Arbeitsmarkt die stetig wachsende Zahl von Absolventen des Soziologiestudiums in Zukunft verkraften wird (vgl. ebd., 371 f).

5.3.5 Frankreich

Die sozialwissenschaftliche Ausbildung zeichnet sich durch eine
große Breite aus und wird an Lyzeen, Universitäten und Grandes
Écoles erteilt. Es wird zwischen den öffentlichen und den privaten
Bildungseinrichtungen sowie zwischen dem «cycle court» und dem

«cycle long» unterschieden. Der zweijährige Kurzstudiengang «cycle court», der an den Lyzeen und Universitäten (Instituts Universitaires de Technologie – IUT) angeboten wird, bereitet die Studenten mit dem Diplom für die mittlere Führungsebene des industriellen und des Dienstleistungssektors vor. Dagegen ist der «cycle long» der traditionelle, längere Ausbildungsgang (drei- bis fünfjähriges Studium) an den Universitäten und Grandes Écoles für die leitende Führungsebene. Diese Studiengänge legen bereits den späteren Werdegang der Studenten fest. Charakteristisch für das französische Hochschulwesen ist der Dualismus zwischen den zentral geführten Universitäten und den – teils staatlichen, teils privaten – Grandes Écoles. Während das Universitätsstudium jedem, der die Hochschulzugangsberechtigung («baccalauréat») hat, offensteht, wählen die Grandes Écoles ihre Studenten durch einen «concours d'entrée» aus (vgl. DAAD 1987, 13ff). Die Universitäten werden in der Öffentlichkeit und von dem Beschäftigungssystem niedriger eingestuft als die Grandes Écoles, so daß das Universitätsstudium nur die zweitbeste Lösung darstellt.

Das Studium ist in Studienjahre («années universitaires») unterteilt und gliedert sich in drei Studienabschnitte («cycles»), die jeweils zwei Studienjahre umfassen. Jede Studienstufe stellt eine in sich geschlossene Einheit dar und schließt mit einem Diplom (diplôme national) ab, das entweder zum Weiterstudium berechtigt oder für das Berufsleben qualifiziert (vgl. ebd., 24ff). Der «premier cycle» als Grundstudium bietet eine allgemeine Orientierung und Ausbildung und wird in der Regel mit dem «Diplôme d'Études Universitaires Générales» (DEUG) abgeschlossen. Seit 1984/85 kann man in 13 Fächern bzw. Fächergruppen, die größtenteils noch in «sections» unterteilt sind, ein DEUG erlangen, so in «Science Humaines» mit den «sections» Philosophie, Sociologie, Psychologie, Histoire und Géographie. Alle Studiengänge des DEUG sollen eine interdisziplinäre Ausbildung gewährleisten. Mindestens fünf Prozent der Gesamtstundenzahl sind dem Studium einer Fremdsprache gewidmet. Der «deuxième cycle» stellt das Hauptstudium bzw. das eigentliche Fachstudium dar und dient der Vertiefung und Spezialisierung der im Grundstudium erworbenen Kenntnisse. Nach dem ersten Jahr (bac + 3) wird die «licence», nach dem zweiten Jahr (bac + 4) die «maîtrise» – beide «diplôme nationaux» – erworben. «Die maîtrise setzt (...) – neben dem Besuch regulärer Unterrichtsveranstaltungen – die Abfassung einer schriftlichen Hausarbeit (mémoire de maîtrise) voraus, die licence im allgemeinen Studienleistungen von geringerer Eigenständigkeit» (ebd., 30). Im «troisième cycle» wird das Aufbau- und Promotionsstudium absolviert. Diese Stufe umfaßt das fünfte und alle weiteren Studienjahre und wird als Vertiefungs- und Forschungsstudium für besonders qualifizierte Inhaber der «maîtrise» oder ähnlicher Abschlüsse angeboten. Das «Diplôme d'Études Approfondies» (DEA) wird nach dem ersten Jahr des «troisième cycle» verliehen und ist die Zulassungsvoraussetzung für das 1984 vereinheitlichte «doctorat». Allerdings ist die Zahl der Studenten, die bereits nach dem DEA die Universität verlassen, relativ hoch. Seit dem Studienjahr 1985/86 wird das «magistère» als Universitätsdiplom angeboten. Das DEUG bzw. das Diplôme Universitaire de Technologie (DUT) sind hierfür Zulassungsvoraussetzung. Die Ausbildung dauert drei Jahre (bac + 5) und soll langfristig der Ausbildung an den Grandes Écoles Konkurrenz machen (vgl. ebd., 31 f).

Eine rein forschungsbezogene Institution ist die École des Hautes Études en Sciences Sociales (EHESS). Sie bietet Studiengänge ausschließlich auf der Ebene des «troisième cycle» an. Die Aufnahme der Bewerber mit der «maîtrise» oder vergleichbarem Abschluß erfolgt nach Beurteilung von deren Unterlagen, speziell des Forschungsprojekts. Das dreijährige Studium beinhaltet u. a. die Abfassung eines «mémoire de recherche». In der Regel umfaßt das Jahrespensum in Soziologie 200 Stunden (die Ausdehnung auf zwei Jahre ist möglich). Das Mindestmaß in der Woche sind acht Stunden (vgl. EHESS 1987, 24 ff u. 84 ff). Eine Vielzahl von speziellen Soziologien wird angeboten (vgl. ebd., 86 ff). Das Soziologiestudium an der EHESS kann mit dem DEA und dem sich daran anschließenden «doctorat» oder mit dem hochschulspezifischen «Diplôme de l'École des Hautes Études en Sciences Sociales» abgeschlossen werden.

Die Berufschancen der Soziologen werden auch in Frankreich als schlecht beurteilt. Differenziert werden muß allerdings nach Bildungseinrichtung und Art des Abschlusses. Soziologische Forschungsinstitute wie etwa das «Laboratoire d'Économie et de Sociologie du Travail» (1987; LEST) beschäftigen sich besonders mit den Krisen auf dem Arbeitsmarkt, dem Verhältnis Familienleben und Beruf, den Auswirkungen neuer Technologien usw.

5.3.6 Großbritannien

Soziologie kann in Großbritannien an den Universitäten und an den Polytechnischen Schulen, die berufsorientierte Kurse anbieten, studiert werden (vgl. Baum & Bourner 1981, 350). Die Graduierungen sind der M. A. und der Ph. D. Es gibt wie in den USA eine höhere Mobilitätsrate bei den Studenten wegen ähnlicher, vorausgehender Studienabschnitte («undergraduate studies»). Die Möglichkeiten für Graduierte, zu Ausbildungszwecken an Forschungsprojekten beteiligt zu werden, sind begrenzt. Stipendien werden im angelsächsischen Raum als «quota-awards» und «research-linked studentships» durch das Social Science Research Council an besonders hoch eingeschätzten Departments zur Weitervermittlung übergeben. Spezielle Auswahlgremien führen bei den Graduierten Leistungskontrollen und Selektionsprozesse durch (vgl. Neidhardt & Wittenberg 1979, 53 ff).

Zwischen 1976 und 1978 stiegen die meisten Absolventen des Graduiertenstudiums in den Lehrerberuf ein. Seit 1978 nimmt die Zahl dieser Stellen ab, weshalb dieser Berufszweig an Attraktivität verliert. Die Weiterbildung in den Bereichen Sozialarbeit, soziale und öffentliche Verwaltung, Stadt- und Regionalplanung u. a. erhält heute regen Zulauf. Momentan zeichnet sich keine Änderung ab – im Gegenteil, es wird davon ausgegangen, daß die Soziologen diese Felder in Zukunft weiter erschließen können. Mit über 55 Prozent ist der Öffentliche Dienst der größte Arbeitgeber der Soziologen. Industrie und Handel spielen als Beschäftigungsbereiche für promovierte Soziologen nur eine untergeordnete Rolle. Eine Ausnahme stellen die Graduierten der Polytechnischen Schulen dar, die eher Zugang zur Industrie finden. Über 50 Prozent der Soziologen sind in ihrem Beruf mit Gesundheit und sozialer Wohlfahrt betraut. Mit knapp elf Prozent liegen Management und Verwaltung weit abgeschlagen auf dem zweiten Platz (Baum & Bourner 1981, 347).

5.3.7 USA

Das Curriculum des Soziologiestudiums ist department-spezifisch durch eigene Schwerpunktsetzung charakterisiert. Die Veranstaltungen beschäftigen sich mit dem Gesundheitswesen, der Sozialarbeit, der öffentlichen Meinung, dem Alter, der Rolle der Geschlechter, aber auch mit Demographie, Methodologie und Statistik (vgl. Bradshaw & McPherron 1980, 16). Wichtige Grundlagen im «undergraduate»-Studium sind die Kurse in «research methods». Die Abschlußprüfung ist das B. A. («bachelor»).

Das Graduiertenstudium in den USA umfaßt die M. A.- und Ph. D.-Ausbildung. Ein national einheitlicher Eignungstest («Graduate Record Examination») entscheidet neben den formalen Voraussetzungen – wie dem B. A.-Degree und einem bestimmten Notendurchschnitt – über die Zulassung zum Graduiertenstudium. Innerhalb der Graduiertenphase existiert eine leistungsbezogene Differenzierung der Karrieren der M. A.- und Ph. D.-Studenten. Für die Doktoranden (Ph. D.) spielt die Studienfinanzierung über Assistentenstellen in Lehre und Forschung eine große Rolle, was vor allem durch Projektgelder Dritter ermöglicht wird. In erster Linie vergeben private Stiftungen Stipendien an die Departments zur Weiterleitung an die Studenten. Führen die Bindung der Graduiertenausbildung an thematische Schwerpunktprogramme sowie die Beteiligung der Doktoranden an der fortgeschrittenen Forschung eher zu einer Spezialisierung, wirken methodische und theoretische Pflichtveranstaltungen einer Überspezialisierung entgegen.

Das Programm der Angewandten Soziologie («applied sociology») ist relativ neu und wurde entwickelt, um die Studenten besser auf ihre berufliche Tätigkeit mit den unterschiedlichsten sozialen Problemen – speziell im Sektor «human service» – vorzubereiten. So umfaßt das M. A.-Curriculum folgende drei Hauptteile: Der erste deckt die Forschungsmethoden, die Statistik und die zeitgenössische soziologische Theorie ab. Der zweite Teil macht die Studenten mit der Soziologie der «human services» vertraut und beinhaltet Kurse in angewandter Soziologie. Dazu gehört auch ein «summer field practicum» und ein «agency intership». Der dritte Bereich besteht aus Kursen, die sich die Graduierten in Absprache mit ihrem «faculty advisor» aus einem umfangreichen Angebot zusammenstellen (vgl. Grasmick et al. 1983, 63 ff; Adamek & Boros 1983, 160 ff).

In den USA waren 1976 38 Prozent der B. A.-Degrees unterbeschäftigt; 30 Prozent finden im sozialen Dienst Arbeit; mehr als 20 Prozent kommen in Handel und Gewerbe und knapp 20 Prozent im Bildungs- und akademischen Bereich unter. Der Rest teilt sich auf verschiedene andere Berufssparten auf (vgl. Hedley & Adamus 1982, 157 ff). Die American Sociological Association (ASA) gab 1981 folgende Werte für Ph. D.-Graduierte heraus: Danach waren knapp 80 Prozent im akademischen Sektor, acht Prozent in der Verwaltung und zwölf Prozent in der Industrie beschäftigt (vgl. Huber 1983, 6). Die Beschäftigung der «Ph. D.-Soziologen» im nicht-akademischen Bereich gewann in den letzten Jahren an Bedeutung. Ebenso nehmen die Arbeitsplätze für Soziologen im privaten Sektor zu. Die promovierten Soziologen führen vor allem Forschungs- und Entwicklungsaufgaben durch. An zweiter und dritter Stelle stehen leitende bzw. Verwaltungsaufgaben («Management/Administration») und beratende Tätigkeiten («Counselling»; vgl. ebd., 5 f). Private Arbeitgeber finden sich in folgenden Bereichen: Forschung, Krankenhäuser, Wohlfahrtsorganisationen, Beratungsstellen, religiöse Organisationen, Finanzberatung, Marktforschungsinstitute, Handel, Industrie u. a. Die hier beschäftigten Soziologen geben die Forschung, die Verwaltung und den ‹Dienst am Menschen› als Hauptarbeitsinhalte an. Das Gebiet der Forschung macht mit über 46 Prozent das wichtigste Arbeitsfeld der Soziologen aus. 25 Prozent entfallen auf die Verwaltung, der Rest auf die «human services». Dabei ist der Prozentsatz im öffentlichen und privaten Sektor gleich. Anders die selbständigen Soziologen: Knapp 37 Prozent sehen ihr Haupttätigkeitsfeld in den «human services» und nur 21 Prozent in Forschung und Verwaltung, 16 Prozent entfallen jeweils auf Forschung bzw. Verwaltung, und über zehn Prozent beschäftigen sich mit der Kombination Forschung/«human services». Zukunftsträchtige Sektoren sind Forschung und «counselling», Gewerbe und Industrie sowie «state and local government».

5.3.8 Zusammenfassung

Gegenüber der Ausbildung in der Bundesrepublik fällt die starke ideologische Fundierung des Studiums in den sozialistischen Ländern auf, wie auch die enormen Stundenzahlen überraschen; schließlich werden in der Bundesrepublik bei einer Regelstudiendauer von acht bis neun Semestern nur 160 Semesterwochenstunden gefordert. Ohne die speziellen Soziologien nahm das Studium in der DDR schon 600 Stunden ein. Zudem war die Limitierung des Zugangs zum Soziologiestudium in der DDR bemerkenswert. Pro Jahr konnten nur 40 Studenten das Studium aufnehmen. Damit erfolgte schon vor dem Studium eine Kanalisierung, um eine ‹Überproduktion› an Soziologen und deren Arbeitslosigkeit zu vermeiden. Andererseits überrascht die große Zahl der sowjetischen Studenten der Gesellschaftswissenschaften. Bemerkenswert ist auch die hohe Praxisorientierung der soziologischen Ausbildung. Das gesellschaftswissenschaftliche Studium in der UdSSR scheint – gemessen an der Zahl der Studierenden – durchaus anerkannt zu werden. Die Berufsschwerpunkte in der UdSSR liegen in inner- und außeruniversitärer Forschung und Lehre; die DDR setzte ihre Soziologen bevorzugt in der Wirtschaft und im Propagandaapparat ein. Daß in sozialistischen Staaten Soziologen fachfremd bzw. unter ihrem Qualifikationsniveau beschäftigt werden, ist bei der sozialistischen Vollbeschäftigungspolitik nicht auszuschließen.

Innerhalb der westeuropäischen Länder wird die Soziologie meist als Sozial- und nicht als Gesellschaftswissenschaft bezeichnet; die Ausbildungsinhalte sind relativ ähnlich. Die qualitativen und quantitativen Studienanforderungen sind ebenso wie die Abschlüsse durchaus vergleichbar. Trotz dieser Ähnlichkeiten und zum Teil identischer akademischer Titel genießt das Soziologiestudium in den USA und in Großbritannien ein höheres Ansehen als im deutschsprachigen Raum. Die Berufssituation der Soziologen im Westen ist durch schwierige Arbeitsmarktbedingungen gekennzeichnet. Speziell in Westeuropa liegt die Arbeitslosigkeit im Vergleich zu anderen Studienrichtungen überdurchschnittlich hoch. Nachdem die Aufnahmefähigkeit im klassischen Berufsfeld – der Hochschule – einen gewissen Sättigungsgrad erreicht hat, werden die Soziologen in anderen Bereichen nur zögernd aufgenommen und/oder fachfremd eingesetzt.

Literatur

Adamek, R. J. & A. Boros: Training, Work Experiences and Professional Identity of Applied Sociology M. A. Graduates. In: Social Spectrum, 3, 1983.

Baum, W. & T. Bourner: Initial Employment Experience of Sociology Graduates in the UK, 1976–78. Sociological Review, 2, 1981.

Bradshaw, T. K. & S. M. McPherron: Issues and Resources in Undergraduate Sociology Curriculum. The American Sociologist, Vol. 15, 1980.

Deutscher Akademischer Austauschdienst (DAAD) (Hg.): Studienführer Frankreich. Bonn 1987.

École des Hautes Études en Sciences Sociales (EHESS) (Hg.): Livret de l'étudiant 1987–1988. Paris 1987.

Fiala, V.: Einige Überlegungen zur Berufssituation der Soziologen in Österreich. Soziologische Materialien der ÖGS, 6, 1974.

Gapotchka, M. & S. Smirnov: The Social Sciences in the U.S.S.R.: Status, Policy,

Structures and Achievements. International Social Science Journal, Vol. 28, 1, 1976.

Geser, H.: Berufliche Probleme und Chancen schweizerischer Soziologieabsolventen. Schweizerische Zeitschrift für Soziologie, 3, 1979.

Grasmick, H. H., G. D. Samdefur, A. Scott & J. S. Wilbur: An M.A. Curriculum in Applied Sociology. Avoiding the Pure versus Applied Debate. Teaching Sociology, Vol. 11, 1, 1983.

Hedley, R. A. & S. M. Adamus: The Job Market for Bachelor Degree Holders: A Commulation. The American Sociologist, Vol. 17, 1982.

Heintz, P.: Cross-Pressures on Sociology: Scientific Identity versus Students Expectations. International Social Science Journal, Vol. 31, 1, 1979.

Höpflinger, F.: Schweizer Soziologen und ihre aktuelle Tätigkeit. Schweizerische Zeitschrift für Soziologie, 2, 1978.

Huber, B.: Sociological Practioners: Their Characeristics and Role in the Profession. ASA Footnotes, Vol. 11, 5, 1983.

Kaiser, M.: Sozialwissenschaftler. Ausbildungs- und Beschäftigungslage von Sozialwissenschaftlern mit einem deutsch-schweizerischen Vergleich. Angewandte Sozialforschung, 1–2, 1982.

Kellermann, P.: Überlegungen zur Ausbildung von Soziologen in Österreich. In: Österreichisches Jahrbuch Soziologie. Wien 1974.

Laboratoire d'Économie et de Sociologie du Travail (LEST) (Hg.): Rapport Scientifique 1987. Aix-en-Provence Cedex 1987.

Levy, R. & R. Ritschard: Hauptresultate der Absolventenbefragung am soziologischen Institut der Universität Zürich. Schweizerische Zeitschrift für Soziologie, 3, 1979.

Neidhardt, F. & R. Wittenberg: Strukturen und Strukturprobleme des Graduiertenstudiums. Eine internationale Expertise (Januar 1979). Soziologie, 1, 1979.

Reisch, P.: Das Studium der Sozial- und Wirtschaftswissenschaften in Österreich. Wirtschaftswissenschaftliches Studium. Zeitschrift für Ausbildung und Hochschulkontakt, 8, 1979.

Volkov, F. M.: Higher Social Science Education in the USSR. International Social Science Journal, Vol. 31, 1, 1979.

Wiegmann, H.: Die Entwicklung der Berufsstruktur der UdSSR und ihre Behandlung in der sozialwissenschaftlichen Forschung der Sowjetunion. (Magisterarbeit) München 1972.

Yzerman, Th. J.: Sociologists on the Labour-Market in the Netherlands. Schweizerische Zeitschrift für Soziologie, Vol. 6, 3, 1980.

Über die Verfasser

Ahlberg, René, Jahrgang 1930, Univ.-Prof. Dr. phil. habil., Hochschullehrer für Soziologie unter besonderer Berücksichtigung sozialistischer Gesellschaften am Fachbereich Philosophie und Sozialwissenschaften I der Freien Universität Berlin

Bloch, Jan Robert, Jahrgang 1937, Dr. phil., Institut für Pädagogik der Naturwissenschaften an der Universität Kiel

Bommes, Michael, Jahrgang 1954, Dr. phil., zur Zeit Wissenschaftlicher Mitarbeiter am Zentrum für Lehrerbildung der Universität Bielefeld

Brunkhorst, Hauke, Jahrgang 1945, Dr. phil. habil., Privatdozent am Fachbereich Gesellschaftswissenschaften der Universität Frankfurt

Dewe, Bernd, Jahrgang 1950, Dr. rer. pol. habil., Privatdozent für Soziologie, Hochschuldozent an der Universität Koblenz/Landau

Ferchhoff, Wilfried, Jahrgang 1946, Prof. Dr. phil. habil., Hochschullehrer für Jugend-, Erwachsenen- und Weiterbildung, Medienpädagogik an der Fakultät für Pädagogik der Universität Bielefeld

Furth, Peter, Jahrgang 1930, Prof. Dr. phil. habil., Hochschullehrer für Sozialphilosophie am Fachbereich Philosophie und Sozialwissenschaften I der Freien Universität Berlin

Giesen, Bernhard, Jahrgang 1948, Prof. Dr. rer. pol. habil., Hochschullehrer für Soziologie am Fachbereich Gesellschaftswissenschaften der Universität Gießen

Hauck, Gerhard, Jahrgang 1939, Dr. phil. habil., Privatdozent an der Fakultät für Sozial- und Verhaltenswissenschaften der Universität Heidelberg

Japp, Klaus Peter, Jahrgang 1947, Prof. Dr. phil. habil., Hochschullehrer für Soziologie ökologischer Risiken an der Fakultät für Soziologie der Universität Bielefeld

Kerber, Harald, Jahrgang 1932, Prof. Dr. phil., Hochschullehrer für Erkenntnistheoretische und methodologische Grundlagen der Psychologie am Fachbereich Sozialwissenschaften der Universität Osnabrück

Klingemann, Carsten, Jahrgang 1950, Dr. phil., Akademischer Rat für Methodologische Grundlagen der Sozialwissenschaften am Fachbereich Sozialwissenschaften der Universität Osnabrück

Köhler, Gabriele, Jahrgang 1956, Dipl. Soz., Wissenschaftliche Mitarbeiterin am Institut für Gebäudeplanung an der Fakultät für Architektur der Universität Karlsruhe

Kößler, Reinhart, Jahrgang 1949, Dr. phil. habil., Privatdozent am Fachbereich Sozialwissenschaften der Philosophischen Fakultät der Universität Münster

Lamnek, Siegfried, Jahrgang 1943, Prof. Dr. rer. pol. habil., Hochschullehrer für Soziologie an der Geschichts- und gesellschaftswissenschaftlichen Fakultät der Katholischen Universität Eichstätt

Lenk, Kurt, Jahrgang 1929, Prof. Dr. phil. habil., Hochschullehrer für Politische Wissenschaft am Institut für Politische Wissenschaft der Rheinisch-Westfälischen Technischen Hochschule Aachen

Rolshausen, Claus, Jahrgang 1941, Prof. Dr. phil., Hochschullehrer für Politische Wirtschaftslehre am Fachbereich Sozialwissenschaften der Universität Osnabrück

Scherr, Albert, Jahrgang 1958, Dr. phil., zur Zeit Vertretung einer Professur für Soziologie und Jugendarbeit an der Fachhochschule Darmstadt

Schmieder, Arnold, Jahrgang 1947, Dr. phil. habil., Privatdozent, Akademischer Rat für Soziologie und Sozialpsychologie am Fachbereich Sozialwissenschaften der Universität Osnabrück

Wiese, Michael, Jahrgang 1947, Dr. rer. soc., zur Zeit Wissenschaftlicher Mitarbeiter in der Interdisziplinären Arbeitsgruppe für Angewandte soziale Gerontologie an der Universität-Gesamthochschule Kassel

Wirkus, Bernd, Jahrgang 1942, Dr. phil., Akademischer Oberrat am Philosophischen Seminar der Deutschen Sporthochschule Köln

Bibliographische Hinweise zur Soziologie

1 Nachschlagewerke: Sach- und Sprachwörterbücher

1.1 Lexika und Handbücher

Abercrombie, N./Hill, S.: The Penguin Dictionary of Sociology. London 1984; 266 S.

Assmann, G. u. a. (Hg.): Wörterbuch der marxistisch-leninistischen Soziologie. 3. Aufl. Opladen 1983; 758 S.

Bart, P./Frankel, L.: The Student Sociologist's Handbook. New York 1986; 291 S.

Boudon, R./Bourricand, F.: A Critical Dictionary of Sociology. London 1989; 438 S.

Endruweit, G. (Hg.): Wörterbuch der Soziologie. München 1989. Bd. 1: Abhängigkeit – Hypothese; 277 S. Bd. 2: Ich – Rück-Kopplung; S. 279–554. Bd. 3: Sanktion – Zweistufenthese; S. 555–872.

Hartfield, G.: Wörterbuch der Soziologie. 3. Aufl. Stuttgart 1982; 832 S.

Hillmann, K.-H. (Bearb.): Hartfield, G.: Wörterbuch der Soziologie. 3. Aufl. Stuttgart 1982; 832 S.

Kerber, H./Schmieder, A. (Hg.): Handbuch Soziologie. Reinbek bei Hamburg 1984; 714 S.

Kuper, A. (ed.): The Social Science Encyclopedia. London 1985; 916 S.

Mann, M. (ed.): The Macmillan Student Encyclopedia of Sociology. London 1983; 434 S.

Reading, H. F.: A Dictionary of the Social Sciences. London 1983; 231 S.

Schoeck, H.: Soziologisches Wörterbuch. 11. Aufl. Freiburg 1982; 400 S.

Das Fischer Lexikon. Bd. 10: König, R. (Hg.): Soziologie. Frankfurt/M. 1980; 396 S.

Blinkert, B. (Bearb.): Herder Lexikon. Soziologie. 2. Aufl. Freiburg 1978; 240 S.

Fuchs, W. u. a. (Hg.): Lexikon zur Soziologie. 2. Aufl. Opladen 1978; 890 S.

Beyme, K. von (Bearb.): Soziologie. Frankfurt/M. 1973. Bd. 1:

Agrarsoziologie bis Jugendliche; 348 S.; Bd. 2: Kommunikation bis Verelendung; 324 S. (*Marxismus im Systemvergleich*).

Bernsdorf, W. (Hg.): Wörterbuch der Soziologie. 2. Aufl. Stuttgart 1969; 1317 S. (als Taschenbuchausgabe: Bd. 1–3. Frankfurt/M. 1979; 961 S.).

Schäfers, B. (Hg.): Grundbegriffe der Soziologie. Opladen 1986; 400 S.

Vierkandt, A. (Hg.): Handwörterbuch der Soziologie. Stuttgart 1931; 690 S. (als gekürzte Studienausgabe: Stuttgart 1982; 235 S.).

Ziegenfuss, W. (Hg.): Handbuch der Soziologie. Stuttgart 1956; 1243 S.

1.2 Handbücher zu Teil- und Randgebieten

Eyferth, H. u. a. (Hg.): Handbuch zur Sozialarbeit/Sozialpädagogik. Neuwied 1984; 1322 S.

Fachlexikon der sozialen Arbeit. Frankfurt/M.: Eigenverlag des Deutschen Vereins für öffentliche und private Fürsorge 1980; 938 S.

Goslin, D. A. (ed.): Handbook of Socialization Theory and Research. Chicago/Ill. 1969; 1182 S.

Hurrelmann, K. u. a. (Hg.): Handbuch der Sozialisationsforschung. 2. Aufl. Weinheim 1982; 864 S.

König, R. (Hg.): Handbuch der empirischen Sozialforschung. Bd. 1–14. Stuttgart 1973–1979; insgesamt über 5200 S.

Smelser, N. J. (ed.): Handbook of Sociology. Newbury Park 1988; 824 S.

Smith, R. B. (ed.): A Handbook of Social Science Methods. Cambridge 1982; Bd. 1: 402 S.; Bd. 2: 333 S.

1.3 Sprachwörterbücher

Bibliography of Mono- and Multilingual Vocabularies, Thesauri, Subject Headings and Classification Schemes in the Social Sciences. Paris: UNESCO 1982; 101 S. (*Reports and papers in the social sciences. 54*).

Endruweit, G.: Dreisprachiges Wörterbuch der Soziologie. 2. Aufl. Königstein 1982; 133 S.

Smith, R. E. F. (Bearb.): A Russian-English Dictionary of Social Science Terms. London 1962; 495 S.

Koschnik, W. J.: (Standard Dictionary of the Social Sciences) Standardwörterbuch für die Sozialwissenschaften. München 1984; 664 S.

2 Nachschlagewerke: Personen, Institutionen, Daten

2.1 Biographische Lexika und Personennachweise

Bernsdorf, W. u. a. (Hg.): Internationales Soziologenlexikon. 2. Aufl. Stuttgart. Bd. 1: Beiträge über bis Ende 1969 verstorbene Soziologen. 1980; 517 S.; Bd. 2: Beiträge über lebende oder nach 1969 verstorbene Soziologen. 1984; 963 S.

Coser, L. A.: Masters of Sociological Thought. 2. Aufl. New York 1977; 611 S.

Eisermann, G.: Bedeutende Soziologen. Stuttgart 1968; 178 S. (Bonner Beiträge zur Soziologie. 4).

Käsler, D. (Hg.): Klassiker des soziologischen Denkens. München. Bd. 1: Von Comte bis Durkheim. 1976; 532 S.; Bd. 2: Von Weber bis Mannheim. 1978; 594 S.

Sills, D. L. (ed.): International Encyclopedia of Social Sciences. Bd. 18: Biographical Supplement. New York 1979; 820 S.

American men and women of science. Social and Behavioral Sciences. 13. Aufl. New York 1978; 1545 S.

2.2 Institutionenverzeichnisse und Datensammlungen

Ballerstedt, E./Glatzer, W.: Soziologischer Almanach. Handbuch gesellschaftlicher Daten und Indikatoren. 3. Aufl. Frankfurt/M. 1979; 615 S. (*Sozialpolitisches Entscheidungs- und Indikatorensystem*).

Bauske, F. (Bearb.): Umfragen aus der empirischen Sozialforschung 1945–1982. Datenbestandskatalog des Zentralarchivs für empirische Sozialforschung. Zentralarchiv für empirische Sozialforschung (Hg.). Frankfurt/M. 1983; 532 S.

Bornemann, E. u. a. (Bearb.): Verzeichnis sozialwissenschaftlicher Forschungseinrichtungen in der Bundesrepublik Deutschland. Nebst bibliographischem Anhang. Göttingen 1966; 102 S.

Foster, A.: Which Database? An Evaluative Guide to Online Bibliographic Databases in Business and the Social Sciences. Hartlepool 1981; 102 S.

Hakim, C.: Secondary Analysis in Social Research. A Guide to Data Sources and Methods with Examples. London 1982; 202 S. (*Contemporary social research series. 5*).

International Directory of Social Science Organizations. 1981–1982. International Federation of Social Science Organizations (ed.). Stockholm 1981; 155 S.

International Directory of Social Science Research Councils and Analogues Bodies: 1978–1979. Conference of Social Science Councils and Analogues Bodies. New York 1978; 159 S.

Gesellschaftliche Daten 1982. Bundesrepublik Deutschland. Bonn: Presse- und Informationsdienst der Bundesregierung 1982; 356 S.

Mason, J. B.: Research Resources: Annotated Guide to the Social Sciences. Santa Barbara (Calif.): American Bibliographical Center-Clio Pr. Bd. 1: 1968; 243 S.; Bd. 2: 1971; 273 S.

Schmeikal, B.: Sozialwissenschaften. Wien 1982; 243 S.

Selective Inventory of Information Services. 1981. Paris: UNESCO 1981; 140 S. (*World social science information services. 3*).

World Directory of Social Science Institutions. 1982. Research, Advanced Training, Documentation, Professional Bodies. 3. Aufl. Paris: UNESCO 1982; 535 S. (*World social science information services. 2*).

Zien-Adler, U. u. a. (Bearb.): Datenquellen für Sozialwissenschaftler. Ein Verzeichnis von Institutionen und ihren Datenbeständen. Bonn: Informationszentrum Sozialwissenschaften 1983; 384 S.

3 Forschung und Studium

3.1 Forschungsdokumentationen

Empirische Sozialforschung 19... Dokumentation. 1968ff. Zentralarchiv für empirische Sozialforschung (Hg.). München.

Forschungsarbeiten in den Sozialwissenschaften 19... Dokumentation. 1969ff. Informationszentrum Sozialwissenschaften (Hg.). Stuttgart.

Forschungsdokumentation zur Arbeitsmarkt- und Berufsforschung. 1970ff. Institut für Arbeitsmarkt- und Berufsforschung der Bundesanstalt für Arbeit (Hg.). Nürnberg.

Historische Sozialforschung 19... Dokumentation 1979ff. Zentrum für historische Sozialforschung (Hg.). Stuttgart. (*Historisch-Sozialwissenschaftliche Forschungen*).

IMSF: 1968–1988; Arbeitsgebiete Bibliographie, Veranstaltungsübersicht. Institut für Marxistische Studien und Forschungen IMSF. Frankfurt/M.: Inst. f. Marxist. Studien u. Forsch., 1988; 119 S.

SoFid. Sozialwissenschaftlicher Fachinformationsdienst. Informationszentrum Sozialwissenschaften (Hg.). Loseblattausgabe in 29 Teilen. Bonn 1984ff. (Gemeinsame Fortsetzung von: SoLid. Soziologischer Literaturinformationsdienst & Standardprofil...).

3.2 Dissertationen und Diplomarbeiten

Dissertation Abstracts International. A. The Humanities and Social Sciences. 1966ff. Ann Arbor.

Schneider, H. R. u. a. (Bearb.): Zehn Jahrgänge Diplom-Soziologen der Universität Bielefeld. Eine kommentierte Bibliographie der Diplomarbeiten der Jahrgänge 1972–1981 der Fakultät für Soziologie. Prüfungsamt der Fakultät für Soziologie der Universität Bielefeld 1982; 715 S.

Sociology. Ann Arbor (Mich.): Univ. Microfilms Internat., 1984; 905 S. (= Comprehensive dissertation index. 16).

Thum, K. P.: Soziologische Dissertationen 1960–1976. Zur gesellschaftlichen Relevanz der Sozialwissenschaften. Institut für Soziologie der Grund- und Integrativwissenschaftlichen Fakultät der Universität Wien 1977; 67 S.

Wakeford, F. (ed.): Sociology theses register. 2. Aufl. London: Social Science Research Council & British Sociological Association; 77 S.

3.3 Studienorganisation

Buß, E./Schöps, M.: Kompendium für das wissenschaftliche Arbeiten in der Soziologie. Heidelberg 1979; 181 S.

Hamers, J.: Die Universitätsausbildung von Sozialwissenschaftlern. Frankfurt/M. 1978; 252 S.

Jäger, L./Nickolmann, F.: Zu Studienreform und Berufspraxis in den Sozialwissenschaften. Bochum: Wissenschaftliches Sekretariat für die Studienreform beim Minister für Wissenschaft und Forschung des Landes Nordrhein-Westfalen 1981; 152 S. (*Schriften zur Studienreform. 2*).

Junne, G.: Kritisches Studium der Sozialwissenschaften. Eine Einführung in Arbeitstechniken. Stuttgart 1976; 137 S.

Schneider, H. R.: Chancen und Risiken berufsfeldorientierter Soziologenausbildung. Eine Evaluation des Bielefelder Reformmodells... Bielefeld: AJZ 1983; 165 S. (*BDS-Schriftenreihe. 1*).

4 Literaturverzeichnisse

4.1 Fachübergreifende Verzeichnisse

Gabrovska, S./Bikup, M./Bossilkova, A.: European Guide to Social Science Information and Documentation Services. Oxford u. a. 1982; 234 S.

Heidtmann, F.: Wie finde ich Literatur zur Volkswirtschaft, Betriebswirtschaft, Psychologie, Soziologie, Politologie, Publizistik, Statistik? Berlin 1984; ca. 600 S. (*Orientierungshilfen. 13*).

InterDok. Directory of published proceedings. Series SSH. Social sciences/humanities. 1968 ff. Harrison.

Index to Social Sciences Humanities Proceedings. 1978 ff. Philadelphia.

Social sciences citation index. An international multidisciplinary index to the literature of the social, behavioral and related sciences. 1973 ff. Philadelphia.

Sable, M. H.: Research Guides to the Humanities, Social Sciences and Technology: an Annotated Bibliography of Guides to Library Resources and Usage. Ann Arbor, Michigan: Pierian Pr. 1986; 181 S. (*Basic reference guides series. 1*).

Walford, A. J. (ed.): Walford's guide to reference material. Bd. 2: Social & historical sciences, philosophy & religion. 4. Aufl. London: Library Ass. 1982; 812 S.

4.2 Bibliographien der Soziologie

International Bibliography of Sociology. 1951 ff. London. (*International Bibliography of the Social Sciences*).

Sociological abstracts. 1952 ff. San Diego.

Current sociology. La Sociologie Contemporaine. 1952 ff. London.

Wepsiec, J.: Sociology. An International Bibliography of Serial Publications 1880–1980. London 1983; 183 S.

Jahreskatalog Soziologie. 1970 ff. Berlin.

Bette, K.-H. u. a. (Hg.): Bibliographie zur deutschen Soziologie. 1945–1977. Göttingen 1980; 800 S.

McKenzie, N. (Hg.): Führer durch die Sozialwissenschaften. München 1969; 383 S.

Otto, F. (Bearb.): Bibliographie. Wirtschafts- und sozialwissenschaftliche Bibliographien: Zugänge der Bibliothek des Instituts für Weltwirtschaft, Kiel, in den Jahren 1968 bis 1973. Kiel: Institut für Weltwirtschaft, 1975; 782 S. (*Kieler Schrifttumskunden zur Wirtschaft und Gesellschaft. 20*).

4.3 Zeitschriften und Jahrbücher mit soziologischen Beiträgen

World list of social science periodicals. 1982. 6. Aufl. Paris: UNESCO 1983; 446 S. (*World social science information services. 1*).

Current contents. Social & behavioral sciences. 1969 ff. Philadelphia.

SoFid. Sozialwissenschaftlicher Fachinformationsdienst. Bonn 1984 ff.

Auswahl deutschsprachiger Zeitschriften und Jahrbücher

Ästhetik und Kommunikation
Afa-Information
Analyse und Kritik
Angewandte Sozialforschung
Archiv für Rechts- und Sozialphilosophie
Archiv für Sozialgeschichte
Archiv für Wissenschaft und Praxis der sozialen Arbeit
Argument
Autonomie. Neue Folge
Beiträge zur feministischen Theorie und Praxis
Beiträge zur Konfliktforschung
Demokratie und Recht
Demokratische Erziehung
Die Dritte Welt
Extra Sozialarbeit
Feministische Studien
Frankfurter Hefte
Frauenforschung

Geschichte und Gesellschaft
Gewerkschaftliche Monatshefte
Historical Social Research. Historische Sozialforschung
Informationsdienst zur Ausländerarbeit
Interview und Analyse
Jahrbuch für kritische Medizin
Jahrbuch für Rechtssoziologie und Rechtstheorie
Jahrbuch für Soziologie und Sozialpolitik
Jahrbuch für Wirtschaftsgeschichte
Journal für Sozialforschung
Kölner Zeitschrift für Soziologie und Sozialpsychologie
Kriminalsoziologische Bibliographie
Kriminologisches Journal
Kritik

Kritische Justiz
Kursbuch
Leviathan
Marxistische Blätter
Marxistische Studien
Medizin, Mensch, Gesellschaft
Medizinische Soziologie. Jahr-
   buch
Mehrwert
Migration
Mitbestimmung
Mitteilungen. Soziologisches
   Forschungsinstitut Göttingen
Mitteilungen aus der Arbeits-
   markt- und Berufsforschung
Monatsschrift für Kriminologie
   und Strafrechtsform
Österreichische Zeitschrift für
   Soziologie
Peripherie
Prokla
Psychologie und Gesellschafts-
   kritik
Psychosozial
Schweizerische Zeitschrift für
   Soziologie
Sociologia internationalis
Sociologus
Sowjetwissenschaft. Gesell-
   schaftswissenschaftliche Bei-
   träge
Soziale Sicherheit
Soziale Welt

Sozialismus
Sozialwissenschaftliche Litera-
   turrundschau
Soziologie
Soziologische Revue
Staat
Technik kontrovers
Technik und Gesellschaft. Jahr-
   buch
Theorie und Praxis der sozialen
   Arbeit
Vierteljahresschrift für Sozial-
   und Wirtschaftsgeschichte
Vorgänge
Wechselwirkung
Widersprüche
WSI-Mitteilungen
Zeitschrift für Agrargeschichte
   und Agrarsoziologie
Zeitschrift für allgemeine Wis-
   senschaftstheorie
Zeitschrift für Arbeitswissen-
   schaft
Zeitschrift für Bevölkerungswis-
   senschaft
Zeitschrift für neuere Rechtsge-
   schichte
Zeitschrift für Rechtssoziologie
Zeitschrift für Sozialisationsfor-
   schung und Erziehungssozio-
   logie
Zeitschrift für Sozialpsychologie
Zeitschrift für Soziologie

4.4 Spezialbibliographien zu Teil- und Randgebieten

Anthropologie

Abstracts in German anthropology. 1980 ff. Göttingen.
International Bibliography of Social and Cultural Anthropology.
1955 ff. London. (*International Bibliography of the Social Sciences*).

Berufssoziologie

SoFid. Berufssoziologie. Bonn 1984 ff.
Literaturdokumentation zur Arbeitsmarkt- und Berufsforschung.
1972 ff. Nürnberg.

Bildungssoziologie

SoFid. Bildungssoziologie. Bonn 1984 ff.
Sociology of Education Abstracts. 1965 ff. Abingdon.
Cordasco, F.; Alloway, D. N.: Sociology of education. A guide to
information sources. Detroit 1979; 266 S. (*Education information
guide series. 2*).

Demographie

Population index. 1935 ff. Princeton.
Bibliographie deutschsprachiger bevölkerungswissenschaftlicher Literatur. Wiesbaden: Bundesinstitut für Bevölkerungsforschung;
H. 23: Lengsfeld, W./Clausen, G.: 1945–1965. 1981; 530 S.;
H. 10: Lengsfeld, W./Cornelius, I.: 1966–1975. 1979; 678 S.;
H. 26: Lengsfeld, W./Clausen, G.: 1976–1980. 1981; 545 S. (*Materialien zur Bevölkerungswissenschaft. 10 & 23 & 26*).

Empirische Sozialforschung

SoFid. Methoden der Sozialforschung. Bonn 1984 ff.
SoFid. Sozialwissenschaftliche Instrumente und Indikatoren. Bonn
1984 ff.

Entwicklungssoziologie

SoFid. Entwicklungssoziologie. Bonn 1984ff.

Devindex. Index to 19... Literature on Economic and Social Development 1977ff. International Development Research Centre (ed.). Ottawa.

Noorgaard, O.: Social science literature on developing countries. An annotated guide... Kopenhagen: Centre for Development Research 1978; 150 S.

Familiensoziologie

SoFid. Familienforschung. Bonn 1984ff.

Kürn, H.-C.: Familiensoziologie. Eine kommentierte Bibliographie. Sozialreferat der Landeshauptstadt München 1981; 269 S.

International bibliography of research in marriage and the family. Minneapolis. Bd. 1: Aldous, J./Hill, R.: 1900–1964. 2. Aufl. 1969; 508 S.; Bd. 2: Aldous, J./Dahl, N.: 1965–1972. 1974; 1530 S. [fortgesetzt als:]

Inventory of Marriage and Family Literature. 1973ff. Beverly Hills.

Frauenforschung

SoFid. Frauenforschung. Bonn 1984ff.

Bibliographic Guide to Studies in the Status of Women/UNESCO. Epping (Essex) 1983; 292 S.

Bock, U./Witych, B.: Thema: Frau. Bibliographie der deutschsprachigen Literatur zur Frauenfrage 1949–1979. Bielefeld: AJZ 1980; 293 S.

Collin, B./Schultz, I.: Bibliographie: Frauenforschung über Frauenarbeit in Produktion und Reproduktion: 1979–1984. Bielefeld: AJZ 1986; 765 S.

Sveistrup, H. u. a. (Hg.): Die Frauenfrage in Deutschland. Strömungen und Gegenströmungen. 1790–1930. 2. Aufl. Tübingen 1961; 800 S.

Die Frauenfrage in Deutschland. Bibliographie. Bd. 10: Delvendahl, I. (Bearb.): 1931–1980. Deutscher Akademikerinnenbund (Hg.). München 1982; 957 S.

Die Frauenfrage in Deutschland. Bibliographie. Neue Folge. Deutscher Akademikerinnenbund (Hg.). München 1983ff.

Münscher, A.: Ausländische Frauen. Annotierte Bibliographie. München: Deutsches Jugendinstitut 1980; 107 S.

Freizeitsoziologie

SoFid. Freizeit und Sport. Bonn 1984ff.

Billion, F. (Bearb.): Bibliographie zur Freizeitliteratur. Ab 1965. Deutsche Gesellschaft für Freizeit (Hg.). Düsseldorf 1976; 136 S.

Friedens- und Konfliktforschung und Militärsoziologie

SoFid. Friedens- und Konfliktforschung & Militärsoziologie. Bonn 1984ff.

Peace research abstracts journal. 1964ff. Canadian Peace Research Institute (ed.). Dundas.

Klein, P./Lippert, E./Rössler, T.: Bibliographie Bundeswehr und Gesellschaft, 1960–1975: Nachtrag und Erweiterung. München 1978; 124 S.

Klein, P./Lippert, E.: Militär und Gesellschaft. Bibliographie zur Militärsoziologie. München 1979; 139 S.

Harries-Jenkins, G./Moskos, C.C.: Armed forces and society. Trend report. In: *Current sociology.* Jg. 29 (1981), H. 3; S. 1–170.

Divale, W.T.: Warfare in primitive societies. A bibliography. Santa Barbara 1973; 123 S. (*War/peace bibliography series*).

Scharffenroth, G. (Hg.): Bibliographie zur Friedensforschung. Stuttgart 1970; 187 S. (*Studien zur Friedensforschung. 6*).

Industrie-, Betriebs- und Arbeitssoziologie

SoFid. Industrie- und Betriebssoziologie. Bonn 1984ff.

Profildienst aus der Arbeitsmarkt- und Berufsforschung. Wirtschaftliche und soziale Aspekte technischer Entwicklungen. Literaturdokumentation. 1982ff. Institut für Arbeitsmarkt- und Berufsforschung der Bundesanstalt für Arbeit (Hg.). Nürnberg.

Schnepf, G. u.a. (Bearb.): Neue Informations- und Kommunikationstechniken. Nutzungsmöglichkeiten und soziale Auswirkungen 1978–1980. Sonderdokumentation für die Enquete-Kommission «Neue Informations- und Kommunikationstechniken» des Deutschen Bundestages. Bonn: Informationszentrum Sozialwissenschaften 1982; 275 S. (*Technology assessment. 1*).

Schnepf, G. u. a. (Bearb.): Soziale und wirtschaftliche Auswirkungen neuer Technologien. Technologiefolgenabschätzung im Produktions-, Verwaltungs- und Energiebereich. Dokumentation 1978–1980. Bonn: Informationszentrum Sozialwissenschaften 1982; 277 S. (*Technology assessment. 2*).

Pettmann, B. O.: Industrial Democracy. A Selected Bibliography. Bradford: MCB Publ. 1978; 95 S. (*Bibliography. Institute of Scientific Business. 11*).

Bibliography on Major Aspects of the Humanisation of Work and the Quality of Working Life. 2. Aufl. Genf: International Labour Office 1978; 300 S.

Bibliographie selbständiger und unselbständiger Beiträge zum Problemkreis: Produktionsprozeß – Arbeitsprozeß – Arbeiterklasse. Erscheinungsjahrgänge bis einschl. 1973. München 1974; 127 S.

Jugendsoziologie

SoFid. Jugendsoziologie. Bonn 1984ff.

Herrmann, U. / Renftle, S. / Roth, L.: Bibliographie zur Geschichte der Kindheit, Jugend und Familie. München 1980; 254 S.

Braun, F. / Gravalas, B.: Bibliographie Jugendarbeitslosigkeit und Ausbildungskrise. Bundesinstitut für Berufsbildung u. a. (Hg.). München: Deutsches Jugendinstitut 1980. Bd. 1: Situationsanalysen, Maßnahmen, politische Diskussion; 345 S.; Bd. 2: Die Diskussion um die Berufsbildungsrefom 1974–1978; 136 S.

Kommunikationssoziologie und Soziolinguistik

SoFid. Kommunikationssoziologie & Soziolinguistik. Bonn 1984ff.

Gordon, T. F. / Verna, M. E.: Mass Communication Effects and Processes. A Comprehensive Bibliography. 1950–1975. Beverly Hills 1978; 277 S.

Ubbens, W. (Bearb.): Sozialstruktur und Kommunikation. Systematisch gegliederte Auswahlbibliographie internationaler kommunikationswissenschaftlicher Literatur... Universitätsbibliothek Bremen 1980; 118 S.

Simon, G. (Hg.): Bibliographie zur Soziolinguistik. Tübingen 1974; 179 S.

Kriminal- und Rechtssoziologie

SoFid. Kriminalsoziologie & Rechtssoziologie. Bonn 1984 ff.
Kriminalsoziologische Bibliographie. 1973 ff. Wien.
Bestandsverzeichnis Kriminologie. Universitätsbibliothek Tübingen 1979; 568 S.
Bestandsverzeichnis Kriminologie. 1. Supplement. Erwerbungen 1979–1981. Universitätsbibliothek Tübingen 1981; 424 S.
Rehbinder, M.: Internationale Bibliographie der rechtssoziologischen Literatur. 2. Aufl. Berlin 1977; 124 S.

Kultur- und Kunstsoziologie

SoFid. Kultursoziologie & Kunstsoziologie. Bonn 1984 ff.
Silbermann, A.: Empirische Kunstsoziologie. Eine Einführung mit kommentierter Bibliographie. Stuttgart 1973; 238 S.

Medizinsoziologie und Sozialmedizin

SoFid. Medizinsoziologie & Sozialmedizin. Bonn 1984 ff.
Harrison, I. E./Cosminsky, S.: Traditional Medicine. Implications for Ethnomedicine, Ethnopharmacology, Maternal and Child Health, Mental Health, and Public Health. An Annotated Bibliography... New York 1976; 299 S.

Ökologie, Umwelt, Zukunft

SoFid. Ökologie, Umweltforschung, Zukunftsforschung. Bonn 1984 ff.
Environmental Periodicals Bibliography. 1972 ff. International Academy at Santa Barbara, Environmental Studies Institute (ed.). Santa Barbara.
Bachmann, G. u. a. (Bearb.): Umweltfragen. Kommentierte Bibliographie 1. Landwirtschaft, Militär, Ökologie, Ökonomie, sozialistische Umweltpolitik, Technik. Berlin 1981; 78 S. (*Argument-Studienhefte. 50*).
Borremans, V.: Guide to Convivial Tools. Vorwort: Illich, I. New York 1979; 112 S. (*LJ special report. 13*).

Organisationssoziologie

SoFid. Organisationssoziologie. Bonn 1984 ff.
Organizational communication 19... Abstracts, analysis, and overview. 1976 ff. American Business Communication Association u. a. (ed.). Champaign.
Franklin, J. L.: Organization development. An annotated bibliography. 2. Aufl. Ann Arbor: University of Michigan 1974; 104 S.

Politische Soziologie

SoFid. Politische Soziologie. Bonn 1984 ff.
SoFid. Internationale Beziehungen. Bonn 1984 ff.
International Bibliography of Political Science. 1952 ff. London (*International Bibliography of the Social Sciences*).
Lenk, K.: Politische Soziologie. Strukturen und Integrationsformen der Gesellschaft. (Mit einer ausführlichen Bibliographie). Stuttgart 1982; 200 S.
Henry-Huthmacher, C. u. a. (Bearb.): Alternativbewegungen – Protest. Eine Dokumentation von Forschungsarbeiten und Literatur. Bonn: Informationszentrum Sozialwissenschaften 1983; 127 S.

Religionssoziologie

SoFid. Religionsforschung. Bonn 1984 ff.
Bibliographie internationale de sociologie des religions 1981. International Bibliography of Sociology of Religions 1981. In: *Social compass. Jg. 29* (1982), H. 2–3; S. 223–255.

Soziale Probleme

SoFid. Sozialpolitik, Sozialwesen, allgemeine soziale Probleme. Bonn 1984 ff.
Sozialwissenschaftliche Literaturrundschau. Sozialarbeit, Sozialpädagogik, Sozialpolitik, Soziale Probleme. 1978 ff. Neuwied.
SoFid. Spezielle soziale Probleme 1: Alkohol, Drogen, Sucht, Alter, Armut. Bonn 1984 ff.
Zeitschriftenbibliographie Gerontologie 19... 1977 ff. Deutsches Zentrum für Altersfragen (Hg.). Berlin.
SoFid. Spezielle soziale Probleme 2: Ausländer, Auswanderer, Ein-

*wanderer, ausländische Arbeitnehmer – Behinderte – sonstige spe-
zielle Problemgruppen/Probleme.* Bonn 1984ff.

Weidacher, A.: Ausländische Arbeiterfamilien. Kinder und Jugendliche. Situationsanalysen und Maßnahmen. München: Deutsches
Jugendinstitut (Bd. 1) 1981; 437 S.; Bd. 2: Bibliographie Teil II.
1982; 252 S.; Bd. 3: Bibliographie Teil III. 1983; 211 S.

Herzer, M. (Bearb.): Bibliographie zur Homosexualität. Verzeichnis
des deutschsprachigen nichtbelletristischen Schrifttums zur weib-
lichen und männlichen Homosexualität aus den Jahren 1466 bis
1975 in chronologischer Reihenfolge. Berlin 1982; 255 S.

Hefele, B. (Bearb.): Gewalt und Kriminalität in den Massenmedien.
Eine Auswahlbibliographie des internationalen Schrifttums zur
Darstellung von Gewalt, Kriminalität und Polizei in Film, Fernsehen und Literatur. Wiesbaden: Bibliothek des Bundeskriminalamtes 1980; 304 S. (*BKA-Bibliographienreihe. 2*).

Sozialisation

SoFid. Sozialisation. Bonn 1984ff.

Bibliographie Sozialisation und Sozialpädagogik. Eine periodische
Literaturdokumentation. 1976ff. Deutsches Jugendinstitut (Hg.).
München.

*Profildienst aus der Arbeitsmarkt- und Berufsforschung. Berufliche
Sozialisation.* Literatur-/Forschungsdokumentation. 1981ff. Insti-
tut für Arbeitsmarkt- und Berufsforschung der Bundesanstalt für
Arbeit. (Hg.). Nürnberg.

Cremer, G.: Sozialisations- und Jugendforschung 1970–1982. Eine
Literaturdokumentation. München: Deutsches Jugendinstitut
1983; 245 S.

Seifert-Schröder, B.: Bildung und Beratung zur Stützung familialer
Sozialisation. Eine Bibliographie. München: Deutsches Jugendinstitut 1981; 74 S.

Schäfer, H./Schröder, B.: Schulische Sozialisation und Schulversa-
gen. Eine Dokumentation. München: Deutsches Jugendinstitut
1978; 242 S.

Dennis, J.: Political socialization research. A bibliography. Beverly
Hills 1973; 54 S. (*Sage Professional Papers in American Politics.
04–002*).

Sozialpsychologie

SoFid. Sozialpsychologie. Bonn 1984 ff.

Hutter, H. M.: Bibliographie selbständiger und unselbständiger Beiträge zum Problemkreis: Sozialpsychologie des Kapitalismus. Erscheinungsjahrgänge 1965 bis einschließlich 1973. München 1974; 176 S.

Stadt- und Regionalsoziologie

SoFid. Stadt- und Regionalsoziologie. Bonn 1984 ff.

Kubach, H.-P. (Mitarb.)/Abteilung Dokumentation des Städtebaulichen Instituts der Universität Stuttgart: Bibliographie Stadt – Umland – Problem. 2. Aufl. Stuttgart: Städtebauliches Institut Fachbereich Orts-, Regional- und Landesplanung, 1978; 128 S. (*Arbeitsbericht. Städtebauliches Institut der Universität Stuttgart. 27*).

Pampe, U./Weber, K.: Bibliographie Wohnen in der Stadt. Stuttgart: Städtebauliches Institut im Fachbereich Orts-, Regional- und Landesplanung 1978; 165 S. (*Arbeitsbericht des Städtebaulichen Instituts der Universität Stuttgart. 29*).

Simonis, H./Autzen, R./Simonis, U. E.: Stadtentwicklung – Stadterneuerung. Eine Auswahlbibliographie zur städtischen Lebensqualität. Frankfurt/M. 1980; 296 S. (*Beiträge zur kommunalen und regionalen Planung. 4*).

Wirtschaftssoziologie

SoFid. Wirtschaftssoziologie. Bonn 1984 ff.

International Bibliography of Economics. 1952 ff. London (*International Bibliography of the Social Sciences*).

Wissenschafts- und Wissenssoziologie

SoFid. Wissenschaftsforschung & Wissenschaftstheorie & Wissenssoziologie & Geschichte der Soziologie. Bonn 1984 ff.

Maus, H. (Bearb.): Bibliographie. In: Mannheim, K.: Ideologie und Utopie. 6. Aufl. Frankfurt/M. 1978; S. 271–299.

Susanne Albrecht

Namenregister

Sachregister